张之恒 主编

ZHONGGUO
KAOGU
TONGLUN

中国考古通论

南京大学出版社

图书在版编目(CIP)数据

中国考古通论/张之恒主编. —南京：南京大学出版社，
2009.10(2025.1重印)
 ISBN 978-7-305-06522-4

Ⅰ.中… Ⅱ.张… Ⅲ.考古学—研究—中国 Ⅳ.K870.4

中国版本图书馆CIP数据核字(2009)第181923号

出 版 者	南京大学出版社
社 址	南京市汉口路22号　邮 编 210093
网 址	http://www.NjupCo.com
书 名	中国考古通论 ZHONGGUO KAOGU TONGLUN
主 编	张之恒
责任编辑	王其平
照 排	南京紫藤制版印务中心
印 刷	南京百花彩色印刷广告制作有限责任公司
开 本	787 mm×1092 mm　1/16　印张 37.5　字数 936千
版 次	2009年10月第1版　2025年1月第17次印刷
ISBN	978-7-305-06522-4
定 价	80.00元
发行热线	025-83594756
电子邮箱	Press@NjupCo.com Sales@NjupCo.com(市场部)

* 版权所有，侵权必究
* 凡购买南大版图书，如有印装质量问题，请与所购
图书销售部门联系调换

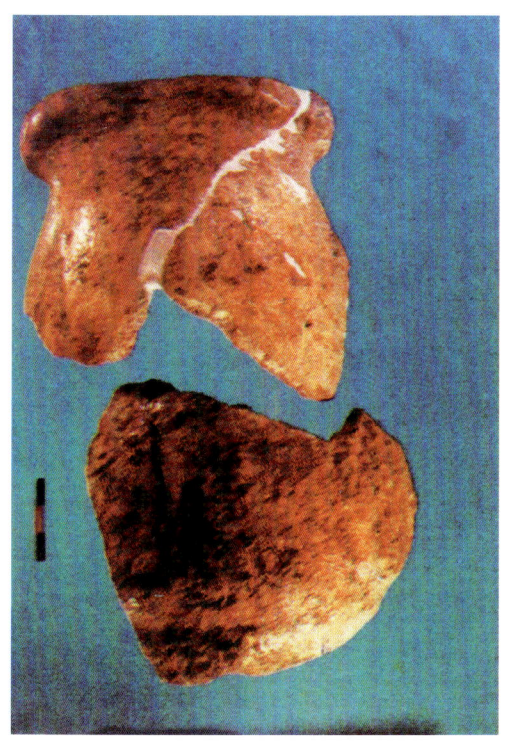
北京人头盖骨化石

北京人复原像

虎爪山旧石器地点出土石器
上：尖状器　下：石球

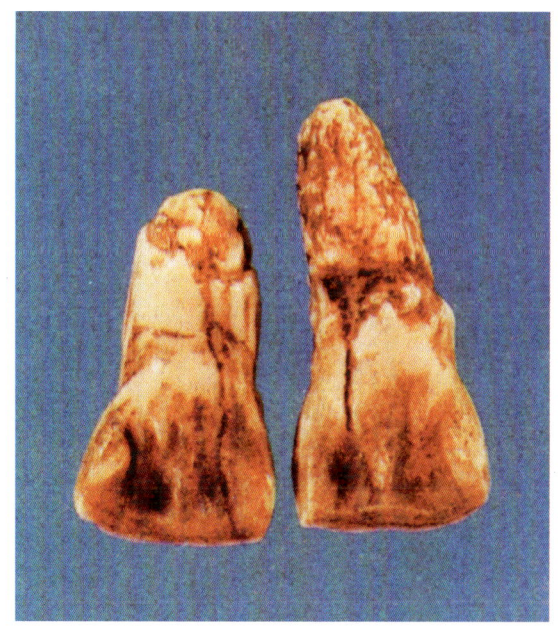
元谋人门齿化石

马家窑文化彩陶盆（青海大通上孙家遗址出土）

大河村三期文化白衣彩陶钵（河南郑州大河村遗址出土）

良渚文化贯耳壶
（上海市马桥遗址出土）

良渚文化兽面纹玉琮（江苏武进寺墩遗址出土）

北阴阳营文化七孔石刀（南京北阴阳营遗址出土）

夏代乳丁纹爵（河南偃师二里头出土）

商代兽面乳丁纹方鼎（河南郑州杜岭出土）

蟠龙纹铜壶（河北满城陵山一号墓出土）

素纱禅衣（湖南长沙马王堆汉墓出土）

战国早期青铜编钟（湖北随县曾侯乙墓出土）

铜车马（陕西临潼秦始皇陵出土）

陕西临潼秦始皇陵一号兵马俑坑

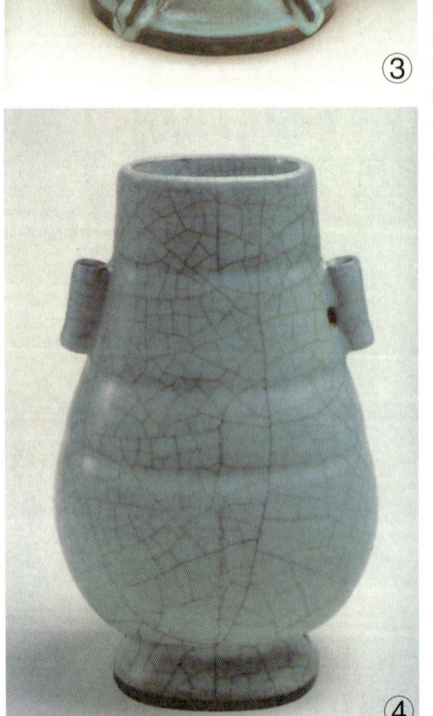
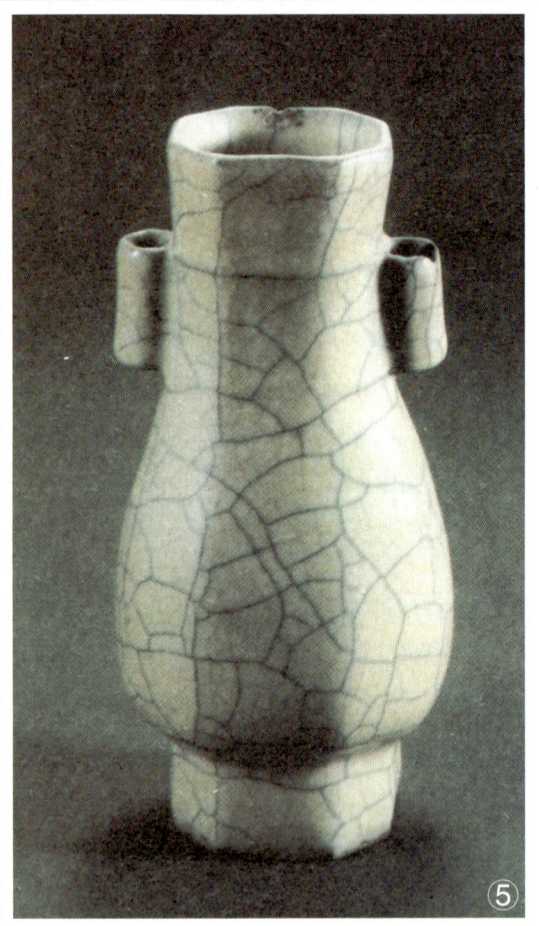

①汝窑：卵青碟(台北故宫博物院藏)
②定窑：白釉刻花游鹅纹碗(上海博物馆藏)
③钧窑：月白釉出戟尊(上海博物馆藏)
④官窑：粉青贯耳穿带壶(台北故宫博物院藏)
⑤哥窑：米黄釉双贯耳八棱瓶(首都博物馆藏)

前　　言

　　1991年我们曾组织几位从事考古学教学和研究的同仁编撰了一本《中国考古学通论》。时至今日,中国考古发掘和研究取得了许多新的成果,新的考古资料和研究成果不断增多,原来出版的《中国考古学通论》一书已不能适应教学的需要,因此,我们重新组织了一批在考古学教学和研究方面颇有成就的同志编撰了这本《中国考古通论》。

　　《中国考古通论》一书的编撰分工如下:第一章"概论"、第二章"中国考古学简史"、第三章"中国旧石器时代考古"、第四章"中国新石器时代文化概述"、第五章"中国各地区主要的新石器时代文化"等,由张之恒撰写。第六章"夏商周考古",由陆勤毅、周崇云、陈声波撰写。第七章"战国秦汉考古",由刘兴林撰写。第八章"三国两晋南北朝考古",第一节"概述"和第二节"城址"由贺云翱执笔;第三节"墓葬"中除"帝王陵墓"部分由贺云翱、符永利、郭怡撰写外,其他均由符永利完成;第四节"遗物"中"瓷器"部分由贺云翱执笔,"墓志和地券"、"铜器"、"钱币"、"玻璃器"由符永利执笔,"金银器"由邵磊、贺云翱、符永利共同撰写;第五节"佛教遗存"中"早期佛教遗物"由贺云翱执笔,其他部分都由符永利执笔。第九章"隋唐五代考古"、第十章"宋元明考古",由夏寒撰写。全书由南京大学历史系张之恒教授统稿。

　　由于受学术水平的限制,书中可能产生错漏,敬请读者提出宝贵意见,不吝赐教。

张之恒

目 录

第一章 概 论 ··· 1
  第一节 考古学的基本涵义 ··· 1
    一、考古学的定义 ··· 1
    二、考古学的研究对象 ··· 1
    三、考古学对研究古代社会的重要作用 ··· 2
  第二节 考古学文化 ··· 3
    一、考古学文化的基本涵义 ··· 3
    二、考古学文化的命名 ··· 3
    三、考古学文化研究中应注意的问题 ··· 4
  第三节 考古时代的划分 ··· 4
    一、石器时代 ··· 5
      （一）旧石器时代 ··· 5
      （二）中石器时代 ··· 5
      （三）新石器时代 ··· 6
      （四）铜石并用时代 ··· 6
    二、青铜器时代 ··· 7
    三、早期铁器时代 ··· 7
  第四节 考古资料整理和报告编写 ··· 8
    一、考古调查中应注重的问题 ··· 8
    二、考古发掘中应注意的问题 ··· 9
      （一）考古调查中发现的遗址或墓葬 ··· 9
      （二）考古发掘中的地层研究 ··· 9
    三、遗址的发掘 ··· 9
    四、墓葬的发掘 ··· 10
    五、资料整理和报告编写中应注意的问题 ··· 11
      （一）资料的整理 ··· 11
      （二）报告或简报的编写 ··· 12
  第五节 考古学的分支 ··· 12
    一、史前考古学和历史考古学 ··· 12
    二、田野考古学 ··· 13
    三、几种特殊门类的考古学分支 ··· 13

第六节　考古学和其他学科的关系 ··· 14
　　　一、与第四纪地质学的关系 ··· 15
　　　二、与考古动物学的关系 ·· 15
　　　三、与考古植物学的关系 ·· 16
　　　四、与体质人类学的关系 ·· 16
　　　五、与民族学的关系 ··· 17
　　第七节　文化年代的确定 ·· 17
　　　一、相对年代和绝对年代 ·· 17
　　　二、利用自然科学测定绝对年代 ··· 18
　　　　（一）放射性碳素断代 ··· 18
　　　　（二）古地磁断代 ·· 19
　　　　（三）热释光断代 ·· 19
　　　　（四）树木年轮断代 ·· 20
　　　　（五）铀系法断代 ·· 20
　　第八节　自然环境对古文化的影响 ··· 21
　　　一、自然环境对古文化面貌的影响 ·· 21
　　　二、自然环境对古文化发展速度的影响 ·································· 21

第二章　中国考古学简史 ··· 24
　　第一节　中国古代的金石学 ··· 24
　　　一、金石学的萌芽期 ··· 24
　　　二、金石学的形成期 ··· 25
　　　三、金石学的兴盛期 ··· 26
　　第二节　近代考古学的传入和中国考古学的萌芽 ··························· 27
　　　一、19世纪欧洲近代考古学的主要成就 ·································· 27
　　　　（一）"三期论"的确立和"类型学"的开端 ····························· 27
　　　　（二）旧石器的发现和史前考古时代的分期 ······················· 28
　　　二、近代考古学传入中国和中国考古学的萌芽 ······················· 28
　　第三节　中国考古学的初步发展 ·· 30
　　　一、1937年以前的中国考古学 ·· 30
　　　　（一）以周口店北京人遗址为中心的旧石器的调查和发掘 ·· 30
　　　　（二）新石器时代遗址的调查和发掘 ··································· 31
　　　　（三）商周至唐宋遗址的调查和发掘 ··································· 32
　　　二、1937—1949年的中国考古学 ··· 32
　　第四节　中国考古学的进一步发展 ··· 33
　　　一、考古队伍的壮大和发掘水平的提高 ·································· 33
　　　二、旧石器时代考古学的发展 ·· 34
　　　三、新石器时代考古学的发展 ·· 34
　　　四、商周考古学的发展 ··· 36
　　　五、秦汉至元明考古学的发展 ·· 37

第三章 旧石器时代 ··· 40
第一节 人类的产生 ·· 40
一、人类产生前生物的演化 ··· 40
二、进化论的产生和古猿演化为人的证据 ·· 42
（一）唯物主义、科学和宗教围绕人类起源问题的斗争 ······················· 42
（二）进化论的产生和发展 ·· 43
（三）古猿演化为人类的证据 ·· 43
三、古猿演化为人类的过程 ··· 44
四、关于人类起源的几个问题 ··· 45
（一）人和猿的界限 ·· 45
（二）关于劳动的涵义 ··· 46
（三）从猿到人的过渡 ··· 46
第二节 中国旧石器时代文化概述 ·· 47
一、旧石器时代的生态环境 ··· 47
二、化石的分类、形成和埋藏 ··· 51
（一）化石的分类 ··· 51
（二）化石的形成 ··· 51
（三）古脊椎动物的埋藏 ·· 51
（四）动物化石的寻找 ··· 52
三、旧石器的制作、类型和特征 ·· 52
（一）石器的原料 ··· 52
（二）旧石器的类型 ·· 53
（三）剥制石片和修理石器的方法 ··· 53
（四）自然力破碎的石块和石器的区别 ·· 55
四、中国古人类和旧石器文化的年代与分布 ······································ 56
第三节 旧石器时代早期文化 ·· 57
一、旧石器时代早期文化概述 ··· 57
（一）直立人的体质特征 ·· 57
（二）旧石器时代早期文化概况 ·· 58
二、旧石器时代早期前一阶段的文化遗存 ··· 58
（一）元谋猿人及其文化 ·· 58
（二）西侯度文化 ··· 60
（三）小长梁和东谷坨文化遗存 ·· 61
三、蓝田猿人及其文化 ··· 62
（一）地层堆积和当时的自然环境 ··· 62
（二）蓝田猿人的体质特征 ··· 62
（三）文化遗物 ·· 63
四、北京猿人及其文化 ··· 64
（一）地层堆积和年代 ··· 64

    （二）北京猿人的体质特征 ··· 65
    （三）文化遗物 ··· 67
第四节　旧石器时代中期文化 ··· 68
  一、旧石器时代中期文化概述 ··· 69
    （一）早期智人的体质特征 ··· 69
    （二）旧石器时代中期文化概述 ··· 69
  二、大荔人及其文化 ··· 71
  三、许家窑人及其文化 ··· 72
  四、丁村人及其文化 ··· 74
    （一）地层堆积和时代 ··· 74
    （二）丁村人的体质特征 ··· 74
    （三）文化遗物 ··· 75
    （四）生态环境 ··· 76
    （五）丁村人的生产和生活 ··· 76
  五、长阳人 ··· 76
  六、马坝人与桐梓人 ··· 77
第五节　旧石器时代晚期文化 ··· 78
  一、旧石器时代晚期文化概述 ··· 78
    （一）晚期智人的体质形态和人种的形成 ··· 78
    （二）旧石器晚期文化概貌 ··· 78
  二、峙峪文化 ··· 81
  三、下川文化 ··· 82
  四、山顶洞人及其文化 ··· 83
    （一）遗址的堆积和年代 ··· 83
    （二）体质特征 ··· 84
    （三）文化遗物 ··· 85
    （四）山顶洞人的生产活动和原始宗教 ··· 86
  五、中国东北地区的旧石器时代晚期文化 ··· 86
  六、中国西南地区的旧石器时代晚期文化 ··· 87
  七、青藏高原的旧石器时代晚期文化 ··· 87
第六节　中国旧石器时代文化和人类化石综述及其有关问题的讨论 ················· 88
  一、旧石器时代早期人类化石和文化 ··· 88
    （一）郧县发现的直立人化石 ··· 88
    （二）沅江和澧水流域的数十处石器地点 ··· 89
    （三）巫山龙骨坡发现的人类化石、石器及其时代的争议 ························· 89
    （四）学术界对龙骨坡人类化石的评论 ··· 90
    （五）安徽省繁昌县人字洞出土的石、骨器及其争议 ································· 90
  二、旧石器时代中期的人类化石和文化 ··· 94
  三、旧石器时代晚期文化和晚期智人的体质特征 ··· 98

（一）旧石器时代晚期文化的特征 ································· 99
　　　（二）晚期智人的体质特征和社会形态 ··························· 103

第四章　中国新石器时代文化概述 ··· 106
第一节　旧石器时代向新石器时代过渡 ·································· 106
　一、旧石器时代向新石器时代过渡的几种形式 ······················· 106
　二、传统的观点在断代上所造成的错误 ································ 107
　三、旧石器时代和新石器时代的区分 ··································· 107
第二节　新石器时代的分期 ··· 108
　一、早期阶段 ·· 108
　二、中期阶段 ·· 109
　三、晚期阶段 ·· 109
第三节　生态环境与史前考古 ··· 110
第四节　新石器时代诸文化因素的关系 ··································· 112
　一、农牧业产生的条件 ·· 112
　二、农业的产生和磨制石器的使用 ·· 112
　三、农业和制陶业的关系 ·· 113
第五节　中国新石器时代文化的区系 ······································· 114
　一、黄河流域 ·· 114
　二、长江流域 ·· 115
　三、华南地区 ·· 117
　四、北方地区 ·· 118

第五章　中国各地区主要的新石器时代文化 ································· 121
第一节　黄河中游地区的新石器时代文化 ······························· 121
　一、渭水流域、豫西和晋南地区 ··· 121
　　（一）老官台文化 ·· 122
　　（二）仰韶文化 ·· 123
　　（三）庙底沟二期文化 ·· 133
　　（四）客省庄二期文化、三里桥二期文化及陶寺类型 ··········· 136
　二、豫中及其周围地区 ·· 143
　　（一）裴李岗文化 ·· 143
　　（二）大河村文化 ·· 144
　　（三）秦王寨类型 ·· 145
　　（四）王湾类型 ·· 148
　三、豫北、冀南和冀中地区 ··· 149
　　（一）南庄头类型 ·· 149
　　（二）磁山文化 ·· 150
　　（三）后岗一期文化 ··· 152
　　（四）大司空一期文化 ·· 155
　　（五）后岗二期文化 ··· 157

四、黄河中游地区新石器时代晚期的社会经济形态 ……………………… 158
　第二节　黄河上游地区的新石器时代文化 …………………………………… 162
　　一、马家窑文化 ………………………………………………………………… 163
　　　（一）石岭下类型 …………………………………………………………… 163
　　　（二）马家窑类型 …………………………………………………………… 164
　　　（三）半山类型 ……………………………………………………………… 166
　　　（四）马厂类型 ……………………………………………………………… 167
　　二、齐家文化 …………………………………………………………………… 169
　第三节　黄河下游的新石器时代文化 ………………………………………… 174
　　一、后李文化 …………………………………………………………………… 174
　　二、北辛文化 …………………………………………………………………… 175
　　三、大汶口文化 ………………………………………………………………… 177
　　　（一）早期阶段 ……………………………………………………………… 178
　　　（二）中期阶段 ……………………………………………………………… 179
　　　（三）晚期阶段 ……………………………………………………………… 181
　　四、龙山文化 …………………………………………………………………… 184
　　　（一）龙山文化的分布、文化特征和类型的划分 ………………………… 185
　　　（二）龙山文化的分期和社会性质 ………………………………………… 186
　第四节　长江上、中游地区的新石器时代文化 ……………………………… 193
　　一、仙人洞和玉蟾岩的新石器时代文化 ……………………………………… 193
　　　（一）仙人洞和吊桶环文化遗存 …………………………………………… 193
　　　（二）玉蟾岩文化遗存 ……………………………………………………… 193
　　二、彭头山文化 ………………………………………………………………… 194
　　三、皂市下层文化和城背溪文化 ……………………………………………… 196
　　　（一）皂市下层文化 ………………………………………………………… 196
　　　（二）城背溪文化 …………………………………………………………… 197
　　四、大溪文化 …………………………………………………………………… 199
　　五、屈家岭文化 ………………………………………………………………… 201
　　　（一）文化特征和分期 ……………………………………………………… 201
　　　（二）城址 …………………………………………………………………… 205
　　　（三）年代和社会经济 ……………………………………………………… 210
　　六、石家河文化、青龙泉三期文化和桂花树三期文化 ……………………… 210
　　　（一）石家河文化 …………………………………………………………… 210
　　　（二）青龙泉三期文化 ……………………………………………………… 210
　　　（三）桂花树三期文化 ……………………………………………………… 212
　　七、长江上游的宝墩文化 ……………………………………………………… 213
　　　（一）宝墩文化城址及其出土物 …………………………………………… 213
　　　（二）宝墩文化特征 ………………………………………………………… 217
　第五节　长江下游的新石器时代文化 ………………………………………… 217

一、薛家岗文化 ·············· 217
　　二、北阴阳营文化 ············ 219
　　　（一）第一期（北阴阳营期） ···· 219
　　　（二）第二期（昝庙一期） ····· 219
　　　（三）第三期（昝庙二期） ····· 220
　　三、马家浜文化 ·············· 220
　　　（一）社会经济 ············ 221
　　　（二）分期和年代 ·········· 222
　　　（三）马家浜文化类型的划分及其与周围诸文化的关系 ··· 224
　　四、崧泽文化 ················ 225
　　　（一）早期 ················ 225
　　　（二）中期 ················ 225
　　　（三）晚期 ················ 226
　　五、良渚文化 ················ 227
　　　（一）文化特征 ············ 227
　　　（二）分期和年代 ·········· 228
　　　（三）聚落群和古城址 ······ 231
　　　（四）文字符号 ············ 239
　　六、宁（波）绍（兴）地区的河姆渡文化 ··· 240
　　　（一）早期阶段 ············ 240
　　　（二）晚期阶段 ············ 244

　第六节　华南地区的新石器时代文化 ··· 245
　　一、华南地区的新石器时代早期文化 ··· 245
　　二、华南地区新石器时代晚期文化 ··· 252
　　　（一）石峡文化 ············ 252
　　　（二）大龙潭文化 ·········· 253
　　　（三）昙石山文化 ·········· 254

　第七节　辽河流域的新石器时代文化 ··· 256
　　一、新乐文化 ················ 256
　　二、兴隆洼文化 ·············· 257
　　三、红山文化 ················ 258
　　四、富河文化 ················ 261

第六章　夏商周考古 ················ 270
　第一节　概　论 ···················· 270
　　一、夏商周考古的特点 ········ 270
　　　（一）有文字可考的历史 ···· 270
　　　（二）社会大变革时期 ······ 270
　　　（三）城市等大型建筑兴起 ·· 270
　　　（四）辉煌灿烂的青铜时代 ·· 270

二、夏商周考古的分期 …… 272
　　　（一）初期奴隶社会 …… 272
　　　（二）中期奴隶社会前段 …… 272
　　　（三）中期奴隶社会后段 …… 272
　　　（四）晚期奴隶社会前段 …… 272
　　　（五）晚期奴隶社会后段 …… 272
　第二节　夏代文化 …… 272
　　一、夏代文化的探索 …… 272
　　二、二里头文化 …… 273
　　　（一）二里头文化的发现和分布 …… 273
　　　（二）二里头文化的文化内涵 …… 274
　　三、二里头文化与夏代文化关系的探讨 …… 278
　第三节　商代文化 …… 279
　　一、商代文化的年代与分期 …… 279
　　　（一）早商文化（二里岗期文化） …… 280
　　　（二）晚商文化（小屯文化） …… 281
　　二、商代城址 …… 281
　　　（一）偃师商城 …… 281
　　　（二）郑州商城与小双桥遗址 …… 283
　　　（三）黄陂盘龙城 …… 285
　　　（四）殷墟 …… 287
　　三、商代墓葬 …… 289
　　　（一）商代墓葬的分期与分布 …… 289
　　　（二）商代墓葬的类型 …… 289
　　　（三）商代的人殉与人牲 …… 292
　　四、商代青铜器 …… 294
　　　（一）商代青铜器的铸造 …… 294
　　　（二）商代青铜器的分类 …… 294
　　　（三）商代青铜器的分期及其特征 …… 295
　　五、商代的社会经济与文化艺术 …… 296
　　　（一）商代的社会经济 …… 296
　　　（二）商代的文化艺术 …… 298
　第四节　西周文化 …… 299
　　一、先周文化的探索 …… 299
　　二、西周文化的年代与分期 …… 300
　　　（一）西周早期：约公元前11世纪中叶至公元前10世纪中叶 …… 300
　　　（二）西周中期：约当公元前10世纪中叶至公元前9世纪中叶 …… 301
　　　（三）西周晚期至春秋早期：约当公元前9世纪中叶至公元前7世纪中叶 …… 302
　　三、两周青铜器断代 …… 303

四、西周都城遗址 ·· 304
 (一)周原遗址 ·· 304
 (二)丰镐遗址 ·· 306

五、西周墓葬 ·· 307
 (一)西周墓葬的特征 ·· 307
 (二)列鼎制度 ·· 307
 (三)重要墓葬 ·· 308

六、西周的社会经济 ·· 311
 (一)农业 ·· 311
 (二)手工业 ·· 311

第五节 春秋文化 ·· 312
一、春秋文化的年代与分期 ·· 312
二、春秋时期的社会经济 ·· 314
 (一)铁器的发明及其意义 ······································ 314
 (二)矿冶遗址和铸铜工艺 ······································ 315
 (三)金属铸币的产生 ·· 316
三、春秋都城遗址 ·· 317
 (一)洛阳东周城 ·· 317
 (二)侯马晋国故城和盟誓遗址 ·································· 317
 (三)曲阜鲁故城 ·· 319
四、春秋墓葬 ·· 320
 (一)虢国墓地 ·· 321
 (二)秦公陵区 ·· 322
 (三)莒国春秋墓 ·· 322
 (四)淅川下寺楚墓群 ·· 323

第六节 夏商周时期边远地区的青铜文化 ································ 324
一、北方草原地区的青铜文化 ······································ 324
 (一)夏家店下层文化 ·· 325
 (二)西团山文化 ·· 325
 (三)夏家店上层文化 ·· 325
二、西北地区的青铜文化 ·· 325
 (一)辛店文化 ·· 325
 (二)西北地区其他青铜文化 ···································· 326
三、西南地区的巴蜀文化 ·· 326
 (一)三星堆遗址 ·· 326
 (二)金沙遗址 ·· 328
四、南方与东南地区的青铜文化 ···································· 328
 (一)吴城文化 ·· 328
 (二)湖熟文化 ·· 329

第七章 战国秦汉考古 ·········· 333
第一节 战国秦汉时期的特点 ·········· 333
第二节 手工业和农业生产 ·········· 334
一、手工业生产 ·········· 334
（一）冶铁技术的发展和铁器的普及 ·········· 335
（二）青铜冶炼和铜器铸造 ·········· 338
（三）陶器和漆器制造 ·········· 348
（四）纺织和造纸 ·········· 354
二、战国秦汉时期的农业 ·········· 358
（一）战国铁农具 ·········· 358
（二）汉代铁农具、牛耕与水利工程 ·········· 360
第三节 都城和重要的建筑遗址 ·········· 365
一、战国都城 ·········· 365
（一）齐国都城临淄 ·········· 365
（二）战国都城的一般特点 ·········· 366
二、秦咸阳宫和阿房宫 ·········· 366
（一）咸阳宫 ·········· 366
（二）阿房宫 ·········· 368
三、秦汉长城 ·········· 368
四、西汉都城长安 ·········· 369
（一）城墙、城门和街道 ·········· 369
（二）城内建筑布局 ·········· 370
（三）城外设施 ·········· 371
五、东汉都城洛阳 ·········· 373
（一）城墙、城门和街道 ·········· 373
（二）城内建筑布局 ·········· 374
（三）城外设施 ·········· 374
第四节 埋葬制度 ·········· 374
一、战国墓葬 ·········· 374
（一）战国封君和贵族大墓 ·········· 375
（二）战国中小型墓的分区 ·········· 379
二、秦始皇陵和兵马俑坑 ·········· 382
（一）秦始皇陵 ·········· 382
（二）兵马俑坑 ·········· 384
三、汉代墓葬 ·········· 386
（一）汉代帝陵 ·········· 386
（二）两汉诸侯王和列侯大墓 ·········· 389
（三）汉代中小型墓葬的类型 ·········· 395
（四）汉代墓地布置及丧葬习俗 ·········· 404

第五节　货币和度量衡

一、货币 407

(一) 战国货币 407

(二) 秦代至汉初的半两钱 413

(三) 汉代五铢钱 413

(四) 新莽货币 414

(五) 汉代金币 415

二、度量衡 416

(一) 秦国的度量衡 416

(二) "钧益"砝码和楚国的衡制 417

(三) 田氏三量与齐国量制 418

(四) 王莽新嘉量与汉代量制 418

第八章　三国两晋南北朝考古 420

第一节　概述 420

第二节　城址 421

一、邺城考古 421

二、曹魏、西晋和北魏洛阳城 427

三、北魏平城 434

四、六朝都城建业和建康 436

五、其他城市的考古 440

第三节　墓葬 449

一、帝王陵墓 449

(一) 三国帝王陵墓 449

(二) 西晋帝王陵墓 451

(三) 北朝帝王陵墓 452

(四) 东晋、南朝帝王陵墓 458

二、中原地区墓葬 465

三、北方地区墓葬 471

四、东北地区墓葬 474

五、新疆地区墓葬 477

六、南方地区墓葬 479

(一) 世家大族墓 479

(二) 一般墓葬 481

第四节　遗物 488

一、瓷器 488

(一) 越窑 489

(二) 丰城窑 492

(三) 湘阴窑 493

(四) 德清窑 493

（五）北方瓷器 …………………………………………………… 494
二、墓志和地券 …………………………………………………… 496
　（一）墓志 ………………………………………………………… 496
　（二）地券 ………………………………………………………… 499
三、铜器 …………………………………………………………… 500
　（一）概况 ………………………………………………………… 500
　（二）铜镜 ………………………………………………………… 501
　（三）关于日本三角缘神兽镜 ……………………………………… 503
四、钱币 …………………………………………………………… 503
五、金银器 ………………………………………………………… 506
六、玻璃器 ………………………………………………………… 510

第五节　佛教遗存 …………………………………………………… 511
一、早期佛教遗物 …………………………………………………… 511
二、石窟寺 ………………………………………………………… 513
　（一）石窟寺的分类 ……………………………………………… 514
　（二）石窟寺的分区 ……………………………………………… 514
三、寺院遗迹和单体佛教造像 …………………………………… 515

第九章　隋唐五代考古 …………………………………………… 519

第一节　城　址 …………………………………………………… 520
一、长安城 ………………………………………………………… 520
二、洛阳城 ………………………………………………………… 524
三、扬州城 ………………………………………………………… 527

第二节　隋唐陵墓 ………………………………………………… 529
一、帝陵 …………………………………………………………… 530
　（一）隋代帝陵 …………………………………………………… 530
　（二）唐代帝陵 …………………………………………………… 530
　（三）唐陵陪葬墓 ………………………………………………… 532
　（四）五代十国帝陵 ……………………………………………… 533
二、隋唐墓葬 ……………………………………………………… 535
　（一）北方地区墓葬 ……………………………………………… 535
　（二）南方地区的唐墓 …………………………………………… 537

第三节　隋唐五代陶瓷 …………………………………………… 538
一、隋代陶瓷 ……………………………………………………… 538
二、唐、五代陶瓷 ………………………………………………… 539
　（一）越窑 ………………………………………………………… 539
　（二）邢窑 ………………………………………………………… 540
　（三）长沙窑 ……………………………………………………… 541
　（四）黄釉、黑釉、花釉瓷和绞胎瓷 …………………………… 541
　（五）唐三彩和唐青花 …………………………………………… 541

（六）唐五代陶瓷的造型和装饰 …………………………………………… 542
　第四节　其他手工制品 …………………………………………………………… 544
　　一、金银器 ……………………………………………………………………… 544
　　二、铜镜 ………………………………………………………………………… 545
　　三、织物 ………………………………………………………………………… 546

第十章　宋元明考古 ………………………………………………………………… 548
　第一节　城址 ……………………………………………………………………… 548
　　一、北宋东京城 ………………………………………………………………… 549
　　二、南宋临安城 ………………………………………………………………… 550
　　三、辽上京城 …………………………………………………………………… 551
　　四、金代城址 …………………………………………………………………… 552
　　　（一）金上京城 ……………………………………………………………… 553
　　　（二）金中都城 ……………………………………………………………… 553
　　五、元代城址 …………………………………………………………………… 554
　　　（一）元上都 ………………………………………………………………… 554
　　　（二）元大都 ………………………………………………………………… 554
　　六、明代城址 …………………………………………………………………… 556
　　　（一）明南京城 ……………………………………………………………… 556
　　　（二）明北京城 ……………………………………………………………… 556
　第二节　陵墓 ……………………………………………………………………… 558
　　一、帝陵 ………………………………………………………………………… 558
　　　（一）北宋帝陵 ……………………………………………………………… 558
　　　（二）南宋帝陵 ……………………………………………………………… 561
　　　（三）辽代帝陵 ……………………………………………………………… 562
　　　（四）西夏王陵 ……………………………………………………………… 562
　　　（五）金代帝陵 ……………………………………………………………… 563
　　　（六）元代帝陵 ……………………………………………………………… 564
　　　（七）明代帝陵 ……………………………………………………………… 565
　　二、宋代墓葬的类型 …………………………………………………………… 567
　　　（一）北方地区墓葬 ………………………………………………………… 567
　　　（二）南方地区墓葬 ………………………………………………………… 569
　　三、辽金墓葬的类型 …………………………………………………………… 571
　　四、元明墓葬 …………………………………………………………………… 572
　第三节　宋元明时期的陶瓷 ……………………………………………………… 573
　　一、宋代陶瓷 …………………………………………………………………… 573
　　　（一）宋代的五大名窑 ……………………………………………………… 573
　　　（二）龙泉窑青瓷和景德镇青白瓷 ………………………………………… 576
　　　（三）耀州窑系和磁州窑系 ………………………………………………… 577
　　　（四）别具一格的黑釉瓷器 ………………………………………………… 578

（五）宋代瓷器的造型与纹饰 …………………………………………………… 580
二、辽金瓷器 …………………………………………………………………………… 580
　　（一）辽瓷的造型和装饰 ………………………………………………………… 581
　　（二）金代的陶瓷 ………………………………………………………………… 581
三、元代瓷器 …………………………………………………………………………… 582
　　（一）元代景德镇制瓷业的新成就 ……………………………………………… 582
　　（二）元代瓷器的造型与装饰 …………………………………………………… 583

第一章　概　　论

考古学属于人文科学,是历史科学的重要组成部分。它的任务是根据古代人类所遗留下来的文化遗物和文化遗迹研究人类古代历史。考古学产生得很早,但到近代才发展成为一门科学。作为一门科学的近代考古学,是以田野调查和考古发掘为基础的。20世纪20年代,近代考古学在中国出现。考古学作为一门科学有一套很完整和严密的方法论,其基本规则是考古发掘中的地层学和考古资料整理中的标型学即器物形态学。考古学与自然科学、技术科学以及人文、社会科学领域内的许多学科有着密切的联系。史前考古学、历史考古学和田野考古学是考古学诸分支中较重要的三个分支学科。

第一节　考古学的基本涵义

一、考古学的定义

考古学是用实物资料来研究人类古代历史的一门科学,它和"狭义历史学"一样都属于历史科学的范畴,所不同的是,考古学研究的对象是实物资料,狭义历史学研究的对象是文献资料。考古学只研究古代人类文化遗存,近现代文化遗存不属于考古学研究的范围。

作为考古学研究对象的实物资料是通过考古发掘和考古调查获得的。考古调查和发掘资料要经过室内统计和分类,再编写成考古报告和综合研究才能成为用于研究的资料。不是考古调查和发掘的资料,由于所获得资料的文化时代和地点无法确定,其资料的科学性远不如调查的考古资料和发掘的考古资料,用非考古学资料所进行的有关研究,只能称为"金石学"和"古器物学"。

英国的所谓"工业考古学",其年代下限延伸到18—19世纪的工业革命初期。美洲的所谓"殖民地时代考古学"或称"历史考古学",其年代范围在哥伦布发现美洲之后,直至18世纪末或19世纪初美洲各国在政治上获得独立。英国的所谓"工业考古学"和美洲的所谓"殖民地时代考古学"或称"历史考古学",只是利用考古学的方法研究欧美的近代史,也不属于真正的考古学。

考古学所研究的人类古代历史包括史前时代、原史时代(史前时代向历史时代的过渡阶段)和历史时代,不包括近代和现代。史前时代没有文献资料,研究史前时代的人类历史完全靠实物资料,在此考古学的作用尤为重要。

二、考古学的研究对象

作为考古学研究对象的实物资料包括遗迹和遗物两部分,遗迹和遗物又统称为文化遗存。遗迹通常分为房屋、水井、陶窑、村落、运河、墓葬等人工建筑和设施,它是古代人类活动所遗留下来的、不可移动的文化遗存。遗物按其用途可分为生产工具、武器、生活用具和礼器等器物,按其质料可分为石器、玉器、铜器、铁器、金银器、陶器、瓷器、骨器、角器、牙器、贝器、竹木器、漆器和丝、棉、麻等器类。作为考古学研究对象的实物,它必须是古代人们通过各种活动所遗留下来的,是经过人类有意加工的,如果是自然物,则必须与人类活动有关。农作物、家畜和渔猎、采集的动植物遗存,有的与人类生产活动有关,有的是人类生产活动的产物,都应该归属于考古学研究的对象。史前时代人类自身的化石或骨骼,既是古人类学研究的对象,也是史前考古学研究的对象。因为史前人类的遗骸,不但反映人类体质形态的演化,同时也反映人类的社会活动和社会形态的变化。

遗迹是人类生产和生活的文化遗存,其中跟人类居住有关的遗迹有洞穴、聚落、贝丘和城堡等,与生产活动有关的遗迹有人工开凿的矿坑、作坊和窖穴等。石灰岩山区的洞穴常被史前时代的人们作为住所,这类住所称为洞穴遗址。"贝丘"俗称"贝丘遗址",大多分布在沿海及其岛屿和河、湖沿岸,贝丘是古代人们食剩的软体动物(螺、蚌)的堆积,在贝丘的堆积中常有石器、陶器、骨器等文化遗物。城堡在新石器时代开始出现,到文明时代作为设防的城市普遍出现,其规模越来越大。城堡、城市内的建筑设施,既是考古学的研究对象,也是古建筑学研究的对象。窖穴是古代人们埋藏器物的场所,其中有许多文化遗物,是考古学研究的重要对象。

作为考古学研究对象的文化遗存,除上述各种器物外,还有艺术品(雕塑品、壁画、画像石、画像砖)、铜镜、车马器、日用器皿和各种装饰品、货币、铭刻和文书等。此外,古代车、船等交通工具、葬具、手和足的印痕、耕地、沟渠等,都属于考古学的研究对象。

虽然考古学的研究对象是各类物质文化遗存,但它研究的范围并不限于物质文化,而是通过各种物质文化遗存,研究古代社会的各个方面,其中包括各种物质文化,也包括宗教信仰和意识形态领域内的各种精神、文化遗存。

三、考古学对研究古代社会的重要作用

人类的活动是具有社会性的,人类所创造的物质文化和精神文化,反映了社会共同的生产技术水平和文化传统。作为考古学研究对象的物质文化遗存,是一种具有社会性的产物。

运用考古资料研究人类古代社会,既要注意同一时期各地区人类社会之间的相互作用和文化融合,也要注意物质文化的继承、演变和发展。同一时期的不同地区,自然条件和生态环境的不同,必然导致物质文化的不同。考古学研究不应该忽视文化的差异性,但也要注意邻近地区不同文化之间的相互影响、渗透和文化传播。

考古学是运用考古资料来研究人类历史,从这个意义上讲,考古学是历史科学的一个重要组成部分。关于人类的起源和发展、农业的起源和发展、文字出现前的史前社会的研究,完全依赖考古资料。即使对文字出现后的历史时期的研究,考古资料仍有很重要的作用。考古资料既可补充文献资料的不足,又可纠正文献资料中的错误,这已是被近几十年大量考古发现和研究所证明的事实。文献资料对边远地区和少数民族的历史记载很少,要研究边远地区少数民族的历史,考古资料显得尤为重要。

考古学研究的最终目的是运用考古资料阐明存在于历史发展过程中的客观规律。考古学既要研究人类历史发展的一般规律,也要探求各地区、各民族在历史发展过程中所表现出的差异和造成这些差异的原因。考古学研究既要注意各种考古学文化的特征,又要注意这些文化发生、发展和演变的共同规律。

第二节 考古学文化

一、考古学文化的基本涵义

"考古学文化"是指代表同一时代，分布于共同地区，并具有一群有特征性的文化遗物和遗迹的文化遗存。相似的文化遗存即使分布于邻近地区或不同地域，如不属于同一时代，也不能构成同一文化，即不属于同一个考古学文化。作为一个"考古学文化"其必须具有一群特征性的文化遗存，单一的文化因素不能称为一种文化。同一文化共同体亦即同一考古学文化，是属于某一特定的社会集团。由于这一社会集团有着共同的文化传统，所以其在文化遗物和遗迹方面有着共同的特征。史前时期的各种考古学文化是当时各个部落或部落联盟共同创造的，是其物质文化的体现。对考古学文化的发生、演变以及不同地区的各种文化之间的相互关系的研究，有助于人们了解当时人类社会发展的进程。[①]

同一个"考古学文化"因分布地域的不同，在其文化面貌上有一定的差异性，这种差异性就需要"文化类型"来区分，亦即属于同一文化的不同"类型"。例如"龙山文化"分布于黄河下游地区，它又可分为分布于鲁东山地与滨河平原的"两城类型"（以日照县两城镇命名）、鲁中丘陵和鲁西平原以东地区的"城子崖类型"（以历城县龙山镇城子崖命名）、鲁西平原与豫东及苏北的黄淮地区的"青堌堆类型"（以梁山县青堌堆命名）。有些考古学文化被发现的初期，人们对于同一文化不同时期的文化遗存的先后关系还不了解，常用不同的文化类型来区分。例如仰韶文化的"半坡类型"、"庙底沟类型"等，在其被发现初期，人们对其先后关系则不了解，曾用"类型"来区分，但这里所称的"半坡类型"、"庙底沟类型"，实质上是同一文化的不同分期（"半坡类型"早于"庙底沟类型"），因为两者所处的时代是不同的。某一类文化遗存在其发现初期很难确定是否属于一种独立的文化，有时也被命名为某一"文化类型"。一旦这类文化遗存被较多地发现，并被考古学界所公认，原来称作"类型"的文化遗存就改称为"某种文化"。中国的旧石器时代文化，通常在发现某一遗址并出土一定数量的石器以后，不管这类文化遗存有无一定的分布地域，随即就以该遗址的名称称其为"某一文化"，这是不科学的。

二、考古学文化的命名

以首次发现的典型遗址所在地的地名（乡镇名、村庄名）作为考古学文化的名称，是考古学文化命名中最常见的做法。例如欧洲旧石器时代的阿舍利文化、克拉克当文化，中国旧石器时代的周口店文化、丁村文化、小南海文化，新石器时代的仰韶文化、龙山文化、大汶口文化、良渚文化等，均以遗址所在地的村镇名称来命名。也有以遗址的名称作为文化名称的，如欧洲旧石器时代晚期的梭鲁特文化和马格德林文化，中国旧石器时代的观音洞文化和山顶洞文化等。还有以某一遗址的某一期典型文化遗存作为文化名称的，如庙底沟二期文化、客省庄二期文化、后岗二期文化等，就是以庙底沟遗址的第二期文化遗存、客省庄遗址的第二期文化遗存、后岗遗址的第二期文化遗存来命名的。以具有特征性的遗物作为文化名称，在20世纪70年代前也常被采用，如中国新石器时代文化中的细石器文化、彩陶

---

① 夏鼐、王仲殊：《考古学》，《中国大百科全书》(考古学)，中国大百科全书出版社1986年版，第1—21页。

文化、黑陶文化、印纹陶文化等。由于一种具有特征性的文化遗存可能在几种不同的文化中或不同时代的文化中存在,因此这种文化命名容易混淆文化性质和文化时代,故现在已不被采用。还有以族名来命名文化的,如吴越文化、巴蜀文化等,这种文化命名适用于时代较晚的青铜文化。[①]

对考古学文化进行命名,首先要看被命名的文化遗存能否构成一种"考古学文化"。如某类文化遗存还不能构成一种"考古学文化",就不应对其进行命名。

三、考古学文化研究中应注意的问题

考古学文化的研究一般包括以下几个方面的内容:文化的分布范围,其中包括文化分布的中心地区和波及地区;文化面貌及其特征;文化渊源和发展、演化,文化时代和分期,与邻近地区同时代文化的相互关系;文化内涵所反映的社会形态等。要从一二处典型遗址入手,作全面、深刻的研究,再进一步把握整个文化内涵。

某一个文化的起源、发展和演化,既同该文化所在地的地理条件、生态环境有关,又同当时该地区人们的思想意识形态及宗教观念有关。史前时期生产力水平比较低下,人类对自然环境的依赖性比较强,人类的生产和生活受自然环境的影响较大,因此对文化面貌的影响较大。进入阶级社会以后,政治中心所在地的经济、文化,对其周边地区的经济和文化影响较大,而对边远地区的经济和文化的影响则比较小。

一种文化在其发展过程中,各个阶段的分布范围会有所不同,文化面貌也不断发生变化。当一种文化在演化过程中,其文化面貌的演化未发生质变时,可称为同一文化的不同分期,如果文化面貌发生了质变,则应视为另一文化。一种文化的发展、变化,器物的演化,既跟生产技术的发展变化有关,也跟外来文化的影响及各部族宗教观念形态的变化有关。

不同的生态环境,不同内容的生产活动和生活习俗,不同的文化传统,是形成不同文化的根本原因。每个文化系统自身发展所形成的文化特征决定该文化的性质,相邻文化之间的影响所产生的一些相似的文化因素,不决定文化的性质。两个不同生态环境的交汇区和两个文化系统的交汇地区,是不同文化系统的过渡地区。过渡地区的文化除受到相邻地区的文化影响外,仍具有自身的文化特征,不应将过渡地区的文化归属于其相邻的文化系统,而应根据自身的文化特征来确立文化系统。中国秦岭以南的鄂西北和豫西南直至淮河一线,是黄河流域诸文化和长江流域诸文化的交汇地区,该地区的古文化既受到黄河流域诸文化的影响,又受到长江流域诸文化的影响,同时又具有自身的文化特征,要根据自身的文化特征来确立其文化系统。

第三节 考古时代的划分

考古学是根据生产工具的变革来划分考古时代的。根据生产工具可将人类古代社会分为石器时代、青铜器时代和铁器时代。石器时代可分为旧石器时代和新石器时代,有的地区在旧石器时代与新石器时代之间,还有一个作为过渡阶段的"中石器时代"。有的地区在新石

---

① 夏鼐:《关于考古学文化定名问题》,《考古》1959年第4期。

器时代与青铜器时代之间还有一个作为过渡阶段的"铜石并用时代"或称"金石并用时代"。①

在中国,石器时代、青铜器时代和铁器时代,基本上是和社会发展的三个阶段(原始公社制社会、奴隶制社会、封建制社会)相并行的。在欧洲等地区,整个石器时代、青铜器时代和早期铁器时代都处在史前时期。

一、石器时代

(一) 旧石器时代

人类和古猿的最本质的区别是能否制造工具,人类最早制作的工具有石、木器等质地的,木器等质地的工具不能经历数百万年的保存,只有石器才能保存至今。考古学界将人工打制的石器称为"旧石器",而后世出现的"磨制石器"则称为"新石器"。就整个世界而言,旧石器时代大约从300万年前开始,结束于距今1.2万年至1万年。旧石器时代占整个人类历史的99%左右。旧石器时代的分期,一般采用两分法或三分法,两分法是将埋藏于下更新统和中更新统地层上的石器遗存称为"下部旧石器时代",埋藏于"上更新统"地层中的石器遗存称为"上部旧石器时代"。三分法是将旧石器时代分为早期、中期和晚期。三分法的划分与古人类的三个发展阶段("直立人"俗称"猿人"、"早期智人"俗称"古人"、"晚期智人"俗称"新人")相一致。旧石器时代早期人类社会处在血缘婚和血缘公社阶段,中期向氏族公社过渡,晚期母系氏族公社确立。

旧石器时代人类以采集和渔猎为生,只能以天然的产品作为食物,这种经济称为"掠夺性经济"或称"攫取性经济"。

旧石器时代处在地史上的新生代更新世,在更新世发生过几次冰期和间冰期,地球上的气候和自然环境发生过几次大的变化,气候和生态环境的变化使地球上的生物也相应地发生变化。研究古生物的变化可以了解更新世的气候和生态环境。更新世的许多生物现今已经绝灭,绝灭的生物以化石的形态保存在地层中,这些古生物化石是研究当时的生态环境的重要材料。

(二) 中石器时代

中石器时代是旧石器时代和新石器时代之间的过渡阶段。在这一阶段人类的经济生活仍为采集和渔猎,使用打制石器,磨制石器尚未出现。地质时代处在全新世早期(冰后期)。欧美学者将中石器时代称为"续旧石器时代",也有人称之为"上旧石器时代"或"外旧石器时代"。中石器时代这一概念出现后,考古学界一般都将间接打击法制作的"细石器"作为主要的生产工具。如欧洲的阿齐尔文化、塔德努瓦文化,均以几何形细石器为主体,用三角形、半月形和梯形的石片镶嵌在骨柄上作为复合工具(镰刀、匕首、小割刀、弓箭)使用。②

中国有无"中石器文化",考古学界的意见尚不一致。中国有的学者曾将陕西朝邑大荔地区的沙苑文化和河南灵井遗址的细石器作为中石器文化遗存,但从这些遗址发现的石器的制作、器形及石器埋藏的地层、伴生的动物化石来看,沙苑文化应归属于新石器时代早期,灵井的文化遗存应归属于旧石器时代晚期。从近几十年所公布的考古资料来看,所谓"中石器文化",只能作为某些特定地区的"石文化",而不能作为世界各个地区普遍存在的一种石器文

---

① [美]威廉·A.哈维兰著,王铭铭等译:《当代人类学》,上海人民出版社1987年版,第6—75页。
② 裴文中:《中国石器时代》,中国青年出版社1980年版。

化遗存,世界上不是每个地区都经历过"中石器时代"。

(三)新石器时代

新石器时代是以农业、家畜饲养业和磨制石器的产生作为主要标志,有的地区在农业和家畜饲养业及磨制石器出现后,陶器尚未出现。陶器尚未产生的新石器时代早期阶段,称为"前陶新石器时代"或称"无陶新石器时代"。西亚的伊朗、伊拉克、土耳其、叙利亚和巴勒斯坦,东南欧的希腊半岛和克里特岛等,都经历过前陶新石器时代。中国的华南地区和黄河流域,也发现一些前陶新石器遗址。①

世界各地区因文化发展的不平衡性和生态环境的不同,新石器时代开始和结束的年代也各不相同。西亚在公元前 9000 年至公元前 7000 年属于前陶新石器时代,中国的长江以南地区大约在公元前 9000 年进入新石器时代。新石器时代的结束年代,西亚大约在公元前 4000 年初、印度在公元前第 3000 年中期,中国的黄河流域大约在公元前 2000 年初。上述地区都是在青铜器时代进入文明时代,产生阶级和国家。

西亚在前陶新石器时代开始栽培小麦、大麦,饲养绵羊、山羊和狗,但采集和渔猎仍占较大的比重,已形成不稳定的小规模聚落。石器有镶嵌几何形细石器的镰刀、刃部磨制的石斧和琢制的石容器。公元前 7000 年至前 6000 年,农业和畜牧业成为主要的经济来源,磨制石器普遍出现,开始制作圜底深腹陶钵,开始出现稳定的聚落。中国的华北地区,公元前 6500 年至前 5000 年的老官台文化、磁山文化、裴李岗文化、后李文化时期,已形成大规模的聚落和氏族墓地。以种植粟、黍一类耐旱作物为主的农业经济已比较发达,饲养的家畜有猪和狗,磨制石器和陶器都比较发达。公元前 6500 年至前 3000 年的仰韶文化时期,农业和家畜饲养业比较发达,以彩陶和红陶为特征的制陶业和磨制石器有了进一步发展。长江流域,在公元前 6500 年的彭头山文化、公元前 5000 年的河姆渡文化、马家浜文化时期,已普遍栽培水稻,饲养狗、水牛、猪,磨制石器和陶器都比较发达。良渚文化时期轮制陶器普遍出现,开始养蚕织绢。

(四)铜石并用时代

铜石并用时代亦称金石并用时代,属于新石器到青铜器时代过渡阶段。这一时期人们开始使用红铜(纯铜)工具,已掌握铜的冶炼技术,用冷锻或铸造方法制作红铜器,红铜器由于质地软等缺陷,只能用来制作小型的工具和饰物,故磨制石器仍是农业生产的重要工具。

世界上并不是所有的地区都经过铜石并用时代。大洋洲的土著居民在殖民者入侵前,一直停留在石器时代,过着采集和渔猎生活,没有经历过铜石并用时代。撒哈拉沙漠以南的非洲,在公元前 1000 年末至公元 1000 年初,从北方引进制造铁器的技术,直接由石器时代进入铁器时代。日本也是由石器时代进入铁器时代。中国的黄河流域,马家窑文化至齐家文化时期,既有红铜器,又有青铜器。中国是否经历过铜石并用时代,学术界尚没一致意见。

西亚是世界上最早进入铜石并用时代的地区,在公元前 6000 多年西亚的一些地区开始出现红铜器,铜器的品种有铜锥、铜针、铜珠等。到公元前 6000 年后期,西亚地区普遍进入铜石并用时代。在欧洲,接近安那托利亚(土耳其半岛)的巴尔干东部,于公元前 4000 年进入铜

---

① 张之恒:《新石器时代早期的文化特征》,《中石器时代文化及有关问题研讨会论文集》,广东人民出版社 1999 年版,第 115—124 页。

石并用时代。爱琴海诸岛和希腊半岛，约在公元前 3000 年中叶进入铜石并用时代，比巴尔干晚了 1000 年。

二、青铜器时代

青铜是铜和锡或铅的合金。青铜和纯铜相比有三大优点：第一，熔点低。红铜的熔点一般是 1083℃，如加锡 15%，熔点降低到 960℃。第二，硬度大。一般红铜的硬度是布林氏硬度计的 35 度，加锡 5%，其硬度增至 65 度；如加锡 10%，硬度增至 165 度。第三，青铜铸件，不易出砂眼。青铜熔液不易吸收空气，浇铸时气泡少，能使熔液进入范的各个细部，容易铸造出锐利的锋刃和细密的花纹。由于青铜器有上述优点，故青铜器出现后，很快就取代了红铜器。但由于铜矿较少，开采和冶炼需要一定的技术，因而青铜器只能用来制兵器、礼器和日用品，生产工具仍然是磨制石器。世界上有些文明的次生地区是由石器时代直接进入铁器时代的，如日本列岛的弥生时代，撒哈拉沙漠以南的非洲、美洲和大洋洲等地区。

在古代文明（原生文明）产生较早的地区，如印度河和恒河流域、两河流域、爱琴海地区、尼罗河流域、中国等，青铜时代是和文明时代相并行的。欧洲的大部分地区、中亚和西伯利亚、北美洲等地区，青铜器时代尚无文字，都未进入文明时代，尤其是游牧业比较发达的部族进入文明时代则更晚。①

青铜文化在世界各地的发展是不平衡的，以伊朗南部、安那托利亚和两河流域（美索不达米亚）一带制造和使用青铜器最早，在公元前 4000 年初产生青铜器；欧洲在公元前 4000 年中期、印度在公元前 3000 年中叶、埃及在公元前 2000 年中叶、美洲则于 11 世纪以前，进入青铜器时代。中国的青铜器时代发源于黄河流域，从公元前 21 世纪至公元前 5 世纪为青铜器时代。中国的青铜器时代大体相当于文献记载的夏、商、西周和春秋时代，与中国的奴隶制社会的产生、发展和衰落相始终。黄河流域在龙山文化和齐家文化时期，出现红铜、黄铜（铜和锌的合金）和青铜制造的器物，其种类有刀、铲、凿、钻头、匕、斧、镜、指环、环和泡等工具、用具和饰物。这些器物经化验，其成分多为红铜，用锻打方法制成；镜为青铜，用范铸造。龙山文化遗址中发现的青铜器最多，表明龙山文化时期是黄河流域由新石器时代向青铜器时代发展的过渡阶段。龙山文化之后，黄河流域进入文明时代，青铜器铸造业迅速发展。

三、早期铁器时代

铁器时代系指青铜器时代之后，生产工具和武器以铁器为主的时代。考古学研究中的铁器时代主要是指铁器使用的初期阶段和一些民族史前文化中的铁器文化阶段，故称早期铁器时代。就全世界范围而言，早期铁器时代从公元前 2000 年末开始，至公元前第 1000 年中期逐渐普及于欧亚大陆。埃及、巴比伦、印度和中国等地域是古代文明产生较早的地区，这些地区是青铜文化高度发达以后进入铁器时代的，希腊和罗马则在早期铁器时代进入文明时代。欧亚大陆的其他地区和非洲内陆地区的各民族在史前时代的最后阶段才跨入早期铁器时代。美洲印第安人在欧洲殖民者来到之前还不知使用铁器，故印第安文化无早期铁器时代。

---

① 郭宝钧：《中国青铜时代》，三联书店 1963 年版。

铁器的质地坚硬，矿藏分布广泛，价格低廉，因此在世界各民族的古代文化中，铁器一旦产生后随即普及于生产的各个领域，在人类历史上起了划时代的作用。一些民族在早期铁器时代由史前阶段跨入文明时代，一些民族则在早期铁器时代由奴隶制社会进入封建制社会。铁器的制造和使用对于各文明古国的边缘地区的各少数民族的政治、经济和文化的发展起了很大的推进作用，铁器的传入使原来比较后进的民族迅速跨入文明时代，并创造了自己的铁器时代文化。例如，铁器由尼罗河下游传入其上游的苏丹和埃塞俄比亚之后，两地先后建立起麦罗埃王国和阿克苏姆王国。中亚和欧亚大草原上的游牧民族，铁器传入之后，创造了极富特色的斯基泰文化和萨尔马泰文化。

希腊自公元前10世纪普遍使用铁器，加速了社会的发展。到公元前8世纪，希腊各地建立了奴隶制城邦，希腊古典文明逐渐形成。希腊古典文明形成的物质基础就是铁器的广泛制造和使用。正是早期铁器时代这一物质基础使希腊人在文化创造上取得了人类历史上为其他民族所不能企求的成果。

中国从春秋时期开始冶铸铁器。湖南长沙龙洞坡墓和长沙识字岭314号墓、江苏六合程桥东周墓等，都出土了少量的铁制工具。这些工具器类简单，形制薄小，说明当时正处在铁器制造的早期阶段。到了战国中叶后，铁器普及到全国各地。当时楚国、燕国等诸侯国的军队装备，除青铜器外，主要使用铁器。春秋战国时期铁器的制造虽然还处于早期阶段，但作为一种新的生产力因素，在社会生产中发挥了巨大作用，促使中国社会由奴隶制发展到封建制。到了东汉时期，铁器最终取代了青铜器。

第四节　考古资料整理和报告编写

考古学的研究对象是实物资料（遗迹和遗物），如何收集这些资料，是考古方法论的重要内容。作为一门科学的近代考古学，收集实物资料的主要手段是田野调查和发掘。

一、考古调查中应注重的问题

田野调查是一项很重要的考古工作，只有经过详细的田野调查，才能决定发掘地点和对象，并决定采用什么方法进行考古发掘。考古调查本身也是一项科学研究工作。考古调查工作如若做得广泛、深入，也可以解决一些考古学的重要问题。例如，通过考古调查，可以究明某一文化的分布范围，了解该文化与地理环境的关系等。

考古调查对象主要有平地上的居住遗址、洞穴中的居住遗址、城寨遗址、古代墓葬、人工挖掘的圹穴或采石坑、摩崖造像和题刻、可移动石刻（造像、碑刻、经幢等）、古代建筑物、石器、骨器、陶器及其他遗迹和遗物。

在野外调查之前要查阅古文献和考古期刊，并摘抄有关资料。依据文献资料，在地图上找出要勘察的地点，并且根据地形和地名，判断哪些地点可能有古代遗址和墓葬，在地图上标出记号，以便重点调查。

调查人员到达调查地点后，要向当地居民了解附近有什么古迹和出土过什么古物。当地文化馆或博物馆和私人收藏的古物都要查看，询问出土地点和有关情况。获得了这些资料后，再决定调查路线。调查路线，一般是沿河流或大路为主干线，沿大路只是为了行走方便，古遗址一般都在河流两岸，调查者必须根据具体情况划定调查范围。

实地勘查时,要特别注意地形,仔细观察地面上的现象。要充分利用沟沿、路边断崖、山崖断面、人工圹穴和河流等各种断面,寻找遗物和遗迹的露头,并了解文化层的情况。泉水附近、两条河流的交汇区、渡河的津口、平地上高起的地方、河流两岸的台地,都应特别注意,可能有居住址和大型墓葬。石灰岩地区可能有洞穴遗址,湖边和海边可能有贝丘遗址,也应加以注意。农民取土、挖窖穴、修渠、挖井、造墓、筑屋及深耕的地方,有可能将地下古物翻出来,考古调查时都要细心观察。

在调查过程中,要做好文字、绘图、照相、测量等各种记录,并采集标本,以供在室内作进一步分析研究。文字记录包括下列各项:遗址编号、地名、隶属关系、遗址或墓葬的位置(可标注在调查图中)、海拔高度、关系人姓名和住址、地理形势、遗址大致面积、文化层深度、土堆高度、附近流水(河流、湖泊、池沼)、土质和地面上农作物、侵蚀情况、近代建筑物、文化性质和文化时代、绘图号、照相号、调查日期和记录者。上述记录可印制表格填写。

采集标本的要求:一般小件器物(石器、骨器、玉器、铜钱等),要全部收集;沉重的大型器物如石刻,不便运走的,应作好有关记录,交给当地的行政单位保管。至于陶片,可选择有代表性的作为标本(标本要有标签)。

二、考古发掘中应注意的问题

(一)考古调查中发现的遗址或墓葬

应选择一些重要的进行考古发掘。选择遗址或墓葬的标准是:除了建设工程急需的地点外,要选择有利于解决考古学亟待了解问题的地点;遗址中所包含的遗迹和遗物较丰富且有典型性、代表性;有可能被自然力毁掉的遗址和墓葬。

(二)考古发掘中的地层研究

要做好发掘工作,首先必须懂得地层学。人类居住在一地,一般都会在原来的天然堆积或沉积的地层上,堆积起一层熟土。这种熟土常夹杂着人类无意或有意抛弃的器物。这种包含文化遗物的熟土层,考古学上称为"文化层"。后来的人再在这一文化层的上面生活,又会在原来的"文化层"上堆积起另一"文化层"。如果有一时期没有人类居住,就会堆积一层天然堆积物,如水流冲积的淤土、风吹来的沙层及草木朽烂的腐殖土。这种天然堆积层,考古学上称为"间歇层"。这就是考古学的地层学的基本原理。如果没有经过扰乱,上层的年代必然晚于下层的年代。这样,文化层的堆积便构成了这一遗址的编年历史。有些较难识别的地层,可用小铲或手指探摸。分辨层次时,要注意两种情况,一种是"扰乱层",一种是"断层"。此外,在文化层的揭露过程中,要经常控制一个正确而清晰的断面,在断面(剖面)上可以看清各层之间的界限,可以看清因扰乱而形成的破坏情况及其范围,从而可以追究各层之间的关系。

三、遗址的发掘

遗址发掘有两种方法:探方发掘法和探沟发掘法。

遗址的考古发掘,一般为探方发掘和探沟发掘,这两种发掘方法以探方发掘最常使用。

"探方"法布方方法是,先在选定的发掘区域内划好方格网,在每个十字线交叉点打下1根木橛。方格的大小亦即"探方"的大小,根据遗址文化堆积厚度而定。遗址的厚度在3米以上,探方的边长可为4—6米,一般探方每边长5米。不管探方的大小,相邻的两个探方之间要保留0.5—1米的隔梁,到发掘过程的末尾再挖掉。每个探方要编号。

探方法适合于发掘整片遗址,优点较多,是最常用的发掘遗址的方法。探沟法适合于时间很短的试掘,以了解遗址的地层情况。探沟法亦用于解剖城墙的结构和修筑情况。

无论探方法或探沟法,挖掘方法都是相同的,即按文化层分层下挖。为了避免在发掘过程中大面积地打破文化层的底部,应在每个探方中划出边长1米的"控制坑",先向下挖一薄层,以便了解地层情况。

考古发掘要有详细记录,将发掘时观察到的一切有关情况、现象都记录下来。记录方式分为文字、绘图和照相三种。居住遗址的文字记录的内容包括发掘地点(一般为字母缩写),记录者姓名,记录时间(年、月、日),各层的遗迹和遗物,地名的划分,每层所显露的现象及出土物,各层的时代与断代的证据或说明,遗迹的尺寸和结构。一般陶片及兽骨常大量出土,只需在盛放这些陶片和兽骨的布袋的内外放置标明探方号或探沟号及层位的标签。重要的陶片和兽骨、完整可修复的器物,要用坐标记录法进行测量和记录。坐标记录法是指测量遗物距离纵、横坐标的垂直距离及深度(一般以探方的西南角为基点)的方法。遗物的记录中除记录坐标外,还记载器物的编号、层位、器物名称及简单描述。居住遗址的绘图,包括各探方或探沟的1个侧壁的剖面图和每一个文化层的平面图。文化层中如果遗迹分布密集,还需绘制遗迹分布图(平面图)。照相记录也很重要,遗址发掘前的地貌情况,发掘的各过程,地层的剖面,遗迹的平面分布,遗物出土情况等,都要照相记录下来。

四、墓葬的发掘

居住址是人们在世生活的遗迹,墓葬是人们死后在"阴间"继续生活的遗迹,居住址和墓葬都是当时人们物质生活和精神生活的反映。墓葬只是将生前的生活情景,缩小于墓坑之中。它是当时人们宗教信仰的反映,现实生活的缩影,不同程度地反映了社会经济形态和意识形态的真实情况。

发掘古代墓葬,主要有三个目的:(1)研究种族的体质特征。创造某一文化遗存的人们属于哪一种族,可以通过墓葬中的人骨来鉴定。(2)了解古代的葬制和葬俗。(3)通过墓葬中的随葬器物以了解古代的工艺水平和社会经济生活的状况。

一般土坑竖穴墓的发掘,先用探铲做钻探工作,弄清层位关系、分布范围。墓口找到以后就可进行发掘。挖掘填土时要注意以下几项:墓坑侧壁是否已挖到,是否经过盗掘及盗坑情况、范围,区分被扰部分和未扰部分的界限;是否有晚期墓打破早期墓的情况;合葬墓是否有二次葬入的迹象,收集填土中所包含的陶片及其他遗物;近底部时区分随葬器物和弃置填土中的杂物。清理墓室和墓底时要注意以下几点:(1)墓室的结构。竖井墓要注意有无二层台,二层台是"熟土"还是生土。洞室墓要注意洞室的形状。(2)葬具及痕迹。苇席、木棺和木椁,一般都已腐朽,但可根据它遗留的痕迹,弄清它们的大小和形状。(3)人骨架的葬式,如仰身、俯身、直肢、屈肢,以及头向和面向等。(4)随葬器物的位置和它们相互间的关系。发现每件器物,都要寻找与此有关的资料,如发现斧时,要找斧柄的有关痕迹,发现镞,要找箭杆的痕迹,并在附近找弓的痕迹;成束的箭镞要找箭袋的痕迹。墓葬中出土物的编号,每墓自成一单位编号。平面图和记录簿都使用同一个编号。墓葬中完整的人骨要全部采集,以作标本。残缺的人骨架不需采集,但要在野外作性别和年龄的鉴定。

发掘有坟丘的墓葬,其坟丘发掘要用十字四分法或平行长条法。其发掘原理与发掘居住址开探方或探沟相似。发掘土冢要弄清下列各项:墓冢高度大小和形状的变化;土冢内埋藏各种祭祀仪式和纪念性遗迹和遗物,放置在哪个位置和如何安置。清理填土时,要注意填土中的埋祭遗存,记清层位及迹象,分析其意义。清理椁室是发掘工作的重心,要特别细心。椁室内如有盗坑要先行清理,其出土物另行编号,不能和墓葬本身的出土物混在一起。

穿山凿石洞穴式陵墓、陪葬坑(人殉坑、兽葬坑、粮仓坑、车马坑等)、砖室墓等,都有各自的发掘方法,应按规定的方法进行清理。

墓葬清理完毕后,还要作文字、绘图和照相等记录。这些记录要能反映全部工作过程和情况、遗物、遗迹保存的状况、位置及复原状况,对各种迹象形成的原因作出正确的解释。发掘工作的原则是,要做到能够根据各种记录,恢复墓葬未发掘清理的状况,并根据这些记录研究当时的葬制。

文字记录一般采用表格进行记录。文字记录内容要详细,但要简明扼要、准确可靠,必要时可绘草图来表现。绘图记录主要有墓地地形和墓坑分布图,墓葬平面图、剖面图和随葬品、人骨的细部详图。照相记录是田野考古取得真实资料的主要手段。照相的内容主要有:发掘前原古迹(墓葬或居址)所在地的自然环境;开工和发掘过程中各个环节的工作情况;工作进行过程中发现的异常情况(如墓坑填土中发现殉葬物和人骨架,遗迹的打破关系和相关迹象);主要研究对象的主体图像和特点,如墓葬和居址的形制、结构、图像和总体布局的图形,遗迹和遗物清理后的整体景观,包括墓葬的形制、人骨及随葬品的分布、房屋的布局及相互关系;特写细部(人骨姿势、装饰品的佩带组合、随葬品的叠压情况、屋内陈设物的保存状况)图像等。[①]

五、资料整理和报告编写中应注意的问题

(一)资料的整理

出土物经过登记编号后,要依器物的质料或用途,分成若干大的类别。还要根据某一因素(如器形)或几个因素,分成几个小的类别。最好分器物类型时,所确定的类型必须有它独特的特征。至于器物的定名,一般采用当时的名称。如果当时的名称已无法考证,或所考证的仍不可靠,可用后世的或现今形制相近的器物的名称。

推断文化年代是资料整理中一项重要的研究工作。确定年代的方法主要有下列五种:

1. 依据文字材料。文字材料包括出土物中有文字纪年的,例如古建筑物的建筑材料上有制造年代的、建造建筑物的碑记、古墓中的墓志等。对于建筑物要注意是否经过重建而旧碑记仍保留,或碑记是否由他处移来。同一墓或同一层的出土物,其制造年代不一定相同,前一时期的遗物可能在后一时期使用,因此不能用个别出土物的孤证来确定一地层或一墓葬的年代。一些史书或地方志,也记载某古物或某一建筑物的年代,这也是确定文化遗存的一个依据。但利用这种文献资料要特别谨慎,否则会出现错误。

2. 进行地层研究。先确定各地层的先后顺序,以已知年代的地层(含可确定绝对年代遗物的地层)来推断其他层次的年代。用这种方法确定年代,有两条原理必须遵循:(1)各墓或各层中年代最晚的一件器物,是该墓或该地层最早的年代;(2)一墓或一地层的年代,可由其所压的或被压的上下层时代定其上下限。

3. 利用地质结构或古生物学(包括动物化石和花粉孢子)的证据,也可以断定文化层的

---

① 石兴邦:《田野考古方法——调查、发掘与整理》,《考古工作手册》,文物出版社1982年版,第3—93页。

年代。

4. 型式学的研究。根据器物的演化规律,将各类器物按照形式的差异程度的不同而排成"系列",设法推断"系列"中最早或最晚的一环。

5. 利用自然科学方法断代,例如,放射性碳素、热释光断代、古地磁断代等。

(二) 报告或简报的编写

考古调查和发掘的结果都应以报告的形式发表,以便让他人使用考古资料。如果发掘报告要数年后才能完成,那就应该先发表简报。

发掘报告一般分三部分:(1)绪论,包括遗址或墓葬位置和所处的地理环境、古今沿革、发掘历史和前人工作、发掘经过、发掘单位和参加发掘的人员、发掘方法等。(2)正文,包括文化堆积、遗迹或遗物的描述。(3)结论,包括文化遗存时代和性质、年代和分期、发掘收获和尚需解决的问题。

考古调查亦需编写报告或简报,其内容包括遗址所在的位置和地理环境、调查经过、遗址现存面积和保存情况、遗址的地层堆积、采集的标本及其分类、文化性质及年代的推断、保护措施的建议。如果是地区性大面积调查,应将遗迹和遗物按时代加以描述,并利用图表归类,还要将遗址标注在地图上。

一个全面完整的报告,应将与文化遗存有关的其他资料附在报告的后面,以便研究者参考和查阅。常见的附录有,石料的鉴定报告、放射性碳素测定年代的数据、动植物标本鉴定报告书、土壤植物孢粉分析报告、人骨的人类学研究报告。

第五节　考古学的分支

按照考古学的年代范围、对象、手段和方法的不同,考古学可以划分成史前考古学、历史考古学、田野考古学和各种特殊门类的考古学分支。

一、史前考古学和历史考古学

从研究的年代范围来划分,考古学可分为历史考古学和史前考古学两大分支。也有的学者主张在史前考古学和历史考古学之间增加原史(新石器时代末期与文字出现前的历史阶段)考古学。

史前考古学研究的年代范围是文字未出现前的历史阶段,历史考古学的研究范围是有了文献记载以后的人类历史。世界各地文字的产生有早有晚,所以世界各地区史前考古学研究的年代下限和历史考古学研究的年代上限是各不相同的。中国的史前考古学,大致包括旧石器时代和新石器时代。欧洲的大部分地区和非洲的内陆地区,史前时代则延续到早期铁器时代。

由于史前时代没有任何文献记载可供研究,所以史前时代的人类历史的研究完全依靠考古资料,亦即依靠史前考古学。历史考古学必须参考文献记载,它可与历史学分工合作,共同研究历史时代的人类社会历史。

史前考古学主要是研究石器时代(有的地区也包括青铜器时代和早期铁器时代)的文化遗存,历史考古学主要是研究青铜器时代和铁器时代文化遗存。两者所研究的文化遗存存在着性质上的较大差异,所以研究方法不同。

史前考古学与第四纪地质学、古动物学、古植物学、古人类学、民族学等学科的联系较为密切，必须利用这些学科的研究成果，为其研究服务。历史考古学必须与历史学相配合，同时还要依靠古文字学、铭刻学、古钱学、古建筑学等分支。从判断绝对年代的手段来说，史前考古学在很大程度上依靠地层学及物理、化学等自然科学的技术，而历史考古学则主要依靠文献记载和年历学。

二、田野考古学

20世纪初叶，欧美的考古学家开始重视田野调查和发掘，注重发掘技术，田野考古开始成为一门独立的学科。1904年由美国考古学家彭北莱和德国的赫伯特施密特主持的对中亚科佩特山北麓的安诺遗址的发掘，在考古发掘的技术史上占有重要位置。安诺遗址的发掘采用挖掘大型探方的方法，每件器物都标明其出土位置（用纵横坐标记录出土位置）。大多数挖掘出的土都经过筛子筛过，以免漏掉小器物。以后世界各地的田野考古逐步转入以发掘为中心，并扩大调查对象和范围，发掘方法逐步完善，技术快速进步。各种自然科学的手段相继用来进行田野调查和发掘。例如，利用航空照相、磁力探察和地抗力探索等方法以发掘遗迹和遗物，用红外线摄影和用其他各种特殊摄影技术进行测量和制图等。

考古调查和发掘有一套完整的方法，需要使用许多特殊的器材和设备，还要用各种自然科学手段，这就使田野考古有其相对的独立性。将它作为考古学的一个分支学是必要的。

三、几种特殊门类的考古学分支

史前考古学、历史考古学和田野考古学，是考古学的三个主要分支。除这三大分支外，还有许多特殊门类的考古学分支。这些特殊门类的考古学分支，有按研究对象的不同而划分的，如美术考古学、宗教考古学、古钱学、古文字学和铭刻学等；有按研究方法和手段的不同来划分，如航空考古学、水底考古学等。

作为考古学的一个分支，美术考古学研究的是人类的古代历史。它将各种美术品作为实物资料来复原古代的社会文化。美术考古学的研究对象在年代上上起旧石器时代晚期，下迄各历史时代，它既属于史前考古学的范围，也属于历史考古学的范围。

宗教考古学是以有关宗教的文化遗存作为研究对象的考古学分支。人类从旧石器时代起就有宗教活动，到历史时期宗教活动更为普遍。因此，在研究人类古代历史时，必须将宗教活动作为一个重要方面。宗教考古的研究对象主要有岩画、壁画、神殿、寺庙、祭坛、祭具、造像、经卷、符箓及其他一些崇拜对象（遗迹和遗物）等。在宗教考古学中，欧洲的基督教考古学、北非及西亚和中亚的伊斯兰教考古学、南亚和东亚的佛教考古学较为重要。

古钱学是以古钱为研究对象的考古学分支。古钱的铸造年代准确，常作为考古断代的依据之一。古钱学研究，不仅要判别古钱的铸造年代，而且要通过对古钱的形制、质料、重量、铭文、图文和铸造技术的考察，研究古钱的铸造者和发行地区，研究铭文、图文的意义和风格，从而为经济史、文化史和美术史的研究提供资料。对古钱出土和地域的考察，还可研究世界各地区经济贸易和文化交流方面的情况。

古文字和铭刻学的研究对象是铸、刻或书写于遗迹和遗物的文辞。含文辞的遗迹和遗物，大体上可分为两类：（1）文辞是器物的主要内容，如墓志、碑碣、印章、甲骨、简牍、泥版、帛书和纸书等；（2）铭文处于附属地位，如纪念性建筑物、雕刻品、货币、度量衡器、镜鉴、工具和各种容器等。古文字学和铭刻学的任务在于辨认文字,解读文句,抽释文例,考证铭文的内容及判断时代等。现已发现的古文字主要有埃及古文字、苏美尔文字、迈锡尼文字(线型文字B)、商周甲骨文和金文、古印度文字、契丹文字和玛雅文字等。后三种文字只能识别一些单字,还不能顺利判读文辞。前几种古文字均能详细解读,对研究古埃及文明、苏美尔文明、迈锡尼时代的希腊文明和中国的商周文明,起了很大作用。对铭文的研究还可以判明遗迹和遗物的制造者、所有主、所在地、用途和制造目的等。由于是铸、刻或书写于遗迹和遗物上的,其可靠程度超过文献记录,它不仅可以补充文献记载的不足,还可纠正错误。因此,古文字学和铭刻学对研究古代人类历史和语言文字具有重要价值。

航空考古学是指用飞机等航空工具在空中对地面摄影,通过对所得照片的观察和分析,判断遗迹和遗物的形状、种类及其分布。最早在考古研究中使用空中摄影是在1906年,由英国皇家陆军中尉P. H. 夏普进行的。到第一次世界大战期间(末期),英、法和德国的考古学者利用空军侦察地形所拍摄的航空照片,寻找地面上的古迹。半个世纪以来,航空考古学的技术不断改进,特别是人造卫星的发明和摄影技术的发展,使得航空考古的效果大为提高。利用航空摄影和航天摄影探寻到的遗迹,大体上可分为三类:(1)通过土质不同而产生的土色明暗判别出来的,如坑穴、壕沟和道路等遗迹;(2)由阳光斜射时产生的阴影显示出来的,如堤坝、坟丘和城墙等遗迹;(3)从农作物、野草等植物的绿色深浅差异而判明的,如村落、都市、农田、道路、运河等遗址。没入海中的遗址也可通过航空摄影而发现,如腓尼基的两个海滩(推罗和西顿)就是通过航空摄影而被发现的。航空考古学的重大作用在于它能发现已经被掩藏或淹没的古代遗迹,而这些遗迹人们在地面上是无法探寻的。

水底考古学最早发祥于16世纪意大利人在海底探寻沉船。到了20世纪初期,水底考古调查扩展到世界各地,其中值得提出的是在墨西哥奇琴伊察玛雅文化遗址"圣池"中求求"人牲"和祭品,在突尼斯马赫迪耶港的海上探索满载古希腊美术品的罗马古船。1943年发明了潜水肺,第二次世界大战后又改进了各方面的设备和条件,使得水底考古学真正成为田野考古学的一个分支。

水底考古学是田野考古学在水域的延伸,田野考古学的一个分支。水底考古学的主要任务是发现、打捞和研究水底的古代沉没物、沉船以及淹没于江河湖海中的都市、聚落和港口遗址等。水底考古学可为研究古代造船术、航海术、水文变化、海上交通和贸易等提供重要资料。

中国的水底考古在近30年中也有很大发展,主要任务是打捞南海沉船(外销到海外的沉船)中的大量瓷器。

考古学除上述主要分支外,还可以按地区的不同而分为"欧洲考古学"、"埃及考古学"、"中国考古学"和"日本考古学"等分支。

第六节 考古学和其他学科的关系

考古学是一门涉及面很广的学科,与许多自然学科、技术学科及人文社会学科都有密切的关系。与考古学有联系的自然学科主要是自然地理学、地质学、气象学、生态学以及生物学、体质人类学等。前四种学科,主要是协助研究遗址所在地区的地史与自然资源,以复原当时自然环境。后两种学科,主要是用以鉴定发掘出土的动、植物遗存和人类的骨骼,并判断其年代。

在人文、社会科学方面,与考古学关系比较密切的学科,主要有民族学、民俗学、语言学、人文地理学、社会学、宗教学、政治学、法学及美术史学、建筑史学等。

上述有关学科中,考古学与第四纪地质学、考古动物学、考古植物学、体质人类学和民族学等的关系最为密切。

一、与第四纪地质学的关系

第四纪地质学是研究第四纪重要地质事件的时间和空间的分布规律的科学。第四纪隶属于新生代,包括更新世与全新世两个阶段,是地史上最新的一个时间单位。第四纪是地史上时间极短的一个纪,至今尚未终止。第四纪地质学与考古学,尤其是旧石器时代考古学,关系十分密切。

第四纪地质学的研究成果是旧石器时代考古研究的必不可少的依据之一。根据第四纪地质学的研究,可以确知早期人类所生存的更新世是地球上气候变化剧烈的时代。北半球高纬度、中纬度地区和低纬度地区的高山,在更新世出现过几次大规模的冰川活动。冰川的进退,形成了寒冷的冰期和温暖的间冰期,或雨期和间雨期,两者的多次交替,导致海平面的大幅度升降,气候带的转移和动植物迁徙或绝灭等一系列事件,这些都对人类的体质进化、古文化的发展及居住范围的变化产生过极大的影响。

人类本身是地质历史的产物,而早期人类遗迹通常作为地质现象被埋藏在地层中。由于早期人类的生存对于自然环境的依附性很大,因此,早期人类的遗迹在地层中的分布是有一定规律的。这说明,第四纪地质学是旧石器时代考古研究必不可少的一项重要内容。

旧石器时代考古调查,需要应用第四纪地质学资料,如恢复更新世的地理环境,确定在适合于古人类生存条件下形成的第四纪地层等。对旧石器时代文化遗迹和遗物的时代确定,必须依据第四纪地层的划分对比和对哺乳动物的分析研究。反之,对旧石器时代文化遗存的研究,也能为第四纪地层的划分提供依据。[①]

二、与考古动物学的关系

考古动物学,亦称"骨骼考古学"或称"动物考古学",它是一门对古代遗址中出土的动物遗存进行分析研究的学科。考古动物学与第四纪古动物学有密切的关系,但两者研究的侧重点有所不同。第四纪古动物学侧重于动物本身进化发展的研究,化石是否与文化遗存共存,都可作为研究对象。考古动物学通过研究遗址的动物遗存,揭示古代人们对食物的选择,渔猎和家畜饲养业等方面的经济生活与文化生活状况,以及居址周围的生态环境和气候。

不论是史前考古学,还是历史考古学,都与考古动物学有密切的关系。旧石器时代遗址中出土的动物骨骼,全都属于野生动物。通过对动物群的特征、组合与更替,以及对其中的绝灭动物属种与现代属种的对比及比例统计,可有助于确定遗址的相对年代及划分地层。分析出土动物的种类,还可以了解当时的自然环境和气候情况。全新世早期,家畜在世界各地陆续出现。研究这一时期遗址中的动物骨骼,可以究明家畜的起源。通过对世界各地区遗址中出土的兽骨的对比研究,还可以究明各种家畜饲养业在地域上的发展和传播,从而了解各地

---

① 南京大学地理系地貌教研室:《第四纪地质学》,人民教育出版社1961年版。

区的经济、文化交流。对野生动物骨骼与家畜骨骼的数量统计和比重研究，可以推断出渔猎经济与畜牧经济在当时人类经济生活中所占的比重。如果墓葬中发现的动物遗骨及骨制品所用骨料不属本地区所产的动物，则可以据此推断当地居民和外地居民之间的交往与交换关系。

三、与考古植物学的关系

考古植物学是对古遗址出土的植物遗物进行研究的学科。它是考古学与古植物学相结合而发展起来的一门边缘学科。考古植物学与古植物学，既有联系，又有区别。古植物学侧重于植物的发生、发展和系统分类的研究，植物遗存是否与文化遗存共存，都可作为研究对象。而考古植物学是对古代遗址出土的、与人类活动有关的植物遗存进行研究，揭示古代人们对食物的选择，栽培作物的起源，早期农业的出现等经济生活与文化生活的状况，以及居址周围的自然与生态环境。

考古植物学与考古学的关系十分密切。通过对古代遗址中苔藓、蕨类植物的孢子和种子植物的花粉遗存的分析，可以了解当地古气候、古地理的变化，对石器时代的断代有重要意义。对上述植物遗存的研究，还可以复原古代人们的生活环境及其文化发展，例如根据文化层中农作物花粉的显著增加，可以说明当地居民栽培作物经济的增长。

利用"碳-13测定法"来研究古代农作物遗存，可以了解早期农作物的栽培区域，农作物的变更时代，以及农业的发展水平。

遗址和墓葬中常见的植物遗存有木材、纤维和种子（谷粒、果核和瓜菜种子）等。通过对木材的鉴定，可以了解各种木器的材质，进而推定它们的制法和用途。通过对纤维的鉴定，可以了解纺织品的质料和农业及纺织业的发展状况。通过对植物种子的鉴定和数量统计，可以了解农作物的品种和居民的生活条件。

四、与体质人类学的关系

体质人类学是将人类作为一种生物种，研究其体质形态、身体结构及其生物学的变异和进化，以阐述人类起源、人种的形成和发展规律的科学。在英、美的传统体系中，体质人类学和文化人类学并列为人类学两大部分；在欧洲大陆，如德国、法国和前苏联等国家，人类学特指对人类生物特性的研究，实际上相当于体质人类学。中国学术界所称的人类学，是指体质人类学。体质人类学主要包括三个基本部分：人体形态学、人类起源学、人种学。

体质人类学和考古学的关系十分密切。不论是史前考古学，还是历史考古学，都要依靠体质人类学。从骨骼判断死者的年龄和性别，是体质人类学研究的重要内容。经过鉴定性别、年龄的人骨资料，可以帮助探讨当时的丧葬习俗、婚姻制度和社会组织形态。在新石器时代考古学中，这对研究当时的氏族制度的发展和解体也有重要意义。将随葬品和死者的性别联系起来进行研究，可以了解当时的两性劳动分工。大规模墓区的人骨的性别和年龄的调查，能够获得两性的年龄分配与平均寿命等资料，这些资料可以有助于了解古代居民的生活状况和人口组成情况。判断含有宗教巫术和图腾因素的随葬品归属，可以了解当时当地居民的宗教信仰和氏族社会的性质。分析居民的人种类型，可为探索族源提供线索。研究不同时代不同地区的人骨资料，可以了解古代居民的体质演变及其分布规律；而同一遗址中发现多种体质类型的人骨，则可以了解当时有关居民的迁徙和征战等问题。

古代居民的人骨,有时有人为形成的畸形,如头骨人工变形和拔牙等。这些人骨资料有助于了解古代的风俗和宗教活动。研究人骨人工畸形的种类、出现频率和分布范围,可以探索古代文化交流和民族迁徙的历史。从骨骼上考察古病理,则可追踪某些现代疾病的起源和发展。

旧石器时代,人类体质形态的演化和文化的发展有密切的关系,确定人类体质发展阶段是划分旧石器时代文化发展阶段的依据之一。种族人类学的研究,对古代居民,特别是历史时期的人类种族(人种)的复原有重要意义。确定人种成分,有助于了解不同种族互相毗连地区的古文化渊源和相互关系。用头骨来复原不同古代民族的相貌,对考古学的历史复原和种族人类学的研究也有一定的意义。[①]

五、与民族学的关系

民族学是研究民族的一门科学。民族学将民族作为一个整体进行考察,研究民族的起源、发展及消亡的过程。

考古学与民族学的关系很密切。两者在获得资料的方法及研究方式上有许多共同之处。考古资料的来源主要依靠考古调查和发掘,民族学资料的获得也主要依靠到民族地区去调查。所不同的是民族学是以现代民族的现实生活作为研究对象,而考古学则是以古代人类的文化遗存为研究对象。

民族学和考古学互相利用对方的研究成果。考古学资料及其研究成果,如文化区、文化特征和文化分期等,对民族学研究各个民族的历史发展过程及其规律,有很大的作用。反之,民族学资料,又对考古学研究某一文化阶段的社会制度大有帮助。例如,考古学文化的某一发展阶段和现代某一民族所处的社会发展阶段相同或相近,那末通过对该民族现存社会生活、家庭生活、婚姻制度、宗教信仰等分析对比,有助于了解考古文化相应发展阶段的社会性质以及其他有关问题。

近几十年来,出现了这样的趋势,考古学学者也力图了解民族学知识和民族学资料,也参加民族调查工作,而民族学研究者也尽量地了解考古知识及有关资料,从而使民族学的研究不仅限于某一社会发展阶段,而是对一种社会发展史的研究。[②]

第七节 文化年代的确定

对一个考古学文化,既要明确其分布范围(中心范围和周边地区),又要知其所处的年代。在整理调查发掘资料时,既要确知同类遗存的分布范围,又要断定遗迹和遗物的年代。这是考古研究中的两个要素。研究考古文化的年代,确定文化遗存的年代,这就是考古学的"年代学"。

一、相对年代和绝对年代

考古学的年代可分为"相对年代"和"绝对年代"。"相对年代"是指文化遗存在时间上的

[①] 吴汝康等:《人类发展史》,科学出版社1978年版。
[②] 杨堃:《民族学概论》,中国社会科学出版社1984年版。

先后关系,"绝对年代"是指文化遗存形成时的距今年代(具体年代)。

确定相对年代,主要依靠地层学和类型学的研究,这是考古学研究中两种常用的断代方法。此外,也可以利用某些自然科学的手段和文化遗存的对比研究,来判断遗迹和遗物的相对年代。

利用地层学断定,先要确定各文化层的先后次序以断定它们的相对年代,然后再以各层所含的文化遗存来判断各层的绝对年代。

利用层位关系断代,要依遗存性质的不同而作不同的判断。压在城墙(或屋墙)墙基下的遗物的年代要比城墙或屋墙的筑成年代早,或与墙的筑成年代大致相近。土堆或坟丘所压地面上的遗物,其年代一般比土堆或坟丘筑成年代早,但土堆或坟丘周边低处所压遗物的年代则往往比土堆或坟丘的筑成年代晚,因为它们是土堆或坟丘崩坍后才被堆积在周边的。墓坑填土土中遗物的年代比墓的埋藏年代要早,或与墓的埋藏年代大致相近。人工壕沟中初填土层的年代与壕沟的使用年代相同,但次填土层的年代可能与壕沟使用年代相近或稍晚。

以遗物来判断地层(或墓葬)的年代,要按遗物的性质的区别作出具体分析。古钱的铸造年代都比较明确,但因它长期沿用,故用它断代时必须慎重。陶器使用时间很短,作为断代的依据,价值很高。骨器的使用时间不长,也适宜作为断代的依据,缺点是器物本身的时代特征不明显。石器,由于器形的变化比较缓慢,一般不能反映时代的变化,不宜用来断代;但一些时代特征较强的器形,如不同形制的有段石锛、穿孔石刀等,用来确定相对年代,还是比较好的。

在历史考古学的领域内,判断绝对年代的方法,主要依靠文献记载和年历学的研究。碑碣、墓志、简牍以及其他器物的纪年铭文是确定绝对年代的可靠依据。但要注意碑碣有无经过搬迁,有纪年的铭文是否被长期沿用。如发现这些情况,在断代时就应十分审慎。根据书籍记载和口头传说来确定遗迹和遗物的年代,其可靠程度不如上述各种实物;因为书籍记载未必都符合实际,口头传说更是如此。

二、利用自然科学测定绝对年代

确定史前考古学领域内的绝对年代,在很大程度上要借助自然科学手段。运用自然科学的方法测定考古文化的年代,主要有放射性断代、古地磁断代、钾-氩法断代、树木年轮断代、裂变径迹法断代、铀系法断代、氨基酸外消旋法断代、黑曜岩水合法断代等方法。其中应用最广的是放射性碳素(简称"^{14}C")断代,其次是热释光、古地磁、钾-氩法和铀系法等断代方法。树木年轮断代虽不能普遍应用,但精确度较高。这些用自然科学手段测定年代的方法,为第四纪以来人类进化史的研究提供了比较可靠的年代依据,尤其是为史前考古学的绝对年代体系奠定了基础。

(一) 放射性碳素断代

放射性碳素断代是利用死亡生物体中碳-14(^{14}C)不断衰变的原理进行断代的技术。1949年开始应用于考古年代的测定。一般适用的年代范围在5万年以内。美国芝加哥大学W. F. 利比是该方法的创始人。

放射性碳素(碳-14,^{14}C)断代法所依据的原理是:碳的同位素^{14}C包含在各种生物体内,它是由宇宙线的照射而产生的。而碳-14又不断地衰变为非放射性的氮-14,其半衰期为5730±40年。生物在死亡之前身体中的碳-14的浓度与大气中碳-14浓度保持平衡。但这些含碳物质一旦停止与大气交换,例如生物死亡,碳-14就只能按衰变规律减少。因此,只要测出标本中碳-14减少的程度,就可以推断出生物死亡的年代。碳-14测定年代常用的标本有木炭、炭化的种子或果实、骨头、毛发和未风化的贝壳等。其中以木炭标本最为理想,骨头测定的数据值往往偏高,在石灰岩地区水中生长的生物体(如螺、蚌、贝)所测定的数据也偏高。

放射性碳素断代,是假定大气中碳-14自古以来保持不变。但实际上大气中的碳-14浓度是有起伏的。因此碳-14年代与真实年代存在差距。年代越早偏差越大。因此,碳-14年代必须与树轮年代校正,才接近于真实年代。

公布碳-14年代数据时,距今年代在国际上统一以公元1950年为起点。所有碳-14年代数据都标有标准偏差,意即真实年代实际上只有68%的几率在此数据范围内。由于各种因素都可能有误差,因此,单独一个数据把握性不大,一系列数据才比较可靠。[①]

(二) 古地磁断代

古地磁断代,包括考古地磁断代和地层沉积磁性断代。考古地磁断代是利用某些古物的热剩磁性进行断代的技术,用于新石器时代以来窑、炉、灶、砖、瓦、陶瓷年代的测定。地层沉积磁性断代,是利用地层沉积磁性随地磁极性倒转而倒转的现象进行断代的技术,多用于古人类遗址的断代。

1. 考古地磁断代

地球磁场并非一成不变。一般黏土中都含有少量的磁性矿物,在受700℃以上的高温时,磁性便完全消失,冷却后又获得与当地磁场一致的磁性,这种磁性称为热剩磁性(TRM)。热剩磁性经历几千年不变,即使受到干扰,也能够设法消除。古代的砖、瓦、陶瓷,以及遗址中的窑、炉、灶都受过高温具有热剩磁性。因此只要根据一系列年代明确的考古样品,定出古地磁随年代变化的实验曲线,就可以定出未知年代的样品的考古年代。具体做法是:先采集受高温烘烤过的古代窑、炉、灶壁的样品,判断它们受过哪些扰动和磁性干扰,然后选出适合的部位,将顶部刮成水平标准方向,用石膏固定后取出,带回实验室消除磁性干扰,在特制的磁性测定仪中测出样品的磁偏角、倾角和强度。基于多种原因,古地磁测定年代的误差比较大,使用这种年代数据时,应参考其他方法所测定的年代数据。

2. 地层沉积磁性断代

地球磁场的变化有时会发展到磁性倒转。岩石中含有磁性矿物,在成岩过程中受到地磁场作用而被磁化产生剩余磁性。岩石的这种剩余磁性同样反映了岩石生成时期的地磁场方向。湖相沉积层和深海沉积层也含有磁性矿物微粒,在沉积过程中取地磁方向显示沉积磁性,从而反映出沉积时的地磁方向。火成岩年代可以用钾-氩法断代和裂变径迹法断代测定,因此可以定出过去出现地磁倒转现象时期的地质年代,并据此建立地磁极性倒转年代表。一个完好的沉积地层剖面,可以系统地测出每一层的沉积磁性,对照地磁极性倒转年表,就可以确定各个层位的地质年代。目前研究第四纪地质与古人类遗址的年代,建立300万年以来地层年表,古地磁法还是一种比较好的手段。

(三) 热释光断代

热释光断代是利用绝缘结晶固体的热释光现象来进行断代的技术,适用于陶器及其他火

---

① 蔡莲珍:《^{14}C年代测定——史前考古断代之一》,《考古与文物》1980年第2期。

烧黏土样品。测定年代的范围可达数十万年。

烧制陶器的黏土中都含有微量铀、钍和少量钾等放射性物质。当陶器烧制时,高温将结晶固体中原先贮存的能量都已释放了,此后重新积累能量随时间而增加。放射性愈强,年代愈久,热释光就愈多,即热释光量与所受的放射性总剂量成正比。只要测出陶器中铀、钍、钾的含量,周围土壤中的辐射强度和宇宙放射性强度,定出自然辐射年剂量,即可计算出陶器的烧制年代。

在遗址和古墓葬的出土物中陶片和碎片的数量最多,陶器是考古研究中的重要对象,用陶器作为测定年代的标本比放射性断代用有机物标本优点多。热释光所测定的年代是陶器停止焙烧的年代,而放射性碳素断代所测定的木质标本的年代,可能比遗址的年代早数十年甚至数百年,从这点来看,用热释光所测定的年代更有参考价值。但热释光断代,定出的年代误差一般在±10%左右,不如放射性碳素断代精确。不过热释光鉴定陶器的真伪比较快速有效,取样仅需数十毫克。

(四)树木年轮断代

树木年轮断代,是利用树木的生长规律进行断代的技术,这是目前最精确的断代方法。它可用于校正碳-14年代。

树木每年春长秋止,在树干横截面上留下疏密相间的圆圈,即所谓年轮。年轮的数目即树龄。旱年树木生长受到限制,年轮就窄;雨量充沛、气候温暖的年份,树木生长迅速,年轮就宽。同一气候区同种树木的不同个体,在同一时期的年轮的宽窄谱是相似的。如果一棵活树内层的一段年轮谱同死树外层的年轮谱一致,就证明此死树是前一阶段生长的,与此活树有过共同的生长期,能互相衔接起来。如果此死树的内层年轮谱同更老的死树的外层年轮谱一致,就又可以衔接起来。依此类推,只要找到适当的树木,就可以一直衔接到史前时代,建立起本地区的主年轮序列。这相当于反映气候变化的一部编年史。同一气候区的考古木头样品的年轮谱,只要与上述主年轮序列对照,就可以知其木头样品的年代。

树木年轮学是20世纪初由A.E.道格拉斯建立起来的。他及其后继者在美国西南部成百个考古遗址中收集了成千个木质结构的样品,互相衔接可上溯到2000多年以前。目前世界上年代最长的主年轮序列,是用美国加利福尼亚白山上的刺果松建立起来的,已可上溯到1万年前后。树轮年代学对考古学的最重要的贡献,在于它对碳-14年代的校正。

(五)铀系法断代

铀系法断代,是利用铀系、钍系子体放射性在样品中的不平衡性测定年代的技术的总称。它是建立第四纪年代学和对旧石器时代遗址进行断代的一种有效手段。

一般岩溶洞穴中都有石灰华、石笋、石钟乳等碳酸盐沉积物。这是由于溶有二氧化碳的天然水流经碳酸盐岩时使其溶为重碳酸盐,当这种水在洞穴中出露时水分挥发,碳酸盐便再次沉积。水中一般含有溶解的铀,这时也和碳酸盐一起沉积下来,但是没有铀-238的子体钍-230和铀-235的子体镤-231。沉积之后,这两种子体逐渐积累,在未达到平衡之前,根据它们积累的程度,就可以定出沉积年代。如果在沉积物中发现古人类的遗物和遗迹,则同层的沉积物年代就可以代表古人类活动的年代。另一种情况是,动物死亡后埋在地下的骨骼和牙齿与周围地下水交换吸附得到铀,并由此开始了子体的积累,这亦可取样断代。

镤-231的半衰期是32500年,可利用来断代的范围为5000年至15万年;钍-230的半衰期是75200年,可利用来断代的范围为1万至40万年。铀系法取样只需几十克碳酸盐或几克动物牙齿或骨化石,样品容易获得。这种方法可与钾-氩法断代、裂变径迹法断代、氨基酸外消旋法断代所得结果互相比较、互相补充。

第八节　自然环境对古文化的影响

自然环境包括气候、植被、生物、土壤、山川等因素。这些因素对古代文化,尤其是史前文化产生很大的影响。自然环境,不但影响古文化的性质,而且还影响古文化的发展速度。

一、自然环境对古文化面貌的影响

整个石器时代,不论是旧石器时代的"攫取性经济",还是新石器时代的"生产性经济",人类的经济活动内容都和生态环境有着密切的关系。生态环境决定人类经济活动的内容,直接影响史前文化的面貌。

旧石器时代,人类只能从自然界获得现成的食物,不论是采集经济,还是渔猎经济,其经济活动的内容完全取决于生态环境。中国旧石器时代考古学家贾兰坡将华北地区的旧石器时代文化分为两大传统:(1)"匼河-丁村系",或称"大石片砍砸器-三棱大尖状器传统";(2)"周口店第1地点(北京人遗址)-峙峪系",或称为"大石片砍砸器-雕刻器传统"。"匼河-丁村系"的典型遗址有山西芮城匼河、豫西三门峡等。该传统的基本特征是利用大石片制造各种大型砍砸器,富有代表性的石器是三棱大尖状器,在石器成分中小石器的数量和类型都比较少。该文化传统的诸遗址中所出土的哺乳动物化石,大部分为生活在森林和山地之中的种类,代表温暖湿润的气候。三棱大尖状器是一种采集工具,反映其经济生活是以采集为主,渔猎为辅。"周口店第1地点-峙峪系",它的基本特征是利用不规则的小石片制造细小石器,在石器成分中细小石器的比例大、类型多,加工痕迹细小。该文化传统的遗址中所出土的哺乳动物化石,均属草原动物,所反映的生态环境,主要是草原环境。如山西北部朔县峙峪遗址和内蒙古的萨拉乌苏河遗址,均属这种类型。峙峪遗址出土的动物化石中有300多个羚羊角,至少代表150多头普氏小羚羊。这些遗址所出土的动物化石的情况,说明该文化传统的人们是以猎取草原动物为主要经济活动的。

中国的长江以南地区,在旧石器时代,石器形制都比较大,没有出现用"压制法"之类的间接打击法。用间接打击法剥片和加工的细石器始终未出现。这是由于长江以南地区,在更新世气候都比较温暖湿润,自然资源,尤其是植物资源比较丰富,使人们过着以采集为主的经济生活。反映狩猎经济生活的"典型细石器",在长江以南始终得不到发展。

新石器时代,中国北方沙漠草原地区,典型的细石器比较发达,磨制石器和陶器则不发达,这是和北方沙漠草原地区人类的经济生活以狩猎为主密切相关。华南沿海地区的河流入海口,螺、蚌之类的软体动物比较多,新石器时代早中期人们常以这些软体动物为食,故多贝丘遗址。而石灰岩地区多洞穴,史前时期人们常以这些洞穴作为住所,故多洞穴遗址。

二、自然环境对古文化发展速度的影响

生态环境对人类生产活动的影响,还表现为它在生产力中的作用。整个自然环境并不包括在生产力之中,但自然环境的一部分在人类劳动中又可成为劳动对象和劳动资料而构成生产力的因素。史前时期,劳动工具极其简陋,生产力水平极低,人们还不能认识自然的本质,

生产力的发展在很大程度上受到物的因素即自然环境的影响。如果自然环境过于严酷,人们难以获得食物资源,生产力中物的因素长期不足,使物质资料的生产极为困难,而劳动者的智慧和认识能力还不足以克服这些困难时,生产力的发展就会停滞。反之,如果自然环境过于优越,作为生产力三要素中的劳动对象极易获得,人们无需花费很多时间和努力即可维持物质资料的再生产,这样就抑制了劳动者的需要,影响了劳动者在生产中的主观能动作用和创造能力。人们在优越的自然条件下总是能长期不断地获得足够的食物资源,就无需寻求新的、不同的经济活动,也无需改进生产工具,抑制了劳动力这个因素的发展,从而在这个地区阻碍了生产力的发展,亦即阻碍了文化的发展。例如,南部非洲的布须曼人,其居住区内的动植物资源十分丰富,能采集的食用植物就有 86 种,有 17 种哺乳动物是经常捕猎的对象。因为食物极易获得,每个成年布须曼人平均每天只需劳动 2 小时左右,全年劳动的时间平均为 600—1000 小时。又如印度安达曼群岛上的安达曼人、巴西亚马逊河流域的瓦苏苏人等,其情况也和布须曼人相似。这些地区的原始民族,因其居住地区的自然环境能常年提供较充足的食物资源,加之气候条件又很优越,人们无需花费多大功夫就能解决住房、服装、工具等问题,因而他们不感匮乏,不知道生活中缺少什么。对这些民族来说,既不需要改进生产工具,以提高生产力,也无需创造,以开辟新的经济领域。优越的自然环境抑制了这些民族的创造能力,使其直到近代还过着以采集和渔猎为主的经济生活,还未跨入文明时代。

自然环境对远古时代经济、文化的影响,在中国新石器时代以及后世的经济、文化发展中是很明显的。根据考古发掘资料,可知中国华南地区,距今 11000 年左右,原始农业畜牧业就已产生,亦即新石器时代就已开始。华南地区的新石器时代文化有两个特点:(1) 新石器时代早、中期,农牧业经济极不发达,采集和渔猎经济在经济生活中占有较大的比重;新石器时代早、中期,农业以种植根茎果树类等无性繁殖的作物为主,禾本科农作物(水稻)的栽培要到新石器时代晚期,随着禾本科的水稻由长江流域传入,农业经济才发展起来。(2) 新石器时代早、中期,磨制石器和陶器的制作都比较原始落后,到新石器时代晚期磨制石器陶器制造业才得到发展。

华南地区新石器时代文化的两个特点说明,华南地区的新石器时代虽然开始得很早,但经济和文化的发展速度很慢,在漫长的新石器时代早、中期,都只是栽培少量的根茎果树类作物,人们的食物来源主要依靠采集和渔猎,直到新石器时代晚期当禾本科农作物(水稻)栽培以后,农业和家畜饲养业才成为经济生活的主体。新石器时代华南地区生产性经济发展缓慢的主要原因是该地区的自然环境比中国其他地区优越。华南地区(本文所阐述的华南地区主要是岭南地区)属热带和亚热带气候,温暖多雨,动植物资源比较丰富,为人们提供了丰富的天然食物,使人们即使到了新石器时代仍将采集和渔猎作为重要的经济部门,从而抑制了农牧业经济的发展。如果将黄河流域和华南地区作比较,情况就大不相同了。黄河流域新石器时代开始的年代大致和华南地区相当,但在新石器时代经济和文化的发展速度,黄河流域却比华南地区快得多。黄河流域在距今 7000 年左右的磁山·裴李岗文化时期,磨制石器和陶器已经比较发达,农业经济已发展到锄耕农业阶段,属禾本科农作物的粟已被普遍种植,产量也比较高;家畜饲养业也比较发达,猪、狗等家畜已被较多地饲养。到大约距今 6000 年的仰韶文化时期,经济、文化则进一步发展。大约到距今 4000 年的新石器时代晚期,黄河流域已由氏族社会向文明时代过渡。新石器时代,黄河流域经济文化发展速度和社会前进的步伐之所以快于华南地区,这和自然条件有着重要的关系。黄河流域地处南温带,既无热带和亚热带湿热的气候、丰富的动植物资源,也无寒带地区那种使当时人们难以战胜的严酷的自然环境,其自然环境对史前时期人类经济、文化的发展起着促进作用,使之最早进入文明时代。

总之,在史前时期,甚至文明时代前期,自然环境对经济、文化的发展有着很大的影响。适宜的自然环境能促进经济、文化的发展,促进社会的进步;反之,则影响经济、文化的发展,使社会历史处于停滞状态。①

参 考 文 献

1. 夏鼐、王仲殊:《中国大百科全书》(考古学),中国大百科全书出版社 1986 年版,第 1—21 页。
2. 易漫白:《考古学概论》,湖南教育出版社 1985 年版,第 25—126 页。
3. 北京大学历史系等:《世界古代史论丛》(第 1 集),三联书店 1982 年版,第 3—93 页。
4. 石兴邦:《田野考古方法——调查、发掘和整理》,《考古工作手册》,文物出版社 1982 年版,第 3—93 页。
5. 张之恒:《中国新石器时代文化》,南京大学出版社 1988 年版,第 1—35 页。
6. 贾兰坡等:《山西峙峪旧石器时代遗址发掘报告》,《考古学报》1972 年第 1 期。
7. 裴文中等:《山西襄汾县丁村旧石器时代遗址发掘报告》,科学出版社 1958 年版。
8. 贾兰坡等:《建议用古人类学和考古学的成果建立我国第四纪剖面标准》,《地质学报》第 56 卷第 3 期,1982 年。
9. 南京大学地理系地貌教研室:《第四纪地质学》,人民教育出版社 1961 年版。
10. 吴汝康等:《人类发展史》,科学出版社 1978 年版。
11. 裴文中:《中国新石器时代》,中国青年出版社 1980 年版。
12. 安志敏:《中国新石器时代论集》,文物出版社 1983 年版。
13. 郭宝钧:《中国青铜器时代》,三联书店 1963 年版。
14. 世界上古史纲编写组:《世界上古史纲》,人民出版社 1979 年版。
15. 周一良、吴于廑主编:《世界通史》(上古、中古部分),人民出版社 1980 年版。
16. 夏鼐:《关于考古学文化定名问题》,《考古》1959 年第 4 期。
17. 贾兰坡等:《怡河》,科学出版社 1962 年版。
18. 蔡莲珍等:《碳十三测定和古代食谱研究》,《考古》1984 年第 10 期。
19. 杨堃:《民族学概论》,中国社会科学出版社 1984 年版。
20. 梁钊韬等:《中国民族学概论》,云南人民出版社 1985 年版。
21. 〔美〕威廉・A. 哈维兰著,王铭铭等译:《当代人类学》,上海人民出版社 1987 年版,第 6—75 页。
22. 〔英〕格林・丹尼尔著,黄其煦译:《考古学一百五十年》,文物出版社 1987 年版,第 282—305 页。
23. 蔡莲珍:《^{14}C 年代测定——史前考古断代之一》,《考古与文物》1980 年第 2 期。
24. 佟柱臣:《中国新石器时代文化三个接触地带论》,《史前研究》1985 年第 2 期。
25. 苏秉琦等:《关于考古学文化的区系类型问题》,《文物》1981 年第 5 期。
26. 裴文中:《中国原始人类的生活环境》,《古脊椎动物与古人类》第 2 卷第 1 期,1960 年。
27. 佟柱臣:《中国新石器时代文化的多中心发展论和发展不平衡论——论中国新石器时代文化发展规律和中国文明的起源》,《文物》1986 年第 2 期。

---

① 张之恒:《生态环境对史前文化的影响》,《江汉考古》1966 年第 3 期。

第二章 中国考古学简史

中国是世界上产生文明较早的国家之一,不论是地上,还是地下,都保存了丰富的古代人类的物质文化遗存。中国还拥有浩如烟海的历史文献资料。这些丰富的文化遗物和遗迹及文献资料,为中国考古学研究奠定了基础。

中国从春秋战国时代起,就有学者对过去的遗物和遗迹进行考察和研究。到距今1000年的北宋时期产生了具有一定学术系统的"金石学"。中国考古学大致可分为传统金石学和近代考古学两个大的阶段。近代考古学又可分为产生和发展两个时期。

第一节 中国古代的金石学

传统的金石学和近代考古学,既有继承,又有发展;既有联系,又有区别。金石学和考古学的研究对象都是古代人类的文化遗存,而且金石学的研究成果中的合理部分都已被考古学所继承。金石学和近代考古学的根本区别是,金石学缺乏考古学所具备的以考古地层学和类型学(器物形制学)为基础的一套科学的发掘和研究方法。

金石学是考古学的前身。它是以古代青铜器和石刻碑碣为主要研究对象的一门学科,偏重于著录和考证文字资料,以达到证经补史的目的。金石学形成于北宋时期,曾巩的"金石录"(其书不传)最早提出"金石"一词。清代王鸣盛、王昶等人,正式提出"金石之学"的名称。金石学的著作中,保存了许多有价值的古代铭刻资料,有些著作还记录了一些器物的图像,说明其名称和用途,具有一定的史料价值。但不足之处是,未对器物形制、花纹进行深入研究,也没有进行断代研究,故未能发展成完整的学科体系。

金石学的研究对象虽然是商代以后的文化遗存,而且主要研究青铜器和石刻资料,但在各个时代所发现的器物中必然有一些史前时代的文化遗物,如一部分玉石器、陶器和所谓形制奇特的器物。中国古代文献中,则有轩辕、神农、赫胥氏用石头制造工具的传说,并有肃慎氏使用石砮以及历代发现"雷斧"的记载。中国古代的金石学家,虽然对其研究的器物还不能判断明确的时代,但他们对其研究的各种质料的器物在时代上的先后已有朦胧的观念。例如,中国东汉的袁康在其所撰写的《越绝书》中,已将古代人类所使用的生产工具分成石、玉、铜、铁四个阶段。

中国金石学的萌芽大约可以上溯到东周时代,到清代末期随着近代考古学由西方传入中国,金石学作为一门独立的学科已不复存在。中国的学者将金石学从萌芽到衰落分为四个时期,即春秋末叶到隋唐五代的金石学的萌芽期,宋代的金石学肇创演进期,清代的金石学兴盛期,清末到1950年前的近代考古学期。

一、金石学的萌芽期

春秋战国时代,一些著名的富于实践精神的学者为了阐明古代文物资料或宣扬自己的政治主张而注重研究实物资料。根据《荀子》及《论语》的记述,孔子曾到太庙研究欹器,如《荀子·宥坐》说:"孔子观于鲁桓公之庙,有欹器焉。"孔子问于守庙者:"此为何器?"守庙者曰:"此盖宥坐之器,虚则欹,中则正,满则覆。"韩非子在《十过》中借由余之口,指出尧时食饮用"土簋"、"土铏",舜时斩木漆为食器,禹时更"墨漆其外而朱绘其内",觞酌樽俎皆有彩饰,殷人则"食器雕琢,觞酌刻镂"。这是韩非子在研究实物资料后所写的政论文章。

司马迁在《史记·自序》中说:"年十岁则诵古文,二十而南游:上会稽,探禹穴;窥九嶷,浮于沅、湘;北涉汶、泗,讲业齐鲁之都,观孔子之遗风,乡射邹、峄,戹(同厄)鄱、薛、彭城,过楚、梁以归。"司马迁在旅途中注意采访文物古迹。例如,到箕访许由冢,到长沙观屈原沉渊,至开封访信陵君夷门故址,北登长城,南探禹穴,过淮阴韩信母墓等。

汉宣帝时,"好古文字"的张敞,曾考释过美阳(今陕西武功县)发现的尸臣鼎。东汉许慎撰《说文解字》,注意收录郡国山川所出鼎彝等青铜器之铭文。晋太康二年(281年)汲郡人盗掘魏国古冢,出土大批竹简,经荀勖、束晳等人整理,编次为《纪年》、《周书》、《穆天子传》等十几种佚书。北魏郦道元的《水经注》一书,对古代城址、陵墓、寺庙、碑碣及其他遗迹都有记载,至今对考古研究仍有重要参考价值。

隋唐五代知识分子的注意力集中到诗文方面,从而影响了金石学的发展。但也有一部分知识分子仍然继续研究金石学。如唐初,石鼓在陕西凤翔出土,当时就有一些学者和书家对石鼓文进行研究。

二、金石学的形成期

经过唐宋五代的割据、混乱之后,社会动荡不安的局面已经结束,社会经济空前繁荣,农业和手工业都有很大的发展。宋朝统治者为巩固政权,建立起严格的纲常伦理,大力奖励经学,试图恢复礼制。于是王室及士大夫们均热衷于古代礼乐器物的搜集、整理和研究。同时,历史学、书学和古文字学的进步,也在一定程度上刺激了对新资料的探求。而唐代以来墨拓术、造纸和印刷术的发达,为金石文字的流传提供了较好的条件,也促进了金石学的形成和发展。

对宋代金石学有开创之功的是宋仁宗时的刘敞。据北宋欧阳修《集古录跋尾》记载:"嘉祐(1056—1063)中,刘敞为永兴守,……喜藏古物,由此收获颇多。"他先将家藏的11件古器物,使人摹其铭文,绘其图像,刻之于石,命名为《先秦古器图碑》(已佚)。他还在《先秦古器记》中提出研究古器的方法,即"礼家明其制度,小学正其文字,谱牒次其世谥"。这是古代最早的金石学专著。现存年代最早且有系统的古器图录,是成书于元祐七年(1092年)的吕大临所撰的《考古图》。该书及30年后成书的《宣和博古图》反映了宋代古器物研究方面所达到的水平。这两本书中所收录的古器物都有图像、注明比例、款识、大小、容量、重量,并附考释,注明器物的出土地点和收藏地。《宣和博古图》对铜器的定名和分类也有不少贡献。后来薛尚功的《历代钟鼎彝器款识法帖》、王厚之的《钟鼎款识》、王俅的《啸堂集古录》等,则仅摹写铭文或释文,属铭刻集录性质。石刻方面,欧阳修的《集古录》、赵明诚的《金石录》二书,体例相同,以时代为序,著录古器和石刻。王象之的《舆地碑记目》、陈思的《宝刻丛编》二书,均按地域著录古代碑刻。《宝刻类编》则按人物分类。洪适的《隶释》和《隶续》二书,则具录石刻全文。此外,钱币有洪遵的《泉志》等书传世,玺印也有若干谱录留存。

元明两代,金石学的成就不大。元代初期入仕中国的色目人葛逻禄廼贤的《河朔访古记》

一书,是作者自浙江至黄河中下游地区考察古代城郭、宫苑、寺观和陵墓等遗迹及搜求古碑刻的记载。该书将历史地理和考古相结合,突破了一般金石学闭门考证之风。元代朱德润的《古玉图》是现存年代最早的专录玉器的著作。石刻方面,元代潘昂霄的《金石例》开碑记义例之先河;明代陶宗仪的《古刻丛抄》、都穆的《金薤琳琅》具录全文。

三、金石学的兴盛期

清代是金石学的鼎盛期,但乾隆以前尚不发达,研究偏重于石刻。乾隆以前的金石学著述有顾炎武的《金石文字记》(6 卷)、《石经考》、《求古录》、《东京考古录》,朱彝尊的《日下旧闻》(42 卷),万斯同的《石经考》、《石经文考》等。乾隆年间"御纂"的《西清古鉴》、《宁寿鉴古》、《西清续鉴甲编》和《乙编》四书,收录清宫所藏青铜器总计达 4000 余件。此后,由于乾嘉学派的影响,金石学有了很大的发展。清代金石学的著作很多,据容媛所辑《金石书录目》统计,现存金石学著作中,北宋至乾隆前 700 年间仅有 67 种(其中宋人著作 22 种),而乾隆以后约 200 年间却有 906 种之多,可见其发展之盛。清代金石学的特点是精于鉴别,详于考订,研究范围较广,并有一些集成性和综合性的著述。搜集的铜器铭文、碑刻、钱币及玺印等铭刻资料十分丰富,考释文字的水平也比较高。清代金石学的著作除因袭宋代的存目、录文、摹写、纂字、分地区、鉴识、探求渊流等形式外,新开辟的形式有断代、通纂、概论、发展史和书目等。玉器、镜鉴、泉币、兵符、玺印、砖瓦、封泥和陶器等,都开始作专门研究。

铜器和金文研究方面,主要著作有钱坫的《十六长乐堂古器款识考》、程瑶田的《考古创物小记》、阮元及朱为弼的《积古斋钟鼎彝器款识》等。《十六长乐堂古器款识考》收集了商周秦汉铜器摹绘图像、铭文并加考释。《考工创物小记》从出土实物出发,对照《考工记》及有关记载,以探讨古代车和钟磬、戈戟等制度。阮元的著作注重收录铜器、铭文摹本,并释文考证,其体例与薛尚功的《历代钟鼎彝器款识法帖》相仿。清代金石著作中附有图像的主要有:曹载奎的《怀米山房吉金图》、刘喜海的《长安获古编》、吴云的《两罍轩彝器图释》、潘祖荫的《攀古楼彝器款识》、吴大澂的《恒轩所见所藏吉金录》、端方的《陶斋吉金录》及《续录》等。仅收铭文而无图像的著述主要有:刘喜海的《清爱堂家藏彝器款识法帖》、吴荣光的《筠清馆金文》、徐同柏的《从古堂款识学》、吴式芬的《捃古录金文》、吴大澂的《愙斋集古录》和方俊益的《缀遗斋彝器款识考释》等。后三种书收集的铜器及铭文最为完备,收集铜器均在千件以上,内容丰富,摹写精善。清代兼收金文和铭刻资料的古文字著作还有吴大澂的《说文古籀补》和《字说》,孙诒让的《古籀拾遗》和《古籀余论》等。

清代的石刻著作很多,其中考订比较精审的著述有:钱大昕的《潜研堂金石文字目录》及《跋尾》,武亿的《金石三跋》及《金石续跋》,严可均的《铁桥金石跋》。孙星衍、邢澍合撰的《寰宇访碑录》则按地区详举历代石刻目录。吴式芬的《捃古录》、缪荃孙的《艺风堂金石文字目》、端方的《陶斋藏石记》等,著录所藏金石拓本万种以上。属于集成性资料汇编的著作有:王昶的《金石萃编》和陆增祥的《八琼室金石补正》。这两种著作所收藏的均以碑刻为主,兼收少量铜器和其他铭刻。书中除收录全文外,又注明尺寸和藏地,并附各家题跋和编著按语。断代和分地域的著作主要有:翁方纲的《两汉金石记》和《粤东金石略》,毕沅的《中州金石记》和《关东金石记》,阮元的《两浙金石志》等。属于通论性质的著作有叶昌炽的《语石》,该书对历代石刻作了分门别类的研究。有人还收集著录海外资料,如刘喜海的《海东金石苑》、傅云龙的《日本金石志》。著录钱币的有李佐贤的《古泉汇》,玺印有陈介祺的《十钟山房印举》,玉器有吴大澂的《古玉图考》。此外,墓志、造像、题名和画像石的研究,也有专著问世。①

综合性著作方面,属于古器物图谱类的有冯云鹏、冯云鹓同辑的《金石索》,内容包括铜器、钱币、玺印、镜鉴、石刻和砖瓦等方面。吴大澂的《权衡度量实验考》,则根据古代玉器、钱币、度量衡器和计量铜器的实测,计算古代尺度和衡制的量值,具有较高的学术价值。

清代末年至民国初年,金石学研究的范围很广,不仅包括新发现的甲骨、简牍,而且兼收明器和各种杂器,不再限于文字。罗振玉和王国维是当时集大成的金石学家。马衡所著的《中国金石学概要》,则对金石学作了比较全面的总结。清末民初,近代考古学已在中国诞生,金石学研究已逐渐演化为考古学的组成部分,因而金石学作为独立的学科已不复存在。

第二节 近代考古学的传入和中国考古学的萌芽

19世纪下半叶是欧洲近代考古学的形成期,19世纪末期欧洲近代考古学开始传入中国。19世纪末至20世纪初,中国在传统金石学的基础上,吸收西方近代考古学而产生了中国的近代考古学。

一、19世纪欧洲近代考古学的主要成就

(一)"三期论"的确立和"类型学"的开端

1819年,丹麦皇家博物馆馆长克里斯琴·朱尔金森·汤姆森根据馆藏史前遗物(武器和工具)提出了著名的"三期论",即将丹麦的史前时代分为石器时代、铜器时代和铁器时代三个大的阶段。汤姆森在《北欧古物导论》(1836年,哥本哈根出版)一书中,阐述了"三期说"理论。这本书的德文本在第二年以《北欧古物知识手册》为题发行。1949年的英译本的书名为《北欧古物指南》。汤姆森的学生J.A.沃尔索又将三期说用于野外古迹的分期,并以发掘工作中所见的地层关系作为证据。1843年,沃尔索发表了《丹麦原始时代古物》一书,使三期说作为史前考古学的研究基础。汤姆森的《北欧古物指南》和沃尔索的《丹麦原始时代古物》是19世纪上半叶出现的两部最重要的考古著作。这两部丹麦人的著作奠定了史前考古学的基本原则。

汤姆森和沃尔索在他们的著作中强调了准确描述和区分古物的重要性。汤姆森在《指南》一书中强调,必须按照器物的形制分类,并探讨器形学和装饰风格在史前器物断代上的重要性。他指出:"为了确定古物的准确年代,另外还可以采取一种方法……这就是调查器物的形式和花纹装饰,仔细进行对比,找出各种类型的组合关系。用这种方法我们就可以断定连续变化过程的顺序,而且仅仅通过观察装饰就能确认器物所归属的时期。"②这就是类型学的开端。19世纪后期至20世纪初期,类型学得到了进一步的发展,划分器物类型更为细密和准确。除了按照形态的变化把器物排成"系列"外,还根据出土物的地层关系来确定系列中各器物类型的年代先后。瑞典的O.蒙特柳斯继沃尔索之后,大量使用比较考古学和类型学的方法进行考古研究,并将类型学的方法加以理论化。

19世纪末至20世纪初,考古发掘工作开始科学化。在田野发掘中采集全部遗物并注意地层关系,要求充分做好包括绘图、照像和文字记录在内的各种记录,迅速整理资料和发表

---

① 夏鼐、王仲殊:《考古学》,《中国大百科全书》(考古学),中国大百科全书出版社1986年版,第1—12页。
② [英]格林·丹尼尔:《考古学一百五十年》,文物出版社1987年版,第35—36页。

报告。

（二）旧石器的发现和史前考古时代的分期

旧石器文化的研究，是从法、英两国开始的。法国的 J. 布歇·德·彼尔特在索姆河畔首次发现旧石器，并确定是原始时代人类所使用的工具，从 1837 年开始他在索姆河畔的砾石层中收集与绝灭动物化石共存的打制的粗糙的燧石器。1858 年，英国地质学家福尔克纳到索姆河畔考察，看到了人工打制的燧石器，首次确认了布歇·德·彼尔特的观点。接着，英国考古学家普雷斯特维奇和约翰·伊文思也赴法国索姆河考察，在阿布维利砾石层表面以下 12 米处发现"燧石器和箭头与象、犀牛的骨骸共存"，从而进一步证实了布歇·德·彼尔特的观点。1865 年，英国的 J. 卢伯克使用希腊的词根，创造了"旧石器"和"新石器"两个名词，以表示两个石器时代的存在。最早比较清楚地了解存在着两个石器时代的是法国的考古学家。他们在石器时代中划分出"打制石器时代"和"磨制石器时代"。当时，进化论已成为欧洲思想界的主流，它为史前考古学开辟了前进的道路。1856 年在德国迪塞尔多夫城附近的尼安德特河谷发现了"尼安德特人"头骨化石，1864 年经报道后也被引用为进化论的物证。后来，E. A. I. H. 拉尔泰又用古脊椎动物化石作标准，将旧石器时代分为三期。G. de 莫尔蒂耶则用首先发现的地点作为各期的名称。这种分期法和命名法，至今仍为考古学界所沿用。

1892 年，英国学者 A. 布朗在旧石器时代和新石器时代之间划了一个过渡期，称之为"中石器时代"，但这一术语到 20 世纪 20 年代才被逐渐采用。1877 年，意大利学者 G. 基耶里克提出在新石器时代和青铜器时代之间，还应增加铜石并用时代（即"金石并用时代"）作为过渡期。瑞典的 O. 蒙特柳斯继沃尔索之后，大量使用比较考古学和类型学方法进行考古学研究，将北欧的新石器时代分为四期，青铜器时代分为五期。同时，早期铁器时代的哈尔施塔特期和拉登期被学术界所肯定。这样，从旧石器时代、新石器时代到青铜器时代和早期铁器时代，欧洲史前考古学的整个体系得到了确立。①

二、近代考古学传入中国和中国考古学的萌芽

上述欧洲考古学的各项成就通过各种方式逐步传入中国。例如，1901 年梁启超在《中国史叙论》中，讲到 19 世纪中叶以来欧洲考古学家将史前时代划分为石器时代、铜器时代、铁器时代三大阶段，并将中国古史传说与此比附。章太炎也在自己的著作中，论及远古时代考古资料对研究历史的意义。

19 世纪末叶至 20 世纪初，清王朝行将崩溃，帝国主义列强加紧侵略和瓜分中国，中国的文化遗物和遗迹得不到保护。一些帝国主义国家纷纷派遣考察队潜入中国边疆地区，以考古研究为名，掠夺中国文物。他们以非科学的方法进行调查和发掘，致使许多古代文化遗迹和遗物遭到破坏，造成中国文化遗产的极大损失。

最早来中国进行考古活动的是日本人和俄国人。中日甲午战争刚结束，鸟居龙藏就到中国旅大地区调查古代遗址，不久又到台湾进行考古活动。俄国学士院的克列缅茨则于 1898 年率领考察队，在新疆吐鲁番地区挖掘。20 世纪初期的十余年间，仅在新疆和甘肃地区作过多次考古活动的就有英国的 A. 斯坦因，瑞典的斯文赫定，德国的 A. 格林韦德尔、勒科克，日本的大谷光瑞、桔瑞超，法国的伯希和，俄国的科兹洛夫、奥尔登堡等。被发掘的地点主要有

---

① ［英］格林·丹尼尔著，黄其煦译：《考古学一百五十年》，文物出版社 1987 年版。

新疆民丰尼雅遗址、罗布淖尔楼兰遗址，吐鲁番的高昌古城遗址、交河古城遗址和阿斯塔那墓群，吉木萨尔的北庭都护府城址，甘肃敦煌和额济纳河流域的汉代烽燧遗址，以及西夏到元代的黑城遗址。这些外国人不仅窃取上述遗址中采集的汉代简牍、高昌文书、汉唐丝织品和其他珍贵文物，而且劫取了克孜尔石窟、库木吐喇石窟的精美壁画。斯坦因、伯希和、奥尔登堡还从石窟骗取学术价值很高的大量写本文书。

20世纪初期，日本人在中国的考古活动最为频繁。鸟居龙藏在日俄战争之后，将其足迹从旅大和辽东半岛，逐渐扩大到东北三省和内蒙古东部地区。滨田耕作也在这时，发掘旅顺刁家屯汉墓。伊东忠太、关野贞等日本人，又在内地一些省份对古代建筑、陵墓和石窟寺等进行考察。自1914年起，法国传教士桑志华创办的天津北疆博物院，在黄河流域及白河沿岸开展古生物学和石器时代的考古调查活动。1919年，桑志华在林西、赤峰一带发现许多新石器时代遗址。

20世纪初期，外国人根据中国的考古资料编写的论著主要有伯希和的《敦煌洞窟》（1922—1926），英籍考古学家斯坦因的《古代于阗》（1907）、《西域》（1921）、《亚洲腹地》（1926），瑞典斯文赫定的《1899—1902年中亚考察科学成果》（1904—1908）、《横越喜马拉雅》（1909—1912）、《南西藏》（1917—1922），日本鸟居龙藏的《蒙古旅行》（1911）等。此外，日本人发表的报告还有《貔子窝》、《牧羊城》、《南满洲旧迹志》等①。

从20世纪20年代起，中国北洋政府开始聘请外国学者与外国学术单位合作进行考古工作。1918年，中国政府聘任的矿政顾问、瑞典地质和考古学家安特生，与中国地质调查所负责人丁文江、翁文灏商定，共同进行古脊椎动物化石的采集工作。1921年，安特生约请奥地利古生物学家师丹斯基在北京房山县周口店考察，发现龙骨山遗址，发掘出第一颗北京人牙齿，引起了国内外学术界的关注。1922年法国天主教神甫、古生物学家桑志华和另一位法国神甫、古生物和史前学家德日进在内蒙古河套地区进行野外考察，于内蒙古自治区乌审旗大沟湾一带采集了大量哺乳动物化石，并在整理过程中发现了一枚幼童的左上外侧门齿。这是中国最早发现的、有可靠地点和层位的人类化石，通常称为"河套人"。1923年，桑志华和德日进对河套地区进行广泛的调查，在水洞沟发现四处旧石器时代遗址，采集到大量的旧石器、用火遗迹和哺乳动物化石。以后，他们又在水洞沟以东30公里的清水营，找到了一些时代与水洞沟石器相当的石器。接着，他们又在大沟湾一带的萨拉乌苏河两岸发现了一些细小的石器。桑志华和德日进将他们在河套地区工作两年所收集到的资料，由他们两人和法国人类学家步尔、旧石器考古学家步日耶分别进行研究。他们的研究成果被汇编成《中国旧石器文化》（法文本，1928）。

1921年，安特生发现河南渑池县仰韶村以彩陶和磨制石器共存为特征的新石器时代遗址，并与师丹斯基、袁复礼共同进行首次发掘，由此提出"仰韶文化"的命名（曾一度称为"彩陶文化"）。同年又发掘了辽宁锦西县沙锅屯遗址。1923—1924年，安特生经西安去甘肃、青海二省的洮河、湟水等地区，广泛进行史前遗址的调查发掘。1925年，安特生发表《甘肃考古记》一书，将甘肃、青海地区的远古文化分成齐家、仰韶、马厂、辛店、寺洼、沙井六期。

1926年，由美国弗里尔美术馆与清华学校研究院联合发掘山西夏县西阴村遗址。该遗址的发掘由美方提供经费，由从美国学习人类学回国的李济主持发掘工作。这是首次由中国学

---

① 马衡：《中国金石学概要》，《凡将斋金石丛稿》，中华书局1977年版。

者主持的田野考古工作。

1922年，北京大学研究所国学门成立考古研究室，中国学者马衡被聘为研究所主任兼导师。1924年，北京大学考古研究室设立考古学会。1927年，日本东亚考古学会由滨田耕作、原田淑人等人，约请北京大学考古学会马衡、沈兼士等，在东京联合组成"东亚考古学会"，当年共同发掘貔子窝（今皮口镇）附近的单砣子等遗址。同年，以中国考古学团体协会的名义与瑞典探险家斯文赫定联会组成的西北科学考察团成立，北京大学教授徐炳昶（徐旭生）被推选为中方团长，黄文弼代表北京大学考古学会参加该团赴新疆进行考古工作。这次考古调查工作延续到1933年，考察经费由斯文赫定提供。

20世纪初期，金石学家的工作以研究甲骨文为主，孙诒让、罗振玉、王国维等人，对甲骨文的研究成就尤为卓著。

第三节　中国考古学的初步发展

1928年，中央研究院历史语言所（简称"史语所"）成立，内设考古组。同年10月，派董作宾到河南安阳小屯村遗址进行调查和发掘。这是中国学术机构独立进行科学发掘的开端，是中国考古学诞生的重要标志。1929年，李济作为当时具有近代考古学知识及发掘经验的学者，被聘任为历史语言研究所考古组主任。同年，中国地质调查所新生代研究室和北平研究院史学研究会考古组分别成立。这些考古机构在中国考古学的诞生时期，为中国考古学的发展做了大量工作，作出了重大的贡献。

一、1937年以前的中国考古学

（一）以周口店北京人遗址为中心的旧石器的调查和发掘

1927年，中国地质调查所与美国主办的北京协和医学院合作，正式发掘周口店旧石器时代遗址。中方派李捷参与工作，并聘请瑞典古生物学博士步林参加发掘。当年在堆积中发现了大量哺乳动物化石和一枚完好的左下第一臼齿化石等珍贵材料。加拿大解剖学家、当时任协和医学院解剖室主任的步达生，将这枚人牙命名为"中国猿人北京种"。

1928年，刚从德国留学回国的中国古生物学家杨钟健参加周口店的发掘工作。这一年的发掘工作收获很丰富，除发现大量哺乳动物化石外，还发现许多猿人化石：顶骨、额骨、肱骨、月骨各一件，下颌骨残片6件，牙齿12枚。

1929年新生代研究室成立后，裴文中主持周口店的发掘，贾兰坡参与发掘工作。这一年的发掘发现了第一个北京人的头盖骨化石，同时发现大批石制品和用火遗迹，使北京人的文化遗存得到了确认。1931年春季，在周口店鸽子堂的石英Ⅱ层发现几千件石英石片和用火遗迹（烧骨、烧石、灰烬）。从1932年起，周口店的发掘改为打探沟和打探方相结合的发掘方法。具体做法是，先挖一条长3米，宽1.5米，深5米的探沟，在搞清地层后，再分探方（每个探方的边长为3米）发掘。

1933年，裴文中参加周口店山顶洞遗址的发掘工作，发现3个完整的晚期智人头骨化石、一部分躯干骨、少量石器和较多的装饰品，并首次在中国发现旧石器时代墓葬。1934年，周口店的发掘开始实现正规化的探方发掘，每方边长为2×2米，每厚1米为一个水平层，每件标本上标明年份、探方号、层位号等。

1935—1936年,贾兰坡主持周口店的发掘工作。1936年他在第25水平层中发现了3具完整的中国猿人头盖骨,并发现大量石器。

中国在1937年以前的旧石器时代考古工作,除发掘周口店遗址外,还在其他地区做了一些考古调查工作。如1929年德日进和杨钟健到山西、陕西和内蒙古南部进行新生代地层考察,在黄土层和黄土底部砾石层采集到几十件石器,采集地点共7个。这些考察成果汇编成《陕西西部、山西北部蓬蒂纪后黄土期前地层之观察》一书。该书对所发现的旧石器作了简要的记述。

1937年以前的周口店的发掘和研究工作,是在美国洛克菲勒基金会的资助下,与北京协和医学院解剖科合作进行的,标本由协和医学院负责人保管。全部人化石、灵长类化石在几个美国人手里,于第二次世界大战中弄得下落不明。

(二)新石器时代遗址的调查和发掘

20世纪20年代后期,黄河流域的考古活动较多。1927年,李济将在山西夏县西阴村遗址的发掘资料编撰为《西阴村史前遗存》,以后,梁思永又撰写了《山西西阴村史前遗址的新石器时代陶器》(1932)。这一时期,黄河流域的重要考古活动还有:1928年吴金鼎在山东历城县龙山镇附近的城子崖遗址发现了以磨光黑陶为特征的新石器时代遗存,后被命名为"龙山文化"(一度称为"黑陶文化")。1930—1931年,由李济、梁思永相继主持发掘城子崖遗址,吴金鼎、郭宝钧也参加了发掘工作。发掘成果由梁思永主持编写为《城子崖》(1934)一书,这是中国第一部大型田野考古报告。

20世纪30年代,中国新石器时代考古活动仍然以黄河流域为主。1931年,梁思永、吴金鼎、刘燿(尹达)在河南安阳后岗遗址的发掘中,第一次从地层上判定仰韶文化、龙山文化(后岗第二期文化)和商代文化遗存依次自下而上堆积的"三叠层"的时代先后,第一次明确了中原地区两种新石器时代文化及其与历史时期遗存的相对年代,并据此进一步提出后岗一类的新石器时代晚期文化与商代文化之间的承袭关系。梁思永撰写的《小屯龙山与仰韶》(1935)和《后岗发掘小记》(1933),对上述观点进行了论证。这是中国史前时代考古研究开始走向科学化的重要标志。但在当时,由于受资料限制,梁思永对仰韶文化和龙山文化的起源还不清楚,他认为:"彩陶文化在黄河流域分布的中心偏西,伸展的方向由西而东……龙山文化在黄河流域分布的中心偏东,伸展的方向由东而西。"[①]30年代,黄河流域的史前考古活动还有吴金鼎等发掘豫北浚县大赍店新石器时代遗址,李景聃、赵青芳等调查发掘永城县造律台、黑孤堆龙山文化遗址,梁思永和刘燿发掘山东日照县两城镇龙山文化遗址。1937年,刘燿作《龙山文化与仰韶文化之分析——论安特生在中国新石器时代分期问题中的错误》,最早指出仰韶村遗址包括仰韶文化和龙山文化两种文化遗存,安特生所说的"仰韶文化"在内容上有所混淆,并对安特生划分的甘肃远古文化的六个分期提出了质疑[②]。

这一时期,中国在长江流域、华南和西北等地区,都先后发现了一些新石器时代遗址,并对其中一部分遗址进行了发掘。1936年,施昕更在浙江省余杭县良渚镇附近发现并发掘了几处新石器时代遗址,发现了与龙山文化相似又有明显区别的新石器时代文化遗存,后来被命

---

① 梁思永:《小屯龙山与仰韶》,《梁思永考古论文集》,科学出版社1959年版,第94页。
② 尹达:《龙山文化与仰韶文化之分析——论安特生在中国新石器时代分期问题中的错误》,《新石器时代》,三联书店1979年版,第83—119页。

名为"良渚文化"。这几处良渚文化遗址的发掘资料由施昕更编撰为《良渚》(1938)一书，这是长江流域的第一个考古发掘报告。1938—1939年，吴金鼎在云南大理附近，调查马龙、龙泉、下关、佛顶等史前遗址。1939—1940年，历史语言研究所考古组和中央博物院筹备处合作，在云南大理附近发掘了新石器时代和南诏时期的几处遗址。发掘收获编撰为《云南苍洱区考古报告》(1942)。林惠祥等学者在东南沿海各省、台湾地区和香港地区，进行考古调查。1933年，日本人对东北地区的顾乡屯遗址进行发掘。瑞典学者F.贝格曼在新疆的罗布淖尔附近调查、发掘史前遗址和汉代烽燧遗址。贝格曼又在内蒙古和新疆发现一批以细石器为特征的新石器时代遗存。

(三) 商周至唐宋遗址的调查和发掘

1928—1937年，中央研究院历史语言研究所考古学组在河南安阳殷墟进行过15次发掘，累计发掘面积达46000多平方米。历史语言研究所在小屯村一带，先后发现50多座夯土建筑基址，获得22000多片有字甲骨和其他珍贵遗物；又在洹河北岸侯家庄商王陵区发掘10座商代大墓，以及上千座埋藏"人牲"的排葬坑(祭祀坑)，从而为中国考古学和中国奴隶社会史的研究积累了极为珍贵的资料。开始发掘小屯遗址的时候，发掘水平比较低，主要目标是有字甲骨，缺乏分辨复杂遗迹的能力。梁思永从国外学成回国后，参加了小屯遗址的发掘，改进了发掘方法，使殷墟的发掘走上了科学的轨道。30年代历史语言研究所还发掘河南浚县辛村西周卫国墓地、汲县山彪镇和辉县琉璃阁的战国时期的墓葬。

1933—1935年，北平研究院考古组的活动主要集中在陕西渭河流域。其中徐炳昶主持的宝鸡斗鸡台附近的发掘，还发现仰韶文化遗址、周秦和汉代墓葬。后由苏秉琦将沟东区的周秦墓葬进行整理和分期研究，并提出探索周文化渊源的问题。这一时期，北平研究院史学研究会还对河北邯郸附近的响堂山石窟作过比较详细的勘察，并和北京大学考古学会等单位合作，对燕下都进行调查发掘。

1928年以前开始的中国和瑞典合组的科学考察团在新疆及邻近地区的活动，持续到1933年。中国学者所做的田野考古工作，主要有黄文弼在吐鲁番附近调查发掘高昌古城、交河古城遗址及麴氏高昌墓地，在塔里木盆地周围调查汉唐时代的城堡、寺庙、沟渠和屯戍遗址。袁复礼在吉木萨尔附近，勘察并实测唐北庭都护府遗址。瑞典学者F.贝格曼在额济纳河流域，调查发掘分布很广的汉代烽燧遗址，获得汉代简牍1万余支。此外，华西大学的美国学者在四川广汉和西康道孚附近，进行考古调查，发现了一些六朝陵墓和古代窑址。

20世纪30年代，日本学者在东北和华北地区的考古活动，在1932年以前主要在旅大地区，发掘牧羊城遗址及南山里、营城子汉墓等。从1932年起，日本"东亚考古学会"在中国东北地区的发掘扩大到其他地区，发掘了赤峰红山后遗址、渤海上京龙泉府遗址及元上都遗址。同时，有的日本学者，还发掘了集安高句丽壁画，并调查汉代帝陵。日本侵占东北以后，原田淑人等还以"东亚考古学会"和"东亚文化协会"的名义，发掘了邯郸赵王城和曲阜灵光殿遗址。

二、1937—1949年的中国考古学

在抗日战争期间，迁往内地的中国考古机构在条件很艰难的情况下，采取合作的方式进行田野调查和发掘，也取得了一些重要成果。例如中央研究院历史语言研究所考古组与中央博物院筹备处合作，于1939—1940年在云南大理附近，发掘史前和南诏时期的几处遗址；以

后又分别与中国营造学社、四川省博物馆、北京大学文科研究所等单位合作,先后发掘四川彭山的汉代崖墓和成都的前蜀王建墓,并两次赴河西走廊等地进行考古调查。1944年,夏鼐在甘肃宁定县阳洼湾发掘齐家文化墓葬,首次发现齐家文化晚于仰韶文化的地层证据,纠正了瑞典考古学家安特生1925年在甘肃远古文化分期上的错误。

1937—1949年,中国的田野考古工作基本处于停顿状态。在东北和华北解放区,人民政府十分重视文物保护工作,在经济很困难的情况下,又对吉林西团山石棺和邯郸附近的汉墓作过清理发掘,还曾收集景县封氏墓群出土的文物。

这一时期,在田野考古处于停顿的情况下,考古学者们主要是做室内研究工作,撰写报告、论文和专著。其中属于旧石器时代考古方面的专著主要有《山顶洞人文化》(裴文中,1939)、《中国猿人肢骨的研究》(魏敦瑞,1941)和《中国早期人类》(德日进,1941)等。尹达在延安期间,运用马克思主义观点,撰写了《中国原始社会》一书(1943)。历史时期的考古报告和专著主要有:《斗鸡台沟东区墓葬》(苏秉琦,1948)、《罗布淖尔考古记》(黄文弼,1948)等。同时,中国考古机构还发行了《安阳发掘报告》和《中国考古学报》等刊物。

在古文字学方面,在前期金石学的基础上,一些学者对甲骨、金文、简牍、墓志等铭刻资料进行研究,撰写了许多学术价值很高的著作。例如旅居日本的郭沫若编著的《卜辞通纂》(1933)、《殷契粹编》(1937)、《两周金文辞大系图录》(1934)和《两周金文辞大系考释》(1935)等,董作宾的《甲骨文断代研究例》(1932),都对甲骨文和金文的研究工作出了卓越的贡献。

20世纪30—40年代,中国考古学作为一门新兴的学科,已走上了初步发展的轨道。这一阶段,尽管田野工作不多,主要限于周口店、殷墟以及黄河流域和长江流域的史前和商周时期的遗址,其他地区的田野工作开展很少,存在不少年代上缺环和地区上的空白,未能形成比较完整的考古体系,但是,中国考古学毕竟走上了独立发展的道路,摸索出一套适合中国考古特点的田野考古方法,积累了一批通过正规发掘获得的科学资料,为中华人民共和国成立后中国考古学的发展,奠定了基础。

第四节 中国考古学的进一步发展

1949年中华人民共和国成立,从此中国考古学进入了一个新的发展阶段。建国后,在各级人民政府领导下,考古队伍迅速扩大。田野考古学已成为中国考古学的主流,调查发掘工作遍及全国各地。中国考古学以马克思主义为指导思想,运用历史唯物主义观点和方法从事考古学研究。不论是史前考古学,还是历史考古学,都建立了比较完整的体系。各种自然科学和技术科学的方法和技术被逐渐应用,考古学和其他学科之间的协作也不断加强。考古研究成果被用来研究古代社会历史的各个方面。

一、考古队伍的壮大和发掘水平的提高

中华人民共和国建立后,人民政府就颁布了关于保护古代文物的法令,迅速恢复周口店和殷墟两项中断十多年的发掘。随后,中央人民政府设立文物局,主管全国的文物保护和调查发掘工作,在中国科学院设立考古研究所,专门从事考古研究工作。各大行政区和各省、市、自治区,也相继成立文物管理委员会,负责当地的文物保护工作,承担调查发掘任务。

1952—1955年,文化部文物局、中国科学院考古研究所和北京大学联合举办了四期考古

工作人员训练班,为全国各地文物考古部门培训了300多名考古工作人员。同时,在北京大学历史系创办考古专业,培养考古人才。并在许多高等学校建立考古专业。各省、市、自治区成立考古学会。

中华人民共和国建立后的40年中,中国考古学发展的重点是,田野考古扩大到全国各地,田野考古的水平有了显著提高。

这一时期,中国的田野考古,不论是发掘遗址,还是发掘墓葬,都达到了较高的水平,对田野中发现的各类文物的技术处理水平,也有了很大的提高。

二、旧石器时代考古学的发展

中华人民共和国建立后,首先将1929年成立的中国地质调查所新生代研究室进行调整和扩充,成立了中国科学院古脊椎动物与古人类研究所。该所成立后恢复了中断12年之久的周口店的发掘工作。同时,在周口店修建了中国第一座古人类遗址陈列馆和其他建筑设施,还专门为周口店遗址修筑了从北京到周口店的京周公路。

建国后,中国旧石器时代考古的发展大致可分三个阶段。第一阶段,1949—1959年,恢复周口店遗址的发掘工作和配合基本建设开展旧石器时代遗址的考察。第二阶段,1960—1966年,带有学术目的对新的区域进行调查和发掘。第三阶段,1971年至今,开展全国性的调查和发掘,同时为各省、市、自治区培养旧石器考古人才[①]。

三、新石器时代考古学的发展

建国后,田野考古工作逐步扩大到全国各地,基本上消除了地域上的空白。据不完全统计,全国现已发现的新石器时代遗址有7000多处,其中经过发掘的有近500处。有的遗址经过多年的持续工作,发掘面积近2万平方米,有的墓地发掘墓葬达千余座。

20世纪50年代至60年代前半期,大面积揭露的新石器时代遗址主要有:陕西西安半坡遗址、宝鸡北首岭遗址、河南陕县庙底沟遗址、山东泰安大汶口遗址、湖北京山屈家岭遗址、江苏南京北阴阳营遗址、江苏吴县草鞋山遗址等。60年代后期至今,对新石器时代遗址的发掘,除配合基本建设外,学术目的性更明确,几乎每个省、市、自治区都选择了较典型的遗址进行发掘。黄河流域作重点发掘的遗址有10多处,其中发掘面积较大的有陕西省临潼县姜寨遗址、甘肃秦安县大地湾遗址、河北省武安县磁山遗址、山西省襄汾县陶寺遗址、河南省新郑县裴李岗遗址、密县莪沟北岗遗址、郑州大河村遗址、登封县王城岗和淮阳县平粮台遗址、青海省乐都县柳湾遗址、山东省兖州市王因遗址、寿光县边线王城堡遗址等。长江流域和华南地区发掘面积较大的遗址有:湖北省京山县屈家岭遗址,浙江省余姚河姆渡遗址和桐乡县罗家角遗址、江苏省吴县草鞋山遗址和常州圩墩村遗址,安徽省潜山县薛家岗遗址,广东省曲江县石峡遗址、福建省闽侯县昙石山遗址等。东北地区的史前考古工作,最引人注目的是1979年发现的辽宁喀左县东山嘴大型石砌祭祀遗迹、1983—1985年在辽宁省建平县和凌源县交界处的牛河梁发现的一座所谓"女神庙"和几十处积石冢群。上述遗址的发掘工作都达到了较高的水平。例如半坡遗址和姜寨遗址的发掘,都局部或整体地揭露了仰韶文化早期的聚落布局,半坡遗址还原地保存了当时的建筑遗存,这些对复原当时人类的生活和社会制度,提供了

---

① 张森水:《中国旧石器文化》(第一章),天津科学技术出版社1987年版,第6—24页。

生动、具体的材料。

历年出版的以专刊形式刊印的重要的考古报告有《庙底沟与三里桥》(1959)、《西安半坡》(1963)、《京山屈家岭》(1965)、《大汶口》(1974)、《元君庙仰韶墓地》(1983)、《宝鸡北首岭》(1983)、《青海柳湾》(1984)、《姜寨》(1988)、《崧泽——新石器时代遗址发掘报告》、《登封王城岗与阳城》(1992)、《郑州大河村》(2001)、《龙虬庄》(1999)、《北阴阳营》(1993)、《潜山薛家岗》(2004)等。综合性的专著及论文集主要有《梁思永考古论文集》(1959)、《苏秉琦考古学论文选集》(1984)、安志敏的《中国新石器时代论集》(1982)、佟柱臣的《中国东北地区和新石器时代考古论集》(1989)、严文明的《仰韶文化研究》(1989)等。此外，各种刊物还刊载了考古发掘报告及简报、论文。

1949年以后，随着考古资料的不断增多，中国新石器时代考古学的研究取得了许多新的成果。连同1949年前的发现，中国现已命名的新石器时代文化有30余种。黄河流域新发现的磁山文化、裴李岗文化和老官台文化，与原仰韶文化的后岗类型、新发现的大河村文化及仰韶文化的半坡类型，有着承袭关系，解决了仰韶文化的半坡类型、后岗类型及大河村文化的起源问题。随着含有"彩陶"的新石器文化的增多及仰韶文化分区、分期的研究，"彩陶文化"的名称已被废弃不用。"庙底沟二期文化"的确立，填补了中原地区的仰韶文化和新石器时代文化之间的缺环。所谓"河南龙山文化"诸类型的区分，有利于解决中原地区的新石器时代晚期文化和商文化之间的衔接问题。

大汶口文化是黄河下游的一种新石器时代晚期文化，它承袭新发现的北辛文化，下接山东龙山文化。随着龙山文化的深入研究和含灰黑陶的新石器晚期文化的增多，"黑陶文化"的名称已被废弃。长江中游的大溪文化、屈家岭文化、石家河文化（青龙泉三期文化、桂花树三期文化），下游的河姆渡文化、马家浜文化、北阴阳营文化、崧泽文化、薛家岗文化、良渚文化等，均为建国后新发现或重新命名的。东南沿海地区以几何印纹陶为特征的文化遗存，起源于新石器时代末期，盛行于商周时代，延续到战国汉初，从而"几何印纹陶文化"名称被摒弃不用。华南地区，在广东省封开县黄岩洞、阳春独石仔、广西柳州白莲洞（第二期文化）等遗址都发现了前陶新石器文化（或"无陶新石器文化"）遗存。江西万年仙人洞、广东省英德青塘、广西柳州大龙潭鲤鱼嘴等遗址的下层，均发现新石器时代早期文化遗存。以细石器为特征的文化遗存广布于中国北方地区，后来在广东省南海县西樵山及藏北高原的一些遗址也有发现，延续的时代很长，从石器时代一直延续到早期铁器时代。这说明，细石器遗存并不属于单一的文化系统，也不仅仅存在于某一个文化时代，因而"细石器文化"名称也被否定。

中国新石器时代文化的研究，除了对新发现的文化或类型进行分期和划分区系外，其重点有两个：一是探索新石器时代早期文化，其中包括对"中石器文化"的探索；一是在中原地区围绕着夏文化问题，开展广泛的调查和研究，并同时对中国文明的起源问题进行探索。在有关新石器时代早期文化的研究中，除解决中国有无"中石器文化"外，对中国农业的起源、陶器的产生以及其他有关问题进行了广泛的探讨。史前考古学研究的领域也不断扩大，不论是旧石器时代，还是新石器时代，都将生态环境、气候等作为一项重要的研究内容。对孢子花粉的分析、动物骨骼和作物种子的鉴定，已成为研究新石器时代的生态环境、农业和家畜起源的一个重要手段。体质人类学也已成为史前考古学研究中的一项重要内容。对新石器时代氏族公共墓地人骨的鉴定研究，有助于解决中国新石器时代居民的种系分布、氏族社会的演化等问题。建国后史前考古学研究的一个重要特点是，将考古资料广泛应用于人类社会史的研究。

现代自然科学和技术科学方法在中国史前考古学研究中占越来越重要的位置。例如，电磁测定法用来探索遗迹，放射性碳素断代、钾-氩法断代、热释光断代等用于测定新石器时代文化遗存的年代。其中放射性碳素断代，在新石器时代考古研究中已被广泛应用。中国现已建立起放射性断代实验室50多个，已公布考古年代数据近2000个，其中大部分属于史前文化年代。大量放射性碳素测定的年代数据，不但明确了各种新石器时代文化的绝对年代，解决了长期争论而无法解决的问题，而且为各个地区新石器时代文化发展序列的确立，提供了科学根据。

四、商周考古学的发展

中华人民共和国成立后，商周考古学和史前考古学一样，有了很大的发展。商周考古方面的发展，除配合基本建设工程外，均带有明确的学术目的。其中比较重要的学术课题有：中国古代文明的起源和发展，商文化渊源和夏文化的探索，殷墟的布局和文化分期，商周都城的形制和发展，商周的经济生活和少数民族的文化遗存等。

为探讨中国进入文明时代的历史进程，从1959年起，在河南西部和山西南部（传说中的夏人活动地区），围绕夏文化问题进行了比较多的调查和发掘，对二里头文化和龙山文化进行分期和划分类型。1983年在河南偃师尸乡沟一带发现的商代早期城址，面积达200万平方米，城内又有规模较大的宫殿基址，可能是汤都西亳。这座城址的发现和研究，有助于夏文化问题的解决。

商代考古研究，20世纪50年代以前主要限于商代后期和殷墟一地。从50年代起，先后发现两座商代早期城址，即郑州商城和偃师商城，并在二里头发掘出2—4座较大的宫殿基址。迄今，在北起长城内外，南至长江中游的广大范围内，都发现商代遗址、遗迹和遗物。其中比较重要的遗迹和遗物有：湖北黄陂盘龙城遗址、江西清江吴城遗址、河北藁城台西遗址、江苏铜山丘湾社祀遗址、山东益都苏埠屯商墓，以及辽宁喀左、山西石楼、陕西城固、湖南宁乡等地出土的铜器。安阳小屯附近还出土4000多片甲骨卜辞。

西周时期的田野考古工作，基本上是建国后发展起来的。50年代通过对西安长安县丰镐遗址的发掘，初步确立了西周考古的断代标准。70年代以来，在陕西岐山、扶风的周原遗址先后发掘了西周早期和中期的两处大型建筑基址，并且出土一批西周初的甲骨文和窖藏铜器。其他地区的重要发掘还有，洛阳东郊西周王室铸铜遗址，北京琉璃河的燕国早期贵族墓地。各地出土的西周铜器，有不少有长篇铭文，为断代研究提供了比较可靠的资料。目前一般将西周青铜器分为早、中、晚三期，早期相当于武王至穆王，中期为恭王至夷王，晚期为厉王至幽王。

东周时期的文化遗存的大量发现，为研究当时的社会变革提供了实物资料。根据考古发掘资料，中国至迟在公元前6世纪的春秋晚期已掌握了冶铁技术，并且是生铁铸件和块炼锻件同时出现。战国时期的钢铁生产达到了较高的水平，出现了以块炼铁为原料的渗碳钢制品。对列国都城的勘察和研究是商周考古的重点之一。建国以来，各地发现的东周古城数以百计，列国都城大多已经找到。其中经过勘察和发掘的都城主要有：山东淄博临淄齐城遗址、曲阜鲁城遗址、山西侯马晋城遗址、河北邯郸赵城遗址、易县燕下都遗址、河南新郑郑韩故城遗址、洛阳东周城遗址、湖北江陵楚纪南城遗址、陕西凤翔秦雍城遗址、临潼秦栎阳城址和咸阳秦咸阳城址等。勘察和发掘工作的重点是，了解列国都城的城郭范围、城门及街道的位置、宫殿及手工业区的分布、营建和使用时间等。各地发掘的东周墓葬达数千座，其中大部分是南方的楚墓，其次是秦墓和三晋墓葬。其中有重要发现的东周墓有河南陕县上村岭的虢国墓、辉县固围村魏国墓地、淅川下寺楚墓，安徽寿县蔡侯墓，河北平山中山王墓，湖北随县曾侯乙墓和江陵楚墓。这些墓葬，对于研究东周时期的社会历史和经济、文化都有重要意义。如春秋中期的下寺楚墓和战国初期的曾侯乙墓所出的"失蜡法"青铜铸件，曾侯乙墓保存完好的成套编钟、编磬和其他乐器，江陵楚墓出土的战国晚期的锦绣衣物，都反映了东周时期经济、文化的发展情况。墓中发现的大批竹简、盟书和刻有铭文的青铜器，都是研究东周历史的很好的资料。

历年出版的商周时期的考古报告主要有：《辉县发掘报告》(1959)、《长沙发掘报告》(1957)、《郑州二里岗》(1959)、《洛阳中州路(西工段)》(1959)、《上村岭虢国墓地》(1959)、《四川船棺葬发掘报告》(1962)、《殷墟妇好墓》(1980)、《曲阜鲁国故城》(1982)、《江陵雨台山楚墓》(1984)等。甲骨文和青铜器和其他古文字方面的重要集录有《小屯南地甲骨》(1980)、《陕西出土商周青铜器》(1979)、《河南出土商周青铜器》(1981)、《商周青铜器纹饰》(1984)、《侯马盟书》(1976)等。集成性资料汇编方面，《甲骨文合集》13册图版已于1978—1983年全部出齐，《殷周金文集成》也已出版。个人的专著有邹衡的《夏商周考古学论文集》(1980)、于省吾的《甲骨文字释林》(1979)、陈梦家的《殷墟卜辞综述》(1956)、杨树达的《积微居金文说》(1959)、郭宝钧的《商周青铜器综合研究》(1981)等。

五、秦汉至元明考古学的发展

建国后，经过勘察发掘的历代都城有汉长城遗址、汉魏洛阳城遗址、隋大兴唐长安城遗址、隋唐洛阳城遗址、辽中京遗址、金中都遗址和元大都遗址等。经过实地考察的城址有三国时代的孙吴武昌城、六朝的建康城、北魏的平城及北宋汴梁城等。对邺城遗址进行了全面勘察，并着手南宋临安城的勘察工作。凡经过全面勘察的都城遗址，城址的布局已基本搞清，并且分别对宫殿和其他重要遗迹作过大规模的发掘。上述城址的勘察为研究中国历代都城建制的演变，其中包括平面布局、宫殿位置、主干道和里坊制度等，提供了重要资料。

1959年以来，陕西省考古研究所等单位还对咸阳秦宫殿遗址和阿房宫遗址进行调查和发掘。此外，对历代的地方城址，如汉河南县城遗址、汉西海郡城遗址等，进行了考察。

建国以来，历代帝陵的考古调查和发掘主要有秦始皇陵的勘察和陪葬墓、兵马俑坑等的发掘，西汉诸陵和陪葬墓的调查和发掘，六朝陵墓的调查与发掘，北魏方山永固陵的发掘，唐代帝陵的调查和陪葬墓的发掘，北宋诸陵的调查，南唐二陵、西夏王陵和明定陵的发掘。发掘的王侯和贵族墓主要有广州南越王墓、长沙马王堆汉墓、西安杨家湾汉墓、河北满城汉墓、北京大葆台汉墓等。对历代大量墓葬的调查和发掘，为全面地研究当时的物质文化和精神文化提供了丰富的资料，同时也为研究当时的丧葬制度及其发展、演变的情况提供了实证。各地墓葬所出土的大量竹简和数千方墓志，又对文献记载中的史实有许多补正。

手工业和科学技术方面的考古发掘和研究主要有：对汉代及其后的冶铁遗址的发掘，并对出土的铁器作系统的考察；对历代瓷窑遗址进行广泛调查和发掘，研究中国瓷器的起源和发展，探讨不同窑系的烧制技术和产品特点，并对各地出土的瓷器，进行瓷器形制和纹理演变的分期断代研究。此外，对历代的丝织品、漆器、度量衡器等，进行专项研究。

中华人民共和国成立后,对边疆少数民族地区的考古调查和发掘,也取得了很多成果。经调查和发掘的遗址和墓葬主要有:东北地区的东胡族文化遗存,高句丽、渤海的城址和墓葬;北方地区的匈奴、鲜卑等族的文化遗存;新疆的汉代西域诸国和高昌、突厥等族的文化遗存;西南地区的西南夷系统青铜文化及南诏、大理遗迹;西藏的吐蕃和古格王国遗迹;额济纳河流域和敦煌附近的汉代烽燧遗址,北方的秦汉长城遗址、新疆吉木萨尔的唐北庭都护府城址等。以上一系列的调查和发掘,为研究边疆少数民族的经济文化及社会历史,阐明边疆和内地的悠久的历史联系,提供了丰富的实物史料。

中外关系方面的考古工作,也有一定的收获。对和"丝绸之路"有关的考古发现,其中包括波斯萨珊银币、金银器、织锦和东罗马金币、玻璃器等文化遗物,都作过详细的考察和研究。著名考古学家夏鼐,根据中国各地出土的丝织品、外国货币及其他国外文化遗物,阐明了汉唐时代中国和中亚,特别是与波斯和东罗马帝国经济上和文化上的联系。海上航路的考古调查和研究则有在宁波、泉州两地发掘宋代沉没的海船,开展古外销瓷问题的专门研究。

建国后编辑出版的秦汉至元明的考古报告主要有:《云梦睡虎地秦墓》(1981)、《洛阳烧沟汉墓》(1959)、《长沙马王堆一号汉墓》(1974)、《满城汉墓发掘报告》(1980)、《广州汉墓》(1981)、《沂南古画像石墓发掘报告》(1956)、《云南晋宁石寨山古墓葬发掘报告》(1959)、《三门峡漕运遗迹》(1959)、《巩县铁生沟》(1962)、《唐长安大明宫》(1959)、《西安郊区隋唐墓》(1956)、《南唐二陵发掘报告》(1957)、《白沙宋墓》(1957)、《陕西铜川耀州窑》(1965)等。1949年以前的发掘资料,整理出版的有《浚县辛村》(1964)、《山彪镇与琉璃阁》(1959)、《吐鲁番考古记》(1958)、《塔里木盆地考古记》(1958)、《前蜀王建墓发掘报告》(1964)、《唐长安城郊隋唐墓》(1980)等。属于考古学家个人的重要论著主要有夏鼐的《考古学论文集》(1961)及《考古学与科技史》(1979)、王仲殊的《汉代考古学概说》(1984)、陈梦家的《汉简缀述》(1980)等。中国社会科学院考古研究所集体编著的《新中国的考古收获》(1961)、《新中国的考古发现与研究》(1984)二书,以及文物编辑委员会汇编的《文物考古工作三十年》(1979)等,都对中华人民共和国成立以来的中国考古学研究进行了概括性的总结。

建国后出版的考古刊物:50年代创刊的有《考古学报》、《考古》与《文物》,70年代陆续创刊的有《文物资料丛刊》、《考古学集刊》、《考古与文物》、《中原文物》、《华夏考古》、《江汉考古》、《湖南考古辑刊》、《文物研究》、《史前研究》、《东南文化》、《北方文物》、《人类学学报》、《新疆文物》以及其他一些省区的考古刊物。

综上所述,中国考古学的发展道路是曲折的。在中国考古学刚刚诞生时,有的学者还不相信中国有四五千年的文明史。后来,直到安阳殷墟发掘之后,历史学家在写中国历史时,才敢将商代列为信史放在书中。而现今情况就大不一样了,历史学家在写中国历史时,可以将距今几十万年的蓝田人、北京人和170万年的元谋人写进中国上古史,古史内容也因考古资料增多而大大丰富起来。考古学发展到今天,已远远超出"证经补史"的范畴。从某种意义上说,现今研究中国的古代历史和文化,如果离开考古学及其研究成果,是很难进行的。这说明,中国考古学已取得了巨大成就。

参 考 文 献

1. 马衡:《中国金石学概要》,《凡将斋金石丛稿》,中华书局1977年版。

2. 朱剑心:《金石学》,文物出版社 1981 年版。
3. 易漫白:《考古学概论》,湖南教育出版社 1985 年版,第 30—93 页。
4. 张森水:《中国旧石器文化》,天津科学技术出版社 1987 年版,第 6—24 页。
5. 《梁思永考古论文集》,科学出版社 1959 年版,第 91—107 页。
6. 尹达:《龙山文化与仰韶文化之分析——论安特生在中国新石器时代分期问题中的错误》,《新石器时代》,三联书店 1979 年版,第 83—119 页。
7. 吴汝康等:《人类发展史》,科学出版社 1978 年版。
8. 中国社会科学院考古研究所:《新中国的考古发现与研究》,文物出版社 1984 年版。
9. 王仲殊:《汉代考古学概说》,中华书局 1984 年版。
10. 北京大学历史系考古教研室商周组:《商周考古》,文物出版社 1979 年版。
11. 文物编辑委员会:《文物考古工作三十年》,文物出版社 1979 年版。
12. 中国科学院古脊椎动物与古人类研究所:《古人类论文集》,科学出版社 1978 年版。
13. [英]格林·丹尼尔著,黄其煦译:《考古学一百五十年》,文物出版社 1987 年版。
14. 贾兰坡等:《周口店发掘记》,天津科学技术出版社 1984 年版。
15. 张之恒:《中国新石器时代文化》,南京大学出版社 1988 年版。
16. 贾兰坡:《中国旧石器时代》,《科学》1982 年第 7 期。
17. 蔡凤书、宋百川主编:《考古学通论》,山东大学出版社 1988 年版。
18. 安志敏:《中国新石器时代论集》,文物出版社 1982 年版。
19. 苏秉琦:《建国以来中国考古学的发展》,《苏秉琦考古学论述选集》,文物出版社 1984 年版,第 299—306 页。
20. 佟柱臣:《中国东北地区和新石器时代论集》,文物出版社 1989 年版。
21. 裴文中:《中国的旧石器时代——附中石器时代》,《裴文中史前考古学论文集》,文物出版社 1987 年版,第 158—176 页。

第三章 旧石器时代

人类和人类赖以生存的地球有着产生和发展的过程。人类是地球及生物演化到一定阶段的产物。地球的历史大约为45亿年,而人类最多也只有300万年左右的历史。

旧石器时代考古学是一门涉及面很广的学科,它与第四纪地质学、体质人类学、古动物学、古植物学、古气候学及生态学等学科,都有密切的联系。旧石器时代考古学有许多组成部分,而旧石器、古人类和古生物是其三个主要组成部分。

旧石器时代是人类历史的开始阶段,也是在人类历史上延续时间最长的阶段,它占迄今人类历史的99%以上。旧石器时代人类以打制石器作为主要的生产工具,过着以采集和渔猎为生的原始生活。

第一节 人类的产生

一、人类产生前生物的演化

地球形成后,发生过多次地壳运动。每次地壳运动的结果都使自然环境和生物的面貌发生比较大的变化。自然环境的变化,使不能适应环境变化的生物趋向绝灭,或发生变化,以适应新的环境,于是出现新的生物属种。地史和古生物学家根据生物的演化,将地球分为五个"代",即太古代、元古代、古生代、中生代和新生代,并将"代"划分为若干个"纪",再将"纪"分为若干个"世"(表3-1)。

表3-1 地质年代表

代(界)	纪(系)		世(统)	距今年代(百万年)	开始繁育的生物	
					植 物	动 物
新生代(Kz)	第四纪(Q)		全新世(Q_h)	0.012		人 类
			更新世(Q_p)	2—3		
	第三纪(R)	晚第三纪(N)	上新世(N_2)	12		
			中新世(N_1)	25		
		早第三纪(E)	渐新世(E_3)	40		
			始新世(E_2)	60		哺乳类
			古新世(E_1)	70	被子植物	
中生代(Mz)	白垩纪(K)			135		
	侏罗纪(J)			180		
	三叠纪(T)			225		爬行类

续 表

代(界)	纪(系)	世(统)	距今年代(百万年)	开始繁育的生物	
				植物	动物
古生代(P)	二叠纪(P)		270	裸子植物	两栖类 鱼　类
	石炭纪(C)		350		
	泥盆纪(D)		400	裸蕨植物	
	志留纪(S)		440		
	奥陶纪(O)		500		
	寒武纪(G)		600		无脊椎动物
元古代(Pt)	震旦纪(Z)		1100	菌藻类(?)	
			1800		
太古代(Ar)			4500		

地球形成的初期，亦即太古代早期，地球是个炽热的球体，地球上既无水，又无空气，故不能产生生命，因此，在太古代早期，地球上是无生物的。到太古代中期，地球上才有水和空气，才具备产生生命的条件，生物才开始出现。地球上最早出现的生物是菌藻类。最早的菌藻类生物，可以早到距今32亿至36亿年前。南非太古代地层中发现过杆状细菌和圆球状藻类，这是一些肉眼看不到的微生物。到元古代后期，世界各地普遍出现大型的肉眼可见的藻类。

古生代分为六个纪，即寒武纪、奥陶纪、志留纪、泥盆纪、石炭纪、二叠纪。前三个纪地史上称为早期古生代，后三个纪称为晚期古生代。古生代即为"古老生命的时代"，起讫年代为距今六亿到二亿多年。

早期古生代的特点是，陆地上无生物，重要的生物都生活在海洋中，其中尤以无脊椎动物为最重要，故早期古生代是一个以无脊椎动物为主的时代。三叶虫和笔石是早期古生代较为重要的两类低等无脊椎动物。早期古生代的植物是一些低等的生活在海洋中的藻类，未发现高等植物。

早期古生代末期(晚志留世)发生了一次剧烈的地壳运动，许多地区的海洋隆起成为陆地，原来的海生藻类也随之登陆向陆生植物发展。登陆的藻类经过一段适应以后，演化成原始的陆生植物——光蕨类。泥盆纪，低等的无脊椎动物演化为鱼类(低等的脊椎动物)。泥盆纪鱼类大量繁育，故泥盆纪又称为"鱼类时代"。石炭纪，两栖类开始繁育；到二叠纪两栖类继续发展。因此，石炭纪、二叠纪，地史上称为"两栖类时代"。石炭纪是陆生植物大发展的时期，而陆生植物的大发展是形成广厚煤层的重要条件，故石炭纪是地史上重要的成煤时期。

中生代包括三叠纪、侏罗纪和白垩纪。中生代延续的年代为2亿多年至7000万年。中生代是爬行动物兴盛的时代。中生代的爬行动物广布于水、陆、空，这些爬行动物总称为"恐龙"。中生代除了爬行动物繁育外，一种属于软体动物的"菊石"也相当繁育，称霸于海洋，故中生代又称为"菊石时代"。中生代后期，爬行动物向两个方向演化：一类向鸟类演化；一类向哺乳动物演化。中生代，蕨类植物衰退，被子植物繁育。

新生代是地史上最近的一个时代，从距今7000万年开始，直到现代。新生代包括两个纪，即第三纪和第四纪。两个纪包括七个世：古新世、始新世、渐新世、中新世、上新世、更新世、全新世。前五个世属第三纪,后两个世属第四纪。第三纪又分为早(老)第三纪和晚(新)第三纪两个阶段。古新世、始新世和渐新世为早第三纪或老第三纪,中新世和上新世为晚第三纪或称新第三纪。

新生代,生物界最重要的特点是:裸子植物大量绝灭,为被子植物所取代;爬行动物大量绝灭,代之而兴盛的是哺乳动物,被子植物是植物进化发展到最高阶段的产物,是高等的植物。被子植物的最大特点是果实,种子是包裹在果皮内的。现代的绿色开花植物即有花植物,如柳、杨、榆、槐、各种果树、各种禾本科农作物等,均属被子植物。哺乳动物是动物进化到最高阶段的产物,其特征是恒温、胎生、哺乳。人类是最高等的哺乳动物。哺乳动物发展到新生代后,仍继续向各个方向演化,其种类、数量及演变速度都达到了高峰。

第四纪有两个特点:其一,人类在地球上出现;其二,出现全球性的冰川作用,使古地理、古气候和古生物都发生多次波动变化。第四纪的更新世初期,距今 300 万年左右,结束于距今 12000 年。这是人类历史上的旧石器时代。全新世是地史上的现代,自然环境和现代相似。全新世开始即进入新石器时代。

综上所述,可知地球上的生物,随着地壳的不断运动,气候和自然环境的不断变化,一直处于不断的演化中。植物的演化是,由藻类演化到蕨类,由蕨类发展到裸子植物,再由裸子植物进入到高等的被子植物。动物演化的规律是由微生物发展到低等的无脊椎动物,再由无脊椎动物演化到脊椎动物。脊椎动物的演化是,由鱼类演化为两栖类,由两栖类演化为爬行动物,再由爬行动物演化为鸟类和哺乳类。人是最高等的哺乳动物。生物的演化是按照一定的规律进行的。其规律是由低级到高级,由简单到复杂,由水生到陆生,由无脊椎到有脊椎。脊椎动物的演化是由卵生到胎生,由变温到恒温,由只能受自然支配的低等脊椎动物到能控制自然、改造自然的人类。生物处于不断的发展变化中,既有量变,又有质变。植物的变化往往发生在动物变化之前;植物的变化促使动物的变化。

二、进化论的产生和古猿演化为人的证据

(一)唯物主义、科学和宗教围绕人类起源问题的斗争

在人类起源问题上,从古代起,在世界各民族中曾有过各种神话和传说:一种是自然发生的说法,如原始人类是从月亮上落到地面上来的;或是一只怪鸟下了蛋,孵化成人,在树上居住等。另一种说法是,人是神创造出来的。中国就有女娲氏抟土造人的传说。据说有个人首蛇身的女娲,独自在世上感到很寂寞,用黄泥做了万千个泥人,吹口仙气,这些泥人就成了能跳能舞的活人。这些说法,都是人们还处在文化发展的低级阶段时产生的。在原始社会时期,人们相信他们的每个氏族都与某种生物或无生物有关,并将他们视为该氏族的标志或保护者。这就是所谓的"图腾"。女娲氏人首蛇身,就是古代氏族图腾的象征。女娲是母系氏族的缩影,是对妇女崇敬的反映。

人类社会进入文明时代后,宗教成了剥削阶级用来麻痹广大劳动人民,削弱人民群众斗志的精神鸦片。关于人类起源的说法,从此也就带有为统治阶级服务的宗教的色彩。在西方,几千年来,关于人类起源的问题,一直受着基督教所宣扬的"上帝造人"的观念的统治和影响。基督教的《圣经》中说,上帝创造的第一个人叫亚当,是用泥土先做成人的样子,于是亚当就从上帝那里获得了灵魂,成为一个男人。以后,上帝又在亚当熟睡时,从他身上抽了一根肋骨,创造了一个女人,名叫夏娃,做亚当的妻子。现代人都是亚当和夏娃的子孙后代。现代西

方资产阶级从他们的阶级利益出发,宣扬一种"特创论",说什么世界上的各种生物都是按照特殊的目的被神创造出来的,而且以后保持不变。

1925年,美国曾发生过著名的猿猴诉讼案。美国田纳西州的生物学教师斯科普斯等人,由于讲授进化论而被该州的法庭判罪。直到1967年,该州禁止在公立学校讲授进化论的法律才被废止。而密西西比州和阿肯色州直到1968年这种法律才被废止。可是不久创世论的活动又复活了。1970年,加州教育厅作出规定:中学生物学教科书要同时讲授进化论和创世论。其理由是,创世论也是一种理论;有些科学资料可用进化论来解释,另一些科学资料可用《圣经》的创世论更好地来解释。70年代,美国的创世论者开展了一种运动,要求在教科书和课堂的讲授中,创世论和进化论在论述上占有同等的篇幅和同等时间,即所谓"等时间"原则。1980年美国总统竞选中,三位竞选人(里根、卡特、安德逊)都被要求对这个问题表态。里根表态说:有关人类进化的理论有"很大的缺点",他表示支持"等时间"原则。于是许多州都在制定这种法案。进化论和创世论的斗争还在继续,在西方的一些国家中斗争还很激烈。

(二)进化论的产生和发展

1809年,英国博物学家达尔文发表《物种起源》一书。达尔文的《物种起源》包括两种学说:一是生物由进化而来的学说,即进化的观点;一是自然选择的学说,说明生物进化的原因和过程。

1863年,达尔文学说的支持者、英国生物学家托·亨·赫胥黎发表《关于人类在自然的位置的证据》(此书1894年再版时,书名改为《人类在自然的位置及其他论文》。赫胥黎从比较人类学、发生学、古生物学等方面,详细阐述了动物和人的关系,确定了人类在动物界的位置,提出了人、猿同祖论。但他一进入人类历史的领域,其论据就显得不足了。他之所以不能进入历史唯物主义,是因为他不了解人类区别于动物的自觉能动性以及这种能动性产生和发展的历史过程。

(三)古猿演化为人类的证据

1. 胚胎学的证据

人类是由低等的脊椎动物逐步演化而来的,其演化序列是:鱼类→两栖类→爬行类→哺乳类→人类。人类的胚胎在发育过程的不同阶段都有上述脊椎动物的特征。鱼类、两栖类、爬行类、鸟类、哺乳类(包括人类),早期胚胎都有鳃裂和尾巴,说明这些不同类的动物有共同的祖先。人类的胚胎发育到三四周的时候,很像鱼,头部两侧的鳃裂和鱼鳃相似;手足很像鱼鳍;手像胸鳍,足像腹鳍。人类的胎儿有尾巴,在五六周时尾部最长,后来逐渐消失,只留尾骨。人类的胎儿在5—7月时,身上有较长的毛,八个月后,毛逐步退化。人和猿的关系最近,故胚胎相似的时间最长。

2. 遗传返祖现象

现代人中偶尔出现的某些远祖的身体形状和生理构造,称为"返祖"现象。现代人中偶尔出现的长尾巴、长有多而长的毛和多乳头现象,均属"返祖"现象。这种返祖现象是人类由低等动物演化来的又一证据。返祖现象,古今中外都不乏其例。我国东北某地曾发现一小女孩长有12厘米长的尾巴,其上有黄褐色的毛。后来医院将这一12厘米长的尾巴割掉,女孩安然无恙。

3. 化石的证据

根据近一百多年的研究,国内外一般认为人是古猿进化而来的。人类的发展经过了五个发展阶段:腊玛古猿、南方古猿、直立人、早期智人和晚期智人。从猿到人的过渡阶段的生物,现在了解得很少。一般认为腊玛古猿可能是其早期的代表,南方古猿中的原始类型可以作为其晚期的代表。腊玛古猿大约生活在距今 1400—1000 万年以前,已知的南方古猿化石可以早到距今 500 万年前。1000 万年至 500 万年之间的化石,现在发现的很少。

腊玛古猿化石最早 1932 年发现于印度。迄今为止,化石发现地点集中在亚洲西南部、欧洲西南部和非洲肯尼亚一带,包括中国、印度、巴基斯坦、土耳其、希腊、匈牙利、肯尼亚等国。

腊玛古猿与森林古猿和南方古猿相比,其特征是:下颌骨较小、较浅;牙齿咬合面的皱纹简单;没有齿带或卡氏尖的迹象;面部较短;门齿、犬齿和颊齿相比,相对地比森林古猿小,但又不如南方古猿明显;门齿向前的倾斜度中等。由于腊玛古猿的吻部较短缩、犬齿颇小,缺乏一般猿类常用的攻击和防御的武器,所以推测它能用手抓握树枝及石块等自然工具进行防御和取食。手既由行动器官解放出来,两腿便单独担负行走的功能,亦即能直立行走。

在更新世早期的石器未得到广泛承认之前,南方古猿曾被普遍认为是从猿到人过渡阶段的主要代表。后来由于东非发现的更新世早期石器得到广泛承认,南方古猿又被一些古人类学家认为可能是石器的制造者而被列入最早的人类。从现有资料来看,南方古猿包括一组形态变异很大,时间相当长久的高等灵长类,其中大部分是绝灭的旁支,也有早期的原始类型和进化类型。早期原始类型可能是或接近于从猿到人的过渡生物;进步类型可能是或接近于第一阶段的人类。

南方古猿生存的年代为距今 400 万年至 100 多万年前。其化石材料已有大量发现,代表的个体数在 350 个以上,主要发现于南非和东非的许多地点。南方古猿生存的区域基本上是非森林的各种生态环境。

南方古猿的头骨比大多数黑猩猩的要长和高,但比现代人的要短和低。从顶面看,较小的颅骨呈卵圆形。有时颅顶前部正中有矢状嵴。脑量很小,平均脑量接近 500 毫升,变异范围为 400—700 毫升。南方古猿的脑量虽小,但其结构与人更接近。

南方古猿已能两足行走,这可以从头骨的脊柱上的位置(即枕骨大孔在头骨上的位置)、骨盆和腿骨形态特征上作出判断。直立行走确立后,双手必须用来使用工具,如用来挖掘根茎、砍砸树木等。

三、古猿演化为人类的过程

人类是古猿通过长期劳动而逐步演化来的。古猿演变成人的整个过程,目前还缺乏直接的证据。关于人类各种主要特征的发生、发展的过程,现在了解得也很少。在此只能根据一般化的原理和部分化石材料作一些简单的阐述。

老第三纪就开始的世界范围内的造山运动,一直持续到新第三纪的中新世,其结果是地球的许多部分发生断层和上升运动而形成山脉,出现了喜马拉雅山、阿尔卑斯山、安第斯山、落基山等山系。

第三纪的造山运动导致了气候和自然环境的变化,古猿生活的地区比以前干寒,造成森林地区的缩减和森林稀疏,形成了草原间隔的树林,使古猿较多地下到地面生活。

下到地面生活的古猿,是一类高度发达的古猿,它具备向人类发展的内在因素。这些内在因素是:由于它们经常在林间"臂行",使身体处于垂直状态,内脏的位置发生了变化,双臂粗壮,肩膀和骨盆变宽,为直立行走创造了条件;这类古猿的四肢还未"特化",前、后肢的长度略等或前肢稍短于后肢,使手足分化成为可能;这种古猿经常在树上筑巢,摘取果实等活动,使前肢在抓握、攀援的同时,后肢起着支撑身体的作用,这为后肢直立行走和前肢成为劳动器官创造了条件。

古猿在地面生活,要比树居困难得多。地面生活要经常遭到猛兽的侵害,获取食物也很困难。地面生活迫使古猿,在遇到猛兽时,要用前肢抓握石块、棍棒或其他天然工具,在行进中与猛兽作斗争;或者用后肢站立地面上,抓握天然工具打落树上的果实或挖掘植物的块根。古猿在长期使用天然工具的过程中,上肢和下肢、手和足发生了进一步分化,使得前肢获得了解放,为古猿学会制造工具创造了条件。

根据"生长相关律"(达尔文的学说),一个有机生物的个别部分的特定形态,总是和其他部分的某些形态相关联的。"身体某一部分的形态的改变,总是引起部分形态的改变";"人手的逐渐灵巧以及与此同时发生的脚适宜于直立行走的发展,由于这种相关律,无疑地也要反过来作用于机体的其他部分"。手足分工,直立行走,使得全身的肌肉、骨骼、内脏的形态及位置都发生变化。猿的前肢,其五趾中的拇趾和其余四趾对握的能力是很差的。古猿转到地面生活以后,在经常用树枝、石块或动物的长骨来挖掘植物的块根和捕捉动物的萌芽性的劳动中,拇趾和其余四趾对握的能力加强了。足由于长期直立行走,使脚掌由扁平变得内凹,五趾由分开变得合拢。直立行走也使脊椎的形态起着变化,由猿的")"形脊柱,逐渐变成人的有四个弯曲(颈曲、胸曲、腰曲、骶曲)构成的"S"形脊柱。直立行走使枕骨大孔的位置,由头骨的后部移到颅底的中央。直立行走,手足分化也改变了前、后肢的长度之比,使前肢相对地变短,后肢相对地变长。总之,手不仅是劳动的器官,还是劳动的产物。身体其他器官的变化,也是劳动的结果。

古猿从树居转到地面生活,群体之间的关系也随之发生变化。为了更有效地防御敌害和获取食物,必须加强各成员之间的联系和协作。有抽象的思维活动就必然要用语言来表达,这就使得语言成为必要。随着直立姿势的确立和身体各部分构造的改变,发音器官也随之得以改变,逐渐地达到能发出清晰的音节。最初的语言可能是一种不清晰的音节加手势的语言,然后再发展到能发出清晰音节的语言。

劳动产生思维和语言。劳动、语言和思维的发展必然促进脑的发展。脑髓及其他器官的发展,意识及抽象能力的发展,反过来又推动语言的发展。劳动、语言和抽象思维活动等诸因素的相互作用和发展,使得使用天然工具劳动的古猿在漫长的过渡阶段中,逐渐学会了制造工具,从而完成了"从猿到人"的过渡,使古猿(过渡期间的生物)最后变成了社会的人类。

四、关于人类起源的几个问题

(一)人和猿的界限

最早的人类刚从古猿演化而来,在体质特征上还保留许多猿的性质,因此从体质特征上来区分早期人类和古猿是很困难的。如何在体质特征上区分早期人类和猿,过去曾有两种学说,即"界河说"和"直立说"。

所谓"界河说",是用脑量是否达到一定的标准来衡量是猿还是人。这种理论把脑量是否达到750毫升作为区别人和猿的"界河",即脑量达到750毫升的就为人,达不到750毫升的就是猿。"界河说"是一种错误的理论。一般来说,动物的脑量是随着动物由低等向高等发展而逐步增加的。高等动物的脑量大,低等动物的脑量小。但是,不论是绝对脑量,还是相对脑量(脑量和体重的比例),个别差异还是有的。人的脑量也是如此。因此,用计算脑量的办法来区别人和猿是不正确的。

所谓"直立说",即把能否直立作为人和猿的区别。能直立的是人,不能直立的是猿。这种学说也是不正确的。直立行走是从猿到人的决定性的一步,只有直立行走前肢才能解放,并转化为手;只有直立行走沉重的大脑才有支架。但从化石材料来看,直立姿势的确立是很早的,从猿到人的过渡期间的生物(腊玛古猿、南方古猿)在没有能制造工具时,已能直立行走。能直立行走而不会制造工具的古猿应属猿的系统,而不应该归属人类的系统。

"界河说"和"直立说"都是不正确的。能否制造工具,是否有社会、意识、语言及自觉能动性,才是区别人类和猿类的根本标志。

(二) 关于劳动的涵义

目前,关于劳动的涵义,基本上有两种意见。一种意见认为人类在学会制造工具之前,使用木棒、石块等天然工具来进行狩猎和获取食物,还不能算是劳动。只有使用人工制造的工具来进行生产才算劳动。真正的工具,只能是人工制造的工具。这种说法的依据是,现代某些动物(如猿、猴、海獭等),也会使用天然工具来获取食物;但任何动物都不会制造工具。为了获取生活资料,动物和人类都必须进行一定的劳动;但动物的劳动和人类的劳动是有本质区别的,人类的劳动是一种有目的、有计划的活动,是通过人工制造工具进行的,这些都是动物所不具备的。劳动,真正的劳动,是从制造工具开始的。

第二种意见认为,人类在学会制造工具之前,使用天然工具来获取食物和防御敌害是一种动物式的本能性的劳动,是初级的劳动,使用人工制造的工具进行的生产劳动才是真正的劳动。

正在形成中的人(过渡期间的生物)使用天然工具的初级劳动和动物的本能活动有着本质的区别。在动物中即使是与人类亲缘关系最近的黑猩猩,也只是有时使用工具,而不是经常使用工具;而使用工具也只是限于某种简单的或特殊的用途,任何动物都不依赖使用工具作为生存的主要手段。正在形成中的人则必须经常使用工具,而且只有依赖使用工具才能生存下来,也只有人类能从使用工具发展到能制造工具[①]。

(三) 从猿到人的过渡

从不会制造工具,没有高级的抽象思维活动、没有语言、没有社会组织的古猿,发展到能制造工具、有高级抽象思维活动(思想意识),有语言和组织的人类,需要经过漫长的过渡阶段。制造工具、思想意识、语言及社会组织等要素,是在过渡阶段逐步形成的。这些能反映人类特征的要素是相互依存、相互促进和同时发展的。一旦过渡期间的生物(正在形成中的人)有了高级的抽象思维活动能力,人类就学会了制造工具,语言及人类社会也就随之形成。古猿、正在形成中的人、人类,这三者既有联系,又有区别。古猿一般不使用工具,偶尔使用工具(天然工具);正在形成中的人必须使用工具才能维持生存;人类则能制造工具。古猿没有思想意识、语言和社会组织;正在形成中的人有低级的逐渐提高的思想意识、萌芽性的语言,动物群体逐渐向人类社会过渡;人类具有思想意识、语言及社会组织。

---

① 恩格斯:《劳动在从猿到人转变过程中的作用》,《马克思恩格斯选集》第3卷,人民出版社1972年版,第508—521页。

从现有资料来看,腊玛古猿可能是过渡阶段生物的早期代表,南方古猿中的一种原始类型是过渡阶段生物的晚期代表。从猿到人的过渡,开始于距今1400万年或稍晚,结束于距今二三百万年。

第二节 中国旧石器时代文化概述

一、旧石器时代的生态环境

地史上的更新世和考古学上的旧石器时代所处的年代相当。根据动物群的性质、堆积物的特征和其他环境变化因素,更新世可分为早、中、晚三期。有些学者将早更新世定在距今300万年至100万年,相当于旧石器时代早期的前一阶段;中更新世定在距今100万年至10万年,相当于旧石器时代早期的中、后阶段;晚更新世定在距今10万年至1万年,相当于旧石器时代中期和晚期,在中国又以距今4万—5万年作为旧石器时代晚期的起点。另一些学者则提出,更新世从距今240多万年开始,中更新世延续的时间为距今73万年至12.8万年。

更新世气候有几次波动变化。北半球高纬度地区以及低纬度地区的高山区,在更新世出现过几次大规模冰川活动。冰川的进退,形成了寒冷的冰期和温暖的间冰期的多次交替,并导致了海平面的大幅度的升降、气候带的转移和动植物的迁徙或绝灭。在冰川活动的最盛时期,地球陆地表面有32%的面积被冰川覆盖,由于冰雪停留在大陆上而致使海平面大幅度下降,有时下降130米或更多。冰期时,年平均气温比现在低3℃—7℃。欧洲的阿尔卑斯地区和西北欧地区,一般认为有五个冰期和四个间冰期,还有一个冰后期,最后一个冰期又分为2—3个冰段。中国地质学家李四光根据中国庐山的冰碛物和冰蚀地貌,划分出鄱阳、大姑和庐山三个冰期。以后又有人根据在云南的研究确定大理冰期(末次冰期)和龙川冰期(表3-2)。更新世的气候变化是全球性的,对早期人类文化的发展有着巨大的影响。

根据地层堆积和动物群的性质,可将中国华北地区的更新世分为四期:泥河湾期、公王岭期、周口店期、马兰黄土期。泥河湾期相当于早更新世,公王岭期和周口店期分别相当于中更新世的早期和晚期,马兰黄土期相当于晚更新世(表3-2)。

泥河湾期地层以砾石、砂、泥灰岩及黏土构成的河湖相地层堆积为代表。"泥河湾期动物群"由长鼻三趾马(图3-1)、板齿犀、后裂爪兽等典型的第三纪末期的残余种属和象、马、骆驼、野牛、羊等近代哺乳动物组成。这些动物中有许多是北方型的种类,反映出比较凉爽的疏林草原环境。泥河湾期地层除分布在横亘于山西、河北省北部的泥河湾盆地外,在黄河中游的汾渭地堑区等地也有出露。现已在泥河弯期地层中发现的遗址有:山西南部的芮城县西侯度和位于泥河湾盆地内的河北阳原县小长梁、东谷坨等。从地理环境来看,当时人们是沿着湖滨、河流活动的。

公王岭期地层以夹有古土壤的原生黄土(或称"午城黄土")为代表,标准地层在陕西省蓝田县公王岭。"公王岭动物群"由38种动物组成,其中包括第三纪残存的种属,如剑齿虎、奈王爪兽等,以更新世种属为主,现生种属占整个动物群的13%。动物群中的大熊猫、东方剑齿象(图3-2)、巨貘、中国貘、中国爪兽、毛冠鹿和苏门羚等,带有很浓的南方色彩,表明当时华北地区的气候比较温暖、湿润,具有亚热带气候的特点。根据埋藏情况,可知当时人们主要活动于河谷地区。

表 3-2　第四纪地层、冰期、古人类、文化对应关系表

世（统）		气　候	地　层	人　类	考古时代		距今年代(万年)
全新世(统)		冰后期	刘斌屯组 丁家堡组 尹各庄组 裴李岗组 札赉诺尔组	现代人	新石器时代		1.2—1
更新世（统）	晚更新世 （上更新统）	大理冰期(维尔姆冰期)	山顶洞组 下川组 峙峪组(马兰黄土) 萨拉乌苏组 丁村组	晚期智人	旧石器时代	晚期	4
				早期智人		中期	12
	中更新世 （中更新统）	庐山冰期(里斯冰期) 大姑-庐山间冰期 大姑冰期(明德冰期)	许家组 大荔组 周口店组(红色土C带或老黄土) 公王岭组	晚期直立人		早期	100
	早更新世 （下更新统）	鄱阳-大姑间冰期 鄱阳冰期(贡兹冰期) 龙川-鄱阳间冰期 龙川冰期(多瑙冰期)	阳郭组(红色土B带或午城黄土) 灰峪组 三门组(泥河湾组、上榆社组) 元谋组 西侯度组	早期直立人			300

注：第二栏(气候)括号中所注为对应的欧洲冰期。

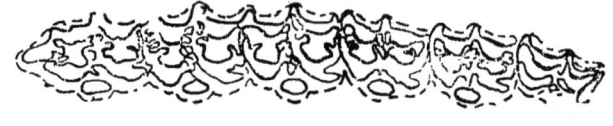

图 3-1　三趾马的牙齿
上，上颊齿　下，下颊齿
（上新世至更新世初期，山西保德）

　　周口店期的标准地点是北京猿人遗址，属于洞穴堆积。这一时期黄土状堆积在华北广泛形成，称为"红色土"或"离石黄土"。周口店动物群由三类动物组成：(1)泥河湾期残留的属种，如剑齿虎、居氏大河狸、三门马等；(2)中更新世的属种，如纳玛象、披毛犀、肿骨大角鹿、中国缟鬣狗(图3-3)、洞熊和杨氏虎等；(3)最早出现的现代哺乳动物，如狼、棕熊、啮齿动物。上述动物所反映的气候和地理环境比较复杂，但大部分是温带古北界的种类。这表明当时周口店一带的气候总的来说是属温带，不过其间曾发生多次冷暖、干湿的波动，并向大陆性气候发展。

马兰黄土期地层以分布很广的晚更新世的马兰黄土和河湖相堆积为代表,典型动物是产自鄂尔多斯高原东南角的河湖相堆积中的"萨拉乌苏动物群"。这一动物群的成员主要有纳玛象、野驴、普氏野马、披毛犀、诺氏驼、马鹿、河套大角鹿、王氏水牛、原始牛和最后斑鬣狗等,大多是适应草原生活的动物。从动物群的总特征来看,华北在马兰黄土期的气候要比前一时期寒冷、干燥。

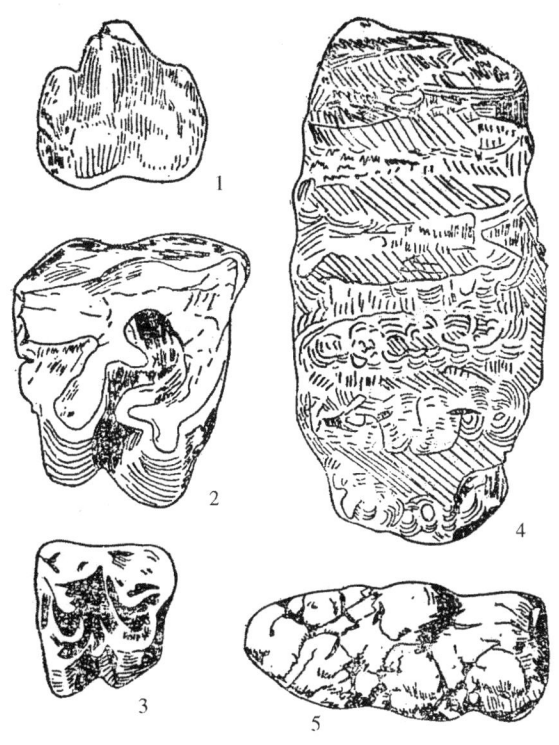

图 3-2 各种哺乳动物臼齿
1. 切类型(鬣狗) 2. π型(犀牛) 3. 新月型(鹿) 4. 脊型(剑齿象) 5. 丘瘤型(猪)

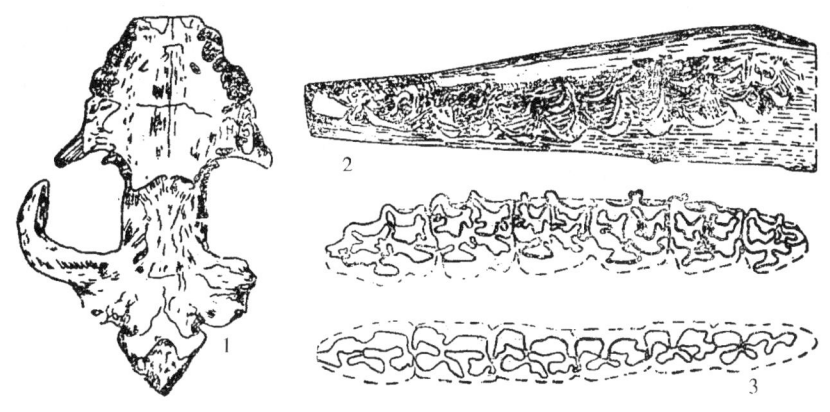

图 3-3 鬣狗、肿骨鹿和真马的头骨及牙齿
1. 鬣狗的头骨(更新世中期,北京周口店) 2. 肿骨鹿的颊齿(更新世中期,北京周口店)
3. 真马(更新世,上为上颊齿;下为下颊齿)

更新世早、中期，华北和东北气候差别不大；从更新世晚期起，差别则越来越明显。更新世晚期生活在东北地区的是"猛犸象-披毛犀动物群"，它在成分上与西伯利亚动物群基本相同，有些属种在欧洲也存在。这一动物群的主要成员有狼、洞熊、猛犸象、披毛犀（图3-4）、马鹿、大角鹿、野牛、原始牛等。其中猛犸象和东北野牛等属种不见于萨拉乌苏动物群，森林动物所占的比重也大于华北地区。从动物群的基本特征来看，更新世晚期东北地区的气候是比较潮湿和寒冷的。

中国的长江以南地区，更新世期间的气候变化不如华北显著。产生于石灰岩洞穴或裂隙堆积中的"大熊猫-剑齿象动物群"，从早更新世一直延续到晚更新世。但华南河湖相堆积中也存在可以区分早更新世和晚更新世的哺乳动物群，如早更新世有云南的元谋动物群，晚更新世则有四川的资阳动物群。元谋动物群反映一种比较凉爽的疏林草原环境，大熊猫-剑齿象动物群则反映温暖湿润的山林环境。资阳动物群的成分比较复杂，它除含有犀牛、水鹿和剑齿象等"大熊猫-剑齿象动物群"的成分外，还有一般生活在高寒地区的猛犸象。

在更新世冰期和间冰期的气候影响下，植物也发生了相应的变化。华北位于温带区域与亚热带区域之间的过渡地带，所以受冰期、间冰期气候交替变化的影响尤为强烈。根据孢粉分析，华北地区从早更新世到晚更新世至少可划分出五个冷期和四个暖期。在冷期中，年平均气温要比现今低4℃—7.5℃，而导致云杉、冷杉林或云杉、冷杉、松林等暗针林发育，从高山向河谷和平原、从北向南蔓延。但在冷期极盛期阶段则代之以适应干冷气候的草原植被。暖期到来时，针叶阔叶混交林或阔叶林发育。公王岭的蓝田人生活在暖期里，许家窑人生活在冷期里。北京猿人延续达50万年，其间曾发生过几次冷暖期的交替变化。

图3-4 猛犸象和披毛犀
1. 猛犸象（更新世） 2. 披毛犀（更新世中、晚期）

由于冰川作用引起的海平面升降以及新构造运动的影响，中国东部在第四纪以来发生过多次海侵和海退。在晚更新世低海面时，哺乳动物和人类由东亚大陆分别通过几条路线向美洲（由北美向南美）及东亚的沿海岛屿（包括日本列岛）迁徙。古人类在美洲迁徙的路线是，由北美到中美洲。全新世到来，气候变暖，海面回升，部分陆地又被海水淹没，东亚及日本列岛等沿海岛屿与美洲的人类之间的联系和文化交流受到阻隔。

二、化石的分类、形成和埋藏

（一）化石的分类

化石是埋藏在地层中的古代生物的遗骸、遗物和遗迹。它是研究早期人类和古生物的根据。由化石发现的地点可以了解古生物的地理分布和当时的生态环境；依据生物发展的顺序和化石发现的层位，可以确定地层的时代和关系。

化石可分为遗体化石、遗物化石和遗迹化石等三种。生物的遗体形成化石叫遗体化石，它保存了生物体原有的形状和结构。动物的骨骼、牙齿、贝壳，植物的茎叶、花和种子等，均属遗物化石。人类和生物的遗物所形成的化石，称为遗物化石。粪便化石、蛋化石和古人类所制造的工具等，都属遗物化石。人类和生物的活动所保存下来的遗迹，则称为遗迹化石。虫迹、足印、生物皮肤及外壳所形成的印模等，都属遗迹化石。

（二）化石的形成

生物死后，由于物理、化学和生物诸因素的共同作用而迅速消失；只有当机体埋藏在这些因素不起作用的介质中时，才能保存下来。形成化石的首要条件是生物体得到埋藏，免受外界的风化和破坏；此外，埋藏在地下的生物体要发生石化作用。

石化作用分为填充作用、交替作用和蒸馏作用等。骨化石的形成主要依靠填充作用。动物死后，肉体很快腐烂；但它的骨骼，可保存较长时间，如果这时被泥砂或其他物质所掩埋，便被封闭起来，不受风化和破坏，因而保存下来。埋藏在地层中的骨骼，在带有矿物质的地下水通过骨骼的孔隙流过时，会将矿物质填充在骨骼里，使原有的生物组织得到保存而形成化石。填充作用所形成的化石，一般比较坚硬和沉重。埋藏在地下的生物体的某些成分也会在地下遭到溶解和破坏而被另一种矿物质所代替，使原有的形状仍得到保存，这就是经过交替作用所形成的化石。一般的木化石就是这样形成的。植物的木质部分在地下难以保存，由二氧化硅交替石化便成木化石。埋藏在地层中的生物，其中的一些水分和挥发性的物质蒸发后，在地层中仍保存有碳质印痕，这就是蒸馏作用所形成的化石。植物的枝叶和种子化石就是通过蒸馏作用形成的。

（三）古脊椎动物的埋藏

要找到化石，首先要知道化石埋藏的规律。古脊椎动物的埋藏，可以分为原地埋藏和搬运埋藏两大类。

原地埋藏是指某一个体死亡之后，或是群体突遭外力作用而集体死亡之后，在原来位置被掩埋起来。原地埋藏的形式，以单一的个体为多见，而且往往能获得相对完整的化石。一般来说，原地埋藏的化石，其种类单一，地点分散。

搬运埋藏是指生物体死亡之后，由于各种自然力的搬运，在某一地点停积而被掩埋起来。生物体的遗骸被搬运时，尸体的软质部分逐渐破坏和散失，骨骼残体常与石块碰撞而遭损坏。搬运的距离越远，骨骼破损的程度越严重。搬运埋藏绝大部分在水成岩里，如江河湖海的沉积层。最集中的地点是古湖滨区和河流缓流地段。搬运埋藏可以是分散的，也可以是集中的，但常能在一个地点发掘出各种各样的化石。不过这类化石很少完整，多支离破碎，大都是残断的骨骼、单个牙床或牙齿等。

古脊椎动物的埋藏除上述两大类外，还有一种特殊的埋藏形式，即遗址埋藏。这种形式的埋藏，主要不是自然力形成的，而是人类活动的结果。旧石器时代洞穴遗址中的动物化石就是属于这种情况。远古人类将所捕获的各类动物带回居所,在居所中或其周围取肉而食,剩骨弃之于附近被埋在堆积中而成化石。

动物体硬组织通常易保存,但也有另一种可能。如在某种化学条件下(如酸性的介质),骨质的无机物可被溶解掉,而软的有机物却得到保存,这种情况可以使骨发生弹性的变形(弯曲和扭转)。

石化过程有赖于当地的条件,其速度在不同地点可以有很大的不同。在一个地区石化可在几千年内发生,而在另一个地区可能需要几百万年。因此,化石年代的长短不能单凭石化程度来确定。

(四) 动物化石的寻找

动物化石,因不同门类埋藏的地理位置和岩性不同,寻找方法也不同。

古生代的鱼类、中生代的爬行类和鱼类多产于山区,这是因为它们形成的时间很早,地壳的不断运动逐渐把过去的海或湖内形成的岩层提高,形成较高的山峰。鱼化石大多数埋藏在海相或河湖相的页岩、泥岩、砂质泥岩或砂岩中。

第三纪早期的哺乳动物化石,常分布在低山丘陵区的红层中。第三纪晚期的哺乳动物化石,在中国北方地区,大多数埋藏在橘黄色的砂质泥岩或棕黄色的泥质砂岩等岩层的钙质结核中;在华南则多数保存在褐煤层中。

第四纪哺乳动物化石,在中国北方多见于河流两岸的阶地中或峭壁上。河流阶地以中、下部的砂层化石最丰富,而黄土中则通常零星分布。在华南,主要发现于石灰岩的溶洞、天坑中,或小型山间盆地之边缘。

古人类和旧石器时代遗址的分布也有一定的规律。古代人们总是选择有利于生活和生产的地点作为居所。因为这些地区既有利于采集和狩猎,又有利于自身的生活和安全。水是人类生活的重要条件之一,因此,大多数旧石器时代遗址都分布在第二级河流和第三级河流的交汇处,有时也分布在第一级河流和第二级河流的交汇处或牛轭河旁。

三、旧石器的制作、类型和特征

旧石器时代,人类以打制石器作为生产工具。这种打制石器,考古学上称为"旧石器"。下面就旧石器的原料、制作方法和特征作简要的介绍。

(一) 石器的原料

旧石器时代人们对制作石器的原料是有所选择的,否则就很难制作出实用的工具。人们选择石料时,往往要求所选择的石料要有一定的硬度和韧性,同时产量丰富。所谓一定的硬度,是指要选择较坚硬的石料(一般要求在五度以上),以便制作较坚硬的工具。要求石料有一定的韧性,是为了打击出一定形状的石片。

石料的来源,一般是采用河滩、河床和海滩上的"砾石"。"砾石"原是一种带棱角的石块,经过流水的搬运、冲磨而失去棱角变成的圆滑的卵石。中国旧石器时代人们多采用砾石制作石器。西欧各国的旧石器原料多采用含于石灰岩中的火石结核。到旧石器时代中晚期,人类才学会从地下采掘优质燧石,或在白垩层打竖井开采燧石。

打制石器最好的原料是燧石、火石等石料,在缺乏好石料的地区,也常用石英、石英岩、砂岩和角页岩等石料制作石器。燧石常分布于石灰岩中,有呈层状,也有呈结核状。颜色有白、灰、黄等色,其性质坚硬而均匀,破裂后呈介壳状的断口。火石是燧石的变种,颜色为灰、黑色。有时燧石和火石被用来泛指质地与典型燧石相同的一切硅质石料。石英分为结晶体(水晶)和块体(脉石英)。石英岩是由砂岩变质而成,其硬度较大,也是制作石器的好原料。玛瑙和硅化木(树木化石),有时也被古代人们用来制作石器。

(二) 旧石器的类型

考古学将用砾石制作的石器称为"砾石工具"。这是旧石器时代初期前一阶段主要的石器类型。旧石器时代初期的砾石工具,制作比较粗糙,只是将砾石进行简单的打制即行使用。

用来产生石片的石料,称为"石核"。用石核制作的石器,称为"石核石器"。石核石器,有时也泛指用巨厚石块制作的石器。用石片制作的石器,考古学上称为"石片石器"或"石片工具"。

旧石器时代晚期,间接打击法已被普遍使用,打击下来的石片薄而长,形似树叶,故称"石叶"。用石叶制作的石器,称为石叶工具。石叶工具,从旧石器时代一直延续到青铜器时代。

(三) 剥制石片和修理石器的方法

早期猿人阶段,人类还没有一定的打击石片的方法。这一时期制作的石器,往往是将砾石敲击出一个钝厚的边缘用来砍砸和刮削等。到晚期猿人阶段(晚期直立人阶段),人们才掌握了一定的打击石片的方法,利用石片制造工具。

1. 剥制石片

要从石块上打下适用的石片,必须在石块的平面上进行打击。如没有一个适合的平面,就得打出一个平面来。这种平面,称为台面。打击出来的台面,称为"打击台面";未经打击的台面则为自然台面。用来产生石片的石块,称为"石核"。在一个玻璃或燧石的表面,从垂直的方向用力猛击,便可打下一个实心锥体。这种锥体形似尖形介壳,故称"介形锥",或称"完整锥体"。在石核台面的边缘上向下打击,被打击的地方,亦即打击时的着力点,称为"打击点"。被打下来的石片上围绕打击点也显示出介形锥,但只是锥体的一半,故称"半锥体"或称"投击泡"。石核上因剥片而遗留下来的半锥体凹面,称为"半锥体阴片"。石片上的半锥体则称为"锥体阳片",锥体阳片上半部分的中心处附近常有一个微小的疤痕(或称擦痕),称作"锥疤"。石片从石核上劈裂下来的一面,称为"劈裂面"或"石片阳片"。石核上剥落石片的一面称"石片阴片",或称"石片疤"。石片上同劈裂面相对的一面称为"背面"。背面的左侧边缘称作"石片左缘",右侧边缘称为"石片右缘"。台面和劈裂面所构成的夹角称作"石片角"。锥体上围绕打击点有许多同心波纹,称为"同心波"或"裂纹"。打击点常放射出裂纹,称"裂痕"或"裂缝"(图 3-5)。

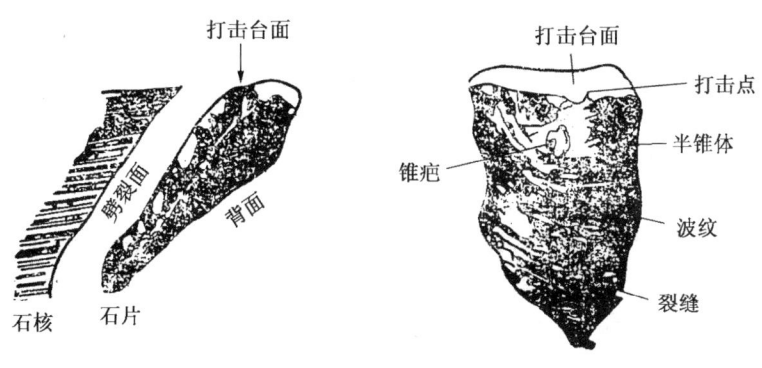

图 3-5 人工打制的石片及其特征

上述关于打击石器的一些名词、术语,是指一些质地较好的石料(如火石、燧石)的打制石器才具有的特征。一些质地较差的石料,如砂岩,经人工打击后,并不是所有的特征都能在石片或石核上见到。经过第二步加工的石片,有些特征如台面、打击点等,常在第二步加工时被破坏。但石片上的某些特征,如台面和打击点,有时虽被破坏,还可根据其他特征,推知其原来的位置。

打制石器的方法,总的来说有两种:直接打击法、间接打击法。直接打击法,在整个石器时代一直被使用;间接打击法,到旧石器时代晚期才被广泛使用。

中国旧石器时代,直接打击法主要有四种:锤击法、碰砧法、摔击法、砸击法。锤击法有两种:一种是一手拿石锤,另一手拿石核,用石锤直接打击石核(图3-6,1);另一种是将台面较大的石核放在石砧上或地面上,用石锤沿着台面的边缘打击石片。前者产生的石片,大多是长大于宽;后者产生的石片,一般都有清楚而集中的半锥体和较小的石面角。碰砧法,是指将手中的扁平石块在石砧的边缘上碰击而产生石片。摔击法,是指用双手紧握带锐角的石核,向另一块较大的石块(石砧)上摔击。用这种方法打下的石片,一般都比较宽厚,并且都有较大的石片角和半锥体,有时还会产生双锥体。砸击法是指将石核(通常是脉石英)用手夹住,放在石砧上,用石锤沿着石核的边缘垂直地向下砸击。这样打击下来的石片,由于受到力的反作用,其两端都有砸击的痕迹。废弃的石核,两端也有砸击痕迹。

图3-6 从石块上剥离石片的方法
1. 石锤直接打击法　2—4. 间接打击法(2. 击棒法　3、4. 压制法)

要打制出适用的石片,石核上必须有适合的台面。如无适合的台面,就要在打片之前,修理出一个适合的台面。修理台面的出现,是打片技术的一大进步。这种修理台面的技术,出现于旧石器时代初期的后一阶段。

间接打击法是一种进步的打片方法。用这种方法产生的石片,都比较薄而狭长。间接打击法和直接打击法不同的是,直接打击法是用石锤直接打击在石核上,而间接打击法是石锤不直接打击在石核上,而是通过带尖的木棒或骨棒等中介物来打击石片(图3-6,3,4)。间接打击法又分为几种方法。近代美洲印第安人所使用的"胸压法",是一种较进步的间接打击法。其操作程序是,将石核插在地上,压制石片者或坐或立。用两足稳住石核,然后将一个"T"字形木架的横木压在胸部,直木的顶端装上角质或硬木的尖头,放在修理好的石核台面的边缘上,压制者用胸部推动横木,即可压下长而薄的石片来(图3-7,压制法)。

2. 第二步加工

不论是用直接打击法剥片,还是用间接打击法剥片,如不经第二步加工(或称修制、修整),就不能得到适用的石器。第二步加工可以用石锤在石片或石核的边缘上直接敲击修整(直接打击法修理),也可用木棒或骨棒进行修整。用石锤修整的石器所产生的石片疤短而

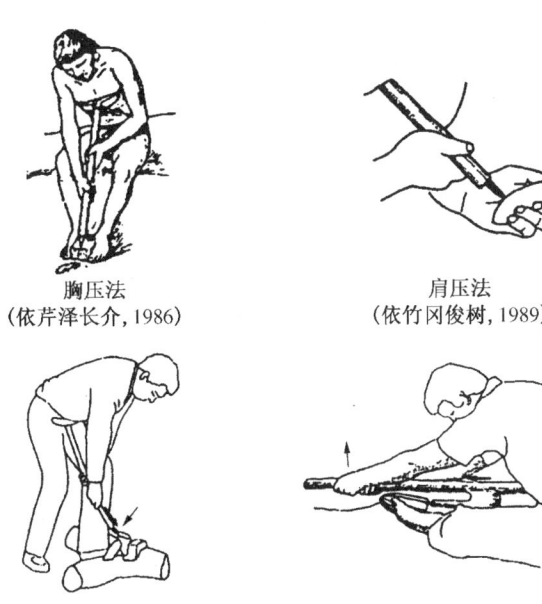

图 3-7 压制法

深,用木棒或骨棒修整的石器所产生的疤浅而长。旧石器时代早期,是用石锤敲击修整石器。旧石器时代中、晚期,人类普遍用骨棒或木棒修整石器。从旧石器时代晚期起,常用各种"压制法"修整石器,用压制法修理的石器很精致。压制法从旧石器时代晚期,一直延续到青铜器时代。石器时代和青铜器时代,一些精美的"细石器"都是用压制法进行第二步加工的。

第二步加工,如果由一面向另一面打击,称作一面打击;轮流翻转石片或石核向两面打击,称为交互打击或两面打击。前者修整的边缘比较平直,后者修整的边缘较弯曲。

(四)自然力破碎的石块和石器的区别

在自然界中,自然力的作用常使石块破碎,在野外如不加注意,将会把自然力破碎的石块误认为石器。

石块的自然力破碎,除化学作用外,可分为内力破碎和外力破碎两种,在地质学上统称为机械破坏作用。

内力破碎的情况较多。昼夜和季节的冷热变化,能引起岩石或石块的表面及其内部产生不一致的膨胀和收缩,而使岩石或石块破碎。例如,在沙漠地区,裸露着的岩石表面,昼夜温度的不同会使岩石表面破裂;在寒冷地区,霜冻也会从石块上剥落下石片。

因冷热变化而破碎的石块和人工打击的石片是有区别的。由严寒或温差造成的破裂面上往往有环绕一个中心的同心波纹。因酷寒作用从燧石块上剥离的石片多呈圆形,常被称为"水壶盖"。在澳洲中部常见这种因冷热变化而形成的石片或石块。酷寒作用而致的壶盖形的石片和人工打击的石片的区别是,其上无台面、打击点和锥体阳片等特征。被火烧裂的石块常呈三棱形,地面上的岩石被烧成不规则的裂缝。但这种三棱形的石块,不具有人工打击的特征。

外力破碎的情况比内力破碎要复杂得多。石块在海洋中被海水卷起冲撞在海边的岩石上,或石块受波浪冲击而互相磕碰都会使石块破碎,并会产生"锥体"。因山崖崩塌而破裂的石片,偶尔也产生"锥体"。但是,这些原因所造成破碎的石块,比人工有意识打击所产生的石片的锥体,通常显得较为平坦而散漫。冰川的压力也会使岩石破碎,埋藏在地下的砾石有时也会被地下水推动互相磕碰而破碎,但这些情况所造成的破碎石块和石器都有一定的区别。此外,在华南第四纪的沉积物中,常常发现被啮齿类动物咬成的假石器,有时也会被误认为人工制造的石器,在野外工作中,要特别注意。

总之,因自然力破碎的石块,其原因是复杂的。在野外工作中,对于无明显人工打击痕迹的石块或石片,要细心地观察和分析。对于那些被粗糙地剥蚀过的形似石器的石块,要采取审慎的态度,尤其是这些石块被发现在不可能排除天然剥蚀作用的地点中。一般来说,自然力破碎的石块与人工打击的石块是容易区别的。自然力破碎的石块没有那种有规则的形状,石片上都是无用的疤痕,边缘上有损伤的痕迹,石片表面常有擦痕,并有不同程度的风化和石锈等标志,反映这些石片上的疤痕是不同时期形成的。人工打击的石片和石器是为了从事生产,其形状有一定的规则,并具有人工打击的特征,如打击点、半锥体、裂纹和台面等,而这些都是自然力破碎的石块所不具有的。

四、中国古人类和旧石器文化的年代与分布

中国大地上埋藏有十分丰富的人类化石和旧石器时代遗址,迄今已发现的旧石器时代早、中、晚各个时期的地点近300处,包括直立人、早期智人、晚期智人各阶段的人类化石。丰富的腊玛古猿化石的发现,表明中国西南高原地区可能是人类起源地区之一。中国旧石器时代的人类体质形态,表现出与蒙古人种的联系,属形成中的蒙古人种。中国旧石器时代文化具有自己的特色,但同时又与外界有种种联系。

中国现已发现的早期直立人(早期猿人)化石只有元谋人的两枚牙齿。晚期直立人的化石特别丰富,除北京人外,还有时代较早的蓝田人(公王岭)及湖北郧县的材料,时代较晚的有安徽和县人、南京人以及在安徽巢县、山东沂源、河南淅川和南召、湖北郧西、贵州桐梓、辽宁庙后山等地发现的材料;晚期直立人向早期智人过渡的化石有辽宁的金牛山人。早期智人的化石有陕西大荔人、河北许家窑人、山西丁村人、广西马坝人、湖北长阳人以及辽宁喀左等地发现的材料;晚期智人化石有广西柳江人、宁夏河套人、北京山顶洞人、四川资阳人,以及辽宁的建平、海城、丹乐、甘肃泾川、云南丽江和台湾地区左镇等地的材料。

现已发现的旧石器地点比人类化石地点更多,分布范围更广。属于旧石器时代早期前一阶段的地点共发现四处:山西芮城西侯度文化遗址、云南省元谋县的元谋人遗址、河北省北部的小长梁和东谷坨以及近几年发现的多处旧石器地点。其中西侯度的年代最早,经古地磁断代为距今180万年。元谋人遗址,古地磁断代为距今170万年。小长梁和东谷坨,经古地磁断代为距今100万年左右。从地理位置分布来看,元谋人遗址位于中国西南的云贵高原,海拔约1250米;西侯度位于黄土高原的河谷地带,海拔500—520米;小长梁和东谷坨则位于华北平原到蒙古高原的过渡地带,海拔约900多米。它们分布在北纬25°13′—40°13′的地域里。这四个地点都处在古老盆地的边缘,西侯度为河流堆积,其他三个地点属河湖相堆积。旧石器时代早期中、后阶段的遗址和石器地点主要有蓝田文化、匼河文化、北京人文化等。北京人文化延续的时间为距今70万至20万年左右。

旧石器时代中期文化,在地理分布上大体和前一阶段的文化分布范围相同。在华北,通

常将"马兰黄土"的底砾层或与此相当的地层视为晚更新世早期,其地层中的文化遗存为旧石器时代中期文化。山西襄汾丁村文化是这一时期的代表。比丁村文化早的有大荔人文化和许家窑文化。有的学者主张将大荔人文化和许家窑文化归属于旧石器时代早期后一阶段,而不归属于旧石器时代中期。据铀系法断代,大荔人文化的年代为距今23万—18万年,许家窑文化的年代为距今12.5万—10万年。

到旧石器时代晚期,文化遗址和石器地点遍及全国各地。在华北地区,石器地点几乎遍布黄土高原。在东北地区,石器地点则向北延伸到黑龙江流域的漠河(北纬53°20′、东经122°30′)、呼玛十八站(北纬50°24′05″—25′11″,东经125°19′56″—29′30″)和嫩江流域的昂昂溪等地。旧石器时代晚期文化还向西扩展到青藏高原。在东南沿海,旧石器文化分布范围扩展到台湾地区。旧石器时代晚期文化结束的年代,一般定在1.2万年至1万年[①]。

第三节　旧石器时代早期文化

一、旧石器时代早期文化概述

旧石器时代早期是人类历史的开端,也是人类历史上延续时间最长的一个时期。在早更新世地层中没有发现人类化石和石器以前,人类历史被认为只有几十万年。后来在早更新世地层中发现了早期人类化石和工具,人类历史由几十万年提前到约300万年。旧石器时代早期结束的年代大约为距今20万年至15万年。旧石器时代早期大约相当于古人类发展阶段中的直立人(或称猿人)阶段。直立人又可分为早期直立人(早期猿人)和晚期直立人(晚期猿人)两个发展阶段。早期直立人延续的年代为距今300万年至200万年或150万年,晚期直立人生存的年代为距今200万年或150万年至15万年。中国发现的旧石器时代早期人类化石和石文化大多属晚期直立人阶段。

(一)直立人的体质特征

直立人的头骨扁平,骨壁厚,大部分厚度达10毫米(现代人平均为5毫米)。眶上脊粗壮,形成眶上圆枕,可高15毫米。头骨后部的枕骨比颅顶骨几乎厚一倍,形成枕圆枕。直立人的脑量明显增大,从早期800毫升左右增加到晚期1200毫升左右。

脑量的增大与身材的增高有关。直立人的身材比南方古猿高大。南方古猿的平均身高为140厘米,平均体重估计为40公斤,而直立人的平均身高为160厘米,平均体重为60公斤。因而直立人的脑量增大,其原因之一是身材的增高。

脑的增大不仅是体积的增大,结构也变复杂,并重新改组。脑的增大,显然与复杂的文化行为、语言能力有关。北京人(北京猿人)5号头骨两侧大小和形态的明显不对称性,是表明已有语言能力的体质形态证据。

直立人颅底枕骨大孔的位置比南方古猿更靠前,面部、颌骨和牙齿也发生了变化,面下部与南方古猿相比减小,面上部扩大。直立人牙齿的变化表现为前部齿(门齿和犬齿)和后部齿(前臼齿和臼齿)明显不同。后部牙齿的减小是直立人和南方古猿的最大差别之一,这种变化持续于整个直立人的进化系统中。

[①] 贾兰坡:《中国旧石器时代考古》,《中国大百科全书》(考古学),中国大百科全书出版社1983年版,第683页。

脑的增大也影响骨盆结构,使骨盆口变大,以便能生出脑较大的婴儿。骨盆的改变自然也影响整个身体的行动机构。

直立人的两性差别比南方古猿小,但比现代人大,个体差异也很大。①

(二)旧石器时代早期文化概况

中国是发现旧石器时代早期文化和直立人化石最丰富的国家之一。在东经101°55′—124°07′,北纬25°41′—41°15′的广大区域内都有猿人化石和旧石器时代早期文化遗存的发现,地点多达70多处,分布在河北、河南、辽宁、山西、陕西、山东、湖北、贵州、云南、安徽和北京等省、市(图3－8)。

属于旧石器时代早期前一阶段的文化遗址和猿人化石地点主要有云南元谋县的元谋猿人化石及文化遗存、湖北省陨县的猿人化石、河北阳原县的东谷坨和小长梁以及近几年在泥河湾盆地发现的几处比东谷坨和小长梁更早的地点、山西芮城县的西侯度和匼河的石器地点等;属于旧石器时代早期中、后阶段的人类化石和遗址主要有陕西蓝田县的蓝田人化石及其文化、北京周口店的北京人及其文化、湖北陨西县的猿人化石、河南南召县的猿人化石、安徽和县和巢县的猿人化石、南京人化石、湖北大冶县石龙头遗址、贵州黔西县观音洞遗址、辽宁营口金牛山遗址等。

在旧石器时代早期的100多万年中,石器文化大体经过由简单到复杂、由原始到进步的发展过程。早期前一阶段,石器制造比较原始,石器类型比较少,一器多用现象比较普遍。早期的中、后阶段,石器的打制方法和类型增多,一器多用现象日趋减少。旧石器时代早期人类已懂得用火。人类用火除了熟食外,以火御寒、照明,也是很重要的方面。从现有考古资料来看,中国北方地区开始用火的时间要早于南方,因为中更新世中国北方的气候要比南方寒冷得多,火的作用北方比南方大。

二、旧石器时代早期前一阶段的文化遗存

(一)元谋猿人及其文化

元谋猿人化石是1965年5月1日在云南省元谋县上那蚌村西北小山丘的褐色粘土层中发现的。共存的脊椎动物化石计40种,其中包括第三纪残存的有9种,即剑齿虎、爪蹄兽、柱角鹿等。典型的早更新世动物有13种,包括元谋狼、鸡骨山狐、桑氏鬣狗、剑齿象、云南马、中国犀等。元谋动物群包含大量华北上新世和早更新世泥河湾动物群的成员,却缺少华南洞穴中常见的"大熊猫-剑齿象动物群"中的典型动物。从上述动物化石的性质来看,元谋猿人的地质时代应为早更新世。根据古地磁断代,其年代为距今170万年左右。

元谋猿人化石是两颗上内侧门齿,为一个成年人材料。牙齿化石程度很深,颜色灰白。这两颗门齿呈铲形而硕大,较扁平。元谋人牙齿和北京猿人牙齿比较,其相同之处是:大小较接近,齿冠基部肿厚;舌面齿冠基部的底结节强烈凸起,自凸起部分向前作坡形延伸,并分隔成数个独立的指状突;齿冠舌面中部为一凹面,沿凹面两侧有褶起的凸棱。不同之处是:元谋人齿冠末端扩展,基部比较收缩,略呈三角形,而北京人的齿冠略作长方形;元谋人齿冠唇面较平坦,不像北京人具有强烈的凸起;元谋人齿冠舌面中部的凹面粗糙,北京人的则比较光滑;元谋人舌面的指状突集中排列在靠近外侧的半面,而北京人的则排列在舌面中部。

---

① 吴汝康:《古人类学》,文物出版社1989年版。

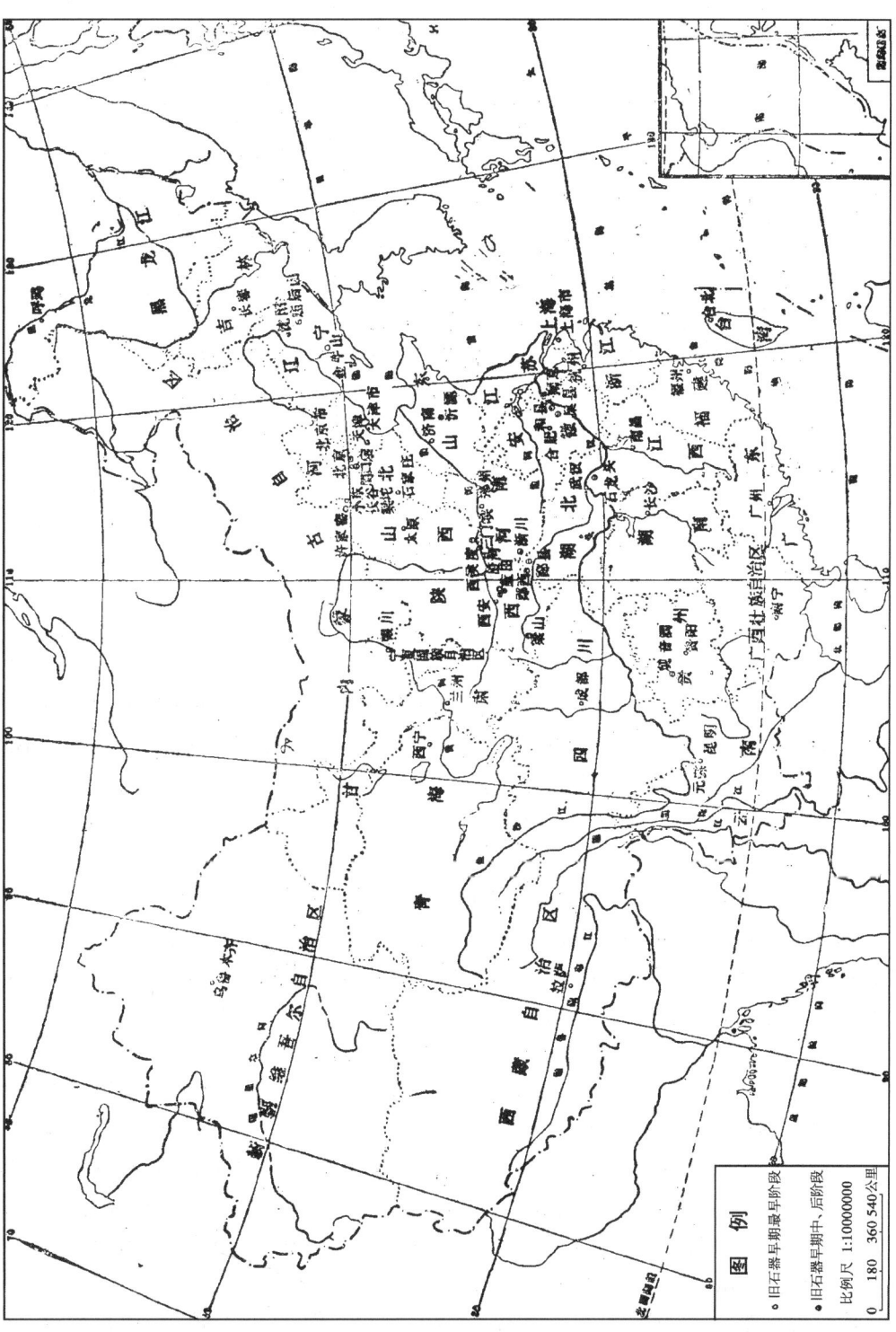

图 3-8 中国旧石器时代早期遗址分布图

1973年的发掘，在距地表50厘米以下的地层中，发现三件石器(图3-9)，另有三件标本采自地表，推测可能是元谋猿人化石层中侵蚀出来的。在元谋猿人化石层中出土的三件石器都是石英岩制造的，均为刮削器，其中一件是两刃刮削器，一件为复刃刮削器，再一件是端刃刮削器。两刃刮削器可能是石片制作的，复刃刮削器和端刃刮削器均系用小石块制造。后两种刮削器系复向加工而成。三件脱层的石器，一件是石核，呈梭形，是一件长90厘米的单面体石核；另一件是石片；再一件是尖状器，左侧单面加工，右侧两面加工，属正尖尖状器。

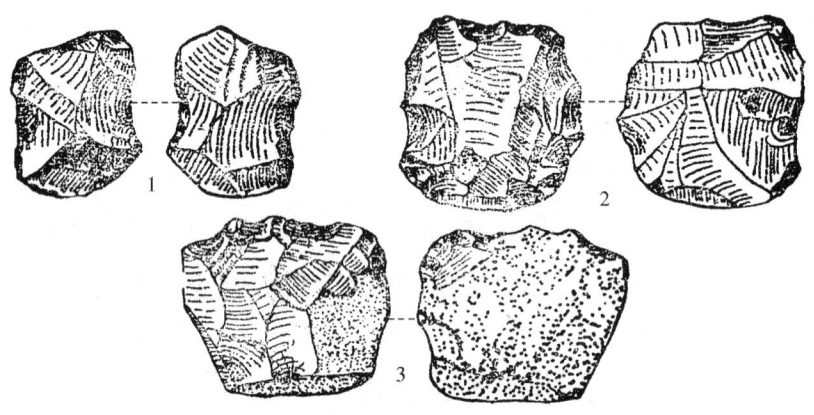

图3-9 元谋猿人地点的刮削器
（依文本亨）
1. 两刃刮削器 2. 复刃刮削器 3. 端刃刮削器

1973年冬的发掘，还在元谋猿人化石的地层中发现了大量的炭屑。炭屑分布的上下界约3米左右，分3层，每层间隔30—50厘米，分布很不均匀。1975年冬的发掘，还发现2件小烧骨。这些炭屑常与哺乳动物化石伴生，有的化石的骨面上还有人工痕迹[①]。地层中出现大量炭屑，是否为元谋猿人用火遗迹，还需继续研究。

（二）西侯度文化

西侯度遗址位于山西省芮城县西侯度村附近，文化遗存埋藏在黄河中游左岸高出河面约170米的古老地层中。文化遗物和动物化石集中分布在平均约1米厚的交错砂层中，而砂层则夹在早更新世的砂砾层之内。1961年和1962年，山西省文物工作队对该遗址进行过两次发掘。发掘资料由贾兰坡、王建编写成《西侯度——山西更新世早期古文化遗址》专刊。

与文化遗物共生的哺乳动物有22种，包括河狸、鬣狗、剑齿象、平额象、纳玛象、步氏羚羊、古中国野牛、粗壮丽牛、山西披毛犀、古板齿犀、中国长鼻三趾马、三门马等。上述动物中，开始于上新世的古老种有步氏羚羊、三趾马等。古中国野牛，从目前资料来看，只见于早更新世。西侯度动物群，绝灭动物占47%，绝种动物占100%，比泥河湾动物群古老。根据西侯度动物群的性质判断，西侯度文化的地质年代属早更新世。据古地磁断代，年代为距今180万年，是中国已知最早的旧石器时代遗存。

文化遗存有石器、烧骨和带切痕的鹿角。石制品共32件，包括石核、石片和石器。石

---

① 胡承志：《云南元谋发现的猿人牙齿化石》，《地质学报》1973年第1期。

器原料绝大部分为石英岩,少数为脉石英和火山岩,打片采用锤击、砸击和碰砧三种方法。石核有三种:利用磨圆度很差的砾石和巨厚石片作为石核,从边棱上打片;用垂直砸击法砸击成的"两极石核";漏斗状石核。小型的漏斗状石核和有棱台面的石片,反映出石器工艺达到了一定的水平。石器主要用石片加工,器形有刮削器、砍砸器、三棱大尖状器等(图3-10)。刮削器有凹刃、直刃和圆刃之分。砍砸器有单面加工和两面加工两种,以前者为主。三棱大尖状器只发现1件,系采集品。这种三棱大尖状器,是中国旧石器时代文化中的传统性工具,在陕西蓝田公王岭、山西芮城匼河、襄汾丁村等,都发现过这种石器,其时代以西侯度为最早。

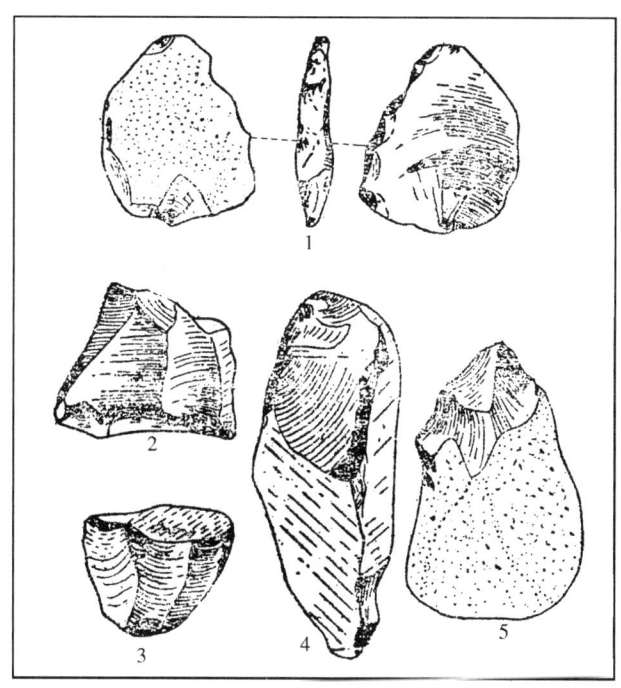

图3-10　西侯度文化的石器
1. 砍砸器　2—4. 石核　5. 三棱大尖状器

在动物化石中发现两件带有人工切割痕迹或砍砸痕迹的鹿角。这两件标本表明,当时人们可能已制作骨器。动物化石中还有一些颜色呈黑、灰和灰绿色的鹿角、马牙和动物肋骨,化验表明是被火烧过的。

西侯度出土的哺乳动物化石大部分是草原动物,也有适合于草原和森林生活的动物,表明当时西侯度一带为疏林草原环境。而绝大多数哺乳动物属暖温带以北的种类,则说明当时的气候比今凉爽干燥[①]。

(三) 小长梁和东谷坨文化遗存

1978年,中国科学院古脊椎动物与古人类研究所第四纪组,于河北阳原县大洼乡官亭村之北的小长梁,发现一处旧石器时代早期遗址。东谷坨距小长梁约1.5公里。

动物化石和石器埋藏于早更新世的泥河湾下部地层中。出土的动物化石有古菱齿象、三

---

① 贾兰坡等:《西侯度——山西更新世早期古文化遗址》,文物出版社1978年版。

趾马、披毛犀、三门马、羚羊等。地质时代为早更新世之末或中更新世之初,据古地磁断代,年代为距今100万年。

两个遗址出土的石器基本上是小型的。打片使用锤击和砸击两种方法,有些锤击石片又长又薄,表现了较熟练的打片技术。东谷坨的石器器形有单刃、复刃和端刃刮削器,钻具、尖状器、雕刻器、小砍砸器等,类型复杂多样。其中的刮削器和尖状器在类型和打制方法上与时代稍晚的北京猿人文化很接近。有人认为北京猿人的石器文化是由东谷坨发展而来[①]。

三、蓝田猿人及其文化

"蓝田猿人"曾泛指中国陕西蓝田县公王岭和陈家窝两地发现的直立人化石;但不少学者主张,这一名称以专用于公王岭的直立人化石为宜,而另将陈家窝的直立人化石称作"陈家窝人"。公王岭地点的地质时代为中更新世早期,古地磁断代的年代,一是距今约100万年,一是距今80万—70万年;陈家窝地点的地质时代亦属中更新世,古地磁断代的年代数据,一是距今65万年,一是距今约50万年。公王岭地点,与人类化石同层,还出土了一批石器,并发现用火遗迹。公王岭化石是亚洲北部迄今发现的最古老的猿人化石。陈家窝化石系1963年于蓝田县城西北的陈家窝附近发现的,公王岭化石系1964年在县城以东的公王岭发掘出土。

(一)地层堆积和当时的自然环境

公王岭是灞河左岸最高一级阶地。蓝田猿人的头骨化石和伴生的动物化石,埋藏在30米厚的"红色土"或称"离石黄土"的底部,其下5米是风化程度较浅的33米厚的砾石层。陈家窝位于灞河右岸,化石也发现于最高一级阶地的红色土中。公王岭的红色土中,发现哺乳动物化石42种,其中不但包括较多的华北中更新世常见的属种,如中国鬣狗、李氏野猪、三门马和葛氏梅花鹿等,而且有少量的第三纪残存种和更新世早期的典型种,如蓝田剑齿虎、中国奈王爪兽、更新世猎豹和短角丽牛等。这说明公王岭人类化石的时代属中更新世早期,亦即早于北京猿人。陈家窝共发现哺乳动物化石14种,它们大多见于公王岭,但也有晚更新世的动物化石。一般认为,陈家窝人的时代晚于公王岭"蓝田人",大致和北京人的时代相当。古地磁断代的年代数据,也表明公王岭地点早于陈家窝地点。

公王岭动物群,最明显的特征是具有强烈的南方动物群的特色,如其中的大熊猫、东方剑齿象、华南巨貘、中国貘、爪兽、毛冠鹿、水鹿和秦岭苏门羚等,都是华南及亚洲南部更新世动物群的主要成员。公王岭动物群中,大的哺乳动物以森林动物为主,如虎、象、猕猴、野猪、狮等;其次是草原动物,如丽牛、鹿类、马等;唯缺少水边生活或两栖类的动物。这说明当时蓝田一带是温暖而半干旱的气候。公王岭动物群中存在众多的南方动物,一方面说明当时蓝田地区的气温比较温暖,另一方面也表明那时的秦岭没有今天这样高,不妨碍南北方动物的相互迁徙[②]。

(二)蓝田猿人的体质特征

公王岭的头骨化石包括完整的额骨,大部分顶骨,右侧的颞骨和上颌骨(附有第二、

---

① 尤玉柱等:《泥河湾小长梁遗址的发现及其意义》,《科学通报》1979年第8期。尤玉柱:《桑干河畔的早期祖先踪迹》,《化石》1979年第1期。
② 陕西省博物馆等:《蓝田猿人》,陕西人民出版社1973年版。

三臼齿),左上颌骨的体部和额突部,大部分左鼻骨和右鼻骨的鼻根部,以及一颗左上第二臼齿,同属于一个30多岁的女性个体。蓝田人头骨有许多原始性质:(1)眶上圆枕极为发达。眉嵴硕大粗壮,在眼眶上方几乎形成一条直的横嵴,两侧端明显向外侧延伸。眶上圆枕后方缩窄的程度也比北京猿人大。(2)头骨高度极小。蓝田猿人的头骨耳上颅高是87毫米(北京猿人为93.5—105毫米,爪哇直立猿人为92毫米),是目前世界上发现的晚期猿人化石中头骨高度最小的一个。(3)头骨壁极厚。蓝田猿人的颅骨壁,与北京猿人和爪哇猿人头骨的相同部位比较,蓝田猿人处于各部分厚度变异范围的上限,有些甚至超过最大的数值。例如头骨前囟点附近的厚度,蓝田猿人是16毫米,爪哇猿人是9—10毫米,北京猿人是7—9.9毫米。脑量很小。蓝田猿人的脑量是780毫升,爪哇猿人是750—975毫升,北京猿人为915—1255毫升。蓝田猿人的脑量小于北京猿人,而接近爪哇猿人的下限。

陈家窝的下颌骨属于一个老年女性,其形态比北京猿人原始,亦即"陈家窝人"嘴巴向前伸出的程度比"北京人"为甚[①]。

(三) 文化遗物

蓝田猿人的文化遗物发现得不多,在两次发掘中所出石器及周围地区所采集的石器,共有200多件,其中从公王岭含化石层和稍晚层位中发现的只有13件。石器大部分是用石英岩和脉石英打制的。石器的类型有三棱大尖状器、刮削器、砍砸器和石球等(图3-11)。其中

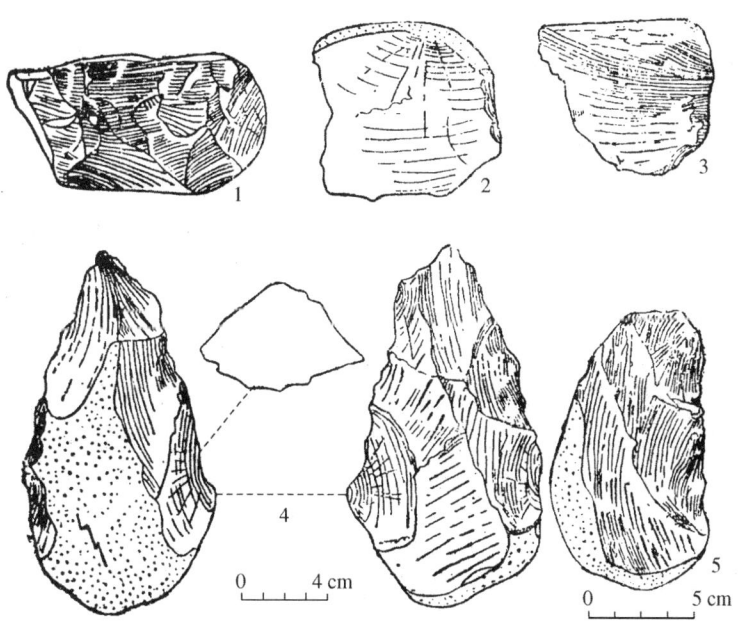

图3-11 蓝田猿人石器
1. 石核 2. 石片 3. 碰砧石片 4. 三棱尖状器 5. 砍砸器
(2. 陈家窝 5. 平梁 余公王岭出土)

---

① 吴汝康:《陕西蓝田发现的猿人头骨化石》,《古脊椎动物与古人类》第10卷第1期,1972年。周明镇:《蓝田猿人动物群的性质和时代》,《科学通报》1965年第5期。

最具特色的是三棱大尖状器。石器的制作多用锤击法打片和修整;石核一般较大,多用砾石面作台面。从石核上剥落下的石片较少,说明原料利用率很低。以单面加工为主,修制技术简单粗糙。有的石器表现出类型特征不明显,有一器多用的性状。从上述特征来看,蓝田猿人的石器比北京猿人的石器原始。

蓝田猿人的三棱大尖状器和石球,在山西省匼河、河南省三门峡和山西省丁村都有发现,表明蓝田猿人文化同匼河、三门峡和旧石器时代中期的丁村文化之间都有联系。

在公王岭蓝田猿人头盖骨化石出土层位中,发现几处粉末状的黑色灰烬和炭粒。这些炭屑可能跟蓝田猿人用火有关。

四、北京猿人及其文化

北京猿人遗址位于北京市西南房山周口店的龙骨山,是一个很大的洞穴堆积。该遗址是一个举世闻名的旧石器时代遗址,它不仅以发现大量猿人化石而著称于世,而且遗址中发现的各种文化遗存,其数量之多也是世界罕见的。周口店一带的山上,产化石的地点很多,发现北京猿人化石的地点编号为周口店第1地点。周口店第1地点是1921年发现的,正式发掘工作开始于1927年。迄今共发现属于40多个个体的北京猿人化石,10万件左右的石制品,以及丰富的骨器、角器和用火遗迹。

(一)地层堆积和年代

北京猿人遗址的地层堆积厚达40米以上。上部的34米为含化石和文化遗物的堆积,自上而下可分为13层,主要有洞内崩坍的石灰岩碎块和流水带入洞内的粘土、粉砂等残积物构成。从第13层以上发现动物化石,第13层还出土几件石器,表明已有早期人类活动。1983年又从第13层向下发掘,又挖掘了四个层次,即第14至17层。这四层中未发现化石和文化遗物。

根据堆积物和出土遗物的性质,含化石和文化遗物的13个层次,可分为上、中、下三部分(图3-12)。

第1层为上部堆积,属中更新世晚期。第1—2层为含化石的角砾岩层,厚约4米。第3层厚约3米,亦系含化石的角砾岩层,为洞穴顶部的下坍部分。

第4—10层为中部堆积,是遗址堆积的主要部分。人类化石、动物化石和文化遗物大部分出自这一组地层中。第4层为上部灰烬层,由紫、红、灰、黄、绿、黑色等杂色灰土组成,内含烧骨、烧石,厚达6米。第8—9层为含丰富化石的角砾岩层,其中夹有厚薄不同的灰烬。这两层含丰富的石器和猿人化石。共得猿人头盖骨3个,其中包括1936年发现的最完整的北京猿人头骨化石。这两层称为下文化层,两层厚度约6米。第10层为含化石的角砾岩层,其底部有很薄的灰烬层,从中发现较多的哺乳动物化石。

第11—13层为下部堆积,发现的石器和化石很少,也无灰烬。从这三组出土的化石来看,接近周口店第13地点。

北京猿人遗址的堆积厚11米,延续的年代很长。从其上、中、下三部分堆积物中的动物化石、人类化石和石器性质来看,上、中、下三部分的时代是不同的。上部堆积中已出现赤鹿、最后鬣狗等华北晚更新世常见的种类,似乎说明含人化石的顶部堆积的时代已接近于晚更新世。中部堆积中出现最多的是肿骨鹿、中国鬣狗等,都是华北中更新世中期的典型动物,故其地质时代应属中更新世中期。下部堆积中出现扁角肿骨鹿,这是中更新世初

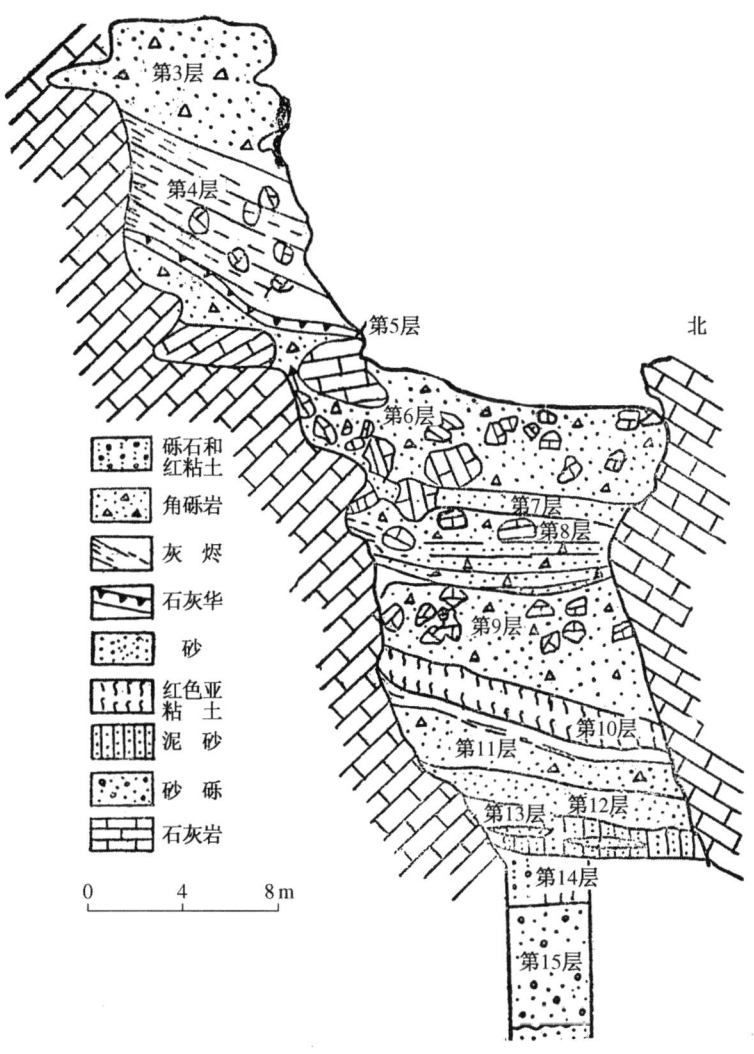

图 3-12 北京猿人的地层剖面

期的典型动物,曾发现于周口店第13地点,因此下部堆积的时代为中更新世初期。据铀系法断代、裂变径迹法断代及古地磁断代,北京猿人的年代为距今70万年至20万年。北京猿人文化的年代,早期为距今70万年至40万年,中期为距今40万年至30万年,晚期是30万年至20余万年[①]。

(二)北京猿人的体质特征

在周口店第1地点发现的猿人化石共有较完整的头盖骨6块、头骨碎片9块、下颌骨15个、股骨7段、肱骨3段、胫骨1段、锁骨1段、牙齿152颗。这些标本共代表40多个不同性别和年龄的猿人个体。

北京猿人的头骨有许多原始特征:脑量较小,平均脑量为1043毫升(现代人平均脑量为1400毫升),比现代人脑量小得多,但超过猿类(猿类的最大脑量为600多毫升,平均脑

---

① 黄万坡:《中国猿人洞穴堆积》,《古脊椎动物与古人类》第2卷(1960)第1期,第83—95页。

量为450毫升);头骨高度远比现代人低矮,前额也较低平;头骨上窄下宽,最宽处在耳孔稍上方;头骨壁较厚,平均厚度为9.7毫米,约为现代人的两倍(现代人头骨平均厚度为5.2毫米);眉嵴粗壮,向前突出,左右互相连接;枕骨上有很发达的枕骨圆枕,它不仅横贯整个枕骨,并延伸至乳突部;头骨正中有一条由前向后的矢状嵴;面部较短,吻部前伸,没有下颏;有扁而宽的鼻骨(图3-13)。北京猿人的牙齿,无论齿冠或齿根都比猿类弱小,齿冠的纹理也简单,但比现代人粗大、复杂得多;犬齿和上内侧门齿的舌面,有由底结节伸向切缘的指状突;上门齿舌面呈铲形。北京猿人的门齿呈铲形,有宽鼻子和低而扁平的面部,下颌骨内面靠前部有下颌圆枕等,这表明北京猿人化石具有明显的蒙古人种的特征。

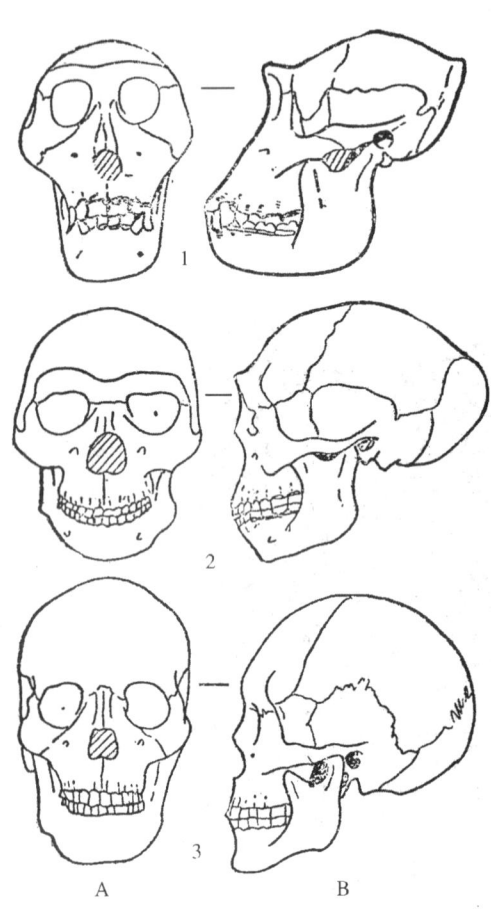

图3-13 头骨的比较(A. 前面 B. 左侧面)
1. 大猩猩 2. 北京猿人 3. 现代人

北京猿人的下肢骨已基本上具有现代人的形状,其股骨在大小、形状、比例和肌肉附着方面都和现代人相似。但股骨在形态上又具有若干原始性质,如股骨干上半段的内侧缘显著隆起,在黑猩猩中也有类似的情形;股骨向前弯曲的部分在骨干中部以下周径最小之处,股骨体前后方向上比较扁平,这些特征都与猿类接近。胫骨前缘和横断面较圆钝,这与猿类相似,而和现代人不同;现代人的股骨、胫骨等长肢骨的横断面都呈三棱形,而不圆钝。北京猿人的下肢骨的原始性质,主要表现在内部结构上。其特点是髓腔较小而管壁极厚,海绵骨质致密。北京猿人的股骨髓腔占骨体最小直径的三分之一,而现代人的则为二分之一,胫骨髓腔则更小。北京猿人的上肢骨除了髓腔较小管壁较厚外,和现代人接近的程度更甚于下肢骨,说明其上肢已能进行与现代人很相似的活动。从北京猿人的一根较完整的股骨(长度40厘米)来推算,其身高为156厘米(股骨长度的3.9倍,即为体高)。北京猿人的身高明显矮于现代人。

从北京猿人整个体质形态来看,其骨骼各个部分的发展是不平衡的。北京猿人的肢骨与现代人的差别很小,而头骨则带有较多的原始性质。因而国外有人认为周口店在当时同时存在两种人,一种是以肢骨和物质文化为代表的进步人类,另一类是以头骨为代表的原始人类。猿人洞内发现的北京猿人头骨是进步人类猎取原始人类为食,吃完脑髓后留下的。中国的学者,根据劳动创造人类的理论,提出了不同的解释,认为在人类进化过程中,首先是手足分化,两足直立行走姿势的确立,手从支撑中解放出来,从事生产劳动。人的脑髓是在直立行走确立之后,在长期生产劳动的实践中发展起来的。没有劳动,猿的脑髓就不能变成人类的脑髓,人类的脑髓就得不到进一步的发展。

过去在研究北京猿人上、中、下三个部分的堆积时,认为动物化石和文化遗物,三个部分有时代上的区别,但在人类化石的体质形态上,三个部分没有区别。对1966年在周口店第1地点发掘出来的北京猿人化石所作的研究表明,在上部堆积中发现的第5号头盖骨具有北京猿人的典型特征,但又具有比其他北京猿人更进步的性质。这说明,北京猿人群在漫长的生产劳动中,其体质形态是逐渐进步的[①]。

(三) 文化遗物

北京猿人的文化遗物,主要有大量的石制品、骨角器和用火遗迹。

经过几十年的考古发掘,在北京猿人遗址共发现石制品10余万件。石器的原料以脉石英为最多,占全部材料的78%;绿色砂岩次之,占18%;石灰石、燧石、水晶等石料则比较少,只占4%。原料的来源大都是选取河滩上的砾石,脉石英是从风化的山坡堆积或河边的石英堆中拾来的。石器以石片石器为主,石核石器较少。打制方法主要有锤击法、碰砧法和砸击法,其中用砸击产生的两极石核和两极石片,在全部石制品中占有很大的比重,并构成北京猿人文化的一个重要特色。砸击法主要用来打制脉石英片。砸击法的剥片方法是,将石核放在石砧上,然后用石锤在顶端垂直砸击。用这种方法打下的石片,无台面、疤痕和波浪纹,石片一般较小,约3—4厘米,石片或石核的两端都有碎屑剥落的痕迹。第二步加工多用石锤直接打击法,以一面打制为主,并且绝大多数由劈裂面向背面加工。

北京猿人的石器有砍砸器、刮削器、雕刻器、尖状器、石锤和石砧等(图3-14)。砍砸器的原料多为扁圆的砂岩或石英砾石,从一面或两面打出刃口;为了便于手握,和刃缘相对的一边常保留一部分砾石面。刮削器是北京猿人使用最普遍的一种石器,在石器中数量最多,原料有石英、砂岩和燧石。大部分刮削器是将石片边缘加以修整使之成为直刃、凹刃、凸刃、多边刃、盘状等形状。"尖状器"和"雕刻器"的数量不多,但制作比较精致。这两类石器在中、上部的堆积中发现得最多,原料多为石英和燧石。石锤和石砧是北京猿人制作石器的工具。

以小型石器为主要成分的北京猿人石器,是华北旧石器时代两大文化传统之一,即"周口店第1地点-峙峪系"的主要组成部分。这个文化传统,自旧石器时代中期以后向中国的东北和西南地区传播。

北京猿人制作的石器是不断进步的。在原料的选择上,由下层至上层,质软的绿色砂岩逐渐减少,优质的石料则逐渐增加,至顶部燧石石器大量出现。在打片技术上,碰砧法逐渐被淘汰,砸击法越来越多地被采用,锤击法被广泛应用而有所改进,到上层还出现修理台面的技术。修理技术也逐渐提高,小型精致的石器多出自中上层,下层发现较少。尖状器和雕刻器自第6层开始出现,向上层逐渐增加。圆头刮削器和石锥等要到第4层才开始出现。大型粗糙的砍砸器多出在下部堆积,上部堆积中则很少[②]。

在北京猿人遗址中还发现许多破碎的骨骼化石,其中以鹿类骨骼最多。在破碎的骨骼中

[①] 吴汝康、贾兰坡:《周口店新发现的中国猿人化石》,《古生物学报》,第2卷(1954)第3期,第267—288页。吴汝康、赵资奎:《周口店新发现的中国猿人下颌骨》,《古脊椎动物与古人类》第1卷(1959)第4期,第155—158页。

[②] 裴文中、张森水:《中国猿人石器》,科学出版社1985年版。

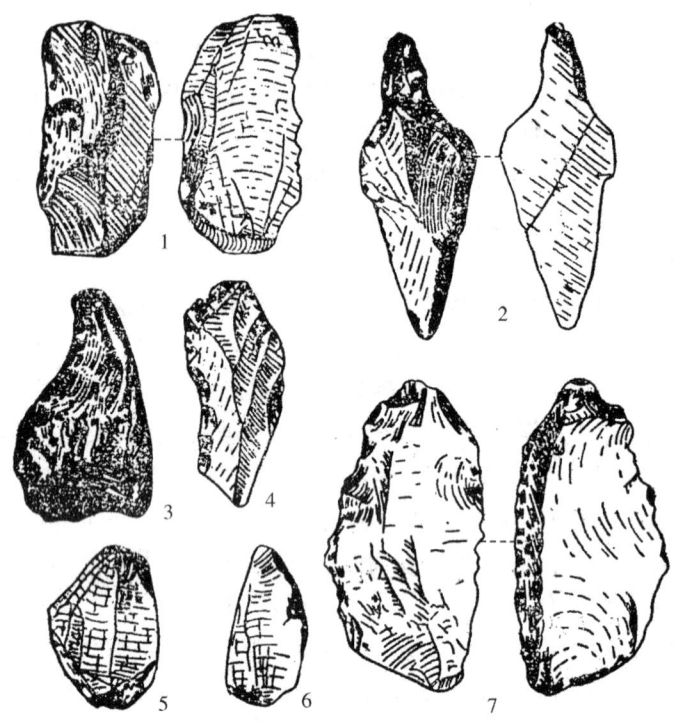

图 3-14 北京猿人的石器
1. 砍砸器 2. 石锥 3. 砍砸器 4. 刮削器 5. 砸击石核 6. 砸击石片 7. 修理把手的刮削器

有一部分是被人工砍劈的,有学者认为这种骨骼是北京猿人制作的工具。例如,截断的鹿角根既粗壮又坚实,可以当作锤子使用;截断的鹿角尖可以作挖掘工具。但也有学者认为,这些有截断和劈裂痕迹的骨骼是北京猿人为了取食骨髓而有意砸碎的。

火是北京猿人用来同大自然作斗争的一种工具。在北京猿人的堆积中发现许多木炭、灰烬层,烧过的土块、石块、骨骼和朴树籽等,说明北京猿人已懂得用火。北京猿人洞穴中的灰烬和被烧过的东西不是普遍散布在整个地层中,而是一堆一堆地限于一定的地区。灰烬层有厚有薄,又有间断。这表明,北京猿人不但会用火,而且有一定的控制火、管理火的能力。

第四节　旧石器时代中期文化

大约距今 15 万年至 10 万年,亦即地史上的中更新世之末至晚更新世之初,人类已由晚期猿人阶段发展到早期智人阶段(远古智人或古人阶段),人类的物质文化则由旧石器时代早期进入到中期,人类的社会形态则由旧石器时代早期血缘婚和血缘家庭阶段,发展到母系氏族制的早期阶段。

目前世界上已发现早期智人约有 80 处,分布于亚洲、欧洲和非洲。世界上最早发现早期智人化石的地点有两个:一个是西班牙的直布罗陀,发现于 1848 年;另一个是德国的迪塞尔多夫城附近的尼安德特河谷,发现于 1856 年。由于直布罗陀头骨化石发现后,其资料直到 1864 年才发表出来,故直布罗陀化石没有引起人们的注意,而最早被人们重视的是尼安德特河谷发现的人类化石,因而过去古人类学将早期智人化石统称为"尼安德特人"(简称"尼人")。现在,尼人主要是指欧洲及其邻近地区的同类化石。

一、旧石器时代中期文化概述

(一)早期智人的体质特征

一般认为,早期智人是由晚期直立人演化而来的。早期智人的体质形态比直立人进步,但仍保留一些较原始的性质。早期智人眉嵴发达,前额较倾斜,枕部突出,鼻部扁宽,颌部前突;脑容量较大,大多在 1300 毫升以上,远比直立人的脑大而复杂;但其脑结构却保留不少原始特征,如前脑部分较小,后脑部分发达,沟回也比现代人简单。中国发现的早期智人化石和直立人化石相比有许多明显的进步特征,例如头骨壁较薄,眉嵴变弱,额骨隆起,头骨最宽处在顶结节稍下处,比直立人要高,而比现代人低,枕骨圆枕和角圆枕均比直立人弱,位置也稍高,枕骨曲度角大于北京猿人,上颌骨粗壮,外壁不平,前鼻棘清楚,上颌骨吻部前伸程度中等,不像北京猿人的吻部那样明显向前突出。门齿呈铲形,齿根比直立人弱,根尖没有骤然收缩的"颈"。

早期智人的体质形态比较复杂,如华北的大荔人和许家窑人化石,头骨硕大,骨壁厚,其厚度达到北京猿人头骨壁厚度的上限,而华南马坝人的头骨壁要薄一些;又如许家窑人臼齿硕大,上第一臼齿比北京猿人的大,齿冠嚼面纹理也相当复杂,接近北京猿人,而同时代的华南的长阳人和华北的丁村人的牙齿则要纤细得多,嚼面纹理简单。对于这些差异,有的学者认为,在中国旧石器时代曾有过不同类型的人同时存在。

目前世界上发现的一些人类化石,究竟归入直立人还是早期智人,存在着不同意见。有的古人类学者将这种有争论的人类化石归入"过渡类型"。例如,1984 年中国辽宁营口市金牛山发现的"金牛山人"化石,就属于这种过渡类型,即晚期直立人向早期智人演化的一种过渡类型。

(二)旧石器时代中期文化概述

旧石器时代中期文化的分布范围要比旧石器时代早期文化的大,分布于东经 104°50′—119°50′、北纬 24°45′—41°15′的广大地区(图 3-15)。在中国境内现已发现的旧石器时代中期文化遗存和早期智人阶段的人类化石地点有 50 多处,分布于北京、辽宁、河北、山西、陕西、甘肃、湖北、广东和贵州等省市,其中比较重要的,既含人类化石又有大量石器等文化遗物的地点有陕西省大荔县甜水沟、山西省襄汾县丁村、山西省阳高县的许家窑和河北省阳原县的侯家窑之间的许家窑遗址。只发现丰富的文化遗存而无人类化石的地点有北京周口店第 15 地点和辽宁喀左鸽子堂遗址;只发现人类化石而无文化遗物的地点有广东省曲江县马坝乡狮子山、湖北省长阳县下钟家湾的龙洞等。此外,贵州省桐梓县的岩灰洞和周口店第 4 地点,既发现人类化石,也发现少量石器。

旧石器时代中期,中国旧石器文化进入空前繁荣的发展阶段。在石器制作的工艺方面,前一阶段(旧石器时代早期之后一阶段)就已出现的某些技术,如修理台面技术,到这一时期已被广泛运用;又如在石器的加工方面,开始出现"指垫法"(即"莫斯特技术")。旧石器时代中期,石器的类型增多,功能进一步分化,文化的地区性特征也愈来愈明显。有学者提出,在华北至少可分为两个大的文化传统:一是以大型石器为特征的"匼河-丁村系",蓝田、匼河、三门峡等遗址都属这一文化传统;另一是以小石器为特征的"周口店

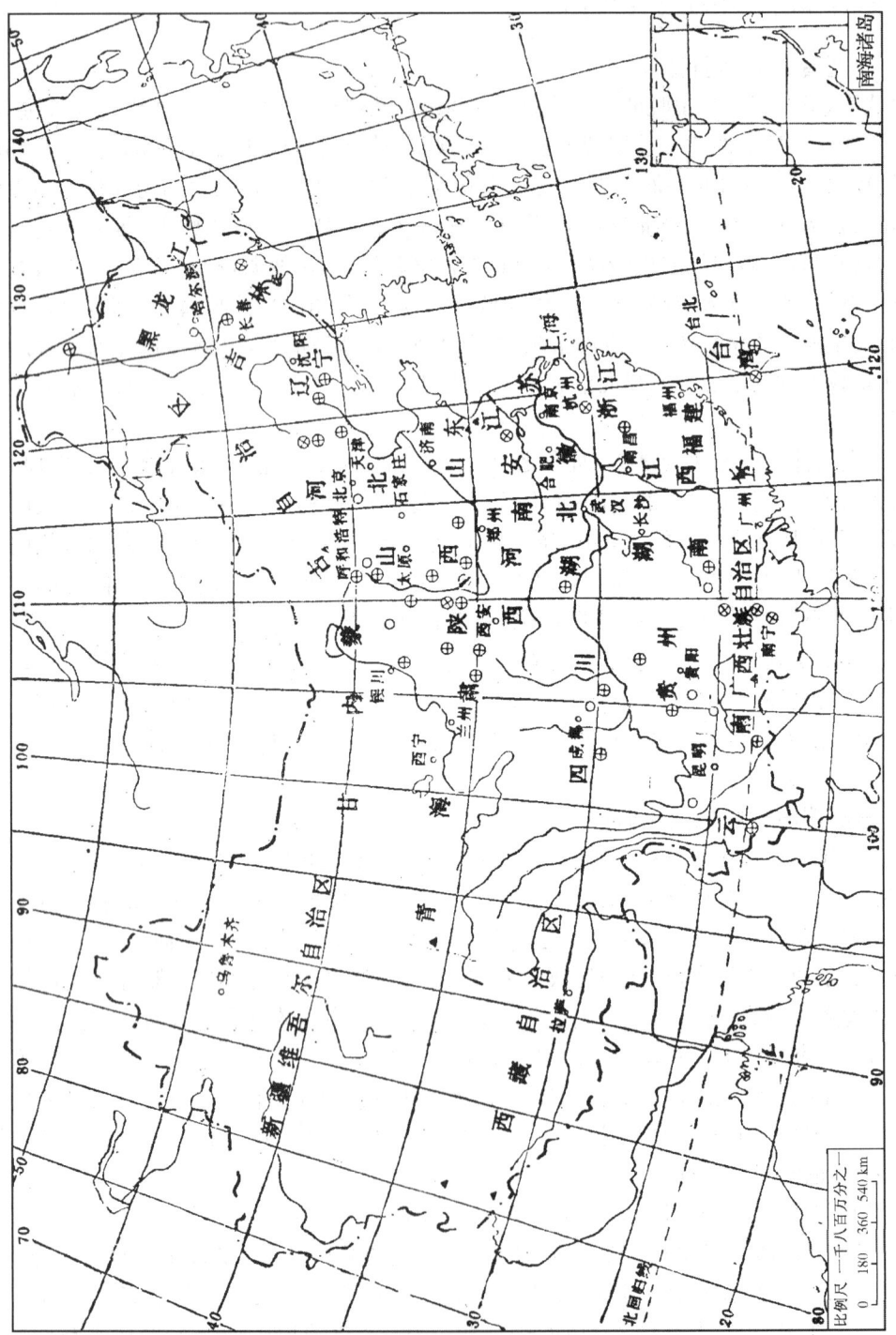

图3-15 古人化石及旧石器时代中期文化地点分布略图

图例：○ 人化石和石器共出地点 ⊗ 人化石地点 ⊕ 石器地点 ▲ 时代暂定地点

第 1 地点(北京猿人遗址)-峙峪系",周口店第 1 地点和第 15 地点、大荔、许家窑等遗址都属这个文化传统。两个文化传统在石器的打制技术和石器类型上各具特色。"匼河-丁村系"的石器以大型石器为主,碰砧法在打片中占有重要地位,有一定数量的两面打制的石器,石器的基本类型有砍砸器、三棱大尖状器、手斧和石球等。"周口店第 1 地点-峙峪系"的石器以小型石器为主,砸击法是重要的打片方法,石器主要是采用单面加工,石器的类型有刮削器、尖状器、雕刻器和砍砸器,其中刮削器的数量最多、形制多样,而砍砸器则很少。

早期智人阶段,人类已有丰富的用火经验,已懂得人工取火。骨器的制造有了进一步发展。这一阶段的人类已懂得埋藏死亡的同伴,墓葬已经出现。欧洲的地中海沿岸地区就发现这一时期的墓葬。

二、大荔人及其文化

大荔人化石是 1978 年在陕西省大荔县解放村附近的洛河第三级阶地砂砾中发现的,1978 年和 1980 年两次进行发掘。出土物有石器和哺乳动物化石。出土人化石和文化遗物的地层为中更新世末期,距今 10 余万年①。

大荔人化石为一近 30 岁的男性头骨,保存完好,但无下颌骨伴存。其特点是:头骨低矮,前额扁平;眉嵴粗壮,甚至超过北京猿人;眉嵴上有一条横沟,沟两端的脑颅前部向内侧缩窄;头骨壁很厚,与北京猿人相近。这些都是原始性质的表现。但大荔人的吻部不甚前突,颧骨细弱,颅骨最宽处在颞骨鳞部后上部而不接近颅底,颞骨鳞部不呈三角形而呈圆鳞状,这些又表现出智人的进步特征。脑容量为 1120 毫升,比北京猿人的平均值大(图 3-16)。以上分析表明,大荔人的体质特征介于晚期猿人和早期智人之间。大荔人头

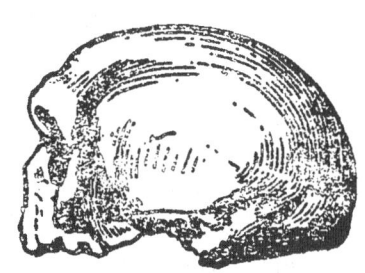

图 3-16 大荔人头骨

骨面部的一些特点与现代蒙古人种(黄种)比较接近,如颧骨较朝前使面部显得扁平,鼻梁不高,鼻根处凹陷不深,头顶正中有一条矢状隆起,顶骨和枕骨之间有一块三角形的"印加骨"。印加骨在属于蒙古人种一支的南美印加人中出现率最高,故称"印加骨"。印加骨在北京猿人中也常见②。

两次发掘的出土文化遗物只有 500 多件石制品,大多数是石片和石核,石器约占 30%。原料以石英岩为主,燧石次之。石制品较小,长度不超过 4 厘米,重量小于 20 克。打片方法以锤击法为主,偶尔使用砸击法。石核厚度大,表明其利用率不高。大荔人的石器大多为石片石器,有少量用石块、小砾石和石核制作的石器。器形以各种形制的刮削器为主,其次是尖状器,有少量的雕刻器和石锥(图 3-17)。刮削器有直刃、凹刃和凸刃等几种,以凹刃刮削器的数量最多。石器的修理多向背面加工。第二步加工比较粗糙,不少石器还保留砾石面,有的边缘比较钝厚,刃口也不齐整。单刃石器多于复刃石器,单刃石器的刃缘多在毛坯左侧。大荔人的石器在类型和修理方法上与北京猿人文化有许多相似之处,说明两者属于同一个文

---

① 尹功明等:《大荔人所在层位贝壳的电子自旋共振年龄》,《人类学学报》第 20 卷(2001)第 1 期。
② 吴新智:《陕西大荔县发现的早期智人古老类型的一个完好头骨》,《中国科学》1981 年第 2 期。

化传统①。

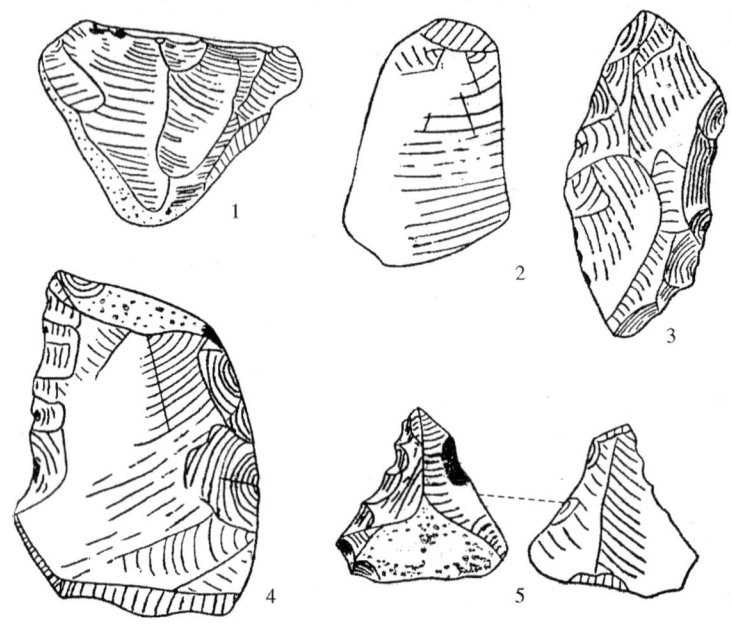

图 3-17 大荔人地点的石器
1. 石核 2. 石片 3. 横刃刮削器 4. 单直刃刮削器 5. 正尖尖状器

与大荔人共存的动物化石有大角鹿、古菱齿象、犀牛、鸵鸟等 10 余种。发现的植物孢粉不多，孢粉的种类有蒿、菊、藜等草本植物，松、柏、云杉等针叶树种，而没有发现阔叶树种。这表明当时大荔地区的气候比较干燥凉爽，没有北京猿人时期那样温暖湿润。

三、许家窑人及其文化

许家窑遗址位于山西省阳高县许家窑村和河北省阳原县侯家窑村交界处，地质时代为中更新世末或晚更新世之初，据铀系法断代距今约 10 万年。许家窑遗址发现于 1973 年，1974 年、1976 年和 1977 年先后经过三次发掘。与人类化石共存的有丰富的哺乳动物化石、大量的石制品和骨、角器。

许家窑人的化石有近 20 件，包括顶骨 3 件、枕骨 2 件、左上颌骨 1 件，还有一些单个牙齿和其他骨骼残片，分别属于十多个不同个体。头骨壁较厚，大于尼安德特人的最大值，达到北京猿人的平均值。顶骨弯曲度在横向上没有北京猿人弯曲，但比现代人弯曲；在纵向上接近于北京猿人，而比现代人扁平。脑面动脉沟后枝比前枝长，但比北京猿人细而分叉复杂，比马坝人的粗而分叉简单。枕骨圆枕位置较高，没有北京猿人宽而突出。枕骨曲度角比北京猿人大，在尼安德特人的范围之内。枕外隆突点和枕内隆突点之间的距离比北京猿人小，也在尼安德特人的范围之内。大脑窝比小脑窝大，但没有北京猿人明显。上颌骨粗壮，外壁不平，前鼻棘清楚，上颌骨吻部前倾的程度中等，不像北京猿人向前突得那样明

---

① 陕西省考古研究所等：《大荔-蒲城旧石器》（大荔人遗址及其附近旧石器地点群调查发掘报告），文物出版社，1996 年第 43 期，第 43、191—198、206—210 页。

显,而和尼安德特人接近。下颌枝低而宽,下颌角要比现代人小,后缘较直。牙齿粗大,齿冠嚼面纹理复杂,和北京猿人相似。从总的方面来看,许家窑人的体质形态,有的方面像北京猿人,有的方面接近尼安德特人。据研究,许家窑人的寿命一般比较短,平均寿命约20多岁[①]。

出土的石制品共1.4万余件,包括石器、石核、石片,其中石器占20%左右。石器的原料以石英、燧石和石英岩居多。石器的类型有各种形制的刮削器、尖状器、雕刻器、石砧、砍砸器、石球等(图3-18)。其中以刮削器和石球等数量最多,刮削器约占石器总数的55%,石球占36%。共发现石球1079个,数量之多,是世界上任何一个旧石器时代遗址都无法比拟的。石球最大者重达1500克以上,直径超过100毫米;最小者重不足100克,直径在50毫米以下。数量众多的石球,成了许家窑文化的一个特色。石球作为一种狩猎工具,其大小不同,用途也不同。根据民族学资料推测,小石球可以用作狩猎工具"飞石索"的弹丸,大的可能是一种投掷武器。

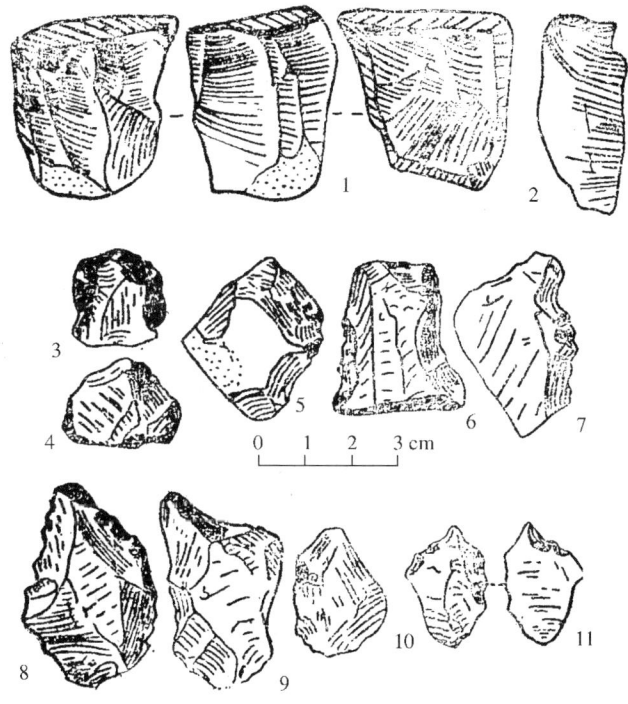

图3-18 许家窑地点的石器
(依贾兰坡等)
1. 单台面石核 2. 长石片 3. 端刃刮削器 4. 端刃刮削器 5. 单凸刃刮削器 6. 两刃刮削器
7. 单凹刃刮削器 8. 正尖尖状器 9. 角尖尖状器 10. 雕刻器 11. 短尖石锥

许家窑人的石器,除石球外,器形都比较小,加工精细。据研究,许家窑文化属于华北的小石器文化传统,即"周口店第1地点-峙峪系",是北京猿人文化和峙峪文化之间的中间环节。石器的加工技术和基本类型与北京猿人文化很相似,但存在一些进步类型,如原始棱柱

[①] 吴新智:《中国远古人类的进化》,《人类学学报》第9卷(1990)第4期。

状石核、短身圆头刮削器及圆头刮削器-尖状器等,都是北京猿人文化所没有的。许家窑文化比北京猿人文化进步,北京猿人文化为旧石器时代早期,而许家窑文化则为旧石器时代中期,故许家窑文化的进步类型是合理的。许家窑的石器和峙峪文化的石器虽有一致性,但缺少峙峪石器的一些进一步类型,如楔状石核、斧形小石刀和石镞等。峙峪文化石器类型较许家窑文化进步,这是因为峙峪文化的时代晚于许家窑文化①。

许家窑文化的骨器有铲形工具、三棱尖状工具、刮削器(可分为直刃、凹刃、凸刃等三种)、尖状器,还有可供挖掘的用羚羊角制成的角器。

在许家窑生活的时期,现今的大同盆地是一个面积达 9000 平方公里的大湖。许家窑人主要活动在湖的北岸,这里地势平坦,有溪流注入湖内,北边是低山丘陵。当时植物群中主要有松、云杉、冷杉、麻黄、蒿、禾本科和藜科植物等。动物群中绝大部分是适应寒冷气候条件的草原性种类,如诺氏古菱齿象、披毛犀、普氏野马、野驴、野猪、河套大角鹿、马鹿、葛氏梅花鹿、许家窑扭角羊、裴氏扭角羊、普氏原羚、鹅喉羚、原始牛等,其中普氏野马、披毛犀、普氏原羚和鹅喉羚是许家窑人的主要狩猎对象。从出土动物和植物的遗存的性质来看,许家窑人生活的时期,大同盆地属于大陆性气候,平均气温要比现今低一些。

在研究许家窑人化石和文化时有这样一个问题:许家窑人具有较多的原始特征,而许家窑文化在某些方面却具有较进步的性质。对于这一人类进化和文化发展的不平衡性问题,目前尚未作出完满的解释。

四、丁村人及其文化

丁村遗址位于汾河中游临汾宽谷的南端,亦即今山西省襄汾县城南 5 公里。1954 年、1976 年、1977 年先后进行过三次大规模发掘。以丁村为中心的汾河两岸共发现旧石器地点 11 个,动物化石地点 3 处。其中 54100 地点发现有人类顶骨和牙齿化石。

(一)地层堆积和时代

地处汾河中游的丁村遗址,第四纪地层出露较好,人类化石、文化遗物和伴存的动物化石埋藏在晚更新世黄土的"底砾层"之中。丁村遗址产人类化石和文化遗物的地层中发现的哺乳动物化石共 28 种,其中包括较多的华北黄土期的属种,如野驴、普氏野马、赤鹿(加拿大马鹿)、河套大角鹿和原始牛等;同时又有几种中更新世北京猿人时代的动物,如梅氏犀、德永氏象和葛氏梅花鹿等。这说明产人类化石和文化遗物的砂砾层,其地质时代应为晚更新世早期,文化时代为旧石器时代中期。

(二)丁村人的体质特征

1954 年在丁村遗址发现的三枚人牙化石是右上内侧门齿、右上外侧门齿和右下第二臼齿。这三枚牙齿化石都出自 54100 地点的砂砾层中。牙齿发现在两平方米的范围以内。这三枚人牙化石的大小、颜色和石化程度都很相近,可以确定为同一个体,估计年龄为 12—13 岁的儿童。1976 年在同一地点发现的一块右顶骨后部,大约为两岁的幼儿。

丁村人的两枚门齿舌面呈铲形,有明显的舌面隆突和指状突,与北京猿人的门齿有相近的性质。但无论齿冠和齿根都远比北京猿人细小,舌面隆突和指状突亦不如北京猿人复杂。这两枚门齿与现代黄种人没有明显的差别,其中上外侧门齿与内蒙古的萨拉乌苏遗址的河套

---

① 贾兰坡等:《阳高许家窑旧石器时代文化遗址》,《考古学报》1976 年第 2 期。

人的牙齿十分相似。下第二臼齿的齿冠和齿根都远比北京猿人的细小,齿冠的相对高度(长与宽度相比)远比北京猿人大,咬合面纹理不如北京猿人复杂。这些性质表明了丁村人臼齿比北京猿人进步,但比现代人原始。从丁村人三枚牙齿的形态可以明显地看出,丁村人的体质形态介于北京猿人和现代人之间。

丁村遗址发现的幼儿顶骨上部有带锯齿的缺刻,表现有顶枕间骨(印加骨),顶骨壁比北京猿人的幼儿头骨壁薄。

(三) 文化遗物

丁村遗址发现的石制品近 2000 件,石器的表面有一层纯净的碳酸钙外壳,证明曾被河水浸泡过。但很多石制品的棱角仍很明显,说明石制品并未经过搬运或只是近距离的搬运。石器的原料以角页岩为主,占石器总数的 95%,其他原料(燧石、石英、石灰岩、闪长岩)数量较少。石制品中以石片和石核的数量最多,具有加工痕迹的石器只占 6.6%。

丁村人打击石片采用碰砧法、摔击法(投击法)和锤击法,以前两种为主。碰砧法打下的石片,石片角较大(在 111°—130°之间),打击点不集中,半锥体较大并有双锥体。有一些石片的台面上有石片疤的痕迹,这是在打片前修理台面的结果。石器分石核石器和石片石器两类,以石片石器为主(图 3-19)。石核石器有砍砸器、手斧和石球等三种。砍砸器是用交互打击法加工的。石球用石锤打击而成,尚未发现像许家窑人那种用两个打制石球对击而成的正球体石球。石片石器有砍砸器、三棱大尖状器、小尖状器和刮削器。石片砍砸器与石核砍砸器制作的方法不同,绝大多数是一面打击的,刃缘较薄。三棱大尖状器是丁村文化中最富特色的石器,由于首先在丁村遗址发现,故又称为"丁村尖状器"。小尖状器都是用较薄的石片制成的,有的刃缘打制得很平齐。

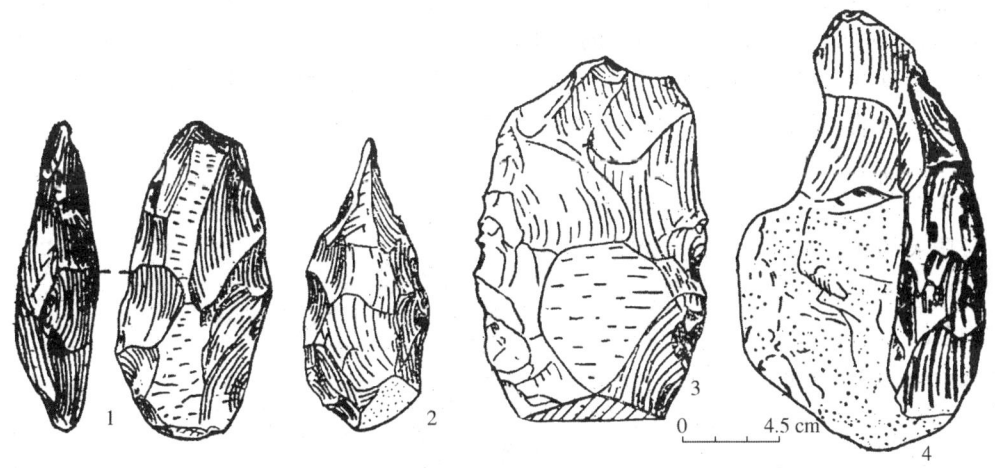

图 3-19 丁村文化的石器
1. 手斧 2. 三棱大尖状器 3. 多刃砍伐器 4. 单刃砍伐器

丁村文化的一些典型石器,如厚尖状器和石球,都在匼河和蓝田等遗址出现了母型。1978、1979 年对丁村遗址的发掘中,在几个地点的中更新统上部的由红色土相夹的砂层和砾石层中发现了一批打制石器,其中包括三棱大尖状器、小尖状器、砍砸器、刮削器和石球等。这些石器的类型和丁村文化相同,但制作技术要比丁村文化原始,是丁村文化的前身,有人称之为"前丁村文化",将它作为匼河文化与丁村文化之间的中间环节。丁村文化是华北地区旧石器文化两大传统之一,即"匼河-丁村系"的代表,与西侯度文化、蓝田文化和匼河文化等有着密切的源流关系。

丁村文化遗物,不仅在丁村一带发现十余个分布密集的石器地点,而且在整个汾河流域都有发现。已知的石器地点有汾河上游的静乐风程山、中游的交城范家庄、太原的古交、霍县的峨峪和下乐平,下游的曲沃里村和侯马南梁等。这些情况说明,在旧石器时代中期,生活在汾河流域的古人类的人口是相当稠密的①。

(四)生态环境

在丁村各地点共发现哺乳动物化石 28 种,大部分为生活在森林和山林之中的种类,代表温暖湿润的气候。从砂砾层中采集到的鲤、青鱼、鲩、鲇等鱼类化石,皆属于在能经常保持一定大流量的水中生活的种类。在砂砾中发现的大型丽蚌壳(厚壳蚌外壳),现在只分布在温暖湿润的长江以南地区和汉水流域。这些情况说明,在丁村人生存时期丁村一带的气候温暖湿润,汾河的水势相当大。

(五)丁村人的生产和生活

丁村人的石器主要有砍砸器、大三棱尖状器、刮削器和石球等。大三棱尖状器是一种挖掘工具,是采集经济的反映。石球是一种狩猎工具。居住在汾河两岸的丁村人,当时过着以采集为主、狩猎为辅的经济生活。

丁村文化几乎遍及整个汾河中下游,其分布范围已相当广大。在丁村一带大约 10 公里的汾河两岸就发现 16 个同时期的石器地点,这说明在丁村人所生活的地区,人口密度及原始家庭中人口的数量,都比前一阶段有了显著的增加。原始家庭中人口数量的增加,必然导致原始家庭的分裂,即一个原始家庭分裂为两个原始家庭。原始家庭的分裂是氏族产生的基础。丁村人在体质形态上也比直立人进步,这与丁村人已排除近亲婚配而实行族外婚有关。总之,丁村人时期,生产工具已有较大的进步,生产力已有较大的提高,男女分工已比较稳定,原始家庭已具有分裂的条件,而其体质上的进步则是实行族外婚(族外群婚)的结果。这些都说明丁村人时期,其社会形态已进入氏族制阶段。

五、长阳人

长阳人的化石是 1956 年在湖北省长阳县西南 45 公里的下钟家湾村的一个名为"龙洞"的洞穴中发现的。共存的动物化石属华南常见的"大熊猫-剑齿象动物群"的成员,如豪猪、竹鼠、古豺、大熊猫、最后斑鬣狗、东方剑齿象、巨貘、中国犀等。地质时代为晚更新世早期。

长阳人的化石是一件残损的、保留有第一前臼齿和第一臼齿的上颌骨,以及一颗单个的左下第二前臼齿(图 3-20)。牙

图 3-20 长阳人的左上颌骨和左下第二前臼齿

---

① 裴文中等:《山西襄汾县丁村旧石器时代遗址发掘报告》,科学出版社 1958 年版。贾兰坡:《山西襄汾县丁村人类化石及旧石器发掘简报》,《中国人类化石的发现与研究》,科学出版社 1955 年版,第 21—74 页。

齿较大,咬合面有许多皱纹;齿冠较短,齿根较长,左下第二前臼齿的齿根有两个分枝;犬齿隆突显著,鼻腔底较为平坦,梨状孔的下部较宽等。这些都是原始性的表现。另一方面,又有许多与现代人相似的进步性质,如颌向前的倾斜度没有北京猿人显著,鼻棘较窄而向前,上颌窦前壁向前扩展超过第一前臼齿,腭面凹凸不平,门齿孔和上颌间缝下端的距离很近等。从总体上来看,长阳人所具有的进步性质比原始性质多,明显比北京猿人进步。与长阳人共存的动物,有以嫩竹为食的大熊猫、竹鼠等,说明当时的长阳一带有大片竹林;而东方剑齿象、中国犀和鹿类的存在,则说明附近还有开阔的林边灌木丛和草原。与长阳人伴生的动物都是喜暖的,反映当时该地区的气候是温暖而湿润的。

长阳人化石的发现与研究,不仅在古人类学与考古学上具有重要价值,而且对第四纪地质学的研究也具有重大意义。在长阳人及其伴生的动物化石被发现以前,学术界曾将"大熊猫-剑齿象动物群"的时代限定在中更新世,同北京猿人的时代相当。由于长阳人化石与该动物群共存,而长阳人又具有比北京猿人进步的体质特征,从而证明这一动物群的时代可延续到晚更新世。

六、马坝人与桐梓人

马坝人与桐梓人均属华南地区的早期智人,与人化石共存的动物化石都是华南更新世洞穴堆积中常见的"大熊猫-剑齿象动物群"的成员,地质时代为晚更新世初期。

马坝人化石是1958年在广东省曲江县马坝乡狮子山的一个洞穴中发现的。马坝人化石为一头骨的颅顶部分,包括部分顶骨、额骨、右眼眶和鼻骨的大部分,属于一个中年男性个体(图3-21)。马坝人的头骨的形态特征是,眉嵴粗壮,眶后部位明显收缩,颧骨比顶骨长,表现出与猿人类似的性质。但他的颅骨壁较薄,颅穹隆较为隆起,脑量可能超过北京猿人,又具有智人的进步性质,因而分类学上可归属于早期智人,代表直立人转变为早期智人的重要环节。

桐梓人化石发现于1972年贵州省桐梓县岩灰洞,同时发现的有一批动物化石和石器。人类化石为两枚牙齿,一枚是老年个体的右上内侧门齿,另一枚是一个年轻个体的前臼齿。门齿的齿冠两侧缘显著增厚,舌面底部有底结节,使门齿呈铲形;有相当于指状突的结构;整个门齿很粗壮。这些特征都和北京猿人相似。前臼齿为右上第一臼齿,齿冠和齿根很粗壮,嚼面纹理复杂,接近于北京猿人的前臼齿,但"齿根颈"不如北京猿人那样明显,具有早期智人的特点。

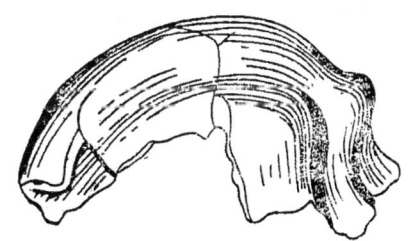

图3-21 马坝人头骨

在桐梓岩灰洞的第4层堆积中,发现石制品12件。原料以燧石为主,次为硅化岩、火成岩和石英岩。12件标本有1件燧石多面石核,系用锤击法剥片。器形有刮削器和尖状器两种,以刮削器的数量最多。石器的加工以单向加工为主,两面加工的只有1件;有1件修理把手的石器。刮削器加工粗糙,有的为垂直加工,刃口钝。尖状器器形较大,用石块和石片制成,修理得相当细致,尖刃短而薄锐,刃缘匀称。岩灰洞的石器,均可与观音洞的石器相比较,两者在文化上可能存在联系。在堆积中除常见炭屑外,还发现几件烧骨。烧骨的形态与周口店第1地点等遗址发现的烧骨很相似。据研究,烧骨和炭屑可能是人类用火的遗迹。

第五节　旧石器时代晚期文化

一、旧石器时代晚期文化概述

大约距今4万—5万年,早期智人进化到晚期智人,旧石器时代中期发展到旧石器时代晚期,人类社会则由母系制的开始阶段进入确立阶段。

(一) 晚期智人的体质形态和人种的形成

晚期智人或称现代智人,是指解剖结构上的现代人,亦曾称"新人"。晚期智人化石,不但在欧洲、非洲和亚洲有大量发现,而且在大洋洲和美洲也有发现。

晚期智人和早期智人在体质形态上的主要区别在其前部牙齿(门齿和犬齿)和面部的减小,眉嵴减弱,颅高增大,发展到与现代人相似则愈为明显。由于世界各大洲的早期智人已有明显的地区性的体质形态分化,加上各地区不同的自然选择作用,因而形成现代人体质形态的明显差异。到了晚期智人阶段,人种已分化和形成。

人种和种族是根据能遗传的体质特征而区分的,主要是根据皮肤颜色,头发形状和颜色,眼、鼻、唇的形状等体质特征来划分的,如黄种、白种、黑种等。人种最通常的分法是三分法和四分法。三分法是将整个人类分为蒙古人种(又称黄种或亚美人种)、高加索人种(又种白种或欧罗巴人种)、尼格罗人种(又种黑种或赤道人种)。四分法则将澳大利亚人种即澳大利亚土著(又称棕种)从黑种中划分出来,与三大人种并列。白种主要分布于欧洲、西亚、北亚、北非等地。黄种主要分布于亚洲大部分地区和美洲(土著)。黑种主要分布于非洲的大部分地区。棕种主要分布于澳大利亚、新西兰及南太平洋岛屿。

中国发现的晚期智人化石具有明显的蒙古人种的特征。这种蒙古人种的特征早在猿人阶段就开始出现。例如北京猿人就具有一系列的蒙古人种的性状:头骨前部正中有矢状嵴,后部有缝间骨(印加骨);宽阔的鼻骨,前突的颧骨,上颌骨的额蝶突,圆钝的眶下缘,铲形的上门齿,股骨的极度平扁和肱骨极发达的三角肌粗隆等。中国发现的旧石器时代人类化石,其上门齿都是铲形,如元谋、周口店、和县、陨县、桐梓、营口金牛山、丁村、马坝、柳江、山顶洞等。从额骨来看,蓝田、周口店、和县、大荔、马坝、资阳的头骨上部都有不同程度的矢状嵴。保存有部分鼻骨的化石,如蓝田、周口店、金牛山、大荔、马坝、柳江、山顶洞等标本,都有较宽阔而垂直的鼻部。保存有颧骨部分的标本,如北京周口店、营口金牛山、大荔、马坝、柳江和山顶洞人化石,都具有向前突出的颧骨。印加骨则存在于北京周口店、大荔、丁村和许家窑的人化石标本上。上述分析说明,现代蒙古人种的特征,在中国发现的直立人到晚期智人的化石中都有发现。

(二) 旧石器晚期文化概貌

晚期智人阶段,文化发展的速度加快,工具的制造更加多样化和专门化。

石器的制造技术有了很大的进步,打片中修理台面的技术和加工方面的"指垫法",在旧石器时代晚期都得到了普遍应用。用间接打击法剥片和修理石器的技术,到了旧石器时代晚期普遍流行。用间接打击法打制的长条形"石叶"可制作各种类型的复合工具,如弓箭、雕刻器、尖状器、石矛、石刀等。旧石器时代晚期,在华北出现了典型的细石器工艺。在华北还出现石器工具小型化的趋势,如萨拉乌苏、峙峪、小南海、刘家岔等地点的石器都具有小型化的特点,其中以萨拉乌苏遗址的石器最为突出,一般只有2—3厘米长,1—2克重。此外在石器工艺中还出现了磨制和钻孔技术,但未能在生产工具中得到广泛使用。

骨角器的制造技术也有了很大的发展,在骨器的制作中采用锯、切、割、磨、钻孔等技术。例如在辽宁省海城小孤山、周口店山顶洞、四川资阳、宁夏水洞沟、贵州省兴义猫猫洞和普定穿洞等遗址出土的骨针、鱼叉、骨锥、骨刀和角铲等,就是采用上述几种工艺技术制成的。这说明旧石器时期人们已普遍掌握了骨角材料的特性,采用了一套不同于制作石器的工艺。进步的工艺技术也表现在装饰品的制作上,如周口店山顶洞和海城小孤山,曾出土以兽牙、鸟类肢骨、贝壳和小砾石等为原料,采用先进工艺制作的装饰品。

旧石器时代晚期文化的区域性特征比前一时期突出,在华南地区尤其如此。有的学者将华南地区的旧石器时代文化分为富林、铜梁、猫猫洞、百色盆地、元谋-宜良(路南)等几个区域性文化,认为这种区域性文化的形成可能与地理环境和氏族的形成有关。这些文化中,铜梁文化具有"锐棱砸击法"的石片和精美的骨角器;猫猫洞的石器,则主要由石片劈裂面向背面加工。以小型石器为特色的富林文化和以大型石器为特色的百色盆地的石器则分别同华北的两大旧石器文化传统有密切的关系。

这一时期,人类除以天然洞穴或岩厦作为住所外,还建造房屋作为住所。旧石器时代晚期的房屋大半是半地穴式的圆形小屋,使用大型动物的骨骼、象牙和鹿角作为建筑材料,用兽皮铺盖屋顶。住所中常有灶坑,用以取暖和炊煮。中国东北哈尔滨的阎家岗曾发现两座旧石器时代晚期的房屋。

旧石器时代中期就已开始的埋葬死者的习俗,到了旧石器时代晚期普遍出现于世界各地。中国北京周口店的山顶洞遗址的下室,就是山顶洞人的葬地。这一时期的墓葬中,常放有生产工具、装饰品等随葬品,并在死者身上或墓底,撒上赤铁矿粉末一类的红色颜料。这些情况说明,原始宗教观念到这时已有进一步发展。

旧石器时代晚期,人类制作工具的水平有了很大的提高,人工取火已普遍推广,已经用兽皮缝制衣服御寒,从而扩大了生活领域和活动范围。这一时期已开始进入北极圈内,越过白令海峡,抵达北美洲。在中国境内,旧石器时代晚期文化遗存遍及全国各地,现已在约30个省、市、自治区发现了这一时期的文化遗物和遗迹(图3-22)。

华北地区的旧石器时代晚期文化遗存,在北京、山西、陕西、河北、河南、宁夏、甘肃和内蒙古等省区都有发现,以山西境内发现得最多。其中比较有代表性的是内蒙古自治区乌审旗的萨拉乌苏,山西省朔县的峙峪,宁夏回族自治区灵武县的水洞沟,河南省安阳市的小南海,山西省沁水县的下川,北京市周口店的山顶洞和河北省阳原县的虎头梁等。在峙峪、萨拉乌苏和山顶洞遗址还发现晚期智人化石。有的学者将华北地区的旧石器时代晚期文化分为两个文化传统:一是以峙峪文化、小南海文化和山顶洞文化为代表的小石器文化传统;另一个是以水洞沟文化和下川文化为代表的细石器文化传统(或称"典型细石器文化传统")。

中国东北地区的旧石器时代晚期文化,在辽宁、吉林和黑龙江三省都有发现,其中比较重要的有辽宁省凌源县西八间房和海城县小孤山遗址、黑龙江省哈尔滨市的阎家岗遗址和塔河十八站,其中塔河十八站是中国最北的旧石器时代遗址。中国西南地区的旧石器时代晚期文化遗址及智人化石发现得比较多,其中比较有代表性的是贵州省兴义县猫猫洞石器地点,四川省富林遗址和铜梁旧石器地点,广西壮族自治区柳州白莲洞遗址和柳江人化石。中国东南沿海地区发现旧石器时代晚期文化遗存的地点主要有江苏省泗洪县下草湾、浙江省建德县乌龟洞、广东省封开县垌中岩、广西壮族自治区灵山县马鞍山、台湾台东县长滨乡和江苏省东海

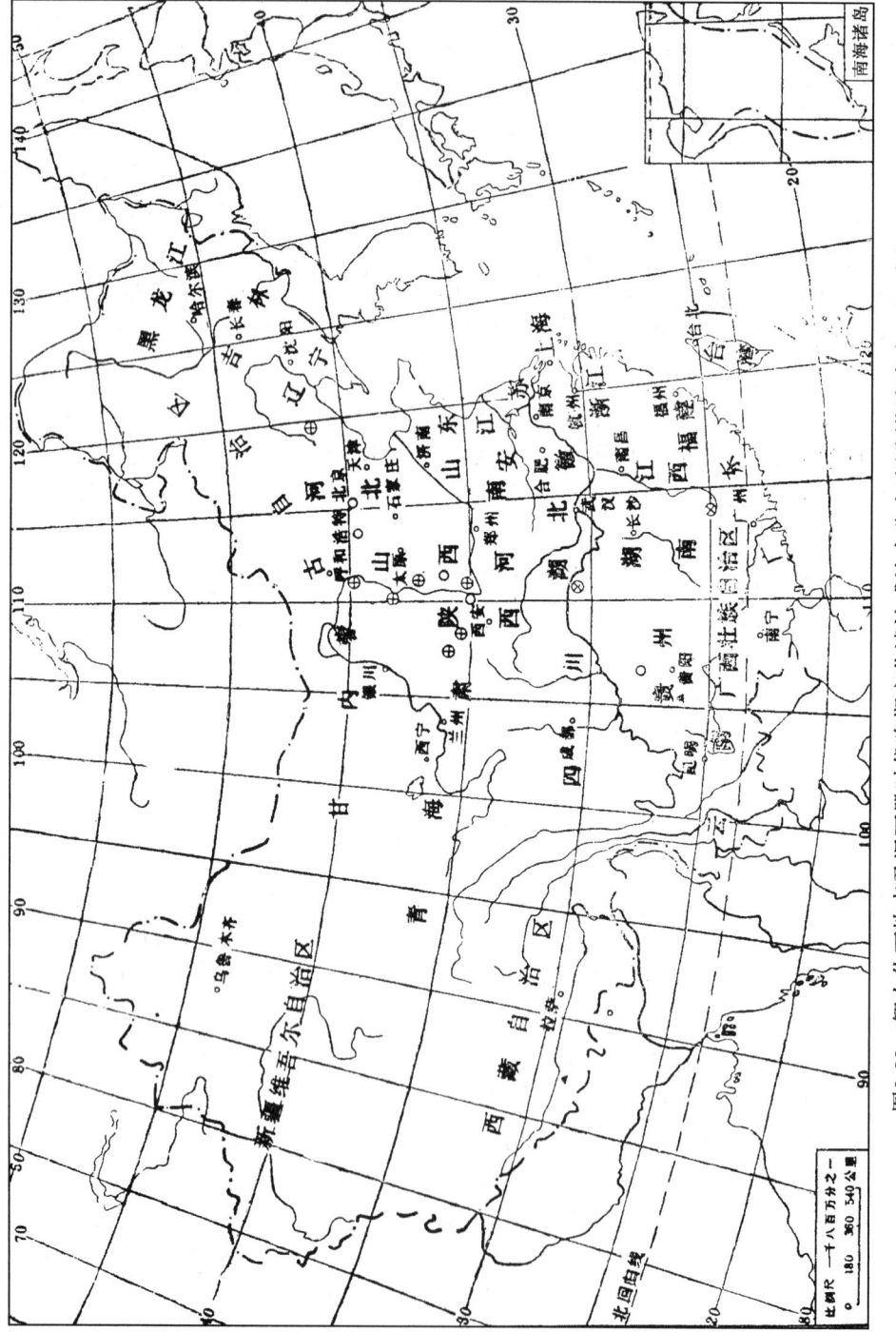

图3-22 智人化石地点及旧石器时代晚期文化遗址或地点分布略图(依张森水,1987年)

图例: ○人化石地点 ⊗人化石和文化遗物共出地点 ⊕文化遗物地点 ▲时代暂定地点

县大贤庄等。中国的青藏高原也发现旧石器时代晚期文化遗存,其中较重要的地点有青海省的霍霍西里,西藏自治区的定日和申扎等。

二、峙峪文化

峙峪遗址位于桑干河上游黑驼山东麓的峙峪河第二级阶地上,北、西、南三面环山,东临平原。该遗址1963年发现于山西省朔县城西北峙峪村附近。文化遗存的地质时代属晚更新世晚期,据放射性碳素断代,年代为距今28945±1370年、28135±1330年(未经树轮校正)。

该遗址的地层堆积是,上部为上更新统,下部为二迭系含煤地层。上更新统的地层由上至下为粉砂层、砂层、文化层、砂砾层。文化层中含有大量石器、灰烬、烧过的砾石及动物化石。动物化石中的绝灭种有披毛犀、河套大角鹿、王氏水牛、斑鬣狗等4种,占整个动物化石的40%,现生种有6种,和萨拉乌苏动物群的性质相近,时代早于山顶洞而晚于丁村遗址。

文化遗物有石器、骨器和装饰品。石器的原料有脉石英、石英岩、硅质灰岩、燧石和火成岩等。石料取自当地砂砾中的砾石。石核有常见的两极石核和多面体石核。石片有锤击石片、两极石片和小长石叶。有的石片上有修理台面的痕迹。小石叶是用间接打击法剥片的。

石器主要是小型的,大型石器很少,砍砸器罕见。石器的类型主要有尖状器、刮削器、扇形石核石器、斧形小石刀和石镞等。刮削器有圆头、盘状、双边刃等类型(图3-23)。石镞的出现,表明当时人们已能使用弓箭狩猎。在出土的文化遗物中有一件由一面穿孔而成的石墨装饰品。此外,还发现一件骨制尖状器和一些有刻划痕迹的骨片。与文化遗物一起出土的还有一件晚期智人的枕骨化石。

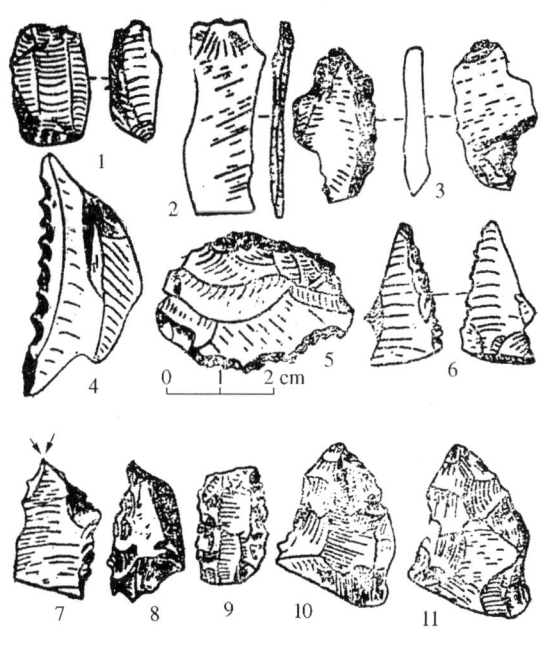

图3-23 峙峪和萨拉乌苏地点的石器
1. 砸击石核 2. 锤击石片 3. 复刃刮削器 4. 单凹刃刮削器 5. 复刃刮削器 6. 单直刃刮削器
7. 笛嘴形雕刻器 8. 单直刃刮削器 9. 两刃刮削器 10. 正尖尖状器 11. 正尖尖状器
(1—7出自峙峪地点,依贾兰坡等; 8—11出自萨拉乌苏地点,依步日耶)

峙峪文化是华北旧石器时代文化两大文化传统之一的"周口店第1地点-峙峪系"或称"船头状刮削器-雕刻器传统"中的一个重要环节。峙峪文化向后发展则形成旧石器时代晚期之末的发达的细石器文化,如山西省沁水县下川文化。峙峪文化已开始用间接打击法制作细石器,器形中的雕刻器、圆头刮削器、石镞和扇形石核等,都是华北甚至东亚、北亚及北美洲的典型细石器工艺的先驱[①]。

峙峪遗址动物群中有蹄类所占的比例最大,是这一动物群的主要成分,它们所代表的是比较干燥的草原环境,其中典型的草原动物有蒙古野马、野驴、普氏小羚羊、鹅喉羚、诺氏驼等。根据上述动物所反映的自然环境,可知峙峪人生活的时期,峙峪一带主要为靠近山区的辽阔的草原地带,有的地方夹着灌木林。当时的气温比现在低而且干旱。在动物化石中,以普氏野马和野驴的数量最多,这两种动物是峙峪人狩猎的主要对象。当时人们已能根据动物的生活特征选择一两种动物进行捕获,这反映了狩猎水平的提高。

三、下川文化

下川遗址位于山西省沁水县下川乡所在地的下川盆地,同类文化遗存见于山西东南部中条山主峰历山及其附近的山麓地带。文化遗物分布在下川盆地周边的第二级阶地地表,以及阶地上层的晚更新世末期灰褐色亚粘土中。据放射性碳素断代,下川文化的年代距今2.4万至1.6万年。

下川文化的石制品包括细石器和粗大石器两类,以细石器为主。细石器以燧石为主要原料,其中又以黑燧石占绝大多数。细石器的修整皆使用压制法。细小石器中的石核有锥状、半锥状、柱状、楔状和漏斗状等类型,具有代表性的细石器有各种形制的刮削器、尖状器、雕刻器、琢背小刀、箭镞、锯、钻等(图3-24)。石核式刮削器数量较多,多用厚石片制成,这种器形主要用于刮削和切割。三棱尖状器和扁底三棱尖状器是制作最精致的微型尖状器。三棱尖状器由厚小石片的两边向背面加工,加工成隆起一脊两面对称的三棱锐尖;扁底三棱尖状器,采用较大的厚石片,由劈裂面向背面修成通体三棱锐尖,底端两面或一面修理成扁薄形便于装柄,制成狩猎的矛。雕刻器有斜边、屋脊形、鸟喙形等类型,其中斜边雕刻器数量最多,制作精细,器形固定。琢背小刀是下川文化的典型石器。加工方法是在石片一边轻敲细琢,使其变钝变厚,成为刀背;另一边缘则保持石片固有的锋利边缘,作为刀刃。

在下川文化中也有一定数量的粗大石器。原料主要为砂岩和石英。石器的类型有尖状器、刮削器、砍砸器、石锤、砺石、磨盘等。刮削器有锛刃状、椭圆形和直刃多种。磨盘为圆盘状,这种器形与新石器时代磨制谷物的磨盘有明显的区别。

下川文化中的细小石器是下川文化的主体部分,其锥状石核、棱柱状石核、漏斗石核和小石叶等,都是华北细石器文化传统中的典型器形。下川文化上承峙峪文化和小南海文化,下开新石器时代早期高度发达的细石器工艺的先河,在华北地区细石器工艺传统的发展上具有重要的意义[②]。

---

① 贾兰坡等:《山西峙峪旧石器时代遗址发掘报告》,《考古学报》1978年第1期。
② 王建、王向前、陈哲英:《下川文化——山西下川遗址调查报告》,《考古学报》1973年第3期。

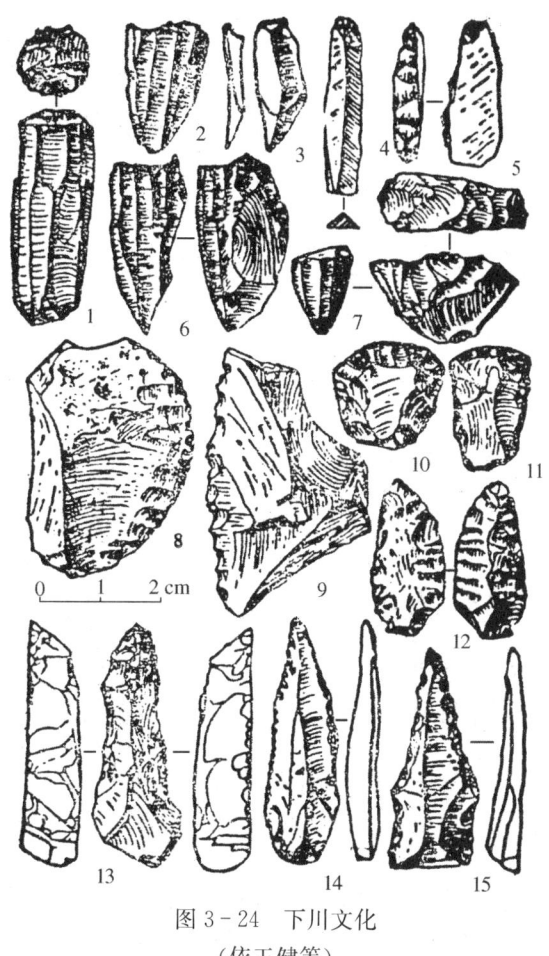

图 3-24 下川文化

（依王健等）

1. 锥状石核　2. 锥状石核　3. 石叶　4. 石叶　5. 琢背小刀　6. 楔状石核　7. 楔状石核
8. 单凸刃刮削器　9. 单直刃刮削器　10. 圆端刃刮削器　11. 圆端刃刮削器　12. 石镞
13. 正尖尖状器　14. 正尖尖状器　15. 正尖尖状器

四、山顶洞人及其文化

山顶洞遗址是 1930 年发现的，1933—1934 年作了系统的发掘。因为它是北京周口店遗址顶部的一个洞穴，故称山顶洞遗址。与人类化石一起出土的有石器、骨角器及装饰品，并发现了中国迄今所知的最早的墓葬。

（一）遗址的堆积和年代

山顶洞遗址的堆积可分为四个部分：洞口、上室、下室和下窨（图 3-25）。洞口朝北，高约 4 米，下宽约 5 米。洞口的最大堆积和北京猿人化石产地的顶部堆积相连。上室在洞穴的东半部，南北宽约 8 米，东西长约 14 米。在地面的中间发现一堆灰烬，底部的石钟乳层面和洞壁的一部分被烧炙，说明上室是山顶洞人居住的场所。在上室的几个文化层中发现人类化石、石器、骨针和装饰品。下室在洞穴的西半部稍低处，深约 8 米。在堆积中发现 3 具完整的人头骨化石和一些躯干骨，人骨周围散布有赤铁矿粉末及随葬品，说明下室是一处葬地。下窨在下室深处，是一条南北长 3 米、东西宽约 1 米的裂隙。未发现人化石和文化遗物，但发现

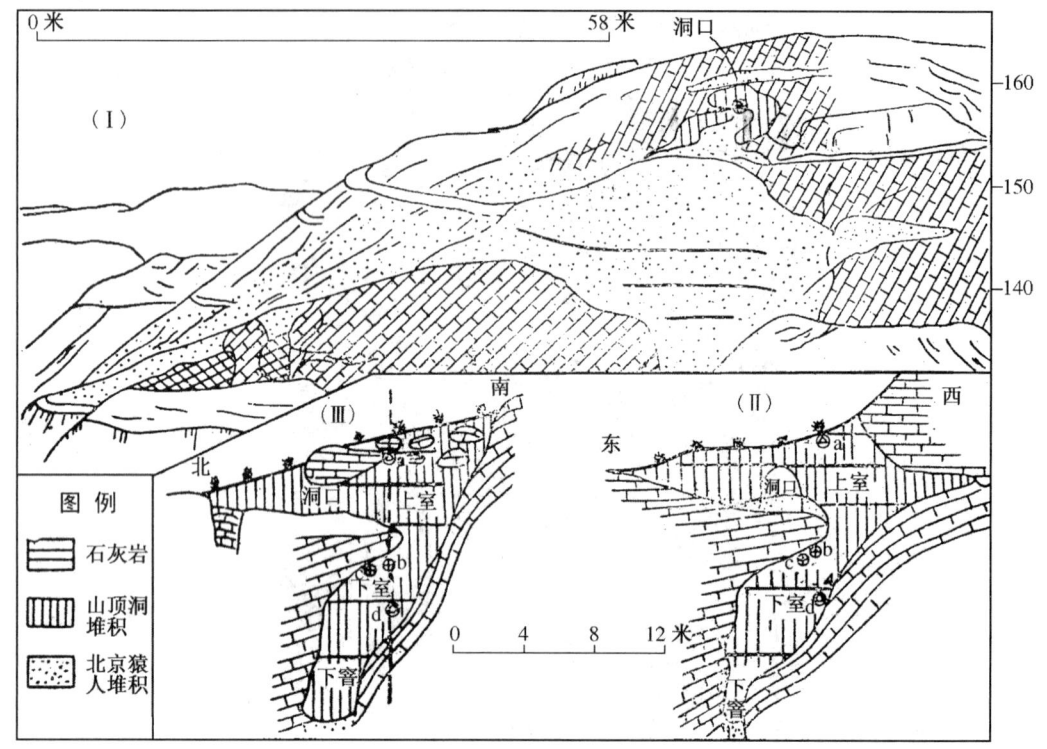

图 3-25 山顶洞遗址剖面图
Ⅰ. 北京猿人洞　Ⅱ、Ⅲ. 山顶洞剖面图
a. 骨针　b、c. 人骨　d. 穿孔海蚶壳

许多没有经过扰动的保存完整的脊椎动物化石,其中尤以肉食类为多。这些完整的动物骨架,推测它们是人类入居之前,偶然坠入这个天然"陷阱"之中的。

山顶洞的堆积中共发现脊椎动物化石 54 种,其中哺乳动物 48 种,大多数属华北、内蒙古和东北地区的现生种,绝灭动物只有最后斑鬣狗、洞熊和鸵鸟等,仅占出土动物化石总数的 12.1%。山顶洞动物群中仍有绝灭种存在,说明其地质时代未越出晚更新世,应属晚更新世末期。山顶洞中的骨化石,经 ^{14}C 测定共有两个数据:一个是兽骨年代,距今 10770±360 年(BC8820);另一个是鹿肢骨年代,距今 18865±420 年(BC16915)。

(二)体质特征

山顶洞人的化石共有 3 个完整的头骨、几块头骨碎片、几块下颌骨、一部分躯干骨及一些零星的牙齿。全部材料共包括 8 个不同的男女个体,其中 5 个是成年人(男女壮年和超过 60 岁的老年人)、1 个少年、1 个 5 岁的小孩、1 个婴儿。3 具完整的头骨的特征是:前额高起,脑腔发达,脑量为 1300—1500 毫升;头骨最宽的位置在顶结节处,矢状嵴消失,脑壳变薄,口缘后退,下颌突出;牙齿细小,齿冠增高。男性身高约为 1.74 米,女性为 1.59 米。这些特征都和现代人一致。

中国古人类学者对山顶洞人三具头骨化石进行研究后认为,老年男性头骨几乎所有的面部测量指数都和现代的或化石的蒙古人种相近,而远于西欧的化石智人。从形态方面观察,头骨的许多特征,如鼻骨较窄,有鼻前窝,颧骨突出和具有下颌圆枕等,都和蒙古人种相近。两具女性头骨亦都具有蒙古人种特征。

(三) 文化遗物

山顶洞的石器数量很少,一共只有25件,而且也不典型。石器的主要原料是石英,次为绿色砂岩和燧石。石料采自附近的河滩。石器的类型有刮削器、砍砸器和两极石片(或称两端刃器)等,其中制作较好的是用燧石制作的刮削器和用砾石打制的砍砸器。两端刃器(用两石片制成的工具)的制作方法同于北京猿人。

骨角器主要有1件骨针(图3-26,1)、磨光的赤鹿角、斑鹿的下颌骨和一些稍经加工的骨片。骨针是用兽骨刮制而成,针身保存完好,仅针孔残损,长约83毫米,针身微弯,刮削得很光滑,针孔是用小而尖锐的尖状器挖成的。骨针的发现,说明山顶洞人已经知道缝纫。有一件赤鹿角的枝杈被截去,表面经过刮磨,尖头残缺。这件鹿角可能是作矛头使用的。斑鹿的下颌骨也是先经刮削后再磨光的。

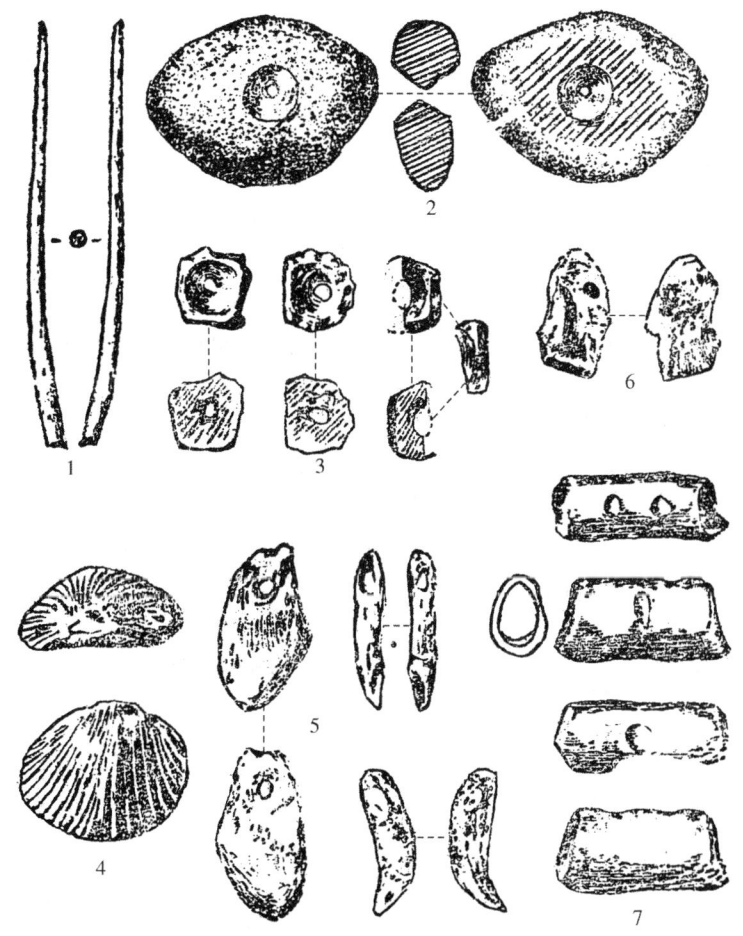

图3-26 山顶洞人的骨针和装饰品
1. 骨针 2. 石坠 3. 石珠 4. 海蚶壳 5. 穿孔的兽牙 6. 青鱼眼上骨 7. 骨管

在山顶洞发现的装饰品有:1件钻孔石坠,7件穿孔石珠,3件穿孔海蚶壳,1件钻孔鱼骨,4件刻道骨管和100多颗穿孔兽牙(图3-26,2—7)。钻孔石坠用卵圆形小砾石制成,砾石扁平,一面经人工磨平,另一面是天然的水磨面。石坠的孔是对钻的,穿孔处微作红色,孔径为8.4—8.8毫米。7件穿孔石珠,是在一个女性头骨附近发现的。石珠的原料是白色的石灰岩,发现时表面染有红色的赤铁矿粉末。石珠的式样不甚规则,形体不一,最大直径为 6.5 毫米,制作很精致。制作程序是,先将小石片边缘打击成近似方形或多角形,然后把一面或两面磨光,最后再用钝尖的尖状器从背面钻制成孔。石珠发现在头骨附近,是项串之类的装饰品。穿孔兽牙中以獾的犬齿最多,狐的犬齿次之,其他还有鹿、黄鼬、狸的牙齿和 1 枚虎的门齿。孔都穿在牙根处,是用平刃尖状器刮挖而成。其中 5 件穿孔兽牙出土时呈半圆形排列,可能是成串的项饰。穿孔海蚶壳 3 个,在铰合部以下处磨穿成孔。刻道骨管表面光滑,其上刻有 1—3 道短而深的横沟,骨管内外有磨损的痕迹。钻孔鱼骨是 1 件鲩鱼眶上骨,在其边缘上有一钻孔,孔很小,两面对钻而成,表面有赤铁矿染成的红色。从山顶洞人制造各种骨角器和装饰品的工艺水平来看,当时人们已掌握钻孔、磨制和切割等新技术[①]。

(四)山顶洞人的生产活动和原始宗教

山顶洞人以渔猎和采集为生,在遗址发现大量的野兔和数百个斑鹿个体的骨骼,这些动物应是他们狩猎的主要对象。在堆积中还发现鲩鱼、鲤科的大胸骨和尾椎化石,说明山顶洞人已将生产活动的范围扩大到水域,这标志着人们认识和利用自然能力的提高。

山顶洞发现的赤铁矿、海蚶和厚壳蚌都非周口店所产。赤铁矿产于河北宣化一带,距周口店 100 余公里;海蚶产地最近的是渤海,距周口店 200 公里;厚壳蚌以长江流域为最多,华北的汾河中下游也产这种蚌。这些东西不论是山顶洞人从遥远的地方采集来的,还是从外地交换来的,都说明山顶洞人的活动范围已相当广阔。

山顶洞的下室是山顶洞人的公共墓地,说明他们已经有了原始的宗教信仰。下室发现 3 具完整的人头骨和一部分躯干骨,在尸骨周围有许多赤铁矿的粉粒和各种类型的装饰品。在当时人们的思想意识中,红色可能是鲜血的象征,是生命的来源和寄生处,尸体上及周围撒上红色赤铁矿粉末,是希望死者在另一个世界中能够复活。

五、中国东北地区的旧石器时代晚期文化

中国东北地区的旧石器时代晚期文化遗存发现得比较多,其中较重要的有:辽宁省凌源县西八间房地点、锦县沈家台地点、海城县小孤山遗址以及建平县的建平人化石,吉林省榆树县周家油坊地点和安图县的安图人化石,黑龙江省哈尔滨的阎家岗遗址、顾乡屯地点和呼玛十八站地点。上述地点、遗址、人化石中具有代表性的是西八间房地点、小孤山和阎家岗遗址。

西八间房地点位于大凌河右岸的第一阶地,出土石制品 49 件,器形有尖状器、刮削器和"琢背小刀",其中以刮削器的数量最多,而"琢背小刀"则是华北地区下川文化中的典型器物。

小孤山遗址于 1980 年发现,1981 年试掘,出土石制品 1000 余件,以及骨针、鱼叉和装饰品,还发现用火遗迹。石制品的原料皆为脉石英,器形不大,加工痕迹清晰。骨鱼叉上有倒刺,这是目前中国旧石器时代遗址中发现的唯一的一件标本。几件骨针,针孔很小,制作精致。小孤山的骨针比山顶洞的更佳。装饰品用兽牙制成,在牙根部钻孔,制作方法、式样与山顶洞的相似。

阎家岗遗址位于哈尔滨市西郊,文化遗存埋藏在松花江支流运粮河右岸的第二级阶地上。1982—1985 年,对阎家岗遗址进行了四次发掘。发现人类头骨化石 1 件,石制品 9 件,还

---

① 贾兰坡:《山顶洞人》,龙门联合书局、天津人民出版社 1978 年版。

有一些骨器、烧骨和炭屑,古营地(临时住所)2个,与文化遗址伴生的脊椎动物化石共31种。据放射性碳素断代,遗址的年代为距今22370±300年。

在阎家岗发现的古营地,两者相距40米左右,均埋藏在距地表3.5—4.2米深的粉砂层中,分别由500多个和300多个兽骨叠垒而成。遗址残存着半圆形围墙,分别朝南、朝东开口,墙高0.8米,宽0.6—1米。叠砌住所的兽骨化石,多属未成年个体(人们猎获的动物),以野牛、野马、大角鹿、普氏羚羊等食草动物为多。许多破碎的骨骼上,有人工砍砸的痕迹。据研究,这是两座古猎人临时居住的半地穴式的住所。

遗址中发现的哺乳动物化石,均属典型的"披毛犀-猛犸象动物群"的成员,如最后斑鬣狗、松花江猛犸象、真猛犸象、普氏野马、野驴、披毛犀、河套大角鹿、加拿大马鹿、普氏羚羊、东北野牛等。其中属草原类型的动物占71.2%,森林类型的占21.8%。对遗址的孢粉进行分析的结果是,草本植物占66.4%,这和遗址中出土的哺乳动物化石一致,反映出2万多年前的阎家岗一带,属疏林草原环境,气候比较寒冷。

六、中国西南地区的旧石器时代晚期文化

中国西南地区的旧石器时代晚期文化遗址发现得比较多,其中最具有代表性的是贵州省兴义县猫猫洞遗址和四川省汉源县富林遗址。

猫猫洞遗址是一处岩厦遗址,从1974年起,在岩厦内经过两次发掘,发现人类化石7件,骨、角器10件,石器1000多件,还发现大面积的用火遗迹。石片主要是用"锐棱砸击法"产生的。石器的器形都比较大,没有长30毫米以下的石器;石器的类型稳定,修理精致,以向破裂面加工为主。"锐棱砸击法"是中国西南地区特有的打击石片的方法,不见于其他地区。但西南地区没有华北地区的如"压制法"一类的间接打击法。骨角器有骨锥、骨刀和角铲。角铲是一种挖掘工具,可用于挖穴播种。这种工具的出现,可能说明农业已经萌芽。用鹿化石作铀系法年代测定,文化遗存的年代为距今14000年左右。

富林遗址于1960年发现,1972年进行系统发掘,在文化层中发现5000多件石制品、用火遗迹和少量的动物化石。富林文化的石片使用锤击法和砸击法产生。石器的形体都很小,长度很少超过30毫米,这是富林文化的一个特色。

中国西南地区的旧石器时代文化具有许多特点,例如从早期到晚期,用砾石、石核和小石块制成的石器特别多。石器的类型简单,主要有刮削器、尖状器和砍砸器。砍砸器在石器中所占的比例远大于北方,从早期到晚期,数量变化不大,而不像华北地区砍砸器渐趋消失。打片方法有四种(锤击法、碰砧法、砸击法、锐棱砸击法),均为直接打击法,未见华北地区的间接打击法,其中锐棱砸击法为西南地区所特有。石器的加工,有向背面或破裂面修理的,有错向、复向和对向加工的,但缺少使用交互打击的方式,也无华北地区小石器传统中那种用压制法修理的石器。

七、青藏高原的旧石器时代晚期文化

青藏高原位于中国西部,平均海拔4000米以上,素有"世界屋脊"之称。过去认为这里不适于人类居住。但近几十年的发现说明,从旧石器时代起,这里便有人类活动。青藏地区发现的旧石器时代地点有青海省的霍霍西里、西藏自治区的定日和申扎等。

霍霍西里地点位于青海省霍霍西里西南曲水河的河岸上。1956年在该地点采集石器5

件。石器类型有石核、刮削器和砍砸器,其中石核上遗留有打片痕迹,大部分保留砾石面;刮削器系利用一面保留有砾石面的石片制成,边缘加工成凸刃。砍砸器则是在砾石的一端,由一面加工成刃,其余部分不加修理以便于手握。

定日地点位于西藏自治区定日县东南10公里的苏热山南坡热久藏布河的阶地上。石器比较集中于河的东侧,共采集石制品40件。石料以片麻岩为主,石英砂岩次之。剥制石片使用锤击法。石核的台面先经修理,再打下三角形或长方形的石片,然后由破裂面向背面加工,有的则从两边错向加工。石器的类型有刮削器和尖状器,以刮削器的数量最多。刮削器分一边加工的长边刮削器和相邻两边加工的复刃刮削器。尖状器仅2件,具有两边修成的粗短钝尖。

申扎地点位于西藏自治区申扎县雄梅区珠洛河畔和色林错东南。珠洛河畔共采石片石器14件,质料全部为角页岩。石制品的特征是石片厚大。不少石片上保留有局部的砾石面,打片之前修理石核的台面,然后打下狭长或宽大于长的规整石片,加工比较细致,一般是从劈裂面向背面沿着石片边缘锤击加工,有的部位采用交互加工。器形有长边刮削器、圆头刮削器、双边刮削器和尖状器等。类型比较固定,具有典型性。色林错东南发现的石器共20多件,原料均为燧石,打片使用锤击法。石器的类型有刮削器和尖状器,其中以长石片制成的端刃刮削器最具有代表性。

藏北高原平均海拔在4000米以上,年平均气温在摄氏零度以下,一年中约有半年时间冰雪封冻,雨量稀少,年平均降水量在200毫米以下。现今藏北高原的恶劣气候和自然条件,给人类生活造成很大困难。但在几万年前的旧石器时代晚期,藏北高原却有着比较多的人类生存。造成恶劣气候的原因是,更新世晚期,喜马拉雅山的快速升高,阻挡了印度次大陆暖湿空气的南移,使藏北高原的气候变得干寒。

第六节　中国旧石器时代文化和人类化石综述及其有关问题的讨论

一、旧石器时代早期人类化石和文化

近几十年属于旧石器时代早期的人类化石和文化遗存在长江流域发现得比较多,其中较重要者有:湖北省郧县梅铺和曲远河口发现的直立人化石,湖南省沅江和澧水流域发现的旧石器时代早期文化遗存,重庆市巫山县龙骨坡发现的人类化石与石器以及对其时代的争议,皖南水阳江两岸发现的石器地点群,江苏省句容县放牛山石器地点,安徽省繁昌县人字洞出土的石器、骨器及其争议,江苏南京市东郊发现的晚期直立人化石,安徽省和县龙潭洞发现的晚期直立人化石。黄河流域近几十年的重要发现有陕西省洛河下游(大荔、蒲城地区)的旧石器时代早期文化,桑干河流域大同盆地内的泥河湾盆地的旧石器时代早期的遗址群(其中包括一批地质时代属早更新世的小长梁、东谷坨、岑家湾、半山、马圈沟、山神庙嘴、霍家地等遗址)。

(一)郧县发现的直立人化石

郧县发现的人类化石为3枚牙齿,伴存有20多种哺乳动物化石和一件打击痕迹很清楚的石核。人类化石经研究后归属为晚期直立人化石。与人化石共存的20余种哺乳动物化石属"大熊猫-剑齿象"成员,其中有第三纪残存的种类(嵌齿象),又有更新世初期的桑氏鬣狗,还有早更新世到中更新世的小猪。根据这些哺乳动物化石性质的推测,郧县直立人的时代早于北京直立人,其地质时代属中更新世早期。

郧县青曲镇曲远河口发现的人类化石为两具完整的颅骨化石。在化石地点及其邻近的地方还采集到几十件石器。发现人化石的地点是汉水上游汉水北岸的四级阶地。郧县人动物群中的哺乳动物有18个属种,其中具有时代意义的有金丝猴、爪哇豺、武陵山大熊猫、桑氏鬣狗、云南马、中国獏、小猪等,这些动物具有南方动物群的性质。郧县动物群与蓝田公王岭动物群相比较,除小猪外,两个动物群的属种基本相同,其地质时代也应接近,处于中更新世早期或稍早。

郧县人颅骨发现者认为,两具颅骨的形态特征比较复杂,具有明显的两重性,既表现了与直立人相一致的特征,又具有一些智人类型的特征。眉嵴粗壮,前额低平,眶后缩窄明显,枕骨发育,枕平面和项平面之间呈角状转折,颅骨最大宽位置较低。这一系列特征明显是直立人所具有的。颞骨鳞部较高,上缘呈凸弧形;角圆枕不很弯曲,且较弱。这些特征与智人有某些相似。没有明显的矢状嵴也有别于中国已经发现的直立人化石。郧县人颅骨的主要特征还是直立人类型所应有的,归于直立人是合适的。标本有某些与智人类似的特征,应当理解为智人承袭了直立人(包括郧县人)的特征。但也有研究者将郧县人头骨化石与周口店直立人头骨化石进行形态比较后认为:"郧县发现的这两具人类头骨化石目前很难肯定是属于直立人,而有属于智人的可能性。"

关于郧县的绝对年代,用与郧县人颅骨同层的9个哺乳动物牙釉质化石,采用电子自旋共振法测得的年龄平均值为 58.1 ± 9.3 万年。这一年龄比古地磁年龄要晚。

(二)沅江和澧水流域的数十处石器地点

石器地点均分布于沅江和澧水两岸的阶地上,分布于三、四级阶地的石器其地质时代属中更新世,文化时代属旧石器时代早期后段,代表性地点有湖南津市虎爪山。澧水流域的旧石器主要分布于澧水中下游,虎爪山石器地点位于澧水下游,这一地区正是武陵山脉与洞庭湖平原的过渡地带。澧水流域的石器均以河床砾石作为原料,器体硕大浑厚,最大径通常在28厘米以上。岩性主要为红色石英岩和石英砂岩,少量为燧石、石英和其他硅质岩。打制石片和修理石器均用锤击法,不见碰砧法和砸击法。石器的修理以单面打击为主,个别为两面对向打击。第二步加工的石器很少,大多数石器系用砾石直接打制而成。石器的类型有砍砸器、大尖状器(砾石尖状器)、石球、石锤、石砧等。砍砸器分为石片砍砸器和砾石砍砸器两大类。砾石砍砸器是用整块砾石打制而成,以单面打击为主,也有双面对向打击。砍砸器的刃口有平刃、圆弧刃和尖凸刃等。大尖状器是澧水流域最富特点的器形,数量多,形制多样,特征鲜明。这种尖状器是用厚长条形砾石直接打制而成,称为砾石尖状器。石球的岩性多为砂岩和石英,石球的形体较高,保留少量砾石面。澧水流域旧石器时代早期石器的上述特征,也是华南地区旧石器时代早期文化所共有的。

(三)巫山龙骨坡发现的人类化石、石器及其时代的争议

1985年10月,中国科学院古脊椎动物与古人类研究所的黄万坡等人在重庆市巫山县大庙区(庙宇镇)龙坪村一处洞穴中发现一段左侧下牙床和一枚上内侧门齿(后来改为右上外侧门齿)。牙床上带第四前臼齿(P_4)和下第一臼齿(M_1),下第二臼齿留有部分齿槽。黄万坡认为,巫山龙骨坡人类化石所显示的特征,表明它同东非早更新世"能人"处在同一个进化水

平上,因而将原来定的"巫山直立人"修订为"巫山能人"。

龙骨坡洞穴中部地层(第1—12水平层)出土的哺乳动物化石有裴氏獏鼠、低冠竹鼠、剑齿虎、大灵猫、乳齿象、祖鹿、湖鹿等。这些绝灭动物的地质时代为早更新世。中国科学院地质研究所刘椿和原地矿部天津地质研究所吴佩珠分别用古地磁法和氨基酸法对产巫山人化石的第八水平层进行年代测定,其年代在磁性地层年代表上,处于奥杜威期留尼汪事件上,距今204万年。1995年北京大学考古系陈铁梅用电子自旋共振法测定龙骨坡第2—5水平层的年代为距今130万—190万年。美国依阿华大学人类学系的石汉用龙骨坡堆积第5层的样品在美国进行测定,其距今年代大于100万年,第8层的年代会更早。有的论文中引用的年代数据为距今196万—178万年前。

1997年10月,在龙骨坡堆积的第5—7层上部,发掘出近20件石制品,其原材料是轻度变质的石灰岩,破裂面未呈现贝壳状断口。石器形状和大小不一,最大者重2650克,最小的重256克。多用石灰岩砾石打制,也有少量是用自然石块打制或直接使用。石制品外表附着一层淡黄色钙质附着物。发掘者认为,龙骨坡出土的石器和东非能人制作的石器相比有许多相似性。例如,石器岩性单调,能人用火山熔岩,巫山人用石灰岩;在打制技术上,多用砾石或石块简单打制;在石器类型上,两者都有捣碎器。黄万坡曾在《光明日报》上发表文章,对巫山出土的1件打制石器和东非出土的同类型的1件打制石器进行对比研究。笔者经过观察这两件石器,认为东非能人的石器打制痕迹清楚,而巫山的石器打制痕迹则不明显(见《光明日报》1998年5月8日),巫山龙骨坡发现的石制品数量比较少,人工打制痕迹、特征不明显,这些所谓的石制品是否是人类制作的工具,如是人工制作的石器,其出土层位及其年代,都需作深入的研究。

(四) 学术界对龙骨坡人类化石的评论

巫山龙骨坡发现的人类下颌及其牙齿化石,引起国内外学术界的广泛关注。一些专门从事古人类研究的学者撰文阐述其观点。

中国科学院古脊椎动物与古人类研究所专门从事古人类研究的吴新智将巫山似人下颌及其牙齿与东非早更新世人属(Dmanisi直立人)以及元谋的禄丰古猿等作了比较。结果发现巫山标本的尺寸,如巫山下第二前臼齿和下第一臼齿,比东非早更新世人属及能人及匠人(OH4、OH7、OH13、OH16、ER992、WT15000等)的绝对值小得多,而与元谋的禄丰古猿相符合。"巫山标本被有些人作为归属人属根据的那些特征大多是人和猿共具者,其中前臼齿齿根分叉则是在人类罕见,却是禄丰古猿的特征之一,前臼齿前接面位置和根座比例则反映猿类特征。最接近巫山下颌者是禄丰古猿,其间有否祖裔关系尚待更多标本来论证。"这些论述说明,巫山龙骨坡出土的下颌化石属于古猿类,而非古人类。

王谦认为,巫山龙骨坡出土的人类门齿,根据形态及数据分析,可能是晚期智人的右上外侧门齿,系后期混入了巫山龙骨坡洞穴沉积之中。巫山人类门齿从形态上观察类似晚期智人牙齿。门齿的齿冠指数(115.7)虽然在能人的变异范围之中,但同时也在早期智人和晚期智人的变异范围之中,只是不在直立人的范围内。巫山门齿的齿冠指数却与早期智人丁村人(116.7,吴汝康,1958)和现代人(平均值109.4,王惠云,1956)接近。概率分析也表明属于晚期智人的可能性较大。这些论证说明,巫山龙骨坡门齿应属晚期智人。

(五) 安徽省繁昌县人字洞出土的石、骨器及其争议

人字洞位于安徽省繁昌县西南10公里的孙村镇西北2公里癞痢山东南坡上,东经

118°5′46″,北纬 31°5′23″。人字洞非洞穴而是裂隙。

1. 人字洞动物群的时代和性质

(1) 人字洞动物群的地质时代和年代

人字洞发现的脊椎动物化石共有 10 目、33 科、70 属、75 种,其中哺乳动物有 63 属、67 种。哺乳动物中以啮齿类动物居多,有 24 种以上,其次为食肉类,有 14 种,食虫类 9 种,偶蹄类 8 种,奇蹄类 5 种,翼手类 4 种,长鼻类和灵长类各 1 种,兔形类 1 种。

人字洞动物群有第三纪残留的种类,绝灭动物有 21 属,占属的总数 35%,绝灭种 51 种,约占总数的 76.1%;由于仓鼠、巨鼠、家鼠、大熊猫、三门马、水鹿等第四纪典型属种的出现,则显然区别于上新世相关的动物群,故其地质时代为更新世早期。

与重庆巫山龙骨坡动物群相比较,人字洞动物群的时代可能与龙骨坡下部动物群时代相当或稍早。龙骨坡中部动物群包括巨猿在内共 68 属、92 种哺乳动物,与人字洞动物群相比有很多相似之处,两者相同的有 48 属,相同的或相近的种类有方齿微尾鼩、似川鼩、似小长尾鼩、似喜马拉雅水鼩、似黄管鼻蝠、似裴氏模鼠、硕豪猪、伏姬鼠、似爱氏巨鼠、似高冠巫山鼠、先社鼠、中国貘、似贾氏獾、小种大熊猫、桑氏鬣狗、三原貘、似中国犀、裴氏猪、狍后鹿、最后祖鹿等 20 种以上。巫山龙骨坡动物群中绝灭属大致占总数的 24%(人字洞为 35%);绝灭种 58 种,占总数的 63%(人字洞为 76%)。这说明人字洞动物群的时代明显早于龙骨坡中部动物群。经古地磁测定中部动物群的年代为距今 201 万—204 万年。龙骨坡下部动物群的种类较少,只有 15 属、16 种动物,其年代可能早于 248 万年。该动物群中绝灭属占属总数的 31.3%,绝灭种占总数的 68.8%。绝灭属和种的数量略低于人字洞,但两者有一些共同的种类,如似喜马拉雅水鼩、伏姬鼠、三原貘、最后祖鹿等。从动物群性质分析,两者较为相似;但人字洞的鼩类比龙骨坡下部动物群的舍氏鼩、先中华绒鼠等原始。由此可知,人字洞动物群的时代可能与龙骨坡下部动物群相当或稍早。

通过以上分析,将人字洞动物群的地质时代定为早更新世早期,年代大约为距今 200 万—240 万年,较为适宜。

(2) 人字洞动物群的性质和生态学意义

繁昌位于长江下游南岸,动物地理区系为东洋界的中印亚界(季风区南),华中区东部丘陵平原亚区。由于繁昌偏向该亚区的东部和华南区,故动物区系的构成具有华南区和华中区过渡的特点,绝大部分动物是东洋型成分。

对人字洞动物群的生态类型分析和分类统计表明,动物组合特征为北方动物稍占优势,具有南北方型及广布型动物的百分比较为接近的特点。

① 人字洞动物群具有东洋界和古北界交错带的特色,其中具有浓郁的北方色彩。例如动物群有大量曾生活在华北地区的山西榆社、河北阳原-蔚县的泥河湾及北京地区新生代晚期地层中常见的属种,这些古北界的典型动物共达 24 种,占哺乳动物总数的 35.5%。古北界动物大多为草原动物,如三门马、次兔、猞猁、最后祖鹿等。北方动物的大规模南迁,表明气候环境的大波动。

② 人字洞动物群仍具有中国南方动物地理区系的基本面貌。尽管在当时北方动物大规模南迁,但仍有 23 种东洋界的动物,占动物群总数的 34.4%。然而人字洞动物群缺少华南大熊猫-剑齿象动物群中的典型动物,如剑齿象;加之,横断山区山地型哺乳动物的大量渗透和草原动物的大量出现,这显示了南方动物区系构成有所变化,气候趋向干凉。

③ 人字洞动物群具有相当数量的适应能力很强的广布型动物,其种类有 20 种,占总数的 29.9%,而且种群密度大于南方种类。

人字洞动物群中北方动物占优势,而且大量出现华北区常见的草原动物,这说明第四纪早期有一次明显的降温事件。气候寒冷迫使北方动物大规模南迁,这也证实了古北区动物地理区系的界限在早更新世比现今更靠南,南、北区过渡带大致在长江以南。从人字洞动物群的生态环境看,安徽南部的繁昌地区当时以开阔草原为主,周边有丘陵和山地大片灌木丛林,具有可供南、北方共生的草原-森林环境。

2. 人字洞出土的石器、骨器及其争议

人字洞的文化遗存经过多次报道后,引起了各方面的关注。中国旧石器考古专业杂志《人类学学报》刊载了人字洞出土物的报告。据报告,1998 年人字洞发掘出土的非石灰岩石质标本 575 件,其中打击点清楚,具有人工初级加工特点和连续修疤或细疤的计 59 件,约占石质标本的 10%。石质标本的材料有铁矿石、硅质泥岩、硅质灰岩、燧石、石英砂岩、片麻岩、石英等。在所发现的非石灰岩石质标本中数量最多的是铁矿石,石制品中占 52.5%,占性质待定者 90.5%。石质标本中约有三分之一表面没有磨蚀痕迹,岩面保存原貌,边缘锐利;约有 60% 有轻度磨蚀痕迹,在鲕状铁矿石的凸出部位略变光滑,其他铁矿石和岩石边棱稍变钝;少数几件标本磨蚀程度严重。

文化遗存中还有几件骨制品。

(1) 石制品

石制品的主要原料是铁矿石,占石制品总数的 52.5%;硅质泥岩、硅质灰岩、片麻岩、石英砂岩,分别占石制品总数的 22%、17%、6.8%、1.7%。石制品分三大类:石核、石片、石器。

石核分单台面石核、多台面石核两种。单台面石核 5 件,其表面可见轻度或中度的磨蚀痕迹,但有 1 件无此痕迹。多台面石核中有 4 件为双台面,1 件为多面体。其表面有的有轻度磨蚀痕迹,有的无磨蚀痕迹,或多或少保留着自然面。

石片 18 件,表面有严重磨蚀痕迹的 2 件,轻度磨蚀的 6 件,基本没有磨蚀的 10 件。

石器多为刮削器,按刃部分有单边直刃、单面凸刃、单凹刃、单端刃、两刃等;有几件石器可能是雕刻器。单边直刃刮削器 9 件,4 件表面无磨蚀痕迹,轻度磨蚀 5 件。单凸刃刮削器 6 件,主要用石片制作,块状毛坯制成的仅 1 件。这类石器多有轻度磨蚀痕迹,但有 2 件刃口无磨蚀痕迹,修理疤上有钙衣裹着。单边凸刃刮削器全部为小型石器。单凹刃刮削器 5 件,块状毛坯 3 件,片状毛坯 2 件;有轻度磨蚀 2 件,其余无磨蚀痕迹。单端刃刮削器 2 件,其共同特点是在毛坯的一端有连续的细疤。两刃刮削器 5 件,毛坯主要是板状岩块,还有少数断片。有水磨蚀痕迹 1 件,其余者看不出明显的磨蚀痕迹。

人字洞石制品的特征是,石制品大多是小型的,大型者仅 1 件,中型者 4 件,小型石器占石器总数的 83.8%。石制品原料以铁矿石为主,兼有硅质泥岩、硅质灰岩、片麻岩和石英砂岩,均非原产于灰岩洞中。打片用锤击法,在石核或石片上都可看到打击台面。无论是石核或石片都缺乏相对稳定的形状。石器的毛坯有石块、石核、石片和断片,以前两者占多数,占石器总数的 64.7%。石器的基本类型是刮削器。修理石器均用锤击法,以向背面加工为主要方式,次为复向加工,再次是向破裂面和错向加工。修理很粗糙,多为单层修疤,且以深宽型为主,刃缘很不平齐。石制品有轻度磨蚀痕迹的数量较多,个别有较严重的磨蚀痕迹,有一部分无磨蚀痕迹。从石制品表面痕迹来看,未见长距离搬运或急流碰撞痕迹。

(2) 骨制品

1998年的发掘中发现2件有加工痕迹的骨制品,其中1件(PB0001号)无任何磨蚀痕迹,毛坯是一块哺乳动物肢骨片,长6.5厘米、宽2.2厘米、厚0.8厘米,其上下两端都被加工成刃,侧面的局部也有打击痕迹。另一件(PB0002)的毛坯是犀牛残下颌骨,加工痕迹见于下颌体的唇面;左、右两侧都有加工痕迹,左右两侧刃在前端相交,形成了一个相当锐利的铲状尖刃,尖刃角为56度。

(3) 学术界对人字洞出土石骨制品的争议

对于安徽繁昌人字洞(实为裂隙)发现的石器和骨器,中国一些专门从事旧石器时代考古的专家,纷纷公开发表意见,提出异议。一些外国学者也否定人字洞发现的石、骨制品。争议是多方面的。

有些从事旧石器时代考古的学者认为,人字洞发现的似石、骨制品,均为人工打制而成。人字洞发现的似石制品,大都以铁矿石作原料,并都是小型的,沉重而十分坚硬,就是现代人用铁锤也很难将其打下石片。曾对骨器有专门研究,并对大型食肉动物啃咬的和人工打击骨片的区别作过比较系统的实验研究的学者,认为骨片上人工打击的痕迹不清楚,不像人的行为,而有两处是被大型食肉动物咬过留下的痕迹,和人工打击的疤痕有明显的区别。至于那件大型食草动物的下颌骨从联合处一分为二,在一侧前端有顺长轴裂下一骨片留下的痕迹,似为高处坠落被碰下的,也非人工打击。人字洞出土物的研究报告对骨器的描述,既可以说成是人类打击的,也可以说是动物啃咬的结果。大型食肉动物进食时也会将骨头咬碎,甚至在破裂骨片的边缘留下一个缺口,很像人类敲骨取髓时打破的。尤其是鬣狗的牙齿粗短健壮,咬肌很发达,能将骨头咬碎吞下。人字洞发现的动物化石中有鬣狗、剑齿虎和其他食肉动物。大型食肉动物的牙齿的形态和基本特征相似,除门齿外其他牙齿都有圆锥形尖,各牙齿排列顺序一致,因而咬过的骨头上的咬痕很规整、整齐,给人一种"加工精细、刃口稳定"的感觉。

对人字洞的石器,有的学者认为,中国现已发现的旧石器,常见的原料是燧石、石英、石英岩、砂岩、硅质灰岩等,很少有人用铁矿石作石器的原料,而人字洞的石制品却以铁矿石作石制品主要原料,铁矿石作石制品的占石制品总数的52.5%。过去很少有人用铁矿石作实验材料,因此对人工条件下铁矿石破碎的情况不了解。如果用我们熟知的旧石器时代石制品类型学知识来处理标本,可能会出现判断错误。必须进行铁矿石打制石制品的实验研究,要有系统、有一定数量、详细记录实验过程和产生的结果以及铁矿石样品经过打击后的变化,然后进行统计分析;以实验的结果同发掘标本进行对照,分析标本的素材性质和特点、形态;分析标本的各种痕迹的形态、特征、存在的部位、相互间的关系,它们形成的条件和原因;以这些标本所显示出来的技术类型特点同时代比较晚的相似的标本或相同的类型进行对比,寻求它们之间的异同及可能存在的联系;以及和时代相当或相距不太远的国外的旧石器时代文化进行对比等等。

有的研究者认为,人字洞不是洞穴而是裂隙,上部的堆积已经被破坏,剩下一些从上面沿裂隙塌下来形成"洞"内堆积。所谓"洞"内堆积是非原生的。因此对石制品原料的来源应当做细致的工作。如果周围地区有铁矿石的分布,那么就应当考虑被流水冲入洞内的可能性。如果方圆几公里以内根本没有这种石料的产地,那么可以考虑人为因素的可能性,但要了解和解释选用这种石料的原因。从石器的生产工艺上来分析,繁昌旧石器的判定仍然是传统的疤痕鉴定,即如果一件石头上发现 2—3 个以上的连续的破碎疤痕,就认为是人类加工过的。殊不知,自然力也会造成类似的假象。裴文中在 1936 年撰写的《论史前石器和假石器》一文中指出,"自然界有时能制造出很完善的假石器,很难与史前时期的真正石器相区别,在出现这种现象时,那些可疑的证据是不应该相信的"。

人字洞出土的石制品有 60% 具有不同程度的磨蚀痕迹,只有三分之一的标本没有磨蚀痕迹。这说明,石制品是经过流水搬运的,非原地埋藏,属二次堆积。所谓石制品上的人工打击或修理痕迹,是否是在流水搬运过程中形成的?再者,二次堆积的石制品时代与共存的动物化石的时代一致,也值得注意。例如,据《高校地质》1999 年第 1 期报道,在甘肃庆阳县的县城附近和环县曲子一带晚更新世萨拉乌苏组河湖相沉积地层中发现陶片,在同一地层中还发现晚更新世的哺乳动物化石和打制石器,其地层年代为 25000—16000 年。但地层中发现的陶片是经流水搬运过的,陶片边缘已无棱角而被流水冲磨掉。所发现的陶片似仰韶文化早期陶片(红陶)。中国迄今尚未在 16000 年以上的旧石器时代地层中发现过陶片,故这一发现没有得到学术界的承认。

有的学者则从宏观上对人字洞 200 万—240 万年的石、骨器提出质疑。人字洞发现这么早的石、骨器有一个重要问题是无法解决的。安徽繁昌地区是否是人类的发源地?人类起源地是一个地域,还是多个地域,亦即人类起源地是一源的,还是多源的?这一问题尚未定论。即使人类起源是多源(元)的,在中国也只能是一源的,中国只可能有一个人类发祥地。中国最早的人类出现地在什么地区?根据建国后的考古资料,中国的云贵高原可能是人类的发祥地。云南省开远市小龙潭至今已出土腊玛古猿牙齿 8 枚和 1 件带 12 枚牙齿的上颌骨,分属 3 个个体;西瓦古猿牙齿 5 枚,属 1 个个体。地质时代为中新世,距今约 1400 万年。云南禄丰县石灰坝经过 9 次发掘,发现腊玛古猿颅骨、上下颌骨、上下齿列、指骨等 55 件,牙齿 329 枚;西瓦古猿颅骨、上下颌骨、上下齿列、肩胛骨、锁骨等 40 件,牙齿 321 枚。时代为晚中新世,距今约 800 万年。经古地磁断代法测定为距今 400±10 万年。云南元谋县物茂乡竹棚村豹子洞篝等地,发现距今 800 万—600 万年(晚中新世)的腊玛古猿头骨 1 具、上颌骨 8 件、下颌骨 13 件,牙齿 1380 枚。云南保山市羊邑煤矿清水沟煤层中,也发现了距今 800 万—400 万年的古猿左侧下颌骨 1 件、臼齿 1 件。开远古猿→禄丰古猿→元谋石猿,形成了一个古猿演化系统。云南元谋还发现距今 170 万年的直立人化石。根据上述发现可以看出古猿向人类演化的轨迹。有的研究者认为在云贵地区产生的古人类是沿着武陵山脉东部边缘和沅江流域由南向北扩散;早期直立人进入长江流域后,则由中、上游向下游扩散。

重庆巫山龙骨坡在早更新世早期的洞穴堆积中发现的直立人化石及其文化遗存,在学术界争议很大。在长江流域迄今尚未发现超过 100 万年的古人类化石,而下游地区则未发现超过 50 万年的人类化石和文化遗存。

通过以上分析,可知云贵地区具有古猿向人类演化的条件,可能是人类发祥地;而长江下游地区,包括安徽繁昌在内,则不具备产生早期直立人及其文化的条件。

二、旧石器时代中期的人类化石和文化

大约距今 15 万年,亦即地质时代的晚更新世早期,人类在体质形态上已由晚期直立人(晚期猿人)发展为早期智人(古人),其物质文化也由旧石器时代早期进入到旧石器时代中期。

世界上最早发现早期智人化石的有两个地点：一个是西班牙的直布罗陀，发现于1848年；另一个是德国迪塞尔多夫城附近的尼安德特河谷，发现于1856年。直布罗陀头骨化石被发现后没有引起学术界的关注，直到1864年才将资料发表。而最早被人们重视的是尼安德特河谷发现的化石，所以欧洲古人类学界将早期智人统称为尼安德特人，简称为"尼人"。与尼人时代相当的欧洲旧石器时代中期文化称为"莫斯特文化"。

1. 旧石器时代中期划分的不同意见及存在的问题

关于旧石器时代的分期，中国旧石器时代考古学界采用三分法，即将中国旧石器时代划分为早、中、晚三期；有的研究者提出不同意见，认为"中国旧石器时代中期"不是一个严格和有意义的概念，"因而中国旧石器时代考古学应摒弃传统的三分法断代模式，而改为早、晚两期的二分法"。

用三分法来划分中国旧石器时代的发展阶段，将产生下列难以解决的问题：

(1) 生物地层学、地层关系等，难以作为分期标准。

周口店第15地点的旧石器性质和北京人遗址的第1层至第3层的石器相似，故被划定为旧石器时代早期。后来有的学者认为，周口店第15地点的动物群中存在赤鹿和普氏羚羊，这两种动物是华北晚更新世的典型动物，因此将周口店第15地点定为旧石器时代中期。华南地区"大熊猫-剑齿象动物群"从早更新世一直延续到晚更新世，很难根据动物群的不同来确定旧石器时代的分期。

根据地层关系也很难确定旧石器时代的分期。贾兰坡等曾将山西的旧石器地点依据地层关系归并为"红色土系统中的文化"、"黄土底部砾石层中的文化"和"黄土系统中的文化"。丁村遗址的文化时代，原先被认为是旧石器时代晚期，是因为其产石器的地层被定为"相当于旧石器时代晚期的'黄土'的堆积物"。而后又被改定为旧石器时代中期，则是因为对其层位的认识改变为"大体相当于黄土层基底砾石中石器的时代"。

上述同一石器地点、同一遗址文化时代的不确定，就是因为确定文化时代不是根据石器性质来确定，而是依据动物群或地层关系来确定造成的。

(2) 地质时代、文化发展与人类体质形态的发展不一致。

中国旧石器时代考古界习惯将出土的早期智人化石的石器地点归属旧石器时代中期，周口店第4地点文化时代的确定主要根据这一原则。但根据人类体质形态的性质来确定文化时代也会产生难以解决的问题。例如金牛山遗址原依据地层、动物化石和测定的年代被确定为旧石器时代早期，但后来又发现了人类化石，且被确定为早期智人，于是引发了一场有关其地层、时代和人类体质形态等一系列问题的争论，而该遗址的文化时代却没有因此而改变。

(3) 关于三分法。中国旧石器时代文化从早期至中期没有出现比较大的突破性的发展变化。

中国旧石器时代文化，从100多万年前的早期阶段到10余万年前的中期阶段，在石器的制作技术（打制石片和第二步加工技术）和石器的类型上，都没出现较大的发展，亦即没有出现可以划分不同文化时代的重大突破。直至晚更新世晚期的旧石器时代晚期，才在石器的制作技术和类型方面出现重大的突破。

晚更新世晚期（旧石器时代晚期），在中国北方出现了长石片和细石器工业，这标志着在打片技术方面要预制修理石核，要采用间接打击法和软锤技术来产生石片；在石器的加工方面出现了压制法及软锤技术。在石器的类型方面,砍砸器衰退,尖状器越来越成为重要的器形,端刮器、石锥、雕刻器和细石器等都成为重要的类型,而且骨角器等也成为重要的工具,并出现了装饰品等非生产用品。

根据以上分析,如果将原来的旧石器时代早期和中期加以合并并作为早期阶段,原来的晚期仍作为晚期,这样可将中国北方地区的旧石器时代划分为早期和晚期。华南地区的旧石器时代文化,在旧石器时代晚期未出现细石器工业,间接打击法、压制法等技术都未产生,上述的两分法对中国南方地区是不适用的。

由于采用"两分法"划分中国旧石器时代文化的分期,只适用于中国的北方地区,而不适用于中国南方地区,因此仍有其局限性。本书仍采用传统的"三分法"来阐述中国旧石器时代中期文化。

2. 早期智人和旧石器时代中期文化分布

就世界范围而言,早期智人的分布范围比晚期直立人扩大;在中国,早期智人和晚期直立人的分布范围大体一致。据不完全统计,中国境内现已发现的早期智人化石地点和旧石器时代中期遗址或地点共有60余处,分布于辽宁、河北、山西、河南、陕西、甘肃、湖北、湖南、重庆、福建、广东、四川、贵州等省市。其中既发现人类化石,又有丰富文化遗物的地点有陕西省大荔甜家沟、山西省襄汾丁村、阳高县许家窑和河北省阳原县侯家窑(两个地点属一个遗址)等。含有少量人类化石和文化遗物的地点有北京周口店第4地点(新洞)、辽宁喀左县鸽子洞、贵州省桐梓县岩灰洞、水城县硝灰洞等。只发现人类化石的地点有广东曲江县马坝、湖北长阳县龙洞、安徽省巢县银山村等。只有文化遗物的地点有北京周口店第3地点、第15地点、第22地点和平谷县马家坟,山西侯马市南梁、曲沃县里村西沟、交城范家庄、太原市古交、霍县峪峪,甘肃省镇原县姜家湾、寺沟,河北省阳原县板井子,贵州省毕节扁扁洞,福建省漳州莲花池山和竹林,重庆丰都县烟墩堡和高家镇等(图3-27)。上述早期智人化石和旧石器时代中期地点,分布于东经87°21′—119°50′、北纬24°45′—41°15′的广大地区。

3. 旧石器时代中期文化的特征

(1) 旧石器时代中期中国境内的生态环境

旧石器时代中期,大约开始于距今15万年,结束于距今4万—5万年,延续的时间相当于晚更新世早期至中期。

晚更新世早、中期,华南地区的气候变化不大,仍生活着反映北热带和亚热带气候的"大熊猫-剑齿象动物群",其典型动物有大熊猫、东方剑齿象、印度象、猕猴、箭猪、水鹿、水牛等。中国北方地区进入晚更新世以后,气候由温暖向干凉方向发展。随着气候的变化哺乳动物群也相应地发生变化,第三纪和第四纪早期的属种消失,中更新世的典型动物有少量保留。晚更新世早、中期,华北常见的哺乳动物有鬣狗、中华鼢鼠、普通狼、印度象、梅氏犀、野马、河套大角鹿、野驴、原始牛、赤鹿等。从晚更新世起,东北与华北在气候上的差别愈来愈显著。这一时期,生存于东北地区的是"猛犸象-披毛犀动物群",在成分上与西伯利亚动物群基本相同。华北地区的萨拉乌苏动物群与其相比,则缺少猛犸象和东北野牛等,森林动物所占的比重也大于东北动物群。这说明,晚更新世东北的气候比较寒冷潮湿。据考古发掘资料,沈阳至丹东一线是华北动物群与东北动物群的过渡地区。更新世晚期的前半期,东北地区寒冷的气候必然影响人类活动,影响人类向高纬度的北部地区扩展。

(2) 旧石器时代中期的文化特征及有关问题的讨论

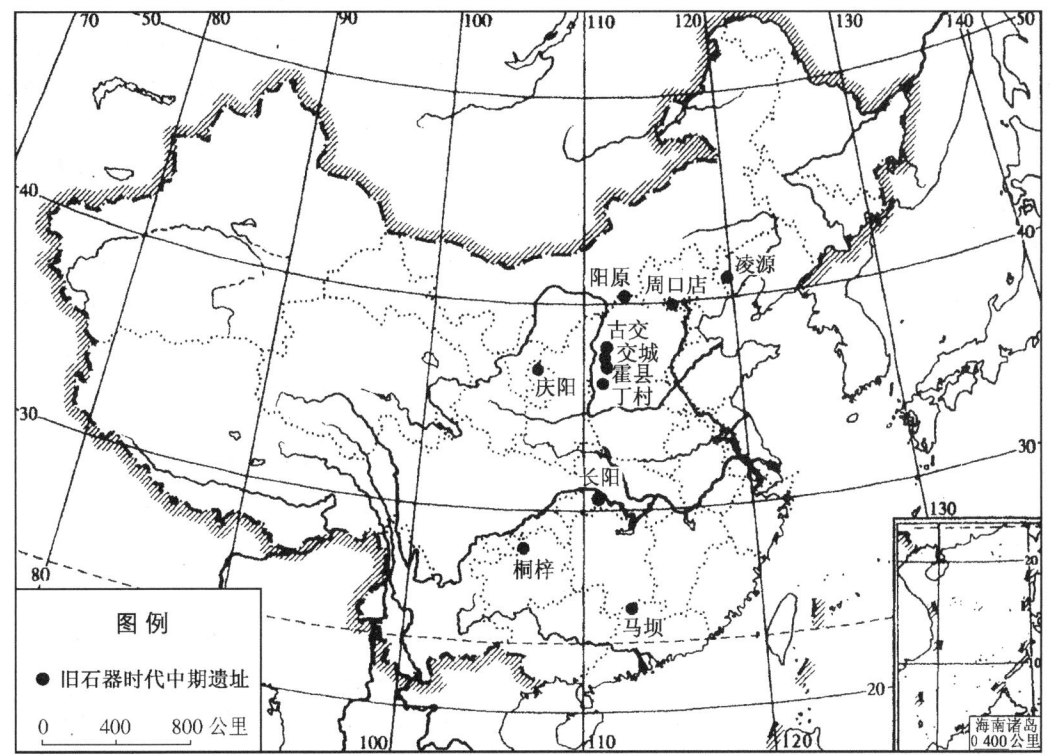

图 3-27 中国旧石器时代中期文化分布图

旧石器时代中期,旧石器时代文化进入了一个新的发展阶段。首先是石器制作技术的进步,前一时期已经出现的修理台面技术,到中期得到广泛运用;中期还出现用"指垫法"修理石器的技术;旧石器时代中期可能出现用软锤打制石片和用击棒法(最原始的间接打击法)打片的方法。石器文化的另一个进步是,石器类型的增多,功能进一步分化。旧石器文化的地域性特征,也越来越明显。旧石器时代早期后一阶段出现的骨器制造,到中期有所发展。这一阶段的人类已具有较丰富的用火经验,可能已懂得人工取火。用石球(许家窑遗址发现石球千余枚)和皮条制作的"飞石索"是旧石器时代中期的一个重要的狩猎工具。使用"飞石索"打击野兽,提高了狩猎效率。据国外资料,早期智人已开始用陷阱来捕捉野兽。

在欧洲,早期智人已懂得埋葬死去的同伴,并安放随葬品。迄今,在世界各地已发现这一时期的墓葬 30 多座。原始宗教开始出现。

欧洲的莫斯特文化遗址普遍发现对某种动物的崇拜,特别是对洞熊(欧洲晚更新世的典型动物)的崇拜。例如在奥地利东部的一个洞穴土坑中有 7 个熊颅骨排成一行。在法国南部,发现有大约 21 只洞熊遗骸被一个大的石板覆盖。在乌兹别克斯坦东部,有一个儿童埋葬处用一圈山羊颅骨围着。

早期智人阶段,生产力的提高,促进了人口的增殖,也扩大了人类活动的范围。例如,丁村文化遗址在不到 10 公里的汾河沿岸发现石器地点近 20 处。丁村文化性质的文化遗存遍及整个汾河流域。这说明当时生活在汾河流域的古人类相当稠密。人口的增殖、再增殖促进了原始家庭的分裂。原始家庭的分裂、再分裂,使新分化出来的家庭越来越多。这些新分化出来的家庭,由于共同的语言和亲属关系,彼此相互交往,使不同家族之间的通婚有了可能。

不同家族之间的通婚,开始改变过去"族内通婚"(血缘婚)的习俗。族外通婚能提高人类的体质,提高人类的智能,从而促使家族兴旺发达。早期智人在体质上比直立人已有很大的进步,这和人类长期排除近亲通婚有关。随着"族内婚"向"族外婚"发展,前氏族公社(血缘家族公社的高级阶段)就随之向氏族公社发展。

中国境内的早期智人化石,体质形态比较复杂。例如许家窑人和丁村人相比,两者的时代大致相当,地理位置相距不远,但两者的体质形态却有明显的差别。许家窑人的头骨壁相当厚,厚度达到北京猿人的平均值,超过了尼安德特人的最大值。牙齿粗大,齿冠嚼面纹理复杂,接近晚期直立人,而丁村人的牙齿则要纤细得多,嚼面纹理简单,接近智人的牙齿。长阳人的牙齿则和丁村人的类同。大荔人、许家窑人和马坝人的时代相当,但头骨的形态差别也很明显:大荔人、许家窑人的头骨粗大,骨壁厚,其厚度达到北京猿人头骨厚度的上限,而马坝人的头骨壁则比较薄。同时代的古人类在体质形态的差异,在直立人阶段就已出现。例如,北京猿人延续的时间达30万年之久,在体质形态上却变化不大,未超出"亚种"的区别。但和蓝田人相比,差别却十分显著,二者不仅是"亚种"的变异,还有可能是"种"的区别。有的古人类学家认为,在中国境内曾有过不同类型的人同时并存。

4. 中国境内现已发现的早期智人化石和旧石器时代中期文化简述

中国南方地区现已发现的早期智人化石和旧石器时代中期文化有贵州省桐梓、水城和广东省马坝发现的早期智人化石,福建省漳州莲花山和竹林两地点的旧石器时代中期的石器。长江流域现已发现的早期智人化石和旧石器时代中期遗址主要有湖南省新晃大桥溪和澧县鸡公垱遗址,湖北省荆州鸡公山遗址和长阳人化石,安徽省巢县人化石。对于湖南省沅江和澧水流域发现的旧石器时代中期的石器,有的研究者将其分为沅江流域的"潕水类型"和澧江流域的"澧水类型"。

华北地区现已发现的早期智人化石和旧石器时代中期文化有甘肃镇原县姜家沟和寺沟口的石器地点,陕西省长武县的窑头沟和鸭儿沟、大荔县的大荔人化石和石器文化。黄河中游的晋南和豫西发现的旧石器时代中期遗址比较多,其中较重要者有山西襄汾县的丁村人及其文化遗存、永济尧王台、曲沃里村西沟、交城范家庄、太原古交等。山西省阳高县许家窑和河北省阳原县侯家窑的许家窑人及其文化遗存,是比较重要的遗址。许家窑人的化石有近20件,其中包括较完整的顶骨3件、枕骨2件、附着部分牙齿的左上颌骨1件、下颌枝1件、单个牙齿2枚,分别属于10多个个体。许家窑人的文化遗物有石器、骨器和角器。石制品有14000余件,包括石核、石片和石器,石器约占石制品的20%。石器的类型有各种形式的刮削器、尖状器、雕刻器、石砧和石球等,其中以刮削器和石球的数量最多,分别占石器总数的55%和36%。石球共发现1059个,这样多的石球是许家窑文化的一个特色。

北京地区现已发现的旧石器时代中期遗址或石器地点近20处,其中较重要的有周口店第15地点、第3地点、第4地点(新洞)和马家坟地点等。

东北地区迄今发现的旧石器时代中期遗址主要有两处:辽宁省喀左县的鸽子洞遗址,黑龙江省阿城市交界镇石灰场洞穴遗址。

三、旧石器时代晚期文化和晚期智人的体质特征

大约距今5万年的晚更新世晚期,人类文化由旧石器时代中期进入旧石器时代晚期,人类社会制度则由母系制的开始阶段进入发展阶段;与此同时,人类在体质形态上,则由早期智

人(古人)发展到晚期智人(新人)。

晚期智人在地球上的出现虽然比较晚,延续的时间也只有四五万年,但随着生产力水平的提高和物质文化的进步,人类在地球上的分布范围则逐步扩大。在世界上,除南极洲外,其他各大洲均有晚期智人活动。

更新世在地球上曾有过几次冰期。由于冰期所引起的海面升降和新构造运动等因素的影响,亚洲东部和南部第四纪以来发生过多次海侵和海退。冰期到来时,海水的补给量小于蒸发量,使海面逐步下降,晚更新世低海面时期,海面比现今低130—180米;这时,黄海北部、鄂霍次克海、白令海等海域大陆架出露,使人类及哺乳动物可以从大陆迁到沿海岛屿上;在东北亚,人类可以通过大陆附近的岛屿及白令海峡进入北美洲;人类通过大巽他群岛及其有关海峡进入大洋洲。世界上现已发现的晚期智人化石主要有:法国多尔多涅区埃济附近的克罗马农洞(裂隙)中发现的克罗马农人,阿尔及利亚康斯坦丁省发现的阿尔法卢人,马里发现的阿塞拉人,南非发现的弗洛里斯巴人和博斯科普人,美国发现的明尼苏达人等。中国发现的晚期智人化石主要有:北京房山周口店发现的山顶洞人,广西柳江县发现的柳江人、来宾县发现的麒麟山人,四川省资阳县发现的资阳人等。

(一)旧石器时代晚期文化的特征

1. 旧石器时代晚期中国各地区的生态环境和地层堆积之特征

(1) 生态环境和地层堆积

中国的更新世地层的保存和出露状况比较好。华北地区,除一些洞穴堆积外,更新世各个时期都有发育良好的河流和河湖相堆积,并有分布面积广、厚度大、连续时间长的"黄土"状堆积。而华南地区,则以广泛分布于石灰岩地区的洞穴堆积为特色。从地层和动物群方面来看,华北更新世可分为4个时期,依次称为"泥河湾期"、"公王岭期"、"周口店期"和"马兰黄土期"。泥河湾期相当于早更新世,公王岭期相当于中更新世早期,周口店期相当于中更新世晚期,马兰黄土期则相当于晚更新世。

马兰黄土期地层以分布极广的晚更新世马兰黄土和河流或河湖相堆积为代表,标准动物群是产自鄂尔多斯高原东南部河湖相堆积中的"萨拉乌苏动物群"。该动物群的重要成员有猛犸象、野驴、普氏野马、诺氏驼、马鹿、河套大角鹿、王氏水牛、原始牛和最后鬣狗等,多半是适应草原生活的动物,但也有一些喜欢在水边、林边生活的种类。从动物群的特征来看,华北在马兰黄土期的气候要比前一时期寒冷和干燥。

更新世期间,东北的气候和华北的差别不大。从晚更新世起,东北和华北在气候上的差别越来越明显。晚更新世生活在东北地区的是"猛犸象-披毛犀动物群",在成分上与西伯利亚动物群基本相同,如狼、洞熊、猛犸象、普通马、披毛犀、马鹿、大角鹿、野牛、原始牛等,从中国东北到西伯利亚以至欧洲,都有这些动物化石发现。这一动物群中的猛犸象和东北野牛等属种,都不见于萨拉乌苏动物群,其中森林动物所占的比重也大于华北动物群。这说明,晚更新世中国东北地区的气候是比较寒冷和潮湿的。

长江以南地区在更新世期间气候的变化不如华北地区显著。从分布很广的石灰岩洞穴或裂隙堆积中发现的"大熊猫-剑齿象动物群",从早更新世一直延续到晚更新世。只有根据一些特殊或稀有动物,才能对"大熊猫-剑齿象动物群"作进一步的分期。华南地区也存在河湖相堆积中的动物群,如早更新世的云南元谋动物群和晚更新世的四川资阳动物群。资阳动物群除含有犀牛、水鹿和剑齿象等"大熊猫-剑齿象动物群"的成分外,还有一般只生活在高寒地区的猛犸象,其性质比较复杂。

由于受更新世冰期和间冰期的影响,植被也发生相应的变化。华北地区受冰期和间冰期气候交替变化的影响尤为强烈。根据孢粉分析结果,华北从早更新世到晚更新世,至少可划分出5个冷期和4个暖期。在冷期里,暗针叶林(云杉、冷杉林,或云杉、冷杉、松林,或含云杉、冷杉、松杉、松针叶阔叶林混交林)发育,从高山向河谷和平原、从北向南蔓延。但在冷期的极盛阶段代之以适应干冷气候的草原性植被。在暖期里,盛行针叶阔叶混交林或阔叶林。

(2) 文化堆积之特征

中国的南岭以南地区、长江流域和北方草原地区,旧石器时代晚期和新石器时代早期的地层堆积,其特征是各不相同的。岭南和江南地区旧石器时代晚期和新石器时代早期多为洞穴遗址,华北地区多为河湖相堆积。

① 华南地区洞穴遗址的文化堆积之特征

华南地区含旧石器时代文化晚期堆积的洞穴堆积有两种类型:一种类型只含旧石器时代堆积,如广西桂林市宝积岩;另一种类型是含旧石器时代晚期和新石器时代早期相叠压的地层,如广西柳州市白莲洞、江西万年县仙人洞和吊桶环。

华南地区(包括南岭北麓及长江以南地区)全新世早期的文化堆积和晚更新世的堆积有着明显的区别。全新世早期的地层堆积、动物群及文化遗存的共同特征如下:

A. 文化堆积是一种半胶结状况的灰褐或灰黄色粘土,与更新世洞穴中的黄色或红色胶结坚硬土存在明显区别。

B. 堆积物中含有大量人类食剩的螺蚌壳。

C. 堆积物中含有石化程度不深的脊椎动物碎骨和牙齿,均为现生种。

D. 文化遗物以打制石器为主,有的遗址中有少量刃部磨制的石器,有的遗址全为打制石器,如湖南省道县玉蟾岩;有的遗址不见陶器,有的有少量厚胎的夹砂绳纹陶。

打制石器均为砾石石器,多为砂岩砾石作原料,石片石器较少。以单面打击的锤击法为主,少量为两面打击。石器类型有砍砸器、刮削器、石锤等,以砍砸器为主。砍砸器的刃角在70度以上。

E. 文化遗物有各种不同的骨、角、牙、蚌器,这些器物以打、凿、刻、切、割、钻、磨等技术制作。

② 华北地区河湖相堆积之特征

华北地区有旧石器时代末期与新石器时代早期地层相叠压的遗址,其中以泥河湾盆地内的河北阳原县于家沟遗址较为典型。

于家沟遗址位于虎头梁遗址群中,文化遗物埋葬在桑干河支流的第二级阶地堆积中,文化层厚达7米。其上部1.4米为距今8000—5000年的新石器时代堆积。其下为细石器文化层,距今为14000—8000年,可分为三层,均有细石器工艺制品。上层有磨光石器和零星夹砂红陶片,饰指甲纹。中层出土装饰品和零星陶片(夹砂黄褐陶,质地粗糙),热释光测定的年代超过万年。下层有装饰品。细石器有楔形石核、石叶,常见的器形有端刮器、尖状器、雕刻器和锛状器等。装饰品多用贝壳、螺壳、鸵鸟蛋皮及兽骨等材料,经打磨、钻孔制成。出土动物骨骼有鸵鸟、田鼠、黄鼠、鼢鼠、仓鼠、狼、野马、野驴、鹿、野牛和羚羊等。

2. 旧石器时代晚期人类的生产和生活

旧石器时代晚期,随着生产工具的进步和生产力水平的提高,人口不断增殖,生活区域不断扩大。中国除新疆外,都有晚期智人化石或文化遗物发现。在华北地区,旧石器时代晚期的石器地点几乎遍布黄土高原,蒙古高原和华北平原发现的石器地点也很多。在东北地区旧石器时代晚期的石器地点则向北延伸到嫩江流域的齐齐哈尔的昂昂溪(北纬47°20′,东经123°53′)、黑龙江流域的漠河(北纬53°20′,东经122°30′)和呼玛十八站(北纬52°24′05″,东经125°19′56″—29′30″)等地。旧石器时代晚期文化地点向西则扩展到青藏高原,在华南的分布则扩展到台湾(图3-28)。

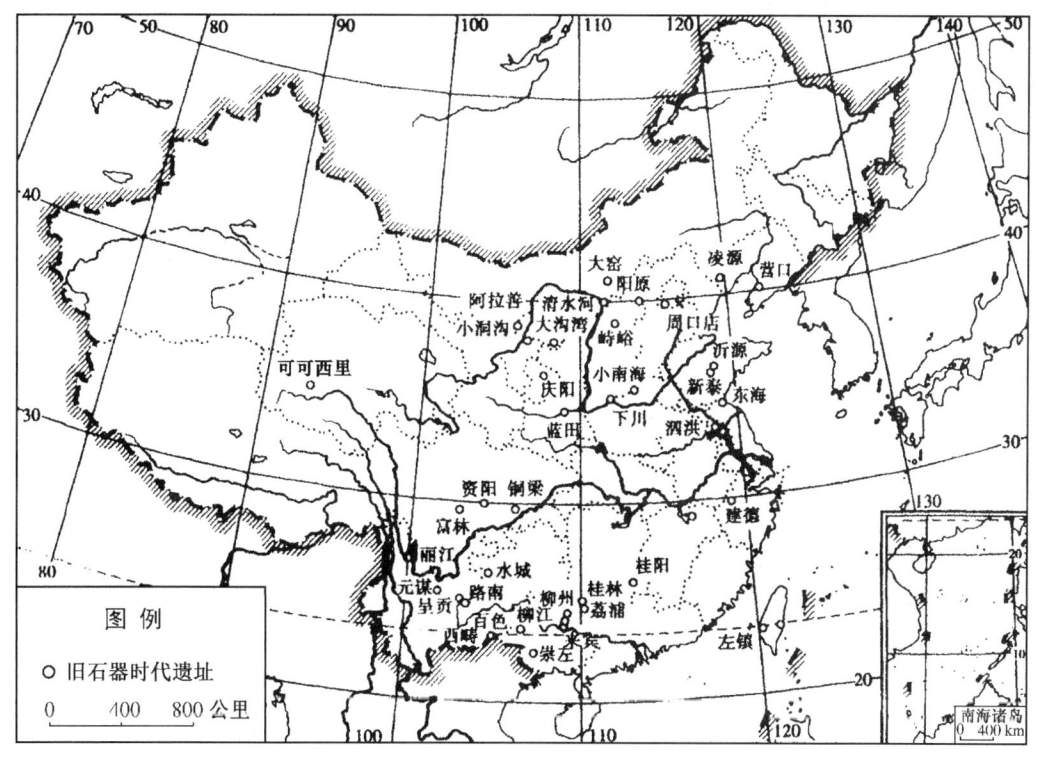

图3-28 中国旧石器时代晚期文化分布图

旧石器时代晚期,人们获得生活资料的来源比中期扩大,不仅在陆地狩猎和采集,还向水域索取生活资料,在水域捕捞鱼类和软体动物。这一时期人们除以洞穴作为居所外,还在平地上建造房屋居住。在中国的哈尔滨和俄罗斯的顿河流域均发现这一时期在地面建造的半地穴式房屋。从这一时期出土的骨针和人形石雕中可看出,人们已利用兽皮来缝制衣服御寒。人工取火在旧石器时代晚期也得到广泛运用。弓箭等先进工具广为使用。这些都是人类生产力水平和生活水平提高的标志。生产力水平和生活水平的提高,使人类能够向亚洲北部和南半球的高寒地区迁徙,进而由亚洲进入到美洲和大洋洲。在美洲的迁徙路线是,由北美洲进入到南美洲。在日本列岛的迁徙则由南向北扩展。

旧石器时代中期就已出现的埋葬死者的习俗,到旧石器时代晚期普遍出现于世界各地。地中海沿岸的法国、意大利和摩洛哥,属于这一时期的墓葬比较多。中国北京市房山县周口店的山顶洞遗址,也有属于这一时期的墓葬。这一时期的墓葬,一般都放置生产工具和装饰品等随葬品,并在死者身上或墓坑底部,撒上赤铁矿一类的红色颜料,有的还在随葬品上染上红色颜料。一般认为,红色象征鲜血,人死鲜血失去;死者身上和随葬品上涂上红色,是期待死而复生。在欧洲旧石器时代晚期的岩画中,还有反映狩猎情景的巫术岩画。这些情况说明,原始宗教在旧石器时代晚期有了进一步发展。

3. 旧石器时代晚期文化之特征

石器制作技术的进步是旧石器时代晚期文化的重要特征。石器制作中的修理台面技术,开始于北京猿人文化的晚期阶段,旧石器时代中期继续使用这种技术,旧石器时代晚期阶段该技术得到广泛使用。第二步加工的"指垫法",开始于旧石器时代中期,晚期则广泛使用。打片技术方面,一种原始的间接打击法的"击棒法",开始于旧石器时代中期,到旧石器时代晚期华北地区广泛使用包括"击棒法"在内的各种间接打击法来制作石叶,并使用压制法来修理工具和武器。利用石球制作的"飞石索"在旧石器时代中期已在一些文化(如许家窑文化)中广泛使用,到旧石器时代晚期人们则发明了更为进步的投矛器、弓箭和鱼镖等复合工具。河北阳原县虎头梁发现石矛头,山西省朔县峙峪和沁水县下川发现石镞,辽宁省海城小孤山发现骨鱼镖等,都反映上述复合工具在旧石器时代晚期的使用。磨制和穿孔技术也出现于这一时期,但这些进步的石器制作技术只在石质装饰品的制造中被使用,在生产工具的制造中未被使用。

旧石器时代晚期,骨、角、牙器的制作技术也进入了一个新的阶段。人们采用锯、切、削、磨、钻等一系列工艺技术,制作出骨针、骨锥、骨铲、骨刀、角铲、角锤等新型工具。穿孔兽牙、穿孔贝壳、带有刻槽的鸟骨管等装饰品的出现,则反映了先进的骨器工艺水平和人们日益丰富的精神生活。

旧石器时代晚期,由于中国各地区生态环境(土壤、植被、山川等等)和气候的不同,以及由此而产生的人类生产方式和生活习俗的不同,因而文化系统的区别和区域性特征则越来越明显。华北地区两个大的文化传统按不同方向发展。"大石片砍斫器-大三棱尖状器传统"("匼河-丁村系")发展到新石器时代早期,大型打制石器被大型磨制石器所取代。"船头状刮削器-雕刻器传统("周口店第1地点-峙峪系")发展为两个支系:一支为水洞沟文化,其石器以中型为主,典型器形有修理台面的长身石核、盘状石核、长石片、三角形石片,以及用三角形石片制成的半月型刮削器和用长石片加工的端刮削器等;另一支发展为典型的"细石器文化"(或称"发达的细石器文化"),即用各种间接打击法生产石叶和用压制法修理石器的细石器文化,其典型文化是下川文化。

华南地区旧石器时代晚期文化的区域性特征比前期更为显著。有的学者将华南地区的旧石器时代晚期文化分为富林、铜梁、猫猫洞、百色盆地、元谋-宜良(路南)等几个区域性文化,认为这些区域性文化的形成可能与地理环境及氏族形成有关。但从总的方面来看,华南地区的旧石器时代晚期文化可分为两个大的文化传统,一个是以富林文化为代表的用小石片制成的各种刮削器、尖状器的小石器文化传统,另一个是百色盆地发现的用大型砾石制成的各种砍斫器和尖状器的砾石文化传统。这两个大的文化传统虽和华北地区的两大文化传统有一定的联系,但区别是很明显的。华南地区以百色盆地为代表的文化传统属砾石文化传统,与华北地区的石片文化传统有显著区别。华南地区以富林文化为代表的小石器文化传统与华北地区的"船头状刮削器-雕刻器传统"的根本区别是,它始终未发展为用间接打击法剥制石叶和用压制法修理石器的典型细石器文化。砸击法、击棒法等打片技术,虽在华南地区也有发现,但未成为其主要的打片方法,而锐棱砸击法则是华南地区所特有的一种打片技术。

器形中的陡刃砍斫器,也是华南地区石器的一个特征。

中国东北地区旧石器时代晚期文化,由于气候和生态环境与华北地区较为接近,故其文化面貌也与华北地区接近。

(二)晚期智人的体质特征和社会形态

晚期智人在体质形态上保留的原始性质已很少,与现代人相比在体质形态上已没有明显的区别。晚期智人的脑量为1200—1500毫升,已达到现代人的水平。时代较早的晚期智人,如柳江人,头骨前囟点的位置较现代人靠后,具有一定的原姓性质;面部宽短、眼眶低扁,这与世界其他地区的晚期智人相似。河套人的头骨壁较厚,骨缝较简单,下颌体粗壮,颏孔位置偏低;股骨壁很厚,髓腔很小等,都是原始性的反映。晚期智人在体质形态上的变化,可能还表现在体质的内部结构上,如大脑的沟回增多,致密程度高等,从而反映出人类智力、智慧的发展。

旧石器时代晚期,石器制作技术的提高,包括压制法在内的各种间接打击法的广泛运用,投矛器、弓箭(可远距离发射)和飞石索等复合工具的广为运用,华南地区骨、角铲和骨、角锥等采集工具的普遍使用等,都反映了人们狩猎和采集水平的提高,亦即生产力水平的提高。在寒冷地区人们能建造半地穴式房屋供长期居住。人们生活资料的获取,已从陆地发展到水域,捕获鱼类和采集软体动物。

生产力的发展必然促使家庭和社会制度向前发展,在旧石器时代中期就已开始出现的母系制,到旧石器时代晚期进入到发展阶段。周口店的山顶洞遗址已分为居住区、墓葬区和仓库等三个部分,这是氏族公社繁荣阶段(新石器时代)聚落结构的雏形。山顶洞遗址内的配置,说明当时人们已由过去的较为松散、游动的群体(家族)发展为比较稳定的母系氏族公社。人类相对的定居,一方面需要生产力的发展,为相对定居提供必要的物质条件,另一方面,也需要有一定的血缘关系来维系。母系氏族公社正是和上述状况相适应的。在母系氏族制阶段,世系按母方计算,财产按母系继承,子女属母方氏族,妇女在家庭和社会上受到特别尊重。旧石器时代晚期,在世界上一些地区出现的妇女雕像,正是母系制进入发展阶段的反映。

参 考 文 献

1. 贾兰坡:《中国旧石器时代考古》,《中国大百科全书》(考古学),中国大百科全书出版社1983年版,第683页。
2. 王令红等:《桂林宝积岩发现的古人类化石和石器》,《人类学学报》第1卷(1982)第1期。
3. 贾兰坡等:《广西洞穴中打击石器的时代》,《古脊椎动物与古人类》第2卷(1960)第1期。
4. 泥河湾联合考古队:《泥河湾盆地考古发掘获重大成果》,《中国文物报》1998年11月15日第1版。
5. 张森水:《我国南方旧石器时代晚期文化的若干问题》,《人类学学报》第2卷(1983)第2期。
6. 广东省文物考古研究所:《广东省考古五十年》,文物出版社1999年版,第312—313页。
7. 广西壮族自治区博物馆:《广西壮族自治区考古五十年》,《新中国考古五十年》,文物出版社1999年版。
8. 张森水:《福建三明万寿岩旧石器时代遗址》,《中国文物报》2001年7月28日第6版。
9. 吴汝康:《广西柳江发现的古人类化石》,《古脊椎动物与古人类》第1卷(1959)第3期。
10. 周国兴:《白莲洞遗址的发现及其意义》,《史前研究》1984年第2期。柳州博物馆:《柳江市白莲洞旧石器时代晚期文化遗址中的脊椎动物遗骸》,《古脊椎动物与古人类》第13卷(1975)第2期。

11. 李建军等:《福建旧石器时代考古新突破》,《中国文物报》2000年12月3日第1版。
12. 连照美:《台南县菜寮溪的人类化石》,《考古人类学季刊》第42期(1981)。宋文熏:《史前时期的台湾》,《台湾史研讨会记录》1978年。
13. 宋文熏:《长滨文化——台湾首次发现的先陶文化(简报)》,《中国民族学通讯》第9期,1969年;《由考古学看台湾》,《中国的台湾》,1980年,第93—220页。
14. 刘益昌:《史前时代台湾与华南关系初探》,《中国海洋发展史论文集》(三),台湾"中央研究院"三民主义研究所,1988年。
15. 曹泽田:《猫猫洞旧石器之研究》,《古脊椎动物与古人类》第20卷(1982)第2期;《猫猫洞的骨器和角器研究》,《人类学学报》第1卷(1982)第1期。
16. 贵州省文物考古研究所:《贵州省考古五十年》,文物出版社1999年版。
17. 云南省文物考古研究所:《云南省文物考古五十年》,文物出版社1999年版。
18. 文本亨:《云南元谋盆地发现的旧石器》,《古人类论文集》,科学出版社1978年版,第126页。
19. 刘景芝等:《青海小柴木湖遗址的新发现》,《中国文物报》1998年11月8日。
20. 西藏自治区文物局:《新中国成立以来西藏自治区考古工作成果》,《新中国考古五十年》,文物出版社1999年版。
21. 张森水:《西藏定日新发现的旧石器》,《珠穆朗玛峰地区科学考察报告——第四纪地质》,科学出版社1976年版,第105—109页。
22. 安志敏等:《藏北申扎、双湖的旧石器和细石器》,《考古》1979年第6期。
23. 刘泽纯等:《西藏高原多格则与扎布地点的旧石器——兼论高原古环境对石器文化分布的影响》,《考古》1996年第4期。
24. 裴文中、吴汝康:《资阳人》,中国科学院古脊椎动物研究所甲种专刊,第1号,科学出版社1957年版。
25. 张森水:《我国南方旧石器时代晚期文化的若干问题》,《人类学学报》第2卷(1983)第2期,第221页,表一。
26. 安志敏:《关于我国若干原始文化年代的讨论》,《考古》1972年第1期。
27. 吴新智等:《中国古人类综合研究》,《古人类论文集》,科学出版社1978年版,第34页。
28. 成都地质学院第四纪科研组:《资阳人化石地层时代问题的商榷》,《考古学报》1974年第2期。
29. 张森水:《富林文化》,《古脊椎动物与古人类》第15卷(1977)第1期。
30. 重庆市博物馆:《重庆市考古工作五十年》,《新中国考古五十年》,文物出版社1999年版。
31. 李宣民等:《铜梁旧石器文化之研究》,《古脊椎动物与古人类》第19卷(1981)第4期。
32. 林圣龙:《丰都烟墩堡旧石器遗址发掘成果丰硕》,《中国文物报》1997年2月2日。
33. 湖南文物考古研究所等:《石门县燕儿洞旧石器遗址试掘》,《湖南考古集刊》第6辑,1994年。
34. 湖南省文物考古研究所:《湖南考古工作五十年》,文物出版社1999年版,第296页。
35. 荆州地区博物馆等:《江陵鸡公山旧石器时代遗址发掘获重大成果》,《中国文物报》1992年12月20日第1版。
36. 江西省文物管理委员会:《江西万年大源仙人洞洞穴遗址试掘》,《考古学报》1963年第1期。江西省博物馆:《江西万年大源仙人洞遗址第二次发掘报告》,《文物》1976年第12期。
37. 刘诗中:《江西仙人洞和吊桶环发掘获重要进展》,《中国文物报》1996年1月28日第1版。
38. 李文明等:《江苏丹徒莲花洞动物群》,《人类学学报》第1卷(1982)第2期。
39. 陈淳等:《三山文化——江苏吴县三山岛旧石器遗址发掘报告》,《南京博物院集刊》1987年第9期。
40. 谢骏义:《甘肃西部和中部旧石器考古的新发现及其展望》,《人类学学报》第10卷(1992)第1期。
41. 甘肃省文物考古研究所:《甘肃省文物考古工作五十年》,《新中国考古五十年》,文物出版社1999年版。
42. 陕西省考古研究所等:《大荔-蒲城旧石器》,文物出版社1996年版,第113—132、180—183页。

43. 安志敏:《河南安阳小南海旧石器时代洞穴遗址试掘》,《考古学报》1965年第1期。周本雄:《河南安阳小南海旧石器时代洞穴遗址脊椎动物化石的研究》,《考古学报》1965年第1期。
44. 王建、王向前、陈哲英:《下川文化——山西下川遗址调查报告》,《考古学报》1973年第3期。
45. 周国兴:《河南许昌灵井的石器时代遗存》,《考古》1974年第2期。
46. 王向前等:《山西蒲县薛关细石器》,《人类学学报》第2卷(1983)第2期。
47. 吴汝康:《河套人顶骨和股骨化石》,《古脊椎动物学报》第2卷(1958)第4期。董光荣等:《河套人化石的新发现》,《科学通报》第26卷(1981)第19期。
48. 黄慰文:《萨拉乌苏遗址》,《中国大百科全书》(考古学),中国大百科全书出版社1986年版,第415页。
49. 贾兰坡等:《山西峙峪旧石器时代遗址发掘报告》,《考古学报》1922年第1期。
50. 盖培、卫奇:《虎头梁旧石器时代的发现》,《古脊椎动物与古人类》第15卷(1977)第4期。
51. 贾兰坡等:《水洞沟旧石器时代遗址新资料》,《古脊椎动物与古人类》第8卷(1964)第1期。王宇平:《水洞沟村的旧石器文化遗址》,《考古》1962年第11期。
52. 贾兰坡:《山顶洞人》,龙门联合书店,1951年,天津人民出版社1978年版。
53. 吴新智:《周口店山顶洞人化石研究》,《古脊椎动物与古人类》第3卷(1961)第3期。
54. 吴新智:《山顶洞人种族问题》,《古脊椎动物与古人类》第2卷(1960)第2期。
55. 辽宁博物馆:《凌源西八间房旧石器文化地点》,《古脊椎动物与古人类》第11卷(1973)第2期。
56. 傅仁义:《鞍山海城仙人洞旧石器时代遗址试掘》,《人类学学报》第2卷(1983)第1期。
57. 吴汝康:《辽宁建平人类上臂骨化石》,《古脊椎动物与古人类》第3卷(1961)第4期。
58. 干志耿等:《黑龙江旧石器时代考古发现与研究》,《北方文物》1986年第4期。
59. 董祝安:《大布苏的细石器》,《人类学学报》第8卷(1989)第1期。
60. 周本雄:《披毛犀和猛犸象的地理分布、古生态和有关气候问题》,《古脊椎动物与古人类》第16卷(1978)第1期。
61. 黎兴国等:《中国猛犸象动物群与顾屯组》,《第一次全国^{14}C学术会议文集》,科学出版社1984年版,第121—127页。
62. 章成:《阎家岗发掘记》,《化石》1986年第1期。
63. 魏正一等:《哈尔滨阎家岗旧石器时代晚期地点》,《北方文物》1986年第4期。
64. 于汇历:《黑龙江五常学田旧石器遗址初步研究》,《人类学学报》第7卷(1988)第3期。
65. 黄慰文等:《黑龙江昂昂溪的旧石器》,《人类学学报》第3卷(1984)第3期。
66. 高星:《昂昂溪新发现的旧石器》,《人类学学报》第7卷(1988)第1期。
67. 《漠河出土的打制石器》,《黑龙江文物丛刊》1982年第1期。
68. 魏正一等:《呼玛十八站新发现的旧石器》,《求是学刊》1981年第1期。

第四章　中国新石器时代文化概述

第一节　旧石器时代向新石器时代过渡

一、旧石器时代向新石器时代过渡的几种形式

旧石器时代与新石器时代之间是否存在"中石器时代",在世界各地是各不相同的。

"中石器时代"的概念,是 1866 年由 H. 威斯特罗提出的。当时提出这个概念,只是满足于当时考古学上惯用的三段分期法,这个概念并没有什么明确的内涵,也不为大多数学者所接受。到 20 世纪 30 年代,"中石器时代"的概念才在理论上得到阐明,确认在欧洲旧石器时代和新石器时代之间存在着一个"中石器时代"。根据目前的研究成果,欧洲的"中石器时代"概念包括以下内涵:从时代上讲,始于末次冰期之后,即全新世初期,结束于农业出现前;绝大多数欧洲的"中石器时代"文化没有发展成为新石器时代农耕文化,但在一定程度上与其有关联;石器方面的特征是,石斧制作技术的改进,用间接打击法制作的几何型细石器及复合工具的使用;经济生活则以狩猎为主,农牧业经济尚未出现。

如何理解"中石器时代"这一概念,世界上是否所有的地区都经历过"中石器时代",这是一个需要探讨的问题。

旧石器时代向新石器时代过渡,不论在文化传统上,还是在经济生活上都并非一种形式。

旧石器时代,由于各地的自然条件和人们的生活习俗不同,因此其经济生活和文化传统也各不相同。民族学资料证明,在采集和渔猎这两种经济生活中,有些部落常以一种经济生活为主。如菲律宾棉兰老岛南部森林岩洞中的塔桑代人,在 20 世纪 60 年代末和 70 年代初被发现时,还过着以采集为主的经济生活,不愿狩猎,也没有农业和制陶业;生产工具只有简单的挖掘棒、石刀、竹刀,以及绑以木柄的石斧;还使用钻木取火。而中国东北地区的一些少数民族在近代其经济生活则以狩猎为主。

中国学者,将华北地区的旧石器时代文化分为两大文化传统:(1) 大石片砍斫器-大三棱尖状器传统;(2) 船底形刮削器-雕刻器传统,简称"小石器文化传统"。大石片砍斫器-大三棱尖状器传统,其代表性石器是大石片砍斫器和三棱大尖状器。大三棱尖状器是一种挖掘工具,反映其经济生活是以采集为主,渔猎辅之。这一传统向新石器时代发展时,大型的打制石器逐渐被磨制石器所代替,其经济生活则逐渐由采集经济向农业经济过渡。山西怀仁鹅毛口遗址是这种过渡的典型遗址。该遗址所代表的文化类型是华北旧石器时的"大石片砍斫器-大三棱尖状器"文化传统的延续,其石器中有大量的打制的三棱大尖状器、大石片砍斫器,同时又有数量较多的打制石斧、石锄等农业工具,表明其原始农业已经萌芽。

小石器文化传统的石器成分中,渔猎工具以及与渔猎有关的用具占多数,如萨拉乌苏河、虎头梁、峙峪等遗址,其小石器中有尖状器、投射器、雕刻器、小刮器、石镞等。这些器形有的

直接与渔猎生产有关,如石镞和投矛器;有的则与过渔猎生活的人群饮食有关,如一部分小尖状器和小刮器,可用于割裂兽皮、切断筋肉。小石器传统的遗址中,与石器伴生的哺乳动物化石,大部分属于草原或森林的组合,如峙峪遗址的动物化石中至少有 120 匹野马、88 头野驴和 150 头普氏小羚羊。小石器传统的工具组合和动物种类,说明该文化传统的人们在当时是以狩猎作为主要经济生活。这一文化传统发展到新石器时代,小石器进一步细小化,间接打击法普遍被使用。而磨制石器在细石器遗址中数量很少。这些情况说明,新石器时代的各种类型的细石器文化,其经济生活仍以狩猎为主,农业经济极不发达。

以上分析说明,旧石器时代向新石器时代的过渡并非一种过渡形式。细石器作为过渡阶段的主要文化内涵,只能是指"小石器文化传统"而不能代表其他文化传统。旧石器时代向新石器时代过渡,在世界上不是所有地区和所有的文化传统都经过细石器文化阶段。东南亚和中国的华南地区,不论是旧石器时代,还是新石器时代,或是两者之间的过渡阶段,都未经过细石器阶段。

旧石器时代向新石器时代发展的时间是短暂的。过去认为中石器时代延续了六七千年之久,这种判断是没有根据的。近几十年,大量 ^{14}C 年代测定数据表明,中国华南和东南亚地区,旧石器时代的结束年代,大约为距今 12000 年,而在这些地区新石器时代开始的年代,一般为距今 12000—10000 年。西亚前陶新石器年代大都超过 1 万年。大量 ^{14}C 年代说明,从旧石器时代结束至新石器时代开始,其间隔是很短的,有的地区两者是衔接的。

二、传统的观点在断代上所造成的错误

传统观点,往往把磨制石器和陶器的出现作为中石器时代的结束和新石器时代的开始。近几十年来,大量前陶新石器文化(或称无陶新石器文化)遗址的发现,证明陶器的出现已不是新石器时代开始的标志。20 世纪中叶前,由于把陶器的出现作为新石器时代的开端,因此,往往把一部分前陶新石器时代文化遗存视为中石器时代文化遗存。又由于新石器时代最初阶段的农业生产工具大都沿袭旧石器时代的打制石器,而非磨制石器(例如湖南道县玉蟾岩新石器时代遗址,就只有打制石器而无磨制石器),因此,过去也常将一部分磨制石器虽未出现或只是出现极少量刃部磨光的石器,但在打制石器中已出现石斧、石镞、石锄等农业工具,从而已跨入新石器时代的遗址作为所谓中石器时代遗址。如中国广西桂林、武鸣地区的几处洞穴遗址,陕西大荔县一带的沙苑文化遗址,青海贵南拉乙亥遗址等,在这些遗址的石器中都出现了砍伐器、石斧、穿孔砾石(重石)、磨盘、磨棒等农业生产工具和谷物加工用具,从而说明这些遗址的文化时代已属于新石器时代,但在过去这些遗址都被作为中石器时代遗址。鉴于上述原因,在过去所确定的中石器时代遗址中有相当大的一部分都应归属新石器时代。

中石器时代作为旧石器时代向新石器时代发展的过渡阶段,在有的地区可能看到一些痕迹,但在有的地区看不到这种过渡痕迹。欧洲东南部和西亚地区,在过渡阶段除"弓矢"外,石器的制作技术看不出任何革新,被称为"上旧石器",或称"外旧石器"。如上所述,现今国内外所公布的中石器材料中,有一部分实际上应归属无陶新石器时代。所谓"中石器文化"只能作为某些特定地区的一种"石器文化",而不能作为世界各地区普遍存在的一种"石器文化";所谓"中石器时代"也不是世界上所有地区都出现过的统一的考古时代。

三、旧石器时代和新石器时代的区分

旧石器时代和新石器时代的根本区别是人类经济生活的变革。旧石器时代是攫取性或

称掠夺性经济,新石器时代是生产性经济。旧石器时代人类使用打制石器进行生产劳动,新石器时代除沿用打制石器进行生产劳动外,较多地使用磨制石器从事生产劳动。磨制石器是适应农耕的需要而产生、发展起来的。

由于各地区生态环境的不同,农业和家畜饲养业产生的时间也不相同。有的地区(草原)在农业产生前,可能就饲养牛、羊一类的食草动物;有的地区,家畜饲养业可能稍晚于农业;而大多数地区(西亚、东南亚和中国华南地区),农业和家畜饲养业大致是同时出现的。最原始的农业是一种"火耕农业"。这种原始农业的特点是不翻土耕种,其种植程序是,先将野地里的树木杂草用砍伐器砍倒、晒干、烧光,以草木灰作肥料,然后用木棒挖穴播种或撒播。其后既不中耕,也不除草,待作物成熟后加以收割(只割取作物的穗子)。这种"火耕农业"只需简单的砍伐器和挖掘棒就能满足耕种的需要。这种最原始的农业其生产工具往往沿袭旧石器时代的打制的砍伐器,极少量的磨制石器只是局部磨光(刃部磨光)。

野生植物培养成农作物需要一个较长的过程。最原始的农作物与同类的野生植物的区分是不大的。野生动物驯养成家畜也需要一个较长的驯化过程,最早的家畜在体质形态上与其同类的区分也是不大的。在考古调查和发掘过程中,判断新石器时代早期阶段的动物骨骼是否为家畜时必须重视这些动物宰杀的年龄及其所占的比例。如大量年幼动物被宰杀,这种动物可能是家畜。

以上分析说明,判断一个石器时代遗址是否进入新石器时代,不能只根据有无磨制石器,而更重要的是要分析遗址的文化遗存有无农业生产工具,有无农作物或家畜的遗存。农业、家畜饲养业、磨制石器,这三个要素中只要有一个要素出现,就可确定其文化时代已属新石器时代。

第二节 新石器时代的分期

近几十年来随着世界各地区新石器时代遗址发掘的增多和考古研究的逐步深入,考古界关于新石器时代的涵义和分期也相应地发生了变化。无陶新石器时代文化发现前,考古学界把磨制石器、制陶业、农业和家畜饲养业作为新石器时代的四个基本要素;无陶新石器文化发现以后,制陶业已不是新石器时代开始的标志,而只能作为新石器时代文化发现过程中的一个重要因素。无陶新石器文化发现前考古界将许多未出现陶器的前陶新石器(或称无陶新石器)遗址都归属所谓"中石器时代"遗址,而新石器时代早期的年代一般认为是距今七八千年;前陶新石器文化发现后,一些考古工作者将一些未出现陶器的新石器时代早期遗址归属前陶新石器时代,而不是归属所谓的"中石器时代",新石器时代早期的年代也由过去的距今七八千年,提前到距今一万年以上。

对于新石器时代分期,过去往往只考虑石器、陶器等文化遗存的发展变化,而忽视经济生活的发展变化。农业和家畜饲养业的出现是新石器时代开端的标志,农业和家畜饲养业的发展变化也应是新石器时代分期的一个依据。

根据新石器时代的石器、陶器等文化遗存的发展变化以及经济生活的变革,中国新石器时代可分为早期、中期、晚期等三个发展阶段。

一、早期阶段

新石器时代早期阶段可分为前、后两期,前期为前陶新石器时期,后期为新石器时代早期的有陶新石器时期,即陶器的萌芽时期。我国属于前陶新石器时代的遗址有广东省阳春县独石仔、封开县黄岩洞、翁源县青塘吊珠岩,广西柳州市白莲洞第二期文化,台湾玉山,贵州省平坝县飞虎山洞第二文化层,黄河流域有陕西大荔县沙苑文化,青海省贵南拉乙亥,山西省怀仁县鹅毛口,内蒙古哲里木盟扎鲁特旗南勿呼井、科尔沁右翼中旗嘎查等。属于新石器时代早期的有陶新石器时代遗址有广东省翁源县几处洞穴遗址、潮安县石尾山,广西柳州大龙潭鲤鱼嘴第一期文化,江西省万年县仙人洞和吊桶环第二期文化等。

新石器时代早期的石器以打制为主,磨制石器很少。早期的磨制石器只是局部磨光,通体磨光的石器尚未出现。这一时期的石器中已出现农业生产工具和谷物加工用具,如砍伐器(打制)、石斧、石锛、磨盘和磨棒等。新石器时代早期的陶器,火候较低,质地粗疏,吸水性强。器形为圜底器和平底器,不见三足器和圈足器。华南地区,新石器时代早期的陶器大都为夹砂绳纹陶。

新石器时代早期阶段的农业是一种"砍倒烧光"的"火耕农业"。新石器时代早期的家畜饲养业以饲养羊、牛一类的食草动物为主;猪需要以谷物作为饲料,故在这一时期很少被饲养。

新石器时代早期的绝对年代,大约为距今 12000—8000 年。

二、中期阶段

新石器时代中期阶段可分为前、后两期。属于前期的有黄河流域的磁山文化、裴李岗文化、老官台文化、后李文化和北辛文化,长江流域有彭头山文化、河姆渡文化早期阶段、马家浜文化早期阶段等。属于后期阶段的有黄河流域的仰韶文化、大汶口文化早期阶段,长江流域的城背溪文化和皂市下层文化、大溪文化、马家浜文化晚期阶段等。

新石器时代中期阶段的前期,陶器的制作虽比早期进步,但仍有许多原始性,如陶器的制作仍以手制为主,轮修尚未出现;陶器壁较厚,厚薄不均;器形不规整,常有歪扭现象。前期的陶器陶系以夹砂陶为主,泥质陶数量很少。器形以圜底器和平底器为主,有少量的圈足器和三足器。后期陶器制作技术比前期进步,慢轮修整普遍出现。陶器的形制比较规整,胎壁厚薄均匀。夹砂陶的比例下降,泥质陶的比例增加。器形有圜底器、平底器、尖底器、圈足器和三足器。长江中、下游地区,鼎已成为一种主要炊器。彩陶在这一时期的各种文化中普遍出现。

石器已发展到以磨制为主,打制石器在各种文化中所占的比例很小。磨制石器已从局部磨光发展到通体磨光,穿孔石器也已普遍出现。器形除石斧、石锛外,已出现数量较多的石铲、石耜、石锄等翻土工具。

经济生活方面,新石器时代中期农业已从火耕农业发展到锄耕农业。锄耕农业和火耕农业的主要区别是,锄耕农业为翻土耕种,熟荒耕作。当时的长江流域以种植水稻为主,黄河流域则普遍种植粟。水稻在长江流域的普遍种植,表明当时的长江流域已进入到灌溉农业阶段。新石器时代中期,在农业发展的基础上,猪已作为一种主要家畜被饲养。

新石器时代中期的年代,大约为距今 8000 年至 5000 年。

三、晚期阶段

新石器时代晚期阶段可分为前、后两期,属于前期的有黄河流域的大汶口文化晚期、庙底沟二期文化、马家窑文化晚期,长江流域有屈家岭文化、薛家岗文化晚期、崧泽文化等;属于后期的有黄河下游龙山文化、后岗二期文化、客省庄二期文化、齐家文化,长江流域的石家河文化、良渚文化等。

陶器的制作,前期已出现轮制,但不普遍;后期各文化系统中普遍使用轮制。轮制陶器的特点是,器形规整、浑圆,胎壁薄,造型美观。黄河下游的龙山文化的蛋壳陶是这一时期各文化陶器中最杰出的作品。新石器时代晚期的陶器以灰、黑陶为主,只有黄河上游的齐家文化以红陶为主。新石器时代中期盛行的彩陶,到新石器时代晚期趋向衰落。新石器时代晚期,陶器形制的最大的特点是出现鬶、鬲、鬹、甗等袋足炊器。袋足炊器的出现是陶器制作的一大进步,因为袋足炊器的袋足接触火的面积大,食物、水等液体容易煮沸。

新石器时代晚期的石器,磨制精致、器形变小。穿孔石刀、石镰等收割工具普遍使用。新石器时代出现的有段石锛,是我国东南沿海地区最富特征的一种石制工具。三角石犁、耘田器也是太湖流域颇富特征性的工具。太湖流域的良渚文化和粤北地区的石峡文化的墓葬中普遍发现具有礼器性质的玉琮、玉璧、玉瑗、玉斧等随葬品(大多在氏族贵族墓中出现)。

新石器时代晚期,我国各地区都进入到发达的锄耕农业阶段,太湖流域可能已进入到犁耕农业阶段。我国北方沙漠草原地区以及华南的岭南地区,在整个新石器时代,农业经济一直处于不发达状态,渔猎经济(岭南为捕捞、采集,北方沙漠草原为狩猎)则具有较重要的地位;新石器时代晚期,狩猎经济向游牧经济过渡。

新石器时代晚期的年代,距今约 5000—4000 年。

第三节　生态环境与史前考古

人类的产生和发展与自然环境有着密切的关系。人类在漫长的生产劳动实践中与各种严酷的自然现象及环境作斗争,逐步完善自身的体质形态,同时慢慢地提高生产力。

构成生态环境的有气候、地貌、土壤、动物、植物等因素。这些因素分属物质环境和生物界两大类,它们的变化和相互作用形成生态环境系统。从古猿演化成人类,以及人类在地球上出现后所从事的各种生活资料和生产资料的生产,都是在一定的生态环境中进行的。因此,生态环境的诸因素及其变化必然对人类的形成和人类的活动产生一定的影响。

自然界是一个有机的整体,人类只是自然环境的一部分,人类的形成和人类的社会发展是自然界物质运动的一部分。人类是在地球演化的一定阶段中产生和发展起来的。人类形成的漫长过程与自然界全球性的变化几乎是同时发生的。

生态环境作为一个整体,为人类提供了能源、食物和劳动资料,是人类生存和进行生产活动、创造物质和精神财富必不可少的条件。人类的生产活动必须在一定的生态环境中进行,其生活方式是受环境制约的,生态环境影响和限制人类活动的范围、形式、方向和程度。

原始社会时期,由于生产力水平极端低下,人类的生产活动还不可能摆脱对生态环境的依赖。旧石器时代,人类只能从自然界获取现成的食物,不论是采集经济,还是渔猎经济,其经济活动的内容完全取决于生态环境。即使是新石器时代的农牧业经济,仍然要受到生态环境的制约,其生产活动要与一定的生态环境相适应。整个石器时代不论是攫取性经济,还是生产性经济,人类经济活动的内容都要以生态环境的变化为转移。当气候剧变或其他原因导致动、植物区系变化时,人类的经济活动的内容也相应地发生变化。全新世开始后的一万年中,地球上的气候有过几次波动:10000—8000年前,处在冰后期,气候比较寒冷;8000—5500年前,气候逐渐温暖,到距今6000年时(相当于中国的仰韶文化时期),温暖的气候达到顶峰;5500—3500年前(相当于黄河流域的龙山文化时期),气温又逐渐下降,到距今2500年前后,气候转为寒冷。这种全球性的气候变化,必然会导致动、植物区系的变化,影响人类的经济活动。此外,生态环境还直接关系到人类的居址分布和范围,以及为寻找水源、追捕野兽、发现新的食物资源而进行的迁徙活动。

生态环境对人类活动的影响还表现在它在生产力中的作用。整个生态环境并不包括在生产力之中,但生态环境的一部分在人类劳动过程中又可作为劳动对象和劳动资料而构成生产力的因素。石器时代,劳动工具极其简陋,生产力水平很低,人类还不能认识自然界的本质,还没有掌握自然规律,生产力的发展在很大程度上受到物的因素即生态环境因素的影响。如果生态环境过于严酷,人们难以获得食物资源,生产力中物的因素长期不足,使物质资料的生产极为困难,而劳动者的智慧和认识能力还不足以克服这些困难时,生产力的发展会长期停滞。反之,如果生态条件过于优越,作为生产力三要素中的劳动对象极易获得,人们无需花费很多时间和努力即能维持物质资料的再生产,而不必像在自然条件严酷地区生活的人那样花费那么多的劳动和时间就能够生存,这样就抑制了劳动者的需要,影响了劳动者在生产中的主观能动作用和创造能力的发挥。人们在优越的自然条件下总是能长期不断地获得足够的食物资源,就无需寻找新的、不同的经济活动,也无需不断改进生产工具,从而抑制了劳动力这个因素的发展,在这个地区中阻碍了生产力的发展。如南部非洲的布须曼人,其居住地区的动植物资源十分丰富,可供采集的食用植物就有86种,在42种哺乳动物中,经常捕猎的有17种,通常,他们只需极其简单的工具,即可从事劳动。因为极易获得食物,每个成年布须曼人平均每天只需劳动两小时多,全年劳动时间每人平均为600—1000小时。又如印度安达曼群岛上的安达曼人、巴西亚马逊河流域的瓦苏苏人等,都属于类似的情况。这些地区的原始民族,因为其居住地区的生态环境能常年提供较充足的食物资源,尤其是采集和渔猎资源,加之气候条件又优越,人们无需花费多大功夫就能解决住房、服装、工具等问题,因而他们不感匮乏,不知道生活中还缺少什么。对于这些少数民族来说,既不需要改进生产工具,以提高生产力,也不需要创造,以开辟新的经济领域。优越的生态环境抑制了这些少数民族的创造力,使其直到近代还过着以采集和渔猎为生的经济生活。

生态环境对远古时代经济、文化和社会发展的影响,在我国新石器时代及后世的经济、文化发展中的作用是很明显的。根据考古发掘资料,我国华南地区(岭南地区及南岭两侧地区)距今11000年左右,原始农牧业已经产生,亦即新石器时代就已开始。华南地区的新石器时代文化有两个显著的特点:其一是,新石器时代早、中期,农牧业经济不发达,采集和渔猎经济在经济生活中占有较大的比重,到新石器时代晚期,农牧业经济才逐步发展起来;新石器时代早、中期的农业经济以种植根茎、果树类等无性繁殖的作物为主,对水稻一类禾本科农作物的栽培要到新石器时代晚期才开始。其二是,新石器时代早、中期,磨制石器和陶器的制作都比较原始落后,到新石器时代晚期随着农业经济的发展,磨制石器和陶器才得到发展。华南地区新石器时代文化的两个特点说明,华南地区农牧业经济虽然开始很早,但发展非常缓慢,在漫长的新石器时代都只是栽培少量的根茎果树类作物(园艺性作物),人们的食物来源主要还是依赖采集和渔猎,直到新石器时代晚期当水稻一类禾本科农作物栽培以后,农牧业才作为经济的主体。新石器时代华南地区生产性经济发展缓慢的主要原因是该地区生态环境比我国其他地区优越。华南地区属热带和亚热带气候,温暖多雨,动植物资源十分丰富,能常年为人类提供丰富的天然食物,使人们即使到了新石器时代仍将采集和渔猎作为主要的经济部门,从而抑制了农牧业经济的发展。如将黄河流域和华南地区进行比较,情况就大不相同了。黄河流域新石器时代开始的年代大致和华南地区相当,但在新石器时代经济和文化的发展速度,黄河流域却要比华南地区快得多。黄河流域大约在距今7000多年的磁山文化、裴李岗文化、老官台文化时期,农牧业已经比较发达,属禾本科农作物的粟已被普遍种植,产量也较高;猪、狗等家畜已被较多地饲养。到大约距今6000年的仰韶文化时期,农业经济则获得了进一步的发展,磨制石器和陶器已很发达。到大约距今4000年的新石器时代晚期,黄河流域已由氏族公社向文明时代过渡。新石器时代,黄河流域经济、文化发展的速度和社会前进的步伐之所以快于华南地区,这和生态环境有着重要的关系。黄河流域地处温带,既无热带和亚热带地区湿热的气候,以及丰富的动植物资源,也无寒带地区那种使当时的人们难以战胜的严酷的自然环境,其生态环境对石器时代人类经济、文化的发展起着一定的促进作用,使之最早进入文明时代。

总之,在石器时代,生态环境对经济、文化和社会的发展有着不可低估的影响。适宜的生态环境能促进经济、文化的发展,促进人类社会的前进;反之,则影响经济、文化的发展,阻碍社会的前进。

第四节　新石器时代诸文化因素的关系

一、农牧业产生的条件

人类发明农耕和饲养家畜,从攫取性经济发展到生产性经济,是石器时代经济、文化和自然条件诸因素之间相互作用的结果。其中生产经验的积累、技术的提高、生产工具的进步和人类的需求起了决定性作用。而全新世初期适宜的生态环境只是为人类从事农牧业生产提供了客观条件。更新世每次冰期后都有一个气候较温暖的间冰期,但都没有导致农业和家畜饲养业的产生。只有当工具和技术条件发展到一定水平,亦即生产力发展到一定的水平,人类所积累的生产经验上升到对客观环境综合认识的程度,在生态环境变化所提供的客观条件下,农牧业才有可能产生。

农耕和畜牧业的产生,标志着人类和自然界的关系由被动适应环境转变为利用和改造环境。农牧业的产生是人类历史上一次划时代的巨大变革,是人类自掌握用火以来的一次"最伟大的经济革命"。欧美学者将其称为"新石器革命"或称"农业革命"。

二、农业的产生和磨制石器的使用

磨制石器是适应农耕的需要而逐步发展起来的。原始农业的早期阶段即"火耕农业"阶段,农业生产工具大都沿袭旧石器时代的打制石器,少量的磨制石器只是局部即刃部磨光。新石器时代早期的"火耕农业",其特点是"焚而不耕",亦即不翻土播种,用作翻土的石铲、石锄、石耙等农业工具均未出现。这时农业生产工具的主体是打制的石斧、砍斫器等。通体磨光的石器尚未产生。磨制石器的发展和农业的发展是分不开的,只有农业的发展才能促进磨制石器的发展。凡是农业经济比较发达的新石器文化,其磨制石器都比较发达,如黄河流域和长江流域各种农业经济比较发达的新石器文化,磨制石器都比较发达。反之,凡是农业经济不发达而狩猎或采集经济比较发达的新石器文化,其磨制石器都不发达。例如中国东南沿海地区,以螺、蚌等软体动物作为一种重要食物的新石器文化,大型的打制尖状器(用来挖掘海滩上的软体动物)较发达,磨制石器则不发达;又如中国北方草原地区以打制的"细石器"为特征的诸新石器文化,由于狩猎经济比较发达,农业经济不发达,故磨制石器不发达。

三、农业和制陶业的关系

陶器是在农业产生后,为了适应炊煮谷物性食物的需要而逐步产生和发展起来的。

人类在漫长的旧石器时代,以渔猎和采集为生,猎获的野兽,捕捞的鱼类,放在火上烧烤就能为食(亦可用"石煮法"炊煮),采集的果实不需加工,就能直接为食,故在旧石器时代,人类没有制作陶器来炊煮食物的需求。新石器时代的前陶新石器时代阶段,农业虽已产生,但农作物栽培的数量很少,其食物来源主要还是依靠渔猎和采集。这时人们对陶器的需求还不迫切。这一时期,人们炊煮食物还是沿袭一些原始的方法。根据民族学资料,人类在发明陶器前,炊煮食物的方法是多种多样的,几种常见的炊煮方法有石煮法、石烤法、竹煮法、地灶法等。

使用石煮法来炊煮食物是近代美洲大草原印第安人、大洋洲的美拉尼西亚人和波利尼西亚人常用的熟食方法。大草原印第安人烧煮肉食,是将水和肉放在铺了皮革的坑内或放在用木栓绑紧的形似锅子的皮革内,然后向皮革内不断投进烧红了的石块,直至把肉煮熟。

石烤法是澳大利亚土著人和居住在巴西境内的克林-阿卡洛列印第安人使用的炊煮方法。澳大利亚土著人是从来不将食物放在水中炊煮的。他们食肉或食鱼时,是把肉类或鱼类放在炽热的石块或煤块上,或放在炽热的灰烬中或砂中烤熟。居住在巴西中部地区的克林-阿卡洛列印第安人,其炊煮食物的方法是,用野香蕉叶把木薯糕和香蕉包起来,放在炽热的石块间烙烤。

我国云南省的独龙族和佤族在使用金属工具以前,炊煮谷物性食物的方法是,把谷物和水放在竹筒里,然后放进火里烧熟。这就是一种竹煮法。

当原始农业获得一定的发展,谷物性食物大量增加时,人类迫切需要一种便于炊煮谷物性食物的器物,而陶器是在当时的客观条件下一种最理想的器物,陶器就是在这种情况下产生的。原始农业的发展,谷物性食物的大量增加,这就是陶器产生的客观条件和必然性。新石器时代的陶器可分为炊器、食器和盛储器三大类,这三类陶器都与人类以谷物为食物有关系,亦即与农业有直接的关系。中国新石器时代,凡是农业经济比较发达的新石器文化,如黄河流域和长江流域的各种新石器文化,其制陶业都比较发达;反之,凡是农业经济不发达而渔猎或采集经济比较发达的新石器文化,其制陶业都不发达。例如,中国北方草原地区狩猎经济比较发达的各种新石器文化,其制陶业都不发达;又如,华南地区以各种软体动物为食物的各种新石器文化,其制陶业都不发达。渔猎和采集经济比较发达的新石器文化,其制陶业之所以不发达,是因为从事渔业、狩猎业及采集的部族,其食物以兽类、鱼类、软体动物和块根及果实为主,食用粮食很少,故对陶器的需求量较小。

通过以上分析,可知在农业、磨制石器和陶器等新石器时代文化诸要素中,农业是其核心。只有农业的发展,才能促进磨制石器和陶器的发展;只有农业发达的新石器文化,其磨制石器和陶器才比较发达。反之,凡是农业经济不发达而渔猎和采集经济比较发达的新石器文化,其磨制石器和陶器都不发达。

第五节　中国新石器时代文化的区系

　　石器时代，人类与自然界作斗争的能力很低，人类的生产和生活在很大程度上要受到自然环境的制约。由于我国幅员辽阔，各地区的气候和生态环境的差异较大，因而人们的生产活动内容和生活习俗存在较大的差别。这就导致了不同地区的人们所使用的生产工具、生活用具、住屋等遗存的不同，即物质文化的不同。这是形成不同文化区系的根本原因。

　　中国迄今发现的新石器时代遗址大约有7000处，已命名的考古学文化有近70处之多。中国新石器时代遗址众多，同时又由于一些地区考古发掘资料较少，这就造成对文化区系研究的困难。目前只能对考古发掘资料较多和综合研究较深入的地区，进行文化区系方面的研究。

　　目前，中国新石器时代文化，其文化面貌较清楚的在黄河流域有其上游地区（洮河流域）的马家窑文化系统、齐家文化，渭河流域（包括豫西北和晋西南）的老官台文化、仰韶文化系统，以及庙底沟二期文化、河南龙山文化、海岱地区有后李文化、北辛文化、大汶口文化、山东龙山文化、黄河中游的裴李岗文化、磁山文化、大河村文化；长江流域有宁绍平原地区的河姆渡文化、太湖流域的马家浜文化、崧泽文化、良渚文化系统，长江中游的彭头山文化、城背溪文化、皂市下层文化、鄂西和长江三峡地区的大溪文化、江汉平原的屈家岭文化、石家河文化，此外还有长江下游地区的薛家岗文化、宁镇山脉西段的南京市内的北阴阳营文化；南岭和武夷山脉以南地区，有珠江上游的石峡文化，闽江下游的昙石山文化；阴山山脉以北地区有以细石器为特征的各种新石器文化，辽河流域有兴隆洼文化、红山文化和富河文化。

一、黄河流域

　　黄河上游以洮河流域为中心地区，其中包括青海东部地区在内，其新石器时代文化的发展序列是：含有半坡类型因素期→含有庙底沟类型因素期→石岭下类型→马家窑类型→半山类型→马厂类型→齐家文化。从马家窑文化至齐家文化，铜器已经出现，说明当时的黄河上游已进入"金石并用时代"或称"铜石并用时代"。

　　洮河流域的新石器时代文化受到渭河流域新石器文化的影响。上述文化序列中的含有半坡类型因素期和含有庙底沟类型因素期，都是受到渭河流域新石器文化影响的结果。

　　以渭河流域为中心地区（包括豫西北和晋西南地区）的新石器文化，其文化序列为老官台文化（或称大地湾文化）→仰韶文化（半坡类型→史家类型→庙底沟类型→半坡晚期类型）→庙底沟二期文化→客省庄二期文化（关中地区）和三里桥二期文化（豫西北和晋西南地区）。

　　山西南部的汾河中下游地区，其新石器时代晚期文化与豫西北和晋西南的新石器晚期文化有一定的区别。汾河中、下游的新石器时代晚期文化，以襄汾县陶寺遗址的新石器文化最具特征性。有些研究者将其命名为"陶寺类型"。陶寺类型的早期相当于庙底沟二期文化的晚期，晚期相当于三里桥二期文化。后来在陶寺遗址中发现了城址，其城址南部发现了氏族贵族的墓葬。

　　黄河中游以豫中为中心地区的新石器文化的发展序列是：裴李岗文化→大河村一、二期文化→秦王寨类型→王湾三期。以郑州大河村一、二期文化为代表的新石器文化遗存，有的研究者将其归属于仰韶文化的庙底沟类型，其实两者在文化面貌上的区别很大，两者的文化渊源也不同,不应该归属于同一文化类型。大河村一、二期文化具有独特的文化特征,应作为一种独立的文化类型。过去考古界将河南省的新石器时代晚期文化统称为"河南龙山文化",从近几十年的考古资料来看,河南地区的新石器文化不应归属统一文化系统。所谓"河南龙山文化",在豫西、豫东、豫南、豫北,其文化渊源是不同的,在文化面貌上区别也较大,不应归属一个文化系统。以王湾三期文化遗存作为豫中地区新石器晚期文化的代表,较为适宜。豫东地区和鲁西地区文化面貌接近,可单独作为龙山文化的一个类型。

以现今河北省南部为中心地区,其中包括冀中和豫北地区,其新石器文化的发展序列是磁山文化→后岗一期→大司空一期→后岗二期。后岗一期和大司空一期文化遗存,在磁山文化发现以前被称为仰韶文化的两个类型,即"后岗类型"和"大司空类型";磁山文化发现后,一些研究者认为"后岗类型"是磁山文化发展起来的,应将其归属磁山文化系统,而不应归属于仰韶文化系统。

现今山东省的鲁中、南山地区和鲁东丘陵地区历史上被称为海岱文化区。这一地区的新石器时代文化的发展序列是:后李文化→北辛文化→大汶口文化→典型龙山文化或称山东龙山文化。海岱文化区,继龙山文化之后发展起来的是岳石文化。岳石文化遗存中已出现青铜器,已进入青铜器时代。

胶东半岛沿海地区的新石器文化和辽东半岛沿海地区的新石器文化有许多相似性,这是两个地区文化互相交流的结果。

鲁西、豫东、皖北的接壤地区均属黄淮平原,其新石器文化面貌相似,属于同一文化区系。

黄河流域位于阴山山脉和秦岭山脉之间,东段则在淮河以北。这一地域,黄土主要分布在秦岭以北,黄土状岩石(次生黄土)主要分布于华北平原。秦岭以北的黄土高原,季风影响不到,年平均降水量为 250—500 毫米,而华北平原的年降水量则高于黄土高原,年降水量为 750 毫米。

据我国新石器时代考古资料,距今 7000 多年的河北省南部的磁山遗址发现了花面猴和猕猴;距今 6000—5000 年的西安市半坡遗址发现了竹鼠和獐;大约距今 6000 年的山东东部的兖州王因遗址第三层中发现扬子鳄。这些在新石器时代生存于黄河流域的动物,在现今黄河流域已经绝迹,而在长江流域及其以南地区它们的后代仍然在蕃衍。这说明新石器时代中期的黄河流域,气温比现在稍高。

新石器时代中期,黄河流域干旱而较温暖的气候适宜栽培耐干旱的农作物,而粟类正是这种耐干旱的农作物。黄河流域各个文化系统中粟类作物的发现,说明粟类是当时黄河流域的一种主要农作物。猪、狗等家畜,也在各类文化遗址中普遍发现。大量考古发掘资料证明,新石器时代中期的黄河流域,其经济活动是农牧业并举的。

二、长江流域

长江流域从整体上来看虽同属亚热带气候,但各地区的地域、地貌和自然环境存在一定的差异。如从地貌和生态环境来区分,长江流域除上游部分地区外,则包括川东和鄂西的三峡地区、江汉平原、洞庭湖流域、皖中和苏北的长江下游平原、宁镇山脉、太湖流域、宁绍平原等。长江流域各个不同地区生态环境的差别,使其各个地区的新石器文化面貌也各不相同。

从川东的三峡地区至鄂东的长江流域,其新石器文化大致可以分为三个文化区:(1) 长江三峡和鄂西地区;(2) 江汉平原和鄂东地区;(3) 鄂西北和豫西南地区。

长江三峡和鄂西地区的新石器时代文化属于城背溪、大溪文化系统；在大溪文化之后是一种带有屈家岭文化晚期因素的文化遗存；再后是一种所谓"鄂西龙山文化"的新石器时代晚期文化。

江汉平原的新石器文化属于屈家岭文化系统。屈家岭文化之后是石家河文化。屈家岭文化的渊源，目前还有争议。鄂西北地区含有仰韶文化因素的地层压在带有屈家岭文化晚期因素的地层之下；而鄂西地区带有屈家岭文化晚期因素的地层之下则为大溪文化层。在京山屈家岭遗址，屈家岭文化晚期地层之下压有屈家岭文化早期地层。由此看来，屈家岭文化的渊源应在江汉平原。鄂西、鄂西北地区的屈家岭文化晚期遗存则是江汉平原的屈家岭文化向四周的传播。

鄂西北和豫西南地区，地处长江流域和黄河流域的交汇处。这是一个过渡地区，其新石器文化既受到黄河流域新石器时代文化的影响，又受到长江流域新石器时代文化的影响，但又有自身的文化特征。这一地区的新石器时代文化在鄂西北的郧县青龙泉遗址有较清楚的地层关系。青龙泉一期文化带有中原地区仰韶文化因素，二期文化带有屈家岭文化晚期的因素，三期文化则带有中原地区龙山文化因素。有的研究者将青龙泉三期文化称为"湖北龙山文化"。

江苏和安徽的长江以北和淮河以南的江淮地区，也是一个过渡地区。这一过渡地区的新石器时代文化，既受到黄河下游地区大汶口文化和龙山文化的影响，又受到长江以南宁镇地区和太湖流域新石器文化的影响。能够代表江淮地区新石器文化特征的遗址有两个，一个是安徽潜山县的薛家岗遗址，另一个是江苏省海安县的青墩遗址，以及高邮龙虬庄遗址。薛家岗文化的早、中期文化遗存既带有黄河下游大汶口文化的因素，又带有宁镇地区北阴阳营文化的因素，其晚期文化遗存则带有龙山文化因素；薛家岗文化中还含有少量大溪文化和屈家岭文化的因素。青墩文化遗存中既含有太湖流域崧泽文化和良渚文化的因素，又含有黄河下游大汶口文化和龙山文化的因素。

宁镇地区的新石器时代文化遗址经过科学发掘的不多，目前要对该地区的新石器时代文化进行文化系统的归纳和分期，还有困难。

有的研究者根据南京地区几个遗址的资料，将宁镇山脉地区的新石器时代文化分为三期：第一期为北阴阳营下层文化期，第二期为昝庙下层文化期，第三期为昝庙二期文化期。

太湖流域的新石器时代文化，其发展序列是：马家浜文化→崧泽文化→良渚文化。崧泽文化因素向北传播到江淮地区。良渚文化因素影响的范围很广，北达黄河下游的鲁中南地区，南达珠江上游的粤北地区，西抵赣江流域。在大汶口文化晚期文化遗存中，石峡文化和山背文化遗存中均可见到良渚文化因素。

宁绍（宁波至绍兴）平原的新石器时代文化属河姆渡文化系统。河姆渡文化晚期和马家浜文化晚期，其文化因素逐渐融合。该地区继河姆渡文化发展起来的是一种带有良渚文化因素的新石器时代晚期文化。

秦岭以南，中间经汉水中、上游，直到东部的淮河流域，这东西一线，在自然地理方面是两种不同气候的分界线；在古文化方面则具有一定的过渡性，是一个过渡地区。这一过渡地区的新石器时代文化，既受到黄河流域新石器文化的影响，又受到长江流域新石器文化的影响。以上分析的青墩文化、龙虬庄文化、薛家岗文化，以及鄂西北和豫西南地区的新石器时代文化，都是既受到黄河流域新石器文化的影响，又受到长江流域新石器文化的影响。

宁绍平原的河姆渡文化，出土亚洲象和犀的骨骼。太湖流域的罗家角遗址，也出土亚洲象遗骸。现今象和犀大多生活在热带，这说明当时长江流域的气候比现在温暖。

新石器时代，长江流域充沛的雨量和温暖的气候，非常适宜水稻的生长。河姆渡文化、马家浜文化、大溪文化和屈家岭文化遗存中，都发现了稻谷或水稻茎叶的遗存，可见新石器时代的长江流域普遍种植水稻。长江流域水稻的栽培，是起源于中游还是下游，还需继续探讨。

三、华南地区

我国的华南地区（武夷山—南岭以南地区），地理环境和自然条件比较复杂，既有广阔的沿海地区，又有较多的山脉、河湖及冲积平原。自然环境的这些特点使其新石器时代文化面貌也表现出多样性和复杂性。

华南地区的新石器时代文化，虽然因地理环境的差别而产生了经济、文化的多样性，但仍有一些共同特征，如新石器时代早期阶段，石器多打制，磨制石器很少；打制石器多采集和渔猎工具，反映其经济生活以采集和渔猎为主，农牧业经济很不发达。近几十年来，在广东、广西、贵州、台湾等省区都发现了前陶新石器时代遗址。华南地区新石器时代文化的一个特点是，在新石器时代早、中期，制陶业不发达。新石器时代晚期，随着农业经济的发展，磨制石器和陶器才得到相应的发展。新石器时代晚期，磨制石器中出现了东南沿海颇具特征的有段石锛、有肩石锛、有肩石斧；陶器中产生了轮制的灰、黑陶，以及少量的袋足炊器；民俗方面出现拔牙习俗。这些共同特征，是这一广大地域内各种文化相互影响和交流的结果。

华南地区由于特殊的地理环境，形成了两类特殊的遗址，即"贝丘遗址"和"洞穴遗址"。广东、广西、台湾、福建等地区，有广阔的海滩，可供石器时代的人们采集软体动物。这些地区的内陆地带的河湖中也有可供采集的软体动物（螺、蚌）。当时的人们将采集来的螺、蚌等软体动物作为食物。人们将食剩的软体动物的介壳丢弃在住所附近，贝壳堆积成丘，故称"贝丘遗址"。贝丘遗址中发现的磨制石器和陶器都很少。石器多为打制的尖状器（俗称"蚝蛎啄"），这是一种采集软体动物的工具（挖掘软体动物）。这种工具的较多的发现，说明这种类型的新石器文化，其经济生活是以采集和捕捞为主，农业经济不发达。广东、广西、贵州等内陆地区，多石灰岩山区，喀斯特地貌发育，故多山洞。石器时代的人们常以这些洞穴作为住所，故有较多的洞穴遗址。贝丘遗址和洞穴遗址，只反映遗址类型的不同，而不能作为文化类型的区分，因为同一类型的遗址在滨海区和内陆区，其文化面貌是不同的。例如，贝丘遗址既分布于滨海区，也分布于内陆地区的河流两岸，而滨海区的贝丘遗址和内陆区的贝丘遗址，其文化面貌是不相同的。

华南地区，新石器时代中、晚期被命名为一种考古学文化的有：珠江上游的石峡文化，福建省闽江下游的昙石山文化，台湾的大岔坑文化、圆山文化、牛骂头文化、麒麟文化等。此外，珠江三角洲的南海县西樵山发现以制作双肩石器、有段石器为特征的采石场和石器制造场；在西樵山除发现大型石器外，在有的地点还发现细石器。西樵山文化遗存被称为西樵山文化。

南岭和武夷山脉以南地区，年降水量大约为1700—2000毫米，属亚热带气候，系常绿阔叶林带。这样的自然条件，常年适宜水稻生长。属新石器时代晚期的广东省曲江县石峡遗址发现炭化稻谷，其品种有籼亚种和粳亚种。

四、北方地区

本书所指的北方地区，包括东北的黑龙江省、吉林省、辽宁省、内蒙古自治区、宁夏回族自治区、甘肃省、新疆维吾尔自治区和青海高原。北方地区，地域辽阔，各地的自然条件差别很大。这些地区既有山地丘陵，也有冲积平原；有些地方森林茂密，但有较多的相间分布的草原和沙漠。过去曾笼统地将北方地区的新石器文化作为单一的"细石器文化"，这是不符合这些地区实际情况的。北方地区含有细石器的各种文化遗存，因地域和时代的不同，其文化面貌也各不相同。含有细石器的文化遗存，不属一个文化系统，而属于各个不同的文化系统。

北方地区，新石器时代遗址发现得比较多，其文化系统比较明确的地区有：阴山山脉两侧和河套地区，辽河流域，辽东半岛，嫩江流域。

阴山山脉以北的沙漠草原地区的新石器时代文化，具有显著的特征：（1）石器以打制的细石器为主，磨制石器极不发达；打制石器大多为渔猎工具，反映其经济生活以渔猎为主。（2）制陶业不发达。遗址中发现的陶器数量和类型都比较少，质地粗疏，火候也不高。

阴山北侧的新石器时代文化的上述特征，是与其生态环境有密切关系的。阴山山脉北侧是蒙古高原，地势平缓，广布低丘陵和沙丘，海拔高度为1000—1500米，气候干寒。根据大青山察哈尔右中旗大义发泉遗址所作的孢粉分析，可知内蒙古高原新石器时代遗址的生态环境，大体接近现今该地区的荒漠草原环境。这一地区含有细石器的遗址中所发现的动物骨骼都是野生动物，未发现家畜。这说明畜牧业在这些地区的出现是很晚的。该地区产生游牧业可能在新石器时代晚期，或更晚的时期。

阴山山脉以南地区的新石器时代遗址大部分在河套的南北及东西两侧地区。这一地区的新石器时代文化面貌和阴山以北地区有明显的区别。阴山以南地区的新石器文化受到渭河流域和洮河流域新石器文化的影响，其文化遗存中带有仰韶文化因素、马家窑文化因素、齐家文化因素、客省庄二期文化因素等。河北省蔚县筛子绫罗的新石器文化遗存和陕北神木县石峁遗址的文化遗存，其文化面貌比较相似，文化遗存也颇具特征，是这一地区具有代表性的新石器晚期文化遗存。阴山山脉以南地区诸文化遗存，有大量的磨制石器（石斧、石铲、石刀）。这些均属农业生产工具，是农业经济的反映。阴山以南一些遗址（如河北蔚县筛子绫罗、河北包头转龙藏），也有细石器发现，这是受到阴山山脉以北诸文化影响的结果。

辽河上游地区的新石器时代中、晚期文化，主要有红山文化和富河文化。这两种文化在西拉木伦河、老哈河、英金河一带交错分布，但红山文化的分布偏南，富河文化分布偏北。在文化时代上红山文化早于富河文化。红山文化和富河文化的石器均以打制石器为主，磨制石器很少。在打制石器中都有一定数量的细石器。从这两种文化各种文化遗存的特征来看，农业均已出现，但狩猎经济在经济生活中仍占重要的地位。

红山文化与中原地区的仰韶文化因素有一些联系，可能受到仰韶文化的影响。富河文化和沈阳新乐下层文化遗存有较多的联系，但两者没有共同的分布地域，在时代上新乐下层文化则早于富河文化，两者的关系如何，目前难以确定。

辽河下游的新石器文化以沈阳北郊新乐遗址的下层文化遗存较为典型，有的研究者称之为"新乐下层文化"。辽东半岛沿海地区的新石器文化以广鹿岛小珠山遗址的文化遗存比较有代表性，可称之为小珠山文化。小珠山文化和山东半岛的大汶口文化及龙山文化有一定的联系。

辽河流域的红山文化、富河文化和新乐下层文化，在文化面貌上有些共同特征，如三者都有细石器、夹砂粗陶罐，陶罐上都有压印的"之"字形纹等。这些共同特征，是辽河流域有大致相同的生态环境和经济生活，以及相邻文化相互影响的结果。

嫩江流域的新石器文化以齐齐哈尔附近的昂昂溪遗址的文化遗存具有代表性。昂昂溪类型的文化遗存，石器有细石器和磨制石器两种，制陶业不发达。昂昂溪类型的文化遗存有早、晚之分，在晚期遗存中已出现鬲足、陶范等陶器，其相对年代可能相当于中原地区的夏商时代。

我国的西北地区，从河西走廊到新疆，其新石器文化有很多相似之处。这是一东西方向的条形地带，其东部地区的新石器时代文化较早，西部地区的新石器文化时代较晚。这种由东向西、文化时代逐步变晚的趋势，反映黄河流域的新石器文化是由东向西发展的。

综上所述，可概括为如下三点：(1) 不同的生态环境，不同内容的生产活动和生活习俗，不同的文化传统，这是形成不同系统的根本原因。(2) 每个文化系统的自身发展所形成的文化特征决定每个文化的性质，相邻两个文化系统之间的相互影响所产生的一些相似的文化因素，不反映文化的性质。(3) 两个不同生态环境的交汇处和两个不同文化系统的边缘地区，是新石器的过渡地区。过渡地区的新石器文化除受到相邻地区的文化影响之外，具有自身的文化特征；不应将过渡地区的文化归属于其相邻的文化系统，而应根据自身的文化特征来确定文化系统。

参 考 文 献

1. 恩格斯：《家庭、私有制和国家的起源》，《马克思恩格斯选集》第 4 卷，人民出版社 1972 年版，第 23 页。
2. 黄其煦：《"中石器时代"概念刍议》，《史前研究》1987 年第 3 期。
3. K. 麦克利什：《棉兰老岛的塔桑代人》，《当代原始部落漫游》(刘达成等编译)，天津人民出版社 1982 年版，第 12 页。
4. 贾兰坡：《山西峙峪旧石器时代遗址发掘报告》，《考古学报》1972 年第 1 期，第 39—58 页。
5. 张之恒：《关于旧石器时代向新石器时代过渡的几个问题》，《史前研究》1984 年第 3 期。
6. 盖培、卫奇：《虎头梁旧石器时代晚期遗址的发现》，《古脊椎动物与古人类》第 15 卷(1977)第 4 期，第 287—300 页。
7. 邱立诚等：《广东阳春独石仔新石器时代洞穴遗址的发掘》，《考古》1982 年第 5 期，第 456 页。
8. 宋方义等：《广东封开黄岩洞洞穴遗址》，《考古》1983 年第 1 期，第 1—3 页。
9. 广东省博物馆：《广东翁源青圹新石器时代遗址》，《考古》1961 年第 11 期，第 585—588 页。
10. 周国兴：《白莲洞遗址的发现及其意义》，《史前研究》1984 年第 2 期，第 109—110 页。
11. 李衍恒等：《飞虎山洞穴遗址的试掘和初步研究》，《史前研究》1984 年第 3 期，第 63—77 页。
12. 安志敏等：《陕西朝邑大荔沙苑地区的石器时代遗存》，《考古学报》1957 年第 3 期，第 1—12 页。半坡博物馆等：《陕西大荔沙苑地区考古调查报告》，《史前研究》1983 年创刊号，第 101 页。
13. 盖培等：《黄河上游拉乙亥中石器时代遗址发掘报告》，《人类学学报》第 2 卷(1983)第 1 期，第 4 页。
14. 贾兰坡等：《山西怀仁鹅毛口石器制造场遗址》，《考古学报》1973 年第 2 期，第 13—26 页。
15. 吉林省考古研究室等：《统一多民族国家的历史见证——吉林省文物考古三十年的主要收获》，《文物考古工作三十年》，文物出版社 1979 年版，第 100—112 页。
16. 吉林省文物工作队：《内蒙古科尔沁右翼中旗嘎查石器时代遗址的调查》，《考古》1963 年第 8 期，第

673—678页。
17. 广东省文物管理委员会:《广东潮安的贝丘遗址》,《考古》1961年第11期,第577—583页。
18. 柳州市博物馆等:《柳州市大龙潭鲤鱼嘴新石器时代贝丘遗址》,《考古》1983年第9期,第769页。
19. 刘诗中:《江西仙人洞和吊桶环发掘重要进展》,《中国文物报》1996年(第8期)3月3日。江西省文物管理委员会:《江西万年大源仙人洞洞穴遗址试掘》,《考古学报》1963年第1期,第1—16页。江西省文管会:《江西万年大源仙人洞洞穴遗址第二次发掘》,《文物》1976年第12期,第23—35页。
20. 计宏祥:《从哺乳动物化石来探讨中国新石器时代一些遗址的自然环境》,《史前研究》1985年第2期,第85—89页。
21. 张光直:《中国南部的史前文化》,"中央研究院"历史语言研究所集刊,第42本,第1分册,1970年。
22. 邯郸文物保管所:《河北磁山新石器遗址试掘》,《考古》1977年第6期,第361页。河北文管处等:《河北武安磁山遗址》,《考古学报》1981年第3期,第303—338页。
23. 周本雄:《河北武安磁山遗址的动物骨骼》,《考古学报》1981年第3期,第339—348页。
24. 柴尔德:《远古东方之新探索》,第23页,1954年版。
25. 苏联科学院米克鲁霍-马克来民族学研究所著:《美洲印第安人》,三联书店1960年版,第140页。
26. 刘达成等编著:《当代原始部落漫游》,天津人民出版社1982年版,第234页。
27. [苏联]C. A. 托卡列夫等编著:《澳大利亚和大洋洲各族人民》,三联书店1980年版,第140页。
28. 佟柱臣:《中国新石器时代文化三个接触地带论——中国新石器时代文化综合研究之一》,《史前研究》1985年第2期,第1—11页。
29. 李有恒等:《半坡新石器时代遗址中之兽类骨骼》,《西安半坡》附录二,文物出版社1963年版,第261—263页。
30. 周本雄:《山东兖州王因新石器时代遗址中的扬子鳄遗骸》,《考古学报》1982年第2期,第251页。
31. 中国科学院考古研究所:《京山屈家岭》,科学出版社1965年版,第4—69页。
32. 长办文物考古队直属工作队:《1958年至1961年湖北郧县和均县发掘简报》,《考古》1961年第10期,第519—530页。
33. 安徽省文物工作队:《潜山薛家岗新石器时代遗址》,《考古学报》1982年第3期,第283—323页。
34. 南京博物院:《江苏海安青墩遗址》,《考古学报》1983年第2期,第147—190页。
35. 魏正瑾:《宁镇地区新石器时代文化的特点和分期》,《考古》1983年第9期,第822—828页。
36. 浙江省博物馆自然组:《河姆渡遗址动植物遗存的鉴定研究》,《考古学报》1978年第1期,第95页。
37. 张明华:《罗家角遗址的动物群》,《浙江省文物考古学刊》,1981年,第43—53页。
38. 周昆叔等:《察右中旗大义发泉细石器遗址花粉分析》,《考古》1975年第1期,第25—26页。
39. 张家口考古队:《1979年蔚县新石器时代考古的主要收获》,《考古》1981年第2期,第97页。
40. 西安半坡博物馆:《陕西神木石峁遗址调查试掘简报》,《史前研究》1983年第2期,第92页。
41. 沈阳市文物管理办公室:《沈阳市新乐遗址试掘报告》,《考古学报》1978年第4期,第449页。
42. 辽宁省博物馆等:《长海县广鹿岛大长山岛贝丘遗址》,《考古学报》1981年第1期,第63页。

第五章　中国各地区主要的新石器时代文化

第一节　黄河中游地区的新石器时代文化

一、渭水流域、豫西和晋南地区

迄今在黄河中游地区,只发现了两处前陶新石器时代遗址:一处是山西怀仁鹅毛口石器制造场,一处是陕西省大荔县沙苑文化。鹅毛口石器制造场虽未发现磨制石器和陶器,但已发现打制的或刃部磨光的石斧、石锄等农业工具,说明原始农业已经产生。沙苑文化的石器中发现少量的和新石器时代磨制石斧形体相似的打制石斧,其细石器中的锥状石核、楔形石核等器形,也都与北方沙漠草原地区的新石器时代的同类石器器形相似,其文化时代应属前陶新石器时代。

黄河中游地区的新石器时代中、晚期,文化系统的划分比较复杂。关于该地域内的文化区系,考古界的意见尚不一致。20世纪70年代前,中国考古界笼统地将黄河中游地区的时代较早的以彩陶和红陶为特征的新石器文化,统称为仰韶文化,并按地域将其划为各种文化类型;而将时代较晚的以灰陶和黑陶为特征的新石器时代晚期文化,统称为各种类型的龙山文化。近几十年来,随着该地区考古发掘资料的增多和考古研究的不断深入,一些学者认为,仰韶文化分布的中心地区是渭河流域、豫西和晋南地区,其他地区虽受到仰韶文化的影响,文化遗存中也含有仰韶文化因素,但不因归属于仰韶文化系统。龙山文化也只限于黄河下游地区,其他地区的同时代文化则不属于龙山文化系统,应根据不同的文化渊源及文化特征,另作命名。

黄河中游地区的新石器时代中、晚期文化,大致可以分为三个小的文化区系:(1)渭河流域、豫西和晋南;(2)豫中及周围地区;(3)冀中、冀南和豫北地区(表5-1)。

表5-1　黄河中游新石器文化发展序列

渭河流域	豫西　晋南	豫中	豫北　冀南	距今年代
客省庄二期文化	三里桥二期文化	王湾三期	后岗二期文化	4000
	庙底沟二期文化	大河村五期		
仰韶文化	西王村类型 庙底沟类型 史家村类型 半坡类型	秦王寨类型 大河村类型 中山寨二期	大司空一期 后岗一期	4500 5000 6000 6500
老官台文化	北首岭一期 大地湾一期	裴李岗文化　磁山文化		7000

(一) 老官台文化

老官台文化亦称"北首岭下层类型"或称"大地湾文化"。老官台文化主要分布在渭水流域、陕西的关中及丹江上游地区。现已发现的老官台文化遗址中经考古发掘或试掘的遗址有甘肃秦安大地湾,陕西宝鸡北首岭、华县老官台和元君庙、渭南市北刘、临潼县白家、商县紫荆等。

老官台文化的房屋发现得比较少,仅在大地湾遗址发现三座圆形半地穴式房址,房址仅五六平方米;结构十分简单,不见灶坑,有斜坡式门道;地穴周壁的柱洞向中间倾斜,说明是一座简陋的窝棚式房屋。灰坑的形制一般不规整,有圆形、椭圆形和不规则形等。灰坑的容积一般较小,坑壁不见加工痕迹。

墓葬发现得不多,仅在大地湾和北首岭发现十几座。大地湾未发现葬具,北首岭有板灰痕迹。葬式大多为仰身直肢葬。北首岭发现的一座五人合葬墓,其中三人为一次葬,两人为二次葬。随葬品一般为三四件,最多达十几件。大地湾有随葬猪下颌骨现象。大地湾和北首岭两遗址的墓葬均有比较集中的墓区,均为长方形土坑竖穴墓。

生产工具比较原始,有石器、骨器和陶器等种类。石器以打制为主,磨制的比较少。打制石器有刮削器、敲砸器、石核等。磨制石器一般在刃部磨光,器身保留打制痕迹,通体磨光的器形很少。不见穿孔石器。主要器形有石斧、石铲、石刀、石凿等。骨器有锥、镞、鱼镖等。陶质工具有陶片改制的陶纺轮。

陶器以夹细砂的红陶和褐陶为主,泥质红陶及泥质灰、黑陶的数量很少。陶器的火候不高,陶质粗疏。因烧制时受热不均,陶色不纯正。有的陶器呈现出外壁红内壁黑的现象。制法有手制、模制、捏制等。大地湾和北刘两遗址出土的陶器出现成层或片状脱落的现象,这说明在制陶时是用泥片贴敷的。这种贴筑法是一种比较原始的制陶法,在距今7000年左右的长江下游的河姆渡文化和长江中、上游的前大溪文化(城背溪文化)都有发现。陶器的器形以三足器和圈足器为主,圜底器和平底器次之。一般器形无流、无嘴、无耳。常见的器形有三足钵、圜底钵、圈足碗、假圈足碗、三足筒状罐、小口圆腹壶等,未发现陶鼎。有的研究者将三足钵作为鼎看待,这是错误的。陶器的纹饰简单,三足器多为网状交错绳纹,碗口沿下往往饰锥刺纹一周,三足钵和圜底钵的口沿上大多饰红色宽带。另外还有少量的线纹、划纹、刻齿纹和附加堆纹等(图5-1)。

老官台文化经 ^{14}C 测定年代的数据共有4个,其中甘肃省秦安县大地湾一期文化的两个数据分别为 7150 ± 90 年(BK-80025)和 6730 ± 90 年(BK-8007),陕西省宝鸡北首岭下层的两 ^{14}C 年代数据分别为距今 6455 ± 120 年(ZK-519)和 6325 ± 120 年(ZK-534)。这些数据说明,老官台文化的年代大致为距今7200年至6300年,延续了900年左右。

老官台文化可分为早、晚期,大地湾一期文化遗存属老官台文化早期,北首岭下层属老官台文化晚期。

老官台文化是一种已进入锄耕农业阶段的新石器时代中期之前期的文化遗存。该文化的特点是,遗址的分布比较稀疏,文化层比较薄,内涵也比较贫乏。这反映在锄耕农业的初期阶段,生产力水平还比较低,各种物品的数量还比较少。

老官台文化和仰韶文化半坡类型,在器物上有一定的承袭关系。在北首岭遗址,老官台

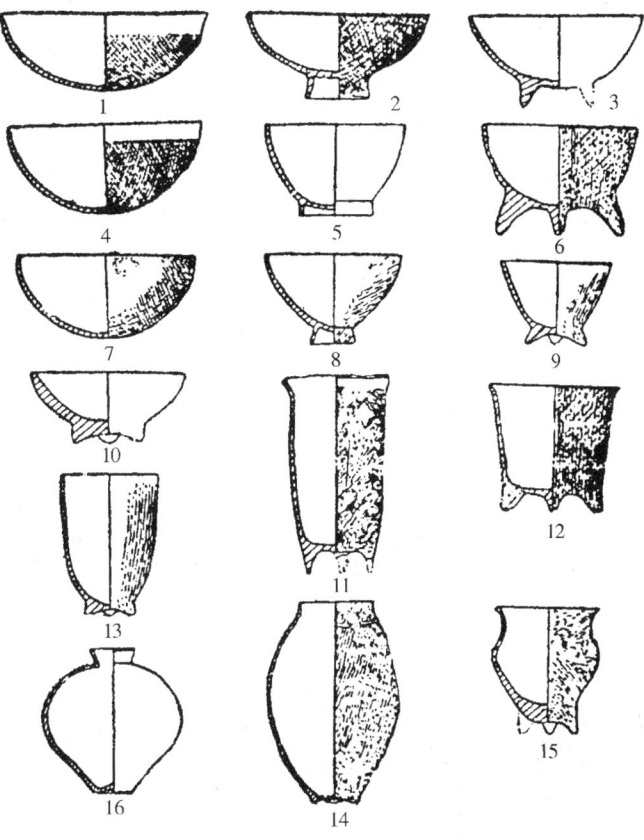

图 5-1 老官台文化陶器
(依巩启明,1983)

1、4、7. 圜底钵 2、5、8. 圈足碗 3、6、9. 三足钵 11—15. 三足罐 16. 壶
(1—3、11、16. 北刘出土 4、5、6、12. 大地湾出土 7—10、13. 李家村出土 14—15. 北首岭出土)

文化层被压在仰韶文化层之下。这说明半坡类型晚于老官台文化,是老官台文化的发展。[①]

(二)仰韶文化

仰韶文化首先于1921年在豫西渑池县仰韶村发现,故名。仰韶文化分布的中心地区是渭河流域、豫西和晋南地区。该文化的发展序列是:半坡类型→史家类型→庙底沟类型→西王村类型或称半坡晚期类型。

1. 半坡类型

半坡类型的文化遗存,主要分布在渭河流域、豫西和晋南地区(三门峡地区)。其影响所及南达西汉水和汉江上游,北达河套地区,西抵洮河流域。半坡类型经过较大规模发掘的遗址有西安市半坡(早期)、宝鸡市北首岭(中期)、华县元君庙(墓地)、华阴横阵村、临潼县姜寨(一期)等。

生产工具有石器、骨器和陶器。石器有打制和磨制两种,以磨制为主。打制石器的制造均采用直接打击法,制作比较粗糙。磨制石器的制作也比较原始,器身上常保留石料皮层,缺乏整齐的棱角,加工的部位主要在刃部,通体磨光的很少。石器的种类主要有斧、铲、锛、刀、

[①] 巩启明:《试论老官台文化》,中国考古学会第四次年会论文集,文物出版社1985年版,第264—271页。

凿、磨盘和磨棒等。石刀两侧常有缺口。骨、角、蚌器多为磨制,有的有穿孔;其器形主要有针、镞、锥等。陶质生产工具主要有陶锉和陶刮削器,后者用废弃的陶片改制而成。

半坡类型的陶器主要有泥质红陶和夹砂红陶两种。陶器皆手制,一般采用泥条盘筑,小型器物用手捏塑。器形多圜底器、平底器和尖底器,缺少三足器和圈足器,主要器形有小直口双耳尖底瓶、葫芦口双耳尖底瓶、直口圜底钵、敞口鼓腹平底罐、敛口深腹小平底瓮、蒜头细颈壶、圜底红顶碗、窄唇或卷唇圜底盆、平底盆等,其中以尖底瓶、细颈壶、红顶碗、红顶钵、彩陶盆等为典型器形。尖底瓶是一种汲水器,尖底瓶空瓶平卧于水中汲水,注满水后能自动竖起,符合力学原理。纹饰主要有绳纹和锥刺纹两种。有一定数量的彩陶。常见的纹饰有宽带纹、平行条纹、三角纹、网纹、鹿纹、人面纹、鱼纹和由鱼纹演变而来的各种图案(5-2),其中人面纹和各种鱼纹是具特色的纹饰。宽带纹施于器表,其他纹饰多施于器皿的内壁。半坡类型的彩陶多用彩色直接表现图案,很少使用彩色空间来表现图案的手法。一般直线条,很少用曲弧线条。彩绘多用黑色,很少用红色。

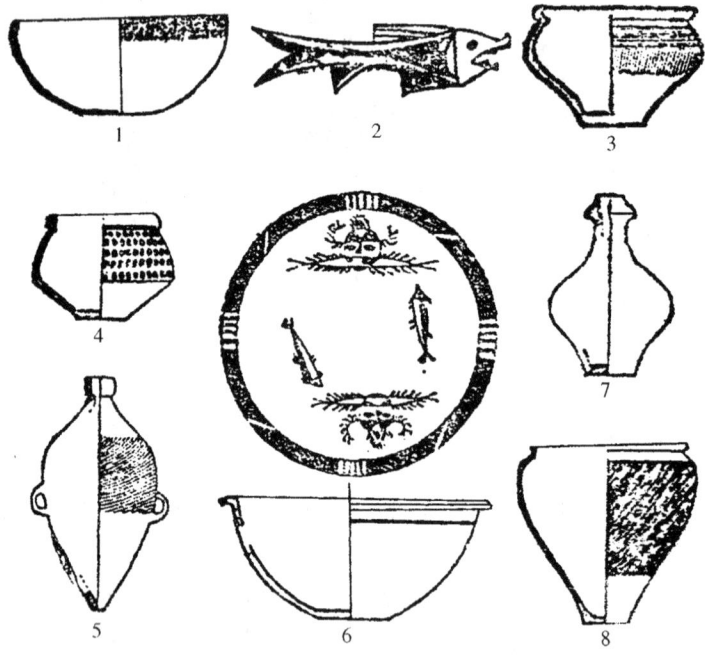

图 5-2 半坡类型陶器
1. 红顶碗 2. 鱼纹图案 3、4. 罐 5. 尖底瓶 6. 彩陶盆 7. 细颈壶 8. 瓮
(2. 半坡出土,余姜寨出土)

半坡类型还有其地域差别。关中东部地区,半坡类型的彩陶多而复杂,尖底瓶皆为尖底,两侧有缺口的石刀很多;鱼纹陶片、鱼镖、网坠也比较多。关中西部地区,半坡类型的彩陶比较少;尖底瓶名不符实,都是底径很小的平底瓶;鱼纹陶片、鱼镖和网坠很少;两侧有缺口的石刀较少,而多骨镞等狩猎工具。这些地域差别,是关中东部和西部,生态环境和人们的经济生活有所不同的反映。关中东部地区的先民以农业和渔业为主,而关中西部地区,除农业外,狩猎经济占较大的比重。

半坡类型的聚落布局,一般分为居住区、制陶区和墓葬区三个部分。陕西省临潼县姜寨村、西安市半坡、宝鸡市北首岭等遗址,都保存了比较完整的聚落布局,其中姜寨遗址的聚落布局保存得尤为完好。姜寨遗址的整个聚落包括五个较大的建筑群和三片公共墓群。五个较大的建筑群被三条人工壕沟和一条自然河流即临河所环绕。三片公共墓群在整个聚落的东部围沟以外。每个大的建筑群中都有一座大型房屋和一座至数座中型房屋；中型房屋围绕大型房屋分布，中型房屋的周围分布数座小型房屋。在整个聚落的中央是一个四周高、中心低的中心广场。五大群房屋呈圆圈形围绕在广场的周围。每群房屋的门都开向中心广场，即北部房子的门朝南开，东边房子的门朝西开，西边房子的门朝东开，南边房子的门朝北开（图5-3）。半坡遗址和北首岭遗址的聚落布局和姜寨遗址类同。半坡遗址内发现三条围沟：一条是环绕居住区周围的大围沟；两条是在居住区中的小沟。大围沟是保护居住区安全的防御设施。小围沟可能是区分不同氏族或同一氏族中不同的大家族的界限。

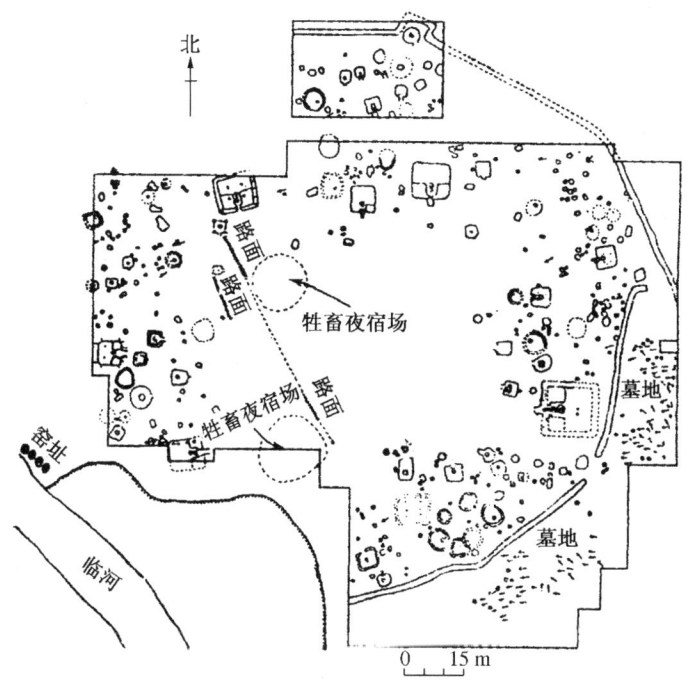

图5-3 仰韶文化聚落遗址布局示意图
（陕西临潼姜寨出土）

半坡类型的房屋大多为半地穴式，只有少数是平地建起的。房屋的形制有圆形和方形两种，大型房屋都是方形的，小型房屋多为圆形。按照房屋的面积大小可分为大、中、小三类。大型房屋，平面为方形，有矮墙和门道，室内有灶台和火塘，房屋面积从几十平方米到一百几十平方米。大型房屋，床位后面有很大一片空地，可供较多的人集会议事，举行节日庆祝和宗教仪式。住在大房屋内的人可能是较大家庭的成员，或是氏族酋长所在家族的成员，也可能是男子或妇女的秘密同盟。中型房屋的面积为20—40平方米。中型房屋一般为方形，半地穴式。小型房屋，一般为15平方米左右，大的20余平方米，小的仅八九平方米。

半坡类型的房屋，大多数都有一个门道。这种门道有的在房屋的外部，有的设置在房屋的内部。正对门道的房屋中部有一个灶坑，供炊煮和取暖用。灶坑的一端放置一个陶罐或挖一个小坑，以保存火种（图5-4）。

半坡类型的房屋，墙壁和居住面都经过处理。房屋的附近大多有灰坑（多为储藏物品的

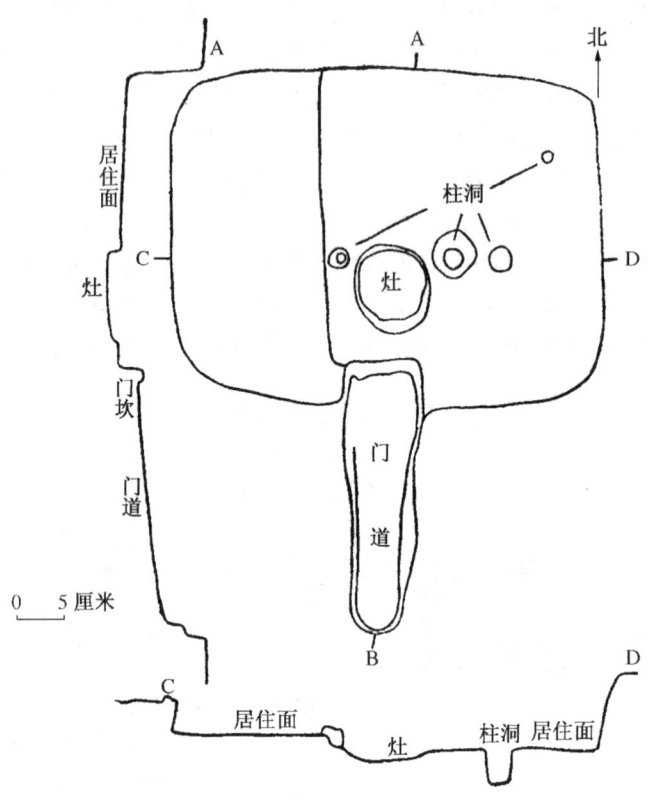

图 5-4 半坡类型房屋

窖穴),其形制多样。姜寨遗址发现的灰坑有圆袋形、方袋形、圆角长方形、椭圆形和不规则形等五种,以前两种为主,并往往设有台阶。台阶的形状有多种形式,有的沿直线逐级下降,有的沿顺时针或逆时针的方向旋转而下,有的底部分为两室。这类灰坑的口径多在一米左右,底径一米半至二米,深达 2—3 米。周壁光滑,有的涂草拌泥并经火焙烧,可防潮。半坡一个圆袋形窖穴,储藏有粮食(已朽灰)。灰坑大多是成群地分布在房屋的周围,反映所储藏物品属氏族或母系大家族集体所有。

半坡类型的墓葬发现很多,据不完全统计有 1000 多座。这些墓葬可分土坑墓和瓮棺葬两种。土坑墓多数分布在氏族公共墓地内,墓地多在遗址的一端,距居住区不远。瓮棺葬绝大多数分布在居住区的房屋附近,瓮棺葬多埋葬幼儿。墓地内的墓葬多数排列整齐,葬式以单人仰身直肢葬为主,有一定数量的多人二次葬和同性合葬。盛行多人二次合葬和同性合葬,是半坡类型葬制的一个特点。北首岭发现男女分区合葬。半坡发现的两个同性合葬,一座为两男性合葬,一座为四女性合葬。元君庙发现的三座同性合葬墓,两座为男性合葬,一座为女性合葬。元君庙和横阵村两遗址的墓葬则以多人二次合葬为主。横阵村除单坑多人葬外,还有一种大坑套小坑的多人二次合葬。这种形式的埋葬,横阵村一共发现三个。如第一号大坑长 10.4 米,宽 2.8 米,深 0.7 米,其中套五个小坑,每个小坑埋 4—12 具骨架;五个小坑共有人骨架 44 具;每个小坑都有随葬品(图 5-5)。这些随葬品为同坑者集体所有,而非某一个人所有。瓮棺葬除个别成人二次葬外,绝大多数为埋葬幼儿。瓮棺葬的葬具都是一个夹砂红陶瓮上扣一个泥质红陶钵或盆,盆和钵上往往钻一小孔。瓮棺盖上所钻小孔,可能是供

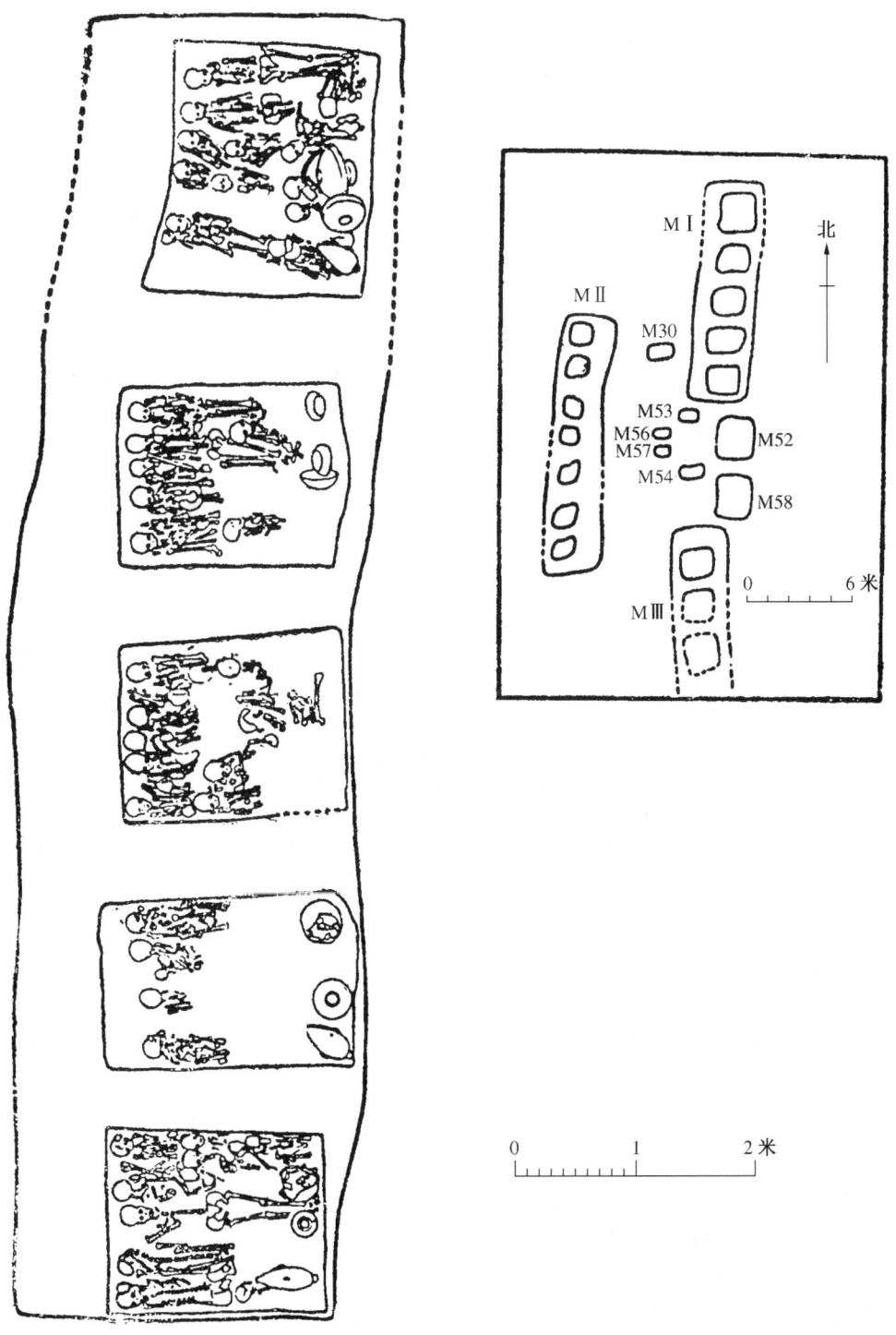

图 5-5 华阴横阵村仰韶文化墓地
右：墓地墓穴分布图　左：M1平面图

幼儿灵魂出入。在半坡的墓葬中还发现断指和断肢的现象。断肢只发现 M66 一例,人骨架在埋葬前其小腿就被砍下。

半坡类型的陶器上常发现刻划符号。关中地区仰韶文化遗址中发现刻划符号的有西安市半坡,临潼县姜寨、零口、垣头,长安县五楼,邠阳县莘野,铜川市李家沟,宝鸡市北首岭等,其中半坡遗址出土的刻划符号有 27 种,113 件。姜寨遗址出土的刻划符号有 27 种,129 件。关中地区共发现刻划符号 52 种(图 5-6)。

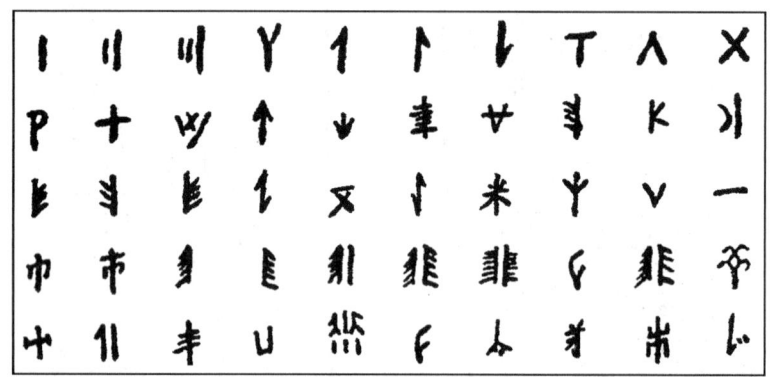

图 5-6 关中地区仰韶文化陶器上的刻划符号

上述刻划符号中的一些符号,如 等,已在半坡、姜寨、李家沟等遗址出现,其间隔距离达 100 公里。在这样大的范围内使用相同的刻划符号,说明这些刻划符号在这些不同的部族中有着相同的涵义。①

2. 史家类型

史家类型是 1976 年在陕西渭南市史家村发现了单一的该文化类型的文化遗存后才被作为仰韶文化的一个类型的。史家类型的文化遗存是单独作为一个文化类型,还是归属其他类型,考古界的意见还不一致。有些研究者将它归入半坡类型晚期,有的将它归入半坡类型,有的将其归入庙底沟类型,有的将它置于半坡和庙底沟两类型之间。

史家类型的分布大致和半坡类型相同,只是在关中地区的南北两侧有所扩大。该文化类型经过发掘的遗址有陕西省渭南史家、临潼县姜寨(二期),河南陕县三里桥,山西省芮城东庄村等。半坡、北首岭、邠县下孟村及华县泉护村等遗址也有零星遗物出土。

史家类型的生产工具和半坡类型相比,已显示出一定的进步性。这时的磨制石器,通体磨光者增多,并出现了少量的穿孔石器。磨制石器的器形以斧、铲、锛的数量较多,刀、镞的数量较少。有少量的打制石器,其器形有砍斫器、尖状器、刮削器等。骨器皆磨制,以针、锥、镞、笄等较常见。陶质工具有锉、纺轮、刮削器等。

陶器主要有泥质红陶和夹砂红陶,有少量泥质灰陶。陶器的制作多用泥条盘筑和捏塑,已出现慢轮修整口沿。器表多素面及磨光,纹饰有绳纹、弦纹、锥刺纹、附加堆纹、指甲纹、席纹等。彩陶数量较少。彩绘纹饰有窄条、宽带、弧线、圆点等组成的各种图案,以及鱼纹、人面纹、鸟纹等。器形有敛口钵、平底钵、卷沿圜底或平底盆、短颈壶、葫芦瓶、带盖直沿鼓腹平底罐、高领罐等(图 5-7),其中以敛口钵、卷沿盆、高领罐、带盖罐、葫芦瓶等最具特

---

① 中国科学院考古研究所等:《西安半坡——原始氏族公社聚落遗址》,文物出版社 1963 年版,第 1—8 页。

征性。

史家类型和半坡类型在陶器方面的主要区别是：经颈壶的颈部变粗短，器身变矮，有的已明器化；尖底瓶的数量减少而被葫芦瓶所代替；尖底瓶的腹部变粗，器身变短；钵的口沿由半坡类型的直口变为敛口；带盖直沿敛口鼓腹平底矮罐和高直领罐等，都是半坡类型中所没有的新出现的器形。

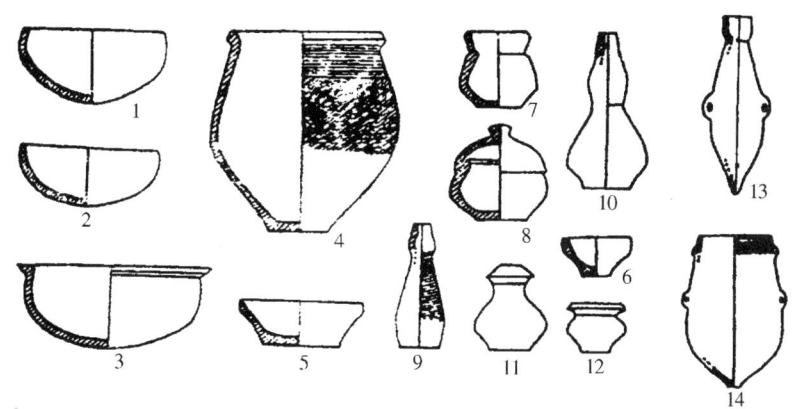

图 5-7 史家类型陶器
（依巩启明，1983）

1、2. 钵 3. 盆 4、7、8、12、14. 罐 5、6. 碗 9、10. 葫芦瓶 11. 细颈壶 13. 尖底瓶
（出土地点：1、2、6、7、8、9、10、11、12. 史家 3、4、5、13、14. 姜寨二期）

史家类型的彩陶，既具有半坡类型彩纹的直线、三角和鱼纹的特征，又有庙底沟类型彩陶的弧线、三角及鸟纹的特征。这说明史家类型是介于半坡类型和庙底沟类型之间的一个文化类型。

史家类型的房屋遗址，在姜寨和东庄村都有发现。姜寨发现的几座房址，均为方形或圆形半地穴式，坑穴较浅，面积较大，居住面平坦光滑。窖穴发现的较多，大多是口小底大的袋状窖穴，台阶式的窖穴已基本绝迹。

史家类型的墓葬大多为多人二次合葬。史家村发现的43座墓葬中多人二次合葬墓就有40座。这种多人二次合葬墓，有的墓将若干个体排成一排或数排，有的墓将几十个个体分成几层几排排列。不论哪种排列形式，骨骼的放置都比较整齐，每个个体大都是将头骨放置在中央，四肢骨及其他骨骼置于头骨的两侧或头骨之下。头向绝大多数为头西、面东，少数头东面西。墓坑大多数为土坑竖穴，大都是方形圆角或长方形圆角。每座墓一般埋20人左右，多者达50余人，少数仅4人。史家墓地人骨头部和下肢骨上涂有黑色颜料。史家村40座合葬墓，除一座为全部男性合葬外，其余皆为多人异性合葬。随葬品一般很少，大都三四件实用陶器，个别墓随葬一两件生产工具。随葬品为集体随葬，而不是为某一个体随葬。[①]

3. 庙底沟类型

庙底沟类型是1956年在河南省陕县庙底沟遗址发现了这类文化遗存后而得名的。该类型曾被一些学者称为西阴村类型和钓鱼台类型。庙底沟类型分布的中心地区是渭河流域、豫西和晋南地区，但它传播的范围很广，西到甘肃的洮河流域和青海东部，东达黄河下游地区，

---

① 西安半坡博物馆等：《陕西渭南史家新石器时代遗址》，《考古》1978年第1期。

北抵内蒙古南部,南到汉水上游和西汉水流域。仰韶文化发展到庙底沟类型时期已达到其鼎盛时期,故其影响范围最广,几乎遍及整个黄河流域。该类型经过科学发掘的遗址除河南陕县庙底沟外,主要有陕西华县泉护村(下层)、邠县下孟村(上层),河南省洛阳市王湾等。

庙底沟类型的石器以磨制为主,打制的极少。通体磨光的石器数量增加,钻孔技术比较普遍。常见的器形有铲、斧、锛、刀、纺轮等。陶质工具有数量较多的陶刀和纺轮。

陶器以细泥红陶的数量最多,夹砂红陶次之,有少量的泥质灰陶。陶器的制作主要用泥条盘筑,慢轮修整口沿已很普遍。器类有碗、盆、罐、瓶、盂、杯、釜、鼎、甑、灶等,其中以双唇口尖底瓶、曲腹碗、曲腹钵、釜形鼎、釜、灶等颇具特征。纹饰有线纹、绳纹、浅篮纹、附加堆纹等。彩陶数量较多,庙底沟类型的彩陶占全部陶器的14％左右。彩陶多、彩纹繁缛是该类型的主要特征之一。彩绘多用黑色,红彩极少。彩绘母题大都为圆点、弧线三角、勾叶、涡纹等。鸟纹、宽带纹、太阳纹等,也是常见的彩陶纹饰。彩纹多施于细泥红陶器的腹部和口沿上,表面打磨光亮,有一部分施红衣或白衣。彩绘均饰于陶器的外壁,无内彩(图5-8)。

庙底沟类型的房屋除半地穴式外,已有一定数量的地面建筑。房屋的平面形式有方形、长方形和圆形。有的房屋内部有一排木柱,说明这种房屋已开始分间,中国以间架为单位的古典木构框架体系在这时已趋形成。这种房屋已构成人字形屋顶,与半坡类型时期的四面坡式的房屋相比已有较大的进步。房屋柱洞底部常作各种加工:一般是垫一层粘土夯打结实,有的加垫陶片或石片,有的加垫完整的陶器底部。这些加垫的器物已起柱础作用,是柱础的前身。庙底沟遗址的两座房屋(F301、F302),其中心柱下已放置扁平砾石柱础,这反映在五六千年前,我国的先民在力图克服支柱下沉方面的一些方法,是符合加大地基承压面而减小压力的科学原理的。

图5-8 庙底沟类型陶器
(依邵望平,1984)

1. 釜　2、3. 罐　4. 灶　6、7、11. 盆　5、8. 碗　9、10. 瓶　12、13. 陶盆腹部图案展开图
(河南陕县庙底沟出土)

庙底沟类型的窖穴比半坡类型的窖穴容积要大,形状趋向一致,绝大多数是口小底大的袋状窖穴。这种袋状窖穴的坑壁和坑底大都涂草拌泥,并经火烧烤,使之坚硬光滑,起到清洁和防潮的作用。

庙底沟类型的墓葬发现不多。王湾遗址发现的76座墓葬中,有29座是埋葬成年人的土坑竖穴墓,有的有二层台。葬式多为单人仰身直肢葬,头向西北。绝大多数无随葬品。王湾一期的墓葬,死者头上涂朱的现象比较普遍。瓮棺葬均埋葬儿童。葬具多种多样,大多用亚腰尖底瓶作葬具,也有以瓮作葬具的,其上覆盖盆、钵。庙底沟类型的墓葬和半坡类型相比,其葬制的主要区别是,半坡类型有一定数量的同性合葬和多人二次合葬,庙底沟类型则无这类墓葬。葬制的这种变化是社会形态变化的反映。①

4. 西王村类型

西王村类型的文化遗存,过去由于资料较少,被笼统地归入半坡类型。在有关仰韶文化的讨论中有些研究者提出这类文化遗存不应归属半坡类型,而应另立一个类型。关于该类型的名称,意见则不一致。有些研究者称为半坡晚期类型,有的称为半坡上层类型,有的称为西王村类型。因为西王村遗址以仰韶晚期遗存为主,资料比较丰富,故作为该类型的名称较为适宜。

这一类型的文化遗存主要分布在渭河中、下游,河南、陕西和山西交界的黄河两岸及豫西三门峡地区。该类型经过发掘的遗址有西安半坡(晚期)、临潼姜寨(四期)、山西省芮城西王村等。根据考古调查资料,陕西陇县边家庄、王马嘴、岐山王家嘴、临潼义和村、赵家、西段、蓝田许沙河等,都是该类型内涵单一的典型遗址。

生产工具有石器、骨器和陶器,以石器为主。石器绝大多数为磨制,打制的罕见。磨制石器大多通体磨光。钻孔技术较为进步,已出现单面穿孔的器形,说明管钻技术已产生。器类增多,常见的器形有斧、锛、铲、锄、刀、镰、磨盘、磨棒、磨石、石锤等,其中穿孔石刀和石镰是新出现的器形。陶质生产工具有纺轮、陶刀、陶拍等。骨器皆为磨制,器形有锥、针、镞等。

陶器以泥质红陶和夹砂红陶的数量最多,泥质灰陶和夹砂灰陶次之,泥质黑陶最少。制法有手制和模制,以手制为主,口沿轮修已相当盛行。常见的器形有碗、钵、盆、盘、瓶、杯、甑、罐、瓮等,其中以敛口曲腹平底碗、钵、宽沿盆、条带形堆纹的筒状罐、敞口带流罐、喇叭口束腰尖底瓶、颈肩之间和肩腹之间呈圆折角的尖底瓶等,颇具特征。纹饰以绳纹最多,附加堆纹和篮纹次之。彩陶很少发现(图5-9)。

西王村类型的房屋遗存,营造技术有较大的进步,地面木构建筑较多,房屋面积较大,分间房屋已经出现。半坡遗址的1号大房屋是分间房屋的典型。这座房屋,进门处是一大间,后部划分为三小间(图5-10)。房屋内部的灶坑较大,以瓢形最多。柱洞多为经过夯打的硬泥圈柱洞,底部用鹅卵石或红烧土块作柱础。窖穴多为容积较大的圆袋形,内壁和底部光滑平整。

西王村类型的墓葬有土坑竖穴墓和瓮棺葬两种。土坑竖穴墓大多为成人墓,葬式多单人仰身直肢葬,头向西,也有头向东北的,大多无随葬品。幼儿夭折大都用瓮棺葬。②

下面扼要地分析仰韶文化的年代、经济及社会形态。

---

① 中国科学院考古研究所:《庙底沟与三里桥》,科学出版社1959年版,第1—22页。
② 黄河水库考古队山西分队:《山西芮城东庄村和西王村遗址的发掘》,《考古学报》1973年第1期。

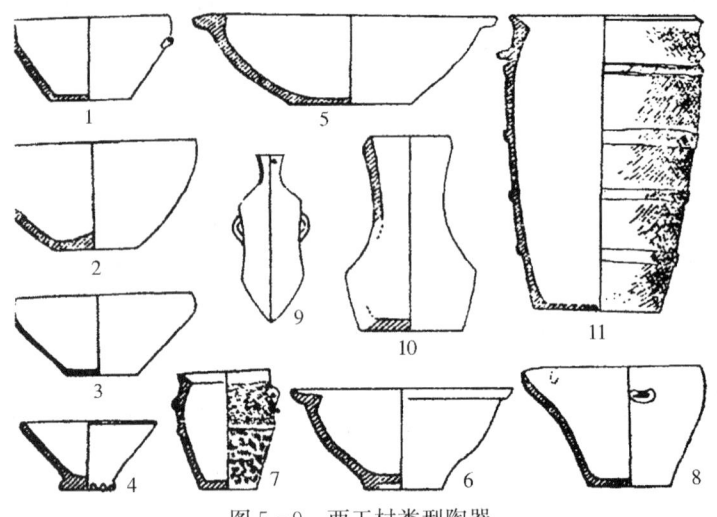

图 5-9 西王村类型陶器
（依巩启明，1983）

1—3. 钵　4. 碗　5、6. 盆　7、8、11. 罐　9. 尖底瓶　10. 壶
（出土地点：1、4—9. 半坡晚期　2、10. 姜寨四期　3、11. 西王村仰韶晚期）

仰韶文化半坡类型用 ^{14}C 测定的年代共有 12 个，其中最大的数据为距今 6140±120 年，最小的年代是距今 5585±105 年，这说明半坡类型延续了 500 多年。史家类型测定的五个标本，其中最大的数据为距今 5490±160 年，最小的数据为距今 5000±100 年，反映该类型延续了 400 多年。庙底沟类型测定的六个标本，其中最大的数据为距今 5230±100 年，最小的数据为距今 4410±120 年，即延续了 600 余年。以上数据说明，仰韶文化的年代大约为距今 6100—4400 年，大约延续 1700 年。

仰韶文化延续时间长，早、中、晚期的文化面貌不同，各时期所反映的社会形态也各不相同。

早于仰韶文化的老官台文化，石器以打制为主，磨制石器的数量较少，但在石器中已出现石铲之类的翻土工具，说明已开始进入锄耕农业阶段。仰韶文化早期磨制石器的数量增加，但通体磨光石器较少，不见穿孔石器。这反映仰韶文化早期的农业生产虽比老官台文化进步，但还没有进入发达的锄耕农业阶段。锄耕农业早中期的农业生产主要由妇女承担。农业生产是当时黄河流域的主要经济部门，女子在农业生产亦即当时的主要经济部门中的主导作用，是当时社会处在母系制繁荣阶段的基础。

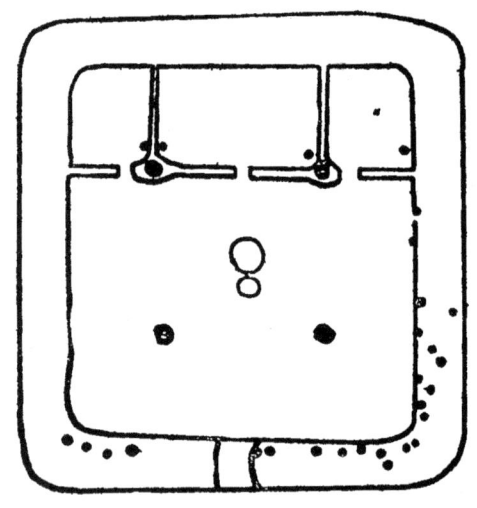

图 5-10　半坡 1 号房子平面图
图例：●柱洞，○灶坑

属于仰韶文化早期的姜寨一期的房屋布局也能反映当时的社会形态。姜寨一期以大型房屋为中心的五个房屋群是五个氏族的住所，以中型房屋为中心的一小群房屋是一个母系家族的住所。一小群房屋中的每座小型房屋是供一对配偶居住的。在对偶婚阶段，老年人和儿童是不与一对配偶同住一室的，一座 20 平方米左右的小型房屋就能满足一对配偶居住的

需要。

仰韶文化早期的同性合葬、多人二次合葬、男女分区葬、母亲和子女合葬也在一定程度上反映了当时的社会形态。

仰韶文化早期的婚姻形态以对偶婚为主,仍旧保存着群婚的残余。群婚是一氏族的一群男子和另一氏族的一群女子的交互婚姻,即族外婚。所生子女知其母,而不知其父,氏族世系只能从母方计算,只能确认母系。对偶婚是在群婚的基础上形成的一种短暂的对偶同居。对偶婚不是一种独占同居,两性的结合比较松散,绝大多数家庭,其子女仍是"知其母,不知其父",氏族的世系仍然按女方计算。在母系制下,通婚的双方属于不同的氏族,子女属母方氏族,父方对子女没有任何权利,男子死后要归葬其所出生的氏族。在对偶婚阶段,既无两性关系长期稳定的"夫妻",也就不可能有夫妻合葬墓。这一时期的同性合葬,合葬者的关系,或为兄弟,或为姐妹。宝鸡北首岭的男女分区葬,男性墓区的成员是同族的归葬兄弟,女性墓区的成员是同氏族的姐妹。半坡类型和史家类型的多人二次合葬墓,同一墓中的死者,可能属于同一个母系家族。由于在母系制度下,子女知其母,不知其父,子女属母方氏族,因此在当时只有母亲和子女合葬,不可能有父亲和子女合葬。

母系制下,妇女的活动都是直接为全族服务的,具有比较重要的经济意义和社会性质,对于维系氏族的生存和繁衍都起着极其重要的作用。因此,妇女在氏族和家庭中具有比较高的地位,在社会上普遍受到尊敬。

以上分析说明,仰韶文化早期的社会形态处在母系制的繁荣阶段。仰韶文化中、晚期,随着社会生产力的提高,社会形态也发生了变化。农业的发展,使渔猎经济退居到次要地位,大量的男子投入到农业生产中去,使男子的社会经济地位得到了提高。

仰韶文化中晚期房屋建筑发生了变化,半地穴式的房屋减少,地面建筑增多,开始出现分间和套间房屋。房屋建筑的变化是婚姻、家庭形态及社会形态开始变化的反映。仰韶文化早期的房屋布局是适应母系制对偶婚和对偶家庭的需要,仰韶文化中晚期的成排分间或套间房屋是适应父系氏族或家族居住的需要。

仰韶文化中、晚期在葬制方面也发生了变化,早期的同性合葬、多人二次合葬,到仰韶文化晚期已经绝迹;仰韶文化早期那种以氏族或家族为单位的同坑合葬,到晚期也已消失。葬制的这些变化,反映仰韶文化中、晚期氏族的血缘纽带已开始松弛,母系制开始向父系制过渡。

仰韶文化中、晚期的一些文化遗存,也反映了当时社会性质的变化。甘肃省甘谷灰地儿、陕西省铜川市李家沟等遗址的晚期文化遗存中都发现过对男性崇拜的陶祖(男性生殖器的陶塑品),黄陵遗址还发现男人陶塑头像,这些都说明在当时男子的社会地位已开始发生变化,在社会上享有较高的威望。

(三) 庙底沟二期文化

庙底沟二期文化遗存首先发现于河南省陕县庙底沟遗址的第二期文化中,故名。庙底沟二期文化中的大口深腹罐、鼎、小口尖底瓶、菱形带状彩陶罐等,具有仰韶文化晚期向"三里桥二期文化"过渡的性质,有的研究者曾将该文化遗存称为"早期龙山文化"。

庙底沟二期文化主要分布在关中、豫西和晋南地区。该文化经过发掘的遗址有关中东部的华县泉护村、华阴横阵村,晋南的芮城西王村、平陆盘南村等。在芮城西王村遗址,庙底沟二期文化压在仰韶文化晚期的西王村类型之上,在华阴横阵村遗址它处于仰韶文化和三里桥二期文化之间,这种地层关系确定了它和仰韶文化及三里桥二期文化的关系。

庙底沟二期文化的年代,只有庙底沟遗址的一个标本经放射性碳素测定(ZK111),为公元前 2780±145 年(经树轮校正)。

房屋建筑在河南陕县庙底沟、陕西华县泉护村和绥德小官道都有发现。这一期的房屋仍以半地穴式建筑为主,居住面上常铺白灰面(石灰)。房屋结构多为圆形或椭圆形的单室或双室。

陕西省绥德小官道遗址发现两座较为完整的双室半地穴式房址(AF4、BF2)。AF4 坐北朝南,由前室、后室和过道三部分组成。前室和后室都是椭圆形,中间过道相通。共发现 10 个柱洞,其中 4 个柱洞底部有柱础石。前后室及过道的地面都经过夯打,抹上草拌泥,再敷以料姜石粉面,平整光滑。墙壁先抹草拌泥,再敷白灰面。墙壁底部有一周枣红色平行线条的壁饰,宽三四厘米,由后室延伸到前室。过道东壁处有一个石垒炉膛。

庙底沟二期文化的窖穴大都为口小底大的圆形袋状坑。

庙底沟二期文化的陶窑,其结构基本相同。庙底沟一号窑,由火膛、火道和窑室等几部分构成。火膛较深,火口较小。由火膛引出两股主火道,再由主火道分出六股支火道通向窑室。窑室略呈圆形,直径不到一米,底部有箅,箅上有 25 个火眼与火道相通。多火眼的窑箅能使窑室内部的热力得到充分利用,并使窑室内部受热均匀。窑室上部向内微收成弧顶状,以便于封窑。这种结构的陶窑,在高温密封时,可使陶土中的氧化铁还原,使陶器在烧制时变为灰色或黑色(图 5 - 11)。

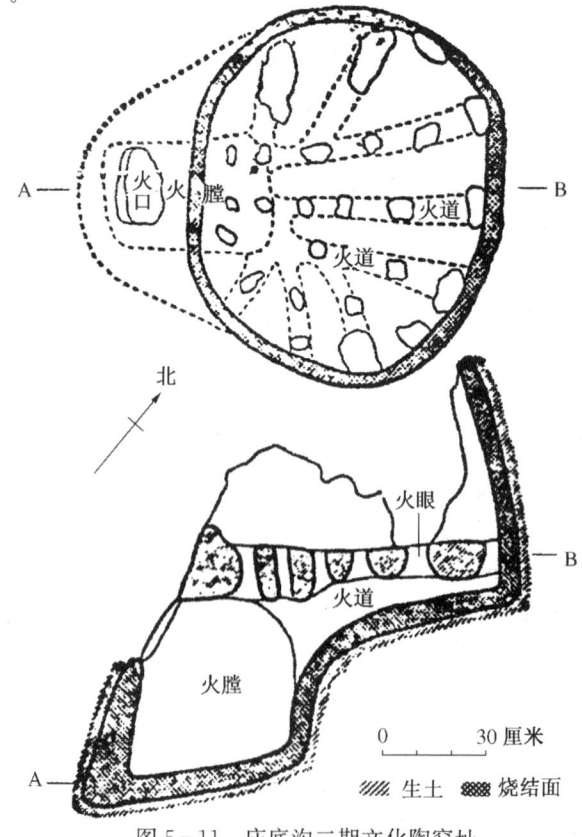

图 5-11 庙底沟二期文化陶窑址
(河南陕县庙底沟出土)

陶器以粗灰陶为主，红陶极少。陶器的制作有手制和轮制两种，以手制为主。手制陶器大都用泥条盘筑，口沿多经轮修。部分陶器采用接底法，即制坯时，分别制作器身和器底，然后再进行接合。纹饰以篮纹为最多，次为绳纹，有少量的方格纹、划纹和附加堆纹。彩陶很少，彩绘多见于泥质陶罐上，纹饰为斜方格带纹。有数量很少的彩陶杯和涂朱的彩陶碗。庙底沟二期文化的陶器，其特征是：器形多大型厚重，作风粗犷；有些器形的周壁有数道条带式附加堆纹。庙底沟二期文化是由仰韶文化发展而来，故其陶器中的某些器形还保留了仰韶文化晚期的因素，如小口尖底瓶、菱形带纹的陶罐等，都与仰韶文化晚期的同类器相似。陶器的主要器形有鼎、斝、灶、盆、杯、碗、豆、罐、尖底瓶等。鼎的数量较多，大都为圜底罐形，也有盆形的。有一部分鼎的上腹有一对鸡冠耳，有的腹壁附有数道条带式的附加堆纹。斝是新出现的袋足炊器，也是中原地区一种最早的炊器。陶灶较仰韶文化时期进步，如庙底沟遗址的两件陶灶呈筒状，下部无底，近底部有一灶门，上部有四个烟孔可以通烟。陶罐多为筒形，饰篮纹和数圈附加堆纹（图5-12）。

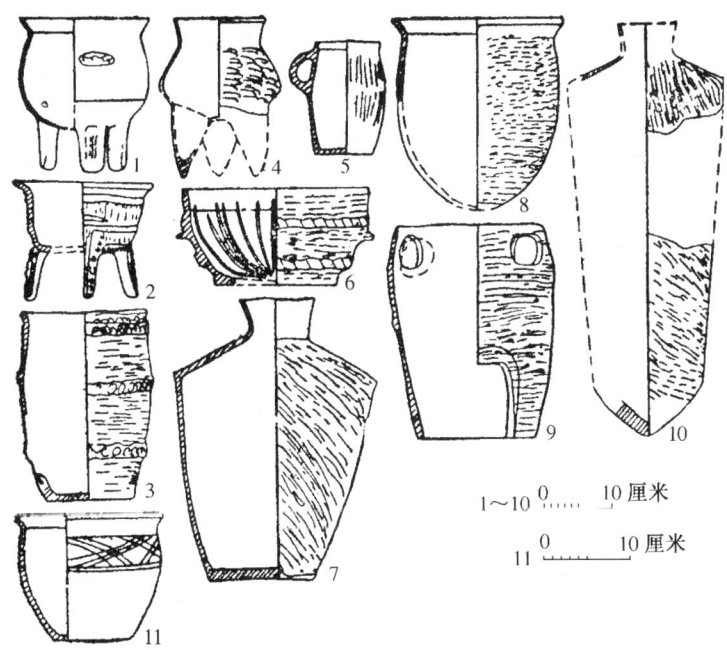

图5-12 庙底沟二期文化陶器
（依杨锡璋，1984）
1、2. 鼎 3、7、8. 罐 4. 斝 5. 单耳杯 6. 澄滤器 9. 灶 10. 尖底瓶
11. 盆 （河南陕县庙底沟出土）

庙底沟遗址发现的145座墓葬，大多数排列整齐。均为长方形土坑竖穴墓，单人仰身直肢葬，头向南。绝大多数墓无随葬品。[①]

在意识形态方面，华县泉护村曾发现一件对男性祖先崇拜的陶祖。

相当于庙底沟二期文化晚期的山西襄汾县陶寺遗址，私有制已经确立。社会财富聚敛到少数氏族权贵手中，广大的氏族成员，则处于受剥削的地位。结合泉护村，河南信阳三里

---

① 中国科学院考古研究所：《庙底沟与三里桥》，科学出版社1959年版，第1—22页。北京大学考古实习队：《洛阳王湾遗址发掘简报》，《考古》1961年第4期。

店所发现的陶祖,可以看出,庙底沟二期文化时期,父系制早已确立,并逐步向阶级社会过渡。

(四)客省庄二期文化、三里桥二期文化及陶寺类型

黄河中游的关中、豫西和晋南地区,继庙底沟二期文化发展起来的新石器时代晚期文化有三个支系,即关中地区的客省庄二期文化,豫西和晋西南的三里桥二期文化,汾河中下游地区的陶寺类型。

1. 客省庄二期文化

客省庄二期文化俗称陕西龙山文化,因这种文化遗存最初发现于陕西长安客省庄遗址的第二期文化中,故称客省庄二期文化。这一文化主要分布于陕西的渭水中下游。该文化已经发掘的遗址除长安客省庄外,还有长安县斗门镇、西安米家崖、临潼县姜寨、武功县赵家来等。

房屋建筑在客省庄、米家崖、姜寨等遗址都有发现。客省庄发现的房屋遗存都是半地穴式的,姜寨遗址有半地穴式和地面建筑两种,平面呈方形或圆形。客省庄发现的10座房屋,其中有9座都是分前后室的双室房屋。这种双室房屋,有的前室和后室都是方形,有的前室为方形,后室为圆形。房屋内部有一个储藏物品的袋状窖穴。客省庄F98,前、后室都是长方形,两室之间有过道相通。房屋的平面形制呈"吕"字形。前、后室各有一个较大的柱洞。内室中部有两个凹入地面的椭圆形小灶。前室北部中央有一个较大的壁炉,壁炉附近有五个小灶。前室西北角有一个袋状窖穴。门开在前室的西南,门道呈斜坡状(图5-13)。陕西长武将台山遗址还发现五间并列的房屋遗存。

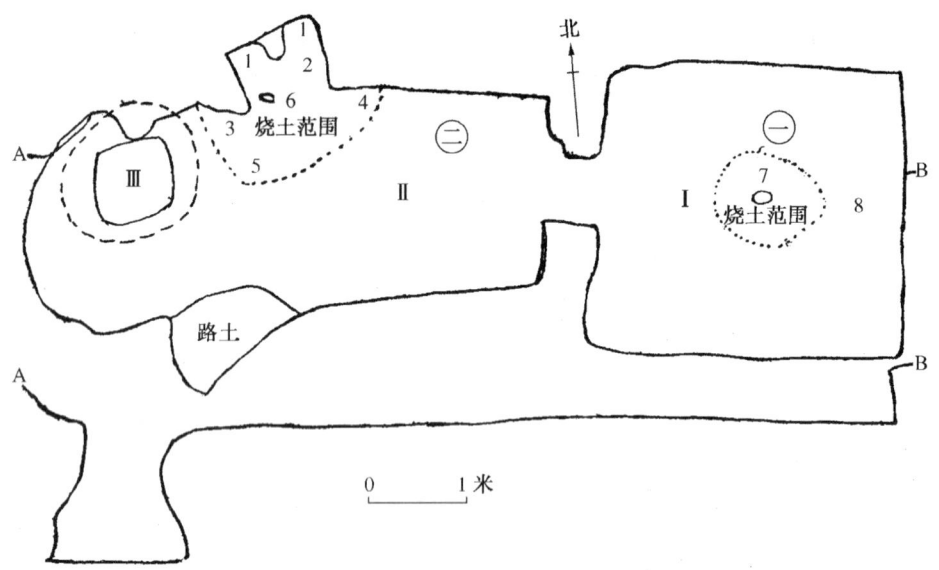

图 5-13 客省庄二期房屋平面、剖面图
Ⅰ.内室 Ⅱ.外室 Ⅲ.窖穴 一、二为柱穴 1."壁炉" 2—8.小灶

陶器以灰陶为主,有少量黑陶和红陶。陶器的制作有手制、轮制和模制。泥条盘筑是被大量采用的一种手制方法,轮制多用于制作小件器皿,如小陶罐;模制只限于鬲的下半部。一些陶鬲的内壁上有"反绳纹"和"反篮纹",这是用鬲作内模而留下的痕迹。纹饰以绳纹和篮纹最为普遍,有少量弦纹、附加堆纹和方格纹等。陶器的口沿上常加锯齿形

花边。器形的种类有鬲、斝、鬹、盉、罐、瓮、盆、碗、豆、盘、壶等,其中以单把鬲、双耳斝、单耳罐、双耳罐、三耳罐、小口高领折肩瓮等颇具特征性。鬲是数量最多的一种炊器,都有一个把手。把手安在一条腿上,和另外两条腿相对应,当提起把手向外倾倒食物时,前方两足同时着地。斝也是发现较多的一种炊器,颈部总有两个对称的半环状耳。耳和足的关系是固定的。从正面看去两耳在左右时,两足也正位于前方,另一足在背面正中。如果执两耳向外倾倒食物,前方两足可以同时着地。鬲和斝的把手所安置的位置很符合力学原理(图5-14)。

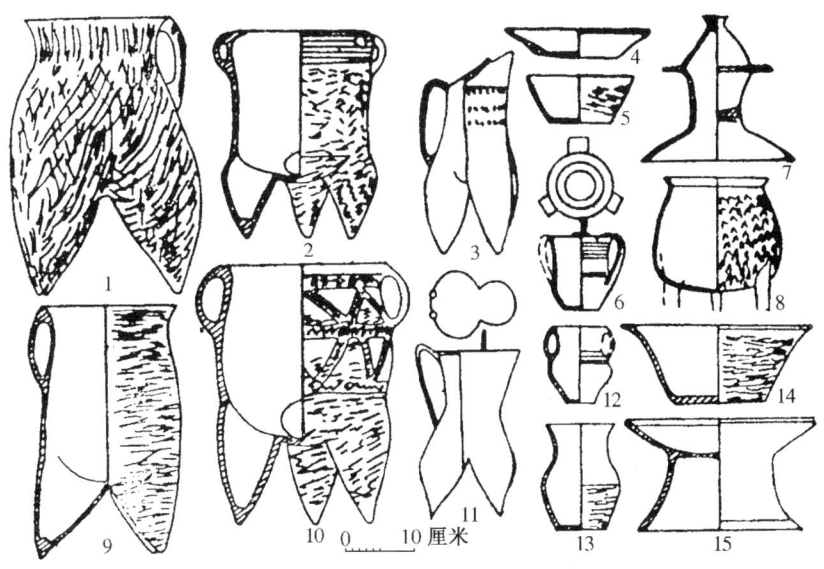

图5-14 客省庄二期文化陶器
(依杨锡璋,1984)
1、9.鬲 2、10.斝 3.盉 4.盘 5.碗 6.三耳罐 7.器盖 8.鼎 11.鬹
12.双耳罐 13.罐 14.盆 15.豆
(陕西长安客省庄出土)

客省庄二期文化与其邻近地区的同时代文化有一定的联系。如单把鬲、双耳斝、绳纹罐等,与豫西地区的三里桥二期文化的同类器相似。单耳、双耳、三耳罐、高领折肩罐、鬲和斝等,则与甘、青地区的齐家文化相似。

客省庄二期文化的墓葬在客省庄、横阵村和姜寨等遗址都有发现。姜寨遗址发现的六座墓葬分布不集中,头向和葬式也不一致。横阵村发现的一座成年男女合葬墓,共随葬陶器六件。骨架经鉴定,男性约35岁,女性约40岁。这种一对年龄相当的成年男女合葬墓,应视为夫妻合葬墓。客省庄还发现用废弃的灰坑(窖穴)埋葬人的现象,共发现六个灰坑埋有人骨和兽骨。其中有一个灰坑埋人骨五具,兽骨三具,有的人骨身首分离,有的作挣扎状。兽骨都很完整。

客省庄二期文化中,还发现过陶祖、卜骨和人骨雕刻。卜骨用羊的肩胛骨制作,只灼不凿。人骨雕刻是用人的股骨头刻成的人面形。[①]

---

① 中国科学院考古研究所:《沣西发掘报告》,文物出版社1962年版。考古研究所沣西发掘队:《1955—1957年陕西长安沣西发掘简报》,《考古》1959年第10期。

2. 三里桥二期文化

黄河中游地区的河南省全境、晋南、冀南及皖西北等地区,相当于龙山文化时代的新石器时代晚期,其文化系统的划分很不一致。有的研究者将上述地区的新石器晚期文化统称为"河南龙山文化",有的再将其划分为五个类型,即王湾类型、后岗类型、三油坊类型、三里桥类型、下王岗类型。在此将三里桥类型作为由庙底沟二期文化发展而来的一个支系,即分布于豫西地区的一个支系。

三里桥二期文化分布于豫、晋、陕三省交界地区,包括渑池以西的豫西地区,汾水以南的晋西南地区和关中华山以东地区。主要遗址有豫西陕县三里桥,晋西南平陆盘南村、芮城西王村、夏县东下冯等。

三里桥二期文化的陶器以夹砂粗灰陶和泥质灰陶为主,夹砂粗红陶和细泥黑陶次之,泥质红陶极少。制法有手制、轮制和模制。三里桥遗址第二期文化的轮制陶器占陶器总数的五分之一。模制主要制作陶鬲。纹饰以绳纹最多,篮纹降居第二位,方格纹较庙底沟二期文化时期有所增加,有少量的划纹、附加堆纹和镂孔。器形有鬲、斝、鬶、罐、盆、碗、甑、器座等,其中以单把鬲、双耳斝、双腹盆、双耳罐、高领罐、粗矮圈足豆、圈足盘等为具特征性器物(图5-15)。三里桥二期文化的分布区域位于关中和豫中之间,其陶器中既含有客省庄二期文化的器形,又含有豫中地区王湾类型的一些器形。如双腹盆、平沿鬶、深腹盆式甑、高领双耳罐、单耳杯、双耳杯等为王湾类型的常见器形,而单把鬲、单耳或双耳束颈深腹罐、长颈深腹罐和罐形斝等,则是客省庄二期文化中常见的器形。

生产工具有石器、骨器和蚌器。石器皆磨制,器形有斧、锛、刀、镞等。石刀一般都有两面对钻的单孔。骨器有铲、镞、针、锥等。蚌器有刀、镰、锥等。

墓葬只有零星的发现,一般为单人仰身直肢葬,大都无随葬品。这一时期在一些遗址中还发现"丛葬坑"。所谓丛葬坑,是将死者甚至活人埋于废弃的窖穴中。这些死者,有的身首分离,有的砍手断足,均作挣扎状。这些死者可能是被杀害的战俘或家奴。[①]

3. 陶寺类型

1978—1982年,中国社会科学院考古研究所对山西襄汾县陶寺遗址进行发掘,揭露面积2000余平方米,发掘墓葬700余座,获得了一批科学资料。后来在陶寺遗址发现了大规模的城址,城址中还发现贵族墓葬。陶寺类型的文化遗存有着自身的文化特征,故单独作为一个文化类型。

陶寺类型主要分布于汾河下游及其支流浍河流域。在该地区内的临汾、襄汾、侯马、曲沃、翼城、绛县、新绛、稷山、河津等地,共发现陶寺类型的遗址70多处。其中有些遗址的规模很大,除陶寺遗址(总面积300多万平方米)外,曲沃和翼城两县交界的开化遗址和方城-南石遗址(包括曲沃县方城村,翼城县南石村、古巨村),面积也在100万平方米以上。

根据陶寺遗址的地层关系可将陶寺类型分为早、晚期。

(1) 早期

石器多为磨制,打制的极少。器形有铲、斧、锛、长方形石刀、曲尺形有柄石刀等,以石铲的数量最多。其中曲尺形有柄石刀很少见于其他文化中,颇具特征性。

陶器以夹砂灰陶和泥质灰陶为主,黄陶次之,有很少量的泥质磨光黑陶和褐陶。制法以

---

① 中国科学院考古研究所:《庙底沟与三里桥》,科学出版社1959年版。

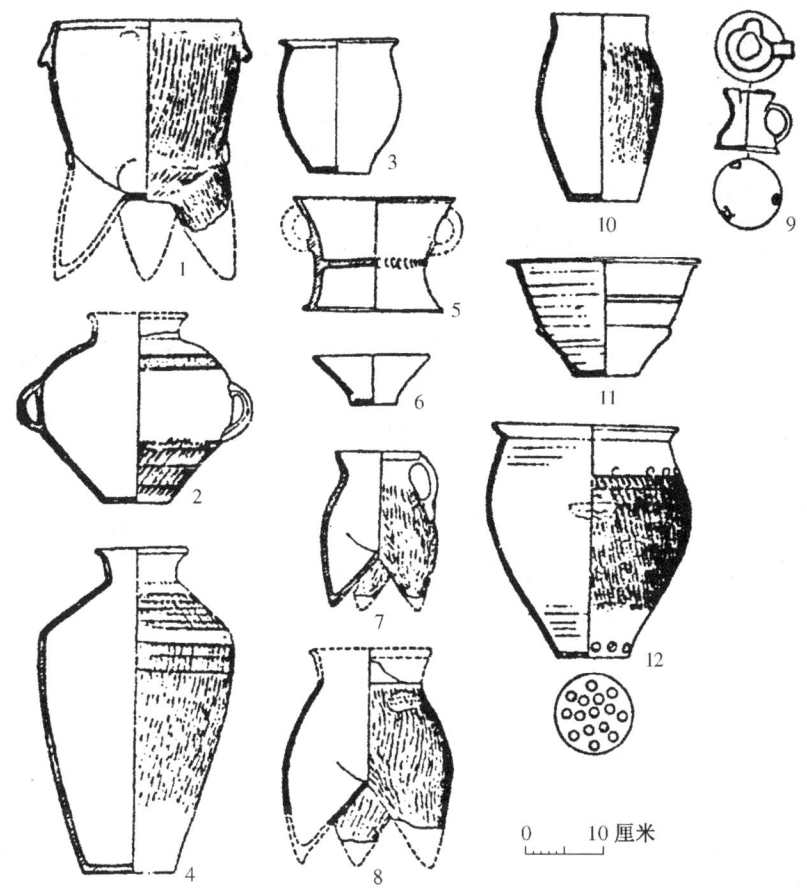

图 5-15 三里桥二期文化陶器
（依杨锡璋，1984）
1. 斝 2. 双耳罐 3、4、10. 罐 5. 箅形器 6. 碗 7、8. 鬲 9. 鬶形器 11. 双腹盆 12. 甑
（河南陕县三里桥出土）

手制为主，轮制极少。陶胎一般粗厚，器壁厚薄不均，器形也不规整。纹饰以绳纹为主，篮纹和方格纹很少。器形以平底和小平底器为主，有少量的圈足器和三足器，圜底器很少。常见的器形有"釜灶"、鼎、斝、甑、罐、单耳罐、扁壶、折腹盆等，其中以"釜灶"、扁壶、折腹斝、小口折肩罐、折腹盆最具特征性。"釜灶"是一种釜和灶连为一体的炊器，其形式多样，其中有一种器形，上部为一带鋬的圜底罐形釜，灶腹微外鼓，上部有四个烟孔，下有灶门；另一种器形是上部的釜内有一周泥条，似为承箅子或陶甑之用（图 5-16，早期）。

（2）晚期

晚期的生产工具和早期有所不同。晚期出现了蚌刀和有肩石铲。

1983年，在陶寺遗址的一座墓葬中出土了一件铃形铜器，长 6.3 厘米，最宽处 2.7 厘米，高 2.65 厘米。经鉴定，含铜量近 98%，是一件红铜铸造品。这一发现说明，在中原地区，最迟在陶寺类型晚期，不仅可以熔炼出纯的铜液，而且已初步掌握了复合范铸造工艺。

晚期的陶器仍以夹砂灰陶和泥质灰陶为主，泥质磨光黑陶比早期增多。制法有手制、轮制和模制三种。腹壁较薄，器壁厚薄匀称，器形也较规整。纹饰主要有篮纹和绳纹，有少量方

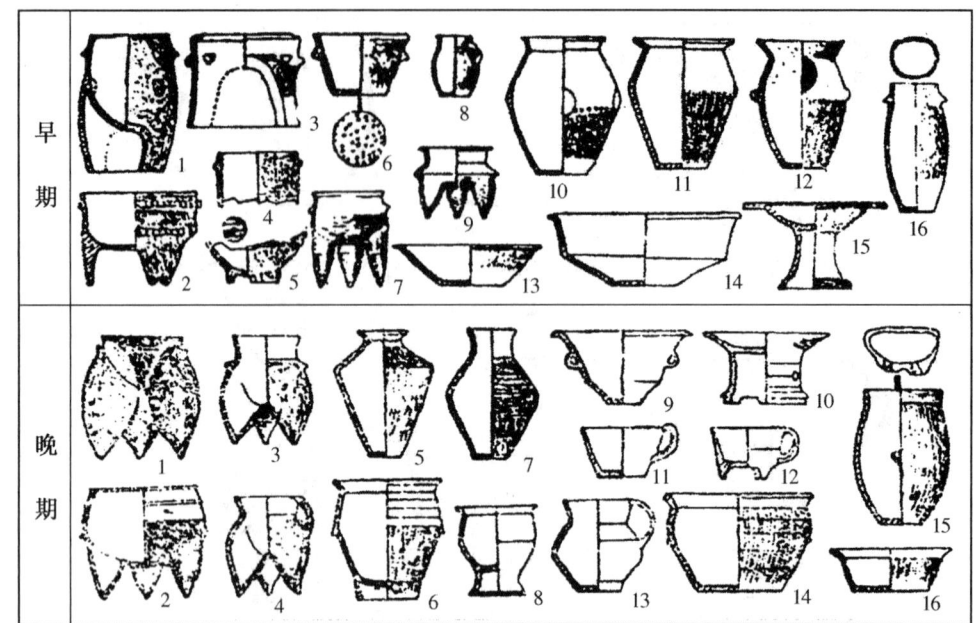

图 5-16　陶寺遗址陶器分期图
(依高炜等,1983)

早期：1. 釜灶　2. 鼎　3. 灶　4. 夹砂缸　5. 瓦足鼎　6. 甗　7、9. 斝　8. 单耳罐　10、11. 瓮
12. 大口罐　13. 平底盆　14. 折腹盆　15. 豆　16. 扁壶
晚期：1、3、4. 鬲　2. 斝　5、6、7、13. 罐　8. 簋　9. 双腹盆　10. 镂孔圈足豆　11、12. 杯
14. 深腹盆　15. 扁壶　16. 平底盆

格纹。主要器形有鬲、甗、罐、盆、簋、豆、斝、壶和杯等,其中以几种形制的鬲、甗、双腹盆、高颈折腹罐、单把杯、扁壶等颇具特征性。釜灶、鼎、缸到晚期消失。甗是晚期新出现的炊器,鬲的数量比早期增多。其中的单耳杯和双腹盆,与三里桥二期文化的同类器相似。

以上分析说明陶寺类型早期相当于庙底沟二期文化晚期,晚期相当于三里桥二期文化。①
陶寺类型的文化特征和庙底沟二期文化、三里桥二期文化都有区别,属于一种单独的文化特征。

晚期遗存还有卜骨,系用猪的肩胛骨制作,骨臼、骨脊均未加工,只灼不钻。

陶寺遗址大致可分为居住区、城址和墓葬区。在墓葬区共发现墓 700 余座,其中大型墓 9 座、中型墓 80 座、小型墓 610 余座。这是新石器时代埋葬人数最多和埋葬最密集的一个遗址。700 余座墓葬,有的属陶寺类型早期,有的属陶寺类型晚期。9 座大型墓中属陶寺类型早期的为 8 座,只有一座为晚期。

大型墓都有丰富的随葬品。如属于陶寺类型早期的 M3015,出土各类随葬品 178 件,其中包括陶器 14 件,木器 23 件,玉石器 130 件(包括石镞 111 件),骨器 11 件;另有随葬品被扰动,是在一座打破该墓的灰坑中被发现的(H3005),故 M3015 的随葬品总数应在 200 件以上。这 200 余件随葬品中,其中较重要的有彩绘陶龙盘、鼍鼓(木制,以鳄鱼皮作鼓面)、特磬、陶异形器(土鼓?)、彩绘木案、俎、匣、盘、豆、仓形器、彩绘陶器、玉石钺、瑗、成套石斧、石锛、石镞。

---

① 中国社会科学院考古研究所山西工作队等:《山西襄汾县陶寺遗址发掘简报》,《考古》1980 年第 1 期,第 18 页;《1978—1980 年山西襄汾陶寺墓地发掘简报》,《考古》1983 年第 1 期。

该墓还随葬猪一只,猪头砍下,置于墓圹右侧的陶斝内,用木棺作葬具,棺内撒朱砂。中型墓随葬品较少,通常一两件至五六件,最多十余件,以玉石器为主。小型墓一般无随葬品,有随葬品的墓不足十分之一。有随葬品的小墓,其随葬品一般不超过三件,以骨笄为常见。

大型墓的墓主均属男性。大型墓的两侧往往分布有同时期的中型墓,其墓主皆为成年女性。这些女性死者是大墓墓主的妻妾。这是一种一夫多妻的并穴埋葬。

(3) 城址

1921年在陶寺遗址发现了大型城址,平面形制为圆角长方形,长、宽分别为2150米、1800米,城内面积约200万平方米(图5-17)。

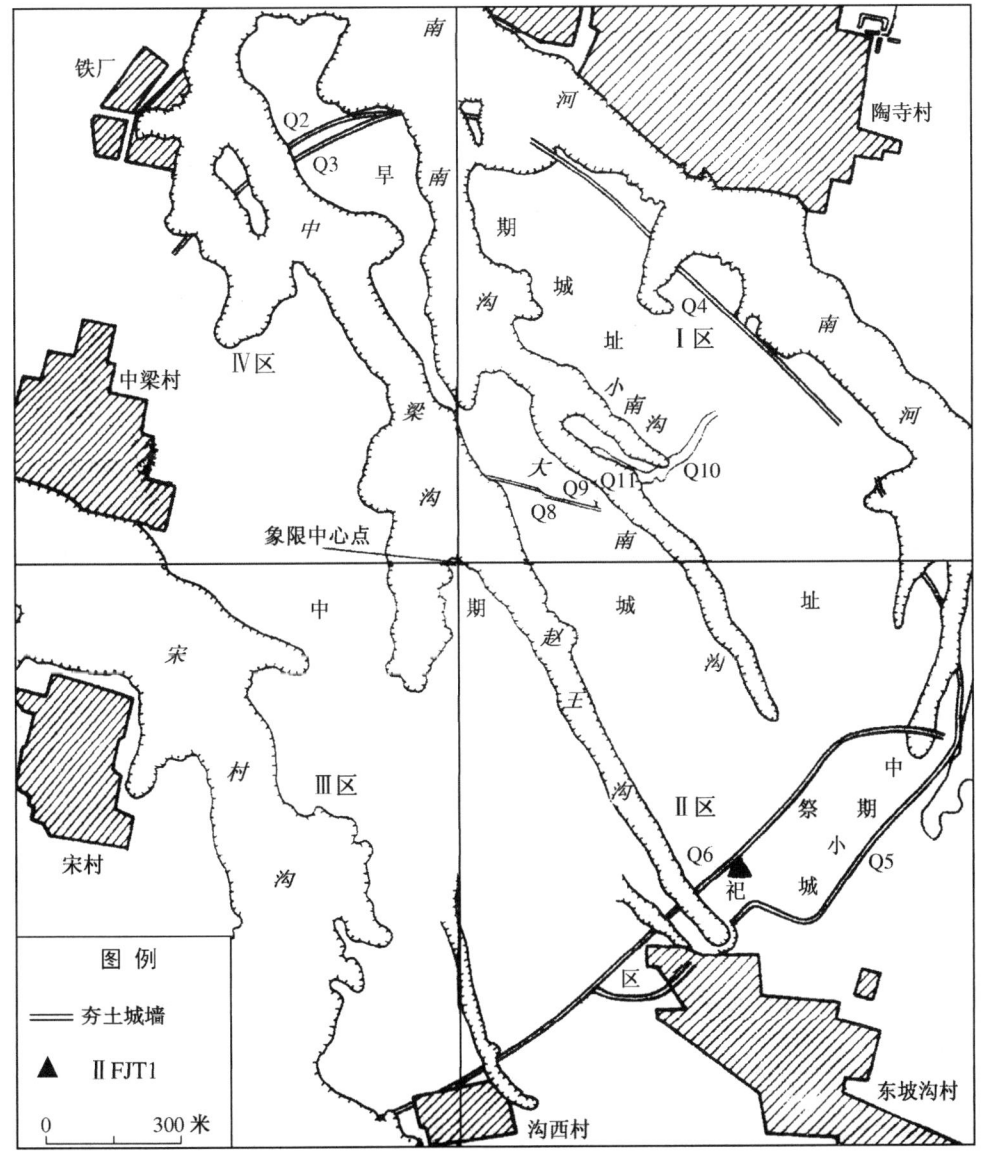

图 5-17　FJT1 位置图

Q2—Q6、Q8—Q11.夯土城墙(Q1不能确定是否为城墙,Q7未发掘)

城址使用时间是陶寺文化中期,废弃于陶寺文化晚期。

陶寺遗址内的城址分早期小城、中期大城。在中期大城建成后,又在其东南部外,邻中期大城增设中期小城,在中期小城的西北部有一个宗教祭祀区。在祭祀区内有一片墓地,其中有一些随葬十分丰富而精美的随葬品,这些大墓显然是氏族显贵的墓葬。

早期小城位于中期大城内的东北部,其北城垣(Q3)与中期大城之城垣(Q2)平行,早期小城垣的东北城垣与中期大城垣的东垣(Q4)相重叠。这说明中期大城垣(Q4)是利用了早期小城的东城垣。早期小城之城垣,北部城垣可见到一段,长度不足300米,南城垣可能已被后世的冲沟所毁,现可见西南城垣(Q8)约300米,南部转角处约10米。

在陶寺中期大城南垣与中期小城西北部有一片墓地,面积有1万平方米左右。在其中已清理出陶寺文化中晚期墓葬22座,其中IIM22的遗迹、遗物比较丰富。墓室四壁底部共发现壁龛11个,其中南北两壁各4个、东壁1个、西壁2个,用于放置随葬品。在墓内东北角距墓口1.4米处填土中发现1具被腰斩的青年男子人骨架。IIM22棺是由一个整木挖凿出来的船形棺,长约2.7米、宽1.2米、残高0.16—0.3米、板厚0.33米。棺内外皆施红彩。IIM22被扰坑IIH16打破。扰坑呈不规则椭圆形,东西长4.12米、南北宽3.10米、深6.7米,时代为陶寺文化晚期偏早。坑内填土中出土几束苇秆、人骨残肢碎片、红彩块(棺罩?)、子安贝2枚、绿松石珠2颗。这些很可能是棺内扰出来的。坑底有随意抛弃的人颅骨5个。

IIM22随葬品十分丰富、精美,棺中残留绿松石饰件、玉钺碎片、小玉璜、木柄、子安贝等46件随葬品,扰坑IIH16内被扰出来的棺内随葬品有玉钺、玉钺残块、白玉管、天河石和绿松石片等20件。墓室未被扰动部分出土随葬品72件(套),包括彩绘陶器8件、玉石器18件套、骨镞8组、漆木器25件(不包括6件玉石钺的漆木柄)、红彩草编物2件,以及猪头10头、公猪下颌1件。

棺内南侧与南壁之间排列青石大厨刀4柄,素面木案板7块。棺西侧置多榀木盒1件。墓室西部摆放着一劈两半的猪肉共计20爿,合计10头猪。墓室西北边还放置带漆木架的彩绘陶盆1件。墓室东北角墓壁底部放置1件红漆筒形器。近墓底部,倚东壁南北两侧各放置3件彩绘柄玉石兵器,其中玉(石)钺5件、玉戚1件。倚南壁东半部放漆杆1根、装在红色矢箙内的骨镞7组、木弓2张。壁龛内放置随葬品多寡不一,其中南2龛、南4龛和西2龛空无一物(可能所放置的有机物已分解后不见痕迹)。西1龛放置猪肉。南3龛出骨镞1枚。北4龛残留红彩草编物和漆器各1件。北3龛出土彩绘陶簋1件。东1龛出土漆豆2件、红彩草编篮1件。南1龛出土漆木盒1件(已朽坏),内盛玉戚2件,玉琮1件。北1龛内置彩漆大箱1件,内置彩绘漆觚形器3件,箱顶原放玉璜3组、玉兽面1组。北2龛主要放置彩绘陶器,有大圈足盆1件、折肩罐1对(其中1件口上盖玉璧1件)、小口圆肩罐1对、双耳罐1件。

IIM22出土的彩绘陶器如折肩罐、圆肩罐、双耳罐都具有早期向晚期过渡的特征,而且IIM22未经扰动过的填土里出土的直口盆形斝、釜灶、单把鬲、小口折肩罐、圈足罐等残片,时代为陶寺文化中期,陶寺文化晚期偏早的IIH16又打破IIM22,因此M22的时代可定为陶寺文化中期偏晚。

陶寺中期大贵族墓葬被围在中期小城内,与20世纪发掘的陶寺文化早期大墓及其墓地处于不同茔域,暗示文化中期城址对早期城址的取代并非孤立现象。IIM22被IIH16所捣毁不是个别现象,中期小城内的贵族墓葬在陶寺文化晚期遭到捣毁和扬尸。这表明陶寺文化时期的社会矛盾严重激化,正经历着一个社会转型阶段。

根据^{14}C测定年代,陶寺类型可能处在公元前25世纪至公元前20世纪。陶寺类型早期大约相当于庙底沟二期文化时代或稍晚,晚期与三里桥二期文化时代相当。

从陶寺类型的年代、古史地望、生产力水平和社会形态、遗址规模及蟠龙陶盘所提供的族属来看,陶寺类型应为探索夏文化的重要对象。

二、豫中及其周围地区

以豫中(郑州至洛阳)为中心地区,其中包括豫北的安阳以南地区和豫南的淮河以北地区,其新石器时代文化的发展序列是:裴李岗文化→大河村文化→秦王寨类型→王湾类型即王湾三期。

(一)裴李岗文化

以河南省新郑裴李岗遗址的出土遗物为代表的文化遗存即裴李岗文化遗存,主要分布在豫西山地东部与华北平原的接壤地带,遗址最密集的地区在郑州以南的豫中地区。根据现已公布的资料,裴李岗文化的分布,北界到豫北的安阳地区,南达豫南的淮河以北地区,西到洛阳以东,东抵开封地区。该文化经过科学发掘的遗址除新郑裴李岗外,还有密县莪沟北岗、临汝中山寨、长葛石固等。

裴李岗文化的陶器以泥质红陶的数量最多(占总数的68%以上),夹砂红陶次之(占总数的28%),泥质灰陶的数量最少。陶器的制作均为手制,大多为泥条盘筑。陶器烧成温度为900℃—960℃。器表绝大多数为素面,有纹饰的很少。纹饰有指甲纹、篦点纹、弧线篦纹、划纹、乳钉纹等。常见的器形有平底或圜底的碗、钵、圈足碗或钵、三足钵、盘、双耳壶、三耳壶、圈足壶、双耳罐、深腹罐、鼎等,其中以双耳壶的数量最多,三足钵次之,碗和深腹罐再次之。石器以磨制为主,磨制较精致。器形主要有铲、斧、镰、磨盘和磨棒等。石铲以两端圆弧刃的数量最多,有少量的有柄石铲、桂叶状石铲。石镰弓背弧刃,刃部均有细密的锯齿,背部末端上翘,下端有缺口以绑镰柄。石磨盘和石磨棒最富特征性,数量多而且成套出土。其形制大多为鞋底形,底部有4个圆柱足,长一般为50—60厘米,宽25—30厘米(图5-18)。

裴李岗文化的房屋均为半地穴式建筑,以圆形房屋为主,方形房屋较少,门朝南,有阶梯式门道。

墓葬在裴李岗和莪沟北岗遗址都有较多发现。裴李岗文化的墓葬都有集中的墓区,均为长方形土坑竖穴墓。裴李岗遗址的墓葬头向南,莪沟北岗的墓葬头向西南。莪沟北岗的墓葬有的有壁龛,用于放置随葬品。裴李岗文化的墓葬,男性墓和女性墓的随葬品有明显的区别。莪沟北岗的墓葬,凡用石铲、石斧、石镰随葬的墓,皆不随葬磨盘和磨棒;反之,凡是随葬石磨盘和磨棒的墓,就不随葬石斧、石铲、石镰。经鉴定人骨,随葬石铲和石镰的为男性墓。这表明,裴李岗文化时期,男女之间有明显的劳动分工。[①]

裴李岗文化先后测定了10个^{14}C年代数据,如果摒弃裴李岗遗址三个误差较大的年代(ZK434、ZK572、ZK751),其最大的数据为公元前5495±200年(ZK754),最小数据为公元前5025±100年(WB7838)。根据这些年代数据,裴李岗文化开始的年代在公元前5400年左右,结束于公元前4900年左右。

---

① 开封地区文管会等:《河南新郑裴李岗新石器时代遗址》,《考古》1978年第2期,第73页。中国社会科学院考古研究所河南一队:《1979年裴李岗遗址发掘简报》,《考古》1982年第4期。

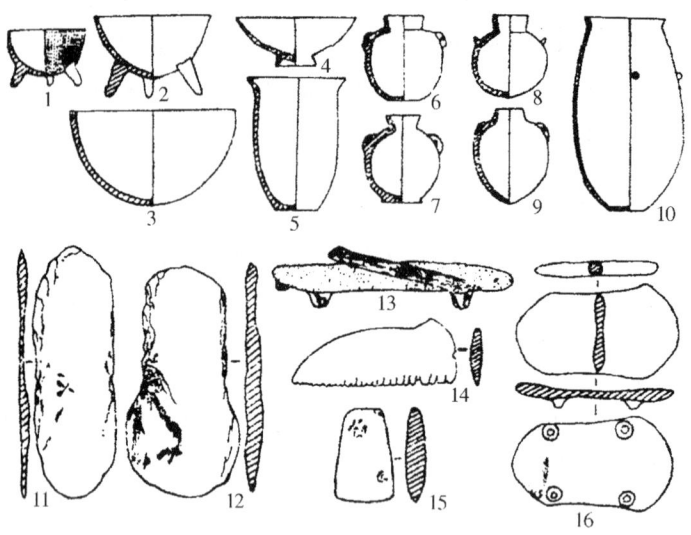

图 5-18　裴李岗文化器物
1、2. 三足钵　3. 圆底钵　4. 碗　5、10. 罐　6—9. 双耳壶
11、12. 石铲　13、16. 磨盘磨棒　14. 石镰　15. 石斧

（二）大河村文化

大河村遗址位于郑州市东北，面积约 30 万平方米。1972—1975 年先后进行过七次考古发掘，揭露面积达 1500 平方米。文化堆积厚达 7 米，因地下水位高而未清理到底。大河村遗址的文化遗存分为六期，前四期文化遗存大致和仰韶文化时期相当，陶器的主要器形（鼎、钵、盆、罐）有明显的承袭关系。

大河村一期文化的陶器以红陶为主，灰陶次之，有极少量的白陶。制法以手制为主，部分器物的口沿经慢轮修整。器表以素面磨光为主，纹饰有线纹、弦纹、附加堆纹等。有一定数量的彩陶。部分彩陶先施白衣，陶衣有白色和淡黄色两种。彩绘多用黑色和棕色，彩纹有宽带、弧线三角、钩叶、直线、圆点等。彩绘主要施于盆、钵、碗、器座的口部或上腹。有的盆内外施彩。常见的器形有鼎、盆、钵、碗、尖底瓶、罐、器座等，其中以釜形鼎、敛口红顶钵、宽折沿鼓腹盆、鼓形器座等颇具特征性（图 5-19,5—8）。

大河村二期文化的陶器仍以红陶为主，灰陶次之。陶器的制作仍以手制为主，口沿轮修比第一期普遍。器形有鼎、盆、钵、碗、豆、罐、缸、壶、甑、尖底瓶、灶等，其中的釜形鼎、盆形鼎、敛口钵、卷沿盆、矮领罐等，具有代表性。彩陶比第一期增多，彩绘多用黑色，黑、红或棕、红色并用比第一期增多。第二期新增加的彩纹有睫毛纹、月牙纹、月亮纹、圆圈纹、网纹等（图 5-19,9—15）。

大河村一期文化的生产工具有两面对钻的扁平穿孔石斧，各种形制的石、骨、蚌镞。二期的生产工具和一期相比变化不大。石器主要有石斧、石凿、石球等。骨、蚌器有镞。

大河村一期文化无 ^{14}C 测定的年代数据，二期文化 ^{14}C 测定的年代为距今 5120 ± 100 年。[①]

[①] 郑州市博物馆：《郑州大河村遗址发掘报告》，《考古学报》1979 年第 3 期，第 301 页；《郑州大河村仰韶文化房屋遗址》，《考古》1973 年第 6 期，第 330—336 页。

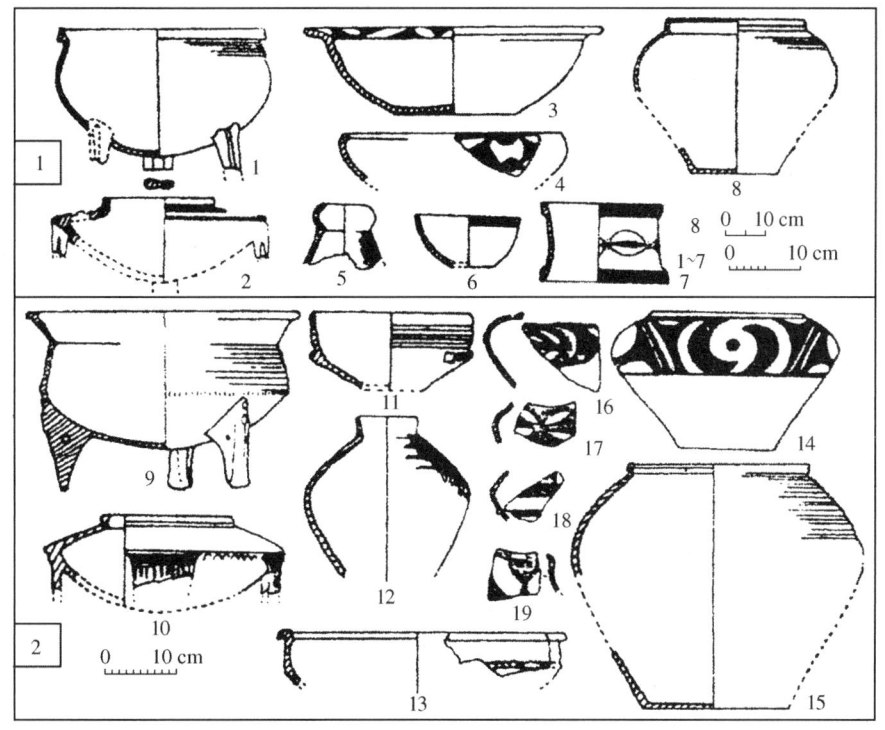

图 5-19　大河村一、二期文化陶器

(依邵望平,1984)

1) 大河村一期陶器：1、2. 鼎　3. 盆　4. 钵　5. 尖底瓶　6. 碗　7. 器座　8. 罐
2) 大河村二期陶器：9、10. 鼎　11、13. 盆　12、15. 罐　14. 钵　16—19. 彩陶片

　　大河村文化的前身是何种文化，它是否由裴李岗文化发展而来，这是考古界所关心的问题。在河南省临汝中山寨遗址发现大河村类型的文化遗存叠压在裴李岗文化之上的地层关系，为解决两者之间的关系提供了地层根据。中山寨遗址的下文化层具有裴李岗文化晚期的特点，具有向大河村类型过渡的性质。

　　中山寨遗址大河村类型早期地层叠压在裴李岗文化晚期地层之上，这就在地层关系上证实了大河村类型是裴李岗文化的发展。

　　豫中地区，在裴李岗文化发现以前，考古界往往将该地区和仰韶文化时代相当的新石器文化归属仰韶文化系统。大河村文化发现后，由于大河村一、二期文化中有些陶器和仰韶文化庙底沟类型的器形相似，因此有些研究者将大河村一、二期文化归属仰韶文化庙底沟类型。须指出，将大河村一、二期文化归属庙底沟类型是不恰当的。大河村一、二期文化中虽有一些文化因素和庙底沟类型相似，但两者在文化面貌上的区别是很大的。庙底沟类型和大河村类型的文化渊源也是不同的，庙底沟类型是由仰韶文化史家类型发展而来，而大河村类型是由裴李岗文化发展而来。两者在文化发展的去向上也是不同的，庙底沟类型发展为西王村类型（半坡上层类型），而大河村类型则发展为秦王寨类型。以上分析说明，大河村类型应当归属裴李岗文化系统，而不应归属仰韶文化系统。

　　（三）**秦王寨类型**

　　在裴李岗文化和大河村文化发现以前，秦王寨类型被归属仰韶文化系统，作为仰韶文化分布于豫中的一个地方类型。大河村文化类型发现以后，一些研究者认识到以大河村三期文化为典型文化遗存的秦王寨类型是大河村文化(大河村一、二期文化)的发展,应将秦王寨类型归属裴李岗文化-大河村文化系统,而不应归属仰韶文化系统。

秦王寨类型的文化遗存主要分布在洛阳以东的豫中地区,现已发掘的遗址有郑州大河村(三、四期)、林山砦、临汝大张、鲁山邱公城、南召二郎岗等。

房屋多为地面建筑,半地穴式很少。形制有方形、长方形、圆形三种。分间房屋已普遍发现,大河村 F_1—F_4 是这类房屋的代表。大河村 F_1—F_4 是四间并列相连的分间房屋,其内部有套间。F_1 和 F_2 相连,F_2 的东壁即 F_1 的西壁,F_3 是利用 F_1 的东壁作西壁,而 F_4 是利用 F_3 的东壁接筑起来的。房基的平面是南北向的长方形,其中 F_1 的面积最大,F_4 的面积最小。房屋内部有土台和火池(图5-20)。房屋附近有窖穴。窖穴有袋形、椭圆形和不规则形等。

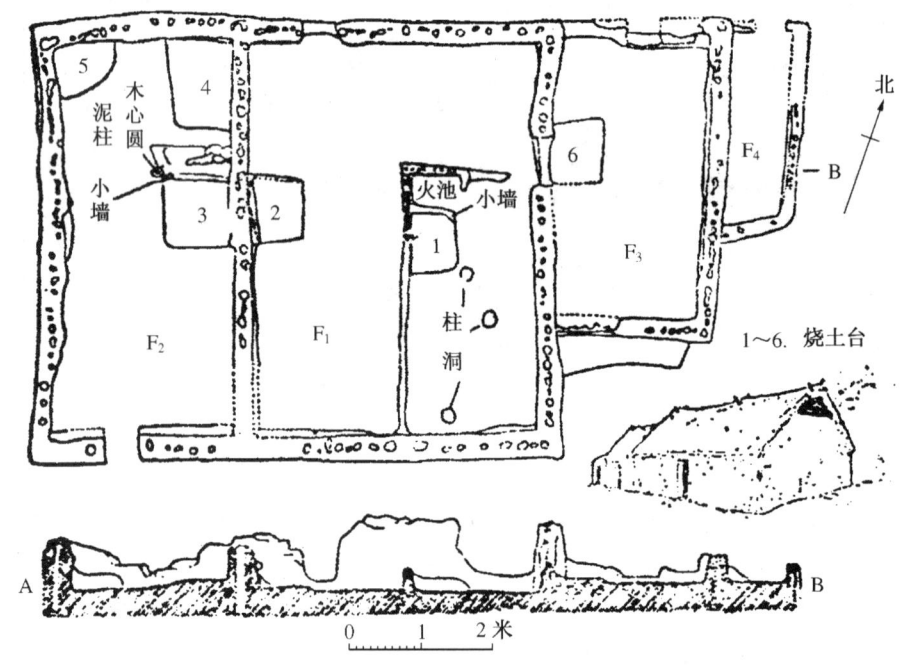

图5-20　大河村三期地上房屋(大河村 F_1—F_4)
右下方为复原的房屋外貌

生产工具有石斧、石铲、石锛、石犁、石镰和蚌镰等,其中石犁、石镰和蚌镰是新出现的器形。

陶器以红陶为主,灰陶次之。制法以手制为主,但轮修已从口沿扩大到腹部。纹饰有弦纹、附加堆纹、方格纹、篮纹和镂孔等,其中篮纹和镂孔是新出现的。彩陶数量较多,花纹繁缛。彩绘有红、棕、灰、黑等几种颜色,红彩和黑彩有时并用。有灰陶施彩的。彩陶绝大多数施白衣,红衣很少。彩纹有网状带纹、三角纹、睫毛纹、"S"形纹、X纹、锯齿纹、同心圆、平行线纹、波浪纹、六角星纹、梳形纹、太阳纹等。常见的器形有鼎、甑、钵、盆、罐、瓮、缸、壶、豆、杯等,其中以侈口束颈球腹罐形鼎、高领折腹盆形鼎、平沿曲腹小平底盆、敛口圆肩曲腹钵、敛口曲腹彩陶钵、敛口深腹彩陶罐等颇具特征性(图5-21)。

1987年,河南临汝县阎村出土1件仰韶文化彩陶缸,高47厘米,口径32.7厘米。彩陶缸的腹部画有一幅高37厘米、宽44厘米的彩色画,画面约占缸面积的二分之一,是中国迄今为止所见最大的一幅史前时期的彩陶画。这件"鹳鱼石斧图形陶缸",鹳身躯健美,双腿直撑,体

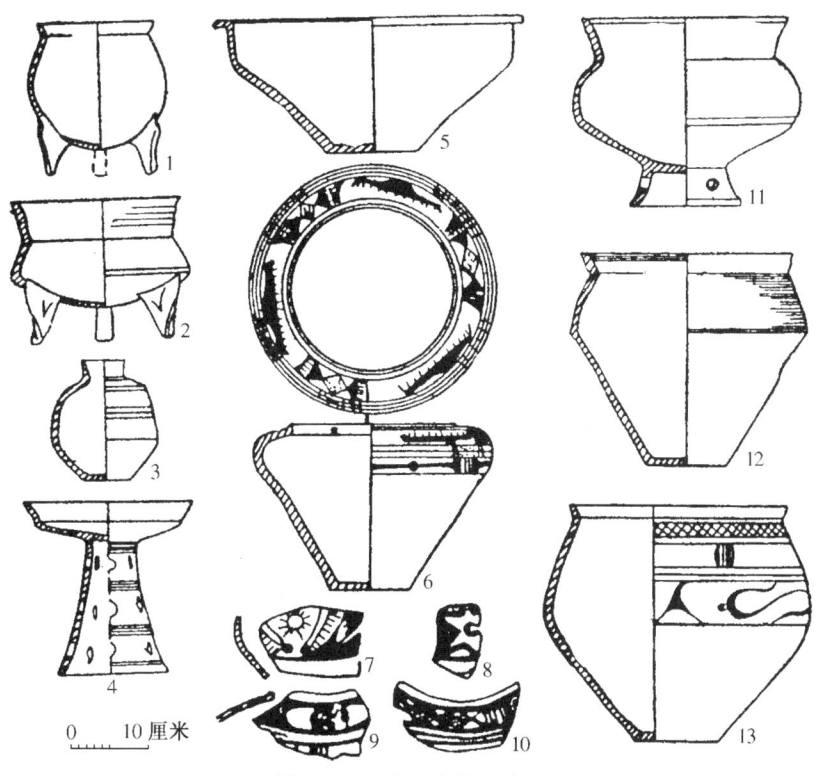

图 5-21　秦王寨类型陶器
（依邵望平，1984）
1、2. 鼎　3、11、12. 罐　4. 豆　5. 盆　6、13. 彩陶罐　7、8、9、10. 彩陶片
（出土地点：1—13 大河村三期）

微后倾，长嘴叼着一条鱼，鹳昂首挺胸，眼睛炯炯有神，自信而得意。鹳旁竖立着 1 件已安柄的石斧。鹳鱼石斧图的画法高超，鹳的用力后倾与鱼的下垂取得了巧妙的平衡。鹳眼大胆夸张，几乎占了整个头部的一半。石斧则用写实的手法，斧头绑在 1 根竖立的木棍上端，穿銎而过，木柄上端有 4 个圆孔，用以穿绳固定石斧；柄身上的"X"符号，握柄处的缠绳以及柄下端的外凸部分都真实地描述下来，为我们展现了一幅史前石斧安柄的完整形式。

1993—1995 年，国家文物局考古领队培训班对郑州西山遗址进行发掘，发现了一座相当于仰韶文化晚期的城址。西山城址位于郑州市北郊 23 公里的邙岭余脉，坐落在枯河北岸的二级阶地的边缘。城址平面近似圆形，西墙残长 60 余米，北墙残长 230 米。城墙现存高度约 3 米。城墙采用方块版筑法夯筑而成。西墙基底宽约 11 米，向上逐渐内收。城墙始建于大河村文化类型（大河村一、二期）时期，废弃于秦王寨类型时期。其年代为距今 5300—4800 年，是黄河中游地区迄今发现的时代最早的史前时期的城址。

根据大河村遗址的地层叠压关系，可将秦王寨类型（秦王寨类型是以河南省荥阳秦王寨遗址的文化遗存作为代表性遗存，故名）文化遗存分为早晚两期。早期以大河村第三期文化为代表，晚期以大河村第四期文化为代表。早晚期文化的主要区别是：早期以红陶为主，手制轮修比较普遍；晚期则以灰陶为主，制法有轮制和手、轮兼制。早期的彩陶数量较多，纹饰繁缛。晚期的彩陶数量少，图案简单，线条草率。晚期出现背壶、盉等，早期没有这些器形。晚期遗存吸收了大汶口文化和屈家岭文化的因素。例如，大河村遗址第四期文化中的背壶、高领宽肩壶、平底盉等,都和大汶口文化的同类器相似;大河村第四期文化中的陶锅、盆形鼎、罐形鼎等,都和屈家岭文化的同类器相似。

秦王寨类型的墓葬分为土坑墓和瓮棺葬两种。土坑墓多为单人仰身直肢葬,头向西,一般无随葬品。瓮棺葬多为幼儿葬,少数为成人二次葬。葬具多样,有瓮和钵、瓮和盆、瓮和缸相扣的,也有鼎和缸、鼎和器盖、两缸以及缸盆相扣的。

秦王寨类型的年代已测定了四个 ^{14}C 年代数据,其最大年代为距今 5025 ± 100 年 (ZK185),最小年代为距今 4500 ± 140 年 (BK7604)。秦王寨类型的年代大约和仰韶文化西王村类型时代相当。①

(四) 王湾类型

豫中地区,晚于秦王寨类型而又早于王湾三期的新石器文化遗存是大河村第五期文化。大河村第五期文化大约和庙底沟二期文化时代相当。

1. 大河村第五期文化遗存

生产工具有石器、骨器和陶器。石器有斧、铲、锛、凿、刀、镞、纺轮、弹丸等,其中以石斧和有肩石铲最有代表性。骨器有镞、锥、针、鱼镖等,其中以石镞的数量最多。蚌器有刀、镞。

陶器以灰陶为主,红陶次之,有少量白陶。陶器的制作以轮制为主,手、轮兼制次之。纹饰以绳纹为最多,次为弦纹和附加堆纹,有很少量的条纹。彩陶比较少。常见的器形有鼎、钵、盆、瓮、缸、豆、碗、杯、壶等。鼎多为敛口、平底、凿形足。钵为敛口、曲腹、小平底。罐多为侈口、束颈、深腹、平底。杯为喇叭口、矮圈足。罐、碗、杯等,器壁一般比较厚。

大河村第五期文化的墓葬发现五座,其中两座墓葬埋葬在灰坑内,其余三座为长方形土坑竖穴墓,仰身直肢葬,无葬具,无随葬品。葬于灰坑中的一座墓葬,为俯身屈肢葬。三座长方形土坑墓中有两座无下肢骨,可能是割体葬。大河村第五期文化的墓葬,其头向和葬式都不一致。

2. 王湾类型(王湾三期)

王湾类型主要分布在伊洛水流域至郑州一带,主要遗址有洛阳王湾、矬李,孟津小潘沟,偃师灰嘴,临汝煤山,郑州大河村、旮旯王等。

陶器以灰陶为主,有少量的黑陶。制作有手制、模制和轮制。胎壁一般薄而匀称,火候高,陶质坚硬。纹饰有绳纹、篮纹、方格纹。常见的器形有圜底罐形鼎、束腰盆式甑、平沿鬲(有袋足和实足两种)、深腹盆式甗、直口鼓腹双耳罐、双腹盆、大口鼓腹小平底罐、碗、带耳杯、澄滤器等(图5-22)。

王湾类型和豫东的王油坊类型,分布地域邻近,在文化面貌上有些相近。王湾类型有一定的地域差别。例如,黑陶和陶器的轮制比例,郑州地区大于洛阳地区;郑州地区蛋壳黑陶和白陶,洛阳地区则不见。大口浅腹平底盆、镂孔高圈足盘、绳索式把手的鬹形器和甗等,是郑州地区常见的器形,而洛阳地区罕见。

生产工具有石器、骨器和蚌器。石器有铲、刀、凿、镞等,以石铲的数量最多。

房屋遗迹在灰嘴遗址发现两座,其中一座为半地穴式的长方形房屋,门道朝南,设置在门外。发现的窖穴较多,大都为袋状。

---

① 秦山寨类型是以河南省荥阳秦王寨遗址的文化遗存作为代表性遗存,故名。秦王寨类型的早期可以大河村第三期文化为代表,晚期以大河村第4期文化为代表。

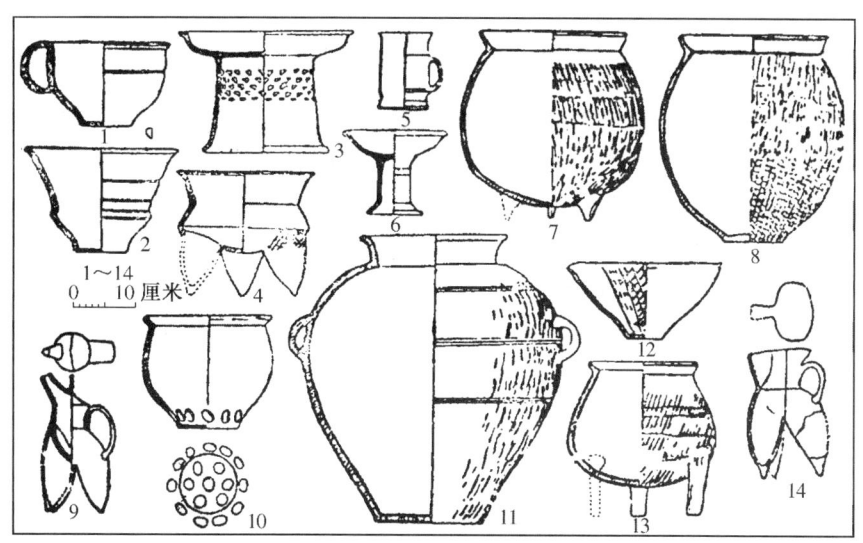

图 5-22 王湾类型陶器
(依杨锡璋,1984)
1. 单耳杯 2. 双腹盆 3. 圈足盘 4. 斝 5. 筒形杯 6. 豆 7、13. 鼎 8. 罐
9. 盉 10. 甑 11. 双耳罐 12. 澄滤器 14. 鬶
(1、2. 河南孟津小潘沟,3、5、6. 河南郑州畎旮王,4、9—11. 河南洛阳矬李,余均河南临汝煤山出土)

王湾类型的分布地域和二里头文化早期的分布地域大致相同。在地层关系上,王湾类型又直接叠压在二里头文化之下。因此,有些研究者认为,二里头文化是从王湾类型发展而来,王湾类型晚期可归入夏文化的范围。但也有研究者认为,王湾类型晚期并未发展为二里头文化,二者的文化特征有较大的差别,它不是夏文化,不能划入夏代范围。[①]

三、豫北、冀南和冀中地区

豫北、冀南和冀中地区新石器时代文化的发展序列是:南庄头类型→磁山文化→后岗一期文化→大司空一期→后岗二期。磁山文化发现以前,后岗一期文化和大司空一期文化被称为仰韶文化的两个地方类型,即后岗类型和大司空类型;磁山文化发现后,一些研究者认为,后岗类型是磁山文化的发展,应将其归入磁山文化系统,而不应归入仰韶文化系统。

(一) 南庄头类型

南庄头隶属于河北省保定市徐水县。南庄头遗址 1986 年发现后,进行过两次发掘。1997 年,又进行了一次大规模发掘,发掘面积 260 平方米。其年代经北京大学考古系 ^{14}C 年代测定为距今 10500—9700 年。

南庄头遗址位于华北平原北部西缘,西距太行山余脉 15 公里,东距白洋淀 35 公里。

遗址的地层堆积为湖相沉积,除 35 厘米的黄色表土层外,其下地层直到生土层都是黑色粉砂粘土,文化层距地表 180 厘米。第三次发掘共发现 4 条沟、2 座灰坑和两处用火遗迹。4 条沟均为自然沟,其中第 3 号沟内发现有人类活动的遗迹和遗物。第 3 号沟上半部的文化层及沟的本身因取土而遭破坏,沟的下半部及沟底都包含丰富的动物骨骼及陶片、石器、骨器等遗物。在沟的北侧有两处用火遗迹,为近似圆形的红烧土堆,红烧土最厚处有 15 厘米,在其

---

① 北京大学考古实习队:《洛阳王湾遗址发掘简报》,《考古》1961 年第 4 期。

中的一个红烧土堆内有10余片陶片。

三次发掘共发现50余片陶片,多数都很破碎,其共同特点:烧成温度低,胎质疏松;夹砂或石英,掺和蚌壳末或云母;陶色不纯,同一陶片的不同部位,既有黄色,又有灰色;从断片观察,中心为灰褐色或黑色,两侧表层为黄色或褐色。多数有纹饰,以浅细绳纹为主。陶器类型单一,主要是罐,形制为,圆方唇,微折沿,颈部常有附加堆纹,平底,底部有烟熏烧烤痕迹,表明这种夹砂罐是一种炊器。有的陶片上有钻孔(修补用)。

第三次发掘发现1件石锥、4件残石磨盘和3件石磨棒。其中1件完整的石磨棒造型别致,长20.5厘米,一面平直光滑,是磨棒的使用面;另一面呈弓形凸起,面上及两侧面有疏密不一的锤击斑点,估计除作磨棒用外,还兼作锤子用。

10余件骨器,器形有骨镞、骨锥等,大多用动物的肢骨制成,有的骨锥制作很精美,最长的1件长达24厘米。

动物骨骼是南庄头遗址发现最多的遗物,大量的骨骼是肢骨碎片和肢骨两端头部,这应是人类敲骨吸髓的结果,同时也说明这些动物是人类狩猎生活的反映。有一些骨骼上有烧烤的痕迹,这在小型动物骨骼上尤为明显。鹿角数量较多,有的鹿角上带有颅骨,有的则在分叉部或根部有一周很整齐的切割痕迹。动物骨骼的种类有鼠、鸡、狗、狼、猪、马、鹿、麋鹿、狍鹿、斑鹿、鸟类、鱼类、螺蚌等。这些动物中有无人工饲养的家畜,还有待研究。[①]

南庄头遗址是迄今在华北地区发现的年代最早的新石器时代早期遗址。这一遗址的发现对研究华北地区旧石器时代向新石器时代过渡、农业的起源、家畜的起源、陶器的产生及全新世早期华北地区的生态环境等,都有重要的意义。

(二) 磁山文化

以河北武安磁山遗址一、二期文化为代表的文化遗存,主要分布在豫北、冀南地区,遗址分布比较密集的地区是武安县境内的洺河流域。近几十年,在河北三河县孟各庄和保定市以北的容城坡上遗址也发现了磁山文化遗存,这说明磁山文化分布的北界已达燕山南麓一带。1979年发现并试掘的豫北淇县花窝遗址,其文化遗存中有类似磁山出土的陶盂和长条石斧,又有类似裴李岗出土的双耳壶和两端刃的石铲,这表明豫北地区可能是磁山文化和裴李岗文化分布的交错地区。

根据磁山遗址的地层关系,磁山文化可分为两期,即磁山一期和磁山二期。

磁山一期文化的陶器以夹砂褐陶的数量最多,夹砂红陶次之,细泥红陶最少。陶器的制作均为手制。一些器皿的内壁凹凸不平,器形不规整,常见歪扭的情况。纹饰以绳纹最多,编织纹和篦纹次之,有少量的附加堆纹和剔刺纹。陶器的火候不高,细泥红陶的烧成温度为930℃,夹砂陶为850℃。部分陶器色泽不均,有各种杂色斑点。器形以陶盂和支架为主,其次是深腹罐、直沿罐、杯、盘等(图5-23,1—6)。

磁山一期文化的石器以磨制为主,打制的次之,打磨兼制的最少。石器的制作粗糙,器形有斧、铲、锛、凿、敲砸器、磨盘和磨棒等,其中以石铲、石斧的数量较多,其他器类都比较少。有较多的骨、角器,器形有镞、鱼镖(图5-23,7)、锥、针等。

磁山一期文化的房屋是一种圆形或椭圆形的半地穴式建筑,直径3米左右,坑穴较浅;大多数房屋无门道,一部分房屋内有台阶或坡道以供进出。窖穴大多为长方形,坑壁较直,四壁

---

① 李珺:《徐水南庄头遗址又有重要发现》,《中国文物报》1998年2月11日,第1版。

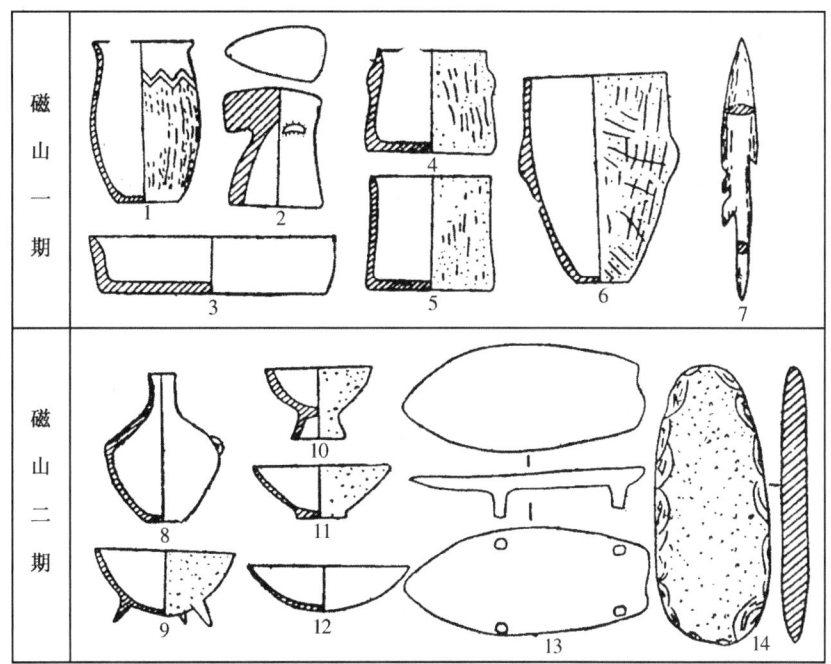

图 5-23 磁山遗址出土器物
1、6. 罐　2. 支架　3. 盘　4、5. 盂　7. 骨鱼镖　8. 双耳壶　9. 三足钵
10、11. 碗　12. 圆底钵　13. 石磨盘　14. 石铲

规整。磁山遗址的第一文化层发现的 62 个长方形窖穴中有粮食堆积(可能是粟)，堆积厚度 0.3—2 米。

磁山二期文化的陶系和一期文化的区别是，夹砂褐陶的数量减少，夹砂红陶和细泥红陶的数量增多。二期文化的陶器以盂和支架的数量最多，罐和三足钵次之。磁山一期和二期在器形方面的主要区别是，一期文化中数量最少的三足钵到二期文化时数量急剧增加，并开始出现小口长颈双耳罐(或称小口双耳壶)和圈足罐(图 5-23，8—12)。石器，二期和一期相比，磨制石器增加，打制石器减少。器形有斧、铲、锛、凿、镰、磨盘和磨棒等(图 5-23，13—14)。磨盘和磨棒一期文化数量很少，二期文化大量增加。磨盘一端为尖状，另一端为圆弧形，大多有四足或三足，少数无足；磨棒为长条形，断面为圆形或椭圆形。

磁山二期文化的房屋比一期文化时进步，开始出现阶梯式门道的圆形房屋。磁山一、二期文化的房屋均为圆形或椭圆形半地穴式建筑，不见方形房屋。磁山遗址的第一号房屋(F1)属磁山二期文化。这是一座圆形半地穴式建筑，直径 2.9 米，深 1.1 米。东南面有伸出屋外的门道，有台阶二级。坑壁未经修整，外缘有等距的柱洞 4 个，直径约 10 米，深 30 厘米左右。居住面为生土，周边较高，中部低洼，直径约 1.5 米，中央有一大石块。磁山二期文化的窖穴有长方形、圆形、椭圆形和不规则形四种，以长方形最多。长方形窖穴均为圆角长方形，一般坑壁垂直。坑深大多为 1—2 米，最深达 5 米。

磁山遗址的两个 ^{14}C 年代数据分别为距今 7355±100 年、7235±105 年。其年代大致和裴李岗文化相当。

磁山文化出土数量较多的石铲、石锛、石镰等农业工具，这说明当时的黄河中游地区的农业生产已越过"砍倒烧光"、"焚而不耕"的"火耕农业"阶段，而进入到"翻土耕种"的"锄耕农业"阶段。磁山遗址的许多窖穴中有堆积较厚的炭化粟，说明当时人们过着以种植粟为主要粮食作物的农业经济生活。磁山和花窝遗址都出土猪和狗的骨骼，这反映当时在农业生产发展的基础上，家畜饲养也获得了发展。磁山文化的各个遗址中都普遍出土骨镞、鱼镖等渔猎工具及各种兽骨，这说明渔猎生产仍是一项辅助性的经济部门。①

磁山文化遗址一般分布在高台地或高岗上，有的则分布在两条河流交汇的三角台地上，依山傍水。遗址一般高出河床25米左右。磁山文化遗址距河床的高度一般都高于同一地区的时代较晚的新石器遗址。形成这一特点的原因，是古代人们都靠近水源居住，以后随着水位下降导致河床下切，而移近河床居住。全新世中期是全新世的高温期，当时黄河流域的年平均气温比现在高2℃—3℃，降水量比现在多500—600毫米。新石器时代晚期，由降水量减少而形成的水位下降是导致河床下切的根本原因。

磁山文化和裴李岗文化是属于同一种文化，还是分属两种不同文化，考古学界则有两种不同意见，一种意见认为两者属于同一种文化，另一种意见则认为属于两种不同的文化。

从磁山文化和裴李岗文化总的文化面貌来看，两者既有一定的联系，又有许多区别。两者共同的文化特征是：石器都有斧、铲、镰、磨盘和磨棒。陶器的制作都比较原始，即手制，火候低，陶质粗疏；纹饰都有压印纹、划纹和篦纹；相同的器形有三足钵、圜底钵、小口双耳壶、假圈足碗、平底碗、深腹罐等。磁山文化遗存和裴李岗文化遗存的区别是：石器方面，磁山的石铲是一端刃，裴李岗的石铲是两端刃；石镰，磁山文化是弧背直刃，裴李岗文化是弧背弧刃，刃部有细密的锯齿，背部末端上翘，下有捆柄的缺口。陶器方面，磁山遗址数量较多的陶盂和支架，不见于裴李岗遗址。磁山遗址只有一种小口长颈平底壶，而裴李岗的小口双耳壶有圜底、平底和三足等几种；裴李岗几种形制的陶鼎在磁山遗址则不见；磁山遗址陶器所盛行的细绳纹，在裴李岗文化遗址中则很少见。

磁山文化和裴李岗文化在文化面貌上的区别，既有时代和不同发展阶段的区别，又有地域区别。从两者不同时期的文化面貌来看，裴李岗文化比较接近磁山二期文化。两者分布的中心地域，则不相同，裴李岗文化分布的中心地区是豫中地区，而磁山文化分布的中心地域是豫北和冀南地区。近几十年来，中国考古学界一般将两者视为两种文化，按地域分别阐述。

（三）后岗一期文化

后岗一期文化遗存发现于1931年，当时被称为"后岗期"，后来有的研究者称为"后岗类型"，亦有称为"南杨庄类型"。

该文化遗存主要分布在豫北和冀南，冀西也有这类文化遗存发现。已发掘的遗址有河南安阳后岗、高井台子、同乐寨，浚县大赉店，河北武安赵窑、西万年村，磁县下潘汪、界段营，正定南杨庄，平山田兴村等。

石器以磨制为主，有少量打制和琢制石器。一部分器形只在刃部磨光。石器的主要器形有铲、斧、锛、刀、镰、磨盘和磨棒、砍斫器等。

豫北地区发现的房屋遗存都是半地穴式的。房屋的形制有圆角长方形，南北各有一个斜坡式的门道。居住面用草拌泥抹平，中央有一个柱洞。另一种为椭圆形，门道朝南。此外，后岗还发现过类似地穴式的房屋。灰坑多为椭圆形，少数为圆角长方形。

---

① 河北省文物管理处等：《考古学报》1981年第3期。邯郸市文物保管所等：《河北磁山新石器遗址试掘》，《考古》1997年第6期。

陶器以泥质红陶为主,次为夹砂粗红陶,有少量的细泥黑陶和夹砂粗灰陶。制法以手制为主,大多用泥条盘筑,慢轮修整比较普遍。晚期出现轮制的小器皿。器表多素面,纹饰有线纹、弦纹、划纹、锥刺纹和附加堆纹。彩陶数量很少,彩绘主要用红色,黑色很少使用。彩纹较简单,常见的纹饰有口沿下画一道宽带,或在口沿下画三道、四道或六道为一组的平行竖线,或用平行斜线组成正倒相间的三角形;有少量的菱形网纹、波形纹、同心圆等。彩绘多施于碗、钵之类的器腹上。陶器常见的器形有红顶式碗、钵、锥刺纹盆、大口小底罐、小口长颈瓶、缸、罐形鼎等(图5-24)。"红顶式"的碗和钵,是这一文化陶器中最富特征的器物之一。

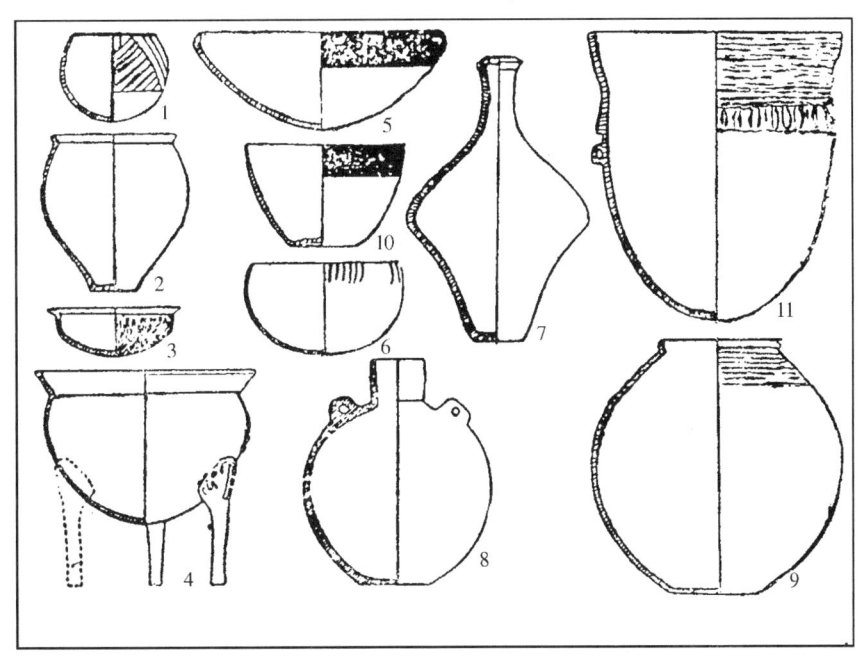

图5-24 后岗一期文化陶器
1、3、6. 钵 2、9. 罐 4. 鼎 5. 盆 7. 瓶 8. 壶 10. 碗 11. 缸
(河南安阳后岗出土)

根据武安县赵窑和西万年二区的地层关系,可将后岗一期文化分为早、晚两期。属早期的有赵窑的下层、西万年二区的第4层、正定南杨庄、平山田兴村、安阳后岗等。属晚期的有赵窑的上层、西万年二区第三层、下潘汪二期文化、界段营二期文化、永年辛庄、芋县四十里坡、涿鹿下水磨等。早、晚期的主要区别是:早期有少量的彩陶,晚期几乎不见彩陶;早期的炊器以鼎为主,晚期鼎的数量减少,而出现灶和甑;早期不见豆,晚期出现圈足镂孔豆;早期的器形中出现支架、盂、三足钵形器等,含有磁山文化因素;晚期还出现一种小口高颈双耳壶。

后岗一期文化的年代已测定两个标本,其年代为距今 5680 ± 105 年(ZK134)及 5485 ± 105 年(ZK76),后岗一期文化的年代大约和仰韶文化的史家类型相当。[①]

1975年5月,河南考古工作者在河南濮西水坡遗址清理出一批房屋和墓葬,同时出土大

[①] 中国科学院考古研究所安阳发掘队:《1958—1959年殷墟发掘简报》,《考古》1961年第2期;《1971年安阳后岗发掘简报》,《考古》1972年第3期;《1972年春安阳后岗发掘简报》,《考古》1972年第5期。

批的石刀、石斧、石铲、骨针和骨锥等生产工具,以及石磨盘、石磨棒、陶鼎、钵、罐、瓶和碗等生活用具。在已发掘的墓葬中,以第45号墓的规模最大。该墓的墓坑呈人头形,东西宽3.10米,南北长4.10米,深0.50米。墓主为一壮年男性,身高1.84米,埋于墓坑的中央,葬式为仰身直肢,头南足北。同墓伴葬的另外三人,年龄较小,分别埋于墓室的东、西、北三面的小龛内。经鉴定西面小龛内的骨架是女性少年,年龄12岁左右,头部有刀痕,非正常死亡。在墓室中央男性墓主的两侧用蚌壳精心摆塑出一龙一虎。龙居右侧,长1.78米,昂首曲背;虎居左侧,长1.39米,张牙舞爪(图5-25)。该遗址的其他墓葬很少有随葬品和葬具。墓坑多数很小,甚至有人缺足或被任意地横七竖八地埋于废弃的灰坑中。

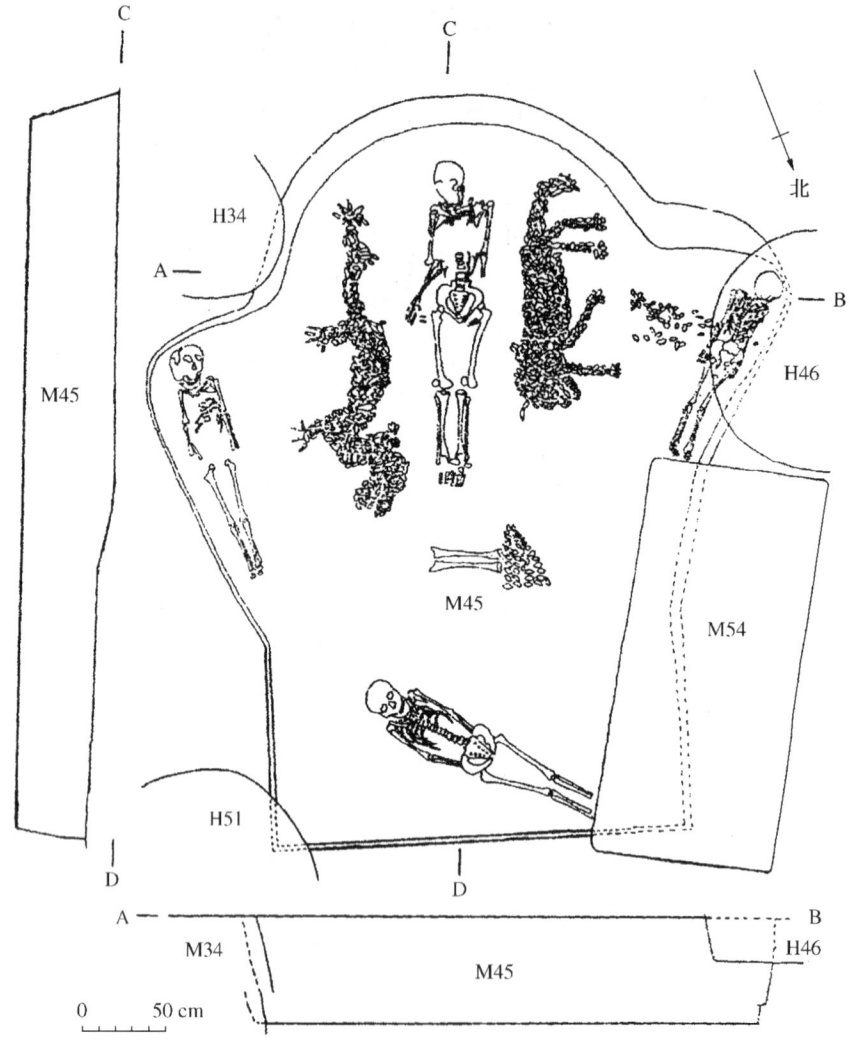

图5-25　西水坡遗址第45号墓平、剖面图

西水坡遗址已发现的蚌壳摆塑有3组,第45号墓随葬的蚌壳摆塑与其他两组蚌壳摆塑位于同一水平线上,自北向南彼此相距20—25米。第二组在第一组南,为一合体龙虎,北头为虎,虎背上有一鹿(?),龙的头部有一蜘蛛,正对龙口的前方摆塑一圆球。第三组位于第二组南,龙头朝东,背上骑一人,其北侧有一虎头作奔跑状。

西水坡遗址的三组摆塑使用的蚌壳都是未经加工的自然蚌壳,尖锐型的蚌壳用来作牙和爪,圆形的作眼,长而圆的作舌,其鬃、毛、尾部是将蚌壳的凹面朝上,其余的都是凸面朝上。

关于西水坡第 45 号墓的性质,学术界的观点不一致。西水坡遗址发掘简报的作者们认为,龙虎在中国传统观念中是神武和权力的象征,西水坡遗址第 45 号墓墓主不仅以龙虎蚌壳摆塑随葬,同时还有三人殉葬,这说明墓主已非一般氏族成员,而是生前凌驾于整个氏族之上的人物,是部落或氏族的首领。有些研究者认为,西水坡遗址简报中对第 45 号墓的介绍存在严重问题。因为"M45"西部、北部的两个小龛及其中的人骨架,均属打破龙虎图形遗迹的较晚的墓葬。东部的"小龛"及其中的人骨架,既无剖面图表示这具人骨架与蚌壳摆塑的龙、虎图形遗迹处于同一层位,又没有照片显示它们之间的关系,故两者不属于同一单位。关于西水坡遗址第一组龙虎蚌壳图形和人骨架的性质问题,有学者认为,这根本不是一座墓葬,而是一处祭祀遗迹,它和其他两组蚌壳摆成的动物图形的性质相同,都是属于构成这处祭祀遗址的一个单元,其中第一组龙虎图形所夹的人骨架,生前的身份应是觋。①

关于磁山文化和后岗一期文化之间的关系,目前已公布的资料中能提供地层依据的有河北武安西万年和三河县孟各庄两遗址。

西万年遗址的第一发掘区为磁山文化,第二发掘区则为后岗一期文化。该遗址的后岗一期文化分为早、晚期,其早期遗存含有许多磁山文化因素。如石器中的石铲和磨盘,都与磁山文化的同类石器相似;又如陶器中的外饰绳纹的内壁有火烧痕迹的支架、钵形三足器,夹砂褐陶的平底盂形器、平底钵、小口瓶等,都是磁山二期文化中常见的器形。西万年遗址磁山文化和后岗一期文化共存于同一个遗址,含磁山文化晚期因素的后岗一期文化的早期地层叠压在后岗一期文化晚期的地层之下,这为后岗一期文化由磁山文化发展而来提供了地层依据。

孟各庄遗址第一期文化遗存中有和磁山文化相似的陶盂、圈足器和夹砂篦纹陶,应属磁山文化。第二期文化遗存中的"红顶碗"、折沿大口罐、正倒平行线划纹等,都具有后岗一期文化的特征,应属后岗一期文化。但第二期文化遗存中又含有陶盂、弧腹圈足碗、石磨盘等磁山文化因素,表明第二期文化遗存属后岗一期文化早期。孟各庄遗址后岗一期文化早期的地层叠压在磁山文化层之上,这为磁山文化是后岗一期文化的前身提供了直接的地层依据。

(四)大司空一期文化

这一文化首先于 1958—1959 年发现于河南安阳大司空村遗址而得名。当时把这类文化遗存作为仰韶文化的地方类型,称为"大司空类型",分布于冀南地区的这类遗址被称为"百家村类型"。在此将它归入磁山文化系统,称为"大司空一期文化"。属于该文化的遗址有豫北安阳大司空村、大正集老磨冈、大寒南冈和鲍家堂,在河北有邢台柴庄、邯郸百家村、磁县下潘汪和界段营等。

大司空一期文化的生产工具以石器为主,有少量的骨器和蚌器。石器除个别打制外,大都经过不同程度的磨光。器形有斧、锛、穿孔石刀、穿孔盘状器等。骨器有镞、锥、针、刀等。

陶器以灰陶为主,红陶次之,黑陶极少。各种陶色均有色泽不均的现象。制法豫北多模制,口沿轮修比较普遍;冀南多手制,兼用模制。器表以素面或磨光占多数;纹饰以篮纹

---

① 濮阳市文物管理委员会等:《河南濮阳西水坡遗址发掘简报》,《文物》1988 年第 3 期。丁清贤等:《关于濮阳西水坡蚌壳龙虎陪葬墓及仰韶文化的社会性质等》,《华夏考古》1991 年第 4 期。

为主,绳纹、方格纹、划纹、线纹、附加堆纹、戳印纹、席纹和锯齿纹较少。有少量彩陶(约占陶器总数的9%)。彩绘大多为红色或赭色,黑色很少。彩陶纹饰有弧线三角、曲线、半环、雁形、同心圆、蝶须、叠人字、螺旋、水波、S形、睫毛、宽带等,其中最常见的纹饰是弧线三角和曲线两种母题组成的带状花纹,内填其他纹饰。彩陶的数量早期多于晚期。早期的彩陶,弧线三角(母题图案)的空白中不填其他纹饰;晚期的彩陶,弧线三角空白中,常填半圆形、同心圆等纹饰。陶器胎壁一般较厚,很少有后岗一期文化的薄胎陶器。陶器的器形有碗、盆、钵、罐、缸、杯等,其中以敛口或侈口的平底钵、碗、假圈足碗、折腹盆、高领罐等颇具特征,数量也较多。折腹和曲腹的盆,是晚期的典型器形,早期不见这类器形;早期的钵、盆大都圆腹(图5-26)。①

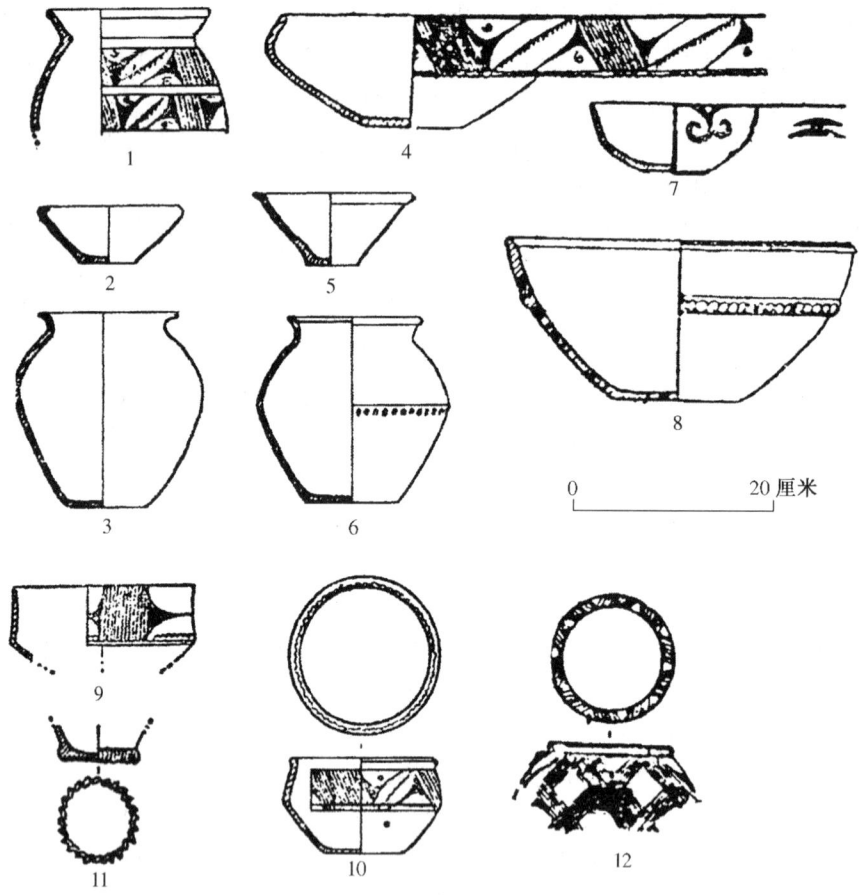

图5-26 大司空一期文化陶器
(依邵望平,1984)

1、3、6、12. 罐　2、4. 钵　5、7. 碗　8—10. 盆　11. 残器底
(1、2、4—8. 河北磁县界段营出土,余均河北磁县下潘汪出土)

后岗一期文化和大司空一期文化在豫北和冀南地区交错分布,在磁县下潘汪和界段营等遗址两种文化遗存则共存于同一遗址中,但未发现有叠压和打破的关系。因此,这两种文化之间早、晚关系的问题在地层上未得到证实。

---

① 杨锡璋:《仰韶文化后岗类型和大司空类型的相对年代》,《考古》1977年第4期。

后岗一期文化比较接近该地区的磁山文化,而大司空一期文化则和时代较晚的仰韶文化中晚期遗存比较接近,如大司空一期文化的陶器多灰陶,纹饰多篮纹,器形的胎壁较厚,彩纹多弧线三角等,这些特征都和仰韶文化中、晚的陶器相近,其时代也相当。这些都说明后岗一期文化早于大司空一期文化。

(五) 后岗二期文化

该文化首先于1931年在安阳后岗遗址的第二期文化遗存中发现,故称"后岗二期文化"。这类文化遗存主要分布在豫北和冀南地区,山东的西部也发现类似的文化遗存。现已发现的遗址主要有豫北的安阳市后岗、大寒南岗、八里庄、汤阴县白营,冀南的邯郸涧沟和龟台、磁县下潘汪、永年县台口等。有的研究者将该文化作为河南龙山文化的一个类型,即分布于豫北的"后岗类型"。

后岗二期文化的石器有磨制的石斧、石锛、石镞、环状器等。有的遗址还出土少量的细石器。

后岗二期文化的房屋大都是圆形的"白灰面"建筑。汤阴白营遗址在1400平方米的范围内,清理了62座房址。后岗遗址在600平方米范围内清理了38座房址,其中最晚的第三层,在同一平面上有10座房址,分四行整齐排列。大寒南岗发现了三座房屋为一组的遗存。

后岗发现的房屋都是圆形的地面建筑,最大房屋的直径是5.7米,最小房屋的直径是3.2米。其建筑程序是,先在地面上垫土,筑成一个比周围地面稍高的台基,然后在台基上挖建墙的基槽,槽内建墙。有土墙、木骨涂泥墙和土坯墙三种。墙建成后,再在墙内外地面填土,墙外的土稍呈斜坡状,是散水。地面填土经过夯打或拍打。然后再抹上一层草拌泥,草拌泥上或涂一层白灰面,或铺一层土拍打结实,成一硬面。一般房址的中央有圆形灶坑,周围是烧得发蓝的外圈,灶坑内被烧成黑而发亮。屋内有柱洞,其数目不一,有的屋外还有柱洞,可能是作斜撑用的。门开在房屋的东、东南或南面。有的房屋有门槛。①

房屋附近、居住面的填土中、墙基下、散水下甚至柱洞下都发现婴儿墓,有的有瓮棺。这些婴儿墓,可能与房屋建造时举行的宗教仪式有关。在安阳小屯北地殷代的建筑基址中也发现过这种现象。②

在房屋周围还发现浸泡石灰的坑,坑中有未用完的石灰及石灰渣。据鉴定是人工烧制的石灰。

后岗二期文化时期的居民已掌握了比较高超的凿井技术。河北邯郸涧沟遗址发现水井两口,河南汤阴白营遗址发现水井一口。水井都位于房屋的附近。白营遗址发现的水井平面

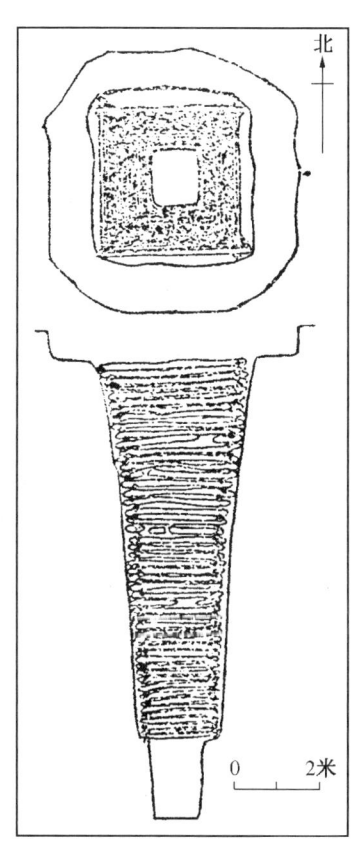

图 5-27　白营遗址木构架
　　　　　支护的深水井
上:平面图　下:剖面图

---

① 中国科学院考古研究所安阳发掘队:《1972年春安阳后岗发掘简报》,《考古》1972年第5期。
② 安阳地区文物管理委员会:《河南汤阴白营龙山文化遗址》,《考古》1980年第3期。

呈圆角长方形,口大底小,深11米,贴靠井壁用木棍凿榫交叉扣合成井字形木架作支护,上下依次堆垒46层(图5-27)。这是中原地区迄今发现的年代最早、结构最典型的水井,为研究中国水井和"井"字的起源提供了十分宝贵的资料。

陶器以泥质灰陶和夹砂灰陶为主,泥质黑陶和红陶的数量很少。陶器的制作有轮制、手制和模制。小型器物如碗、豆、杯等采用轮制;大型器物如深腹罐,采用泥条盘筑;鬲足采用模制,然后将腹部和袋足捏合在一起。模制器物,口部都经轮修。纹饰以绳纹为最多,其次是篮纹和方格纹,有少量的弦纹、附加堆纹、划纹、指甲纹等。器形以平底器为主,有少量的三足器和圈足器。主要器形有鼎、鬲、斝、甗、甑、盆、罐、碗、豆、杯、盘等,其中以罐形鼎、斝、侈口束颈深腹小平底罐、小口高领双耳罐和大平底罐等(图5-28)为典型器物。后岗二期文化陶器的一些器形,如绳纹或方格纹深腹罐、小口高领双耳罐、双腹盆和大平底盘等,则和王湾三期以及三里桥二期的同类器相似。有些器形,如"鬼脸式"鼎足、甗和筒状杯等,则和山东龙山文化的同类器相近。

墓葬发现得不多。后岗发现的几座墓葬,大都为单人仰身直肢葬,无随葬品。涧沟遗址发现了一些"丛葬坑"。这些丛葬坑分两种情况,一种是在一个圆坑内埋10具相互叠压的人骨架,其中男女老少皆有;另一种是利用废弃水井埋人,骨架为五层叠压,其中也是男女老少皆有,或身首分离,或作挣扎状。另外,在该遗址的一座房基内发现人头骨4个,有砍砸和剥头皮的痕迹,可能是砍死后又经剥头皮的。①

表5-2 黄河中游新石器文化发展序列

渭河流域	豫西　晋南	豫中	豫北　冀南	距今年代
客省庄二期文化	三里桥二期文化	王湾三期	后岗二期文化	
	庙底沟二期文化	大河村五期		4000
仰韶文化	西王村类型	秦王寨类型	大司空一期	4500
	庙底沟类型	大河村类型		5000
	史家村类型		后岗一期	
	半坡类型	中山寨二期		6000
				6500
老官台文化	北首岭一期 大地湾一期	裴李岗文化　磁山文化		7200

后岗二期文化中还常发现卜骨和穿孔龟甲。

四、黄河中游地区新石器时代晚期的社会经济形态

黄河中游地区的新石器时代晚期,其社会经济较仰韶文化时期有很大的发展。农业生产在当时已进入到发达的锄耕农业阶段,有的地区已进入到犁耕农业阶段。陶寺遗址出土的石钺、犁形器,涧沟遗址出土的扁平长方形石铲、蚌铲以及其他一些遗址出土的石锄、骨锄等,都是较好的开垦工具。收割工具有长方形穿孔石刀、石镰和蚌镰等。农业生产工具的进步,反映了农业生产的水平比仰韶文化阶段有了很大的提高。农业的发展促进了家畜饲养业的发展。当时饲养的家畜有猪、狗、牛、羊等,以猪的数量最多。如涧沟遗址一个灰坑中即有21个个体的猪头骨,多数有恒齿。猪是一种需要谷物作饲料的家畜,只有农业的发展才能为猪的

---

① 北京大学、河北省文化局邯郸考古发掘队:《1957年邯郸发掘简报》,《考古》1959年第10期。

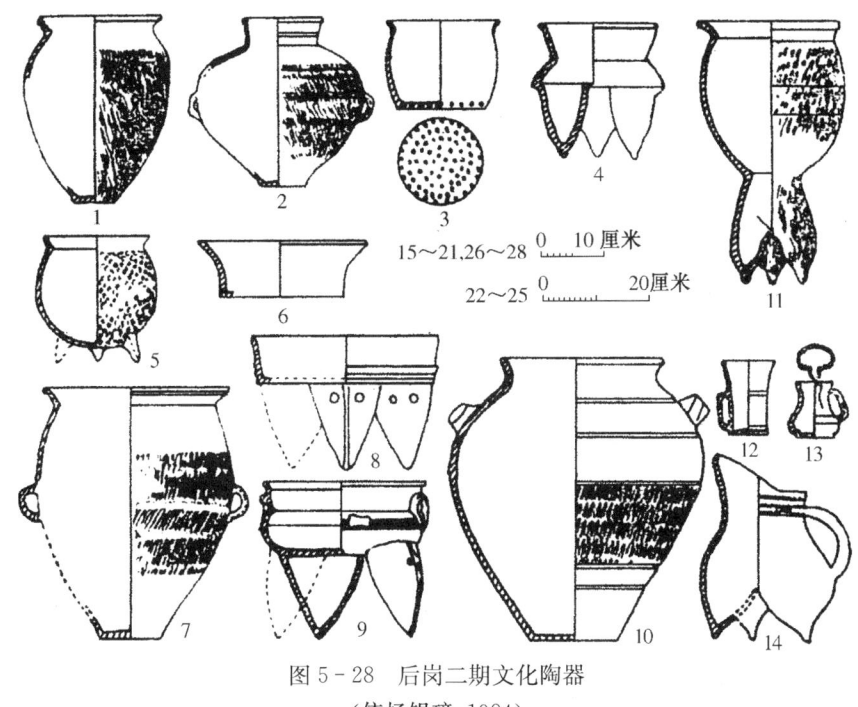

图 5-28 后岗二期文化陶器
（依杨锡璋，1984）

1. 罐 2、7、10. 双耳罐 3. 甗 4. 斝 5、8、9. 鼎 6. 盆 12. 单耳杯 13. 单耳罐 14. 鬶
（1、2、5—7. 河南安阳后岗，3、4、11—14. 河南汤阴白营，8—10. 山东茌平尚庄出土）

大量饲养提供饲料。

制陶业也有较大的发展，轮制技术已得到广泛使用。常见的器形有鼎、鬲、斝、甗、甑等炊器，容器有大口鼓腹小平底罐、双腹盆、高领鼓腹双耳罐、带耳杯、碗和豆等。黄河中游地区的新石器时代晚期文化，其不同区域在文化面貌上存在一定的区别。例如豫东地区的王油坊类型和豫北、冀南地区的后岗二期文化，由于和黄河下游地区的山东龙山文化（典型龙山文化）邻近，受其文化因素的影响。陶器中的黑陶、素面磨光陶和轮制陶器的比例都大于豫西地区的三里桥二期文化和关中地区的客省庄二期文化；陶器的纹饰，绳纹、篮纹、方格纹的数量很少，而有一定数量的弦纹和镂孔；陶器的器形，鬲、斝罕见，而有一定数量的鼎、鬹、甗。关中地区的客省庄二期文化和豫西地区的三里桥二期文化，陶器轮制比例很小，黑陶和素面磨光陶也很少，纹饰以绳纹和篮纹为主，有一定数量的方格纹和附加堆纹；炊器以鬲、斝为主，鬶罕见，无甗。

龙山文化时期，黄河中游地区已普遍使用铜器，这是生产力发展到一定水平的标志。黄河中游地区现已发现铜器或冶铜遗存的遗址有河南登封县王城岗、淮阳县平粮台、临汝县煤山、郑州市董砦和牛砦，山西襄汾县陶寺等。王城岗出土的铜器是属礼器性质的铜鬶残片，陶寺遗址出土的是铜铃。这两件铜器均系铸造而成。铜鬶是容器。铜鬶和铜铃，均须用复合范铸造，这说明中原地区在龙山文化时代，铜器的制造已达到相当高的水平。

黄河中游地区在龙山文化时代已出现多座小型的城市，其中有河南登封县王城岗、淮阳县平粮台、郾城县郝家台、辉县孟庄，以及安阳后岗等。

王城岗城址属于王城岗龙山文化二期。城址位于王城岗上，由并列的东西两城构成，东

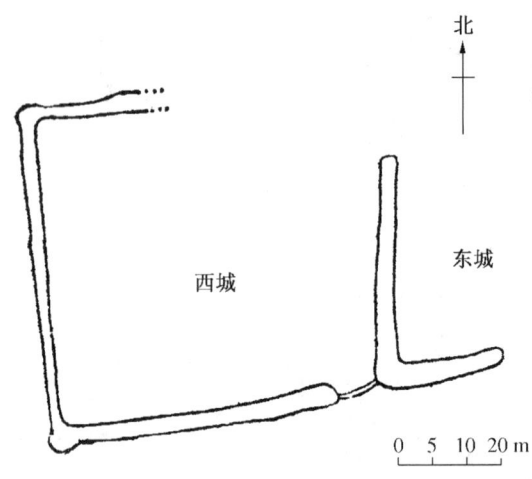

图 5-29 王城岗古城址平面图

城的西墙即西城的东墙。两城所在的地势是西城高于东城。西城城墙的槽底比东城墙槽底高 2 米。东城仅残存南墙西段和西墙南段,其余部分可能已被五渡河水冲毁,西墙的东北部亦被洪水冲毁。西城西墙长 94.8 米,南墙长 97.6 米,北墙西段的残长为 29 米,东墙南段残存长度为 65 米。西北角和西南角都有向外凸出的"马面"设施。西城南墙的东段有一长度 9.5 米的城门(图 5-29)。两城都是在建筑城墙前先按城垣的走向挖墙基槽,然后在槽内填土,逐层夯筑。西城墙基槽,口宽 4.4 米,底宽 2.54 米,深 2.04 米。在西城内的中部和西部的较高地带,发现与城墙同时期(王城岗文化二期)的夯土遗存;其中有些夯筑在圆形的祭祀坑内。共发现祭祀坑 13 座,每个祭祀坑内填埋完整的人骨架数具,多者七具,少者一具。第一号祭祀坑(WT48H760)是祭祀坑中埋人骨架最多的一座。它打破夯土坑 H106,H106 又打破第二号祭祀坑(WT48H120)。第一号祭祀坑是一个圆形袋状坑,口径 2.07—2.52 米,底径2.82—2.94 米,残深 2.66 米。坑内已发掘的部位残存 20 层夯土,夯层厚度为 8—24 厘米。在偏下部的几层夯土层之间,已清理出成年、青年和儿童骨架七具。这些完整的人骨架是在坑底向上的第 3 层夯土面上开始填埋,最后一层人骨架埋置在第 6 层夯土层上面。再向上的夯土层面无人骨(图 5-30)。西城内有众多的祭祀坑(发掘报告误认为奠基坑),说明王城岗的西城具有宗庙性质。东城内应有宫殿性质的建筑遗存,可惜已被冲毁。王岗城二期的木炭经 ^{14}C 测定年代为距今 4000±65 年。①

平粮台城址平面呈方形,长宽各 185 米,面积达 50000 多平方米。现存城墙顶部宽约 8—10 米,下部宽约 13 米,残高 3 米余,系采用小版筑法筑成。南城垣和北城垣的中部都有城门。南城门有用土坯垒砌的门卫房(图 5-31)。南门门道路土之下 0.3 米挖一条宽、深各 0.74 米的沟,沟底铺三列陶排水管道,残留长度 5 米余。三列陶排水管道横剖面呈"品"字形。水管道用榫口套接,每节长 0.35—0.45 米。城内有房屋、陶窑和灰坑。房屋多为长方形的多间并列的排房,有的平地起建,亦有高台建筑。一般使用土坯垒砌。在一座灰坑(H15)底部发现铜渣一块,呈铜绿色。平粮台城址的年代大约相当于河南龙山文化中期,城内 T34H53

---

① 河南省文物研究所等:《登封王城岗遗址的发掘》,《文物》1983 年第 3 期。河南省文物研究所等:《登封王城岗与阳城》,文物出版社 1992 年版。

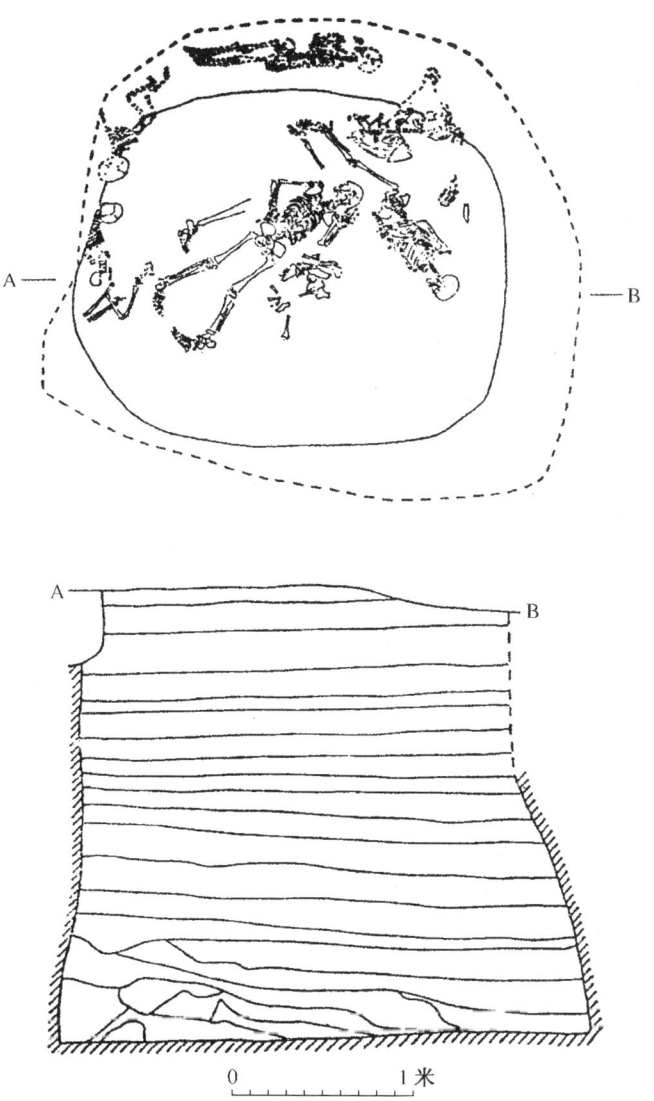

图 5-30　王城岗二期 1 号祭祀坑（WT48H760）平、剖面图

出土的木炭所作的 ^{14}C 年代为距今 4130±100 年；H15 出土的木炭经 ^{14}C 测定年代为距今 3960±140 年，树轮校正年代为距今 4355±175 年。平粮台古城的年代早于灰坑 H15 的年代，即早于 4355±175 年。[①]

1986 年发现的郾城郝家台龙山文化中、晚期的城址，平面呈正方形，城垣也用土夯筑而成。城内有房基、灰坑等遗迹，出土大量石器、骨器和陶器等遗物。

作为防御性设施，在安阳后岗遗址第二期文化层中发现夯土墙，它围在该遗址的西、南两面，长 70 余米，宽 2—4 米。

综上所述，新石器时代晚期阶段，黄河中游地区的农业和家畜饲养业已获得了很大的发展，制陶业及其他手工业也有较大的发展。农牧业及制陶业等经济部门的发展，促进了劳动

---

① 河南省文物研究所等：《河南淮阳平粮台龙山文化城址试掘简报》，《文物》1983 年第 3 期。

分工的发展,生产力的提高,出现了比前一阶段更多的剩余产品,私有制有了发展。这一阶段,由于男子在各个生产部门中起主导作用,其社会地位提高,最后导致了母系制的覆灭和父权制的确立。这一时期的葬制绝大多数是单人葬,并出现了一对年龄相当的成年男女合葬墓。一对成年男女合葬墓的出现,是婚姻关系上一夫一妻制确立的反映,也是父权制确立的表现。

随着私有财富的增多,在氏族内出现了贫者和富者,出现了贫富分化,从而导致了阶级的产生。陶寺墓地中个别大墓随葬品达200余件,其中有一些精美的玉石器、木器和陶器,而绝大多数小墓都无随葬品。大墓墓主为男性,其周围有妻妾并穴埋葬;显然大墓的墓主是当时的氏族权贵。

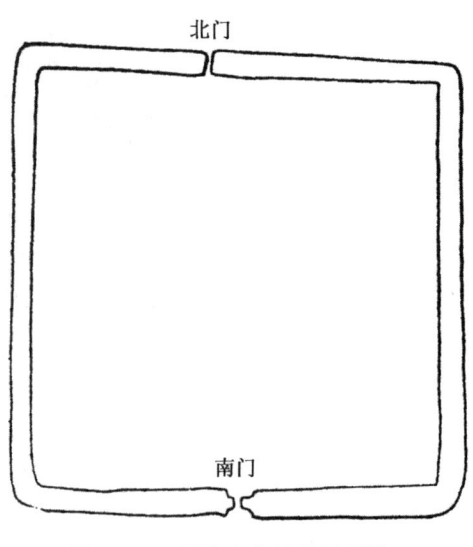

图5-31 平粮台古城址平面图

涧沟遗址的圆葬坑和剥头皮的头骨、客省庄遗址灰坑中的死者可能是从外族俘获来的战俘,他们或被惨杀,或作祭祀的人牲,或死后随便扔进灰坑中。汤阴白营遗址的儿童奠基、"人祭"的出现,是阶级产生的标志之一。

黄河中游地区各种新石器晚期文化中都发现卜骨,这表明在当时的社会上已出现享有特殊权益的专职巫师。

总之,龙山文化时代的黄河中游地区,私有制和阶级对立已经出现,阶级斗争已趋尖锐化,以掠夺财产和人口为目的的战争增多。反映生产力水平发展的铜器已普遍出现。登封王城岗、淮阳平粮台、郾城郝家台、辉县孟庄、安阳后岗等城址的发现,反映出当时阶级斗争的尖锐和战争的频繁。氏族制开始解体,人类社会已踏上文明时代的门槛。

第二节　黄河上游地区的新石器时代文化

黄河上游的青海东部、甘肃的洮河流域、渭河上游和河西走廊的东部、宁夏的南部,大致可以划归一个文化区系。该地区的新石器文化主要有马家窑文化和齐家文化。在甘肃东部的渭河上游地区有早于马家窑文化的仰韶文化(即含有半坡类型因素和庙底沟类型因素的文化遗存);在甘肃东部的秦安大地湾遗址,含半坡类型因素的文化层之下压着大地湾一期文化层。大地湾一期文化时代相当于关中、豫西和晋南的老官台文化。

黄河上游地区,仰韶文化、马家窑文化、齐家文化三者之间的关系已在地层叠压关系上得到证实。1957年,在临洮-瓦家坪发现马家窑类型叠压在庙底沟类型之上的地层关系。1962年,在武山石岭下遗址发现在马家窑类型之下还压着石岭下类型的文化层,后来又在天水罗家沟遗址发现庙底沟类型、石岭下类型、马家窑类型从下至上的三层叠压关系。这些地层叠压关系所确立的相对年代序列和^{14}C测定的绝对年代是相吻合的。

关于马家窑文化和齐家文化之间的关系,也从地层叠压上得到证实。1957年,在临洮马家窑-瓦家坪、天水西山坪、渭源寺坪等遗址都发现了马家窑文化在下、齐家文化在上的地层叠压关系。

关于马家窑文化及其诸类型的文化系统归属问题，主要有两种意见：一种意见认为，马家窑、半山、马厂都是属于仰韶文化系统的不同类型，它们是仰韶文化晚期一支具有地域性特征的文化类型；另一种意见则将马家窑文化作为一个独立的文化系统。

一、马家窑文化

马家窑文化可分为石岭下类型、马家窑类型、半山类型、马厂类型。石岭下类型早于马家窑类型，已在前面介绍。下面分析马家窑类型、半山类型和马厂类型的关系。

1963年，兰州青岗岔遗址发现马厂类型的一号墓中，除出土较多马厂类型的陶器外，还有一些半山类型的陶片。1973年在永昌鸳鸯池墓地发现马厂类型44号墓打破半山类型72号墓的地层关系。1974年，在永登蒋家坪遗址发现马厂类型压在马家窑类型之上的地层关系。这些地层叠压关系所证实的马家窑类型、半山类型和马厂类型的相对年代，也和^{14}C所测定的绝对年代一致。

马家窑文化诸类型的年代序列是：石岭下类型→马家窑类型→半山类型→马厂类型。

根据近几十年的考古发掘资料，马家窑文化和仰韶文化在甘肃和青海东部地区分布的规律是东部早、西部晚。属于老官台文化早期阶段的大地湾一期文化，含半坡类型因素、庙底沟类型因素的仰韶文化和属于马家窑文化早期阶段的石岭下类型都分布在甘肃东部的渭河上游及其支流一带，甘肃西部和青海东部均未发现这些文化遗存。[①]

（一）石岭下类型

石岭下类型是介于仰韶文化庙底沟类型和马家窑类型之间的一个过渡类型，它既具有庙底沟类型的文化因素，又具有马家窑类型的文化因素。但从总的文化特征来看，它较多地接近马家窑类型，是马家窑文化的早期阶段。

石岭下遗址所在的位置隶属于甘肃省武山县城关镇，20世纪40年代即已发现，建国后进行过试掘。但作为一种具有独特的文化特征的类型提出，并命名为"石岭下类型"要到70年代。

石岭下类型的分布范围主要是渭河上游及其支流葫芦河流域，以及西汉水与洮河流域，但中心区域在甘肃东部的天水至武山一带。现已发现的遗址有天水杨家坪、西山坪、关子镇、罗家沟，秦安县山王家，静宁县威戎镇，通渭县李家坡，甘谷县王家坪、渭水峪，武山县石岭下、灰地儿、傅家门，临洮马家窑等，其中石岭下、罗家沟和马家窑遗址都发现有庙底沟类型、石岭下类型、马家窑类型由下而上相继叠压的地层关系。

石岭下类型的陶系以泥质红陶为主，夹砂红陶和泥质灰陶次之。制法以泥条盘筑为主。纹饰有绳纹、弦纹、划纹、附加堆纹等，部分陶器的外表施白衣。彩绘花纹有几何形和动物形两种。几何形有单纹或多线平行条纹、波浪纹、连弧纹、锯齿纹、弧线三角勾叶纹、半圈间网纹、圆圈间网纹、勾形纹、单叶纹等。动物花纹有各种姿态的鸟纹，主要表现鸟的头部和颈部的形象。常见的器形有敛口碗、卷沿盆、侈口细颈瓶、小口平底瓶、彩陶罐、扁腹罐、敛口钵等，其中具有特征的器形是卷沿盆、敛口碗、彩陶壶、彩陶罐等（图5-32）。

石岭下类型是庙底沟类型向马家窑类型发展的过渡类型，它和庙底沟类型及马家窑类型既有联系，又有区别。其区别主要表现在以下几点：（1）庙底沟类型的彩陶无内

[①] 谢端琚：《黄河上游的马家窑文化》，《新中国的考古发现与研究》，文物出版社1984年版，第104—118页。

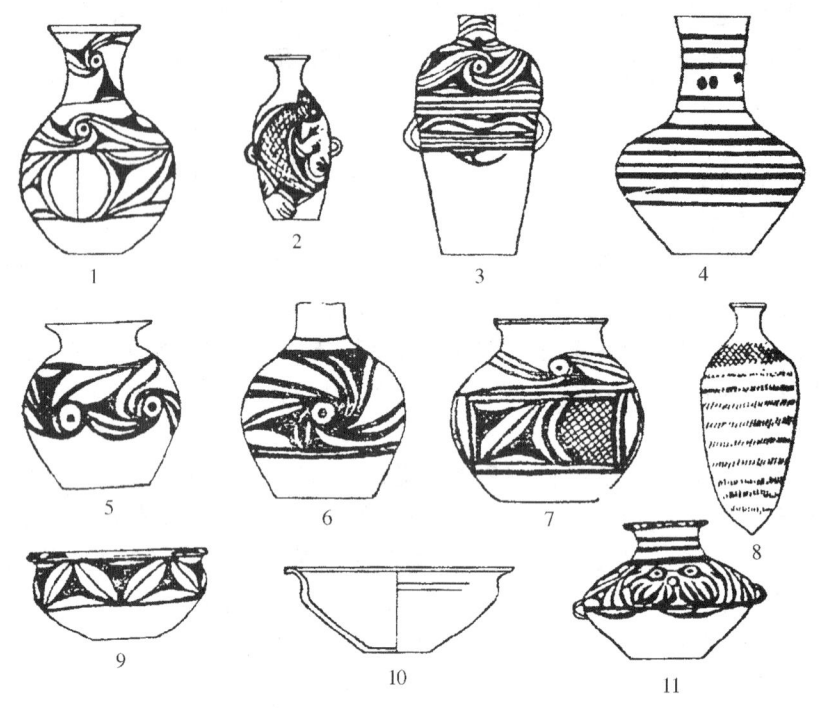

图 5-32 石岭下类型陶器
1—4. 彩瓶(甘谷灰地儿,武山傅家门、静宁威戎镇) 5、7. 彩罐(天水)
6. 彩壶(甘谷王家坪) 8. 尖底瓶(秦安大地湾) 9、10. 盆(大地湾、灰地儿) 11. 扁腹罐(天水)

彩,石岭下类型有少量内彩,马家窑类型有较多的内彩。(2)庙底沟类型的彩陶,彩纹都绘在陶器的上腹;石岭下类型的彩陶有少量遍体满饰花纹,大多数在下腹的近底部留一段空白不施彩绘;马家窑类型的彩陶有一部分遍体饰花纹。(3)陶器的形制,庙底沟类型的陶器以平底器为主,其次是圜底器和三足器;马家窑类型的陶器则无鼎之类的三足器,尖底器也很少;石岭下类型的陶器大多数与马家窑类型的同类器相同。尖底瓶的区别是,庙底沟类型的尖底瓶为双唇、器身瘦长,有的为亚腰;马家窑类型的尖底瓶为侈口、器身较粗,无亚腰。

石岭下类型的一个 ^{14}C 年代为距今 5140±160 年。这一年代正好处在庙底沟类型和马家窑类型之间。这也说明 ^{14}C 所测定的年代和地层叠压关系所确定的相对年代是互相吻合的。

(二)马家窑类型

马家窑类型的文化遗存分布最密集的区域是甘肃省东部的泾、渭水上游和西汉水及白龙江流域,湟水、大夏河、洮河、庄浪河、祖厉河,以及宁夏的清水河流域,青海东部的贵德盆地和河西走廊的武威以东地区,也有少量分布。在这个广大区域内,经过调查发现的马家窑遗址有 300 多处,其中经过正式发掘的有甘肃兰州市曹家嘴、王保保城、西坡岎,永登蒋家坪,永靖范家村,东乡林家,临洮马家窑,甘谷灰地儿,天水罗家沟,青海省民和阳洼铺(坡)、核桃庄,大通上孙家,贵南尕马台等。

图 5-33 马家窑类型陶器
（依谢端琚，1985）

1. 舞蹈纹盆(大通上孙家) 2. 瓶(兰州王保保城) 3. 带盖罐(王保保城) 4. 束腰罐(永登杜家坪) 5. 彩壶(临洮马家窑) 6. 尖底瓶(陇西昌家坪) 7. 彩瓮(永靖三坪) 8. 碗(马家窑) 9. 瓶(马家窑) 10. 彩罐(榆中马家岘) 11. 粗陶瓮(陇西)

根据蒋家坪和林家遗址的地层关系，可将马家窑类型分为早、中、晚三期。蒋家坪遗址马家窑类型遗存分上下两层，下层代表早期；蒋家上层和林家下层代表中期；林家遗址的中、上层代表晚期。

马家窑类型的石器有打制和磨制两种，以磨制石器为主。打制石器有石刀、石铲、盘状器和细石器。磨制石器有石铲、石斧、穿孔石刀、石镞、弹丸、磨谷器、石杵、石锤等，磨制精致。从孔壁笔直的宽体石环来看，当时的管钻技术已达到相当高的水平。骨器有带槽的骨梗刀柄，以及骨铲、骨锥、骨镞、骨针等。陶质工具有陶刀、纺轮、制陶工具。甘肃东乡林家遗址属于马家窑类型中、晚期的文化层中，发现完整的铜刀1件，碎块几片。

马家窑类型的陶器以红陶为主，有少量的泥质灰陶。纹饰以绳纹为主，有少量的附加堆纹、刻划纹、篮纹和凸饰；大量的夹砂陶以交错绳纹为最多，次为附加堆纹；泥质陶多为红陶，大多为素面，也有少量的绳纹和篮纹。彩陶的数量较多，占陶器总数的五分之一左右。彩陶多以橙黄色为底色，一般打磨得比较光滑。彩绘多用黑色，有少量的红色，以各种条纹为主组成相当简练的花纹图案。有一定数量的内彩。彩纹以钩叶圆点纹、弧线三角纹及带状网纹较多，有少量锯齿纹、垂钩纹、涡纹、葫芦纹、圆圈纹、S形纹等。陶器的制作多为手制。常见的器形有盆、钵、碗、壶、罐、瓮、盘等，其中以侈口长颈双耳彩陶壶、敛口小平底彩陶钵、卷唇曲腹彩陶盆、短唇曲腹彩陶盆、短唇圆肩彩陶罐、小口长颈瓶、矮柄豆等颇具特征性(图5-34)。彩陶数量最多的是长颈壶。盆和钵的腹部较浅，口沿齐平或稍向外卷。壶、瓶多细颈宽肩，最大径在上腹。尖底瓶为喇叭口，器表绘彩。瓮，敛口高体，器表大多饰彩绘。马家窑类型的陶器，形体比较瘦长，长颈深腹的器形较多。

马家窑类型早、中、晚三期陶器的区别是：早期的曲腹盆和钵，腹较深，壶、瓶的口内斜，多圆腹；中期的盆、钵，腹较浅，盆的口沿宽平或稍向外卷；晚期的碗、钵，口沿略直或微侈，壶口外卷，有的变成折肩腹的平底器；晚期出现豆、单耳彩陶瓶、上下分别用泥质彩陶与夹砂绳纹粗陶制成的盆、钵、壶及带嘴锅、器表饰附加堆纹夹砂单耳罐等。早、中、晚期的彩陶区别是：早期彩陶，简要不繁；中期的彩陶，结构紧密，繁缛而富于变化；晚期彩陶，花纹趋于简化，有一些通体饰彩绘，出现黑彩间绘的白色花纹。

墓葬在兰州王保保城、大通上孙家、民和核桃庄、贵南尕马台等遗址共发现40多座。葬式有二次葬、仰身直肢葬和瓮棺葬等。核桃庄一座大墓，有木棺，随葬陶器30余件，其中彩陶9件。大通上孙家墓地，发现一件彩陶壶打破后，将壶的上半部埋入一个男性墓中，又将壶的下半部埋入一个女性墓中，有其寓意。墓葬多位于居址附近。

甘谷灰地儿遗址，曾采集到一件陶祖。[①]

(三) 半山类型

半山类型主要分布在黄河上游及其支流湟水、洮河和庄浪河流域，渭河上游的天水、武山一带和宁夏南部也有少量分布，在河西走廊的分布仅限于永昌市以东地区。半山类型经正式发掘的遗址有甘肃省兰州市青岗岔、花寨子，广河地巴坪，景泰张家台，青海省乐都县柳湾，宁夏固原陈家湾等。

生产工具有石斧、锛、刀、凿等，石刀有一部分有双孔，长方形弧刃。花寨子发现的一件骨匕首，两侧有用于镶嵌石刃(细石器)的凹槽。渔猎工具有石弹丸、骨镞、矢镞等。

房屋都是方形或长方形的半地穴建筑。青岗岔发现的三座保存较好的房屋中，有一座房屋平面呈长方形，长7.4米，宽6.5米，残高0.6米至1米。门朝东，室内有灶。房屋附近有储存物品的窖穴和陶窑。

半山类型的陶器以红陶数量最多，有少量的灰陶和黄白陶。制法多手制，以泥条盘筑为主。粗砂陶多素面，也有在粗砂陶上饰附加堆纹、划纹、锥刺纹、绳纹。彩陶质地细腻，火候较高，胎色为橙黄色或砖红色，表面打磨光滑。彩陶数量倍增。如广河地巴坪的墓葬随葬陶器中的彩陶约占全部陶器的80%以上。彩陶的纹饰，常用黑、红两色相间的线条，勾画出各种图案。彩纹主要有螺旋纹、菱形纹、圆圈纹、葫芦纹、同心圆纹、折线三角纹、平行弧线纹、网纹、锯齿纹等，其中数量最多的是锯齿状线条勾画出的四个连续的涡形纹，次为葫芦网格纹、菱形花格纹、圆圈网格纹、连弧纹等。半山类型的彩绘图案，一般是四面成组，均匀对称。比较常见的器形有壶、瓶、瓮、罐、碗、盂、豆、杯、带嘴锅等，其中以小口高颈双耳壶、单耳大口罐、短颈

[①] 黄河水库考古队甘肃分队：《临夏范家村马家窑文化遗址试掘》，《考古》1961年第5期。

双腹耳瓮等数量较多,也具特征性。半山类型陶器的特点是,形体匀称,高矮、宽窄比例适宜,腹部浑圆,最大径在腹中部,彩壶的口侧有一对鼻耳(图5-34)。

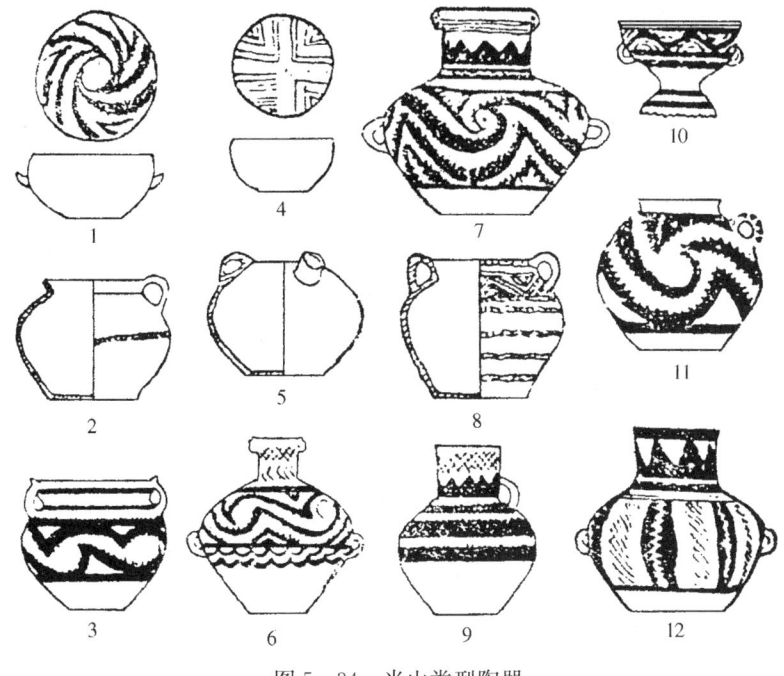

图5-34 半山类型陶器
(依谢端琚,1985)

1、4. 钵(广河地巴坪、兰州花寨子) 2. 单耳罐(花寨子) 3. 双耳彩罐(地巴坪)
5. 带嘴罐(景泰张家台) 6、7. 鼻耳彩壶(地巴坪、花寨子) 8. 粗陶双耳罐(花寨子)
9. 长颈壶(地巴坪) 10. 彩陶豆(兰州小坪子) 11. 彩罐(花寨子) 12. 彩壶(花寨子)

半山类型的墓葬已发现400余座,其中包括土坑墓、石棺墓和木棺墓三种。有一次葬,也有二次葬。早期多二次葬,晚期多一次葬。葬式,早期多仰身葬,晚期多侧身屈肢葬。随葬品一般很少,少数墓有较多随葬品,开始出现贫富分化。男女在随葬工具方面,种类不同。男性墓多随葬石斧、石锛、石凿,女性墓多随葬石、陶纺轮,反映出男耕女织的劳动分工。兰州土谷台还发现成年男女合葬墓。花寨子遗址发现身首分离、随葬品又很少的墓葬。

半山类型的年代,已经放射性碳素测定年代的共有两个地点六个数据,其中最大的数据为距今4180±100年(ZK407),其最小数据为距今3815±140年(ZK406)。半山类型延续了300年左右。[①]

(四)马厂类型

马厂类型的分布范围大体与半山类型一致,惟河西走廊地区延伸范围较广,直达玉门一带。该类型经正式发掘的遗址有甘肃省永靖县马家湾,永昌鸳鸯池,永登县蒋家坪、兰州市白道沟坪、土谷台,皋兰糜地岘,酒泉市下河清,青海省乐都县柳湾等,其中以马家湾遗址、鸳鸯池墓地和柳湾墓地发现的遗存较多,能较全面地反映该类型的文化面貌。

马厂类型的居民以经营农业为主,在遗址中发现大量石制和骨制农具。常见的石器有石

---

① 甘肃省博物馆等:《兰州花寨子"半山类型"墓葬》,《考古学报》1980年第2期。甘肃省博物馆文物工作队等:《广西地巴坪"半山类型"墓地》,《考古学报》1978年第2期。

斧、锛、刀、镰、凿、杵、研磨器、磨谷器、砺石等,大多数都比较精致。打制石器中有少量细石器,其器形主要有刮削器和石叶。骨器有骨梗刀柄,分单槽和双槽,以供镶嵌石叶。1975年,在蒋家坪马厂类型遗址发掘中,发现残铜刀一件。

房屋遗存在永靖马家湾和永登蒋家坪两遗址各发现七座,其形制有方形、长方形和圆形三种。蒋家坪还发现吕字形双室和多元套间房屋。房屋内部普遍有袋状窖穴,最大的窖穴容积达三立方米;房屋内部设置窖穴标志私有财富的出现。遗址中发现的陶窑,往往是三座成组分布。马家湾和蒋家坪发现的房屋,都是分户各自开门,门向东、西、南三面都有。房屋有门道,屋中间有圆形灶坑。

马厂类型的陶器以红陶为主,灰陶次之。陶器的制作多为泥条盘筑,个别器物有慢轮修整的痕迹。常见的纹饰有绳纹、附加堆纹、弦纹、划纹、锥刺纹等。彩陶数量较多,兰州市白道沟坪马厂类型的彩陶占陶器总数的37%。陶器的上半身普遍施一层红色或紫红色的陶衣。彩绘颜色以黑色为主,也有红、黑二色兼用的。早期以黑彩为主,有少量红彩;中、晚期红色消失,全部用黑色彩绘。彩绘的主体花纹是几何形图案,有少量的人像或人面纹及蛙纹。常见的几何形彩纹有四大圆圈纹、三圈纹、折线三角纹、菱形纹、漩涡纹、多圈纹等。马厂类型的漩涡纹和圆圈纹都比较大,在漩涡和圆圈中往往填以十字、井字等富于变化的花纹。陶器的制作比较粗糙,精细的比较少。常见的器形有彩陶壶、素面壶、双耳罐、双耳彩陶罐、长颈壶、葫芦罐、小口垂腹壶、豆、瓮等,其中以大口双颈耳彩陶罐、小口圆腹双腹耳壶、小口短颈双腹耳壶、单颈耳筒形罐等颇具特征性(图5-35)。

马厂类型的彩陶曾发现部分器形的下腹部绘有符号,仅柳湾一处就发现几百件,共100多种不同符号,比较常见的有"十"、"一"、"×"、"0"、"卍"、"丨"等10多种。这些符号可能是陶器制造者的记号,也可能是氏族或家族的族徽,或有其他涵义。

马厂类型的墓葬已发掘的有1200余座。葬式以仰身直肢葬为主,也有二次葬、屈肢葬和俯身葬。兰州附近发现的大多是屈肢葬。葬具有木棺和垫板,木棺多呈长方形,棺的四壁皆有木板或半圆木拼接而成。土谷台和柳湾两遗址发现有的墓有斜坡墓道,墓门用若干竖木或石板封住。土谷台和柳湾两遗址的马厂类型早期墓葬,都发现一定数量的成年男女合葬墓。蒋家坪遗址属于马厂类型中期的一座大墓,随葬陶器30多件,其人骨架下挖有长方形深坑,坑内分层埋猪、狗四只,人骨一具,人头一个。一具人骨为一老年女性,左臂缺手,头骨一侧被打破;一个人头骨为十几岁的少年,头骨被打得粉碎,放置在一个彩陶豆中。这一老年女性应属奴隶殉葬,少年的头骨乃是人祭的遗留。柳湾马厂类型的墓葬中,发现殉有奴隶的墓三座(图5-36)。马厂类型的墓葬,随葬品多寡非常明显。柳湾的一座大墓出土陶器达90多件,而一些小墓只有一两件随葬品。柳湾收集到一件马厂类型中期的彩陶壶,器表有彩绘雕塑相结合的女性裸体像,形态逼真,引人注目。①

马厂类型的绝对年代大约为距今4000—3800年。

马家窑文化经历了很长的历史阶段,从石岭下类型到马厂类型,延续了1000余年。马家窑文化早、晚期生产力发展水平不同,其社会形态也各不相同。

马家窑类型的墓葬中没有发现随葬品多寡的现象,到了马厂类型阶段,墓葬的规模大小

---

① 青海省文物管理处等:《青海乐都柳湾原始墓葬第一次发掘的初步收获》,《文物》1976年第6期。青海省文物管理处考古队等:《青海乐都柳湾原始墓地反映的主要问题》,《考古》1976年第6期。

图 5-35 马厂类型陶器
1. 盆(兰州红古城) 2. 长颈壶(永登蒋家坪) 3. 筒形罐(永昌鸳鸯池) 4. 单耳罐(蒋家坪)
5. 小垂腹罐(兰州白道沟坪) 6. 折腹盆(蒋家坪) 7、11. 彩壶(民和马厂塬、红古城)
8. 双耳彩壶(土谷台) 9. 粗陶瓮(乐都高庙) 10. 杯(永靖庙裂古)

和随葬品多寡悬殊的现象,已比较突出,这说明已出现贫富分化的现象。半山类型和马厂类型的墓葬中都发现了一对成年男女合葬墓。马厂的房屋,已出现双间和多元套间的结构,房屋内部一般都有储藏物品的窖穴,表明已出现私有财产。马厂类型晚期,已出现人殉和人祭的墓葬。海贝和石贝的出现,反映了商品交换的发展。以上分析说明,马家窑文化早期阶段可能处在母系制的对偶婚和对偶家庭阶段,晚期已进入父系制阶段,私有制、阶级压迫、阶级对抗已经出现,开始向文明时代过渡。

二、齐家文化

齐家文化是因 1924 年首先在甘肃省广河县齐家坪发现而得名。1957 年在临洮马家窑-瓦家坪、天水西山坪、渭源寺坪等遗址都发现马家窑文化在下、齐家文化在上的地层叠压关系,这就从地层上证实了齐家文化的相对年代晚于马家窑文化。齐家文化的分布范围比马家窑文化诸类型广泛,东起泾、渭水流域,西至湟水流域,南达白龙江流域,北入内蒙古自治区阿

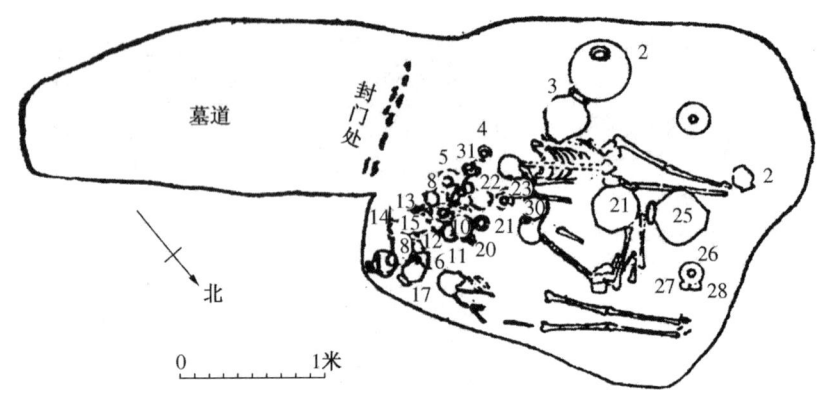

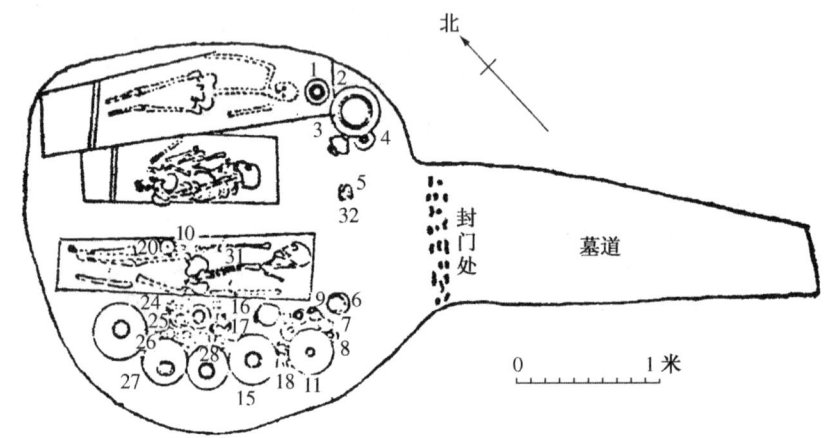

一、柳湾 326 号墓平面图
1、2、24. 彩陶壶 3. 陶壶 4、8、10、15、16、28、31. 侈口罐 5、7、13、17—21、27、29. 粗双耳罐
6. 陶杯 9、11、23、26. 小垂罐 12. 双彩罐 14. 侈口彩罐 22. 腹耳罐 25. 大彩罐

二、柳湾 327 号墓平面图
1、7、10、13、16—18. 粗双耳罐 2. 粗陶瓮 3、4、11、21、23、24. 小垂罐 5. 粗大口罐
6、22. 双耳彩罐 8、9、19、25、26. 侈口罐 12. 粗单耳罐 14. 素陶壶 15、20、27. 彩陶壶
28. 大彩罐 29. 石斧 30. 石锛 31. 石纺轮 32. 石刀

图 5-36 马厂类型墓葬（殉葬墓）

拉善左旗。齐家文化遗址现发现 350 多处。齐家文化在不同的区域，其文化面貌也有一定的区别。根据齐家文化在内涵上的地域差别，可将其分为三个地区，即甘肃东部泾、渭河上游和西汉水上游，甘肃中部地区的黄河上游及其支流洮河、大夏河流域，甘肃西部和青海东部地区的庄浪河、湟水流域和河西走廊等地区。

齐家文化经正式发掘的遗址主要有甘肃省永靖县大何庄、秦魏家、张家嘴，武威市皇娘娘台，广河县齐家坪、阳洼湾，兰州市青岗岔，宁夏回族自治区固原海家湾，青海省贵南尕马台，大通县上孙家，乐都县柳湾等。根据 ^{14}C 所测定的年代和出土遗物的分析比较，齐家文化的年代，东部要比西部的早。

齐家文化遗址一般都位于河旁台地。甘肃省秦安县寺嘴坪、武威市皇娘娘台、临洮马家窑、永靖姬家川和大何庄等遗址都发现齐家文化房屋遗存。现已发现的房屋遗存大多是方形或长方形的半地穴式建筑，屋内大多有白灰面铺设的居住面，房屋中间有一个圆形的灶，门道一般朝南。大何庄 7 号房屋，结构比较特殊。这座房屋，面积约 36 平方米，房屋平面呈方形，屋内中间有一个高出居住面3.5厘米的圆形灶址；门朝南，门前有向外凸出的出入口；竖穴较浅，四隅有四个粗大立柱支撑屋顶。竖穴周围还有排列整齐的柱洞，在竖穴四壁与外围墙壁之间有1—1.4米的空间地面。这段地面不涂白灰面，但很平整结实，显然是经过加工和长期居住踩踏所形成的。这是一种四周有回廊的房屋(5-37)。

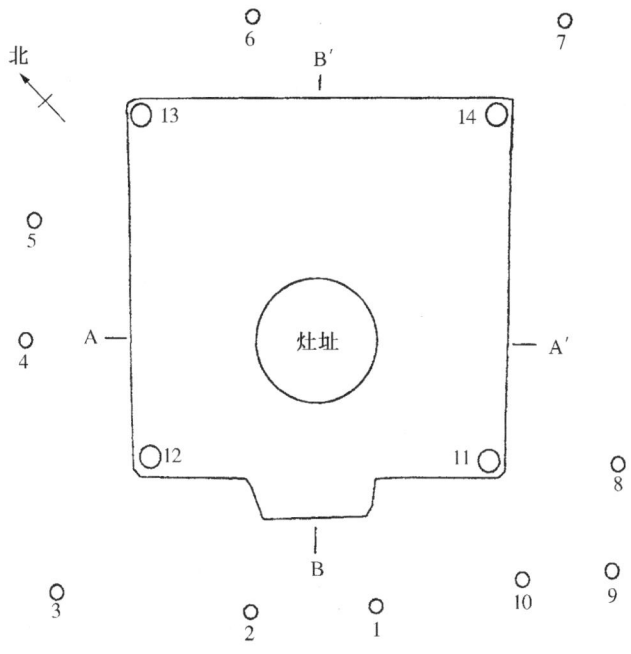

图 5-37　大何庄 7 号房屋平面图

生产工具有石器、骨器、铜器，以石器为主。石器有斧、锛、刀、铲、镰、镞、刮削器等，有的遗址还发现细石器。石器多磨制，打制的很少。镞、带缺口的石刀、刮削器、盘状器和细石器为打制，其余的器形为磨制。石刀和石镰大多穿孔磨光。骨铲是一种重要的挖土工具。这种骨铲系用动物的肩胛骨和下颌骨制成，有的还带弯曲的柄，刃宽而锋利。

冶铜业的发展是齐家文化的一个重要特征。现已发现的出土铜器的遗址有武威皇娘娘后、大何庄、秦魏家、尕马台等。铜器的种类有斧、刀、镰、匕首、镜、指环、锥等(5-38)。这些铜器经鉴定有红铜和青铜两种，有冷锻，也有冶铸。齐家文化中发现的铜镜，是迄今已知年代最早的铜镜。尕马台25号墓发现的一件铜镜保存较好。该铜镜在墓中置于死者的胸部。铜镜径9厘米，厚0.4厘米，表面平滑，背面有钮，饰七角星图案，角与角之间有斜线；镜的边缘钻两小孔，供系绳穿挂之用(图5-39)。

齐家文化中已出现较多的纯铜器和青铜器，说明齐家文化时期已进入铜石并用时代，并向青铜时代过渡。

陶器可分为泥质红陶和夹砂红陶两种。陶器的制作有手制和轮制，以手制为主，轮制比较少。纹饰有绳纹、篮纹、划纹、印纹、附加堆纹等。彩陶数量较少，彩绘以黑色为主，红色较少。彩纹有宽带纹、三角纹、网纹、菱形纹等，以斜线构成的菱形带纹和两边对称的方格纹为其特点，图案规整。彩纹图案，一般两面对称。器形以平底器为主，圈足器和三足器的数量较少。部分器形具有发达的颈部和显著的棱角。主要器形有鬲、斝、甗、罐、盆、盉、碗、豆等，其中以罐的数量最多。罐常有单耳、双耳、三耳，其中最具特征的器形有双大耳罐、侈口高颈深

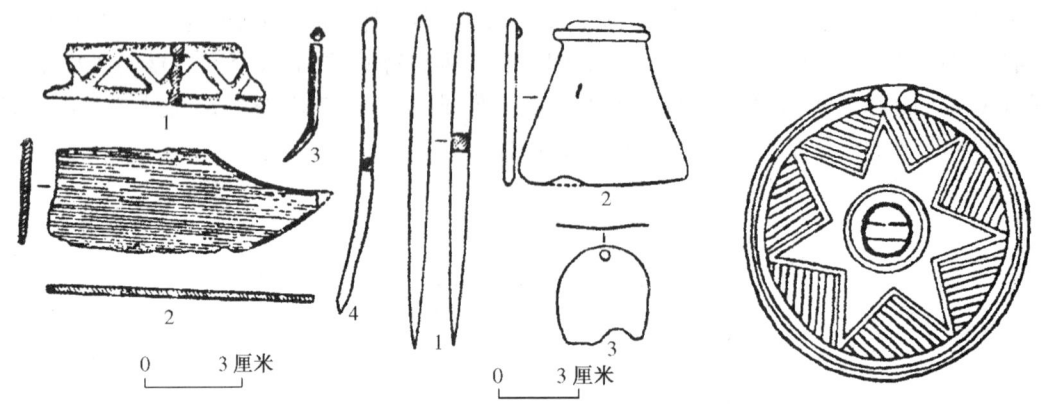

一、甘肃武威皇娘娘台齐家文化的红铜器　二、甘肃永靖秦魏家青铜器
图 5-38　齐家文化铜器
（依安志敏，1981）

图 5-39　尕马台 25 号出土铜镜

腹双耳罐、粗砂陶的侈口鼓腹罐。齐家文化的陶罐大都有发达的颈部和显著的棱角，这是该文化的一个特征。彩陶多为罐类，分为大口罐和小口罐两种，口沿下都有对称的双耳（图 5-40）。

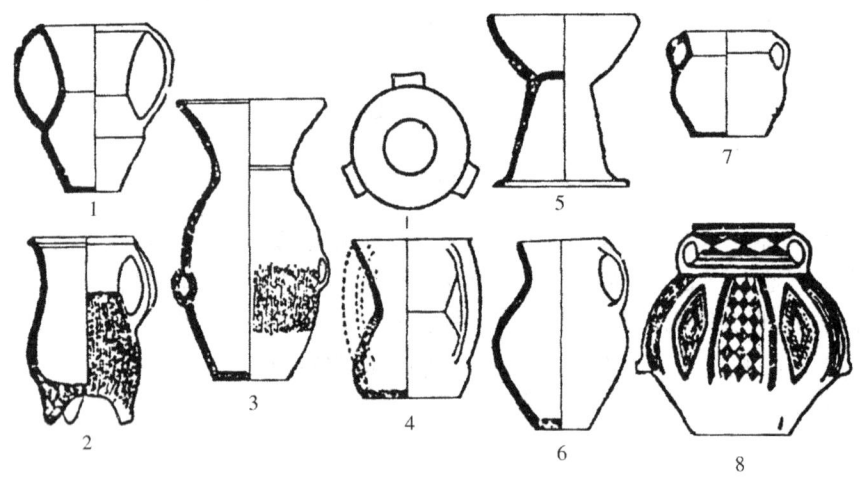

图 5-40　齐家文化陶器
1. 双大耳罐　2. 鬲　3. 高领双耳罐　4. 三耳罐　5. 豆　6. 单耳罐　7. 双小耳罐　8. 彩陶罐

齐家文化的墓葬已经发掘的有 500 座左右，墓葬发现较多的有皇娘娘台、秦魏家、尕马台和柳湾等遗址。墓坑大多为长方形竖穴，头向西或西北。柳湾的齐家文化墓葬有的墓有木棺（大都为独木舟形），有的墓坑有墓道。葬式有仰身直肢葬、屈肢葬、俯身葬等。大多为一次葬，二次葬比较少。以单人葬为主，合葬次之。合葬分小孩合葬、成人合葬、成人和小孩合葬。齐家文化墓葬的一个重要特征是：普遍发现成年男女合葬墓和殉人墓，随葬品多寡悬殊和由其表现出的贫富分化及阶级对立十分显著。秦魏家发现的 100 多座墓葬中，合葬墓就有 24 座，其中一对成年男女合葬墓就有 16 座。皇娘娘台第四次发掘的 62 座墓葬中，就有 10 座为一对年龄相当的成年男女合葬墓。这些成年男女合葬墓的一个共同特征是：男性仰身直肢，

女性侧身屈肢面向男性,随葬品大都集中在男性身边(图5-41,1)。皇娘娘台发现的三座一男二女合葬墓的主从关系更为明显。这些三人合葬墓都是男性仰卧直肢居于墓中央,两女性一左一右置于男性的两侧,侧身屈肢面向男性,对男性表现屈从的姿态,丰富的随葬品大都在男性身边(图5-42,2)。成年男女合葬墓皆为一次葬,男女不会同时死亡,由此可知,女性是为男性殉葬的。齐家坪还发现8人和13人的同坑合葬,其中以一人为主,其余属殉葬性质。齐家文化墓葬,奴隶殉葬较为普遍;随葬品多寡悬殊也十分突出,多者达百余件,寡者一无所有。随葬品较多的墓,有的墓中随葬玉斧、玉铲、玉琮、石璧等精致的礼器。有些墓还用象征财富多寡的猪下颌骨随葬,随葬的数量悬殊较大,多者达68块,少者仅1块。尕马台的墓葬(M25)还随葬海贝(从沿海地区交换而来)和骨贝。

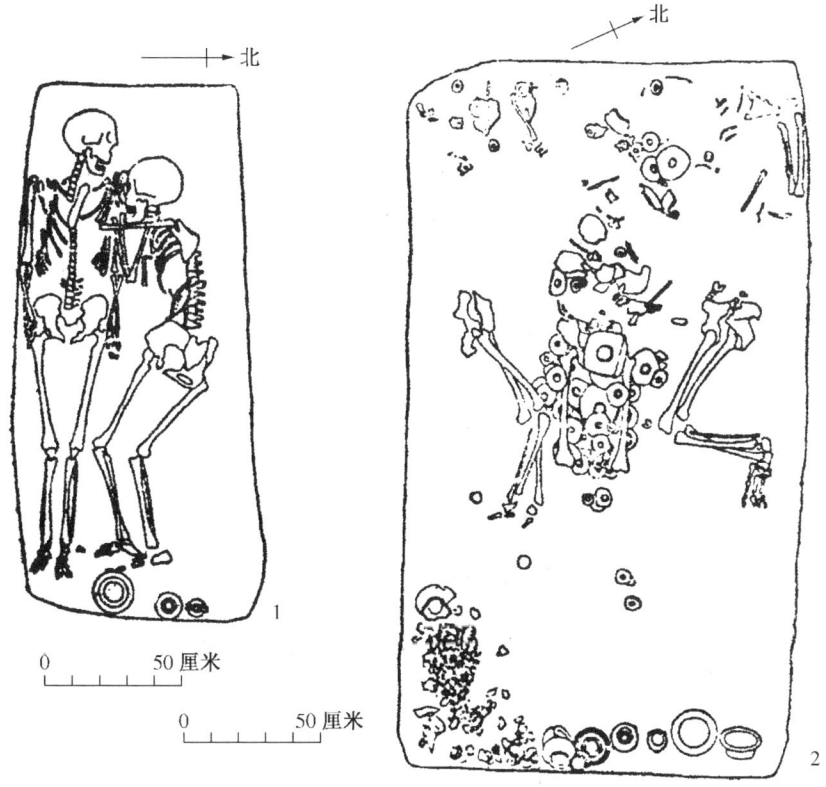

图5-41 齐家文化墓葬
1. 男女合葬墓(甘肃永靖秦魏家M105)
2. 三人合葬墓(甘肃武威皇娘娘台M48)

齐家文化中还有一种用灰坑埋人的情况。皇娘娘台第四次发掘发现这种类型的灰坑五个。灰坑中埋的人数一至数人不等,无一定的葬式,有的骨架凌乱,有的身首分离,有的肢体不全,有的无头,均无随葬品。这类埋葬和客省庄二期文化的灰坑埋人及河北邯郸涧沟遗址用废弃水井埋人,均属同类性质,亦即这类灰坑均属祭祀坑,灰坑中的死者是用于祭祀的"人牲"。这都是阶级出现后的一种观念。

齐家文化中还普遍发现卜骨。卜骨大多使用羊的肩胛骨制成,也有用猪和牛的肩胛骨制作的。大部分卜骨,只灼不凿,个别遗址,如皇娘娘台遗址,曾发现卜骨上有钻的痕迹。

大何庄遗址还发现"石圆圈"遗迹四处。这四处石圆圈都是利用天然的砾石排列而成的,圆圈的直径约四米。石圆圈周围都分布着许多墓葬，而且发现卜骨和牛、羊骨架。如第一号石圆圈东边的七米处，就有一具被砍了头的母牛骨架，母牛腹内还有小牛骨一具(图5-42)。这些遗迹可能与原始宗教活动有关，是一种祭祀遗迹，即在氏族公共墓地埋葬亲属时，宰杀牛、羊一类"牺牲"，围起"石圆圈"，举行哀悼仪式。这种"石圆圈"也可能是后人祭祖的遗迹。辽西的红山文化中发现的用石块围成的圆形祭台，同属新石器时代晚期的祭祀遗迹。

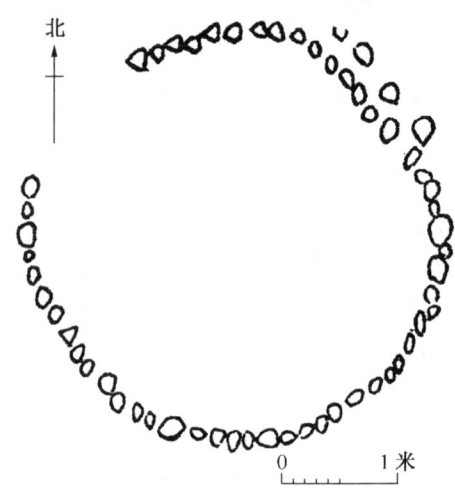

图5-42 大何庄遗址第1号祭祀遗迹

齐家文化的年代，经 ^{14}C 测定的年代数据共有四个，广河齐家坪的木炭测的年代为距今 4130 ± 105 年(ZK140)，灵台西屯桥的木炭测定的年代数据为距今 3785 ± 60 年(ZK741)，永靖大何庄用炭化木桩和木炭测定的两个年代数据分别为距今 3675 ± 100 年(ZK15)、3645 ± 95 年(ZK23)。这些年代数据说明齐家文化年代大约为距今4100—3600年。①

齐家文化时期的农牧业、制陶业及其他手工业都有较大的发展，尤其冶铜业的发展，反映生产力水平有了显著的提高。生产力的发展，促进了财富的增加和私有制的发展，出现了贫富分化、阶级对立的现象。齐家坪、秦魏家、皇娘娘台、柳湾(M314)等遗址发现的殉葬墓都是阶级对立加剧的表现。秦魏家和皇娘娘台的男女合葬墓中所表现出的男子对女子的压迫，是一种阶级对立的反映。恩格斯在《家庭、私有制和国家的起源》一书中指出："在历史上出现的最初的阶级对立，是同个体婚制下的夫妻间的对抗的发展同时发生的，而最初的阶级压迫是同男性对女性的奴役同时发生的。"②

齐家文化时期，氏族制已趋瓦解，文明时代即将到来。

第三节 黄河下游的新石器时代文化

黄河下游的新石器时代文化，大致可以分为前后相承袭的四种文化，即后李文化、北辛文化、大汶口文化和龙山文化(典型龙山文化)。在龙山文化之后出现的是一种进入青铜时代的岳石文化。

一、后李文化

后李文化遗存因首先发现于山东省临淄后李官庄遗址而得名。后李文化分布在泰沂山脉北侧、小清河以南的山前冲积平原地带。现已发现的后李文化遗址有山东省临淄后李官庄、章丘县龙山镇西河、小景山，长清县张官，邹平县孙家等，以章丘县境内发现的遗址最多。

---

① 黄河水库考古队甘肃分队：《临夏大何庄、秦魏家两处齐家文化遗址发掘简报》，《考古》1960年第3期。中国科学院考古研究所甘肃工作队：《甘肃永靖大何庄遗址发掘报告》，《考古学报》1974年第2期。甘肃省博物馆：《甘肃武威皇娘娘台遗址发掘报告》，《考古学报》1960年第2期。

② 《马克思恩格斯选集》第4卷，人民出版社1972年版，第61页。

经过试掘或大规律发掘的遗址有后李官庄、龙山镇西河,西河遗址 1997 年发掘面积达 1350 平方米。

西河遗址出土的石器有石磨盘、石磨棒、石支脚、垫石、石斧和石凿等。石磨盘为圆角长方形,通体琢制,使用面磨光,中间微凹,无足。石支脚制作规整,埋入地下的部分打制,地上部分琢制,头部略尖。石支脚长 22—30 厘米,宽 8—15 厘米,厚 3—6 厘米。三个石支脚为一组向中心斜向半埋入地下。骨器有锥、镖、匕、镞等。蚌器有刀、镰等。

陶器都用含细砂沉积土直接烧制,陶土不经淘洗,有很少的砂粒,较粗,可能羼砂。陶色多红褐、灰褐色,斑驳不匀,火候不高。制法多为泥条盘筑、泥片贴塑。大型器皿可能底、腹分制,然后接合。器形以圜底器为主,有部分平底器,偶见小型矮圈足器,无三足器,对称的横錾耳发达。器表多素面,流行附加堆纹、压印纹、绳纹等。具体的器形有深腹圜底釜、深腹圜缸、敞口平底缸、圜底或平底钵、小壶、矮圈足碗、器盖和陶支脚等(图 5-43)。釜和缸占陶器总数的 80%以上。

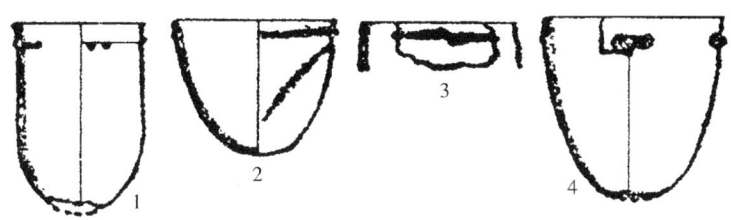

图 5-43 后李文化陶器
1. 圜底釜 2、4. 圜底缸 3. 罐

房址均为半地穴式,穴深为 0.3—0.4 米,屋内地面平整,有的地面和墙壁有烧烤痕迹。房屋的形制为圆角长方形,门道多朝南,面积 30—40 平方米,大者 50 余平方米。第 61 号房址东西长约 6.4 米,南北长 6.15 米,总面积 39.3 平方米。中部有 2 组由三个支脚组成的灶址。在西组石支脚旁发现一陶支脚,长约 15 厘米。有的石支脚上放置陶釜。

墓葬在小景山和后李遗址都有发现,有土坑竖穴墓和土坑竖穴侧室墓两种,均为单人仰身直肢葬,随葬品极少。竖穴侧室墓系在竖穴半腰向头侧和身的一侧,外掏出龛形侧室,用以放置死者。墓均东西向,除个别墓有陶支脚和蚌壳以外,无其他随葬品。

西河遗址 3 层下 F1 标本测定的数据分别为距今 7410 ± 80 年、7325 ± 80 年、7175 ± 70 年,T11 第 4 层泥炭为距今 7905 ± 90 年(以上数据未经树轮校正;后一数据可能偏老)。[①]

二、北辛文化

北辛文化是早于大汶口文化的文化遗存,20 世纪 60 年代就已发现,但由于当时没有发现单一的这类文化遗存的遗址,考古界往往将其归入大汶口文化早期或归属青莲岗文化江北类型的青莲岗期。1978—1979 年山东滕县北辛遗址的发掘,发现该遗址的主要堆积是一种早于大汶口文化的遗存,故有些学者主张将北辛遗址为代表的文化遗存单独作为一种文化,即北辛文化。

---

① 任相宏:《黄河下游新发现的后李文化》,《中国文物报》1992 年 2 月 16 日第 3 版。山东省文物考古研究所:《山东发现 8000 年前居址聚落》,《中国文物报》1998 年 1 月 28 日第 1 版。

北辛文化遗存主要分布在泰沂山区的南侧及西侧的湖东山前平原地带,泰沂山区的北缘也发现一些北辛文化遗址,多数遗址位于山区至冲积平原的过渡地区。遗址所在地,地势高亢而平坦,又接近山区,既有利于农业和渔猎生产,又可免遭水患。该文化现已发现的遗址有山东滕县北辛,泰安大汶口(1974年发掘的第一期文化遗存),兖州王因的下文化层、西桑园、小孟,邹平苑城西南村,章丘王官,董东和阜村,淄博周村浮山驿,青州桃园,长清张官,江苏邳县大墩子第一期文化遗存,连云港二涧村下层以及大村等。

北辛文化的生产工具有石器,骨、角、牙器。石器有打制和磨制两种。打制石器的加工主要在刃部和手握的部分,其他部分都保留砾石面。石器加工都采用直接打击法。器形有斧、敲砸器、盘状器、铲、刀等,其中以斧、敲砸器的数量最多,盘状器和小型石铲次之。磨制石器有铲、刀、镰、磨盘、磨棒、凿、匕首等,其中以石铲的数量最多。石铲多为扁平长方形,器身周边留有打制的痕迹,制作比较粗糙。磨盘多为弧边三角形,也有长方形、椭圆形,大多无足。磨棒以横断面呈半圆形和圆角长方形的数量最多。骨、角、牙器发现得很多,器形有镞、鱼镖、锄、凿、匕首、针、锥、梭形器等,其中以镞和针的数量最多。此外,还有少量蚌铲、镰、镞等蚌制工具。

墓葬在二涧村、大村等遗址都有发现。这些墓葬大多为单人仰身直肢葬,头向东。随葬品很少,一般为两三件陶器,有的无随葬品。有些墓葬,死者的头部覆盖一个红陶钵。此外,北辛遗址还发现两座幼儿瓮棺葬。

陶器有夹砂和泥质两种,以夹砂陶的数量最多。夹砂陶以夹粗砂的黄褐陶为主,夹砂灰陶和黑陶很少。夹砂陶的火候较低,陶器质地较软。泥质陶多红陶和红褐陶,火候较高,陶质

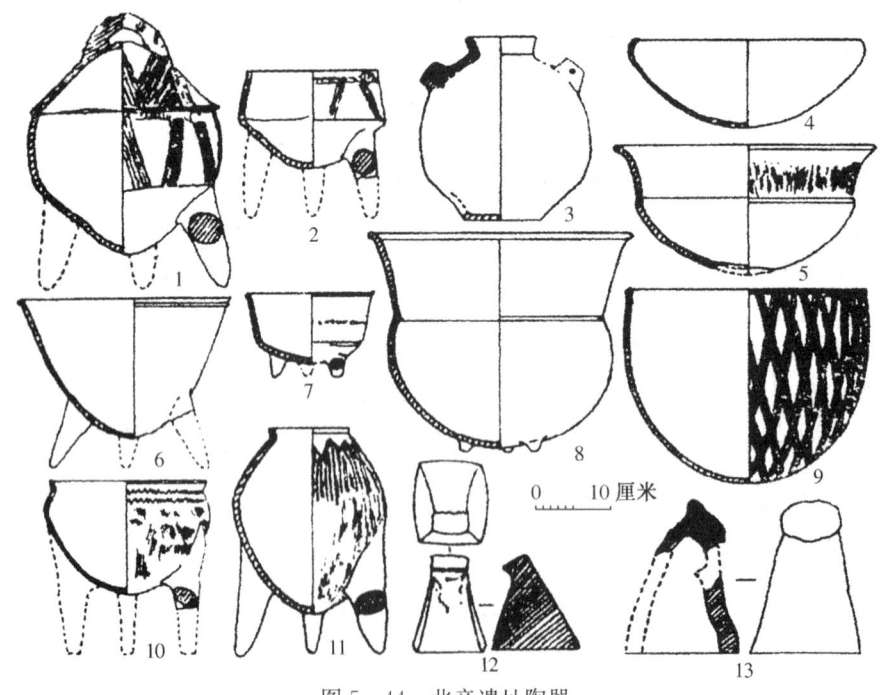

图5-44 北辛遗址陶器
(依邵望平,1984)
1、2、6、7、10、11. 鼎 3. 壶 4、9. 钵 5. 釜 8. 三足釜 12、13. 支座
(山东滕县北辛出土)

较硬。陶器均手制。主要器形有侈口或敛口的深腹尖圜底鼎、支座、小口双耳壶、圜底或平底

钵、盆,以及少量的矮三足钵、釜、罐等。陶器的纹饰有竖直或斜形的短泥条组成的花纹带、人字形或菱形的压印纹、划纹、剔刺纹、乳钉纹等。彩陶数量很少,纹饰简单,仅在陶钵的口沿绘一周红色或黑色的宽带纹(图5-44)。

北辛文化的年代,经 ^{14}C 测定的数据共有 10 个。其中大墩子遗址用木炭测定的数据为距今 5785 ± 90 年(ZK90),大汶口第六层用木炭测定的两个数据分别为距今 5710 ± 130 年(BK79012)、5810 ± 90 年(BK79016)。北辛遗址的七个 ^{14}C 数据,其最大者为距今 6725 ± 200 年(ZK632),最小者为 5645 ± 140 年(ZK640)。这些 ^{14}C 年代数据表明北辛文化延续的年代大约为距今 6700—5600 年。[1]

三、大汶口文化

大汶口文化首先于 1959 年在山东省泰安大汶口遗址发现,故名。当时发现的是这种文化的中晚期遗存,对其早期遗存还不清楚,因此曾一度将大汶口文化遗存作为山东龙山文化的早期类型,即"堡头类型"(因大汶口遗址有一部分位于宁阳县堡头,故称"堡头类型")。后来,由于在苏北邳县大墩子和山东兖州王因、滕县岗上村及大汶口等遗址先后发现了这一文化的早期文化遗存,并在这些遗址中发现了大汶口文化晚期遗存叠压在早期遗存之上的地层关系,随着对该文化研究的逐步深入,逐渐认识到大汶口文化是一种早于龙山文化的新的文化类型。

大汶口文化遗址现已发现 200 余处,已发掘的墓葬达 2000 座以上。该文化主要分布在鲁中、南和苏北、皖北,以鲁中、南地区分布最为密集。但其晚期遗址分布较广,西达豫中、豫西,北到鲁北。东北的辽东半岛,也受到该文化的影响。

大汶口文化时期,人们过着农业定居生活,农作物以粟为主。有比较发达的家畜饲养业,家畜种类有猪、狗、牛、羊等。

根据大汶口、大墩子、刘林、王因等遗址的地层关系,并结合 ^{14}C 测定的年代,可将大汶口文化分为早、中、晚三期。

表 5-3 大汶口文化分期表

文化	分期	王因	刘林	大墩子	大汶口	西夏侯	呈子	东海峪	三里河
龙山文化							第二文化层	上中层	第二文化层
龙山文化								下层	第一文化层
大汶口文化	晚期				晚期墓	上层墓			
大汶口文化	晚期				中期墓	下层墓			
大汶口文化	中期			晚期墓	早期墓		第一文化层		
大汶口文化	早期（晚期墓）	晚期墓	晚期墓	早期墓		墓葬(1974年发掘)			
大汶口文化	早期（中期墓）	中期墓							
大汶口文化	早期（早期墓）	早期墓	早期墓						
北辛文化		下文化层		下文化层	下文化层				

注：此表依《新中国的考古发现与研究》,文物出版社 1984 年版。

---

[1] 中国社会科学院考古研究所山东队等:《山东滕县北辛遗址发掘报告》,《考古学报》1984 年第 2 期。

(一) 早期阶段

早期遗址的分布地域比北辛文化范围广泛,在鲁中、鲁南、胶东半岛和苏北的淮北地区都有早期遗址发现。现已发现的大汶口文化早期遗址有山东兖州王因,滕县岗上村,曲阜尼山、大果庄,蓬莱紫荆山(下层),泰安大汶口(下层),苏北邳县刘林、大墩子(中层墓)等,其中已经发掘的遗址有刘林、大墩子、王因、大汶口和岗上村等。

生产工具有石器、骨器、角器及少量陶质工具。石器均磨制,器形小而精致。石器的器形有斧、锛、铲、凿、镰、纺轮、弹丸、砺石等。石器的穿孔技术比较发达。骨、角、牙器主要有骨锥、角锥、骨针、獐牙勾形器、骨柶、骨钏、骨梳、雕花骨筒、骨管、穿孔龟甲等。獐牙勾形器以鹿角作柄,在柄上部两侧刻有凹槽,两侧的凹槽内各嵌一枚加工过的雄獐犬齿,作为钩割工具使用。这种工具的柄部往往刻有精美的花纹。制骨工艺在这一时期有了飞跃的发展,不仅骨、角、牙质工具的种类增至20余种,而且出现了透雕技术和镶嵌技术。大量的制作水平高超的骨、角、牙器是大汶口文化的特色之一。

陶器以夹砂红陶和泥质红陶为主,灰陶和黑陶的数量较少,但较北辛文化增多。常见的器形有鼎、钵、盆、碗、壶、豆、觚形杯、罐等,其中以罐形鼎、釜形鼎、钵形鼎、鏊鼎、平底觚形杯、三足觚形杯、三足带把罐、大口尊等最具特征性(图5—45,第1—3期)。上述器形大多为实用器,只有三足觚形杯和平底觚形杯无实用价值,可能是专门为宗教活动而制作的"法器",或者是一种礼器。陶器的制作以手制为主,轮修技术已普遍使用。纹饰有弦纹、划纹、乳钉纹、绳索纹、附加堆纹、锥刺纹、指甲纹等。彩陶数量增多,有单彩的,也有白衣多彩的,花纹繁缛。彩纹有圆点、弧线、勾叶纹、波折纹、绳索纹等。圆点、弧线和勾叶纹,与仰韶文化庙底沟类型相似,可能受到仰韶文化的影响。

大汶口文化早期阶段,还可以分期。根据王因、刘林两遗址的地层关系,可将大汶口文化早期分为前、中、后三期。

大汶口文化早期的前、中、后三期的区别主要表现在陶器的演变方面。陶系由前期到后期,红陶的数量逐渐减少,灰陶的数量逐渐增多。陶器的器形也有变化。觚形杯,前期为筒状平底,然后发展为在平底下加三矮小的乳钉足;到中期器身变高,全器似喇叭状,足变高,柄部塑为竹节状,弦纹、划纹也相继出现;到后期,柄盘和杯身有明显的分界折棱,并在柄中部有一圈或两圈突棱,同时三个足变高加宽,纹饰除弦纹、划纹外,新出现印制的三角、圆圈纹。前期的觚形杯以红陶为主,到后期逐渐被灰陶所取代并占主导地位。釜形鼎,如以器身折腹为界,前期器身上段与下段的比例是1∶2,中期为1∶1,后期为2∶1。钵形鼎,前期的器身如半球形的碗,后期的器身演变成敛口或直口的钵。前期的圈足器很少,只有很少的素面豆为圈足,后期圈足器增加,出现较多的豆和圈足杯。中期的陶器盛行鏊手,其中尤以带把三足罐、带把三足鬶最具特色。

大汶口文化早期的墓葬发现得比较多,山东兖州王因,苏北邳县大墩子、刘林,山东滕县岗上村等遗址都有较多的墓葬。大汶口文化早期的墓葬,头向一般朝东,也有头向朝北的,如刘林遗址。葬制以单人葬为主,也有较多的合葬。合葬以同性合葬和多人二次合葬为主,一对年龄相当的成年男女合葬墓要到该期的后期阶段才出现。前期阶段的合葬墓主要为同性合葬和多人二次合葬。多人二次合葬墓的人骨排列很整齐,如王因的M2240,共埋22个个体,其头骨、四肢骨,基本上自成单元放置:四肢骨整齐地置于下边,中间放置骨盆,头骨搁置在上边。大墩子曾发现一座属于该期后期的迁葬合葬墓,是以一具仰身直肢的成年男性居于本位,其左侧相当整齐地排列七个个体的迁葬人骨。该期后期的墓葬,随葬品多寡不一的现

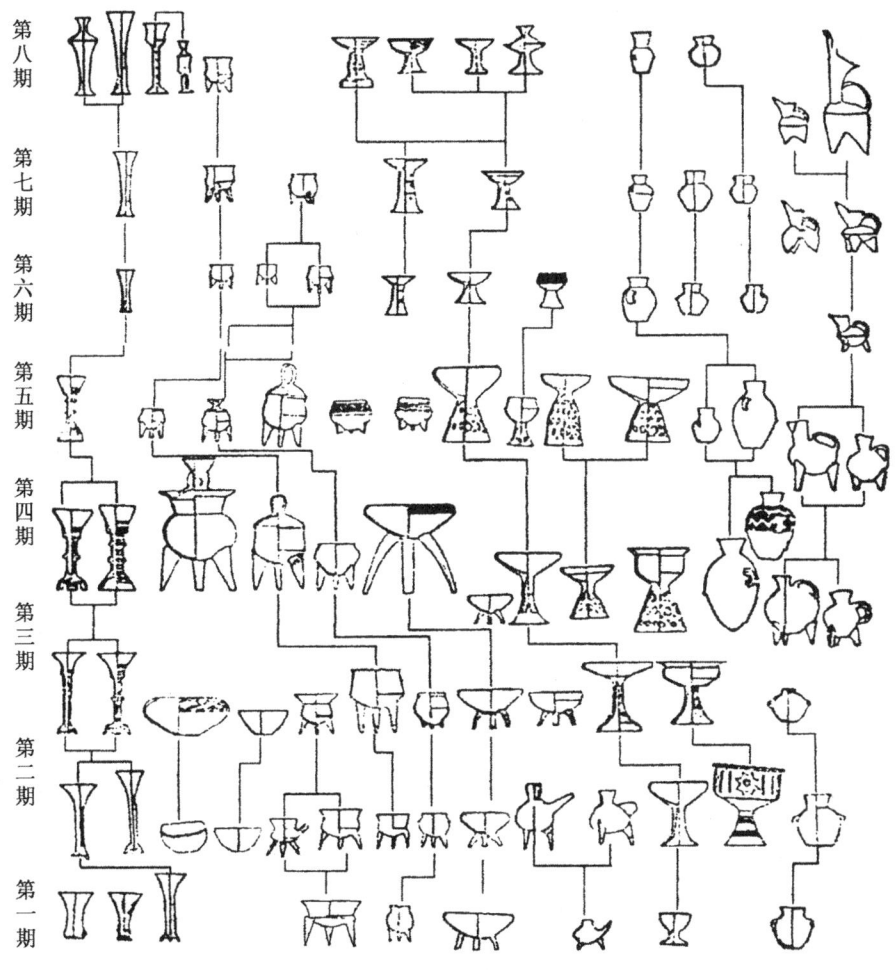

图 5-45　大汶口文化陶器

象比较显著,多者达四五十件,寡者一无所有。随葬生产工具的情况,男女不相同。男性多随葬生产工具和手工工具,如石斧、锛、凿等。女性多随葬纺轮之类的生活用具。用狗殉葬也多为男性。大汶口文化早期墓,还普遍使用獐牙和獐牙勾形器及龟甲随葬。墓葬中的人骨中还普遍存在对成年男女拔除侧门齿和头骨人工变形的现象。开始拔牙的年龄,都在 15—20 岁。根据民族学资料,拔牙是男女进入青春期的一种标志,有的则在结婚前后进行。

(二)中期阶段

中期文化遗存的分布大体和早期一致。中期已发掘的遗址有山东邹县野店、滕县岗上村、泰安大汶口(第五、六期),江苏省新沂县花厅村、邳县大墩子(晚期墓)等。

中期的生产工具,不论是石器,还是骨、角、牙器,制作都比较精致。石器,棱角齐整,通体磨光。穿孔有琢穿和管穿两种。主要器形有石斧、常形石锛、有段石锛、铲、刀、镞、纺轮等,其中的有段石锛和石镢是新出现的器形(图 5-46,1—9)。骨、角、牙器有獐牙勾形器、骨镰、角镰、骨镞、骨针、骨锥、骨匕、骨筒、骨鱼镖、角锥等(图 5-46,10—19),其中以獐牙勾形器最具特征性。

中期的房屋一般由火烤的地面、墙壁、屋顶三部分构成。形制多为长方形,面积大多为 16—30 平方米。柱洞底部垫有石板作柱础。山东诸城呈子遗址下层发现一座大汶口文化中期的房屋,保存较好。房址近方形,东西长 4.65 米,南北长 4.55 米,门向南。墙壁由平地挖基槽起建,槽内填黄灰土,经夯打。墙壁内有密集的柱洞。室内有四个柱洞。有的柱洞经过特殊处理,分内外两层。外层以小陶片和小石子夯实,内层填以较硬的灰褐土。大墩子遗址发现的三件陶屋模型都是攒尖顶,四周有墙,前面设门,屋内和两侧开窗,已注意到通风和采光。

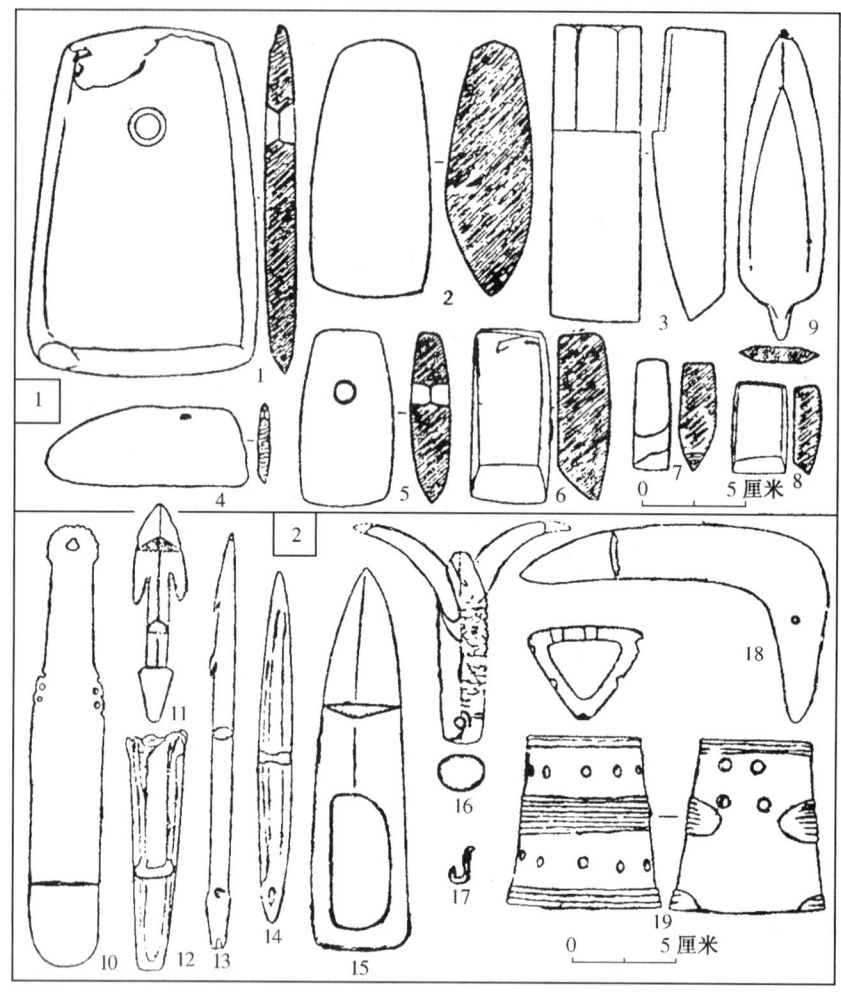

图 5-46 大汶口文化的石器及骨、角器
(依邵望平,1984)

1)石器:1. 铲 2、5. 斧 3、6、8. 锛 4. 刀 7. 凿 9. 矛
2)骨器:10. 匕 11. 镞 12. 凿 13. 鱼镖 14. 梭形器 15. 矛 16. 獐牙勾形器
17. 鱼钩 18. 镰 19. 雕筒
(2、4、6、11、13 为江苏邳县大墩子出土,余均山东泰安大汶口出土)

大汶口文化中期的陶器以夹砂红陶的数量最多,次为泥质黑陶和灰陶,泥质红陶和夹砂灰陶的数量最少。中期的陶系和早期的区别是泥质红陶的数量减少,泥质黑陶和泥质灰陶的数量增加。中期还出现一些火候较高和质地细密的灰白陶。陶器的制作以手制为主,轮修比较普遍,一些小型的器物(冥器),如小陶豆,已开始轮制。主要器形有鼎、鬶、钵、觚形杯、壶、豆、罐、瓮等,其中以高凿形足的钵形鼎、锥形足带盖罐形鼎、高圈足大镂孔豆、细颈圆腹实足鬶、椭圆腹背壶、圈足觚形杯、高圈足大镂孔器座、尖圜底缸等,最具特征性(图 5-45,第四、第

五期)。觚形杯到中期器身变粗矮,柄中部有突棱,三足宽而高。这种觚形杯到中期的后期被形体粗矮和柄部有两个突棱的圈足觚形杯所取代。到中期的后期,上述两种形制的觚形杯则共存。陶器以素面为主,部分器形表面磨光。常见的纹饰有弦纹、划纹、绳索纹、附加堆纹、编织纹和镂孔等。镂孔多施于豆及器座的圈足上,大都为圆形镂孔,并常与菱形镂孔及弧线三角刻划纹联合使用,构成繁缛的编织纹图案。有少量的彩陶,彩绘母题有弧线三角纹、圆点纹、弧线纹、勾连纹、波折纹、网状纹等。

大汶口文化中期的墓葬发现得比较多,大汶口、岗上村、野店、花厅、大墩子等遗址都发现了许多中期的墓葬。墓葬的头向大多数朝东或东北。葬式以单人仰身直肢葬为主,有一定数量的合葬墓。合葬墓中有同性合葬、一对年龄相当的成年男女合葬、大人和小孩合葬三种,其中以一对年龄相当的成年男女合葬墓的数量最多。二次合葬墓的数量比前期减少。中期同性合葬墓的数量很少。同性合葬墓,大都为两男性合葬。一对年龄相当的成年男女合葬,人骨架排列是男左女右。有的成年男女合葬的葬式是,男性仰身直肢,女性侧身屈肢面向男性,随葬品大都在男性一侧。随葬品多寡不一的现象比前一期更突出,多者达60余件,寡者则一无所有。富有的大墓,不但随葬品多,而且很精致,并用数量较多的象征财富多寡的猪下颌骨和猪头随葬,甚至用整猪、整狗随葬。大墩子发现两座墓葬(M117、M160)中随葬的石斧上涂有红色颜料,这种情况在黄河流域的齐家文化和辛店文化中也有发现。这是一种崇拜太阳和崇拜火的遗存,具有一定的宗教信仰上的意义。

中期的部分大墓和中型墓设有二层台及用原木搭成的葬具。

(三) 晚期阶段

晚期文化遗存分布比早、中期要广,除鲁中、南和苏北的淮北地区外,鲁北、皖北、豫东、豫中等地区,都发现了大汶口文化晚期遗存。现已发现的遗址主要有山东省泰安大汶口(第七至第九期文化遗存)、曲阜西夏侯和东位庄、胶县三里河、日照东海峪(下层),安徽省萧县花家寺,河南省偃师滑城、禹县谷水河、平顶山寺岗等。山东省临沂大范庄、日照东海峪中层、安丘景芝镇等遗址皆发现大汶口文化向山东龙山文化过渡的文化遗存。

大汶口文化晚期的生产工具与中期的区分不大。石器有铲、斧、锛、有段石锛、钺、刀、凿、纺轮、镞等。骨、角、牙、蚌器有骨镞、骨锥、骨针、角锄、角镰、蚌刀、蚌镰等。

大汶口文化晚期的制陶业有较大的发展,轮制技术已用来生产大件陶器。烧窑技术有了改进,烧制出的薄胎磨光黑陶,胎厚仅1—2毫米。通过提高窑温,烧出薄胎、质硬、色泽美丽的白陶、黄陶和粉色陶器。大汶口文化晚期的陶器以灰陶为最多,次为黑陶和白陶。主要器形有鼎、鬶、盉、钵、杯、盆、尊、瓶、壶、罐等,其中以薄胎黑陶高柄杯、平底或圈足觚形杯、袋足鬶、盉、宽肩壶、通体瘦小的背壶、贯耳壶、双腹豆等为典型器形(图5-46,第七至第九期;图5-47)。上述器形中的篮纹鼎,白陶小袋足鬶、大宽肩壶、瓶等,都是新出现的器形。中期已经出现的仿兽形陶器,晚期又有创新,如三里河出土过猪形、狗形和龟形陶器。彩陶到晚期减少,但仍有纹样复杂的多色陶器。[①]

大汶口文化晚期,随着生产力的发展,私有财富的出现,作为防御性设施的城堡开始出现。大汶口文化晚期的城址有山东滕州市官桥镇西康留、阳谷县阿城镇王家庄等。

---

① 山东省文物管理处等:《大汶口——新石器时代墓葬发掘报告》,文物出版社1974年版。南京博物院:《江苏邳县四户镇大墩子遗址探掘报告》,《考古学报》1964年第2期。

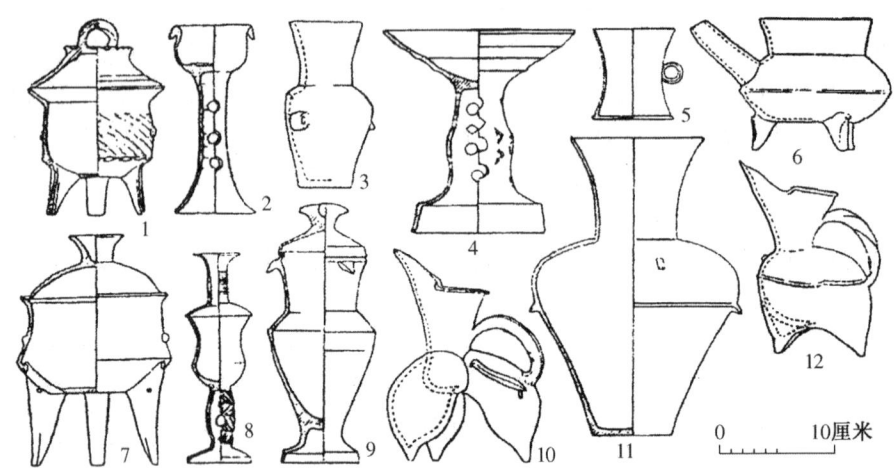

图 5-47　大汶口文化晚期陶器
1、7. 鼎　2、8. 高柄杯　3. 背壶　4. 豆　5. 杯　6. 盉　9. 瓶　10、12. 袋足鬶　11. 壶
（山东泰安大汶口遗址出土）

西康留城址，平面形制近圆角方形，东垣长约 180 米，南垣长约 175 米，西垣南段残长 45 米，北垣东段残长 76 米。城址南北最长 195 米，东西最宽 185 米，总面积约 35000 平方米。城垣夯土遗迹的年代约为距今 5000 年，故该城址应是距今 5000 年的大汶口文化晚期的古城址（图 5-48）。

王家庄城址为大汶口文化晚期至龙山文化时期。城址平面形制为圆角扁长方形，南北长约 360 米，东西约 120 米，面积约 4 万平方米。

大汶口文化晚期已出现比较复杂的意符刻文或称刻划符号。有的学者把这种刻划在陶器上的刻划符号看作是比较成熟的意符文字，也有持不同意见者。迄今这种刻符已发现十余个（图 5-49）。有的在一个陶尊上同时刻划两种不同的符号，有的遗址同时发现数个，而在不同遗址里又会出现相同符号。显然这类刻符不属族徽之类。如果说这些刻划符号还称不上文字，那也是文字即将到来的信号（图 5-49）。

大汶口文化晚期的墓葬在大汶口、东海峪、三里河、西夏侯等遗址都有发现。该期的墓葬仍以单人仰身直肢葬为主，有少量合葬墓。该期的合葬墓多为一对成人男女合葬墓，个别一对成年男女和小孩合葬。同性合葬消失。头向一般朝东，胶东半岛的一些地区则盛行头向西或西北的葬式。大汶口一座成年男女合葬墓，男性置于墓坑的中央，女性葬在其侧的一个扩出的小坑内，随葬品集中在男性身边。凡是一对成年男女合葬墓，随葬品大都集中在男性一边。大汶口文化晚期的墓葬，随葬品多寡不一的现象比前一期严重。有的大墓随葬 70 余件精美的物品，有的墓则无一件物品。晚期的氏族墓地上已出现小片的家族墓地。家族墓地之间已出现贫富分化的现象。这一时期灵魂观念也发生了变化，已不是单单用死因来区别灵魂的善恶了。墓地上出现了无尸富墓、断头富墓，这些凶死者是氏族中的新贵，均得到厚葬。

大汶口文化的年代，大约始于公元前 4300 年，结束于公元前 2200 年。

关于大汶口文化的社会性质，目前比较一致的看法是，早期处在母系氏族社会的末期，早期的后一阶段，母系制开始解体，逐渐向父系制过渡。大汶口文化中期，其社会已进入父系制阶段。在中期的一对成年男女合葬墓，总是男子居于本位：男子仰身直肢，女性侧身屈肢面向男

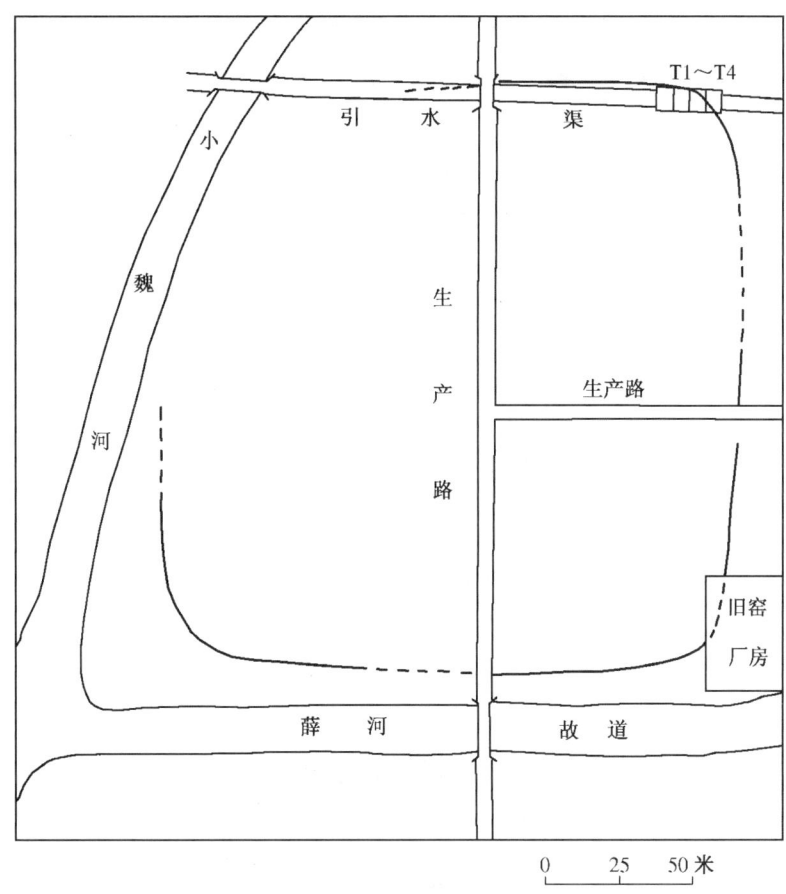

图 5-48 西康留城址平面图

性,随葬品集中在男性身边。根据大墩子遗址第二次发掘资料,当时男性多于女性,男女性比例是 3∶2。工因遗址经过鉴定的 885 具人骨中,男性为 547 人,女性为 223 人,男女性比例在二倍以上。这种现象可能是当时社会溺杀女婴所致。这些情况说明,这一时期男子已在社会上和家庭中占据主导地位,逐渐把女性排斥到从属的地位,财富也集中到男子手中。恩格斯指出:"一夫一妻制的产生是由于大量财富集中于一人之手,并且是男子之手,而且这种财富必须传给这一男子的子女。"[1]

大汶口文化中期,财富的私有和贫富分化有了发展。私有财产的增加和贫富分化的加剧,必然导致不同部族之间,乃至不同家族之间,为掠夺财富而进行斗争。大墩子一座大汶口文化中期的墓葬(M316),其死者为一中年男性,其左股骨被一枚三角形骨镞射进骨内达 2.7 厘米,骨镞尚留在骨内。

大汶口文化晚期,其生产力的水平比中期有了较大的发展。如陶器的制作,轮制技术已被普遍使用;一些进步的器形(薄胎黑陶高柄杯、袋足鬶),其制作技术,超过了同时代的任何一种文化。玉石器的制作技术水平也达到了前所未有的高度。生产力的发展促进了生产关系的变革,在前一时期已确立的父权制,到大汶口文化晚期已走到尽头,氏族制度已处于崩溃

---

[1] 《家庭、私有制和国家的起源》,《马克思恩格斯选集》第 4 卷,人民出版社 1972 年版,第 73 页。

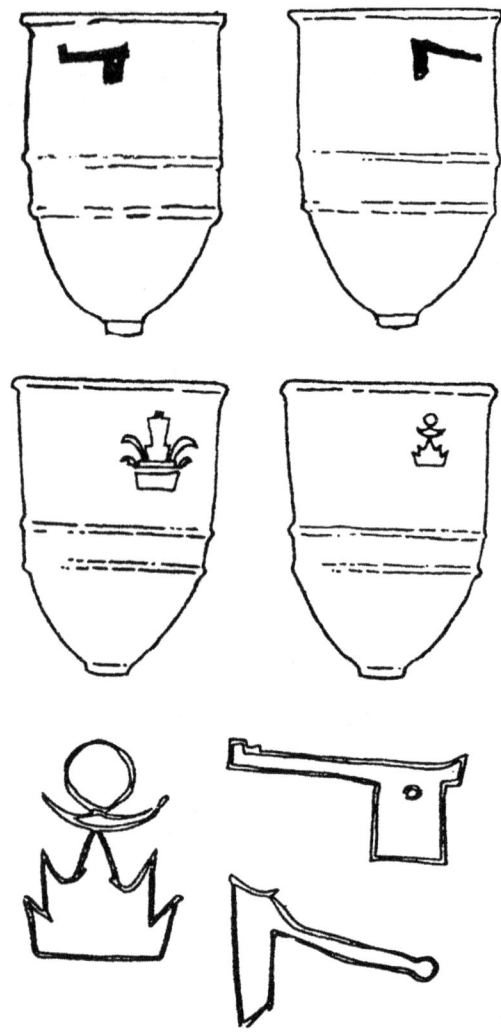

图 5-49 大汶口文化晚期的文字符号
（山东莒县陵阳河出土）

的前夜。社会性质的这种变化在大汶口文化的晚期埋葬制度上也可清楚地看出,如这一时期的墓葬所反映出的贫富分化和男性对女性的奴役,都比前一时期突出。这些都说明,在大汶口文化中期已确立的父系制,到晚期已趋衰落。

四、龙山文化

龙山文化是因 1928 年在山东历城县（现属章丘县）龙山镇城子崖遗址首先发现而得名。龙山镇以黑陶为主要特征的文化遗存发现后,黄河中游和长江中下游等地区,也先后发现了和龙山文化时代相当的、以灰陶和黑陶为主要特征的文化遗存。这些属于不同文化系统的文化遗存被分别命名为各种类型的龙山文化,例如河南及其周围地区被称为"河南龙山文化",以陕西省关中为中心地区的则被称为"陕西龙山文化"或称"客省庄二期文化",湖北地区晚于屈家岭文化则被称为"湖北龙山文化",浙北和苏南地区的良渚文化也曾一度被称为"浙江龙山文化"。近几十年来,随着上述地区发掘资料的不断增多和研究的深入,考古界则逐渐认识到上述所谓各种龙山文化,均属不同文化系统,文化特征各不相同,用龙山文化命名是不恰当的。由于"龙山文化"的名称已被滥用而混淆不清,有些研究者将山东地区的龙山文化遗存称为"山东龙山文化"或"典型龙山文化"。

(一)龙山文化的分布、文化特征和类型的划分

典型龙山文化主要分布在黄河下游,其中包括山东的全境、江苏和安徽的淮河以北地区。其影响所及西达豫东和豫北,东北达辽东半岛南端。现已发掘的遗址主要有山东历城城子崖,日照两城镇、东海峪,潍坊姚官庄、鲁家口,胶县三里河,诸城呈子,茌平尚庄,泗水尹家城,江苏省徐州高皇庙,连云港二涧村等。三里河、东海峪等遗址,都发现龙山文化早期地层叠压在大汶口文化晚期地层之上的地层关系。

龙山文化由大汶口文化发展而来,其早期遗存中保留了许多大汶口文化的作风。在习俗方面,沿袭了大汶口文化时期枕骨人工变形和拔除上门齿的习俗,并出现拔除下门齿的风俗,还保留了死者手持獐牙的遗风。

典型龙山文化,其陶器的特征是:轮制极为发达,故使器形浑圆、胎壁厚薄均匀,器身各部分比例匀称、和谐,造型规整、优美;陶色纯正,表里透黑,火候高。一套磨光黑陶器物群构成龙山文化的突出特征。其典型器物有"鬼脸式"足的曲腹盆形鼎、三角形足罐形鼎、三足盘、高圈足豆、蛋壳陶高柄杯、各种陶杯、双耳带盖甗、鬹、甗、盉等,其中蛋壳陶高柄杯的制作技艺达到了史前制陶业的顶峰,一件26厘米高的陶杯,重量竟不足一两。龙山文化的陶器以三足器、圈足器为主,平底器次之,器身上常带盖、流、耳、鼻、鋬等附件;器表常有显著分格及凸棱。陶器多素面,纹饰有凹凸弦纹、竹节纹、划纹、镂孔和附加堆纹,个别大型夹砂陶器上有篮纹。

生产工具以石器为主,骨、角、蚌器仅占少数。石器绝大多数为磨制,打制的罕见。穿孔技术比较发达,一般是用石钻头两面对钻,少数用管钻法。数量较多的石器有石斧、石锛、形体扁薄而规整的穿孔石铲、长方形或半月形双孔石刀、柳叶形石镞或菱形石镞等。有些遗址还出土精美的玉器,如三里河墓葬中出土成组的玉器,日照两城镇出土兽面纹玉斧等,这说明当时的制玉工艺已达到很高的水平,同时也反映玉质礼器制作的专业化。

冶铜业在龙山文化时期已开始出现。三里河遗址出土两件铜锥形器,化验结果为黄铜。胶东的栖霞杨家圈、日照尧王城等遗址的龙山文化地层也有铜器发现。杨家圈遗址出土的一件铜锥,可能是用青铜制造的。

山东龙山文化的墓葬虽在许多遗址都有发现,但都比较零星。这种情况的产生,是由于在这一时期,氏族血缘纽带已经松弛,同族人死后不集中在一起埋葬,故很少发现分布集中和排列有序的墓葬群。龙山文化早期的墓葬在葬俗方面还保留了大汶口文化的遗风,如手持獐牙、随葬猪下颌骨、用狗殉葬等。但这些葬俗已走向衰落,只是在个别地区出现。墓葬均为竖穴长方形竖穴。各个地区都发现了一些有葬具的墓葬,如呈子遗址发现十座有木椁的墓,东海峪还发现石椁墓。葬式以单人仰身直肢葬为主,有极少数的屈肢葬、俯身葬,无二次葬。[①]

山东省泗水尹家城 M15 是一座龙山文化中晚期墓葬。该墓的墓室平面形制为圆角长方形,东西长 5.80 米,南北宽 4.36 米,深 1.55 米。墓内填土为五花土,非常坚硬,似经夯打。在墓坑壁与椁之间有熟土二层台,东侧宽 0.70—1.04 米,西侧宽 0.40—0.58 米,南侧宽 0.45—0.82 米,北侧宽 0.52—1.16 米,台高 0.43 米。葬具为二椁一棺,均仅保存板灰痕迹。

---

① 吴金鼎等:《城子崖》,中国考古报告集之一,1934年。

棺顶中部发现一块盖板灰痕,横架在棺室之上,板宽 0.07 米。棺室底部有散乱人骨:三个头骨置于棺室西部,另有下颌骨、肋骨、肢骨、锥骨等散放于棺室底部,说明这是一座二次葬墓。随葬很丰富,种类有陶器、猪下颌骨和鳄鱼骨板。随葬陶器共 23 件,器形有鼎、甗、鬶、罐、高柄杯、盆、匜、壶、盒等。20 副幼猪下颌骨放置在随葬陶器的北侧。在北部的内椁之间放置 50 件陶小圆锥体(图 5-50)。[①]

三里河龙山文化墓地中发现两处特殊遗迹:一处是用大小相同的卵石铺成一长方形建筑,长 0.9 米,宽 0.6 米。在其西南一米处,有一具完整的狗骨架,狗骨架下整齐地铺着黑陶片。另一处是河卵石铺成的圆形建筑。这两处遗存应属祭祀遗迹。上述长方形建筑附近的完整狗骨架是用作祭祀的"牺牲"。此外,在有的遗址中还发现卜骨。[②]

龙山文化的地域差别比较明显,可分为三个类型:城子崖类型、两城类型、青堌堆类型。城子崖类型主要分布在鲁中丘陵、鲁西平原以东地区,两城类型主要分布于鲁东山地和滨海地区,青堌堆类型主要分布在鲁西平原、豫东和苏北的黄淮平原。

城子崖类型和两城类型在陶器上的主要区别是:城子崖类型灰陶数量较多,黑陶数量较少。黑陶在陶器中的比例,两城类型大于城子崖类型。灰陶在陶器中的比例,城子崖类型大于两城类型。纹饰方面,弦纹、划纹、附加堆纹和镂孔等,两城类型则比较多。城子崖类型有少量篮纹、绳纹和方格纹,而两城类型则不见这些纹饰。陶器的器形,城子崖类型有少量的鬲、斝,两城类型则不见。城子崖类型的鬶、甗、鼎、瓮等颇具特征性。

两城类型的陶器以黑陶为主,其中以陶质细腻、表面磨光而呈黝黑光亮者尤为突出。陶器的制作普遍使用快轮,一般陶器胎薄而轻巧。常见的蛋壳陶高柄杯,胎厚仅在 0.5—1 毫米。器壁多转折变化,突棱发达,子母口,圈足和假圈足也多使用。仿鸟形也是该类型的特征之一。器形以三足器、圈足器和平底器为主,圜底器很少。主要器形有鼎、鬶、甗、豆、壶、罐、瓮、环足盘、单耳杯、高柄杯、盆、盂、碗、盒等,其中以鼎、鬶、豆、薄胎高柄杯等最具特征性。罍、瓶虽然数量很少,但因胎薄,造型别致,表面黑而光亮,仅见于两城类型,因而也是该类的特征之一。

青堌堆类型的陶器以灰陶为主,黑陶数量较少。纹饰以篮纹和方格纹的数量最多。陶器多轮制。器形以深腹小平底罐、浅盘粗圈足豆、肥大袋足甗、侧三角式足的鼎为典型器物。

(二)龙山文化的分期和社会性质

根据东海峪、三里河和呈子等遗址的地层关系,并结合 ^{14}C 测定的年代,可将龙山文化分为早、中、晚三期。

早期以东海峪的中文化层墓葬、大范庄的部分墓葬和呈子的上文化层为代表。早期的陶器以夹砂黑陶和褐陶为主,泥质黑陶的数量较少。陶器的制作有手制和轮制两种。器形以平底器为主,次为三足器和圈足器。常见的器形有鼎、鬶、背壶、豆、杯、高柄杯、瓶、碗、罐等。鼎身为罐形,鼎足为扁凿形,鸟首形(俗称"鬼脸形")鼎足少见。早期还有一种等腰三角形鼎足,外侧表面中部有一道附加堆纹,类似"鸟首形"。陶鬶有腹,颈部比大汶口文化鬶稍粗。蛋壳陶高柄杯,杯身和杯柄有明显的分界。豆以浅盘高圈足镂孔者为多(图 5-52,1—7)。背壶完全冥器化,手制,火候低。早期龙山文化的器物具有承上启下的性质,既承袭了大汶口文化的

---

① 山东大学历史系考古专业教研室:《泗水尹家城》,文物出版社 1990 年版。
② 昌潍地区艺术馆、考古研究所山东队等:《山东胶县三里河遗址发掘简报》,《考古》1977 年第 4 期。

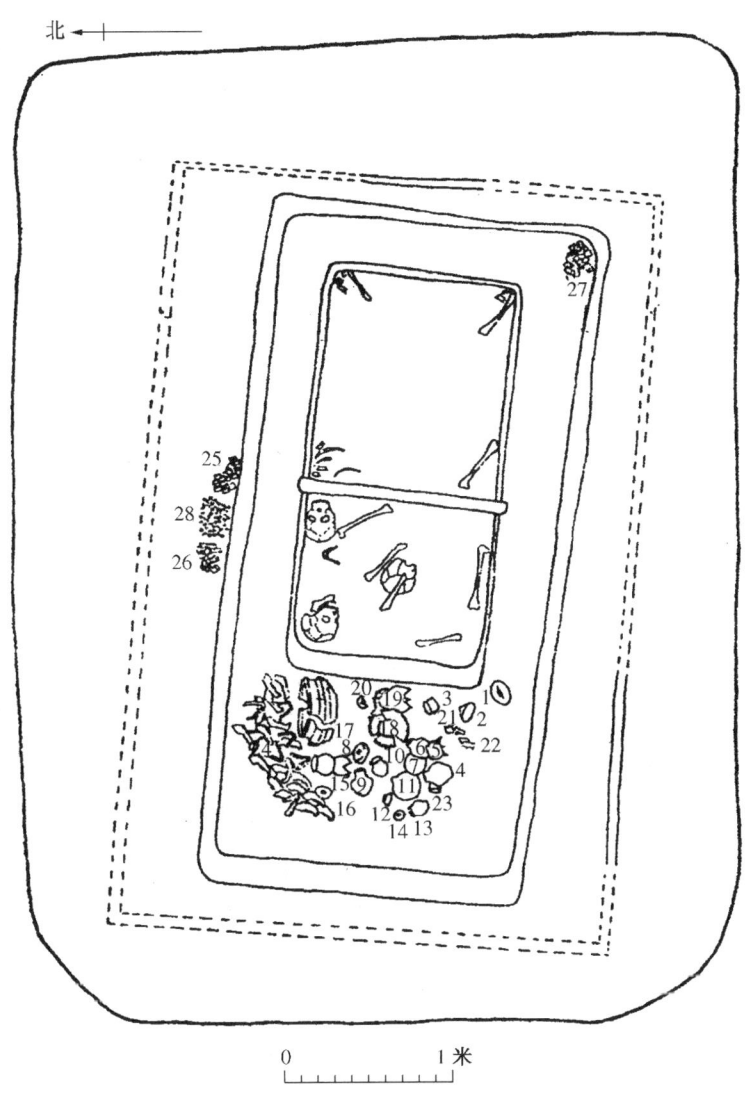

图 5-50 尹家城 M15 平面图

1、2、12、14、16. Aa 型 Ⅱ 式覆碗形器盖　3、23. B 型 Ⅰ 式筒形器盖　4、9. Ca 型壶　5. Ac 型 Ⅱ 式鼎
6. B 型 Ⅱ 式直口罐　7. A 型 Ⅰ 式平底盆　8. Ab 型 Ⅰ 式覆盆形器盖　10、13. A 型 Ⅴ 式小口罐
11. A 型 Ⅱ 式匜　15. Aa 型 Ⅱ 式鬶　17. Aa 型 Ⅱ 式鼓腹盆　18. A 型 Ⅳ 式平底盆
19. B 型 Ⅱ 式鬻　20. B 型鬻盖　21、22. B 型 Ⅱ 式高柄杯　24. 猪下颌骨(20 副)
25—27. 鳄鱼骨板(130 余块)　28. 陶圆锥体(50 件)

作风，又出现了龙山文化的一些器形。

中期以东海峪的上文化层、呈子文化层和三里河部分墓葬（即以 M2124 为代表的一组墓葬）为代表。中期的陶器中泥质黑陶的数量增加，制作以轮制占多数，龙山文化的一些典型器形均已出现。主要器形有鼎、鬶、甗、高柄杯、罐、豆、环足盘、小壶、盆、罍等。鼎以宽折沿的深腹盆形鼎和鸟首形足的鼎较多。鬶的颈部比前期更粗，颈与腹的界限趋于消失，袋足变小。蛋壳陶高柄杯的柄部加粗，开始将杯身的下部包住，杯沿加宽向上折成大敞口，杯身饰竹节纹

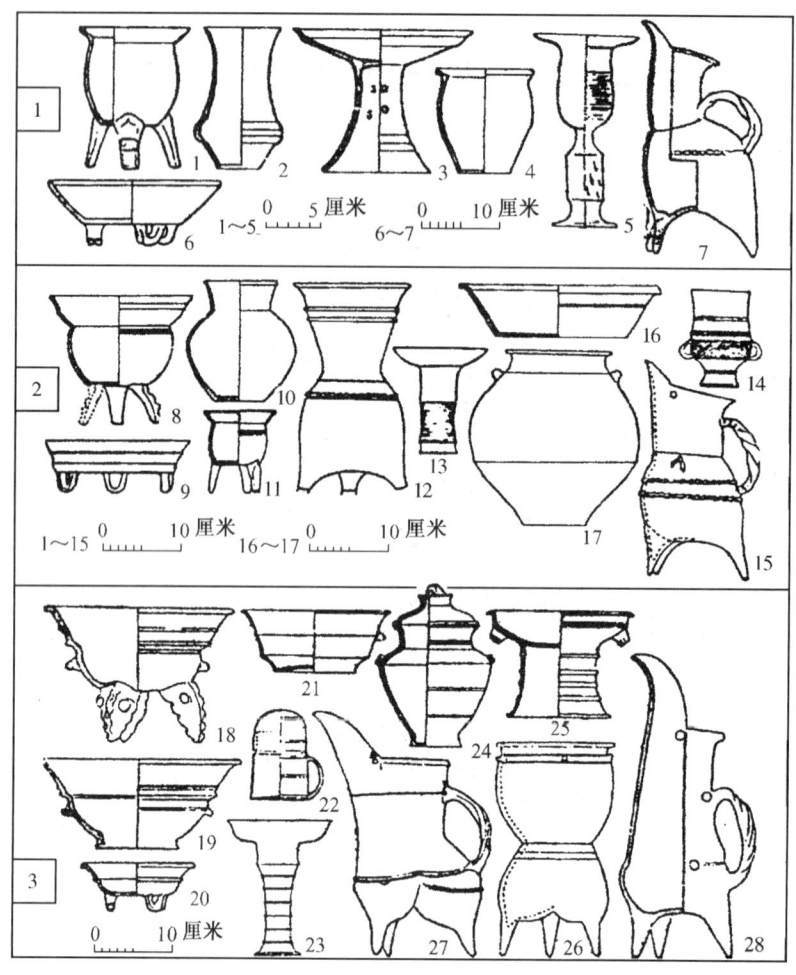

图 5-51 龙山文化陶器
（依邵望平，1984）

1）早期：1. 鼎 2. 鬶 3. 豆 4. 罐 5. 高柄杯 6. 盘 7. 鬶 （山东诸城呈子出土）
2）中期：8、11. 鼎 9. 盘 10. 罐 12. 甗 13. 高柄杯 14. 双耳杯 15. 鬶 16. 盆 17. 瓮
（山东胶县三里河出土）
3）晚期：18. 鼎 19、21. 盆 20. 盘 22. 单耳杯 23. 高柄杯 24. 罍 25. 豆 26. 甗 27、28. 鬶
（18—21、25、28. 山东潍坊姚官庄出土，22—24、26、27. 山东胶县三里河出土）

和镂孔。甗开始出现（图 5-51，8—17）。

晚期以姚官庄遗址的主要文化遗存为代表，同一期遗存有三里河 M2100 为代表的一组墓葬、呈子上层的文化遗存和两城镇遗址的文化遗存。晚期的陶器以泥质和夹砂的黑陶为主，细泥黑陶和灰陶次之，有少量的橙红陶和黄白陶。陶器普遍采用快轮制作，造型规整。器表多素面磨光，有的微带光泽。纹饰有凹凸弦纹、划纹、附加堆纹等。主要器形有鼎、鬶、甗、盉、罐、瓮、罍、杯、碗、豆、盘、盆、尊等。鼎的典型器形是，器腹为曲腹盆或曲腹碗，足为鸟首形。也有少量罐形鼎。晚期的鬶，通体瘦长，具有鸟嘴形的长流（俗称"冲天流"），颈腹浑然一体，袋足已接近实足；另一种鬶，形体粗矮，筒腹大袋足。盆、碗等器形盛行折腹。罐、瓮、罍的特点是小口宽肩，小平底内凹呈假圈足状。常附有器耳、盲鼻及器盖。豆，柄部多饰弦纹、竹节纹。盘类往往有三个半月形或长条形或环状足。蛋壳陶高柄杯的特征是：杯身陷入柄部，形成内外两层；内层是容积部分，外层刻有纤细花纹和镂孔。此外，造型优美的黑陶双耳杯、单耳杯、盒等小型器皿，也是龙山文化晚期具有代表性的器物（图5-51，18—28）。

山东邹平县丁公遗址的第四、五次发掘，在探沟50的H1235中出土一件平底陶盆底部残片，这件残盆底部刻有6行12字。右起第一行为3个字，其余4行每行2个字。另外在左上角有一刻划极浅的符号，疑为一字，左下角有一刻划短线伸出陶片之外（图5-52）。H1235的文化时代为龙山文化晚期偏早阶段，其绝对年代为距今4200—4100年。据初步研究，这6行12字是陶器烧好后刻写的。文字的刻写顺序为自上而下，从右到左。这种形制的刻文陶盆，产生于大汶口文化晚期，到龙山文化晚期数量增多，以往发现的兽面纹、云雷纹也多刻于此类器物上。

图5-52 丁公遗址出土陶文

龙山文化的刻文陶片在山东省阳谷县张秋镇景阳岗龙山文化城址内也有发现，带刻文的陶片出土于G54。G54内堆积分一、二层，刻文陶片出土于一层，其文化时代与泗水尹家城三、四段相当，即属龙山文化中期晚段或晚期早段。刻文陶片属一小型泥质磨光黑陶罐的肩部，残存部分呈不规则的平行四边形。从刻划形式看，是在陶器成型之后、烧制之前刻上的。残存陶片上的刻文有三个字。

龙山文化时代，随着私有财产的增多，部落（或部落联盟）之间的掠夺性战争频繁，作为防御性设施的城堡逐渐增多。现已在黄河下游地区发现的龙山文化城址有山东省寿光县孙家集边线王，邹平县苑城乡丁公，临淄田旺（桐林），章丘县龙山镇城子崖，鲁西的阳谷县景阳岗、皇姑冢、王庄，茌平县教场铺、大尉、乐平铺（三十里镇）、尚庄，东阿县王集等。

边线王城址位于寿光县城南10公里边线王村北的一个高埠上。该城址城垣的基槽分内外两圈，外城垣平面为圆角方形，城垣边长约240米，城内面积近57000平方米。四边城垣的中部各有一个城门，门宽10米。小城堡位于大城堡内，位置在大城内的东南部；小城堡平面亦呈圆角方形，城垣边长约100米，城内面积约1万平方米；东、北两道城垣的中部各有一个城门，西、南两道城垣因被破坏，无法知道有无城门。大、小城堡的中心部位（重要遗迹所在地）都在高埠的至高处。城垣的构筑是先挖基槽，逐层填土夯打，然后再在基槽之上构筑城墙。城垣基槽口大底小，口宽4—6米，深2—3米。槽底或平或尖，有的底部有排水沟。基槽为阶梯形，便于上下。在大城垣的基槽内夯层的不同深度，有一些长方形或椭圆形的土坑，其中分别埋人、猪、狗，有的数人同埋一坑。在北部和西部两个城门的门道两侧的夯土层内，埋置完整的龙山文化陶器，如大城西门一侧的基槽圆坑内，埋置完整陶甗1件，这种现象在城垣基槽内也常发现。上述城垣基槽内所埋人、猪、犬的骨架及完整陶器，均属奠基遗存，人、猪、犬为"牺牲"，完整陶器为礼器性质。根据出土遗物及大城堡时期的灰层叠压、打破小城堡来分析，小城堡早于大城堡。大城堡建于小城堡被毁之后。根据同时代其他遗址的^{14}C年代分析，大城堡的绝对年代为距今3800年左右，小城堡为距今3900年左右。

丁公城址平面形制略呈方形，四周城垣比较规整，城内部分南北长350米，东西宽310米，面积为10万余平方米。城垣宽约20米，现存高度1.5—2米。城垣外有人工壕沟，壕沟底部距城内地面有3米余。在城内发现房址、横穴窑、窖穴、墓葬等遗迹，以及一批包括精美蛋壳陶高柄杯在内的陶器，其器形有鼎、罐、甑、盆、圈足盘、盒、碗、壶等。有用儿童或成人奠基的现象，还有在废弃窖穴内埋人。在H1235内的一件泥质磨光灰陶的残陶盆底部的内面上发现刻字6行12字。[①]

城子崖城址在20世纪30年代进行发掘时曾发现城垣遗迹。根据报道，"城墙南北长约450公尺，东西长约390公尺，为一正方位的长方形"。20世纪90年代初的发掘，确知城子崖城址是龙山文化、岳石文化和东周文化三个时代的堆积。20世纪30年代发现的城垣是岳石文化城垣。城子崖三个时代的城垣堆积大致在同一个位置上，有的部位有重叠，有的部分有交叉或走向平行。东城垣外有城壕遗迹（图5-53）。龙山文化城垣经过三次修筑。

1996年4—11月，在山东桓台县田庄镇史家村南发现龙山文化晚期、岳石文化至商代城垣、城壕。清理出的一段龙山文化城墙墙底部分已被破坏，现存基槽残深1.1米，长6米，宽0.64—0.90米。在基槽北坡斜面上出土龙山文化晚期白陶鬶残片。探出城壕沟160米，壕沟宽8—10米，沟内多为灰黑色土。

1994年11月在鲁西发现两组八座龙山文化城址。第一组三座城址为阳谷县的景阳岗、王庄和皇姑冢。第二组五座城址为茌平县教场铺、大尉、乐平铺（三十里铺）、尚庄和东阿县王集（图5-54）。第一组城址中以景阳岗规模最大，系该组城堡中的中心城。第二组城址以教场铺城址最大，系该组城址中的中心城。

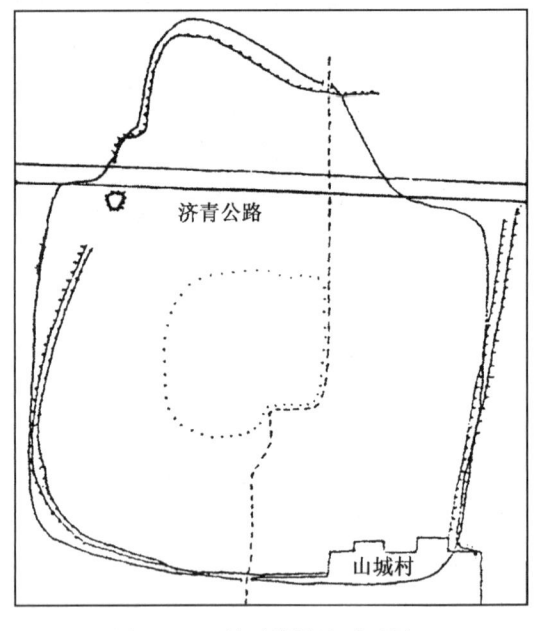

图5-53 城子崖城址平面图

景阳岗龙山文化城址，位于阳谷县东南18公里的张秋镇景阳岗村周围。城址平面近似椭圆形，两端较窄，中部弧形凸出，南北长约1150米，北端宽约330米，中部最宽处约400米，

---

① 山东大学历史系考古专业：《山东邹平丁公遗址第四、五次发掘简报》，《考古》1993年第4期。

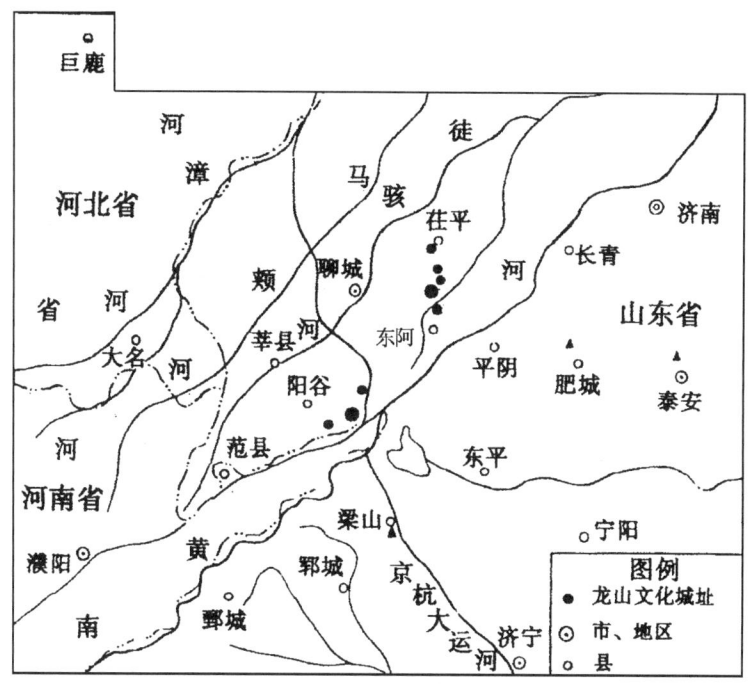

图 5-54 鲁西龙山文化城址分布图
（依张学海，1995）

总面积约35万平方米。地面已无城垣遗迹，地下城垣保存完整。城址东北角现有南北向水渠通过，从水渠壁上可见岳石文化城垣残基，其外侧被东周城垣残基打破。岳石文化残垣下压龙山文化城垣。龙山文化城垣内侧夯层向里倾斜，夯层较厚，城垣外壁陡直。打破城垣的灰坑，属于龙山文化中晚期。在南、西、北城垣的中部各有一个缺口，可能是城门（图5-55）。

城内有大、小台基两个。大台基呈圆角长方形，方向与城垣平行，南北长约520米，两端宽175米，台基面积为9万余平方米。小台基在大台基东北15米处，呈东西向的圆角长方形，东西长约130米，南北宽约60米，面积约8000平方米。在台基与城垣之间地表下2米余处有丰富的文化堆积。

1995年秋，为了解大、小台基的关系及修筑方式，在两台基之间开长55米、宽4米的探沟一条。发掘证明，在小台基南部发现三次增修的夯土。在第二次修筑夯土下

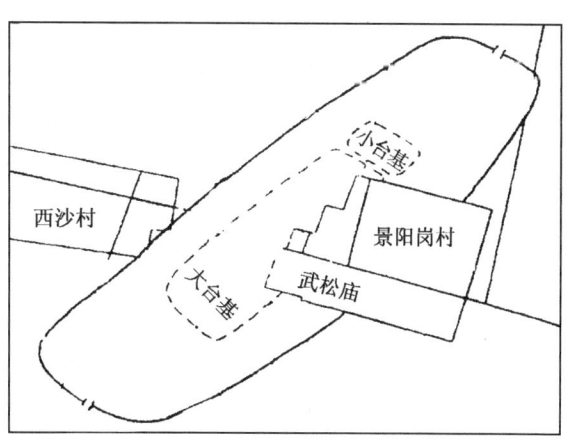

图 5-55 景阳岗龙山文化城址平面图
（依张学海，1995年）

面发现人头骨一个，顶部被打破，保留一大洞，可能是奠基遗存。在小台基上清理的一批龙山文化灰坑中，8号与13号灰坑相连；在8号灰坑底部发现一堆羊、狗头骨及狗的前后肢骨；13号灰坑内有一具比较完整的狗骨架，两个灰坑北部有一个长方形活动面，可能是当时进行祭

祀活动所致。16号灰坑内发现6个泥质红陶豆,无使用痕迹,应为祭祀用的"礼器"。此外,1979年曾在小台基中部的龙山文化灰坑中清理出一具完整的牛骨架和30余件陶器,这充分说明祭祀活动是小台基的主要功能,小台基则具有宗庙性质。

王家庄龙山文化城址,估计面积为3万—4万平方米。皇姑冢城址,面积约6万平方米。

第二组5座城中的教场铺龙山文化城址,为该组城址中的中心城址。城的平面呈横长方形,东西约1100米,南北约300米,面积约33万平方米(城内面积)。地面已无城垣,探知地下城垣宽30米。城内有两个东西并列的夯土台基,东台基较小,东西约100米,南北约160米,面积约1.6万平方米。西台基很大,东西长800余米,南北宽约160米,面积约14万平方米。两个台基间隔约70米。东台基高6米,现今高出地面1米余,其上还有1米左右的晚期堆积,形成一个大堌堆。堌堆断面有汉石匣墓,挖沙坑偶见大汶口文化陶片,并有特大型龙山文化的鸟首形鼎足。

作为教场铺卫星城的王集城址,面积约3.8万平方米。大尉卫星城面积约3万平方米,乐平铺面积约3万平方米,尚庄城面积约3万平方米。

上述两组八座龙山文化城址有如下特征:(1)每一组城址中都有一个中心城。第一组中心城为景阳岗,第二组中心城为教场铺。中心城的面积30—40万平方米。中心城内都有一大一小两个台基(夯筑台基),小台基在东,大台基在西。据小台基出土遗物和遗迹分析,应具有宗庙性质。(2)中心城周围有数座小城,景阳岗中心城周围有2座小城,教场铺周围有4座小城。小城面积大都为3—4万平方米,其中皇姑冢较大,其面积也只有约6万平方米,该城为景阳岗城组中的二级城。(3)这两组龙山文化城址周围的一般聚落遗址较小,可能反映人口向城邑集中。(4)这两组城址(古文化中心)分布范围不超过40公里。这两组城址应为奴隶制时代初期,分布于鲁西平原的两个方国。

鲁北地区现已发现的边线王、田旺(桐林)、丁公、城子崖等四座城址,分布有序,相互之间直线距离为45—50公里。每个城市控制的范围约方圆百里,应代表一个小型方国。

关于龙山文化的绝对年代,^{14}C测定的数据有:潍县鲁家口用木炭测定的一个数据为公元前2035±115(ZK321);胶县三里河用人骨测定的三个数据(ZK363、ZK364、ZK390)分别为公元前2030±100年、公元前1810±145年、公元前2405±170年;而晚于龙山文化的牟平照格庄遗址用木炭测定的年代为公元前1900—前1600年前后。上述数据中的ZK390,年代偏老,应摒弃不用。从其余的^{14}C数据来看,龙山文化的年代大约为公元前2200—前1900年。

关于龙山文化的社会形态,能说明问题的材料主要有:龙山文化时代,农牧业和手工业的水平比大汶口文化时期有了显著的提高。三里河、杨家圈、尧王城等遗址,都有铜器出土,反映当时已出现冶铜业。轮制陶器技术普遍推广,蛋壳黑陶和大型磨光陶大量生产,反映制陶业的水平超过了同时代的其他文化。制石、制玉手工业也达到了相当高的水平。边线王、城子崖、田旺(桐林)、丁公等城市的出现,反映社会上财富的增加和掠夺战争的繁多。上层建筑领域内也发生巨大的变革。两城镇所出的莹润精致的玉斧,其正反两面均刻有兽面纹,已不是实用的工具,而是一种礼器(图5-56)。两城镇出土的一些磨光黑陶残片

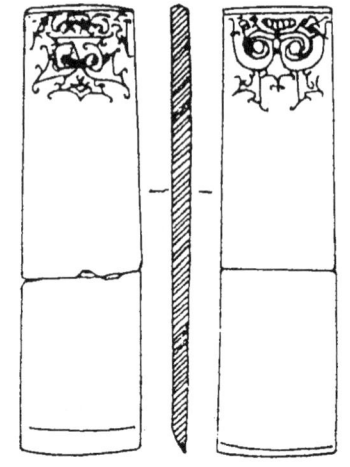

图5-56 两城镇出土的饕餮纹玉斧(锛)

上也刻有复杂的云雷纹或兽面纹。这类花纹,是中国奴隶制时代青铜礼器上的传统纹样。礼器是贵族奴隶主权力的象征。饕餮纹、云雷纹等,则是威严、恐怖、神秘的象征,用以维护奴隶主阶级的统治。

龙山文化时期,农牧业和手工业的巨大进步,冶铸铜器的产生,设防城堡的普遍出现,对立阶级的产生,礼器以及体现奴隶主阶级意识形态的饕餮纹和云雷纹的问世,文字符号的发展,都反映了龙山文化时期开始跨入文明时代的门槛。

第四节 长江上、中游地区的新石器时代文化

一、仙人洞和玉蟾岩的新石器时代文化

(一) 仙人洞和吊桶环文化遗存

仙人洞位于江西万年县城东北15公里的大源小河山,是怀玉山东麓的一处石灰岩洞穴。1993年和1995年的两次发掘,在地层上将旧石器时代末期和新石器时代早期两个不同时代的地层区分开来。仙人洞遗址的地层分为四层,第2层、第3层为原始文化(旧石器文化)堆积,第2层和第3层之间有一层洞顶塌落的石块层,这样就从地层分出两个不同时代的文化堆积。第2层(西区为2层和3层)为上层文化堆积,第3层和第4层为下层文化堆积。上层和下层出土的文化遗物有明显的区别:上层出土夹砂粗陶片,而下层则不见。上层还有磨制石器,而下层只有打制石器,无磨制石器;上层有较多的人们食剩抛弃的螺蚌壳,而下层少见或不见。

上层出土的陶器均为碎片。夹砂红陶,质地粗疏,羼和大小不一的石英粒。火候很低,易碎。厚胎,手制,器壁凹凸不平,厚薄不均。陶器的纹饰以绳纹为主,有少量的刻划纹和圆窝纹。绳纹粗细不同。有交错绳纹和平行绳纹两种。有些器物的内外表均有绳纹,内外表的绳纹不一致。有的陶片涂朱。陶器的口沿有直口,也有口沿微外侈或内敛的。器底有平底和圜底。

吊桶环系一高出盆地约30米的岩棚遗址,距仙人洞遗址仅800米。文化堆积可分为上下两大层,上层出土夹砂粗陶片、局部磨制的石器、骨器、穿孔蚌器和大量兽骨。下文化层出土文化遗物与仙人洞下层一致。从遗址所处位置、地形地貌及出土遗物来考察,其文化内涵与仙人洞有着密不可分的内在联系,它应当是栖息于仙人洞的原始居民在这一带狩猎的临时性营地和屠宰场。

孢粉分析结果为:上层禾本科植物陡然增加,花粉粒度较大,接近于水稻花粉的粒度。根据植硅石分析,上层有类似水稻的扇形体,从而为探索水稻起源提供了重要线索。

仙人洞和吊桶环两遗址的年代,^{14}C测定的数据为,上层大约距今1.4万—0.9万年,出土陶器的地层距今1.2万—1万年;下层距今2万—1.5万年。[1]

(二) 玉蟾岩文化遗存

玉蟾岩遗址位于湖南省道县寿雁镇白石寨村,遗址所在地为南岭北麓。1993年和1995年湖南省文物考古研究所对该遗址进行过三次考古发掘。这一洞穴遗址堆积厚1.2—1.8

---

[1] 刘诗中:《江西仙人洞和吊桶环发掘获重要进展》,《中国文物报》1996年1月28日第1版。江西省文物管理委员会:《江西万年大源仙人洞洞穴遗址试掘》,《考古学报》1963年第1期。

米,除上层有近代墓扰乱外,地层保存基本完整,文化性质比较单一。出土文化遗物有石器、陶器、骨器、角器、牙器、蚌器,以及水稻遗存。石器全部打制,无磨制石器。打制石器的器形有砍砸器、刮削器、切割器、石刀、锄形器等。石器制作粗糙,以中小型石器为主,缺乏细小石器。其石器风格与广东阳春独石仔及封开黄岩洞等全新世早期洞穴遗址的石器相类似。骨制工具有骨铲和骨锥。上述工具中的石锄形器、骨铲,属农业工具。堆积中发现陶片数量很少。陶片呈黑褐色,火候很低,质地很疏松,胎厚近2厘米,夹碳和粗砂。陶片贴塑,可见交错层理。陶片内外均饰编织纹。

两次考古发掘,在文化堆积中都发现水稻谷壳。1993年出土的稻谷为野生稻,但具有人类干预的痕迹。1993年发掘的三个层位,还发现稻属的硅质体。1995年出土的稻谷为栽培稻,但兼备野稻、籼稻、粳稻的特征,是一种由野稻向栽培稻演化的古栽培稻类型。玉蟾岩遗址所处的地区,虽可成为水稻选育、驯化地区,但不可能在新石器时代早中期阶段形成"聚落农耕文化"(或称"村居农业文化")。南岭地区,稻作农业经济的形成和发展要到新石器时代晚期。其原因有二:一是南岭一带,气候湿热,可供食用的野生植物和可供捕捞的软体动物(螺、蚌)和鱼类都很丰富,亦即天然食物资源很丰富,人们对天然食物的依赖性很大,从而抑制了农业经济的发展;一是华南石灰岩洞穴地区,难以在新石器时代早、中期形成稳定的定居村落,不可能形成"聚落农耕文化"。

遗址中伴出大量动物骨骼,其中哺乳动物达20余种,数量最多的是鹿类,食肉动物也很丰富,说明当时人类主要狩猎大型食草动物和小型食肉动物,并捕获一些鸟类(占猎获动物的30%)。猎获动物的数量和种类,说明这一时期狩猎技术和狩猎经济有了进一步的发展。动物残骸中还有鲤、青、草等鱼类和丰富的龟、鳖、螺、蚌等水生动物,反映捕捞、采集经济也占一定比例。

玉蟾岩遗址出土的石器虽然全部为打制,无磨制石器,但原始陶器的出土,说明其文化时代已进入新石器时代早期。从陶片的形态观察,早于彭头山文化陶器。玉蟾岩遗址T9第3B2层和3E层的兽骨经 ^{14}C 测定的年代分别为公元前8327年、公元前7911年(树轮校正值)。[①]

二、彭头山文化

彭头山文化主要分布在湘西北的澧水下游,亦即分布在武陵山至洞庭湖平原的过渡地区,遗址都分布在岗地和低丘上,海拔高度为50余米。被确认属于彭头山文化的遗址有湖南省澧县大坪乡彭头山、李家岗,彭家厂镇下刘家湾,梦溪镇八十垱、肖家岗,涔南乡黄麻岗、胡家坟塔,大堰垱曹家湾等,其中经过考古发掘的有彭头山、八十垱、李家岗等三处。彭头山遗址位于澧县县城西北,遗址在一处小土岗上,海拔高度45米,相对高度5米。遗址所在地的澧阳平原,介于武陵山余脉与洞庭湖盆地之间的过渡地带。

彭头山遗址发现的房屋遗存,分大型地面建筑与小型半地穴式房屋两种。发现墓葬18座,墓坑小而浅,有方形、长条形、圆形和不规则形等。大多为二次葬,一次葬较少。二次葬墓,墓内不见人骨骼。

陶器多红色或褐色,有红色陶衣。彭头山、八十垱、李家岗等遗址陶器的陶胎中,羼和大量稻壳、稻谷和其他有机物,因烧制而炭化。体积较小的陶器多直接捏塑成型,较大的陶器多

[①] 袁家荣:《玉蟾岩获水稻起源重要新物证》,《中国文物报》1996年(第8期)3月3日第1版。

用泥片贴塑法成形,但也有许多器物两种方法兼用。陶器的纹饰有绳纹、剔刺纹、戳印纹、刻划纹以及镂孔、花边等,以绳纹为主。绳纹有拍印和压印两种,纹理较乱。陶器大多歪斜,器表凹凸不平,口沿呈波状起伏。器形有深腹罐、小口双耳壶、盘、钵、釜、支架、碗、碟、盆、三足罐等,以圜底器的数量最多(图5-57)。

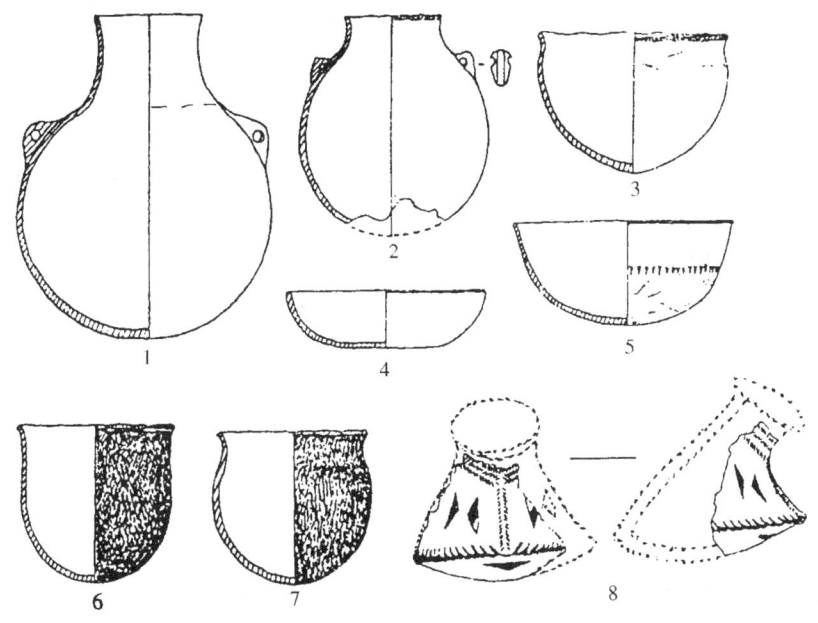

图5-57 彭头山文化的陶器
1、2.小口双耳壶 3、6.釜 4.钵 5.盆 7.筒形罐 8.支架
(均彭头山遗址出土)

石器分为细小石器、大型打制石器和磨制石器三类,前两类数量多,后一类数量少。燧石器的器形有刮削器、锥形器、雕刻器等。大型打制石器有砍斫器、石锤、刮削器等。磨制石器的数量虽少,但普遍磨制精致,通体细磨。所有石器均选用河卵石作原料。磨制石器的种类有装饰用的石棒、钻孔石管,属生产工具的有石斧。

彭头山文化的年代,大约为距今8500年至7500年。彭头山遗址出土的陶片中有大量稻壳和稻谷。1989年,李家岗遗址发掘中发现陶片中有稻壳和稻谷。1993年,八十垱遗址的发掘,在8000年前陶片中发现炭化稻壳和稻谷,并于灰坑土样测试中发现密集的水稻孢粉,判断是成堆稻草、稻壳烧过或腐烂后的遗存。1995年冬对八十垱遗址进行第二次发掘,在遗址西部文化堆积和古河道接壤地带的发掘中,在岸边的泥土内筛选出数百粒炭化稻和已脱壳的大米,直接从地层中取得了稻谷材料。在遗址发掘区西北外数十米处的一个探方进行发掘,在距地表四五米深处,发现古河道黑色泥炭层内有大量有机物,其中包含大量稻谷,以及莲、菱、桃等上百种植物,还有竹编物、木制器、石雕、动物骨骼。发现的稻谷,有无芒和有芒两种。①

---

① 陈振裕等:《湖北宜都城背溪遗址》,《史前研究》1989年(辑刊)。湖北省博物馆江陵考古工作队:《1981年湖北省秭归县柳林溪遗址的发掘》,《考古与文物》1986年第6期。国家文物局三峡考古队:《湖北秭归朝天嘴遗址发掘简报》,《文物》1989年第2期。

彭头山、八十垱、李家岗等遗址大量水稻遗存的出土,说明距今8000多年澧水下游水稻的栽培已越过了选育、驯化阶段,而进入到稻作农业的诞生阶段。彭头山文化时期已进入到锄耕农业的早期阶段,亦即进入村居农业阶段,人类已有长期稳定的聚落。八十垱遗址还发现聚落围沟和围墙,这说明在长江中游的北纬29度至30度地区,在距今8000年左右已形成早期稻作农业文化。从现有资料来看,北纬30°线南北的中纬度地区是形成中国早期稻作农业文化的地区。

三、皂市下层文化和城背溪文化

皂市下层文化和城背溪文化,两者文化时代相当,年代相近,是两个分布地域相邻的新石器时代中期早段的文化。皂市下层文化分布于湘西北,城背溪文化分布于鄂西。

(一) 皂市下层文化

皂市下层文化主要分布于湘西北的澧水中下游和沅水下游,分布地域比彭头山文化大为扩展。遗址分布最密集的地区是澧县和临澧县的澧水以北,已发现遗址近30处,经过发掘的遗址有湖南石门县皂市、临澧县胡家屋场、岳阳市钱粮湖坟山堡等。皂市下层文化遗址密度大于彭头山文化遗址,地层堆积厚度有的越过1米(如胡家屋场、澧县黄家岗),说明当时人类有较稳定的定居生活。遗址的分布,除少数与彭头山文化遗址一样处于平原边沿的岗地外,其余几乎都分布于澧水和沅水沿岸的一级或二级阶地上。不少遗址在皂市下层文化层之上叠压着新石器时代晚期及其后的文化层,说明当时的生态环境和后代趋于接近,当时人们对居址的选择和后代人们的选择一致。这些遗址,无不濒临河道或接近水源,有些则位于河漫滩上,且多处于冲积或沉积而成的平原,反映当时人们对居址位置的选择多着眼于发展农业。

石器共分三类,即大型打制石器、燧石小石器和磨制石器,以大型打制石器和燧石小石器的数量最多。大型打制石器都是砾石石器,即用石英砂岩、砂质岩等打击剥落下的石片,稍加修整或不加修整即行使用。打制石器的器形有砍砸器、刮削器、盘状器、穿孔盘状器、网坠和石球等,这些石器往往保留天然砾石面。燧石小石器,均为石片石器,体型很小,一般不见加工痕迹。燧石器的器形有长刮器、短刮器、长身短刮器、切割器等。磨制石器大多体型不大,但磨制精致,棱角分明。器形有石锛、石斧、石凿、弧形双面刃石刀、磨棒等。

陶器以夹砂陶为主,夹砂红陶和夹砂红褐陶的比例远大于夹炭陶,而泥质红陶和泥质红褐陶的数量比彭头山文化增多。陶器的纹饰,采用拍印、压印、刻划、剔刺、镂孔等多种方法,使纹饰富于变化。纹饰以绳纹、刻划纹以及这两种纹饰的组合纹为主,其次是压印的篦点纹。镂孔常以大长方形和大三角形的组合图案施于圈足盘的圈足和盘形器座的下半部。少量陶器上有红色或白色陶衣。陶器的制作为手制,已出现泥条盘筑法,但仍可见泥片贴筑法。陶器的器形以圜底器最多,圈足器和平底器次之。具体器形有圈足盘、平底盆、双耳平底罐、圜底罐、圜底钵、釜和支架等(图5-58)。

胡家屋场遗址出土数量较多的猪、牛、羊等动物骨骸,似应属人工饲养的家畜。

胡家屋场遗址的木炭经^{14}C测定的年代有三个:T102⑦,7190±140年(BK87045);T4④,7210±110年(BK87046);T102⑤,6960±100年。皂市遗址下层木炭经^{14}C测定的年代为6920±200年(BK82081)。这四个年代数据,基本符合地层早晚顺序。皂市下层文化的年代,

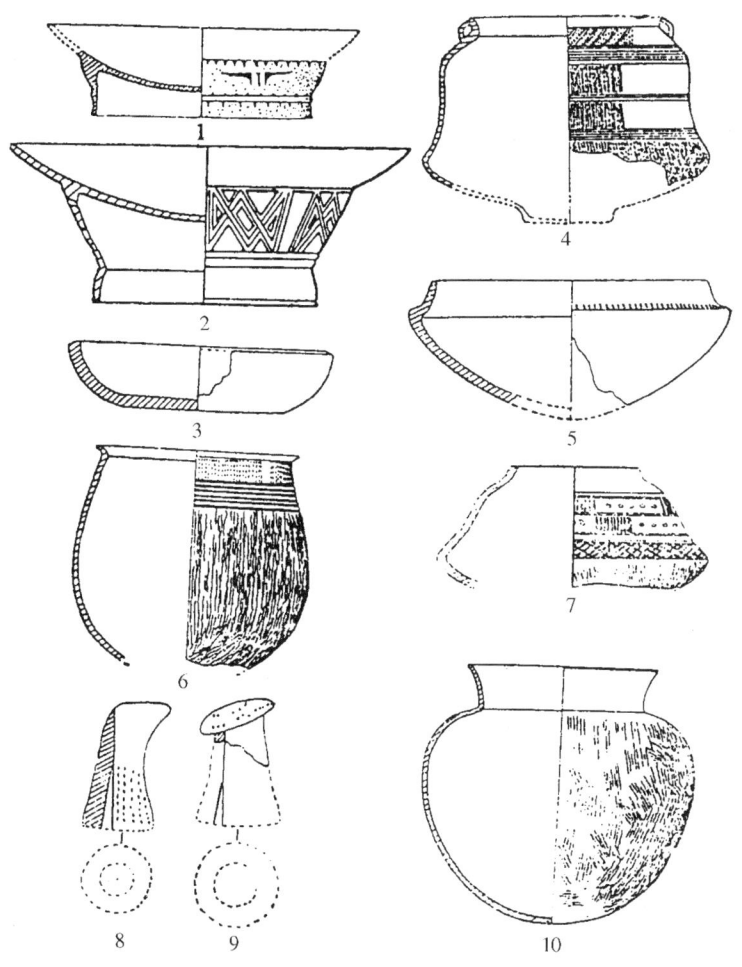

图 5-58 皂市下层文化的陶器
1、2. 圈足盘 3. 盆 4. 双耳小平底罐 5. 钵 6、10. 圜底罐 7. 釜 8、9. 支座
（1—5. 皂市下层出土 6—10. 胡家屋场出土）

大约为距今 7200—7000 年。①

（二）城背溪文化

城背溪文化主要分布在鄂西的长江两岸，即湖北秭归、宜昌、宜都（枝城市）、枝江县的长江两岸，遗址分布的这个地域，一部分为长江三峡东段，一部分为鄂西山区和江汉平原的交汇区。城背溪文化遗址可分为两类：一类以宜都城背溪、枝城北为代表。这类遗址分布在长江边的一级台地上，洪水季节可能被淹没，在遗址之下的河漫滩上，都能看到文化遗物。文化层一般埋于地表 2—3 米以下，遗址地表一般不见陶片。另一类以金子山、青龙山为代表，遗址位于临近长江的低山顶上，高出附近地面 15—30 米；在山坡上可见文化遗物，文化层往往暴露于地表。这两类遗址，一般分布面积不大，文化层内很少看到灰烬。

---

① 湖南省博物馆：《湖南石门县皂市下层新石器时代遗存》，《考古》1986 年第 1 期。湖南省文物考古研究所：《湖南临澧县胡家屋场新石器时代遗址》，《考古学报》1993 年第 2 期。岳阳市文物工作队等：《钱粮湖坟山堡新石器时代遗址试掘报告》，《湖南考古辑刊》第 6 集。

城背溪文化遗址经过考古发掘的有湖北秭归县柳林溪、朝天嘴、宜都城背溪等。

陶器的制作,主要用泥片贴筑法成型。贴塑时,根据所制器物及器物不同部位,将陶泥捏成不同形状的泥片,然后互相叠接捏成粗型,再在粗型内外壁贴补抹泥,使胎壁牢固,表面平整。这种方法制作的陶器,其胎壁往往多层次,厚薄不均,底部、颈部、口部往往特别厚,不少器物的口沿另贴一圈泥条。陶胎含大量碳化物,掺入物多为草本植物,如稻谷壳、稻草等。由于火候低和不均匀,胎壁表面常黑、红相间,胎壁内部多乌黑松软。纹饰有压印的粗绳纹、锥刺纹、刻划纹和镂孔,一部分陶器的口沿上有红衣。锥刺纹和刻划纹多施于罐的颈部、圈足盘的足部和支座上。镂孔主要施于圈足盘的圈足上。器形以圜底器的数量最多,其次是圈足器、平底器,有少量矮三足器。具体的器形有圜底罐、圜底钵、圈足盘和碗、圆鼓腹釜、大口釜和支座等(5-59)。有一部分盘的底部有三小足。一般罐、釜多为侈口束颈。

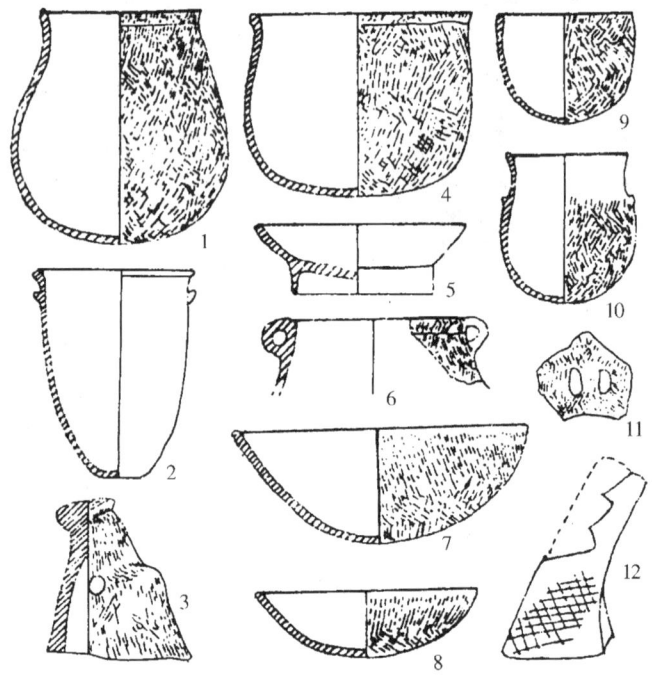

图 5-59 城背溪文化的陶器
(依杨权喜,1991 年)

1、4. 圜底釜 2. 小平底罐 3、12. 支座 5. 圈足盘 6. 双耳罐 7—9. 圜底钵 10. 圜底罐 11. 牛鼻耳
(1、3、4、5、6、8、9、12 为城背溪遗址出土;2、7、10、11 为枝城北遗址出土)

城背溪文化的石器,一般以江滩的砾石作原料,制作粗糙,除刃部磨制比较精细外,其余部分很少磨制。一般是一面保留自然砾石面,另一面两侧和顶部多有打制时留下的凹疤。器形有斧、锛、凿、锤、球、网坠和砍砸器,以石斧的数量最多。①

城背溪文化的年代只有一个 ^{14}C 年代数据,即用城背溪遗址第 3 层(第二期)出土的兽骨作标本测定的,校正年代为距今 7420±110 年。

---

① 陈振裕等:《湖北宜都城背溪遗址》,《史前研究》1989 年(辑刊)。湖北省博物馆江陵考古工作队:《1981 年湖北省秭归县柳林溪遗址的发掘》,《考古与文物》1986 年第 6 期。国家文物局三峡考古队:《湖北秭归朝天嘴遗址发掘简报》,《文物》1989 年第 2 期。

四、大溪文化

大溪文化遗存最早发现于1925年,当时在四川巫山调查时采集到一些石器和陶器。但大溪文化作为一个考古学文化是在1959年对大溪遗址进行发掘后才正式提出的。

大溪文化的分布范围,西达川东的三峡地区(巫峡),东抵汉水,南至湖北的洞庭湖北岸,北界达湖北荆州地区。大溪文化分布比较密集的地区是长江中游的宜昌和荆州两个地区,而其早期文化遗存则多分布在西陵峡至江陵一线和洞庭湖以北地区。迄今已发现的大溪文化遗址主要有:四川巫山大溪、巫山县城;湖北秭归县朝天嘴,宜昌杨家湾、中堡岛、渡河口、青水滩、白庙子,宜都县红花套,枝江县关庙山,当阳县,松滋县桂花树,江陵毛家山、蔡家台、朱家台,公安县王家岗;湖南省澧县三元宫,安乡汤家岗、划城岗,临澧县沙堤,华容县车轱山,岳阳县君山等。

大溪文化时期,长江中游的先民的经济生活以农业为主,种植水稻,饲养家畜(猪、牛、羊)。

1996年12月和1997年,湖南省文物考古研究所对澧县车溪乡南岳村城头山古城进行发掘,通过对西南城墙的解剖,确认古城经过四次修筑。第一期城墙建于大溪文化时期,距今约6000年,是目前中国发现的时代最早的古城之一;第二期修筑于大溪文化二期晚段,距今5800—5600年;第三期修筑于屈家岭文化早期,距今5300年至5200年;第四期修筑于屈家岭文化中期。整个古城废弃于石家河文化中期。在东城垣下的发掘,揭露出面积达100余平方米的汤家岗文化(相当于大溪文化早、中期)的水稻田。可分为两期,第一期利用凹槽地势稍加掏挖、利用原生土作为田埂而筑成;第二期则通过人工将田埂加高。在水稻田的一侧发现三个人工挖成的水坑和由西南至东北走向通过水坑的数条小水沟,构成原始的灌溉设施。田土呈灰绿色,厚达40厘米左右,内夹着大量炭化稻谷、稻叶、稻茎等。此外,在大溪文化壕沟等发掘中,还清理出骨耜、骨耒、骨钻、骨凿、木刀等农业工具和手工工具,以及陶器、玉器等文化遗物。第二期东城垣内揭露出可能与祭祀有关的夯土台。

大溪文化的生产工具以石器为主,有少量骨器和木器。石器的制作因不同地区而有所区别。长江三峡地区的石器多打制,精磨的器形很少。三峡以东地区,石器多磨制,但通体精磨、棱角分明的器形很少。常见的器形有斧、锛、铲、锄、矛、镞等。常见巨型石斧出土,如红花套遗址发现一件扁平石斧长达43.1厘米,中堡岛的一件长达31厘米。石锛有一般石锛、有段石锛、双肩石锛。少量的穿孔石斧、石铲,要到大溪文化晚期才出现。大溪文化早期,石器的器形较大,磨制粗糙,几乎不见钻孔石器。中期器形变小,磨制精致,钻孔普遍出现,出现有肩和有段石器。

大溪文化的陶器,早期以红陶为主,灰、黑陶的数量很少。晚期以黑陶为主,灰陶次之。器形以圈足器为主,次为平底器和圜底器,三足器最少。常见的器形有釜、支座、鼎、碗、簋、钵、盘、筒形瓶、曲腹杯、壶、瓮、罐、器盖、器座、陶球等,其中最具特征的器形是圈足盘、圈足扁罐、簋、筒形瓶、曲腹杯、细颈壶、带花纹的陶球和各种器盖。陶器的纹饰早期多素面,只有少量的弦纹和镂孔。中期的纹饰种类增多,主要有戳印纹、瓦棱纹、刻划纹、弦纹、篦刷纹、附加堆纹等。彩陶,早期数量很少,中期数量增多,晚期衰退。彩纹主要有宽带纹、平行条纹、横人字纹、漩涡纹、绳索纹、草叶纹、菱形格子纹、弧线三角纹、太阳纹等。早期的红陶,器表打磨光滑,有红衣。一部分红衣陶,如碗、簋、圈足盘等,器身外表红色,内壁和口沿外表为灰黑色。

对造成这类饮食器皿内外壁颜色不同的原因,有两种不同的看法。一种看法认为,在烧制陶器时将器皿扣在窑底,外表氧化成红色,而内壁因不接触空气乃还原成灰黑色;另一种看法认为是在器皿刚烧成后乘热涂抹油脂或树胶所致(图5-60)。

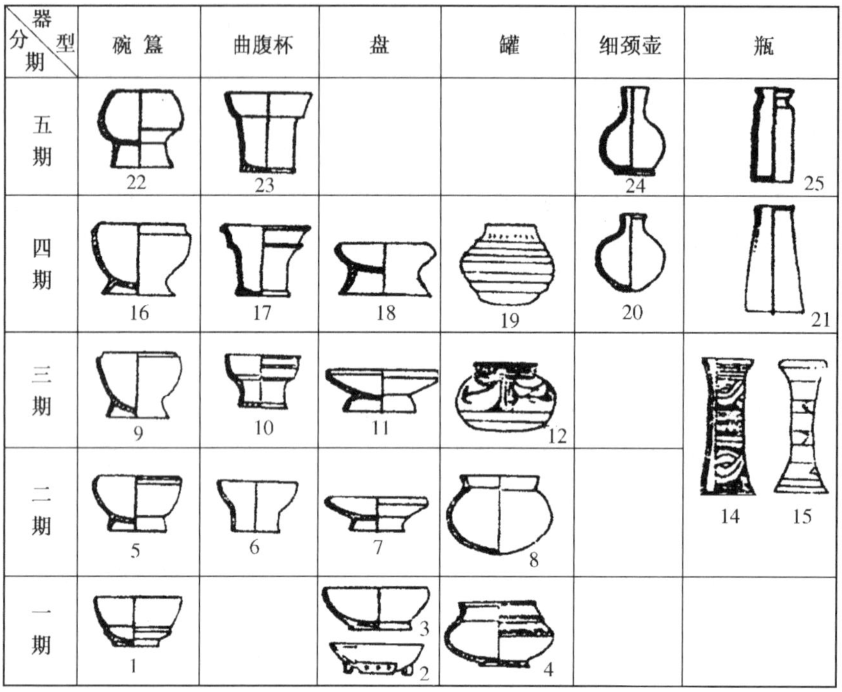

器型\分期	碗簋	曲腹杯	盘	罐	细颈壶	瓶
五期	22	23			24	25
四期	16	17	18	19	20	21
三期	9	10	11	12		14 15
二期	5	6	7	8		
一期	1		2 3	4		

图5-60 大溪文化陶器的分期
1—5、8、10. 关庙山 6. 中堡岛 7. 红花套 9、11、15、17. 桂花树
12、14、18、19. 大溪 16. 毛家山 20、21、25. 梦溪 22—24. 王家岗

大溪文化分布的地域较广,在不同地区文化面貌也有所不同。根据文化面貌的区别可将大溪文化分为三个区域:长江三峡区、三峡以东区、洞庭湖北岸区。长江三峡区和三峡以东区,文化面貌比较接近,而与洞庭湖北岸区别较大。长江三峡区,石器多大型厚重,制作比较粗糙。小型石器,只有少量的锛、凿之类。石器原料多为砾石。利用砾石制作的石器,其一面多为不加工的水磨面,另一面加以简单的打制,精磨的器形很少。石器中有数量较多打制的凹腰有肩石锄和形体较大的石斧。三峡以东区和洞庭湖北岸区,石器的形体较小,磨制比较精致。长江三峡区,炊器以陶釜和支架为主,中期开始出现少量的鼎。圈足器中圈足盘的数量多于碗、盆,有一定数量的三足碟、盂、盘。大溪文化中颇具特色的筒形瓶、带花纹的陶球,数量较多。有一部分猪嘴形支座和粗高圈足敛口豆。彩陶纹饰有弧线勾叶纹、花瓣纹、草叶纹、横人字纹、绚索纹等。数量较多的弧形勾叶纹和花瓣纹,以及仿双唇口尖底瓶的口部而制作的盖纽较多,说明该地区的大溪文化受到仰韶文化庙底沟类型的影响。三峡地区的陶器不见白陶。三峡以东地区的和三峡地区的陶器区别不大,只是在炊器方面以鼎为主,釜的数量较少。陶器中有极少量白陶。洞庭湖北岸的湘北地区是大溪文化分布的南部边缘,其新石器文化受到其他文化的影响,故其文化面貌和鄂西地区的大溪文化区别较大,如陶器多壶、豆、侈口束颈瓶、釜、敛口圈足盘、碗、盆、瓦纹圜底罐、钵等,而缺少鄂西大溪文化中常见的筒形瓶、曲腹杯、带花纹陶球。彩陶纹饰多条纹、点纹、网纹、漩涡纹,有少量草叶纹,而缺乏鄂西大

溪文化中常见的弧线勾叶纹、花瓣纹、横人字纹、绳索纹等。湖北地区的彩陶纹饰纤细、繁缛，富于变化，陶器中有一定数量的白陶。

在宜都红花套和枝江关庙山遗址都发现了大溪文化的房屋遗存。房屋有圆形半地穴式建筑，也有圆形、方形、长方形的地面建筑。

墓葬在大溪、三元宫、桂花树、关庙山、王家岗和红花套等遗址都有发现，其中以大溪遗址的墓葬发现得最多，共有200余座。绝大多数的墓葬都是一次葬，二次葬少见。大溪的墓葬，大多数为头向南。单人葬，葬式有仰身直肢葬、屈肢葬、俯身葬。屈肢葬分仰身屈肢葬、侧身屈肢葬和俯身屈肢葬三种。有一定数量的屈肢葬是大溪文化的一个特色。大部分墓葬都有随葬品，有些随葬的日用陶器，其器底穿洞或将其打碎，一般放在人架上部或头两侧。随葬生产工具的较多，其中石器常置于胸部或头骨之下。也有随葬玉、石、骨、蚌、牙制的装饰品，种类有玦、环、珠、璜、镯、璧等，有的象牙手镯戴在手臂上，有的人颈部发现成串的几百颗小珍珠。大溪墓地还发现龟和鱼随葬的。鱼放置的位置比较特殊，有的将鱼放在死者的身上，或将两条大鱼分别垫在两臂之下，有的将鱼尾放在人口中。有的人架头部枕着一支大象牙。有的墓还用狗随葬。红花套和关庙山两遗址都发现儿童死后用瓮棺葬，大溪的葬俗儿童和成年人基本相同，也挖坑埋葬，许多儿童墓也有随葬品。大溪墓地的埋葬比较密集，有些墓葬互相叠压或相互打破，经历的时间比较长。

关于大溪文化的年代，迄今已公布的 ^{14}C 测定的数据共有十个。其中红花套的三个数据皆属红花套一期，ZK352 为公元前 2895±195 年，测定的标本是木炭和泥；ZK687、ZK686 皆用含炭陶片测定，年代分别为公元前 4485±210 年，公元前 3385±315 年。关庙山二期的四个数据分别为公元前 5605±130 年（ZK683），公元前 3365±130 年（ZK684），公元前 3555±135 年（ZK891），公元前 3990±260 年（ZK892）；关庙山三期的一个数据为公元前 3695±100 年；关庙山四期的一个数据为公元前 3380±145 年。上述数据除 ZK683 外，皆经树轮校正。这十个数据中的 ZK683，其年代偏老摈弃不用。从其余九个数据来看，大溪文化的年代大约为公元前 4400 年至前 2700 年，大约延续了 1700 年。[①]

关于大溪文化的渊源，目前有两种意见：一种意见认为，大溪文化可能是吸收了汉江上游的李家村文化的因素，并受到仰韶文化的影响而发展起来的；另一种意见则认为，大溪文化可能渊源于长江中游的湖南石门皂市下层一类的文化遗存。

五、屈家岭文化

屈家岭文化首先于 1965 年在湖北省京山县屈家岭遗址发现，故名。该文化分布的中心地区是江汉平原，但它波及的范围很广，西达川东的三峡地区，东到鄂东的黄冈、鄂城，南达洞庭湖滨，北到河南的南阳地区，西北达陕南的丹江流域。中心地区的文化遗存，文化序列比较清楚，在典型遗址中文化堆积较厚，内涵丰富，往往含有几期文化遗存。屈家岭文化分布的边缘地区，大都只有其晚期遗存，文化遗存也不典型。

（一）文化特征和分期

根据京山县屈家岭、湖南省安乡划城岗等遗址的地层关系，可将屈家岭文化分为早、中、

[①] 四川长江流域文物保护委员会文物考古队：《四川巫山大溪新石器时代遗址发掘记略》，《文物》1961 年第 11 期。四川省博物馆：《巫山大溪遗址第三次发掘》，《考古学报》1981 年第 4 期。

晚三期。

1. 早期

属于屈家岭文化早期的遗址有湖北京山县屈家岭、朱家嘴（即惠亭水库）、武昌放鹰台下层等。湖南省安乡划城岗遗址的中一期、度家岗墓葬、华容长岗庙等，其文化时代和屈家岭文化早期相当，其文化遗存中也含有一些屈家岭文化因素，但缺乏屈家岭文化早期的典型文化遗存。

早期的石器磨制得比较粗糙，许多石器的边缘常有打琢的痕迹。主要器形有石斧、锛、铲、刀、凿、钻、敲砸器等，其中以大型柱状石斧、扁平梯形石锛和穿孔石铲比较典型。陶质工具中的大型黑、灰陶纺轮也是一种具有代表性的器物。

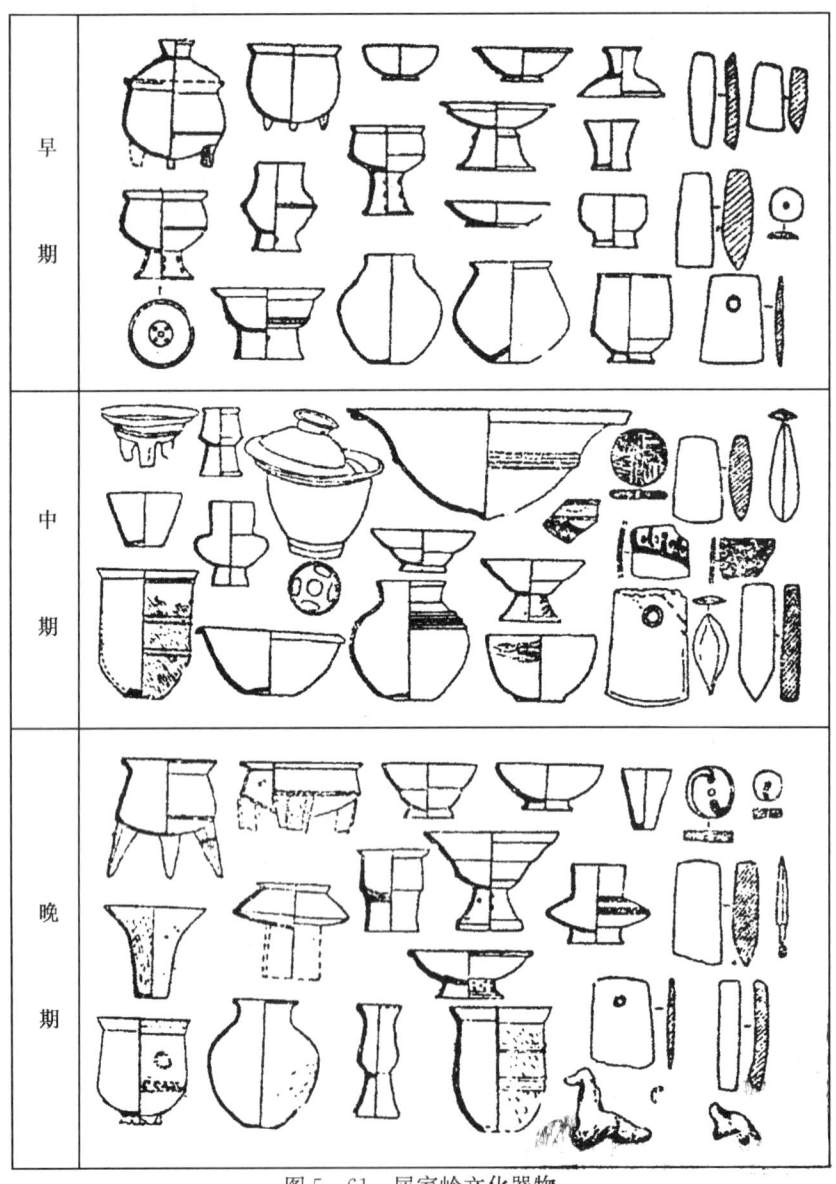

图 5-61 屈家岭文化器物
（依王劲，1980）

屈家岭文化早期的陶器以灰黑陶为主,灰陶次之。制法有手制和轮制两种。陶器的纹饰有弦纹、划纹、圆点、重圈纹、波浪纹、绚索纹等。有一部分磨光黑陶上施朱绘。这种朱绘陶器是烧成后绘彩的,易脱落。主要器形有鼎、钵、碗、碟、盘、罐、壶形器、杯、盂等,其中以薄胎带盖小陶鼎、蛋壳黑陶杯、曲腹杯、三足盘、三足碗、三足碟、小口长颈圆腹壶、大口长颈圆腹壶、朱绘黑陶等颇具特征(图5-61,早期)。早期的圈足器比较发达,朱绘黑陶是早期各种陶器中最具特征的一种陶器。早期的彩陶大多为厚胎,有些纹饰具有仰韶文化风格。施篦纹的空心陶球(球中放置小丸,故为响球),在早期也有出土。

早期的墓葬,在屈家岭发现1座,放鹰台发现59座,划城岗发现97座,度家岗也有大批墓葬发现。屈家岭的墓葬,头向东北。放鹰台的墓葬,一般为南北向。早期的墓葬,一般无墓坑,就地堆土掩埋。随葬品大都为日用陶器,也有随葬生产工具的,如石铲、石锛等。

2. 中期

屈家岭文化中期文化遗存,以屈家岭遗址晚期一和晚期二为代表。经发掘的遗址还有:湖北省郧县青龙泉中层,宜昌清水滩三期文化,宜都红花套第四期,枝江关庙山屈家岭文化层;河南省淅川下王岗、黄楝树、下集;唐河寨茨岗;湖南省安乡划城岗中二期及同期墓葬;四川省巫山县大溪等。中期是屈家岭文化的鼎盛时期,分布范围最广。典型文化遗存,均出现于这一期。

中期的房屋遗址发现得比较多,按房屋的平面形制可分为长方形单间、长方形双间、圆形单间等。以房屋的布局分,有三间排成一行,两间排成一行,三间房屋呈"品"字形排列。房屋均为地面建筑。有的居住面筑成高出地面的土台,这是为了适应南方潮湿多雨的一种措施。房屋多用红烧土筑成,也是为了防潮的需要。

红花套遗址的屈家岭文化层中发现房址三座(F 221、F 222、F 223)构成一组,呈"品"字形排列。F 221在东,为圆角方形,面积约三平方米。F 222在西南,室内居住面积为五平方米。F 223在北,略呈长方形,居住面积约七平方米。三间房屋之间的距离是,F 221距F 222为1.8米,F 222距F 223为3.35米,F 223距F 221为1.8米。三座房屋的门互相对应,都朝一个中心。每座房屋在居住面中央和门道相对处,均设有一个灶坑。F 221和F 222的灶坑内和近灶坑处有夹砂罐一个(保存火种)。F 223居住面的西北角有一个椭圆形的小灰坑(H314)。在三座房屋中F223的面积最大,屋内又有窖穴,可能是主室(图5-62)。三座房屋的周围有同时期的灰坑五个。

分间房屋遗存在青龙泉、下王岗、寨茨岗等遗址都有发现。

青龙泉的长方形双室房址(F6)是一座地面建筑,南北全长约14米,东西宽约5.6米,中间有一隔墙将其分为南北两室。南北室的门都开在东边,入口处有一道硬土门槛。隔墙的东段有宽近一米的沟通两室的通道。南北室各有排成一行的柱穴三个。北室居住面上有一个长方形的烧土台,高约50厘米,南面有一个保存火种的陶罐。南室居住面上有一个灶坑,其北部也有一个夹砂罐。

下王岗的分间房屋为房门朝南的东西并列的双间式。寨茨岗的分间房屋是由门道将其分为东西两室,两间房屋的门相对。东间的地面堆积一层厚约2厘米的灰烬,并出土有石斧、锛和陶器等器物,可能是居屋。西间比较狭窄,发现一座保存完整的灶,灶内埋置一夹砂罐,灶门外有一个夹砂缸,底部有烟熏痕迹,这可能是炊事和取暖的地方。此外,青龙泉还发现三座房屋排成一行的布局。

中期的生产工具以石器为主,骨器和陶器较少。石器通体磨光的比早期增多。器形有各种

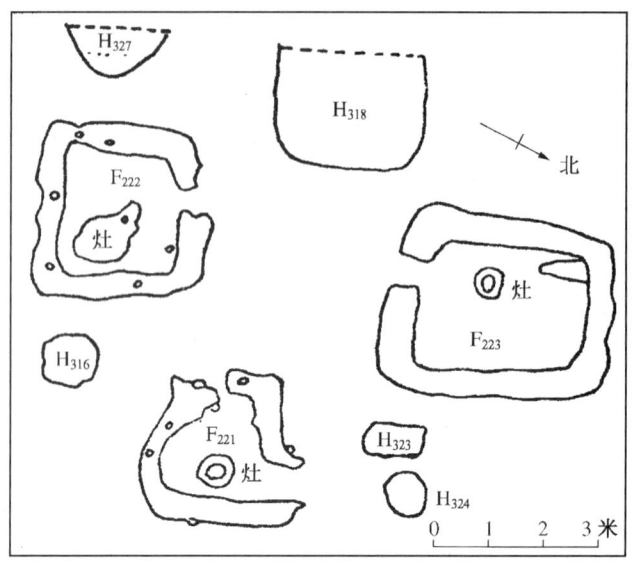

图 5-62　屈家岭文化房屋遗迹
(红花套 F 221、F 222、F 223平面布局)

形制的石斧、弓背石锛、梯形石锛、斜弧形石镰、扁平长方形穿孔石铲、柳叶形石镞、阔叶形石镞、扁平斜刃石刀、石凿、石矛、石杵、石钻、石球等,其中以中、小型的上窄下宽的长方形石斧最具有代表性。陶质工具以纺轮数量最多,纺轮有彩陶纺轮和无彩纺轮两种。彩陶纺轮都是细泥陶,胎以黄白色最多,灰白、灰黄、橙黄、灰褐较少。彩绘多用红褐色,黑色较少。彩纹母题是直线、弧线、三角、圆点等。这些纹饰往往以纺轮的圆心作为中心构成四面对称的图案,或组成螺旋纹、漩涡纹等。彩陶纺轮是屈家岭文化中最具特征的工具之一。

屈家岭文化中期的陶器以灰陶为主,黑陶次之,红陶很少。轮制比例比早期增加。彩陶的数量也比早期多,并出现了代表屈家岭文化特征的蛋壳彩陶。陶器的外壁大多素面磨光,常见的纹饰有凸弦纹、凹弦纹、附加堆纹、划纹、篮纹和镂孔。镂孔的器皿比较多。附加堆纹多为绳索纹,少量为平条状。彩绘纹饰有平行线纹、圆点纹、弧线纹、方格纹、斜方格纹、圆圈纹、叶形纹等。彩绘多为红底黑彩或紫黑彩、橙黄底红彩或紫黑彩。有的不用线条,采用晕染的方法。彩绘多施于罐、盂、碗、壶的外表,或小杯的内壁口部。有的器皿的内外均施彩色。陶器的种类比早期多,作为屈家岭文化的代表性器物均出现于中期。主要器形有鼎、锅、甑、钵、盆、豆、盂、壶形器、碗、碟、器盖等,其中以直长足的盆形鼎、矮足罐形鼎、双腹碗、高圈足杯、三足碟、直口长颈扁腹壶、折腹高圈足壶、折腹盂、蛋壳彩陶杯、蛋壳彩陶碗等,为典型器物(图5-61,中期)。曲腹杯中期消失,出现一种薄胎敞口平底杯。在中期出现的器形中有些器皿,如大型陶锅、缸、筒形器等,器壁厚,周围加一道或数道附加堆纹。这些特征都和中原地区的庙底沟二期文化相同。

中期的墓葬在屈家岭、寨茨岗、青龙泉等遗址均有发现,但数量很少。屈家岭文化的墓葬大都是"散葬"、"单人葬",大溪文化时期的那种成群集中的墓葬已不见,也无多人二次合葬墓。中期的墓葬多为单人仰身直肢葬,有极少量的屈肢葬,豫南地区有少量的瓮棺葬,其他地区均未发现葬具。湖北和湘北地区的墓葬,一般都没有墓坑。随葬品一般也很少。

中国新石器时代晚期的墓葬,一般发现的都是一些分散的单人葬,而无新石器时代早、中期的那种成群集中的埋葬。分散的单人葬,是新石器晚期氏族血缘纽带松弛的反映。

3. 晚期

屈家岭文化晚期的遗址,已发掘的有湖北省天门县石家河遗址的下文化层、均县观音坪下层等,以石家河下层为代表。

晚期的石器有中、小型上窄下宽的长方形石斧、弧背长方形双孔石刀、三棱锥形和三棱圆柱形有铤石镞。晚期的彩陶纺轮数量增多,形制变小,彩纹多作太极图式和对称的双弧线中夹斜线的图案。[①]

陶器仍以灰陶为主,但红陶的数量较中期增加。制法有手制和轮制两种。纹饰多绳纹和弦纹。主要器形有口大于底的厚胎筒状红陶杯、釜口筒状三足杯、折腹罐、喇叭口筒状擂钵、侈口筒状有绳索状附加堆纹粗红陶缸、高颈扁折腹的圈足壶、长颈圆腹圈足壶、高圈足杯、浅盘细长柄豆、圈足盘和袋足长颈鬶等(图5-61,中期)。袋足鬶的出现,标志着屈家岭文化晚期已向青龙泉三期文化过渡。由于这一期已出现鬶之类的器形,故有些研究者主张将该期归属青龙泉三期文化。

(二)城址

长江中游地区现已发现的史前城址主要有湖南省澧县城头山、江陵市阴湘城、荆门市马家垸、天门县石家河和公安县鸡鸣城等。据报道湖南澧县鸡叫城也是一座史前城址。据悉,长江中游地区现已发现的史前城址还有四五座。这些史前城址,大致分布于两湖平原北部和西部,亦即分布于大洪山以南、鄂西山地和武陵山以东的半月形地带。这些新石器时代晚期城址,不像新石器时代早、中期遗址那样分布于靠近水源(河流两岸、湖泊岸边)的山麓地带,而是分布于平原地区。这些城址分布的共同规律是,均分布于山地与平原腹地的过渡地带,即分布于大洪山、鄂西山地、武陵山与两湖平原的过渡地带。形成这一特征的原因是,两湖平原腹地在史前时期是一个多湖泊沼泽的低洼地区,史称"云梦泽",在生产力水平较低的新石器时代晚期,人们还不能进入这些地区从事生产和生活。长江中游地处亚热带的温暖多雨地区,在生产力较低的新石器时代,人们为了获得足够的食物资源和抵抗自然灾害,其活动地域,亦即遗址的分布地域都遵守共同规律,即新石器时代早期生活于山麓地带,新石器时代中晚期则进入平原地区,且多在山地与平原腹地的过渡地区。

1. 城址的分布与规模

(1)城头山古城

城头山城址位于澧县县城西北10公里的车溪乡南岳村。澧水的支流澹水流经城址以南,城址以北10余公里则为澧水另一条支流涔水。城头山坐落在澧阳平原中部的徐家岗南端东首的小土阜上。以城头山城址为中心,在澧阳平原上分布着200多处屈家岭文化至石家河文化时期的聚落遗址。这些遗址所分布的澧阳平原位于武陵山与洞庭湖之间,即西为武陵山,东为洞庭湖,平原地势由西北向东南倾斜。

城址由护城河、城垣、城门和城内夯土台基等几部分组成。护城河由自然河道连接而成,现保存西城壕和一段东城壕。现保存的西城壕从城外西南至北门外,残长400米,宽约35米,东护城河由澹水的一支流构成(图5-63)。

[①] 中国科学院考古研究所:《京山屈家岭》,科学出版社1965年版,第8—23页。湖北省文物管理委员会:《湖北京山朱家嘴新石器遗址第一次发掘》,《考古》1964年第5期。

城垣基本呈圆形,外圆直径 325 米。城址面积约 9 万平方米。城垣堆筑。城垣外紧贴护城河,城垣外坡陡内坡缓,外墙坡度为 50 度,内墙坡度为 15 度。墙底宽约 20 米,顶残宽约 7 米。

城垣的东、南、西、北四边城垣各有一个缺口,应为城门。东门残宽约 19 米,进深 11 米,一条宽 5 米的卵石路由城内向城外倾斜。城内中心部位较高,周边较低,卵石路面内高外低,使东门有排水功能。南门现存宽约 20 米,进深 15 米。西门地势较高。北门地势最低,现宽 32 米。北门内是一个东西 37 米、南北 32 米,略呈圆形的大堰,大堰水面通过北门(水门)水道与护城河相通。

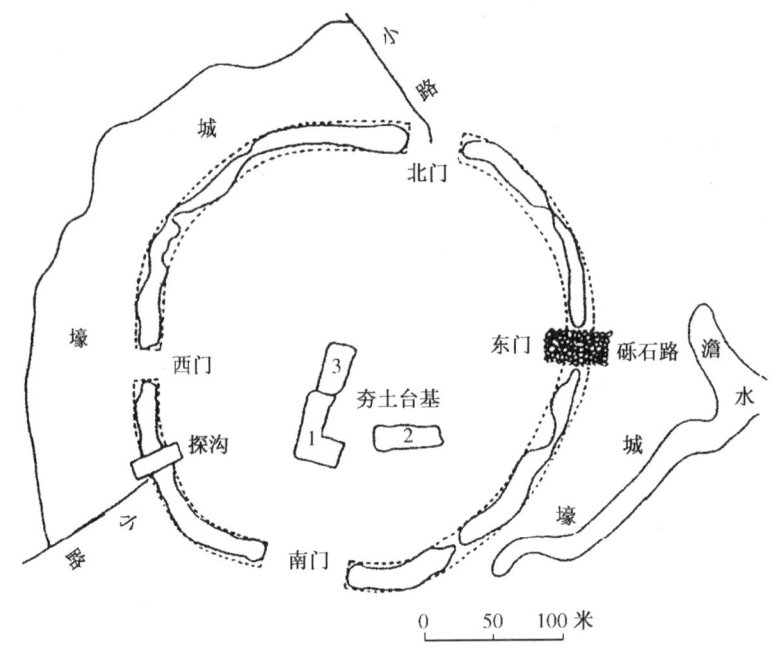

图 5-63　城头山城址平面图
(采自《澧县城头山屈家岭文化城址调查与试掘》,1993)

城内西部近中心部位是一片地势较高的夯土台基。夯土台基呈凹字形,东西宽约 30 米,南北长约 60 米,表面平坦。整个夯土台基北部高、南部低。[①]

城头山城垣叠压在屈家岭文化早期晚段的地层上,而又被屈家岭文化中期地层所叠压,故其筑成时代上限为屈家岭文化早期晚段,下限为屈家岭文化中期,绝对年代约为距今 4800 年。从城内文化堆积分析,城垣使用至屈家岭文化晚期或更晚。

(2) 走马岭古城

走马岭古城城址位于湖北省石首市焦山河乡走马岭村。城址以西不远处是上津湖,东南则为丘陵山区。城址平面呈不规整的椭圆形,东西长,南北短,西部宽,东部窄。城垣周长约 1200 米,城址面积 7.8 万平方米。城垣最高处距城内地面约 5 米,距城外地面 7—8 米。城垣上有 5 处缺口,可能为城门。缺口两边,有的保存着圆形土台,可能是城门的防御性设施。从城垣的现存情况观察,城垣是连接自然岗地修筑而成的。城垣周围有明显的护城河遗迹。城

---

① 湖南省文物考古研究所等:《湖南澧县城头山新石器时代早期遗址发掘简报》,《文物》1993 年第 12 期。单先进等:《澧县城头山屈家岭文化城址被确认》,《中国文物报》1992 年 3 月 15 日第 1 版。

内地势为东北高,西南低。城内积水可顺地势从西南水门排入湖中。房屋建筑在城内较高的东北部(图5-64)。

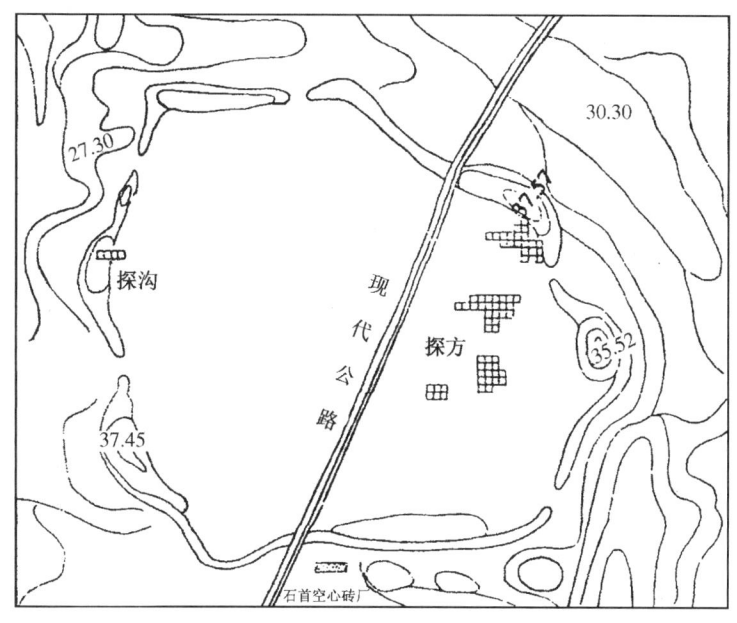

图5-64　走马岭城址平面示意图
(采自张绪球《屈家岭文化古城的发现与初步研究》,1994)

走马岭城垣经解剖,内坡脚上叠压着屈家岭文化层,该层又被石家河文化早期的一个瓮棺葬和一个灰坑打破,说明该层的建筑年代不会晚于屈家岭文化。根据城内的堆积情况分析,城垣可能使用到石家河文化时期。[①]

(3) 阴湘城

阴湘城城址在湖北省江陵市城西北,距江陵市约34公里,亦即在纪南城西北约20公里,城址所在地属马山乡。土城垣现已不明显。据《江陵县志》记载,此城在清代"垣址宛然,冈阜方平,土人以城命之"。城址为圆角长方形台地,东西长约500米,南北宽约240米,面积为12万平方米。四边城垣有缺口,应为城门,其中北边的缺口最低,并与菱角湖相通,当为水门。从南城垣残存的剖面观察,城垣夯筑,夯层厚薄不均。南城垣、东城垣外,都有护城河遗迹,宽约20米。北、西护城河已被湖水淹没,城址高出周围地面4—5米。经发掘,城垣打破大溪文化城,城垣本身的年代相当于屈家岭文化早期。

在南城垣稍偏东处有一突出城垣之外的土台,东西长50米,南北宽10米,经钻探确认为原来南城垣的一部分,土台应为南城门所在地。在城偏西有一道宽55米的南北向的大冲沟(大溪文化时期即已存在),将城内分为东西两大部分。这条冲沟向北与城外的古河道相通,屈家岭文化时期该冲沟就成为城内与城外的通道。东城垣和西城垣经解剖,可知城垣在堆筑过程中作过简单的夯打。东城垣内堆积中有屈家岭文化早期的罐、豆、碗残片。西城垣堆积中,也出土过屈家岭文化早期遗物,其城垣上部被石家河文化叠压或打破。在东城垣和西城

[①] 张绪球:《屈家岭文化古城的发现与研究》,《考古》1994年第7期。

垣之下内侧均发现大溪文化壕沟,说明阴湘城遗址在大溪文化时期是一处环壕聚落,屈家岭文化古城是在此基础上修建而成的。1995年3—5月发掘,发现的遗迹除城垣外,还有房址、灰坑、灰沟、窑址、墓葬等。在相当多的屈家岭文化遗址中发现大量炭化稻米和稻谷,其中四个灰坑中出土稻米3000多粒。①

阴湘城东南10公里是八岭山(龙山),城东有土山、纪山等。城西是菱角湖,向西4公里是沮漳河。阴湘城西南10公里是西周时期的万城。

(4) 马家垸古城

马家垸古城城址位于湖北省荆门市五里镇(刘集乡)显灵村,遗址距荆门市26公里。城址东北五公里为荆山余脉,遗址两侧均有向南流入长湖的河流。城址坐落在一片比较平坦的岗地上。城垣呈南北向的梯形,东垣和西垣长600多米,南垣长400多米,北垣比南垣短。城址面积24万平方米。南垣宽约32米,现存高度城内高约5米,比城外高约6米,城垣外坡陡、内坡缓。城垣上有数处高台建筑,系防御性建筑台基。南、北城垣及西城垣中部、东城垣南端各有一个缺口,当属城门,其中西垣和东垣南端的缺口有一条流经城内的古河道连接,似为水门。城垣周围有护城河环绕,西边的护城河则为一条顺着西垣向南流的古河道,这条古河道比较深陡,与流经城内的古河道相通。城内北部有一片夯土台基,系城内的重要建筑。夯土台基上采集的陶片为屈家岭文化至石家河文化早期,西南内侧断面上采集的陶片为屈家岭文化时期。从这些采集的陶片来看,马家垸城垣的筑造年代应为屈家岭文化至石家河文化早期,使用的年代可能稍晚。②

(5) 石家河古城

石家河古城城址位于湖北省天门市石河镇北约1公里,西北20余公里即为位于大洪山余脉南侧的京山县屈家岭遗址。天门河的两条支流(东河、西河)在城址的东、西两侧由北向南流入汉水的支流天门河。

城址由城垣、护城壕和壕外土台组成。城垣平面呈南北略长的圆角长方形,东、西城垣长1200余米,南、北城垣长1100余米。城垣堆筑而成。护城壕周长4800余米,东北角可能利用天然低地相连接,其余部分均为人工挖成。护城壕一般宽为80—100米。最窄处60米左右。壕底与城垣顶面高差6米左右。护城壕内面积约180万平方米,城垣内面积约120万平方米。城址东北角被西周时期的土城打破。经对城垣和城内文化堆积的解剖,可知城垣建筑于屈家岭文化时期,石家河文化早期是城垣使用的主要时期(图5-65)。

通过对城垣内各地点的文化堆积情况和遗物内容的比较,可知在屈家岭文化至石家河文化早期城垣内部布局是按一定制度规划的。城内西北部的邓家湾西侧是墓葬区和宗教活动区,在已揭露的1000多平方米范围内清理出75座长方形土坑竖穴墓和14座瓮棺葬。属于石家河文化早期的地层内,出土了5000多件小型陶兽、狗、鸟、双头鸟、鸡、羊、象、鳖等,还有陶塑人抱鱼。地层内还发现用筒形器和陶缸(陶缸底部大多不相通)互相套接的现象。三房湾遗址和邓家湾东台地、谭家岭、蓄树岭则为居住区。谭家岭台地位于城内中部,其中有些分间房屋的墙厚1米,柱洞间隔0.5米左右,柱洞直径0.3—0.4米,非一般性建筑。③

2. 城址的特征

---

① 江陵县文物局:《江陵县阴湘城的调查探索》,《江汉考古》1983年。
② 湖北省荆门市博物馆:《荆门马家垸屈家岭文化城址调查》,《文化》1997年第7期。
③ 北京大学考古系等:《石家河遗址调查报告》,《南方民族考古》第五辑,四川科学技术出版社1992年版。石河考古队:《湖北省石河遗址群1987年发掘简报》,《文物》1990年第8期。

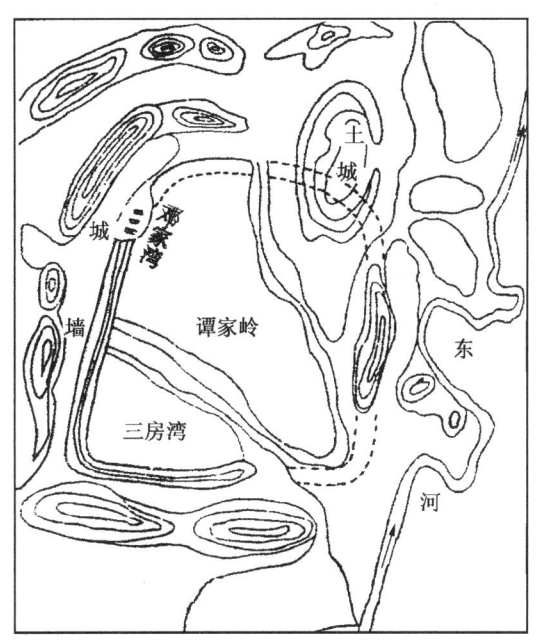

图 5-65　石家河古城平面示意图
（采自张绪球《屈家岭文化古城的发现与初步研究》，1994）

长江中游地区上述五座古城，其规模最大的石家河古城面积达 120 万平方米，最小的走马岭古城面积达 7.8 万平方米，一般为 10 余万平方米。面积较大的石家河古城和马家垸古城位于江汉平原的北部，这与新石器时代晚期中原地区的部族与长江中游地区的部族多在这一地区进行争夺有关。长江中游地区新石器时代晚期出现多座防御性城堡，是黄河中游地区的黄帝部族与长江中游地区的部族发生过多次战争的结果。根据古史传说，在蚩尤战败之后，黄帝与炎帝的联盟破裂，发生了一次大规模的"阪泉之战"，结果黄帝获得胜利。这次战争后，黄帝的后裔即向南发展，由黄河流域进居到江汉流域。在南进过程中，又打了许多胜仗，据说"五十二战天下咸服"。从此，黄河流域到长江流域的许多部族进入了一个巨大的变动时期。长江中游地区的史前古城，其规模一般都大于黄河流域的史前古城。古城的文化时期一般都在屈家岭文化时期，有的到石家河文化时期。黄河流域的史前古城，其文化时代多为龙山文化时期。

长江中游的五座古城均由护城壕、城垣、城门等几部分构成。有些古城的城垣是利用天然岗地连接修筑而成，故城垣平面形制不规整。例如湖北石首走马岭、天门石家河两座古城，即属这种性质。荆门马家垸、江陵阴湘城，系在平坦的岗地周围构筑城垣，故城垣的平面形制呈南北向或东西向的梯形。城垣从地面堆筑，不挖基槽，有的稍加夯打，夯层较厚。护城壕有天然河道和人工壕沟连接而成，使城内积水能排放到河道中，又能为城内提供用水。阴湘城还有冲沟形成的自然河道与城外的河道相通，使之具有排水、供水、航运和防御多种功能。这五座古城均有四五个城门，其中有的是水门。马家垸古城的西垣和东垣南端的缺口与一条流经城内的古河道相通，这两缺口应为水门。城头山和阴湘城的北门，均为水门。城内地面高于城外，城内积水可通过城门排入护城壕。

长江中游地区最大的石家河古城，其面积达 120 万平方米，是该地区最小的走马岭古城的10 余倍。长江中游史前古城在规模上的大小悬殊，说明新石器时代晚期"城"已等级分化。大城是一个地区的中心城。石家河古城作为江汉地区的中心城,不但规模大,而且其城内外在宗教区、主要居住区、墓葬区等区划方面,都有统一规划;从其晚期墓葬来看,贫富分化和阶级分化已经出现。城的等级分化是社会分化和阶级分化的反映,它从一个侧面反映了社会的变革。

(三) 年代和社会经济

关于屈家岭文化的绝对年代,现已测定的数据共有三个,其中京山屈家岭遗址晚期一和晚期二的^{14}C数据分别为公元前2635±145年(ZK124)、公元前2695±195年(ZK125),青龙泉二区T49.66③F1木炭测定的数据为公元前3070±235年(ZK430)。这三个^{14}C的数据说明,屈家岭文化中期大体和中原地区的庙底沟二期文化的时代相当。河南省禹县谷水河遗址发现王湾二期之后期(相当于庙底沟二期)、大汶口文化晚期和屈家岭文化中期三种文化遗存共存的现象,说明这三种文化遗存的时代相当。下王岗遗址还发现青龙泉三期文化叠压在屈家岭文化中期地层之上的地层关系,这也间接说明了屈家岭文化中期和庙底沟二期文化年代相当。

屈家岭文化时期,长江中游地区的农业和家畜饲养业很发达,普遍栽培水稻,猪、狗、羊、鸡等,普遍饲养。

屈家岭文化中期已出现分间房屋、布局呈"品"字形分布的房屋。这些房屋都是适应父系家族居住需要的居屋。屈家岭文化的墓葬多为分散的单人葬,反映氏族血缘纽带的松弛。屈家岭遗址的下层还发现反映父权崇拜的陶祖。这些情况说明,屈家岭文化时期已进入父系制阶段。

六、石家河文化、青龙泉三期文化和桂花树三期文化

从现有资料来看,可将长江中游的湖北和湖南北部地区晚于屈家岭文化的遗存分为三类文化:石家河文化、青龙泉三期文化、桂花树三期文化。石家河文化分布于汉水中、下游,青龙泉三期文化分布在汉水上游、鄂西北和豫西南地区,桂花树三期文化主要分布在长江以南的鄂南和湘北地区。

(一) 石家河文化

石家河文化分布于汉水中、下游地区,中心地区在江汉平原的中部,即现今的湖北省京山、天门、钟祥等县境内。

陶器以泥质灰陶的数量最多,有少量泥质红陶。纹饰以篮纹最多,其次是绳纹和叶脉纹。典型器形有:长扁足釜形鼎、罐形或折腹盆形鼎、冲天流式鬶、厚胎红陶喇叭形杯、折腹壶形高圈足杯、筒形澄滤器、高领罐和瓮、厚胎夹砂筒形缸等(图5-66)。其中高领罐和深腹夹砂缸是最常见的器形。

一部分墓葬有二层台,墓坑和人骨用胶泥封填。葬式多为仰身直肢葬。石家河肖家屋脊遗址中的M7是一座大墓,有二层台,墓主为成年男性,随葬品达106件之多。

(二) 青龙泉三期文化

属于青龙泉三期文化的遗址除青龙泉外,还有湖北省郧县大寺(上层)、庹家洲,均县乱石滩、花果园,房县七里河、羊鼻岭,孝感碧公台,当阳季家湖(下层)、王家台,枝江关庙山,江陵蔡家台、张家山(第四层),河南省淅川下王岗(晚一期)和信阳市阳山等。

生产工具以石器为主,骨、陶制工具较少。石器以琢磨和通体磨光的最多,打制的很少。主要器形有斧、锛、锄、刀、镞、纺轮等,其中以长方形穿孔石刀、有肩石锄等颇具特征性。陶纺轮的数量较多。少数纺轮的外表彩绘旋曲的尖条纹,与天门石家河屈家岭文化的同类纺轮相似。

陶器以泥质灰陶和夹砂灰陶最多,次为泥质红陶和夹砂红陶,泥质黑陶很少。陶器的制

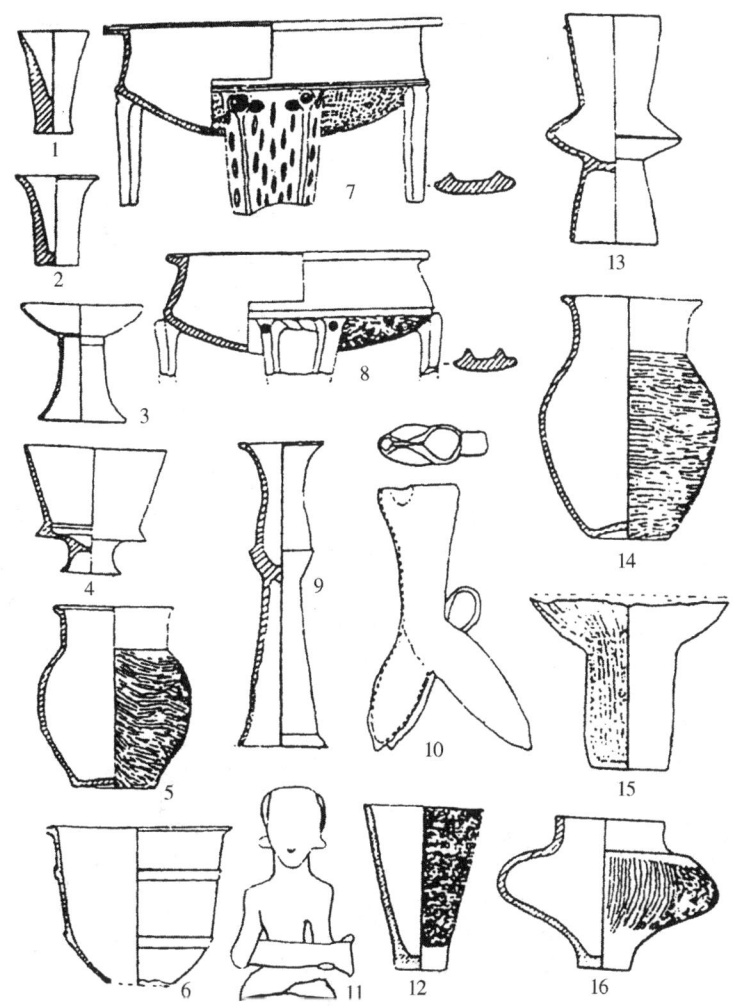

图 5-66 石家河文化陶器

1、2、12. 杯 3. 豆 4. 大口圈足杯 5、14. 高领罐 6. 夹砂平底大口缸 7、8. 鼎 9. 高圈足杯
10. 鬶 11. 陶人 13. 壶形器 15. 澄滤器 16. 罐
(1、2、4、5、7、8、9、10、11、13、14. 出自石家河邓家湾 3、16. 出自石家河肖家屋脊 6、12、15. 出自七里河)

作仍以手制为主，制作粗糙。一部分遗址如青龙泉、季家湖、蔡家台等，已出现轮制陶器。器表多素面磨光，有纹饰者以拍印的篮纹为最多，次为附加堆纹、方格纹、弦纹、锥刺纹、绳纹和镂孔。方格纹由北往南逐渐增多，彩陶数量极少，花纹简单，纹饰有平行线纹、圆点纹、方格纹、旋曲条纹。彩绘多施于罐、杯、鬶和纺轮的外表，无内彩，大都为红地黑彩或紫红彩，橙黄地红彩或紫红彩。常见的器形有炊器鼎、釜、鬶、甑，饮食器有碗、钵、豆、盘、杯、高圈足杯，盛储器有罐、瓮、盆、盂、壶、缸及器盖、器座、研磨器等（图 5-67，1—18）。

上述陶器中的盆形鼎、厚胎喇叭形杯、喇叭形擂钵、腰鼓形罐、直筒形缸、斝、鬶为新出现的器形。

青龙泉三期文化的墓葬，在青龙泉、乱石滩和七里河都有发现。青龙泉发现的 30 座墓葬，其中成人墓 24 座，瓮棺葬 6 座。葬式多单人仰身直肢葬，也有极少数屈肢葬，头向西或北。青龙泉、乱石滩和七里河都发现用猪下颌或猪头随葬。

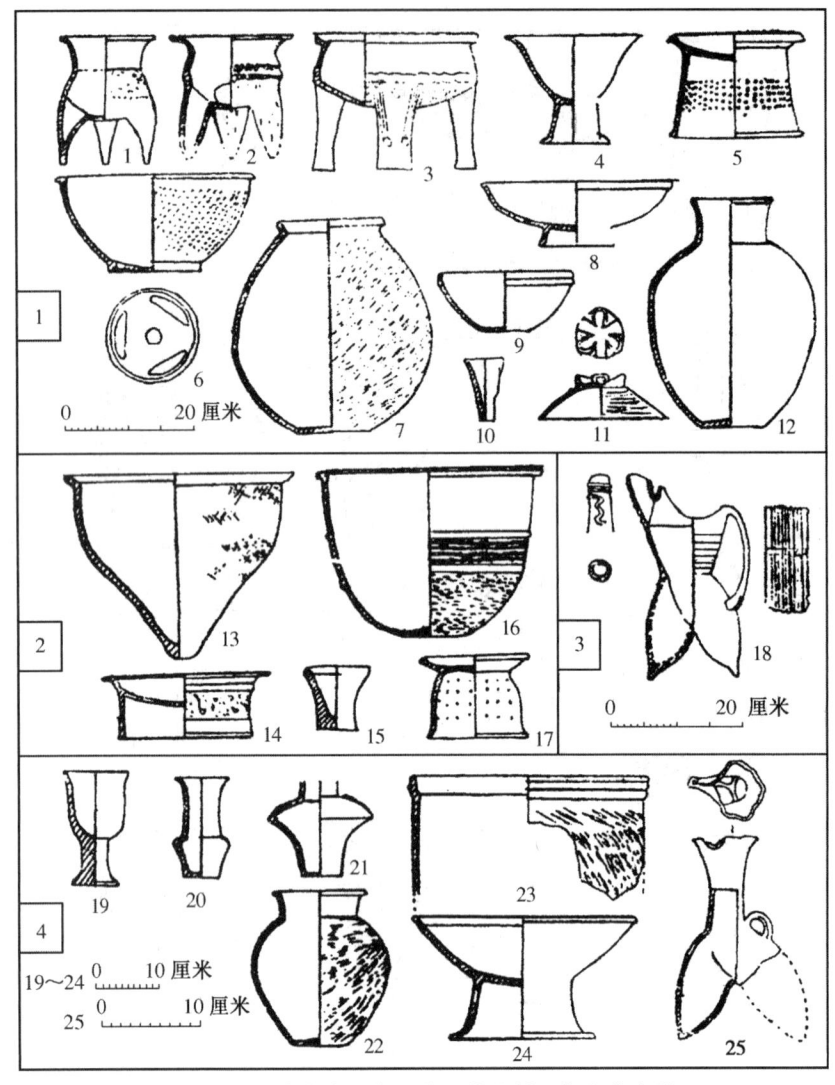

图 5-67 青龙泉三期文化和桂花树三期文化陶器
(依任式楠,1984)

1) 1、2. 斝 3. 鼎 4、5. 豆 6. 甑 7、12. 罐 8. 盘 9. 钵 10. 杯 11. 器盖 (湖北郧县青龙泉出土)
2) 13. 瓮 14、17. 豆 15. 杯 16. 缸 (湖北当阳季家湖出土)
3) 18. 盉 (湖北郧县大寺出土)
4) 19. 高柄杯 20. 瓶 21. 壶 22. 罐 23. 缸 24. 豆 25. 鬶 (湖北松滋桂花树出土)

(三)桂花树三期文化

桂花树三期文化分布于鄂南和湘北地区,属于该文化的遗址有湖北省松滋县桂花树、通城尧家(晚期),湖南省平江献冲舵上坪,澧县王家岗、鸡叫城、道河,安乡县度家岗和划城岗(晚期),沅江廊湖石君山,华容时家岗,湘阴青山等。

石器常见的器形有石斧、扁平穿孔石铲、长方形单孔或双孔石刀、长方形弧背双孔石刀、有段石锛、有段石凿、三棱有铤石镞、四棱有铤石镞、双翼有铤石镞、石矛等,其中以有段石锛、长方形穿孔石刀和各种形制的石镞的数量最多,是新出现的典型器形。

舵上坪和划城岗遗址都发现了这一时期的房屋遗存,形制大都为方形。除地面建筑外,还有一种在地面上挖浅穴,再在其上立柱的房屋,面积为10—20平方米,屋内有灶坑。舵上坪的房屋内发现较多的完整陶器,在陶罐内发现成百的网坠。

陶器以泥质灰陶和夹砂灰、褐陶为主,次为夹砂红陶,有少量的泥质磨光黑陶、泥质黄白陶和具有红衣的泥质红陶。泥质黄白陶是这一时期具有特征的陶系。陶器的制作有手制和轮制两种,以手制为主。大型器物采用泥条盘筑,分段制作,接合处以泥条加箍,使其成为带状或绳索状附加堆纹。小型器皿和袋足器多用手捏制。纹饰有拍印的篮纹、方格纹、绳纹和附加堆纹。个别遗址有少量的彩陶。三足器和圈足器比较发达。常见的器形有鼎、鬶、锅、甑、缸、豆、壶、盘、罐、尊、碗、擂钵等,其中以扁折腹宽扁足盆形鼎、麻面足罐形鼎、细长颈平捏流高裆鬶、盘口圆腹罐、圜底筒状缸、弧腹喇叭圈足盘、浅腹矮圈足盘、长颈圈足壶、腰鼓形镂孔器座等,具有特征性。长颈高裆鬶、盘口罐、腰鼓形座等是新出现的器形(图5-67,19—25)。

鄂南和湘北地区的桂花树三期文化和鄂西豫西南的青龙泉三期文化,两者在文化面貌上有一定的区别。青龙泉三期文化,陶器的纹饰以篮纹为主,方格纹始终未占第一位,炊器有鼎、鬶、斝、盉,并出现双鋬器。鼎、鬶较少,而斝则是青龙泉三期文化所独有的器形。桂花树三期文化,陶器的纹饰,多为方格纹,次为篮纹,器形多鼎、豆、罐,石器多穿孔石刀、石镞,有一定数量的有段石锛和有肩石锄,以及少量的耘田器。桂花树三期文化受到赣北地区山背文化的影响。

七、长江上游的宝墩文化

在长江上游四川盆地的西北边缘,近年来发现了几处新石器时代晚期的遗址,其文化遗存被命名为"宝墩文化"。

(一)宝墩文化城址及其出土物

1996年,在成都平原的西北边缘发现五座新石器时代晚期城址:四川新津县宝墩古城、都江堰芒城、温江鱼凫城、郫县三道堰古城、崇州双河古城等(图5-68)。

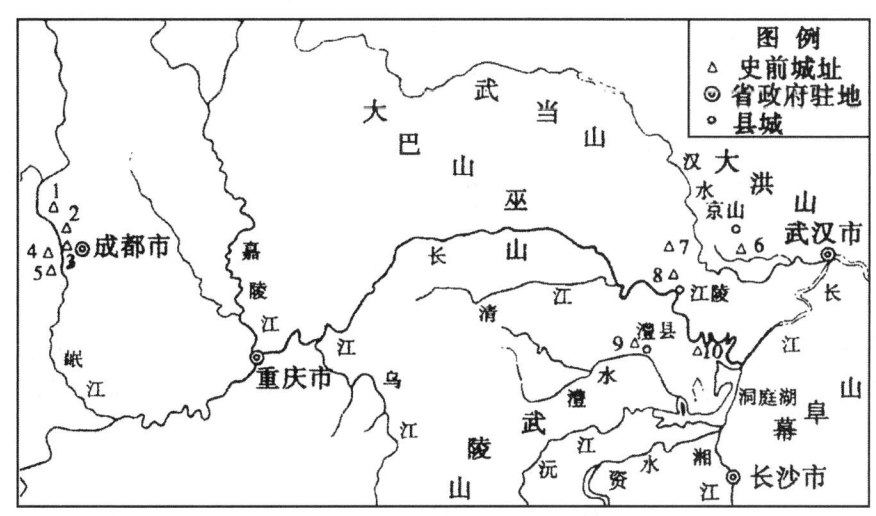

图5-68 长江上、中游史前城址分布图
1. 四川都江堰市芒城 2. 四川郫县古城 3. 四川温江鱼凫城 4. 四川崇州市双河古城
5. 四川新津宝墩古城 6. 湖北天门石家河古城 7. 湖北荆门马家垸古城 8. 湖北江陵阴湘城
9. 湖南澧县城头山 10. 湖北石首走马岭

1. 宝墩古城

宝墩古城位于新津县龙马乡宝墩村，东北距西河4公里，西南约500米处有铁溪河由西北流向东南，城址与河流基本平行。地面上有明显的夯筑城垣，其中以北城垣和东城垣保存较好。北城垣长500米，东城垣残长450米，西城垣残长270米，南城垣现今无遗迹可寻，部分城垣上有卵石叠压，城垣残存最高处约5米。整个城址呈西北东南向，即北偏西44度。地面不见明显的城门遗迹，东垣和北垣不相连，有宽1000米的缺口。城址南北长1000米，东西长约600米，面积约60万平方米（图5-69）。整个城址建筑在当时的台地上，台地高出周围地面3米，城垣即在台地的边缘。对北城垣东段进行解剖性发掘后得知，该处现存城垣高4米，顶宽8.8米，底宽31.3米。城垣夯筑，夯筑方法是从台地边缘向城内方向逐层斜坡夯筑，为使外侧整齐，又在城垣外侧补筑，靠城内的几层斜坡夯筑层中又分成若干小夯层，斜坡夯面呈梯形。夯筑工具有板状夯具和棍，以前者为主，板夯痕宽10厘米，长多为50—58厘米。棍夯痕极少，宽1.8厘米，长30厘米。夯筑墙内出土大量陶片和少量石斧。

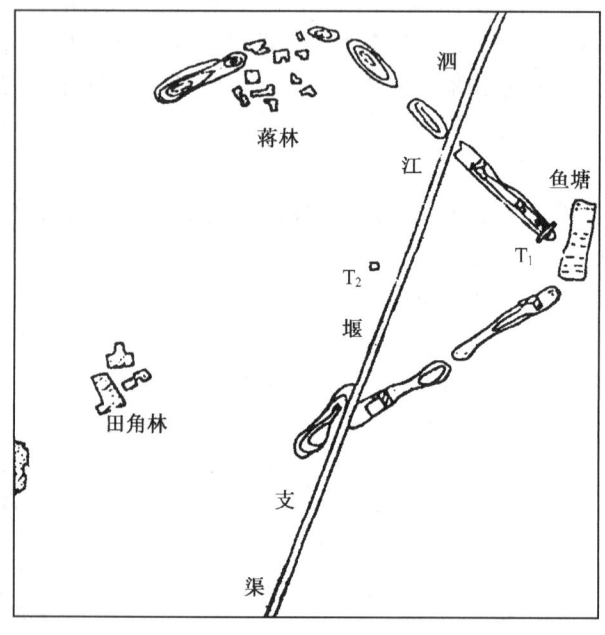

图5-69 宝墩古城平面图

据宝墩古城内的发掘资料，其文化堆积分三个时期：新石器时代晚期、汉代、宋代。新石器时代晚期的堆积中，发现了一些灰坑，有的灰坑中出土较多的文化遗物。清理竖穴土坑墓3座，其中2座婴儿墓，1座成人墓。出土的陶器有泥质和夹砂两种，泥质陶的数量最多。泥质陶的制作多为泥条盘筑加慢轮修整。夹砂陶多夹细砂，以夹砂灰陶为主，有少量夹砂褐陶和外褐内黑陶，部分器表有烟炱，应为炊器。纹饰以绳纹为主，有少量戳印纹、划纹、凹弦纹和镂孔。镂孔多施于圈足上。多平底器，有少量圈足器。平底器以折沿唇花边口罐的数量最多，圈足器以圈足尊和圈足罐为代表，有一定数量的盘口器。泥质陶以灰陶和灰黄陶的数量最多，陶质较软的器形多施黑衣。泥质陶多饰戳印纹和划纹，有少量瓦棱纹和弦纹，以戳印纹和附加小泥片上戳印坑点及篦划水波纹最具特色。器形以喇叭口高领罐（壶）和宽折沿深腹罐为主，有一定数量的浅盘圈足豆。此外，还发现陶纺轮。石器以小型石器为主，器形有斧、锛、凿,均磨制精细。①

2. 芒城

芒城位于都江堰市区南约12公里的青城乡芒城村,海拔658米,东约1.4公里处有泊江河由北向南流,城址与河流平行。城址呈不规则的长方形,方向北偏东10度。现今城内地面高出城外地面约0.3米。城垣分内外两圈,外圈南北长约360米,东西宽约340米,面积12万平方米;内圈南北长约290米,东西约270米。现存外圈北垣238米,东垣36米,南垣224米,西垣224米。内垣残宽8—13米,残高1—2.2米,其间地面较城内外都低。北部内外城垣间有一条五里沟通过,沟底比城内低1.3米。城垣为人工夯筑而成,土质黄褐,其中夹大量木炭和夹砂红褐绳纹陶片,夯层不规整,似堆筑而成。

城址内的文化堆积分为龙山时代和宋代两大时期。龙山文化时代的堆积最厚约60厘米,可分5层。遗迹只发现灰沟1条。遗物有陶器、石器。陶器的制作以手制加慢轮修整为主。泥质陶的比例大于夹砂陶。泥质陶多为黄褐和橙黄色,灰陶较少。陶质较软,代表器物有喇叭口高领罐(偶见锯齿口)、宽折沿盆、宽折沿罐、圈足豆及器盖。器表以素面为主,纹饰有两三道平行划纹及由刻划组成的几何纹,有少量弦纹。夹砂陶中以外褐内灰或内黑居多。纹饰以绳纹为主,有少量戳印纹。器形以外折沿唇花边口罐和圈足器为代表,有少量盘口器。石器均磨制,器形有斧、锛、凿。②

3. 鱼凫城

鱼凫城位于温江县城北约5公里的万春乡直属村,西南约1.6公里处的江安河由西北向东南流。整个城址呈不规则多边形,西北至东南向,其中以南垣在地面保存较完整,长约600米,东垣呈外弧形,长440米,西垣长370米,东北垣长280米,城址面积约32万平方米。南垣东段经解剖,现存高度3.5米,顶宽15.5米,底宽30米。城垣建于台地边缘,墙的构筑方法基本为斜坡堆筑,墙下有一层小卵石,应为墙基。墙外侧分别在1、4、7层的层面人工堆筑一层卵石层。城垣建筑在遗址的较晚阶段。有1座汉初窑址和4座汉墓打破城垣,表明在西汉初期垣体就受到破坏。

鱼凫村遗址经发掘,知其文化堆积可分为新石器时代晚期、汉代和唐宋时代。新石器时代晚期堆积厚40—60厘米,共分三个文化层。清理灰坑72个、灰沟2条,灰坑间有打破关系。出土文化遗物有陶器和石器。陶器以夹砂褐陶为主,夹砂灰陶、泥质灰陶和泥质褐陶较少,有少量黑皮陶。夹砂陶多有绳纹,有少量戳印纹和镂孔。泥质陶主要饰戳印纹、篦划平行线纹、水波纹,有少量弦纹和瓦棱纹,以小平底器的器底施旋转绳纹最具特色。陶器的器形,夹砂陶中以唇花边罐的数量最多,小平底假圈足敞口罐、圈足器占一定比例。泥质陶以喇叭口高领罐、宽折沿罐为代表,有少量圈足器和带耳器,其中圈足器较独特。石器以小型为主,多为磨制,器形以锛为主,有少量石斧、石凿和穿孔石器。

4. 郫县三道堰古城

三道堰古城位于四川省郫县县城北约9公里的古城乡梓路村和梓桐村,东北3.90公里处有青白江,相去800米有锦水河,城址的方向与江河平行。城址为西北至东南向的长方形,

---

① 中国文物报讯:《成都史前城址又获重大成果》,《中国文物报》1997年1月19日。蒋迎春:《1996全国十大考古新发现评选揭晓》,《中国文物报》1997年2月2日第1版。《成都平原发现一批史前城址》,《中国文物报》1996年8月18日第1版。

② 《郫县古城发掘取得重大收获》,《中国文物报》1998年3月18日第1版。

城垣长 650 米,宽 500 米,面积 32.5 万平方米。

对城垣进行解剖,可知城垣分为两个时期,第一个时期的墙体现存顶宽 1.9 米,底宽 10 米,高 2.4 米,构筑方法为堆筑。第一期墙体下叠压有遗址较早的文化层,说明在建城前已有聚落存在。发现有相当于遗址早期的灰坑打破墙体,反映第一期筑成的时间在遗址的早期。第二期墙在第一期墙的基础上增筑而成,增筑的城垣现存顶宽 7.1 米,底宽 20 米,高 3 米,亦为斜坡堆筑。在二期墙的城内墙脚下发现两层属于该期的晚期阶段的文化层叠压在墙体上,说明增筑时期在遗址晚期偏早阶段。

在城址内发现宝墩文化墓葬 1 座、房基 4 座、灰坑 10 个。墓葬 1 座,位于遗址中部偏东的居住区附近,坑穴狭长,东西向,头东足西,单人仰身直肢葬,无随葬品。

发现的 4 座建筑基址,其中 3 座是小型基址,1 座为大型基址。小型房基位于遗址中部偏东,3 座房屋皆为长方形木骨泥墙的地面建筑。其中 6 号房址,长 8.3 米,宽 5.6 米,面积 46 平方米,屋内有呈十字形排列的柱洞 6 个,在西墙南端有一个宽 1.2 米的门道,门朝城的中心开设,铺有宽 10 厘米的小卵石,屋内有长方形灶坑 1 个,坑内堆有卵石。

大型基址(5 号房址)位于城中部,平面呈长方形,方向是西北至东南向,与城的方向基本一致,长约 50 米,宽近 11 米,面积 550 平方米。基址西部在汉代遭到破坏。5 号基址的建筑方法是,先挖一个基坑,在基坑的周缘铺设卵石,于卵石中埋置木柱,然后在基坑垫土,垫土内掺有大量红烧土以防潮;卵石面宽 0.9 米至 1 米,现存厚度 0.1—0.28 米;卵石面中的柱洞排列整齐,柱洞直径 0.2—0.3 米,间距 0.7—1.2 米。由于居住面遭到破坏,基址内的柱洞已不复存在,仅在基址东端中部发现一直径约 65 厘米的圆形卵石堆积,应为柱坑坑底部的础石。这是屋内顶梁大柱的础石。屋内有 5 处呈长方形的卵石堆积由东往西排列。通过解剖,发现卵石周边挖有基槽,槽内埋有密集的已炭化的圆竹。基槽内埋设的圆竹作为护壁,护壁内填卵石构成长方形台子,护壁外可能再抹泥。5 个卵石台,其中 4 号、5 号台已被汉代人破坏,卵石已不存,但基槽尚存。2 号、3 号卵石台较大,东西长 5 米,南北宽 2.7 米。这座大型建筑基址的附近,地层堆积较纯,出土的生活遗物较少,也未发现一般的生活附属设施,推测其性质应为大型礼仪性建筑。

城内的文化堆积分为三大期:宝墩文化、汉代、宋代。古城的建筑年代为宝墩文化第三期。

宝墩文化遗物有陶器和石器。陶器有夹砂陶和泥质陶两类,下层夹砂陶和泥质陶各占一半,上层以夹砂陶为主,泥质陶较少。陶色以褐、外褐内灰、黑衣陶为主,有少量灰、黄、红陶等。陶器纹饰有绳纹、划纹、戳印纹、弦纹、瓦棱纹、镂孔等,夹砂陶多施绳纹,泥质陶多施划纹。器形有花边口沿罐、窄沿罐、盘口圈足尊、喇叭口高领罐、宽沿平底尊、壶等。石器多小型,磨制,器形有斧、锛、凿等。

5. 双河古城

四川崇州双河古城面积约 15 万平方米,城址基本呈南北方向,城垣分为内外两圈,内、外城垣间相距 15 米,以东垣内城垣保存得最好,长约 450 米,东北、东南城角拐角明显,城垣最高达 4 米,其结构都与都江堰芒城相似,推测其时代也与其相近。

上述五座古城,文化时代均为新石器时代晚期,城垣建筑均采用坡状堆筑法夯筑。城垣外无护城壕,但芒城和双河古城有内、外两道城垣。城址出土的文化遗物的文化面貌相近,但相互间有时间早晚的差异。

据研究,尧"窜三苗于三危",即迁"三苗于三危"。甲骨文中的"危方",近于岷山。《蜀王本纪》曰:"蚕从始居岷山石室中"(《古文苑·蜀都赋》章樵注引)。蚕从系蜀人始祖。这就是说,尧舜时代,三苗集团在中原地区部族的打击下,有的部落被迫迁于岷山之南,即今四川境内。成都平原西缘发现的五座新石器时代晚期城堡,有可能是三苗集团迁于岷山之南后所建。从五座古城址中出土的文化遗物来看,如陶器中的圈足器,陶器纹饰中的戳印纹、瓦棱纹和镂孔,都和长江中游的屈家岭文化相似,反映成都平原和长江中游在文化上的联系。

(二)宝墩文化特征

宝墩、芒城、鱼凫城、三道堰古城、双河古城等五个遗址,其出土遗物的文化面貌较为一致,属同一考古学文化,故将其命名为"宝墩文化",并初步分为四期,绝对年代为距今4500年至3700年,三道堰古城的年代为宝墩文化第三期。

宝墩文化的陶器有泥质和夹砂两类,陶色有褐陶、灰陶、灰黄陶,有少量黑皮陶。陶器的制作以泥条盘筑再经慢轮修整为主。陶器的纹饰以绳纹、划纹、戳印纹、附加泥条上戳印纹、瓦棱纹为常见纹饰。陶器的器形有外折沿唇花边口罐、圈足器、喇叭口高领罐、宽折沿深腹罐、盘口器等。石器多为小型,磨制精致,常见的器形有锛、斧、凿、穿孔石器等。

宝墩文化的房屋都是地面建筑,未发现地穴或半地穴式建筑。房屋平面形制有方形和长方形两种。三道堰遗址发现的一座房屋为方形,挖基槽、埋木骨,系木骨泥墙;基槽宽30厘米,并发现有木骨印痕的红烧土块,推测木骨泥墙经火烧烤,与宝墩遗址发现的相同。

第五节 长江下游的新石器时代文化

自鄱阳湖的湖口至东海海滨的长江干流,称为长江下游。长江下游地区的新石器时代文化主要有薛家岗文化、北阴阳营文化,以及太湖流域的马家浜文化、崧泽文化、良渚文化。在杭州以南的宁波至绍兴一带有一种属新石器时代中期的河姆渡文化。

一、薛家岗文化

薛家岗文化,其分布地域西到鄂皖交界的鄂东黄梅和皖西宿松县,东到安徽省巢湖地区,北到淝水,南达长江。

根据薛家岗遗址的地层叠压关系,可将薛家岗文化分为四期。第一期和第四期发现的遗存较少,故其文化面貌还不清楚。第二期和第三期的文化遗存比较丰富,是该文化的主体,决定其文化性质。

第一期文化的陶器以夹砂红陶为主,泥质陶较少。陶器的胎壁较厚,质地松软,火候低,吸水强。制法为泥条盘筑。器耳、鼻、足等部分是分别制好后粘接到器身上去的。一部分器物的内壁为黑色,外壁涂红衣。主要器形有鼎、釜、甗、罐等(图5-70,1—3)。釜有两种,一种形制为侈口束颈圜底,一种为圜底宽沿。

第二期文化的陶器以夹砂灰黑陶为主,夹砂红褐陶和泥质黑陶次之,有少量黑皮陶。常见的器形有鼎、豆、壶、罐、碗等,其中以罐形鼎、盆形鼎、釜形鼎、柄上部呈算珠状的盆形豆、三足带把罐、壶等最具特征性(图5-70,4—9)。第二期的石器有穿孔石铲、石锛、石凿和石球等。

第三期文化的陶器以夹砂灰黑陶为主,泥质陶较少。陶器均手制,轮修比较普遍。器表多素面,纹饰有刻划纹、戳刺纹、弦纹和镂孔。器形主要有鼎、三足带把罐、甑、鬶、豆、壶、盆、碗等,其中以罐形鼎、盆形鼎、釜形鼎、复合甑和鬶、三足带把罐、敛口盘形豆、圈足壶等为代表

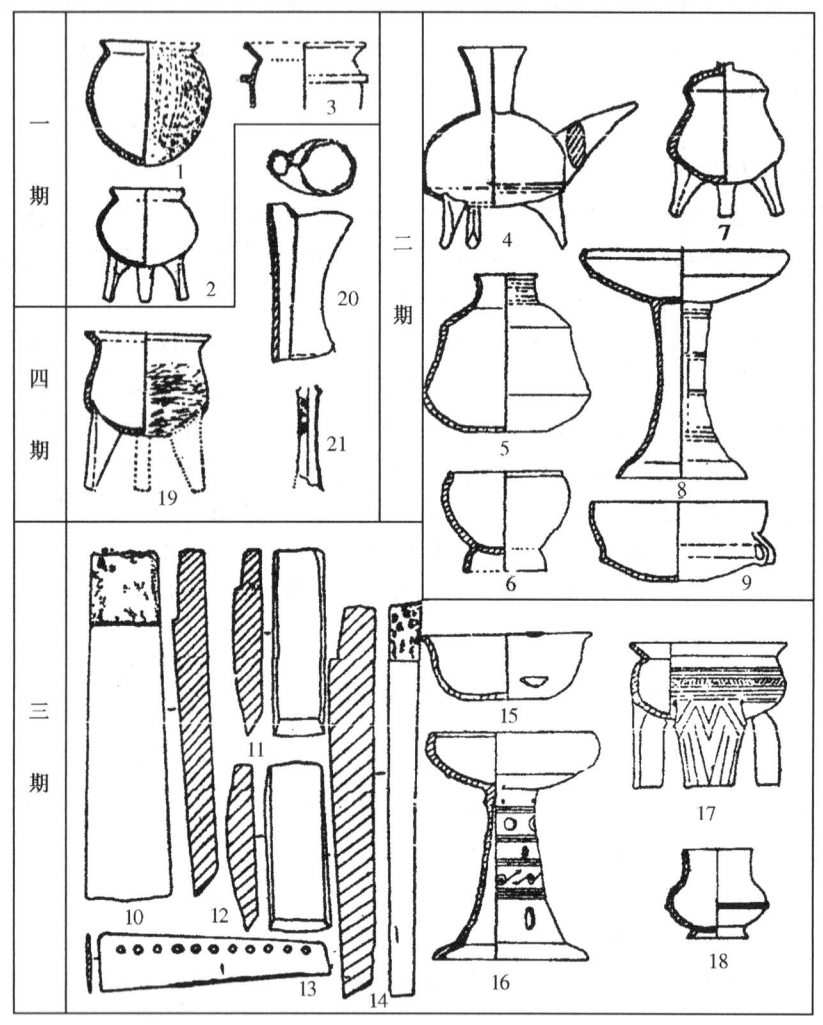

图 5-70　薛家岗文化遗物
1、3. 釜　2、7、17、19. 鼎　4. 三足罐　5、18. 壶　6. 碗　8、16. 豆
9、15. 盆　10—12、14. 石锛　13. 石刀
(均薛家岗遗址出土)

性器物(图 5-70,15—18)。此外,还有带花纹陶球。第三期的石器多通体磨光,刃部锋利。穿孔技术比较发达,穿孔方法有对钻和一面钻两种。器形有石铲、石钺、石刀、石锛、石镞、石凿等,其中以多孔石刀、条状有段石锛、扁平穿孔石铲等最具特征。多孔石刀,其穿孔 1 孔至 13 孔,孔皆为奇数(图 5-70,10—14)。除在南京北阴阳营遗址发现两件七孔石刀外,其他新石器时代文化中三孔以上石刀从未发现。

第四期文化的出土物很少,只有几件残破的夹砂鼎、鬲形器、泥质黑陶高柄杯(图 5-70,19—21)。

薛家岗文化的年代,已测定的 ^{14}C 年代数据共有三个:公元前 3160±170 年(WB80-

45),公元前3220±125年(WB80-46),公元前3030±205年(WB80-47)。这三个数据是用薛家岗遗址第四层的木炭测定的,属薛家岗文化三期。

薛家岗文化的分布地域位于长江下游北岸的西段,其东部邻近江南的宁镇地区和太湖流域,江北则邻近黄河下游,西部毗邻江汉平原。薛家岗文化的这种地理分布,必然影响其文化内涵,即受到来自东部邻近的南京北阴阳营文化以及太湖流域的马家浜文化、崧泽文化和良渚文化的影响,东北部受到大汶口文化、龙山文化的影响,西部受到大溪文化和屈家岭文化的影响。当然,薛家岗文化也影响其周边诸文化。①

二、北阴阳营文化

江苏省南京至镇江一带的新石器时代文化属于一个文化系统。南京地区经过发掘的新石器时代遗址主要有三处:南京城内的北阴阳营遗址,南京南郊的太岗寺遗址,江宁昝庙遗址。根据这三个遗址的地层关系及其文化性质,可将该地区的新石器时代文化分为三期:第一期以北阴阳营遗址下层西区葬地为代表;第二期以昝庙下层及其墓葬为代表,太岗寺下层亦属该期;第三期以昝庙二期文化为代表。

(一)第一期(北阴阳营期)

第一期的生产工具以石器为主,有少量陶质工具。石器磨制精致。穿孔技术比较进步,有的用管状工具对旋或一面旋,有的用锥状工具对钻或对琢。常见的器形有斧、锛、刀、凿、纺轮等,其中以锛的数量最多,斧次之。石锛有条形石锛、有段石锛、扁柱状石锛和常型石锛。石斧有扁平舌形穿孔石斧和无孔石斧,以前一种数量较多。两件七孔石刀是罕见之物。上述石器中以扁平舌形穿孔石斧、大而长的条形石锛、有段石锛、七孔石刀等颇具特征(图5-71,10、12—14)。

陶器有夹砂红陶、泥质红陶、泥质灰陶和夹砂灰陶,其中以夹砂红陶的数量最多。制法以手制为主,兼以手制轮修。器表以素面为主,纹饰有划纹、弦纹、附加堆纹、锥刺纹、压印纹及镂孔。泥质红陶施红衣。彩陶数量较多,占整个陶器的20%以上。彩绘颜色有红、黑两种。一般先施红色陶衣,然后再绘彩,有内彩。彩纹主要有三角纹、弧线纹、网纹、十字纹、圆圈纹等,后三种纹饰常施于器皿内壁。器形以三足器和圈足器为主,器身上常附有把手、錾、耳、嘴、流等,其中以角状把手和半环耳最富特征。主要器形有鼎、釜、豆、碗、钵、盉、杯、尊、壶、罐等(图5-71,1—9、11)。鼎是主要炊器,鼎足多为扁凿形,腹多为罐形。碗、罐多为圈足。豆把上有算珠状突棱。带角状把手的三足罐很有特色。

北阴阳营遗址经四次发掘,共发现墓葬266座。这些墓葬大多数集中分布,无墓穴,均用含烧土和陶片的黄土掩埋。头向大多朝东北。葬式以仰身直肢葬为主,有少量俯身葬和二次葬。随葬品大多是生前使用过的实用品,其中包括生产工具和陶器。少数墓用较多的玉器之类的装饰品随葬。用生产工具随葬是北阴阳营下层文化葬俗的一个特点。第一、二次发掘的225座墓葬,用生产工具随葬的就有159座。随葬的工具以石锛最多,石斧次之。随葬的装饰品有玉管、玉璜、花石子等,以前者的数量最多。花石子置于死者口中,这可能与某种原始宗教有关。②

(二)第二期(昝庙一期)

第二期的石器主要有斧、锛、刀、凿、镞等。石斧有扁平长方形穿孔石斧和舌形石斧,以前

---

① 杨德标:《谈薛家岗文化》,中国考古学会第三次年会论文集,文物出版社1984年版,第44页。
② 南京博物院:《南京市北阴阳营第一、二次发掘》,《考古学报》1958年第1期。

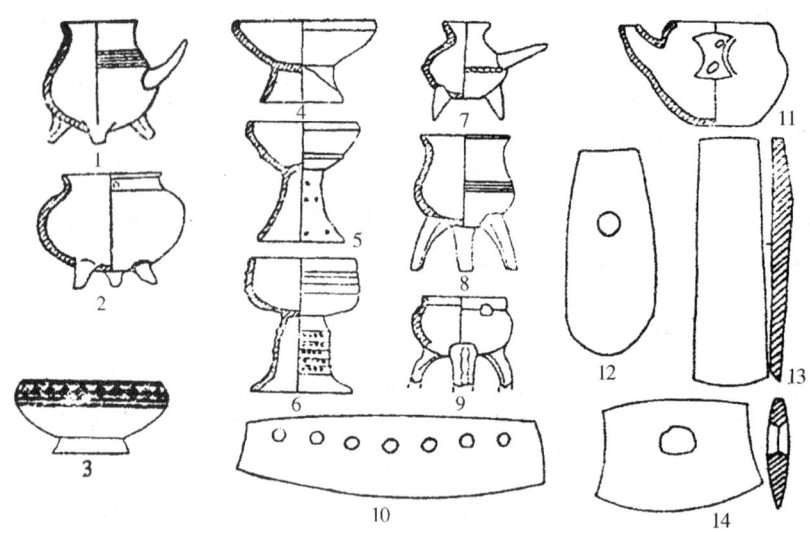

图 5-71 北阴阳营下层文化器物
1. 带把陶罐 2. 陶罐 3. 陶碗 4、5、6. 陶豆 7. 陶盉 8、9. 陶鼎 10. 横宽形石刀
11. 平底陶盉 12、14. 穿孔石斧 13. 石锛

者为多。石锛多为长方形的常型石锛。石镞有柳叶形、宽扁三角形和扁棱形三种。

陶器以夹砂红陶和泥质灰黑陶为主,有少量质地疏松多孔的胎中夹有植物茎叶的陶器。器表多素面,常见的纹饰有绳纹、附加堆纹、弦纹、压印纹、划纹和镂孔。平底器、三足器和圈足器较多,缺少圜底器。器形主要有鼎、豆、壶、杯、盆、罐和器座等。鼎是主要炊器,器身多为罐形。鼎足有短扁足、鸭嘴形、鱼鳍形等。豆盘下有垂棱,柄上有突棱。部分罐和鼎的腹部有角状把手和半环耳。曲腹壶、筒状杯、大型器座,也是颇富特征的器物(图 5-72)。

昝庙下层的罐形鼎、敛口粗矮圈足豆、圈足壶和罐、筒状杯等,都和太湖流域崧泽文化的同类器相似,其文化时代也应相当。

(三)第三期(昝庙二期)

第三期发现的文化遗物较少,主要是昝庙遗址成组出土的采集品(可能是墓葬的随葬品)。

石器主要有扁薄平刃呈风字形的穿孔石斧、有肩穿孔石斧、多孔石斧、长方形三孔石斧、靴形石刀、长柄石刀、小型有段石锛等。玉器有素面玉瑗、兽面纹玉佩等(图 5-73,1—10)。

陶器发现得很少,其典型器形是高颈鼓腹圈足贯耳壶。北阴阳营遗址还发现打破下文化层的一座灰坑(H2),其中发现长颈高裆瘦袋足鬶、短颈大袋足鬶和大口圜底篮纹缸等。太岗寺压在墓葬之上的地层中,也出土长颈高裆瘦袋足鬶等器物。

三、马家浜文化

太湖流域的新石器时代文化,有前后相承袭的三种文化,即马家浜文化、崧泽文化、良渚文化。

马家浜文化作为太湖流域文化时代较早的新石器时代文化,是1977年才正式提出来的。

马家浜文化的分布是以太湖流域为其中心地区,其影响所及,东到海滨,西达宁镇山脉一带,南至杭州湾,北达江淮之间。现已发掘的遗址主要有浙江桐乡县罗家角、嘉兴马家浜、吴

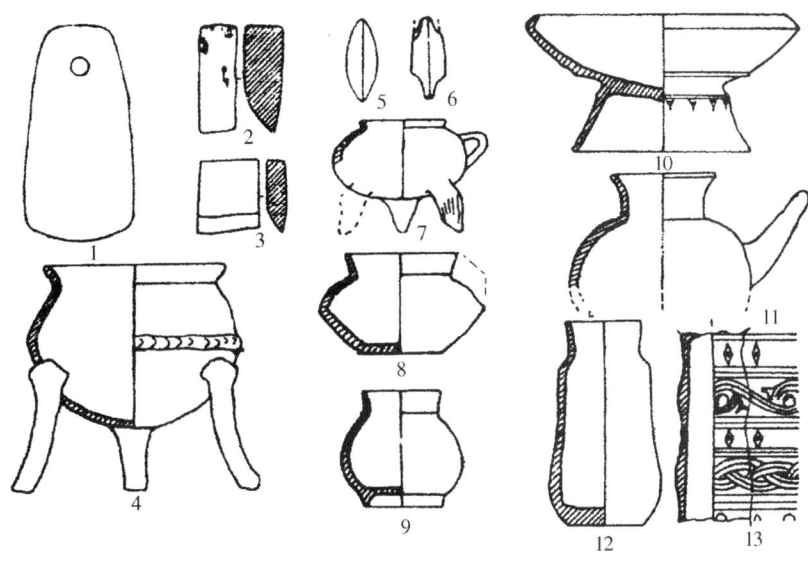

图 5-72 崧庙下层器物
（依魏正瑾，1983）

1. 穿孔石斧 2. 石凿 3. 石锛 4、7. 陶鼎 5、6. 石镞 8. 带把陶罐 9. 陶罐 10. 陶豆 11. 陶盉（下部残） 12. 曲腹陶壶 13. 陶豆把

兴邱城，江苏省吴江梅堰、吴县草鞋山、苏州越城、常州圩墩、武进潘家塘、上海青浦崧泽等。

（一）社会经济

马家浜文化的生产工具有石器和骨器。石器，早期制作比较粗糙，主要器形有斧、锛、刀、凿、臼、砺石等。晚期，制作得比较精致，大多通体磨光，器形规整，穿孔技术比较进步。已出现管钻技术。常见的器形有斧、锛、穿孔石铲、锄、凿、镞、纺轮等。装饰品有璜、玦、环等。骨器数量比较多，制作比较精致，主要器形有镞、鱼镖、匕、凿、锥、勾勒器、靴形器、器柄、针等。此外，还有少量陶质工具，如网坠、陶杵等。

马家浜文化所反映的经济生活以农业为主，水稻是当时的主要农作物。草鞋山、崧泽、罗家角等遗址都发现水稻遗存。崧泽遗址出土的稻谷、米粒，经鉴定为籼稻。草鞋山遗址的炭化谷粒经鉴定有籼稻、粳稻两种。家畜有猪、狗、水牛等。

草鞋山遗址的第 10 层曾发现三块炭化了的纺织物残片，这是中国出土的最早的纺织品。经鉴定纤维原料是野生葛麻，织物为纬起花的罗纹织品。其密度是，经线每厘米 10 根，纬线每厘米罗纹部 26—28 根，地部 13—14 根。花纹为山形斜纹和棱形斜纹。草鞋山和罗家角遗址还发现这一时期的绳索。罗家角遗址还出土芦苇编织物。

房屋遗存在马家浜、邱城、草鞋山、梅堰等遗址都有发现。房屋多为长方形，个别为圆形。马家浜遗址发现一座长方形房址，长七米，宽近三米。房屋周围有 13 个柱洞，柱洞间距为 0.45—1.25 米，其中东行南部二柱洞的间距为三米，应为门址。有 4 个柱洞底部垫有作为柱础的木板。室内是经过加工的黄绿色硬土面，还有树枝和芦苇痕迹的烧土块，应是墙壁的残存。邱城发现的一座长方形房址，其居住面是用碎石、陶片、砂粒、蛤蜊壳、螺壳及粘土掺和筑成的，上面铺一层泥砂，夯打后再经火烤。这座房屋周围开九条排水沟，这是一种适应江南水乡、多雨潮湿的防潮设施。梅堰发现的建筑遗迹，也是用蚌壳铺垫夯实，厚 7—33 厘米，它适于防潮。草鞋山遗址的最下层还发现一座圆形房屋，房屋周围有柱洞 10 个。有的柱洞中有

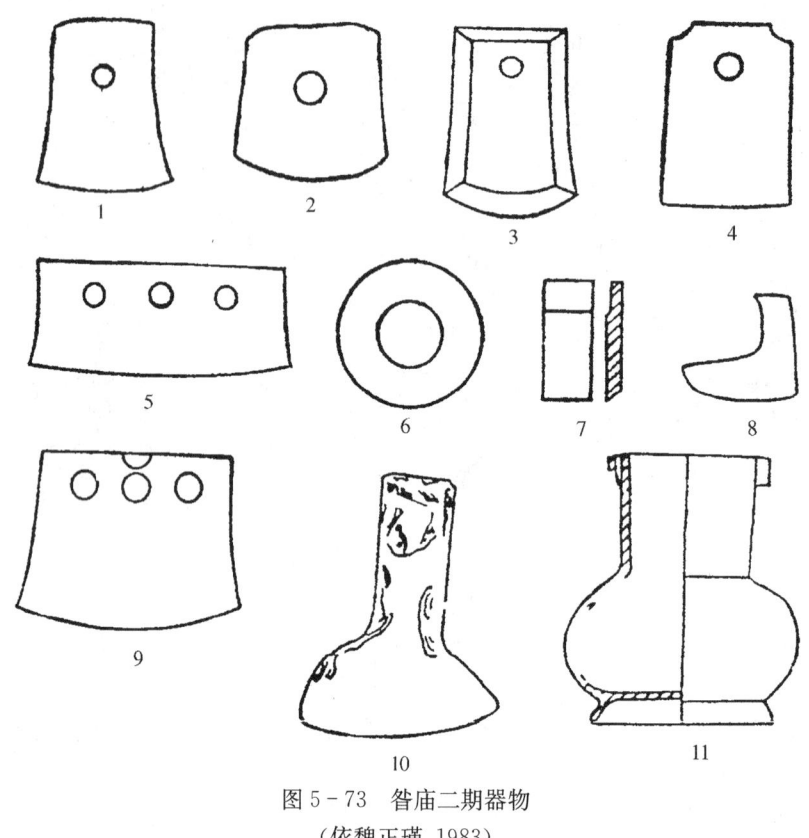

图 5-73 崧庙二期器物
（依魏正瑾，1983）

1、2、3. 穿孔石斧　4. 有肩穿孔石斧　5. 石刀　6. 玉璧　7. 有段石锛　8. 直柄切刀
9. 多孔石斧　10. 有柄石刀　11. 陶壶

朽木痕迹，居住面土质坚实。草鞋山的许多零散柱洞中，保存着相当完好的木柱及柱下的垫板，有的木板上还可看到砍劈、锯截的痕迹。用木板作柱础是太湖流域马家浜文化在建筑方面的特色。杭州湾以南的河姆渡文化晚期建筑遗存，也具有相同的特征，这可能是马家浜文化向南传播的结果。马家浜文化中虽未发现干栏式建筑，但类似河姆渡文化的榫卯结构的木构件和企口板，在罗家角遗址的第三层也有发现。

墓葬在马家浜、草鞋山、圩墩村等遗址都有发现。马家浜文化的墓葬分布集中，排列有序，都有比较整齐的墓列。一般无墓坑，采取就地堆土掩埋的方法。盛行头向北的单人仰身直肢葬，有少量俯身屈肢葬、侧身葬和二次葬。草鞋山和圩墩村都发现二人同性合葬。圩墩村的一座二人合葬墓是年龄约20岁的两女性合葬。草鞋山的五座二人合葬墓，其中三座为两女性合葬，两座为两男性合葬。随葬品一般都比较少，大多数只有几件日用陶器，如钵、豆、釜等，随葬生产工具的很少。圩墩村个别女性墓中还放置猪、狗的下颌骨，龟甲和其他兽骨。个别女性墓有较多的随葬品。草鞋山发现的墓葬中，有将釜、豆、钵、盆等陶器扣在死者的头上，或置于陶器中。类似的情况在圩墩村也有发现。

（二）分期和年代

根据罗家角、草鞋山、马家浜、圩墩等遗址的地层叠压关系，可将马家浜文化分为早、晚两期。早期以浙江桐乡罗家角遗址的第四层为代表。晚期遗址发现得比较多，经过大规模发掘的遗址有马家浜、罗家角第三层、邱城下层、草鞋山第八至第十层及其墓葬、崧泽下层、越城下层、圩墩下层、梅堰下层等。其中罗家角、草鞋山、崧泽和圩墩等遗址都有多层文化堆积,地层叠压关系比较清楚。

早期的陶器以红褐陶为主,次为灰黑陶,红陶最少。陶器以素面为主,纹饰有各种刻划纹、拍印的绳纹和附加堆纹。器形有釜、支架、盉、盆、钵、盘、碗、罐、网坠、纺轮等。釜有带脊釜、筒形腰檐釜、弧腹腰檐釜等。钵为敛口、平底或三足,有的腹部有双环耳。罐大多有牛鼻形双耳或单耳。盉为平底,有管状嘴或流,一侧有把手,称为侧把盉(图5-74)。

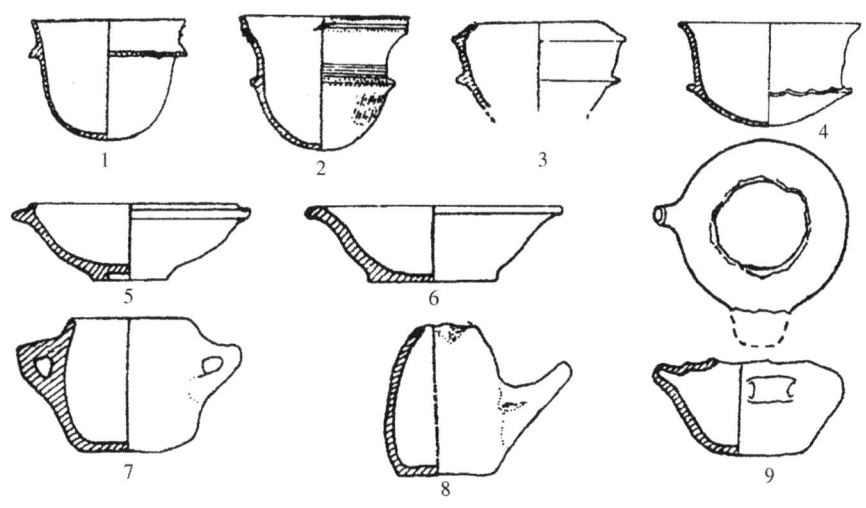

图5-74 罗家角遗址出土陶器
1—4.釜 5.碗 6.盆 7.罐 8—9.侧把盉
(均浙江桐乡罗家角遗址第四层出土)

晚期的陶器有夹砂和泥质红陶、夹砂灰陶和泥质黑陶,其中以夹砂红陶的数量最多。夹砂红陶质地疏松,陶土中羼介壳粉末,有的外表施红衣。泥质红陶都有红色陶衣,有一部分泥质红陶,外壁红内壁黑。泥质黑陶表里皆黑色,大多数器表打磨光滑,胎壁较厚,质地粗疏。陶器多素面,纹饰有弦纹、绳纹、附加堆纹、网纹、指甲纹和镂孔。有些遗址有极少量彩陶。弦纹饰于器皿的颈、肩部分。镂孔大多为圆形,施于豆柄和一部分器皿的圈足上。陶器皆手制,有少量的慢轮修整。常见的器形有釜、支架、鼎、碗、钵、盆、盘、豆、罐、壶、盉、炉箅、器盖等。釜主要有筒形腰檐釜和弧腹腰檐釜两种。釜的口沿有敛口、侈口、盘口,口沿下有对称的鸡冠耳或扁耳。鼎多为圜底釜形。豆大多为喇叭圈足,有的圈足上有小圆形镂孔;豆盘内壁黑、外壁红。罐的上腹有牛鼻耳或环耳。有的壶有三足。有的盉有四足,并带把手(图5-75)。

根据草鞋山、马家浜、圩墩等遗址的地层关系,可将马家浜文化晚期分为前、后两段。属前期阶段的有草鞋山第10层,圩墩村下层,马家浜下层,崧泽下层,罗家角第三层;属后期阶段的有草鞋山第八、九层的墓葬,马家浜上层墓葬,圩墩的早期墓葬,梅堰的早期墓,梅堰下层,邱城下层等。前、后期在陶器上的主要区别是,前期陶器皆手制,后期开始出现了慢轮修整。前期有较多的夹砂褐陶和少量的夹砂红陶,泥质红陶和夹砂灰陶极少;后期夹砂褐陶减少,泥质红陶、夹砂和泥质灰陶增多,并出现泥质黑陶。前期的陶器种类较少,主要器形有釜、钵、豆、罐等;后期器类增多,新出现的器形有壶和杯,有一定数量的鼎。

马家浜文化的年代经[14]C测定共有14个,桐乡罗家角的两个数据分别为距今6260±130年(ZK860)、6400±100年(ZK8004);草鞋山的两个数据分别为距今5620±115年

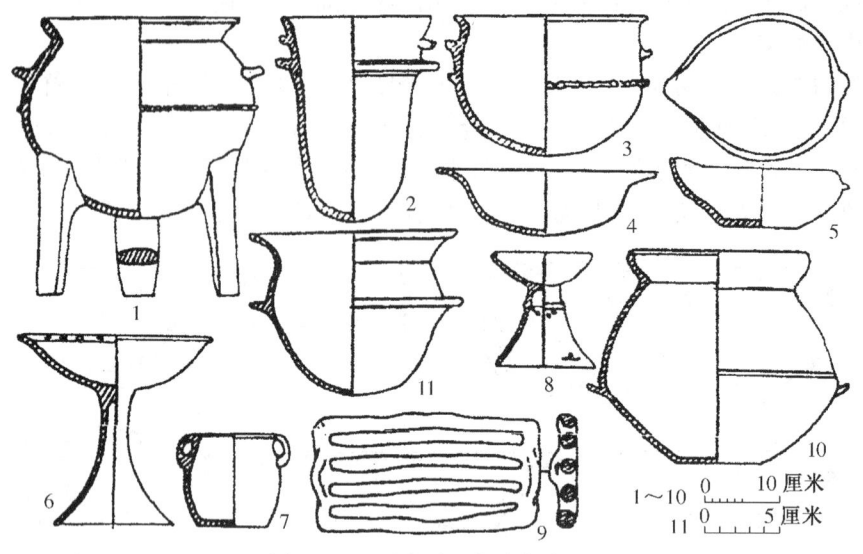

图 5-75 马家浜文化晚期陶器
(依任式楠,1984)

1. 鼎　2、3、11. 釜　4. 盆　5. 带流钵　6、8. 豆　7、10. 双耳罐　9. 炉箅
(1—7 江苏吴县草鞋山出土,8、10、11. 江苏常州圩墩出土,9. 上海青浦崧泽出土)

(ZK120)、5365±105 年(ZK202),前一个数据是该遗址第 11 层木炭测定,后一个数据是第 8 层木炭测定。上述年代数据中,罗家角的年代属于马家浜文化早期,草鞋山第 8 层属于马家浜文化晚期。根据早、晚期的年代数据,马家浜文化延续的年代为距今 6400—5400 年,如采用树轮校正的数据则为距今 6900—5800 年。其年代和宁绍平原的河姆渡文化相当。

(三) 马家浜文化类型的划分及其与周围诸文化的关系

根据马家浜文化的地域差别,有的研究者将马家浜文化分为两个类型:罗家角类型、草鞋山-圩墩类型。罗家角类型分布于浙江东北部的杭州湾以北,可归属该类型的遗址有罗家角、马家浜、余杭县的吴家埠等。草鞋山圩墩类型,主要分布在太湖流域的北部和东北部,该类型的典型遗址是草鞋山和圩墩两遗址。

罗家角类型陶器的组合是鼎、罐、盆、盘、钵、盉、支座等,鼎和豆少见。草鞋山-圩墩类型的陶器组合是釜、豆、盆、钵、盉、罐、鼎等。陶豆是主要器形之一,鼎在早期不见,晚期出现几种形制的鼎。草鞋山和圩墩两遗址在马家浜文化晚期地层中常见的炉条式烧火架,在罗家角遗址都未发现。罗家角遗址中的釜支架,在草鞋山、圩墩遗址中则不见。罗家角遗址的陶器多角风格、锯齿纹及荷叶边装饰,在草鞋山、圩墩两遗址则不见。

马家浜文化的罗家角类型,其分布地域与宁(波)绍(兴)地区的河姆渡文化邻近,两者之间在文化因素方面互相影响。有脊釜是河姆渡文化陶釜的主体。生产工具中的骨耙、木构件中的榫卯构件及企口板,都是河姆渡文化的特色。这些器物在罗家角类型都可见到。而河姆渡文化中的腰檐釜(早期器物)、敞口宽边腰檐釜、里黑外红豆盘的喇叭形圈足豆,在河姆渡文化中找不到发展脉络,显然这些器形是受了马家浜文化影响的结果。[①]

---

① 浙江省文物管理委员会:《浙江嘉兴马家浜新石器时代遗址的发掘》,《考古》1961 年第 7 期。

江苏常州地区是宁镇山脉地区和太湖流域的接壤地区,该地区以圩墩遗址为代表的马家浜文化和宁镇地区的新石器文化也互相影响。例如,北阴阳营遗址M61随葬的穿孔石斧和圩墩遗址三期M31出土的石锄,形体基本相似。北阴阳营遗址出土的柄部有算珠状突棱的细柄豆,在圩墩三期中也有相似的器形,两者都有带管状流的盉形器。北阴阳营遗址早期的两个灰坑(H68、H70)出土的陶釜,其形制也和圩墩遗址的同类器相似。

四、崧泽文化

崧泽文化是以上海市青浦县崧泽遗址的中层文化遗存作为其代表性文化遗存的。把以崧泽中层为代表的文化遗存作为一个文化看待是后来才提出的。最早有的研究者曾将其作为青莲岗文化江南类型中的一期(崧泽期),后来又被作为马家浜文化中的一期。

崧泽文化的分布范围大体与马家浜文化的分布一致,即以太湖流域作为中心地区,但传播的范围稍大于马家浜文化。

根据崧泽、草鞋山、圩墩等遗址的地层关系,可将崧泽文化分为早、中、晚三期。

(一)早期

属于早期的有崧泽遗址第一次发掘的处于灰黑土层的8座墓葬,圩墩遗址第二层的26座墓葬,草鞋山遗址第七层的6座墓葬,有的墓葬的堆土中还出土马家浜文化的遗物。

早期墓葬的葬式既有俯身葬,又有仰身葬,头向大都朝北。随葬品较少,其中有少量生产工具,如石斧、锛、铲、凿、镞等,装饰品多玦少璜,陶器有豆、壶、罐、盘、钵、釜等,以豆最常见。

早期的石斧,厚重穿孔,多为舌形;数量很少的鼎大都为釜形,多为扁铲足。豆多为敞口折腹浅盆形,细高柄,有少量敛口弧腹垂棱豆。壶大都为高颈扁圆腹平底,附鸡冠耳或扁环耳,有少量球腹扁耳圜底壶。匜和罐也都常见鸡冠耳或长方把手。陶器以夹砂红陶为主,泥质灰陶次之。夹砂陶大都用介壳粉末和稻壳作为掺和料,质地粗疏。泥质灰陶质地细腻,火候较高,色泽较纯。上述特征可见马家浜文化晚期的遗风。

(二)中期

属于中期的有崧泽遗址中层的第二期墓葬,草鞋山第六层的大部分墓葬,圩墩崧泽文化层的部分墓葬(以M28为代表)。江苏武进潘家塘的崧泽文化层也可归属这一期。

中期的墓葬,大都为头向南的单人仰身直肢葬,开始出现一对成年男女合葬墓。草鞋山第六层发现的两座一对成年男女合葬墓,其中一座有木质葬具。男性仰身直肢,女性侧身屈肢面向男性。随葬品多为日用陶器,也有少数墓随葬少量石器。随葬陶器的基本组合是鼎、豆、罐,有的墓还随葬陶壶、盆,璜、玦基本不见。随葬的生产工具有石斧、石铲、石锛等。生产工具随葬在男性墓中,生活用具和纺轮随葬在女性墓中。随葬品已出现多寡不一的现象,多者达二三十件,寡者只有一两件或无随葬品。

石器常见的器形有斧、锛、铲、锄、凿、矛、纺轮、网坠等,其中以穿孔石斧、穿孔石铲、有段石锛和石锄最具特征性。有段石锛是新出现的器形。石斧为长方形弧刃,形体扁薄。石器皆通体磨光,刃部锋利,器形规整,厚薄均匀,孔大都为两面对钻而成。玉器的制作比较精致,器形有璜、玦、珠、坠饰等。

中期的陶器,灰黑陶的数量增加,红陶数量减少,灰黑陶的比例大于红陶的比例。器表多素面,纹饰有弦纹、瓦棱纹、竹节纹、绳纹、压划纹、堆纹、镂孔及彩绘。镂孔主要施于豆柄上,有圆形、长方形和三角形。个别器物的肩部或底部有刻划符号或刻划动物形象。常见的器形

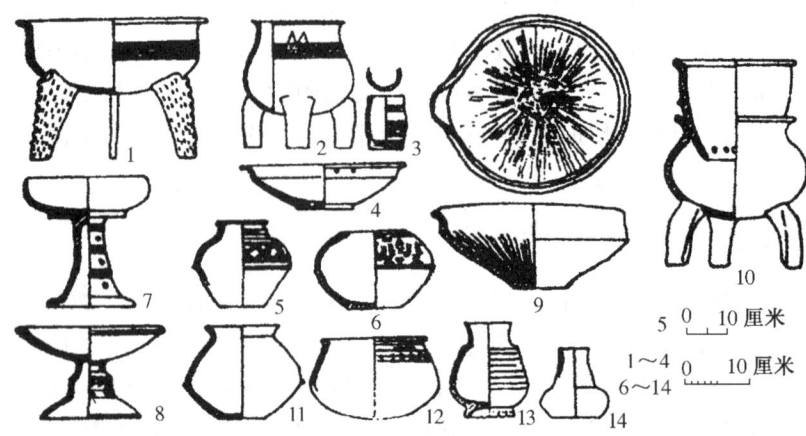

图 5-76 崧泽文化遗存
（依任式楠，1984）
1、2. 鼎 3. 杯 4. 盆 7、8. 豆 5、6、11. 罐 9. 澄滤器 10. 鬶 12. 釜 13、14. 壶
(10. 江苏吴县草鞋山，余均崧泽出土)

有鼎、釜、甗、鬶、罐、盆、盘、豆、钵、炉箅、器盖等(图 5-76)。炊器中有一种甑和鼎相套合的甗。鼎大都为釜形，多扁铲足，少数为凹弧足。豆大都为高柄竹节，少数为粗矮柄。罐以折腹最多，弧腹的次之，折肩折腹的较少，都为平底。肩腹部常有锯齿形的附加堆纹和各种压划纹。壶以折肩折腹为主，瓦棱腹少见，多数为平底。盆为卷沿折肩平底。上述器皿中，以扁铲足鼎、高杯竹节形豆、折腹或折肩折腹的罐和壶、折肩盆为典型器物。

（三）晚期

属于晚期的主要有崧泽遗址中层第三期的 53 座墓葬，草鞋山遗址第四层的 8 座墓葬，吴县张陵山遗址下层的 6 座墓葬，1980 年发掘的上海市松江县汤庙村遗址的 4 座墓葬。

石器磨制精致，器表光洁。穿孔技术发达，孔多用管钻法，两面对钻，少数为两面琢成。器形有穿孔石斧、锛、犁等。玉器有穿孔玉斧、镯、环、管、珠、坠等，璜罕见。

陶器以泥质灰陶为主，有少量的泥质黑皮陶和夹砂红褐陶。常见的纹饰有弦纹、附加堆纹、镂孔和彩绘。彩绘为朱红或黄色，彩绘易脱落，是陶器烧成后彩绘的。制法有手制和轮制两种。主要器形有鼎、豆、碗、三足钵形器、圈足盘、罐、四系罐、圈足或花瓣圈足杯，折腹或折肩折腹或瓦棱腹的圈足以及花瓣足的壶、直口篮纹大陶缸为典型器物。

晚期墓葬的葬式和头向与中期相同，多单人仰身直肢葬，无墓坑。部分墓葬有木棺。随葬品的一般组合是鼎、豆、罐、壶，而斧、锛等生产工具，很少用来随葬。随葬品多寡不一的现象十分突出。张陵山发现的一座墓葬即 M05，有木棺，人骨架涂朱红色。随葬品共 31 件，其中陶器 12 件，全部放置在足端，五件大陶缸和一件大陶瓮集中放在一起。

关于崧泽文化的年代，经过 ^{14}C 测定的年代数据只有两个，其年代分别为距今 5230±200 年(ZK438-0)、4635±105 年(ZK437-0)。前一个数据是崧泽遗址中层的第三期墓葬的骨骼标本测定的。与崧泽文化时代相当的江苏海安县青墩遗址的一个 ^{14}C 数据为距今 5330±175 年(WB78-7)。根据这些年代数据判断，崧泽文化的年代为距今 5300—5000 年。

崧泽文化中期已出现一对成年男女合葬墓，随葬品多寡悬殊现象已经出现。这说明，崧泽文化中、晚期,父系制已开始确立。[①]

五、良渚文化

1936年在浙北杭县(现属余杭县)发现的良渚遗址,实际上是余杭县的良渚、瓶窑、安溪三镇之间许多遗址的总称。良渚文化分布的中心地区是太湖流域,而遗址分布比较密集的地区在太湖流域的东北部、东部和东南部。良渚文化分布密集的地区都发现良渚文化早、中、晚期文化遗存,而遗址分布比较稀疏的地区,只发现其中、晚期遗存,不见早期文化遗存。

良渚文化的分布虽以太湖流域为其中心地区,但受到良渚文化因素影响的地域却是很广的。根据现已公布的资料,受到良渚文化影响的地区,北到苏北北部和鲁南,西到宁镇、安徽的江淮地区及鄂东地区,南抵赣北和粤北地区。1976年由南通博物院调查,1978—1979年由南京博物院主持发掘的苏北海安青墩遗址的上文化层中曾发现类似良渚文化的贯耳壶、有段石锛、玉琮、玉璧、玉瑗等。苏北新沂花厅和邳县大墩子遗址属于大汶口文化中期的墓葬中曾出土和良渚文化近似的贯耳壶、小口扁腹罐、有肩穿孔石斧、双孔石斧等。山东泰安大汶口遗址的墓葬中,也出土和良渚文化相似的贯耳壶和有段石锛。南京江宁昝庙遗址第二期文化中也发现良渚文化中常见的贯耳壶、有段石锛、有肩穿孔石斧、有柄石刀和玉瑗等。安徽省潜山县薛家岗遗址晚期文化遗存中也有和良渚文化相似的贯耳壶、鬶形器和有段石锛。赣北的修水山背地区的新石器晚期遗址中也发现有和良渚文化相似的有段石锛、袋足鬶、壶形器等。广东曲江县石峡遗址中也出土许多和良渚文化类同的袋足鬶、穿孔石斧、有肩石斧、玉琮、玉璧、玉瑗等。

(一)文化特征

良渚文化的陶器以泥质黑皮陶和夹砂灰黑陶为主,有少量的夹砂红陶和泥质红陶,其中以泥质黑皮陶最具特征性。陶器的制作以轮制为主,器形浑圆、规整、胎壁薄。泥质陶表面打磨光滑。纹饰有弦纹、竹节纹、刻划纹和镂孔。镂孔以圆形和三角形为主。一般饰于圈足和豆柄上。器形以圈足器和三足器为主,有少量平底器。炊器以鱼鳍足鼎或丁字形足鼎最富特征。晚期出现袋足鬶。盛储器有贯耳壶、贯耳罐、高颈壶、竹节状高柄豆、镂孔粗矮圈足豆、圈足盘、带流宽把杯、卷唇深腹瓮等。

石器通体磨光,制作精致,棱脊分明。穿孔技术发达,穿孔普遍使用管钻法。石器中具有特征性的器形有扁平长方形穿孔石斧、有肩穿孔石斧、有段石锛、两端上翘中上部有穿孔的耘田器、有柄石刀、三角形穿孔石犁、石镞、石矛、石镰等。玉器常见的器形有斧、璧、琮、瑗等,这些玉器大多是大型墓中的随葬品。玉琮和其他一些玉饰上常饰有兽面纹(原始型的"饕餮纹")、云雷纹、鸟纹等。

江苏省江阴县璜塘圩、吴县澄湖、昆山太史淀、嘉兴雀幕桥,都发现了许多水井遗迹。澄湖遗址发现的水井是土井,出土物有带柄石斧、彩绘陶器和各种黑陶器。太史淀的水井,采用大树干去皮剖开而成四五块弧形木板,长约二米,两端凿孔,围成井圈。

钱山漾发现的一处建筑遗迹,有的研究者认为是一处干栏式建筑。马桥发现地面建筑遗迹,居住面为红烧土硬面。这种居住面系用一层厚约5厘米的介壳拌泥,再经夯实烧烤而

[①] 上海市文物保管委员会:《上海市青浦县崧泽遗址的试掘》,《考古学报》1962年第2期。黄宣佩等:《青浦县崧泽遗址第二次发掘》,《考古学报》1980年第1期。

成的。

良渚文化时期,太湖流域的农业经济已很发达。钱山漾、水田畈等遗址的良渚文化地层中出土许多农作物种子,其种类有水稻、蚕豆、芝麻、花生、西瓜子、酸枣核、毛桃核、葫芦等。

良渚文化早期遗址中,还发现不少竹编织物、草编织物和丝麻织品。竹编器物有竹席、篓、篮、箩、千篰、簸箕等。麻织品有麻布和麻绳。丝织品有绢片、丝线和丝带等。上述竹编器物和丝麻织品的工艺水平都很高,如竹编器物的编织方法有一经一纬人字纹、二经二纬人字纹、梅花眼、菱形花格和密纬疏经十字纹等。丝织品的出现,说明中国在四五千年前,就已开始养蚕织绢。中国是世界上养蚕织绢最早的国家。

(二) 分期和年代

1. 早期

早期的遗址以江苏省吴县越城中层为代表,同期遗址有江苏吴县张陵山第二层及其墓葬,浙江省吴兴邱城上文化层、岱山县大衢岛孙家山等。

早期的陶器以泥质黑皮陶和泥质灰陶为主,有少量夹砂红陶和夹砂红褐陶。制法以轮制为主,有的器物兼用手制和模制。部分器表经打磨,胎壁薄而匀称。泥质灰陶大多呈灰白色,泥质黑衣陶火候较低,质软,黑衣呈灰黑色,极易脱落。常见的纹有弦纹、划纹、锥刺纹、附加堆纹和镂孔。弦纹一般饰于圈足、豆柄、器皿的颈部和腹部。镂孔大多施于圈足上。器形以圈足器和三足器最多,平底器次之,圜底器很少。常见的器形有鱼鳍足和丁字形足的鼎、镂孔矮圈足豆、圈足盘、贯耳壶、折肩折腹壶、圈足切割成口矮方足的壶、花瓣圈足筒形杯,腹部有一道附加堆纹的折腹罐、瓦棱纹罐等,其中以鱼鳍形足的鼎、丁字形足的鼎和贯耳壶最具特征性(图5-77,1—3、5—7、10—13)。良渚文化早期的贯耳壶,形体粗矮、短颈、矮圈足,上端和口沿平齐,无盖。早期的陶器仍具有崧泽文化晚期的风格,如敛口镂孔矮圈足豆、圈足盘、折肩折腹壶、花瓣圈足杯、腹部有一道附加堆纹的折腹罐、瓦棱纹罐等,都具有崧泽文化晚期的风格。

石器均通体磨光,制作较崧泽文化精致。穿孔技术发达,大多使用管钻法穿孔。石器的主要器形有长方形的扁平穿孔石斧、双孔石斧、有柄穿孔石斧、长条形弧背石锛、有段石锛、耘田器、三角形穿孔石犁、有柄石刀等,其中以有段石锛、耘田器、三角形石犁、有柄石刀等,为其代表性的器形(图5-77,4、8、9、14)。

早期的一些大墓已出现用玉斧、玉璧、玉琮等礼器作为随葬品,如张陵山上层的四号墓随葬品共达41件,其中包括陶器17件、石器8件,玉斧、玉琮和玉瑗各1件。早期墓葬中出现的玉琮只有一种外表饰原始兽面纹的短筒形镯式琮,外方内圆的方柱体玉琮还未出现。早期的墓葬,大多头向南或东南,单人仰身直肢葬,少数有木棺。随葬品多寡的出现比崧泽文化时期突出,一些富有的大墓随葬品多达四五十件,其中包括一些精美的玉器。用玉器随葬是太湖流域良渚文化时期所盛行的一种"葬俗",有些研究者称这种葬俗为"玉敛葬"。随葬的玉器有玉琮、玉璧、玉瑗、玉镯、玉斧、玉环、玉觿、玉蠋、玉佩件等。其中的玉琮、玉璧和玉斧等,已失去装饰品的意义,而具有奴隶制时代的"礼器"的性质。《周礼》中有"苍璧礼天"、"黄琮礼地"、"璧琮以敛尸"的记载。璧和琮的形制都有一定的规定。《尔雅·释器》中记载有"肉倍好谓之璧,好倍肉谓之瑗,肉好若一谓之环"。所谓"肉",边也,"好",孔也。

2. 中期

中期以上海市马桥遗址的第五层和江苏省武进寺墩的良渚文化层为代表,同期遗址有上海松江县广富林、青浦县福泉山,江苏昆山绰墩、吴江县梅堰上文化层,浙江吴兴县钱山漾、杭

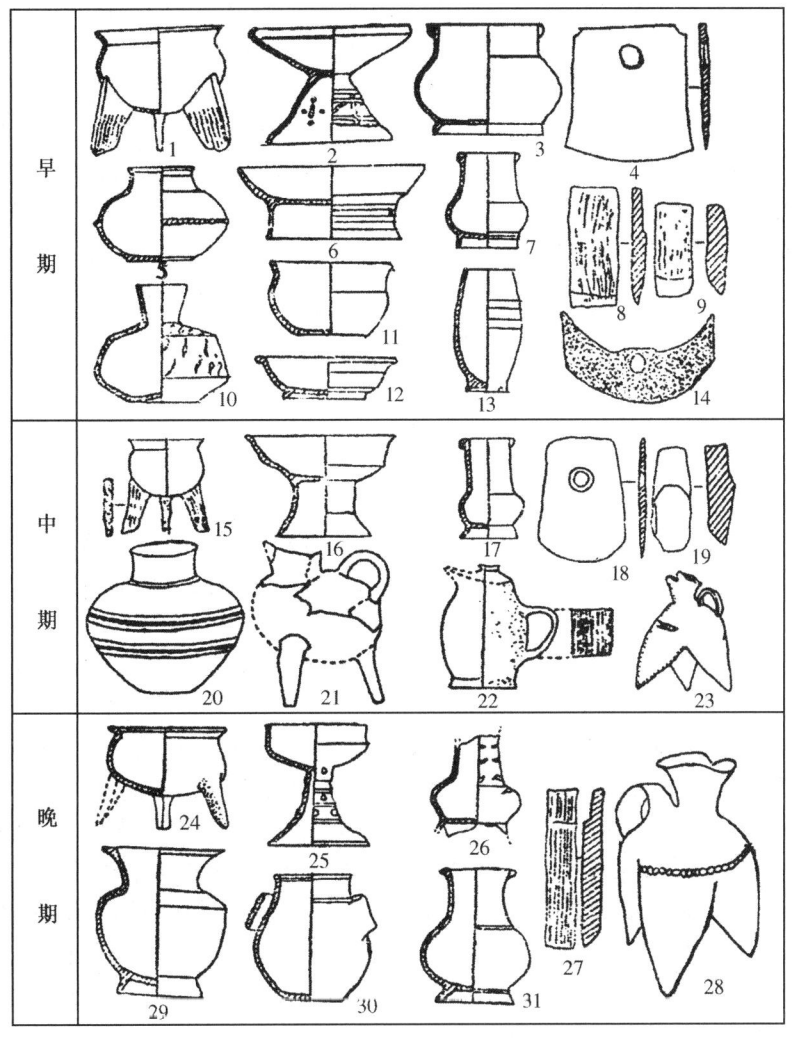

图 5-77 良渚文化典型器物

1、15、24. 鼎　2、6、16、25. 豆　3、7、17、26、31. 贯耳壶　4、18. 石斧　5、10、29. 壶　8、9、19. 石锛　11、12. 盆　13、22. 杯　14. 耘田器　20、30. 罐　21、23、28. 鬶

（1、2、6、7、8—14. 江苏苏州越城　3、4. 吴县张陵山　5. 吴县草鞋山　15、18、19. 昆山绰墩　16. 浙江吴兴钱山漾　17. 良渚荀山　20. 江苏吴江梅堰　21、22. 上海马桥　23. 江苏武进寺墩　24、29—31. 浙江湖州花城　26、28. 嘉兴雀幕桥　25. 良渚二区　27. 江苏常熟嘉菱荡）

州水田畈、良渚荀山、海宁县千金角等。

陶器，泥质黑皮陶的数量比早期增多，泥质灰陶的数量减少。轮制技术比早期发达，器形规整，胎薄。泥质黑陶的器表一般都打磨光滑，使器皿黑而发亮。弦纹、竹节纹和镂孔都比早期发达。圈足器和三足器比早期增多，平底器比早期少。主要器形有鱼鳍足和丁字形足的鼎、实足鬶、袋足鬶、粗矮圈足豆、柄部有数道弦纹的高柄豆、圈足盘、子母口带盖簋形器、带盖贯耳壶、贯耳罐、带盖宽把手壶、宽把簋等（图5-77，15—17、20—23），其中袋足鬶、带盖簋、贯耳罐、带盖宽把壶、宽把杯等，是中期新出现的器形。出现袋足炊器和子母口的器皿，壶、杯带盖和宽边把手，壶、罐和簋皆用贯耳，这都是中期陶器的重要特征。中期有一部分丁字形足的鼎，器腹内有横隔，可放置箅。袋足鬶的颈部有些较细长，有些比较粗短，其袋足一般比较长。

石器,中期和早期变化不大,只是制作技术有所提高,器类有所增加(图5-77,18—19)。

葬制方面,中期较多用玉璧、玉琮、玉斧、玉瑗等随葬的墓,有的大墓随葬几十件之多。寺墩三号墓、福泉山T4M6、浙江余杭县长命乡的14号墓和12号墓等,都随葬几十件玉琮和玉璧。寺墩三号墓是一座随葬大量玉器、葬俗特殊的墓葬,该墓共随葬陶器、玉石器共达120余件,其中玉璧24件、玉琮32件。随葬这么多玉琮和玉璧,是中国新石器时代墓葬绝无仅有的。该墓的人骨和随葬的部分玉璧、玉琮、石斧上有火烧的痕迹,说明在埋葬时举行过某种用火的敛葬仪式。随葬品中有五件玉璧,每件都被分成为两部分置于不同部位。玉琮也有五件分为两半。有些玉琮上有兽面纹(饕餮纹)。中期的玉琮有两种形制,一种是短筒状的镯式琮,另一种是方柱体琮。方柱体琮外方内圆,上大下小,体形高矮不一,1节至15节不等。玉琮的外表饰兽面纹、云雷纹、鸟纹等,有浮雕式花纹。

该期的一些遗址在年代上有差别,钱山漾的下文化层要稍早于寺墩的良渚文化层和马桥遗址的第五层。

3. 晚期

晚期以浙江省嘉兴雀墓桥(1972年出土物)和江苏吴县草鞋山遗址第二层为代表。同期遗址有浙江湖州花城木构窑藏、嘉善新港,上海金山亭林,江苏江阴璜塘垾古井,常熟三条桥、黄土山、嘉菱荡等。

陶器以泥质黑皮陶为主,有少量的泥质灰陶和夹砂灰陶。泥质黑皮陶质地细腻,胎呈淡灰色,夹砂陶多为夹细砂。陶器的制作技术比中期进步,器形规整、美观、精致,出现胎壁很薄的蛋壳黑陶。器表以素面为主,部分器皿饰弦纹、竹节纹、刻划纹和镂孔。常见器形有鱼鳍形足的鼎、锥形足的鼎、肥大袋足鬶、圈足盆、镂孔矮圈足豆和竹节纹高柄豆、贯耳壶、贯耳罐、宽把壶、带流宽把杯、尊等(图5-78,24—26、28—31),其中锥形足鼎、尊是新出现的器形。晚期的陶器和中期的区别是,袋足鬶的足比前期肥大,实足鬶消失,贯耳壶和贯耳罐的数量增加;贯耳壶的圈足变高,颈呈喇叭状,口径约为腹径的三分之二。草鞋山第二层墓葬中出土的两件带盖贯耳壶,盖钮呈伞状,长颈的外壁上刻有精细的花纹。其中一件是曲折纹和鸟纹,另一件是圆涡纹和双线构成的编织纹。草鞋山198号墓中出土一件带盖鼎,盖钮呈桥形,盖上饰云纹。鼎和贯耳壶上的这些花纹具有时代特征。

草鞋山第二层墓葬中曾发现一男性附葬两女性的墓葬(M198)。该墓男性居于墓坑的中央,两个附葬的女性分别埋于男性的头端和足端。男性的随葬品最多,其中有玉斧、玉琮、玉璧等,其身份应为墓主。两个附葬的女性为二次葬,随葬品也有玉琮、玉璧、玉饰件和精美的陶器,其身份可能是墓主的妻妾。

良渚文化遗址经^{14}C测定的年代数据共有七个。早期只有张陵山遗址第二层木炭测定的一个数据,其年代为距今5100±230年(ZK433)。这一数据一般认为偏高。中期的四个数据皆用钱山漾下层的标本测定,其最大数据为距今4700±100年(ZK49),最小数据为距今4140±85年(ZK50)。晚期的两个数据均在距今4000年以下。根据已测定年代的遗址的文化面貌,结合^{14}C年代,对良渚文化的年代,可作这样的判断:早期为距今5000年至4500年,中期为距今4500—4000年,晚期为距今4000—3700年。[①]

草鞋山遗址的198号墓是一男性附葬两女性的墓葬,女性为男性的两个妻妾,是一夫多

---

① 施昕更:《良渚》,杭县附近数处龙山文化遗址发掘报告,西湖博物馆考古报告集,第1册,1938年。

妻制的反映。"一夫多妻制,显然是奴隶制的产物,只有占据特殊地位的人物才能办到。"[①]这种占有多妻的人物,只能是氏族的显贵。寺墩三号墓随葬数十件玉琮和玉璧,是死者生前富有的反映,也是死者生前身份的象征,一般氏族成员是不可能拥有这些用来祭祀天地的器物的。只有氏族显贵,即最早的奴隶主,才能拥有这些物品。以上分析说明,良渚文化晚期可能已经进入阶级社会或跨进阶级社会的门槛。

(三) 聚落群和古城址

太湖流域是良渚文化分布的中心地区,从1970年以来在太湖流域发现了许多聚落群、祭祀遗存和大量墓葬(图5-78)。2006年6月至2007年1月,浙江省文物考古研究所在以浙江余杭县莫角山遗址为中心的地区发现了一所良渚文化时期的古城址。这些大型遗址、古城址、祭坛、墓葬及其大批玉礼器(玉璧、玉琮、玉钺等)的发现,反映良渚文化分布的中心地区(太湖流域)是中国文明起源的中心之一。

根据现已公布的考古资料,在太湖流域发现的良渚文化聚落群主要有浙北的余杭县莫角山,上海市青浦县的福泉山,江苏省昆山市赵陵山、常州市寺墩等。这些聚落群的分布基本上环绕太湖沿岸地区的南部、东部、北部和西北部(图5-78)。

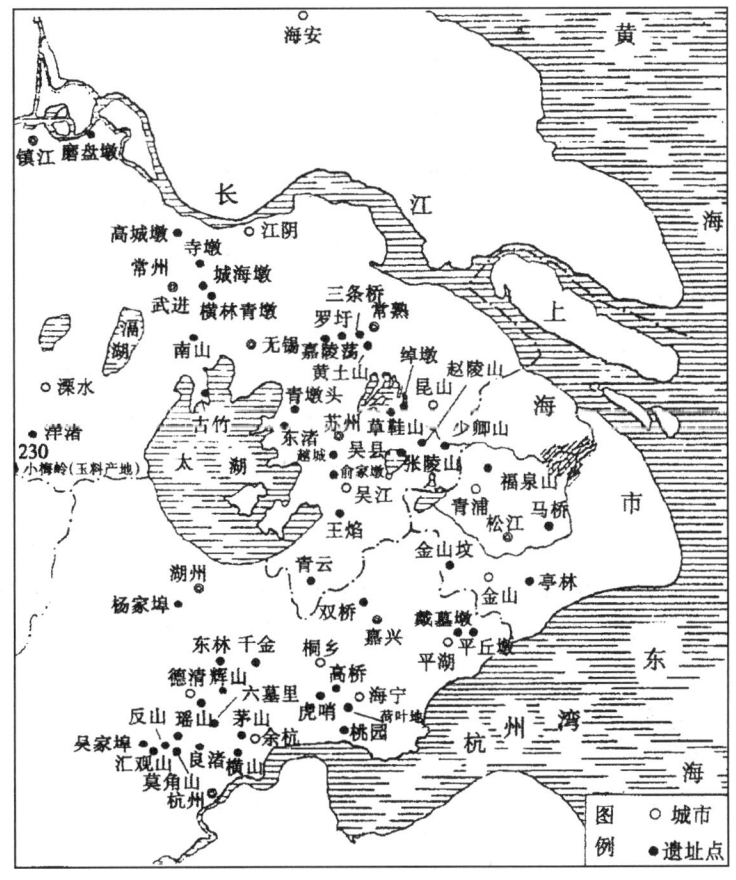

图5-78 良渚文化遗址分布图

---

① 《家庭、私有制和国家的起源》,《马克思恩格斯选集》第4卷,人民出版社1972年版,第58页。

1. 莫角山聚落群

莫角山聚落群位于今杭州市余杭县的良渚、瓶窑、安溪一带。莫角山遗址位于余杭大观山果园内,是这一聚落群中的中心聚落,在其西2—3公里有反山、汇观山和吴家埠等良渚文化遗址、祭坛和墓葬,其北邻有良渚文化瑶山祭坛和墓葬,周围一带有40余座小型的良渚文化遗址。

莫角山是一座大型的在自然土岗上夯筑的遗址,东西长670米,南北宽450米,总面积达30余万平方米。夯筑层高度7米。这一巨大人工堆筑的土台上有三个更高的称为大莫角山、小莫角山和龟山的土台。基址上发现有大片夯筑层、夯窝、成排大型柱洞等遗迹,夯筑遗址的面积约3万平方米。在Ⅱ-1区一处100平方米的发掘范围内,发现三排作东西向排列的大型柱洞,各排间距1.5米左右。柱坑口径0.44—1.35米,深0.21—0.72米。柱洞内有木柱朽灰。建筑基址压在良渚文化晚期早段的地层和灰坑之上,又被良渚文化晚期偏早阶段的地层所叠压。在莫角山下发现一条壕沟,沟内出土数米长的大方木。在这个土台东北部的马余口良渚文化地层中也出土过同样的大方木。这些大方木应为良渚文化时期的建筑材料。这些发现,说明莫角山夯土台上原先有大规模的用土坯砌墙并有大型梁柱等木构件的建筑。据报道,在莫角山遗址的四角部位各堆筑一处良渚文化墓地,东北角为雉山坞,东南角为钟家山(发现过玉琮和玉璧),西南角为双池头(发现玉璧等玉器),西北角是反山墓地和祭坛。

2. 以莫角山为中心的古城址

古城址的范围,南北长1800—1900米,东西宽1500—1700米,布局略呈圆角长方形,正南北方向。城垣底部铺垫石块作为基础,在石头基础以上再用纯净的黄土堆筑而成,底部宽40—60米。城垣保存较好的地段高约4米,许多地段已被后世破坏。根据城垣外侧叠压的堆土中出土的陶片判断,良渚文化古城使用的下限不晚于良渚文化晚期,其始筑年代还未确定。城址总面积达290多万平方米。

古城是目前发现的中国最大的古城,城址总面积达290多万平方米。城内已知有面积30余万平方米、高约10米的莫角山大型宫殿基址,还有反山贵族墓地等重要遗址;城外有瑶山、汇观山祭坛和贵族墓地等。良渚文化古城的发现,再次证明了以莫角山为中心的区域是良渚文化的中心,为我们认识良渚文化社会发展进程及良渚文化在中华文明起源中的地位和作用,提供了新资料。[①]

位于莫角山西北约2公里的反山良渚文化墓地,是一座东西长90米,南北宽30米,总面积2700平方米的人工堆筑的"高台土冢"。反山高出现今地表4米余,但从考古发掘情况看,"土冢"堆筑的高度达6.35—7.3米。"高台土冢"上发现良渚文化中期早段(距今5000—4800年)的墓葬11座(M12、M14—M23)。整个墓地的排列规整有序,大致分两行排列(图5-79)。墓穴均较大,长约3米,宽约2米,多数墓深1.3米。在墓底筑有低土台状"棺台",其周围有深约10厘米的浅沟。均有木棺,少数墓有木椁,板灰之上常有大片的"朱红色涂层"。这些大墓均有丰富的随葬品,其中包括数量很多的玉璧、玉琮、玉钺等礼器。例如在北列居中的M20,墓坑长395厘米,南端宽196厘米,北端宽175厘米,深132厘米,随葬玉璧52件、玉琮4件、石钺14件,还有大量陶器、玉石器、象牙器,总数达547件。

反山M12出土的一件大玉琮被称为"琮王"。这件玉琮为方柱体,与常见的壁薄孔大的

---

① 杨楠、赵晔:《余杭莫角山清理大型建筑基址》,《中国文物报》1993年10月10日。

良渚文化玉琮不同,其射径大、孔径小;射径达17.1厘米至17.6厘米,孔径仅4.9厘米,高8.8厘米,重达6.5公斤,是良渚文化玉琮中形体最大的一件。这件玉琮有八个纹饰基本相同的"神人兽面"纹饰(图5-80)。

据研究,反山的"高台土冢"也是一座有祭坛的墓地。反山祭坛位于M20、M22、M23的北部,此处曾有一方形土堆,应为祭坛,因挖掘中的错误而被破坏,祭坛的位置正位于墓地的中心(图5-79),其布局与瑶山祭坛及墓葬相似。①

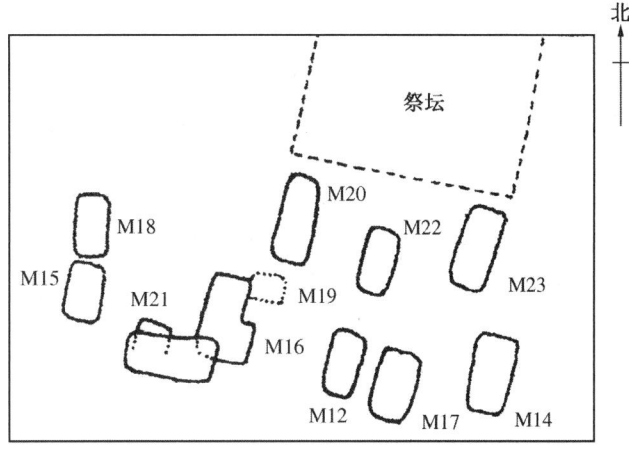

图5-79 反山墓地平面图

图5-80 反山玉琮(M12:98)上的神人兽面纹

瑶山祭坛在反山"高台土冢"东北约7.5公里处。瑶山是余杭县安溪乡下溪湾村附近的一座高程为海拔35米的小山,山顶较平缓。北面是紧靠天目山北支的崇山峻岭,南面是广阔的冲积平原,东苕溪在其东南逶迤而过。祭坛位于瑶山之顶。祭坛遗迹平面呈方形,由里外三部分组成。最内一部分是一座红土台,平面呈方形,东边长7.60米,北部长5.90米,西边长约7.70米,南边残长6.20米。红土台系生土。第二部分是红土台四周的围沟。围沟宽1.70—2.10米,深65—85厘米。围沟填灰色斑土,土质疏松,无遗物。在灰土围沟的西、北、南三面,分别为宽5.70米、3.10米、4米的黄褐色斑土筑成的土台(祭坛的第三部分)。台面为人工铺筑的砾石。南面的台面已被破坏,仅存约20厘米高的土坎。砾石台西、北边缘各发

---

① 浙江省文物考古研究所反山考古队:《浙江余杭反山良渚墓地发掘简报》,《文物》1998年第1期。

现一道由砾石叠砌的石坎。石坎叠筑整齐,呈斜坡状。西侧石坎残长11.30米,北侧石坎长10.60米,两道石坎呈直角相连,转角处垂直高度0.90米。整个祭坛外围每边长约20米,总面积400平方米(图5-81)。

有12座墓葬分布在祭坛的范围内。12座墓葬分别打破红土台、灰土围沟和砾石台。墓葬集中分布于祭坛的南半部,分为南、北两列。北列5座,南列7座。有的墓葬有棺、椁之类的葬具。随葬品数量各墓不一,随葬品最多的M12,随葬玉器达344件,计琮7件、钺1件、小琮1件、半圆形饰4件、三叉形器1件、带盖柱形饰1件、琮式锥9件、琮式管38件,余为玉管和玉珠。[①]

汇观山东距反山墓地约2公里,西距吴家埠遗址约1公里。汇观山祭坛是利用自然山体修筑而成,东西长约45米,南北宽约

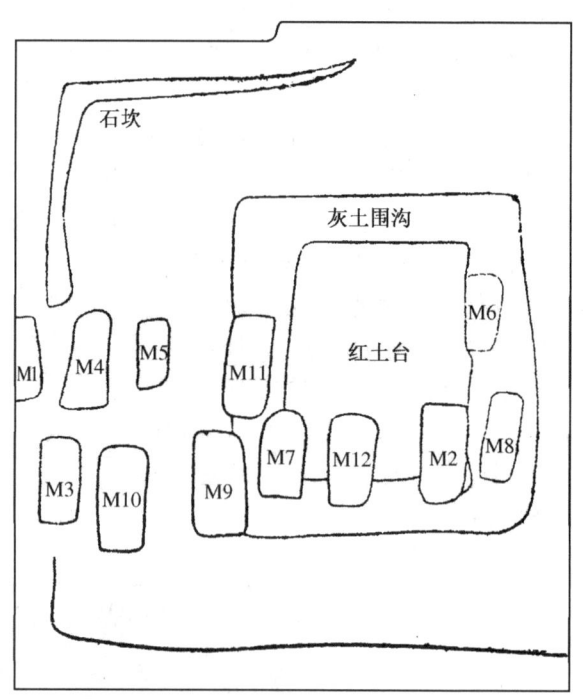

图5-81 瑶山祭坛及墓葬平面图

35米,总面积近1600平方米。在中部偏西部位,以挖沟填筑的灰色土框将祭坛分割成内外三重。灰土框宽约2米,其内边南北长10米,东西宽约8米。祭坛北边凹的山基以石块叠筑成石坎。在祭坛的东、西两侧低于现存坛顶1—1.5米的平面上,各凿有两条南北向的30厘米宽、深的沟槽,以作排水之用。在祭坛的西南部有4座打破祭坛的良渚文化大墓(包括两座残墓),出土有玉琮、璧、钺及三叉形器、冠状器等重要玉礼器及陶石器250余件。其中4号墓,墓坑南北长475厘米,东西宽260厘米,棺椁齐全。随葬品中有石钺48件、玉琮2件、玉璧1件、陶鼎和陶尊各1件(图5-82)。这是良渚文化墓葬中墓坑规模最大、出土石钺最多的一座墓。

3. 福泉山聚落群

福泉山聚落群包括上海市青浦县福泉山和金山坟、上海县马桥、金山县亭林、松江县广富林等一批良渚文化聚落遗址。福泉山是这一聚落群的中心聚落及氏族显贵墓地。

福泉山位于上海市青浦县重固镇西首,是一座略呈方形的土墩,东西长94米,南北宽84米,高7.5米。遗址的第4层是良渚文化早期墓地,叠压在第4层之上的第1—3层系人工堆筑,堆积厚度

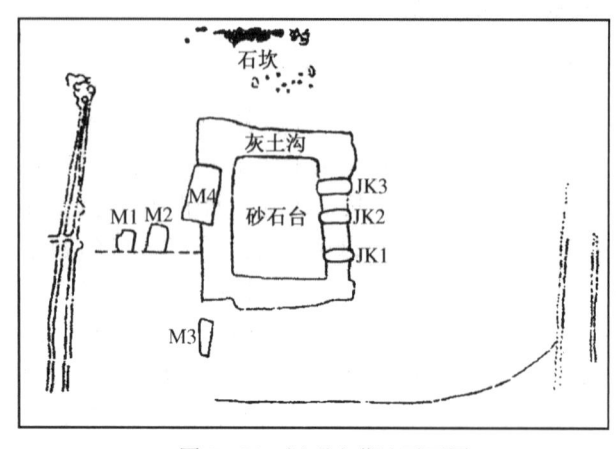

图5-82 汇观山墓地平面图

---

① 浙江省文物考古研究所:《余杭瑶山良渚文化祭坛遗址发掘简报》,《文物》1998年第1期。

达 3.6 米,良渚文化中晚期墓葬均埋葬在这座人工堆筑的"高台土冢"上。良渚文化晚期大墓在"高台土冢"的中心位置。埋葬在"高台土冢"上的良渚文化中晚期墓葬,墓坑规模都比较大,大部分都有葬具,葬具上有朱红色彩绘。随葬品都很丰富,几乎每座墓葬都有随葬品百件左右,其中包括玉琮、玉璧、玉钺、权杖等礼器及象征权力的器物。例如 T4M6 随葬品有大量玉石器,其中包括玉琮 5 件、玉璧 4 件、玉斧 2 件、石斧 9 件、玉镯 1 件、象牙器 1 件。墓葬中有 3 座墓是有殉人的墓,例如 M139 是一长方形浅坑墓,墓坑长 2.99 米,宽 0.96 米,深 0.16 米,有木质葬具。墓主为一个 25 岁左右的男性。他的口腔内有玉琀 1 件,上下肢上放置石斧、玉钺共 12 件,手臂上套有玉镯,头前有玉锥形器,身上有玉管和玉饰片多粒。在足端葬具外随葬陶鼎、黑陶杯、彩绘陶罐、彩绘陶豆、器盖、小陶杯、黑陶罐、夹砂陶豆、陶缸等。在墓主足后木棺的东北角,有一具作为殉葬者的女性人骨压在墓坑角上,头和足处于坑外,与一件大口陶缸埋在一起。按此迹象分析,应是墓主掩埋后,再以人牲作祭祀(图 5-83)。

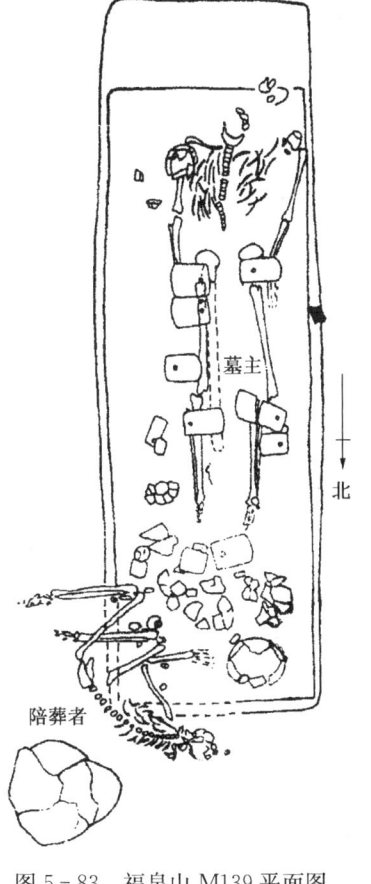

图 5-83 福泉山 M139 平面图

在良渚文化晚期墓葬之北有一个略呈长方形的"燎祭坑"(燎祭的遗迹)。其南北长 7.3 米,东西最宽处 5.2 米,作阶梯形,自北而南,自下而上,共有三级台阶,每级升高 34—44 厘米。最后一层的东南角在数块土块上面,有一块长 1 米、宽 0.40 米、厚约 10 厘米的平整土块平台,其下有一件大口缸。整个坛面和土块,都被大火烧红,每一层面都有介壳屑,但未见残留的草灰。这是一处祭祀活动的场所(图 5-84)。

在福泉山北侧第一台阶上,有一个与祭祀活动有关的灰坑,呈不规则的长方形,长约 19.25 米,宽约 7.5 米,四边较浅,中间较深,深 0.25—1.15 米。坑的中心有一个略呈圆形的小土台,直径约 1 米,高 1.15 米。坑中填满纯净的草灰,而坑壁、坑底及中间土台,无任何火烧痕迹,坑中积灰,似为在山上大火燎祭后,清扫堆放于此(图 5-85)。在山的东坡上,有一大堆介壳屑,与距此 10 余公里的竹冈地下堆积(古海岸遗迹)一致,介壳应是从海边搬运至此,专为祭祀使用。

福泉山部分墓上或墓的南端,也有燎祭遗迹,M136 火烧墓,在掩埋后于墓坑上方,按南北方向堆置许多土块,土块连同地表均经火烧。

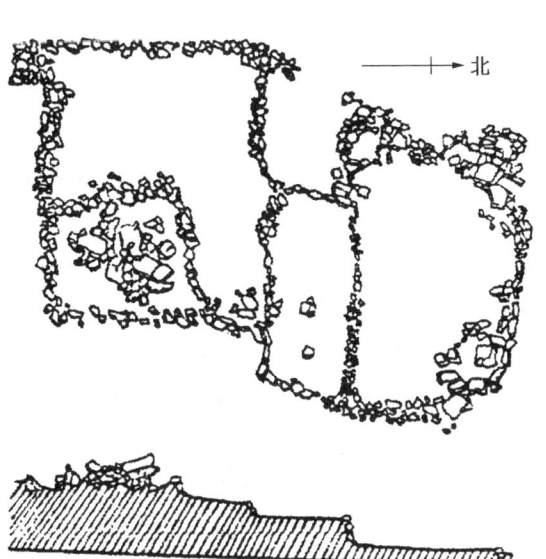

图 5-84 福泉山燎祭祭坛平、剖面示意图

根据上述遗迹分析,良渚文化大墓燎祭

仪式的程序为，先堆置土块，然后用火烧，在祭祀时撒上介壳屑，祭祀后将草灰扫清置于祭坛附近专设的灰坑之中。

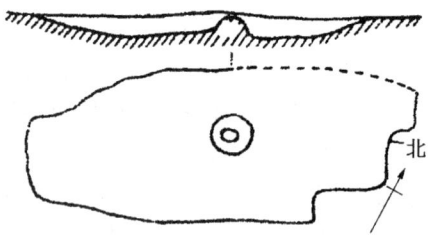

图 5-85　与祭祀有关的灰坑平、剖面示意图

福泉山是一座良渚文化时期作为墓地堆筑而成的土山，北部有一大型的燎祭遗迹。墓坑规模较大，随葬品丰富而又精致，并有玉璧、玉琮、玉斧等礼器，以及作为象征权威的权杖随葬。有些墓中还有殉人。显然这是氏族显贵的墓地。福泉山墓葬的这些特点，与广富林、马桥、亭林等遗址发现的掩埋于平地的一般良渚文化墓葬，形成了鲜明的对照，显示出福泉山中心墓地的地位。

4. 赵陵山聚落群

赵陵山聚落群包括江苏省昆山市赵陵山、少卿山、绰墩、吴县张陵山、草鞋山等。

赵陵山遗址位于江苏省昆山市张浦镇赵陵村村北。赵陵山遗址邻近地区，约方圆10里，良渚文化遗址有张陵山、少卿山、绰墩、荣庄等。赵陵山是个土墩，属该遗址的中心部位。土墩东西长80余米，南北宽60余米。土墩三面有河流环绕。土墩的东、西、北三个周边，均有与墩子时代一致的文化层。该遗址经过三次发掘共发现良渚文化墓葬85座，并探明赵陵山原为良渚文化时期人工堆筑的土台。

赵陵山两次发掘发现的85座墓葬，均与人工堆筑的高土台有十分密切的关系。85座墓葬分为三种类型：位于高土台外西北的"丛葬群"；中型墓群，其中包括殉葬墓；规格最高的M77。

"丛葬墓"共有19具人骨架，可分三组，第1组包括M17、M16、M15、M14、M2、M4、M9；第2组包括M13、M12、M11、M8、M7、M5、M6；第3组包括M51、M52、M53、M54。这三组墓葬，均无墓坑，系平地掩埋，极少有随葬品。有的人骨只有肢骨，有的只有头颅。这19具人骨又均位于人工堆筑的高台外的西北方。此外，在三组人骨架的东南方有一层平面略呈三角形的黑色灰面，长约4米，宽约1.5米。灰面上有一残陶鼎碎片，碎片上有火烧痕迹，证明黑灰是燃烧后的灰烬。结合上述丛葬现象分析，该处灰烬应是举行祭祀仪式的遗存，19具人骨应是祭祀时的"人牲"（图5-86）。

中型墓群及其殉葬墓共9座：M56、M57、M58、M70、M80、M81、M82、M68、M69（图1-86）。此外，还有零散人骨架。上述墓葬均开口于红烧土层之下。红烧土是分布于土墩之上的第二层堆积。第二次发掘的主要墓葬均在第二层堆积之下。这种红烧土并非在原地烧结而成，而是由别处移来覆盖在这里的，这种处置方法应是当时的一种葬俗。

中型墓群中的M56、M57、M58，平面呈刀形，规模最大，墓主均为男性，是该墓群的主体。M82是M56的殉葬墓，人骨架是儿童，系M56的殉葬者。M68、M69两墓位于M56墓之北，位置紧靠M56，两墓的人骨架亦为儿童，亦应是M56的殉葬者。M57的墓主是50岁左右的男性，墓中有少儿作为殉人。M58为40岁左右的女性。M57、M58两墓位置靠近，两者生前关系密切，或为夫妻（图5-87）。M81墓主为30岁左右的女性。

M56为平面形制为刀形的土坑竖穴墓，是刀形墓中规模最大者。该墓坑口距地表2.25米，南北长3.43米，北端宽0.65米，南端宽1.28米，深0.62米。直壁平底，墓内填夹红烧土的灰土。墓内有2具人骨架，墓主为男性，30岁左右，仰身直肢葬。有涂朱红色的木质葬具。墓主南端有一散乱的人骨架，肢骨凌乱，应属非正常死亡者，年龄也在30岁左右，其性质可能

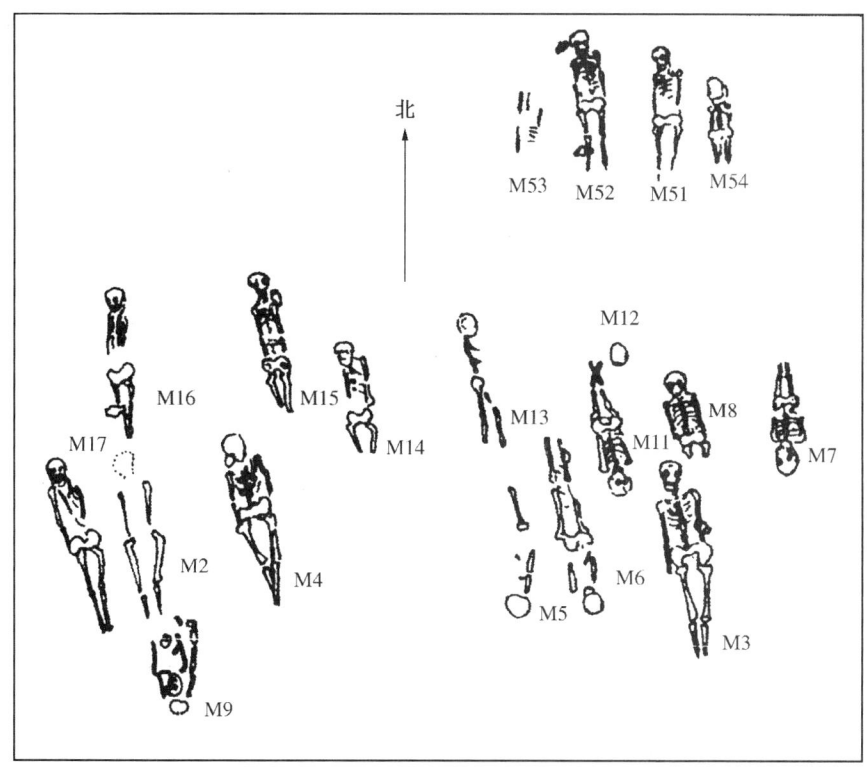

图 5-86 赵陵山西区丛葬平面图

是墓主的殉葬者。该墓的随葬品 18 件,其中有彩绘陶豆、带复杂图案的灰陶器盖和贯耳壶、石斧,有 4 件陶器出土于近坑口的填土中。

M57 亦为刀形墓,规模小于 M56,墓内也有两具骨架;墓主为男性,约 30 岁,仰身直肢,有涂朱红色的木质葬具。墓主头部上方葬具外有一人头骨,年龄为 6—12 岁儿童。该墓中出土 12 件随葬品,其中有彩绘豆、黑衣杯、石斧等。

M58 是三座刀形墓中最西边的一座,规模亦最小。墓主为一 40 岁左右的女性。葬具只有两块木质盖板。盖板上的随葬品有骨簪、灰陶罐、红陶鼎。足部随葬三件小灰陶鼎等。共有随葬品 17 件。墓内无殉葬者。

M70 位于 M57 和 M58 之间,为一规模较小的长方形土坑竖穴墓。随葬品只有 7 件。墓主为一位 16—17 岁的女性,有木棺。推测墓主应与 M57 及 M58 的墓主关系密切而又身份特殊的人。

M82 的死者是一个 1—2 岁的幼儿,墓坑紧贴 M56,应是 M56 的墓外殉人。M86 是一座长方形土坑竖穴墓,墓坑较大,有木质葬具,墓主为一 30 岁左右中年男性,但墓葬形制与 M56 不同,随葬品只有 7 件,质地和工艺也不如 M56,其地位显然低于 M56,应是 M56 的附属墓。M81 的墓主是约 30 岁的中年女性,随葬品只有陶盘 2 件、陶鼎和钵各 1 件。根据 M80、M81 两墓均为长方形土坑竖穴墓,M80 为男性,M81 为女性,M80 墓坑规模稍大于 M81,M80 和 M81 应为夫妻异穴合葬,两墓均为 M56 的附属墓。

M68、M69,均为无墓坑的小墓,墓主皆为幼儿。两墓位于 M56 的北侧,应为 M56 的墓外人牲。两具幼儿骨架之间放置一件夹砂红陶鼎,其口径 50 厘米,高 25 厘米,器壁厚 2.5 厘

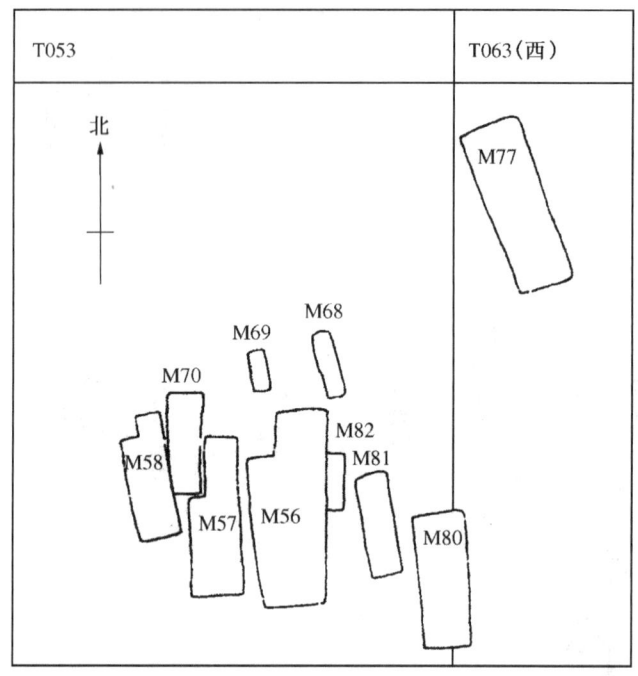

图 5-87　中型墓群和 M77 关系平面图

米。这是一件祭祀用品(礼器)。

中型墓群中的 9 座墓依据墓主的地位高低可分为三个层次,M56、M57 和 M80 属于第一层次,地位最高;M70、M80 和 M81 则属于第二层次,地位次于第一层次;M68、M69 和 M82 属于第三层次,是三组墓中地位最低者,其身份无疑是奴隶。

M77 是赵陵山"高土台墓地"中地位最高的一座墓葬,埋葬位置在"土墩"中心。这是一座长方形土坑竖穴墓,墓坑长 3.30 米,宽 1.1 米,深 0.30 米。墓内填土为灰色粘土,含沙量大,内夹有红烧土和灰烬。墓主为一 30—35 岁的男性,仰身直肢葬。有木质葬具,其表面有红黑两色组成的图案,有一部分图案为兽面纹。该墓共有随葬品 160 件,是两次发掘中随葬品最多的一座墓。随葬品中有玉器 128 件,其中有琮、瑗、镯及各种形状的玉饰、簪、珠、管等;石器 18 件,有钺、斧、锛、镞等;陶器 10 件,有鼎、豆、杯、罐等;另有牙、骨器 4 件。

张陵山位于江苏省吴县甪直镇西南 2 公里,由东、西两座土墩(俗称"东山"、"西山")组成,两土墩面积共 12000 平方米。墩高 8 米左右。遗址中层属良渚文化层,下层为崧泽文化层。西山发现良渚文化早期墓葬 5 座,东山发现良渚文化墓葬一座。东山的一座良渚文化墓葬中出土玉器 20 件,其中玉璧 4 件、玉琮 2 件、玉斧 1 件、玉杖头 1 件。

草鞋山遗址位于江苏省吴县唯亭镇东北 2 公里处,北距阳澄湖 650 米,是一座高出地面 10.5 米的土墩遗址。遗址东西长约 260 米,南北宽约 170 米,总面积 44000 平方米。遗址的文化堆积厚达 11 米左右。第 2 层为良渚文化晚期地层,第 4 层为良渚文化早期地层,第 6 层至第 10 层为崧泽文化层和马家浜文化层。第 2 层发现良渚文化晚期墓葬 3 座(M198、M199、M200),排成一列,M198 在东部,M199 在中部,M200 在西部。M198 是一座一个男性附葬两女性妻妾的墓葬。该墓坑南北长 4.5 米,东西宽 2 米,深 0.3 米。随葬品分三组,中间一组是男性墓主的随葬品,数量最多,其中有玉琮 3 件、玉璧 1 件、玉斧 1 件、石斧 1 件、玉镯 1 件及一些玉饰件,陶器 8 件。北部一组的随葬品有玉璧 1 件、玉琮 1 件、玉串饰 6 件、陶器 7 件。南部一组随葬玉蜀1件、玉珠11件和贯耳壶2件。从上述三座墓葬的随葬品的性质分析,这是一组氏族贵族的墓葬。

5. 寺墩聚落群

寺墩聚落群分布于太湖流域的西北部,这是良渚文化分布区的最西北边缘,遗址分布比较稀疏。属于寺墩聚落群的遗址有江苏武进寺墩、江阴高城墩、溧阳杨庄乡宋庄等。寺墩遗址是这一聚落群的中心聚落,其年代为良渚文化晚期。

寺墩遗址位于常州市东北15公里处,属武进郑陆乡三皇庙村。遗址的下文化层属崧泽文化,上层属良渚文化。寺墩遗址的总面积约90万平方米,是太湖流域最大的良渚文化遗址。该遗址的中心部位原是一个直径100米、高20多米的人工堆筑土墩,即当地居民所称的"寺墩"。后因农民制砖取土,现仅存东西长约80米、南北宽约40米、高约6米的土墩。遗址有内外两条河流环绕,内河道直接环绕遗址的中心部位,即中央人工堆筑的"土墩"即寺墩;外河道则分布在距"土墩"约300米处,环绕在整个遗址的外围。内河道是堆筑中央土墩所致,外河道可能有防御作用,属于"聚落围沟"。内河道周围是贵族墓地,墓地外围是较低平的居住区。中央土墩是遗址的中心部位,堆筑圆形土墩起祭祀作用,即"祭坛"。据考古钻探,以内河道为中心,在内河道的正东、南、西、北四个方向有四条呈放射状的河道通向外河道。

经过五次发掘,发现寺墩遗址的墓地主要分布在"寺墩"的东部和北部。东部墓区先后发现4座良渚文化大墓,4座大墓呈东西一线排列,由西向东依次为M1、M4、M3、M5,在M1和M4之间有6.5米宽的空间,其间有晚期扰乱的遗迹,可能有一座良渚文化大墓被破坏。这是一处排列有序的贵族墓地。四座良渚文化大墓均有丰富的随葬品,其中尤以M3的随葬品最丰富。该墓无墓坑,无葬具,系堆土掩埋;墓主为一个约20岁的男性青年。随葬品共达100多件,其中生活用陶器4件,玉石制生产工具14件,各种玉制装饰品9件,玉珠和玉管40件,以及几十件玉礼器:24件玉璧、33件玉琮。

以上所分析的莫角山、福泉山、赵陵山、寺墩等四个聚落群,只是根据现在已公布的考古资料而确定的。太湖流域属良渚文化时期的聚落群应该还有一些,例如浙北的嘉兴、平湖、海宁的三角地带,太湖南岸的湖州一带,江苏常熟境内等,其地域内的良渚文化遗址群,都可能是聚落群,只是根据现有考古资料,难以在这些聚落群中确定中心聚落。但在有的遗址群中,可以看出不同聚落之间的差别。例如浙江海宁境内的荷叶地、三官墩、郼家岭、达泽庙等良渚文化遗址,在所发现的墓葬规模和随葬品的性质上都有明显的差别。三官墩、郼家岭、达泽庙等遗址发现的良渚文化墓葬,均为小墓,而荷叶地发现的16座良渚文化墓葬,情况则不同。荷叶地墓地呈圜丘状,底部直径约30米。经解剖,圜丘由五花土、灰烬层和红烧土堆筑而成,是一座人工营造的坟丘。16座墓葬均为土坑竖穴墓,多数有棺椁,16座墓葬中既有玉琮、玉璧等礼器的大墓,也有仅见随葬陶器、石器的小墓。

(四) 文字符号

良渚文化陶器上发现的单个符号已见于多个遗址。

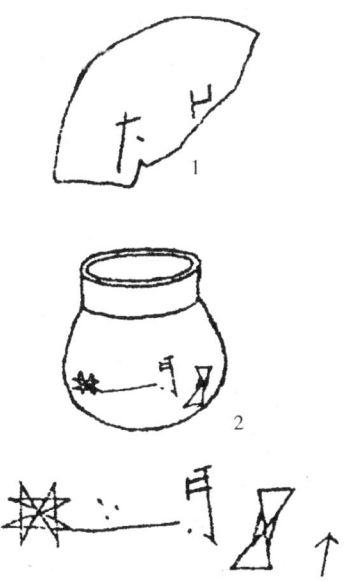

图5-88 良渚文化陶器上的文字符号
1. 马桥遗址出土 2. 澄湖遗址出土

一件陶器上刻划两个以上文字符号的只有上海马桥遗址和江苏省吴县澄湖遗址(图5-88)。

马桥遗址下层为良渚文化层,下层出土的黑衣灰陶宽把杯,杯底有两个刻划符号(图5-88,1)。杯底已经残损,只存杯底的约三分之一部分,如杯底完整,可能有两个以上文字符号。马桥遗址出土的器物上,还有单个符号,其中有些字符化程度很高。残破杯底左侧的符号,有的学者认为与甲骨文的"戍"字相似。

吴县澄湖遗址出土的一件黑陶贯耳罐的腹部,有四个并列的文字符号(图5-88,2)。有的研究者将这四个文字符号从左至右解读为"巫戍五偁",其中的"戍"即为"钺"字。

六、宁(波)绍(兴)地区的河姆渡文化

杭州湾以南的宁绍平原及其沿海的舟山群岛,其新石器时代文化主要有河姆渡文化。该文化是宁绍平原地区迄今发现的最早的新石器时代文化。宁绍地区在河姆渡文化以后,是一种含良渚文化晚期因素的新石器晚期文化。

河姆渡文化因首先于1973年在浙江余姚县河姆渡遗址发现而得名。已发现河姆渡文化遗址20多处,其中包括余姚龙山乡朱山、下庄、历山茅湖,鄞县辰蛟,宁波市八字桥、妙山,舟山的白泉、大巨,慈溪县龙南童家岙等。童家岙和茅湖两遗址均发现河姆渡文化早期遗物。目前发现的河姆渡文化遗址,其分布范围是宁绍平原、萧甬铁路两侧、姚江两岸至舟山群岛一带,以宁绍平原东部和舟山群岛发现的遗址最多。

河姆渡遗址共分四个大的文化层,第三、四文化层为河姆渡文化早期,第一、二文化层为河姆渡文化晚期。早期阶段的文化特征最强,最能反映河姆渡文化的面貌。

(一)早期阶段

代表河姆渡文化早期阶段的是第三、四文化层,以第四文化层最能反映其文化特征。

早期的生产工具有石、骨、角、牙、木、陶器等。

骨器是河姆渡文化生产工具的主体,其种类有耜(铲)、镞、哨、凿、匕、锥、针、管状针等,其中以骨耜的数量最多,它是河姆渡文化的典型器物,是主要的农业生产工具。这种骨耜大部分采用偶蹄类哺乳动物的肩胛骨制成,体形厚重,其顶端厚而窄,末端即刃部薄而宽。器形大小不一,一般长约20厘米,刃部宽约10厘米。刃部大多为平铲状,少数为舌叉状或双叉状。骨耜的正面中部从上到下有一道纵向的浅凹槽,槽底修治平整。纵槽的下部两侧有两个平行的长圆孔,纵槽上端有横向的长方形銎或修磨成半月形。纵槽的上下两端是安柄时分别捆扎绳索的部分。这种工具的使用方法是,顺着中部的凹槽捆上一根木棍,即可作为挖掘工具。木柄顶端为丁字形或透雕三角形捉手或长方形带双孔的捉手(图5-89)。

骨耜是农业生产中用于翻土的工具。它的大量出现,说明在7000年前的杭州湾以南的宁绍地区,已进入"熟荒耕作制"的"耜耕农业"(即"锄耕农业"或"村居农业")阶段。

骨镞、管状针、骨哨和带柄骨匕也是具有代表性的骨器。骨镞有三种形制,其中斜铤式镞,铤的斜面用"斜面吻合捆扎法"安装箭杆。骨哨是吹奏的乐器,它可用于狩猎,以哨声来诱捕野兽。管状针和带柄骨匕是纺织工具。

木器也是河姆渡文化中数量较多、品种丰富的一类器物。主要器形有矛、匕、铲、纺轮、槌、器柄、划桨、矢、碗、桶、卷布棍、齿状器、经轴等。利器(矛、矢)前端用火烧法硬化。在木碗和桶上有一层光滑发亮的涂料,可能是生漆。木桨制作精致,有的雕刻花纹。木桨的出现,说明当时已用船作为水上运输工具。木匕、卷布棍、经轴、齿状器等,都是织布工具;加之大量陶

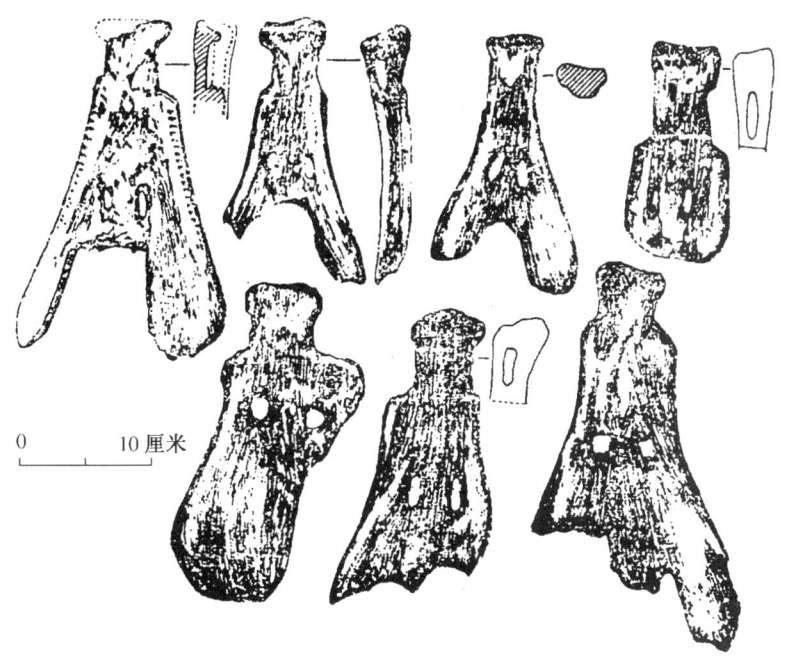

图 5-89 河姆渡遗址第四层出土的骨耜

纺轮出土,反映当时的人们已能纺线织布。

陶器有夹炭与夹砂的黑陶和灰陶,以夹炭黑陶的数量最多,也最富特征。所谓"夹炭黑陶",是因为陶土中羼和大量的植物茎、叶和谷壳等有机物,由于火候低,又在缺氧的还原焰中烧成,使陶土中的有机物羼和料仅达到炭化的程度。河姆渡文化的陶器,胎厚而疏松,火候低,质地软,重量轻,吸水性强。制作皆手制,以泥条盘筑为主。造型简单,器形不规整,常有厚薄不均、色泽不匀、弧度不一甚至器形歪扭的现象,反映制造技术的原始性。器表除打磨光亮外,常有比较繁密的花纹装饰。纹饰主要有拍印的绳纹、刻划或锥刺的弦纹、斜线纹、水波纹、圆点纹、堆塑的动物纹和彩绘等。彩陶器的器表为黑色,外壁印有绳纹,绳纹上涂一层细白泥,表面打磨,彩色浓厚有突出感,彩面有光泽,是河姆渡文化制陶工艺的精华。陶器的种类有釜、釜支架、罐、钵、盘、盆、盂、豆、器座、器盖和贮火尊等,其中以釜和罐的数量最多,钵和盘次之。大多为平底器和圜底器,无三足器。釜是主要的炊器,数量多,形制多样。釜的形体较高,大都有粗壮的颈和宽肩,口、颈、肩、腹之间界限明显。圜底深浅不一,近底部弧度大。肩的下缘有突脊。支架的数量多,实心体。这种支架起架空釜的作用,相当于鼎足。罐大多有半环状的单耳或双耳(图 5-90,5—18)。贮火尊为敞口筒状,内部有火烧灼的痕迹,是保存火种的器物。

河姆渡遗址下文化层的房屋是一种栽桩架板的干栏式建筑(木构建筑)。干栏式房屋是为了适应低洼潮湿的沼泽地而设计的建筑形式,其目的是为了抬高居住面,使潮湿的地面和居住面相隔离。这种干栏式房屋的建筑程序是,先在地面上打下数排木桩(有的用竖立的木板作木桩),这是房屋的基础,然后在排桩上架梁(龙骨),以承托地板,构成架空的建筑基座,再在其上立柱架梁,建成高于地面的"干栏式"房屋。这种干栏式房屋分高干栏和低干栏两种。干栏式建筑都是大型的长屋。

干栏式建筑的木构件,制作技术都比较进步。作为干栏式房屋基础的桩木分三种:圆桩

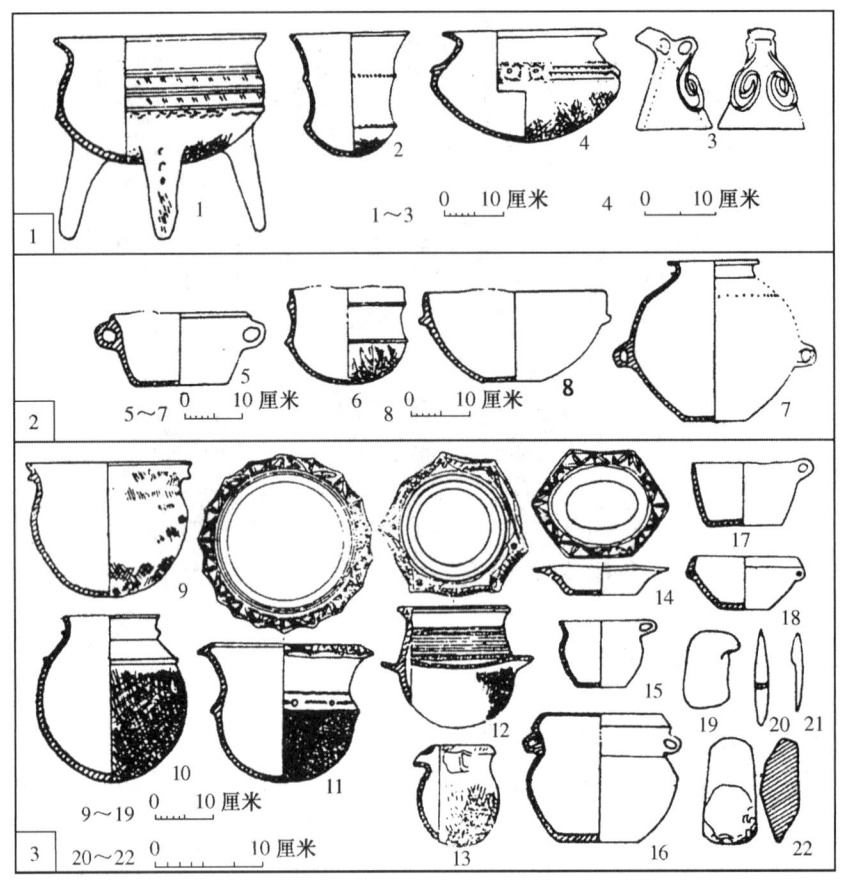

图 5-90　河姆渡文化器物
（依任式楠，1984）

1. 鼎　2、4、6、9—12. 釜　3. 支座　5. 甑　6. 釜　7. 罐　8. 钵　13. 圜底带嘴器　14. 盘　15. 单把罐
16. 双耳罐　17、18. 钵　19. 支座　20、21. 石锛　22. 石镞
（浙江余姚河姆渡出土，1—4. 第二层，5—7. 第三层，8—22. 第四层）

木、方桩木、板桩。长圆木往往置于桩木之上，形成一列一列的排桩。榫卯共有三种：(1) 柱头榫及柱脚榫，即柱的两端加榫。柱头榫连接上承的屋梁，柱脚榫用以连接地板的龙骨。(2) 梁头榫。这种榫头与平身柱的卯孔垂直相套。(3) 带梢头钉孔的榫。这种榫头可插梢钉固定。木构件中还有一种企口板，它是在木板的两侧各凿出一道楔形企口，在企口中插入砍削成楔形截面的木板，使之衔接不见缝隙，这是一种密接拼板的一种较高工艺（图 5-91）。

河姆渡遗址中普遍发现稻谷、谷壳、稻秆、茎叶等堆积，最厚处达七八十厘米。陶胎中也糅和大量的谷壳。据鉴定稻谷属于栽培稻中的籼稻。这说明在六七千年前的杭州湾以南的宁绍平原，已普遍人工栽培水稻，中国是世界上栽培稻的起源地之一。第二期发掘时又发现薏仁米。孢粉分析中还发现豆科植物。在当时饲养的家畜中，有猪和狗，可能还有水牛和羊。渔猎和采集在当时的经济生活中仍占很重要的地位，第四文化层除出土成堆的野生果实外，还发现 1000 余件骨镞和 50 多个种属的野生动物遗骨。动物的遗骸有犀、象（亚洲象）、熊、虎、鳄、鹿、猕猴；第二期发掘还发现鲸鱼遗骸。

河姆渡遗址发现亚洲象和犀，说明中国在第四纪冰期之后，象和犀并未绝灭，从第四纪到

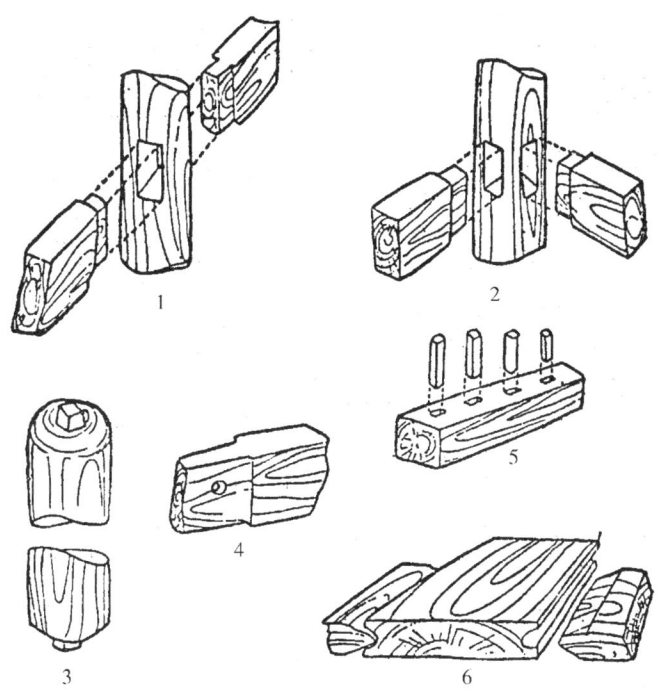

图 5-91 木构件上的榫卯类型
1. 梁头榫(10)和平身柱上的卯(60) 2. 转角柱上的卯(17) 3. 柱头和柱脚榫(59)
4. 带梢钉孔的榫(58) 5. 插入阑杆直棂的方木(31) 6. 企口板(8)

历史时期的商代,中国南方的大部分地区,象和犀是继续生存的。

河姆渡遗址中发现的象、犀、猕猴和红面猴、四大象及其他鹿类,在今日的长江下游地区,均已绝灭。象和犀现在分布于热带森林地区。猕猴和红面猴是旧大陆热带和亚热带的典型动物。猕猴现在分布于中国的西南、华南和长江中上游地区,红面猴分布于广西、广东、福建和四川。上述动物在河姆渡遗址的发现,表明当时杭州湾一带,气候温暖湿润,雨量充沛,气温比现在稍高,大致接近于华南的广东、广西的南部以及云南等地区。

河姆渡遗址中丰富的动物群,给当时人们的生产和生活提供了丰富的食物来源和生产资料。据统计,河姆渡遗址的第四文化层出土的生产工具中,以兽骨制造的生产工具达600多件,占生产工具的70％以上。骨器是当时最重要的生产工具。大量的野生动物和家畜,给当时人们的衣着和食物提供了丰富的来源。

河姆渡遗址第二次发掘于第三文化层中发现墓葬13座。这些墓葬皆无墓坑和葬具;全为单人屈肢葬,头向东,面向北;多数墓无随葬品,只有个别墓有少量的随葬品。

根据河姆渡遗址的地层关系,可将河姆渡文化早期阶段分为前、后两期。前期以河姆渡遗址的第四文化层为代表。后期以河姆渡的第三文化层为代表。前、后期在文化面貌上的主要区别是:(1)房屋。前期只有干栏式房屋,后期除干栏式建筑外,开始出现地面建筑。(2)生产工具。前期的农业工具主要是骨耜;后期,骨耜大量减少,而逐步被石器所代替。(3)陶器。由前期到后期的变化是,夹炭黑陶减少,夹砂陶增多;纹饰前期繁缛,后期趋向简略。前期胎壁较厚,火候低,质地软;后期胎壁薄,火候较高,硬度亦较高。各种器形的演化是:陶釜,前期腹部较深,圜底较锐;后期出现体形较高的筒形釜和体形较矮的扁腹釜。陶罐,前期多为半环形,位置较高,有的器耳高于口沿;后期,罐腹外鼓,双耳部位下降,开始出现牛鼻式耳。陶豆,前、后期数量都比较少,但后期的数量多于前期;豆的形制,前、后期大都为钵形和盘形,但后期出现大圈足豆,具有马家浜文化特点的豆盘为外壁红内壁黑的喇叭形圈足豆,到后期已出现。后期新出现的器形还有甑和灶。

根据[14]C测定,河姆渡第四文化层的两个数据,分别为距今 6725 ± 140 年,距今 6960 ± 100 年。

(二) 晚期阶段

河姆渡文化晚期阶段可分为前、后两期。前期以河姆渡遗址的第二文化层为代表,后期以河姆渡遗址第一文化层为代表。

前期的石器,磨制技术相当进步,大都通体磨光,器形规整,不见琢制痕迹,已经出现管钻技术,地层中发现有管钻后留下的石芯。主要器形有锛、斧、凿、刀、纺轮、磨石等,其中的穿孔石斧、双孔石刀和石纺轮是新出现的器形。

陶器可分为夹砂灰红陶、泥质红陶和泥质黑陶,以夹砂灰红陶的数量最多。夹砂灰红陶质地粗,胎壁也较厚。泥质红陶的特点是外壁红内壁黑或外表红内胎黑,表面常施陶衣,质地细腻,胎壁较厚。泥质黑陶的数量很少,在河姆渡遗址的第二文化层只占 1.5%。泥质黑陶表里一致,均为黑色,表面大都打磨光亮,质地较粗,胎壁也厚。陶器以素面为主,纹饰简单,有弦纹、绳纹、附加堆纹和镂孔。镂孔是新出现的纹饰,主要施于豆把和一些器皿的圈足上。陶衣也是新出现的装饰。泥质红陶常施红色陶衣,个别泥质黑陶也施红衣。制法基本上是手制,少数器物可能慢轮修整。器形比早期阶段规整。常见的器形有釜、鼎、盉、罐、豆、盆、钵、支座、器盖等,其中以釜、鼎的数量最多,罐、豆次之,盉很少。鼎、盉等三足器和袋足器是新出现的器形。常见的器耳有鸡冠耳和牛鼻耳。釜一般没有明显的颈和肩,腹部较缓曲,可分为敞口釜、钵形釜和腰檐釜三种,以敞口釜的数量最多。敞口釜为深腹圜底,腹壁弧度缓曲,饰粗绳纹,上腹安一对鸡冠耳。罐的口径较小,广肩,下腹收敛较甚,小平底,少数为圈足,器耳以牛鼻耳为主。豆以泥质红陶为主,泥质黑陶次之。泥质红陶豆,体形较大,豆盘较深。外表施红色陶衣,半数以上盘内壁为黑色。豆把为喇叭形,有圆形镂孔。少数豆把的两侧有两个大三角形镂孔(图5-90,1-4)。

后期石器,主要器形有锛、斧、穿孔石铲、凿、纺轮等,以石锛的数量最多。装饰品有玦、璜、管、珠。

陶器分夹砂红灰陶、泥质灰陶、泥质红陶三类,以夹砂红灰陶的数量最多。泥质灰陶是这期出现的陶系。泥质红陶较细腻,胎壁较薄,陶色橘红,很少有陶衣,表里色泽一致,有别于第二层的红陶。器表多素面,少数泥质红陶施红衣。纹饰沿用前期的弦纹、绳纹、附加堆纹。鼎足上新出现以曲线、短线组成的刻划纹。豆把上出现了弧形三角、方形和圆形组成的镂孔纹饰,同时出现了竹节形豆把。制法仍以手制为主,有些器物如豆、杯、小罐等,可能已采用轮制。器形有釜、鼎、盉、鬶、甑、罐、豆、盆、盘、钵、杯、支座、器盖等,以釜、鼎为多,豆、罐次之,杯、甑、鬶极少。鼎的数量比前期增多。釜是主要的炊器,其特点是腹径较大,腹部扁圆,显得低矮稳重。分敞口釜和高颈盘口釜两种,以敞口釜占多数。这期的釜均无脊而有绳纹。有的罐底出现花瓣形圈足。釜支架为象鼻形。

晚期阶段的建筑遗存,前、后两期有所不同。前期柱洞底垫木板,再在木板上立柱。后期是柱洞内填砂粒和陶片,再埋置木柱。后者是前者的发展。前期已出现木构水井。

河姆渡遗址第二文化层的年代,经 ^{14}C 测定为距今 5050±100 年(BK75058)、5370±95 年(ZK588)。

河姆渡文化与马家浜文化在文化面貌上有一定的区别:第一,生产工具。河姆渡文化以骨器为主,马家浜文化则以石器为主。第二,房屋建筑。河姆渡文化是干栏式建筑,马家浜文化则为地面建筑。第三,陶器。河姆渡文化以夹炭黑陶为主,炊器以肩脊釜为主,而马家浜文化则以夹砂褐陶为主,炊器以"腰檐釜"为主;盉,河姆渡文化为垂囊盉,马家浜文化为侧把盉。纹饰,河姆渡文化有较多绳纹,马家浜文化绳纹较少。

河姆渡文化晚期和马家浜文化中晚期,两者在文化面貌上相似的文化因素增多,则是两种文化相互影响的结果。①

第六节 华南地区的新石器时代文化

一、华南地区的新石器时代早期文化

华南地区有丰富的旧石器时代遗址,从旧石器时代早期到晚期,各个地区都有人类活动的遗迹。华南地区属热带和亚热带地区,气温较高,更新世末期,冰河首先在华南消融。华南地区旧石器时代各个时期文化的连续性和继承性,以及该地区全新世早期较好的自然条件,都为原始农业和家畜饲养业的产生提供了比其他地区较优越的条件。从现有资料来看,华南地区在陶器出现前人类就开始栽培芋类和果蔬农作物,并开始饲养牛、羊之类的食草动物。这就是说,华南地区在陶器出现前农业和家畜饲养业就已产生,新石器时代就已开始。中国的华南地区和西亚、东南欧一样,也有前陶新石器时代文化。②

中国东南沿海地区的台湾、福建、广东、广西和江西南部地区,位于北纬19度至29度,属于热带和亚热带地区,气温较高,潮湿多雨。华南地区地域辽阔,沿海有长而曲折的海岸平原,入海河流在下游形成扇状冲积平原。有河流注入的浅滩水域是咸水和淡水的交汇处,大量软体动物在此繁殖。这些软体动物是新石器时代滨海地区人们重要的食物来源,从而使滨海地区形成了大量的贝丘遗址。内陆地区多为石灰岩山区,岩溶洞穴较多。内陆地区河流纵横交错,淡水动植物资源丰富。新石器时代的洞穴遗址均位于山麓,洞口朝南或东南,洞口相对高度20米左右。滨海贝丘遗址大多分布在河流两岸的一、二级台地上。

滨海地区的贝丘遗址和为数很少的海岸山脉的海蚀洞穴遗址,文化面貌比较接近,而内陆地区的洞穴遗址和滨河贝丘遗址,文化面貌比较接近。这说明滨海地区和内陆地区的新石器时代早期文化,在文化面貌上有一定的区别。

东南沿海地区的新石器时代早期文化,不论是滨海地区,还是内陆地区,其文化面貌有许多共同特征。

东南沿海地区的新石器时代早期文化,石器均以砾石作原料,打击石片和修整石器均用直接打击法,不见间接打击法。砾石石器的器形一般都比较大,无典型的细石器(用间接打击法剥片和第二步加工的细石器)。打制石器的器形主要有砍砸器、斧状器、尖状器、刮削器、敲

---

① 浙江省文物管理委员会等:《河姆渡遗址第一期发掘报告》,《考古学报》1978年第1期。河姆渡遗址考古队:《河姆渡遗址第二次发掘的主要收获》,《文物》1980年第5期。
② 张之恒:《华南地区的前陶新石器文化》,《考古与文物》1985年第4期。

砸器、穿孔石器、镞、矛、磨盘、磨棒、石杵等。磨制石器多在刃部磨光,器身常保留打琢的痕迹和砾石面,器形有斧、锛、凿、矛、网坠、镞等。骨器有刀、匕、鱼镖、镞、斧、铲、锛、锥、针、两端刃器、笄等。蚌器有刀、匕、鱼钩、网坠、铲、穿孔蚌器等。

陶器的制作都比较原始,均手制,质地粗疏,吸水性强。火候低,质软易碎。据已测定的陶器烧成温度,桂林甑皮岩和英德青塘均为680℃,南宁豹子头为800℃,"大垱坑文化"的陶器为400℃—500℃。陶器多为夹砂陶,泥质陶的数量很少。夹砂陶的陶胎中有的羼砂,有的羼蚌壳粉末。陶器的颜色有红、灰、褐等,有的陶色不纯正,同一件器物上有几种不同的颜色。纹饰以绳纹为主,有少量的划纹、圆窝纹、网纹、贝印纹、篦划纹、刻划纹、波折纹等。广东潮安陈桥村贝丘遗址出土的陶器外壁或内外壁上有涂朱的现象。有些夹砂陶的器表饰红衣。器形多圜底器、平底器,不见三足器。器口多为直口、侈口。陶器的器形不规整,器内壁凹凸不平,厚薄不均。器形上一般不见耳、鼻、鋬、嘴等附加部分。器类简单,常见的器形有罐、钵、碗等,以罐的数量最多。华南地区新石器时代早期文化,不仅陶器制作原始,而且各类遗址陶器的数量和种类也很少,这是制陶业不发达的反映。

墓葬在广西桂林甑皮岩、南宁地区扶绥敢造、横县西津、邕宁长塘和广东潮安陈桥村等遗址都有发现。这些墓葬的共同特征是,一般不挖墓坑,就地堆土掩埋。葬式以屈肢葬为主,有少量的仰身葬和二次葬。屈肢葬中以屈肢蹲葬为主,其次是侧身屈肢葬。在人骨的头部、脊椎、骨盆上染有红色赤铁矿粉末。一般无随葬品,少数墓有用蚌器、石块、红色矿石随葬,不见用陶器随葬。

广西南宁邕宁县蒲庙镇九碗坡东北的顶蛳山贝丘遗址发现149座墓葬,均为竖穴土坑墓,未见葬具。大部分为单人葬(128座),少数为合葬墓(21座),最大的合葬墓有7具人骨。葬式均为屈肢葬和肢解葬,以肢解葬最具特色。屈肢葬包括仰身屈肢、俯身屈肢、侧身屈肢和屈肢蹲葬四种。肢解葬为将人体从关节处肢解并分别放置在墓中。例如65号墓将人的头颅割下,置于胸腔内,肋骨未经移动,完整地包裹着头颅;左右上肢自肩胛骨处割下,分别置于墓葬两端;自腰部将盆骨割下,并将左右下肢自股骨头处肢解,盆骨倒扣在身体右侧,双下肢放置于墓葬东侧。多数墓葬没有随葬品,少数有随葬品的墓也仅随葬一两件石器、骨器和蚌器,未见用陶器随葬。

根据现有资料,华南地区的新石器时代早期文化,可分为两段三期:前段为前陶新石器文化,为第一期;后段为有陶新石器文化,可分为两期,即第二、第三期(见表5-4)。

表5-4 华南地区新石器时代早期文化的分期

年代 分期 地区	12000　　9500　　8000　　6500		
	第一期	第二期	第三期
滨海区	海雷洞文化期	陈桥村下层文化期	大垱坑下层文化期
内陆区	白莲洞二期文化期	鲤鱼嘴下层文化期	甑皮岩上层文化期

第一期(前陶新石器文化)

属于该期的内陆地区的遗址以广西柳州白莲洞二期文化为代表,同期遗址有广西来宾龙洞岩,桂林穿山月岩东岩洞,武鸣苞桥、芭勋、腾翔和桂林北门附近发现的四处洞穴遗址,广东阳春独石仔,英德青塘吊珠岩,封开黄岩洞,贵州平坝县飞虎山洞二 T2第二文化层上部等。

滨海地区的遗址以台湾台东县长滨乡的海雷洞遗址为代表，同期遗址有台东县长滨乡潮音洞、乾元洞、玉山遗址等。该期的绝对年代为距今12000—9500年。

该期的遗址除台湾玉山外，均为洞穴遗址。[①]

广西桂林和武鸣的几处洞穴遗址的堆积中含有大量螺壳和动物化石。这几处堆积中发现的文化遗物是砾石制成的刮削器、尖状器、穿孔砾石、石磨盘和磨棒等。武鸣洞穴中发现的三件穿孔砾石，其中两件是双面琢打钻孔，一件是单面钻孔，孔径较大。发现的人化石和动物化石均轻微石化。人类化石有一个破碎的下颌骨和一些趾骨。动物化石均为现生种，其种类有獾、香狸、猕猴、牛等。

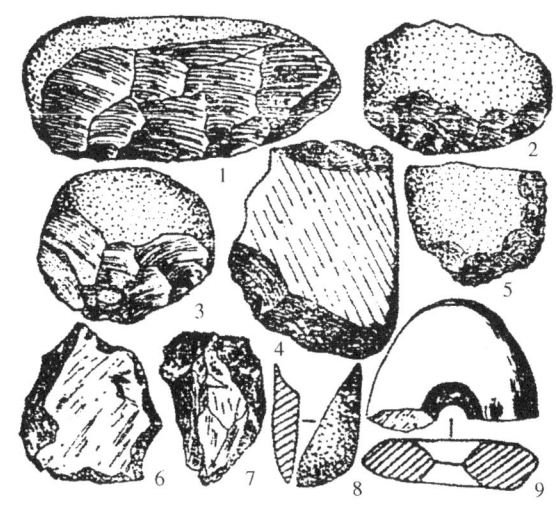

一、广东封开黄岩洞洞穴遗址出土石器
1—4. 砍砸器 5—7. 刮削器 8. 石斧 9. 穿孔石器

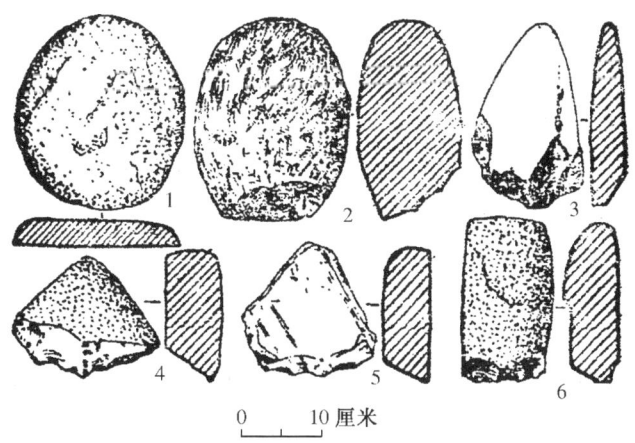

二、广东阳春独石仔洞穴遗址出土石器
1. 石砧 2. 石锤 3—6. 砍砸器

图 5-92 华南地区前陶新石器文化石器

[①] 张之恒：《华南地区的前陶新石器文化》，《考古与文物》1985年第4期。

白莲洞第二期文化的文化遗存中有刃部磨光的石斧、穿孔砾石、磨制的小砾石切割器、燧石小石器（包括石镞）。骨角器有磨制的角凿和装饰品，未发现陶器。和第二期文化共生的哺乳动物皆为现生种，其种类有野猪、水牛、鹿、豪猪、猕猴等。第二期属前陶新石器时代。第三期文化的主要堆积是东部的第一层，这是含原始陶片的钙华板，属有陶新石器时代。①

阳春独石仔遗址先后经过三次发掘，地层关系清楚。该遗址的文化堆积可分为上、中、下三个文化层。上层为灰褐色砂土，含大量螺壳和动物化石，文化遗存中有打制石器、磨制的切割器、骨器等。中层为灰黑色粘土，含大量螺壳和动物化石，少量打制石器和骨器。下层为灰黄色砂土，含少量螺壳，有打制石器、穿孔砾石、骨器，还有一枚智人化石和大量现生动物化石。独石仔的上文化层已出现磨制的切割器、骨镞等，均为带有新石器时代特征的文化遗存。②

封开黄岩洞遗址有三处堆积含文化遗存。文化遗存主要包括打制石器、磨制石器、人骨、炭屑、烧土、烧骨、螺蚌壳和哺乳动物化石。③

上述前陶新石器时代遗址，其共同特征如下：

1. 文化堆积一般胶结坚硬，多呈灰黄色或灰褐色，堆积中含大量螺壳、灰烬、炭屑、烧骨、石器和脊椎动物化石等，均属所谓"含介壳的文化堆积"。在堆积层位上，这种"含介壳的文化堆积"叠压在属于旧石器时代晚期的不含介壳的堆积之上。白莲洞和飞虎山洞穴遗址，前陶新石器文化层之上叠压着有陶新石器文化层。

2. 与文化遗存共存的动物骨骼皆属现生种，表明这些遗址的地质时代已进入全新世。

3. 文化遗存中有石器、骨器和角器，无陶器共存。石器有打制和磨制两种，以打制石器为主。打制石器的制作以锤击法为主，多单面单向打击。打制石器大多用砾石制作，石核石器多，石片石器少。器形主要有砍砸器、刮削器、尖状器和穿孔石器等，以砍砸器的数量最多。磨制石器只在刃部磨光，不见通体磨光的器形。磨制石器常见的器形有斧、锛、切割器、磨盘和磨棒等。

华南地区的前陶新石器文化，内陆地区和滨海地区在文化面貌上已产生一定的差别：石器，内陆地区出现少量磨制石器，而滨海地区则不见磨制石器，但在打制石器中已出现石斧、石镞、石枪头等新石器时代遗址中常见的器形。内陆地区的打制石器，采用单面单向打击法，器形普遍较大，以砍砸器的数量最多，普遍出现穿孔石器。文化遗存的这些区别，反映内陆地区农业的产生要早于滨海地区。

第二期

属于该期的内陆地区的遗址主要有广东英德县青塘的朱屋岩、黄岩门一号洞，灵山钟秀山滑岩洞，广西桂林甑皮岩底部，柳州大龙潭鲤鱼嘴第一期文化，南宁豹子头下层等。滨海地区的遗址以广东潮安陈桥村下层为代表，同期遗址有潮安石尾山。该期的绝对年代为距今9500—8000年。

该期和前期相比，一个很大的区别是，除大量洞穴遗址外，开始出现一定数量的贝丘遗址。贝丘遗址的出现，说明当时该地区的人们除了以洞穴作为住所外，已离开洞穴到洞外居

---

① 周国兴：《白莲洞遗址的发现及其意义》，《史前研究》1984年第2期。
② 邱立诚等：《广东阳春独石仔新石器时代洞穴遗址的发掘》，《考古》1982年第5期。
③ 宋方义等：《广东封开黄岩洞洞穴遗址》，《考古》1983年第1期。

住。这一期出现的贝丘遗址,如地处滨海地区,一般分布在小山岗上,附近有河流通过;如分布在内陆地区,遗址常位于大河的拐弯处,或在大小河流汇合处的三角地带,临江背山,附近有开阔的平地。陈桥村贝丘遗址属前一种类型,广西左江、右江和邕江流域的14处贝丘遗址属后一种类型。

在文化遗存方面的区别,第二期和第一期不同的是陶器的出现。这一期的陶器是最原始的陶器,陶质大都夹砂,泥质陶很少。陶器的火候低,质地粗疏,捏之即碎。器壁厚薄不均,器表凹凸不平。纹饰以绳纹为主,有少量的划纹、网纹等。器形以圜底器为主,有少量的平底器,不见圈足器和三足器。最常见的器形是圜底罐、碗和钵。这些特征都是陶器制作十分原始的反映。石器,第二期的磨制石器的种类和数量都比第一期增多,磨制部分也从刃部扩大到器身。第二期的打制石器除单面单向打击外,有些石器采用两面交互打击。经第二步加工的石器,数量也比前期增多。

第二期的石器,内陆地区和滨海地区有着明显的区别。内陆地区的石器制作以单面单向打击为主,交互打击的很少,石器以砍砸器为主;滨海地区的石器制作大多采用交互打击,器形以尖状器为主,制作比较精致(图5-93)。

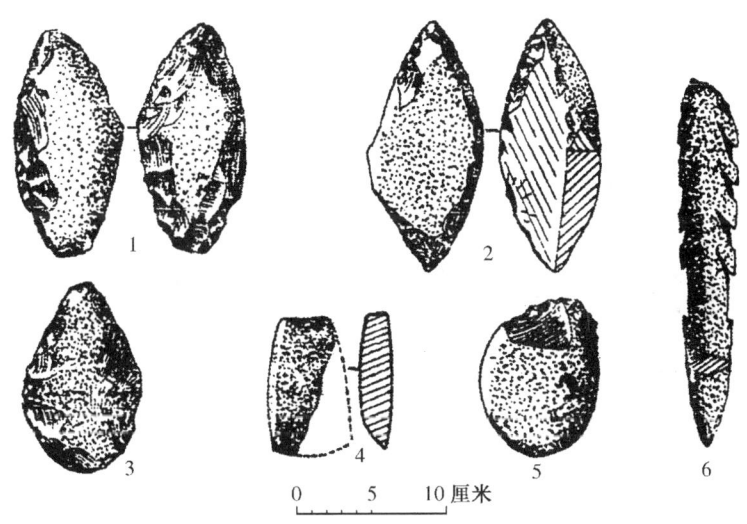

图5-93 华南新石器时代早期遗存
1、3. 尖状器 2. 蚝蛎啄 4. 石锛 5. 砍砸器 6. 骨鱼镖
(1—5. 陈桥村出土)

从该期开始,在华南地区的洞穴遗址和贝丘遗址中都发现了许多墓葬。该期的墓葬,无明显的墓坑。葬式以屈肢蹲葬为主。一般无葬具,无随葬品。常见的葬俗是在尸骨上或尸骨的周围撒上赤铁矿粉末。

第三期

属于该期的内陆地区的遗址以广西桂林甑皮岩上文化层为代表,同期遗址有广西柳州大龙潭鲤鱼嘴第二期文化;滨海地区的遗址以台湾台北县八里乡大岔坑遗址下文化层为代表,同期遗址有广西扶绥江西岸三、四层、东兴亚菩山、马兰嘴下层,广东潮安海角山,澄海苏北村、内底村等。这一期的年代为距今8000—6500年。

该期在遗址类型方面,除前期已有的洞穴遗址和贝丘遗址外,开始出现一定数量的台地遗址。在文化堆积上,该期的文化层叠压在前期的文化层之上,如甑皮岩上文化层和鲤鱼嘴第二期文化即属这种情况。这一期的台地遗址大部分位于河口和海岸的低台上,背临低山茂林,附近有水源,对采集和渔猎及农耕都比较方便。

第三期文化遗存,不论是石器、骨器、蚌器,还是生活用具方面的陶器,都比前期进步。该期打制石器的数量减少,磨制石器的数量增加。打制石器制作比前期进步,两面交互打击的器形都比前期增多,加工修理也较精细。磨制石器不但数量增多,而且出现了穿孔技术和通体磨光的器形。磨制石器常见的器形有斧、锛、穿孔石器、镞、网坠等。该期的石器和前期相比,有一种形体变小的趋势(图5-94)。

陶器制作技术的进步较石器显著。该期夹砂陶数量减少,泥质陶数量增多,并出现一些泥质磨光陶。泥质陶的火候较高,胎壁较薄。陶器纹饰比前期繁缛,常见的纹饰有绳纹、刻划纹、圆窝纹、弦纹、波折纹,时代较晚者还出现篮纹和席纹。东兴和潮安的滨海贝丘遗址中,还有一部分夹砂粗红陶上施红衣或饰赭红彩。大坌坑文化的陶器中还有一部分外壁上涂红彩的粗线纹。陶器的器形仍以圜底器和平底器为主,但出现少量的圈足器和三足器。常见的器形有罐、钵、碗、釜、甑、瓮等(图5-95)。分布于台湾西海岸地区的大坌坑文化与内陆地区同时代的文化在陶器方面有一定的差别。如大坌坑文化的陶器唇部上缘薄,到颈部加厚,有的厚成一道脊状突起,有些器形附柱状把手和根部镂孔的低圈足,这些特征都是华南地区其他同时代文化中所没有的。

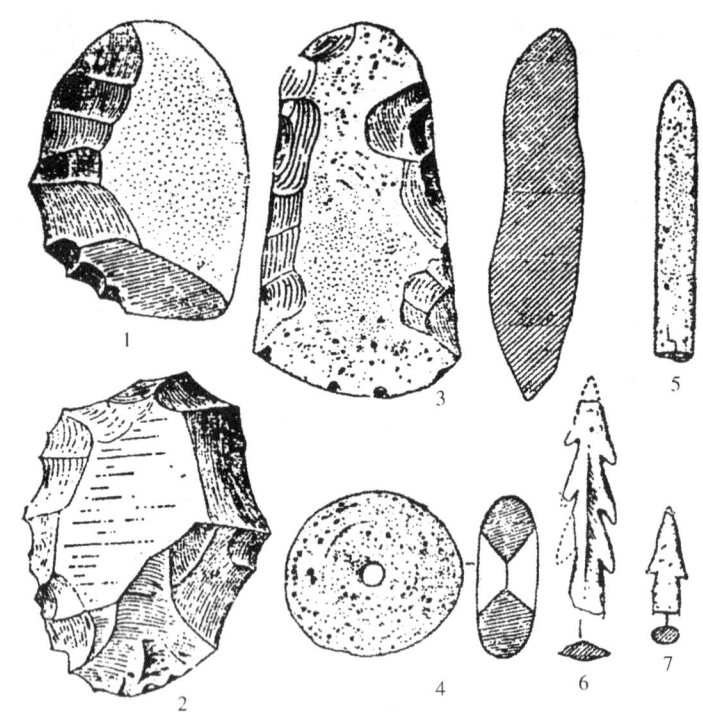

图5-94 甑皮岩遗址出土器物
(依蒋廷瑜,1981)
1. 砍砸器 2. 盘状器 3. 石斧 4. 穿孔石器 5. 石矛
6. 骨鱼镖头 7. 骨镞

华南地区的新石器早期文化发展到第三期,内陆地区和滨海地区在文化面貌上的区别

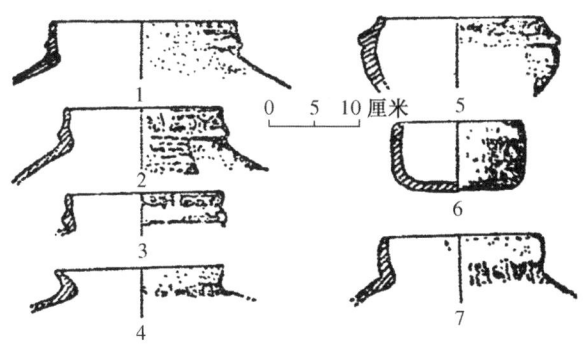

图 5-95 大坌坑文化陶器
(依张光直等,1969)
1—4、7. 罐　5、6. 钵

比前期显著。滨海地区打制石器的制作比内陆地区进步,但磨光石器的制作技术比内陆地区落后,数量也比内陆地区少。滨海地区的打制石器中的一种典型工具是用于在海滩上挖蠔的"蠔蛎啄"(尖状器)。这种器形的制作均采用两面交互打击法,两个在尖端相交的刃缘修理得比较精细。内陆地区的典型石器是砍砸器,通常采用单面单向打击,器形较大,制作粗糙。

华南地区新石器早期文化分为三大期,这是一种粗略的分期。同期的不同遗址之间在文化面貌上仍有一定的差别,还可作小的分期。例如第一期中的独石仔遗址,其上文化层要比中、下文化层的文化遗存进步。又如第二期中的石尾山遗址,其文化遗存中出现了陶器,已进入有陶新石器时代,但其石器只有打制石器,而无磨制石器,陶器只发现4件,并且都是火候很低的素面粗砂陶。石尾山遗址的文化遗存,无疑要比同时代其他遗址的文化遗存原始,还可在第二期中再分出一期。

华南地区新石器时代早期文化的年代,从木炭、人骨测定的^{14}C年代数据,可知其相对准确的年代。贵州平坝飞虎山洞 ZT2②木炭为距今 12920±350 年(GC702),柳州大龙潭鲤鱼嘴下文化层用人骨测定的年代为距今 11450±150 年(PV0402),桂林甑皮岩 79KJD76 第二层钙华板下 170 厘米木炭末测定为距今 9000±150 年(ZK911),桂林甑皮岩兽骨为距今 9100±250 年(BK79314),桂林甑皮岩 79KJDT6 第二层钙华板下兽骨为距今 9100±250 年(BK79314)。第一个数据属第一期,最后一个数据为第三期,中间的两个数据为第二期。根据上述内容可知第一期年代为距今 13000 年左右,第二期的年代为距今 11000—9100 年,第三期的年代为距今 7700 年左右。

华南地区原始农业出现较早的原因是,更新世末期,冰河首先在华南消融,由冰期寒冷的气候转入冰后期温暖多雨的气候,为农作物栽培创造了条件。

华南地区有适宜被人类最早栽培的野生作物,如芋类、薯蓣、瓜类、豆类、水生作物、果树等。这些根茎果类植物大都为无性繁殖的植物,这类植物易于栽培,故在华南最早被人类栽培。

华南地区有丰富的旧石器时代遗址,从旧石器时代早期至旧石器时代晚期,都有人类在这里生存。文化发展的连续性和继承性,尤其是采集和狩猎经验的积累和继承,是产生原始农业的重要前提。

华南地区在前陶新石器阶段出现的牛之类的食草动物可能是人类饲养的家畜。食草动物不需要谷物作为饲料,不依赖农业的发展,故在农业产生的初期,就被人类饲养。华南地区新石器早期的第二、三期的豹子头、石尾山、甑皮岩、鲤鱼嘴等遗址不但发现牛、羊之类的家畜骨骼,还发现大量猪骨,这说明猪也已成为家畜。

二、华南地区新石器时代晚期文化

华南地区的新石器时代晚期文化主要有粤北地区的石峡文化,珠江流域的西樵山文化,桂南的大龙潭文化,闽江下游的昙石山文化,台湾北部的圆山文化等。

(一)石峡文化

石峡遗址位于广东省曲江县西南的狮子山的狮头和狮尾之间的峡地,故名。石峡文化是以该遗址的下文化层作为其典型文化遗存。下文化层的文化遗存以泥质磨光陶、夹砂陶和大量的磨制石器共存为其特征。石峡文化主要分布在广东北部地区。

石峡文化的石器主要有镢、锛、铲、凿、钺、镞等(图5-96,6、11—13、18—21)。石镢长身弓背,两端刃,长达31厘米。石铲均穿孔,扁平长方形或长身梯形。石锛按形制可分为长身、梯形、有段、双肩四种,后两种石锛颇具特色。铲、锛、镢都是重要的农业生产工具。石峡遗址发现不少炭化的米粒、稻谷、稻壳、稻秆等,这些遗存散见于墓葬、窖穴和作为建筑遗存的烧土块中。经鉴定水稻遗存属于栽培的籼稻和粳稻两种,以籼稻为主。石镞共发现500多件,相当于其他石器总和的一倍,其形制多样,除作狩猎工具外,还是一种兵器。

陶器大多为灰褐色和灰黄色。制作大都为轮制和模制。器表多为素面,纹饰有绳纹、附加堆纹、方格纹、漩涡纹、条纹、曲尺纹、弦纹等,其中的方格纹、曲尺纹、漩涡纹等,已具有几何印纹陶的特征。器形以三足器、圈足器和圜底器为主,平底器很少。常见的器形有鼎、釜、三足盘、圈足盘、豆、圈足壶、罐、大袋足鬶、圈足甑、杯、盂、瓮等,其中以瓦形足或凿形足的子母口盘式鼎、釜形鼎、瓦形足或三角形镂孔足的子母口的浅腹三足盘、子母口浅腹镂孔大圈足盘、子母口长颈或短颈圈足壶等最具特征性(图5-96、1、3—5、7—10、14—17)。

石峡遗址共发现墓葬64座。根据墓葬的叠压和打破关系,可将其分为三期。这三期墓葬的共同特征是:第一,在埋葬习俗方面,皆为东西向排列的长方形土坑竖穴墓,墓坑壁大都经火烧,保存约二三厘米的烧土壁。有的墓有明显的夯窝痕迹,如43号墓填有五层夯土。流行二次葬,二次葬时尸骨堆放在墓坑的东南隅。尸骨和随葬品有红朱土。二次葬墓中有两套随葬品,一套是原一次葬墓中迁来的,另一套是第二次葬时放置的。第二,随葬品中石制工具的比例较大,44座二次葬墓中,随葬石器的有38座。随葬的石器有镢、锛、凿、镞等,其中以石镞的数量最多,23座墓中出土石镞达500余件。第三,随葬的陶器多为三足器、圜底器和圈足器,平底器很少。第四,第三期的二次葬的大型墓中有一定数量的制作精美的玉琮、玉璧、玉瑗等礼器性质的随葬品。

石峡遗址第三期墓葬的年代有两个^{14}C数据,其年代分别为距今4330±90年(BK75046)、4020±100年(BK7505)。

石峡遗址二、三期墓葬,已出现阶级分化,这主要反映在同期各类墓葬的区别上。二、三期墓葬可分为四类。第一类分两种,一种主要随葬石钺和镞,伴以成组的玉器和陶器;另一种主要随葬石琮、镞,伴以成组的玉器和陶器。第二类,主要随葬石镞,伴以较多的生产工具,墓葬规模较小。第三类,只随葬少量生产工具,伴以少量陶器,墓坑小于第二类。第四类,只随

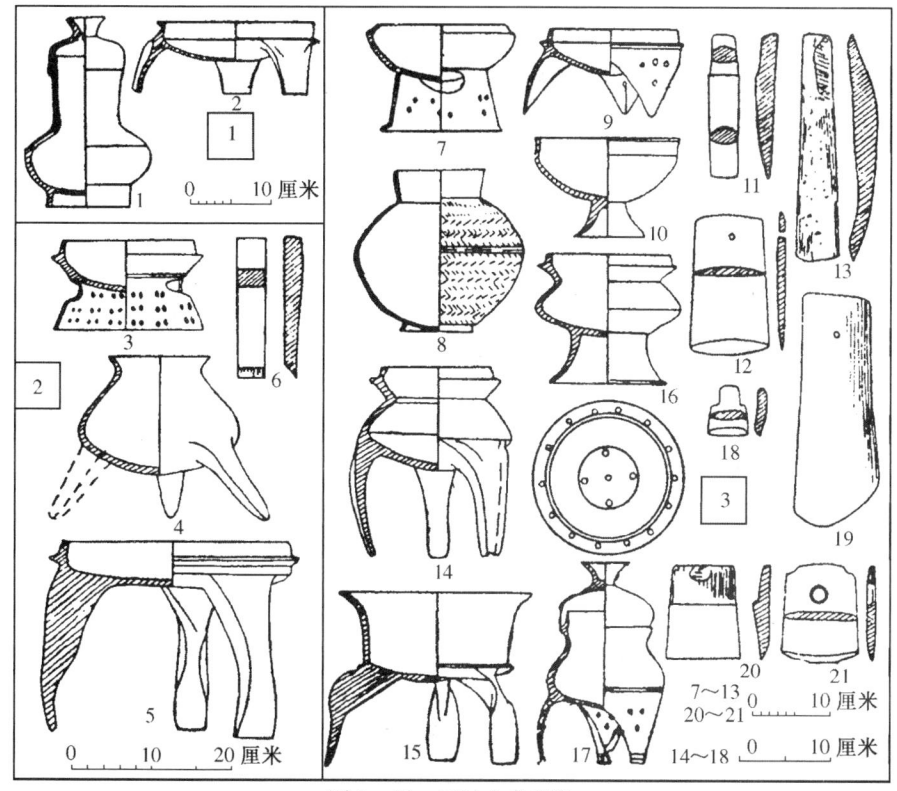

图 5-96 石峡文化器物
（依任式楠，1984）

1）一期墓：1. 壶　2. 三足盘
2）二期墓：3. 圈足盘　4、5. 鼎　6. 石凿
3）三期墓：7. 圈足盘　8. 罐　9. 三足盘　10. 豆　11. 有段石凿　12. 石铲　13. 石镞　14、15、17. 鼎　16. 甑　18. 有肩石锛　19. 亚腰石钺　20. 有段石锛　21. 有肩石钺
（广东曲江石峡出土）

葬少量陶器。以上四类墓葬的差别是：第一、二类随葬大量兵器和生产工具，以及象征墓主人特殊地位的钺、琮、瑗等。第三、四类，只随葬少量工具和少量陶器，而无任何兵器和贵重物品。第一、二类与第三、四类的区别，说明石峡文化时期，生产手段与财富已集中到少数人之手，并与暴力相结合，标志着阶级社会的出现。

石峡文化与长江中、下游地区同时代诸文化有着密切的联系。石峡墓葬出土的有段石锛、袋足鬶、盘式鼎、圈足壶等，都与江西省清江筑卫城下文化层、修水山背地区出土的同类器相似。石峡遗址出土的穿孔有肩石钺、有段石锛、玉琮、玉璧、玉瑗、贯耳圈足壶和肥大袋足鬶等，都与太湖流域的良渚文化的同类器相似。[1]

（二）大龙潭文化

广西南部地区，其中包括今玉林、钦州地区、南宁地区、百色地区东南部和柳州地区南部，发现一种以大石铲为主要特征的新石器时代晚期至青铜时代的文化遗存。桂南地区，出土石铲的遗址或地点，已发现60余处。其中对扶绥县那淋屯、隆安县大龙潭两遗址曾进行过试掘

---

[1] 广东省博物馆：《广东曲江石峡墓葬发掘简报》，《文物》1978年第7期。

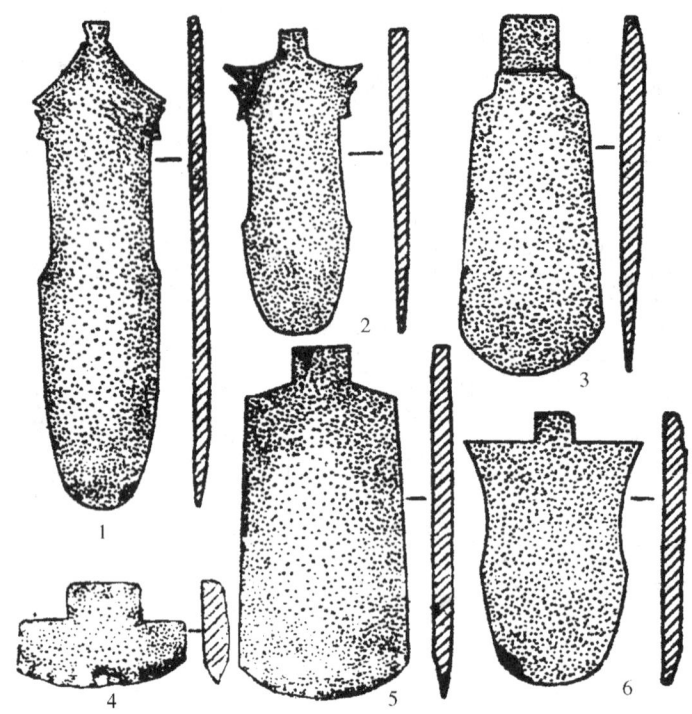

图 5-97 桂南山坡遗址出土石器
（依蒋廷瑜，1981）
1—3、5、6. 双肩石铲　4. 双肩石斧
（1、5. 那淋屯　2、6. 大龙潭　3. 潭良　4. 路兹）

和较大规模的发掘。大龙潭遗址的发掘面积达800余平方米，其文化遗存十分丰富，是一处典型遗址。

大龙潭文化遗存全部是石器，个别遗址有极少量陶器共存。石器尤以石铲的数量最多，斧、锛、犁、锄、凿、敲砸器、砺石等发现得很少。石铲样式繁多，制作精致、美观、规整，造型较为复杂，其中以小柄双肩者的数量最多。石铲大多通体磨光，其大小、厚薄、轻重、硬度都存在较大差异，以体形硕大者居多。有不少石铲扁薄易断、质地脆、刃缘厚钝，有的则为平刃，在生产上无实用价值（图5-97）。

大龙潭文化的石铲，除散置于地层或杂乱叠压于灰坑中的外，其余石铲多整坑出土，有一定的排列形式，以刃部朝上的直立或斜立组合为主，均为有意识放置。大龙潭文化中这种有一定排列组合的石铲，可能是原始社会晚期，某种与农业生产有关的祭祀遗迹。这种遗迹在桂南地区普遍发现，说明当时在桂南地区普遍存在与农业生产有关的祭祀活动。

大龙潭文化遗存的时代，一般认为属于新石器时代晚期至青铜时代。在合浦县清水江，曾发现过石铲与青铜器残片共存的现象。邕宁县坛楼遗址还发现石祖。贵县桐油岭的一座汉墓中曾出土一件大石铲。这些都是大龙潭文化晚期已进入到青铜时代的例证。[①]

（三）昙石山文化

昙石山文化主要分布在闽江下游地区。属于昙石山文化的遗址，已经经过考古发掘的有

---

① 广西壮族自治区文物工作队：《广东隆安大龙潭新石器时代遗址发掘简报》，《考古》1982年第1期。

福建闽侯昙石山、福清东张、闽侯榕岸庄边山和白沙溪头下层等。

根据昙石山遗址的地层关系,可将昙石山文化分为早、晚两期。

1. 早期

属于昙石山文化早期的遗址主要有昙石山下层、溪头下层和东张下层等。

早期的生产工具主要是石器,磨制不精,一般只粗磨器身和刃部。器形主要有锛、凿、镞等,以锛的数量最多(图5-98,18)。锛的形制较小,器形不固定,其中以扁平梯形和长方形的有段石锛较典型。石锄的横剖面为三角形,一面扁平,一面有一条人字形纵脊,器身厚重。

陶器以细砂灰、红陶和泥质磨光灰陶为其特点。制作大都为手制轮修。器表以素面为主,纹饰有绳纹、划纹、附加堆纹、圆圈纹、重圈纹、镂孔和彩绘。有极少量的几何印纹灰陶。在羊角把手壶形器上先拍印绳纹再加绘竖条和卵点组成的红彩,表现了下层彩陶的特征。主要器形有釜、碗、盆、钵、簋、豆、壶、罐等(图5-98,4、8、9、12、13、17)。釜的数量最多,大口、扁折腹、圜底。壶,高领、扁折腹、矮圈足。豆,敛口或侈口,喇叭形矮圈足。

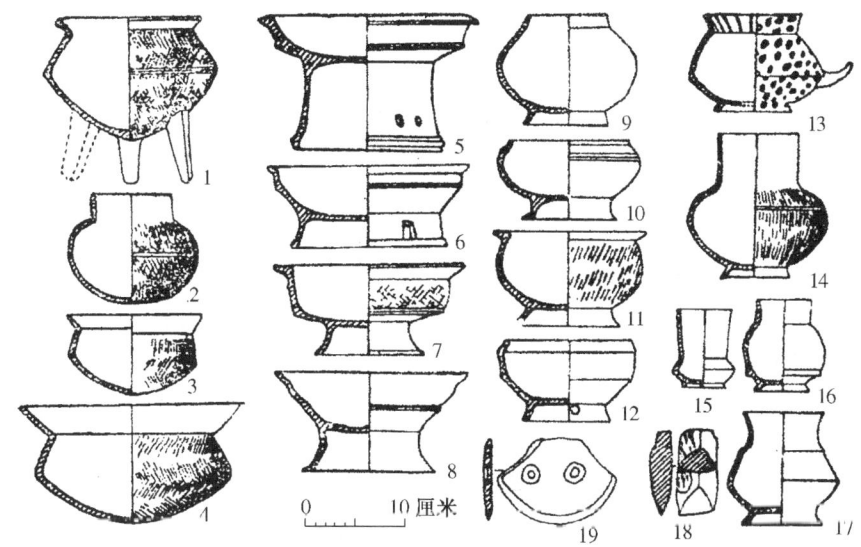

图5-98 昙石山文化器物
(依任式楠,1984)

1. 鼎 2. 罐 3、4. 釜 5、6、8、12. 豆 7、10、11. 簋 9、14、16、17. 壶
13. 角把彩陶壶 15. 杯 18. 石锛 19. 石钺
(福建闽侯昙石山出土 4、8、9、12、13、17. 下层,余均中层出土)

东张遗址(山丘遗址)的下层发现一座椭圆形的半地穴式房屋,门道向东,在房屋的后半部对着门道的方向有一灶址。华南地区的房屋都是地面建筑,东张下层之所以发现半地穴式房屋,其主要原因是该遗址位于山丘上,半地穴式房屋不会受到地下水的威胁。

昙石山下层的墓葬,成人墓为长方形竖穴,婴儿墓不见墓坑,无葬具,随葬品很少,近半数墓无随葬品,头向北偏西,葬式以单人仰身直肢葬为主。

2. 晚期

属于晚期的遗址有昙石山中层、庄边山下层、东张中层等。

晚期的石器仍以石锛为多,新出现的器形有石钺(图5-98,19)、石刀、石镰等。蚌器大量出现,以蚌铲和蚌刀为多。蚌铲有双孔或四孔。

从昙石山中层堆积和遗物所反映的经济状况来看,农业生产已获得一定的发展,饲养的家畜有猪、狗。渔猎生产仍占一定的地位,海生贝类是经济性的食物之一。

晚期的陶器以灰陶为主,红陶较少。胎质比早期坚硬。几何印纹硬陶比早期增加。制作仍以手制为主,轮制技术有所发展。新出现的纹饰有斜方格纹、叶脉纹、双圆圈纹。晚期的器形比较规整。器形仍以釜、豆、壶为主,新出现的器形有方柱形足鼎、彩陶杯、小口高领方格纹罐、筒形杯等(图5-98,1—3、5—7、10、11、14—16)。晚期的扁折腹釜,折棱在上腹,腹部较浅,早期那种折棱在下腹的深腹盆式釜已消失。豆的特点是浅盘大圈足,圈足有圆形或长方形镂孔。

墓葬在庄边山和白沙溪头都有发现。溪头发现的墓葬有六座是单人仰身直肢葬,一座侧身屈肢葬,一座成年男女合葬墓。随葬品多寡不一,多者达15件,少者仅一件,或无随葬品。一座成年男女合葬墓,男性仰身直肢,女性侧身屈肢面向男性,随葬品多在男性身边。这座合葬墓为一次葬,已具有女性为男性殉葬的性质。墓葬的这些特征说明昙石山文化时期已进入父系制阶段。①

第七节 辽河流域的新石器时代文化

一、新乐文化

中国东北地区的新石器时代文化主要有新乐文化、兴隆洼文化、红山文化和富河文化。

新乐文化主要分布于沈阳地区的辽河和浑河流域。该文化以沈阳新乐遗址下层遗存为其代表性文化遗存。

新乐下层发现一座平面为圆角方形的半地穴式房屋,面积近25平方米,门向南,居住面中央有灶。

石器有细石器、打制石器和磨制石器三种,其中以细石器的数量最多,占全部石器的二分之一,其次为磨制石器,占三分之一,打制石器最少。细石器大都用燧石、玉髓作原料,器形以石叶最多,其次为各种尖状器和石镞(图5-99,4—6)。磨制石器有斧、锛、凿、镞、磨盘、磨棒等,其中磨制的长身石镞和打制的镞形状相同。大型打制石器有砍砸器、刮削器、石铲、网坠等。此外还发现一些用煤精制成的装饰品,如耳珰、圆泡、圆珠等。

陶器以夹砂红褐陶最多,约占全部陶器的90%以上,火候较低,胎质疏松。泥质陶的数量较少。器表大都有纹饰,多属篦纹系统的竖"之"形的线纹,有少量的弦纹。夹砂陶的器形主要有大口筒形深腹罐,有少量和红山文化相似的斜口筒形罐,平底呈椭圆形。这些器形胎壁均匀,造型规整,可能已使用慢轮制陶(图5-99,1—3)。

新乐下层出土的石器中有石斧、石锛、磨盘、磨棒等农业生产工具和谷物加工工具,说明当时已有了定居农业。较多的细石器和石镞、网坠的发现,反映渔猎经济仍占较大的比重。

新乐下层用木炭测定的数据为距今6145±120年。②

---

① 福建省文物管理委员会等:《福建闽侯昙石山新石器时代遗址第二至第四次发掘简报》,《考古》1961年第12期。福建省文物管理委员会等:《福建省闽侯县昙石山新石器时代遗址第五次发掘简报》,《考古》1964年第12期。
② 沈阳市文物管理办公室:《沈阳新乐遗址试掘报告》,《考古学报》1978年第4期。

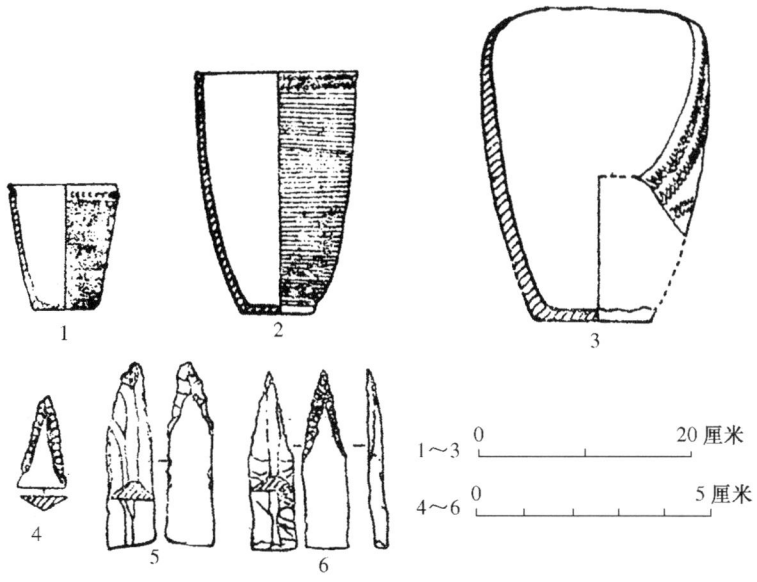

图 5-99　新乐下层文化器物
（依徐光冀，1984）
1、2. 罐　3. 斜口器　4—6. 石镞
（辽宁沈阳新乐出土）

二、兴隆洼文化

1982 年发现的兴隆洼文化遗存，主要分布在西辽河、大凌河流域，北到西拉木伦以北的克什克腾族，南抵燕山南麓，东达哲里木盟。现已发现的遗址除内蒙古敖汉旗兴隆洼外，还有敖汉旗鹰膀地和老矿遗址（两遗址在兴隆洼遗址的东西两侧），克什克腾旗富顺永，赤峰县召苏河（英金河上游）左岸大五十家子，奈曼旗福盛泉五号地点等，其中只有兴隆洼遗址经过发掘。

兴隆洼文化的时代早于红山文化，兴隆洼 A 区红山文化的房屋遗址（F106）打破兴隆洼文化聚落围沟，证明兴隆洼文化早于红山文化。兴隆洼 F119 居住面上的木炭经 ^{14}C 年代测定（ZK1392）为公元前 5290±95 年（半衰期 5730），其绝对年代也早于红山文化。

兴隆洼遗址的发掘中，在聚落周围发现围沟，其中东北-西南走向的长 183 米，东南-西北走向的长 166 米。沟宽 1.5—2 米，深 0.55—1 米。在围沟所环绕的范围内，发现近百座半地穴式房屋。这些房屋大体呈东南-西南方向排列，计十一二排，每排 10 座房屋左右。1983 年发掘 7 间房址，皆半地穴式，平面圆角方形，有的略作长方形。地穴多为土壁。居住面系将地穴的生土夯实而成。灶址是一个近圆形土坑，个别底部铺石块。柱洞在屋内分布于房屋的两侧。未见门道。房址大小不一，地穴深浅不一。F1 较大，长 8.5 米，宽 7 米。

陶器均夹砂陶。陶色有红褐、灰褐和黄褐等，同一件器物上有几种不同颜色。火候较低，陶质疏松。胎厚者达 2 厘米。器内壁上多经磨光，大多呈黑色。均手制，将泥圈套接捏合成器，器口外面贴附泥条。器表素面极少，普遍饰由三至五种纹饰组成的复合纹。纹饰多为压印，主体纹饰是交叉纹、网状纹、竖压横排之字形纹，以及戳印凹点纹，器口下一般有凹弦纹带和附加堆纹。器形以敛口或敞口筒状罐的数量最多，有少量的陶钵（图 5-100,1—5）。

石器有打制、琢制、磨制和压制四种,其中以打制石器的数量最多,器形也较大。打制石器有石铲、盘状器、敲砸器等。琢制石器只有磨盘和磨棒。磨制石器有石斧、石锄(图5-100,5—6)、石镞、凿等。压制石器只有一种骨梗石刃鱼镖。这种复合工具是将石叶嵌粘在骨柄的槽中。

骨器的种类较多,常见的有骨锥、骨匕、两端尖锐的骨镞,有倒刺的鱼镖(图5-100,7—8)。[①]

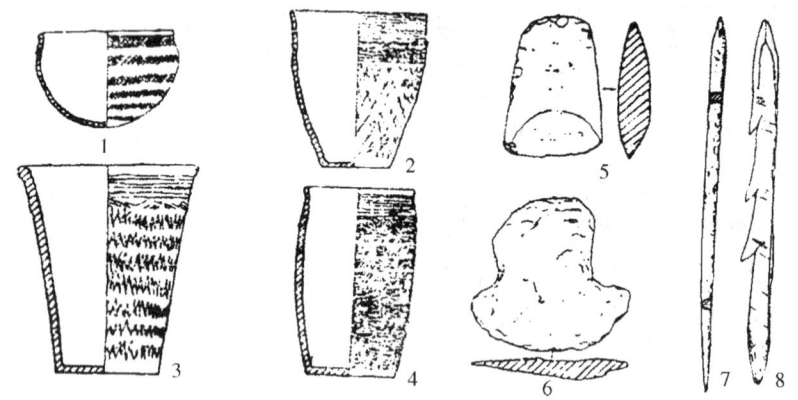

图5-100 兴隆洼文化器物
1. 钵 2—4. 罐 5. 石斧 6. 石锄 7. 骨锥 8. 骨鱼镖
(均内蒙古敖汉旗兴隆洼遗址出土)

兴隆洼文化与时代稍晚的新乐下层文化及小珠山下层文化遗存,文化面貌有一些相似之处,陶器大多为夹砂陶,器类简单,以筒形罐的数量最多,有少量的碗、钵。器表大多有纹饰,以压印的线纹、之字形(多为竖纹横排)为主体纹饰。这表明上述诸文化之间的共性和联系。红山文化与兴隆洼文化有直接打破关系,两者在文化面貌上也有一定的联系。如两者都盛行"之"字形纹,都有夹砂筒形罐等。富河文化与兴隆洼文化在陶器方面更为接近,两者均以之字形纹的夹砂厚胎筒状罐为主体,钵、碗次之。

三、红山文化

红山文化分布的地域包括内蒙古昭乌达盟,吉林的哲里木盟南部,辽宁朝阳和锦州地区,河北北部的燕山地带,其中以昭乌达盟的老哈河流域发现的遗址较多。该文化首先于1935年在赤峰红山后第二住地发掘,原报告称为赤峰第一期文化,中国学者称为"红山文化"。属于红山文化的遗址除赤峰红山外,还有赤峰东南的二道井子、赤峰西边的土城子,敖汉旗四棱山和三道湾子,巴林左旗南杨家营子、丰水山太平地、林西西门外山坡,赤峰水泉村。

红山文化时期的居民过着一定程度的农业定居生活,但渔猎仍是重要的经济部门。

房屋遗存在赤峰水泉村和巴林左旗南杨家营子都有发现。水泉遗址发现三座保存较好的半地穴式房址。其中一座大型的长11.7米,宽9米,平面呈长方形,门向东南,房内中央有椭圆形大灶坑,靠墙处有小型袋状窖穴。

红山文化的石器有细石器、打制石器和磨制石器。根据红山A区统计,细石器占三分之一,磨制石器和打制石器共占三分之二。细石器包括窄小的石叶、一侧边有使用痕迹的条形石片、拇指盖刮削器、两边修整的尖状器和石镞等。石镞有等腰三角形和等边三角形两种,镞底有平

---

① 中国社会科学院考古研究所内蒙古工作队:《内蒙古敖汉旗兴隆洼遗址发掘简报》,《考古》1985年第10期。

底和凹底两种,以凹底为多。大型的打制石器有砍砸器、斧状器、两端很尖的桂叶状石器、桂叶形双孔石刀等。磨制石器有梯形石斧、梭形石锛、石刀等。琢制石器有磨盘和磨棒等。叶形石耜在各种石器中数量最多,是主要的生产工具之一,也是一种最富特征的农业生产工具,是红山文化的标志之一。石耜分打制和磨制两种,是一种类似石铲的翻土工具(图5-101,10)。

陶器分夹砂褐陶和泥质红陶两种,以夹砂褐陶的数量为多。夹砂陶,手制,火候低,质地疏松。器类简单,器形以大口深腹平底罐最多,有少量敞口曲腹平底碗、敛口筒状瓮和斜口深腹罐。纹饰有纵横"之"字形纹、纵横"之"字形点纹、席纹等。纹饰多为篦纹系统的"之"字形纹,是红山文化陶器的特征之一。泥质红陶,火候较高,手制。泥质红陶外表常有黑色彩绘,彩纹有三角涡纹、斜方块、竖行或斜行的平行线纹、菱形纹、鳞形纹等。器形有小口双耳罐、长颈深腹筒状罐、敞口深腹平底碗、敛口曲腹平底盆、钵等(图5-101,1—8)。

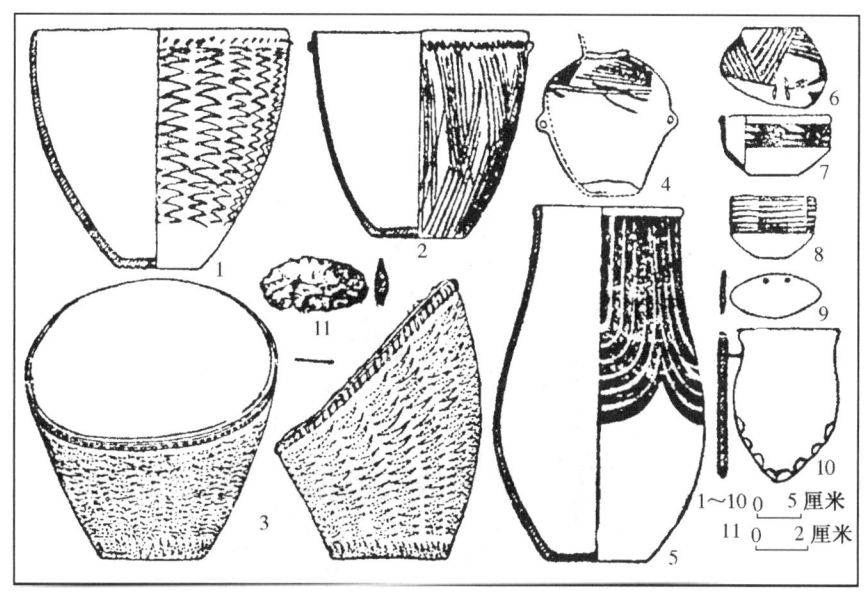

图5-101 红山文化遗物
(依徐光冀,1984)
1—6. 罐　7、8. 碗　9. 石刀　10. 石耜　11. 石刮削器
(1—4、6、8、9、11. 内蒙古赤峰水泉,5. 赤峰蜘蛛山,7、10. 敖汉湾小河沿出土)

敖汉旗四棱山遗址发现窑址六座。这些陶窑由窑室、火道、火膛三部分组成,有单室窑和连室窑两种。六号窑为连室窑,双火膛,室内平面为长方形,东西长2.7米,南北宽1米,窑室残高0.4—0.5米;室内有八个窑柱,窑室和窑柱均为土石结构,表面抹草拌泥。双火膛分置两边,长1.8米,宽0.8—0.95米,高0.6—0.9米。这种连室窑是单室窑的扩大和发展,比单室窑先进。

1979年5月,在辽西的喀喇沁左翼自治县东山嘴发现一处原始社会晚期的大型石砌祭祀遗址。1983—1985年又在相距50公里的建平、凌源两县交界处的牛河梁发现一座所谓"女神庙"和几十处积石冢群,以及一座面积约4万平方米的石砌围墙遗址。

东山嘴遗址位于大凌河西岸一个高出河床50米的山梁正中,对岸是高山和开阔的山口。发掘中揭露出一组南北长60米、东西宽40米的石砌建筑址,其中部有一个10米见方的方形基址,内树成组立石,南部为一直径2.5米的圆形台址,东西两侧相距6米,分别有一道南北走向的基石带(图5-102)。整个建筑所用石材均经加工,有的很方正,砌筑也很规则。在圆台址附近有小型孕妇陶塑像(图5-103)、大型人物坐像残件、双龙首玉璜、绿松石鸮形饰件和形制特异的彩陶器(图5-104)。

图5-102　辽宁喀左东山嘴发现的祭坛遗迹

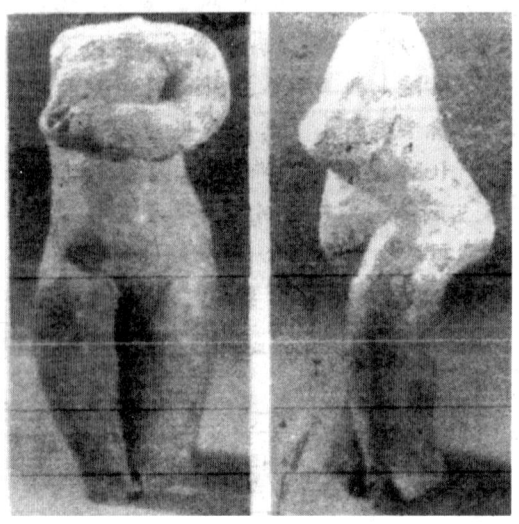

图5-103　红山文化小型陶塑裸体孕妇立像
(辽宁喀左县东山嘴遗址出土)

　　东山嘴遗址的石造建筑讲究方位、对称、主次,遗址坐落在山梁顶部中央,全部遗迹按中轴线分布,有成组立石和陶塑人像群等。这些特点说明,这是同祭祀活动有关的建筑遗址。从东山嘴遗址出土的陶器来看,其文化时代应属红山文化。这一遗址的放射性碳素测定的年代为距今5485±110年(经过树轮校正)。

　　牛河梁遗址有的研究者称其"女神庙"。它有主室和侧室,陶塑残块中有体型较大的主神,也有小型的众神。有一尊基本完整的女性头像,大小与真人接近。头像面部的艺术刻画既强调外形轮廓的美观柔和,又追求内蕴神态的情感流露。其眼珠是用晶莹碧绿的玉球镶嵌而成。陶塑残块中还有因年龄差异而发育不同的乳房、圆润的肩膀、肉感极强的修长手指(图5-103)。

　　牛河梁的积石冢分布在近30个山巅、高坡上。这些积石冢面对着河川,向阳,与位于牛河梁的女神庙以及位于喀左县东山嘴的祭坛遥相呼应。每座积石冢内,一般都有数十人"列棺"而葬。他们因身份不同被分别安置在大小各异的石砌棺中,数十个石棺上都覆盖石块构成一个整体,外围放置筒形陶器,形成积石大冢。目前发现的最大石砌棺,位于积石冢的中心,长宽各约 3.5 米。而一般石砌棺长仅有 1.5 米,宽约 0.5 米。每个冢均用石块砌成。石块经过打制,一般高约 30 厘米,长 40 多厘米,宽 20 多厘米。一座石冢,有三四百平方米,最大的达 1000 多平方米。积石冢平均垒石高度在一米以上。积石冢呈圆形,四周围绕着筒形彩陶器。这种筒形彩陶器无底,高约 50 厘米,直径约 30 厘米。一座积石冢往往竖立上百个筒形彩陶器。

牛河梁 V 地点的架子山顶 1 号冢中心大墓保存完好,为石砌三层台结构,棺内葬一男性,随葬品有玉环、玉佩、玉镯等玉饰 7 件。2 号冢内发现陶塑裸体女性小像,有的足着靴,形象生动。

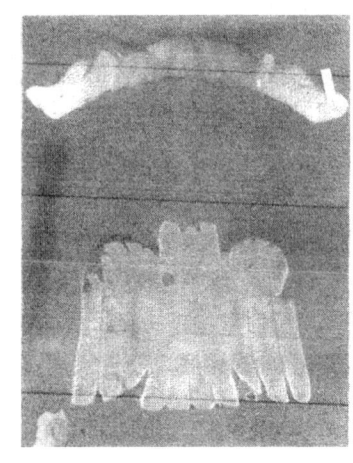

图 5-104 东山嘴遗址出土玉器
上:双龙首玉璜 下:绿松石鸮

积石冢内,随葬了数量众多、十分精美的玉器。这些玉器一般放置在死者头下、胸前和身边,中心大墓和一般小墓均有玉器。器形有作为原始宗教信仰的玉猪龙,有挂于胸前的双联、三联玉璧,有勾云形玉佩,有扁圆形玉环,有圆筒形玉箍,还有作为艺术品的玉鸟、玉鸮、玉龟、玉鱼、玉兽等。牛河梁四号墓还出土铜环。

关于积石冢的性质,考古界还没有一致的意见。有人认为,每个冢内可能埋葬着同一氏族组织成员,中心人物可能是部族首领或其中受尊敬的长者。至于有学者认为,辽西发现祭坛、积石冢等遗迹,说明 5000 年前这里曾存在过一个具有国家雏形的文明社会,这一重大发现使中华文明史提前 1000 多年。这些观点是否正确,还需商讨。

1986—1988 年,在牛河梁遗址发掘了转山的"金字塔"式大型红山文化建筑遗址。转山建筑遗址的结构为夯筑石砌圆形台阶式,规模宏伟,基部直径 100 余米,残存高度为 20 余米,顶部堆积大量坩埚片,中央夯土内埋有人骨架。这个庞大遗址与"女神庙"相距 4 公里,遥相对应,可南望"猪山"。该遗址的整个结构、形制和性质,尚待进一步探掘和研究。[①]

四、富河文化

富河文化主要分布在西拉木伦河以北的昭乌达盟的北部地区,西拉木伦河以北的吉林省哲里木盟也有发现。红山文化和富河文化在西拉木伦河流域交错分布。

生产工具有细石器、大型打制石器、磨制石器和骨器。细石器数量较多,占全部石器的三分之一以上,其种类有石叶、锥状石核、扁体石核、圆柱状石核、圆头刮削器、条形尖状器、锥形器、镞等。石叶的数量最多,一般长 6—8 厘米,最长达 13 厘米。大多数长条形石叶仅有使用痕迹,未经第二步加工,有些是用作复合工具的镶嵌石刃。石镞都为桂叶形,扁平细长,有平底和凹底之分。细石器除圆括器用直接打击法剥片外,其余都是用间接打击法制成长条形石片,再加工成各种器形,个别细石器有磨制痕迹。打制石器的数量仅次于细石器,其种类有砍斫器、尖状器、梭形器、刮削器、锄、斧、锛、凿等,其中砍斫器占全部打制石器的四分之一左右。

---

① 郭大顺等:《辽宁省喀左县东山嘴红山文化建筑群址发掘简报》,《文物》1984 年第 11 期。辽宁省文物考古研究所:《辽宁牛河梁红山文化"女神庙"与积石冢群发掘简报》,《文物》1986 年第 8 期。

长方形石锛、有肩石锄是颇富特征的农业工具。打制石器都经过精致的打制加工,表现了纯熟的工艺,只在锋边刃角有极少数的磨制修整。中国北方草原地区,由于磨制石器不发达,从而使打制石器(包括细石器)的打制技术达到了史前的高峰。磨制和琢制的器形较少,其种类也仅有斧、锛、磨盘和磨棒等(图5-105,5—11)。骨器的数量较多,器形有锥、镞、针、匕、鱼镖、鱼钩、复合工具中的刀柄、压印陶器纹饰的齿状工具。骨刀柄有凹槽,以镶嵌石叶(图5-105,12)。

陶器以质地粗松的黄褐夹砂陶为主,灰褐陶次之。陶器的内壁多为黑色。皆手制,以泥条盘筑为主。纹饰有横"之"字形线纹、纵"之"字形线纹、横"之"字形点纹、席纹、刻划纹和附加堆纹,以属于篦纹系统的横"之"字形线纹为多。器形以大口深腹筒状罐最多,占全部陶器的90%以上,有少量直腹钵、曲腹钵、豆、小杯、纺轮等。多筒形罐和横"之"字形线纹、横"之"字形点纹,是富河文化陶器的特色(图5-105,1—4)。

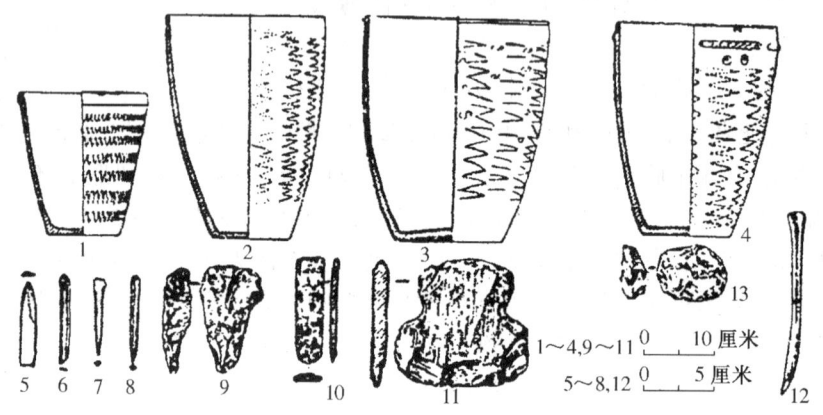

图5-105　富河文化器物
(依徐光冀,1984)

1—4. 罐　6. 石片石器　9. 石尖状器　10. 石锛　11. 石锄形器
13. 石砍砸器　5. 石镞　7、8. 石锥　12. 骨刀柄
(内蒙古昭盟富河沟门出土)

房屋建筑在富河沟门遗址发现得很多,属于房屋的"灰土圈"遗迹共发现150多座,都分布在山腰上,东西排列很有次序。已发掘的房址有37座。房址有方形和圆形两种,以方形为多。房屋皆借山坡建成,即先在山坡上挖成簸箕形土坎,然后以土坎为基础,建造房屋。门开在南面。居住面经夯打,中央有灶。灶分两种,一种是土坑式的,另一种是土坑内加砌石板。依山的北墙有柱穴。有的居址内的南部有窖穴。圆形房屋只发现四座。居住面中央有方形或圆形的灶坑。灶坑壁的四周都砌以石板。房屋周围有柱穴六个。

富河遗址中发现卜骨,系用鹿或羊的肩胛骨制成,不经修整,只灼,无钻或凿。[①]

富河文化的年代,已测定的富河沟门遗址的^{14}C年代为距今4735±110年。

富河文化和红山文化在西拉木伦河以北地区交错分布。1962年在巴林左旗南杨家营子的试掘中,发现在红山文化的房址上叠压着富河文化的堆积,这说明红山文化要早于富河文化,^{14}C年代也表明红山文化要早于富河文化。但从两者的文化面貌来看,富河文化不是红山

---

① 中国科学院考古研究所内蒙古工作队:《内蒙古巴林左旗富河沟门遗址发掘简报》,《考古》1964年第1期。

文化的发展。从总的方面来看,富河文化的石器和陶器要比红山文化原始,故富河文化不可能是红山文化的发展。富河文化的渊源还需继续探索。

参 考 文 献

(一) 黄河中游

1. 贾兰坡:《山西怀仁鹅毛口石器制造场遗址》,《考古学报》1973年第2期,第39—58页。
2. 西安半坡博物馆等:《陕西大荔沙苑地区的考古调查报告》,《史前研究》1983年创刊号,第101—103页。
3. 甘肃省博物馆等:《甘肃秦安大地湾新石器时代早期遗址》,《文物》1981年第4期,第1页。甘肃省博物馆等:《1980年秦安大地湾一期文化遗存发掘简报》,《考古与文物》1982年第2期,第1—4页。
4. 中国社会科学院考古研究所宝鸡工作队:《1977年宝鸡北首岭遗址发掘简报》,《考古》1979年第2期,第97—106页。
5. 北京大学考古教研室华县报告编写组:《华县、渭南古代遗址调查与试掘》,《考古学报》1980年第3期,第297—328页。
6. 西安半坡博物馆等:《渭南北刘新石器时代遗址调查与试掘》,《考古与文物》1982年第4期,第1—9页。
7. 巩启明:《试论老官台文化》,中国考古学会第四次年会(1983)论文集,文物出版社1985年版,第264—271页。
8. 商县图书馆等:《陕西商县紫荆遗址发掘简报》,《考古与文物》1981年第3期,第33页。
9. 中国科学院考古研究所等:《西安半坡——原始氏族公社聚落遗址》,文物出版社1963年版,第1—8页。
10. 中国科学院考古研究所宝鸡发掘队:《陕西宝鸡新石器时代遗址发掘纪要》,《考古》1959年第5期,第229页。中国社会科学院宝鸡工作队:《1977年宝鸡北首岭遗址发掘简报》,《考古》1979年第2期,第97页。
11. 北京大学历史系考古教研室:《元君庙仰韶墓地》,文物出版社1983年版,第1—3页。
12. 黄河水库考古队陕西分队:《陕西华阴横阵发掘简报》,《考古》1960年第9期,第5页。
13. 西安半坡博物馆等:《1972年春临潼姜寨遗址发掘简报》,《考古》1973年第3期,第1页。半坡博物馆等:《姜寨——新石器时代遗址发掘报告》,文物出版社1988年版,第7—267页。
14. 西安半坡博物馆等:《陕西渭南史家新石器时代遗址》,《考古》1978年第1期,第45页。
15. 中国科学院考古研究所:《庙底沟与三里桥》,科学出版社1959年版,第1—22页。
16. 黄河水库考古队山西分队:《山西芮城东庄村和西王村遗址的发掘》,《考古学报》1973年第1期,第1—64页。
17. 杨建芳:《略论仰韶文化与马家窑文化的分期》,《考古学报》1962年第1期,第49—80页。
18. 黄河水库考古队华县队:《陕西华县柳子镇考古发掘简报》,《考古》1959年第2期,第71页。
19. 陕西考古所泾水队:《陕西邠县下孟村遗址发掘简报》,《考古》1960年第1期,第1—4页。
20. 北京大学考古实习队:《洛阳王湾遗址发掘简报》,《考古》1961年第4期,第175—178页。
21. 严文明:《半坡仰韶文化的分期和类型问题》,《考古》1977年第3期,第182—188页。
22. 梁星彭:《关中仰韶文化的几个问题》,《考古》1979年第3期,第260—268页。
23. 安志敏:《裴李岗、磁山和仰韶——试论中原新石器文化的渊源和发展》,《考古》1979年第4期,第235—246页。
24. 黄河水库考古工作队河南分队:《山西平陆新石器时代遗址复查试掘简报》,《考古》1960年第8期,第5—7页。

25. 中国社会科学院考古研究所武功发掘队：《1981—1982年陕西武功县赵家来遗址的发掘的主要收获》，《考古》1983年第7期，第584—587页。
26. 陕西省考古研究所陕北考古队：《陕西绥德小官道龙山文化遗址的发掘》，《考古与文物》1983年第5期，第10—19页。
27. 中国科学院考古研究所：《沣西发掘报告》，文物出版社1962年版。考古研究所沣西发掘队：《1955—1957年陕西长安沣西发掘简报》，《考古》1959年第10期，第516—530页。
28. 杨锡璋：《黄河中游的龙山文化》，《新中国的考古发现与研究》，文物出版社1984年版，第73—85页。
29. 西安半坡博物馆：《陕西神木石峁遗址调查试掘简报》，《史前研究》1983年第2期，第92页。
30. 中国社会科学院考古研究所山西工作队等：《山西襄汾县陶寺遗址发掘简报》，《考古》1980年第1期，第18页。中国社会科学院考古研究所山西工作队等：《1978—1980年山西襄汾陶寺墓地发掘简报》，《考古》1983年第1期，第55—82页。
31. 开封地区文管会等：《河南新郑裴李岗新石器时代遗址》，《考古》1978年第2期，第73页。中国社会科学院考古研究所河南一队：《1979年裴李岗遗址发掘简报》，《考古》1982年第4期，第337—340页。
32. 河南省博物馆等：《河南密县莪沟北岗新石器时代遗址》，《文物》1979年第5期，第14页。河南省博物馆等：《河南密县莪沟北岗新石器时代遗址》，《考古学集刊》第一集，中国社会科学出版社1981年版，第1—26页。
33. 中国社会科学院考古研究所河南一队：《河南临汝中山寨遗址试掘》，《考古》1986年第7期，第577—585页。
34. 郑州市博物馆：《郑州大河村遗址发掘报告》，《考古学报》1979年第3期，第301页。郑州博物馆：《郑州大河村仰韶文化房基遗址》，《考古》1973年第6期，第330—336页。
37. 河南省文化局文物工作队：《河南临汝大张新石器时代遗址发掘简报》，《考古》1960年第6期，第1—4页。
38. 《国画之祖　鹳鱼石斧陶缸》，《中国文物报》1998年2月15日第3版。
39. 张玉石：《新石器时代考古获重大发现——郑州西山仰韶时代晚期遗址面世》，《中国文物报》1995年10月9日第1版。
40. 洛阳博物馆：《河南临汝煤山遗址调查与试掘》，《考古》1975年第5期，第41页。
41. 吴汝祚：《关于夏文化及其来源的初步探索》，《文物》1978年第9期，第70—73页。
42. 邹衡：《关于探索夏文化的几个问题》，《文物》1979年第3期，第64—69页。
43. 张之恒：《试论磁山、裴李岗文化遗存的性质——兼论中原地区新石器文化系统的区分》，《考古与文物》1981年第1期，第53—57页。
44. 李珺：《徐水南庄头遗址又有重要发现》，《中国文物报》1998年2月11日第1版。
45. 河北省文物管理处等：《河北武安磁山遗址》，《考古学报》1981年第3期，第303页。邯郸市文物保管所等：《河北磁山新石器遗址试掘》，《考古》1977年第6期，第361—371页。
46. 河北省文物管理处等：《河北三河县孟各庄遗址》，《考古》1983年第5期，第404—414页。
47. 安阳地区文管会等：《河南淇县花窝遗址》，《考古》1981年第3期，第279页。
48. 夏鼐：《三十年来的中国考古学》，《考古》1979年第5期，第385—392页。
49. 梁思永：《梁思永考古论文集》，科学出版社1959年版，第91—98页。
50. 杨锡璋：《仰韶文化后岗类型和大司空类型的相对年代》，《考古》1977年第4期，第242页。
51. 中国科学院考古研究所安阳发掘队：《1958—1959年殷墟发掘简报》，《考古》1961年第2期，第63页。中国科学院考古研究所安阳发掘队：《1971年安阳后岗发掘简报》，《考古》1972年第3期，第14页。
52. 河北省文物管理处：《磁县界段营发掘简报》，《考古》1974年第6期，第356—363页。

53. 濮阳市文物管理处等:《河南濮阳西水坡遗址发掘简报》,《文物》1988年第2期。
54. 丁清贤等:《关于濮阳西水坡蚌壳龙虎陪葬墓及仰韶文化的社会性质》,《华夏考古》1991年第4期。
55. 言明:《关于濮阳西水坡遗址发掘简报及其有关的两篇文章中若干问题的商榷》,《华夏考古》1998年第4期。
56. 罗平:《河北邯郸百家村新石器时代遗址》,《考古》1965年第4期,第205页。
57. 安阳地区文物管理委员会:《河南汤阴龙山文化遗址》,《考古》1980年第3期,第193页。
58. 河南省文物研究所等:《登封王城岗遗址的发掘》,《文物》1983年第3期,第8—20页。
59. 河南省文物研究所等:《河南淮阳平粮台龙山文化城址试掘简报》,《文物》1982年第3期,第21—36页。

(二) 黄河上游

60. 甘肃省博物馆:《甘肃秦安大地湾新石器时代早期遗址》,《文物》1981年第4期,第1页。甘肃省博物馆等:《1980年秦安大地湾一期文化遗存发掘简报》,《考古与文物》1982年第2期,第1—4页。
61. 巩启明:《试论仰韶文化》,《史前研究》1983年创刊号,第71—90页。
62. 谢端琚:《黄河上游的马家窑文化》、《新中国的考古发现与研究》,文物出版社1964年版,第105—118页。
63. 甘肃省博物馆:《甘肃兰州青岗岔遗址试掘简报》,《考古》1972年第3期,第26—31页。
64. 甘肃省博物馆等:《永昌鸳鸯池新石器时代墓地的发掘》:《考古》1974年第5期,第299页。
65. 张学正等:《谈马家窑、半山、马厂类型的分期和相互关系》,《中国考古学会第一次年会论文集》,1980年,文物出版社。
66. 黄河水库考古队甘肃分队:《临夏范家村马家窑文化遗址试掘》,《考古》1961年第5期,第281页。
67. 马承源:《甘肃灰地儿青岗岔新石器时代遗址调查》,《考古》1961年第7期,第355页。
68. 青海省考古队:《青海民和核桃庄马家窑类型第1号墓葬》,《文物》1979年第9期,第29页。
69. 青海省文物管理处考古队:《青海大通县上孙家寨出土的舞蹈纹彩陶盆》,《文物》1978年第3期,第48—49页。
70. 甘肃省博物馆等:《兰州花寨子"半山类型"墓葬》,《考古学报》1980年第2期,第221页。
71. 甘肃省博物馆文物工作队等:《广河地巴坪"半山类型"墓地》,《考古学报》1978年第2期,第193页。
72. 甘肃省博物馆:《甘肃景泰张家台新石器时代墓葬》,《考古学报》1976年第3期,第180页。
73. 青海省文物管理处等:《青海乐都柳湾原始墓葬第一次发掘的初步收获》,《文物》1976年第1期,第67页。青海省文物管理处考古队等:《青海乐都柳湾原始社会墓地反映出的主要问题》,《考古》1976年第6期,第365页。
74. 甘肃省文物管理委员会:《兰州新石器时代文化遗存》,《考古学报》1957年第1期,第1页。
75. 齐永贺:《内蒙古白音浩特发现的齐家文化遗物》,《考古》1962年第1期,第22页。
76. 黄河水库考古队甘肃分队:《临夏大何庄、秦魏家两处齐家文化遗址发掘简报》,《考古》1960年第3期,第9页。中国科学院考古研究所甘肃工作队:《甘肃永靖大何庄遗址发掘报告》,《考古学报》1974年第2期,第29—62页。
77. 中国科学院考古研究所甘肃工作队:《甘肃永靖秦魏家齐家文化墓地》,《考古学报》1975年第2期,第29—62页。
78. 中国社会科学院考研究院所甘肃工作队:《甘肃永靖县张家嘴与姬家川遗址的发掘》,《考古学报》1980年第2期,第187—220页。
79. 甘肃省博物馆:《甘肃武威皇娘娘台遗址发掘报告》,《考古学报》1960年第2期,第53页。甘肃省博物馆:《武威皇娘娘台遗址第四次发掘》,《考古学报》1978年第4期,第421—448页。
80. 宁夏回族自治区展览馆:《宁夏固原海家湾齐家文化墓葬》,《考古》1973年第5期,第290页。
81. 谢端琚:《试论齐家文化与陕西龙山文化的关系》,《文物》1979年第10期,第60—67页。

(三) 黄河下游

82. 任相宏:《黄河下游新发现的后李文化》,《中国文物报》1992年2月16日第3版。
83. 山东省文物考古研究所:《山东发现8000年前居址聚落》,《中国文物报》1998年1月28日第1版。
84. 中国社会科学院考古研究所山东队等:《山东滕县北辛遗址发掘报告》,《考古学报》1984年第2期,第159—192页。
85. 中国社会科学院考古研究所山东队等:《山东兖州王因新石器时代遗址发掘简报》,《考古》1979年第1期,第5—14页。
86. 南京博物院:《江苏邳县大墩子遗址第二次发掘》,《考古学集刊》第1集,中国社会科学出版社1981年版,第27—81页。
87. 江苏省文物工作队:《江苏连云港二涧村遗址第二次发掘》,《考古》1962年第3期,第111页。
88. 江苏省文物工作队:《江苏新海连市大村新石器时代遗址勘察记》,《考古》1961年第6期,第321页。
89. 山东省博物馆:《山东滕县岗上村新石器时代墓葬试掘报告》,《考古》1963年第7期,第351页。
90. 江苏省文物工作队:《江苏邳县刘林新石器时代遗址第一次发掘》,《考古学报》1962年第1期,第81页;南京博物院:《江苏邳县刘林遗址第二次发掘》,《考古学报》1965年第2期,第9—48页。
91. 南京博物院:《江苏邳县四户镇大墩子遗址探掘报告》,《考古学报》1964年第2期,第25页。
92. 山东省博物馆:《山东野店新石器时代墓葬遗址试掘简报》,《文物》1972年第2期,第25页。
93. 南京博物院新沂工作组:《新沂花厅村新石器时代遗址概况》,《文物参考资料》1956年第7期,第23页。
94. 昌潍地区文物管理组等:《诸城呈子新石器时代遗址发掘报告》,《考古学报》1980年第3期,第329—386页。
95. 山东省文物管理处等:《大汶口——新石器时代墓葬发掘报告》,文物出版社,1974年版。
96. 中国科学院考古研究所山东队:《山东曲阜西夏侯遗址第一次发掘报告》,《考古学报》1964年第2期,第57页。
97. 昌潍地区艺术馆、考古研究所山东队等:《山东胶县三里河遗址发掘简报》,《考古》1977年第4期,第362页。
98. 山东省博物馆等:《1975年东海峪遗址的发掘》,《考古》1976年第6期,第378页。
99. 安徽省博物馆:《安徽萧县花家寺新石器时代遗址》,《考古》1966年第2期,第55页。
100. 张脱:《河南平顶山市发现一座大汶口类型墓葬》,《考古》1977年第5期,第353页。
101. 临沂文物组:《山东临沂大范庄新石器时代墓葬的发掘》,《考古》1975年第1期,第13页。
102. 吴金鼎等:《城子崖》,中国考古报告集之一,1934年。
103. 山东省文物管理处:《山东日照两城镇遗址勘察纪要》,《考古》1960年第9期,第10页。刘敦愿:《日照两城镇龙山文化调查》,《考古学报》1958年第1期,第25—42页。
104. 山东省博物馆:《山东潍坊姚官庄遗址发掘简报》,《考古》1963年第7期,第347页。山东省文物考古研究所等:《山东姚官庄遗址发掘报告》,《文物资料丛刊》第5辑,文物出版社1981年版,第1页。
105. 山东省博物馆等:《山东茌平县尚庄遗址第一次发掘简报》,《文物》1978年第4期,第35页。
106. 山东大学历史系考古专业:《山东泗水尹家城第一次发掘》,《考古》1980年第1期,第11页。
107. 江苏省文物管理委员会:《徐州高皇庙遗址清理报告》,《考古学报》1958年第4期,第7页。
108. 中国科学院考古研究所山东发掘队:《山东梁山青堌堆发掘简报》,《考古》1962年第1期,第28页。
109. 山东大学历史系考古专业:《山东邹平丁公遗址第四、五次发掘简报》,《考古》1993年第4期。
110. 张学海:《鲁西两组龙山文化城址的发现及对几个古史问题的思考》,《华夏考古》1995年第4期。
111. 王守功:《景阳岗龙山城址考古有重要发现》,《中国文物报》1996年1月7日第1版。

112. 中国社会科学院考古研究所山东队等：《山东牟平照各庄遗址》，《考古学报》1986年第4期，第447—478页。

（四）长江上、中游

113. 江西省文物管理委员会：《江西万年大源仙人洞洞穴遗址试掘》，《考古学报》1963年第1期。江西博物馆：《江西万年大源仙人洞洞穴遗址第二次发掘报告》，《文物》1976年第12期。
114. 刘诗中：《江西仙人洞和吊桶环发掘获重要进展》，《中国文物报》1996年1月28日第1版。
115. 袁家荣：《玉蟾岩获水稻起源重要新物证》，《中国文物报》1996年3月3日第1版。
116. 湖南省文物考古研究所等：《湖南澧县彭头山新石器时代早期遗址发掘简报》，《文物》1990年第8期。
117. 王红军：《长江中游地区早期城址管窥》，《长江中游史前文化暨第二届亚洲文明学术讨论会论文集》，岳麓书社1996年版。
118. 湖南省博物馆：《湖南石门县皂市下层新石器遗存》，《考古》1986年第1期。湖南省文物考古研究所：《湖南临澧县胡家屋场新石器时代遗址》，《考古学报》1993年第2期。
119. 杨权喜：《试论城背溪文化》，《东南文化》1961年第5期。
120. 湖北省博物馆江陵考古工作队：《1981年湖北省秭归县柳林溪遗址的发掘》，《考古与文物》1986年第6期。国家文物局三峡考古队：《湖北秭归朝天嘴遗址发掘简报》，《文物》1989年第2期。陈振裕等：《湖北宜都城背溪遗址》，《史前研究》1989年（辑刊）。
121. 四川长江流域文物保护委员会文物考古队：《四川巫山大溪新石器时代遗址发掘记略》，《文物》1961年第11期，第15页；四川省博物馆：《巫山大溪遗址第三次发掘》，《考古学报》1981年第4期，第461页。
122. 中国社会科学院考古研究所湖北工作队：《湖北枝江县关庙山新石器时代遗址发掘简报》，《考古》1981年第4期，第289页。中国社会科学院考古研究所湖北工作队：《湖北枝江关庙山遗址第二次发掘》，《考古》1981年第1期，第17页。
123. 湖北省荆州地区博物馆：《湖北松滋桂花树新石器时代遗址》，《考古》1976年第3期，第187页。
124. 湖北荆州地区博物馆：《湖北王家岗新石器遗址》，《考古学报》1984年第2期，第193页。
125. 湖南省博物馆：《澧县梦溪新石器时代遗址试掘简报》，《文物》1972年第2期，第31页。湖南省博物馆：《澧县梦溪三元宫遗址》，《考古学报》1974年第4期，第461页。
126. 湖南省博物馆：《湖南安乡县汤家岗新石器时代遗址》，《考古》1982年第4期，第341页。
127. 湖南省博物馆：《安乡划城岗新石器时代遗址》，《考古学报》1983年第4期，第427页。
128. 湖北省博物馆：《宜昌中堡岛新石器时代遗址》，《考古学报》1987年第1期，第45页。
129. 魏京武：《沦汉江流域的新石器时代文化》，《考古与文物》1983年第6期，第53页。
130. 湖南省文物普查办公室：《湖南临澧县早期新石器文化遗存调查报告》，《考古》1986年第5期，第385页。
131. 湖南省博物馆：《湖南石门县皂市下层新石器遗存》，《考古》1986年第1期，第1—11页。
132. 中国科学院考古研究所：《京山屈家岭》，科学出版社1965年版，第8—23页。
133. 湖北省文物管理委员会：《湖北京山朱家嘴新石器遗址第一次发掘》，《考古》1964年第5期，第215页。
134. 长办文物考古队直属工作队：《1958至1961年湖北郧县和均县发掘简报》，《考古》1961年第10期，第519页。
135. 刘德银：《阴湘古城址发掘获重大成果》，《中国文物报》1996年11月24日第1版。
136. 河南省博物馆：《河南禹县谷水河遗址发掘简报》，《考古》1979年第4期，第300页。
137. 王劲：《江汉地区新石器时代文化综述》，《江汉考古》1980年第1期，第7页。
138. 俞伟超：《先楚与三苗文化的考古学推测》，《文物》1980年第10期，第1—12页。

139. 杨权喜:《当阳季家湖古城试掘的主要收获》,《江汉考古》1980年第2期,第87页。
140. 何介钧:《长江中游原始文化初论》,《湖南考古辑刊》第1辑,1982年,第47页。
141. 江西省文物管理委员会:《江西修水山背地区考古调查与试掘》,《考古》1962年第7期,第353页。
142. 江西省博物馆等:《清江筑卫城遗址第二次发掘》,《考古》1982年第2期,第130页。江西省博物馆《清江筑卫城遗址发掘简报》,《考古》1976年第6期,第383页。
143. 《成都平原发现一批史前城址》,《中国文物报》1996年8月18日第一版。《成都史前城址发掘又获重大成果》,《中国文物报》1979年1月19日第1版。
144. 《郫县古城发掘取得重大收获》,《中国文物报》1998年3月18日第1版。

(五)长江下游

145. 施昕更:《良渚》,杭县附近数处龙山文化遗址发掘报告,西湖博物馆考古报告集,第1册,1938年。
146. 夏鼐:《长江流域考古问题》,《考古》1960年第2期,第1页。
147. 南京博物院:《江苏淮安青莲岗古遗址古墓葬清理简报》,《考古通讯》1958年第10期,第48页。
148. 夏鼐:《碳-14测定年代和中国史前考古学》,《考古》1977年第4期,第217—232页。
149. 牟永杭等:《马家浜文化和良渚文化—太湖流域原始文化分期问题》,《文物》1978年第4期,第67页。
150. 浙江省文管会等:《河姆渡发现原始社会重要遗址》,《文物》1976年第8期,第6页。
151. 杨德标:《谈薛家岗文化》,《中国考古学会第三次年会论文集》,文物出版社,1984年版,第44页。
152. 苏秉琦等:《关于考古学文化区系类型问题》,《文物》1981年第5期,第10页。
153. 南京博物院:《江苏海安青墩遗址》,《考古学报》1983年第2期,第147页。
154. 南京博物院:《南京市北阴阳营第一、二次发掘》,《考古学报》1958年第1期,第7页。
155. 江苏省文物工作队太岗寺工作组:《南京西善桥太岗寺遗址发掘》,《考古》1962年第3期,第117页。
156. 魏正瑾:《宁镇地区新石器时代文化的特点和分期》,《考古》1983年第9期,第822页。
157. 浙江省文物管理委员会等:《河姆渡遗址第一期发掘报告》,《考古学报》1978年第1期,第39页。
158. 罗家角考古队:《桐乡县罗家角遗址发掘报告》,《浙江省文物考古学刊》,文物出版社1981年,第1页。
159. 浙江省文物管理委员会:《浙江嘉兴马家浜新石器时代遗址的发掘》,《考古》1961年第7期,第345页。
160. 梅福根:《浙江吴兴邱城遗址发掘简介》,《考古》1959年第9期,第479页。
161. 江苏省文物工作队:《江苏吴江梅堰新石器时代遗址》,《考古》1963年第6期,第308页。
162. 南京博物院:《江苏吴县草鞋山遗址》,《文物资料丛刊》第3辑,文物出版社1980年版,第1页。
163. 南京博物院:《江苏越城遗址的发掘》,《考古》1982年第5期,第463页。
164. 常州市博物馆:《江苏常州圩墩新石器时代遗址调查与试掘》,《考古》1974年第2期,第109页。吴苏:《圩墩新石器时代遗址发掘简报》,《考古》1978年第4期,第223页。
165. 上海市文物保管委员会:《上海市青浦县崧泽遗址的试掘》,《考古学报》1962年第2期,第1页。黄宣佩等:《青浦县崧泽遗址第二次发掘》,《考古学报》1980年第1期,第29—58页。
166. 南京博物院:《江苏吴县张陵山遗址发掘简报》,《文物资料丛刊》第六辑,文物出版社1982年版,第28页。
167. 南京博物院新沂工作组:《新沂花厅村新石器时代遗址概况》,《文物参考资料》,1956年第7期,第23页。
168. 南京博物院:《江苏邳县四户镇大墩子遗址探掘报告》,《考古学报》1964年第2期,第9页。
169. 江西省文物管理委员会:《江西修水山背地区考古调查与试掘》,《考古》1962年第7期,第353页。
170. 广东省博物馆等:《广东曲江石峡墓葬发掘简报》,《文物》1978年第7期,第1页。

171. 上海文物保管委员会：《上海马桥遗址第一、二次发掘》，《考古学报》1978年第1期，第109页。
172. 南京博物院：《1982年江苏武进寺墩遗址的发掘》，《考古》1984年第2期，第109页。
173. 上海市文物保管委员会：《上海市松江广富林新石器时代遗址试掘》，《考古》1962年第9期，第465页。
174. 上海市文物保管委员会：《上海福泉山良渚文化墓葬》，《文物》1984年第2期，第1页。
175. 浙江省文物管理委员会：《吴兴钱山漾遗址第一、二次发掘报告》，《考古学报》1960年第2期，第73页。
176. 浙江省文物管理委员会：《杭州水田畈遗址发掘报告》，《考古学报》1960年第2期，第93页。
177. 浙江省嘉兴博物馆等：《浙江嘉兴雀幕桥发现一批黑陶》，《考古》1974年第4期，第209页。
178. 杨达、赵晔：《余杭莫角山清理大型建筑基址》，《中国文物报》1993年10月10日第1版。
179. 浙江省文物考古研究所反山考古队：《浙江余杭反山良渚墓地发掘简报》，《文物》1998年第1期。
180. 浙江省文物考古研究所：《余杭瑶山良渚文化祭坛遗址发掘简报》，《文物》1998年第1期。
181. 江苏省赵陵山考古队：《江苏昆山赵陵山遗址第一、二次发掘简报》，《东方文明之光——良渚文化发现60周年纪念文集》，海南国际新闻出版中心，1996年，第22—27页。
182. 安徽省文物工作队：《潜山薛家岗新石器时代遗址》，《考古学报》1982年第3期，第283页。

（六）华南地区

183. 张之恒：《华南地区的前陶新石器文化》，《考古与文物》1985年第4期，第41页。
184. 广东省文物管理委员会：《广东潮安的贝丘遗址》，《考古》1961年第11期，第577页。
185. 广西壮族自治区文物工作队：《广西桂林甑皮岩洞穴遗址的试掘》，《考古》1976年第3期，第175页。
186. 广西壮族自治区文物考古训练班等：《广西南宁地区的贝丘遗址》，《考古》1975年第5期，第295页。
187. 邱立诚等：《广东阳春独石仔新石器时代洞穴遗址的发掘》，《考古》1982年第5期，第456页。
188. 广东省博物馆：《广东翁源青塘新石器时代遗址》，《考古》1961年第11期，第585页。
189. 宋方义等：《广东封开黄岩洞洞穴遗址》，《考古》1983年第1期，第1页。
190. 柳州市博物馆：《柳州市大龙潭鲤鱼嘴新石器时代贝丘遗址》，《考古》1983年第9期。
191. 广东省博物馆：《广东东兴新石器时代贝丘遗址》，《考古》1961年第12期，第644页。
192. 广东省博物馆：《广东曲江石峡墓葬发掘简报》，《文物》1978年第7期，第1页。
193. 广西壮族自治区文物工作队：《广东隆安大龙潭新石器时代遗发掘简报》，《考古》1982年第1期，第9页。
194. 福建省文物管理委员会等：《福建闽侯县石山新石器时代遗址第二至第四次发掘简报》，《考古》1961年第12期，第669页。福建省博物馆：《闽侯县石山遗址第六次发掘报告》，《考古学报》1976年第1期，第83页。

（七）中国北方地区

195. 沈阳市文物管理办公室：《沈阳新乐遗址试掘报告》，《考古学报》1978年第4期，第449页。
196. 中国社会科学院考古研究所内蒙古工作队：《内蒙古敖汉旗兴隆洼遗址发掘简报》，《考古》1985年第10期，第865页。
197. 郭大顺等：《辽宁省喀左县东山嘴红山文化建筑群址发掘简报》，《文物》1984年第11期，第1页。
198. 辽宁省文物考古研究所：《辽宁牛河梁红山文化"女神庙"与积石冢群发掘简报》，《文物》1986年第8期，第1—17页。
199. 中国科学院考古研究所内蒙古工作队：《内蒙古巴林左旗富河沟门遗址发掘简报》，《考古》1964年第1期，第1页。
200. 钟侃等：《宁夏西吉县兴隆镇的齐家文化遗址》，《考古》1964年第5期，第232页。

第六章　夏商周考古

第一节　概　论

一、夏商周考古的特点

夏商周考古是指夏、商、西周、春秋这一历史阶段的考古,其所包括的绝对年代,约自公元前 21 世纪至公元前 5 世纪上半叶。夏商周考古上承新石器时代考古,下启铁器时代考古,具有如下几个特点。

(一) 有文字可考的历史

文字的产生是文明时代开始的重要标志之一。中国何时出现文字,是一个尚未解决的问题。但是可以肯定的是,在夏商周时期,以甲骨文、金文为代表的文字已经是一种相当成熟的文字体系。除此之外,大量珍贵的历史文献,如《尚书》、《左传》、《诗经》、《史记》等也向我们展示了这一时期的历史风貌。总之,到了夏商周时期,已进入有文字可考的历史阶段。这些文字材料与考古资料相结合,使得夏商周时期的考古更有说服力。

(二) 社会大变革时期

夏商周时期是中国历史上社会大变革时期,经历了两次伟大的变革:一是由原始公社制向奴隶制转变,二是由奴隶制向封建制转变。社会大变革带来了政治、经济、文化等方面的一系列变化,并在考古学文化中呈现出来。夏商周考古的任务是,既要利用考古资料来研究中国原始社会的消亡和奴隶制社会的兴起,尤其是国家与文明的产生,又要研究奴隶制社会的衰落和封建制社会的兴起。

(三) 城市等大型建筑兴起

早在新石器时代,黄河中下游以及长江中上游地区就出现了许多史前城址。但这些史前城址的规模普遍较小,城市的功能还不完备。到了夏商周时期,大型城址普遍出现,如偃师商城、郑州商城、殷墟、丰镐遗址以及东周列国都城等等。这些城址规模宏大,布局复杂,功能齐全,且都带有大型宫殿建筑,这是史前城址所无法比拟的。

(四) 辉煌灿烂的青铜时代

夏商周时期是中国历史上的青铜时代。青铜时代是继铜石并用时代之后,铁器时代开始之前的历史时代。青铜时代的主要特征是青铜冶铸技术的发明和应用。由于人类发明了青铜冶铸技术,并广泛应用青铜金属原料制作生产工具和生活用具,社会生产力发生了质的变革,社会生活也出现了极大的变化,因此,青铜冶铸技术的发明和应用具有划时代的伟大意义。

青铜文化在世界各地的发展是不平衡的。伊朗南部、安那托利亚和美索不达米亚一带制造和使用青铜器最早,时间约在公元前 4000 年初。欧洲在公元前 4000 年中叶、印度在公元前 3000 年、非洲不晚于公元前 1000 年也都相继进入青铜时代。美洲则迟至公元 11 世纪才进入青铜时代。中国的青铜时代大约从公元前21世纪至公元前5世纪,大体相当于文献记载的夏、商、西周和春秋时期,与中国奴隶制社会的产生、发展和衰亡相始终。

青铜是红铜加锡或铅的合金,其锈呈青绿色,故名。青铜器出现以后很快取代了红铜器,并在许多生产、生活领域里取代了石器。这是因为青铜器具有如下优点:1. 熔点低。青铜合金的熔点在700℃—900℃之间,明显低于红铜的1083℃,因而较易冶炼。2. 硬度大。红铜中加入10%的锡,其硬度即为红铜的4.7倍,并可随着加入锡、铅的比例而改变其硬度,从而制造出不同用途的器具,克服了红铜较软、石器太脆的弱点。3. 易铸造。青铜熔液的膨胀系数大,在冷凝时体积涨大,因而铸造时填充性好,绝少气孔,铸造的器具适用性广。

中国的青铜时代是青铜文化最为辉煌灿烂的时期,但与此同时,铁器也已经走上了历史的舞台。1972年在河北藁城台西村商代遗址中出土一件铁刃铜钺[1],1977年在北京平谷县刘家河一座商代晚期墓葬中也出土一件铁刃铜钺[2]。据传1931年在河南浚县出土了两件西周初年的铁器,一为铁刃铜钺,一为铁援铜戈,已流失国外。经科学分析,这四件器物的铁质部分都是陨铁,而非人工冶炼的铁。虽然如此,仍可说明当时的中国先民不仅认识了铁,还掌握了初步锻造铁器的技术。最迟至春秋早期,中国已出现人工冶铁。这不仅在文献上屡有记述,而且有考古材料相佐证。

二、夏商周考古的分期

夏商周时期是中国的奴隶制时代,按照奴隶制社会不同的发展阶段,一般可将夏商周考古划分为三期五段,即初期奴隶社会、中期奴隶社会(前、后段)、晚期奴隶社会(前、后段)。

(一)初期奴隶社会

年代约自公元前21世纪至公元前16世纪,约相当于夏代。

这一阶段以河南偃师二里头遗址为代表,主要特征是青铜工具和兵器开始使用,农业与手工业产生了一定的分工,商品生产以及作为货币使用的贝币开始出现,社会上已划分为奴隶主与奴隶两大对立阶级。二里头文化晚期出现了大面积的夯土建筑——宫殿遗址和城墙,标志着国家政权已经形成。青铜礼器开始出现,杀人祭祀的现象已经存在,占卜之风盛行,表明奴隶社会的礼制已经产生。

(二)中期奴隶社会前段

年代约自公元前16世纪至公元前13世纪,相当于商代前期。

这一阶段以郑州商代早、中期,湖北黄陂盘龙城商代早期,河北藁城台西村以及殷墟文化一期等遗址为代表,而以郑州二里岗上下层为典型遗址。其主要特征是:青铜器制作有了进一步的发展,后期开始使用陨铁与青铜合制的复合武器;手工业与农业分工扩大,手工业内部也产生了分工,作坊遗址有一定的布局;商品生产开始发展,贝币大量出现,成套礼器和多种青铜武器大量出现,人殉比较普遍,城墙广为修筑等。这些情况表明奴隶制的礼制有所发展,武装部队有所扩充,阶级矛盾有所加深,国家机器得到进一步加强。

(三)中期奴隶社会后段

年代约自公元前13世纪至公元前10世纪中叶,相当于商代后期与西周早期。

---

[1] 河北省博物馆等:《河北藁城台西村的商代遗址》,《考古》1973年第5期。
[2] 北京市文物管理处:《北京市平谷县发现商代墓葬》,《文物》1977年第11期。

这一阶段以殷墟文化第二、三、四期和陕西长安沣西、沣东西周早期遗址为代表，主要特征是：青铜器制作达到了高峰；手工业内部的分工与协作已发展到新的阶段，商品生产规模扩大，商业交换有一定的发展，贝币普遍使用；宫殿陵墓不断兴建，人殉、人祭之风盛行，各种武器有所改进，战争频繁，刑罚种类繁多，礼器增多，甲骨文大量发现等。这些情况表明，宗法等级关系形成，国家机器日臻完善，奴隶制已全面发展。

（四）晚期奴隶社会前段

年代约自公元前10世纪中叶至公元前7世纪中叶，相当于西周中晚期至春秋初期。

主要遗址有陕西长安沣西、沣东西周中晚期遗址，河南三门峡上村岭虢国墓地等。这一时期的特征是：青铜冶铸技术开始衰退，铁器材料有所发现；礼制出现僭越现象，随葬青铜礼器往往与墓主身份等级不符；人殉、人祭现象减少。奴隶制开始动摇，周王室权力受到威胁，诸侯势力增强，封建性的政治势力开始出现。

（五）晚期奴隶社会后段

年代约自公正前7世纪中叶至公元前5世纪中叶，相当于春秋中晚期。

主要遗址有山西侯马东周遗址早期，河南洛阳中州路东周墓第二、三期，东周及列国的遗址和墓葬等。该期的特征是：冶铁技术已经发明并有了初步的发展，铁制工具出现；东周王室逐渐没落，列国兴起；新兴城市出现，手工业和商品经济有了较大发展，金属铸币产生，青铜礼器普遍出现僭越现象。这些情况表明，奴隶制社会"礼崩乐坏"的局面已经出现，封建制取代奴隶制的局面渐次形成。

第二节 夏代文化

一、夏代文化的探索

夏代是中国历史上第一个奴隶制国家。根据《史记·夏本纪》及《竹书纪年》的记载，夏代自禹至桀，历14世17王，共400余年。《夏商周年表》推定其年代约为公元前2070年至公元前1600年[①]。自从殷墟卜辞证实了《史记·殷本纪》中所载的商王世系以后，学者大都认为《史记·夏本纪》中记载的夏代世系也应当是可信的。

夏代文化在文献上记载很少，长期以来，有关夏文化的考古资料也在不断地积累之中。20世纪30年代，当河南安阳殷墟发现商代后期文化遗存后不久，就有学者开始提出夏文化问题。当时有人认为仰韶文化是夏文化，也有人以为龙山文化是夏文化。50年代以后，中原地区大规模的考古调查和发掘，使人们对该地区诸原始文化的面貌、特征、分期和分布区域等，有了比较深入的了解。郑州二里岗期商代遗址的发掘，发现了比殷墟更早的商代早期的遗存，大大缩短了与夏代的距离。

关于夏代文化，必须有一个明确的界定。简而言之，夏代文化指的是夏王朝时期夏民族的文化。夏王朝以前或以后的文化都不能叫夏代文化，与夏王朝同时存在的其他族的文化也不能叫夏代文化。这是探讨夏代文化的前提。

根据文献记载，一般认为与夏人活动有关的地区有两个：一是河南西部的颍水上游和洛

---

① 夏商周断代工程专家组：《夏商周断代工程1996—2000年阶段成果报告》（简本），世界图书出版公司2000年版。

阳附近的伊河、洛河下游地区;一是山西南部的汾河下游和涑水流域。古史传说中的夏王朝的都邑和夏代发生的一些重大历史事件大多与上述两个地区有关。探索夏文化的工作,主要是在这两个地区进行的。

1959年夏,中国科学院考古研究所徐旭生等人赴豫西地区进行"夏墟"调查,在偃师县发现了二里头遗址。经过初步勘察,发现二里头遗址面积大,地面上暴露出的遗物比较丰富,因而认为这是一处有助于探索夏代文化的重要遗址[①]。

"夏墟"调查,标志着考古界开始较系统地探索夏文化的工作。在对河南偃师二里头遗址进行发掘的过程中,豫西和晋南地区进行的调查和发掘,又发现了不少与二里头遗址文化内涵相近的遗存,从而进一步加深了人们对这一文化遗存的认识。1977年夏鼐将其命名为二里头文化。

二里头文化与夏代文化关系密切,依据碳14测定并经树轮校正的年代数据,二里头文化的绝对年代大致为公元前2010年至公元前1625年之间[②]。这一年代均在夏代纪年的范围之内,但比夏代开始的年代稍晚。因此,要探索更早的夏代文化,还要将目光投向比二里头文化更早的龙山文化。豫西和晋南地区与夏代文化有关的龙山文化遗存,主要有豫西地区的王湾类型和晋南地区的陶寺类型。20世纪70年代后期,全国性的"夏文化座谈会"在河南登封召开,提出了许多新的看法。80年代,中国考古学会组织专题研究夏文化,对夏文化展开热烈的探讨。随着考古资料的不断丰富以及探讨的逐步深入,夏代文化必将越来越清晰地展现在我们面前。

二、二里头文化

(一)二里头文化的发现和分布

二里头文化,是以河南偃师二里头遗址的发现而命名的。二里头文化遗存发现较早,1953年在河南登封县玉村遗址就发现了这类文化遗存[③],1956年,在郑州洛达庙遗址又发现了内涵更加丰富的这类文化遗存[④],其文化特征与郑州二里岗期商文化有所不同,尤其是陶器特征与二里岗陶器有别,因此后来将其命名为"洛达庙类型文化"。1958年,在洛阳东干沟遗址亦发现这类文化遗存[⑤]。该遗址从1958年至1959年进行了三次发掘,不仅在地层关系上确认了与河南龙山文化的早晚关系,还首次发现了小铜刀和铜锥等青铜制品。

1959年,中国科学院考古研究所在豫西进行"夏墟"调查时在偃师县发现了面积大且文化内涵丰富的二里头遗址,由此引起考古学界的重视。二里头遗址位于偃师县城西南约9公里,包括二里头、圪垱头、四角楼、寨后村和辛庄5个自然村,遗址总面积约375万平方米。(图6-1)。1959年秋开始进行钻探发掘,至1964年春共进行了9次发掘。由于在二里头遗址发现的文化遗存比较丰富,文化面貌特征比较鲜明,具有典型性和代表性,1977年夏鼐将其命名为二里头文化。

二里头文化的分布面比较广,主要分布于河南中西部和山西南部。比较重要的遗址除偃

---

① 徐旭生:《1959年夏豫西调查"夏墟"的初步报告》,《考古》1959年第11期。
② 陈旭:《夏商考古》,文物出版社2001年版,第38页。
③ 韩维周等:《河南登封县玉村古文化遗址概况》,《文物参考资料》1954年第6期。
④ 河南省文化局文物工作队第一队:《郑州洛达庙商代遗址试掘简报》,《文物参考资料》1957年第10期。
⑤ 中国科学院考古研究所洛阳发掘队:《1958年东干沟遗址发掘简报》,《考古》1959年第10期。

师二里头外,还有洛阳东干沟、临汝煤山、郑州洛达庙和山西夏县东下冯等。豫西地区的二里头文化与晋南地区的二里头文化虽然在文化面貌上基本相同,但亦有一些差异,可划分为两个类型:豫西地区以二里头遗址为代表的遗存为二里头类型,晋南地区以东下冯遗址为代表的遗存称东下冯类型。

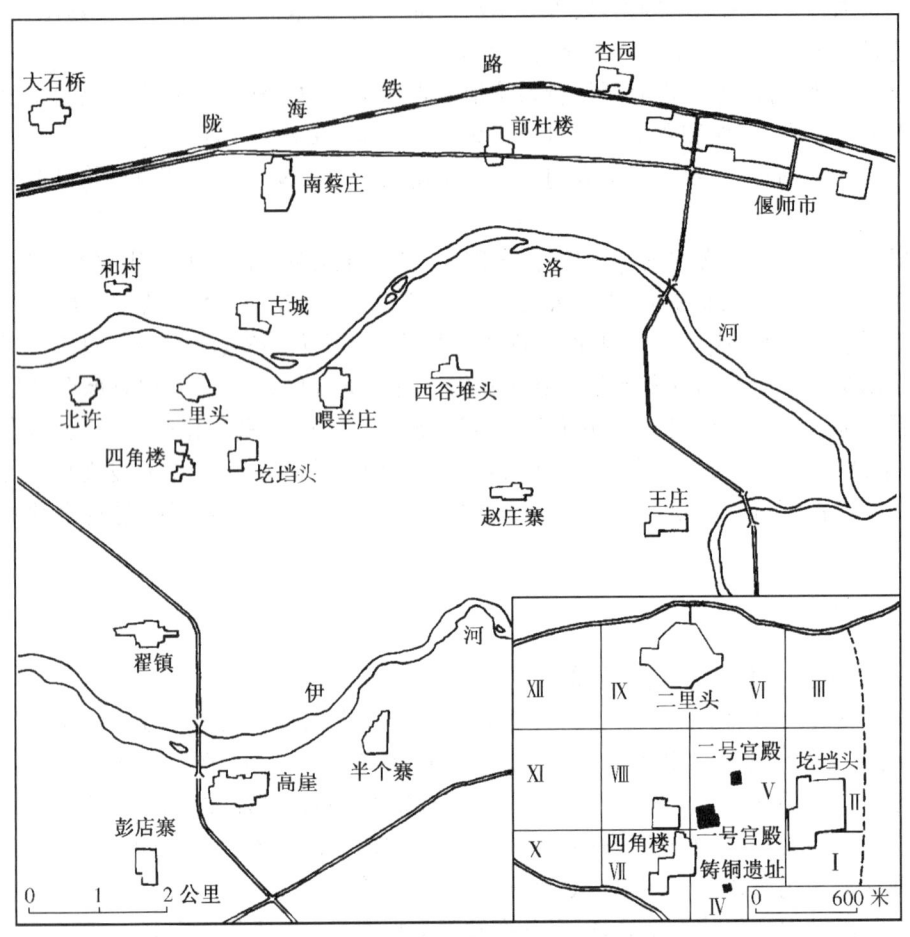

图6-1 偃师二里头遗址位置及保护区范围示意图(据郑光,1996)

(二)二里头文化的文化内涵

根据地层关系以及出土器物的变化,现在一般将二里头文化分为四期。临汝煤山及二里头遗址的地层叠压关系表明,二里头文化的相对年代介于河南龙山文化与郑州二里岗期商文化之间。依据碳14测定并经树轮校正的年代数据,大致为公元前2010年至公元前1625年之间[①]。

二里头文化的特征,主要表现在一组富有特征的陶器上。在这组陶器里,作炊器的是鼎、折沿深腹罐、侈口圆腹罐等;作食器和容器的是深腹盆、三足盘、平底盆、豆、澄滤器、小口高领罐和大口缸等;酒器则为盉、觚、爵等。侈口圆腹罐口沿部的花边装饰和深腹盆、甑、侈口罐口沿下附加的一对鸡冠形鋬是陶器中富有特色的风格。龙山文化中常见的斝、鬲、单耳罐、杯、碗及双腹盆等器物在此文化中不见。这组陶器和郑州商代文化的主要器物鬲、斝、甗、卷沿圜

---

① 陈旭:《夏商考古》,文物出版社2001年版,第38页。

底盆、大口尊、簋、小口高颈瓮等也有区别(图6-2)。

二里头文化四期陶器变化较明显。第一期陶器以褐陶为主,磨光黑陶占一定比例,纹饰以篮纹为主,另有少量方格纹、细绳纹。第二期陶器黑陶数量减少,纹饰以细绳纹为主,篮纹和方格纹明显减少。这两期的器形多为折沿、鼓腹、小平底。第三、四期陶器颜色普遍为浅灰,纹饰以绳纹为主,出现粗绳纹,篮纹和方格纹基本绝迹。在第三期中,一、二期常见的鼎、深腹盆、甑等沿用,但有局部变化,并出现了鬲、斝、卷沿圜底盆、大口尊、小口高领瓮等与商代二里岗期遗物十分接近的器物。这组新器物在第四期中出现得更多。

二里头文化的居民以农业经济为主。农具主要是石器,如石铲、石镰数量较多,石斧、石锛、石凿也常见。另有蚌铲、蚌镰、骨铲等,也使用木耒耜一类农具。饲养的家畜有猪、狗、鸡、马、牛、羊等。因农业生产较发达,产品有一定的剩余,饮酒之风较盛,平民墓中也多见觚、爵等酒器随葬。

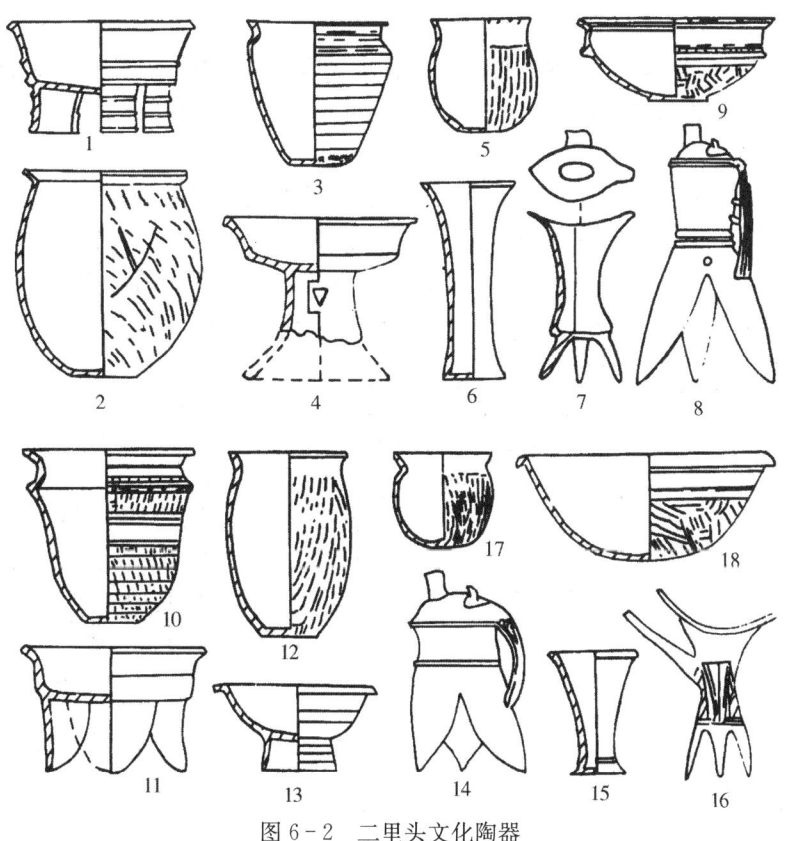

图6-2 二里头文化陶器
1、11. 瓦足簋 2、12. 夹砂罐 3、10. 大口尊 4、13. 豆
5、17. 小罐 6、15. 觚 7、16. 爵 8、14. 盉 9、18. 盆
(1—9. 早期;10—18. 晚期,依《商周考古》,1979)

二里头文化的居址主要有半地穴式、地面式和窑洞式三种。平面表现为圆形、方形圆角和长方形等。一般居室直径3米左右,面积较大的长方形居址长约10米,宽约5米,中间有隔墙。居址墙壁、地基皆经夯打。居址附近多有灰坑、窖穴、水井等遗迹。特别值得关注的是,二里头文化中已经出现了大型宫殿建筑。

在二里头遗址的考古发掘中,已钻探出数十座夯土基址,在夯土基址上发现有宫殿建筑。

其中一号宫殿基址与二号宫殿基址都是由殿堂、廊庑、庭院和大门组成的布局有序的建筑群。

一号宫殿基址位于遗址中部，夯土台基略呈正方形，坐北朝南。东西长约108米，南北宽约100米，总面积达1万平方米以上。现存台基面高出当时地面约80厘米，系用黄土夯筑而成，夯层清晰，薄而均匀，夯窝小而密。殿堂位于夯土台基的中部偏北处，呈长方形，东西长30.4米，南北宽11.4米。四周分布有大柱洞和柱础石，南北两面各9个，东西两面各4个，排列整齐。大柱洞外侧还有一圈小柱洞或柱础石。据此判断，殿堂应是一座面阔8间、进深3间的宫殿建筑。宫殿四周有回廊，殿堂前面是广阔的庭院，庭院四周发现有墙基和柱洞，据墙基和柱洞的排列分析，应是一组廊庑建筑。大门位于夯土基址南部，发现一排9个大柱洞，当是一座面阔8间的牌坊式建筑[①]（图6-3）。

二号宫殿基址位于一号宫殿基址东北约150米处，也是一座大型夯土台基。台基呈长方形，南北长约73米，东西宽约58米。台基上是包括围墙、廊庑、大门、庭院、殿堂的一组建筑，在殿堂北还发现一座大墓。殿堂位于庭院中央偏北处，其下有高于当时庭院地面的夯土台基。台基四周各有一排柱洞，东西一排10个，南北一排4个，柱洞内垫有柱础石。柱洞内侧约2米处，有一座长方形木骨泥墙，中间有两道隔墙，分成三室，有门相通。由此可知殿堂面阔3间，外有回廊。

廊庑分东、西、南三面相连，仅存夯土台基。宫殿建筑前有庭院，院内发现有排水设施，大门位于南墙中部偏东，由木骨泥墙围成的东西一排三室及前后皆有突出复廊的廊庑所组成，东西两室略呈方形，3米多见方，可能是文献中所记载的东西"塾"或左右"塾"。

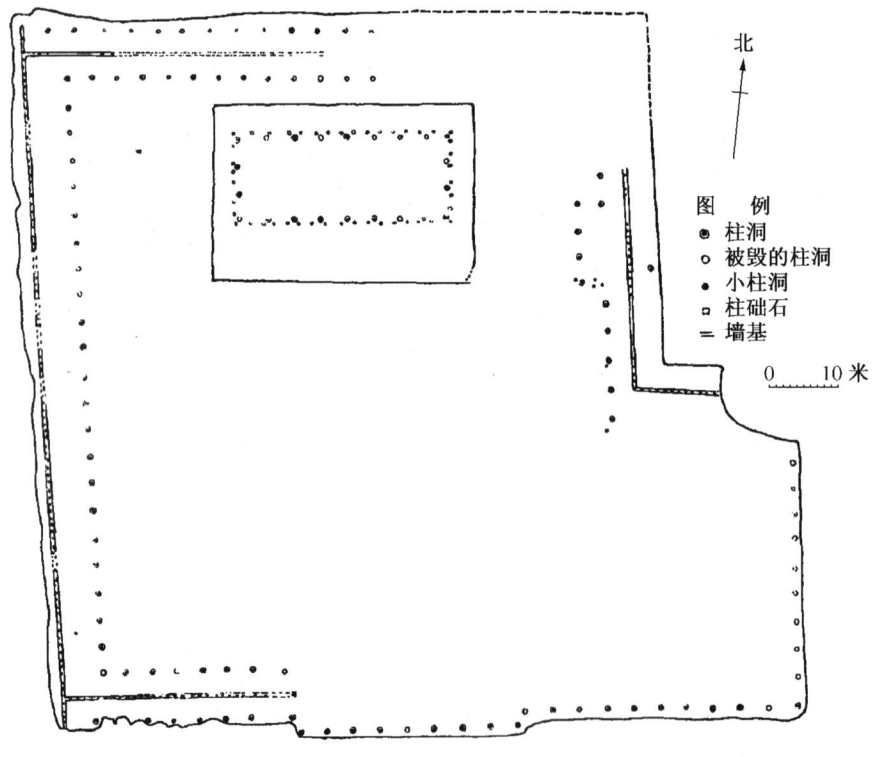

图6-3　偃师二里头遗址一号宫殿建筑基址平面图

---

① 中国科学院考古研究所二里头工作队：《河南偃师二里头早商宫殿遗址发掘简报》，《考古》1974年第4期。

二号宫殿基址与一号宫殿基址相比,规模虽然较小,但却有些新的发现,它有围墙,大门设有东西两塾。宫殿基址范围内有排水管道,更为重要的是在中心殿堂和北墙之间发现一座大墓。墓的位置在中心殿堂北面偏东的地方,其中线向南延伸,正好通过南大门正中①。

二里头遗址的这两座宫殿建筑,均建于二里头文化第三期,在建筑方法和布局上有许多相似之处:北部有殿堂,殿前有广阔的庭院,周围有相连的廊庑,南面有宽敞的大门,组成了一组布局严谨、主次分明的宫殿建筑群,其平面设计,开创了我国宫殿建筑的先河。此外,以一、二号宫殿建筑为代表的大型宫殿建筑基址在二里头遗址中较多地出现,对于判定二里头遗址是否为一处都邑遗址具有重要的意义。

二里头文化的墓葬,发掘并公布资料的数量不多,有100多座。发现的地点除二里头遗址外,还有洛阳东干沟、东马沟以及山西夏县东下冯遗址等。

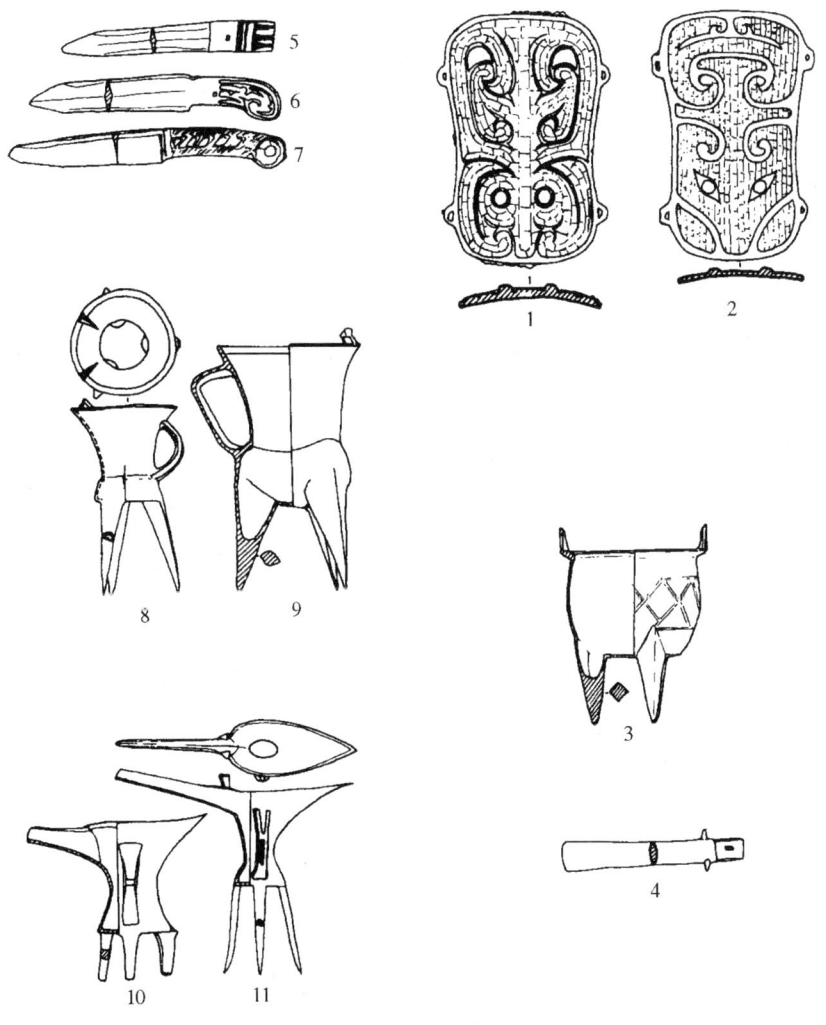

图 6-4 二里头遗址青铜器
1、2. 铜牌饰 3. 鼎 4. 戚 5、6、7. 戈 8、9. 斝 10、11. 爵

---

① 中国科学院考古研究所二里头工作队:《河南偃师二里头二号宫殿遗址》,《考古》1983年第3期。

二里头文化墓葬分早、晚两个阶段。早期以二里头一、二期为代表，晚期以三、四期为代表。从墓室面积的大小及随葬品状况看，二里头文化墓葬大体可分三类：一类墓室稍大，随葬品中有青铜器；二类墓室小，随葬品只有陶器；三类没有任何随葬品，多无墓坑。

二里头文化墓葬的葬制，与同一地区新石器时代晚期墓相比，具有不同的特点，主要表现在以下三个方面：一是随葬品中出现了青铜器，个别墓还出有铜爵，这是一种酒器，也是奴隶主统治阶级使用的青铜礼器之一。因此，二里头文化墓葬开了用青铜礼器随葬之先河。二是二里头文化墓葬随葬的陶器组合，与同一地区新石器时代晚期墓葬的陶器组合也有所不同，酒器占有比较重要的地位。三是无墓圹又无随葬品、葬式凌乱的死者，比新石器时代晚期发现的数量增多。

一般认为，二里头文化墓葬有三种不同类型之别，表现了当时的阶级关系。随葬有青铜器，尤其有青铜礼器的墓主，是新兴的奴隶主，陶器墓墓主属平民，一无所有的死者是奴隶。

青铜冶铸技术的出现，是二里头文化的巨大进步，表明此时已进入到青铜时代。二里头文化出土的青铜器种类和数量并不多。青铜器可分为容器、兵器、工具和铜饰件四类。其中容器有鼎、斝、爵，兵器有戚、戈、镞，工具有锛、刀、凿、锥、鱼钩，装饰品有铜铃和铜牌饰等。二里头文化的青铜器，具有早期青铜器的作风和特点，数量和种类不多，质量亦较差。这些铜器均由铜锡合成，器体小而轻薄，形式固定，制作粗糙，器表多素面，少数饰有简单的纹饰。二里头出土的青铜器中，铸造工艺最精美的是铜牌饰，目前已出土4件，上面镶嵌有多块绿松石，构成兽面形象，色彩斑斓，工艺精湛。二里头遗址还出土不少铸铜遗物，有坩埚、炉壁、陶范、铜渣等，说明二里头出土的青铜器是本地铸造的(图6-4)。

二里头文化的遗物，除青铜器外，还有玉器、绿松石饰、象牙器和木漆器等珍品。这些遗物，制作精美，反映了二里头文化高超的工艺水平。

三、二里头文化与夏代文化关系的探讨

对于夏代文化的探索，应参考文献资料，并从以下几个方面入手：首先在年代上，应与文献记载的夏代纪年大致吻合，其前或其后的遗存都不可能是夏代文化；其次在地域上应与文献记载的夏人的活动区域相一致。根据文献记载，一般认为夏人主要活动于河南西部的颍水上游和洛阳附近的伊河、洛河下游地区，以及山西南部的汾水下游、涑水附近。文献记载夏朝的都邑和重大事件都与这些地区有关。另外在文化特征上，夏代文化遗存应区别于原始社会晚期文化与早商文化，形成自身的特点。反映夏人风俗习惯的文化遗存，应与文献记载的有关内容相符。在社会发展阶段上，发现的文化遗存应能说明当时已产生阶级对立和进入到国家阶段。考古发现的文化遗存如果符合上述几个要点便很可能是夏代文化遗存。

与上述要求相比，二里头文化与夏代文化非常一致。从年代上看，二里头文化的相对年代介于河南龙山文化与早商文化之间，这在考古地层上有证据。从碳14测定并经树轮校正的年代数据看，二里头文化的绝对年代大致为公元前2010年至公元前1625年之间，这与文献记载的夏代纪年相当吻合。从地域上看，二里头文化主要分布于河南中西部和山西南部，其中以豫西、晋南为中心。二里头文化的两个类型，一是豫西地区以二里头遗址为代表的二里头类型，二是晋南地区以东下冯遗址为代表的东下冯类型，而这与文献记载的夏人活动的中心区域在豫西、晋南也完全一致。从文化内涵上来看，二里头文化已经出现青铜冶铸业，进入到青铜时代。青铜器中除了具有礼器色彩的鼎、斝、爵外，青铜武器的出现引人注目。武器的种类有戚、戈、镞等，其中镞较为常见，它是一种用于远距离杀伤敌人的消耗性武器。青铜

武器的出现,大大提高了战斗力。二里头文化的墓葬出现等级之分,表现了当时的阶级关系。一般认为,随葬有青铜器,尤其有青铜礼器的墓主,是新兴的奴隶主,陶器墓墓主属平民,一无所有的死者是奴隶。而居址的分化更为明显,出现了大型的宫殿建筑,在东下冯遗址中还发现了城墙。这些文化内涵,与文献记载的夏王朝也基本一致。

二里头文化与夏代文化关系密切,引起了学术界对二里头文化性质的热烈探讨。这种探讨大致可以分为两个阶段。20世纪50年代后期至60年代前期是第一阶段,这一阶段的讨论还比较肤浅。70年代末至90年代为第二阶段,这一阶段的讨论逐步深入,是二里头文化性质逐步取得共识的阶段。

关于二里头文化与夏代文化之间的关系,学术界存在两种不同的观点,即二里头文化一至四期究竟是全部属于夏文化还是部分属于夏文化。按照前一种观点,则二里头文化就是夏代文化,而后一种观点则认为二里头文化一、二期是夏代文化,三、四期是商代文化,也就是说,二里头文化是分属于两种不同性质的文化,前期是夏代文化,后期是商代文化。

认为二里头文化部分属夏代文化的学者认为,二里头文化一、二期是夏代文化,三、四则为商代文化。二里头文化一至四期虽有延续发展的一面也有差异变化的一面,特别是第三期出现了一组与二里岗期商文化代表性器物相同或相近的器物,至第四期已表现出融合和取代一、二期原有器物群的趋势,因此二里头文化三、四期应属早商文化。这样,比商代略早又区别于商文化的二里头一、二期文化才是夏文化[①]。

认为二里头文化全部属于夏代文化的学者认为,二里头文化是介于河南龙山文化与早商文化之间的一种青铜时代文化,分布范围广。二里头文化一至四期在年代上是互相衔接的,在文化面貌上有其自成一系的独特风格,因此一至四期属于一种文化。从年代、地理、文化特征、文化来源以及社会发展阶段五个方面进行考察,二里头文化就是夏王朝所属的考古学文化,即夏文化[②]。

另外还有学者认为,探索夏代文化应上溯至龙山文化,而河南龙山文化中王湾类型与二里头文化间存在继承关系,测定年代数据表明其在夏代文化纪年内。甚至还有人认为登封王城岗遗址可能就是禹都阳城。

关于二里头文化与夏代文化的关系,尽管有不同的观点,但经过多年来的讨论,基本上已取得共识。目前学术界普遍认为二里头文化一至四期都是夏文化,虽然还有学者坚持不同的看法,但已不是主流观点。另外二里头文化中最为重要的二里头遗址,有人认为当属夏都斟鄩故址[③]。

第三节　商代文化

一、商代文化的年代与分期

商族以契为自己的始祖,在成汤灭夏之前的先公先王时代活动于黄河下游地区。据《史记·殷本纪》记载,自契至成汤共14世,商人八迁其居,并逐步发展壮大起来。自成汤灭夏至

[①] 安金槐:《豫西夏代文化初探》,《中国历史博物馆馆刊》1979年第1期。
[②] 邹衡:《关于探索夏文化的途径》,《河南文博通讯》1978年第1期。
[③] 陈旭:《二里头遗址是商都还是夏都》,《夏史论丛》,齐鲁书社1985年版。

盘庚迁殷，商人又五迁其都，其后才安定下来，直到纣灭，一直以殷为王都。从商族灭国到周族灭商，商王朝共传17世，31王，历时约600年。《夏商周年表》推定商代的年代约为公元前1600年至公元前1046年[①]。

根据现有的考古发现与研究成果，商代文化大致可分为两大期：武丁以前为早商文化即二里岗期文化，武丁至帝辛时期为晚商文化即小屯文化。

（一）早商文化（二里岗期文化）

二里岗期文化以河南郑州二里岗遗址命名，其文化遗存在河南分布最为密集，此外还见于河北、山东、山西、陕西、湖北、安徽以及江西等地。根据郑州人民公园、邢台曹演庄、安阳小屯以及黄陂盘龙城等地的地层关系，二里岗期文化早于小屯文化。

早商文化本身也经历了一个相当长的发展过程，根据郑州二里岗和南关外的地层关系，可将二里岗期文化分为早、晚两期。

早期以二里岗下层以及南关外中层为代表。陶器的器壁一般较薄，卷沿，饰细绳纹。常见的器形有鬲、甗、斝、爵、大口尊、簋、豆、盆、罐等。鬲、甗的实足根较瘦长，裆较高，鬲的器高大于器宽。鬲、甗、盆口多作卷缘圆唇。大口尊体较粗短，口径约与肩径相等。斝多作敞口。真腹豆较多。铜容器少见。卜骨或有灼无钻，或有灼有钻（图6-5）。

晚期可以郑州二里岗上层、藁城早商遗址、济南大辛庄商代早期层为代表。其主要特征是：陶器器壁一般较厚，多折沿，绳纹略粗。鬲、甗的实足根较粗短，裆亦较高，鬲的器高大于器宽或两者相等。鬲、甗、盆口多作翻缘方唇。大口尊体较瘦长，口径都大于肩径。斝口收敛。假腹豆较多。本期偏晚，刻纹白陶开始兴起。成套青铜礼器比较常见。个别陶器、骨器或骨片上刻有文字。卜骨大都有灼有钻。（图6-5）

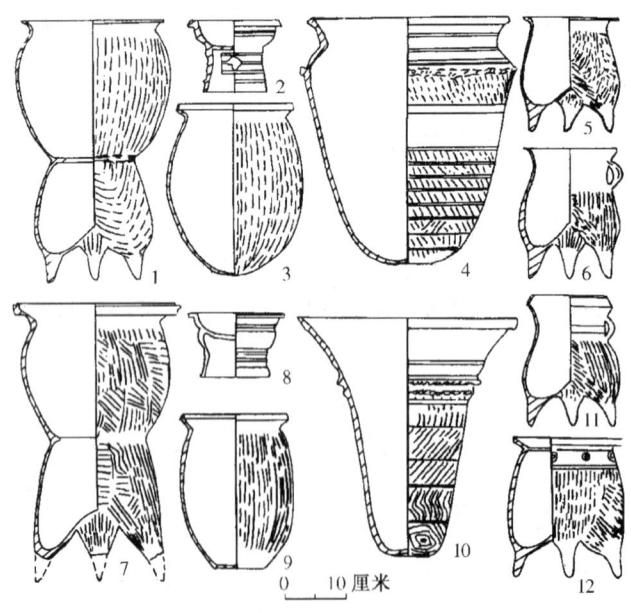

图6-5　郑州二里岗商代陶器

1、7. 甗　2、8. 豆　3、9. 夹砂罐　4、10. 大口尊　5、12. 鬲　6、11. 斝
（1—6. 早期；7—12. 晚期，依《商周考古》，1979）

---

① 夏商周断代工程专家组：《夏商周断代工程1996—2000年阶段成果报告》（简本），世界图书出版公司2000年版。

(二) 晚商文化(小屯文化)

1928年至1937年对殷墟共进行了15次发掘,获得了大量珍贵的资料,影响深远。1949年以后,在继续发掘殷墟的同时,又在河南辉县、郑州,河北邢台、武安、邯郸,山东益都、平阳、济南等地进行了大规模的发掘,还在山西、陕西、江苏、安徽、湖南一带发现晚商文化遗址和遗物。

关于晚商文化即殷墟小屯文化的分期断代,除了根据殷墟遗址发掘的地层关系和出土的遗物尤其是陶器的发展演变序列外,还可以借鉴甲骨卜辞的研究成果,将考古学与甲骨学结合起来,互相充实,相辅相成。根据殷墟文化的堆积和甲骨文、金文的断代,一般可将晚商文化分为早、中、晚三期,对应殷墟文化的二至四期,而中、晚期又可合并叙述其特征。

晚商文化早期以"殷墟文化第二期"为代表,绝对年代约为武丁、祖庚、祖甲时代。其主要特征是:陶器以灰陶为主,红陶较少,刻纹白陶已很盛行。陶壁一般较厚,粗细绳纹并存。鬲的外形一般呈方体,即器高约与器宽相等,足根较粗肥,裆较高,并盛行囷络纹鬲。簋腹较深,口沿剖面呈倒勾状,圈足较矮。真腹豆与假腹豆共存,圈足都较粗。大口尊体形瘦长,口径大于肩径。卜骨卜甲都有钻有凿,甲骨卜辞大量出现。

晚商文化中期以殷墟文化第三期为代表,晚期以殷墟文化第四期为代表。其主要特征是:陶器中的泥质红陶显著增加,刻纹白陶继续盛行。陶胎厚,绳纹粗,盛行三角形划纹,晚期又多饰网状划纹。鬲多呈扁体,通高小于最大宽度,晚期口沿加宽。鬲、甗的裆低近平,实足根矮小,晚期有的实足根已趋消失。簋多作浅腹高圈足。真腹豆增多,假腹豆少见,圈足变细。大口尊中期已少见,晚期绝迹。墓葬中过去常见的陶爵、陶觚,体形变小,演变成明器。卜骨卜甲也为钻、凿兼施,甲骨卜辞大量出现。(图6-6)

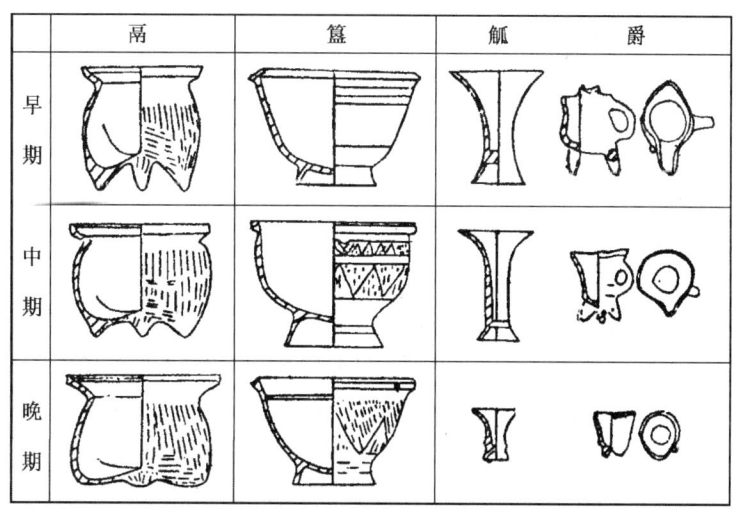

图6-6 河南安阳殷墟商代晚期陶器分期图表

二、商代城址

(一) 偃师商城

1. 偃师商城的发现与布局

偃师商城发现于1983年春,为商代早期的一座大型城址。城址位于河南省偃师县城区西部,地处洛河北岸,与二里头遗址东西相对,两者相距约6公里。偃师商城平面略呈长方形,南北长1700余米,东西宽度不等,最北部1215米,中部1210米,南部740米。城的四周均有坚固的夯土城墙,城墙的建筑结构系由墙体与墙基构成,现存城墙宽度不一,宽者超过20米,墙外有壕沟或护城河环绕。现已发现5座城门,其中东、西城墙各2座,北城墙1座。城内还发现若干条纵横交错的主干大道,均与城门相通。1997年,在城区内的南部又发现一座小城,平面呈长方形,南北长1100米,东西宽740米,城墙宽仅6—7米,基槽亦较浅。从建筑时间上看,最先修筑的是一座面积为80多万平方米的小城,整体建筑工程比较草率。后来在小城的基础上扩建成一座面积达190万平方米的大城。大城城墙不仅宽厚坚固,而且有护城坡与护城濠,具有较强的防御功能。(图6-7)

偃师商城内钻探出4处夯土建筑基址,其中城区内南部探出3座,北部探出1座,编号为1—4号建筑基址。一号建筑基址位于南部中心区,平面大致呈方形,边长约200米,四周筑有夯土围墙,从其性质上来看,应属宫城。二号与三号基址亦属有围墙环绕的小城,一在宫城西南,一在宫城东北,与宫城相呼应。根据钻探资料,宫城内共有五座宫殿建筑基址,发掘了其中编号为第四号与第五号的宫殿建筑基址。四号宫殿建筑基址位于宫城东部,夯土基址平面呈长方形,东西全长51米,南北宽约32米。在这片夯土基址上,有由殿堂、廊庑、庭院和大门组成的一组布局有序的宫殿建筑群。五号宫殿基址北距四号宫殿基址仅10米左右,其基址分为上、下两层建筑,应属相互叠压的两座基址。其布局也是由殿堂、廊庑和大门组成的建筑群。

城址北部有制陶遗址和中、小型房址等,可能为手工业作坊区和一般居住区。城址东北部还发现了铜渣和陶范等青铜冶铸遗物,证明那一带应有铸铜作坊遗址。城墙内侧附近则较为集中地分布着若干小型墓葬。

2. 偃师商城的年代与性质

偃师商城的年代,主要依据城墙、西二城门以及宫殿建筑基址发掘的地层来断定,其年代属商代二里岗期,为早商城址。

关于偃师商城的性质,学术界的认识尚不一致,主要有两种不同的观点:一种意见认为,偃师商城是商汤所都的西亳;另一种意见则认为,它是商初太甲所放处的桐宫,抑或是早商时期商王的离宫。

偃师商城汤都西亳说认为偃师商城的时代属商代二里岗期,即早商,同时依据文献有关汤都西亳的记载,认为偃师商城的位置与西亳的地望相合。赞同此说的学者还认为,从历史发展看,偃师一带是夏王朝的腹心地区,商初出于政治上的考虑,为了巩固政权,为了镇抚夏王朝的残余势力,成汤将都城定在这里是完全可能的[①]。偃师商城太甲桐宫说亦认为偃师商城为早商城址,但此城不是成汤所都的西亳,而是伊尹放太甲的桐宫,这在古文献中同样能够找到佐证。支持这一学说的学者认为,偃师一带是夏王朝的中心区,二里头遗址为夏代都邑,成汤并没有在夏墟上建立都城,而是商人灭夏之后在这里建立的一座军事重镇,用来巩固商初的西部边防并镇压夏人的叛乱,因此可以称为商王朝的别都[②]。

---

① 愚勤:《关于偃师尸乡沟商城的年代和性质》,《考古》1986年第3期。安金槐、杨育彬:《偃师商城若干问题的再探讨》,《考古》1998年第6期。
② 邹衡:《偃师商城即太甲桐宫说》,《北京大学学报》1984年第4期。

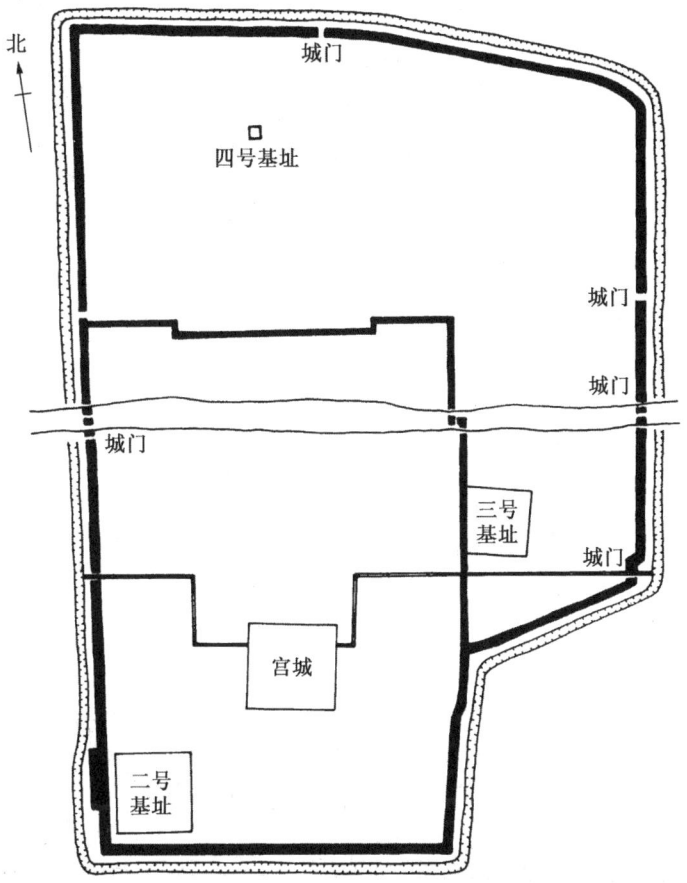

图 6-7 偃师商城平面示意图

（二）郑州商城与小双桥遗址

1. 郑州商城的发现与布局

郑州商城遗址发现于 1955 年，遗址位于郑州市区偏东部的郑县旧城及北关一带。

郑州商城的平面近长方形，城垣周长约 6960 米，其中东城墙与南城墙长约 1700 米，西城墙长约 1870 米，北城墙长约 1690 米。在城墙四周共发现大小不等的缺口 11 处，有的可能是城门。城墙的建筑结构，横剖面呈梯形，墙体有"主城墙"与"护城坡"之分。城墙采用版筑法建筑，建筑之前挖有基槽，墙基宽 20 米左右。城墙的夯层非常清晰，厚薄不等。最厚的夯土层有 20 厘米，最薄的为 3 厘米，一般为 8—10 厘米，夯筑得非常坚实。1992 年以来在郑州商城的南城墙与西城墙外又发现三段夯土墙基，这三段墙基的夯土结构与郑州商城的城墙基本相同，据推测可能是郑州商城的外城墙[①]（图 6-8）。

郑州商城的东北部发现有大面积的夯土基址，总面积近 40 万平方米，是商城的宫殿区。基址上发现夯土台基数十处，面积大的有 2000 多平方米，小的有 100 多平方米。在夯土台基上揭露出房基残迹，其中有三座大型房基，应为宫殿建筑基址。其中编号为 C8G15 的宫殿基址东西长超过 65 米，南北宽 13.6 米。在夯土基址上清理出两排柱础槽，北排 27 个，南排残

---

① 安金槐：《对郑州商城"外夯土墙基"的看法》，《郑州商城考古新发现与研究》，中州古籍出版社 1993 年版。

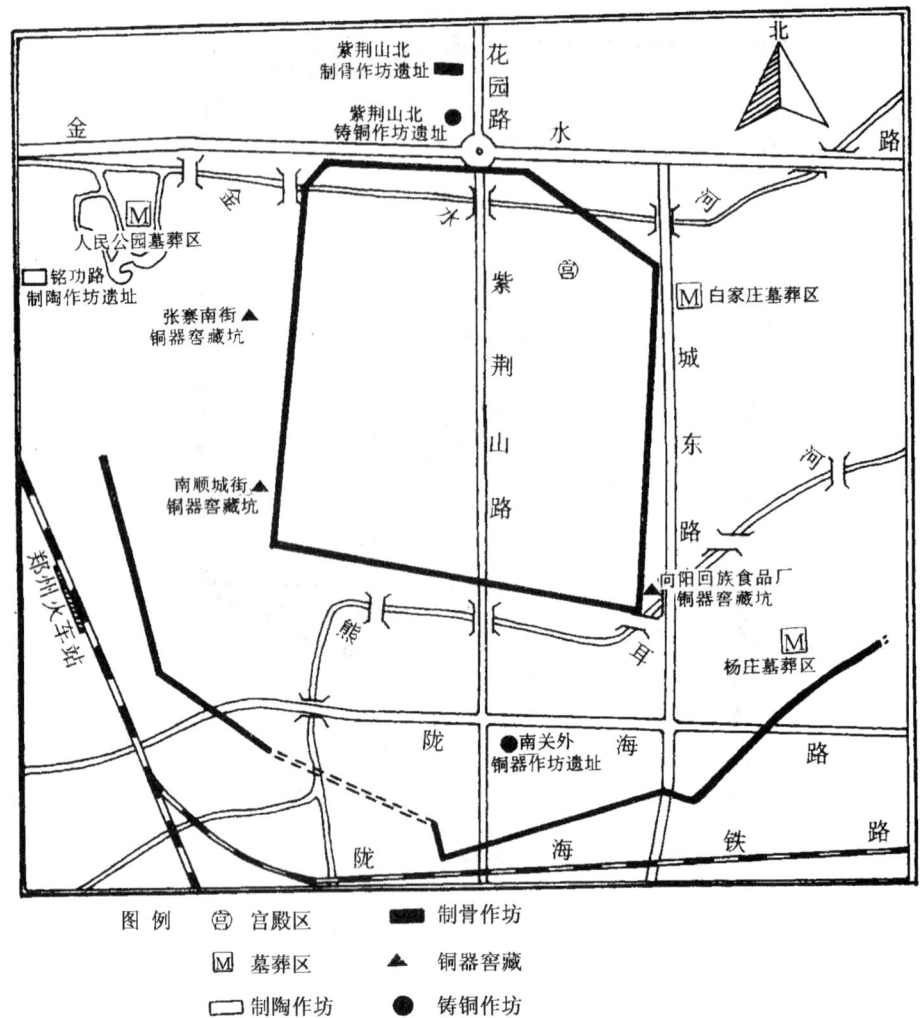

图 6-8 郑州商城平面位置图

留东边的 10 个。柱槽底部一般放有 1 块或 2 块柱础石,有的柱槽内保存有圆木柱痕迹。据推测,这座宫殿基址可能是九重檐顶和有回廊的大殿。在宫殿区内还发现铜簪、玉簪及一些残玉器,这些遗物当是贵族的生活用品①。在宫殿区的东北部还发现一个蓄水池,长 100 米,宽 20 米。池底用料礓石铺垫,并铺有较规整的青灰色石板。池壁亦铺有料礓石,并用石块加固。其性质估计是宫殿区的用水设施②。

郑州商城的城垣之外分布着同时期的许多居住遗址、各种手工业遗址及中、小型墓地。城北的紫荆山以北有铸铜和制骨作坊遗址各一处,城西的铭功路一带有制陶作坊遗址,城南的南关外附近也有一处铸铜作坊遗址。

2. 郑州商城的年代与性质

从郑州商城遗址的地层关系及出土遗物看,其年代应始建于二里岗下层偏早阶段,并延

---

① 河南省文物研究所:《郑州商城内宫殿遗址第一次发掘报告》,《文物》1983 年第 4 期。
② 曾晓敏:《郑州商代石板蓄水池及相关问题》,《郑州商城考古新发现与研究》,中州古籍出版社 1993 年版。

续使用到二里岗上层时期。东城墙夯土层内木炭的放射性碳素断代并经校正的年代为距今3570±135年,据此可知其上限约当公元前1620年前后。此外还有学者通过对城墙的地层和出土陶器进行比较具体的分析后,认为郑州商城的始建年代应属南关外期,早于二里岗下层期①。

对于郑州商城的性质,目前学术界主要有两种看法:一种意见认为,它是商代仲丁的隞都。理由主要有两点:一是依据文献上有关隞都地望的记载,认为郑州商城的位置与隞都地望相近;二是通过对郑州发现的商文化年代进行分析,认为二里岗期文化属商代中期,同时将商代历史划分为早、中、晚三期,因而认为郑州商城可能是商代中期仲丁所迁的隞都②。另一种观点认为,郑州商城不是隞都,而是商代初期成汤所都的亳都。理由主要有四点:一是古代文献中有东周时期郑地之亳的记载;二是郑州商城出土的陶文证明东周时期郑州商城名亳、亳城或亳丘;三是汤都亳的邻国及其地望与郑州商城相合;四是郑州商文化遗址发现的情况与成汤居郑地之亳相合③。

3. 小双桥遗址

小双桥遗址位于郑州市西北部的邙山地区。该遗址发现于1990年,经过发掘,发现这是一处文化内涵丰富并且有不少重要文化遗存的商代遗址④。根据调查发掘,小双桥遗址的面积约为144万平方米,中心区的面积有15万平方米。已发现的夯土建筑基址有4处,面积最大的残长50余米,残宽10余米。在夯土基址上有柱槽、柱洞和柱石发现,数量不等。这些夯土基址的发现,说明小双桥遗址内有成组的宫殿建筑。此外小双桥遗址还出土了两件大型青铜饰件,古建筑专家认为,该饰件为王室重器,推测是安装在宫殿正门两侧枕木前端的装饰性饰件,从结构形制可推断该建筑规模宏大,非商王莫属。遗址内还发现了大大小小的祭祀坑,坑内多埋有黄牛头骨和角,个别坑内埋有人头骨和人骨架,有的埋有狗骨架。遗址中出土遗物有青铜器、玉器、象牙器、乐器、原始瓷器以及相当多的陶器、石器和骨器,还发现了朱书陶文⑤。根据发掘的地层和出土的陶器,初步确定小双桥遗址的文化年代为商代二里岗上层期偏晚的白家庄期。

小双桥遗址包含的丰富的文化遗存,尤其是宫殿建筑基址的发现,说明它是商代一处重要的都邑遗址。有的学者认为,小双桥遗址的文化年代与郑州商城的废弃年代相衔接,应为商王仲丁的隞都⑥;也有学者认为小双桥遗址从性质上来说属郑州商城的离宫别馆或宗庙、祭祀遗址⑦。

(三) 黄陂盘龙城

盘龙城位于湖北省黄陂县滠口乡叶店,地处长江支流府河北岸的高地上。盘龙城遗址发现于1954年,1974、1976年两次进行较大规模的发掘,收获甚丰。据发掘资料,盘龙城一带早

---

① 陈旭:《郑州商文化的发现与研究》,《中原文物》1983年第3期。
② 安金槐:《试论商代城址——隞都》,《文物》1961年第4、5期。
③ 邹衡:《论汤都郑亳及其前后的迁徙》,《夏商周考古学论文集》(第二版),科学出版社2001年版。
④ 河南省文物研究所:《郑州小双桥遗址的调查与试掘》,《郑州商城考古新发现与研究》,中州古籍出版社1993年版。
⑤ 河南省文物研究所等:《1995年郑州小双桥遗址的发掘》,《华夏考古》1996年第3期。
⑥ 陈旭:《郑州小双桥遗址即隞都说》,《中原文物》1997年第2期。
⑦ 张国硕:《小双桥商代遗址的性质》,《殷都学刊》1992年第4期。裴明相:《论郑州市小双桥商代前期祭祀遗址》,《中原文物》1996年第2期。

在二里岗下层时已有居民,至二里岗上层时修筑上、下两层宫殿,并于上层宫殿同时修筑城墙,到商代后期急剧衰落。

盘龙城城址平面略呈方形,南北约 290 米,东西约 260 米,面积 7 万多平方米。城墙至发现时还保存完好,四面中部都有一缺口,可能是城门。现在西墙、南墙、北墙尚保留高出地面 1—3 米的夯土残垣。城墙厚度为 20 米左右。城墙夯筑技术和郑州商城相同,以每层厚 8—10 厘米的夯土筑出主体,内侧又用斜行夯筑成护坡。城墙外围有护城壕,时代与城墙相同。护城墙与城壕同为该城的防御设施①。

宫殿区在城内东北部高地上。下层宫殿建于生土上。营建上层宫殿时,先将东西约 60 米、南北 100 米的地段平整,筑成高数十厘米至一米的大型夯土台基,再于其上修筑宫殿。现已发现三座宫殿基址,前后并列,坐北朝南,其中一、二号基址已经发掘。一号宫殿基址东西长约 39.8 米,南北宽约 12.3 米,有高出地面 20 厘米以上的夯土台基,据推测为一座内分四室,外绕回廊,并在回廊外侧台阶下设有散水的四阿重屋式建筑(图 6-9)。二号宫殿基址在南边,距离一号基址有 13 米,东西长 27.5 米,南北宽 10.5 米,其建筑方法与一号基址相同。其檐柱前后左右对称,估计梁架结构比一号基址整齐,可能是一座两侧开门的厅堂式建筑。这两座建筑合起来,与文献记载周代以前宫殿制度中"前朝后寝"的结构极为相似,二号基址可能是只有一个大厅的"前朝"部分,一号基址则为"后寝"部分的寝殿②。

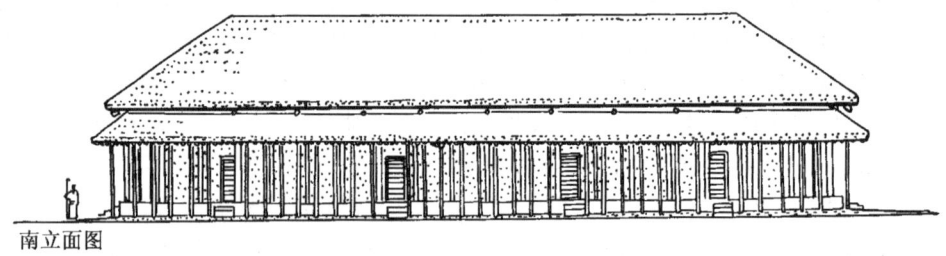

南立面图

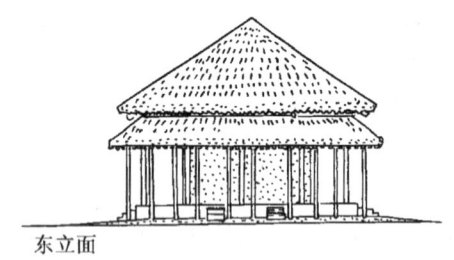

东立面

图 6-9　盘龙城一号宫殿复原图(依杨鸿勋,1976)

在盘龙城北的杨家湾、城西的楼子湾、城东的李家嘴等地发现商代二里岗期墓葬。随葬青铜器的贵族墓主要集中在李家嘴一带。发掘的十多座墓可分为大贵族墓、普通贵族墓和平民墓三类,三类墓的规模及随葬品数量有显著的不同。

盘龙城遗址在城垣的建筑技术、埋葬制度及习俗、陶器特征、青铜器的特征及冶铸工艺、玉器的风格等方面,都与郑州二里岗上层文化具有相同的性质,其年代也与二里岗上层文化

---

① 湖北省博物馆等:《盘龙城一九七四年度田野考古纪要》,《文物》1976 年第 2 期。
② 杨鸿勋:《从盘龙城商代宫殿遗址谈中国宫廷建筑发展的几个问题》,《文物》1976 年第 2 期。

相当。盘龙城遗址的整体布局表明,城内仅有宫殿,具有宫城性质;城外则是居民区和手工业区,这是一种早期城市的形态。盘龙城的发现是商代考古的一大收获,它向我们揭示了属于商文化系统的一个南方方国的文化面貌。

(四)殷墟

1. 殷墟的发现与年代

殷墟是商代晚期的都城遗址。《史记·殷本纪·正义》引《竹书纪年》云:"自盘庚徙殷至纣之亡,二百五十三年,更不徙都。纣时稍大其邑,南距朝歌,北距邯郸及沙丘,皆为离宫别馆。"商代都城在盘庚之前屡次迁徙,但自盘庚起,历八代十二王,整个商代晚期皆都于殷。殷墟遗址发现于20世纪初,随着甲骨文的发现,罗振玉等人经过调查,弄清甲骨文出土于今河南安阳的小屯村,并在甲骨卜辞上发现了商代先公先王的名字,证实其为商代甲骨。王国维对甲骨卜辞的考证结果进一步证实殷墟所在的小屯村及其附近地区为商代后期的王都遗址。1928年开始对殷墟进行大规模发掘,一举发现大面积的宫殿宗庙建筑基址和王陵等重要遗迹,还获得大批甲骨与青铜器等遗物,证实了古文献的记载。新中国成立后,殷墟的考古工作持续不断,古老的王都遗址得到了更好的保护。

2. 殷墟的范围与布局

殷墟遗址的总面积达30平方公里,包括内围和外围。内围东起郭家湾、西至北辛庄,长约6公里,南起苗圃北地、东北至三家庄,宽约4公里,总面积约24平方公里(图6-10)。洹河南岸的小屯东北地为商代宫殿、宗庙区,在其周围还分布着手工业作坊、一般居址和平民墓葬;洹河北岸的侯家庄和武官村北地是王陵区;殷墟外围发现的简陋的地面式房基可能是平民居住区。

宫殿宗庙区位于洹河南岸的小屯村东北地。在宫殿宗庙区的东北面有洹河环绕,西面则有一条长约1100米的大壕沟,以自然河流与人工开挖的大壕沟相结合,作为宫殿宗庙区的防护屏障。区内发现了比较密集的夯土建筑基址。在20世纪30年代的发掘中,就发现夯土建筑基址53座,分为甲、乙、丙三组。甲组基址15座,分布在遗址的北边,以东西向为主。乙组基址21座,位于甲组之南,门多南向,多数面积较大,其中乙八基址南北长约85米,东西宽约14.5米,基址上有柱础石153个。乙组基址大都互相连接,叠压关系复杂。丙组基址17座,在乙组西南,其中门向南的9座,向东、向西的各4座,面积均较小,排列对称。乙、丙组基址附近皆有与祭祀有关的现象。甲、乙、丙三组基址的年代关系,甲组最早,乙组次之,丙组最晚。另外20世纪80年代又发现一处大型夯土基址,位于乙组基址东南80多米处,占地5000多平方米,由三排大型基址构成,南、北、西三面各一排。在三排房基之间形成宽敞的长方形区域,类似庭院。这三排房基都有排列整齐的擎檐柱和墙柱,其中北排基址为主要建筑。此基址的建筑时代不晚于武丁早期[①]。

殷墟的宫殿和宗庙建筑多有夯土台基,台基上设柱础。地面建筑已荡然无存,无法准确复原,但可确认当时尚未使用砖瓦,墙体应为泥土夯打而成,屋面则以草覆盖,其造型在甲骨文中可以得到启示。甲骨文中与建筑有关的皆从"介",或许就是当时地面建筑的形象写照。

王陵区位于洹河北岸的侯家庄和武官村之间,已发掘大墓13座,内有大量殉人、人牲和随葬品。在武官村大墓之南有排列整齐的密集的人祭坑,共发掘1400多个,应为商王室祭祀

---

① 郑振香:《安阳殷墟大型宫殿基址的发掘》,《文物天地》1990年第3期。

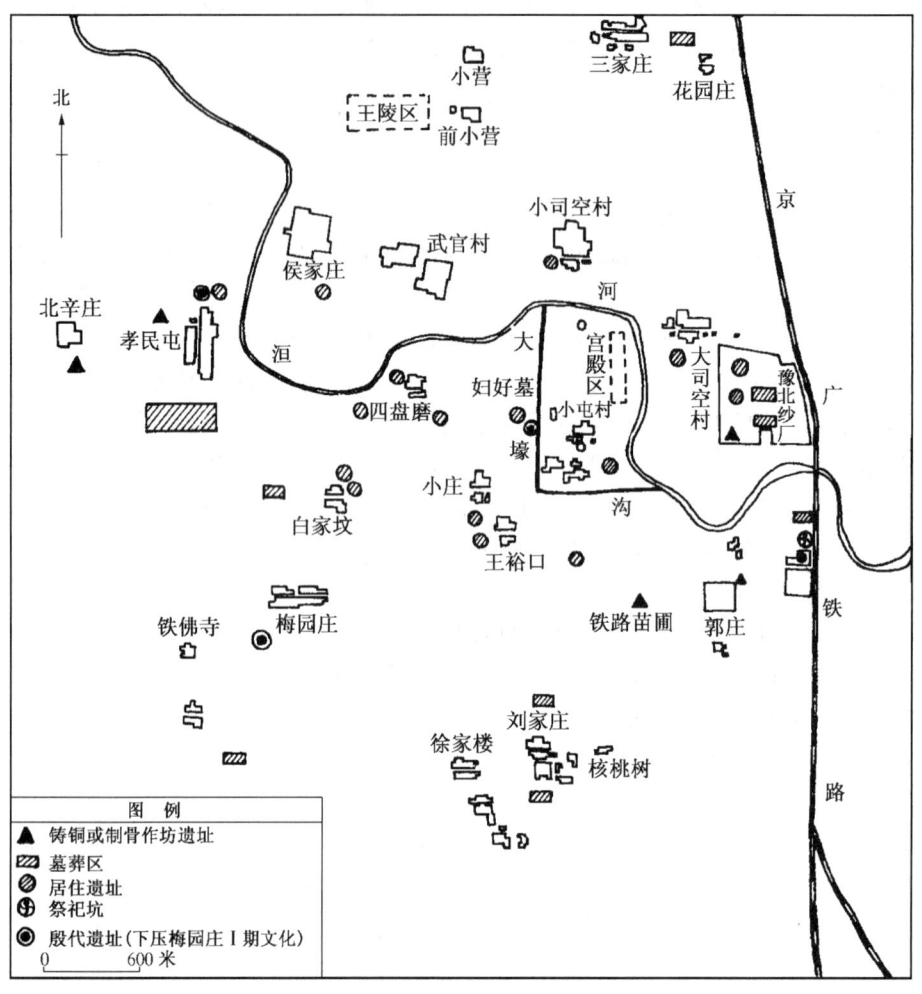

图 6-10　殷墟遗迹分布图

祖先的场所。

手工业作坊区位于小屯宫殿宗庙区附近。1975 年在小屯村北发掘的一座商代晚期的房址中,出有石质锥形半成品 600 余件,长方形磨石残块 260 余块以及少量玉石雕刻品,推测这座房子可能是当时的玉石器作坊遗址[①]。在小屯村南的苗圃北地发现铸铜遗址,面积达 1 万平方米以上,从出土陶范看,以铸造礼器为主。另在薛家庄、孝民屯两地也发现铸铜遗址,前者所出陶范也多为礼器,后者出有礼器和戈、矛、铲、锛等陶范。制骨作坊遗址在北辛庄南发现,出土大量骨料、半成品和成品,制作的骨器有凿、锥、镞、笄等。在大司空村也发现一处较大规模的制骨作坊遗址,曾发现贮存骨料的窖穴和与制骨有关的地穴式房址,所制骨器有锥、镞、笄等。

甲骨是殷墟的重要遗物之一,对殷墟甲骨的发掘比较重要的有如下几次:1936 年在小屯村北发现的甲骨坑 YH127,此坑共出刻辞甲骨约 1.7 万片,绝大部分是字甲,少数是字骨,其中完整的龟甲就有 300 多版;1973 年在小屯南地出土甲骨 5000 多片,绝大多数为字甲,其中

---

① 中国科学院考古研究所安阳发掘队:《1975 年安阳殷墟的新发现》,《考古》1976 年第 4 期。

有不少大版刻辞的胛骨；1991年在花园庄东地又发掘一个甲骨坑H3，出土甲骨1583片，以大版卜甲为主，其中完整的卜甲达755版，有刻辞的为300版。

殷墟大量的遗迹、遗物向我们展示了商代晚期社会发展的高度水平，有助于人们研究当时社会的政治、经济、文化发展情况。

三、商代墓葬

商代是继夏之后的第二个奴隶制王朝，历时500余年。在这几百年中，奴隶制进一步得到巩固和发展，生产力有了很大的提高。在商王朝统治区域及各方国均发现了大量的墓葬，其中经过科学发掘并公布材料的有3000余座，为研究商代墓葬的分期、葬俗，商代的社会生活和阶级关系提供了丰富的资料。

（一）商代墓葬的分期与分布

商代墓葬大致可分为前后两个阶段，前期以郑州二里岗遗址为代表，后期以安阳殷墟为代表。发现的地点，前期墓主要在郑州商城、偃师商城、辉县琉璃阁、湖北黄陂盘龙城等遗址。后期墓葬发现的地点较多，在安阳殷墟、辉县、郑州、罗山、河北邢台、山东益都、山西石楼、江西清江等十几个地方均有发现。商代前期墓葬比较分散，后期比较集中，埋葬集中的墓地，是族墓地，由此反映出商代是实行聚族而葬的制度，这是原始社会公共墓地的一种延续。

（二）商代墓葬的类型

商代墓葬，可以分为几个等级，大体说有王陵墓、奴隶主贵族墓、平民墓和奴隶墓。

1. 商代王陵

目前发现的商代王陵，均属盘庚迁殷以后，商代前期陵墓至今仍未发现。商代后期的殷王陵墓，有特定的陵区。陵区位于安阳市西北洹水北岸，包括今天的侯家庄、前小营和武官村之间的大片地区，与小屯宫殿区相对。在陵区内已发现规模相当可观的大墓13座，其中一座未完全建成，亦未埋人，因此被称为"假大墓"。这13座大墓，分布于东西两区，布局有序，西区8座，东区5座。墓的结构分墓道、墓室、椁室三部分。墓道有四条、两条、一条之分，结构有斜坡式和台阶式两种（图6-11）。

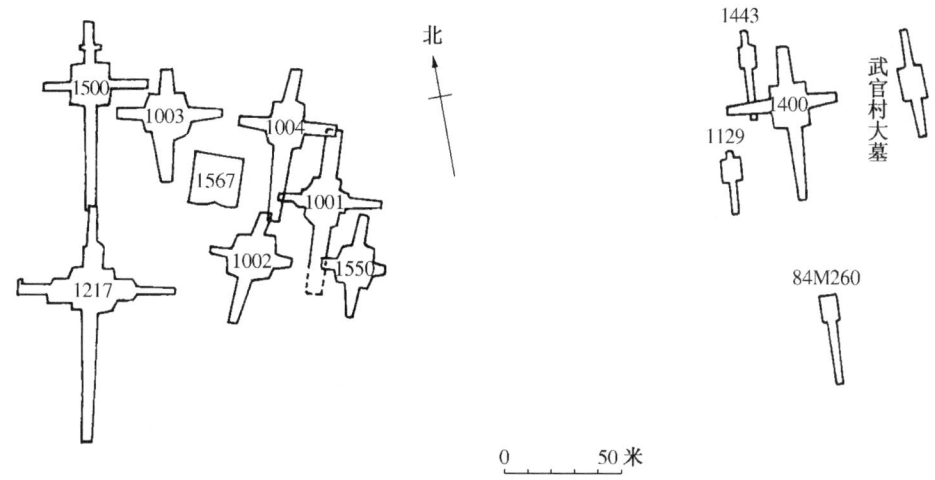

图6-11　安阳侯家庄西北冈大墓分布图

规模最大的墓呈"亚"字形，带有四条墓道。其中M1217墓室口南北长18.4米，东西长

18.1米,深15.4米,面积约330平方米。椁室均为木质结构,位于墓室中央。大墓中均有精美的随葬品,也有众多的人殉人牲,可惜均被盗掘,仅残存有青铜器、玉器、金饰,精美的白陶以及骨、石、牙、蚌等遗物。此外,在有的大墓中,还残存有铜车马器、兵器以及青铜工具等,从这些残存中,可以想象当时大墓中的随葬品是相当丰富而精美的。

带两条墓道的墓呈"中"字形。以武官村大墓为例,该墓带有南、北两条墓道,墓室面积168平方米,墓道口面积172.8平方米,总计340多平方米,容积为1615立方米。墓底中心有腰坑,内殉人1、青铜戈1。此墓早期曾被盗并焚毁,棺木与墓主尸骨无存。椁室内随葬品也多被盗,发掘时仅见货贝、玉、绿松石、骨镞、青铜戈、斧、镞等小件器物,还有鼎、爵、斝的残片。殉人多在椁室四周的二层台上,共41人,东台多男性,西台多女性。在填土中发现人头34个,是在回填土时夯入的。在南墓道中殉人1,北墓道殉人2。该墓总计殉人79,殉马28,殉猴3,殉鹿1,殉其他禽兽15(图6-12)。

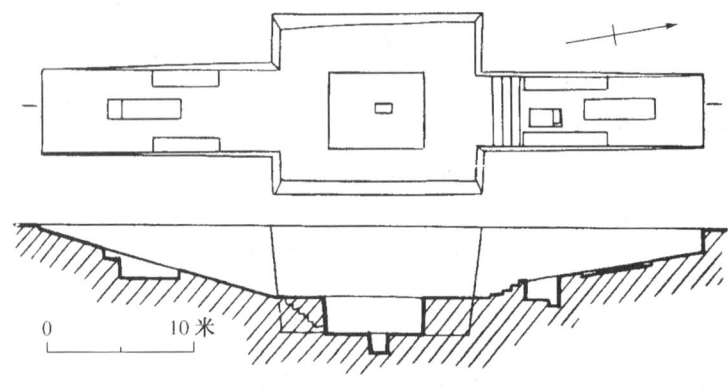

图6-12 殷墟武官村大墓平剖面图

2. 奴隶主贵族墓

商代的奴隶主贵族,除商王外,还包括王室成员、方国首领及其他贵族。奴隶主贵族墓发现不少,前期主要在郑州商城和湖北黄陂盘龙城遗址,辉县琉璃阁也有一些发现。后期的除安阳殷墟外,还在河南辉县、温县以及河北藁城、山东、山西、陕西等地有所发现。商代奴隶主贵族墓的埋葬制度,有棺椁,墓底撒有朱砂,中央挖有腰坑,腰坑内埋狗。随葬品中以青铜器为主,种类有礼器、兵器、工具等。其次为陶器,有的还随葬有玉器、漆器等。这些奴隶主贵族墓,从墓的规模、随葬品的多寡以及殉人等方面情况看,不仅有前后期的差别,也有等级高低的差别,还有地方性的差别。一般来说,前期的墓室规模较小,结构比较简单。随葬青铜器的种类少,数量也少。有殉人的墓不多,只是个别墓有发现。后期墓墓室增大,有的还有墓道。随葬青铜器种类和数量显著增多,有殉人的墓也显著增多。以下择其要者加以介绍。

(1) 殷墟妇好墓

殷墟妇好墓位于小屯村西北,1976年发掘,保存完好[①]。墓室为长方形竖穴,墓口南北长5.6米,东西宽4米,深7.5米。墓室内东西壁上各有一龛,其中殉人3。墓底四周有熟土二层台,中部有腰坑,坑中殉人1、狗1。墓室北端殉人4,另外还有8人殉于棺外椁内。该墓总计殉人16、狗6。墓内随葬器物1928件,其中铜器468件,种类有礼器、乐器、兵器、工具、马

---

① 中国社会科学院考古研究所:《殷墟妇好墓》,文物出版社1980年版。

饰等,还有铜镜 4 面。青铜礼器种类齐全,以鼎的数量最多,还有不少是前所未见的重器,如由长方形六足甗架和 3 件甑组成的三联甗、带盖偶方彝等。不少青铜器上都铸有"妇好"、"司母辛"等铭文。除铜器外,还随葬玉器 750 余件,骨、角、牙器 200 余件,海贝 6000 余枚。根据铜器铭文,墓主人为妇好,甲骨卜辞记载,她是商王武丁的配偶,曾主持过一些重要的祭祀活动,并多次率领士卒征讨周边的方国,显赫一时(图 6-13)。

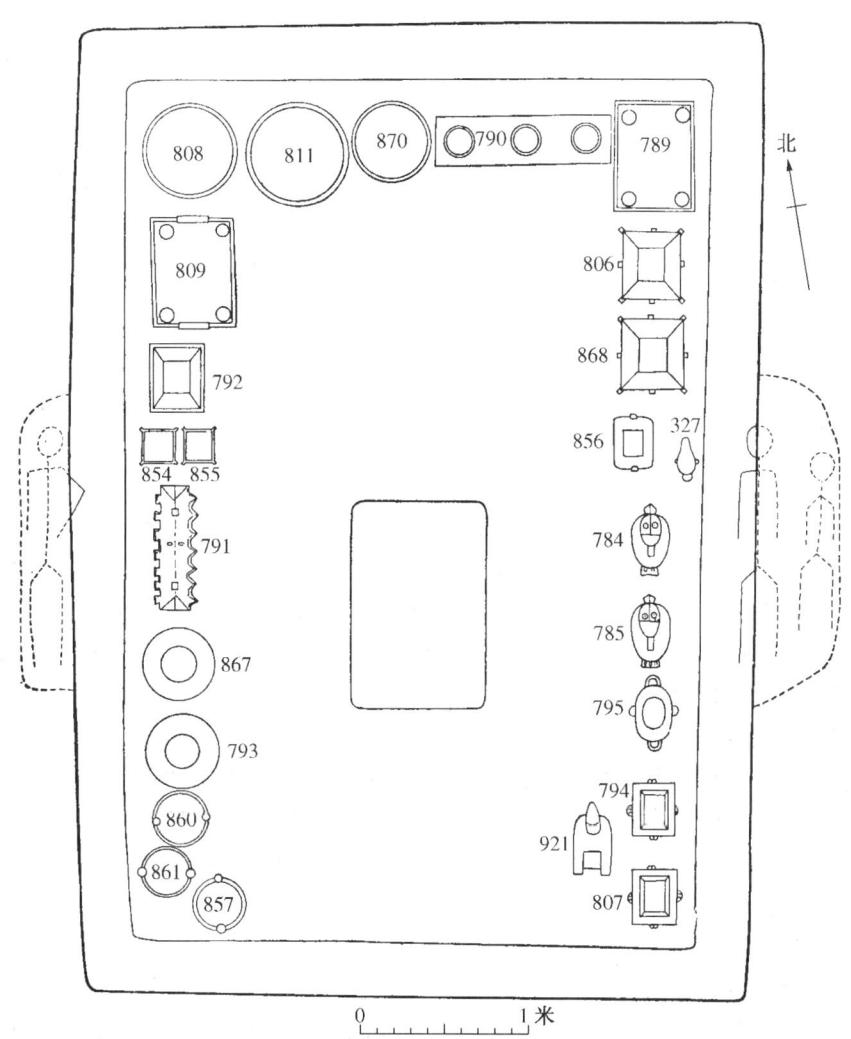

图 6-13 妇好墓底大型铜器分布示意图

789. 大方鼎　790. 三联甗架　870. 甗　811. 盂　808. 大圆鼎　792、806、868. 方尊　856. 方罍
327. 觥　784、785. 鸮尊　795. 壶　794、807. 方壶　921. 石鸱鸮　809. 大方鼎
854、855. 方斝　791. 偶方彝　867、793. 圆尊　860、861、857. 圆斝

(2) 殷墟郭家庄 160 号墓

1990 年 10 月,中国社会科学院考古研究所安阳工作队对殷墟郭家庄 160 号墓进行了发掘。该墓保存完好,为长方形土坑竖穴,墓室长 4.5 米,宽约 3 米,墓底距地表 8 米。墓室四周有熟土二层台,墓底中部有一长方形腰坑。葬具有棺有椁,出土时已全部腐朽,棺、椁上涂有数层黑、红、白漆。墓内发现殉葬人 4 个,殉狗 3 只。

随葬品相当丰富,有各类器物 353 件,其中青铜器 291 件,玉器 33 件,余为石器、陶器、象牙器、骨器、竹器、漆器。在青铜器中,以武器为主,有钺、刀、戈、矛、镞等。在3件铜钺中,有1件大钺,其规格仅次于殷墟妇好墓中出土的大钺。青铜礼器40余件,有鼎、甗、簋、尊、罍、卣、盉、斝、觯、瓿、角、盘、方形器等。有41件青铜器上带有铭文,铭文多为"亚址"二字。学术界认为,该墓属殷墟文化第三期,墓主人应为地位显赫的贵族,是级别较高的武将[①]。

殷墟郭家庄160号墓的发现,填补了殷墟研究中缺乏第三期较大铜器资料的空白。青铜礼器中,方形器较多,一件圈足方形器和带盖提梁四足鼎都是极罕见的器形。大多数铜器上的纹饰繁缛华丽,制作非常精致,不少青铜礼器上都有铭文。郭家庄160号墓的发掘,是1976年妇好墓发掘以来,殷墟考古又一次重要的收获。

3. 平民墓

商代的平民墓葬,发掘的数量较多,其埋葬制度,前后期差别不大。墓的结构均为长方形竖穴土坑,墓室面积一般为3—4平方米。前期多无棺椁,后期有棺的较多,有的还有木椁。随葬品中前期主要是陶器,种类有鬲、盆、罐、豆等,数量1—5件不等。有的还有石斧、石镰。后期随葬品也以陶器为主,有鬲、簋、罐、瓿、爵等,有种类之别,也有数量之差,有的以瓿、爵为主,有的则以鬲为主。但是,这时期的平民墓和前期相比,最大的变化是有的出土有青铜器。由此看来,商代后期的平民阶层也出现了一定的分化。他们中有少部分人上升为小奴隶主,也有一部分人则逐步走向更加贫困,甚至沦为奴隶。

4. 奴隶墓

商代的奴隶墓,多为非正式埋葬。在商代遗址的发掘中,在灰层、灰坑中,常常发现有人的尸骨。这些人骨,既无墓圹,也无随葬品,有的俯身屈肢,有的侧身屈肢,有的仰身屈肢,有的身首分离,有的断臂缺腿,有的双手作反绑状,有的呈跪伏式,有的几个或十几个同埋,有的同猪骨埋在一起。这种异常埋葬的尸骨,在郑州商代前期遗存中就有较多的发现。这些非正式埋葬的人当属商代最下层的奴隶。

(三)商代的人殉与人牲

在商代,人殉是为侍奉死后的社会或家族中某些特权者而从死的人,有陪臣、妻妾、侍卫和亲信,也有用作仆役的奴隶。人牲是祭祀时像牛羊猪等牲畜一样被供奉给祖先、神灵的人,被杀者多为战俘和奴隶。人殉、人牲现象在原始社会末期即已出现,到商代发展到高峰,商代晚期以后逐渐衰退。

1. 宫殿区和王陵区的人祭遗迹

郑州商城宫殿区内的壕沟中发现有大量的人头骨,应是进行某项祭祀活动的牺牲。安阳小屯宫殿区的乙组和丙组基址中都有人祭遗迹。其中乙七基址是这组建筑群中较重要者,共有人牲约600个,在基址夯土中、柱下、门旁都有祭祀坑。大司空村祭祀坑径约3米,深约0.6米,坑内埋31个人头和26个无头躯体,除几个为4—7岁儿童外,余皆为30岁左右的男性青年。西北冈祭祀坑规模最大,位于殷墟侯家庄王陵区,东西长450米,南北宽250米,分东西两区,共发掘祭祀坑1400多个,占总数的一半以上(图6-14)。绝大多数坑中埋人,少数埋动物,个别埋车马。埋人坑多为长方形竖穴,长2米,宽1米,深1—3米。全躯者每坑1—10人,身首分离者每坑1—10人,无头躯体者一般每坑10人,埋头骨坑每坑头骨3—39个不等。死者或死后埋人而放置整齐,或活埋而有捆绑挣扎痕迹。死者男性年龄多为15—20岁之间,

---

① 中国社会科学院考古研究所:《殷墟郭家庄商代墓葬》,中国大百科全书出版社1998年版。

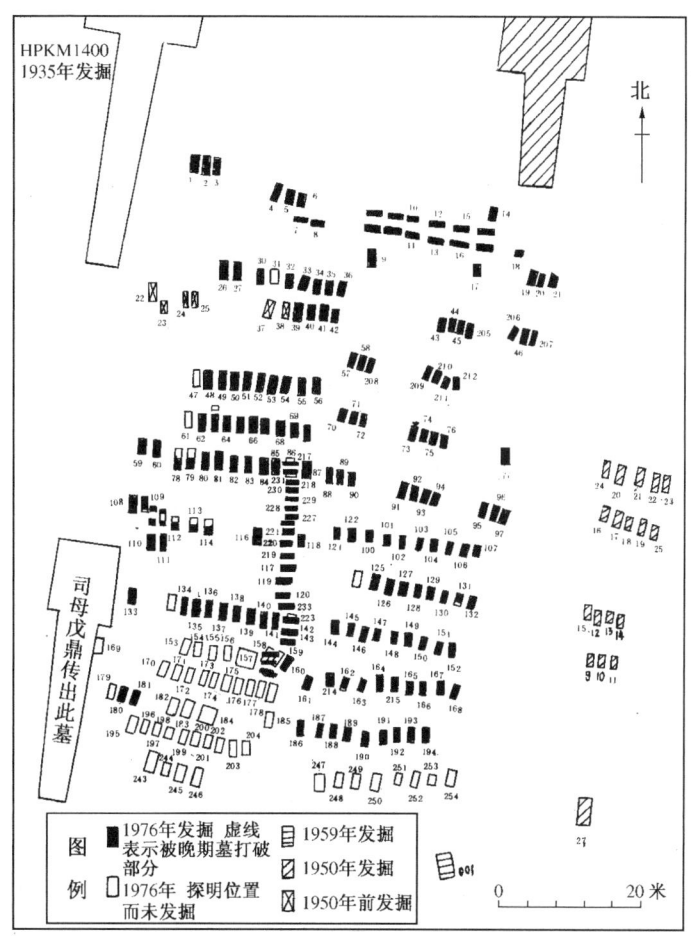

图 6-14 安阳侯家庄武官村王陵东区商代后期祭祀坑分布图

少数在 30—35 岁之间,女性年龄都在 22—28 岁之间,儿童多为 6—10 岁。祭祀所用人牲多为战俘,据甲骨文记载最多的是羌人,另有一些奴隶。祭祀用人,一次少者几人,多者三四百人。武丁时期所用人牲数量最多。

2. 墓葬中的人殉和人牲

商代早期的殉人墓有郑州白家庄 M3、辉县琉璃阁商墓、藁城台西遗址中的商墓、盘龙城遗址中的李家嘴 M2 等。商代晚期人殉材料较多,各类墓葬殉人情况不同。大型墓都有人殉,部分有人牲。中型墓约半数有人殉,个别有人牲。小型墓极个别有人殉。大型墓墓道越多、墓室越大,人殉和人牲就越多。如侯家庄 M1001 有 4 条墓道,共有人殉人牲全躯者 91 个、无头躯体 61 个、人头骨 73 个。殷墟西区 M701 仅一条墓道,殉人 12 个,妇好墓殉人 16 个。

3. 人殉和人牲的演变

商代早期的人殉、人牲数量较少,商代晚期大增。据甲骨卜辞统计,商王祭祀共用人牲 1.4 万人,其中武丁一代用人牲 9000 多,武丁以后逐渐减少,到帝辛时仅用 100 多人。关于演变的原因,有人认为:人殉是父权家长制出现以后的产物,反映了人与人之间的不平等关系,随着奴隶制国家的出现,这种不平等关系被确认并得以发展,所以殉人之风盛行。人牲主要来源于战俘,在早期奴隶社会,战俘沦为奴隶后不能提供较多的剩余产品反而消耗俘获方的食物,故多用于祭祀。随着奴隶制的完善,一部分青壮年俘虏用于生产,创造财富,因而人牲数量减少,且作为人牲者多为妇女、儿童。

四、商代青铜器

(一) 商代青铜器的铸造

商代是中国青铜艺术的鼎盛时期。商代青铜器的铸造采用的是范铸法,铸造青铜器一般要经历三道主要工序:制模、翻范、浇铸。

1. 制模

不论青铜器器形如何简单,都要经历将青铜溶液浇入范中这一过程。范的制造要从模谈起。模即所要铸造的青铜器的原型。据考古发现,商代的模一般用淘洗的粘土制成,用粘土塑造成欲铸造器物的形状,刻上花纹,稍加焙烤或阴干,成为模型。这种陶模在殷墟后冈曾发现不少。殷墟第13次发掘时,出土一件方彝中段残模,模上用朱笔绘出云雷纹,有的地方已用刀刻成形,模上半浮雕的夔龙纹是用泥条刻成附加在模体上,出土时有些地方已脱落。由这件半成品模清楚地看出制模的过程。关于刻划花纹的工具,1959—1960年在安阳苗圃北地铸铜作坊遗址曾发现一件长16厘米的三棱铜棒,其一端尖锐如锥,一端扁平如刀,可以用于刻划图案花纹。

2. 翻范

范分内范和外范两种:外范复杂,是主要的部分;内范简单,起辅助作用。翻制外范的过程是,在制成模后,用经淘洗的粘土做成泥片,将泥片按在陶模上,待半干时切成若干块,分别取下,阴干用火微烤,各片外范间留有榫卯,呈子母扣合。外范多少,依器物的复杂程度而定,少者两块,多者几十块。1959年至1960年曾在安阳苗圃北地发现3000多块陶范实物,其中一件爵范,达16扇,分上下两段,上段从口到腹5块,下段从腹到足9块,爵顶还有2块。著名的司母戊大方鼎,据实物上的铸痕分析,用范达30多块。

3. 浇铸

外范制成后,在其内放置一略小于外范的泥块,是为内范。内外范间留下适当空隙,浇入青铜溶液,冷却凝结,敲碎内外范,便成一青铜器,经打磨修整,整个工序便告完成。在安阳苗圃发现过烧土面流道,是浇铸青铜器时留下的痕迹。商代熔化青铜的坩埚容积较小,浇铸一件大型青铜器需要大量青铜溶液,因而浇铸过程十分紧张,需要大批奴隶协调一致才能完成。

(二) 商代青铜器的分类

目前所见关于商代青铜器的著述主要有两种分类法,一种是按器形分为平底器、三足器、圈足器等,一种是按用途分为工具、礼器、乐器、兵器等。第二种分类法将青铜器放到生产、生活中去考察,与考古学的目的紧密相联,比较科学,也易掌握,故采用之。商代青铜器大致可分为工具、礼器、兵器、乐器、车马器、铜镜等。

1. 工具

商代常见青铜工具有斧、锛、凿、铲、镰、刀(或称削)、锥等,这些工具的体形多较小。

2. 礼器

商代的大型青铜器是商王和奴隶主贵族用来举行宴会、祭祀等重大仪式的器物,具有标志奴隶主的身份、等级和权力的特殊意义,是礼制的具体体现,这类器物便称"礼器"。礼器是青铜器中最大量、最复杂、最豪华者,也是考古学研究的重点。礼器本身又可分为食器、酒器、水器等。食器主要有鼎、鬲、甗、簋等;酒器主要有觚、爵、觯、斝、尊、卣、壶、觥、罍、盉、瓿、方彝等;水器有盘等。

3. 乐器

乐器有铙和鼓。铙是三件一组大小递减的乐器。鼓发现较少,由鼓面花纹判断,多为仿木鼓铸造的。

4. 兵器

兵器有钺、戈、矛、刀、镞、戟、剑、弓形器等。其中戈的数量最多,形式也随时代不同而富于变化,是断代的重要器物。钺既是兵器,也作为权力的象征,起到礼器的作用。

5. 车马器

车马器有害、辖套、踵、轭、镳等,都是车上的附件和马身上的用具或装饰。

6. 铜镜

在妇好墓中发现四面铜镜,圆形,背面有半环形钮,周围有一圈乳钉纹,饰叶脉纹或弦纹兼密布的竖直短道。镜面平薄。它们的出土表明了中国早期铜镜的基本特征。

(三) **商代青铜器的分期及其特征**

商代青铜器可分为三期,即商代早期、商代中期和商代晚期。其中商代晚期从武丁到帝辛近 200 年间又分为前、后两段。下面从器类、纹饰、铭文、形制四个方面以鼎、簋、觚、爵、斝、戈为代表分别介绍各期青铜器的特征。

1. 商代早期(公元前 16 世纪至公元前 15 世纪中叶)

本期器类有食器、酒器和水器等。食器有鼎、鬲、甗、簋;酒器有爵、觚、斝、罍、瓿等;水器有盘;还有工具及武器中的镬、凿、戈、镞、钺等。纹饰以兽面纹为主体,多以粗犷的勾曲回旋的线条构成,纹饰多平雕,个别出现浮雕。所有兽面纹和其他动物纹饰都不以雷纹为地,这是一大特点。几何纹极简单,有一些粗率的雷纹,也有单列或多列连珠纹,乳钉纹也常见。铭文极少。在器形方面,三足鼎有一足与一耳成垂直线,方形鼎有四足,体型巨大,容器部分作正方深斗形。簋的器形如碗,深腹,无耳。觚的圈足上有十字形大孔。爵一律为扁体平底,流甚狭而长。斝除了平底型外,出现了袋足斝。戈长而狭窄,有直内、曲内两种,皆无穿无胡(图 6 - 15)。

2. 商代中期(公元前 15 世纪中叶至公元前 13 世纪)

本期器类基本同前期。纹饰分为两类:一类变原来粗犷的线条为较细而密集,圈足上的兽面纹仍保持早期的风格;另一类是出现了用繁密的雷纹和排列整齐的羽状纹构成的兽面纹。兽面纹往往双目突出。有的采用高浮雕附饰,线条轮廓有浑圆感,区别于商代晚期浮雕轮廓线条峻直锐利的风格。这一期仍保留不铸铭文的习惯,个别器物上铸有作器者本人的族徽。在器形方面,鼎的突出变化是一耳不再与一足对应,而是三足与两耳对称,形成定式。簋仍为深腹无耳。觚接近早期风格。爵的尾与早期相似,但流已变宽,出现前所未见的圆体爵。斝仍与早期相似。戈的援加宽,仍多无穿无胡(图 6 - 15)。

3. 商代晚期前段

本期新出现的器类有方彝、觯、觥等。方形器大为发展,几乎所有酒器都为方形。在纹饰方面,动物形象比较具体,有的甚至有写实感,主体花纹和地纹明显区分。地纹常为细雷纹,与主体花纹构成强烈的对比。主体花纹多采用浮雕手法,风格有浑圆、峻锐两种。铭文多一

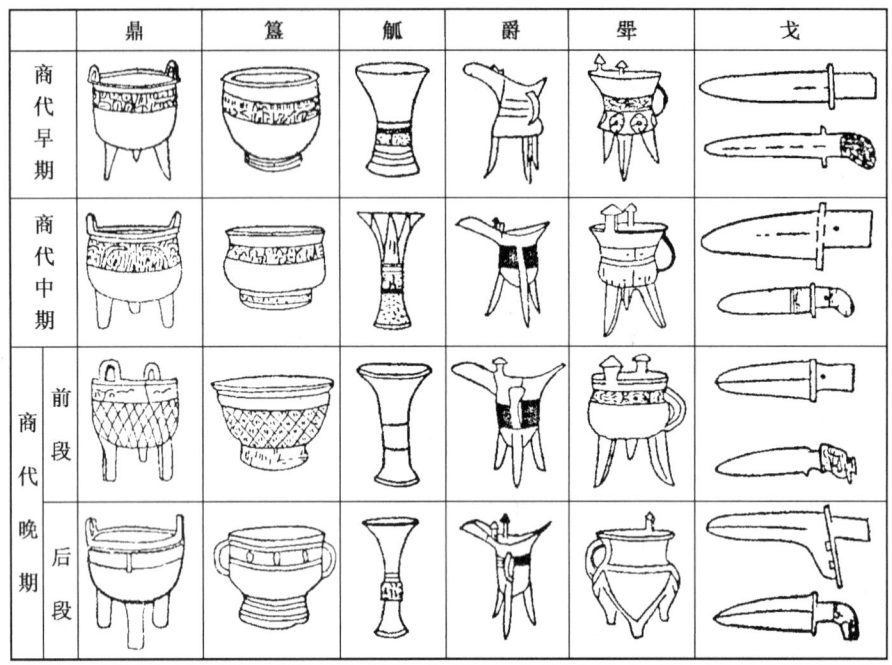

图 6-15 商代铜器分期图

二字,为器物所有者的族徽。在器形方面鼎的变化较大,除通常式样外,还出现了分档鼎;方鼎都是槽形长方状,柱足粗而偏短,也有扁足方鼎。簋多仍无耳,腹变浅,最大腹径上移。觚的造型向细长发展,喇叭口扩展,大十字形孔退化成十字孔,或穿透或不透。扁体爵大减,圆体爵盛行。斝的突出变化是斝鋬上始见兽头装饰,三足明显增高。出现了带胡带穿的戈(图6-15)。

4. 商代晚期后段

本期在器类方面,无肩尊和扁体卣是新出现的典型器,始见轭軎、马衔等车马器,余多沿用商代晚期前段的器类。这一期的纹饰最为发达,艺术装饰水平达到高峰,以动物和神怪为主体的兽面纹空前发展,兽面纹往往由兽鼻尖通到阑底线而分割为两部分。纹饰不仅仅施在器身,有些器物视线不及的底部也装饰花纹。花纹总体风格森严、庄重。这一期出现了记事形式的较长铭文,但最多不过三四十字,铭文铸工精细,内容有族徽、祭祀祖先、赏赐、征伐等。在器形方面,鼎足除柱足外,出现了蹄形足;圆鼎较多,直耳略向外撇。簋的最大变化为双耳簋急剧流行,簋的容器部仍如前,有的双耳在口沿下有垂珥,形成一种四耳小珥的簋。觚基本似前段,仍为细长身、喇叭口。爵的变化不大,仍流行圆体爵,平底爵已不见,爵柱后移。斝仍见兽头装饰,继续流行袋足斝,但体较低而宽,柱饰粗壮。戈多有胡,胡上有一二穿(图6-15)。

五、商代的社会经济与文化艺术

(一)商代的社会经济

1. 农业

商代的农业比较发达。从发现的卜辞和考古材料可以证明,农业生产是当时主要的经济部门。在商代卜辞中有许多关于卜求晴雨、祈祷丰收和商王亲自"观耤"、"观黍"的记载,反映了农业生产是受到相当重视的。甲骨文中关于"协田"的记载,说明当时农业生产的方式是大规模的集体协作,农业生产能力由此而得到提高。考古发掘中除出土较少的谷物遗存外,主要是农业生产工具。商代农具仍以石器为主,器形有铲、镰、刀等,也有相当数量的木器、骨器

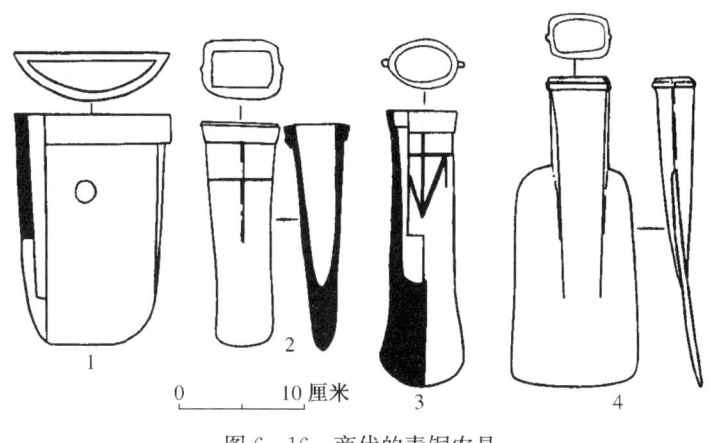

图 6-16 商代的青铜农具
1. 臿 2. 斨 3. 斧 4. 镈

和蚌器。青铜农业生产工具很少发现,主要有臿、镈、斧、斨等几种(图 6-16),主要发现于商代晚期遗址。就生产工具而论,这一时代的农业与新石器时代没有本质的区别。当时农作物的种类,甲骨文有禾、黍、麦的象形字,但这决不会是全部品种,实际存在的农作物种类必定比记载的要多。考古发现的墓葬中普遍以青铜或陶制的酒器随葬,这表明农业生产已有较多的剩余产品。

2. 畜牧业

农业的发展促进了畜牧的繁盛。在郑州早商遗址和殷墟都发现了牛、羊、马、猪、犬等动物遗骸,其中以牛骨和猪骨最多,说明当时的饲养量是很大的。商代饲养的家畜除了食用外,部分还用作动力,可以用马来拉车,大量的牲畜还经常用作祭祀的牺牲。甲骨卜辞中有不少关于用牲的记载,在各种仪式的祭祀坑和附属于贵族墓葬的兽葬坑中发现了成批的兽骨,用牲的数量少则数头或数十头,多则三四百头。这样大量的用牲也反映了畜牧业的发达情况。

3. 手工业

(1) 青铜铸造业

殷商时期是中国青铜文化繁荣昌盛的时期,在这个时期内创造出了大量在造型艺术和工艺技术上都十分精湛的青铜器。殷商青铜业的发展也有一个由简单到复杂、由低级到高级的逐步提高的过程。在商代早期,考古发现了专门的铸铜作坊,而且各铸铜作坊间有了相对的分工。例如在郑州南关外铸铜作坊发现的陶范,以镞范、斨范数量最多,说明这是一个以生产铜镞、铜斨为主要产品的作坊;在郑州紫荆山北边则发现了以生产刀和戈为主要产品的铸铜作坊。南关外的铸铜作坊总面积达 1050 平方米,在遗址范围内到处散布有坩埚残片、红烧土、炼渣、木炭和上千块陶范等,可见其生产规模。铸造青铜器的传统方法是陶范法,一般容器是一模作一范,一范铸一器。这时还可以铸造器形庞大、造型复杂的器物。郑州发现的两件大方鼎分别高达 100 厘米和 87 厘米。黄陂李家嘴 2 号墓出土的圆鼎口径 35 厘米,通高 56 厘米。这些都是突出的例子。

殷商晚期是中国青铜文化的极盛时期,铸造青铜器的地域更为扩大。青铜铸造业是当时最重要的手工业部门之一,主要由王室和大贵族所控制,因而王都殷墟集中了更多的作坊,成为全国青铜铸造业的中心地区。这些作坊的规模比郑州早商时期的大很多。例如苗圃北地铸铜遗址总面积至少在1万平方米以上,出土陶范达三四千块。随着生产规模的扩大,青铜产品的种类和数量都大幅度增加。据估计,历年来出土的晚商青铜礼器总数可达数千件之多,其他兵器、车马器、工具等当数以万计。晚商铜器又以厚重为特点,巨型铜器逐渐增多。安阳武官村出土的司母戊鼎,通耳高133厘米、横长110厘米、宽78厘米,重达875公斤。这是一件举世闻名的晚商王室重器,鼎的两耳作虎噬人状,器身与四足纹饰复杂,造型雄壮浑厚,是青铜铸造史上的杰作。铸造这样大的青铜器,铸铜作坊所需的规模更大,劳动协作也更严密。另一件发现于湖南宁乡的四羊方尊,通高58.3厘米,造型奇特,四肩及腰部设计了四只大卷角羊,羊头上布满雷纹,颈及腹部饰以鳞纹。器身的纹饰也极精美,前身饰以长冠鸟,颈部是夔龙纹组成的蕉叶纹和兽面纹,四肩中部饰有高浮雕蟠曲的龙各一条,圈足上饰夔龙纹。全器以细雷纹衬底。这件器物纹样复杂,铸造技术高超,制范时辅以线刻(如衬底的雷纹)、浅浮雕(颈部的蕉叶纹)、高浮雕(肩部的四条龙和四只羊)等雕刻技法,给人以复杂而不零乱的感觉。这件方尊,是商代杰出青铜工艺中的突出代表。

(2)陶器制造业

陶器是商代主要的日常生活用器,作为很重要的一个生产部门,商代的制陶业也有了很大的发展。首先表现在制陶规模的扩大和制陶业内部有了固定的分工。例如郑州铭功路附近发现的制陶作坊在1400平方米的范围内,发现陶窑14座。从陶器残片和烧坏的废品可知,这处作坊以烧制泥质陶为主,其中尤其是以盆、甑最多。这是制陶作坊内部也有分工的反映。另一个表现是硬陶和原始瓷器开始出现。这两种陶瓷器烧成温度高,质地硬,没有显著的吸水性。郑州发现的早商原始瓷器,是以高岭土为原料,经过1000℃以上的高温烧造并人工施釉,已经具备了瓷器的基本条件,基本达到了一般瓷器的标准。这说明中国发明瓷器的历史至少可以上溯到3000多年前的早商时代。制陶业发展还有一个表现是在商代晚期,刻纹白陶的生产代表了制陶技术的新水平。刻纹白陶也是用高岭土作坯,烧成温度在1000℃以上,陶质甚为坚硬。器形有鼎、簋、豆、皿、爵、尊、觯、罍、卣等,几乎全是礼器,花纹有饕餮纹、夔纹、云雷纹以及人体纹等,与铜器作风颇为相似。刻纹白陶的制造,是制陶发展史上光辉的一页。目前,刻纹白陶仅见于商代,多出于殷墟的大、中型墓,应该是当时极其珍贵的礼器。

商代的其他手工业,如木器制造、玉石加工、漆木业、纺织业、缝纫以及骨、角、牙、蚌业等也有了一定的发展。

(二)商代的文化艺术

1. 雕塑艺术

雕塑是商代艺术中最突出的特色。这时的雕塑主要指的是陶塑和玉石雕刻两种艺术形式。在二里头文化、二里岗文化中都发现了陶塑的人像、龙、羊、龟和鱼等艺术品。晚商时期,陶塑艺术品的种类更加复杂多样。在玉石雕刻方面,其种类有平面的浮雕或浅雕,有半立体的动物形雕像,也有立体的雕像与塑像。在殷墟妇好墓中发现的玉石雕刻品有几十个动物种类、几百件之多,其中有龙、虎、熊、鹿、象、牛、马、兔、怪鸟、鸮、凤、鹦鹉、鹅、鹤、鹰、燕、蛙、鳖、蝉、蚕、螳螂、猴、狗、龟以及玉人等。商代的青铜器纹饰及器物造型也体现了商代雕塑艺术达到极高的水平。不同质料、不同题材的雕塑品,大部分都偏重于对自然现象作象征性的描写,只有少数是对现实生活的真实刻画,图案性和装饰性都比较强,这表明商代的雕塑艺术已经脱离了人民的生活,而成了只为奴隶主阶级所享用的宫廷艺术。

2. 占卜

占卜起源于原始社会。原始社会人的卜问对象主要是自然神,如天地、山岳、河流等。二里头文化时期,占卜之风日盛,到了商代,占卜已成为奴隶主贵族进行统治的重要手段之一。商人"每事必卜",卜问的对象除自然神外,更主要的对象是"上帝"和被神化的先公先王。卜问的内容无所不包,国家大事、私人生活皆有,如祭祀、年岁、征伐、天气、福祸、田猎、疾病、生育等。当时设有专掌卜事的卜官。卜官的政治地位很高,他们可以代神发言,指导国家大事和国王的行动。

从卜辞记载中可以看到,占卜有一整套程序:(1)选择甲骨并经修整、钻凿;(2)问所卜之事,刻于甲骨,谓之"命辞";(3)卜官灼烧甲骨反面使之出现裂纹,是为"兆纹";(4)判断凶吉,并刻于甲骨,谓之"占辞";(5)决定是否采用;(6)验证结果,刻于甲骨,谓之"验辞"。

3. 文字

商代的文字资料主要有陶文、玉石文、金文和甲骨文几种,以晚商的甲骨文为最多。金文是先刻在陶范上,然后铸在铜器上的铭文,可以叫做"铸铭";其他都是直接刻上的,可以叫做"刻铭"。在契刻之前,要先经过书写,殷墟曾发现用毛笔墨书和朱书的陶文、骨文和石文。各种质料上留下的文字都与甲骨文属于同一系统,因而商代的文字可以用甲骨文作为代表。甲骨卜辞的刻写,多数是用铜或玉的刻刀直接进行刻写,也有的是先用毛笔书写,再行描刻。甲骨文的发现已有100余年的历史,发现甲骨的总数已达15万片以上,契刻的文字有5000多个单字,其中已经释读出来的字有1000多个,出版的甲骨著录有七八十种[①]。从甲骨文的结构来看,它已经使用了象形、象意、形声、假借四种造字方法,但最基本的方法是象形,并且在象形文字的基础上,出现了不少形声字,表明甲骨文已是一种成熟的文字。

第四节 西周文化

一、先周文化的探索

周族原系居住于今陕西中部和甘肃东部黄土高原地区的部族。在时间上,大约与夏、商两族同时。其远祖时曾和西北其他的氏族部落如戎狄等混居在一起。在数代先辈的努力下,周族经过后稷封邰(今陕西武功)、公刘迁豳(今陕西旬邑)、太王居岐(今陕西岐山县,即周原)、文王治丰、武王都镐(丰、镐相近,均在今陕西西安沣水两岸),逐渐发展强大,最终灭商而建立西周王朝。周王朝建立后,以镐京为都。周公又在洛阳建造洛邑。镐京在西、洛邑在东,故平王东迁前叫西周,东迁后称东周。

先周,有周族先世之意。所谓先周文化就是指周王朝建立以前周人的文化遗存。探讨先周文化,对于研究周族的历史、周与商以及与其他部落氏族的关系史,有着重要的意义。

对先周文化遗存进行得最早的考古工作,是1933—1935年北平研究院文学研究会考古组对陕西宝鸡斗鸡台墓地的发掘。当时发现一种口两侧有双耳或横錾、高领袋状锥足陶(瓦)鬲,被认为早于西周而与周文化有密切关系。苏秉琦在《斗鸡台沟东区墓葬》中,首次

[①] 陈旭:《夏商考古》,文物出版社2001年版,第204页。

运用类型学的方法将"瓦鬲墓"分成前后衔接的早、中、晚三期,并推知"瓦鬲墓"初期的年代最晚在商代早期,中期最晚约在商周之际,而且指出"瓦鬲墓"中期末叶的折足瓦鬲已发展成为颇近周式铜鬲的形态,暗示了"瓦鬲墓"中期已属于先周文化的范畴。1959—1960年中国科学院考古研究所在沣西马王村发现两个灰坑,其中灰坑 10 压在灰坑 11 之上。灰坑 10 出土了大量西周早期的陶鬲;而灰坑 11 则出土与斗鸡台"锥足鬲"相似的陶鬲。这样,便从层位关系上证明了以斗鸡台"锥足鬲"为代表的周文化早于西周早期文化,属先周文化。[①] 后来,这类文化遗存在周人的发祥地泾、渭流域有大量的发现,恰好又从地域分布上同文献记载相互得到印证。

"瓦鬲墓"初期最突出的特征,就是普遍地发现有高领、袋足、尖裆鬲。其陶质以红褐陶或黑褐陶居多,绳纹细密、深陷,有的在口外安有双耳,有的在领外贴有泥条把手。其次是细泥黑陶或褐陶罐,还有少量陶鼎。

一般认为,先周文化的形成是由多种文化因素相互融合的过程。这些文化因素的主要组成部分有:(1) 来自以殷墟为代表的商文化;(2) 从山西一带的光社文化中分化出来的姬周文化;(3) 来自甘青地区的辛店、寺洼文化的姜炎文化。

还有一种意见认为西周文化主要来源于陕西龙山文化(客省庄第二期文化),根据是:在地层关系上,周文化遗存直接叠压在客省庄第二期文化之上,客省庄第二期文化与甘肃齐家文化有许多相似之处。所以周文化起源于客省庄第二期文化,只是在它发展的后期,接受了商文化的影响而形成了西周文化。

先周文化是一种青铜文化。在属于先周文化的墓葬中出土了大量的青铜武器,它不仅反映了"特殊的武装队伍"的存在,还反映了先周文化的生产水平。墓地的分化在先周文化墓葬中的反映也十分明显。例如岐山贺家村 M1 属于贵族墓地,而宝鸡斗鸡台墓群则属于平民墓地。这些反映了社会的急剧分化,说明先周文化正处于国家的产生这个历史发展阶段。

二、西周文化的年代与分期

西周初年,周王室曾分封了数十个诸侯国,借以巩固刚刚建立的周王朝。从今天的考古发现来看,各地原有的土著文化与周文化结合后,表现为既有与周文化一致的共同性,又有明显的地方特点,而最能反映周文化面貌的,则在京畿(沣水沿岸)地区和周族的发祥地周原一带。根据发掘资料和目前的研究成果,西周文化的分期,以陕西地区为代表,可分为早、中、晚三期,晚期与春秋早期的文化内涵接近,可并为一期。

(一) 西周早期:约公元前 11 世纪中叶至公元前 10 世纪中叶

主要遗址有沣东早期、沣西早期遗址中的大部分、沣西墓葬第一期等。陶器除灰陶外,还有一部分磨光红陶和黑陶,纹饰以绳纹为主,绳纹以细而紧密、纹痕深而清晰为特点,还有云雷纹、S 纹、重圈纹等。器物制作规整,鬲、罐颈部的绳纹常有抹去的习惯。盛食器中仍然使用圈足簋和粗柄豆,其形制和殷墟晚期的相差不大。炊器中的陶鬲,多"瘪裆",尖袋足较为明显。鬲、簋、豆、罐是典型器物(图 6-17)。

青铜器大体继承了商制,无多变化。主要器形有鼎、簋、甗、鬲、瓿、爵、觯、尊、卣、瓶、罍、觥、壶、盘等。鼎多为圆腹垂耳,柱状足中间稍细。簋的双耳下各有一小珥,开始流行一种圈

---

① 中国科学院考古研究所沣西发掘队:《陕西长安鄠县调查与试掘简报》,《考古》1962 年第 6 期。

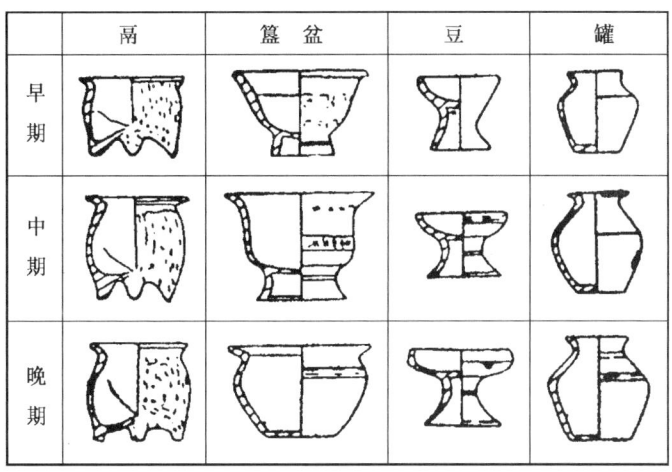

图 6-17　西周陶器分期图

足下带一方座的新式样,大概是周族系统的形式。兵器中常见戈、戟,戈多为短胡,勾戟盛行(图 6-18)。青铜器花纹常见饕餮纹,一般都用云雷纹衬底,鸟纹也较流行(图 6-19)。铜器铭文字数仍较少,但也有二三百字铭文的器物。铭文字体同商代晚期区别不大,一般都用肥笔,笔道波磔较明显。

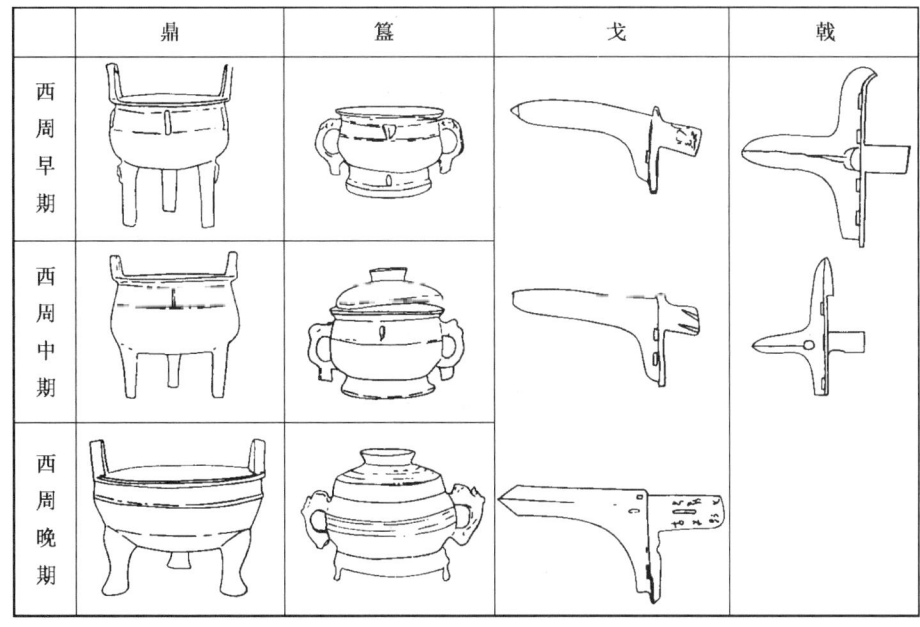

图 6-18　西周铜器分期图

(二) 西周中期:约当公元前 10 世纪中叶至公元前 9 世纪中叶

主要遗址有沣东中期、沣西早期遗址中的一部分、沣西墓葬第二期、宝鸡茹家庄西周墓、长安普渡村西周墓等。陶器特征接近早期,但也稍有变化,中期鬲的足底下凹较浅,"瘪裆"鬲极为少见。簋的圈足一般较高,素面盆已开始盛行。有的豆柄已变细。罐的表面往往有弦纹和泥饼饰(图 6-17)。

从中期开始,青铜器的变化比较明显,逐步摆脱了商代风格。以炊食器为主的礼器增多,酒器如觚、爵、斝等大为减少乃至绝迹,新出现的器类有簠、盨、杯、匜(常与盘并存),乐器出现了编钟。鼎腹比前期变浅,开始出现腹耳鼎,底近平,三足作兽足形。带盖的簋增多,盖的捉手呈喇叭状,敛口,圆腹。兵器中开始出现援末作三角形的戈(图6-18)。这一时期的青铜器,既继承早期厚重典雅的传统,又开创了以后轻薄草率的新风。就花纹而言,饕餮纹减少,并且居于器物的次要部位。如鼎上的饕餮纹很少饰于腹部,多见于三足上。简化的变体夔纹流行,新出现瓦纹、穷曲纹和重环纹等(图6-19)。铜器铭文较长,字体细长,笔道稍有波磔,末尾常有"子子孙孙永宝用"等套语。

(三)西周晚期至春秋早期:约当公元前9世纪中叶至公元前7世纪中叶

现已发掘的主要遗址有沣东、沣西晚期遗址,沣西第三、四、五期墓葬,其他地区的还有河南三门峡上村岭虢国墓葬、郏县铜器群、湖北曾国墓等。

陶器主要是灰陶,红陶极少。花纹主要是绳纹,也有少量划纹,素面陶增多。陶鬲的足底平,足根多为柱状。圈足簋已完全绝迹,代替它的是素面平底盆。豆柄逐渐变细(图6-17)。

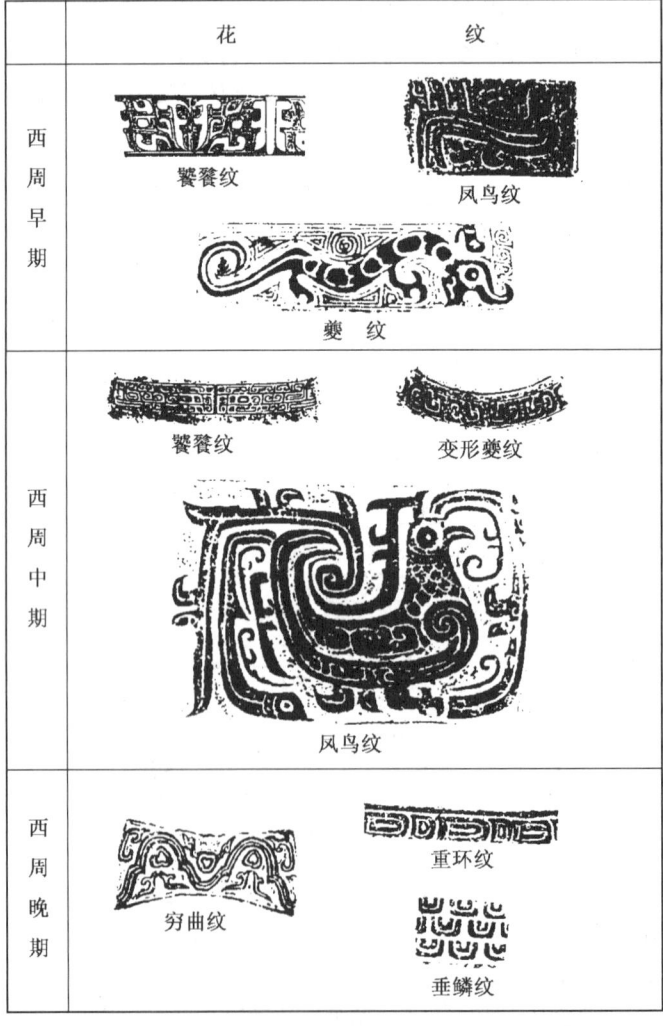

图6-19 西周铜器花纹分期图

青铜器的特点明显，饮酒器基本绝迹，炊食器与前期基本相同，新出现了盆。水器中盘、匜极为常见。编钟数量增加到 7—9 件一套，除甬钟外，新出现了钮钟与镈。鼎流行大口浅腹，腹耳式多见，腹部纹饰简单，有的只有一道弦纹，鼎足几乎全部呈中间细、两端粗的半筒状马蹄形。簋多数鼓腹带盖，有的在圈足下另加三个小兽蹄足。兵器中流行中胡、援末作三角形的戈（图 6-18）。青铜器纹饰也明显变化。早期的夔纹、鸟纹逐渐绝迹，饕餮纹已变小作为器足上端的装饰，而穷曲纹、重环纹、垂鳞纹、变形夔纹等特别盛行（图 6-19）。长篇带铭铜器增多，最长者如厉宣时的《毛公鼎》，铭文长达 497 字。铭文字体长方、规整，已经不常用肥笔，铭末仍流行"子子孙孙永宝用"等套语。

三、两周青铜器断代

关于西周青铜器的特征与演化，可见前述，下面介绍一下两周青铜断代的基本方法。

两周青铜器的断代，主要依据青铜器的铭文、纹饰风格、历史文献以及出土青铜器的考古地层关系。郭沫若在青铜器断代方法上独创一格，建立了比较科学的体系。他根据铭文确定标准器，再根据标准器的纹饰、铭文等的变化推定铜器年代的早晚。郭沫若用这个方法撰写了《两周金文辞大系·图录·考释》，后来，容庚著《商周彝器通考》，陈梦家著《西周铜器断代》，唐兰著《论周昭王时代的青铜器铭刻》，郭宝钧著《商周铜器群综合研究》，李学勤著《西周中期青铜器的重要标尺》等，也都是沿袭郭沫若的方法，继续或补正郭的研究。具体归纳如下。

第一，根据铜器铭文记载有某王名或其活动，就可定为某王时的标准器。这是第一类标准器。例如《利簋》，铭文有"珷征商，唯甲子朝……"记载了作器者利，跟随周武王参加伐纣灭商的战争，受到赏赐而做此簋以为纪念，当为武王时器。《利簋》铭文与《尚书·牧誓》记载基本一致，这是一件可信的标准器。又如《小盂鼎》铭文中有"用牲啻周王、武王、成王……"可见是康王祭祀先王的器物。再如《何尊》铭记王营建成周时，在四月丙戌对宗小子何的诰辞，铭末有"五祀"纪年。营成周祭武王的是成王，《何尊》应是成王五年之器。《趞曹鼎》铭文"龚王（龚即共）在周新宫……"小可见《趞曹鼎》为共王时器。

铭文所记人名和事迹与第一类标准器相同的，也可作为第一类标准器。如《趞曹鼎》铭有"井伯"，与《师虎簋》、《剩鼎》、《走簋》、《永盂》等铭文中的"井伯"为同一人，故也当为共王时器。

第二，根据铭文记载的人名、事迹与文献记载的历史史实比较，如果相符合，而文献记载有纪年，那么亦可断定铜器的时代。这是第二类标准器。例如《虢仲盨》铭文有："虢仲以（与）王南征，伐南淮夷，在成周做旅盨。"《后汉书·东夷传》记载："厉王无道，淮夷入冠，王命虢仲征之，不克。"由此比较可以推断此器是厉王时器。

第三，根据器物的出土地点、铭文内容与文献记载对照，也可断代。这也是第二类标准器。例如安徽寿县蔡侯墓出土一批铜器，根据文献记载，蔡昭侯二十六年（公元前 493 年）蔡国迁至州来（即寿县），公元前 447 年被楚国所灭，那么这批铜器时代的上下限就十分清楚了。

第四，用间接取证的方法来判断青铜器的年代。这种方法是选定了器铭中已经自行把年代表明了的作为标准器或联络站，其次就这些器铭里面的人名事迹为线索，再参证以文辞的记载、文字的风格和器物本身的形制花纹，由已知年的标准器把许多未知年的贯串成横向或纵向的关系。这种间接取证的方法只要分析正确，也能断定器物的绝对年代。

最后强调一点,根据铜器共存关系推断时代,只能断定器物的下限。同一墓葬里器物的年代很可能不一样,有早有晚。

四、西周都城遗址

西周是中国继夏商之后建立的第三个奴隶制王朝。据文献记载,周族在灭商以前已在岐山之下建城郭、作都邑,灭商之后迁都镐京。因此,对西周城址的考察,重点是调查发掘周灭商以前的都城周原以及灭商以后建立的镐京。

(一)周原遗址

周原遗址位于陕西省岐山县和扶风县的北部,东西约3公里,南北约5公里,总面积15平方公里(图6-20)。它是周族的发祥地和灭商以前的都城所在地。据《诗经》、《史记·周本纪》等文献记载,周人在古公亶父时即迁于此地,营造宫室,作为都邑。文王迁都于丰京后,这里仍是周人重要的政治中心,直至西周末年,由于犬戎的入侵而废弃。

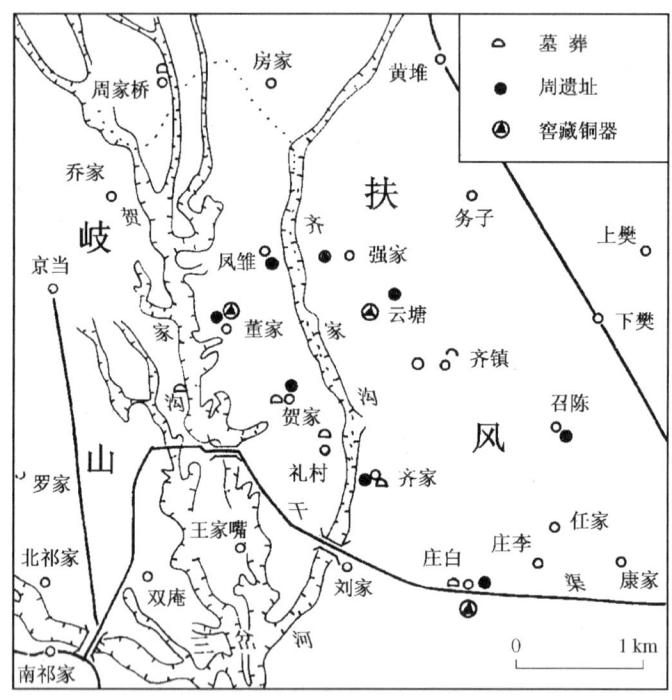

图6-20 周原遗址分布图

周原遗址内周代遗存的分布非常密集,自西汉以来就不断有西周铜器出土,建国后在周原遗址上已发现了多处铜器窖藏。岐山县凤雏村四周为西周早期宫庙建筑基址分布区,在凤雏村西南已发掘出周代早期大型宫殿(宗庙)建筑基址。在其东约2公里的扶风县召陈村附近也发现了范围很大的建筑基址群遗迹,多数建筑属西周中晚期。此外,两大建筑基址群之间的强家村和召陈遗址以北的下樊村也都发现有石子铺砌的散水面,与召陈宫殿基址所见完全一致。目前在这一带已发现了几十座西周大型夯土基址。遗址范围内还发现多处铸铜、制陶、制骨、玉石等手工业作坊遗址,其中扶风云塘村西周中期制骨作坊遗址规模最大,内涵丰富,共出土2万多斤废骨料和大量的骨制半成品,绝大部分带有锯、削、锉、磨等加工痕迹。同时还出土铜锯、铜刀、铜钻和砺石等制骨工具。就其生产规模来看,云塘遗址可能属于西周王室所直接占有的一座大型骨器制造作坊①。一般居住址和墓地则散见于整个遗址,时代由灭商以前直至西周晚期。

岐山凤雏的甲组建筑基址坐落在南北长45.2米、东西宽32.5米的夯土台基上,总面积1400多平方米。其以门道、前堂和过廊为中轴,东西配置厢房各8间,并有回廊相连接,形成一前后两进、东西对称的封闭性院落(图6-21)。前堂是这组基址的主体建筑,台基上有排列整齐的柱洞,可知其面阔6间,进深3间。建筑物以夯土筑墙,室内外地表和墙壁都用细泥掺和细砂、白灰涂抹,光洁而坚硬。在这组建筑基址中还发现两处排水管道,用陶质水管套接或用卵石砌成。在该基址西厢房的一个窖穴中出土了总数达17000多片的西周早期甲骨,其中绝大多数为卜甲,200余片卜甲上有刻辞。从出土陶瓷器、建筑用瓦的形制风格上看,该基址最终废毁于西周晚期,始建年代尚不清楚。而据该建筑的形制规模及藏有王室甲骨,有学者认为它有可能是一座西周王室的宗庙建筑②。

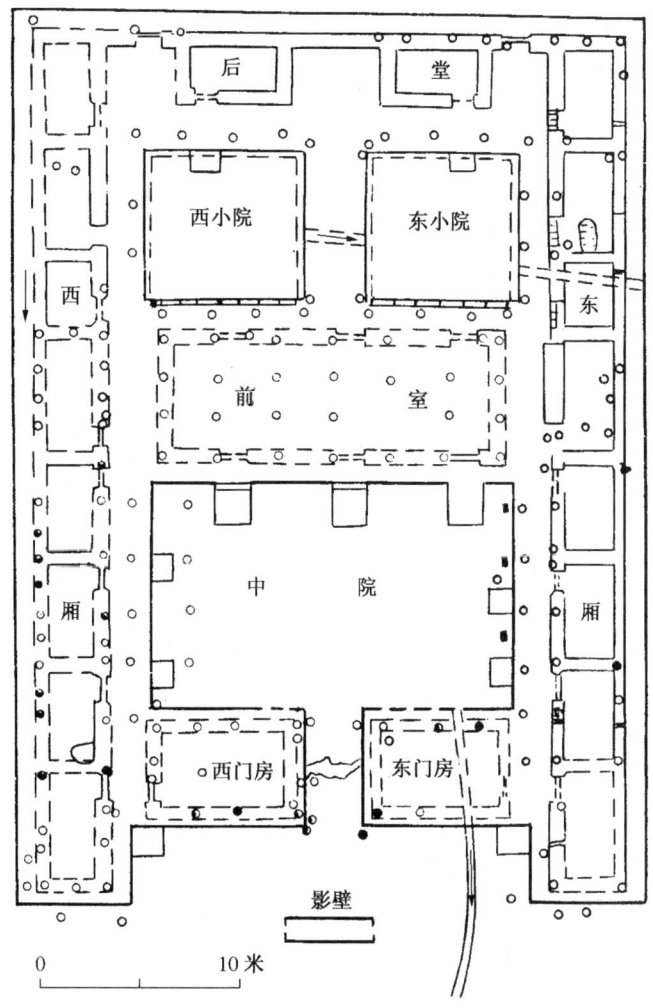

图6-21 岐山凤雏甲组建筑基址平面图

---

① 陕西周原考古队:《扶风云塘西周骨器制造作坊遗址试掘简报》,《文物》1980年第6期。
② 陈全方等:《岐山凤雏西周宫室建筑的几个问题》,《西周史论文集》,陕西人民教育出版社1993年版。

凤雏甲组宫殿的建筑程序是：(1) 夯筑整座台基。(2) 挖去院子和门道的夯土。(3) 切齐台基、院子的四边。(4) 依次完成开沟排水。(5) 挖洞立柱。(6) 筑墙建屋。屋顶用立柱和横梁组成构架，横梁上承檩、列椽，构成屋顶骨架，再用芦苇铺于椽上，抹上几层草秸泥，在屋脊和天沟用瓦覆盖。瓦为泥条盘筑，背饰绳纹，带有瓦钉或瓦环。这是最早发现的中国瓦。

在扶风召陈建筑基址群内现已发掘了 15 处夯土基址，其中 3 座基址规模较大，保存也较好。最大的 3 号夯土台基长 24 米、宽 15 米，其上有成排成行的柱础及两道隔墙，将台基分隔为三部分。台基周围有用卵石铺砌的散水。召陈建筑基址群的建筑物屋顶大都用瓦覆盖。遗址中出土的瓦数量大，种类多，有各式板瓦、筒瓦和半瓦当。板瓦和筒瓦中有很多用以固定位置的瓦钉或瓦环。与凤雏甲组建筑基址相比，该建筑群的建筑布局不按中轴对称，也没有自成院落，因此各个建筑基址之间的关系难以确定。但其总体规模和建筑技术之复杂程度都超过了凤雏甲组建筑基址。从地层关系和出土陶器判断，该建筑基址群的大部分建筑兴建于西周中期，废弃于西周晚期[①]。

上述考古材料表明，自文王作邑于丰至西周末年，周原虽非都城，但其作为周人的发祥地在周人的政治生活中仍占有重要地位，所以其宫室宗庙始终未废，或有贵族世代居此，或有贵族死后归葬于此。显然，终西周之世周原一直是周王室政治宗教上的核心所在。

(二) 丰镐遗址

丰镐遗址位于陕西省西安市西南沣河两岸，是西周王朝的都城遗址。据《诗·大雅·文王有声》记载，周文王都丰，武王都镐。《毛诗》郑笺云："丰邑在丰水之西，镐京在丰水之东。"两者隔河相望。丰镐遗址的范围包括客省庄、马王村、张家坡、新旺村、冯村、洛水村、普渡村、斗门镇及昆明池故址一带，总面积达 10 多平方公里。

在丰京遗址北部的马王村和客省庄一带发现了西周时期的夯土基址建筑群，夯土基址成组分布，已发掘和探明了 14 座。其中最大的 4 号基址平面呈"T"字形，面积达 1800 多平方米，使用年代为西周早中期之交至晚期偏早阶段。在其附近还发现有用陶质水管铺设的排水设施和残瓦。此外，在夯土基址群所在区域内还钻探出一条宽 10 余米的大路，已探明的长度为 200 多米[②]。沣河以东镐京遗址北部的斗门镇官庄村、花园村一带，也发现了大面积的夯土建筑基址群，在东西长 3 公里、南北宽 2 公里的范围内，现已发现西周时期的夯土建筑基址 11 座。最大的 5 号宫殿基址坐落在面积为 3300 多平方米的夯土台基上，从墙基和柱穴的分布情况看，宫室面向东南，平面呈"工"字形，主体建筑居中，两端为左右两翼对称的附属建筑，建筑总面积为 2800 余平方米。基址上还出土了大量板瓦、筒瓦和槽瓦的残片。这座大型建筑的年代约当西周中期偏晚，应是一处大规模宫殿建筑群的一个组成部分[③]。在这一夯土基址建筑群东北的洛水村，也曾发现过西周时期的夯土台基和板瓦、白灰面墙皮等建筑遗存。上述大型夯土建筑基址群的发现，分别为探索丰京和镐京的中心区域提供了线索。

此外，在张家坡、马王村、新旺村等地发现有多处铜器窖藏。张家坡、客省庄和普渡村等地则发现了分布较为集中的西周墓葬及附葬的车马坑、马坑和牛坑等。位于丰京西北部的张家坡高岗地带是一处大规模的西周墓地，墓地在埋葬时即有严格的规划、分区、布局。墓地由

---

① 陕西周原考古队：《扶风召陈西周建筑群基址发掘简报》，《文物》1981 年第 3 期。
② 中国社会科学院考古研究所沣西发掘队：《陕西长安沣西客省庄西周夯土基址发掘报告》，《考古》1987 年第 8 期。
③ 陕西省考古研究所：《镐京西周宫室》，西北大学出版社 1995 年版。

许多面积不等的小墓区组成,每区又以若干座大、中型墓为中心,附近排列着成群的小墓。在一些较大的墓葬附近多陪葬有马坑或车马坑。陪葬坑的布局、内涵也有一定的规律[①]。

整个丰镐遗址范围内散布着众多的一般居住址和中小型墓葬,居址附近常有窖穴和水井发现。洛水村、张家坡、新旺村、普渡村等处则发现有制陶和制骨作坊遗址,一些遗址还出土有铸造铜器的外范和内模。

西周武王伐纣后,虽定都镐京,但是文献和考古材料表明,当时的丰京并未被放弃,整个西周时期,丰京和镐京同为周王朝的政治、经济和文化中心,实际上是一座都城的两个区域。

五、西周墓葬

西周墓葬发掘总数在 2000 座以上,主要分布在陕西省的西安、扶风、岐山、宝鸡,河南省的洛阳、浚县,北京市昌平、房山,以及长江下游地区。这些墓葬集中反映了西周时期不同地区、不同年代、不同阶级和阶层在埋葬制度上的特点。

（一）**西周墓葬的特征**

西周时期族葬制度还很牢固,这种以血缘关系为纽带聚族而葬的风俗是原始氏族社会"公共墓地"制的延续。西周的族葬制度集中体现在族墓地上,这种族墓地,在陕西、河南、北京等地都有发现,以陕西境内发现最多,如陕西宝鸡斗鸡台、长安沣西张家坡等。西周族墓地的发现说明,西周的血缘组织仍牢固保持,上至诸侯、下至庶民都仍然有牢固的血缘观念,实行聚族而葬。但是,西周奴隶社会只是利用了这种血缘关系的外壳为其统治服务,而变成了宗法等级制度的一个组成部分。例如同一个墓地内,墓葬的大小与随葬品的多寡都有明显的差别,规模较大的墓葬还有附葬车马坑的现象。

西周墓葬可以划分为两大区域,即中原地区和长江下游地区。两者在墓葬形制和随葬品上都有很大的差别:前者主要为土坑竖穴墓,随葬陶器、青铜礼器等;后者主要为土墩墓,随葬有大量的原始瓷器。

中原地区大型墓都有一条或两条墓道,有宽大的墓室;中小型墓的墓穴狭长,宽不及长的二分之一;墓室的底部,往往头端比脚端宽十厘米左右,常见有墓口面积小于墓室面积的现象;墓底有圆形、椭圆形或长方形的腰坑,随葬的器物往往把陶器或青铜容器放在墓主人头前的棺内或棺椁之间,兵器放在两侧的二层台上,有把铜戈折断或弯曲后再随葬的现象;玉饰多随身放置;中型墓以上多有随葬的串饰,墓主有含贝或握贝习俗;用人殉葬的现象不仅在较大的墓葬内有发现,中小型墓葬内也有发现,说明在西周时期,中原地区殉人仍很盛行。

（二）**列鼎制度**

宗法等级关系是西周王朝加强统治的重要内容。为使君臣父子各就其位,埋葬制度方面有严格的规定,主要表现在使用棺椁、乐器、车马器以及鼎、簋等礼器的数量上。例如在棺椁方面,《仪礼·士丧礼》记载:"天子之棺四重,诸侯再重,大夫一重,士不重。"《庄子·杂篇》中说:"天子棺椁七重,诸侯五重,大夫三重,士再重。"社会地位不同,使用棺椁的数量是不同的。又如使用乐器的规定,《周礼·小胥》记载:"王宫悬,诸侯轩悬,大夫判悬,士特悬。"在当时没有乐器是不能成礼的。关于车马器的使用,《礼记·杂记》郑玄注:"大夫以上乃有遣车。"说明

[①] 卢连成:《长安张家坡西周墓地》,《中国考古学年鉴(1987)》,文物出版社 1988 年版。

有车马坑的墓主人的身份至少是大夫一级。用鼎等礼器随葬的规定在文献记载中最为清楚，《公羊传·桓公二年》何休注："天子九鼎、诸侯七、大夫五、元士三也。"

用鼎制度也称为"列鼎"制度。所谓"列鼎"，是指在一个墓葬中发现的一组形制相同、纹饰相同、大小依次递减的鼎的组合。这种用鼎制度最早萌于西周早期。商代虽然用鼎随葬，但无规律。西周用鼎逐渐形成一定的规律，例如甘肃白草坡1号墓用方鼎五、圆鼎三、簋三，合于西周礼制。西周中期，用鼎制度趋于成熟，西周晚期至春秋早期用鼎制度最为盛行。以上村岭虢国墓为代表，虢太子墓随葬七鼎六簋，与其身份正好相合。其他规格的五鼎、三鼎、一鼎墓也都有发现。

从西周中期开始，改变了以酒器为主要礼器的礼制，用鼎制度成为周礼中埋葬制度的重要组成部分。在初期，用鼎的数量与墓主人的身份是一致的，到春秋中晚期发生了变化，越礼的现象开始出现。随着春秋社会变革的加剧，用鼎制度也遭到了破坏。

（三）重要墓葬

1. 宝鸡斗鸡台西周墓地

在斗鸡台共发现西周墓葬36座，这些大多是小型墓，皆头北足南，仰身直肢，相互之间无打破关系。其排列形式又可分为几组，每组2—6墓不等，排列有序，说明这是一个有血缘关系的家族墓地。

2. 沣西西周墓地

在沣西共发掘属于西周早、中、晚期的墓葬182座，这些墓葬皆是中小型的长方形土坑竖穴墓，分布在张家坡和客省庄一带的六个地点。其中在张家坡第一地点，共发现西周墓葬70座（包括幼儿瓮棺葬17座），另有车马坑四处。有的墓室底部略大于口部，形似覆斗，有的墓底有腰坑，坑内埋狗，也有的在填土中埋狗。中型墓的葬具大都是一棺一椁，小型墓多一棺。葬式多为仰身直肢，少数为俯身直肢，极个别为屈肢葬。这片墓地可以分为六组，每组又有若干个单元，有数座墓聚葬的现象，可能是一个家族的墓地。还发现有五座墓组成"凹"字形，且相邻两墓都是头对头、脚对脚，显然是根据某种制度安排的。这样一墓居中、左右对列的排列形式在各组墓中都有发现，可能是按当时所谓"昭穆"制度来排列的。

3. 浚县辛村卫国墓地

辛村卫国墓地位于河南省浚县以西的辛村，是西周时期卫国的贵族墓地。1932—1933年在郭宝钧主持下，河南古迹研究会对其进行了发掘①。

墓地东西长约500米，南北宽约300米，共发掘墓葬82座，分为大、中、小三种，均为长方形土坑竖穴。其中大型墓8座，中型墓6座，小型墓54座，另有车马坑14座。大型墓有墓道，南墓道较长，为斜坡状，北墓道短，为台阶形，墓室长6.3—10.6米，宽5—9米，有几座墓两两并列，可能是夫妻祔葬。中型墓墓室长2.85—3.9米，宽1.6—3.2米。大型墓和少数中型墓有棺有椁，出土有青铜礼器，大型墓还附有马坑。小型墓一般只出陶器。这批墓葬排列有序，且无叠压、打破关系，是卫国的宗族墓地。大型墓可能是侯伯或君夫人，中型墓大概是公族或官吏，小型墓为陪葬的臣隶或平民。

4. 琉璃河燕国墓地

琉璃河燕国墓地位于北京市房山县琉璃河乡黄土坡村，面积约50000平方米，是西周时

---

① 郭宝钧：《浚县辛村》，科学出版社1964年版。

期燕国的贵族墓地。1973年至1989年该墓地已清理发掘大、中、小型墓葬300余座,车马坑30余座,出土各类青铜器、陶器、玉石器、漆器、骨蚌器等数千件[①]。

这些墓葬皆为长方形竖穴土坑墓,无封土堆,死者头北足南,一般都是单人仰身直肢。大型墓墓室一般长4米、宽2.5—3米,多带有1条墓道,少数有2条墓道,还有特殊的带有4条墓道。大型墓深度一般7—8米,最深的达10.25米。中型墓墓室一般长3米、宽2米左右,葬具多为一棺一椁,少数有一棺二椁。小型墓数量最多,约占墓葬总数的四分之三,一般长2米、宽1—1.5米,葬具一般为一棺,或无棺,几乎不见随葬青铜礼器。

随葬器物种类包括青铜礼器、兵器、工具和车马器、陶器、玉石器、原始青瓷器、漆器、蚌角器以及货贝等。青铜礼器绝大多数有铭文,且不乏长篇铭文。铜戈和漆盾铜泡上也有"燕侯舞"等重要铭文。出土的罍、觚、豆等成套漆礼器,具有极高的艺术价值。

多数中型墓有殉人,一般殉1—2人,殉人墓年代可能偏早。大型墓和一部分中型墓都有车马陪葬。将车体拆散、马具卸掉随葬的车马坑其年代可能略晚(图6-22)。随葬陶器组合方面,早期墓多为鬲、簋、罐,晚期墓多为鬲、罐。另外早期墓中有的墓底设有腰坑,坑中埋狗。

图6-22 北京琉璃河燕国墓地1100号车马坑平面图

琉璃河燕国墓地的墓葬排列很有规律,可以分成若干组及群,应属西周时期燕侯家族及其宗室的聚葬之所。

---

① 琉璃河考古队:《1981—1983年琉璃河西周燕国墓地发掘简报》,《考古》1984年第5期。

5. 土墩墓

土墩墓是江南地区一种特殊的埋葬方式,主要分布在苏南、皖南、浙江、上海等长江下游地区。这种墓多建在丘陵山岗或平原的高地上,平地堆土起坟。有的一墩一墓,有的一墩多墓。随葬器物普遍有几何印纹硬陶和原始瓷器,有的还有青铜器。其年代上限可至西周,下限可延续到战国,而以春秋时期数量最多。

西周时期的土墩墓,主要分布于安徽的皖南地区与江苏的宁镇地区。1959年在安徽屯溪发掘了两座西周中期的土墩墓,均无墓穴,只在平地上用河卵石铺砌出一个墓室的范围,其上放置随葬品,然后堆土封筑。随葬器物主要为原始瓷器和铜器,表现出鲜明的地方特色①(图6-23)。1985年,又发掘了安徽南陵千峰山土墩墓群,墓葬外观呈馒头状,封土结构松散,多为一墩一墓,随葬器物多为原始青瓷、几何印纹硬陶等,铜器很少,有的墓中无随葬品。这批土墩墓的年代大体相当于西周中期至春秋早期②。

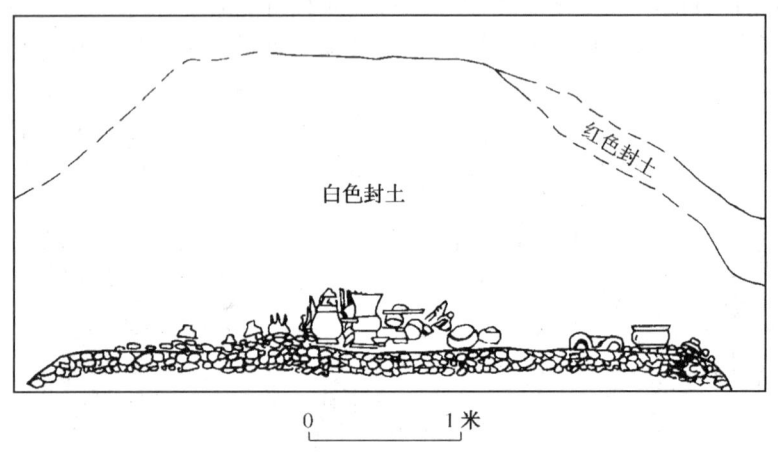

图6-23 安徽屯溪西周大型墓立面及其封土情况

1974—1976年,在江苏句容、溧水、金坛等地先后发掘了一批西周土墩墓。这些墓葬都不挖墓穴,或用卵石铺成墓室范围,堆筑封土。有的一墩一墓,也有一墩数墓至十几座墓的。随葬的一些陶器器形则带有湖熟文化的因素。1979年以来,对宁镇地区20余个地点的两周时期的土墩墓陆续进行了发掘,出土了大量的随葬品,包括陶器、原始瓷器和青铜器,为江南土墩墓的综合研究提供了珍贵而翔实的资料。

2004年4至9月,为配合宁常、镇溧高速公路的修建,以南京博物院为首的多家考古单位同时对高速公路沿线的土墩墓进行了规模空前的抢救性考古发掘,先后调查发现土墩墓46座,其中被高速公路建设彻底破坏的有6座,实际发掘土墩40座。共清理墓葬233座、祭祀器物群(坑)229个、丧葬建筑14座,出土文物3800多件。这次土墩墓的发掘,不仅丰富了江南土墩墓的内涵,而且在土墩墓的形制结构、埋葬方式、祭祀习俗等诸多方面取得了重大突破。如确认一墩一墓与一墩多墓并存,明晰堆土掩埋与竖穴土坑共存,首次发现一墩多墓的向心布局,发现形式多样的丧葬建筑遗存,首次发现明确的墓地界域,确认土墩墓存在着以瘗

---

① 安徽省文化局文物工作队:《安徽屯溪西周墓葬发掘报告》,《考古学报》1959年第4期。
② 安徽省文物考古研究所:《十年来安徽省的文物考古工作》,《文物考古工作十年》,文物出版社1990年版。

埋器物群为主要特征的祭祀习俗等等①。

六、西周的社会经济

（一）农业

周族历来重视农业生产,这在《诗·大雅·生民》、《公刘》和《书·无逸》中有记载,在周灭商后生产规模大大扩大,但其耕作技术和所使用的生产工具仍然是比较原始的。当时使用的工具以石器、骨器和蚌器为主,青铜工具并未普遍使用,只见有铸、臿、斧等,数量较少。从文献记载及考古发现的实物来看,西周农作物的种类有黍、稷、粟、谷、粱、麦、稻、菽、麻、纻等,这显然比商代农作物种类丰富。这个时期储存粮食的窖穴,有的直径达四米以上,周壁及底部用木板或席子铺垫,说明当时粮食的储存量很大。渔猎和家畜饲养是当时辅助性的生产活动,占有一定的地位。

（二）手工业

1. 铸铜业

西周的青铜铸造业由王室百官掌管,青铜工业是西周手工业最重要的部门,当时不仅铸造礼器、武器,而且还铸造生活用品。这时的铸铜技术也有了一定的进步,主要表现在一模翻制数范方法的发明和焊接技术的使用。例如,陕西张家坡窖藏铜器50多件,同类器物往往成组成对,大多数是四个一组,无论是形制、花纹、铭文还是大小上都相同。类似的现象在虢国墓地和其他地区西周中晚期遗址中也都有发现。这个时期常见的壶、匜等器物的套耳或鋬都是焊接上去的。这种焊接技术,突出地反映了西周青铜铸造业所达到的新水平。

西周青铜器中出现了不少"明器",中期以后青铜器的风格逐渐草率,常有粗制滥造的现象,这正是中国青铜时代的中衰以及当时社会生活的反映。

2. 制陶业

西周初年开始,陶器的生产已经有了专门的行业。周初沿用商代的制陶技术,至中期以后,周族的风格才得到进一步发展。在制陶技术上,早期多采用轮模合制,中晚期普遍采用快轮法,产品趋向规格化,数量也大大增加。这个时期原始瓷器的生产有了新的发展,在陕西、河南、山东、北京等地的西周墓葬中,普遍发现了原始瓷器。据测定,原始瓷器的烧成温度已达1200℃左右,已接近瓷器。

3. 漆器制造业

早在新石器时代的河姆渡文化当中,就发现了朱漆木碗,表明中国漆器的历史悠久。早期漆器保存下来的极少,商代发现的残漆皮不辨器形。中国目前发现较早的成形漆器是在湖北圻春毛家嘴西周早期遗址中发现的一件彩色残漆杯。这件漆杯胎薄、色鲜、纹美,反映了西周早期南方地区漆器的工艺水平。北方的漆器制作在西周中晚期以后逐渐普遍,考古发现的漆器数量比较多,在虢国墓中曾发现14件漆器,制作技术亦比西周早期进了一步。

4. 蚕丝和纺织业

中国是世界上最早饲养家蚕和织造丝绸的国家。中国最早的蚕丝业可以上溯到新石器时代末期。商代蚕丝业已达到较高的水平,丝织物已有普通的平纹组织、畦纹的平纹组织和文绮三种织法,并且出现了刺绣。西周继承了商代的养蚕和丝织技术,现已发现了不少纺织

---

① 《2005年度全国十大考古新发现揭晓》,《中国文物报》2006年5月10日。

品遗物和遗痕。在西周遗址内,常见纺轮、骨锥、骨针等纺织、缝纫工具。其中纺轮数量较多,质地有陶、石、骨等,重量不一,形状也比较复杂,可能是为了满足不同的纺织原料和规格的需要。当时的纺织品种类有棉麻和丝织品两种,丝织品花纹有平纹组织和提花组织,说明当时不仅有了专门的织机,而且其结构也比较复杂,可以调整织机而织出不同的花纹。宝鸡茹家庄西周墓出土了大量有关蚕、丝的实物。

此外,西周的骨器和玉器制作也有专门的作坊。其中玉器制作精细,不仅作为服饰和其他佩戴物,有的还用作显示尊卑的礼器。

第五节 春秋文化

一、春秋文化的年代与分期

公元前770年,周平王东迁洛邑。从这年到公元前476年,是中国历史上的春秋时期。

春秋时期是中国历史上经历深刻变革的时期,王室衰微,礼崩乐坏,诸侯争霸,战争频繁,卿大夫专权,新兴势力崛起,所有这一切,使得考古学文化呈现出纷繁复杂的景象。春秋文化分为前后两个阶段,前一阶段为春秋早期,可与西周晚期归并为一期,是奴隶社会开始走下坡路的时期。后一阶段是奴隶制开始瓦解、封建制开始兴起的时期。后段又可分为两期,即春秋中期和春秋晚期。

春秋早期:与西周晚期相近,前节已有叙述,不再重复。

春秋中期:时间约为公元前7世纪中叶至公元前6世纪中叶。以新郑大墓与上马村M13为代表,主要材料还包括上马村M5、M11,河南洛阳王湾春秋中期墓,河南辉县琉璃阁甲墓、乙墓、M55、M60、M80,洛阳中州路东周墓M1、M4、M6、M216、M1041等。本期陶器主要以灰陶为主,纹饰有绳纹、弦纹、暗纹等,盛行用轮制方法制作陶器,陶质细腻。鬲的口部为短折沿,有颈,平底下有三个小实足,腹饰斜行绳纹;罐的口沿与鬲相同,宽肩,肩与腹上部饰弦纹或划纹;盆的腹部较浅,外鼓,宽平底;豆盘稍浅,盘部折棱明显(图6-24)。

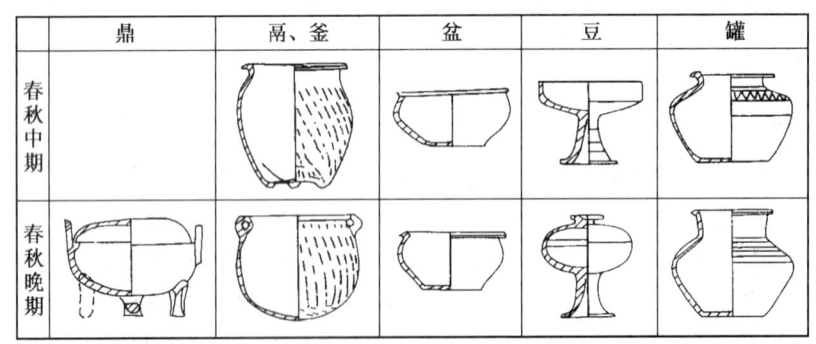

图6-24 河南洛阳王湾春秋中、晚期墓陶器分期图
鼎(M52:1) 鬲(M1:1) 釜(M42:3) 盆(上:M48:1;下:M51:11)
豆(上:M350:3;下:M52:3) 罐(上:M2:4;下:M51:10)

青铜器制作趋向轻巧,器形有鼎、簋、鬲、簠、盘、匜、豆、壶、舟、敦等,新出现的器形有缶、鉴、镈、錞于、带钩等。铜鼎分为无盖和有盖两种,无盖鼎耳或直立于口沿上,或旁生于口沿下,有盖的鼎都作附耳,鼎足皆为马蹄形,鼎腹较深。敦腹为扁圆体。戈的援部更短,胡加长。青铜纹饰流行蟠虺纹。铜器铭文减少,字体长方,行款整齐(图6-25)。

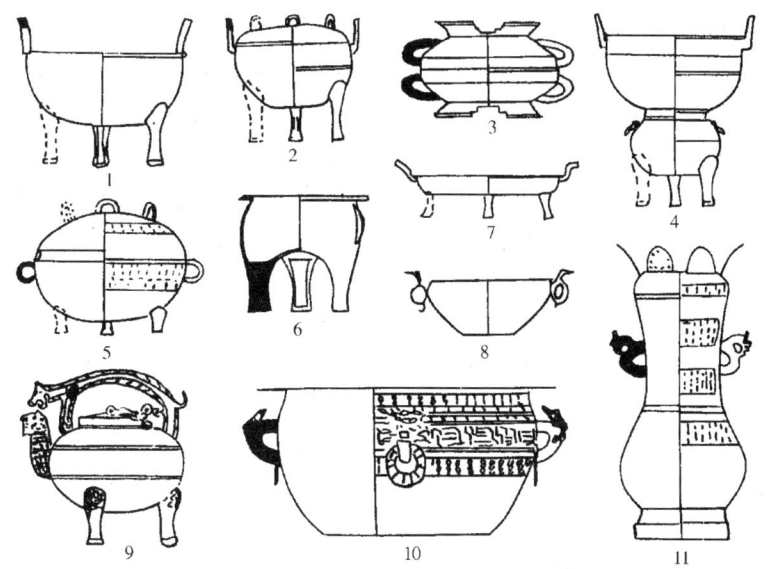

图6-25 山西长治分水岭春秋中期墓葬铜器
1、2. 鼎 3. 簠 4. 甗 5. 敦 6. 鬲 7. 盉 8. 盘 9. 舟 10. 鉴 11. 方壶

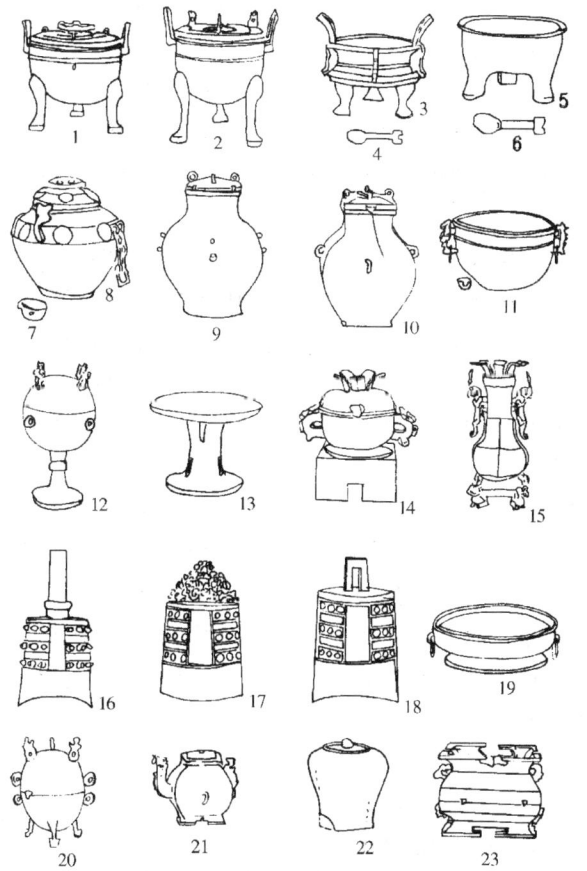

图6-26 安徽寿县蔡侯墓春秋晚期铜器
1、2、3. 鼎 4、6. 匕 5. 鬲 7. 勺 8、9、10. 缶 11. 鉴 12、13. 豆 14. 簠
15. 壶 16. 甬钟 17. 镈 18. 钮钟 19. 盘 20. 敦 21. 盉 22. 錞于 23. 簋

春秋晚期：时间约为公元前6世纪中叶至公元前5世纪中叶。以安徽寿县蔡侯墓为代表，主要材料还包括长安客省庄K202、河北怀来M1、唐山贾各庄M18、M28、江苏六合程桥M1、M2、湖南长沙浏城桥M1以及河南洛阳中州路东周墓M115等。本期陶器的种类和器形都有新的变化：陶质比较粗糙；鬲的数量极少，用釜或盆代替；带盖陶鼎数量增多，罐的颈部较高；盖豆普遍，盖与豆盘相扣合形成椭圆形（图6-24）；青铜器中鼎的腹更深，多作圜底，足更为细长，簋的盖纽新出现了莲花瓣状；敦腹皆作球形；蟠螭纹仍流行，铭文字体纤细（图6-26）。

二、春秋时期的社会经济

在春秋时期的社会变革中，生产力及社会经济的发展所起的作用是不可忽视的。这一时期，冶铁产生了。这种新技术的出现，促进了包括青铜冶铸在内的社会经济的发展。在商品经济发展的基础上出现了金属铸币，它同样对商品经济的发展起到了推动作用。春秋时期社会经济的发展不只表现在京畿地区，而且在列国范围内都有不同的反映。

（一）铁器的发明及其意义

关于冶铁术在我国发明的时间历来有不同的说法。历史学家根据《尚书》、《诗经》、《左传》等文献记载比较普遍地认为我国在商代已有铁器，有人认为我国西周开始使用铁器，还有人主张我国冶铁术发明于春秋、战国之交。现在，根据考古发现的材料，考古工作者提供了我国早期铁器历史的确凿证据，从而结束了人们的争论。

1972年在河北藁城县台西村的一座商代墓葬中，发现了一件随葬的铁刃铜钺，与其共存的青铜器有鼎、罍、瓿、觚等。经过化学分析和金相学考察，这件钺的刃部是陨铁。

1977年在北京平谷县刘家河的一座早商墓葬中，也发现了一件铁刃铜钺，经X射线鉴定，其刃部也是陨铁。

以上这两件铁刃兵器，刃部的铁并非人工冶炼，是自然铁，但是这说明当时的人们已经发现了铁这种金属，对其硬度高于青铜的性能有了认识，并能经过人工锻打，用于兵器中的要害部位。另外，1976年，在山西灵石的一座商代墓葬中发现一件铜钺，通体有铁锈，经化验刃部的含铁量达8.02%，这可能是由于熔炉的温度已达到将伴生的铁矿冶炼出来，并铸造成器。这说明当时的人们不仅认识了铁的性能，而且初步具备了冶铁所必需的温度条件。这些都为冶铁术的发明打下了基础。

现在考古发现属于人工冶炼铁器的资料主要有：陕西雍城秦公一号墓内的三件铁器，时代属春秋时期[①]；甘肃灵台县景家庄一号墓内出土一件铜柄铁剑，时代属春秋早期[②]；江苏六合程桥两座春秋晚期的墓葬内，都出有铁器，其中M1内发现一件残铁块，M2内发现一件残铁条[③]；长沙杨家山M65出土属于春秋晚期的铸铁鼎形器和铁削各一件[④]；三门峡虢国墓地2001号大墓出土一件玉柄铁剑，年代为春秋早期[⑤]。以上这些铁器都是随葬品，可见当时铁器在日常生活中已比较常见。

---

① 陕西省考古研究所：《十年来陕西省文物考古的新发现》，《文物考古工作十年》，文物出版社1990年版。
② 刘得祯、朱建唐：《甘肃灵台县景家庄春秋墓》，《考古》1981年第4期。
③ 江苏省文物管理委员会、南京博物院：《江苏六合程桥东周墓》，《考古》1965年第3期。南京博物院：《江苏六合程桥二号东周墓》，《考古》1974年第2期。
④ 长沙铁路车站建设工程文物发掘队：《长沙新发现春秋晚期的钢剑和铁器》，《文物》1978年第10期。
⑤ 河南省文物研究所等：《三门峡上村岭虢国墓地M2001发掘简报》，《华夏考古》1992年第3期。

从以上材料可以得出这样的结论:(1) 早在公元前 14 世纪前后的商代中国古代先民已经接触了金属铁,并且把铁加热锻打后制成器件而加以利用。(2) 春秋时期,中国古代先民已经掌握了冶铁技术并已使用铁器。(3) 早期铁器的发现地除中原地区处,主要是在长江流域的楚国,鉴于此,有人指出中国最早冶炼和使用铁器的地区很可能是楚国。(4) 铁器刚出现时,器形比较简单,主要有铁条、铁削、铁臿、铁锛等,虽然大半是农业生产工具,但实际用于农业生产的还没有占主要地位,只是到了战国时期以后,铁器才真正成了主要的农业生产工具而被广泛使用。

铁器的发明在人类历史上有着重要的意义。正如恩格斯在《家庭、私有制和国家的起源》里所说的:"铁已在为人类服务,它是在历史上起过革命作用的各种原料中最后的和最重要的一种原料。所谓最后的,是指直到马铃薯的出现为止。铁使更大面积的田野耕作,广阔的森林地区的开垦,成为可能;它给手工业工人提供了一种其坚硬和锐利非石头或当时所知道的其他金属所能抵挡的工具。"①铁器作为武器,更有利于提高战斗力。在春秋时代的社会变革过程中,铁器作为一种新的生产力的代表,其作用是极其巨大的。

根据金相鉴定,目前所发现的春秋时期铁器的冶炼方法主要是块炼法,即把铁矿石放在高温下进行碳化,在凝为固态时经锻打提纯后,再打制成所需的器形。从世界范围的发现来看,用块炼法冶铁是早期阶段普遍使用的方法。在属于春秋、战国之际的铁器中,已有生铁制品(即铸铁)。生铁的出现在历史上具有重大的意义,因为生铁作为原料,可以直接铸造器件,广泛用于各生产领域,能有效地提高劳动生产率。同时,用炼炉冶炼,使大量生产和铸造较复杂器形的铁器成为可能。

(二) 矿冶遗址和铸铜工艺

商周时期是我国青铜冶铸业发生和高度发展的时期。春秋时期的青铜器以器形大、制作精、种类复杂为特点,青铜手工业几乎涉及社会生活的各个方面,在人们的社会生活中居于重要地位。这时期的青铜工艺技术有了新的突破。湖北大冶铜绿山古矿冶遗址和山西侯马铸铜遗址的发现使我们对这一时期的采矿、冶铜、青铜铸造业及其分工等,有了一个比较全面的认识。

1. 铜绿山矿冶遗址

铜绿山矿冶遗址发现于 20 世纪 70 年代。遗址位于湖北大冶县西约 3 公里处,南北长 3 公里,东西宽 2 公里。在这一范围内已经发现了不少古代矿井和采矿的工具、用具。古矿井的附近还有冶炼遗址,地表覆盖有大片矿渣。遗存的时代包含春秋和战国、西汉两个时期。这一遗址的发掘给我们提供了古矿井开采、冶炼的考古材料,填补了我国冶金史研究的空白②。

这处古矿冶遗址的矿井由竖井和巷井(平巷)组成。古代工匠们用木材制成的方形框架作为井巷支护,已能承受巷外的压力,保证竖井和平巷的畅通,使古代矿工能从距离地表 40 至 50 米深的矿井中掘取矿石。井巷框架大多用榫卯法连接,即在四根方木或圆木的两端砍凿出长榫或榫孔,然后将它们相互穿接而成。框架之间用木棍、木板或竹索连接,形成一个整体。排水是通过木制水槽把地下水引到储水坑(井)内,或利用专门的排水巷道,用木桶将水

---

① 《马克思恩格斯选集》第 4 卷,人民出版社 1995 年第 2 版,第 163 页。
② 夏鼐、殷玮璋:《湖北铜绿山古铜矿》,《考古学报》1982 年第 1 期。

经由竖井提升到地面。通风是利用坑口的高低不同产生的气压差而形成的自然风。矿石和地下水的提取,春秋时期是依靠人力,战国及稍晚已利用辘轳。

铜绿山矿冶遗址的面积较大,这里的矿井密集,井巷纵横交错,层层叠压,说明当时矿石的开采量是很大的。

2. 侯马铸铜遗址及其青铜工艺

在山西侯马晋国都城遗址发掘出一处大型铜器作坊遗址,遗址中发现大量陶范,大小整残总计达3万多块,其中有花纹的约1万块,还发现建筑基址、窖穴、水井、道路以及熔铜炉、烘范窑、鼓风管、坩埚、铜锭、铅锭等遗存[①]。侯马铸铜作坊的发现,使人们了解到春秋时期的铸造技术水平、工艺过程以及生产规模。

从能辨别器形的陶范中,可知当时铸造的器形有青铜礼器、兵器、车马器、日用装饰品和货币等,种类多达20多种。陶范的制作有严格的要求,出现了母范只做二分之一或三分之一,通过数次翻范而得到完整的模范,而且使陶范在浇铸铜液时能经受住铜液的压力和凝固时的收缩,说明这时的铸铜工艺达到了较高的水平。通过对所出青铜器的观察,可知焊接技术在这一时期已被运用,当时已掌握锡焊、铜焊、铅锡合金焊接等技术。大约在春秋中期以后,还出现了青铜器表面嵌入红铜片和金银丝的"错铜"和"错金银"工艺,鎏金技术以及在器物表面刻划花纹的工艺也已兴起。

(三) 金属铸币的产生

中国是世界上最早使用货币的国家之一。根据古代文献记载和出土文物考证,中国货币的起源至少已有3000多年的历史。货币是商品经济的产物,有了商品生产就必然会产生货币。在原始社会,商品生产还没有产生,当然也不会有货币。那时,在氏族与氏族或部落与部落之间,虽然也有交换发生,但不过是一种偶然性质的物物交换。中国古书记载,神农氏时以"日中为市,致天下之民,聚天下之货,交易而退,各得其所"。唐尧时"以所有易所无,以所工易所拙"。随着时间的推移,从偶然性质的物物交换中产生了某种等价物,如以龟、贝、皮革、齿角、工具、牲畜、粟、帛等充当交换的媒介。后来由于商品交换的扩大,那些不便计算、不便携带、不便储藏的媒介物逐渐被淘汰,只剩下两三种便于携带、便于储藏、便于计算的实物作为公认的媒介,如海贝、布帛等,这就是实物货币,是货币发展的原始阶段。随着社会生产力的进步,人类第二次社会大分工,手工业脱离农业后,这时真正完全的商品生产出现了,金属货币逐渐取代实物货币。中国商代除了海贝外,仿制自然贝的铜贝出现了,这标志着中国货币开始由实物货币进入到金属铸币的阶段。

在殷墟的妇好墓中发现随葬贝6800余枚,苏埠屯一号墓随葬贝2700多枚,这些海贝大多数是作为货币随葬的,极少数还有可能是作为装饰品。铜贝在商墓中也有发现,例如安阳大司空村M14发现铜贝1枚,M34发现2枚,殷墟西区M620发现2枚。西周、春秋时期,铜贝在墓葬中发现的数量已经很多,例如侯马上马墓地M13内随葬铜贝达1600多枚。春秋时期的金属铸币有很大发展,以适应列国经济发展的需要。在春秋晚期的侯马晋国故城铸铜作坊中,发现了大量空首布内范和12件完整的空首布。1938年在河南汲县山彪镇的春秋墓葬中也出土了600多枚空首布,通长11.7厘米,质地很薄[②]。空首布是仿照

---

① 山西省文管会侯马工作站:《1959年侯马"牛村古城"南东周遗址发掘简报》,《文物》1960年第8、9期。
② 郭宝钧:《山彪镇与琉璃阁》,科学出版社1959年版,第36页。

生产工具镈的样式铸造的,是目前已知中国最早的铸币。春秋晚期的空首布有大小两种:大者通长 12—13 厘米,肩宽 4.8 厘米,重 30.7—33.8 克之间;小者通长 11.7 厘米,重 14.7 克。空首布一般尖角尖足,有不少有文字符号。春秋时期空首布的发现是研究货币史和社会经济的重要资料。

三、春秋都城遗址

春秋时期,由于政治上列国对立,军事上战争频繁,加之经济上进一步的发展,设防城市普遍出现,成为各国政治、经济、文化的中心。1950 年以来,各地发现的东周古城数以百计,列国都城大都已被找到。通过考古调查和发掘,发现春秋时期较重要的城址有河南洛阳东周城、山西侯马晋国故城、山东临淄齐故城、曲阜鲁故城、陕西凤翔秦雍城等。

春秋时期国无大小,几乎都有城垣。为获取水源,都城均傍水而建,或处在两河交会的三角地带。城址的范围较广,长度和宽度一般在 3 公里左右,面积多达 10 平方公里。城墙墙基多宽 10 米左右,夯层大体厚 10 厘米。城垣外皆有城壕,城内则有排水设施。列国都城多分为宫城和郭城两大部分,宫城与郭城的布局有多种形式。宫城内宫殿建筑多建在高大的台基之上,附近又常发现手工业作坊遗址。郭城中分布有民居和作坊遗址,有的还将诸侯贵族墓地圈入。

(一)洛阳东周城

洛阳东周城,史称王城,位于洛、涧两河的交汇处。史书记载,自周平王东迁至周景王止,以王城为国都凡 12 世 300 余年。1954 至 1960 年,中国科学院考古研究所对洛阳东周城遗址进行了勘察发掘[①]。据考古勘察发掘得知,王城的筑城年代不晚于春秋中叶,西汉后期逐渐荒废。城址的平面略呈正方形。城墙用夯土建造,最早的夯土城垣宽 5 米左右,除东南部因地势低洼未发现城墙遗迹外,其余部分基本完整;北墙保存最好,全长 2890 米,西墙约 3200 米;北墙之北还发现深 5 米左右的护城壕沟(图 6-27)。

在城墙北部发现有大量陶窑、水井、灰坑、房址和大量制陶、制骨、制石、铸铜作坊遗存;在城址南部发现两处大型夯土建筑基址,北面的一处东西长 344 米、南北宽 182 米的区域,四周有围墙,里面有长方形建筑基址,附近有大量板瓦、筒瓦、饕餮纹和卷云纹瓦当等,似为宫殿区。另外,城内还分布有稀稀落落的小规模居住址。

(二)侯马晋国故城和盟誓遗址

1. 侯马晋城

侯马晋城为晋国晚期晋景公所迁的新田,位于山西省侯马市的西北部。该城由六座城址组成,白店、台神、牛村、平望四座城连成一片,其东为呈王古城,东北为马庄古城(图 6-28)。其中以白店古城的时代最早。在这些城垣的南面有大面积的铸鼎、制陶、制骨作坊遗址和面积达 50 万平方米的两周墓地,东南有大面积的盟誓遗址。这些重要发现,对了解晋国的历史和社会经济状况具有重要价值[②]。

这六座城址平面呈长方形或略呈长方形。牛村古城面积最大,约 1100×1650 平方米,城墙用块夯法筑成,局部残高 0.5—1 米。在南城墙内侧发现有车道,外侧有护城壕,壕宽 6 米

[①] 中国科学院考古研究所洛阳发掘队:《洛阳涧滨东周城址发掘报告》,《考古学报》1959 年第 2 期。
[②] 山西省考古研究所侯马工作站:《晋都新田》,山西人民出版社 1996 年版。

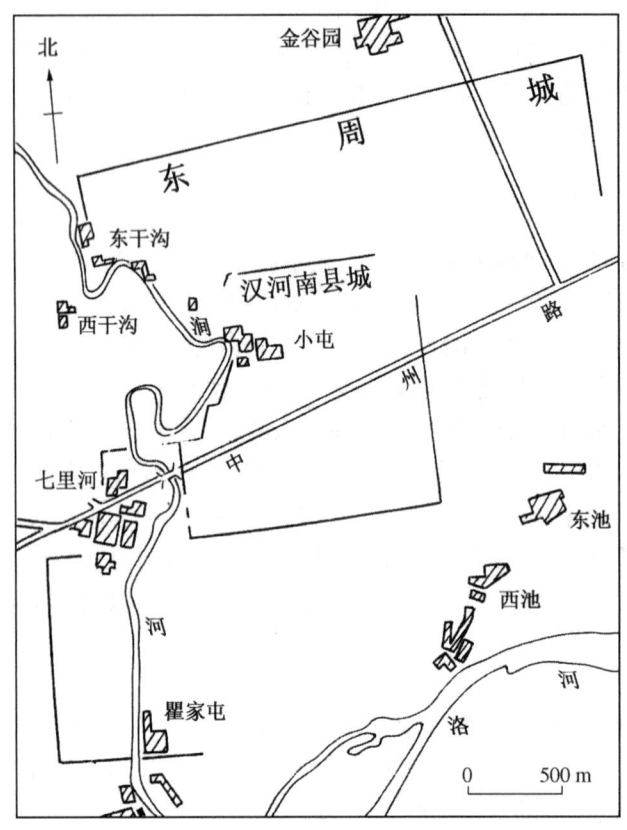

图 6-27 洛阳东周城址图

左右,深 3—4 米。在牛村和平望两城内部发现有建筑台基,推测是当时的宫殿区。牛村古城的南部为铸铜遗址,还发现有制陶、制骨作坊,内涵十分丰富。

2. 盟誓遗址

1965 年以来,在牛村古城东南 2.5 公里处,发现了 400 多个密集而类似墓葬的小坑,已经发掘了其中的 326 个。这些小坑一般长 1.3—1.6 米,宽 0.5—0.6 米,坑内出土了大量的牛、羊、马的骨架,还发现许多朱书的石简、玉圭、玉玦等举行盟誓的约信文书,故称这片遗址为盟誓遗址[①]。

春秋时期盛行的盟誓,是当时诸侯或卿大夫为了巩固内部团结、打击敌对势力的政治目的,经常举行的一种具有制约作用的礼仪。参加盟誓的人把盟辞写于石简、玉圭或玉玦上,叫做盟书,也称载书。从有关文献记载及侯马盟誓遗址的发掘了解到,盟誓的程序是:每举行一次盟誓要先挖好小坑,"割牲左耳,盛以珠盘,又取血,盛以玉敦","用血为盟书,书成乃歃血读书"。举行完上述仪式后把盟书和牺牲埋入坑内,其作用是"杀牲歃血,告誓神明,若有背违,欲令神加殃咎,使如此牲"。《春秋》《左传》中关于盟誓的记载有 200 多处,足见当时盟誓之频繁,这种状况正是春秋晚期社会政治形势的反映。

侯马出土盟书总计 5000 余件,其中形体基本完整、字迹比较清楚的有 600 余件,每件一

---

① 山西省文物工作委员会:《侯马盟书》,文物出版社 1976 年版。

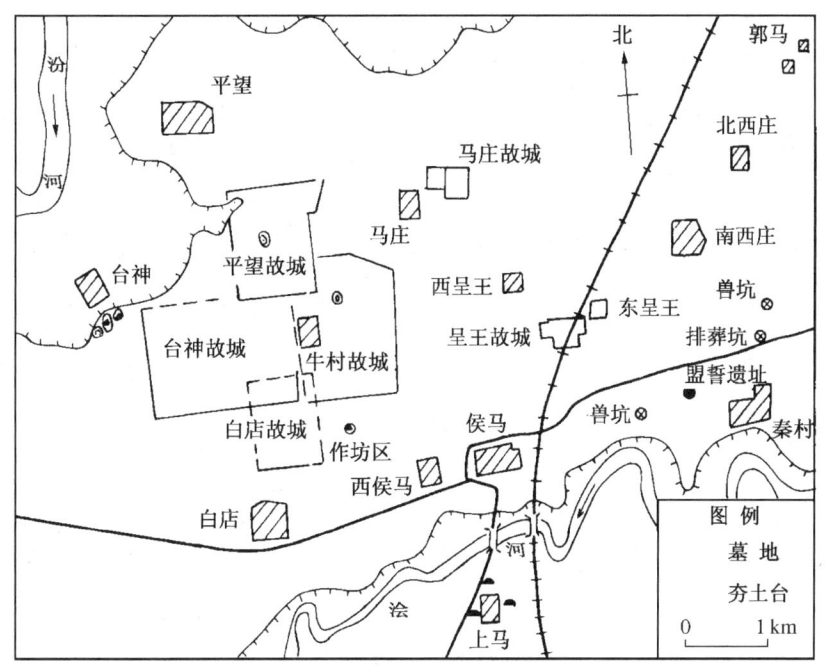

图 6-28 山西侯马晋城位置图

般 10 余字,最多达 200 余字。侯马盟书的盟主是赵孟,即文献中的赵鞅、赵简子。以赵氏为代表的政治集团,为了扩大自己的力量,分化、镇压敌对力量,进行了一系列的盟誓活动,这就是侯马盟书的核心内容。根据盟书记载,其内容可分为五类:(1) 宗盟类,盟辞强调"事宗祀"和"守清庙",要求每个与盟人都要诚心效忠盟主,以此巩固赵氏宗族内部的团结。(2) 委质类,是赵孟为分化敌对势力吸收同宗之外的人参加盟约的辞文。与盟人表示把自己"质"于主盟人,辞文中都有"自质于君所",并且断绝与旧主君的关系。(3) 纳室类,内容为禁止纳室,即与盟人在盟誓后不冉扩充奴隶、土地、财产等,同时也反对和声讨宗族中其他人的纳室行为。有人认为,这可能属于奴隶制向封建制过渡时新兴地主阶级对扩充奴隶的一种限制措施。(4) 诅咒类,只出土 13 件,字迹比较模糊,是对某些罪行加以谴责的诅咒文。(5) 卜筮类,不属于正式盟书,而是举行盟誓祭祀"卜牲"时使用龟卜和筮占文辞的记载。这类盟书的出土数量也很少。

(三) 曲阜鲁故城

山东曲阜是周公旦的长子伯禽的封地,城址位于山东曲阜及其外围的洙水和泗水之间。1977—1978 年,山东省博物馆作了详细的勘查和发掘①(图 6-29)。

鲁城的平面近似椭圆形,除南垣较直外,其余三面均有弧曲,四角呈圆角。东西最长约 3700 米,南北最宽处约 2700 米,总面积约 10 平方公里。至今残垣犹存,环绕城垣四周都有护城壕。鲁城的范围至迟形成于西周晚期。早期的城墙不挖基槽,春秋时从里外加固旧有城墙,往往挖有深槽,城墙的夯筑出现了较进步的穿棍技术。鲁城的布局比较规整,目前已发现 11 座城门,东、西、北面各三座,南面两座,各门都与城内大道相通。城内的交通干道共发现十

---

① 山东省文物考古研究所等:《曲阜鲁国故城》,齐鲁书社 1982 年版。

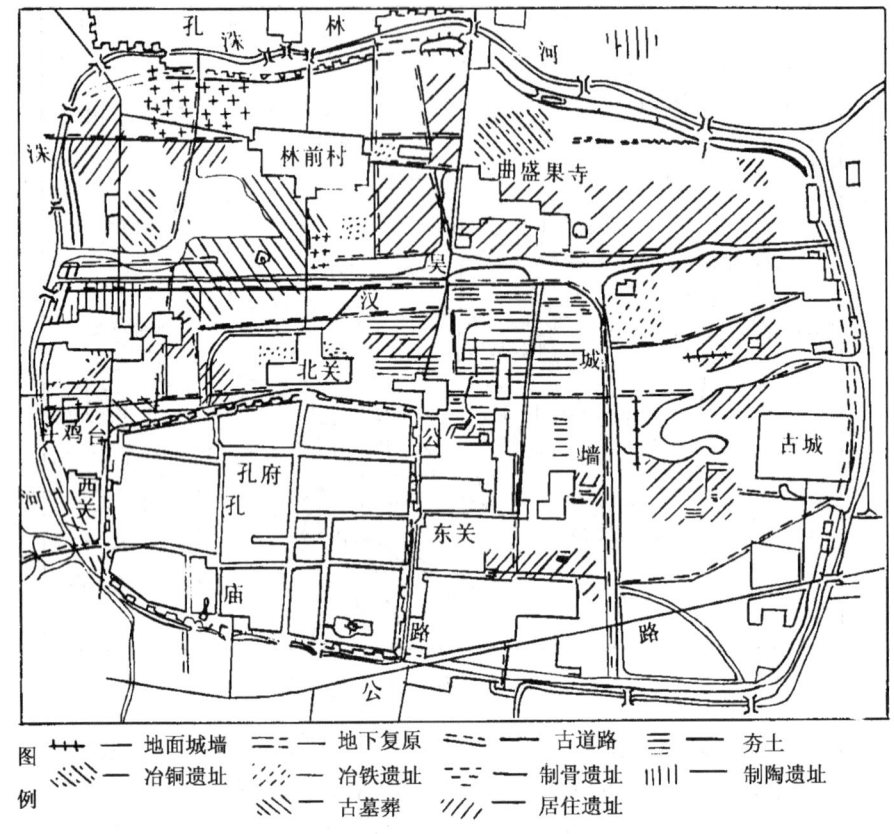

图 6-29 曲阜鲁故城遗址平面图

条,纵横各五条。宫殿区位于城中部,宫殿基址基本处于南北中轴线上,春秋时期的夯土基址范围东西绵延约一公里。宫殿区的东、西、北三面环绕着铸铜、冶铁、制陶、制骨等手工业作坊和一些居住址。城的北部和西部还发现五六处墓地,发掘了 100 余座西周东周墓葬。其中 1981 年春在城北林前村发掘的 30 座春秋墓,为研究鲁文化的发展演变提供了重要的资料[①]。

四、春秋墓葬

春秋时期是社会阶级关系发生剧变的时期,列国林立。西周中期以来的传统礼制开始出现僭越现象,尤其是到了春秋中晚期,这种僭礼越制的现象更为普遍。

春秋时期重要列国的墓葬,除燕墓发现较少外,其它诸国都有不同程度的发现,已发掘的墓葬有数千座。从列国墓葬的葬制来看,既有共性,又有差别。共性的主要表现是墓地有诸侯墓地、贵族墓地和平民墓地之分,其埋葬制度有沿袭周礼的一面,又有僭越的一面。墓的规模结构、随葬品种类数量的多少和精美的程度、殉人的有无、仿铜陶礼器出现的早晚等等都有差别。这些现象表明,春秋列国在沿袭周礼的基础上,在政治、经济等各方面都有自己的独立性。其中,南方的楚国表现得更为突出,不仅在用鼎制度上有自己的一套,可能存在高级贵族用奇数鼎制、中下层贵族用偶数鼎制的区别,而且经济实力也比较雄厚。

---

① 山东省文物考古研究所:《前进中的十年》,《文物考古工作十年》,文物出版社 1990 年版。

依据现有的考古材料,结合文献和历史背景,春秋时期的墓葬大致可以分为六个区域:中原地区的周、虢、郑、卫,汾河流域的晋,山东和北方的齐、鲁、燕、莒,南方的楚,关中的秦,东南的吴和群舒。以下试举其要加以介绍。

(一)虢国墓地

春秋初期,虢、郑两国是周王室的东西屏蔽,虢公与郑伯曾相继担任周王的卿士,地位较高。1956—1957年,在河南三门峡市上村岭发现并发掘了虢国墓地[①]。墓地南北长280米,东西宽200米,共清理墓葬234座。墓地的年代,上至西周晚期,下至虢国灭亡,前后延续了100多年。墓葬均为无墓道的土坑竖穴墓,墓主头向大多向北。墓葬的分布很有规律,中西部是5座规模较大的墓葬,其余分布于南北东三面。

在已发掘的234座墓葬中,有20座左右规模较大,墓口长4米,宽2.5米,深8—9米,有木椁、重棺,随葬品以青铜礼器为主,间或有兵器和车马器。大多数墓葬规模较小,墓长2—3米,宽1—2米,一般均为单棺,多随葬鬲、盆、罐、豆等陶器。

M1052是墓地中规模最大的一座,据出土铜戈铭文,墓主人为春秋早期的虢国太子元。墓口长近6米,宽4米以上,深约10米。二椁一棺,外椁盖放石圭,内外椁间放置青铜礼器、乐器和兵器,棺内放有玉器。青铜礼器为七鼎六簋。墓西有车马坑,埋车10辆,马20匹(图6-30)。

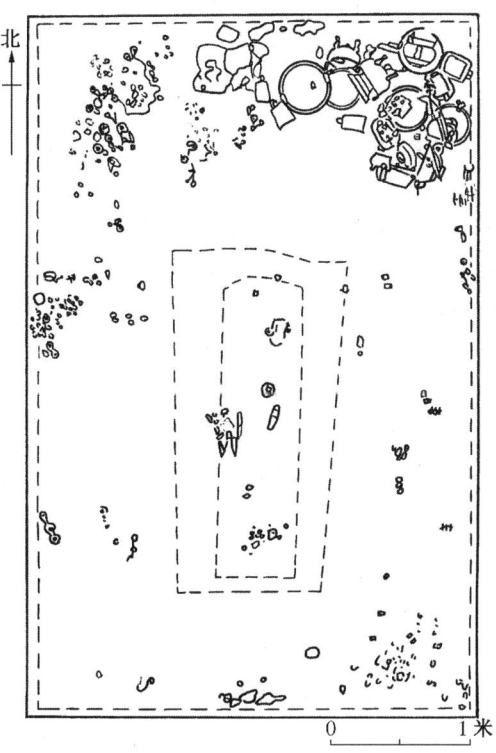

图6-30 三门峡上村岭1052号墓

1990—1991年,三门峡虢国墓地又有重大考古发现,相继发掘清理了2001号大墓与2009号大墓。这两座墓葬规格很高,当为虢国国君墓葬。2001号大墓墓口南北长5.3米,东

---

① 中国科学院考古研究所:《上村岭虢国墓地》,科学出版社1959年版。

西宽3.55米,深11.5米。一椁两棺,此外还有一具木棺罩。出土各类珍贵文物3200多件,包括玉柄铁剑、金腰带饰、缀玉面罩和成组玉佩饰等。根据青铜器铭文可知,墓主人名叫虢季,当是虢国一代国君[①]。2009号大墓规模更大,南北向竖穴土坑,墓口呈长方形,长5.6米,宽4.4米,墓底距地表的深度近20米。墓内随葬品更为丰富,仅青铜礼器就有200多件,铭文多有"虢仲"字样。出土玉器有800多件(套),除缀玉面罩及成组玉佩外,还有罕见的墨书玉片,此外还有一批玉雕动物像,有象、虎、豹、鹿、龟、牛、鱼等。据专家推测,这也是一座虢国国君之墓[②]。据《汉书·地理志》记载:"北虢在大阳,东虢在荥阳,西虢在雍州。"三门峡当为北虢所在。公元前655年,晋灭北虢。三门峡虢国墓地的考古发现,对研究两周之际的虢国文化具有重要意义。

(二) 秦公陵区

秦公陵区位于陕西凤翔秦都雍城遗址以南的三畤原上,现已探明了14座秦公陵园。其中一号陵园内秦公一号大墓的发掘在中国考古学上具有重要意义。

1976—1986年,秦公一号大墓历经10年发掘方清理完毕,大墓平面呈中字形,东西长59.4米,南北宽38.45—38.8米,深24米,全长300米,面积5334平方米,是迄今为止已发掘的先秦墓葬中规模最大的一座。墓室底部挖曲尺形土圹,主副椁室筑于其中。主椁室使用黄肠题凑,用截面21×21厘米的枋木垒砌而成,椁室东西长14.4米,南北宽5.6米,高5.6米。大墓共发现人牲20具,殉人166人。随葬器物出土3000余件。其中300号石磬上有"天子郾喜,龚桓是嗣"的篆文。据推断此墓墓主为秦景公(公元前577年—公元前537年)。这是春秋时期秦国第一座有明确墓主的陵墓,对建立考古标型学有重要意义[③]。

(三) 莒国春秋墓

莒国虽是东夷小国,但与鲁同处泗水流域,有较多的往来。春秋时期莒国大墓人殉现象较为普遍,且殉人的数量较多,引人注目。

1977年,在山东沂水刘家店子发现了两座春秋中期的墓葬和一座附葬的车马坑,墓主应属莒国[④]。其中一号墓南北长12.8米,东西宽8米,残深3.6米,有两椁一棺,位于墓室底部中央。墓中殉人40左右,除一人有棺和随葬品外,其他殉葬人分三层放置,无固定葬式。这座墓的随葬品有铜器、陶器、玉石器、金器等共470多件。各类随葬品都有固定的放置位置:棺内墓主人佩带玉石装饰品,棺椁间有铜戈、金剑柄和桥形金饰。椁室南部有青铜礼器、陶器和嵌金漆勺。椁室北部有乐器、兵器和礼器。这座墓的墓主人是春秋中期莒国的国君。而与之并列、规模较小的为二号墓,墓主人应为莒国国君的夫人。1975年在莒南大店发掘了两座春秋晚期的莒国墓[⑤]。这两座墓形制结构相仿,墓坑都是长宽10米左右的方形竖穴,底部有夯筑的土梁将墓室隔成两部分,一侧较宽为椁室,一侧稍窄为藏器坑并置斜坡墓道。两墓各有10个殉葬者和4具残马骨架。随葬器物有陶器、铜器、车马器和兵器。其中二号墓出土编钟9件,其铭文表明作器者是"莒叔之仲子平",应为莒国的重要贵族(图6-31)。

---

① 河南省文物研究所等:《三门峡上村岭虢国墓地M2001发掘简报》,《华夏考古》1992年第3期。
② 河南省文物研究所:《河南考古四十年》,河南人民出版社1994年版,第248页。
③ 陕西省考古研究所:《陕西省文物考古五十年》,《新中国考古五十年》,文物出版社1999年版,第432页。
④ 山东省文物考古研究所等:《山东沂水刘家店子春秋墓发掘简报》,《文物》1984年第9期。
⑤ 山东省博物馆等:《莒南大店春秋时期莒国殉人墓》,《考古学报》1978年第3期。

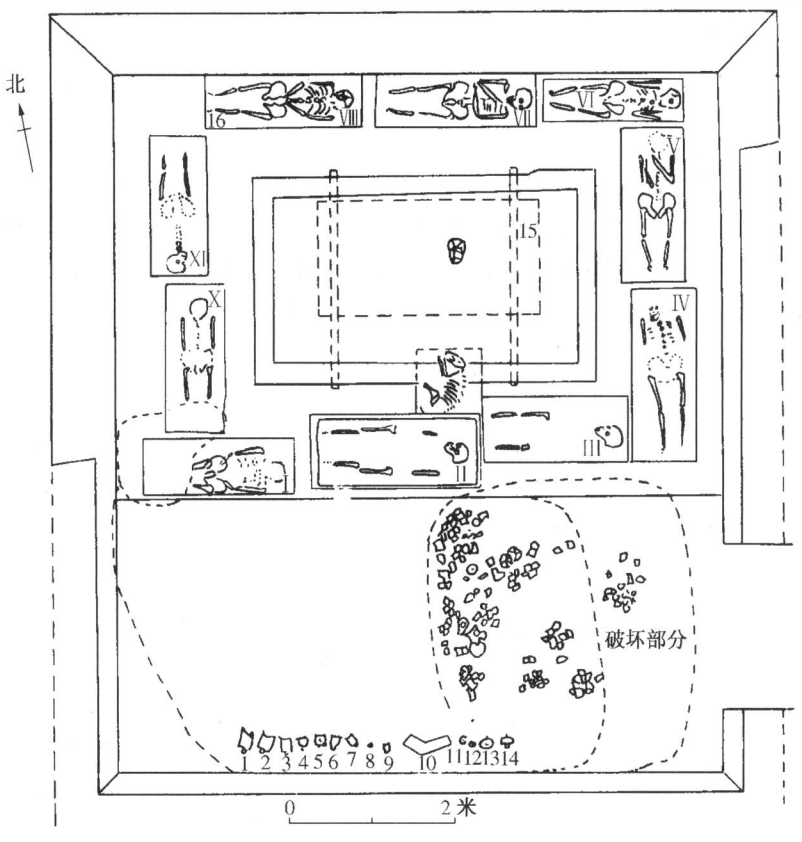

图 6-31　莒南大店二号墓平面图
Ⅰ—Ⅹ. 殉葬人　1—9. 铜钟　10. 石磬　11、12. 铜卣
13、14. 铜舟　15. 残铜环　16. 铜削

（四）淅川下寺楚墓群

春秋时期楚为南方强国，势力向北扩张至河南南部及汉、淮二水之间。历年来对春秋楚墓的发掘，尤以两湖地区数量最多，主要集中在湖南的长沙近郊和湖北江陵的郢都（纪南城）附近。另外，在河南南部的淅川、固始等地，也先后发掘过较大的春秋楚墓，其中淅川下寺楚墓群最具代表性。

河南淅川下寺楚墓群，1976年发现，1978—1979年发掘了9座大墓、16座小墓[①]。整个墓地布局很有规律，可分5组，既有大墓，又有车马坑和殉葬墓。其中2号墓位于墓地的中部，规模最大。该墓为长方形竖穴土坑墓，墓口和墓底大小一致，均为长9.2米，宽6.5米。木椁内并列大小相仿的漆棺两具。随葬品有编钟、编磬、包括七件一组列鼎的成套青铜礼器、兵器、车马器、玉石器、贝等共5000多件。淅川下寺2号楚墓出土的青铜器种类繁多，铸造精美，其中的一件云纹铜镜尤为引人注目。铜镜器体长方，下有虎形兽足，上有龙形怪兽，镜面中心为平整光亮的素面，四边及四个侧面饰有多层立体透雕云纹。这种精巧的透雕纹饰，在铸造工艺上采用的是失蜡法，这是中国目前所知最早采用失蜡工艺铸造的青铜器，在中国古

---

① 河南省丹江库区文物发掘队：《河南省淅川县下寺春秋楚墓》，《文物》1980年第10期。

代科技史上具有重要意义。

第六节 夏商周时期边远地区的青铜文化

一、北方草原地区的青铜文化

东北、内蒙古和河北北部等北方草原地区,是少数民族居住的地方。这一地区的青铜文化与同时代的中原地区各诸侯国文化有较密切的联系,同时也有自身的特点。现经发掘并确认的青铜文化主要有夏家店下层文化、西团山文化和夏家店上层文化等。

(一) 夏家店下层文化

夏家店下层文化首先发现于内蒙古赤峰夏家店下层,是中国北方青铜时代早期文化。1960年在赤峰夏家店遗址发掘时,正式区分出两种不同时代的文化遗存:夏家店下层文化与夏家店上层文化①。夏家店下层文化晚于红山文化,在燕山以北为夏家店上层文化所代替,其下限不晚于西周。在这类文化遗址中,发现了青铜耳环、指环、杖首、小刀、镞、牌等小型金属制品和陶范碎片。

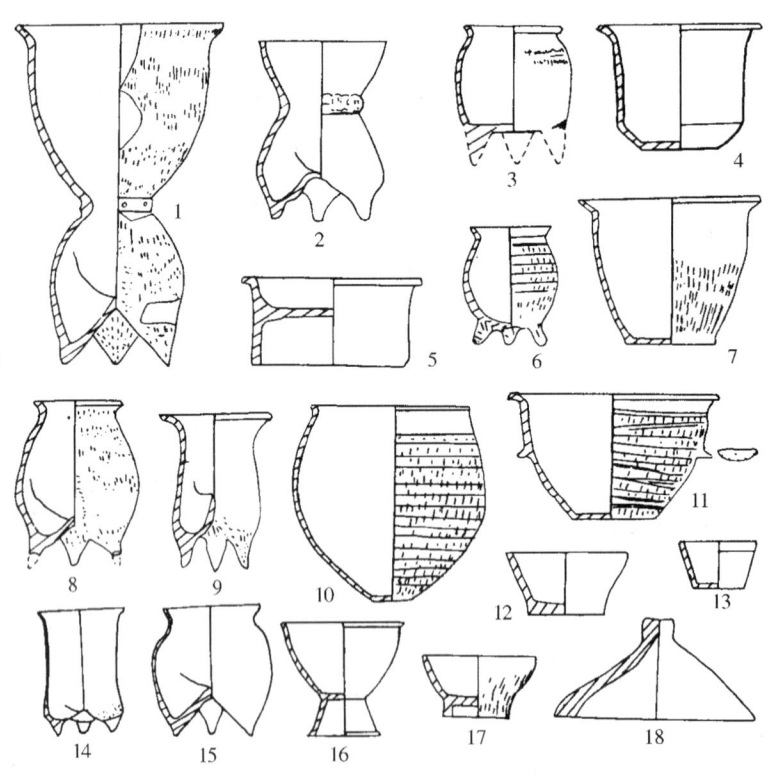

图6-32 夏家店下层文化陶器
1、2. 鬶 3、6. 鼎 4、7、11. 盆 5. 圈足盘 8、9、14、15. 鬲
10. 罐 12、13、17. 碗 16. 豆 18. 器盖

夏家店下层文化的陶器特点鲜明,主要陶器种类有尊、鬲、盆、鬶、罐、鼎、盘、豆、斝、爵等,

---

① 中国科学院考古研究所内蒙古发掘队:《内蒙古赤峰药王庙、夏家店遗址试掘简报》,《考古》1961年第2期。

其中鬲有两种形式，即鼓腹鬲和直筒鬲，后者带有明显的地方特色。彩绘陶器也是其特点之一，彩绘图案多以白色画出主题，以红色勾勒填地。纹样多是与青铜纹饰相近的云纹和雷纹，显示出它与夏商周青铜器图案有密切的联系（图 6-32）。

夏家店下层文化较大的聚落常有围墙或壕沟作为防御设施。围墙内的房址自数十座至百余座不等。房址有半地穴式的，也有用石块或土坯垒砌墙壁的，平面近圆形。墓葬都发现在聚落近旁。墓地规模大小不一。内蒙古大甸子遗址近旁有近千座墓葬，都是长方形竖穴，排列密集而有规律。一般成年人墓皆有葬具，有木结构的，也有石板或土坯砌成的。同一时期的墓，头向均一致，多为侧身屈肢，随葬品都放在脚端的壁龛中。以上表明当时保持氏族社会的传统依然很浓厚。

（二）西团山文化

西团山文化首次发现于吉林市郊西团山，文化分布在吉林省东南部东辽河与松花江上游的长春、吉林地区，是中国北方青铜时代较晚期文化[①]。

西团山文化陶器器类主要有罐、长颈圆腹壶、单孔甑、鬲、筒形或杯形鼎、直口或敛口钵等。青铜工具发现较多，主要有小刀、锥、斧和凿等。作为武器的矛、短剑和镞发现较少。矛主要有直刃和曲刃两种，前者接近于中原式矛，后者则近于曲刃青铜短剑，具有东北地方特色。居址多在沿河高地，房屋多方形或长方形半地穴式，也有用自然石块垒砌住屋的。墓葬大多是单人葬，有较浅的长方形土坑，多用石棺做葬具。随葬品多为钵、罐等一两件陶器，极少用鼎、鬲随葬。吉林江北土城子遗址和石棺墓发现过扇状铜斧、铜刀和连珠状铜饰，其器物形制与西团山的相似，又有所不同，可能为西团山文化的另一类型。

（三）夏家店上层文化

夏家店上层文化是有别于夏家店下层文化的中国北方地区青铜时代晚期文化，主要分布在内蒙古自治区的昭乌达盟、哲里木盟及辽宁省朝阳地区、河北省承德地区。

夏家店上层文化常见的陶器有鼎、鬲、鬶、豆、罐、盆、钵等。青铜器种类繁多，其中炊器、容器发现较少，而工具、武器及饰物发现数量较多。常见工具和武器有刀、锥、凿、镞、矛、短剑等。还发现有青铜铸范。居址有半地穴式的，也有构筑在地面上的。墓葬都在聚落近旁，有排列整齐的墓葬，也有散葬。墓葬形制都是长方形土坑竖穴。葬具有石棺，也有木质葬具。大型墓在宁城南山根发现过两座，其中南山根第 101 号墓长 3.8 米，宽约 2 米，深 2.4 米，墓内出有很多青铜工具、武器和容器，还出有一组中原常见的青铜礼器，这些青铜器大部分是本地固有的因素，另一部分是输入了西周至春秋时期黄河流域诸侯国的文明[②]。夏家店上层文化应该是包括了"东胡"、"山戎"、"肃慎"在内的"诸戎狄"文化。

二、西北地区的青铜文化

位于中国西北部的甘肃、青海地区，青铜文化也有不同于其他地区的特点。目前，经考古调查和发掘可以确定为夏商周时期的青铜文化有辛店文化、寺洼文化、卡约文化和沙井文化等。

（一）辛店文化

辛店文化发现于甘肃临洮县辛店村，主要分布于黄河上游及其支流湟水、洮河与大夏河

[①] 刘观民：《西团山文化》，《新中国的考古发现与研究》，文物出版社 1984 年版。
[②] 辽宁省昭乌达盟文物工作站等：《宁城县南山根的石椁墓》，《考古学报》1973 年第 2 期。

流域。现已发现辛店文化遗址百余处,经过正式发掘的重要遗址有甘肃永靖张家嘴遗址[①]和临夏姬家川遗址[②]等。

辛店文化的陶器中,彩陶的数量比较多。陶器种类有双耳罐、四耳罐、鬲、盆、杯、鼎、豆、盘等。彩陶纹样主要有S形纹、三角折线纹及动物形象的鹿纹、狗纹等。

辛店文化的铸铜业有较大的发展,已知铜器的种类有锥、矛、匕、凿、铜扣和铜泡等,还发现青铜容器残片和冶铜的炉壁残块。居址发现有半地穴式长方形房址。从墓葬及随葬品看,当时已进入阶级社会。

(二)西北地区其他青铜文化

寺洼文化首先在甘肃临洮寺洼山发现[③],主要分布在兰州以东的甘肃省境内。有人将寺洼文化晚期遗存称为"安国类型"或"安国式陶器"。寺洼文化陶器最突出的特征,就是以所谓"马鞍式"口型的双耳罐为典型代表,还没有发现带彩的陶器。陶器器形有小口或大口两耳高体或矮体的罐、壶、三足鬲、四足鬲、鼎、器盖等。青铜制品有戈、矛、镞、刀和铃、镯、铜泡等。墓葬发现较多,特点是土坑葬与火葬同时并存。土坑墓形若覆斗,有棺或棺椁。在一些墓内还发现人殉和陪葬的车马。有人认为,寺洼文化与氐羌族有一定的联系。

卡约文化首先发现于青海省湟中县卡约村[④],主要分布在甘肃、青海境内的黄河上游沿岸及其支流湟水流域。卡约文化的陶器中,存在寺洼式的"马鞍式"口型双耳素面罐,也存在属于辛店文化的所谓"唐汪式"陶器,可见其文化内涵是很复杂的。

沙井文化首先在甘肃民勤沙井发现,它的分布范围仅限于河西走廊的民勤、天祝和永昌等地。沙井文化典型陶器有单耳桶状杯、单耳圜底罐、双耳平底罐与双耳圜底罐等。在永昌双湾尚家沟发现沙井文化城址一处,保存基本完好。该城平面呈三角形,故俗名为"三角城"。城址南北长154米,东西最宽处宽132米,城垣残高4米,城门朝南[⑤]。沙井文化的墓葬以长方形土坑墓为主,随葬品有陶器、石器、骨器与铜器等。铜器器形有刀、三棱镞、扣、铃等。

三、西南地区的巴蜀文化

巴蜀文化是中国西南地区古代巴、蜀两族先民留下的物质文化,主要分布在四川境内。蜀族的活动范围以成都为中心,巴族的活动范围在四川盆地东部。大约从商代开始,巴、蜀进入青铜时代。巴、蜀出土的青铜器器形、纹饰深受殷商作风的影响,反映了巴、蜀与殷商文化的密切关系。巴、蜀青铜器从开始就具有自己的特色,其器形、冶炼技术、纹样风格等都具有浓厚的地方特点。这一时期正式发掘的遗址和墓葬较少,其中最重要和最有影响的是四川广汉三星堆遗址与成都金沙遗址。

(一)三星堆遗址

四川广汉三星堆遗址地处成都平原,位于四川省广汉市境内鸭子河南岸和马牧河两侧的高台地上,总面积约12平方公里,遗址集中分布区的面积约6平方公里,实际上是由数十个

---

① 黄河水库考古队甘肃分队:《甘肃永靖县张家嘴遗址发掘简报》,《考古》1959年第4期。
② 黄河水库考古队甘肃分队:《甘肃临夏姬家川遗址发掘简报》,《考古》1962年第2期。
③ 夏鼐:《临洮寺洼山发掘记》,《中国考古学报》第四册(1949年)。
④ 青海省文物管理委员会:《青海湟中古代文化调查简报》,《文物》1960年第6期。
⑤ 甘肃省博物馆文物工作队:《甘肃永昌三角城沙井文化遗址调查》,《考古》1984年第7期。

地点组成的大型遗址群①。

在遗址群东部的遗址密集分布区,发现了断续的城垣遗迹。根据层位关系,城垣的始建年代早于三星堆遗址二期偏晚阶段,延续使用至第三期,约当商代早期至西周早期。城垣两侧发现有密集的居住遗址和玉石器作坊遗址、陶窑址、墓葬等。房屋均平地挖槽起建,木骨泥墙。最大的面积达 200 平方米,数间相连。在东西城垣之间的三星堆、月亮湾、真武宫、西泉坎等四处南北排列的台地附近,已发现了数处埋藏有玉石礼器和青铜器的土坑,一般认为属祭祀坑。"三星堆"实际上是三个起伏相连的黄土堆,呈西北至东南向,全长仅 180 米,为人工夯筑而成。1986 年在三星堆外南侧先后发现的 1 号、2 号器物坑②,出土了上千件青铜器、玉石器、金器、象牙等祭祀用品和大量海贝及烧骨。其中青铜器主要是具有浓厚宗教色彩的大型立人像、人头像等塑像群、神树、神兽及礼器等(图 6-33);玉石器多为礼器和兵器;金器中最引人注目的则是金杖。这些器物绝大多数为当地生产,显示出冶金铸造及玉器加工等行业较高的工艺水平、较大的生产规模和社会分工的程度。两座祭祀坑的时代略有早晚,但均属三星堆遗址三期后段,大体上相当于商代晚期。

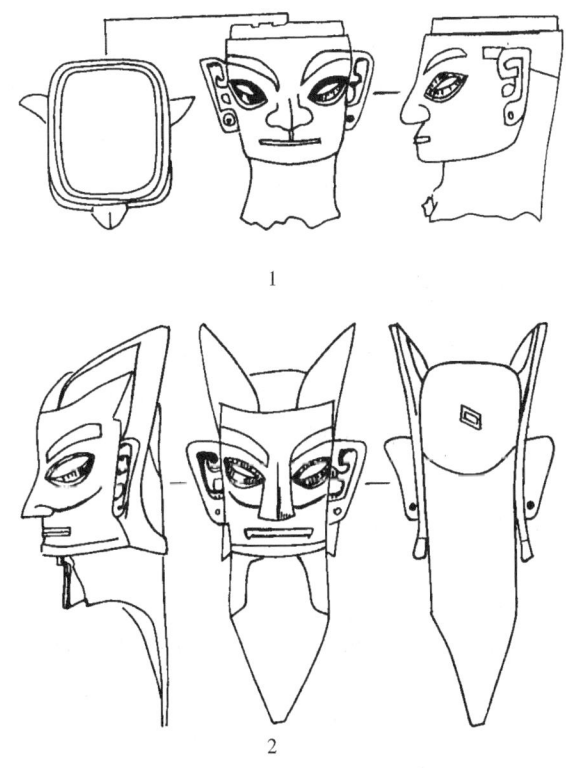

图 6-33　三星堆一号祭祀坑出土青铜人头像
1. A 型　2. B 型

三星堆遗址大型夯土建筑工程的兴建、大型礼仪祭祀活动所表现出的较系统的宗教和礼

---

① 四川省文物管理委员会等:《广汉三星堆遗址》,《考古学报》1987 年第 2 期。
② 四川省文物管理委员会等:《广汉三星堆遗址一号祭祀坑发掘简报》,《文物》1987 年第 10 期。四川省文物管理委员会等:《广汉三星堆遗址二号祭祀坑发掘简报》,《文物》1989 年第 5 期。

制、祭祀坑所出金杖、神人像及礼器等所反映的社会阶层分化以及在宗教神权庇护下的王权的存在,都昭示着三星堆文化所代表的族群在这一阶段已形成了国家组织,进入了初期文明社会。三星堆祭祀坑出土的大批青铜器,既有浓厚的地方特色,亦有中原殷商文化的特征,反映出中原文明对蜀文明的发展有强烈的影响和促进作用。

(二) 金沙遗址

金沙遗址位于成都市西郊苏坡乡金沙村,最早发现于2001年,遗址所清理出的珍贵文物多达千余件,包括金器30余件、玉器和铜器各400余件、石器170件、象牙器40余件,出土象牙总重量近一吨,此外还有大量的陶器出土。从出土文物的时代上看,绝大部分约为商代晚期和西周早期,另有一小部分属于春秋时期。

在出土的金器中,有金面具、金带、圆形金饰、喇叭形金饰等30多件,其中金面具与广汉三星堆的青铜面具在造型风格上基本一致,其他各类金饰则为金沙特有。玉器种类繁多,且十分精美,其中最大的一件是高约22厘米的玉琮,其造型风格与良渚文化的玉琮基本一致,反映出良渚文化对古蜀文化的影响。出土的400多件青铜器主要以小型器物为主,有铜立人像、铜瑗、铜戈、铜铃等,其中铜立人像与三星堆出土的青铜立人像相差无几。

金沙遗址是继广汉三星堆之后四川省最为重大的考古发现之一,该遗址极有可能是三星堆文明衰落后,在成都地区兴起的又一个政治、经济和文化中心,即古蜀国在商代晚期至西周时期的都邑所在。2001年至今,对金沙遗址的发掘工作一直在不断地进行,重大考古新发现层出不穷。为了更好地保护这一珍贵的文化遗产,2007年4月,金沙遗址博物馆盛大开馆[①]。

四、南方与东南地区的青铜文化

在夏商周时期,南方与东南地区主要指长江中下游地区。这一地区的青铜文化中,湖北与湖南的文化面貌比较接近中原文化;江西的吴城文化一方面与商文化关系密切,另一方面亦有自己的文化特征;宁镇地区的湖熟文化则带有更多的地方特色。

(一) 吴城文化

吴城文化分布于江西北部,最初发现于清江吴城[②],其时代基本与中原地区的商文化相当。

吴城文化的商文化遗存分为三期。一期常见的鬲、豆、罐、盆等器物,与郑州二里岗商代遗址的同类器物比较接近。吴城文化二期的鬲与殷墟早期的鬲近似。吴城文化的青铜鼎、斝等也颇具商文化的作风。由此可见,吴城文化与商文化的关系比较密切。

吴城文化的面貌亦有其自身特点。硬陶、釉陶和原始瓷器特别发达;在生产工具上,马鞍形陶刀最具特色;在铸铜业方面,用石范铸造是其主要特点,已发现了斨、凿、斧、刀、镞的石范,这是中国铸范工艺中的另一形式。在吴城文化的陶器和石范上,还发现了文字和刻划符号,但大都不能识读。

吴城文化所代表的族属,有人认为属于越族,也有人认为属古代三苗。1989年,在江西省

---

① 成都市文物考古研究所:《成都考古发现》(2002)、(2003)、(2004),科学出版社。
② 江西省博物馆等:《江西清江吴城商代遗址发掘简报》,《文物》1975年第7期。

新干县大洋洲发现一座商代大墓①,出土青铜器 480 多件,墓葬规模之大、出土文物数量之多与中原的殷商王陵相当,因而墓主人可能是南方一方国的最高统治者。

(二) 湖熟文化

湖熟文化因首次发现于江苏江宁湖熟镇而得名。该文化主要分布于以宁镇山脉为中心的长江两岸,西起江苏和安徽的接壤地区,东达江苏的镇江地区。根据调查资料,长江下游地区的湖熟文化遗址共有 160 余处。这些遗址大多分布在河流或湖沼的沿岸,有的紧靠山冈,有的在接近山脚的山坡上,遗址多系突出周围地面的土墩,俗称"台形遗址"②。湖熟文化的"台形遗址",一般有两大堆积层,即上层和下层。下层普遍存在着泥质几何印纹软陶,上层普遍存在着几何印纹硬陶。少数遗址有三大堆积层,亦即在"几何印纹软陶"层下压着新石器时代晚期的文化层,如南京北阴阳营遗址③和西善桥太岗寺遗址④等。

南京地区经过发掘的湖熟文化遗址主要有南京市内的北阴阳营、南京东郊的锁金村、南

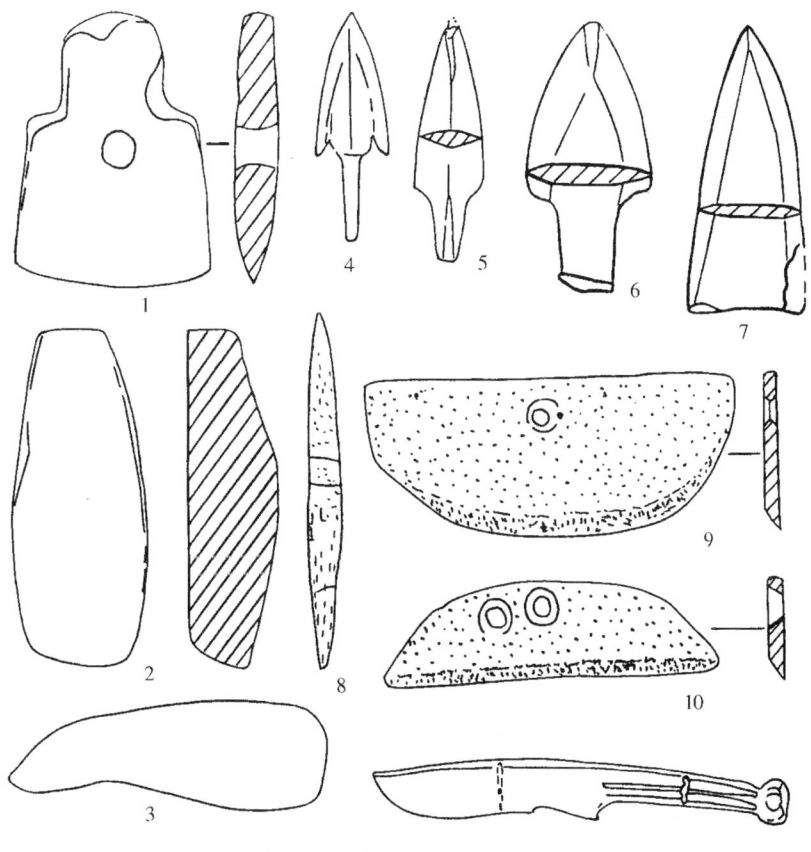

图 6-34 湖熟文化的生产工具
1. 有肩石斧 2. 有段石锛 3. 石镰 4. 铜镞 5. 石镞
6、7. 石矛头 8. 竹镞 9、10. 石刀 11. 铜刀

---

① 江西省文物考古所等:《新干商代大墓》,文物出版社 1997 年版。
② 曾昭燏、尹焕章:《试论湖熟文化》,《考古学报》1959 年第 4 期。
③ 南京博物院:《北阴阳营》,文物出版社 1993 年版。
④ 江苏省文物工作队太岗寺工作组:《南京西善桥太岗寺遗址的发掘》,《考古》1962 年第 3 期。

京市郊的西善桥等,其中北阴阳营遗址的第三层文化遗存为典型的湖熟文化遗存。北阴阳营遗址的两个湖熟文化的年代分别约为公元前1540年、公元前1105年,前一个年代为湖熟文化的早期。湖熟文化大体可分为早、晚两期,早期的年代相当于中原地区的商代,晚期相当于西周早、中期。

湖熟文化的生产工具有石器和青铜器,以石器为主。石器均磨制,制作都比较粗糙,很少通体精磨。主要器形有常型石锛、有段石锛、扁圆柱体石斧、双肩石斧、半月形穿孔石刀、石镰、石矛、柳叶形和底端弧凹的扁三角形石镞。青铜工具多为小型器物,如镞、小刀、斧、凿、鱼钩等。容器有鼎。晚期青铜器有所发展,但大型容器仍少见(图6-34)。

陶器有夹砂红陶、泥质红陶、泥质灰陶、黑皮陶、硬陶和原始瓷等。几何印纹陶、硬陶和原始瓷的出现是湖熟文化的一个重要特征。陶器的纹饰则有绳纹、附加堆纹、压划纹和几何印纹。压划纹减少而几何印纹兴起,是湖熟文化早期的一个特点。几何印纹主要有梯格纹、贝纹、方格纹、回纹、折线纹、编织纹、云雷纹等。晚期几何印纹更盛,纹道深刻而清晰,流行两种以上纹样在同一件器物上的组合纹饰。陶器的器形主要有鬲、鼎、甗、罐、盆、钵、豆、盘、瓿、尊等。炊器的显著特征是鬲的大量出现,腹部常带角状把手,足多为高裆锥足、瘦长足、尖圆锥和半袋形。晚期出现弧裆深袋式锥足和高裆浅袋式圆柱形足。甗腹内束,厚壁,腰部常有一周突棱或附加堆纹。豆多浅盘式或钵式,细柄高矮不等,有的为喇叭形圈足。

骨器有镞、针、锥等,镞有三棱、扁平、扁圆三种,有的有倒刺。卜骨和卜甲均有发现,甲骨上的灼痕,或直接用火灼成浅窝,或先钻圆窝,再加火灼。

参 考 文 献

1. 河北省博物馆等:《河北藁城台西村的商代遗址》,《考古》1973年第5期。
2. 北京市文物管理处:《北京市平谷县发现商代墓葬》,《文物》1977年第11期。
3. 夏商周断代工程专家组:《夏商周断代工程1996—2000年阶段成果报告》(简本),世界图书出版公司,2000年版。
4. 徐旭生:《1959年夏豫西调查"夏墟"的初步报告》,《考古》1959年第11期。
5. 陈旭:《夏商考古》,文物出版社2001年版,第38页。
6. 韩维周等:《河南登封县玉村古文化遗址概况》,《文物参考资料》1954年第6期。
7. 河南省文化局文物工作队第一队:《郑州洛达庙商代遗址试掘简报》,《文物参考资料》1957年第10期。
8. 中国科学院考古研究所洛阳发掘队:《1958年东干沟遗址发掘简报》,《考古》1959年第10期。
9. 中国科学院考古研究所二里头工作队:《河南偃师二里头早商宫殿遗址发掘简报》,《考古》1974年第4期。
10. 中国科学院考古研究所二里头工作队:《河南偃师二里头二号宫殿遗址》,《考古》1983年第3期。
11. 安金槐:《豫西夏代文化初探》,《中国历史博物馆馆刊》1979年第1期。
12. 邹衡:《关于探索夏文化的途径》,《河南文博通讯》1978年第1期。
13. 陈旭:《二里头遗址是商都还是夏都》,《夏史论丛》,齐鲁书社1985年版。
14. 愚勤:《关于偃师尸乡沟商城的年代和性质》,《考古》1986年第3期。安金槐、扬育彬:《偃师商城若干问题的再探讨》,《考古》1998年第6期。
15. 邹衡:《偃师商城即太甲桐宫说》,《北京大学学报》1984年第4期。

16. 安金槐:《对郑州商城"外夯土墙基"的看法》,《郑州商城考古新发现与研究》,中州古籍出版社 1993 年版。
17. 河南省文物研究所:《郑州商城内宫殿遗址第一次发掘报告》,《文物》1983 年第 4 期。
18. 曾晓敏:《郑州商代石板蓄水池及相关问题》,《郑州商城考古新发现与研究》,中州古籍出版社 1993 年版。
19. 陈旭:《郑州商文化的发现与研究》,《中原文物》1983 年第 3 期。
20. 安金槐:《试论商代城址——隞都》,《文物》1961 年第 4、5 期。
21. 邹衡:《论汤都郑亳及其前后的迁徙》,《夏商周考古学论文集》(第二版),科学出版社 2001 年版。
22. 河南省文物研究所:《郑州小双桥遗址的调查与试掘》,《郑州商城考古新发现与研究》,中州古籍出版社 1993 年版。
23. 河南省文物研究所等:《1995 年郑州小双桥遗址的发掘》,《华夏考古》1996 年第 3 期。
24. 陈旭:《郑州小双桥遗址即隞都说》,《中原文物》1997 年第 2 期。
25. 张国硕:《小双桥商代遗址的性质》,《殷都学刊》1992 年第 4 期。裴明相:《论郑州市小双桥商代前期祭祀遗址》,《中原文物》1996 年第 2 期。
26. 湖北省博物馆等:《盘龙城一九七四年度田野考古纪要》,《文物》1976 年第 2 期。
27. 杨鸿勋:《从盘龙城商代宫殿遗址谈中国宫廷建筑发展的几个问题》,《文物》1976 年第 2 期。
28. 郑振香:《安阳殷墟大型宫殿基址的发掘》,《文物天地》1990 年第 3 期。
29. 中国科学院考古研究所安阳发掘队:《1975 年安阳殷墟的新发现》,《考古》1976 年第 4 期。
30. 中国社会科学院考古研究所:《殷墟妇好墓》,文物出版社 1980 年版。
31. 中国社会科学院考古研究所:《殷墟郭家庄商代墓葬》,中国大百科全书出版社 1998 年版。
32. 陈旭:《夏商考古》,文物出版社 2001 年版。
33. 中国科学院考古研究所沣西发掘队:《陕西长安鄠县调查与试掘简报》,《考古》1962 年第 6 期。
34. 陕西周原考古队:《扶风云塘西周骨器制造作坊遗址试掘简报》,《文物》1980 年第 6 期。
35. 陈全方等:《岐山凤雏西周宫室建筑的几个问题》,《西周史论文集》,陕西人民教育出版社 1993 年版。
36. 陕西周原考古队:《扶风召陈西周建筑群基址发掘简报》,《文物》1981 年第 3 期。
37. 中国社会科学院考古研究所沣西发掘队:《陕西长安沣西客省庄西周夯土基址发掘报告》,《考古》1987 年第 8 期。
38. 陕西省考古研究所:《镐京西周宫室》,西北大学出版社 1995 年版。
39. 卢连成:《长安张家坡西周墓地》,《中国考古学年鉴(1987)》,文物出版社 1988 年版。
40. 郭宝钧:《浚县辛村》,科学出版社 1964 年版。
41. 琉璃河考古队:《1981—1983 年琉璃河西周燕国墓地发掘简报》,《考古》1984 年第 5 期。
42. 安徽省文化局文物工作队:《安徽屯溪西周墓葬发掘报告》,《考古学报》1959 年第 4 期。
43. 安徽省文物考古研究所:《十年来安徽省的文物考古工作》,《文物考古工作十年》,文物出版社 1990 年版。
44. 《2005 年度全国十大考古新发现揭晓》,《中国文物报》2006 年 5 月 10 日。
45. 陕西省考古研究所:《十年来陕西省文物考古的新发现》,《文物考古工作十年》,文物出版社 1990 年版。
46. 刘得祯、朱建唐:《甘肃灵台县景家庄春秋墓》,《考古》1981 年第 4 期。
47. 江苏省文物管理委员会、南京博物院:《江苏六合程桥东周墓》,《考古》1965 年第 3 期。南京博物院:《江苏六合程桥二号东周墓》,《考古》1974 年第 2 期。
48. 长沙铁路车站建设工程文物发掘队:《长沙新发现春秋晚期的钢剑和铁器》,《文物》1978 年第 10 期。
49. 河南省文物研究所等:《三门峡上村岭虢国墓地 M2001 发掘简报》,《华夏考古》1992 年第 3 期。
50. 夏鼐、殷玮璋:《湖北铜绿山古铜矿》,《考古学报》1982 年第 1 期。

51. 山西省文管会侯马工作站:《1959年侯马"牛村古城"南东周遗址发掘简报》,《文物》1960年第8、9期。
52. 郭宝钧:《山彪镇与琉璃阁》,科学出版社1959年版,第36页。
53. 中国科学院考古研究所洛阳发掘队:《洛阳涧滨东周城址发掘报告》,《考古学报》1959年第2期。
54. 山西省考古研究所侯马工作站:《晋都新田》,山西人民出版社1996年版。
55. 山西省文物工作委员会:《侯马盟书》,文物出版社1976年版。
56. 山东省文物考古研究所等:《曲阜鲁国故城》,齐鲁书社1982年版。
57. 山东省文物考古研究所:《前进中的十年》,《文物考古工作十年》,文物出版社1990年版。
58. 中国科学院考古研究所:《上村岭虢国墓地》,科学出版社1959年版。
59. 河南省文物研究所:《河南考古四十年》,河南人民出版社1994年版,第248页。
60. 陕西省考古研究所:《陕西省文物考古五十年》,《新中国考古五十年》,文物出版社1999年版,第432页。
61. 山东省文物考古研究所等:《山东沂水刘家店子春秋墓发掘简报》,《文物》1984年第9期。
62. 山东省博物馆等:《莒南大店春秋时期莒国殉人墓》,《考古学报》1978年第3期。
63. 河南省丹江库区文物发掘队:《河南省淅川县下寺春秋楚墓》,《文物》1980年第10期。
64. 中国科学院考古研究所内蒙古发掘队:《内蒙古赤峰药王庙、夏家店遗址试掘简报》,《考古》1961年第2期。
65. 刘观民:《西团山文化》,《新中国的考古发现与研究》,文物出版社1984年版。
66. 辽宁省昭乌达盟文物工作站等:《宁城县南山根的石椁墓》,《考古学报》1973年第2期。
67. 黄河水库考古队甘肃分队:《甘肃永靖县张家嘴遗址发掘简报》,《考古》1959年第4期。
68. 黄河水库考古队甘肃分队:《甘肃临夏姬家川遗址发掘简报》,《考古》1962年第2期。
69. 夏鼐:《临洮寺洼山发掘记》,《中国考古学报》第四册(1949年)。
70. 青海省文物管理委员会:《青海湟中古代文化调查简报》,《文物》1960年第6期。
71. 甘肃省博物馆文物工作队等:《甘肃永昌三角城沙井文化遗址调查》,《考古》1984年第7期。
72. 四川省文物管理委员会等:《广汉三星堆遗址》,《考古学报》1987年第2期。
73. 四川省文物管理委员会等:《广汉三星堆遗址一号祭祀坑发掘简报》,《文物》1987年第10期;四川省文物管理委员会等:《广汉三星堆遗址二号祭祀坑发掘简报》,《文物》1989年第5期。
74. 成都市文物考古研究所:《成都考古发现》(2002)、(2003)、(2004),科学出版社。
75. 江西省博物馆等:《江西清江吴城商代遗址发掘简报》,《文物》1975年第7期
76. 江西省文物考古所等:《新干商代大墓》,文物出版社1997年版。
77. 曾昭燏、尹焕章:《试论湖熟文化》,《考古学报》1959年第4期。
78. 南京博物院:《北阴阳营》,文物出版社1993年版。
79. 江苏省文物工作队太岗寺工作组:《南京西善桥太岗寺遗址的发掘》,《考古》1962年第3期。

第七章 战国秦汉考古

第一节 战国秦汉时期的特点

战国秦汉考古是中国考古学的重要组成部分。战国秦汉时期在物质文化和精神文化等方面的特点在考古学文化中都得到较为全面的反映,同时这些特点也为本段考古指出了明确的任务和努力方向。战国秦汉时期最为突出的特点是:

第一,进入铁器时代。我国用铁的历史可以追溯到夏商时期,当时人们将陨石铁施于器物(主要是兵器)的局部,西周时期出现了块炼铁制品。上世纪90年代初,河南三门峡虢国墓地属于西周晚期的两座大墓中出土了铁器和铜铁复合制品共6件,有3件使用陨铁,3件为块炼铁或块炼渗碳钢制成。[1] 我国至迟在春秋中期发明了生铁冶炼技术,出现了生铁制品,铁器的出土数量增多,见于报道的有80余件,出土于山东、江西、湖南、湖北、河南、山西、陕西、甘肃、宁夏等省区。[2] 但是冶铁技术的成熟和铁器的进一步推广是在战国时期的事。战国中期开始,铁制生产工具在当时的七国之域被广泛而大量地发现,所以,作为真正的铁器时代应该是从战国时期开始的。战国时期是我国历史上大变革的时代,铁器在社会生产中的普遍应用,更成为社会生产力中最活跃的因素。因此,处在铁器时代开始的一个时段,战国秦汉考古的研究尤显重要。

第二,社会形态的转变。春秋到战国、战国到秦汉正处于社会大变革的时期。传统上,我们把战国作为我国封建社会的开端,从此我国古代社会进入封建社会,整个铁器时代的历史就是封建社会的历史。但是,史学界对古代社会形态的争论由来已久,主要表现在古史分期问题,亦即封建社会的开始上,分歧较多,不下20种说法,他们各有论据,相互辩驳,但确立的标准不一,难于达成一致。

目前,战国论仍是影响很大的一派观点,因此春秋战国是历史学家研究的重点。在古史分期中不可能有绝然的界限,在考古时段上,以公元前五世纪前半叶为战国之始即早期铁器时代考古的起点,这并不等于完全依从了"战国封建说",而公元前475年这个年代的确定在我们的考古学研究中也没有什么特别的意义。但是,不论我们对封建论持何种态度,我们都无法否认战国到秦汉社会发生的巨大变化,把这一变化的转折或过渡时期放在大的时段中加以认识,更能理解和认识变化的原因和结果,发现和体会变化的特点和意义。也许我们应该更多地通过考古学研究为古史分期研究提供有用的材料和可以参考的理论和方法。

---

[1] 河南省文物考古研究所等:《三门峡虢国墓》第一卷,文物出版社1999年版,第126、530页,第559页附录三。

[2] 白云翔:《先秦两汉铁器的考古学研究》,科学出版社2005年版,第24—27页。新疆地区出土的早期铁器也有一定数量,但由于它们的年代及来源尚无法确定,未在统计之内。

第三，从列国纷争走向统一。战国时期，七国所处地域的不同，各国政治制度上的差异，经济发展上的不平衡，带来了文化上的巨大差异，如文字不统一、货币不统一，生产、生活和丧葬习俗等都各有自己的特点。这些特点或特色，既是地域上的，又表现为国别上的。

秦始皇统一中国，建立起中央集权制国家，这种统一虽然不能完全消除文化的地域差别，但战国时期具有列国制度特色的东西随之消失（如文字、货币等）。政治上的郡县制和以法治国，都在汉代达到了成熟，在大一统的国度内，地域文化的差异进一步缩小，民族融合的趋势明显加强，各族属文化（如巴蜀文化、滇文化、吴越文化等）至迟到西汉中期全部被统一和同化为汉文化，也充分反映了汉中央政府的影响力。由于文化上的认同，中原各种族逐渐融合为一个混成的种族——汉族。

统一的中央集权制国家有效地解决了长期以来困扰北部地区发展的匈奴问题。匈奴在战国时期已很强大，与燕、赵、秦相邻，三国分别筑长城以拒之。秦代加固了长城，汉初实行"和亲"政策，暂时缓解了边患。汉武帝摆脱了匈奴的威胁，给后世留下了向北推进、向西延伸的宏伟的武帝外长城，成为汉代国力强盛期的有力见证。这个由纷争到统一的过程和由制度的统一带来的文化上的影响都在本段考古材料中有直观的反映。

第四，科学技术的突出进步和思想的空前活跃。战国秦汉是我国科学技术大发展的时期，出现了许多技术含量高的大工程。战国都江堰、灵渠和西汉龙首渠都是代表了我国古代高超的水利工程技术的工程，至今仍有借鉴意义。冶铸技术和金属细工工艺取得重大进步，成为支撑铁器时代的技术条件。农业耕作和施肥技术的提高，特别是牛耕、铁农具和播种机（耧车）的推广，大大提高了生产的效率。该时期还出现了专门的农学著作——《氾胜之书》。西汉人假托黄帝所作的《黄帝内经》是我国目前保存下来的最早的一部医学典籍，至今还是非常重要的医学参考书。《神农本草经》为东汉人的药物学专著。制陶、造纸、纺织、造船、煮盐、酿酒技术都达到了相当高的水平，尤其是瓷器走上舞台，并开始成为人们的日常生活用品。在数学、声学、力学、天文历法等等基础理论领域都获得了长足的发展。所以，早在战国时期，我国就出现了两部科技史上对后世有重要影响的著作：对生产技术和有关实用科学知识进行总结的科学著作《考工记》和纯科学理论的著作《墨经》。

战国时期又是我国历史上思想最活跃的时期，出现了百家争鸣的局面，齐国都城临淄的稷下学宫成为百家争鸣的策源地和中心，并且这种思想活跃的气氛一直影响到汉代，考古发现的大量简牍和帛书直接反映了当时思想文化的繁荣状况。战国是纷争年代，多事之秋，但也由此开启了我国历史上科技、思想、文化大发展的时期。

第二节　手工业和农业生产

一、手工业生产

战国秦汉时期，手工业生产门类齐全，主要有矿冶（采矿、冶炼、铸造）、木工、皮革、制陶、漆器、玉石器、煮盐、酿酒、编织、纺织、造船、建筑等十几个部门。影响较大的有冶铁、炼铜、纺织、漆器制造等，制盐、冶铁、铸钱是汉代三大官府手工业。这些手工业的产品都是当时社会生产和生活中的常用品。特别是铁器，由于有了铁制的工具，许多行业的生产发生了变化，它影响到农业生产、兵器制造、漆木器加工、工艺雕刻等等，所以我们先谈冶铁手工业。

(一)冶铁技术的发展和铁器的普及

1. 战国时期的冶铁业

战国以前,我国用铁的历史经历了三个阶段:陨铁——块炼铁——生铁,它代表了我国早期冶铁技术发展的三个阶段,而块炼铁渗碳成钢和铸铁柔化处理(退火脱碳)分别是以块炼铁和生铁为基础发明的两项重要工艺。

(1)冶铁技术

战国时期,块炼法继续使用,生铁冶炼技术得到推广并有了进一步提高,而最为突出的成就是块炼铁渗碳成钢和铸铁柔化处理工艺的广泛应用。

块炼铁或熟铁渗碳成钢是在汉代炒钢技术出现以前常用的制钢方法,直到现在,采用熟铁渗碳炼制钢材的方法仍在使用,其原理同古法渗碳成钢是一样的。

由于可锻铸铁(展性铸铁)的用途更加广泛,战国时期铸铁柔化方法得到较大推广。战国早期展性铸铁的实物发现得不多,河南洛阳水泥制品厂战国早期灰坑出土的铁锛和铁铲是公认的经柔化处理的展性铸铁标本,其中,铁锛是白心可锻铸铁的初级阶段产品,铁铲也具有黑心可锻铸铁组织。[1] 战国中期以后,铸铁柔化处理技术渐趋成熟,发现的实物增多,如长沙战国楚墓出土的铁铲,湖北大冶铜绿山出土的六角锄,荆门包山楚墓出土的空首斧,河北易县燕下都 M44 出土的铁钁、六角锄和铁锛,石家庄市庄村遗址出土的空首斧,河南登封出土的铁铲,陕西西安半坡出土的铁凿,等等,不但发现量多,分布地区也较广。

展性铸铁性能介于生铁和钢之间,它具有较高的硬度和较强的韧性,既耐磨又抗冲击,在古代农业、手工业和日常生活中应用广泛,这与铸铁柔化处理技术的普及是分不开的。

(2)冶铁遗址

战国时期的冶铸工场遗址主要分布于河南、河北、山东等地,而以河南最为集中,其次是河北和山东两地,这些地区是战国时期冶铁业的兴盛之地。已经调查、发掘的冶铸遗址有 30 余处,有的面积很大,并且一直使用到汉代,如泌阳下河湾遗址,面积约 23 万平方米,发现窑址、房址、炉基、炼渣、鼓风管、耐火砖、陶范、石范、铁板材等。该作坊工场从战国中晚期一直沿用到西汉。[2] 新郑郑韩故城仓城村冶铁遗址,面积 4 万平方米,清理出熔铁炉基 1 座,烘范窑 2 座,出土鼓风管、炼渣、陶范、木炭,可铸铁铲、铁刀、铁钁等铁器,时代为战国晚期。[3] 登封告城阳城冶铁遗址面积 2.3 万平方米,发现了熔铁炉和鼓风管的残块,洪范窑、退火脱碳窑、钁、锄、刀、斧、削、戈、矛、带钩等铁器的陶范。陶范有外范、范芯,用淘洗过的细泥掺和细砂模制而成,经过烘烤,胎质坚硬。该工场作坊始于战国早期,盛于战国晚期,一直使用到汉代以后。[4] 河北兴隆寿王坟发现铁范 42 副计 87 件及众多铁矿石碎块,铁范包括锄、镰、钁、斧、凿等农具、手工工具类范和车马器范,重达 95 公斤。有内范、外范之分,有单合范,也有双合范。[5]

从诸遗址的发现看,战国时期的铁器铸造有以下几点值得注意:

除陶范、石范外,还使用金属范。金属(铁)范可反复使用,不但提高了生产的效率,而且

---

[1] 李众:《中国封建社会前期钢铁冶炼技术发展探讨》,《考古学报》1975 年第 2 期。
[2] 宋定国:《河南泌阳下河湾发现大型铁矿遗存》,《中国文物报》2005 年 1 月 21 日。
[3] 刘东亚:《河南新郑仓城发现战国铸铁范》,《考古》1962 年第 3 期。河南省博物馆新郑工作站、新郑县文化馆:《河南新郑韩故城的钻探和试掘》,《文物参考资料》3,文物出版社 1980 年版。
[4] 河南省文物研究所、中国历史博物馆考古部:《登封王城岗与阳城》,文物出版社 1992 年版,第 256 页。
[5] 郑绍宗:《热河兴隆发现的战国生产工具铸范》,《考古》1956 年第 1 期。

保证了铸件规格的整齐划一,便于计量、安装或更换。

使用烘范窑,铸造前先烘范,铁液浇入范腔中流动性增强,可减少成品中的气泡和砂眼,保证铸件的质量。

根据对出土铁器的鉴定,当时在兵器铸造中已开始使用淬火工艺,如燕下都 M44 出土的 2 把剑和 1 把戟,都经淬火处理。

(3) 铁器类型

战国早期,虽然冶铸生铁的技术已经较为成熟,但出土的铁器为数不多,且多为块炼铁。战国中期以后,冶铁业获得了长足发展,生铁制品大量出土,展性铸铁被广泛用于农具、兵器的制造。河南洛阳东周王城 62 号战国粮仓出土各类铁器 32 种 126 件,重达 400 多公斤,计有斧、锛、凿、削、锤、钻、锥等手工工具,犁、镬、臿、耙、锄、镰等农具,剑、戟、矛、镞、甲胄、匕首等兵器,鼎、盆、盘、杯、带钩等日用器,以及车马器、刑具等。①

铁器出土的地点遍及当时的七国之域,中原地区外,南方的两广、福建,西南的云贵川,东北的黑吉辽,西北宁夏和新疆,北方的内蒙古都有铁器出土或冶铁遗址分布。战国铁器已经进入当时人们生产、日用和军事的各个方面,不惟数量众多,种类也十分齐全,以其用途区分,大要有:

农业生产工具:犁、臿、镬、锄、铲、镰、铚、耙。

手工业工具:斧、锛、凿、锯、锤、钻、錾、锥、钩、刮刀、砍刀、坩埚。

日用器具:鼎、釜、鍪、盘、盆、勺、灯、权、环、管、钉、带钩、带扣、指环、镯、簪、镊子、纺轮、针、小刀、车马器(马镳、马衔、车釭、车𫔶、齿轮)。

兵器:剑、戟、矛、刀、匕首、殳(杖)、镦(镦)、镞、弩机、胄。

刑具及杂器:钛(脚镣)、颈锁、铺首、箍、鱼钩。

有些器形无法判明其用途,一时难以定名,不能举述。

结合发现的铸范,从种类和数量上看,战国时期的铁器以工具为主,特别是农业生产工具和手工工具,从古代农业社会角度来说,这是铁器时代最重要的标志。小型日用器的种类齐全,说明铁器已渗透到人们日常生活的各个方面,其中带钩更是常用的物件,故发现数量也多,一些小墓中都有出土。山西侯马乔村发掘战国至秦代墓葬 952 座,出土铁器 401 件,其中带钩就有 263 件,出土于 257 座墓中。② 生活用器中,铁容器发现较少,主要是釜、鍪等炊事用器,长沙楚墓共发现铁鼎 3 件,是战国墓出土铁鼎最多的地点。铁兵器中作为主要器形的剑、戟、矛还不多见,铁镞发现较多,但多为铜铁复合的铁铤铜镞。在铁器时代的前期,铁是首先在生产领域发挥效用的,这正体现了考古时代划分标准的科学性。

2. 汉代冶铁业

(1) 汉代冶铁技术和冶铁业的发展

汉代冶铁业进一步成为经济发展的基础,冶铁业发展是农业和一般手工业发展的重要指标。汉武帝时在全国范围内实行盐铁官营,在重要产铁地置铁官进行管理,当时设铁官的有四十郡五十处,每郡有冶铸工场若干,分别按顺序编号,它们遍布今陕西、甘肃、四川、河南、山西、河北、山东、安徽、湖南、辽宁各地。从铁官的普遍分布,也可知当时冶铁业的发达。但是

---

① 洛阳博物馆:《洛阳战国粮仓试掘纪略》,《文物》1981 年第 11 期。
② 山西省考古研究所:《侯马乔村墓地(1959—1996)》,科学出版社 2004 年版。

各地区冶铁的发展也不平衡,山东地区有铁官12个,占全国四分之一。河南地区冶铁作坊最为集中,经调查发掘的有38处,占到已发现的汉代冶铁遗址的半数以上。西汉时期古冶铁作坊多延续到东汉及以后。

根据已发表的资料,建国后共发现汉代冶铁遗址近60处[1],有的工场是在战国原有基础上发展起来的,具有代表性的有河南巩县(今巩义市)铁生沟、郑州古荥镇、南阳瓦房庄、温县招贤村、鲁山南关望城、泌阳下河湾、湖南桑植朱家台等,其中下河湾冶铁遗址是我国所见最大的冶铁遗址,从战国中晚期开始生产。铁生沟遗址的考古发现再现了汉代从开矿、冶铁到铸造成器的全过程[2],从中可以了解汉代在冶铁铸造方面的技术成就。

铁生沟冶铁遗址位于今巩义市南20公里的铁生沟村,遗址附近发现矿井多处,遗址内发现矿石加工场、配料池、废铁坑等,有炼炉8座,有6个为圆形和椭圆形,通过陶质鼓风管向炉内鼓风。遗址内还发现大量熔炉耐火砖,说明汉代已实现了炼、铸分离。战国时期以炼炉铁水直接浇铸铸件,汉代将生铁锭送到专门地点熔化后再浇铸,可以保证冶炼不受铸器工作的影响而不断地进行生产。在南阳瓦房庄、登封告城、郑州古荥等遗址都发现化铁的熔炉炉址。

遗址发现退火脱碳炉1座,它是对铸铁柔化处理的装置,整体作长方形,用耐火砖砌成,内部结构似陶窑,壁、底为双两层,两层间有8厘米宽的空腔,前端腔口与火池相接,后壁腔与烟囱相通,烟道设在炉膛外围。这种结构可使炉内热空气分布均匀,提高热效率,通过加热速度和空气的调节,使铁件在固体状态下通过高温使其中的碳化合物发生变化,从而改变其材质性能,得到较多的可锻铸铁(即韧性铸铁或展性铸铁)、铸铁脱碳钢等优质钢铁器。脱碳(柔化)处理后,得到的铸件表层具有钢的属性,内部仍为生铁,是不彻底的脱碳。

遗址西部有圆形锻炉1座,作用是加热软化铁料,再锻打成所需器形,附近发现经过锻造的铁板、铁条和锻制器铁凿、铁钁等。有专门制钢的椭圆形炒钢炉1座,直径28—37厘米,炉底似锅底,在左右挖成缶状坑作炉膛,膛内壁涂耐火泥。炒钢时封住炉顶,放入木炭烧旺,再放生铁,堵塞炉门,鼓风,加热生铁至半熔化状态,搅拌,使铁料中的碳氧化,产出低碳熟铁。或在不完全脱碳时终止炒炼,使生铁中的碳减少至钢的范围,取得中、高碳钢。炒钢是铸铁退火脱碳成钢的进一步发展,它已脱离了铸铁热处理的范围,成为生铁制钢的一项新技术。

南阳瓦房庄、郑州古荥镇、鲁山望城岗冶铁工场等与此基本一致,但都没有铁生沟的遗址类型全面。

(2)汉代叠铸技术

叠铸是对小型器件进行批量生产的简便铸法,代表了汉代铸造技术的最高水平。由于汉代钱币的大量生产,叠铸技术日渐成熟并得到普遍的应用。

叠铸法是汉代发明的高效铸法,其工艺过程是,先制金属样模、模板和模框,然后制作泥模和浇铸金属模盒,再用金属模盒翻制泥范片,也就是子范,然后将子范分层叠合成套并糊以草泥,各层子范中间有一圆孔,叠合后就形成一个垂直的总浇道,总浇道通过分浇道把各层的型腔连起来,浇铸时金属液从上而下逐层注入型腔,一次即可得多件器物。由于多层子范叠合成总体较大的叠铸范,所以在浇铸前往往要入窑烘烤,趁热取出浇铸,以保证铸器的质量。这种铸法铸造效率高,又节省造型材料和金属液,非常适合于小型铸件(如钱币、车马器、革带

---

[1] 白云翔:《先秦两汉铁器的考古学研究》,科学出版社2005年版,第388—397页。
[2] 河南省文化局文物工作队:《巩县铁生沟》,文物出版社1962年版。

钩等)的大批量生产,铜器铸造使用较多。其流程表示为：

金属样模——泥模——浇铸模盒——范片(子范)——叠合——涂泥——烘烤——浇铸——破范取器。

1990—1996年,汉长安城西市冶铸遗址发掘3个废料坑和一座烘范窑,出土大量叠铸陶范,夹细砂陶质,多数未经浇铸,保存较好,少数已经浇铸,保存较差。可铸器形有圆形轴套、六角承、马衔、带扣、车軎、器托和其他构件等。以带扣叠铸范为例,叠范由若干范片层层叠合形成套范,范片两面皆有范腔,每面有10个范腔,相邻范片合成一箱。范腔成对排列,两排间有直浇道、横浇道和内浇道。范片上有定位榫卯。90CHH2:2现存范片14层,一次可得铸件70枚(图7-1)①。

1974年,河南省博物馆在河南温县招贤村汉河内郡温县故城外发现东汉时期的冶炼工场遗址。遗址面积1万多平方米,除发现铁渣、炉壁残块、范块等,遗址北部发现东汉前期的烘范窑1座,窑由工作坑、火膛、窑室、烟囱等组成。窑室内保存500多套已烘好待铸的叠铸范,可铸器形有革带扣、车销、马镳、马衔、权、钉等,叠铸的器物种类有36种,都属小型器件,有圆形钉(轴套)、六角形钉、权、马镳、衔链、三连环等,如车销范51套,每套6层,每层铸4器,每套可铸24器,镳范2套,一套10层,每套铸20件。②

温县叠铸范的大量发现,说明东汉时期叠铸技术已经相当成熟。

(二) 青铜冶炼和铜器铸造

1. 战国青铜冶炼和铜器铸造技术

(1) 矿冶遗址

目前发现的战国时期的古铜矿开采和冶炼遗址有湖北大冶铜绿山③、湖南麻阳九曲湾④、安徽铜陵金牛洞⑤等处。铜绿山和金牛山古铜矿延续的时间较长,自春秋到西汉一直都在开采；麻阳铜矿的年代比较单纯,为战国时期。这几处古铜矿同江西瑞昌商周的古铜矿连成一片,组成400余公里长的沿江古铜矿遗址分布带,其中以铜陵为中心的皖南地带古铜矿遗址分布面积最大、延续时间最长,除金牛洞外,还有江木冲、木鱼山和南陵等古矿冶遗址,使用时间从先秦以至宋代。⑥湖北大冶铜绿山古矿遗址从矿井到炼炉的各种矿冶遗迹均有发现,比较完整地再现了春秋战国矿冶的过程和技术水平。

铜绿山的古矿井有竖井、平巷斜巷等,富矿区的巷道多至三层,层间有盲井相通。矿井的深度达50多米,地下井巷纵横交错,都用方形木框支护。

矿井内发现船形木斗2件,似淘金斗,可能是古代矿工的重力选矿工具。矿区还发现提升矿石用的辘轳。铜绿山没有发现机械通风设施,井下的通风完全是靠由井口高低不同产生的气压差所形成的自然风流来解决的。地下巷道铺设有木制水槽或开凿引水的水道将水引入储水坑或未挖通的盲井,再用木桶由辘轳从竖井中提升到地面。照明用火把,井巷填充物中

---

① 刘振东、李毓芳:《1996年汉长安城冶铸遗址发掘简报》,《考古》1997年第7期。
② 河南省博物馆、中国冶金史编写组:《汉代叠铸(温县烘范窑的发掘和研究)》,文物出版社1978年版。
③ 黄石市博物馆编:《铜绿山古矿冶遗址》,文物出版社1999年版。
④ 湖南省博物馆、麻阳铜矿:《湖南麻阳战国时期古铜矿清理简报》,《考古》1985年第2期。
⑤ 汪景辉、杨立新:《安徽铜陵市古代铜矿遗址调查》,《考古》1993年第6期。杨立新:《安徽沿江地区的古代铜矿》,《文物研究》第8辑,黄山书社1993年版。
⑥ 裘士京:《江南铜研究——中国古代青铜铜源的探索》,黄山书社2004年版。

出土过一些短竹签,一端有燃烧痕迹。矿石运送到附近冶炼地点的碎石台,先用大石球进行碾磨破碎,再经人工筛分,变成大小适中的颗粒,以便投入到炼炉之中。

铜绿山附近东山坡清理残破的炼炉 9 座,复原 2 座进行模拟试验,用一台小型鼓风机向两个风口鼓风,持续投料 1300 公斤,木炭 600 公斤,10 小时排渣 14 次,放铜 2 次,得红铜 100 多公斤,纯度 94%—97%,略高于出土粗铜的纯铜含量。出土的炼渣残铜含量 0.7%,矿区共出炼渣 40 万吨以上,应出红铜万吨。

铜绿山的工匠们在开采和冶炼方面拥有丰富经验和较高的技术。矿区的考古发现为我们寻找长江中下游青铜器原料的来源提供了线索。

（2）铜器铸造

战国时期,铁器在人们生活中已占有十分重要的地位,青铜一般只用于铸造礼器和兵器,但是青铜铸造技术并没有因为冶铁业的兴起而退步,它在殷周冶铸技术的基础上有了进一步的提高,主要表现为:青铜器的铜、锡配比

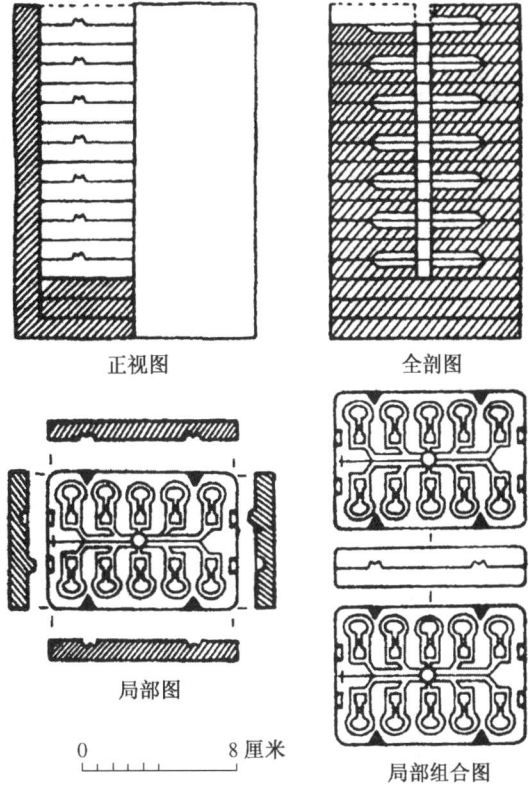

图 7-1 汉长安城出土的带扣叠铸范

更为合理,在原有的铸造方法外使用制造复杂器的新技术,注重铜器装饰的风尚促进了金属细工工艺的提高。战国常用的铸造方法主要有:

浑铸法:亦即整体浇铸的方法,适用于工具、兵器等简单器,自夏商时期开始就是常用的制器方法。

分铸法:又称"嵌入法"。先铸好器身,把耳、足等附件的陶范附着于器身之上灌注铜液,即另外合范浇铸附件,使之与器身铸接成一个整体。或者先铸附件,把预先铸好的附件嵌入器身的陶范上,在浇铸器身时铸接成一个整体。分铸法适于制造较为复杂的器形,商代就已使用,战国时更为普遍。

焊接:焊接技术是西周晚期在嵌入法的基础上发展起来的,战国时期更为成熟和普遍。将器身和附件分别铸出后,再将附件用铜、锡、铅和少量锌液焊接起来。由于在铸器身时已事先在有附件的部位铸出卯钉,然后用其它金属焊剂将附件粘接上去,又称榫卯焊接。焊接技术的出现,在我国古代金属加工工艺上具有划时代的意义,它使铸造过程减少了许多合范、合型、合铸的工序,提高了铸造工艺和效率,标志着青铜铸造技术的提高。

榫卯斗合法:战国时期,在榫卯焊接法基础上出现了榫卯斗合的制器方法。它将木工工艺中的榫卯拼接技术应用于铜器制造中,将器物各部分铸好并预留榫卯,然后插接成一个整体,拆卸起来也很方便。此法多见于战国灯具的制作,中山国 M1 的十五连盏灯就是最为典型的例子。

失蜡法:春秋晚期偏早出现失蜡法铸造技术。将易熔化的黄蜡制成所需器形的蜡模,定

形后用细泥浆多次浇淋,并涂上耐火材料使之硬化,制成铸型。烘烤使黄腊熔化流出,留下泥范型腔,进行浇铸。失蜡法适于铸造外形透空、弯曲的复杂器形,它是一种熔模铸造法,又称拨蜡法、出蜡法或走蜡法。用失蜡法铸造的铜器,尽管器形复杂,但没有合范的毗缝、锻打和焊接痕迹,浑然一体。战国曾侯乙墓出土的尊盘是目前所见用失蜡法铸造的最精美的器物。目前所发现的失蜡法铸器都未发现任何焊接的痕迹,①而不是先铸单元件再焊接或插接而成的。目前学术界对我国失蜡法的使用时间尚存争议。②

(3) 铜器装饰工艺

铜器的装饰工艺主要指金属细工工艺,早在春秋即已出现,战国更为普遍。由于装饰手法的灵活多样,战国铜器为此改变了以前纹饰呆板的风格,突破了传统表象的对称格式,有些铜器上出现了许多战争、劳动的场景和故事的片断,内容丰富又生动活泼。其他的装饰工艺在此也一并介绍。

包金:在多种金属装饰工艺中,贴金与包金是最早的装饰工艺。将金块锤成薄片或金箔,根据需要包贴于器物之上,具有很强的装饰效果。包金主要用于车马器、铜贝等小件铜器。山东临淄商王村战国墓出土1件长筒状包金铜镦(镦),位于铜铍的后部。③ 包金工艺兴于商而盛于春秋战国。由于鎏金工艺的兴起,包金工艺在汉初绝迹,其原因可能是鎏金比包金更节约金材。

鎏金:利用汞(水银)加热到400℃能溶解金银又易于蒸发的特性,将金丝或金片溶入水银后,再制成金泥,均匀地涂于铜器表面,加温烘烤,使水银蒸发,剩下金、银牢固地附于器表,形成鎏金(银)器。这种工艺是在包金工艺基础上发展起来的,多用于小件器物的装饰,最早见于春秋末战国初,战国、西汉直到东汉都很普遍,临淄商王村战国墓地出土的鎏金器最多,共106件,有带钩、铜环、节约、铜钉、铺首、带扣等。④

错嵌:金属错嵌工艺根据所用材料的不同分为错红铜、错金和错银三种,就是在铜器表面刻出阴线花纹图案,或事先铸造出器物的花纹沟槽,然后将红铜、金或银丝(片)打进花纹沟槽内,错平磨光,形成装饰。它充分利用红铜、黄金、白银与青铜的色泽差异,显现出醒目、华贵的装饰效果,而器物表面因错磨而保持光滑平整。

错红铜工艺在商代出现,春秋时得到较快发展,春秋晚期到战国早、中期达到高峰,战国晚期开始减少,逐渐为错金、错银工艺所取代。较早的器例有山东滕县夆叔三器(敦、盘、匜)和辉县甲乙墓出土的扁圆壶。山东长岛王沟战国早期墓出土错红铜壶2件,形制、花纹相同,除圈足外,壶外壁通体有错红铜纹饰,有虎、鹿、卷云等。⑤

鸟兽和生活的图景是错嵌红铜经常表现的纹饰类型,社会生活图景装饰题材多为建筑、战船、车马、采桑、田作、狩猎等。河南汲县山彪镇M1出土的水陆攻战纹的铜鉴,腹四周有水陆攻战图案40组292个人物及旌、旗、鼓、戈、戟、剑、盾、弓、箭、车、豆、壶、舟、鱼等,表现出格斗、射杀、划船、击鼓、犒赏、送别种种场面(图7-2)。⑥ 陕西凤翔高王寺战国铜器窖藏出土的

---

① 赵世纲:《春秋时期失蜡法铸造工艺问题探讨》,《华夏考古》2006年第4期。
② 周卫荣、董亚巍、万全文、王昌燧:《失蜡工艺不是中国青铜时代的选择》,《中国文物报》2006年7月21日。
③ 淄博市博物馆、齐故城博物馆:《临淄商王墓地》,齐鲁书社1997年版,第26—29页。
④ 淄博市博物馆、齐故城博物馆:《临淄商王墓地》,齐鲁书社1997年版,第26—29页。
⑤ 烟台市文物管理委员会:《山东长岛王沟东周墓群》,《考古学报》1993年第1期。
⑥ 郭宝钧:《山彪镇与琉璃阁》,科学出版社1959年版。

射宴壶,有错红铜装饰的射猎、宴饮、歌舞的鲜活场景。①

错金又称黄文错镂,最早见于春秋中期铜器上的错金铭文。

图7-2 战国错红铜水陆攻战纹

河南辉县固围村魏国大墓(M1)出土的铜辕饰,上村岭出土的错金龙耳方鉴、错金蟠螭纹方罍,陕西兴平豆马村出土的嵌金铜犀尊,寿县丘家花园出土的铜牛等,都是战国时期错金工艺的代表作和极为精美的艺术品。

错银装饰可能出现于战国早期,洛阳中州路战国早期车马坑出土错银图铜器②。其后辉县固围村魏国墓、河北平山县中山王墓等都有错银铜器出土,但整个战国时期单纯的错银工艺还是不太多见,它一般与错金同时使用,以金丝为主银丝为辅错出雷纹流云装饰图案。错金、错银又合称为错金银或金银错,河北中山王墓出土的插座铜兽,如牛屏风插座、犀屏风插座、虎噬鹿器座和龙凤方案等都是错金银装饰的铜器。

错金、错银、错金银是战国时期兴盛一时的铜器装饰工艺,但到西汉时期,由于鎏金技术的发展而逐渐消失。

镶嵌:在铜器表面镶嵌玉和绿松石的装饰工艺又叫嵌玉镶珠,战国时期的嵌玉镶珠常与错金银等多种工艺结合,形成复合制作工艺,使器表装饰更为绚丽多彩。中山王墓的铜牺尊全身错金并镶嵌绿松石。1982年江苏盱眙穆店公社南窑庄汉代窖藏出土的重金圆壶(又称重金络壶),和现藏美国宾夕法尼亚大学博物馆的重金方壶,全身以绿松石和错金银装饰。③1964年临淄商王村墓地出土一面错金银镶绿松石铜镜,直径29.8厘米,镜背三个环钮等列于镜周,有银乳钉9枚,地嵌绿松石,粗线条云纹上错以金丝,制作精工华丽,构图严谨,堪称镶嵌工艺的杰作。

刻纹:即细线刻镂。在铜器表面刻纹装饰的工艺出现于春秋早期,多见于战国时期。刻纹图案的线条细如发丝,装饰的器物大都是器胎较薄的匜、盘、鉴、杯、匕、奁,以盥洗器皿匜、盘为主,为锤打成型而非铸造而成。纹饰有人物、楼阁、车马、花草、鸟兽、宴乐、歌舞、战争、祭

---

① 韩伟、曹明檀:《陕西凤翔高王寺战国铜器窖藏》,《文物》1981年第1期。
② 洛阳市博物馆:《洛阳中州路战国车马坑》,《考古》1974年第3期。
③ 姚迁:《江苏盱眙南窑庄汉文物窖藏》,《文物》1982年第11期。

祀等内容。1951年河南辉县赵固战国中期墓(M1)出土的铜鉴，腹部刻有宴乐射猎图一周，上有人物37个，禽兽38只，器物66件。[①] 江苏淮阴高庄战国墓一次出土盘、匜、鉴、箅形器、牛、虎等刻纹铜器20多件。[②]

模印：在铜器上加铸装饰纹样，战国时期除了沿用商周在泥模上雕刻的办法，还用花纹印模版在泥模上捺印，或将印出的花纹泥片贴附在模胎上，大大节省了铸器的时间。发现的战国陶范上的花纹有蟠螭纹、夔龙纹、夔凤纹、云纹、涡纹、贝纹、羽状纹、绚纹、环纹、垂叶纹等。

填漆：在铜器纹饰的沟槽内填以彩色的漆，打磨光滑，有类似错金银的装饰效果，而且比错金银更为简便和经济。这一装饰工艺产生于商代晚期，战国时期更为多见，平山中山国M6出土的银首人俑灯的俑身服饰上的卷云纹填嵌的为黑漆和红漆[③]，湖北江陵望山M2出土的变形龙纹尊和圆涡纹铜缶亦为填漆作品[④]。

（4）铜器类型和特征

战国时期，商周以来的青铜礼器逐渐为日用器皿所代替，常见的有鼎、壶、豆、敦、簠、匜、盘、舟、鉴、筥、盉、灯、铜镜、带钩及兵器戈、矛、剑、镞等。战国后期的铜器多薄胎、素面，轻巧多变，体态丰满，虽简单粗陋但美观实用，逐渐摆脱商代、西周以来神秘森严的庄重气氛。

战国初期青铜器上的花纹也很繁缛，礼器流行蟠螭纹，其次有绚纹、贝纹、涡纹、三角云纹、勾连雷纹。从中期开始，反映现实生活的战斗、狩猎纹较为习见，各种云纹更加流行，蟠螭纹已不占突出地位。晚期流行简单的螭纹和花朵纹带，有的素面为主，只加一道凸弦纹，局部地方才有简单的花纹。由于花纹模印技术的普遍使用，铜器纹饰显得工整精细。

战国青铜器总的来说是向着简单、轻巧、素面方向发展，以方便实用为目的；另一方面由于金属细工工艺的兴起，又出现了一些装饰华丽的贵重铜器，装饰性和实用性并重。

以下对战国时期日用铜器中常见的铜镜作一介绍。

铜镜最早出现于齐家文化墓葬中，目前所见共有3面。从齐家文化到西周，铜镜始终处于原始状态，量少、体小，制作粗糙，缺乏规格。铜镜的广泛铸造和应用是在战国时期，不仅是较大型的贵族墓，一些较小的墓也有出土，发现的地点集中于楚国地区，北方战国墓出土较少。战国铜镜开始走向精致，并有了一定的格式。

战国铜镜的纹饰，有地纹羽状纹、蟠螭纹、云雷纹、涡纹。有的单有地纹，有的主地两纹，也有的单用主纹。

战国早期：早期铜镜为桥形钮，窄平边缘，有素面镜、山字纹镜、龙凤纹镜、蟠螭纹镜几种。山字纹镜多方形钮座，地纹为细密的羽状纹，主纹为两两对称的四山纹（图7-3,1）；蟠螭纹镜是战国早期多见的镜式，镜钮座外缘往往有一道贝纹带（图7-3,2）。

战国中期：铜镜式样增多，一般为三弦镜钮，花纹分地纹和主纹两层，以羽状纹或蟠螭纹作地纹衬托山字、花叶和凤鸟等纹。常见以下几种：

山字纹镜，同早期纹饰基本相同，不同的是钮座四角或座的每边伸出一片桃形叶子，每叶再伸展，靠近边缘处再各连结桃叶形。这样把镜面分成四等分，山字均匀地分布在每等分内。

菱形纹镜，地纹为羽状纹，主纹作菱形纹（过去称为方连纹），在中间配以四瓣花纹，钮座

---

① 郭宝钧：《山彪镇与琉璃阁》，科学出版社1959年版。
② 淮阴市博物馆：《淮阴高庄战国墓》，《考古学报》1988年第2期。
③ 巫鸿：《谈几件中山国器物的造型与装饰》，《文物》1979年第5期。
④ 史树青：《我国古代的金错工艺》，《文物》1979年第5期。

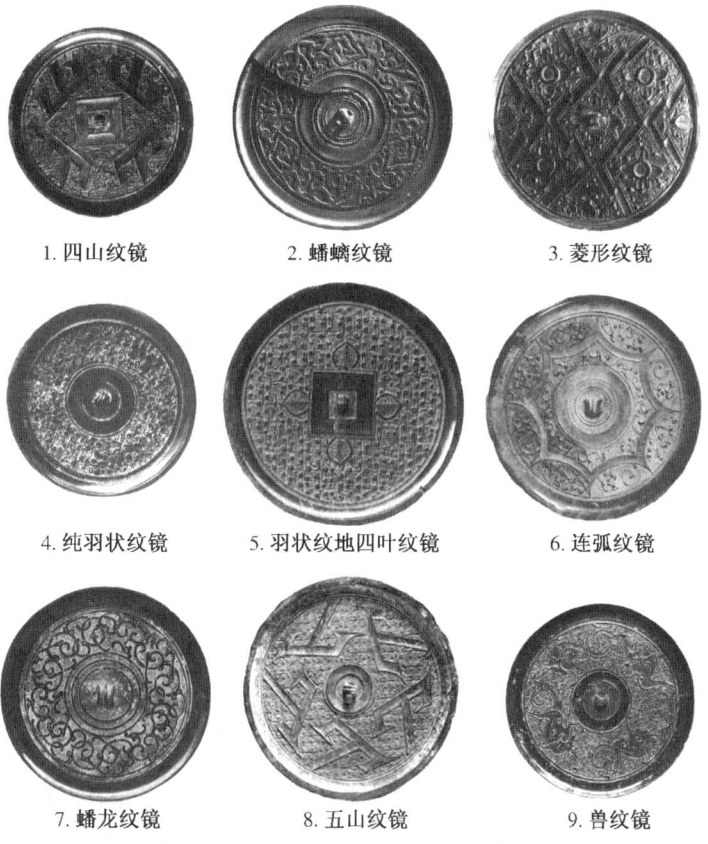

图 7-3 战国铜镜

有圆形或四瓣花座(图 7-3,3)。

羽状纹镜,以单纯的羽状纹为装饰,没有主纹(图 7-3,4)。

四叶纹镜,羽状纹地,在方钮或圆钮座四周各出一桃叶形纹(图 7-3,5)。

蟠螭纹镜,与早期相似,不同的是钮座的边缘不是贝纹而是一道宽弦纹。也有在圆钮座的边缘上出四叶的四叶龙纹镜。

凤鸟纹镜,多见漆绘铜镜,以一凤一凰相纠缠的形式为图案单元。

兽纹镜,有的有羽状纹地,主纹用凸纹条勾出一圈四兽或五兽,兽似鹿、蚕等各种不同形状,也有的与四山纹相间,如四山四鹿纹镜。

战国晚期:晚期的铜镜多以云雷纹或涡纹为地,并继续流行中期的四叶纹镜、凤纹镜等。新出现和发生变化的有:

弦纹镜,钮与缘之间饰一周、两周或三周凸起弦纹。

连弧纹镜,云雷纹地,主纹用 6、8、11 等不同数目的弧相接。如云锦纹连弧蟠螭纹镜等(图 7-3,6)。

蟠龙纹镜,云雷纹为地,主题花纹为单纯的龙纹互相缠绕(图 7-3,7)。

五山纹镜,五个山字均匀布局,仍以羽状纹为地纹(图 7-3,8)。

几何纹镜,以双线三角形的规矩纹为主并间以花叶、鸟纹。

晚期兽纹镜仍很流行(图 7-3,9),又出现以狩猎题材为纹样的狩猎纹镜。

2. 汉代青铜冶炼和铜器铸造

(1) 青铜冶炼

由于铁器、漆器的大量生产,汉代青铜工具已退居次要位置,铜器在人们生活中也不占重要位置,但民间日用器皿和小件用具、皇家及贵族所用的奢侈品、装饰品和庙中的祭器、兵器,特别是钱币都需用大量的铜来铸造,《汉书·地理志》也记录了西汉铜官的设置。

汉代继承发展了先秦时期的冶铜技术,并在一些旧铜矿上继续开发,如湖北大冶铜绿山、安徽铜陵金牛洞还是重要的产铜基地。

西汉时期开发的铜矿遗址有河北兴隆县寿王坟和承德、广西北流等遗址。承德矿冶遗址发现矿井、选矿场、冶炼场和居址。矿井(竖井)已坍塌,井下有巷道、采矿场。矿井在70米深度被现代坑道打通,估计深度在100米以上,较战国矿井的深度大。矿井中段有一较宽敞的采矿场,发现一堆2米多高的坑道木和2个梯子,有4条以上的坑道与采矿场相通。坑道采出的铜矿石集中到矿场,再用梯子人力运送矿石到地面,送到附近8米远的选矿场进行挑选,现选矿场一旁仍有数万立方米的碎石堆。与春秋战国铜绿山铜矿井下选矿的做法不同,承德铜矿采用地面选矿,也没有发现提升矿石的辘轳。

地面冶炼场发现4处,地面上有炼碴、陶片、砌炉的弧形砖,发现6块5—15公斤的铜饼,标有产品的编号或纪年"东五四"、"西六十"、"二年"等,与半两钱伴出。①

广西北流铜石岭发现西汉晚期到东汉时期的炼铜遗址,有圆形的炼铜竖炉炉基14处,出土鼓风管、炉渣、铜锭、陶器等,铜锭的含铜量为96.64%。炼铜遗址附近发现矿井遗址3处。②

山西运城洞沟古铜矿是一处东汉时期的铜矿遗址,分布在陡峭的山腰上,属黄铜矿(硫化铜),含量只有5%,有微量的碳酸铜(蓝铜矿、孔雀石)。该遗址有7处古矿洞,目测深度15—20米,发现铁锤、铁钎等采矿工具、铜锭以及炼炉遗迹,附近有成层的板瓦、筒瓦,外饰粗绳纹,内有麻点纹,具有东汉时期的特点。五、六号矿洞间的摩崖石刻,有汉灵帝"光和二年(公元179年)"、"中平二年(公元185年)"和"甘露"年号。③

硫化矿的开采难度大,从2号矿洞大量碎石块与碎木炭混杂的堆积推测,当时很可能采取加热法采矿,烧热矿石,在灼热状态下浇注冷水,使其骤冷崩裂,再行开采。

而硫化矿冶炼也较用蓝铜石冶炼难度大。除了常规的炼炉冶炼,汉代人可能还掌握了另外的炼铜方法。淮南王刘安《淮南万毕术》记:"白青得铁,即化为铜。""白青"即天然硫酸铜的蓝色结晶,表面脱水后,呈白色。这实际上讲的是水炼取铜法——胆水浸铜法,把铁放在胆矾(硫酸铜的古称,又称石胆)水中浸泡,胆矾水与铁发生置换反应,水中铜离子被铁置换而成单质铜沉淀下来,又称胆铜法。《神农本草经》卷一:"石胆……能化铁为铜,合成金银,练饵食之不老。"但是水炼法在汉代生产中的应用情况尚不明了。

(2) 汉代青铜器的类型和总体特点

同战国时期相比,汉代青铜器的种类、器形等都发生了一定的变化。簠、簋、敦等食器已经绝迹,豆在西汉时偶有发现,多见高柄豆形灯,又称烛豆,功用与以前的豆完全不同。鼎、壶

---

① 罗平:《河北承德专区汉代矿冶遗址调查》,《考古通讯》1957年第1期。
② 广西壮族自治区文物工作队:《广西北流铜石岭汉代冶铜遗址的试掘》,《考古》1985年第5期。
③ 安志敏等:《山西运城洞沟的东汉铜矿和题记》,《考古》1962年第10期。

(锤)、钫是西汉最主要的饮食器,它们继承前代形制而略有变化。东汉时鼎的数量减少,钫不再出现。锤、钫、洗、盘等容器流行铺首。原仅通行于秦、蜀地区的器种,如鍪、釜、甑等传布各地成为汉代常见的青铜炊器。生活用器中出现镬壶(镬斗)、熨斗等。摆设用器中最常见的是灯和熏炉,灯具形式多样,而博山炉是熏炉的主要形式。铜兵器主要有弩机、铁铤铜镞、铜戈等,但到东汉时铜镞、铜戈分别为铁镞、铁戈取代。

总的说来,西汉铜器脱离了古拙、厚重的作风,比战国铜器更显灵便、轻巧,适于实际生活的需要,生活用器多样化,而纹饰也相当简单、朴素,多为素面、铺首或弦纹,铭文少而短。

在生活日用器皿趋向简朴的同时,贵族用器则流行鎏金及用金银、玻璃、宝石之类镶嵌花纹的工艺装饰。

西汉前期的金属细工工艺,种类同战国相似,如河北满城汉墓 M2 出土的长信宫灯,为一宫女造型,通体鎏金。刘胜墓(M1)出土的"长乐饮官"锤,通体鎏金并嵌以菱形蓝绿色玻璃块,还有错金银鸟虫书的铜壶,有"万年有余"等字样,是西汉仅见的鸟虫书铜器。西汉晚期鎏金器更为普遍,相比之下,错金银和镶嵌器物发现不多。在湖南、两广地区,铜器多镂刻细线花纹,纹样有各种兽类、鸟类和几何纹图案,细腻流畅。

东汉日用器皿仍然以素面为主,装饰工艺中鎏金技术仍然盛行。《后汉书·皇后纪上》记载,"广平、巨鹿、乐成王车骑朴素,无金银之饰",被认为是一种美德,可见当时用金银为饰已成习尚。当时的广汉、蜀二郡皆设有金银器制造工场,专门为皇室制造奢侈品、装饰品,所谓"蜀汉扣器"。各地都出现了造型独特的艺术珍品,如甘肃武威雷台汉墓出土的马踏飞燕,又称铜奔马,一匹腾空奋蹄飞奔的骏马,一前蹄踏在飞鸟的背上,造型奇特,令人叹为观止。徐州土山东汉墓出土鎏金镶嵌兽形砚匣,高 9.3 厘米、长 24.9 厘米,造型为一匍匐神兽,形似蟾蜍,头有双角,体附双翼,背上缀一桥形钮,体分上下两半,上为盖,下置砚,周身鎏金且嵌绿松石,堪称世之珍品。

(3) 汉代灯具和铜镜

A. 灯具

青铜灯具在战国时期即已较为流行,且形制多样。汉代是我国灯具发展的辉煌时期,不但发现的数量多,灯的式样多,在制作上也充分考虑了实用、装饰和环保等方面的因素,这都远远超过了战国时期灯具的水平。根据灯铭和灯具造型,主要有高灯、行灯、雁足灯、鹿卢灯、朱雀灯、羊灯、当户灯、器皿形灯、人物形灯、连枝灯等类,仅满城汉墓出土的灯就有长信宫灯、朱雀灯、羊灯、当户灯等。这些灯依造型分类不外乎以下几种:

豆形灯:圈足细高柄,以豆盘为灯盘。这类灯自战国时期即已流行,汉代仍是常见的形式,如江苏泗水王陵、山东日照海曲汉墓等地出土的豆形灯,虽然造型简单,但有些灯装饰十分考究,有的在豆盘附饰飞鸟,作鸟衔豆盘状,极具装饰效果。有的盘上伸出一捉手,又归于行灯之列。

雁足灯:雁足灯是汉代流行的式样,一条雁足稳健地踏在平板上支撑着灯盘底部一侧,灯盘的主体部与雁爪在同一边,虽然支撑点不在灯盘重心处,但这种整体上的不对称和粗壮的雁腿、与底板铸成一体的雁爪,生出美感和稳固感。如山东临淄出土的一件雁足灯,灯盘是大盘套小盘的形式,二盘之间的环带中有三个圆形的尖凸为烛扦。灯柱为雁足,足蹼(爪)与底板合为一体,雁足后方与底座相连处有一圆形钮,三个雁爪最前端为尖形趾,向后各有两道凸弦纹表示爪的关节。

动物、人物承托的灯:用动物、人物造型承托或借鸟形衔接灯盘。该种类型战国时期即已广为流行,如战国中晚期望山 M2 出土的人骑骆驼的铜灯。满城汉墓出土的"当户"灯以铜人为灯座,人形半跪,右手上举托着灯盘。山东日照海曲汉墓、安徽天长汉墓出土的凤灯,凤鸟头顶灯盘立于龟背之上。窦绾墓出土的朱雀灯作朱雀衔灯盘的形式,朱雀嘴衔灯盘,昂首翘尾足踏盘龙,展翅欲飞,器形既活泼又平稳。

多枝灯:又称连枝灯,战国出现,中山王墓出土的十五连枝灯是此类灯具中的杰作。汉代开始盛行,南北皆有发现。广西贵港罗泊湾汉墓出土的扶桑树形灯,灯盘作桑叶形,共10个灯盘(图7-4)。洛阳浇沟东汉墓有铁制十二枝灯出土。

组合灯:主要见于西汉,合体为一桶状器物,分开成几个灯盘,秦安西汉墓、泗水王陵、满城汉墓都有出土,可分可合,设计巧妙。

动物形可翻转灯盘的灯:汉代动物形灯中有一类背部灯盘有活钮连接可以翻转的灯,一般作卧羊状,还有牛形、凤形等。羊灯又称羊尊灯,呈跪卧羊形,腹盛油,背有盖,通过活钮转轴反转置于羊头之上,即为灯盏盘。盘内有置灯捻的小流嘴。熄灯反转,油入羊腹,盖之,又成一尊。满城汉墓出土的卧羊铜灯,羊头平,背部和身躯分铸形成背盖,羊脖子的后部有一活钮连接背盖,盖可翻转置于羊头顶之上,即为灯盘。整件器物通高18.6厘米,长23厘米,是不可多得的艺术珍品。

烟道灯:汉代一种带有烟道的灯具,有单烟道、双烟道两种,灯烟过烟道入灯体。满城汉墓出土的长信宫灯作宫女跪坐持灯造型,宫女体中空,通体鎏金,以扶持灯罩的右臂为烟道,左手持灯座,圆形灯盘可以转动,调节灯火的大小和照明的方向,中心有烛扦。灯座、灯盘、灯罩和宫女的头可以拆合。使用时,灯烟通过宫女的右臂进入盛水的体内,达到保持室内空气清洁的目的。可见烟道灯是一种环保型灯,它代表了汉代青铜灯具制作的最高水平。烟道灯多作动物造型,借牛的双角、犀的独角、凤鸟的脖子等为烟道,也有作雁回首衔鱼造型,称为雁鱼灯,灯置于雁背之上,以鱼形为灯罩。炉形灯座的烟道灯,以三足扁圆腹的容器为灯座,炉侧分出一支或两支对称向上的烟道连接灯罩。

其他还有杯形灯、卮灯和方便手执的行灯,东汉时期还流行吊灯。总之,汉代铜灯功能齐全,造型多样,汉代进入了我国灯具发展史上的辉煌时期。

B. 铜镜

汉代是铜镜制造的鼎盛时期,造工精巧,镜背装饰图案丰富。由于铜镜表面由磨锡制成,经长年氧化成氧化锡的透明薄膜,乌黑亮泽,素有"黑漆古"的美称。

该期还出现了一些异形镜,如山东淄博市东北临淄窝托村南大武西汉早期齐王墓出土一面长方形大铜镜,长115.1厘米,宽57.7厘米,厚1.2厘米,重达56.5公斤,是我国出土的最大的汉代铜镜。①

西汉初期:铜镜在形制、花纹方面保留了战国铜镜的作风,胎薄,面平,边窄,三弦钮(带状

图7-4 汉扶桑树形灯

---

① 淄博市博物馆等:《西汉齐王墓随葬器物坑》,《考古学报》1985年第2期。

拱形),圆形或方形钮座,常见的是主纹下衬以地纹,多见蟠螭纹、云雷纹、涡纹镜,以带有地纹的蟠螭纹镜最为多见,偶见山字纹镜,图案内外分区不明显(图7-5,1)。个别铜镜出现吉语铭文,如"大乐富贵","延年益寿","千秋万岁","修(长)相思,勿相望","心思美人,毋忘大王"等。新出现的镜式有草叶纹镜,钮外大方格,无地纹,连弧边(图7-5,2)。

武昭时期:开始出现真正的汉式镜,地纹消失,山字纹镜基本不见,弦钮或桥钮变为半球形圆钮,镜体厚重,宽缘,盛行草叶纹、星云纹镜(又称百乳镜),常用连弧纹花边,多见博局镜(图7-5,3)。

宣帝到新莽前:花纹规整而简洁,铭文加长。有"映日,则背花俱见"的透光镜,依镜铭文定名的,有日光镜——"见日之光,天下大明",昭明镜——"内清质以昭明,光辉像夫日月"(图7-5,4)。另外还有清白镜、日有熹镜等。

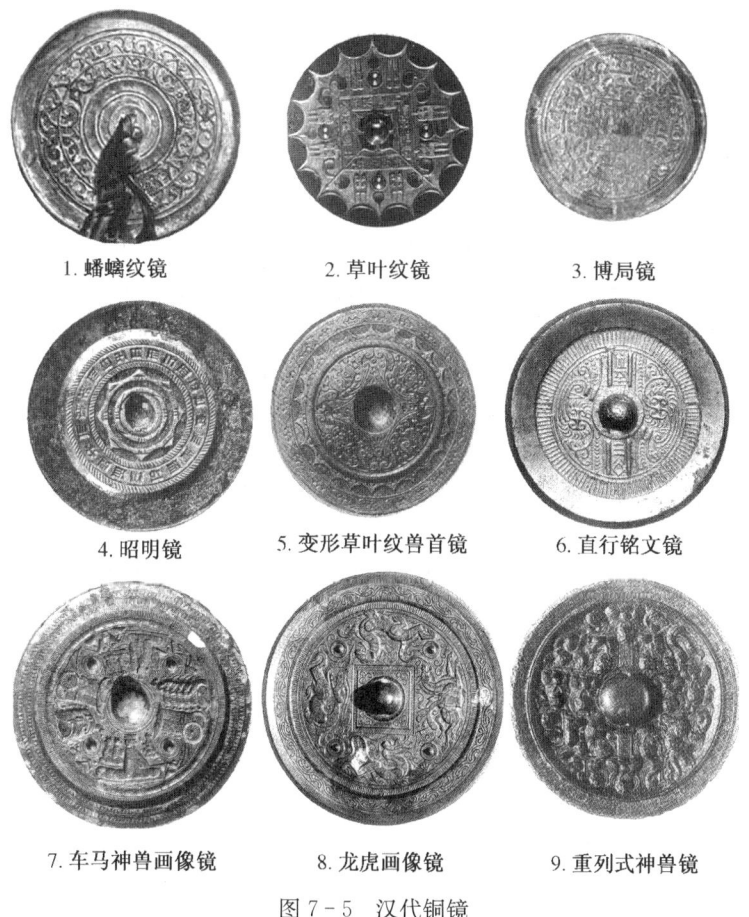

1. 蟠螭纹镜　　　　2. 草叶纹镜　　　　3. 博局镜

4. 昭明镜　　　5. 变形草叶纹兽首镜　　6. 直行铭文镜

7. 车马神兽画像镜　　8. 龙虎画像镜　　9. 重列式神兽镜

图7-5　汉代铜镜

新莽时期:阴阳五行和神仙迷信思想反映到铜镜上,流行"四神"图案,大量制作大型方格博局镜,钮旁常有十二辰文字,并一直流行到东汉中期。外圈常见铭文:"青龙白虎掌四方,朱雀玄武顺阴阳。"另外,新莽时期出现了纪年铭文镜和变形四叶纹镜(图7-5,5)。

东汉早期:基本继承了新莽时期铜镜的风格,鸟兽或四神博局镜继续流行,在镜上饰流云、波折、锯齿纹,镜背分为四区八等分,布置四神、鸟兽、羽人等。新莽时出现的变形四叶纹镜逐渐流行。东汉纪年铭文镜增多,铭文加长,有官营作坊的"尚方镜",如明帝永平七年(公元64年)鸟兽纹镜:"尚方作竟(镜)大毋伤。永平七年九月造。"出自西蜀、广汉等产地。有民营作坊的"姓氏镜",如:"朱氏明竟(镜)快人意,上有龙虎四时宜,常保二亲宜酒食,君宜官秩家大富,乐未央,宜牛羊。"

东汉中期:开始出现了"轴对称式"布局纹饰的铜镜,纹饰仍以奇禽异兽为主,左右对称布置,如以直行铭文为轴的镜,铭文上下组成一词或一句,多为"君宜高官"、"位至三公"等,铭文两侧各一夔凤夹钮对称,流行于东汉中期至南北朝(图7-5,6)。

又有浮雕式神兽镜,以东王公、西王母等神人及龙、虎等兽形为主纹。画像镜,虽以画像技法表现神像、兽形、车马、歌舞、历史人物传说等图像,但没有浮雕式神兽镜立体感强。以上两式镜中,西王母表现得最多(图7-5,7,8)。

出现记日镜,如传世"神兽镜":"汉西蜀刘氏作镜,延熹三年五月五日。""元兴元年五月丙午日天大赦,广汉造作,尚方明竟……"

东汉晚期:神兽镜、画像镜仍然流行,新出现重列式神兽镜,神像自上而下一段一段分层排列,好像开凿在壁上的层层佛龛,有三段、五段等形式(图7-5,9)。

(三) 陶器和漆器制造

1. 陶器制造和陶器类型

(1) 烧造技术

战国时期新出现了地面式陶窑,湖北江陵毛家山的战国早期陶窑可能是目前所见最早的地面窑。窑门前一椭圆形的烧火坑,深约0.5米,与窑门相接,是一个供烧火的工作坑。窑门宽约0.5米,门内窑室分火膛和窑床两部分,窑床基本在地表,火膛高于烧火坑约0.5米,而低于窑床。窑室以窑床为主体,呈纵向椭圆形,长轴1.5米,短轴1.2米,烟囱设在窑床后方。[①] 战国时期的地面窑应该比较普遍,由于暴露地表,不易保存下来,所以被发现的机会相对较少。

战国时期,陶窑的容积增大,烧造技术和能力有了较大提高。山西侯马发现一批春秋末至战国早期的陶窑,较为完整的一号窑址,窑身呈椭圆筒状,东西径2米,南北径1.6米。洛阳发掘的战国陶窑,窑室的容积3—10平方米,烟囱普遍设在窑室的后方。

秦汉时期手工业制造领域拓展,适应日用陶器、砖瓦等建筑用陶、随葬俑类和模型明器的大量需求,制陶业的规模不断扩大。咸阳东西向的北坂原坡上集中发现战国晚期到秦代的陶窑108座[②],秦始皇陵周围密集的陶窑是专为造陵服务的。汉代长安城西市发现4处制俑作坊,一处发掘21座陶窑,出土数千陶俑,其余2处有陶窑12座,烧造陶俑和砖瓦等。

汉代窑室的容积进一步加大,窑室有椭圆形、方形(或近方形)两种。河北邯郸大北城遗址发现的5处窑址,西汉晚期陶窑的内径都在2米以上,有的长轴达2.7米。[③] 除了容量增大,汉代陶窑烟囱的设置也更为合理。河北武安午汲古城西汉早期窑筑于平地上,窑室较宽,较高,窑床作平台形,火道不长,从窑床中间通过,烟囱在后壁砌出,下面3个,到上面汇成1个,窑顶用砖起券而成。[④] 西汉晚期较大陶窑烟囱多有3个,也有向上不并拢的。辽阳三道壕、西安附近西汉窑结构与午汲古城相似。汉代陶器以灰陶为主,实用器皆色泽青灰,火候均匀,烧成温度达1000℃以上,质地坚硬,叩之有清脆音,这与烧陶技术的提高是分不开的。

---

① 纪南城文物考古发掘队:《江陵毛家山发掘记》,《考古》1977年第3期。
② 吕卓民:《从考古资料看秦汉时期咸阳的制陶业》,《文博》1989年第3期。
③ 吕苏生:《略论秦汉时期河北手工业的发展》,《文物春秋》1998年第1期。
④ 河北省文管会:《河北武安县午汲古城中的窑址》,《考古》1959年第7期。

（2）陶器类型及特点

战国秦汉时期陶制产品依其用途和特征大致有日用陶器和容器、模型明器和建筑用陶三类。

A. 日用陶器（容器类）

战国日用陶器常见的有鼎、豆、壶、敦、盒、釜、罐等。豆多为浅盘细长柄的形式，釜取代鬲成为最主要的炊器，战国晚期至西汉早期关中秦地流行茧形壶（鸭蛋壶）。

同春秋时期相比，战国陶器以素面陶为主，有纹饰的也以粗绳纹、弦纹为主，出现较多的暗纹，即在陶坯半干时，用圆钝的骨器在器表划出绳纹、弦纹等，然后打磨烧制成磨光陶，形成暗纹。各地陶器的纹饰风尚也各有不同，如三晋地区有少量的彩绘陶，有红色彩绘和黑色暗花，图案有云雷纹、菱形纹、涡纹、锯齿纹、蟠螭纹等。秦国陶器除绳纹外还流行篮纹、方格纹。燕国则刻划狩猎、鸟兽纹，与青铜器的纹饰特点相一致。

汉代常见陶器有各种饮食器、贮藏器等容器，如鼎、瓮、罐、盆、樽、盘、碗（或钵、小盆）、魁以及日用器案、灯、熏炉、扑满等。战国时流行的豆只在西汉前期偶见，茧形壶中期以后基本不见，西汉前期少数绳纹瓮、罐等尚有圜底，中期以后，除少量三足器、圈足器外，均为平底，以实用和便于置放为目的。当然，其中有些容器可能是专为丧葬制作的明器，很难从实用陶器中区分出来。

汉代陶器的纹饰简单，除了绳纹和随着陶轮的旋转而刻划的少许平行弦纹及一些局部的几何纹和印纹外，基本上都是素面陶。但是汉代彩绘陶在中原一带较为流行，器表周身施彩，红黄黑白相间，画有火焰纹（变形云纹）、水波纹、狩猎纹等，主要是墓中随葬用的。

B. 模型明器

模型明器是指专门用于随葬的非实用器，由于仿铜陶礼器和一些小型化的非实用的丧葬用器在战国以前即已广泛使用，并且在前一类日用陶器中也包含了部分明器，这里的模型明器主要是指仓、灶、井、猪圈、房屋、田地、池塘、家畜、家禽、人物模型器和俑类。随着丧葬习俗的改变，战国晚期开始盛行制作各种明器，特别是东汉时期，模型明器成了随葬器中的主要成分，种类多，数量大，比较全面地反映了当时社会生产、生活的各个方面。

战国晚期墓葬中开始使用仓、灶、井等模型明器，但造型简单，数量也少。西汉中期以后，模型器的用量大增，除以前常见的仓、灶、井等生活模型，房屋、动物圈舍和反映乐舞、宴饮和家居生活的人物、畜、禽类的俑大量出现，中小型墓中都有普遍出土。秦汉帝王陵陪葬的兵马俑是极端的例子。

东汉时期，举凡与生产、生活有关的动产、不动产都可被制成丧葬用的模型明器，有仓（囷）、灶、井栏、房屋、楼阁、城堡、车、船、圈舍、厕所、水田、池塘、碓、鸡、鸭、鱼、牛、羊、犬、猪和从事各类活动的各种造型的人物俑，一墓中数种至几十种不等。

C. 建筑用陶

建筑用陶的生产自西周时期即已开始，主要有陶水管道、板瓦、筒瓦、陶井圈等。战国时期，砖、瓦的生产成为建筑用陶的主要内容。

建筑用砖

砖为模制品，战国时期生产数量有限，以铺地方砖为主，为平板式，极薄似瓦，河南洛阳东周王城、山东章丘东平陵故城等地均有出土。而空心砖实在是战国中晚期陶工的一个创造，它首见于中原一带的战国晚期墓，一般作长方形扁状，有鸟兽纹、纺织纹等，制作方法为，先将一块泥皮放于砖模底上,再放四块泥皮作砖的四个面,并使边与边、底与边相接处粘连,中间放入沙袋,上面再放一块泥皮压住沙袋,用模板压牢并挤压成形,取出晾至半干,从砖的两端各切开一方形的小口,让沙袋里的沙流出。最后是入窑烧造。

秦代短暂,但建筑事业极盛一时,每破诸侯,写放其宫室,作之咸阳之北阪。统一后又发隐宫刑徒 70 万造阿房宫,其建材用量可想而知。秦代砖坚实细密,主要用于铺地,很少见于建筑的基础和承重部位,如秦始皇兵马俑坑过洞的底均为青砖墁铺。

秦代的砖主要有空心砖、条形砖、长方形砖、曲尺形砖、楞砖、券砖等。秦陵和咸阳出土的大型空心砖,砖两端的出沙口呈椭圆形,与战国空心砖有所不同。空心砖上彩绘的蜷曲的龙也极具特色,可能是作为踏步用的。曲尺形砖用于包砌台阶,券砖作楔形,用在弧顶部位,其余都是铺地用砖。

汉代官营砖瓦工场发达,中期以后砖室墓成为南北普遍的墓葬形式,小砖大量生产,真正出现了砖材建筑。汉代砖流行菱形纹和以菱形纹为主体的变化菱形纹,东汉时期多见车轮纹和富贵铭文砖。汉砖形体较大,一般超过 30 厘米长,宽度约为长之半。大型建筑物的铺地方砖也以菱形纹为主体,多见回字纹和九叠篆法的文字砖。

瓦和瓦当

陕西岐山凤雏村西周早期宫殿遗址即发现脊瓦。秦代的瓦种类已很齐全,有板瓦和筒瓦,二者配合使用,板瓦仰铺,凹面朝上,筒瓦覆于两行板瓦相接处,形成不漏水的屋顶。又宽又大的筒瓦用于护脊或墙头,称为脊瓦。建筑檐头筒瓦前端的遮挡称为瓦当(挡),有圆形、半圆形两种,作用是保护椽头,装饰建筑,在建筑用陶中它是最富于变化的装饰性构件。

战国时期的瓦当以半圆形为主,圆瓦当始见于战国早期,它是从半瓦当发展而来的。汉代流行圆瓦当,到东汉时期,半瓦当基本不再使用。素面瓦当出现较早,战国时期开始瓦当多数都有纹饰,但南方地区瓦当发现较少,楚国地区瓦当多素面。不同地区不同时代的瓦当纹饰有不同的特点。

战国秦瓦当流行圆形瓦当,以葵纹为特色,同时流行各种动物图案的圆瓦当,有奔鹿、立马、四兽、三鹤等。

赵国以三鹿纹和变形的云纹圆瓦当为特色。

燕国流行半瓦当,纹饰有饕餮纹、双兽纹(双鹿、双龙等)、独兽纹(长颈兽)、双鸟纹、窗棂纹、云山纹六类。

齐有圆瓦当和半瓦当,一般直径 16—18 厘米,以树木纹为特色,多属中轴对称型的。有树木双兽纹、树木单兽纹、树木双兽云纹、树木双骑纹、树木双骑卷云纹、树木双兽箭头纹、树木卷云乳钉纹、树木箭头乳钉纹等等。

三晋两周地区的半瓦当则以对称布局的云纹为主要形式,这种形式成为汉代云纹瓦当的母本。

汉代流行圆瓦当,各地统一为十字对称布局的卷云纹瓦当一种主体形式,卷云纹成为各地通用的纹饰(图 7-6)。

战国时期的瓦当少见文字,汉代文字瓦当较为多见,有十字对称布局和全文瓦当两种,瓦文一般为统一思想、建筑题名、记事志念和吉祥等内容,如汉并天下、单于和亲、长陵西神、黄山、上林、单于天降、千秋万岁、亿年无疆等等。礼制性建筑还使用"四神"瓦当。

(3)汉代釉陶和瓷器

A. 两汉釉陶器

釉陶和瓷器是汉代制陶业的两大发明,它们一起代表了汉代制陶业的最高成就。

北方地区首先流行软釉陶,又称铅釉软陶或北方釉陶,烧成温度低,内胎多呈砖红色。这里说的釉陶就是指汉代北方地区的铅釉软陶,它是一种带有浓厚的棕黄色和绿色的釉陶。目前所见最早的低温铅釉软陶器是西安龙首原汉墓(医M170)出土的盒、壶、仓、灶、豆、甑和盆,该墓出土钱币中仅有汉初半两钱一种,可确定墓葬的年代应在汉武帝元狩五年(公元前118年)以前即西汉前期晚段。① 西汉中期低温铅釉软陶开始在陕西中部和河南地区流行,后期普及到黄河流域和北方。关中和河南北部的济源地区是釉陶出土最为集中的两个地区。东汉时期,长江以南的湖南、江西、四川等地汉墓也都有釉陶器出土。

图7-6 汉代卷云纹瓦当

低温铅釉陶是软陶系,同商周以来传统的原始瓷青釉系统有着明显的不同,它烧成温度低,一般在700℃左右低温,胎料不精,成品质量不高,极易破碎。其器类主要有各式仓、灶、井、楼阁等模型,鸡、狗、猪等动物偶像和人物俑,熏炉、灯具、樽、耳杯、勺、魁、案等用器。前述模型明器中多有施釉者。釉陶一般不见于居址,只用于墓中随葬,不是实用陶器。

B. 青瓷发展的早期阶段

与低温铅釉软陶相对的是另一个釉陶系,即高温硬釉陶,烧成温度在1000℃以上,属商周以来传统的青釉系统。硬釉陶首先是一种硬陶,江南地区商周以来就流行硬陶,商周时期的几何印纹硬陶便是一种无釉的硬陶。也就是从商周开始,因烧造火候、胎料成分等方面要求的不同,硬釉陶系朝着两个不同方向发展,一个继续朝着硬釉陶的传统,成为南方江浙地区汉墓中仍然常见的硬釉陶,另一个则走上原始青瓷的道路,到汉代发展成为在日常生活中逐渐取代漆木器皿的青瓷器。

原始瓷器用高岭土或耐火粘土为胎料,高岭土又称瓷土,耐火度高,主要成分是$AL_2O_3 \cdot 2SiO_2 \cdot 2H_2O$。普通硬陶以易熔性的陶土为坯料,遇高温变形。这是瓷器和陶器的本质区别。原始瓷器的烧成温度一般在1200℃左右,普通陶器在1000℃左右。以上两点,使得原始瓷器的硬度远远高于普通的陶器。

原始青瓷具备瓷器的基本特征,但制作工艺还比较粗糙,原料处理欠精细,制作显粗糙,胎体中多有不规则的小孔。由于烧成温度不够高和烧成气氛控制不够严,因而胎体白度不够,质感不好,有一定的吸水性,釉层与胎骨结合程度较差,容易剥落,多项指标与成熟瓷器尚有一定距离。但原始青瓷毕竟是陶器向瓷器的过渡,为以后的瓷器生产奠定了基础。

现在一般认为,以瓷土为坯料,选料、制作精细,浇成温度在1300℃以上,烧结后吸水率为0—0.5%,即不吸水或基本不吸水,叩击声音清脆悦耳,胎色呈青灰或灰白色,薄胎器还具有透明到半透明性,这样的瓷器才算是真正的瓷器。汉代尤其是汉代晚期,原始青瓷高度发展,各地汉墓多有出土,至东汉时期出现了合乎要求的真正的青瓷器。浙江绍兴、上虞、宁波一带发现的罍、壶(锺)、碗、盘、洗、碟、五联罐、泡菜坛、耳杯、唾盂以及广口、扁圆腹、平底的四系罐等,釉呈青色,质地、火候都符合瓷器标准。同类器在安徽亳县东汉末年曹氏墓中有较多发

---

① 西安市文物保护研究所:《西安龙首原汉墓·甲编》,西北大学出版社1999年版,第166—177页。

现。另外,在湖南长沙、益阳,江西南昌,江苏丹阳、新沂等地也有发现。根据墓葬中共出的日用器皿和仓、灶、井、猪圈等,可知其为东汉晚期之物。

浙江是汉代青瓷的主产地,仅上虞一县就发现东汉时期的青瓷窑37处。浙江发现的汉代龙窑一次可烧上百件器物。这些青瓷器釉色光亮,质地纯净,质量上乘。东汉青瓷之外,还有黑釉瓷、白釉瓷的生产,上虞联江乡帐子山瓷窑遗址发现的黑瓷还存在胎料不精、釉层较薄和施釉不匀的问题,说明还是早期的黑瓷产品。黑、白瓷的出现丰富了汉代瓷器的品种,也是青瓷制作技术成熟阶段的产物。但总体来看,目前发现的汉代瓷器还是为数不多,所以东汉时期仍然处于我国瓷器发展的早期阶段。

2. 漆器制造及其装饰工艺

春秋时漆器的制作还附属于木器手工业,战国中期以后迅速发展成为一个独立的手工业部门,并以其防腐、轻巧、美观的特点,在日常生活中逐渐取代了青铜器皿。战国晚期,楚、秦、齐、燕、三晋两周、中山、鲁、曾、蔡等国故地均有漆器出土,而长江中下游地区所出的完整器较多,湖北江陵楚墓、湖南长沙楚墓以及湖北云梦秦墓和四川青川战国晚期秦墓成批出土的漆器都是研究战国漆器工艺的珍贵资料。从目前所发现的漆器来看,战国漆器已涉及日常生活、礼乐、交通、军事、丧葬等各个领域,经髹漆的器具种类比春秋时期有了明显的增加,用途十分广泛。以其用途分类,大要有:

家具:床、几、案、箱。

饮食器:盘、盂、卮、樽、耳杯、勺、匕。

炊厨用具:俎。

妆奁器:奁、盒、梳、笸、匜、鉴。

陈设品:座屏。

仿铜礼器:鼎、豆、壶、钫。

乐器:鼓、瑟、笙、钟虡。

兵器:甲胄、盾牌、弓、矢箙、剑鞘、柲。

交通工具:车、肩舆。

丧葬用具:棺、笭床、镇墓兽等。

(1) 漆器制造

不同器形和胎质的漆器,制作工艺是不一样的。战国至汉代都以木胎漆器为主,制法有轮旋、割削和剜凿、卷制、拼合四种,分别器形而施。

厚木胎的杯、钫、案等非圆形器,一般是采用斫制,经剔、挖、雕刻而成,故又称为砍挖胎。盒、壶、盘等圆形器,用轮旋刮削的方法加工外壁,再剜空其内部,称为旋木胎。奁、卮等直壁筒状器,用薄木片旋转卷曲成器壁,黏合或用木钉拼接成圆筒再添加器底而成,最后用麻布裱糊以掩盖接缝,是为卷木胎,又称卷素。棺、案、几等长方器,使用榫卯将木板拼合成器,称为板合胎。

盾牌、弓用竹片拼接或篾片编织成形,矛、戈的柲多由积竹而成的,髹漆后成为竹胎或藤胎漆器。长沙楚墓出土皮方盒、皮甲和2件皮盾牌,随州曾侯乙墓出土12件皮甲也经髹器。战国时期也有在陶器表面涂漆的,但为数不多,至汉代才发现稍多,这种胎质的漆器又称为瓦胎。

战国晚期,受木胎裱麻布工艺的启发出现了一种新的漆器类型——夹纻胎漆器。夹纻胎的制作工艺是,先用木头或泥土制成器型作内模,在内模上裱麻布或缯帛,刮上漆灰,裱一层加一次漆灰,经反复磨光后再上面漆,干实后去掉内模,形成缯帛胎或麻布胎,称为夹纻胎,其制作的方法就是脱胎法。夹纻胎一般厚0.3—0.5厘米,轻巧、牢固,最适于自由地创造各种器形,特别是圆形器皿,如湖北江陵望山楚墓(M1)的鞘、湖南长沙战国楚墓的盒、四川青川秦墓的奁等皆为夹纻胎漆器。夹纻胎漆器的出现,标志着战国漆器制作已达到相当高的技术水平,但是战国晚期到西汉早期夹纻胎漆器发现较少,到西汉中后期才开始增多。

西汉时期漆器制造又有了进一步的发展。首先是漆器生产的规模有了扩大,《史记·货殖列传》:"陈夏千亩漆,皆与千户侯等。"作为漆器原料生产的漆树种植成为重要的产业。据《汉书·地理志》记,汉代设官管理漆器生产的有八郡,即蜀、广汉、河内、河南、颖川、南阳、济南、泰山郡,生产数量巨大,墓中随葬漆器成为习尚,江淮地区汉墓出土较多,长沙马王堆M1出土漆器184件,湖北江陵、云梦大坟头等地汉墓也有大量出土。

东汉时期漆器总体上数量下降,蜀和广汉二郡是西汉以来的官营漆器生产基地,但到东汉晚期两郡的工官漆器已停止生产。不过东汉时期个别大墓仍然有相当数量的漆器出土,如扬州甘泉山广陵王墓、徐州土山彭城王墓、定县中山王刘畅墓、武威雷台汉墓等等。漆器发现的地区扩大到边远的云南、内蒙古、新疆等地。东汉漆器数量的减少与青瓷器的崛起有着密切的关系,东汉晚期,由于青瓷器在日常生活中的地位越来越重要,漆器便开始向着工艺化的方向发展了。

(2) 漆器装饰工艺

战国秦汉漆器的颜色有黑、朱、黄、蓝、白、绿、紫等十几种。漆器的外表也可任意敷彩,自由发挥,既便利又美观。髹漆本身既是保护器物也是装饰器物,同时,在漆器之上又常常进行加固和再装饰,扣器就是这样的漆器。

扣器:战国晚期开始在漆器口沿或底部镶套镀金或镀银的铜箍或在耳、足等部位镶套镀金或镀银的铜饰,称为铜(银)扣,这样的漆器称为扣器。铜(银)扣起到了加固器身和装饰器物的作用,是漆器装饰工艺发展的标志。但在战国时期,扣器发现的数量非常有限,西汉中期以后较为流行。在铜箍或铜壳上鎏金、镀银,文献谓之"银口黄耳"。[①] 至东汉时期,扣器的比重增大。

贴花:用金、银薄片制成各种图纹,利用漆的黏性粘贴在器物的胎或漆面上,涂漆,打磨显出花纹,这种漆器装饰工艺叫做金银片贴花。战国时期的贴花有各种飞禽、走兽、车马、人物、海水、祥云等,至汉代贴花工艺仍很流行,但完整的贴花漆器较难发现,只有散落的金片,器形难以辨认。

金银平脱:金银平脱类似金银片贴花,将金银薄片剪成各种所需的纹饰图案,然后镶嵌在漆器表面,用漆液粘合,通体上漆,反复多遍,直至油漆淹没粘贴的金银薄片,仔细打磨髹漆后的器胎,直到光滑细腻并露出金银贴花图案为止。因粘贴上的金银花纹与漆面平齐,又自漆面中脱露出来,文质齐平,故称"金银平脱"。金银平脱工艺使金银片图案与漆器合为一体,既美观又富贵。银平脱为战国时期齐国的特色工艺,其他地区极少发现。临淄商王村1号战国墓出土银平脱漆盘2件,大小及纹饰一致,木胎已朽,口镶银扣,内壁及内底饰银质平脱垂叶纹和龙纹。

---

① 《盐铁论·散不足》。

锥画：即针刻工艺，用针尖在已涂漆的器物上刺刻花纹或铭文，或在刺刻出来的线条内填入金彩，这是我国历史上最早出现的戗金工艺，长沙马王堆三号墓竹简称为"锥画"。锥画作品有类似铜器金银错的装饰效果。

漆绘：将生漆制成半透明漆液，调上各色颜料，描绘在器物上，色泽光亮，不易脱落。大多数漆器都是用漆绘法装饰的。生漆不管涂在什么器物上，干后本身就有光泽，这种光泽称为"原光"或"浮光"。后来生漆与干性油调和髹涂，干后光泽更好，称为"明光"。东汉以前的漆器基本上都是明光，没有打磨推光的做法。

油彩：用桐油调色描绘于漆器表面。这种方法所绘花纹往往因油脂老化而脱落，不如漆绘牢固耐久，但省便易行。

漆绘、油彩等装饰的漆器纹样细致流畅，最常见的有图案化的龙凤纹、草叶纹、花瓣、云气、几何旋涡和近于写实的兽、鸟、鱼形等图案。早期多见三分或四分的整齐的流云图，中期以后较为松散，彩绘工艺不如前期，流行卷云纹、凤鸟纹、涡纹等，少数漆器的花纹是神仙、孝子及其他人物为主的故事。东汉彩绘图案纹样多见几何纹、几何勾连纹、云纹、变形云纹以及动植物纹、天文图像、乐舞、狩猎等生活题材的生活画、故事画等。

（四）纺织和造纸

1. 纺织

（1）战国纺织品的种类

战国纺织产品主要有麻织物和丝织物。《墨子·天志中》："从事乎五谷麻丝，以为民衣食之财。"麻织物织造粗疏，缺乏变化，并且发现的数量不多也不系统，下面我们主要介绍丝织物的品种。

目前战国丝织物发现最集中的地方是湖北、湖南两地，战国楚墓椁外填塞木炭并以白（青）膏泥封固墓室的葬俗，使墓葬中的丝、麻、竹、木、漆器等得以较完好地保存下来。出土的丝织物主要有：长沙楚墓160件[①]；荆门包山楚墓73件[②]；荆州马山1号墓152件（其中完整的衣物35件）[③]；江陵望山楚墓35件[④]；江陵九店楚墓17件[⑤]。出土品包括了绢、缣、纱、罗、绮、锦、组等等。

绢：绢是一种组织简单的平纹丝织物，织造技术要求相对较低，在出土实物中也是数量最多的一种，所出的绢品以粗疏者为主，马山1号墓出土枕套的绢面经纬密度达到了164×66根/平方厘米。密度最小的一件是内棺盖上残存的深棕色绢衣缘，经纬密度只有30×15根/平方厘米，长沙365号墓出土的一件绢品其经纬密度为35—21根/平方厘米。

缣：缣为并丝平纹织物，织制难度较大，是丝织物中较为高贵的一种。1951年长沙战国楚墓出土一件浅黑色双丝平纹织物，一纬双丝，经纬密度为40×18双根/平方厘米。

纱：纱是有孔的平纹丝织物，是所有织物中用丝线最少的一种，它轻薄、疏朗、透性好，是制作夏衣的理想面料。包山2号墓出土的14件纱，经密12—30根/厘米，质地轻薄。长沙3座墓出土了12件方孔纱，其中黄褐色方孔纱，纱孔均匀清晰，经纬密度为48×46根/平方

[①] 湖南省博物馆等：《长沙楚墓》，文物出版社2000年版。
[②] 湖北省荆沙铁路考古队：《包山楚墓》，文物出版社1991年版。包山2号墓为公元前316年下葬。
[③] 荆州地区博物馆：《江陵马山一号楚墓》，文物出版社1995年版。
[④] 湖北省文物考古研究所：《江陵望山沙塚楚墓》，文物出版社1996年版。
[⑤] 湖北省文物考古研究所：《江陵九店东周墓》，科学出版社1995年版。

厘米。

罗：罗是采用绞经组织的有孔丝织物，其织造工艺要比纱复杂得多，织造时，纬丝保持平直，相邻的经丝交替纠绞形成椒形孔眼。商周时期已有罗织物。马山1号墓出土了一件用作绣地的素罗，经纬密度为40×42根/平方厘米。

绮：《说文》："绮，文缯也。"戴侗《六书故》："织素为文曰绮。"一般认为，绮就是在平纹地上起斜纹花的丝织物，也可以指素织后染色或彩色相间的织物。绮是提花丝织物，故常与锦等列，战国时期已较为多见。马山1号墓所出的2件绮，其外观为顺经线方向有规律排列的深红、黑、土黄色相间的条纹，每条纹带宽1.3—1.5厘米。包山2号墓所出的6件原报告称为彩条纹绢的丝织物，面上排列黑、褐或黑、土黄色相间的条纹，也应属条纹绮，这种绮多用作衾的面或里。包山2号墓还出土一件用作夹衾里的菱形纹绮。

锦：锦是经线提花的多彩丝织物，为平纹经二重或三重组织，以彩色丝线直接织制而成，是丝织物中最贵重的一种。《释名·释采帛》："锦，金也。作之用功重，其价如金，故其制字，帛与金也。"在楚墓丝织品中锦是品种最多的一种，出土数量仅次于绢。长沙楚墓出土的38件锦，有褐地小花纹锦、彩条纹锦、深棕色地红黄色菱纹锦、褐地矩纹锦等9种。马山1号墓一墓中就出有9种42件，多为衣物的缘和衣衾的面，以菱形纹锦最为多见，其舞人动物纹锦的经密达到了156根/厘米，堪称锦中精品。

组带：组带有经无纬，只用经线呈一定角度左右交叉相互编织而成。长沙楚墓在4座墓中出土7件，深褐色，每厘米经线13—20根，有的稀疏似网状，其中长沙浏城桥89号（原编号M1）出土的一件长9.8厘米、宽46厘米，时代在战国早期前段，是目前所见最早的编织组带实物。马山1号墓发现的10件组带均为双层，用于衣领、缘和囊、帽等的系带。

刺绣：我国迄今发现的战国刺绣实物基本都在楚国地区，以湖北江陵及其周围地区最为集中，战国中晚期的马山1号墓一次出土21件，绣地以绢为主，有蟠龙飞凤纹、舞人动物纹等多种图案（图7-7）。绣线的颜色，有棕、红棕、深棕、深红、朱红、橘红、浅黄、金黄、土黄、黄绿、钴兰等，每件绣品使用的彩色丝线多在3种以上，完全靠绣线组成多彩的图案花纹。

图7-7 马山一号楚墓的刺绣凤纹

(2) 汉代织物品种

1972年，湖南长沙市郊马王堆一号汉墓出土了100余件丝麻织品，光单幅丝织品就有46卷，置于竹笥之中，衣物如锦袍11件、单衣3件、单裙2件，裹尸锦衾、衣着20层，还有袜、枕巾、镜衣、香囊、绣枕等等。[①] 这是该墓完好女尸之外的又一重大发现。1975年发掘的湖北江陵凤凰山汉文帝时期的墓（M168），也有丝织品出土，但其种类和保存状况远不如马王堆所出。[②] 其他如江苏连云港海州西汉墓、东海尹湾6号墓、山东日照汉墓[③]等也有出土，出土品

---

① 湖南省博物馆等：《长沙马王堆一号汉墓》（上），文物出版社1973年版。
② 纪南城凤凰山一六八号墓发掘整理小组：《湖北江陵凤凰山一六八号汉墓发掘简报》，《文物》1975年第9期。
③ 国家文物局主编：《2002中国重要考古发现》，文物出版社2003年版，第78页。

的质地有绢、绮、缣、纱等，惜其多不完整或腐烂无存。

马王堆汉墓出土品较全面地反映了汉代纺织的技术水平，据有关部门整理研究，其丝织品的种类有纱、縠、罗、绢、纨、绮、锦、绨、缣等，现在常见的主要丝绸品种当时均已具备。另外，麻织物也有一定数量的发现。东汉时期，在丝、麻织物之外，新出现了毛织物、棉织物等品种。

绢：马王堆汉墓出土的衣物大多以绢制成，如一件完整的女裙，由四幅素绢拼接而成，裙腰、系带也用素绢为之。西箱竹笥内所出的46卷单幅丝织品中，有绢22幅，是出土绢品最大的一宗，经分析，其经密存在较大差异，以经密100根/厘米以下的粗绢为主，占90%，经密60—100根/厘米的绢多见于衣物的衬里，100根以上的细绢很少，在随葬衣物中，大多用于制作锦、夹袍和各种巾、袜的缘部或香囊、手套等细巧物品，可见细绢在当时还是珍贵的丝织品。河北满城汉墓刘胜玉衣一侧发现的残绢，经密达200根/厘米，纬密约为经密之半。

缣：《释名·释采帛》说："缣，兼也，其丝细致，数并于绢。染兼五色，细致不漏水也。"马王堆1号汉墓出土有缣的实物，其经纬分明，纬丝宽于经丝，乍看似粗绢，在显微镜下可见扁平纬丝，有明显的并丝现象，有的甚至还略有分离或打绞。"遣策"简文有"土珠玑一缣囊"的记录。另外，该墓内棺壁板上装饰的一件树纹铺绒绣以褐色缣为绣地，绣品长101厘米、宽74.4厘米，都是十分珍贵的实物资料。河北满城汉墓也有实物出土。

纱：纱有平纱、绉纱两种。马王堆汉墓出土的纱只有平纹素纱一种，所用原料的纤度为10.2—11.3旦，轻薄透明，孔眼均匀，精密细致。该墓出土的一件素纱襌衣，整件长128厘米，两袖通长190厘米，用料2.6平方米，重量却只有49克，不足1两，经纬密度为62根/平方厘米，堪称素纱中的精品。从素纱襌衣的复制过程我们可以更清楚地认识汉代蚕桑、缫丝和丝织技术所具有的高超水平。

罗：汉代经纱起绞的罗织物已较普遍，马王堆1号汉墓出土的罗有朱红菱纹罗、耳杯菱纹罗、皂色几何纹罗等，另有纹罗绣花丝锦袍、绣罗香囊、手套、帷幔等13件。这种织物需要提花束综和2片绞经综装置并由二人协同操作织制。

绮：绮为提花丝织物，马王堆汉墓出土3幅，依纹样图案有鸟纹绮、几何菱纹绮等。一件菱形几何纹绮，是由一组经丝和一组纬丝相互交织，在平纹素地上起三上一下的四枚左斜纹经花，由于地部是平纹组织，斜纹经花非常显眼。

锦：汉代织锦重地在陈留郡襄邑，《说文·帛部》："锦，襄邑织文也。"马王堆1号、3号墓出土的一批锦保存得基本完好，其组织结构复杂，色彩鲜艳夺目，代表了汉代丝织生产技术的最高水平。出土锦的经线较密，经密多为120—160根/厘米，纬密约为经密的1/4—1/3。依花纹图案分，这些锦有几何纹锦、波纹孔雀锦、鸣鸟纹锦、香色地红茱萸锦、隐花星花锦、凸花锦、夔龙纹锦、朱龙锦、斿豹锦、绒圈锦等，江陵凤凰山M168出土孔雀锦、炬纹锦、兽头纹锦、龙头炬纹锦等。最能反映汉代织锦技术成就的当属马王堆1号汉墓的绒圈锦。

绒圈锦或称起毛锦，是一种用特殊工艺织造的多重经提花织物，属多色锦，它用多色经丝和单色纬丝交织，经丝分地经和起绒经，用提花束综控制，织造时织入起绒纬使起绒凹凸于织物表面，抽出起绒纬即形成有高出织物平面一倍以上的环状高低绒圈，层次分明，立体感强，具有刺绣或浮雕一样的效果，堪称锦上添花，而且织物的表面密布绒圈，手感柔软，质地厚实。绒圈锦的织造复杂，自然益显名贵，只见于1号墓中衣袍的领、袖缘及香囊、镜套的底部。西汉中期河北满城汉墓和西汉晚期甘肃武威磨嘴子汉墓也发现与马王堆汉墓相似的绒圈锦实物。磨嘴子所出绒圈排列整齐,较之马王堆所出又有所进步。

组带:马王堆汉墓也出土编织丝带,如简文称"繻缓绦",带有篆文"千金"字样的丝带,又称为"千金绦",带宽只有0.9厘米,幅内分为左、中、右三行,左右二行织对称雷纹图案,中行为左右并列的篆文"千金"和明暗对称三角形连成的纵向波折纹。这种组带结构复杂,织造时费时费工,属于高级工艺品。

绣:马王堆1号汉墓出土刺绣品40件,对照竹简"遣策"的记载,主要有信期绣、长寿绣、乘云绣。这些名称主要来自刺绣图案纹样。在21件保存较好的标本中,有19件属信期绣,长寿绣、乘云绣各7件。其实这三种绣品的纹样均以变体云纹为主体,间或杂有卷曲的藤蔓、燃烧的火焰或螭头状图形(图7-8),只是因为竹简上分别称呼,故名。江苏连云港东海县尹湾汉墓、山东日照海曲汉墓都出土了同类绣品。

除了大宗的丝织物,汉代织品还有麻布、毛织物和棉织物。

麻布:长沙马王堆汉墓、江陵凤凰山汉墓同时出土麻织物,以马王堆1号汉墓所出最为精良,共10块,幅宽51厘米,原料为大麻、苎麻。有粗、细两种:粗麻布,呈黄褐色,质地粗糙;细麻布(可能为苎麻布)有灰、白两色,白布经线34—36根/厘米,纬密30根/厘米,灰布经密32—38根/厘米,纬密36—54根/厘米。苎麻布质地柔软,已接近现代细布,其表面乌亮光泽,经鉴定含有无机物铜、汞、钙等,显然经过加工处理,说明汉代已掌握了织物轧光整理技术。

图7-8 马王堆汉墓刺绣纹样

毛织品:新疆境内丝路古道上发现东汉时期的毛织物,如缂毛,以羊毛彩纬用通经回纬的缂法织成绚丽多彩的毛织品。成品又叫缂丝、刻丝,是我国特有的一种丝织手工工艺,花纹与刺绣相似,当空照视,有如刻镂而成。斯坦因在古楼兰遗址发现汉奔马缂毛,用7种色线织出奔马花卉图案。不过,关于缂织技术的开始尚在讨论之中。

棉织品:新疆民丰东汉墓出土蓝色蜡染棉布、白布裤、手帕等,是当地所产还是自西亚传入,有待考证。这还涉及我国棉花的传入和使用蜡染技术的时间问题。

2. 汉代造纸问题

我国造纸始于西汉,现在一般认为,文献中记录的纸的最早材料是关于西汉武帝时期的,晋张澍在《三辅旧事》中说:"卫太子大鼻,武帝病,太子入省,江充曰:上恶大鼻,当持纸蔽其鼻而入。"《太平御览》卷65《文部》引《江充传》:"充见戾太子,太子以鼻溃烂,以纸掩面。"东汉有了比较成熟的纸——蔡侯纸。但是纸造品成为普遍的书写材料要到西晋以后,西晋仍是纸、简并用的时期,2004年湖南郴州市中心建筑工地一古井中就出土西晋木简近千枚。东晋以降,便再也不见简牍文书出土,几乎全用纸张了。

对于纸的起源,历来有"茧絮纸起源说"和"麻纸起源说"两种观点。下面是汉代遗址或墓葬中发现的汉代的纸,它们均属于早期形态的纸,有的尚存有一定的争议。

罗布淖尔纸:1933年黄文弼在新疆罗布淖尔汉代烽燧遗址发掘到一片残纸,"麻质、白色,作方块薄片,四周不完整","不精细"。同出的有汉宣帝黄龙元年(公元前49年)的木简①。

居延查科尔纸:1942年劳干和石璋如在居延额济纳河岸的查科尔烽燧下掘出一张已揉成团的汉纸,"在纸质方面……粗、厚而帘纹不甚显著",经同济大学生物系专家鉴定为"植物纤维所作"。出土层位在东汉章帝永元十年(公元98年)简下面。也有人对层位问题提出异议,认为年代为永元前后,可能晚至东汉。

灞桥纸:1957年陕西省博物馆在灞桥砖瓦厂工地收集到一批古物,其中有铜镜3面,皆三弦钮,正面有布纹,并有残布数片,布下有类似丝质纤维做成的纸,纸上有明显的布纹。灞桥纸曾被认为是最早的纤维纸,比蔡伦造纸早200年以上。现在仍有一些学者对灞桥纸持不同看法,这涉及纸的定义问题。

居延金关纸:1972—1974年居延考古队在金塔县以北25公里的居延肩水金水关汉代烽塞关城遗址出土麻纸2片及竹简1300多片。经鉴定,属麻絮纸,一件标本的成分以苎麻为主,另一件含有麻筋、线头等,结构较松弛,以纸的定义看还不能算是真正的纸。地层年代属汉哀帝建平(公元前6年)以前。

中颜纸:1978年陕西扶风中颜村一西汉窖藏出土铜器、麻纸、麻布等文物90余件。麻纸经中国科学院自然科学史研究所等单位分析鉴定,肯定是纸而非纤维堆积物。窖藏在平帝(公元1—5年)以前,麻纸的制造时间可能在汉宣帝时期(公元前73—公元前49年)。②

马圈纸:1979年甘肃长城调查组试掘敦煌县西北95公里的马圈湾烽燧遗址,出土文物337件,中有麻纸5件8片,应为王莽时物。

放马滩纸:1986年甘肃天水放马滩护林站西汉景帝时墓(M5)中出土丝质残纸片,为一幅地图,初呈黄色,后变为浅灰间黄色。纸面平整光滑,用黑色线条绘制山川、河流、道路等,但无地名。

悬泉纸:1992年1月敦煌汉代悬泉置遗址出土文物1万余件,有纸24片,与汉宣帝时期的竹简一起出土,有字者4张,简牍15000多枚。③ 该遗址从武、昭至魏晋共四个文化层(地表—魏晋—东汉—王莽—武、昭),其中东汉层出土纸最多,王莽层有2处带字纸,昭帝到武帝时地层距地表1米左右出土纸,但无字。最下层为汉武帝时,无纸出土。

另外,1977年安徽阜阳双古堆西汉墓出土一片茧絮纸,1983年西汉初年第二代南越王墓出土纸片,鉴定情况不明。

以上出土的西汉纸以西北地区为主,又以麻絮纸为主,皆以麻絮、麻布、绳头为原料,纸的纤维交织状态差,除放马滩地图外,纸面粗糙不平。东汉时期进入我国造纸技术的成熟期,出土纸文物增多。从蔡伦开始才有了比较完善的植物纤维纸。根据出土实物情况和现代造纸的工艺分析,我们可以把造纸的发展过程总结为:春秋战国茧絮纸—西汉麻絮纸—东汉蔡侯纸。

二、战国秦汉时期的农业

(一)战国铁农具

从春秋中晚期开始,铁制农具就开始应用于农业生产,但发现的数量还是很有限。战国

---

① 潘吉星:《关于造纸的起源——中国古代造纸技术史专题研究之一》,《文物》1973年第9期。
② 潘吉星:《喜看中颜村西汉窖藏出土的麻纸》,《文物》1979年第9期。
③ 甘肃省文物考古研究所:《甘肃敦煌汉代悬泉置遗址发掘简报》,《文物》2000年第5期。

中期以后,铁农具明显增多。《孟子·滕王公上》:"许子以釜甑爨,以铁耕乎?"这说明用铁器耕作已和用釜甑烧饭一样普遍,表明战国时期铁农具已广泛用于农业生产活动并在农业生产中起主导作用。据统计,迄今发现的先秦铁器上千件,绝大部分是战国中后期的,而铁农具又在其中占很大比重。如河北石家庄市庄村赵国遗址出土铁器 477 件,其中铁农具占 65%。①不少墓都有随葬铁农具的习俗。出土铁农具的地区已超出当时七国领域,遍及今河北、河南、陕西、山西、内蒙古、辽宁、山东、四川、云南、湖北、湖南、安徽、江苏、广东、广西、天津等省市自治区。

战国铁农具的种类有:锸、镢、铲、锄、耙(多齿镢)、镰等。从其用途来看,传统农业所必需的一整套工具都已齐备了。

1. 耕垦农具

犁:战国铁犁发现数量不多,形制也比较原始,一般是呈 V 字形的铁口犁,使用时要装在木架犁底的木叶上,木叶无存,只有铁口犁遗留下来。如河南辉县固围村战国大墓出土的铁口铧,V 字形,两翼向后展开,夹角较大,为 120 度左右,边长 17.9 厘米,重 465 克。这种犁只能用来破土划沟,而不能翻土作垄(图 7-9,1、2)。

镢:镢是一种挖土工具,即《国语·齐语》中"铸锄夷斤斸"之斸。商周时期有青铜镢,春秋战国,又出现了铁镢。在战国各类铁农具中,铁镢的出土数量最多,分布也广,包括了当时秦、燕、齐、楚等国的一些地区,并远及吴越。战国铁镢的形制有两种:一种是直銎的,形状像一端带銎的长条形铁板,装曲柄使用,又称蹠镢。早期镢一般是直銎的。河北平山战国中晚期中山王墓出土 8 件,一件长 15.8 厘米,銎端宽 5.3 厘米,刃端宽 4.6 厘米(图 7-9,3)。另一种是横銎的,直接安装直柄使用,又称斫镢。唐山东欢坨遗址出土的战国中晚期的横銎镢长 25.2 厘米,宽 6.5 厘米,背部微曲,銎部高于镢面,以便纳柄和强化銎部。② 无论是直銎还是横銎,使用起来都是横斫(图 7-9,4)。

臿:臿是翻土开沟的重要工具。战国时期的臿有两种形制。长方形或一字形铁臿,又叫直口臿,其两长边一边为刃,另一边有銎,以便含纳木叶,以叶接柄。河南辉县固围村、郑州二里岗、湖北江陵等地均有出土,高 6—7 厘米,刃宽 12—13 厘米。这是早期较原始的一种,但以其形制简单、灵便,直到西汉早期还在使用(图 7-9,5)。凹字形臿,又叫凹口臿,銎在内凹部,从三面包住木叶的下部,可以使铁臿和木叶、木柄的结合更加牢固。刃口有尖、弧、近平等形式,各地均有出土(图 7-9,6、7)。

耙:耙是带齿的碎土工具,常见有二齿、三齿、五齿三种。耙的背部有一长方銎,横向装柄,柄与耙面垂直。三种耙在河北易县燕下都有发现,另外河北兴隆还发现五齿耙的铸范。燕下都出土的二齿耙高 11.7 厘米,三齿耙高 15.2 厘米,五齿耙高 11.4 厘米(图 7-9,9、10)。耙是破土碎土的工具,由于它也可用于挖土,尤其在黏湿地中更为得力,又称为多齿镢。

2. 中耕农具

锄:锄是主要的中耕农具,战国铁锄主要有两种形制。六角形锄,锄身呈六角梯形,以长边为刃口,长边对面的短边处有长方形的横銎,用于横装锄柄。燕下都 44 号墓出土的锄宽 18

---

① 河北省文物管理委员会:《河北石家庄市庄村战国遗址的发掘》,《考古学报》1957 年第 1 期。
② 湖北省文物研究所等:《唐山东欢坨战国遗址发掘报告》,《湖北省考古文集》,东方出版社 1998 年版,第 196 页。

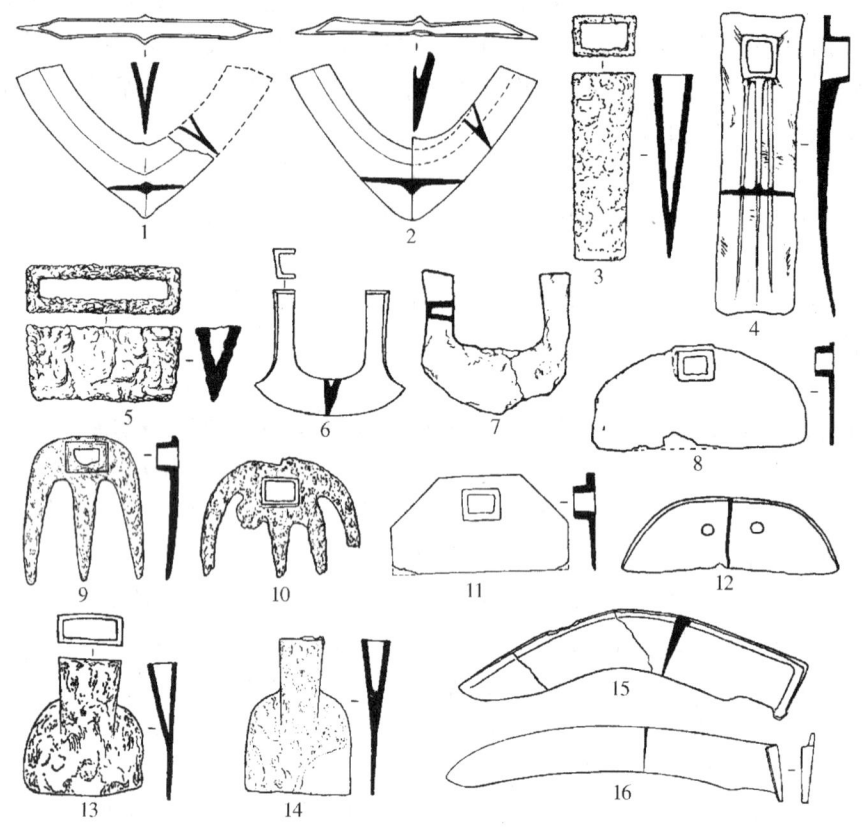

图 7-9　战国铁农具

厘米,高 9 厘米。与六角形锄相近的有圆肩形锄,由六角形锄发展而来。唐山东欢坨出土的战国早中期圆肩铁锄,高 15.5 厘米,刃宽 17.7 厘米。两种锄銎部均凸出锄面,起到加固作用(图 7-9,11、8)。

铲:铲是除草工具,使用时双手执柄向前推削,由商周的钱(镈)发展而来,为布钱所仿造。战国时期的铲,为方形或近梯形主体附加一个长銎,两肩圆弧,刃口平直或微弧。通长 12 厘米左右,刃宽 10 厘米左右,河南辉县、河北易县燕下都等都有较多出土(图 7-9,13、14)。

3. 收获、加工农具

镰:镰是主要的收割工具,长条形,刃、背微曲或弯如新月(图 7-9,15、16),也有短体者。战国时期的镰还是生铁浇铸的,无銎,装柄使用钉或绑缚的办法,有的在接柄部位预留小孔。湖北荆门包山 4 号墓出土一件带柄铁镰,柄长 45.8 厘米,刃长 8 厘米,属短镰类型。还有一种镰刃口作锯齿状,镰体正面有平行斜线纹通达刃口,此型镰在春秋战国铜镰中较为多见。

铚:铚也是收割的工具,与镰相比,形体短而宽,形状接近半月形,背部往往有 1—2 个小孔,以双孔为主,便于穿绳套在手上使用,《管子·轻重乙》中镰、铚并举。《说文》:"铚,获禾短镰。"今称手镰或爪镰(图 7-9,12)。

(二) 汉代铁农具、牛耕与水利工程

汉代农业生产力水平的提高主要体现在铁制农具改进和普及、牛耕的推广、水利工程营造的新技术等方面,特别是牛耕。

1. 汉代铁农具的种类

铁制农具在汉代成为农夫不可或缺的器具,桓宽在《盐铁论·水旱篇》中说:"铁器,民之大用也。"《农耕篇》曰:"铁器者,农夫之生死也。"据刘熙《释名·释器》,汉代的农具有镰、铚、犁、锄、枷、臿、耙、耨、镈、耩、锥、锉12种,下面仍按出土农具在农作环节中的用途加以介绍。

(1) 翻耕、整地农具

犁铧:仍有安在木叶上使用的 V 字形铁口犁,但上口加宽,侧叶加长、后延,锋角变小,更利于刺土。这时期多以 V 字形犁铧套合在铁铧上作为犁(铧)冠(头),其铁质优于犁铧部分,用坏可调换。也就是说,铁铧代替了战国时期的木铧叶。犁冠的使用,是汉代犁具的一大进步。铁口犁(犁冠)有时单独发现,有时就套合在铁铧叶上(图 7-10,2、1)。汉代铁铧有三角形和舌形(有的近梯形)两型,每型又有大、小两种。

三角形大铧,高、宽约等,都在 30 厘米左右。铧面和銎部断面呈等腰三角形(图 7-10,3)。

舌形大铧,较三角形发现多,有的近似倒梯形。高、宽约等,近 40 厘米,銎在后边,故前低后高。东汉大铁铧边长 40—60 厘米,底后宽 40 厘米,需要二牛才能牵引前行(图 7-10,1)。

小型铧,多作舌形,长 10.8—17.5 厘米,后宽 9—14 厘米,高 4.7—7.5 厘米。前低后高,扁圆形銎。

犁镜:汉代新出现了犁镜。犁镜又称犁壁、錧土、壁土、犁面、犁耳,是耕犁上起窜垡、翻土作用的部件,由于长期与土磨擦,光亮鉴人,故称镜。犁镜是铁犁铧上的附件,不单独使用。过去的犁具只能开沟,有了犁镜后,就可以翻土了。

汉代犁镜有菱形(或长方形、板瓦形)、马鞍形两种基本形制。菱形犁镜呈板瓦状弧曲,一角内凹,便于安装。马鞍形犁镜附于犁铧背部正中,行进中将土翻向两侧。陕西礼泉王相村出土一套犁冠、犁铧、犁镜装在一起的西汉犁具,从中可以了解汉代铁犁的使用方法(图 7-10,4、5)。

犁镜的使用是汉代耕作技术上的巨大进步,在铁犁以后的发展中,最富于变化的就是犁镜了。

钁:长条形仍是汉代钁的主要形制,有直背直(竖)銎和弧背横銎两种形式。直銎钁长 12—16 厘米,长方形銎(图 7-10,10、11);横銎钁长 20—26 厘米,銎部作加固处理,背微曲(图 7,10,15、16)。

凹字形宽刃铁口钁是新出现的形式,像臿一样先装在木叶上,以木叶接柄使用,为横斫式。湖南桑植朱家台西汉晚期到东汉早期铸铁遗址出土一种异形铁钁,扁宽直背弧刃,直銎,器身较短,高 7—8 厘米,刃宽 6—7 厘米。[①]

耙:耙为起土、碎土工具,有二齿、三齿、五齿三种,形制同战国耙(图 7-10,7)。文献记有四齿者,《释名·释道》中有"齐鲁谓四齿耙为欋",但四齿者未见出土。

臿:臿有一字形(长方形)、凹字形两种,凹字形铁口臿是汉代臿的主要样式,长方形直銎铁臿只见于北方地区,南方地区流行的凹字形铁臿多见弧刃外撇或尖刃的形式(图 7-10,

---

① 张家界市文物工作队:《湖南桑植朱家台汉铁器铸造作坊遗址发掘报告》,《考古学报》2003 年第 4 期。

19)。长沙马王堆三号墓出土带柄耒,整体似划船木桨(图7-10,20)。

(2) 播种农具

耧铧:耧铧又称耧足,是汉代新出现的畜力条播器——耧车上的关键部件,有三角形、马鞍形等,中空,背面有孔通于底以便下种(图7-10,6)。在平整过的土地上播种,一人牵牛,一人扶耧,耧斗通向空心耧足,且行且摇,种乃自下。它同时完成开沟、下种、覆土三道工序,保证了下种均匀,行距一致。东汉崔寔在《政论》中说:"其法三犁共一牛,一人将之……日种一顷。"山西平陆西汉晚期墓壁画上表现的三脚耧车,就是中国早期的播种机。

(3) 中耕农具

锄:有六角形锄和凹形侈刃锄。六角形锄背部横銎,上半作梯形或拱形,下半为长方形,平刃,是战国时期常见的形式(图7-10,8、9)。西汉晚期出现了全铁曲柄的半圆形锄,形制同今天北方农村使用的锄相似。凹字形锄主要见于南方地区,刃向两边外撇,内侧有用作銎的空槽。

铲:铁铲器形同战国相似,但器身变薄,更为轻巧(图7-10,12、17)。西汉出现了带铤(短铁柄)铁铲,《说文》称"田器也",《广雅·释器》称"钼也"。其作用是装短柄弯腰向前推削除草。

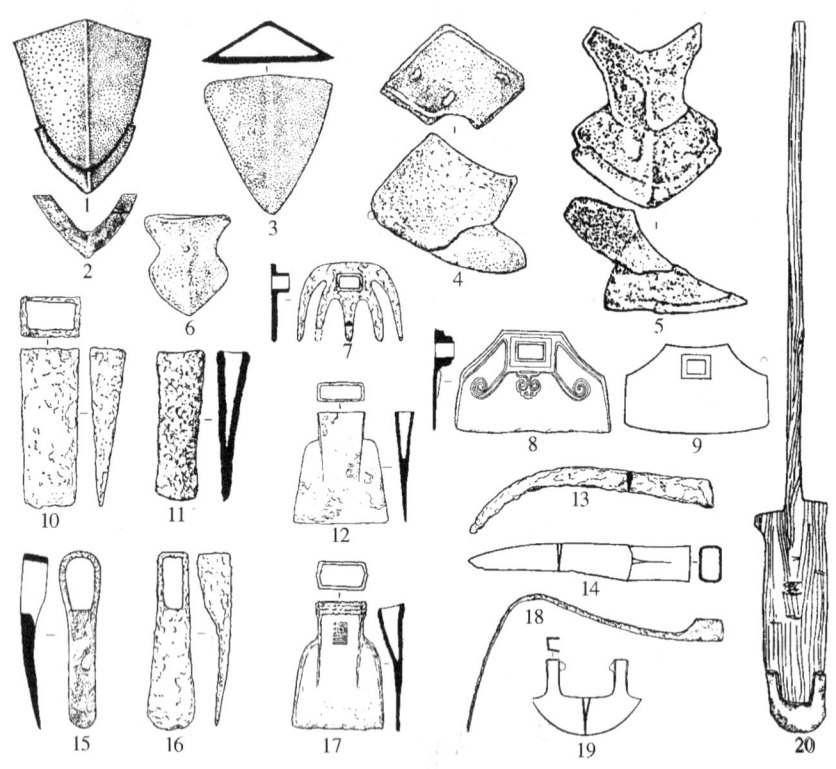

图7-10 汉代铁农具

(4) 收获、加工农具

镰:战国时期的各式铁镰继续流行,汉代镰以新月形为主,新出现带銎装曲柄使用的镰刀(图7-10,13、14),除少数为铸造外,多为熟铁锻制。广州西汉前期墓(M1117)出土铁镰,镰身呈弓形,柄圆筒形,较短,圆銎透底,以安木柄,通长17厘米,柄銎直径1.5厘米。[①] 另外,四

---

① 广州市文物管理委员会、广州市博物馆:《广州汉墓》(上),文物出版社1981年版,第163页。

川东汉墓还出土一种大铍镰,镰身窄长弯曲,带短銎,与当地汉画像砖收割图上的镰正相一致(图7-10,18)。

铚:不用装柄、握在手中割取禾穗的铚仍是汉代除镰刀之外的重要收获工具,半圆形或长方形,背짝双孔。云南昆明羊甫头、贡石碑汉墓有铜、铁铚共出。①

铡刀:铡刀可能出现于西汉,但目前仅见东汉实物。山东莒县博物馆藏东汉铡刀,刀及橔全铁制,形制同现代铡刀但较小。四川成都跃进村东汉墓发现持铡刀童子俑②,牧马山东汉晚期崖墓中也出现手持铡刀的陶俑。

2. 汉代牛耕

现在学术界一般认为,牛耕始于春秋。《国语·晋语》中有:"宗庙之牺,为畎亩之勤。"这是文献关于牛耕的最早的确切记载。《战国策·赵策》说:"秦以牛田,水通粮。"战国中期以后,铁犁铧的不断出土,也印证了牛耕的实施。由于对耕牛作用的认识,而有了相应的法律条文。1975年湖北云梦睡虎地出土的秦律竹简中有《厩苑律》,律文对田牛(耕牛)的饲养管理有特别严格的奖罚规定。

汉代铁犁普遍发现,牛耕开始推广,成为这一时期农业生产力迅速发展的显著标志。画像石及墓葬出土模型中,反映陶牛和牛耕的材料明显增多。甘肃武威磨嘴子东汉墓出土木牛、木犁。不惟关中、中原地区,岭南、东北等地也用牛耕。崔寔在《政论》中说:"辽东耕犁,辕长四尺。"广东佛山澜石东汉墓中发现一个水田模型,在第四方有一扶犁耕作俑和"V"字形犁。③ 广州汉墓所出陶牛,具有黄牛的特征,未见水牛④,也许汉代某些地方的耕牛是以黄牛为主的。东汉画像牛耕图明显记录了牛耕的方式。

根据牛耕画像,汉代在耕翻之后出现了耢和耙。山东滕县黄家岭画像石有耢(又称耱)或耙,这是破碎土块和平整土地的工具,仍以畜力牵引。在耙耢出现以前,用以击碎土块、推平地面的工具是櫌,费时费工。但从图上看不出是耙还是耢,耙是有齿的,而耢无齿,是在耙后的土地上使用的。甘肃省嘉峪关魏晋墓画像砖上有耙地、耱地的场面。耢(耱)和耙的使用,说明北方旱作"耕一耙一耢"技术体系形成,其出现是农具史上的大事。与北方的耕作方式相对应,南方水田的"耕一耙一耖"技术体系也在发展和孕育之中。

汉代耕犁除普遍使用犁镜,还可能出现了调节耕土深浅的犁评。江苏睢宁双沟牛耕图上的辕、箭间有一个活动的楔子,就是后世犁评的萌芽。山东滕县黄家岭画像石上的一幅耕地图,由一马一牛牵犁,也有楔木安装在辕和箭的连接处。

3. 汉代水利工程

汉代是我国大兴水利的时期,尤其在关中地区,人工灌溉渠道最为密集,形成巨大的农田灌溉系统。汉代著名的水利工程有龙首渠、六辅渠、白渠、漕渠、漳渠、成国渠、灵轵渠、鸿隙陂、芍陂、蒲阳陂、鉴湖等等,其中西汉龙首渠和东汉鉴湖堪称汉代水利工程的代表。

(1) 龙首渠

《史记·河渠书》载,武帝元鼎年间(公元前116年—公元前110年),"发卒万余人穿渠,

---

① 云南省文物考古研究所等:《云南昆明羊甫头墓发掘简报》,《文物》2001年第4期。昆明市文物管理委员会:《昆明呈贡石碑村古墓群第二次清理简报》,《考古》1984年第3期。
② 成都市文物考古工作队:《成都市青白江区跃进村汉墓发掘简报》,《文物》1999年第8期。
③ 广东文物管理委员会:《广东佛山市郊澜石东汉墓发掘报告》,《考古》1964年第9期。
④ 广州市文物管理委员会、广州市博物馆:《广州汉墓》(上),文物出版社1981年版,第483页。

自征(今陕西澄县)引洛水至商颜山(今铁镰山)下。岸善崩,乃凿井,深者四十余丈。往往为井,井下相通行水。水颓以绝商颜,东至山岭十余里间。井渠之生自此始。穿渠得龙骨,故名曰龙首渠"。

龙首渠北渠首在陕西澄县,南引洛水,在蒲城县永丰境内穿铁镰山(汉称商颜山)至大荔县(即汉临晋)境内复入洛水。井渠的遗迹发现于陕西蒲城永丰境,与文献记载相吻合。重点调查的一段在蒲城永丰,于南北2600米之间发现竖井7个,相邻井的间距为11、160、224、260米,井口直径1.24、1.26米不等,已探明的井的深度27.80米,深及黄沙土层,井内发现汉代常见的绳纹板瓦、筒瓦及陶罐、瓮、盆、釜等残片。①

龙首渠成,虽然"未得其饶",但其使用的井渠法意义重大。井渠是一种地下暗渠,在地面挖竖井,井下挖渠相通,穿过山地(图7-11),它有效地解决了开明渠"岸善崩"的问题,也使工程量大为减少。虽然井渠技术并不是汉代人的发明,但它成熟于汉代却是可以肯定的。

秦始皇陵园内发现的地下暗渠,竖井间距小,井口长度大,是井渠技术早期阶段的产物。现在保留在新疆地区的坎儿井就是我国传统的井渠,它是我国本土起源的。②

(2) 鉴湖

鉴湖又称镜湖,在今绍兴城南,是江南地区首见记载的农田水利工程,也是江南最大的塘堰工程。

绍兴境从东南到西北有会稽山脉,北境为一片宽广的冲积平原,面积约770平方公里,南北窄而东西宽,从南向北倾斜,再北就是杭州湾。由南到北由山区到平原到杭州湾的阶梯地形,常受海水倒灌的影响,又山水排泄不畅,平原成沼泽,内涝严重。

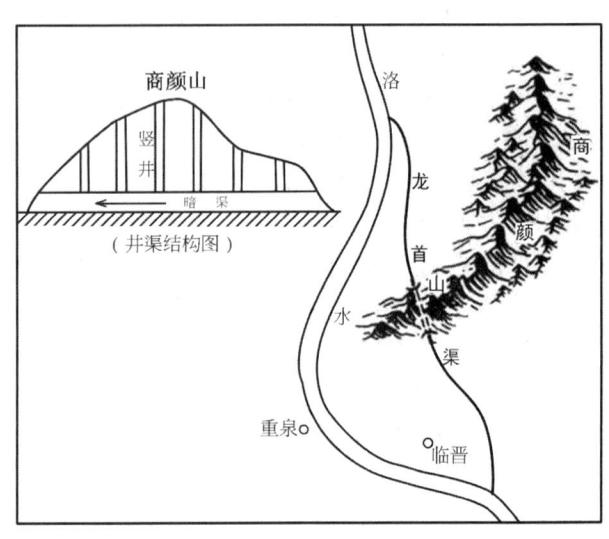

图7-11 龙首渠示意图

东汉以前这里已有一些挡潮蓄淡工程,见诸记载的有富中大塘、炼塘、石塘、吴塘等,但由于这些陂塘工程零星分散,规模较小,发挥不了排除内涝的作用。公元129年以山阴(今绍兴市)为中心建立了会稽郡,实行了吴、会分治,绍兴成了浙东的政治经济中心。东汉顺帝永和五年(公元140年),由会稽太守马臻主持,在会稽山北麓、会稽城东西修筑长堤"百三十里",在山以北、堤以南形成一个大蓄水塘——镜湖。旱则放湖水灌田,涝则放田水入海。《水经注》称为长湖,说它宽5里,长130里。沿湖有水门69座,引水灌溉,尾水排入海,排蓄由斗门(闸门)控制。长堤和涵闸系统是鉴湖的主体工程,斗门是鉴湖拒咸排洪的水利枢纽。鉴湖工程完成后,可灌田9000顷,发挥了巨大的效益。

经勘查,现存长堤堤坝总长56.5公里,总工程量230立方米。筑堤使用木桩先入地基处

---

① 张瑞苓、高强:《陕西蒲城永丰发现汉龙首渠遗迹》,《文物》1981年第1期。
② 刘兴林:《论井渠技术的起源》,《华夏考古》2007年第1期。

理的办法,又使用泥土和柴竹沉排筑法。湖面控制集雨区面积 610 平方公里,水面面积 172.7 平方公里,总库容至少 44 亿立方米。①

古鉴湖是东汉大型蓄水工程,是与芍陂、鸿隙陂齐名的古代灌溉陂塘之一。宋人王十朋的《鉴湖说》中有:"越之有镜湖,犹人之有肠胃。"现存鉴湖只是东汉鉴湖的一小部分。

(3) 井灌和塘灌

井灌的起源较早,新石器时代遗址多有土井、木构井发现,主要为生活用井。战国文献中井溉开始有了明确的记录,《世本》记:"汤旱,伊尹教民田头凿井以溉田。"《庄子·天地》:"凿隧而入井,抱瓮而出灌。"大约在春秋后期,出现了利用杠杆原理汲水灌溉的工具——桔槔。西汉时期遗址发现不少土井、陶井管等设施,砖井还很少发现。另外墓葬中出土水井模型,西汉中期以后水井模型成为墓葬中的习见之物,《洛阳烧沟汉墓》收录水井模型 97 件,多附有辘轳、井架、陶水斗和长方形的水槽等,可能与井灌有联系。东汉时期,墓中井的模型更为多见,考古发现的井,除了陶管井外,小砖井也较为普遍。砖井较陶管井耐压力强,井壁厚而渗水好。河南淮阳于庄汉墓出土的陶庄园模型,田块中有一井并设有水沟可以灌溉。②

四川、陕西、广东、云南等地西汉晚期到东汉时期的墓还较多地发现水塘、水田的模型。汉代的水塘兼有养殖、灌溉两项功能,有的水塘就是靠田而设的。四川新都"薅秧画像砖",画像左半为秧田,右半为水塘,田、塘间有土埂相隔,中间有一"V"形缺口向着水田,示意正在灌水。

第三节 都城和重要的建筑遗址

一、战国都城

战国时期,城市迅速兴起,列国有都,大夫有邑,城的数量和规模都较前代有了大的发展。目前经考古发掘或调查的战国都城和重要城邑三四十座,有的是沿用春秋故城,有的为新建,如河南洛阳东周王城和新郑郑、韩故城,河北邯郸赵国都城和易县燕下都,山东临淄齐国故城,山西夏县魏都安邑故城,地处陕西凤翔、咸阳的秦国都城雍城、栎阳等。当时的城市突出了军事设防的战略考虑,下面以齐都临淄为例说明战国都城在城址选择、城建技术和城市布局等方面所具有的一般特点。

(一)齐国都城临淄

齐自太公立国,始都薄姑,至第七代国君献公迁都临淄,直到公元前 221 年亡国,临淄作为齐国都城达 630 多年,是齐国名副其实的政治、经济、军事和文化中心,也是当时规模最大、最繁华的城市之一,《战国策·齐策》说"临淄之中七万户",并非夸诞之辞。

临淄齐国故城位于今山东省淄博市临淄区辛店镇以北 15 华里,因东临淄河而得名。故城东、西墙外分别有淄河、系水为天然屏障,在不临河的南北两面有 13—25 米宽的城壕,与系水相接,灌注成为护城河。

齐国故城有大城和小城两部分,小城在大城西南,其东北部嵌入大城西南隅。小城南北 2.2 公里,东西近 1.4 公里,为齐国国君宫殿所在,又称宫城。大城南北长 4.5 公里,东西 4 公

---

① 盛鸿郎、邱志荣:《古鉴湖新证》,《鉴湖与绍兴水利》,中国书店 1991 年版。
② 周口地区文化局文化科等:《淮阳于庄汉墓发掘简报》,《中原文物》1983 年第 1 期。

里,为官吏、平民、商人等市民居住和生活的地方,又叫郭城。两城周长21.5公里,总面积近20平方公里。故城城墙的残垣至今仍断断续续地存在着,现残存城垣主要是战国时代的,有的地方尚高达5米,夯筑痕迹清晰可辨。城墙基宽28—43米不等,因地形而筑,蜿蜒起伏,故不平直,有多处拐折。

现已探出城门11座。文献记齐城13门,估计尚有2门已为淄水冲啮。西边南首门稷门附近是著名的稷下学宫所在地。与11座城门对应,城内发现10条主干街道,其中宫城内3条,郭城内7条。街道最宽者20米,最窄者4—6米,把齐城分为棋盘状格局的10多个区域,内中规划商业区和居民的里、社等。

宫城内发现多处高大的夯土台基,最突出的是宫城西北的"桓公台",该夯土台基南北86米,东西70米,现高14米,是全城的制高点,应为齐君的宫殿基址。台基周围东、西、北三面150米开外有沟道围绕,可能是附属于宫殿建筑的排水系统。桓公台周围还有许多夯土基址,出土具有齐国特色的建筑材料,如铺地砖、瓦当等。

城内有统筹安排的排水沟道和排水口。小城排水沟渠深3米,长700米,宽20米,通过西墙下的排水涵洞注入系水。郭城有两条主渠道组成的排水系统分别注入系水和淄河。

城内发现手工业作坊遗址,有冶铁遗址6处,炼铜遗址2处,铸钱遗址2处,其中宫城内有2处冶铁遗址,1处炼铜遗址,1处铸钱遗址。在大城东北部还探出制骨作坊遗址4处,发现大量骨料和制骨工具(图7-12)。

一直到汉代,临淄仍是当时最大的城市之一,也是人口最多的城市,成为重要的经济中心,有着最为发达的手工业,如汉代临淄铜镜制造业规模和产品质量闻名全国。

(二)战国都城的一般特点

齐都临淄在列国都城中非常典型,以临淄为重点,参考其他城址,战国都城具有以下共同的特点:

1. 平面大多呈方形或长方形。

2. 在城的选址和营造上突出了攻战、防御方面的考虑,有环绕城的护城壕沟或以天然河道为屏障,城墙下的排水洞也兼顾到防人进出的功能。

3. 除秦都咸阳情况不明外,都作两城制,分大城和小城,小城位于大城之中或一角,有的作东城、西城,两城相邻或相近。也就是说,战国都城都有宫城和郭城之分,宫城居君,郭城卫民。

4. 宫殿区地势高亢,又有高大的夯土台基,高高在上,可以眺临全城,以示皇权至高无上,突出了专制政治的特色。

5. 城内道路、街区、排水设施齐全,有商业区的市井、手工业作坊区和居民区等不同功能的区划。根据手工业作坊的地点,可以判断有专为官室服务和民用两种。

6. 城内面积广大,除安置市民及各种机构,可能还有农区。早期的城市并非只是非农人口的聚居地,还有相当比例的居民仍从事农业生产,他们是全职或半职的农民。而且城内一般有贵族的墓地,只是到战国晚期逐渐移至城外。

二、秦咸阳宫和阿房宫

(一)咸阳宫

公元前355年,秦孝公自栎阳迁都咸阳,营造宫室。秦始皇在兼并六国的过程中,为使秦

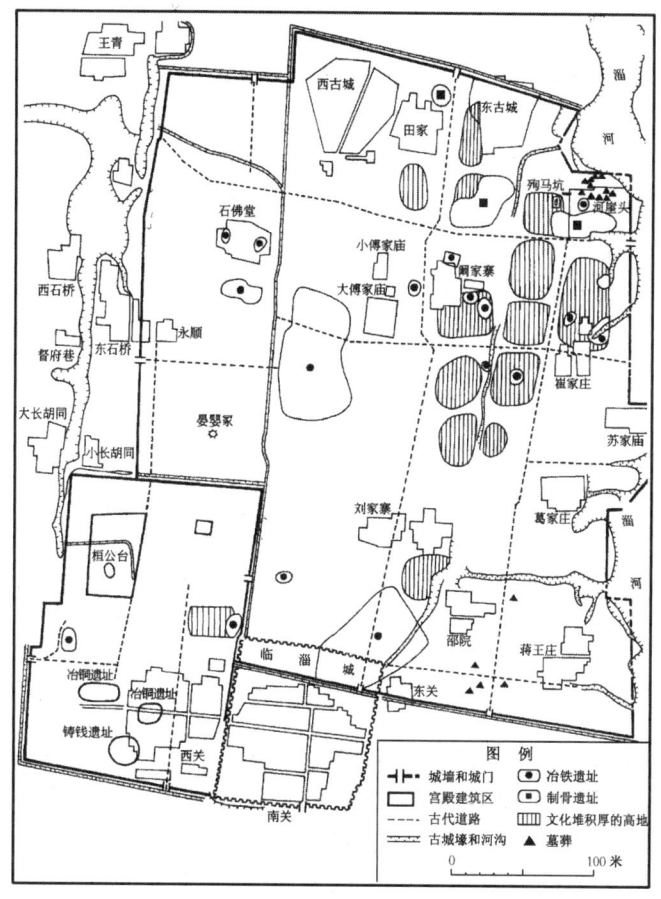

图 7-12 齐国都城临淄

都胜过六国都城,每破诸侯,将其宫殿仿造于咸阳北原,用以显示自己的功绩。据《史记·秦始皇本纪》,"咸阳之旁二百里,宫观二百七十",这都在秦咸阳的范围内。

秦都咸阳在今咸阳东北 20 里,咸阳宫建筑群基址位于咸阳城址的北部阶地上,坐落在当时就有的一条南北向谷道(今名"牛羊沟")的东西两侧。今于沟东、西两侧发现对称的夯土基址。西侧为 1 号基址,东西长 45 米,发掘前高出地面 6 米,为高台建筑,是咸阳宫之一部分。通过发掘分析得知,这是一座平面呈 L 形、以多层夯土高台为基础、凭台重叠高起的楼阁(层楼)建筑。台顶中部有两层楼堂构成的主体宫室,四周布置有上下不同层次和用途的小的宫室。底层有回廊环绕,有 12 处房址,南五室和西四室出壁画残片,当为宫嫔所居。第 12 室发现壁炉、陶地漏、排水管,可能为浴室。整个建筑结构紧凑,高下错落有致。

沟东侧有一大片与西侧基址对称的夯基,为 2 号基址,保存较差。两处基址当时应由跨越谷道的飞阁相连。

1 号基址的西南有 3 号基址,其间有夯土连接,可见是组群式建筑。

2、3 号基址经 1982—1985 年发掘发现回廊、宫殿等遗存,出土大量筒瓦、板瓦、瓦当、铺地方砖、长方形空心砖、竹板、席等遗物。发现大量壁画残块,有人物、动物、植物、建筑、神怪等。二宫间有复道相连。①

（二）阿房宫

秦统一后的第二年，秦始皇在渭河南上林苑内营建新宫——阿房宫。《史记·秦始皇本纪》载："乃营作朝宫渭南上林苑中，先作前殿阿房，东西五百步，南北五十丈，上可坐万人，下可建五丈旗。……阿房宫未成，成欲更择令名名之。作宫阿房，故天下谓之阿房宫。"这里说得很清楚，宫未成，前殿是未来朝宫的主体建筑，是皇帝的办公地点，朝宫建成前暂称为阿房宫。《秦始皇本纪》发"隐宫刑徒者七十万人，乃分作阿房宫，或作丽山"。全部工程越秦亡犹未完工，故未正式命名。其规模只是营建蓝图，并未付诸实现。②

阿房宫考古队从 2002 年开始进行大规模的考古调查、钻探和局部发掘，基本弄清了阿房宫前殿夯土台基址的范围：台基东西长 1270 米，南北宽 426 米，最大高度 12 米，面积达 54 万多平方米，是迄今所知中国古代都城建筑中规模最大的夯土基址。前殿北部边缘呈台阶式三层台面结构，说明台面上应为廊庑类建筑。在前殿台基之南还发现一处铺瓦的屋顶遗迹，有筒瓦 6 行，板瓦 5 行。据出土瓦件等分析，该遗址始建于秦代，汉代作为上林苑的一部分继续使用，未发现火焚痕迹。③ 该次勘探的重要收获之一是，确认阿房宫是当时并未完工的一处半拉子工程，唐代杜牧《阿房宫赋》对阿房宫的详尽描述是基于想象基础上的，所谓"楚人一炬，可怜焦土"，纯属张冠李戴，移花接木，实际上项氏所焚的应是咸阳宫。

三、秦汉长城

长城是地上延伸极长的人工防御建筑，历史上共有 20 多个朝代修筑过长城，最著名的有秦长城 5000 公里，汉长城 1 万公里，明长城 8800 余公里。其他一些朝代或诸侯国所修长城从上千到数百公里，长短不一。分布的地区，有新疆、甘肃、宁夏、内蒙古、陕西、山西、河北、北京、天津、辽宁、吉林、黑龙江、河南、山东、湖北、湖南等 16 个省市自治区，其中以内蒙古境内分布最长，约 15000 公里。

早在战国时期，各诸侯国为了相互防御，在边界地带修筑了长城，这是内长城，如齐、楚、魏等国长城均属内长城。与北方少数民族接壤的秦、赵、燕也分别在北境筑城防御，被称为外长城，三国外长城就成为秦汉长城的基础。

公元前 213 年，秦始皇命蒙恬连接三国已有长城，用十年时间筑起了一条西起临洮（今甘肃岷县），东到鸭绿江岸的万里屏障。到汉武帝时，长城又有较大发展，西起敦煌，东至辽东碣石，东西直线距离 6700 公里以上，各段之和 1 万多公里。根据调查材料，现存秦汉长城共有三段。

东段为秦汉相继沿用的燕长城，从内蒙古化德与商都县之间，沿北纬 42 度线向东，经河北康保县南，内蒙古太仆寺旗、多伦县南，河北丰宁、围场县北，内蒙古赤峰、奈曼、库伦旗南端，越辽宁阜新以北，穿越内蒙古、河北、辽宁三省区。

该段长城多选在山岭之上，就近取材，以石垒砌，外侧用大块平整石块，中间填以碎石，直壁或下宽上窄，当地或称石龙。黄土丘陵地段则以土夯筑。沿线发现城障或烽燧遗址多处，

---

① 陕西省考古研究所：《秦都咸阳考古报告》，科学出版社 2004 年版。
② 杨东宇、段清波：《阿房宫概念与阿房宫考古》，《考古与文物》2006 年第 2 期。
③ 李毓芳、孙喜福、王自力等：《西安阿房宫遗址的考古新发现》，《考古》2004 年第 4 期。

其中围墙长达1500米以上的城址有十余座。

中段有三条。第一条在河套地区，东北—西南走向，从今甘肃岷县城西10公里处开始兴筑。向北沿洮河东岸，到今临洮县境，绕县城东行，经渭源、宁夏固原县、陕西靖边、榆林、神木、毛乌素沙漠东南侧，入内蒙古准格尔旗，最后达黄河南岸准格尔旗东北的十二连城，穿过甘肃、宁夏、陕西、内蒙古四省区，是原秦昭襄王时始修以拒匈奴的一段长城，成为秦代长城的西段。至武帝时中段长城北移，该段成了内长城，失去了防御作用。第一条经过的地方都是黄土地带，长城及沿线有关建筑都是泥土夯筑，现大都无存。

中段第二条在河套以北，阴山南麓，东端从内蒙古集宁市东南往西，沿北纬41度线，经呼市北、包头市和固阳县一带至乌梁素海附近北移，西到乌兰布和沙漠边缘狼山石兰计山口，这里是北上草原的重要出口。该段长城原为赵长城，用黑色巨石垒砌，总长尚有250多公里，高约4米，底宽4.1米，顶宽1.5米，为蒙恬所修缮利用，是保存最完整的古长城之一。在长城南部，每隔1公里许，就有一处小城和烽火台。

中段第三条在阴山以北，是位置最北的一段，它东经内蒙古达尔罕茂明安联合旗，往西入蒙古人民共和国境内，至我国额济纳旗的苏古诺尔湖东北，接至嘎顺诺尔湖南岸的居延，为汉武帝太初年间新筑的复线外城，又称"武帝外城"。外城南、北两墙相距3—10公里。

西段为汉代增筑。汉武帝元狩二年至太初四年（公元前121—公元前101年）夺取被匈奴占据的河西走廊以后陆续修筑，它东接武帝外城的西端，从苏古诺尔湖畔沿额济纳河向西经甘肃金塔县至酒泉，由酒泉经敦煌沿疏勒河畔至玉门关，再至新疆罗布泊。西段长城以红柳或芦苇与土相间夯筑，玉门关以西的荒漠上以城墩、烽火台组成的防御线，虽不像其他地方连续的长城那样，但功用同长城。

长城不是一条孤立的长墙，而是一个防御体系，它与其周围的防御力量、防御工事、军事和政权机构密切联系。秦汉皆沿长城设郡治理，屯兵列镇。而对于汉代来说，长城又是前进政策的工具。

四、西汉都城长安

西汉都城长安位于现在西安市的西北郊，高祖五年（公元前202年）开始陆续在秦兴乐宫和章台的基础上修建而成，至汉惠帝时增筑城墙，武帝时又于城内外增建宫室、苑囿，至王莽时期，重建和完善了城南郊的礼制建筑。长安城是经过整个西汉时期不断的建设而逐渐完善起来的。

（一）城墙、城门和街道

长安城平面呈不规则的方形，正南正北方向。惠帝筑城墙时，很可能受到渭水之南沉水枝津的影响，北垣近河，只好随河斜行。

城墙为黄土夯筑，基宽12—16米，高12米，现残高7米，自下向上斜收。东、南保存稍好，至今仍连续不断，西、北有不少断缺。东墙6000米，西墙4900米，南墙7600米，北墙7200米，周长25700米，合汉62里多，面积约35平方公里。城外有宽40—45米、深3米的壕沟环绕。

长安城有12门，每边3门，每门3个门道，中门道为皇上专用道，其余两个门道为行道。除了直通宫城的4门，其余8门各对应一条笔直大道（街），或南北，或东西，中间无曲折。安门大道最长，为5400米，次为宣平门大道，为3800米，洛城门大道最短，只有800米，其余多为3300米左右。道宽为45—56米,中间2条宽90厘米、深45厘米的排水沟将大道一分为三,对应城门的三个门道,中间的为御道,宽20米,侧道各宽12米,为官吏、平民所行。

与8座城门相连的东西、南北方向的道路将城内分成11个区,各个区的功能不尽相同。

(二)城内建筑布局

长安城的地势南高北低,重要的建筑都位于南部,先后作为皇宫的长乐宫、未央宫就坐落在这里。

长乐宫位于长安城内的东南部,宫垣东西长2200米左右,南北3200米左右,周长10760米,面积近7平方公里,占全城面积的1/6。宫内探出大型建筑遗址群3组,最东部的一组坐北朝南,由阶、庭、朝、寝组成,规模宏大,可能是长乐宫的主要建筑之一。4号建筑遗址是两组半地下式的房屋,1号基址由门道、通道、门房和主室组成,门道设台阶下到门道底部,由门道通往主室。门道中间西侧为一门房。主室东西长23.97米、南北宽10.06米,四壁为夯土外包土坯,外抹草泥皮,再刷白灰面。室内柱础10排4列,应是比较重要的政务场所。2号基址地面涂朱,出土彩绘壁画残块,有套间、侧室、附室等,也是重要人物的生活场所。[①]

2004年,汉长安城工作队于长乐宫西北部发掘清理了长乐宫5号建筑遗址,这是一组形制独特的建筑,主体基址(F1)四面有宽厚的夯土墙,南墙最厚,达5.5米,西墙4—4.6米,东墙3.9米,北墙3.5—3.7米。房内中部为条砖侧立而砌的地面。顺墙有一周回廊,宽0.98米,地面平铺条砖(多已无存)。房内地面由南北两侧向中间倾斜,并于中部形成一条东西向排水沟,排水沟的东端连接一条穿过东墙的排水管道。根据其半地下式建筑、厚墙和立砖铺地等特点,推测应为凌室。中间贮冰,故有排水的沟道。四周回廊为行走的通路。文献记未央宫有凌室,《汉书·惠帝纪》:四年"秋七月乙亥,未央宫凌室灾"。汉初长乐宫曾一度用作皇宫,因此,5号基址也应为宫城中的一处凌室和其附属建筑的遗址。[②]

未央宫在长乐宫西南,东西宫墙各2150米,南北各2250米,周长8800米,面积5平方公里,占全城面积的1/7。未央宫四面宫墙各有一门,四座宫门都是单门道,宽约8米。宫内有前殿、宣室殿、温室殿、清凉殿、麒麟殿、椒房殿、天禄阁、石渠阁等十几组重要的建筑设施,已勘探的有天禄阁、石渠阁、沧池、椒房殿、前殿和西南宫城的角楼遗址。前殿居于中心位置,是正殿,也是长乐宫的坐标,现今仍有高大的台基,由南向北分为三级,三级建筑基址分别高出其东西两侧现地面0.6米、3.9米、12米,最高处高出现地表15米,说明前殿是由多层殿堂组成的组群建筑。宫内探出主要道路5条,其中一条宽10米的南北大路,北端出宫城的北司马门与直城门大街相交,南通前殿东侧。其余三座宫门也各连接一道路通到前殿。前殿西南有沧池遗址,是宫内休宴的林木池沼之地。

两宫之间有武库,长方形围墙,东、西各322米,南、北各710米,东、南墙各发现一门道。武库范围内共有7个仓房基础,有刀、矛、剑、戟、镞、镈等各类兵器出土,其中以铁兵器为主,特别是铁镞,有1000多件,都是西汉时期(包括新莽)的。[③]

长乐宫以北有明光宫。武帝太初四年于长乐宫以北造明光宫,文献中只记有位置,但范围大小不明。钻探资料单薄,尚不能说明问题,其位置甚至有无等问题都有待进一步考证。

---

① 中国社会科学院考古研究所汉长安城工作队:《西安市汉长安城长乐宫四号建筑遗址》,《考古》2006年第10期。

② 中国社会科学院考古研究所汉长安城工作队:《汉长安城长乐宫发现凌室遗址》,《考古》2005年第9期。

③ 中国社会科学院考古研究所:《汉长安城武库》,文物出版社2005年版。

未央宫北是桂宫和北宫,为后妃所居,两宫均为南北向长方形布局。北宫南北长1710米,东西宽620米,有南、北宫门,内中布局情况不明。① 桂宫东西900米,南北1840米,目前已发掘多处建筑基址。②

西北部为长安商业区即市的所在。横门以南探出一组大型建筑遗址群,以横门大街和这组建筑为界,分长安市为东、西两市,建筑遗址应即市亭所在,两市间共用一市楼或市亭。

长安市同时又作为重要的手工业作坊区,发现大量手工业作坊遗址,西市范围内发现4处制俑作坊,1990年于东作坊发掘21座俑窑,出土几千陶俑,皆为裸俑,无双臂,身高50—60厘米,与宣帝杜陵陪葬坑出土俑一样。西市发现冶铁作坊2处,有熔炉、烘范窑、铁铸件等,铸钱作坊1处,发现大量五铢钱范。北宫南侧发现砖瓦窑20余座,已发掘11座。③ 这些作坊都属官营的。

桂宫、北宫之间为北阙甲第,未央宫东、武库南是另一处大第——东第。文献记载长安闾里一百六,但宫殿、大第之外所剩无几,仅在北部宣平门大街以北尚有不大的空地,应为一般平民区(图7-13)。

（三）城外设施

长安城墙以外有离宫、苑囿和礼制性建筑,主要有上林苑、建章宫、社稷、辟雍等。

上林苑在城西南,为秦都咸阳时所建苑囿,汉初一度荒废,武帝建元三年(公元前138年)对上林苑大事修建扩充,成为纵横200多里的皇家公园,园内离宫别馆数十处,所遗瓦当多有"上林"字样。

元狩三年(公元前120年)于上林苑中凿昆明池,遗址在汉长安城西南约8.5公里,池岸一周长17.6公里,计10余平方公里④,今遗址为一片洼地,北部一处高地是当时池中岛屿,豫章宫所在。池址内今长安县斗门镇遗有石雕人像一对,据考东为牵牛,西为织女⑤,即班固《两都赋》所云:"临乎昆明之池,左牵牛而右织女,似云汉之无涯。"池周围还有其他建筑遗址。

建章宫是长安城外的另一重要建筑。武帝太初元年(公元前104年)于城西仿未央宫制度建造,实际上是作为新的皇宫来修建的,甚至规模较未央宫更大。建章宫建成后,武帝长期活动于此,直至元凤二年(公元前79年)汉昭帝才从建章宫迁回未央宫。现已探明,建章宫东西长约2130米,南北宽约1240米,主体建筑,前殿基址南北320米,东西200米,基址北高南低,北部高于今地面10余米。前殿西北450米处有太液池遗址,池平面呈曲尺形,东西510米,南北450米,面积151600平方米。池东北有渐台基址,现存东西60米,南北50米,高10米,可能是建章宫内的神明台遗址。建章宫当时有跨城阁道与未央宫相通。

安门、西安门外的南郊,上林苑的北面有成组的礼制性建筑,是长安城的重要组成部分,这些遗址皆经全面发掘。⑥

---

① 中国社会科学院考古研究所汉城工作队:《汉长安城北宫的勘探及其南面砖瓦窑的发掘》,《考古》1996年第10期。

② 中日联合考古队:《汉长安城桂宫四号遗址发掘简报》,《考古》2001年第1期。

③ 中国社会科学院考古研究所汉城工作队:《汉长安城北宫的勘探及其南面砖瓦窑的发掘》,《考古》1996年第10期。

④ 中国社会科学院考古研究所汉长安城工作队:《西安市汉唐昆明池遗址的钻探与试掘简报》,《考古》2006年第10期。

⑤ 俞伟超:《西汉石雕牵牛织女辨》,《文物》1979年第2期。

⑥ 中国社会科学院考古研究所:《西汉礼制建筑遗址》,文物出版社2003年版。

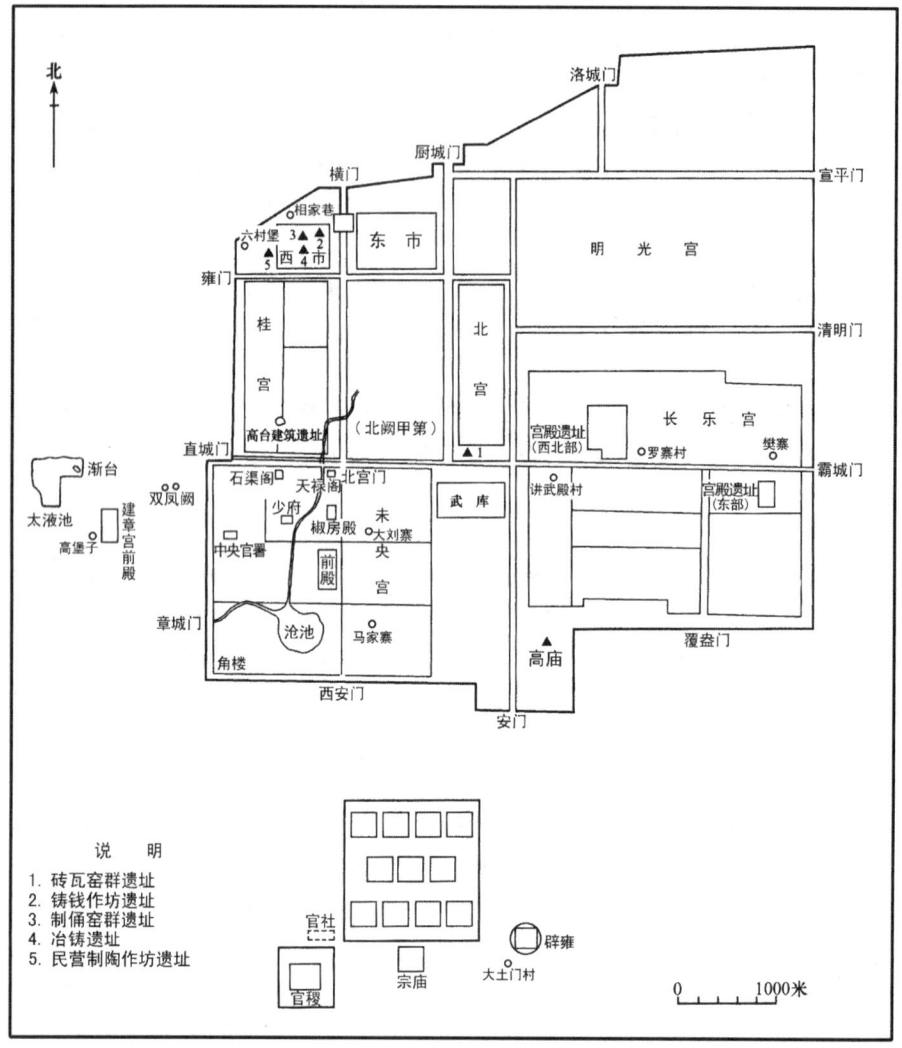

图 7-13　西汉都城长安平面布局示意图

明堂(辟雍)建于汉平帝元始四年(公元 4 年),平面外圆内方,中心建筑建在 6.3 米高的圆形夯土台上,台面直径 62 米,平面呈亚字形,四面对称,每边长 42 米,正中是一方形夯台,边长 17 米,现残高 1.5 米,台面上原有高大的建筑(太室)。[①] 明堂(辟雍)是按儒家传统礼制和当时流行的阴阳五行学说设计的(图 7-14)。

西汉末年,王莽于辟雍以西造庙,史称王莽九庙。王莽九庙由 12 座形制其本相似的建筑组成,其中 11 座在一大的方形院落内,夯土围墙的边长 1400 米,里面建筑分为南北三排,中间一排三座,其余二排各四座,每座建筑的平面亦为方形,又有各自的围墙,围墙边长 270—280 米,中心建筑边长 55 米。有一独立的建筑在建筑群围墙以南正中位置,自成院落,规制与 11 座建筑相同,只是该建筑的边长为 100 米。建筑遗址出土的石础有"始建国"年号。有人

---

① 王世仁:《汉长安城南郊礼制建筑(大土门遗址)原状的推测》,《考古》1963 年第 9 期。

认为,所谓"王莽九庙"应是汉十二帝的祖庙,南边独立的一座为高祖庙,是王莽篡汉前建造的。①

九庙围墙外西南边是社稷遗址,现存夯基高4.3米,东西残长240米,南北70米。

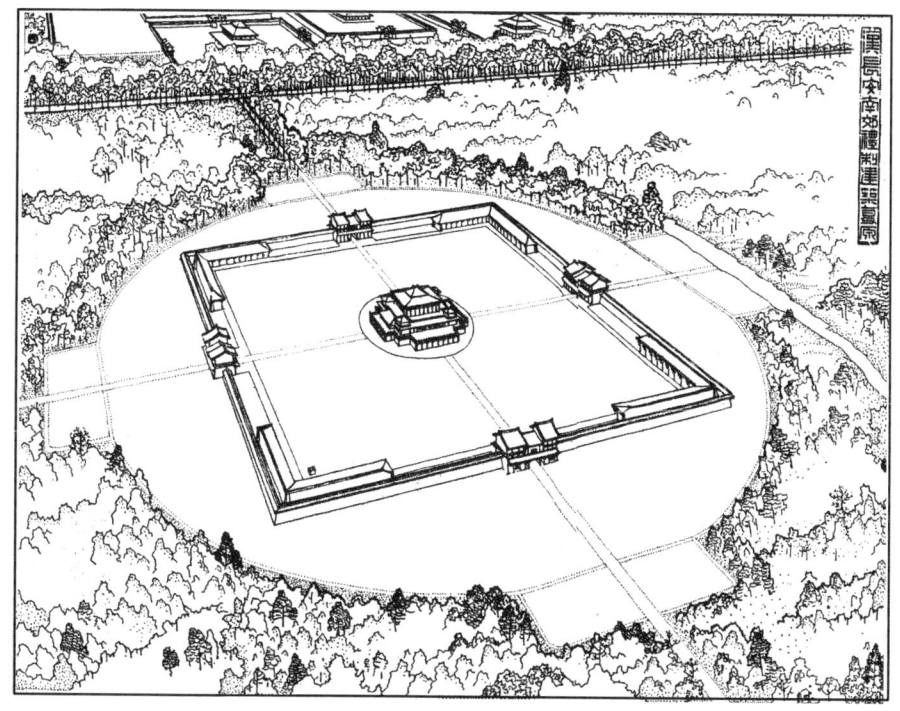

图7-14　长安南郊礼制建筑复原图

五、东汉都城洛阳

东汉都城洛阳在今洛阳城东15公里,邙山之南,洛河之滨,是汉至魏晋时期的重要城址。作为城池,洛阳城始建于西周,春秋和秦代两次大规模扩建,形成了东汉洛阳城的规模。东汉以后又多有修补和改造,但城址规模基本未变。北魏时在洛阳城外围另造外郭城,汉晋洛阳城成为北魏洛阳城的内城。

(一)城墙、城门和街道

洛阳城平面呈长方形,现地面仍残存东、北、西三面部分垣墙,以北垣东段和东垣保存较好,地面以上仍有5—8米高的垣墙。其南垣被洛河改道冲毁。残存的三面墙垣有多处拐折,不完全呈直线。经实测复原,南墙(以东、西垣间距计算)2460米,北墙2820米,东、西墙南端被冲毁,东墙残长3895米,西墙残长3510米。如果加上南端被毁部分,周长近14公里,约合汉晋30里,与文献记载大致相符。城内面积9.5平方公里,大小仅及长安城的1/4。

文献记载汉洛阳城有城门12座,现三面墙垣上有10个城门缺口。夏门遗迹保存较好,经钻探,有3个门道。东墙之上东门即北魏建春门,也是一门三洞,采用靠夯土墙及排叉柱支撑的大过梁式建筑形式,北门洞下发现排水暗沟。其余各门可能都是一个门道。南面平城门

---

① 王恩田:《"王莽九庙"再议》,《考古与文物》1992年第4期。

内大街直通南宫南门,城外大道径穿明堂、灵台间,郊祀大典帝驾出入此门,《续汉书·五行志》称为"正阳之门",为"门之最者"。

城内大街通自城门,互相交叉,分隔成24段,文献所谓"洛阳二十四街"。经钻探,也是一街三道的形式。

(二)城内建筑布局

洛阳城内主体建筑为南宫和北宫,南宫占据城内南半部偏东位置,西汉时已具一定规模,光武定都洛阳,住南宫却非殿。

北宫为汉明帝时所建,根据街道和南宫位置,推定北宫就在洛阳城内北半部的中心,其位置是根据文献记载和南宫的位置推定的。北宫呈长方形,较南宫大,宫中德阳殿是东汉时最雄伟的建筑。文献记载南、北二宫有复道相连。

东北隅有太仓、武库等,城西北有濯龙园,雍门和上西门之间有金市,是洛阳城市重要的工商业区。其余空处有布置民居的里坊等。

与西汉长安相似,两宫占据很大的面积,不同的是洛阳二宫不是东西并列,而是呈南(前)北(后)布置。

(三)城外设施

洛阳城南郊有南市,东郊有马市,而城南太学和礼制建筑是洛阳城外最重要的设施。

城南出平城门是灵台、明堂、辟雍和太学遗址。灵台即当时的国家天文台,始建于东汉光武帝建武中元元年(公元56年),位于平城门外大道西侧,现地面上残有一夯土高台,高台东、西、南三面地下均有夯土院墙的遗迹,北墙遗迹毁入洛河。整个遗址略呈方形,边长约230米。灵台西南侧1.5公里处是刑徒墓地,已发掘522座,出820块刑徒墓砖。

明堂是天子太庙,祭祖之所,建于光武帝建武中元元年,西晋沿用并增修,北魏在原址重建。基址全在今地表下,经复原可以大致确定它是圆形围廊环绕中间一座方形殿堂的大型建筑,与《水经注》"寻其基构,上圆下方"的记载相符。

辟雍始建于东汉,以后又有所修建,基址在地表下,边长170米,中间有一边长45米的方形基址,外围有沟槽遗迹。

太学创于光武帝建武五年(公元29年),遗址分为两部分,各呈长方形(图7-15)。1980年偃师太学村太学旧址出土石经661块,残存文字皆隶书,大部分为熹平石经残石。[①]

第四节 埋葬制度

一、战国墓葬

战国时期的墓葬在形制、葬品、葬式以及墓地布局等方面虽与春秋晚期墓葬有着密切的联系,但出现了一些前所未有的现象,主要表现在丧葬礼制上的约束在不断松弛以至基本消失,如大中型墓虽有用鼎的制度,但普遍出现了"僭越",不再合于礼数,用人殉葬的现象还时有发生,但仅见40余座大墓用殉人,墓例和用人数量都少。土坑竖穴墓和木椁墓依然流行,但

---

① 中国社会科学院考古研究所洛阳工作队:《汉魏洛阳故城太学遗址新出土的汉石经残石》,《考古》1982年第4期。

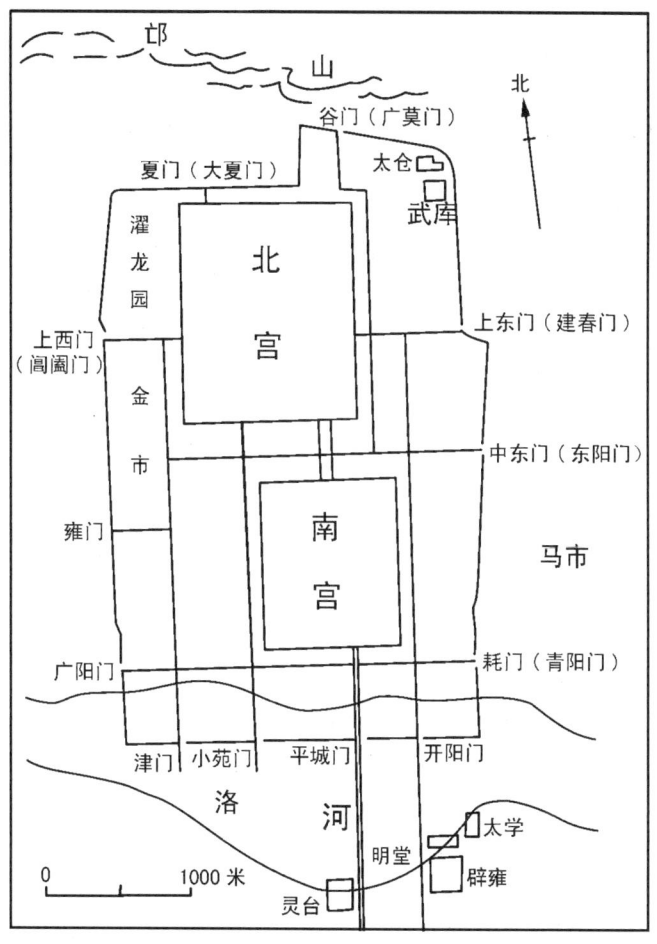

图 7-15　东汉都城洛阳平面布局示意图

出现了洞室墓、空心砖墓等新的形式。在列国分立的形势下,各国墓葬制度各有其鲜明的地方特点,又有着明显的等级制度的印记。

(一)战国封君和贵族大墓

战国时期的都城附近多分布着王陵及贵族大墓,它们与平民的小墓分别集中在不同的地点。但战国时期的族墓制度的执行已不甚严格,出现小墓与大墓杂错的现象,反映了族墓制度的松弛和走向解体的过渡迹象。

战国大型墓的墓主为包括国君在内的上层统治者,一般地面有高大的封土,有的还发现有陵园的遗迹,地下为长方形竖穴,墓圹长数米到 10 米以上,施多重棺椁,椁内分隔成数目不等的箱,木椁四周和棺椁之间积石、积沙、积炭以防盗、防潮,随葬品有鼎、簋、豆等成套青铜礼器、车马器、编钟、编磬等。当然在墓葬形制、结构、用器等方面,还有一些明显的地方特点。

1. 战国早期

早期大墓多无墓道,随葬铜礼器。早在春秋晚期,墓中铜礼器的组合中就出现了以豆代簋的现象,以八豆代八簋,与九鼎相配,如 1988 年山西太原市郊晋阳故城发掘的赵鞅(赵卿)墓,一椁三棺,随葬 3400 多件器物,青铜器 1402 件,九鼎八豆。墓的东北面为车马坑,有马 44 匹,车 16 辆。战国大墓的青铜器多以鼎、豆为基本组合,只有早期少数墓仍使用过去的鼎、簋

· 375 ·

组合。殉人现象在早期大墓中时有发现。

1964年发掘的河北易县燕下都九女台M16是目前已发掘的战国时期规模最大的燕国墓,时代为战国早期。燕下都大墓多有墓道,但M16有无墓道未能判明。该墓虽未出土青铜器,但陶器组合同样显示出墓主人身份的高贵。出土的陶质礼器有:带盖列鼎9件(升鼎)、无耳有匕小圆鼎3套各7件、无盖大鼎(镬鼎)2件、羞鼎4件、各式豆26件、壶11件、簋12件,以及盘、匜、尊、罐等和陶的乐器编钟、镈,另有石编磬1套。①

1971年发掘的山东临淄故城郎家庄战国早期1号大墓,无墓道,原有封土高10米,早期被盗,但椁室周围17个陪葬坑保存尚好,每坑1人,皆有独立的棺木,另外在墓葬填土中发现殉人6个,多数是女性青年。②

湖北随州擂鼓墩曾侯乙墓是江淮地区战国早期的大型木椁墓③。墓室为长方形和方形组合的四室空间,墓口最长21米,最宽16.5米,面积220平方米,墓深11米,墓室四周及椁顶用12万公斤木炭及大量青膏泥填塞,填土夯实,上盖石板。椁室以枋木排垒而成,分为东、西、北、中四室。共发现彩绘漆木棺22具。东室为主室,有墓主人的双重套棺1具,陪葬棺8具,素面无漆狗棺1具,另有青铜兵器、乐器、车马器、漆木器、金器、玉器等。西室有陪葬棺13具,中室以礼乐器为主,有九鼎八簋和编钟、编磬各1套,北室有兵器、车马器和竹简等(图7-16)。

该墓共出土礼、乐、兵、金、玉、漆木、竹等用器15404件,其中礼器140多件,乐器125件,兵器4500多件,漆器5000多件。

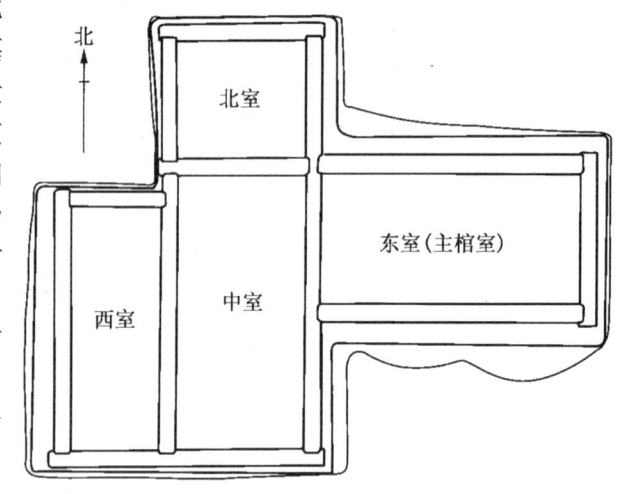

图7-16 曾侯乙墓平面图

中室的青铜编钟是最重要的发现,编钟由65件组成,有镈钟1件,甬钟45件,纽钟19件,依大小、音高编成八组悬挂在三层钟架上,有铜人承托。经测试,每个钟能敲出两个乐音,整套编钟的音阶结构与现行国际通用的C大调七声部音阶属同一音列,音域宽广,含五个八度,能演奏古今中外多种乐曲。该墓出土的乐器还有笙、排箫、竹笛、琴、瑟、编磬、鼓等,管乐、弦乐、打击乐器俱全。

许多器物运用浮雕、透雕、镂孔、错嵌技艺,纹饰华美,工艺高超,出土的尊盘是失蜡法工艺的代表作,而金盏重2156克,纯度85%—93%,是迄今发现的最大的先秦金容器。

出土铜器铭文中多处有"曾侯乙",如一件大镬鼎的内壁有"曾侯乙作持用终"的铭文,镈钟钲上的铭文31字,记述了楚惠王五十六年楚王熊章为曾侯乙作宗彝一事,墓主为曾国国君乙,下葬于公元前433年或稍后,死时45岁左右,陪葬的21个个体为13—25岁的女性青

---

① 河北省文化局文物工作队:《河北易县燕下都第十六号墓发掘》,《考古》1965年第2期。
② 山东省博物馆:《临淄郎家庄一号东周殉人墓》,《考古学报》1977年第1期。
③ 湖北省博物馆:《曾侯乙墓》,文物出版社1989年版。

少年。

2. 战国中期

战国中期大型墓少数出现墓道。随葬品较多地使用仿铜陶礼器,与青铜礼器并用。墓葬制度表现出明显的战国特征,器物以鼎、豆、壶为基本组合,墓上发现有享堂建筑的基址。1974—1978年发掘的河北平山县三汲乡中山国大墓则反映出我国陵墓制度至此已经基本完善。

中山国的陵墓分布于国都灵寿城址内外,共发现6座,都有高大的封土堆。已发掘的M1、M6上部都有享堂建筑基址。M1享堂基址经复原研究,为周绕回廊、上覆瓦顶的三层台榭式建筑。① 两墓都是带两出墓道的中字形墓,石砌椁室(图7-17)。一号墓的墓室深8.2米,根据墓底的棺椁铜饰判断,M1有四层套棺,椁室两侧另设藏器坑(库),东侧2个,西侧1个。M6东、西各1个。西库出铜礼器9鼎、4簋及鬲、豆、壶,陶礼器5鼎及豆、壶、盘、匜等,乐器有14件编钟、13件编磬等。东库出铜礼器5鼎及壶、盘、匜等。两墓都出特别器山字形器(三叉形),M1出5件,均高1.19米,M6出6件,高1.43米。器下部有銎,銎内存木质,可能是置于悬挂大旗类的杆柱顶端,是前所未见的仪仗性铜器,在中山国可能象征王权。两座墓出土的器物,共同构成了富于特征的中山王器群。

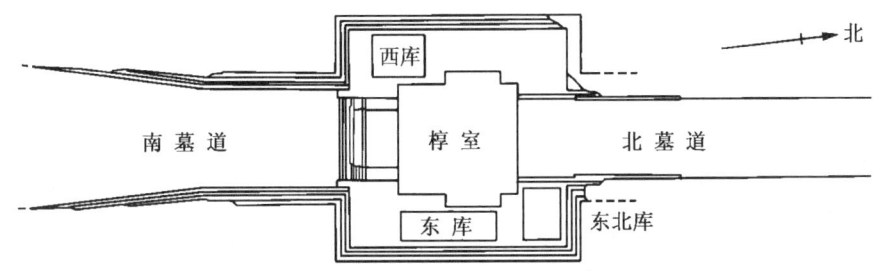

图 7-17　中山王墓 M1 平面图

一号墓出土的十五连盏灯和六号墓出土的银首人俑灯都是制作精巧的艺术珍品。十五连盏灯高84.5厘米,形似大树。灯分三层,最下层为树下两个裸体男子仰面抛物逗猴,猴单臂攀灯枝伸出一臂乞食;中上层又有猿猴或任性戏耍,或仰头探望,或侧耳聆听;树上啼鸣的小鸟与环绕灯柱蜿蜒而上的游蛇交相呼应。通过"灯树"把15个人物、动物组织在一起,颇具浪漫色彩。六号墓出土的银首人俑铜灯高66.4厘米,造型为一身穿绣袍的男子,左手持蛇连接的两层灯盘,右手高举螭蛇连接的另一灯盘,男子手中蛇似乎在向前蠕动,环绕灯柱的蛇也在向上爬升,高处的鸟鸣叫欲翔,栩栩如生,有较强的动感。

特别值得注意的是中山王墓(M1)椁室内出土的兆域图铜版,使我们对战国时期王陵制度有了较多的了解,是该墓最重要的收获之一。

铜版为长方形,长94厘米,宽48厘米,厚约1厘米,上用金、银镶嵌出陵园的平面图,内宫垣内有方形的堂5座,中间为王堂,两侧为王后堂和哀后堂,哀后堂外侧为夫人堂,王后堂外侧的堂铭文不清。各建筑之间都标有间距尺寸,据实地调查测量证明,兆域图就是当时墓地的描绘,说明这种形制的国君陵墓至迟在战国中晚期的三晋两周地区已成定制(图7-18)。

3. 战国晚期

---

① 杨鸿勋:《战国中山王陵及兆域图研究》,《考古学报》1980年第1期。

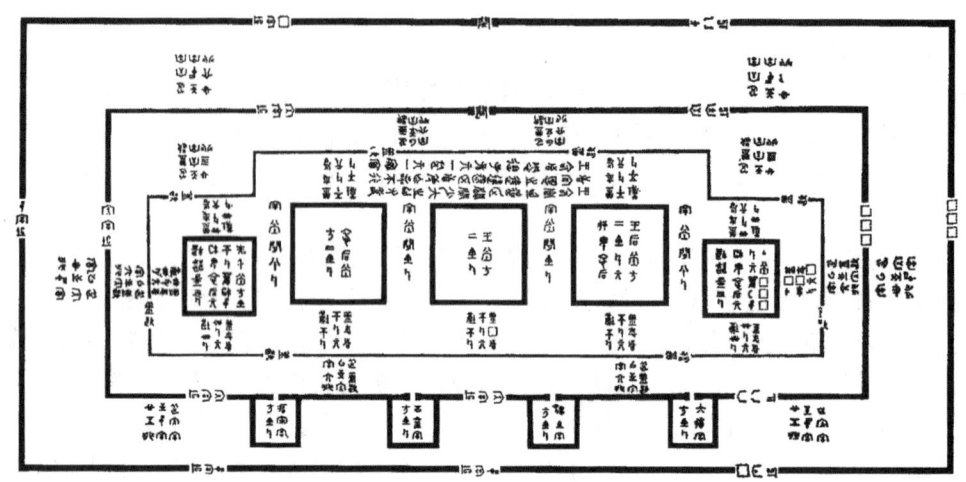

图 7-18 中山王墓出土的兆域图铜版

战国晚期大墓多有墓道,各地墓葬形制和葬品等方面的共性增多。南方楚国大墓自春秋以来一直盛行发达的椁箱,已发掘的战国中晚期楚国国君级大墓有天星观一号、二号,大夫级的有包山二号、望山一号、藤店一号墓等,这些大型墓都有高大的封土和斜坡墓道,平面为甲字形或中字形,以甲字形为多,墓口呈多层阶梯内收,墓室方形或长方形,椁室被分隔为多个室(箱),椁室多用膏泥、木炭填塞。如河南信阳长台关战国中期墓,平面呈甲字形,有长方形斜坡状墓道,墓圹平面近方形,墓口残长 13.6 米,宽 12.35 米,原始深度 10 米以上。墓室自上而下呈阶梯状逐层内收成长 10 米、宽 8.4 米、深 2.3 米的竖穴,内用方木叠垒成方形椁室,椁室又以方木分隔为中央主室即棺室和周围 6 个摆放随葬品的室(箱),有前室、左侧室、右侧室及左后室、右后室,各室周壁以榫卯扣合,顶部用木板和方木平铺,上面再铺以多层竹席。该墓虽然被盗,但仍出土了 4 件铜鼎和仿铜陶礼器鼎、鬲、簠、敦、豆、壶等和大量漆器。[①]

齐地大墓自春秋以来石砌椁室的习俗仍然流行,墓内积石、积炭并填充鹅卵石以防盗,大片鹅卵石的分布也成为发现墓葬的一个重要线索。1979 年临淄故城南大夫观距郎家庄 M1 一华里,发现两座大型战国晚期齐墓,原有封土已被削平,两墓并列,只发掘西南一座。其墓圹呈台阶式内收,有南北墓道,椁室居墓底中间,四角有"器物库",似为战国后期齐国贵族的一种墓制。

2004 年在青州东高镇西辛村发掘了一处战国末期齐国大墓。该墓原有封土已无存,墓葬为一大型竖穴土坑石椁墓,平面呈中字形,有南北两出墓道,墓室部分长方形,两侧墓壁呈三级台阶内收至中间椁室,椁室直壁平底,内以加工齐整的巨石砌筑,椁室内南北长 6 米,东西宽 5 米,深 4.7 米,椁底平铺石板一层,底板下为厚 0.4 米的卵石层,卵石层下填有深达 3 米的青膏泥。石椁与外面土圹之间以河卵石和土相间夯填。石椁中央为巨大的木椁,木棺下面有棺床。该墓早年多次被盗,石、木椁间一木质器物箱内仍出土了鼎、敦、钫、灶、甑等铜器。石椁外的墓室西侧二层台有 4 座陪葬坑,南墓道有 1 座陪葬坑。墓主可能为齐国贵族或王室成员,墓葬下限有可能到西汉建国之际。[②]

---

① 河南省文物考古研究所、信阳市文物工作队:《河南信阳长台关七号楚墓发掘简报》,《文物》2004 年第 3 期。
② 郑同修等:《山东青州西辛发掘一处大型战国齐墓》,《中国文物报》2005 年 4 月 6 日。

（二）战国中小型墓的分区

中小型墓是数量最多的一类墓，最能反映一个时期的丧葬特征。中型墓的墓主为下层贵族和部分富裕的平民，流行长方形竖穴木椁墓，墓圹一般长 2—4 米，一棺一椁，随葬成套陶礼器。小型墓墓圹长度在 3 米以下，其墓主人为普通的平民，有棺无椁，随葬陶器。这里不包括无葬具、无葬品或极少葬品而时代特征不明显的一类小墓。

根据战国中小型墓葬的形制、内涵所表现出的特点，我们着重介绍以下四大区域：三晋两周地区，南方楚国（含与之相邻的曾、蔡地区），关中秦国地区，长江下游吴越地区。

1. 三晋两周地区的周墓

以洛阳为中心的三晋两周地区已发掘的战国中小型墓在 1000 座以上。中小型墓的墓室多见有放置器物的壁龛，流行屈肢葬式，特别是洛阳地区周墓，屈肢葬的比例高于其他地区。有的中型墓在墓主面部发现许多带孔玉片，按五官位置排列，缀玉而幂，称为幎目。小型墓都是简单的土坑竖穴墓，有棺无椁或无棺无椁，葬品少，亦不成套。

战国早期的中小型墓流行头端壁龛，有生土或熟土二层台，一棺一椁或单棺无椁，屈肢葬占有很大比例，但郑州地区以直肢葬为主。随葬品以陶器鼎、豆、壶为基本组合，有的有盘、匜或盂、鬲。如 2003 年发掘的郑州南阳路战国早期 M15，长方形竖穴土坑，口大底小，头端墓壁有壁龛，内置陶鼎 1、豆 4（其中 2 件高柄豆）、壶 2（1 件小陶壶）、盆 1、匜 1。单棺，仰身屈肢，腰侧 1 铜带钩，棺外生土二层台。①

同早期相比，战国中期的屈肢葬增多，葬品仍以陶器鼎、豆、壶为基本组合。陶豆柄较矮，鼎身扁短。洛阳地区中型墓多用石圭随葬。该期开始出现洞室墓和夫妻合葬墓。洞室墓又称偏堂墓，以竖井为墓道，墓道底部或近底处横向掏洞为墓室。

战国晚期，竖穴土坑墓与洞室墓并行，洞室墓比中期增多，洛阳中州路发现的四座洞室墓均为晚期。葬品组合为鼎、盒、壶，盒取代了以前的豆，鼎也呈退化之势，有的用罐与盒。幎目减少（图 7-19）。1992 年洛阳原东周王城遗址区内东北部一座战国晚期墓中出土幎目一组，有三角形、S 形、圆形玉片。② 郑州一带出现空心砖墓，以郑州南阳路 M19 为例，营造方法是，先挖竖穴墓圹，下部留生土二层台，再用空心砖砌成椁室，向内一面有米字纹，上以木板盖顶（有木板痕），北壁有龛，内置壶、盒（报告称合碗，上下扣合）各 1 件。③

2. 关中地区的秦墓

近年来发掘的关中地区秦墓近千座。随着秦人政治、军事、经济、文化中心的不断东移，秦墓在不同的几个时期形成了几个集中分布的地区。战国秦墓比较集中的地区有宝鸡地区、西安地区、湖北云梦和四川青川。

关中地区秦墓有土坑竖穴墓和土洞墓（或称洞室墓）两种，早期土坑竖穴墓为主，土洞墓较少，晚期多数为竖穴土洞墓，可以说，土洞墓是秦墓的特点，中原地区受秦墓的影响，到战国中期才开始使用洞室墓。

洞室墓以竖穴为墓道，在墓道底部一侧开土洞为墓室，一般有墓室长轴与所在墓道的边平行和垂直两种，战国晚期西安地区秦墓出现少量双洞室墓。西安南郊潘家庄 M196 和陇县

---

① 郑州市文物考古研究所：《郑州市南阳路家世界购物广场战国墓葬发掘简报》，《华夏考古》2006 年第 2 期。
② 洛阳文物工作队：《洛阳市西工区 C1M3943 战国墓》，《文物》1999 年第 8 期。
③ 郑州市文物考古研究所：《郑州市南阳路家世界购物广场战国墓葬发掘简报》，《华夏考古》2006 年第 2 期。

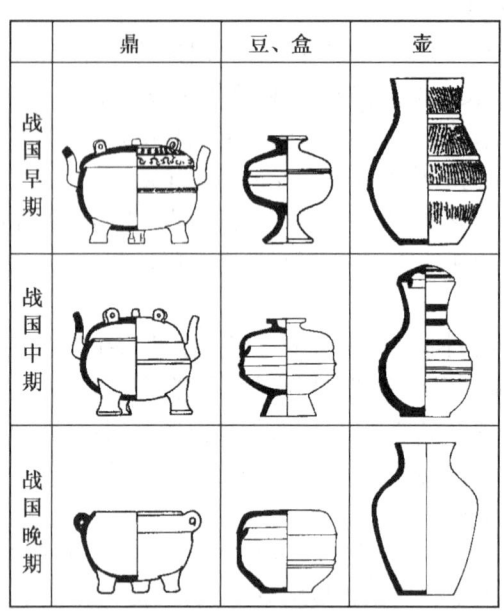

图 7-19 三晋两周地区战国墓常见器物组合

店子 M33 分别代表了战国秦墓两种常见的类型(图 7-20)。①

秦墓流行单人葬,以屈肢葬为主要葬式,少数直肢葬,屈肢葬蜷曲的程度甚于三晋两周地区。另外,秦墓除一椁一棺、单棺无椁等,还有少数的儿童瓮棺葬。

秦墓以日用陶器为主要随葬器物,没有固定的组合关系。早期有鬲、釜、盆、罐、甑等,中期有釜、盆、壶、罐、甑,鬲很少见,战国晚期渭河流域盆、盂、壶为主,在西安、宝鸡地区出现以鼎、盒、壶为基本组合的仿铜陶礼器,比较固定,凤翔有鼎、豆、壶或鼎、盒、壶(钫)各二件为主,与中原墓葬的葬品组合相同,说明在战国晚期,随着文化交流的加强,统一的趋势越来越明显。

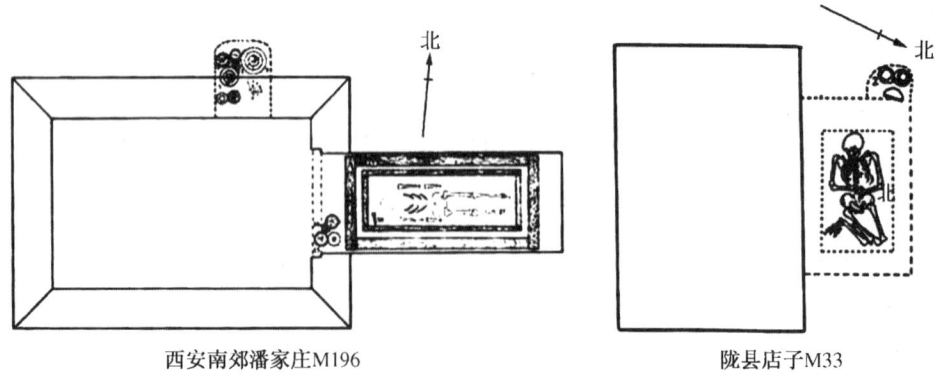

图 7-20 关中秦土洞墓平面图

---

① 西安市文物保护考古所:《西安南郊秦墓》,陕西人民出版社 2004 年版。陕西省考古研究所:《陇县店子秦墓》,三秦出版社 1998 年版。

茧形壶、蒜头壶(瓶)、囷、釜和鍪是秦器中典型的器物。茧形壶出现于战国早期,西汉中期消失。蒜头壶流行于战国晚期,常与鼎、盒、壶共出。囷则出现于春秋时期,至西汉中期为仓取代。釜在战国后期逐渐为灶取代。鍪在关中出现于战国晚期,流行于秦统一到西汉初期。

3. 江淮地区的楚墓

南方楚墓主要发现于长江中下游地区,在两湖、河南南部、安徽西部都有大量发现,迄今发现的春秋战国时期的楚墓在4000座以上,超过目前所知的东周墓葬的70%,估计战国楚墓在2000座以上。

同中原地区相比,楚地的中小型墓为单纯的长方形竖穴土坑墓,一棺一椁或单棺无椁,以膏泥填塞墓室周边。由于有良好的保存条件,漆木器、简牍等发现得较多。木椁墓虽然没有大型墓那样发达的箱,但也都有边箱、头箱或足箱,有的箱还隔成上、下两层,以最有效地利用空间置放葬品。

楚墓棺的形制变化多端,常见的有悬底弧棺、悬底方棺和长方盒状棺,其演变规律大致是底板从薄到厚,位置下降,从位于棺身中部到中下部,底板下的垫木从无到有,棺木的这种结构形成楚墓更为鲜明的特色(图7-21)。① 中小型墓棺的形制变化较少,以长方形盒状为主。

随葬器物,中型墓随葬仿铜陶礼器,基本组合为:战国早期多为鼎、簠、壶;战国中期组合形式多样,有鼎、簠、壶(缶)或鼎、敦、壶,也有只用鼎、簠的;战国晚期楚墓中也开始用中原地区常见的鼎、盒、壶,这种组合一直用到西汉中期。

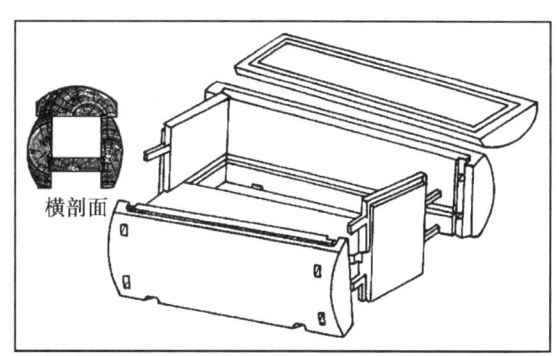

图7-21 楚墓悬底弧棺结构示意图

4. 长江下游吴越地区墓

战国时期长江下游吴越地区主要受到楚文化的影响,在墓葬制度上有着吴、越、楚文化交互影响的特点。

西周至春秋时期,这里还流行一种土墩墓,这是江南地区的一种特殊葬式。江苏南部大多数县市和安徽、浙江、上海等地普遍都有发现。土墩墓有坟无穴,在地面上或施浅坑安置死者、随葬器物,然后堆积成馒头状土墩。每墩直径20米左右,一墩几墓甚至十几墓,一墩一墓者甚少。战国时期土墩形式已基本不见,上海金山戚家墩发掘5座土墩墓,时代在战国早、中期,是春秋埋葬习俗的遗留。

战国时期吴越地区墓葬以土坑竖穴为主,木椁墓也有椁室分箱的现象,使用楚墓中常见的鼎、簠、壶组合。有的用独木棺具,随葬印纹陶、青铜剑或木剑,地方特色显著。1988年在吴县龙桥塘发掘了10座战国墓,竖穴土坑,都有独木棺具,其中一座有脚箱。随葬器物有印纹陶、原始瓷、黑皮陶器等,还有木制明器削、刀、斧等,少数墓出有青铜剑、镞、木剑等。浙江漓渚发掘几座战国早中期小型越墓,均为土坑竖穴,随葬印纹陶罐、釉陶鼎、罐、碗、钵等。

战国晚期开始使用鼎、盒、壶等三晋地区陶器组合,武进孟河清理的一座战国时期的竖穴土

---

① 湖南省博物馆等:《长沙楚墓》,文物出版社2000年版。

坑木椁墓,随葬铜鼎、盒、壶等。1996年安徽宣州市清理一战国木椁墓,出土陶鼎、壶、钫、盒各2,漆樽1,漆耳杯4,木剑2,木俑4等。木剑为柳叶形,扁方茎无格,中起脊,长30—50厘米。[1]

二、秦始皇陵和兵马俑坑

(一)秦始皇陵

秦始皇陵位于陕西临潼县城东5公里,南靠骊山,北临渭水,处于骊山北麓的黄土台塬和山前洪积扇的交汇地带,陵区内地势南高北低,东高西低。

1. 陵园的城垣

秦始皇陵的陵园是由两重夯土垣墙围成,呈长方形,南北长东西窄,内垣墙南北1300米,东西578米,周长约3774米;外垣南北970米,东西2180米,面积2.13平方公里。封土在内城南半部。

内、外城垣四面皆有城门遗址,内、外城东、西城门在一条直线上,穿过封土中间。内、外城南垣门和外城北垣门也各在其所在城垣的中部,三门连线也穿过封土。内城北垣有两门。

内、外的东、西四座城门规模巨大,大于内、外城的南门。东、西内、外城门之间,司马道中部两侧各发现一组三出阙遗址,南北对称,东阙稍大于西阙。经探测,内城东门门址由三条各宽约20米的门道组成。

2. 陵园的整体布局

始皇陵的整体布局可分为4个层次:核心部位的封土和地下宫城(地宫),内城,内外城之间,外城以外,由近及远四个部分,主次分明(图7-22)。

(1) 封土和地宫

地宫在高大的封土之下。封土(陵冢)居内城中部偏南,人工夯筑,呈覆斗形。文献记载"其高五十余丈",合今116米左右,现在实际高度只有62.3米。

封土下面北、西各有一过洞通向地宫,西侧门道过洞1980年发现彩绘铜车两乘,上各有铜御官俑,车、人、马约为实物1/2大小。勘探表明,封土以下距地表20米左右的地宫内二层台或三层台上还分布有陪葬坑。

地宫因未发掘,其内容只能凭记载了解。《史记·秦始皇本纪》:"穿三泉,下铜而致椁,宫观百官,奇器珍怪,徙藏满之。令匠作机弩矢,有近穿者辄射之。以水银为百川江河大海,机相灌输。上具天文,下具地理。以人鱼膏为烛,度不灭者久之。""丽山大事毕,知机匠人皆闭中羡。"《水经注·渭水》等亦有类似记载。

2003年11月通过验收的科技部"863"计划项目"考古遥感和地球物理综合探测技术",探测到由地宫开挖后回填土引起的明显磁异常,由墓室引起的高电阻率异常,开挖范围内汞异常,重力异常和绕射点异常,这些异常加上已知的墓道,可以勾画出巨大的地下建筑群轮廓。[2] 据初步估计,地宫口东西长170米,南北宽145米,地宫面积1.8万平方米。底部东西长约80米,南北宽约50米,高约15米。估计地宫的深度在50米以下。

(2) 内城

内城东北部又筑一小城,小城中心部位有陪葬墓区,但均无封土发现。

---

[1] 宣州市博物馆:《宣州市战国墓清理简报》,《文物研究》第12辑,1999年。
[2] 田静:《863计划介入考古学——遥感物探与考古结合探索秦始皇陵》,《中国文物报》2004年1月30日。

1979年内城南区封土北侧经钻探发现一座大型建筑基址,南北62米,东西57米,四周有回廊,有残留的墙壁及大量砖、瓦、草拌泥块、灰烬等,应为寝殿建筑的重要组成部分。内城西北部为休息闲宴之所的便殿遗址,有直径61厘米的夔纹大瓦当出土。

2000年,内城西南角发现一座陪葬坑(K0006),坑体面积144平方米,为地下坑道式土木结构,未遭焚毁,发现木车1辆、陶俑12尊和大量马骨架,可能是某种机构的象征。

2003年封土北侧发现大型陪葬坑1座,长方形,总积8万多平方米,坑周围有一圈砖坯垒砌的围墙,坑内又有独立的陪葬坑4座。

在封土南、东有地下阻水和使用明井暗渠技术的排水系统,阻断地下水流向地宫并排走。

内城一周的城墙内外发现环绕的连绵不断的廊房建筑遗址。

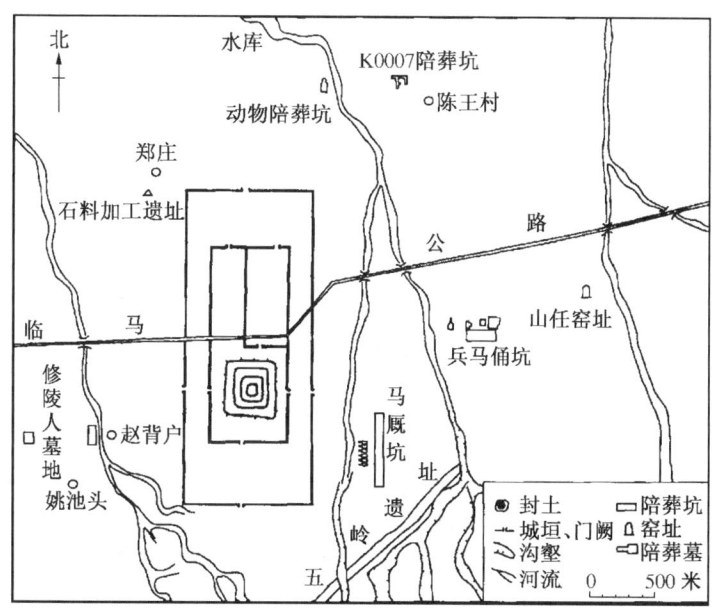

图7-22 秦始皇陵平面布局图

(3) 内外城之间

内外城之间有做奉祭品的"骊山食官"遗址、管理陵园的园寺吏舍遗址等。出土陶壶上有"丽山食官左(右)"、"丽山二斗半、八厨",可知为左、右食官居处,掌管供奉陵寝膳食。

1998年,陵东南150米发现一座陪葬坑(K9801),东西120米,南北110米,面积1.3万平方米,在试掘的4个探方中出土石铠甲90多领,石兜鍪(头盔)约36顶,3组石质马缰索残件及青铜车马器构件。甲、鍪均为石灰岩石片以扁铜条连缀而成,石铠甲每领重30公斤左右,由700多片石片组成,石兜鍪重3公斤,由74片石片组成,尤以小型鱼鳞甲最为精制,堪称珍品,然易碎而不实用。①

1999年,在石铠甲坑南40米处发现另一陪葬坑(K9901),发现一青铜巨鼎和一批彩绘陶俑。鼎口径64厘米,通高59.5厘米,重212公斤,是目前所知最大的秦鼎。②

(4) 外城以外(陵园外围)

---

① 始皇陵考古队:《秦始皇陵园K9801陪葬坑第一次试掘简报》,《考古与文物》2001年第1期。
② 始皇陵考古队:《秦始皇陵园K9901试掘简报》,《考古》2001年第1期。

位于陵外城垣以东 1225 米的兵马俑坑是目前秦始皇陵区最重要的发现（详后）。陵园以东、兵马俑坑西南 800 米有上焦村马厩坑，探出南北向三排 93 座，出土俑、马、陶器等文物。

马厩坑以西有陪葬坑 17 座，成南北一字排列，墓主多被肢解，年龄都在 30 岁左右，可能是被杀殉的公子、公主。

陵东南骊山北麓洪积原上发现人工夯筑的保护陵园的防洪堤遗址，称为五岭遗址。五岭遗址呈西南—东北走向，长约 3500 米，残存约 1000 米，宽约 40 米，残高 2—8 米。陵园正对骊山北麓谷口，防洪堤是为防止山谷之水冲击秦陵而设。

陵西赵背户村发现修陵人墓地两处，已清理 32 座，竖穴土坑，一坑埋 2—3 人，多者 14 人，屈肢，死者多为青年男性，个别为妇人、小孩，都是劳累致死的筑陵劳役者。

西北角郑庄村南，发现石料加工场 75 万平方米，出土大量石料、半成品、残水道、铁刑具和 5 处房基。

2001—2003 年发掘的陵园东北的 K0007 陪葬坑为地下坑道建筑，发现包括双层棚木、箱板、立柱、垫土以及木构之间的榫卯结构痕迹，是迄今秦始皇陵园内惟一保存较为完整的木结构遗址，发现青铜水禽 46 件，有天鹅 20 件、鸿雁 20 件、仙鹤 6 件，另有跽姿陶俑 7 件，箕踞陶俑 8 件以及其他小件文物。[①] K0007 的性质，可能与少府属官的"左弋外池"相关。左弋掌具赠缴以射凫雁，给祭祀，是以有池。[②]

目前已探明秦始皇陵园内外陪葬坑有 184 座，有的已经发掘或试掘。秦始皇陵在中国陵寝发展史上有着十分重要的地位，它直接影响了西汉帝陵的建制，并对后世帝陵产生深远的影响。

（二）兵马俑坑

兵马俑坑在秦始皇陵外城墙以东 1225 米处，1974 年春，西杨村一批村民打井时发现，当年陕西省文物考古部门正式开始发掘，探出总面积 12600 平方米、平面呈长方形的俑坑，编为 1 号坑。1 号坑试掘面积 1000 平方米，发现武士俑 500 个，车马 4 乘。1976 年在 1 号坑北探出 2 号坑，2 号坑西探出 3 号坑，并在 2、3 号坑之间发现 4 号坑。

1. 坑内布局

1 号坑平面呈长方形，南北 60 米、东西 210 米，深 4.5—6.5 米，面积 12600 平方米，东、西两边各 5 个斜坡门道，门道内发现车辙。已发掘部分发现武士俑 500 个，俑高 1.75—1.85 米，皆身着铠甲或战袍或执弩、弓，负矢箙，执矛、刀、戟，佩剑。有战车 6 乘，陶马 24 匹。据排列密度，估计全坑有 6000 兵马俑。

1 号坑是步兵、车兵混合编组的军阵。坑四周是回廊，东西两端是列队守卫的步兵，东端长廊排列三列横队弩兵俑，共 204 个，皆执弓负箙，不着铠甲，着战袍，面朝东。第一列横队中间及左右两端各有一铠甲武士俑，右端铠甲俑腰配铜剑，可能三人是东廊前锋卫队的指挥者。

南北侧廊侧翼卫队各二队，外侧一列分别面南、面北（即朝向外），内侧一列面向东（朝前），皆为执弓战袍俑。西端回廊一列后卫面向西，也是朝外。

中间有 9 个过洞，以隔墙间隔，每洞 4 列纵队，为披甲执戈、矛等长兵器的俑，连同南北两边廊内侧的二路武士俑共 38 路纵队，皆面向东。过洞军列中有战车相间，共 6 乘。这是当时军

---

① 陕西省考古研究所、秦始皇兵马俑博物馆：《秦始皇陵园 K0007 陪葬坑发掘简报》，《文物》2005 年第 6 期。
② 焦南峰：《左弋外池——秦始皇陵园 K0007 陪葬坑性质蠡测》，《文物》2005 年第 12 期。

阵的实际反映。

2号坑在1号坑东端北20米。平面呈曲尺形，东西两边分别有4和5个斜坡门道，北边2个，共11个，不含门道东西最长96米，南北最宽84米，总面积6000平方米。此坑为步兵（含弩兵）、车兵、骑兵、车骑兵结合的四个军阵混合编组，发现116件骑兵鞍马俑。目前该坑大部尚为棚木覆盖，估计整坑可出武士俑900多个，马俑470多个，木质战车80余辆，有大量青铜兵器。

3号坑在1号坑北25米，2号坑之西125米。平面呈凹字形，东西17.6米、南北21.4米、深5.2—5.4米。此坑未经焚烧，系自然塌陷。发现战车1乘，车后武士俑4个，南面铠甲武士俑42个，北面铠甲俑22个，共68个。南、北两面武士俑沿四周相向排列，可能是兵马俑军阵的指挥部，但未发现将军俑。

4号坑在2号、3号之间，是尚未建成的空坑，未见任何文物，总面积4608平方米，深4.8米，可能是由于公元前209年农民起义爆发而被迫停工后废弃。

2. 俑坑结构

兵马俑坑为地下坑道式土木结构，三个坑的营造方法基本相同。以1号坑为例，其营造程序为，先掘大坑，再夯筑四周边墙和东西向十道隔墙，即承重墙，墙宽2.5米，形成边廊和9个过洞。

过洞底以青砖墁铺，中间略高，形似路面。过洞两侧贴隔墙有立柱，立柱间距1.1—1.5米。立柱上东西向（纵向）放置枋木，枋木与承重墙顶相平。枋木及承重墙上密排南北向（横向）棚木，棚木上铺席，席上覆青灰泥层20—30厘米。青灰泥除见于棚木上，还见于柱子周围、封门木外侧、地栿木底部（图7-23）。① 泥层之上为填土至地面。

3. 兵马俑坑的意义

兵马俑坑不但出土俑的数量巨大，而且涉及的兵种齐全，阵列整齐，形象地再现了当时阵列和装备的情况，是研究秦代军队阵列的可靠资料。

陶俑的制作体现出非常高的制陶技术，并有很高的艺术价值。这些俑大小同真人真马，制作复杂。兵俑的身份不同，装束不同，是研究秦代服饰的重要资料。秦俑的制作，以塑为主，塑模结合，分件制作，入窑烧制，烧成绘彩，工艺复杂。烧结的温度约为1000℃，高温烧结不变形，至今坚硬如青石，击之有声。制作的俑形态各异，面目、表情各不相同，是重要的地下雕塑艺术的宝库。

俑坑出土的青铜兵器皆制作精密，表面大多作过铬盐氧化处理，表层有一层致密的铬盐氧化层，防腐能力强。出土青铜剑多80厘米以上，2号坑出土一批青铜剑，长86厘米，光滑锋利，有的剑身共有8个棱面，棱面间误差不足一根发丝。1号坑第一过洞出土的一把剑当时被俑压弯成45度角，取出后一瞬间恢复常态。1号坑出土的16件铍，两面布满不规则云头状花纹，与器表的金相组织融为一体，与越王勾践剑的菱形花纹工艺相似。这些在世界上都是非常先进的技术，在冶金工艺中至今仍有非常高的应用价值。

兵马俑坑的朝向对于秦陵朝向的确定也有着非常重要的意义。

兵马俑坑是我国的一笔厚重的文化财富，被称为世界第八大奇迹。

---

① 陕西省考古研究所、始皇陵秦俑坑考古发掘队：《秦始皇陵兵马俑坑一号坑发掘报告（1974—1984）》，文物出版社1988年版。

图 7-23 秦兵马坑一号坑局部透视图

三、汉代墓葬

汉代墓葬发现的数量巨大,经考古调查和发掘的汉代墓葬有帝陵、诸侯王墓和数量众多的中小型墓,墓葬的结构类型有竖穴木椁墓、土坑墓、土洞墓、崖洞墓、砖室墓、石室墓等等,黄肠题凑墓、空心砖墓、画像墓、壁画墓等是其中的特殊类型。西汉是木椁墓走向消亡和砖室墓开始流行的时期,汉代以后砖室墓成为我国古代墓葬的主流形式。墓葬建材上发生的变化,有利于家族多室合葬墓的营造,也便于使墓室结构模仿生人居室的形式,而这些最终都是由汉代人们丧葬观念的变化带来的。西汉早期墓同战国墓的联系较多,中期以后变化较大,家族墓地逐渐兴起,并且厚葬成风,随葬品中大量使用涉及生产、生活各个方面的陶质模型明器、动物和人物偶俑造型成为汉代墓葬的一大特色,这正是汉代人丧葬观念发生变化后厚葬形式的另一种表示。

(一)汉代帝陵

帝陵和后陵是各时期墓葬的特殊类型。我国的陵寝制度成熟于战国时期,至秦始皇陵,这一制度更为完善,其园墙、寝、堂、封土、陪葬墓和地下从葬设施的一整套形式为汉代和汉代以后所继承。汉代帝陵学习秦始皇陵的范式,规范陵园和园门的设计,创立新的寝、庙制度,完善陵邑。另外,汉代继承了秦代预造寿陵的制度,汉武帝即位的第二年便下诏为自己修建陵寝,修建时间达 53 年。时间充裕的造陵活动,使得汉代帝陵规模庞大、设施完备、埋葬丰富。虽然至今还没有发掘过一座汉陵,但从其陪葬墓和从葬坑中所出,也大体可以想见各帝陵地下宫殿中的奇异景象。

1. 西汉帝陵

西汉 11 帝,除文帝霸陵在长安东南的白鹿原、宣帝杜陵在西安市南郊的杜东原,其余 9 陵皆在渭水北岸咸阳市至兴平县境内的咸阳原上,东西跨百余里,沿成国渠遗址,自西而东分别为:武帝茂陵、昭帝平陵、成帝延陵、平帝康陵、元帝渭陵、哀帝义陵、惠帝安陵、高祖长陵、景帝阳陵。西汉帝陵的布局有以下特点：

① 方形封土。除文帝霸陵依山为陵外，都有高大的人工夯筑的覆斗形坟丘。汉陵封土一般高 30 米左右，边长 150—200 米左右。武帝茂陵最大，高 46.5 米，边长 230 米。

② 方形陵园。都有夯土围墙围成的方形陵城（陵园），边长 400 米左右，封土居于陵园的正中。围墙四边正中各有一门，整个陵园以陵丘为中心呈十字对称布局。位于今咸阳市渭城区正阳镇张家湾村北原上的阳陵陵园边长 417.5—418 米，园墙宽 4—4.2 米，门道宽 15 米左右，立双土阙。1998 年阳陵南门遗址探出一组三出门阙，左右对称。武帝茂陵园墙边长 414—426 米，墙宽 6—8 米，除南门阙地面无存，其余三面均探出三出阙遗迹。

③ 后妃墓居东。帝陵附近有后妃墓，除高帝和吕后同为一个陵园外，其余都各有自己单独的陵园，形制同帝陵而略小，一般帝陵在西，后陵在东，为异坟合葬。如宣帝杜陵，帝陵在西，陵园呈方形，边长 430 米，封土边长 175 米，现高 29 米；王皇后陵在帝陵东面偏南，与帝陵相去 175 米，陵园边长 330 米，封土边长 145 米，现高 24 米。惠帝张皇后墓在安陵西，元帝王皇后墓在渭陵西北，武帝李夫人墓在茂陵西北，属例外情况，皆非常制，应另有隐情。

④ 寝庙制度。陵区内发现西汉建筑遗迹、遗物，估计与寝殿有关。汉制，寝殿设于陵园中近处，包括寝殿和便殿两组建筑，寝殿内陈"衣冠、几杖、象生之具"，旁设便房（殿），以像"休息闲晏"之所，两处都是供奉皇帝生前所用衣冠并定时进行各种祭祀的场所。阳陵东南 130 米的罗经石遗址可能就是景帝的德阳庙所在。

⑤ 陪陵制度。汉沿秦制有陪陵制度，陪葬墓在帝陵东边或东北边，最多的是长陵，陵园东门外有 70 余冢，最少的是成帝延陵，只有 1 座。茂陵陪葬墓集中于园东，有霍光、卫青、霍去病等名臣的墓 20 多座。

⑥ 从葬俑坑。汉陵皆有埋藏各种人物俑和动物俑以及车马、生活用器（物）等的从葬坑，从其分布和内容来看，它们应代表或象征"婢妾"、"厨"、"厩"之属和"宫观及百官位次"，代表帝王生前的政府机构及设施。1990 年开始至 2006 年，已发现阳陵从葬坑 114 座，其中陵园之内、封土之外发现从葬坑 86 个，在四边墓道两侧基本平均分布，与墓道平行而垂直于封土边缘（图 7-24）。① 陵园东南、西北 500 米的东、西两区各探出从葬坑 24 个。两区从葬坑大小相等，对称分布。1998 年对阳陵东侧的 11 座从葬坑进行了试掘，出土大量彩绘武士俑，其中 6 号坑北端 40 平方米范围内出 400 余个彩绘陶俑，另有铜镞、矛、铁剑等各式兵器以及猪、马等动物俑群。其他各陵如昭帝平陵、高帝长陵、文帝霸陵、武帝茂陵、宣帝杜陵等都发现从葬坑，其中茂陵封土外围从葬坑 63 条，园外从葬坑分三区共 115 条。②

⑦ 陵邑制度。汉陵附近设有陵邑，汉政府强迁部分地方豪强至陵邑中以实关中，使他们宗族亲党分离，削弱他们的势力，以达到弱枝的目的。目前长陵、安陵探出陵邑围墙在各陵园以北，围墙平面呈长方形，夯筑。长陵陵邑东西长 1100 米，西墙长 600 米；安陵陵邑东墙曲折，北墙长 1600 米。茂陵邑和阳陵邑也在探讨之中。

2. 东汉帝陵

东汉以洛阳为都，所以东汉 13 帝除少帝刘辩葬处不明，献帝刘协的禅陵在焦作修武县方

---

① 焦南峰：《汉阳陵从葬坑初探》，《文物》2006 年第 7 期。
② 咸阳市文物考古研究所：《汉武帝茂陵钻探调查简报》，《考古与文物》2007 年第 6 期。

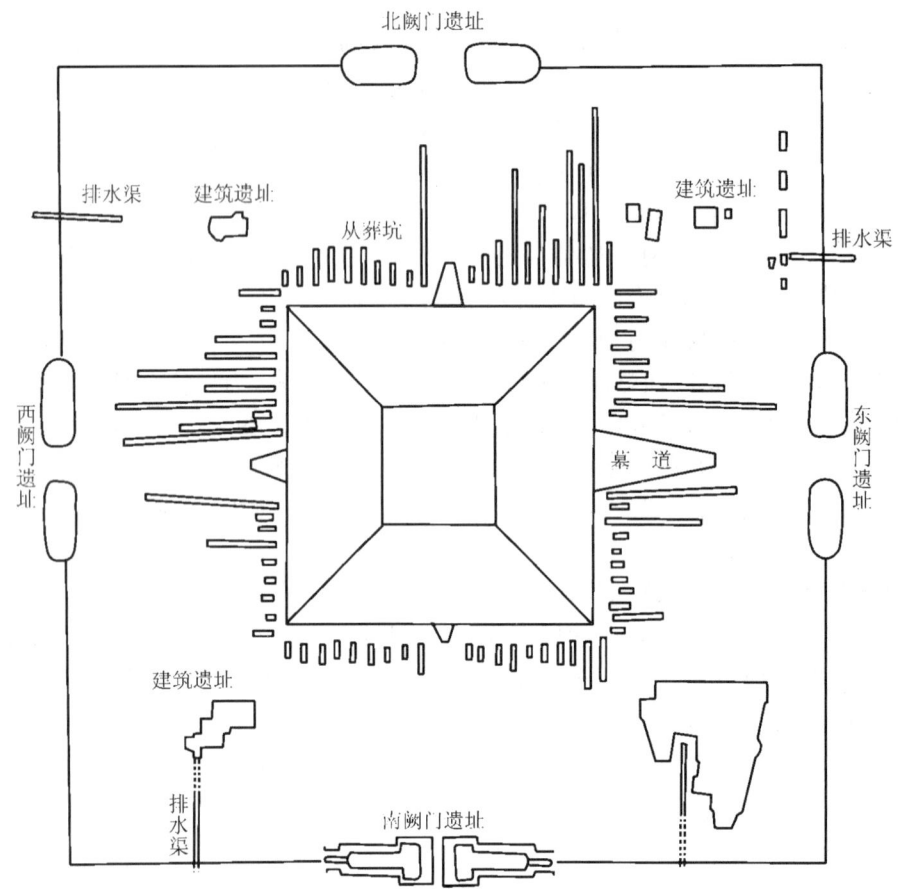

图 7-24 汉阳陵平面布局示意图

庄镇外,其余 11 个帝陵均在洛阳故都附近。现在陵区内虽有高大封土分布,但无法确指其准确的归属。根据实地调查勘探,结合文献记载,可知东汉帝陵制度同西汉时期相比发生了较大的变化。[①]

① 南北两个陵区。东汉帝陵分两个兆域,北兆域在邙山,位于孟津县东部,共有 5 个:光武帝原陵、安帝恭陵、顺帝宪陵、冲帝怀陵、灵帝文陵。现在陵区西部地面有 5 座独立大冢,南北一线,在众多封土堆中十分显著。南兆域在洛河以南,偃师县境南大口和高龙乡一带,有 6 个:明帝显节陵、和帝慎陵、章帝敬陵、殇帝康陵、质帝静陵、桓帝宣陵。今虽有不少高大封土,但墓主都不能对号入座。

② 圆形封土。自刘秀原陵开始,一变西汉时期的覆斗形坟丘,作平面圆形、外观呈馒头形的低矮的封土,现存封土的直径 94—130 米,高 20 余米。

③ 砖(石)筑墓室。改四条羡道的竖穴木椁墓为砖(石)墓,以黄肠石仿黄肠题凑形式(东汉黄肠石墓如定县北庄墓)。孟津刘家井所得 2 块黄肠石有刻铭"建宁五年(灵帝,公元 172 年)二月省椽刘宫主"、"熹平六年(灵帝,公元 177 年)二月,省椽慎主……"这些黄肠

---

① 严辉:《邙山东汉帝陵地望的探索之路》,《中国文物报》2006 年 11 月 3 日。洛阳市第二文物工作队:《洛阳邙山陵墓群的文物普查》,《文物》2007 年第 10 期。

石都应是陵内之物。

④ 后妃同茔异坟而葬。各陵都有陪葬墓。在北兆域邙山陵区5座大冢的北侧和西侧分布一些零星小冢,据钻探情况分析,规格较高,墓葬形制也为东汉时期,应为后妃墓冢。

⑤ 陪葬制度。邙山陵区东部有较多的墓冢分布,封土直径一般在50米以下,为陪葬墓群。而西汉帝陵封土内外复杂的外藏系统,东汉时期已不再使用。

⑥ 不筑园墙、陵邑。从明帝开始不筑陵园围墙,也不设陵邑。陵园用一种临时性的竹木屏篱——行马围成,现地表不见痕迹。文献记载原陵有围墙,但迄今未找到。

⑦ 寝庙制度。自明帝时开始废止一帝一庙的制度,把历代神主汇集到一个祖庙之中,实行同堂异室的供奉办法,从此陵寝制度和宗庙制度都发生了重大变化。原陵有庙,今铁谢村后世建有光武帝庙。在帝陵未正式确认前,人们仍认为铁谢村为原陵陵园,当地人称汉陵。

(二) 两汉诸侯王和列侯大墓

诸侯王和官爵二十级的列侯墓,都有边长10米以上的竖穴,多重棺椁,或黄肠题凑,或石室墓、砖椁墓、崖洞墓,葬品丰富,有车马、铜漆礼器、日用器及大批陶器、玉石器、木器等,有的有玉衣。目前已发掘的汉代诸侯王墓就有60余座,列侯大墓数量更多,它们是汉代上层丧葬制度的代表,反映了除帝陵以外的一种墓葬类型最高和最完善的层次。木椁墓主要流行于西汉,东汉时期诸侯王墓不再使用木椁墓。

1. 木椁墓

木椁墓继承了商周以来的传统,在长方形竖穴土坑内用木板搭筑椁室,一般有斜坡式或阶梯式墓,多重棺,但西汉早已没有先秦天子七重、诸侯五重那样严格的棺椁制度,诸侯王和列侯墓多3—7重棺椁,南方地区多见3—4椁箱,椁一般不再分层,随葬鼎、盒、壶等成套铜、漆礼器组合。湖南长沙马王堆汉墓①和广西贵港罗泊湾汉墓②代表了列侯级木椁墓中的两个典型的地方类型,两处汉墓皆在西汉早期。

(1) 马王堆汉墓

马王堆汉墓位于长沙市东郊五里牌,1971—1972年发掘。1号墓为长方形竖穴墓,墓口南北19.5米,东西17.8米,墓圹深16米,从封土顶到墓底20米,墓道向南。从墓口向下有四层阶梯内收,墓底南北7.6米,东西6.7米。墓内一椁四箱,棺室居中,周围有头、足和左右边箱,是典型的井形椁室(图7-25)。椁室用厚重的松木板构筑,内置四重套棺。套棺用梓属木料制作,内壁均髹朱漆,外表则各不相同。外层为黑漆素棺,长2.95米,宽1.5米,高1.44米。第二层为黑地彩绘棺,在黑漆地上绘有仙人鸟兽以及飞腾出没于云气间的云虡纹,构成神秘而生动的画面。第三层为朱地彩绘棺,色彩更加绚丽,盖板之上绘二龙二虎相斗的图像,头档、足档分别绘高山奔鹿及双龙穿璧,左侧面也是以龙虎为主要题材,右侧为勾云纹。第四层是直接殓尸的锦饰内棺,盖棺后先横加两道帛束,再满贴羽毛贴花锦。

M1的底部先铺垫15厘米厚的白膏泥,然后再筑椁室,棺椁上部及四周填塞厚40—50厘米的木炭5000多公斤,木炭外再填白膏泥1—1.3米。深埋和填塞木炭的做法保证了墓中葬品和尸体的完整。

死者为一中老年女性,死时约50岁。女尸身着丝质锦袍和麻布单衣,足登青丝履,面盖

---

① 湖南省博物馆等:《长沙马王堆一号汉墓》(上),文物出版社1973年版。
② 广西壮族自治区博物馆:《广西贵县罗泊湾汉墓》,文物出版社1988年版。

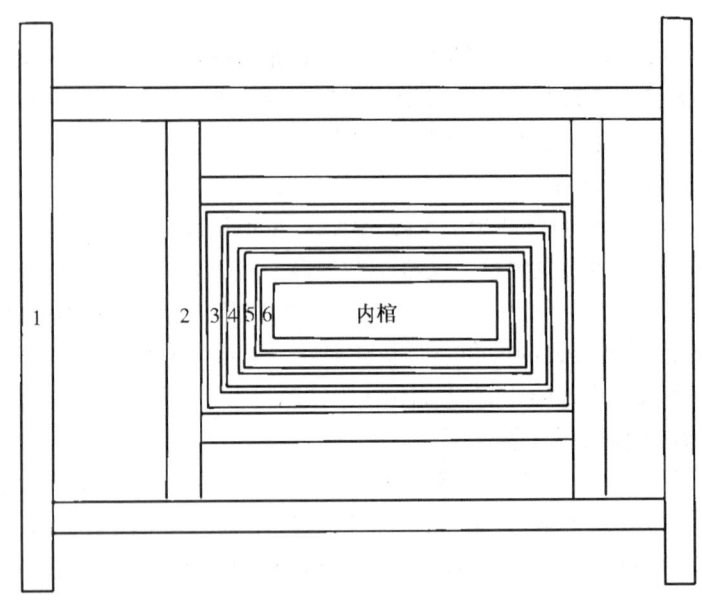

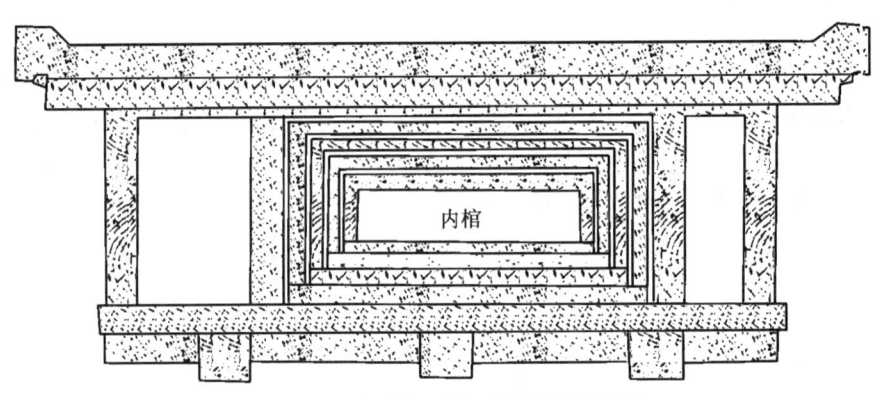

图7-25 马王堆一号汉墓棺椁平剖面图

酱色锦帕,并且用丝带将两臂和两脚绑缚起来,再用20层锦衾、衣着和丝麻织物严密包裹,半浸于约80升的棕黄色棺液中。尸身长154厘米,保存体重34.3千克,体形完整,全身润泽,皮肤覆盖完好,大部分毛发尚存,指、趾纹路清晰,部分关节可以弯动,软组织尚有弹性。

该墓出土随葬品3000余件,主要有:大量衣物和丝麻织品,其中的素纱禅衣和绒圈锦代表了汉代最高的丝织水平;食品,有粮食和各种菜肴;药材,有装在竹笥中的植物;大量精美漆器,基本组合为鼎、盒、壶、耳杯等,出土的彩绘漆器共有184件,大部分保存完好,色泽如新。还有大量木俑、乐器、梳妆用品(具)、泥半两、陶器和其他生活用品(具)。墓中还出土遣策竹简312支,记录了随葬器物的情况,与实际出土品基本相符。锦饰内棺盖上覆有T形彩绘帛画,描绘了天上、人间和地下三界图景,上有墓主人的形象,遣策称"非衣",应即铭旌之类,出殡时张举的旌幡,入葬时覆在棺上,马王堆3号墓和山东临沂金雀山9号墓等也有发现。

马王堆汉墓是西汉初期长沙国丞相、軑侯利仓的家族墓地,1号墓和2号墓东西并列,3号墓在1号墓之南。1号墓和3号墓的棺椁保存得都相当完整,结构大体一致。根据出土印章和文献记载,2号墓的墓主即第一代軑侯利仓本人,1号墓女尸是軑侯夫人辛追之墓,3号墓墓主是第二代轪侯利豨。①

(2) 罗泊湾汉墓

罗泊湾两座汉墓位于今广西贵港市城东 5 公里郁江南岸罗泊湾村。M1 封土经层层夯筑而成,底径 60 米。墓道呈斜坡状,长 41.5 米,填土也经夯打。墓道以东 22.7 米处有一车马坑。

椁室呈凸字形,南北长 12.7 米,前宽 5.1 米,后宽 8 米,椁室由盖板、壁板、底板用榫卯扣合,底和盖用大杉木横铺。椁室用木板隔成前、中、后三室,前、中室又分别隔成三个椁箱,中室中部有棺 1 具。后室隔成 6 个椁箱,前部中箱为主棺所在,主棺为双层套棺,东箱有棺 1 具,后室后部为 3 个头箱,出铜镞、木鼓、六博棋盘、大量耳杯、漆盘等。

椁室木板下有 7 个陪葬坑,每坑 1 棺 1 人,计圆棺 4 具,方棺 3 具。陪葬者 1 男 6 女,13—26 岁,死者衣文绣,穿鞋袜,当为近幸、乐伎及侍从。陪棺北端有器物坑 2 个,出土羊角钮钟、九枝灯等青铜器和三面铜鼓。

从椁室出土的"从器志"木牍来看,随葬器物应十分丰富,由于该墓早年被盗,椁板以上部分随葬器物组合情况已不能搞清,只有殉葬坑和器物坑相对完整。有生产工具、生活用具、车马器、乐器、兵器等,有陶器 50 件,铜器 192 件,另有玉、铁、金、银、竹、木、玛瑙、琉璃器具及丝麻织品和植物种实。

该墓结构特殊,椁室前、中、后的分割同马王堆汉墓的椁室结构有很大的不同,椁板以下设陪葬坑和器物坑的做法也属岭南地区的地方习俗。推测墓主应为某代西瓯君。

罗泊湾 M2 与 M1 相距 1 华里,结构类似,规模略小,墓主当为 M1 主人之妻。

2. 黄肠题凑墓

黄肠题凑墓是木椁墓中的特殊形式,它要比普通的木椁墓的规格高,墓主是诸侯王或诸侯王级的高级贵族。题凑即指以黄芯的短柏木枋顶端向内垒成墓壁,四壁的柏木枋皆与最近的棺壁垂直,题凑之内另有木椁。在缺少柏木的地方也有用楠木的,楠木枋的端头中心涂黄,人为制造黄肠以像柏木。目前所见 10 余座黄肠题凑墓皆为西汉诸侯王和列侯级墓,又以西汉早、中期为多。东汉有仿黄肠题凑的石条题凑墓,可以说是题凑墓没落阶段出现的变种。从地域分布上看,题凑墓不见于长江以南地区。

(1) 北京大葆台汉墓

北京大葆台汉墓②位于北京丰台区黄土岗,两座墓的结构相同,但 M2 早年被焚毁。M1 保存较好,封土高 8 米。在墓圹之南,有宽 4.25 米、残长 16.7 米的墓道,南半段呈斜坡状,墓道北是用厚木板搭构的椁室,象征车马库,内置实用的朱轮华毂车 3 辆,马 11 匹。再向北接墓圹,墓圹外围用扁平立木构成双层外廊,外层与甬道壁相连。外回廊是放置葬品的主要地方,置陶器、铁器、漆器等。

内侧外回廊以内是黄肠题凑,用长 90 厘米、宽 10 厘米的柏木条顺向纵铺,左右壁横铺,与椁呈垂直方向,层层叠起,每壁各有 30 层,高 3 米。四角交接处,左、右壁枋木条垂直挤压于前后枋木的端头,从内侧看四壁都只见柏木枋的横断面。在题凑墙的顶端增设压枋,高于

---

① 傅举有:《汉代列侯的家吏——兼谈马王堆三号墓墓主》,《文物》1999 年第 1 期。陈松长:《马王堆三号墓主的再认识》,《文物》2003 年第 8 期。

② 大葆台汉墓发掘组:《北京大葆台汉墓》,文物出版社 1989 年版。

椁室,墓室的顶盖棚木即架在题凑木上,使题凑同时起到承重墙的作用。题凑木不直接构筑于外椁四周,与外回廊构法一致,形成内回廊,放置陶器。该墓是已发掘的黄肠题凑墓中用木料最多的一座,共用木材15880根。

内回廊壁以内构成前、后两室。前室象征前堂,用柱梁架构成厅堂,发现各种动物骨骼。后室象征后寝,用木板从三面围成,内有二椁三棺,发现大量玉器、玉衣残片等。

墓底铺木板,木板下有12条纵向地龙承托,地龙下为厚20厘米的木炭和50厘米的白膏泥。墓顶也分层铺有木炭和白膏泥,墓室外侧填充木炭。

大葆台一号墓的墓室模拟地上宫室建筑的趋向非常明显,大致以题凑为界,题凑内的内回廊、前室、后室构成内藏部分,外回廊为外藏,从内到外,依次为棺室(梓宫)—前室(便房)—题凑—外藏(图7-26)。

M1的主人可能是卒于元帝初元四年(公元前45年)的广阳顷王刘建。M2被严重焚毁,结构与M1大致相同,出百余斤五铢钱,墓主当为刘建之妻。

大葆台汉墓为我国首次发掘的黄肠题凑墓,其规模之大、用材之多迄今仍居同类墓之首。

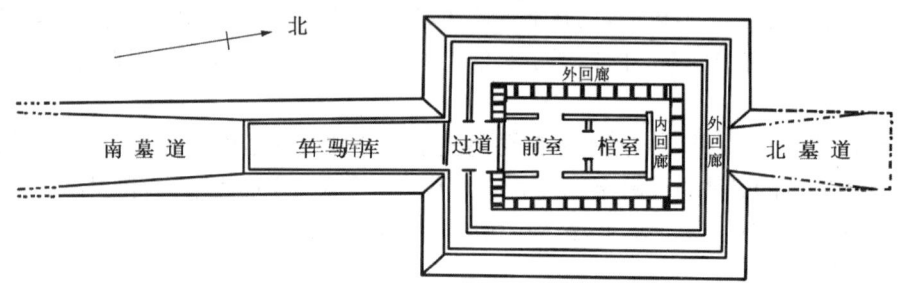

图7-26 北京大葆台汉墓平面图

(2) 定县北庄汉墓

河北定县北庄汉墓①是东汉中山简王刘焉与其王后的合葬墓。坟丘高20米,斜坡墓道长50余米,墓道一侧附耳室,墓室平面呈凸字形,由甬道、横列前堂(室)、方形后室和回廊组成。该墓是一座砖室(椁)墓,墓室四周以黄肠石作围墙,顶盖石块,沿用题凑的垒法,筑题凑于砖室外侧。与西汉题凑墓不同的是,该墓以石砌题凑,用加工过的石块单道叠砌,形成一圈围绕砖室的石壁。所用石材4000余块,长宽各1米左右,厚25厘米,又称为黄肠石,其中170余块有墨书文字或铭刻,内容为贡石县名、石工籍贯及姓氏、石材尺寸等。以标记"北平石"、"望都石"者为多。东汉时期北平、望都都是中山国属县。墓中出土属两个个体的鎏金铜缕玉衣片,是一座夫妻合葬墓。

中山简王刘焉卒于和帝永元二年(公元90年)。比中山简王晚的徐州土山彭城王墓也用黄肠石,但以普通砌墙法砌筑。东汉晚期,河南孟津送庄一座汉桓帝时期的贵族黄肠石墓采用砖石结构,由墓道、墓门、前室、前侧室、后室组成,以石块直接砌筑墓壁,墓顶、墓底用砖构筑。② 此后,汉代题凑之制绝迹。

3. 崖洞墓

---

① 河北省文化局文物工作队:《河北定县北庄汉墓发掘报告》,《考古学报》1964年第2期。
② 郭建邦:《河南孟津送庄汉黄肠石墓》,《文物资料丛刊》4,文物出版社1981年版。

在目前已发掘的西汉诸侯王墓中,崖洞墓是数量最多的一种,是汉代依山为陵、凿山为藏的一种墓葬形式。崖洞墓在石山中开凿墓室,地下空间的布置虽然比较自由,不拘一格,但都最大限度地象征和模仿了地上生活的内容。在这方面,崖洞墓要比木椁墓类型更有优势。目前所知的汉代诸侯王崖洞墓分布在江苏徐州、河南永城、山东曲阜、昌乐、河北满城等地,共有30多座,主要集中于黄淮之间的东部地区。徐州北洞山汉墓和狮子山汉墓是西汉前期的两座大型的楚王崖洞墓。

(1) 徐州北洞山汉墓

北洞山汉墓位于徐州市北郊,开凿于一座海拔54米的低矮的小山,坐北朝南,全长66.3米,墓道为露天开凿,由南向北分为三段,南段最宽,宽5.8米,中段、北段依次内收。中段两侧设有7个小龛,西侧3个,东侧4个,龛内清理出侍卫俑、仪仗俑222个,俑高50厘米左右,全为立姿男性,腰佩长剑。中段墓道东北与北段相接处开凿台阶通道,连接一组11个露天开凿的石室,石室顶以石条搭成两面坡形,从残存遗物看,应是象征车马库、仓房、厨房所在,室内面积达320平方米。北段两侧各设1个耳室。墓道再向北凿山入室,洞室内全长21.3米,依次为墓门、甬道、前室、后室。甬道两侧各凿一侧室,前室东西横长,东北角有走廊,走廊北侧并排设二厕间。后室为棺室,葬具无存。整个崖洞的地下宫殿建筑500多平方米,设施齐全,有主体宫室8个,附属11个。该墓早年被盗,除俑类外,出土7万多枚半两钱,并有玉衣片残留。据所出"楚宫司丞"、"楚御府印"、"楚库印"、"楚邸"等官印推测,墓主可能是西汉前期分封彭城的第五代楚王刘道,葬于武帝元光六年(公元前129年)。该墓是目前发掘的汉代崖洞墓中结构最复杂的一座(图7-27)①。

(2) 河北满城汉墓

河北满城陵山两座汉墓②开凿在高约200米的石灰岩丘陵上,两墓相距约100米。M1为中山靖王刘胜之墓。整个墓葬由墓道、甬道、南北耳室、前室、后室、侧室组成,后室有回廊相绕,象征地面建筑的回廊。该墓的平面呈"早"字形,甬道两侧有长长的南北耳室,南北通长37.5米,墓葬全长51.7米,最高处6.8米,容积2700立方米,墓道口以土坯封门,两道土坯墙间浇以铁汁,铸成铁墙。

前室原建有瓦顶木屋,放置大量铜器、陶器、铁器、金银器、漆器等,并有石俑和陶俑若干。南部发现铜帐钩,原应有两具华丽帷幕。帷帐是贵族在前堂宴饮、会客时使用的,表明前室象征生人的前堂。

后室有石门与前室相通,放置一棺一椁和贵重器物,象征生人居室。木质棺椁置于汉白玉棺床之上,皆已朽腐无存,可判断木棺施以红漆,并且四周装有鎏金铜环和衔环铺首。椁下有4个大铜轮,便于移送椁棺,估计当时棺椁是用人力拉上山后推入墓室的。

墓主身穿金缕玉衣,头枕镶玉铜枕,两手握璜,胸前、背后共置10余枚璧,腰左侧置刀1把,右侧置剑2把,玉衣袖内有篆刻小玉印2枚,印文"信"、"私信"。

后室有回廊相绕,后室的一侧凿一小侧室,内置青铜沐盆、盛水的铜锅、薰炉、铜灯、搓澡石等,象征沐浴更衣之所。后室及侧室出土鎏金银镶嵌琉璃的"长乐食官"铜锺、鎏金银蟠龙纹"楚大官糟"铜锺和错金银鸟虫书铜壶、错金薰炉等重器。

---

① 徐州博物馆、南京大学历史系考古专业:《徐州北洞山西汉楚王墓》,文物出版社2003年版。
② 中国社会科学院考古研究所、河北省文物管理处:《满城汉墓发掘报告》,文物出版社1980年版。

南耳室和甬道是车库马房，内置猎车、安车 6 乘，马 16 匹，狗 11 只，鹿 1 头。北耳室是贮藏食物和饮料的库房兼磨房、厨房，置大批不同类型的陶器，如装酒的大缸、装食物的大瓮、灶和炊事用具的模型、石磨，磨旁有马骨。甬道中间有渗水井排水设施。

该墓出土的金缕玉衣是我国发现的第一具完整的玉衣实物，玉衣上佩挂刀、剑，墓主为景帝刘启之子中山靖王刘胜，卒于武帝元鼎四年（公元前 113 年）。

M2 的结构和葬品的布置情况与 M1 相似，只是葬品的数量略少，但也出土了金缕玉衣和长信宫灯等重要文物。根据出土铜印有"窦绾"、"窦绾须"刻文等，可知墓主为刘胜之妻窦绾，死于公元前 104 年左右。

4. 石室墓

石室墓以石块砌筑墓室，汉代诸侯王墓中只有竖穴岩坑石砌墓一种，虽然为数不多，但却是诸侯王墓的一个重要类型，主要分布于江苏徐州楚王山，河南永城窑山、僖山，山东巨野红土山，广东广州象岗。1983 年 6 月发现的广州象岗山南越王墓是汉代少数未被盗的诸侯王墓之一，形制结构和葬俗在西汉石室墓中最为突出和独特。

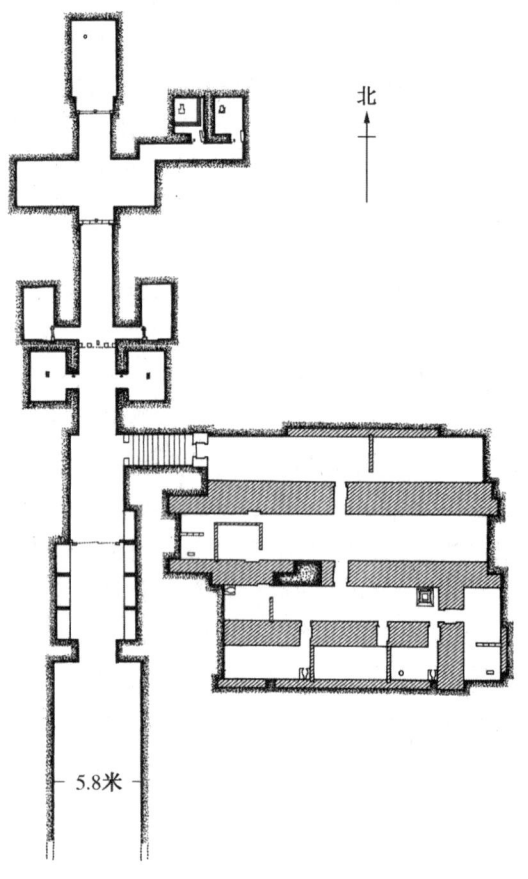

图 7-27　徐州北洞山楚王墓平面图

南越王墓是竖穴与掏洞相结合的一座大型石室墓，平面呈"早"字形，由斜坡墓道、甬道、前室、中室、后室组成，前室两侧有长长的东西耳室，中室两侧有狭长的东西侧室，长度为中室、后室之和，使墓室后半部的平面形成方形结构。甬道与前室之间、前室和后室之间各有石门，门后设自动顶门器。整个墓葬共有 7 室，仿前朝（堂）后寝布局，以 750 多块红砂岩大石砌成，墓顶用 28 块大石板平铺。

墓的中室为主棺室，根据板灰及器物分布情况，可以确定葬具为一棺一椁，内棺外椁相套合，左右侧壁相贴，两端稍空，相当于头、足箱，放置器物。墓主身着丝缕玉衣，头、手、足部丝缕编织，躯干部分的玉衣片粘贴在衬布上，整套玉衣共用玉片 2291 片。

后室有铜、陶器皿 100 多件。东侧室出带有"夫人"等字样的印章 7 枚，为姬妾葬处。西侧室殉 7 人，为庖丁、厨役之室，所殉当为厨丞、庖丁一类人物。前室出木车构件，棺一具，殉人 1 个，随葬陶罐、鼎、盒、玉环、璧、璜等，又有鱼钮铜印 1 枚，阴文篆书"景巷令印"，所殉当为南越王宫庭御车者。东耳室为放置宴乐用具之所，有酒器、乐器，酒器有铜、陶容器，乐器有编钟 3 组 27 件，石编磬 2 套共 18 件。西耳室有陶、铜、铁、石、玉、金、银、象牙、漆、竹、木、丝绸和帛画残片等各种质料的器物 500 余件。墓主身旁发现金印 2 枚，玉印 6 枚，其中一枚龙钮

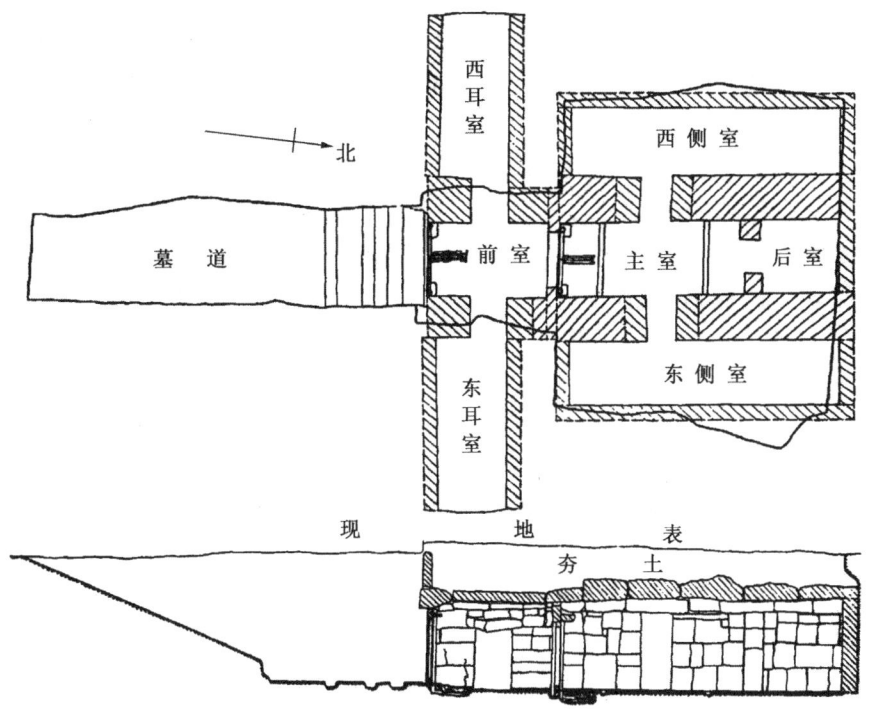

图 7-28　广州南越王墓平面图

金印重 148.5 克,阴刻篆书"文帝行玺",墓主为第二代南越王文帝赵眜(图 7-28)。①

(三) 汉代中小型墓葬的类型

中小型墓是汉代墓葬数量最多的一类,根据形制、建材、结构和墓室布置、装饰等情况可以分为土坑竖穴木椁墓、土坑墓、洞室墓、砖室墓、空心砖墓、石室墓、画像石墓、画像砖墓、壁画墓、崖洞墓等(这里不涉及无葬品、葬具和非正常埋葬一类墓)。每一类墓葬中又有大小等级之分,表现在墓圹规模、葬具和葬品的多少等方面。这些我们都将在分类介绍时附带说明。

1. 土坑竖穴木椁墓和土坑墓

(1) 西汉时期

土坑竖穴木椁墓主要流行于西汉早、中期,中期以后逐渐为横穴砖室墓取代。在长江流域及南方和北方边远地区一直使用到东汉初期。而无椁的土坑墓无论在何时都是下层人士普遍使用的墓葬形式。单就木椁来说,它还见于洞室墓等西汉前期其他类型的墓。

上卿、郡太守至县令,多使用中型木椁墓,墓圹边长 5—10 米,单棺或双棺,椁室分割为三四个椁箱,随葬铜、漆礼器以及日用器、俑类等数十件,少数用偶车马。

下层官吏、中小地主和少数富裕农民一般使用边长 2—5 米、两椁箱以下的单棺小型木椁墓,随葬品以鼎、盒、壶等陶器为主,有模型明器仓、灶、井等,有少量铜器、带钩、木俑、陶俑等。

无官秩的庶民使用单棺土坑墓,随葬少量陶器,葬品或置于壁龛之中。处于社会最下层的贫民用大小仅可容身的土坑为墓室,瓦棺或无棺,无葬品或只有一两件陶罐或铜钱。

在木棺的构造上,西汉棺仍以榫卯拼接,东汉则普遍使用铁钉。

---

① 广州市文物管理委员会等:《西汉南越王墓》,文物出版社 1991 年版。

湖北云梦大坟头 M1 是西汉早期的一座长方形木椁墓，单棺单椁，有头箱和一个边箱，椁室外填塞白膏泥。随葬器物 150 多件，铜器有鼎 2、甗 1、钫 2、鍪 1、蒜头壶 1、扁壶 1、铜剑 1、铜镜 1 件及盂、匜、盘、勺、匕等。漆器有圆盒、漆盂、耳杯、漆盘、耳杯盒、圆奁盒等。俑和模型有木俑 10 件、马俑 8 件，木偶车 2 件。另有陶器、玉器和丝织品等。

2002 年发掘的日照海曲汉墓 M125 是一座一椁二棺的合葬墓，有头箱和并列双棺，椁室有两层盖板，第一层为稍加修整的圆木横向平铺，两端将整个椁室盖住。第二层为规整的木板，亦为横向平铺，木板两端外为椁框。揭开第二层盖椁板，露出头箱和棺室上纵向的盖板，盖板下并列双棺。该墓虽然规模不大，但结构较为复杂。

需要说明的是，墓葬规模与墓主的身份也并非完全一致，如 2003 年 5 月西安市考古所在长安区西北政法学院南校区工地发掘了一座斜坡墓道的土洞墓，平面略呈甲字形，据出土之"张汤"、"张君信印"和"张汤"、"臣汤"两枚双面印，可知墓主为西汉武帝时位列三公的御史大夫张汤，但仅有一棺，因遭严重盗扰，葬品仅见铜镜、带钩等日用小件，不见汉墓常见的陶器和其他贵重器物。[①] 张汤因受诬陷自杀于元鼎二年，《汉书·张汤传》记："汤死，家产直不过五百金，皆所得奉赐，无它赢"，下葬时"载以牛车，有棺而无椁"。其墓即使不被盗扰，亦不会有重大发现。

（2）东汉时期

东汉时期的竖穴木椁墓基本被砖室墓所取代，在华南和江浙一带还有少量发现。这一带的木椁墓之所以能延续较长的时间，可能与南方多木材和其地治木技术特别发达有一定的关系。

华南地区的东汉木椁墓，椁室一般分成前室、器物室、棺室三个部分，墓坑底部分成高低二级，前室比后室低下几十厘米，椁室的纵剖面呈曲尺形，为二级二层木椁墓，实际应称假二层。如广州象栏冈 M2，长方形竖穴墓，长 6.08 米，宽 3.25 米，墓底分为二级，前段比后段低下约 52 厘米。椁室底板后端直接铺在生土层上，前端伸向前室中部，搭在与后室坑底等高的短木柱上，成了器物室顶板，器物室的前部是前室的空间。这种结构比西汉晚期的双层木椁墓有所简化，后室绝大部分直接铺在坑底上，所以又叫"假二层"。随葬品主要放在边箱，其次是器物室，计有陶盒、壶、罐、盆、熏炉、仓、灶、井、楼房等。即此时已有很多生活用品搬上"楼"了。葬品中有五铢、大泉五十和货泉，时代为东汉前期。[②]

华南地区还有一种砖木结构墓，有的用砖铺底，四壁仍是木架；有的墓壁砌砖，而盖顶或底板、封门仍用木料。墓底也做成前低后高的二级，与木椁墓相似。这是由木椁墓向砖室墓的过渡形式。

江浙一带的木椁墓继承了西汉木椁墓的形制和构造方法，以楠木为棺具，椁室设有箱。如盐城三羊墩东汉早期 M1，长方形竖穴土坑木椁墓，西南端辟有墓道，木椁由盖板、底板、枕木构成，用挡板分为棺室、头箱、侧箱三部分。棺室三棺并列，棺壁、底皆用完整楠木斫成。

2. 西汉洞室墓

洞室墓又称土洞墓，战国早期最早在渭河流域出现，中期普及到洛阳一带，秦汉时期在黄河流域和北方地区大量流行并延续到以后各代。洞室墓以长方形竖井（有的口大底小）或斜

---

① 西安市文物保护考古所：《西安市长安区西北政法学院西汉张汤墓发掘简报》，《文物》2004 年第 6 期。
② 广州市文物管理委员会：《广州东山象栏冈第二号木椁墓清理简报》，《文物参考资料》1958 年第 4 期。

坡为墓道，以设于墓道底部一边的横穴式土洞为墓室，前部一侧或两侧往往设有耳室或小龛，放置随葬物品，是中小型墓中的一个地方类型，在北方地区，它同竖穴土坑墓同时并行，但在关中地区，洞室墓是西汉墓葬的主流形式，在较大规模的洞室墓中也使用木椁，一般为一棺一椁，很少分隔椁箱。西汉早期以木板或土坯封门，中晚期多以条砖封门，并且开始在洞室内做砖券墓室，代替原来的木椁墓。

根据《西安龙首原汉墓》①和《长安汉墓》②公布的170座西汉洞室墓的资料，它们大致可分为两个大类：

第一类为竖井墓道洞室墓，洞室内置棺椁或框架，又可分为竖穴墓道宽于洞室、与洞室等宽、洞室宽于墓道三型。早期多平顶土洞墓，中晚期出现券顶砖室墓。如西北医疗设备厂M99是西汉前期的一座洞室墓，一棺一椁，墓道宽于墓室，口大底小，上口长3.3米，宽2.6—2.65米，底长2.9米，宽1.8—1.84米，深6.7米，近底处四壁有二层台。墓室平面长方形，平顶土洞，长3.8米，宽1.8米，高1.5米，木板封门。出土陶器壶、仓、盆、灶等以及铜铃、印章、半两钱等（图7-29，1）③。

第二类为斜坡墓道洞室墓，有的墓在墓道和洞室之间有天井或过洞，西汉早期出现，墓室由狭小向宽大发展，西汉中晚期出现券顶砖室墓。如陕西省交通学校M224，西汉中晚期，平面呈"甲"字形，墓道居于墓室短边的正中，长6.4米，宽0.8米，坡长7米。墓道以下接一长2米的拱顶土洞（即过洞），过洞与洞室之间为天井，延续墓道和过洞的坡状底，长0.62米，与洞室等宽。墓室为长方形拱顶土洞，长3.48米，宽1.12米，高1.4米，以土坯封门。随葬品有陶器鼎、盒、壶、钫、罐、灶、盆、甑及铜镜、车马器等（图7-29，2）。④

3. 空心砖墓和砖室墓

（1）空心砖墓

空心砖墓比普通小砖墓出现得要早，它是砖室墓的一个特殊的地方类型。战国晚期郑州二里岗一带首先出现竖穴空心砖墓，在竖穴中用空心砖砌筑椁室，上面用木材作顶盖。西汉时期，空心砖墓在中原、关中较为普遍，中原地区以河南洛阳、郑州、新郑、密县、巩义、禹州为中心，广见于河南十多个县市，邻近的晋南一带也有发现。

空心砖墓继承了战国晚期和西汉早期洞室墓的传统，不同的是以竖井为墓道，在横穴内用空心砖砌墓室，早期多平顶单棺空心砖，后期多双棺空心砖合葬墓，顶部为坡顶，前壁有门洞，模仿生人住宅，砖面上印有花纹、图案。洛阳西汉后期个别墓还有彩色壁画，题材有天象、四神、神话人物及历史故事。东汉时期小砖墓流行全国，中原、关中地区的空心砖墓消失。

上世纪50年代发掘的洛阳烧沟汉墓共发现空心砖墓28座，⑤其中不包括仅在铺地、封门时局部用空心砖的墓例。这些空心砖墓大都是单棺或双棺的平顶墓，有的与小砖混筑，以空心砖砌壁，小砖券顶，具有小砖墓的一般特点，时代以西汉中期为主，少数到西汉晚期。

M184是一座平顶单棺空心砖墓，竖井墓道，以墓道底部一侧的洞室为墓室，墓室底平铺大砖一层，绕棺筑以空心砖墙，上盖砖顶，墓门用两块大砖封闭，合计共用30块空心大砖。墓

---

① 西安市文物保护考古所：《西安龙首原汉墓》，西北大学出版社1999年版。
② 西安市文物保护考古所、郑州大学考古专业：《长安汉墓》上，陕西人民出版社2004年版。
③ 西安市文物保护考古所：《西安龙首原汉墓》，西北大学出版社1999年版，第127—130页。
④ 西安市文物保护考古所、郑州大学考古专业：《长安汉墓》上，陕西人民出版社2004年版，第537—538页。
⑤ 洛阳考古发掘队：《洛阳烧沟汉墓》，科学出版社1959年版。

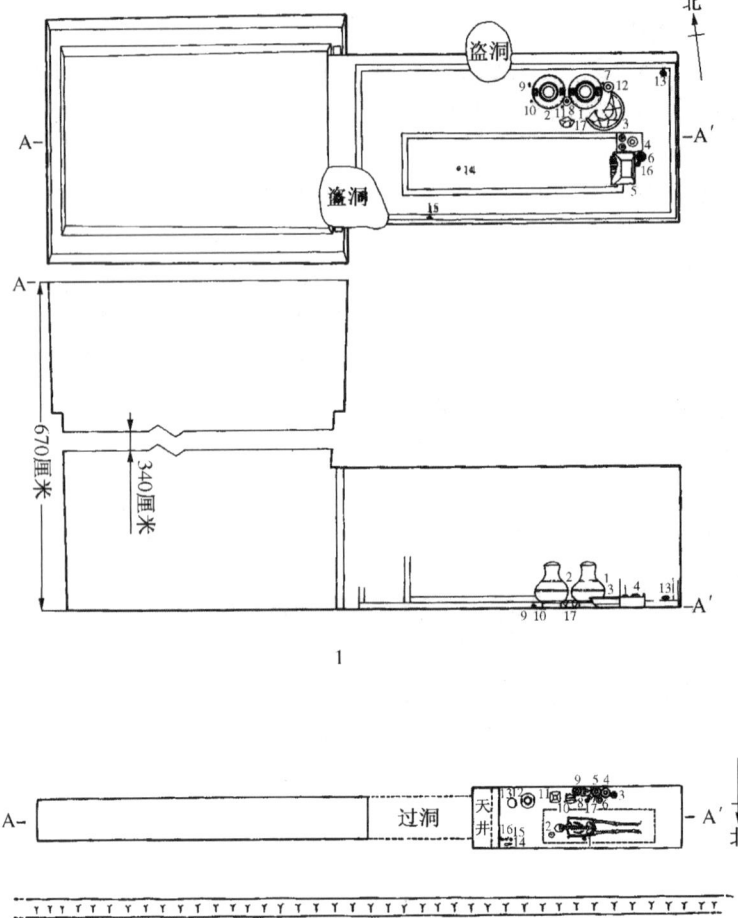

图 7-29 西安汉洞室墓平剖面图

顶及左右两壁的空心砖长 1.1 米,宽 0.26—0.4 米,后壁和墓门砖长 0.84 米。墓室一侧有耳室,未施砖筑,出土陶罐、陶仓、五铢钱等,时代为西汉中期。

(2) 砖室墓

西汉中后期小砖墓(砖室墓)首先流行于中原、关中地区,东汉时期遍及全国各地,与竖土坑墓一起成为最常见的墓葬类型。在华南地区,砖室墓自东汉中期开始流行,并逐渐取代木椁墓。

由于砖砌墓室本身就起了椁的作用,墓内往往有棺无椁,但在砖室墓流行的早期,有的墓仍然使用木椁,如咸阳马泉山西汉晚期砖室墓,斜坡墓道,券顶,单棺,有单层木椁。

砖室墓的大小不一,往往设有耳室,以简单的单券墓为多见,大墓中分为前室、中室(或侧室)、后室,模仿生人住屋前堂后室的格局。新莽时期,中原砖室墓以前室(堂)穹隆顶后室券顶成为常见的固定形式。东汉前期至中期仍然流行前堂后室的单穹隆形式。由于家族成员合葬一墓的风俗开始流行,多在前室一两侧开有侧室,形成多室墓。东汉中晚期,出现了双穹隆顶墓,把前、后室都筑成穹隆形,而更多的墓是把原纵长方形的前室(堂)改为横长方形,即前堂横列墓,使堂的面积扩大,更适合于在其中进行祭奠等活动,再根据合葬的人数,在后室乃至两侧加筑顺列的棺室,前堂横列并具双后室,规模扩大。以后大墓便以堂为中心向前后及两侧开辟墓室,多有前、中、后三室,以象征地上居室的庭、堂和寝,而耳室几乎不见。由于合葬人数不同,东汉多室砖墓形制繁多,侧室的安排也无一定规则。

四川、重庆一带流行平面呈刀形的小型砖室墓,甬道设在墓室短边一侧,其券顶低于墓室的券顶,纵剖面也呈刀形。在南方,东汉砖室墓开始兴起并逐渐取代木椁墓,但穹隆顶并不盛行,整个东汉时期券顶墓始终是最主要的形式。

4. 壁画墓和画像砖、石墓

壁画墓、画像砖墓、画像石墓首先是砖室墓、石室墓或砖石混筑墓,画像便是附在墓室壁面和建材砖、石上的图案。壁画是画上去的,而所谓"画像",砖画是模印的,石面上则是雕刻的,它们既是死人墓室的装饰艺术作品,又是生人思想、社会习俗、生产生活和丧葬观念的一种表现形式。三种墓的墓主以官僚、富豪、地主为主,平民较少,很少见于小型的单室墓。

虽然从建筑材料和结构方面讲,壁画墓、画像石墓和画像砖墓都不能同前面几类墓并列为一种汉墓的类型,但由于它们的地位十分重要,我们将之论列于此,是作为一个特殊类型看待的。

(1) 壁画墓

用彩墨、毛笔在墓室内壁上作画,年代最早的墓例是1986年发现的河南永城县芒砀山柿园西汉早期梁国王室墓。该墓凿山为室,室顶西半部用黑、白、红、蓝等色绘一巨幅彩色壁画——四神云气图,是较为特殊的一例。

西汉晚期,随着砖室墓的逐渐普及,壁画墓例也开始多见起来,目前所见壁画墓70座左右,主要为东汉时期,属于西汉晚期的例子也十分有限。在地区分布上,壁画墓只见于长江以北,以河南洛阳最为集中,陕西、甘肃、山西、内蒙古、辽宁、山东、安徽等地有零星发现。

洛阳烧沟汉墓区以东发掘的一座西汉元、成之间的壁画墓,墓室用空心砖、小砖混合筑成,墓门内额上画有"神虎吃女魃图",主室西面隔墙梁额上画有13个人物,为"二桃杀三士"故事。主室后壁画有描绘鸿门宴故事的场景,上有人物8个,有的踞坐在炉旁烤肉,有的席地而坐,相向对饮,还有的拱手并肩而立,有的温文尔雅,有的怒目相视,拔剑欲刺。主室顶脊砖上从前到后绘日、月、星辰、云气纹等天文图12幅。[①]

东汉壁画墓的规模一般都较大,多为东汉晚期二进或三进以上的多室墓。河南密县打虎亭M2中室南部偏东一侧绘有车马出行图,北壁上部绘有宴饮乐舞百戏图,表现墓主宴饮和跳丸、盘舞、吐火、奏乐等百戏表演,全幅有人物78个。中室的下部还绘有五幅14人的大型侍女图,墓顶有7组大型莲花、菱形图案组成的藻井,北耳室有迎宾客和宴饮图,东耳室有庖

---

① 河南省文化局文物工作队:《洛阳西汉壁画墓发掘报告》,《考古学报》1964年第2期。

厨图。壁画内容丰富,人物众多,场面宏大,表现了墓主人生前显赫的地位。①

内蒙古和林格尔东汉晚期壁画墓是一座大型的多室穹隆顶砖室墓,以甬道、前室、中室、后室为主体,前室有左耳室、右耳室、中室附右耳室。墓内壁画有表现墓主人仕途经历的车马出行图,描绘包括农耕、放牧、饲养、采桑等各种生产活动的大幅庄园图等。墓主人官至护乌丸校尉,同时也是当时的大庄园主。②

(2) 画像砖墓

画像砖墓主要集中于河南、四川两地,东汉初年以前空心砖墓流行的河南南阳一带发现较多,东汉时期则主要分布在四川一带。陕西、江苏、江西、湖北、云南等地一些东汉砖室墓的小砖侧面也发现简单的模印图案,虽不像河南、四川的画像砖那样内容丰富而复杂,但也与常用的汉墓花纹砖区别明显,有人物、动物、车马、钱形等图案,亦当看作画像砖墓一类。

河南画像砖墓主要集中于南阳、郑州、洛阳一带。南阳画像砖墓又以新野最为集中,湖北与南阳临近的地区也有发现。这里的画像砖墓以小砖筑墓室,一般为带有斜坡墓道的单室、并列双室或三室墓,画像砖为空心砖和实心大砖,用作墓的门柱和门楣,或镶砌于墓壁之上,墓顶以大型砖搭成两面坡形,时代为西汉中晚期。

由于空心砖和实心大砖的砖面较大,上面模印出的图案内容丰富,有的是分段重复的图案,表现车马出行、历史故事、乐舞百戏、门吏、动物、祥瑞、庭院和门阙等等。南阳一带的画像砖多有表现杂技和马戏表演的内容,且技艺超凡,为探寻后世该地杂技、马戏传统的历史渊源提供了素材。

四川画像砖墓主要分布于以成都为中心的川西平原地区,流行于东汉晚期至蜀汉的券顶多室墓,有短短的甬道,方形或长方形的大型画像砖往往成排镶嵌在甬道和墓室的一定高度上。成都用方形画像砖,成都附近地区如广汉、德阳、新津、彭县、什邡、新都等都用长方形画像砖。四川画像砖除了表现车马出行、仪仗、乐舞、宴饮等场面,还多见南方水田农作以及煮盐、捕鱼、射雁等场景,反映出四川地区东汉环境、资源、生产等方面与其他地区相比所具有的特色。

(3) 画像石墓

在造墓石材上雕刻各种画像用以装饰墓室的画像石墓,见于石室墓和砖石混筑的砖室墓,自西汉中晚期开始出现,盛于东汉而弱于魏晋。但是属于西汉时期的石室画像墓发现得不多,不同地区的情况又各不相同。画像石墓集中分布于鲁南、苏北、河南南阳和陕北地区,四川、云南、浙江等地也有少量发现。

鲁南、苏北地区

山东南部和江苏的北部,以及邻近的河南东部和安徽北部连成一片,是汉代画像石墓分布最广的一个地区。

山东画像石墓源于当地的画像石椁墓。西汉中晚期,山东地区流行画像石椁墓,画像以阴线刻于石椁板上,内容都很简单,有门阙、人物、树木和装饰花纹,以竖穴单椁为主。晚期画像内容稍见丰富,乐舞、狩猎和神兽等都见于画面,多见并置的双椁、三椁墓。

西汉晚期,该区出现了真正的画像石墓,以石材砌筑,分前后室,但画像简单,只有穿壁

---

① 河南省文化局文物工作队:《河南密县打虎亭发现大型汉代壁画墓和画像石墓》,《文物》1960年第4期。
② 内蒙古自治区博物馆文物工作队:《和林格尔汉墓壁画》,文物出版社1978年版。

纹、龙形图案等。新莽至东汉初期,石椁墓减少,使用石室和砖石混合的画像墓,以竖穴墓道的洞室墓为主要形式,墓室多为前后两室的洞室,平面呈凸字形,石室使用叠涩顶。画像技法除使用阴线刻,还开始出现剔地浅浮雕,画像题材丰富,有伏羲、女娲、青龙、白虎、奇禽异兽、车马出行和生活内容的画像,并且根据内容安排在墓室的不同位置。

东汉中晚期是画像石墓的兴盛时期,墓葬数量大增,墓室的结构仍以前后室为主线,有的设有中室,规模较大的,除前、中、后室外,还有多个耳室或侧室,更加接近生人宅第的形式,也顺应了东汉时期的家族合葬之风。本期还流行砖石混筑的多室画像石墓,画像石多见于墓门的横额、立柱或门扉上。画像的内容,除前期出现的奇禽异兽、神仙人物、车马出行和各种装饰图案,还有历史故事、乐舞百戏、拜会、宴饮、狩猎、纺织、农耕、天文星象、东王公、西王母等等。相对于其他地区的画像,鲁南苏北一区较多地出现纺织、农耕画像和体现儒家"成教化、重名义"的历史故事,如"孔子见老子"、"泗水取鼎"、"周公辅成王"、"孟母断杼"、"荆轲刺秦王"等。山东安丘董家庄石室墓是东汉晚期较为典型的画像石墓[①]主体部分由甬道、前室、中室、后室组成,中室一侧和后室后壁一边各附小耳室。甬道券顶,耳室平顶,余为覆斗形顶。前室、中室、后室以立柱分隔,后室中间立石柱,柱上有过梁,将后室分为两间。除甬道和耳室,前室、中室、后室的四壁、顶和立柱都刻满画像和装饰花纹,画像内容有车马出行、乐舞百戏、拜会、狩猎、奇禽异兽、神话传说等等,立柱上额上还以浮雕的形式刻出男女相拥和哺乳的画像,整个墓室既充满神秘的气氛,又富有生活的气象。

河南南阳和鄂北地区

河南南阳以及与之相邻的湖北北部地区在汉代南阳郡范围内,这里是汉代画像石墓又一集中分布的地区。画像石墓全为洞室结构,有石室墓和砖石混筑墓,墓室的空间布局和墓室顶部形式多样。一般说来,从西汉中晚期至东汉晚期,画像石墓的结构从简单到复杂,画像内容也从简单到丰富。

南阳赵寨砖瓦厂画像石墓,墓道无存,平面近方形,由前端横长方形的前室和后面中间的主室以及主室两侧的两个侧室组成,整体布局类似木椁墓的棺室、头箱和两侧箱。前室纯石结构,石板盖顶,以砖呈人字形铺地。主室砖结构,楔形子母砖券顶,木质门扉已朽。侧室砖石混筑,石条盖顶,与前室相通。前室前面由两侧的两个侧柱和中间的三个门柱构成四道大门,各有门扉两扇。画像仅见于前室,五个门柱上刻有门阙,下部为菱形图案,八扇门扉正中为带有铺首衔环大门的楼阁,楼阁顶上有凤鸟,下部为菱形穿环纹。画像上可见红、黄、蓝等各种彩绘的痕迹。该墓的时代为昭、宣时期。[②]

东汉前期画像石墓的数量明显增多,又以砖石混筑为主,布局上更为灵活,有前、后室并带耳室的墓增多,由于耳室向外凸出,墓室整体的平面布局不再限于长方形或近方形结构。

南阳卧龙区石桥墓[③],有斜坡形墓道,墓室由前室、前室两侧的两个耳室和后面并列的双后室(主室)组成,前室横列,左右耳室凸出于外,整个墓室的平面呈"T"形。墓室为砖石混筑,墓门和主室、耳室的门、立柱、门楣、门扉、石梁为石材,墓壁、券顶和地面用砖。该墓共有画像石 17 块,以剔地(凿纹地)浅浮雕技法刻有 28 幅画面,有斗兽、角抵、蹴张、执钺和执戟、执盾

---

① 安丘县文化局、安丘县博物馆:《安丘董家庄汉画像石墓》,济南出版社 1992 年版。
② 南阳市博物馆:《南阳赵寨砖瓦厂汉画像石墓》,《中原文物》1982 年第 1 期。
③ 南阳博物馆:《河南南阳石桥汉画像石墓》,《考古与文物》1982 年第 1 期。

或执剑的勇士或卫士,有神荼、郁垒、飞廉逐龙、苍龙追兔等神话素材,有捧樽侍女、拥彗门吏、执笏门卒、乐舞百戏等生活画卷,等等。画像涂彩的现象仍然存在。根据残存器物,墓葬的年代为东汉早期(图7-30)。这一时期的画像内容更为丰富,线条流畅,画面生动,比早期成熟。该时期是汉代画像石墓的盛期。

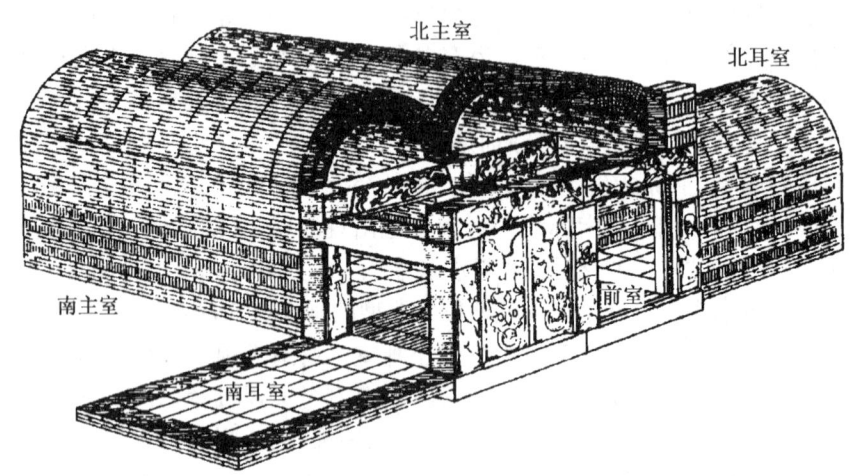

图7-30 南阳石桥画像石墓透视图

东汉晚期画像石墓的墓室构造较为复杂,从纪年画像石和榜题文字可知,该时期画像石墓的墓主身份提高,出现了二千石的官吏,这正与墓葬的规模相对应。但总体上东汉晚期画像石墓却呈明显的衰落之势,画像石墓的发展已近尾声,主要表现为,其数量较东汉前期减少,在一些大型的石室墓和砖石混合墓中,使用画像石的数量也大为减少。虽然雕刻的技法有所精进,多用减地平面浅浮雕,但内容简单,多见门吏、铺首和一些装饰性的花纹图案,有的也不在显眼的位置上。东汉末年,社会上不再有使用画像石墓的风俗。

南阳和鄂北在先秦楚国故地范围内。楚俗信鬼神好淫祀,该地区画像石上大量的驱害避邪、龙、虎、山神、奇异神兽、灵怪漫舞乃流俗之反映,这类题材既是楚人驰骋想象的产物,也正是楚地巫文化的反映。

陕北和晋西北地区

陕北和晋西北连为一区,在汉代上郡和西河郡的辖地,画像石墓分布地域集中,主要见于陕西绥德、米脂、榆林等地,流行时间也短,目前所见的该区画像石墓都是东汉中晚期的。由于当地盛产砂岩,以红色砂岩为画像石材是该区汉画像石的一大特色。

该区东汉画像石墓以砖石混筑为主,墓壁、墓顶用砖,墓门和各室的门用石。有少量的纯石室墓,壁、顶用石都很小。画像石都分布于墓门和各室门的位置,只有这些地方才施以较大石材,有门柱、门楣、门扉(室门或过洞无)、门槛(图7-31)。① 结构类型,多见分前、后室的双室墓,前室一侧或两侧附有耳室,单室墓较为少见,有的在墓门外设有耳室。

陕西神木大保当23号墓是一座比较典型的画像石墓②,有斜坡墓道,墓室的平面布局呈

---

① 陕西省博物馆、陕西省文物管理委员会:《陕北东汉画像石刻选集》,文物出版社1959年版。
② 陕西省考古研究所、榆林市文物管理委员会办公室:《神木大保当——汉代城址与墓葬考古报告》,科学出版社2001年版。

束腰长方形,由甬道、前室、后室组成,前、后室之间有过洞相通,四角各有突出的砖为灯台,砖石混筑结构。整个墓室的结构与1971年发掘的米脂4号东汉画像石墓(牛文明墓)相似。① 大保当汉墓的前室为方形,四角攒尖顶,后室长方形,穹隆顶,甬道和过洞以双层砖券顶,墓底以砖呈人字纹平铺。画像石都在墓门,门楣画像分两层,上层为狩猎图,其两头分别有太阳和月亮,下层为车马出行,行列两端饰以芝草。两门柱对称,自上而下有说唱、舞蹈、卧鹿和车马,外侧饰以芝草纹带,与门楣相接成一整体。门枢有神鸟、神兽和铺首衔环。所有画像都根据不同对象和部位施以不同的色彩。

图7-31 陕西绥德汉墓墓门画像

陕北、晋西北汉画像石雕刻技法流行减地平面浅浮雕,细部很少用阴线刻而是施以彩绘。内容多为农耕、牧牛、饲马、射猎等生产题材,又有许多神话传说,如金乌、玉兔、应龙、翼虎、灵龟、女娲、九尾狐、西王母等等,还有乐舞、车马出行等场面,但不见其他二区常见的历史故事类题材。以芝草、灵兽等组成的装饰纹带装饰门楣、门柱的外格也是本区画像石突出的特点。另外,该区纪年画像石发现得较多,也为画像石墓年代的确定提供了可靠的资料。

5. 东汉崖墓

崖墓又称崖洞墓。西汉崖洞墓主要分布于江苏徐州、河北满城、山东曲阜等处,以徐州地区最为集中,它们是西汉诸侯王(后)墓葬的一种类型。东汉时期的崖墓则集中分布于四川、重庆一带的古巴蜀地区,从大型的多室墓到小型的单室墓都有,墓主的身份也从高官到普通的平民。崖墓、画像砖墓和地面石阙等构成了四川、重庆地区东汉考古的一大特色。

四川崖墓大都位于沿江或沿河的台地和山崖,凿崖开洞,以洞穴为墓室,其组成部分有墓道、墓门和墓室。墓道有长有短,要依地势情况而定。墓门一般高2米左右,为平顶或弧顶,以砖或石封堵。墓室内形态各异,一般都沿壁开出高于墓底的棺床,有的有壁龛。墓底凿成内高外低,有排水沟道通向墓道外面。由于崖墓的侧室可以随意添加,适应了东汉时期人们合家而葬的普遍要求,成为古巴蜀地区东汉墓的重要形式。

四川中部地区的崖墓结构较为复杂,流行多室家族墓,墓葬规模较大,一般由墓道、甬道、厅堂、主室和多个侧室组成,侧室的设置没有一定的规矩,随意性较大。这些崖墓具有明显的地上居室建筑的式样和功能,墓门和墓室过门往往凿成门楣和门柱的轮廓,墓室平顶或者顶部做成藻井并施彩,大的墓室中间有柱,柱的顶端加工成象征性的斗栱。有的墓型虽然不大,但结构复杂,讲究室内装饰,有浮雕、彩绘。如四川中江塔梁子3号崖墓是一座多室墓,全长33.25米,有主墓室5进,侧室、耳室6间,共11间。前室、三室左右各设侧室,二室设右侧室,五室设左侧室,左侧室前后各设一棺床。每一进的门楣和两侧有高浮雕的门吏、

---

① 陕西省博物馆等:《米脂东汉画像石墓发掘简报》,《文物》1972年第3期。

力士、动物等,墓壁石刻彩绘鱼、鼠、虎、朱雀、舂米图等等。[①]

相对而言,川东和重庆地区的崖墓规模要小得多,构造简单,式样也少,复杂一点的仅分前后室,单室墓普遍,墓室内缺少画像和彩绘。

(四) 汉代墓地布置及丧葬习俗

前面说的是墓葬的结构类型,这里专谈汉代墓地的布置、棺椁情况和葬品变化等问题。无论从墓葬的布局结构还是从随葬品的组合等方面看,汉代早期与战国末期的联系都是十分明显的,可以说,西汉早期是战国文化逐渐融入汉文化的时期,至西汉中期,完全的汉文化风格才真正形成。

1. 家族墓地

战国时期,王陵、贵族与平民分区而葬的族墓制度已经出现明显的动摇和松弛,在一个墓地上,大墓、小墓杂错的现象十分普遍。西汉时期,随着宗法制的崩溃和土地私有制的发展,按血缘宗族关系同族而葬又依身份地位划分为公墓与邦墓的族坟墓制度崩溃,单纯聚族而葬的家族墓地逐渐兴起,特别是西汉晚期开始,土地自由买卖加速了庄园经济的发展,庄园经济维系着豪强地主的家族关系,使地主阶层的关系变得十分密切,自西汉晚期开始,一个大家族绵延数百年、持续几代人葬在同一块墓地上,即使是做官、经商客死在异乡的人也要归葬故乡家族墓地,称为归旧茔。有时一个墓埋几代数人,几世同堂。这与西汉晚期至东汉多室墓的兴起一致,这些多室墓都有斜坡或阶梯形墓道,便于多次埋葬。

2. 地面设施

两汉时期各类墓都有大小不等的坟丘,坟丘以夯土筑成。现存较大的坟丘一般都属于大中型的木椁墓、砖室墓或石室墓。崖墓是一种特殊形态,以山为陵。

继承先秦时期墓上建筑的传统,大墓前建有祠堂,如河北满城汉墓近处有祠堂遗迹,江苏天山汉墓地表也发现散布各处的汉代瓦片。

西汉时期出现我国最早的墓前石刻造像。霍去病墓前的石人、石象、石牛、石马、石鱼、石猪、石虎和"怪兽食羊"、"人与熊斗"以及"马踏匈奴"等16件(组),作风浑厚朴素,雕刻手法简练传神,是我国现存时代最早而又保存完整的成组石刻。

东汉大墓前石刻增多,立于神道两侧,有辟邪、狮子、马、骆驼、虎、牛、马、羊等,帝陵前还有天禄、象。

东汉时期,大中型墓多有地上石祠、石阙、列兽、墓碑等配套设施。著名的石祠有东汉前期的山东长清孝堂山石祠、东汉晚期的山东嘉祥武氏祠。两处石祠都有大量的画像石,画像内容丰富,题材、风格与同时期的画像石墓一致。

西汉时期墓地用阙只在帝陵围墙四边门的位置发现,皆为土阙,是门阙形式。东汉时期设于墓前的墓地石阙开始出现,用以标志死者身份、地位和墓地域界限,也借此装饰墓地。现知东汉石阙有36处,基本完整的有28座,分布于四川、重庆、河南、山东、北京等地,以四川、重庆地区最多,达19处。阙有单阙和旁附子阙的子母阙,由阙身、基座和阙顶(盖)组成,身上部、阙盖下面有向外凸出的示意性阙楼。有的仿木构阙,又有重檐、单檐之分。重檐尊于单檐,子母阙尊于单阙。如四川雅安市姚桥镇高颐阙,单檐子母阙,檐下仿木结构斗栱,由红砂

[①] 四川省文物考古研究所等:《四川中江塔梁子崖墓发掘简报》,《文物》2004年第9期。

岩石叠砌而成。左阙仅存母阙的基和身。右阙通高5.9米,两阙间距13米(图7-32)。①

墓碑可能出现于西汉时期,但目前所见最早的实物为东汉墓碑,长方形石刻,由碑首(额)、碑身、碑趺(座)构成。碑首多作圭形,又有圆形者。碑首、身之间有圆穿。碑座有方形、龟形,以方形为主。题额多篆书,碑文多隶书,刻记死者姓名、籍贯、生平经历、死亡日期、家族世系及对死者的溢美之辞。碑阴、碑侧常刻有门生、故吏的姓名。

3. 随葬品

战国到西汉,西汉到东汉,人们的丧葬观念一直在不断变化之中,由于砖、石墓的兴起,墓葬结构日益模仿生人地上住宅的布局形式,同时厚葬成风,稍具规模的墓葬,随葬品种齐全,数量众多,举凡地上生活所用之物,都可见诸地下,既有实用物品,也有模型明器,如各种器皿、食品、衣物、武器、装饰品、书籍、钱币、印章、车船以及仓、灶、畜、禽等各种明器和俑类。

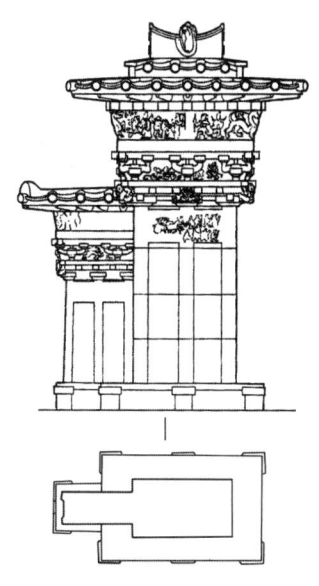

图7-32 四川雅安高颐石阙

西汉墓葬中使用漆器的数量增多,青铜器减少,而且也不作为礼器使用,中小型墓中一般不出青铜容器。

西汉早期墓同战国晚期的联系较多,随葬品器皿的基本组合为鼎、盒、壶,开始使用仓、灶、井等模型明器。晚期葬品组合一般是鼎、盒、壶、奁、耳杯、勺以及仓、灶、井、猪圈、房屋等,模型明器的数量明显增多,新莽时期开始就基本不用鼎与盒了(图7-33)。② 东汉前期杯、盘、案、勺等生活用器类的明器极为流行,其他模型明器的种类增多,从中期开始房屋、楼阁、碓房、猪圈、水田、池塘及各式人俑和鸡、狗动物俑的流行成为东汉墓中葬品的显著特色,楼阁多为3层,也有多至4层、5层者。由于模型明器数量、种类大增,一些贵重、实用的器物如铜器、漆器等减少。

模型明器、动物俑、人俑的流行,增添了东汉墓中的生活气息,反映了东汉地主庄园经济的繁荣,富贵之家也日益把自己的庄园当作统治堡垒,建筑具有攻击和防御功能,庭院深深,院落四周有角楼供瞭望,有的楼阁上布置持弓待射的武士。同时也反映了当时人们对随葬品观念的改革,他们认为,将庄园中的全部动产和具有生产意义的不动产都制成象征性的陶质明器纳入墓中,比那些数量有限的珍贵器物更有意义,它们可以增殖,生生不息。这是葬品方面的一次大的变革,摇钱树也就是在这种氛围中流行的。

摇钱树流行于汉晋时期,分布于四川、重庆、云南、贵州、陕西、甘肃、青海、湖北等地,以四川、重庆地区最为集中。近年出土东汉摇钱树约60件左右,陶、石摇钱树座的数量更多,是一种特殊形态的随葬物品。

4. 玉敛葬俗

汉代葬俗,以九件不同形状的玉器填塞或遮盖死者九窍,以防精气外泄,称为玉塞或九窍塞,有耳塞、鼻塞、口塞、肛门塞六件和眼盖、生殖器盖三件。目前所见玉塞主要出土于汉代高

---

① 重庆博物馆:《四川汉代石阙》,文物出版社1992年版。
② 西安市文物保护考古所、郑州大学考古专业:《长安汉墓》上,陕西人民出版社2004年版。

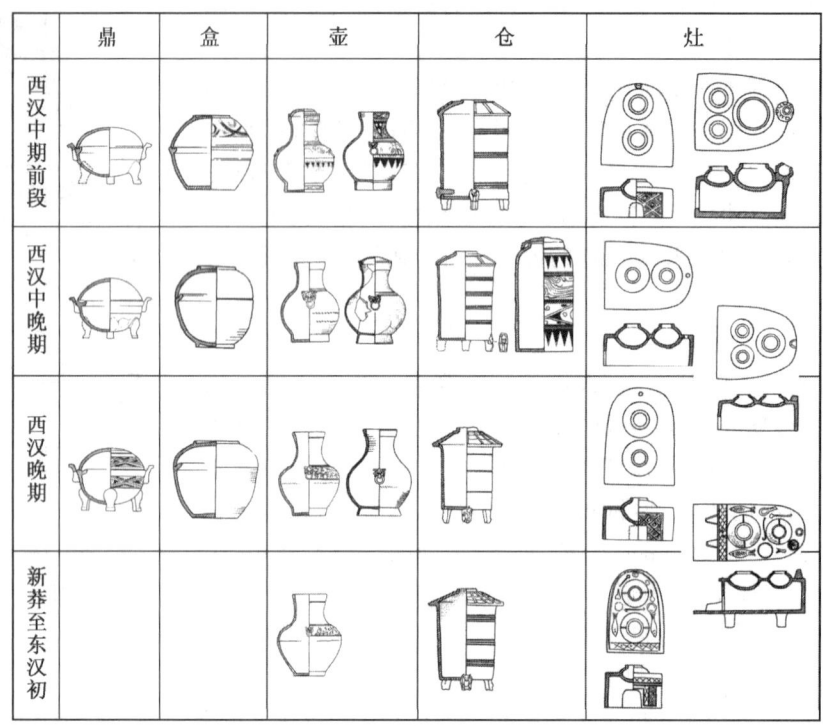

图 7-33 西安汉墓主要陶器演变图

级贵族墓,西汉到东汉都有发现。汉代常见的只有口塞玉琀,称为琀或玉含,做成蝉形玉片,压于舌上,普通墓也有以舌形滑石片代替者。

战国时期大中型墓中使用幎目,按五官形状制成多块带孔玉片,排列于五官之上。又有用整块玉片雕刻出完整面部形象的椭圆形玉覆面,五官、须眉俱全,遮盖死者整个面部。幎目和玉覆面可能就是玉衣的前身。

玉衣发现于两汉时期,是专为皇室贵族、诸侯王制作的葬玉,用若干带孔的小玉片按人体外形编缀而成,外观似真人,以金丝编缀者为金缕玉衣,又有银缕、铜缕、丝缕玉衣,以金缕者最为尊贵。西汉以金缕为多,东汉多见铜缕和银缕。[①] 玉衣应始于春秋战国,《吕氏春秋·节丧》说:"国弥大,家弥富,葬弥厚,含珠鳞施。"汉高诱注:"鳞施,施玉匣于死者之体,如鱼鳞也。"汉代文献称玉衣为玉匣,玉衣和与之有关的玉片实物均发现于诸侯王和列侯级的大墓中,说明汉代玉衣之制有严格的身份等级上的规定。西汉中山靖王刘胜及其妻窦绾的异穴合葬墓,首次发现了完整的成套玉衣。广州南越王墓首次发现丝缕玉衣。

5. 买地券、镇墓文和镇墓兽

东汉中期以后,土地兼并激烈,土地所有权时有变更,于是墓内常随葬一种购买墓地的契约——买地券,买地券多数仿简策形式,刻(写)在长条形木、铅、铁或玉石板上。三国两晋时买地契约多刻在砖上。又称"墓莂"或"地券"。这是一种象征性的证券,放在墓中,使死者墓地所有权合法而不被侵犯。买地券后发展为迷信压胜之物,内容荒诞不经,涉及的数字、价值等并不真实。买地券是研究东汉宗教信仰、丧葬风俗和土地制度的重要材料。

---

① 卢兆荫:《试论两汉玉衣》,《考古》1981年第1期。

地券的内容主要是买地日期、面积、价值、地界、证人和证人报酬等,现知最早、最完整的购买茔地的券约是端方《陶斋藏石记》著录、传出山西忻县的玉质买地券——武孟婴买地券,券文为:"建初六年十一月十六日乙酉,武孟子男孟婴买马起宜、朱大弟少卿茔田,南广九十四步,西长六十八步,北广六十五步,东长七十九步,为田二十三亩奇百六十四步,直钱十万二千。东,陈田比分,北、西、南,朱少比分。时知券约赵满,何非,沽酒各二十斗。"

东汉中期特别是后期,墓中流行镇墓券,在长方形的铜板或铁板上刻有镇墓文,其内容是用黄帝、天帝使者的名义为生人解罪,为死者求福,安慰并约束亡灵,使其认识到死生有别,对生人勿事纠缠,让生人安宁,死者安定。用朱书将镇墓文写在一种固定形式的瓶或罐上的,称为镇墓瓶(罐),其上文字又称朱书解除文,流行于东汉中后期至魏晋时期墓葬,内容多为求福辟邪,属道教思想,应与东汉后期道教的兴起有关。镇墓瓶,河南一带大都是宽沿细颈矮腹大平底,陕西地区主要是折肩长筒形。如咸阳窑店出土的东汉朱书陶瓶,上部画有北斗七星等,下部是镇墓文:"生人有乡,死人有墓。生人前行使,死人却行。死生异路,毋相午(忤)。"① 此类词句常见于东汉中晚期及稍后的镇墓文,如:"生人自有宅舍,死人自有棺椁。生死异处,无与生人相索。"长安县三里村汉墓中出土的朱书镇墓瓶上刻有以下文字:"故以自代铅人,铅人池池,能舂能炊,上车能御,把笔能书。"② 铅人在山东、河南、陕西等地都有发现。河南陕县刘家渠东汉墓(M88)所出铅人为模铸扁的裸体立人,四肢齐全,五官清楚,高6.3厘米。③

镇墓兽虽自春秋战国时期即已出现,如楚墓中的木质独角或双角的镇墓兽,但并不普遍,而且形式也不统一。西汉陶镇墓兽出土不多,东汉墓开始流行使用镇墓兽,形式也较为一致,是一尊吐长舌蹲踞前倾的怪兽。

第五节 货币和度量衡

一、货币

战国秦汉是我国货币发展史上的第一个繁荣时期。战国时期,列国各有自己的货币体系,货币的形态多样,币制各有特点。同时,为便于国与国间的贸易和往来,列国货币在制作上也相互学习,不同国家铸造相似形态的货币。大约从战国中期开始,货币发展出现了明显的统一态势,最终秦始皇以秦国的半两钱统一了天下货币,我国货币历史进入了半两钱制的时期,这个时期一直延续到汉代前期。汉武帝废除半两钱,行五铢钱,开创了五铢钱制的时期,直到唐初铸行开元通宝以前,五铢钱一直是主流的货币形式。

(一)战国货币

春秋战国是我国商业文化大发展的时期,为货币文化的发展提供了丰厚的土壤,铜币大量出现,民间用货币单位计算粮食和货物的价值,税收有"刀布之敛",因此铜铸币一次出土常有数百斤、上千枚。就货币的形态区分,主要有布币、刀币、圜钱、铜贝、金版等等,这些货币种类多在春秋时期即已流行,它们分别流通于不同的地区。

---

① 刘卫鹏、李朝阳:《咸阳窑店出土的东汉朱书陶瓶》,《文物》2004年第2期。
② 陕西省文物管理委员会:《长安县三里村东汉墓发掘简报》,《文物参考资料》1958年第7期。
③ 黄河水库考古工作队:《河南陕县刘家渠汉墓》,《考古学报》1965年第1期。

1. 布币

布币仿自青铜农具铲,主要流行于三晋两周地区,春秋时期流行空首布,战国时期以平首布为时代特征,但战国初期仍有少量小型的空首布。战国晚期,受三晋两周货币体系的影响,北方的燕国和南方的楚国也有铸造。

(1) 三晋两周地区的布币

三晋两周的布币经历了由空首布到平首布的发展过程。春秋到战国早期流行空首布,有銎,为周王室及晋、卫、郑、宋等国的金属铸币。战国中期布币由空首变为平首,布首扁平无銎,形体变小,多带有地名,并以釿为单位。布币主要出土于以河南洛阳为中心方圆百里的地方。三晋两周地区的平首布,形体比春秋空首布小,两足间基本呈凹字形,主要有平首尖足布、方足布、桥足布和圆首圆足布几种。

平首尖足布,平首,耸肩,尖足,方裆(平裆),少数平肩,圆裆或尖裆,有大、小两型。大布通长5—8厘米,重6—12克,钱面铸地名武安、晋阳等,少数为地名加"半"字,如晋阳半、大阴半、兹氏半、榆半等,应指半釿布,是二等币制的反映。时代在战国早、中期,是平首布中最先出现的类型,多出土于山西北部地区,均为赵国铸币(图7-34,1—3)。

平首方足布,平首,平肩,方足,方裆,有大、小两种,大型的重12克,较少见。小型的一般通长4.5厘米,重6克。晚期一般都是小型布,俗称"方足小布"。一般只铸地名,如平阴、东周、梁、安阳、平阳、蔺、兹氏等。该布种是战国中晚期三晋地区的铸币,战国晚期尤为多见,是先秦货币中的最大家族。1963年山西阳高天桥村一次出土窖藏布币13000余枚,重102公斤,其中平首方足布11630枚,而又以安阳布为多(图7-34,9—11)。

平首桥足布,平首,圆裆(桥足),有平肩和圆肩两种,首部倒梯形,或首上有孔。主要为战国中晚期魏国、韩国的铸币。铸有地名、币值(釿),有安邑二釿(一釿、半釿)、梁二釿(一釿、半釿)等。二釿布较厚重,通长6.5厘米,重28克;一釿布通长5.5厘米,重14克;半釿布通长4厘米,重6克。带釿字面文的布又称釿布(图7-34,4—6)。

圆首圆足布,又称平首圆足布、圆肩圆足圆首布。特点是首圆、肩圆、足圆、裆圆。其出土地点集中在晋中、晋北,钱文均为赵邑,为战国晚期赵国铸币。又有无孔布和三孔布之分(图7-34,7,8)。

无孔布面文地名比较单一,有离石(山西离石县境)、蔺(离石西)、兹氏(山西汾阳县境)等。背有数字,如卄、丗、卌等。有大、小二型,大者通长7.4厘米,重10克;小者通长5厘米,重6克。

三孔布又叫三窍布或三孔圆足布,面文有安阳、宋子、家阳、上苑(艾)等种。三孔布有大、小两个等级,依铢两计值,背文有一两(大型)和十二铢(小型)两种,都是极为珍贵的类型。目前泉界多认为是公元前四世纪的中山国所铸,按其面文所示地名,主要分布于今山西阳泉市以东、河北保定以南、邢台市以北和滏阳河以西的地区,属中山国疆域或与赵国拉锯战地区。

(2) 燕国布币

战国晚期受三晋两周地区布币的影响,燕国也开始铸行布币。燕国的布币都是平首平肩方足方裆布,形制同三晋平首方足布基本一样,只是面文地名不同,有襄平(辽阳境)、坪阴(辽阳境)、益昌(河北涿县东)、宜平、渔阳(密云县境)、阳安(或释匋阳)。上世纪70年代后期,辽阳下麦窝村太子河冲出4000多枚布币,其中还夹杂一些方足或尖足的三晋布(图7-34,12—14)。

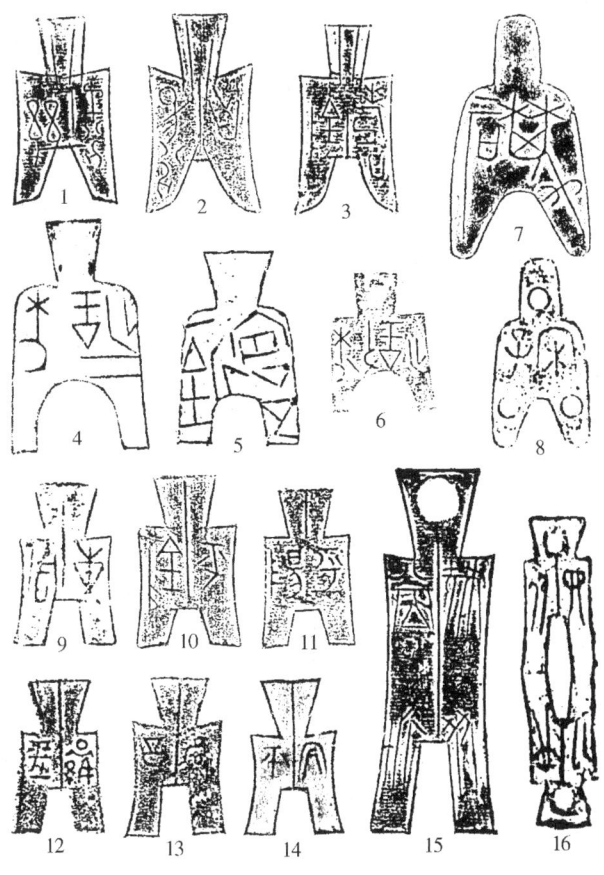

图 7-34 战国布币

(3) 楚国布币

春秋战国时期,楚国通行铜贝和金版,战国中晚期受北方文化的影响,出于与三晋两周地区贸易的需要,开始铸行一定数量的布币。楚的布币只有一种形制两种面文(图 7-34,15、16)。

殊布当釿布是战国中晚期楚国铸造的主要布币,平首平肩,方足方裆,体型较中原平首方足布瘦长,长条形而下垂燕尾状两足,俗称"燕尾布"。首上有一圆孔,面背孔下一竖纹直达裆部。通长 10 厘米,重 34.5—37 克。面文旧释"殊布当釿",背文"十货"。楚国的铜贝蚁鼻钱一般一枚重 3.5 克,10 枚蚁鼻钱的重量恰与 1 枚殊布相当,所谓十货可能就是殊布与铜贝的比值。该布出土数量不大,安徽、江苏一带出土较多,两湖地区并无殊布当釿布出土,说明该布种是楚国在后期铸行的。

另一种是四布当釿布,为战国中晚期楚国的小型布币,形同殊布而小,通长 4 厘米,重不足 10 克,一般 4 克左右。面文"四布",背文"当釿",即 4 枚小布当 1 枚大布。也有两枚四布相连者,足相对,连为一体成连体布。

2. 刀币

刀币由刀子(削)演变而来,其柄端有环,柄上一二条线纹,仍保留着刀削的形态。战国时期铸造和流通刀币的国家有齐国、燕国和赵国,而以燕、齐刀币最为盛行和发达。

(1) 齐国刀币

齐国的商业活动一直比较发达,《管子·乘马》:"有市,无市则民乏矣。"所以齐国的货币制度也非常发达。齐国以刀币为主币,战国晚期也铸行圜钱。齐刀币形体较大而厚重,通长18厘米左右,弧首弧背。根据面文区分,主要有节墨刀、齐大刀和齐明刀三类(图7-35,1—5)。

节墨刀

节墨是春秋战国齐国的重要城邑,自春秋时期就铸有一种面文"节墨之大刀"的五字刀,其背上部有三道横纹,横纹下常见一星号,星号下有一二字铭文,如化、日、工、甘、上、行、安邦等。身外郭高出刀柄,至柄部断缘,通长约19厘米,宽2.8厘米,重60克上下,为齐刀中出现最早和最重者。

战国晚期铸有一种四字刀"节墨大刀",形体同五字刀而小,通长15厘米,重22—38克,又称小节墨刀。其刀背无横纹及星号,有化、工、大、上等文字,也有光背者,铸工较"节墨之大刀"粗劣。

齐大刀

齐大刀是齐刀中的主要品类,依面文也有两种,即"齐之大刀"和"齐大刀"。

"齐之大刀"始铸时间在战国早期或春秋战国之交,通长18厘米,重47克,背上部三横,中有星号,下为一二字铭文,以一字为多,少数有1—3个O形符号。刀身外郭高出刀柄,断缘,这是早期齐刀的特点。

"齐大刀"大约铸行于战国中期齐威、宣时期,过去释"齐法化",取法定货币之意。"齐大刀"形制同四字齐刀,身长18厘米,重43—53克,但不断缘,即刀身、柄处外郭等高。"齐大刀"是齐刀币中行用时间最长、铸造数量最多的一种。

齐明刀

齐明刀面文有"明"字,刀首斜直,弧背圆折,通长14厘米,重14克,与同类燕明刀形制近,不同的是齐明刀"明"字外笔作方折下垂,背文多见齐刀、刀、齐刀共金、司、莒冶齐刀、莒冶大刀等,多出土于山东博山一带,旧称博山刀。齐明刀是战国晚期适应燕、齐贸易而铸,也可能是燕占齐期间所铸。但齐地也有燕明刀范出土,从钱文上看并无齐明刀常见的方折笔画。①

(2)燕国刀币

燕国是刀、布并行的地区,战国晚期又出现圜钱。过去认为燕国的刀币是受齐国刀币的影响铸造的,但从出土情况来看,燕国的刀币远较齐国发达。燕刀主要有尖首刀和明刀两类(图7-35,10—14)。

尖首刀是燕国刀币的早期形式,铸行于战国初期,特征是弧背凹刃尖首,柄较细。一种刀尖呈斜坡状或微弧曲,长14—16厘米,宽1.9—2.2厘米,重14—18克,柄面背各2道线纹。铭文有数字、干支等,或面或背。另一种刀尖似针,又称针首刀,长14—15厘米,宽1.8—2厘米,重6.8—10克,面背多无文字,柄面背只有一道线纹,制作稍粗糙。尖首刀多发现于燕国北部长城内外,这里是匈奴旧地,应为边民与外族交易使用,又有匈奴刀之称。②

明刀是燕国铸币的主要形式,在刀币中出土数量最多,也最为常见,成为燕国刀币的代

---

① 陈旭:《山东临淄出土燕明刀范》,《中国钱币》2001年第2期。
② 黄锡全:《尖首刀的发现与研究》,《广州文物考古论集》,文物出版社1998年版。

表,称为燕明刀。特点是刀首斜直,面有"明"字,柄较尖首刀为宽。背文有数字、鱼、鸟、日、左、右、内、外和地名以及其它符号 450 多种,非常繁杂。近年不少学者考证指出,"明"应是"匽"之省,即燕国之燕,但"明刀"仍是一种习惯叫法。

燕明刀又分为圆折刀和磬折刀两种。圆折刀刀身、柄连接处呈弧形或圆折,凹刃,通长 13—14 厘米,宽 1.6—1.9 厘米,重 14—19 克。面文"明"作圆笔。此类时代稍早,可能与尖首刀同时或略晚。磬折刀刀首、刀刃斜直,背部在身柄连接处方折即磬折,宽柄,身宽 1.5—1.7 厘米,"明"字更像眼睛,铸行稍晚,为战国中晚期铸币。燕国明刀就是以磬折刀为主的。

(3) 赵国刀币

赵国是布币流通区,战国时期受东邻燕国的影响或出于燕赵贸易的需要,也铸造了少量刀币。其刀币基本特征是形体较小,刀背平直,又称直刀或直背刀。又分渐趋平直和完全平直两种,早期的多渐趋平直型,刃、背略具弧形,刀柄一道或二道线纹,背面柄上有一道或无线纹,刀首圆、平或倾斜。赵国刀币以小型为主,大者 12—14 厘米,重 10—14 克,小的在 10 厘米以下,重只有 4.5 克,面文有甘丹(邯郸)、柏人、成白、蔺、圁阳等赵国地名(图 7-35,6—9)。

3. 圜钱

圜钱又叫圆钱、环钱,体圆,有孔,是货币发展到一定时期,人们在不断总结经验的基础上铸造的一种便于流通和携带的货币,铸行地区有秦国、三晋两周、燕国和齐国,有圆形圆孔和圆形方孔两种,圆孔者出现较早,方孔者较晚。

(1) 三晋两周地区的圜钱

三晋两周为布钱流通区,又是圜钱铸行较早的地区,其圜钱流行于战国中晚期,圆孔无郭,背平素,面铸地名或地名加币值,其货币单位是斩(图 7-35,25—32)。

魏国是最早铸行圜钱的国家,面文主要有垣、共、济阴等,钱文铸于穿右。垣字圜钱直径 4—4.2 厘米,重 9—11 克,较为常见,战国中期已有流通。共字圜钱直径稍大,在 4.4—4.65 厘米之间,重 15—18 克,是圆孔钱中最大的一种,流行于战国中晚期。

战国晚期赵国也铸造圜钱,面文常见有蔺和离石两类,背平素,有外郭。蔺字钱直径 3.6 厘米,重 11.2 克,面文穿左穿右不定。离石钱稍晚于蔺字钱,直径 3.5 厘米,重 10.6 克。

两周圜钱铸行于战国晚期,有西周、东周和安臧三种。西周钱直径 2.6 厘米,重 4—5 克,背平素,面有内外郭。东周钱直径 2.5 厘米,重 4—4.5 克,在先秦圜钱中是较轻的一种。东周钱出现的时间略晚于西周钱。安臧钱无郭,直径 4 厘米,重 10 克,多出于洛阳一带,故被认为是周王畿内铸币。三种钱出土得都很少。

(2) 齐国圜钱

齐国主要流通刀币,战国晚期也开始铸行圜钱。齐国圜钱圆形方孔,背平素。面文有赐刀、赐四刀、赐六刀三种。赐刀有外郭,直径 2 厘米,重 2 克,出土较少;赐四刀兼有内外郭,直径 3 厘米,重 6 克,出土较多;赐六刀也有内外郭,直径 3.5 厘米,重 10 克,出土最多(图 7-35,19—21)。

(3) 燕国圜钱

燕国是诸侯国中最晚铸行圜钱的国家,时间在战国末年。燕国圜钱圆形方孔,背皆平素。有明(匽)刀、明四、一刀三种。匽刀直径 2.6 厘米,重 2.5—4.5 克,无郭,出土较多;明四稍大,直径 2.8 厘米,重 4.2—4.6 克,非常罕见;一刀铸行最晚,直径 1.8—2 厘米,重 1.1—2.7 克,有郭,出土最多(图 7-35,22—24)。

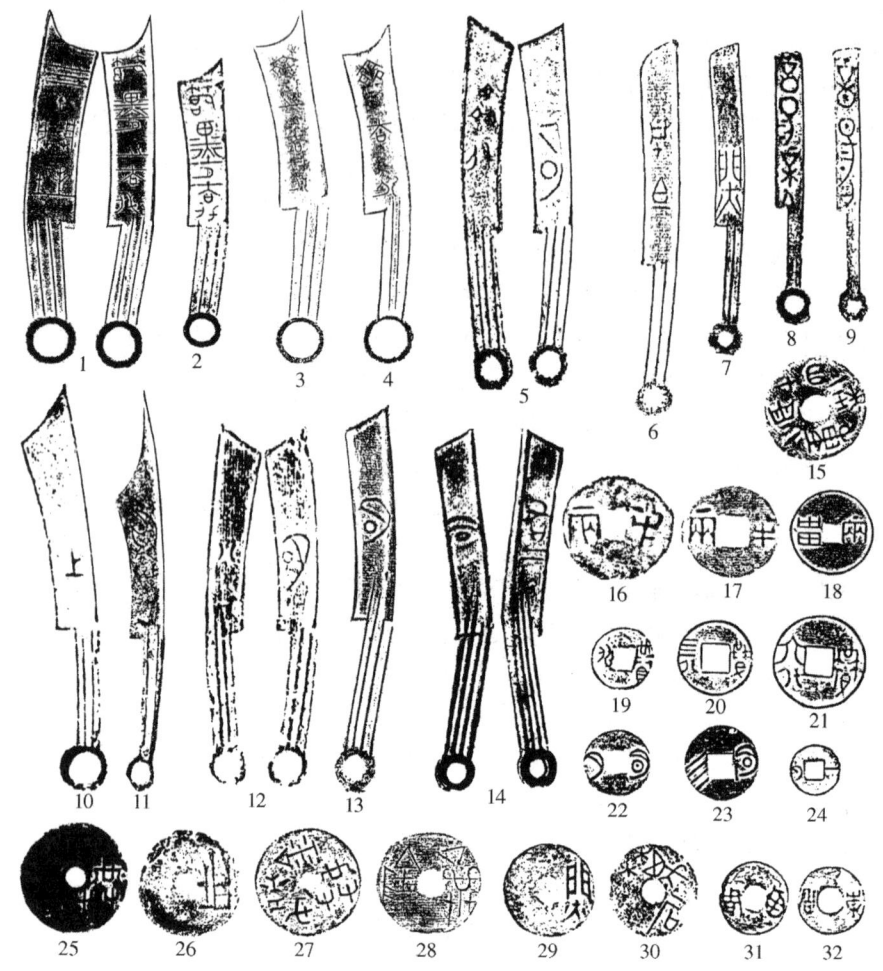

图7-35 战国布刀和圜钱

（4）秦国圜钱

秦国是圜钱流通的主要地区，秦国的圜钱有圆孔无郭、方孔有郭和方孔无郭等形制，币值以珠（铢）、两为单位，铸行于战国中晚期。

早期为圜钱圆孔，钱文作"一珠重一两十二"、"一珠重一两十四"，面无郭，背平素，直径3.8厘米，重13—15克。所见多传世品，1996年陕西考古所于西安北郊秦墓清理出一枚"一珠重一两十四"圜钱，并有鼎、盒、壶等战国秦墓中的器物组合伴出，十分珍贵。[①]

方孔钱出现稍晚，钱文多见两甾（锱）、半两。两甾钱发现较少，有外郭，与半两钱等价。半两钱圆形方孔无郭，直径3厘米，重5.4—7.4克，是秦国后期流行的主要货币（图7-35，15—18）。陕西、四川、甘肃战国墓都有出土。半两钱的铸造和广泛流通，首先在秦国境内统一了货币，为统一全国币制打下了基础。

4. 楚币

楚国货币除布币外，另有铜贝和金版，又称蚁鼻钱和爰金。蚁鼻钱和爰金是楚国的主要

---

① 陕西省考古研究所北郊考古队：《长庆油田西安基地墓葬圜钱》，《中国钱币》2001年第2期。

货币。蚁鼻钱形体较小,体呈椭圆形,上尖下圆,面凸背平,尖头有一穿孔,又似背面磨平的贝,故常以铜贝称之。其大者长1.8厘米,重4—5克,小者不足1厘米,重1—2克,多数重2.5—3.5克,最重者达4.2克。面上有阴文似蚂蚁状,看似一只蚂蚁歇于鼻尖。又有类"哭"字者,或称鬼脸钱。还有斩、行、全、匋、贝等(图7-36,1—9)。蚁鼻钱在两湖、河南、安徽、江苏、浙江、山东等地都有出土。山东曲阜董大村曾出土一陶瓮15978枚,均为鬼脸钱。

爰金是战国时期楚国的块形金版,在金版上由方形或圆形的印记分为若干的小块。金版上印记以"郢爰"为主,所以又称郢爰或爰金。又有陈爰、专爰、鬲爰等(图7-36,10—13)。主要发现于江

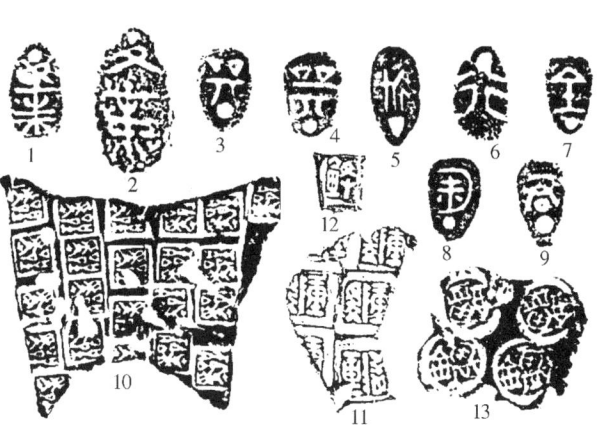

图7-36 楚国爰金和铜贝

苏、安徽两省,以江苏出土最多。① 1982年江苏盱眙南窑庄窖藏出土爰金11块,总重3243.4克,最大的有52方郢爰印记,重达610克。爰金是一种切割称量货币,所见郢爰四周有凿痕,交易时使用天平称砝码称量。

爰字,今考为偶,但郢爰、爰金仍是对楚金版的习惯叫法。

(二)秦代至汉初的半两钱

秦统一后,采取了一系列的统一措施。秦始皇三十七年(公元前210年)颁布货币改革令,废除布、刀、贝币,行用方孔圆钱——半两钱。从出土实物来看,秦半两大小轻重不一,并未完全"重如其文",但实现了货币形态和钱文的统一(图7-37,1—3)。

秦代半两面背平素,无郭,直径2.5—3厘米,重3—6克。晚期半两明显较早期粗糙,至有不足0.5克的鸡眼钱,可能专为冥币制作。秦代仍有战国半两钱流行。

汉初仍行半两钱,高祖半两钱的特点是,轻薄体小,方孔较大,无郭,背平素,钱文省笔,字体修长,多模糊不清。汉初半两因体小而有"荚钱"之誉。高祖以后,又有高后八铢半两、四铢半两、文帝四铢半两以及铁半两等形式。

汉文帝前元五年(公元前175年)铸四铢半两,钱文半两,法定4铢,实重2.5—2.8克,直径2.2—2.5厘米。文帝四铢半两钱面平整,文字笔画规整,虽不禁民间私铸,但对钱的质量有严格的规定,违者"刻(劾)罚",成为汉初第一种稳定的货币,也是发现最多的一种(图7-37,4、7)。

(三)汉代五铢钱

汉武帝元狩四年(公元前119年)冬,令销毁半两钱,更铸三铢钱,钱文"三铢",实重2—2.4克,直径1.8—2.2厘米。元狩五年,废除三铢钱,改铸五铢钱,面文"五铢",重如其文,直径2.5厘米,标准重量3.5克。从此我国的货币进入五铢钱制的时代。

初时许郡国共铸,所行钱称郡国五铢或元狩五铢。郡国五铢钱背增加轮、郭,钱文"朱"字头多方折,"五"字交笔斜直或略曲,多有穿上或穿下横郭和半星记号。

---

① 陈尔俊:《江苏出土的楚国郢爰》,《考古》1995年第3期。

元鼎四年(公元前113年)武帝将铸钱权收归中央,禁止郡国私铸,专令上林三官铸标准五铢,"令天下非三官钱不得行",又称上林五铢或上林三官钱。上林五铢直径2.5厘米,重3—4克,面无内郭,有的穿上有横郭,外郭稍宽。"五"字两笔曲交,"朱"头方折。

昭、宣时期,"五"字相交两划与两横相接处略内收,交笔弯曲,金头较小,呈双翼镞形,朱头方折,较金头为高,外郭较宽。至元帝以后,"五"字交笔弯曲更甚,与上下两横接处呈垂直状,金头较小,呈三角形。

西汉晚期,流通货币中出现剪轮或磨郭五铢,又有称綖环钱,一般认为系剪凿而成。

东汉建国之初,社会动荡,货币一度混乱。汉光武帝建武十六年(公元40年),下令统一货币,铸行五铢钱,世称东汉五铢。东汉五铢直径2.5厘米,重3.4—3.5克,面无内郭,外郭较窄,五字交笔缓曲,朱头圆折,中竖两头细,金头为硕大正三角形,四点较长。桓、灵时期铸有一种钱背有四出纹的五铢,四道斜纹由穿孔四角放射至外郭,又叫角钱(图7-37,8—14)。

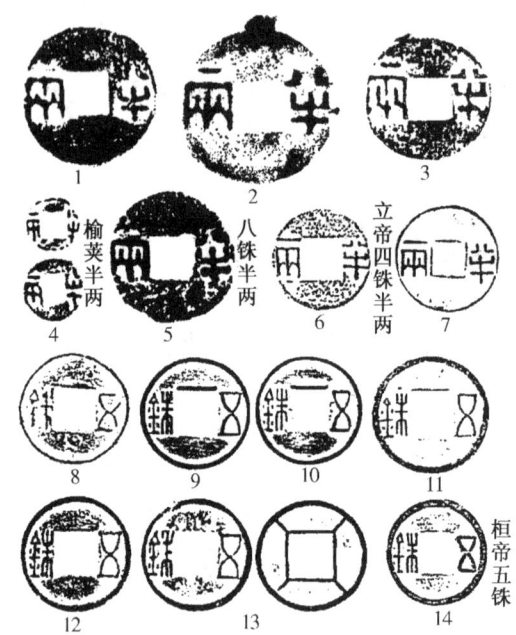

图7-37　秦汉半两钱和五铢钱

(四) 新莽货币

王莽从居摄二年(公元7年)起,推行了四次以上的货币改制,仿先秦币制铸行刀、布、泉钱(图7-38)。

1. 刀币

王莽于汉孺子婴居摄二年铸造错刀、契刀、大泉五十,与原五铢共行。错刀即一刀平五千,面文"一刀平五千","一刀"二字以金丝错成,又叫金错刀,实际上是圜钱和刀币结合的形式,通长7.3厘米,重20—40克。契刀形制、大小与一刀平五千等,面文"契刀五百",面值为错刀之半,重16.4克(图7-38,1、2)。

2. 泉钱

泉钱有六泉、货泉共七种。六泉从大到小为大泉五十、壮泉四十、中泉三十、幼泉二十、么泉一十、小泉直一。大泉五十于居摄二年与刀钱同造,其余为王莽践祚后陆续铸造。大泉五十直径2.8厘米,重3—7克,1枚值抵五铢50枚。自大泉五十至小泉直一,大小和面值依次递减。小泉直一直径1.3厘米,重0.7克,与五铢钱等值(图7-38,4-9)。

货泉是天凤元年(公元14年)王莽第四次货币改革时所铸,是王莽货币中最常见的一种,大小仿五铢,实重2.8—3.6克,直径2.2—2.4厘米。钱文的最大特点是"泉"字中竖断开(图7-38,10、11)。

3. 布钱

布钱有十布和货布,形制同先秦布币而体窄长。王莽始建国二年(公元10年)在第三次币制改革时铸行"布货十品",仿先秦布币,依轻重大小及面文币值从小到大有小布一百、么(幺)布二百、幼布三百、序布四百、差布五百、中布六百、壮布七百、第布八百、次布九百,直至大布黄千。小布一百长3.4厘米,重6—8克,自小布一百以上每品递增一分,价增一百,增重一铢。大布黄千长5.4厘米,重8—12克(图7-38,12-21)。

货布与货泉同铸,首宽,裆高,通长6厘米,重16.5克,钱文字体修长,用悬针篆法(图7-38,3),一布"重二十五铢,直当货泉二十五"。①

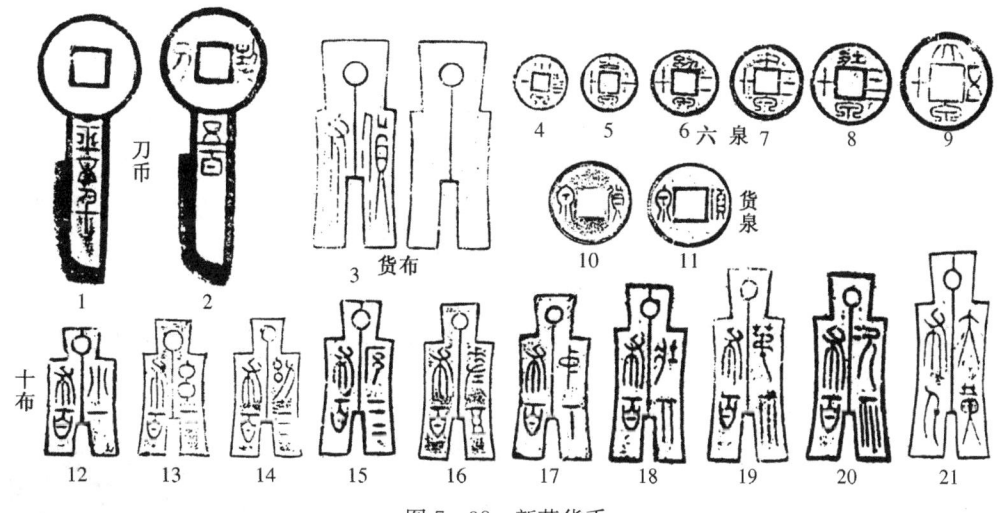

图7-38 新莽货币

(五) 汉代金币

西汉时期有金五铢、金货泉,但十分罕见。据《汉书·食货志》、《武帝纪》,武帝太始二年(公元前95年),因获白麟,见黄金,出天马,令铸麟趾金、马蹄金以应祥瑞。考古所见麟趾金和马蹄金皆蹄形中空。马蹄金又称褭蹄金,底面椭圆形,内凹,中空,口小底大,类马蹄,江苏盱眙南窑庄与爰金共出的马蹄金,每枚重295.8—462.2克。麟趾金底面圆形,较低矮,一般重250克左右。河北定州西汉中山怀王刘修墓还出土掐丝贴花麟趾金。

汉代金币以金饼为主,金饼的外形如圆饼状,面略隆起,背内凹,凹面大都有文字、戳记。1999年西安市北郊一次出土西汉金饼219枚,直径5.67—6.6厘米,厚0.82—1.64厘米,每

---

① 《汉书·食货志》。

枚重多在247克左右,约为西汉1斤。①

麟趾金、马蹄金并不用于流通,只用于皇帝的赏赐,饼金可能用于巨额交易之清偿。

二、度量衡

传说中自黄帝时即有五量(衡、量、度、亩、数),《尚书·舜典》舜同律"度量衡"。商周时期,度量衡制已较完善,并有相应的管理制度。据上海博物馆藏殷墟出土象牙尺实测,商代1尺=15.8厘米,国家博物馆所藏长15.78厘米,正好是人的大拇指和食指的一跨的距离。商代已采用10进制,尺上刻十寸,每寸刻十分。春秋时期,诸侯各自为政,度量衡制比较混乱。战国时期,为了便于商品流通和赋税征收,各国变法中多涉及度量衡的整理和统一,但诸侯国之间的度量衡仍有较大差异。

(一)秦国的度量衡

秦国是列国中度量衡制较为完善的国家,据《史记·商君列传》,秦孝公十二年(公元前350年)商鞅第二次变法,其中就有"平斗桶、权衡、丈尺"一条,其度量衡制对东方六国都产生了一定的影响。

1. 商鞅铜方升和秦国的度量制

1966年上海博物馆征集并收藏的传世商鞅铜方升(又名商鞅量、商鞅方升。图7-39),是孝公十八年(公元前344年)由商鞅颁发给重泉地方的秦国标准量器,是商鞅变法得到切实推行的实物证据。该器为长方形带柄的量器,器之右侧有三十二字刻铭:"十八年,齐率卿大夫众来聘,冬十二月乙酉,大良造鞅爰积十六尊五分尊壹为升。"铭文记录了该件量器的容量,"积十六尊(寸)五分尊(寸)壹为升",说明其容积为十六又五分之一立方寸,经实测,器内宽6.93米,长12.474米,深2.31厘米,可以推算秦制1升=$6.93 \times 12.474 \times 2.31$=196.69毫升。

秦量斛(桶)、斗、升、合、龠,前四者为十进,合、龠为2进,1合=2龠,由此可以推得秦所有量制单位的大小。

器物左侧刻有秦始皇二十六年(公元前221年)的诏令四十字:"廿六年,皇帝尽并兼天下诸侯,黔首大安,立号为皇帝,乃诏丞相状、绾,法度量,则不壹,歉疑者皆明壹之。"说明秦代的度量衡一直沿用商鞅所制定的标准,只是在原器上补刻一二道诏书。如果是木质量器,则刻铜版嵌在器上,作为使用凭证,我们称为秦诏版,其内容与刻于青铜量器上的诏书一样,如甘肃镇原县富坪出土

图7-39 商鞅铜方升

的铜诏版,长10.8、宽6.8、厚0.3厘米,其上阴刻始皇二十六年统一度量衡的诏书五行四十二字,诏版四角有小钉孔,其中两孔已残,正是秦时钉在官定木质量器上或镶嵌在铁量或衡器上的诏版。②

再据铭文所述和实测数据,若以器深2.31厘米为秦一寸之数,将其容积换算成秦制为:$6.93/2.31 \times 12.474/2.31 \times 2.31/2.31 = 16.2$立方寸,正与铭文所记相合。则秦制1寸=

---

① 呼林贵、尹夏清:《西安东北十里铺发现大量西汉金饼》,《中国钱币》2001年第2期。
② 王博:《甘肃镇原县富坪出土秦二十六年铜诏版》,《考古》2005年第12期。

2.31厘米。秦度制引、丈、尺、寸、分为十进制,由此可以推知其余。

2. 秦石权与秦国衡制

衡制可以通过出土衡器来了解。衡器的重要组件是衡杆和砝码(权,秤砣),木质的衡杆不易发现,而铜、铁的砝码却时有发现。1964年西安市郊高窑村秦阿房宫遗址发现一件大铜权,一面有铭:"□三年,漆工□,丞诎造,工隶臣平。禾石。高奴。"这是秦昭王三十三年(公元前273年)颁发给高奴县(今陕西延安东北)的标准衡器。① 铭文说明是一石的重量,实测重30.75公斤。秦衡制石、钧、斤、两、锱、铢,1石=4钧,1钧=30斤,1斤=16两,1两=4锱,1锱=6铢,则秦1石=30.75公斤=120秦斤,1斤=256.25克,1铢=0.69克。

该器自颁行到秦统一一直使用。器的另面后来又补刻了秦始皇二十六年诏令,秦二世时再补刻二世元年(公元前209年)诏书六十字,故又称秦两诏权。秦铁权在内蒙古敖汉旗、山西榆次等地也有出土。

(二)"钧益"砝码和楚国的衡制

楚国使用的称量工具是一种衡杆中间带提纽的等臂天平,配有砝码,砝码一般用青铜制成,呈圆环形,在楚国墓葬中常常成组出土,单个出现的情况很少。长沙近郊楚墓出土了一套完整的天平与砝码,共10个。因第九个砝码上刻有"钧益"二字,又被称为"钧益"砝码。我们把十个砝码从小到大排列起来,配以序号,仍以秦制铢重0.69克计,可以发现其中有着非常明显的规律(直径单位厘米)。

序号	1	2	3	4	5	6	7	8	9	10
克重	0.69	1.33	1.94	3.87	8.04	15.53	30.28	61.63	124.37	251.53
铢重	1	2	3	6	12	24	48	96	192	384
外径	0.75	0.9	1.1	1.38	1.75	2.3	3	3.51	4.91	6.06

最小的砝码重1铢,最重的相当于秦的1斤,10个砝码的总重量约当秦2斤,是该套砝码所能衡量的最大重量,从1铢到2斤是其称量的重量范围。用这套砝码可以称量1铢到2斤(768铢)范围内的任一重量的金币,这10个砝码是缺一不可的。如11铢可用2、3、4号3个砝码,1斤3两7铢只要1、4、6、7、10号就行了。

砝码形制的设计也是十分科学的。用环形砝码,相近重量的砝码直径区别较大,比较容易找到所需要的砝码。同时,环形砝码在天平称盘中也不易滑脱,既精细准确,又方便实用。很显然这是楚国称量较小物体的衡器,很可能是在交易中用来称量金币(郢爰)用的,与楚国流通黄金货币的情形正相吻合(图7-40)。②

从"钧益"砝码可知,楚国衡制与秦国十接近。根据包山楚墓竹简146"豕玫苛□利之金一益间益",益是楚国的衡制单位,即锱,"钧益"指间益(锱),即半锱,锱相当于斤,"钧益"砝码重124.37克,恰为半斤之数。③ 结合文献和出土铭刻材料,楚国实行的是锱、两制,其衡制单位似为石、钧、锱、间锱、两、铢,进制情况为1石=4钧,1钧=30锱,1间锱=8两,1两=24铢,1铢=0.65克。

---

① 陕西省博物馆:《西安市西郊高窑村出土秦高奴铜石权》,《文物》1964年第9期。
② 刘和惠《郢爰与战国黄金通货》,吴兴汉《楚金币研究》,《楚文化研究论集》第一辑,荆楚书社,1987年。
③ 黄锡全:《试谈楚国黄金货币称量单位"半锱"》,《江汉考古》2000年第1期。

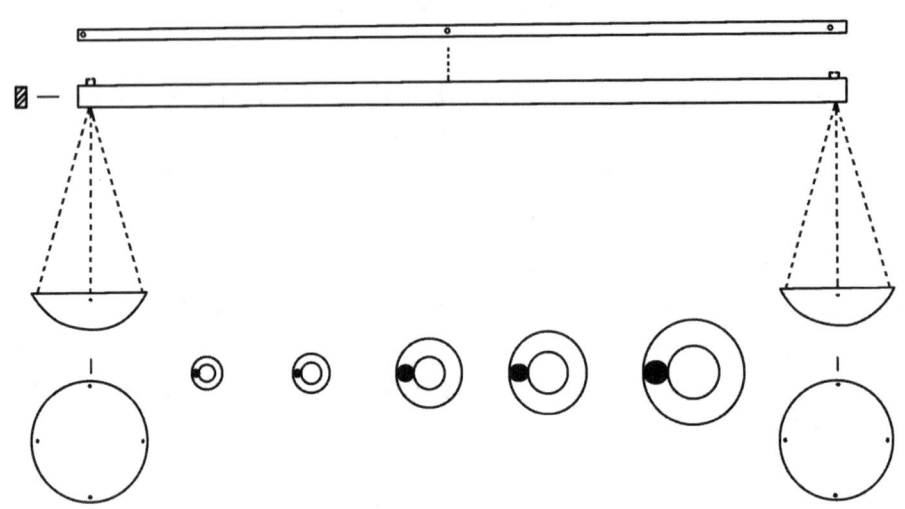

图 7-40　楚国天平与砝码
（江陵九店 M246 出土）

（三）田氏三量与齐国量制

春秋齐量以豆、升、区、釜为单位,进制较为复杂,《左传·昭公三年》记晏子曰:"齐旧四量,豆、区、釜、钟,四升为豆,各自其四,以登于釜,釜十则钟。"田(陈)氏代齐以后,"陈氏三量,皆登一焉",除保留1釜＝10钟,改五进制。

1857年传出于山东胶县灵山卫古城的左关䤹、陈纯釜、子禾子釜是田氏制作的三件量器,被称为田氏三量,铭文中都有"左关"字样,陈纯釜、子禾子釜皆铭"左关釜节于廪釜",可知这些量器为左关制作而放在关卡上使用的,铭文中还规定守关者不得舞弊,违者重罚。

三量实测分别为2070、20580、20460毫升,1釜约20500毫升,根据进制可以推算出升、豆、区、釜、钟的情况,1升＝164毫升,1豆＝820毫升,1区＝4100毫升。左关䤹的容量实际上只相当于半区,10䤹＝1釜。同秦国量制相比,齐国的釜大体相当于秦国的斛。

（四）王莽新嘉量与汉代量制

中国度量衡制度有系统完备之记录实始于汉代,《汉书·律历志》对其度量衡之标准、命名、原器及行政管理都有详备的说明。汉制,廷尉掌度、大司农掌量、鸿胪掌衡。汉代除出土较多度量衡器外,其他容器铭文也往往记有容量、大小尺寸,都可作为考察汉代的度量衡制的材料。

汉承秦制,度量衡单位、进制不变。王莽嘉量是王莽始建国元年(公元9年)颁发的标准量器,西汉量制未变,因此可以从中了解汉代量制的详细情况。

王莽嘉量是一件五量合一的量器,又称新莽铜嘉量、刘歆铜斛,嘉有美好、标准之意,器之主体为直桶状器,内中界隔成上下两部分,上为斛,下为斗。主体之左、右各附一杯状器,左为升,右器也界隔成上下两部分,上为合,下为龠。根据实测:

1 龠 ＝ 10.65 ml

1 合 ＝ 21.125 ml

1 升 ＝ 191.825 ml

1 斗 ＝ 2012.5 ml

1 斛 ＝ 20097.5 ml

实测的数据与汉代量的进制完全相符。王莽嘉量是以当时先进的科学理论和技术手段制造的,代表了当时先进的科技理念。嘉量原器现存中国台北故宫博物院,国家博物馆有一相同器的残片并附有部分铭文。

参 考 文 献

1. 白云翔:《先秦两汉铁器的考古学研究》,科学出版社2005年版。
2. 中国社会科学院考古研究所编:《新中国的考古发现和研究》,文物出版社1984年版。
3. 河南省文物研究所编:《河南考古四十年》,河南人民出版社1994年版。
4. 查瑞珍:《战国秦汉考古》,南京大学出版社1990年版。
5. 蒋英炬、杨爱国:《汉代画像石与画像砖》,文物出版社2001年版。
6. 王建中:《汉代画像石通论》,紫荆城出版社2001年版。
7. 杨巨中:《中国古代造纸史渊源》,三秦出版社2001年版。
8. 袁仲一:《秦始皇陵考古发现与研究》,陕西人民出版社2002年版。
9. 刘庆柱、李毓芳:《汉长安城》,文物出版社2003年版。
10. 中国社会科学院考古研究所编:《中国考古学·两周卷》,中国社会科学出版社2004年版。

第八章 三国两晋南北朝考古

第一节 概 述

公元190年以后,中国陷入不同政治势力相互混战的动乱局面之中,经过长期的争战,到公元200年以后,最终形成了曹魏、蜀汉、孙吴三个政权鼎足对峙形势。

公元265年,司马氏代魏建立西晋,到280年晋灭吴,再次统一中国,但是到公元316年,随着西晋愍帝司马邺被匈奴人刘曜所俘,西晋政权宣告覆灭;317年,原为西晋琅玡王的司马睿在东吴旧都建立了东晋政权,而广大的北方地区则成为入主中原的不同少数民族首领所建诸政权的逐鹿舞台,这种状况直到公元439年北魏重新统一北方才大体结束;而南方司马氏政权在公元420年也被刘裕建立的宋政权所取代,历史由此进入了南北朝时期。北朝北魏政权后分裂为东、西魏,又进一步演变为北齐、北周政权,南朝刘宋政权也先后经历齐、梁、陈三代更替,到公元589年隋灭陈,中国才完全结束南北分裂、东西纷战的状态。中国这个动荡不安、多权并立的历史阶段竟然延续了将近400年。

毫无疑问,国家的分裂,战争的不断,给人民造成了无限的痛苦。当然,尽管如此,在不同政权统治的区域内,也有经济的发展和文化的创新,从而出现了多种文化体系并存的格局。就考古学而言,这一时期,不同政权的都城在规划思想和功能设计方面各呈个性,但中原地区则出现了从东汉南、北多宫城制向单宫城制的转变,曹魏邺城考古见证了这种转变的完成。单宫城制自出现之后,一直规范着此后两晋和南北朝直到宋元明清的都城宫城制度。此外,东晋都城建康出现的郭城、都城、宫城三重城垣及多重宫垣之制,北魏都城平城和洛阳先后出现的里坊之制都对后世都城制度产生了很大的影响。可惜的是,这种不断对都城甚至对都城之外的其他城市设立重重城垣和坊墙的制度固然有提高城市防御能力、保障统治者生命安全和加强城市内部管理的作用,但它也严重限制了城市内居民之间的自由流动和商业的流通,大大降低了激发城市发展活力和不断引领社会繁荣的功用。

本期在帝王陵葬制和一般墓葬制度方面也发生了一系列变化。在帝陵制度方面,从秦汉帝陵的大肆营造和过分铺张,到提倡薄葬,不封不树,不立寝殿、园邑,开启了一代新风。不过,随着社会财富的积累和传统陵制的复兴,到南北朝时期,逐渐又发育出不同政权体制下的帝王陵葬制,考古发现的大同、洛阳、河北磁县、咸阳等地的北朝帝陵以及在南京、丹阳发现的南朝帝陵都呈现出各自的制度特征。如北魏帝王陵,陵区出现陵冢、佛教寺庙、陵园,神道石刻中出现高大的翁仲,西魏时出现天禄、辟邪、石虎,北齐、北周也出现神道石雕翁仲;地下墓室则由汉代的多室或前后室演变为单室再到多天井、过洞、壁龛、壁画单墓室之制的出现;南朝帝王陵出现墓阙,神道石刻中有石兽、石碑、华表等。这些方面既有别于汉代陵制,同时又为隋唐帝王陵制开创了诸多因素的现象,成为三国两晋南北朝时期重要的文化特色。即使是这一时期的普通人墓葬,也显示出强烈的地域风格,从而成为今人了解这一多政权并立时期各种文化激烈竞争并最后再次趋向统一的过程的宝贵资料。

这一时期,东吴、东晋、南朝定都于长江南岸的建业及建康(今南京),加之北方人口大量南下,对促进我国南方地区的迅速开发产生了巨大的作用,南方地区经济文化逐渐在我国宏观区域布局中占有越来越重要的地位。与此同时,北方匈奴、鲜卑、羯、氐、羌等少数民族也融入中原文化,特别是鲜卑民族建立的北魏政权,在"孝文帝改革"的推动下,使鲜卑民族在政治、经济、文化等许多方面发生了深刻的变化,大大推动了北方各民族之间的融合和北方社会经济的发展。从物质文化方面可以发现,当时南方地区的青瓷器业独领风骚,几乎刷新了秦汉以来的物质文化面貌,并且在北朝后期也引发了北方地区瓷业尤其是白瓷的兴起,从而为我国隋唐时期瓷器业的全面发展和"南青北白"瓷业格局的出现写下了不平凡的开篇之作。其他如青铜业、钱币业、金银加工业、建筑业等各方面都有一定程度的发展。总之,南北方地区社会经济的共同进步,为隋唐盛世的到来奠定了广泛而坚实的基础。

值得注意的是,这一时期出现了中国历史上第一次中外文化即佛教文化与中国文化大融合的奇观,在考古资料上,如石窟寺、佛教寺院及其他佛教建筑、佛教造像、佛教绘画、莲花纹和忍冬纹等装饰图案几乎出现在每一个政权的统治地域内,并渗透到人们日常生活的方方面面。在佛教的刺激下,中国本土宗教道教文化体系也逐渐成型,加之儒、佛、道的碰撞和交汇,使这一时期的各类文化现象都呈现出时代的巨变和文化上的逐步整合,这正是后来高度发达的统一的隋唐文明得以产生的强大思想根基,考古学为认知这一过程提供了具体而微的科学解释。

第二节 城 址

这一时期的城市考古工作主要包括都城和一些重要的地方城市的调查和勘探。目前资料较多的有曹魏至东魏北齐的邺城、曹魏和西晋及北魏的洛阳城、东吴建业和东晋南朝的建康城、北魏的平城、东吴至南朝的京口铁瓮城、东吴武昌城、高句丽山城等。

一、邺城考古

邺城遗址位于今河北省临漳县和河南安阳县的交界处,其中曹魏所建邺北城遗迹大都在今漳河以北,东魏所建邺南城在漳河之南。

邺北城,由曹操始建于东汉建安九年(204年),后定为魏王王都。公元220年,魏帝曹丕迁都洛阳后,此城仍是曹魏政权的"五都"之一[①]。十六国时期,先后有后赵、冉魏、前燕三个政权以此为都[②]。公元534年,东魏从洛阳迁都于此,新建邺南城,同时也使用原有的邺北城,北齐仍延之为都。大象二年(580年),这座使用长达370多年的雄伟都城被杨坚焚毁[③],此后逐

[①] 《三国志》卷二《文帝纪》注引《魏略》"改长安、谯、许昌、邺、洛阳为五都"。《水经注》卷十:"魏因汉祚,复都洛阳,以谯之为先人本国,许昌为汉之所居,长安为西京之遗迹,邺为王业之本基,故号五都也。"

[②] 《晋书》卷106《石季龙载记》、卷107《冉闵载记》、卷110《慕容暐载记》、卷111《慕容儁载记》,中华书局1974年版。

[③] 《旧唐书》卷三十九《地理志》:"周大象二年,隋文辅政,相州刺史尉迟迥举兵不顺,杨坚令韦孝宽讨迥,平之。乃焚烧邺城,徙其居人,南迁四十五里,以安阳城为相州治所,仍为邺县。炀帝初,于邺故都大慈寺置邺县。贞观八年,始筑今治所小城。"中华书局1975年版。又参见《周书》卷三十一《韦孝宽传》,中华书局1971年版。

渐成为废墟并大都埋入地下。

早在元代,迺贤已对邺城遗址进行了调查,1935 年,北平研究院也派员前往实地踏勘,但较正规的考古工作开始于 20 世纪 50 年代后期,俞伟超先生于 1957 年前往调查,并发表了调查报告①,1976—1977 年,河北省及临漳县的考古学者对地下城址作了勘探②。1983 年开始,中国社会科学院考古研究所与河北省文物研究所合组邺城考古工作队,开始对邺城遗址进行全面的勘探发掘工作,已先后进行邺北城③和邺南城④的城址勘探和发掘、邺南城朱明门发掘⑤与复原研究⑥、邺城遗址东魏北齐佛寺塔基的发掘⑦等工作。徐光冀先生等还利用考古资料对曹魏邺城的平面布局等作了复原研究⑧(图 8-1)。这些考古研究成果为正确认识曹魏至北齐时期的邺城规模、布局、建造技术、文化面貌等提供了良好的条件。

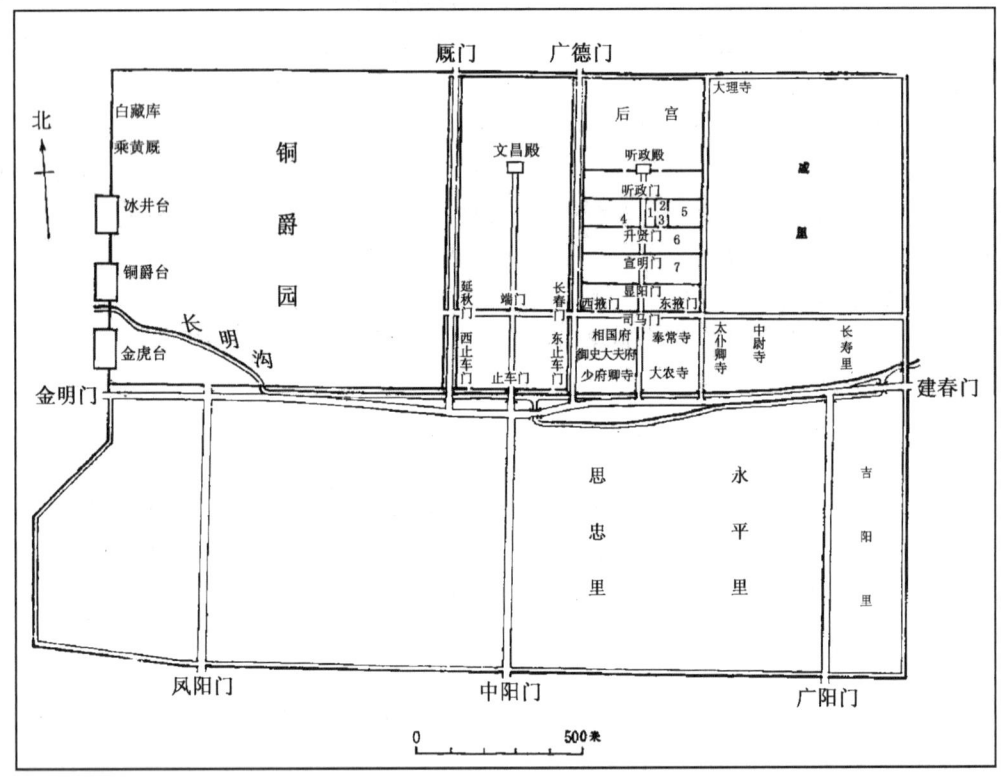

图 8-1 曹魏邺城平面复原示意图
1. 听政闼 2. 纳言闼 3. 崇礼门 4. 顺德门 5. 尚书台 6. 内医署 7. 谒者台阁、符节台阁、御史台阁

---

① 俞伟超:《邺城调查记》,《考古》1963 年第 1 期。
② 河北省临漳县文保所:《邺城考古调查和钻探简报》,《中原文物》1983 年第 4 期。
③ 邺城考古工作队:《河北省临漳邺北城遗址勘探发掘简报》,《考古》1990 年第 7 期。
④ 邺城考古工作队:《河北临漳县邺南城遗址勘探与发掘》,《考古》1997 年第 3 期。
⑤ 邺城考古工作队:《河北临漳县邺南城朱明门遗址的发掘》,《考古》1996 年第 1 期。
⑥ 郭义孚:《邺南城朱明门复原研究》,《考古》1996 年第 1 期。
⑦ 邺城考古队:《河北临漳县邺城遗址东魏北齐佛寺塔基的发现与发掘》,《考古》2003 年第 10 期。
⑧ 徐光冀:《曹魏邺城的平面复原研究》,载中国社会科学院考古研究所《中国考古学论丛》,科学出版社 1995 年版。

1. 邺北城

《水经注》卷十记载,邺北城"东西七里,南北五里"。考古勘探资料显示,该城东西(东城墙至金虎台)为2400米,南北1700米,实际范围比文献记载要小。城墙用夯土筑成,其中有发掘资料可证的城墙段为北墙宽16米左右,东墙宽15—18米,南墙宽16.35米。

《水经注》卷十又载,邺北城有七座城门,"南曰凤阳门,中曰中阳门,次曰广阳门,东曰建春门,北曰广德门,次曰厩门,西曰金明门。"考古学者在邺北城北城墙处已发现"广德门"门址,门道宽20米;在东城墙处发现"建春门"门址,门道宽22米,门道外并发现瓮城遗存。城址内探明道路六条,其中东西大道一条,大约位于全城的中部略南,在这条大道之北发现南北大道两条,之南发现南北大道三条。

已发现的东西大道是连接东面建春门和西面金明门的主干道(可称建春门—金明门大道)。这条干道局部略有弯曲,路面宽13米左右,发掘时发现有上下二层路面,下层路面属东汉晚期、曹魏乃至十六国时期;上层路面为东魏、北齐时期。这条东西大道实际是全城横轴线,将全城划分为南北两大区域,北区为宫殿区和皇族居住区;南区为市民区。在这条东西大道之南发现了三条南北大道,考古主持者将其分别命名为中阳门大道(居中)、凤阳门大道(居西)、广阳门大道(居东),又以中阳门大道最为重要,该大道实际是邺北城的南北中轴线,它北交建春门—金明门大道,再北又面对宫殿区的主要宫殿文昌殿,南达中阳门,长730米,宽17米,是邺北城已发现的路幅最宽的道路,可见其地位之重要。凤阳门大道长800米,宽13米左右,路两侧发现有路沟;广阳门大道宽度也为13米左右。在东西大道之北发现的两条南北大道,发掘者推论其为分别通往广德门和厩门的道路,可分别称广德门大道(东)和厩门大道(西),前者宽约13米,后者宽约10米。

在东西大道之北的中央部位即邺北城的宫殿区,钻探发现10处夯土建筑基址;在宫殿区以西的邺北城"铜爵园"区域发现4座夯土基址,因后赵时在这一带建有九华宫,所以,这些夯土基址的时代和性质目前还无法确定。在城东南角发现了一处疑为是后赵所建的"东明观"的建筑基址。

邺北城遗址中仅存于今地面之上的遗迹是建安十五年(210年)建造的铜雀台和建安十八年(213年)建造的金虎台两台基址。铜雀台基址位于金虎台基址之北,现仅存东南一角,南北约长50米、东西43米、高4—6米;金虎台基址现存南北120米、东西71米、高12米。两台相距3米。文献所载筑于建安十九年(214年)的冰井台基址尚未被发现(图8-2)。

曹魏邺城的平面布局在中国都城发展史上具有重要地位,它以建春门和金明门之间的东西大道为界线,将全城划分为南北两区。北区中部为宫殿区及中央衙署;西面是铜爵园(王家园林区)及具军事堡垒和宴饮游乐双重性质的"三台"区;东面是高级贵族居住的"戚里"。南区是一般衙署和城市居民生活区(划分为长寿、吉阳、永平、思忠四里),它又以中阳门大道为全城的南北中轴线。这条大道北面与建春门—金明门大道相交,实际又构成一"T"字形的城市主干道系统。这种"T"字形城市纵、横轴线布局对此后中国的都城格局产生了极为深刻的影响,可以说直到明清时代,它仍是都城主轴线和骨干道路的构造模式。曹魏邺城布局"改变了汉代以来的都城宫殿区分散的布局,中轴线的形成使平面布局更为对称和规整,这种平面规划,对北魏的洛阳城、东魏的邺南城、隋唐的大兴城和长安城的规划,均产生了重要影响,

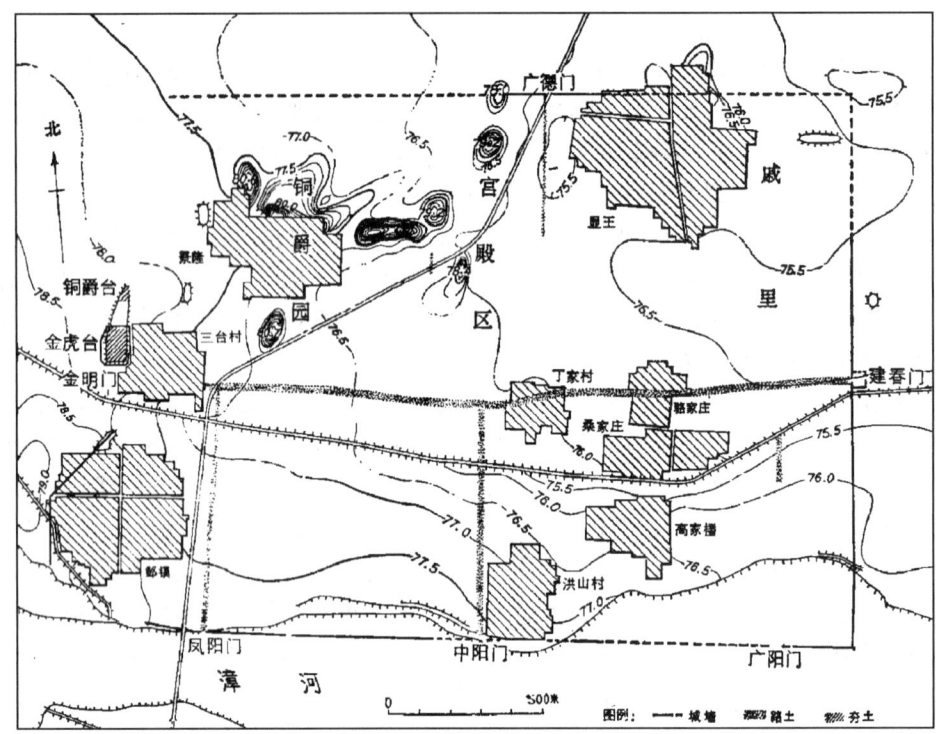

图 8-2 曹魏邺北城实测图

标志着中国都城发展史上的一个新阶段。"①

2. 邺南城

邺南城考古已发现东、南、西三面城墙,其北墙则沿用了邺北城的南墙(图 8-3)。城平面最宽处东西 2800 米、南北 3460 米,城墙一般宽 7—10 米,东、南、西三面城墙略有弯曲,特别是东、西城墙均向外弧突,东南、西南城角呈弧形圆角,这种特殊的平面形制可能与文献中所说该城在建造过程中"咸以龟象"有关②(图 8-3)。

文献记载邺南城有城门 11 座,经考古钻探已发现 9 座,包括东墙城门 1 座(仁寿门,另有 3 座尚未发现),南墙 3 座(启夏门、朱明门、厚载门),西墙 4 座(上秋门、西华门、乾门、纳义门),北墙 3 座(凤阳门、永阳门、广阳门)。其中南墙中门"朱明门"已做发掘,该门由门墩及三个门道和向南伸出的东西两墙与东西双阙构成,门墩连接向西南、东南斜伸的城墙(图 8-4)。城门墩进深为 20.3 米。中央门道宽 5.4 米,两旁门道宽 4.8 米,门道之间有隔墙,隔墙宽度为 6 米。从东、门墩向南各延伸出一条短墙,两墙内侧相距 56.5 米,墙南端各有一个平面略呈方形的阙。城门门墩、双阙和连接门墩、双阙的短墙都是夯筑而成,有迹象表明,夯土壁外原来可能有包砖,城门上有城楼,两段短墙上建回廊,阙之上造阙楼③。邺南城朱明门的形

---

① 徐光冀:《曹魏邺城的平面复原研究》,载中国社会科学院考古研究所《中国考古学论丛》,科学出版社 1995 年版。

② (明)崔铣:《嘉靖彰德府志》卷八《邺都宫室志》引《邺中记》,又参见《河北临漳县邺南城遗址勘探与发掘》,《考古》1997 年第 3 期。

③ (明)崔铣:《嘉靖彰德府志》卷八《邺都宫室志》引《邺中记》,又见《河北临漳县邺南城朱明门遗址的发掘》,《考古》1996 年第 1 期。

制(图8-5)对隋唐洛阳宫城则天门(应天门)乃至南京和北京明清宫城午门都有深远影响①,其开创性意义不容忽视。

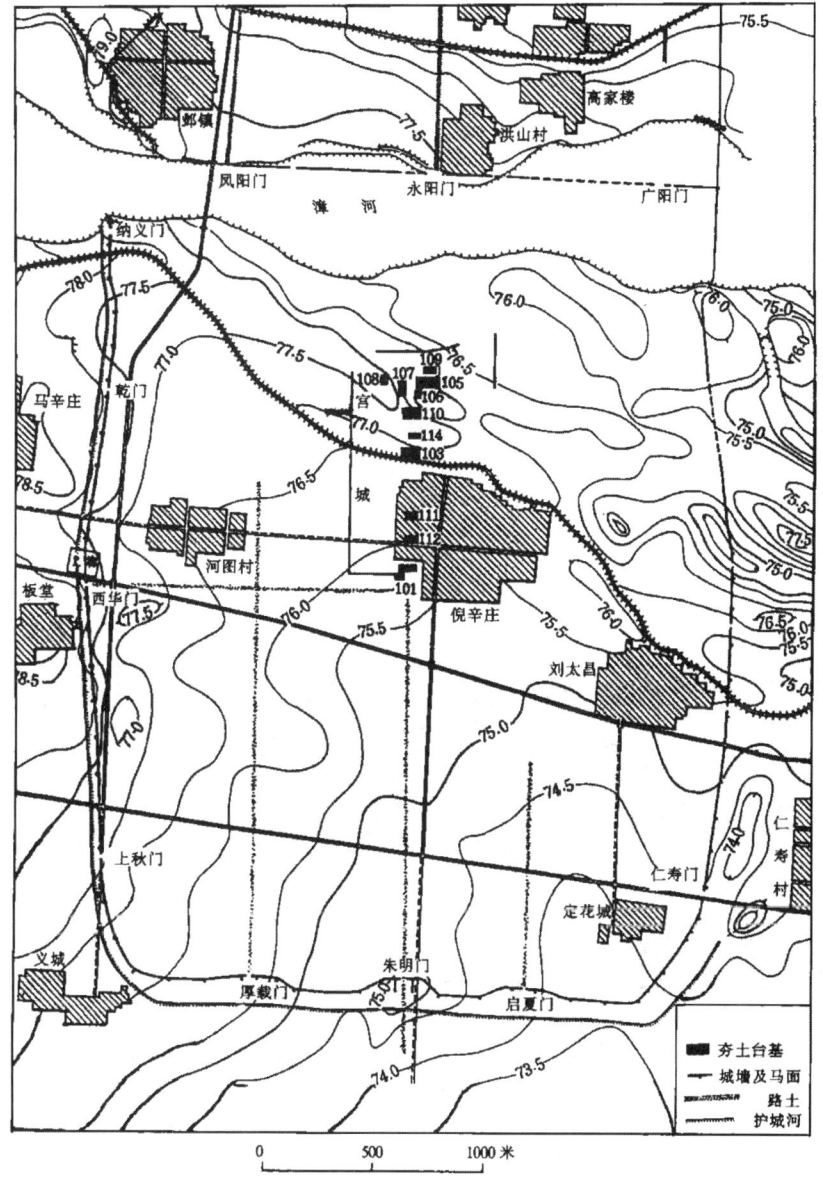

图8-3 邺南城遗址实测图

在东、南、西三面城墙外侧筑有马面,已发现马面共50座,马面平面呈长方形,宽18米左右,伸出城墙12米左右。在前述三面城墙外还钻探发现了护城河遗迹,河宽一般为20米,深1.8米。护城河与城墙大体平行,东、南城墙与护城河相距约120米,西墙与护城河相距约28米。

---

① 郭义孚:《邺南城朱明门复原研究》,《考古》1996年第1期。

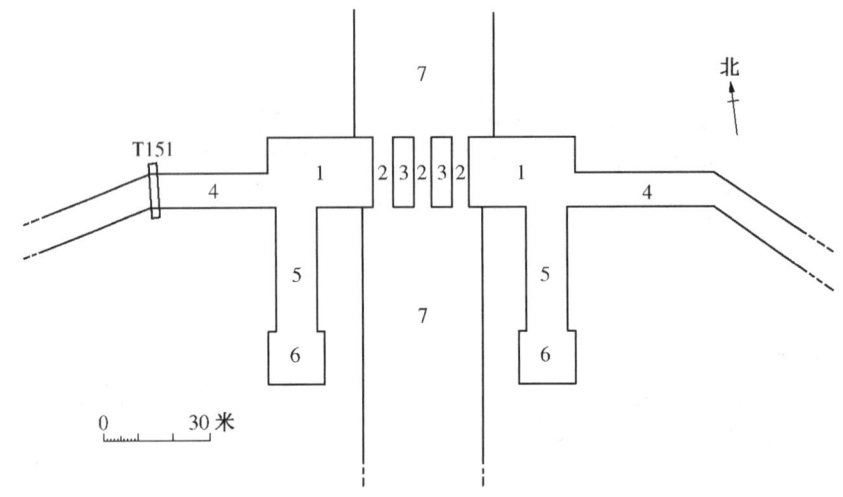

图 8-4 临漳邺南城朱明门门址平面图
1. 门墩　2. 门道　3. 隔墙　4. 城墙　5. 短墙　6. 阙台　7. 大道

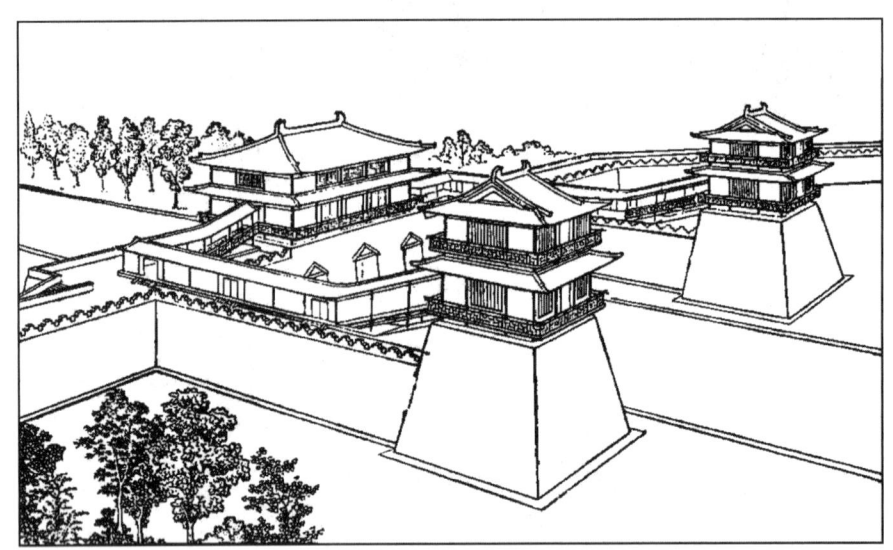

图 8-5 邺南城朱明门复原鸟瞰图

邺南城中已发现南北向和东西走向的道路各3条。3条南北向道路的南端都通向南城墙的3座城门,考古学者称之为厚载门大道(西)、朱明门大道(中)、启夏门大道(东)。朱明门大道向南穿过朱明门和门外护城河,向北抵达宫城正南门,存长1920米、宽38.5米,路两侧有路沟。这是邺南城南北中轴线,所以路幅最宽,礼制地位也最高。厚载门大道宽约6—11米,启夏门大道宽约11米。3条东西向道路被定名为乾门大道、西华门大道和上秋门大道,其中乾门大道西到乾门,东抵宫城西门。西华门大道则是东西贯通邺南城的大道之一,宽5—8米。上秋门大道西连上秋门,东达仁寿门,也是东西贯通全城的大道,路宽约10米。在邺南城中央偏北发现了东魏、北齐的宫城。宫城南北长约970米,东西宽约620米,四面有宫墙环绕,其东、南、西三面宫墙呈直线走向,北面宫墙的东段向北偏弯。在宫城内已发现15处建筑基址,其中位于全城中轴线上的宫殿基址面积较大①。考古人员还发现,邺南城宫城区的建筑空间并不是完全的中轴对称布局,即南起朱明门、北达宫城内主要宫殿的中轴线,虽然将宫城分成了东、西两部分,但东半部明显大于西半部。东魏始建的邺南城的规划受到北魏洛阳城的直接影响,但同时也传承了邺北城的某些制度因素,所以学者们认为它"上则宪章前代,下则模写洛京","其制度盖取洛阳与北邺",这种集大成的特点使它成为隋都大兴城、唐长安城规划的直接渊源②。

二、曹魏、西晋和北魏洛阳城

洛阳是我国著名古都,先后有东周、东汉、曹魏、西晋、北魏、隋、唐、后唐、后晋等九个王朝在此定都。曹魏、西晋和北魏洛阳城实际上是沿用了东汉洛阳城,所以学界经常称之为"汉魏洛阳城"。该城址位于现洛阳市东约15公里处,早在1954年,阎文儒先生就对其做过勘查③。此后从1962年夏天开始,中国科学院考古研究所洛阳工作队对其进行了系统的勘探,初步探明了大城城垣、门阙、街道、护城河,大城西北隅的金墉城范围和布局,大城东北角的殿台仓厩,宫城范围及部分宫殿建筑基址,宫城西南的永宁寺遗址,大城南郭的灵台、辟雍、太学等遗址范围和部分殿台建筑遗址④。1984年以后,中国社会科学院考古研究所汉魏故城工作队先后进行了汉魏洛阳城垣⑤、金墉城城址⑥、南郭灵台遗址⑦、北城垣一号马面遗存⑧、北魏建春门遗址⑨、北魏宫城阊阖门遗址⑩、北魏永宁寺塔基⑪及永宁寺西门遗址⑫的发掘和北魏洛阳外郭城及水道遗址的勘查⑬等,考古成果十分丰硕。

1. 大城城垣、城门和道路

曹魏、西晋和北魏三个王朝所使用的洛阳城与东汉洛阳都城为同一个大城垣,它的平面呈不规则的南北长方形(图8-6)。除南城垣因受洛河北移而无遗迹外,东、西、北三面城垣的不少段落仍保留于今地表之上,其中北垣东段和东垣的残墙最高仍达7米左右。大城城垣均系版筑夯土墙,经实测,北城垣全长约3700米、宽约25—30米;东城垣残长约3895米、宽约14米;西城垣残长约4290米、宽约20米左右。推测南城垣长度约为2460米,整个大城的周

---

① 据《河北临漳县邺南城遗址勘探与发掘》资料,约位居宫城内中轴线上的三处建筑基址面积较大,如110号基址东西80米、南北60米;103号基址东西80米、南北60米;111号基址东西60米、南北30米;105号基址东西95米、南北51米等。
② 同上注。另参见:陈寅恪《隋唐政治制度渊源略论稿》,三联书店1954年版;《北齐书·辛术传》,中华书局1983年版;《魏书·李业兴传》、《魏书·张熠传》,中华书局1974年版;《嘉靖彰德府志》卷八《邺都宫室志》等。
③ 阎文儒:《洛阳汉魏隋唐城址勘查记》,《考古学报》1955年第9期。
④ 中国科学院考古研究所洛阳工作队:《汉魏洛阳城初步勘查》,《考古》1973年第4期。
⑤ 中国社会科学院考古研究所洛阳汉魏队:《汉魏洛阳故城城垣试掘》,《考古学报》1998年第3期。
⑥ 中国社会科学院考古研究所洛阳汉魏故城队:《汉魏洛阳故城金墉城址发掘简报》,《考古》1999年第3期。
⑦ 中国社会科学院考古研究所洛阳工作队:《汉魏洛阳城南郊的灵台遗址》,《考古》1978年第1期。
⑧ 中国社会科学院考古研究所洛阳工作队:《洛阳汉魏故城北垣一号马面的发掘》,《考古》1986年第8期。
⑨ 中国社会科学院考古研究所洛阳工作队:《汉魏洛阳城北魏建春门遗址的发掘》,《考古》1988年第9期。
⑩ 中国社会科学院考古研究所洛阳汉魏故城队:《河南洛阳汉魏故城北魏宫城阊阖门遗址》,《考古》2003年第7期。
⑪ 中国社会科学院考古研究所洛阳工作队:《北魏永宁寺塔基发掘简报》,《考古》1981年第3期。
⑫ 中国社会科学院考古研究所洛阳汉魏城队:《北魏洛阳永宁寺西门遗址发掘纪要》,《考古》1985年第8期。
⑬ 中国社会科学院考古研究所洛阳汉魏故城工作队:《北魏洛阳外郭城和水道的勘查》,《考古》1993年第7期。

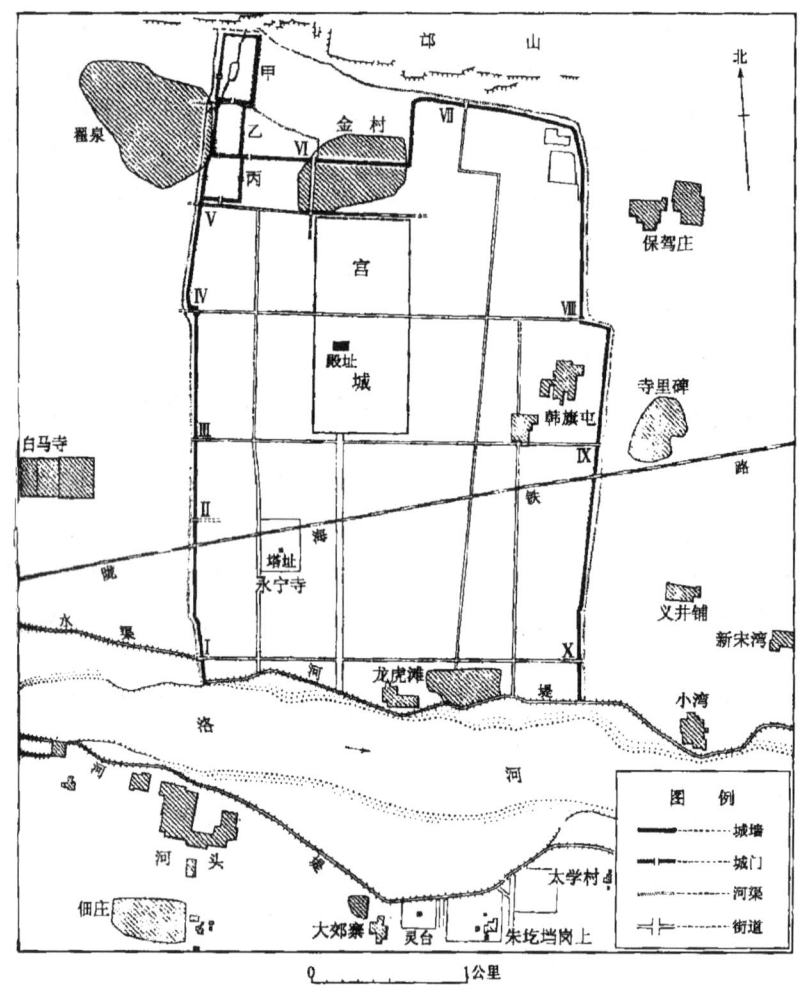

图 8-6 汉魏洛阳城平面实测图

长约合 14 公里,折合西晋的 33 里,如减去西北隅之"金墉城"三座小城的范围,其周长正与文献所载里数大体相合①。在西、北两面城墙上共发现 7 座马面,马面之间距离约在 110—120 米左右,其中北垣一号马面已经发掘,平面略呈方形,通体依城垣而夯筑,现存顶面东西宽 12.9 米、南北长 11.7 米。马面始筑时间为曹魏西晋,北魏时又重新建筑②。

文献记载汉魏洛阳城前后共建过 13 座城门,现已发现 10 座。其中西垣发现城门 5 座,南起第一门为Ⅰ号城门,单门洞,门阙口宽约 7.1 米,长 17 米,此门是东汉至西晋的广阳门,北魏称西明门;南起第二门为Ⅱ号城门,单门洞,宽约 8 米,长约 20 米,此门是东汉的雍门,曹魏西晋称西明门,北魏改称西阳门;南起第三门为Ⅲ号城门,单门洞,阙口宽约 16 米,两侧有夯土门阙,门道长约 33 米,该门为北魏太和年间改建的西阳门;南起第四门为Ⅳ号城门,门洞

---

① 据《续汉书·郡国志》引《帝王世纪》载,汉魏洛阳城"城东西六里十一步,南北九里一百步",又引晋《元康地道记》曰:"城内南北九里七十步,东西六里十步,为地三百顷一十二亩有三十六步。"周长约合西晋 30 里,与考古发现数据相当接近。参见中国科学院考古研究所洛阳工作队《汉魏洛阳城初步勘查》,《考古》1973 年第 4 期。

② 中国社会科学院考古研究所洛阳工作队:《洛阳汉魏故城北垣一号马面的发掘》,《考古》1986 年第 8 期。

阙口宽约 47 米,门外两侧有夯筑土阙,门道长约 58 米,结构是二门二洞,中设隔墙,北门洞宽 21 米,南门洞宽 13 米,此门东汉时称上西门,曹魏以后称阊阖门;南起第五门为Ⅴ号城门,单门洞,阙口宽约 20 米,进深 13 米,此门为北魏太和年间新开建的承明门,其北即为金墉城。

北城垣有城门阙口 2 座,西起第一门为Ⅵ号城门,门洞阙口宽约 31 米、进深约 33 米,中有两堵隔离墙,显示其为一门三洞之制,此门为东汉时的夏门,曹魏以后称大夏门;西起第二门为Ⅶ号城门,门洞被破坏,此门可能是东汉的谷门,曹魏以后的广莫门。

东城垣发现 3 座城门,北起第一门为Ⅷ号城门,东汉称上东门,曹魏以后改名建春门;北起第二门为Ⅸ号城门,单门洞,门外有夯筑的双阙,门道宽约 12.5 米、进深 21 米,此门为东汉的中东门,曹魏以后称东阳门;北起第三门为Ⅹ号城门,单门洞,门宽 8.8 米、进深 14 米,东汉称此门为旄门,或曰望京门,曹魏、西晋称清明门,北魏改名青阳门。1985 年冬,考古学者对建春门址作发掘,发现城门基址整体略呈长方形,南北长 30 米、东西(进深)12.5 米,为一门三洞形制,各门洞内皆有大道穿过。门洞顶部是靠夯土墙及排叉柱支撑的大过梁式建筑形式,城门两侧则包砌了青砖,包砖年代为魏晋时期①。

南垣城门在《洛阳伽蓝记》中有明确记载,共四门,自东向西分别称为开阳门、平昌门(东汉称平门)、宣阳门(东汉称小苑门)、津阳门(东汉称津门)。四门虽因南城垣被洛河冲毁而无遗存发现,但根据大城内所发现的道路的走向,可证原有此四门当无疑问。

在大城城垣之外发现了顺城而建的护城河遗迹,其中西垣外护城河宽约 18—28 米不等,东垣外护城河宽度约为 18—40 米不等,均北窄南宽,淤土深度在 3 米以上。城内街道共发现东西横道和南北纵道各 4 条。第一条东西横道连通Ⅰ号城门(北魏西明门)至Ⅹ号城门(北魏青阳门),东西直行,全长约 2460 米、宽约 29—36 米;第二条东西横道连通Ⅲ号城门(北魏西阳门)至Ⅸ号城门(魏晋东阳门),位居宫城南侧,东西直行,全长约 2630 米、宽约 41 米;第三条东西横道连通Ⅳ号城门(魏晋阊阖门)至Ⅷ号城门(魏晋建春门),此路东西直行,穿过宫城中部,全长约 2510 米、宽约 35—51 米,是城中路幅最大的东西走向骨干街道;第四条东西横道西起Ⅴ号城门(北魏承明门),向东到达宫城北侧而中断,残长约 1410 米、宽约 17—22 米左右。西垣Ⅱ号城门内也发现一段道路,但残长仅 50 余米。第一条南北纵道在大城最东部,北接第三条东西横道,可能穿过南垣的开阳门,南对位于洛河南岸的辟雍太学西侧大道,残长约 2400 米、宽约 12—15 米;第二条南北纵道连通北垣的Ⅶ号城门(魏晋的广莫门)和南垣的平昌门,不过其北段有拐折,路残长约 4045 米、宽约 14—29 米;第三条南北纵道是北起宫城南门、南抵大城宣阳门的主干大道,即著名的北魏洛阳都城的"铜驼街",大道残长 1650 米、宽 40—42 米,在大道两侧发现大片的官署建筑夯土基址;第四条南北纵道在大城西部,北起Ⅵ号城门(魏晋的大夏门),南抵南垣津阳门,北段有拐折,残长约 3620 米、宽约 36—40 米②。

2. 宫城和宫殿

宫城位于大城的中北部略偏西处,平面呈南北稍长的矩形(图 8-7),南北长约 1398 米、东西宽约 660 米,占大城总面积的 1/10 左右。宫城四面原应有墙垣,但目前仅发现东、西、南三面城垣,其中东垣残长 1284 米,宽一般为 4—8 米,最宽处近 11 米,约在中部略偏北处有门址 1 座,位置和西墙 1 号门相对,大城中第三条东西横道即由此穿过;西垣全长约 1398 米,北

---

① 中国社会科学院考古研究所洛阳工作队:《汉魏洛阳城北魏建春门遗址的发掘》,《考古》1988 年第 9 期。
② 中国科学院考古研究所洛阳工作队:《汉魏洛阳城初步勘查》,《考古》1973 年第 4 期。

段宽约20米,南段宽约13米,发现门阙2座,中段略偏北处为1号门,东对东垣门址,中有大城第三条东西横道穿行,门洞宽约25米,外有一对夯筑土阙。2号门在1号门北约310米处,门洞宽仅7米左右,应为进入宫城的便门;南垣全长约660米、宽约8—10米,在城垣偏西部发现宫城正门门址,即北魏时的阊阖门遗址①。

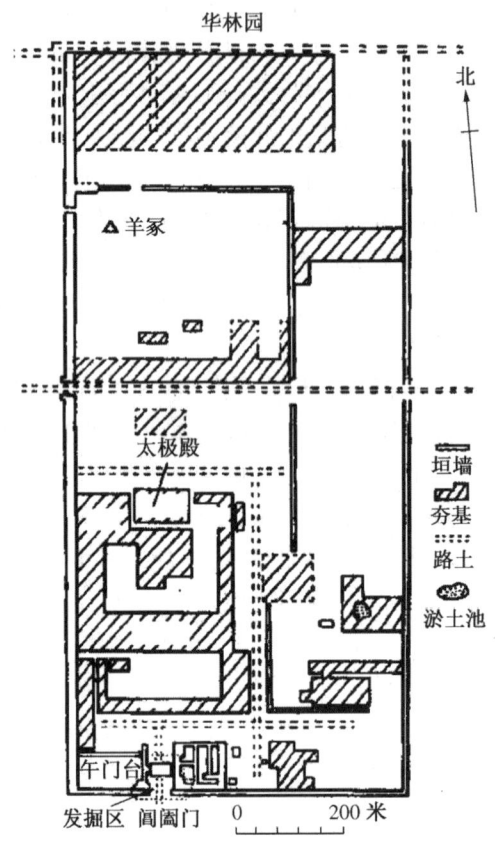

图8-7 汉魏洛阳宫城平面图

宫城正门阊阖门已经过发掘,发现城门台基、门前左右双阙阙台与阙间广场、城门东西两侧院落遗迹等。整个门址设于宫城墙垣的后侧,城门楼建于大型夯土台基上,门前两侧有东、西墙向南延伸,南端再设左右双阙(为子母阙),双阙分别与东、西两面的宫城南墙相连,并通过城门两侧院落的院墙和城门连接(图8-8)。城门台基东西长44.5米,南北宽24.4米,在门址台基上清理出南北5排、东西8列共40个柱础坑,从而证明城门是由柱网布局构成的面阔7间、进深4间的殿堂式建筑形式。门址上还残存有城门道两侧的东、西夯筑土墩台和门道之间两个夯土隔墙基部,在东、西墩台北半部墙体夯土内各发现一座房址,其中F1(西)南北残长6—7.4米、东西宽3米,F2(东)南北残长9.6米、东西宽约3.2米。城门的三个门道分别位于东西墩台与中间两个隔墙之间,中门道宽4.8米,东、西门道宽4.7—4.8米,门道南北长8.6—8.8米,进深2间。在门道南(外)、北(内)侧各形成前后门庭,前后庭东西长皆为28米,南北宽前庭是5.5米,后庭是5米。城门楼与两侧附属院落院墙之间有连接的短墙,墙

---

① 中国科学院考古研究所洛阳工作队:《汉魏洛阳城初步勘查》,《考古》1973年第4期。

面抹墁白灰墙皮。门址东西两侧各有一组院落遗迹,每组院落又各由夯土墙隔成两个独立的院子。城门基址南侧的宫城南垣缺口两端左右相对位置各筑一座大型夯土阙,均为一母二子的子母阙式。东阙阙台东西宽29米、南北长29.4米,西阙阙台东西宽29米、南北长29.1米。东、西双阙之间是一东西宽41.5米、南北长约37米的广场。

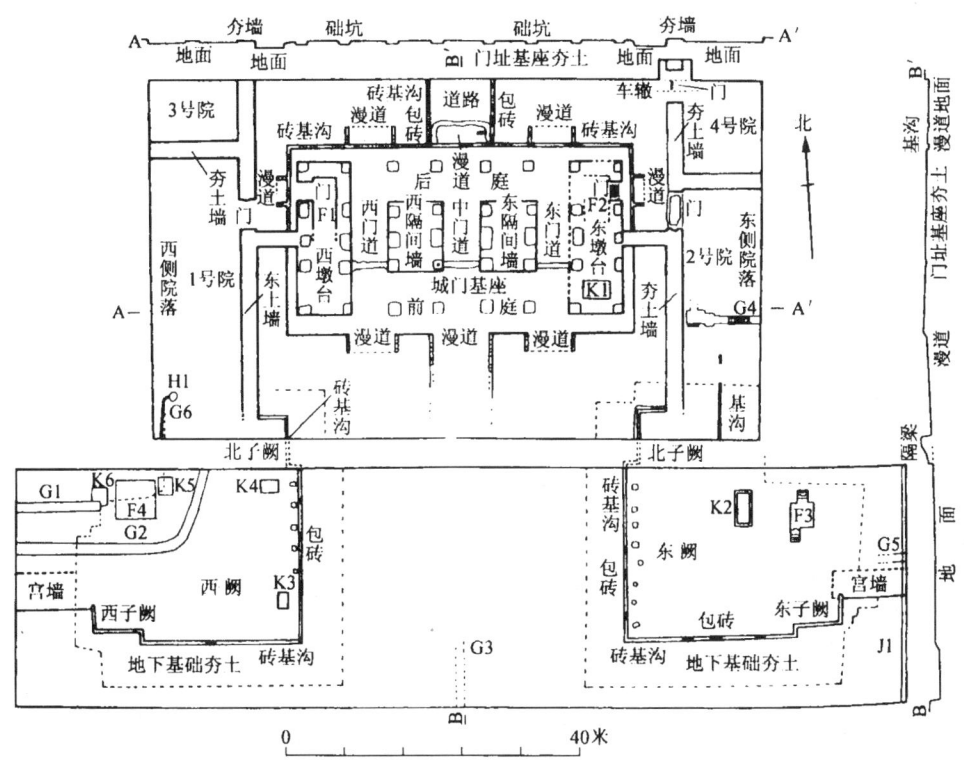

图8-8 洛阳汉魏故城北魏宫城阊阖门遗址平、剖面实测图

宫城阊阖门门址北对正殿太极殿、南对铜驼街和大城正门宣阳门,其位置十分显要,因而建筑体制特殊,体量宏伟,结构复杂。发掘者认为,"这座带有门前双阙、附属院落以及台式门楼的北魏宫城正门,其总体平面布局和基本规模早在魏晋时期就已形成",亦即"北魏时期以及更晚的北周时期的宫城阊阖门,是在曹魏初期建造的洛阳宫城阊阖门基础上修补沿用的"。该门址的发掘不仅证明魏晋时期已经实行单一宫城制,而且门阙形制还为秦汉门阙的研究提供了难得的演进资料,同时,还为已发掘的北齐邺南城正门朱明门门前双阙找到了直接源头,对研究我国古代特有的都城门阙制度具有重要的学术价值[①]。

在宫城内发现一道由北往南的夯土墙,墙的走向略呈"Z"状,有北墙、东墙和南墙,墙宽在3.8—4.7米之间,这堵夯土墙将宫城分成东、西两部分。宫城内勘查发现30处左右的夯土台基,其中西部遗迹可能是东汉北宫和魏晋及北魏宫城中的主要殿台之地,南面一座大型殿基东西长约100米、南北宽约60米,地下保存的夯筑台基高达6米以上,其南侧还有一群呈"曰"字形的大面积台基;北面有一座夯土台基东西长达400米、南北宽约45米,

---

[①] 中国社会科学院考古研究所洛阳汉魏故城队:《河南洛阳汉魏故城北魏宫城阊阖门遗址》,《考古》2003年第7期。

规模颇为壮观。宫城东部勘查发现 1 处椭圆形水池和 4 座夯土台基，台基南北排列，遗迹现象复杂①。

3. 外郭城

魏晋洛阳都城的外郭城建于北魏景明二年（501 年）②。1963 年春，考古人员在邙山南坡发现外郭城北垣部分遗存，1984 年和 1985 年又先后发现西郭和东郭城垣。北郭垣残存长度 1300 多米，城垣宽 13 米，其与内城北垣基本平行，两城垣最近距离为 850 米，在城垣西段外侧（城墙北面）3 米远处发现一条与城墙并行的壕沟，沟宽 12.5 米、深 3.3 米。西郭垣略呈西北至东南方向拐折修筑，其距内城最远处为 4250 米，最近处为 3500 米，残存长度为 4400 米，墙宽 7—12 米。东郭垣大体上与内城东垣平行，两者相距约 3500 米，城垣残长约 1800 米，墙宽 8—13 米，郭城南垣迄今尚未发现（图 8-9）。

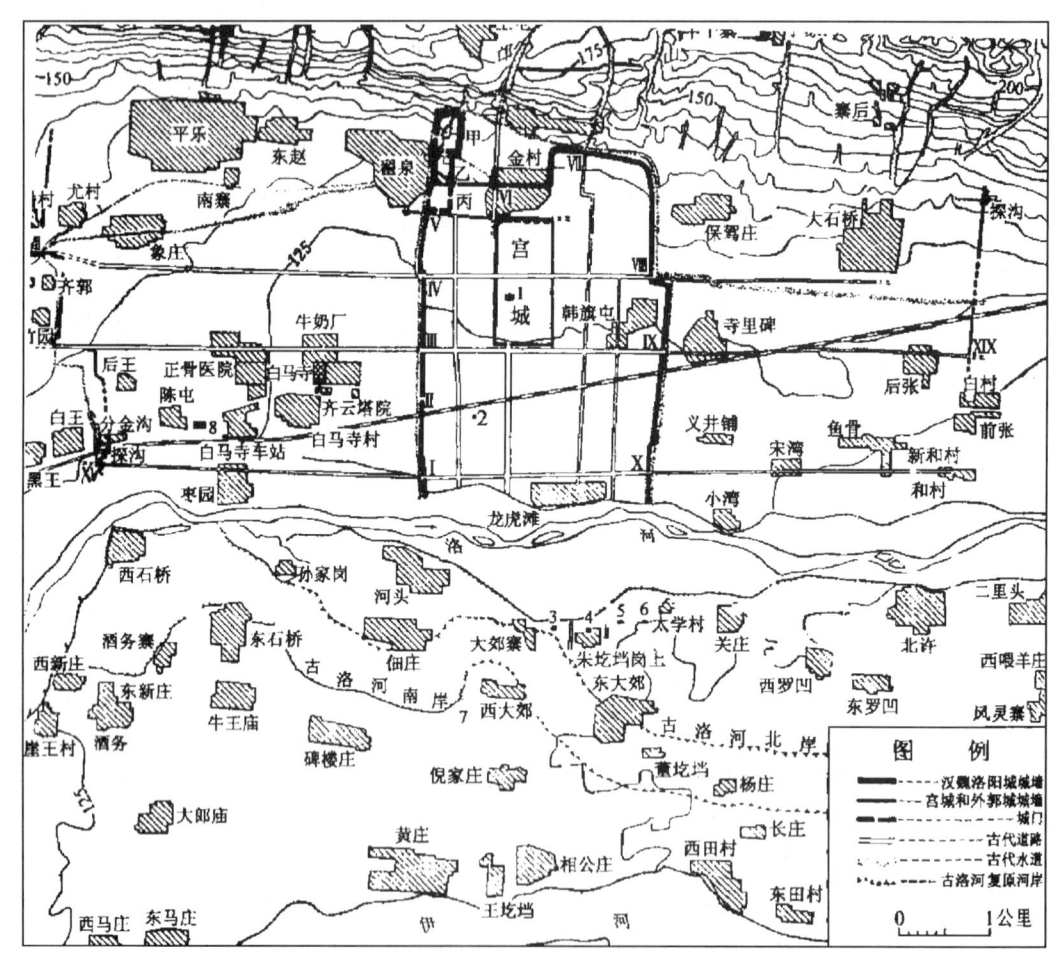

图 8-9　北魏洛阳外郭城和水道勘查图

在西郭垣南、北端各发现城门一座，南面一座为ⅩⅤ号城门，内城西明门外（即Ⅰ号城门）

---

① 中国科学院考古研究所洛阳工作队：《汉魏洛阳城初步勘查》，《考古》1973 年第 4 期。
② 《魏书·世宗纪》载，景明二年"九月丁酉，发畿内地夫五万人筑京师三百二十三坊，四旬而罢"。（中华书局 1984 年版）《洛阳伽蓝记》卷二曰："郭门开三道，时人号为三门。"

外大道由此门穿过,门缺口宽约 30 米,两边有类似"门阙"形式的长方形夯土遗迹。北面一座为ⅩⅫ号城门,内城阊阖门(即Ⅳ号城门)外大道从此门穿过,门缺口宽约 40 米,两侧也有长方形夯土遗迹。在东郭垣中段发现ⅩⅨ号城门,内城东阳门(即Ⅸ号门)外大道由此门穿过。另在西郭垣段有ⅩⅪ号门、东郭垣北段有ⅩⅧ号门、东郭垣南段有ⅩⅩ号门等,均因门道夯土、路土等遗迹现象已遭破坏而无法探查清楚。

从内城城门到外郭城内各有大道通行,现已发现 9 条大道遗迹,它们分别是西明门(Ⅰ号门址)外大道(路土长 3800 米、宽 30—40 米)、西阳门(Ⅲ号门址)外大道(路土长约 4000 米、宽 20—25 米,穿行西郭城垣处宽达 50—55 米)、阊阖门(Ⅵ号门址)外大道(路土长达 4200 米、东段宽 28 米、西段宽 10 米、近郭垣处宽 40 米)、承明门(Ⅴ号门址)外大道(路土长 250 米、宽约 8 米)、大夏门(Ⅵ号门址)外大道(路土宽 1.5—20 米)、广莫门(Ⅶ号门址)外大道(路土宽 2.5—3.5 米)、建春门(Ⅷ号门址)外大道(路土宽 15—20 米)、东阳门(Ⅸ号址)外大道(路土宽 16—21 米)、青阳门(Ⅹ号门址)外大道(路土宽 21—27 米)等。其中大夏门与广莫门外两条道路登上邙山汇合处的南面,勘查发现一座面积很大的建筑遗迹,考古学者认为该遗存可能与北魏洛阳城"北郊兆域"有关。

4. 金墉城

金墉城是曹魏明帝建于洛阳城西北角的重要城堡型军事要塞,一度也作为皇帝宴乐和居住或废主弃后幽居的场所。金墉城由三座小城构成,从北向南依次排列,北依邙山,南连大城,墙垣宽厚,地据险要①。有学者认为金墉城的设立可能与曹魏邺城西北置"三台"的制度影响有关②。三座小城平面呈"目"字形,南北长约 1048 米、东西宽约 255 米,总面积约 26 万平方米,考古学者将三城从北向南分别以甲、乙、丙予以编号(图 8-10)。甲、乙二城实际在大城西北角之外,丙城位于大城西北角之内。甲城城垣西北角残高 6 米左右,宽 12—13 米;乙城在甲、丙城之间,墙基宽 12 米。三小城城垣外有隆凸的"马面"建筑遗存,现存有 11 座。甲城四周和乙、丙城外有河水环绕的遗迹。甲城西墙、南墙各有 2 个门阙;乙城西墙有 4 个门阙;丙城四面墙垣各有 2 个门阙,皆为 1 个门洞,门宽约 5—6 米(图 8-10)。1995 年之前,学术界一般都认为金墉城三座小城是同一时期建造的一组建筑,但是经过 1995—1997 年的考古发掘,考古学者已经确认,这三座小城其实是不同时期建筑增扩的产物,即甲、乙两座小城的建造年代不早于北魏,仅丙城才是曹魏明帝时创建的"金墉城",而甲、乙两小城应是北魏至唐初文献中所记录的晚期金墉城。考古学者还认为,在丙城内东墙与大城北墙相连接处发现的方形夯土基址(阿斗坟)应是文献中所记载的魏文帝所建的"百尺楼"基址③。

---

① 《水经注·谷水》:"……魏明帝于洛阳城西北角筑之,谓之金墉城,起层楼于东北隅,晋宫阁名曰金墉,有崇天堂,即此地。……谷水经洛阳小城北,因阿旧城,凭结金墉,故向城也。结以为垒,号洛阳垒。"《洛阳伽蓝记》序曰:"承明者,高祖所立,当金墉城前东西大道。迁京之始,宫阙未就,高祖住在金墉城,城西有王南寺。"另参见中国科学院考古研究所洛阳工作队《汉魏洛阳城初步勘查》(《考古》1973 年第 4 期)、中国社会科学院考古研究所洛阳汉魏故城队《汉魏洛阳故城金墉城址发掘简报》(《考古》1999 年第 3 期)。

② 徐光冀:《曹魏邺城的平面复原研究》,载中国社会科学院考古研究所《中国考古学论丛》,科学出版社 1995 年版。

③ 见中国社会科学院考古研究所洛阳汉魏故城队《汉魏洛阳故城金墉城址发掘简报》(《考古》1999 年第 3 期)中钱国祥、肖淮雁先生的论述。

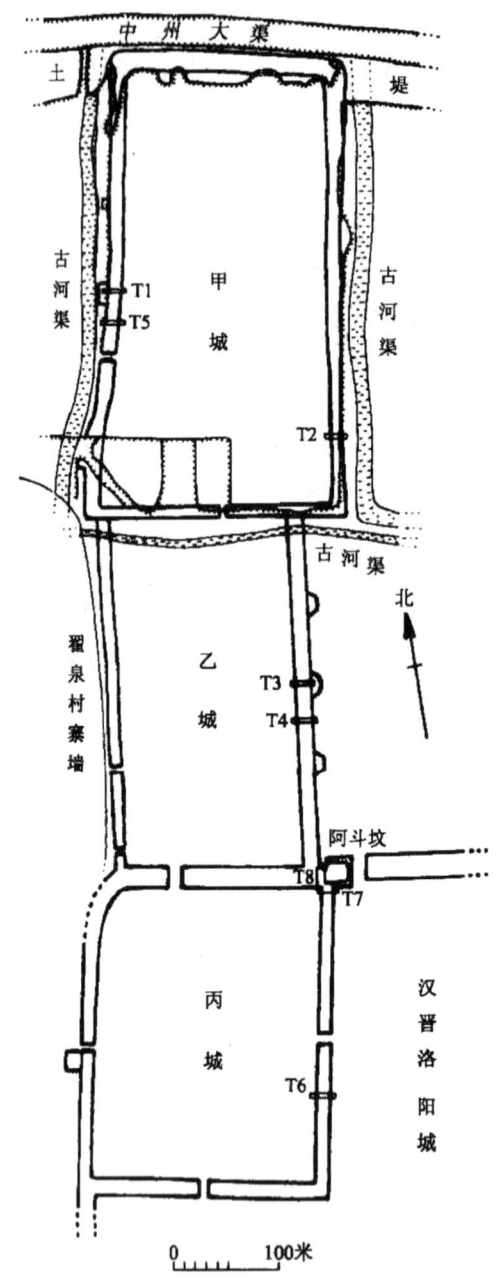

图 8-10 汉魏洛阳故城金墉城甲、乙、丙城平面实测图

三、北魏平城

公元 386 年(登国元年),拓跋珪建立北魏。天兴元年(398 年),北魏将都城从盛乐迁往平城(今大同)①,至孝文帝拓跋宏太和十八年(484 年)迁都洛阳,其间历六帝七世,北魏以平城

---

① 《魏书》卷二载:"(天兴元年)秋七月,迁都平城。始营宫室,建宗庙,立社稷。"

为都达97年,在都城的宫殿、城郭、府署、庙社等建设方面均取得巨大成就,尤其是首开中国都城里坊之制,给后世都城格局制度造成了深远的影响①。北魏都城平城考古资料主要有以下几例:1995年对大同市柳航里住宅小区发现的明堂辟雍遗址的发掘②;2003年对大同市操场城街东侧北魏一号建筑遗址的发掘③;2007年6月对南距操场城一号遗址约150米的北魏仓储遗址的发掘④等。

1. 大同操场城街北魏一号建筑遗址

这是北魏平城郭城内发现的第一处建筑遗址,遗址中主要遗存为一大型夯土台基,其平面呈长方形,坐北朝南,方向187度,地面以上部分东西长44.4米、南北宽31.5米,地表以上残高0.1—0.85米左右。夯土台基的踏道有4条,1条位于北面正中,2条位于南面,东面可能有1条。台基周边北、东、南三面发现有黄泥墙皮、台基包砖、台基周围地面等遗迹。遗址中出土了大量北魏时期的磨光黑色筒瓦和板瓦以及部分瓦当、瓦钉、石柱础、石雕残片、磨光青砖、花纹砖、绘红彩的白灰泥皮、黑灰色的陶制鸱尾残件等,表明这应是一座大型殿堂遗址,发掘者推论其可能是一处北魏宫殿建筑遗址,建筑的开间在9间左右⑤。联系这处遗址北约150米处的北魏地下仓储遗迹的存在,可以进一步证明文献中记载的北魏平城宫殿区应即在这一范围内⑥(图8-11)。

2. 明堂辟雍建筑遗址

史载北魏平城明堂建筑落成于太和十五年(491年)⑦。经钻探,整个明堂遗址的外部为一巨大的环形水渠,亦即"辟雍"。环形水渠(辟雍)的外缘直径约为289—294米,内缘直径约为255—259米,水渠宽约为18—23米,水渠两侧用砂岩石块垒砌。环形水渠围合的陆地空间中部有一正方形夯土基址(明堂建筑基址),其边长42米,夯土厚2米多,方向4度。在夯土台基的东、西、南、北四面各有一处凸字形夯土台式门基,长29米、宽16.2米。各门基与中央明堂建筑相对应(图8-12)⑧。

---

① 据文献记载,北魏都城平城有宫城、太子宫、郭城等,《南齐书》卷五七《魏虏传》曰:"什翼珪始都平城,犹逐水草,无城郭……佛狸(按:指北魏太武帝拓跋焘)破梁州、黄龙,徙其居民,大筑郭邑,截平城西为宫城,四角起楼,女墙、门不施屋,城又无堑。南门外立二土门,内立(太)庙,开四门,各随方邑,凡五庙,一世一间,瓦屋。其西立大社。佛狸所居云母等三殿,又立重屋,居其上。……殿西铠仗库,屋四十余间。殿北丝绵布绢库,土屋一十余间。伪太子宫在城东,亦开四门,瓦屋,四角起楼。妃妾住皆土屋。……伪太子别有仓库。其郭城绕宫城,南悉筑为坊,坊开巷,坊大者容四五百家,小者六七十家。每南坊搜检,以备奸巧。"另参见日本学者前田正名所著《平城历史地理学研究》第三章"平城都市景观的发展",李凭、孙耀、孙蕾译,书目文献出版社1994年版。
② 王银田、曹臣明、韩生存:《山西大同市北魏平城明堂遗址1995年的发掘》,《考古》2001年第3期。刘俊喜、张志忠:《北魏明堂辟雍遗址南门发掘简报》,载《山西省考古学会论文集·三》,山西古籍出版社2000年版。
③ 山西省考古研究所等:《大同操场城北魏建筑遗址发掘报告》,《考古学报》2005年第4期。
④ 刘俊喜:《北魏平城遗址陶瓦的初步研究》(未刊稿),见《古代东亚地区制瓦技术变迁与传播研究国际学术研讨会(2008,北京)》论文集。文章透露,该仓储遗址发现4个地下圆形建筑,底部残存已经碳化的谷子和小米。
⑤ 山西省考古研究所等:《大同操场城北魏建筑遗址发掘报告》,《考古学报》2005年第4期。
⑥ 大同操场城街发现的北魏一号建筑遗址和其北面出土的北魏地下仓储遗迹相距仅150米,按《南齐书》卷五七《魏虏传》(中华书局1983年版)载,北魏平城宫殿区除宫殿之外,还有大量仓储建筑,如铠仗库、丝绵绢布库、太宫储粮地窖等,且地窖所储粮食为"半谷半米",与新发现的北魏地下仓储遗迹底部出土碳化谷子和小米颇为相合。
⑦ 《魏书》卷七《高祖纪》,中华书局1984年版。
⑧ 王银田、曹臣明、韩生存:《山西大同市北魏平城明堂遗址1995年的发掘》,《考古》2001年第3期。刘俊喜、张志忠:《北魏明堂辟雍遗址南门发掘简报》,载《山西省考古学会论文集·三》,山西古籍出版社2000年版。另参见刘俊喜《北魏平城遗址陶瓦的初步研究》(未刊稿)。

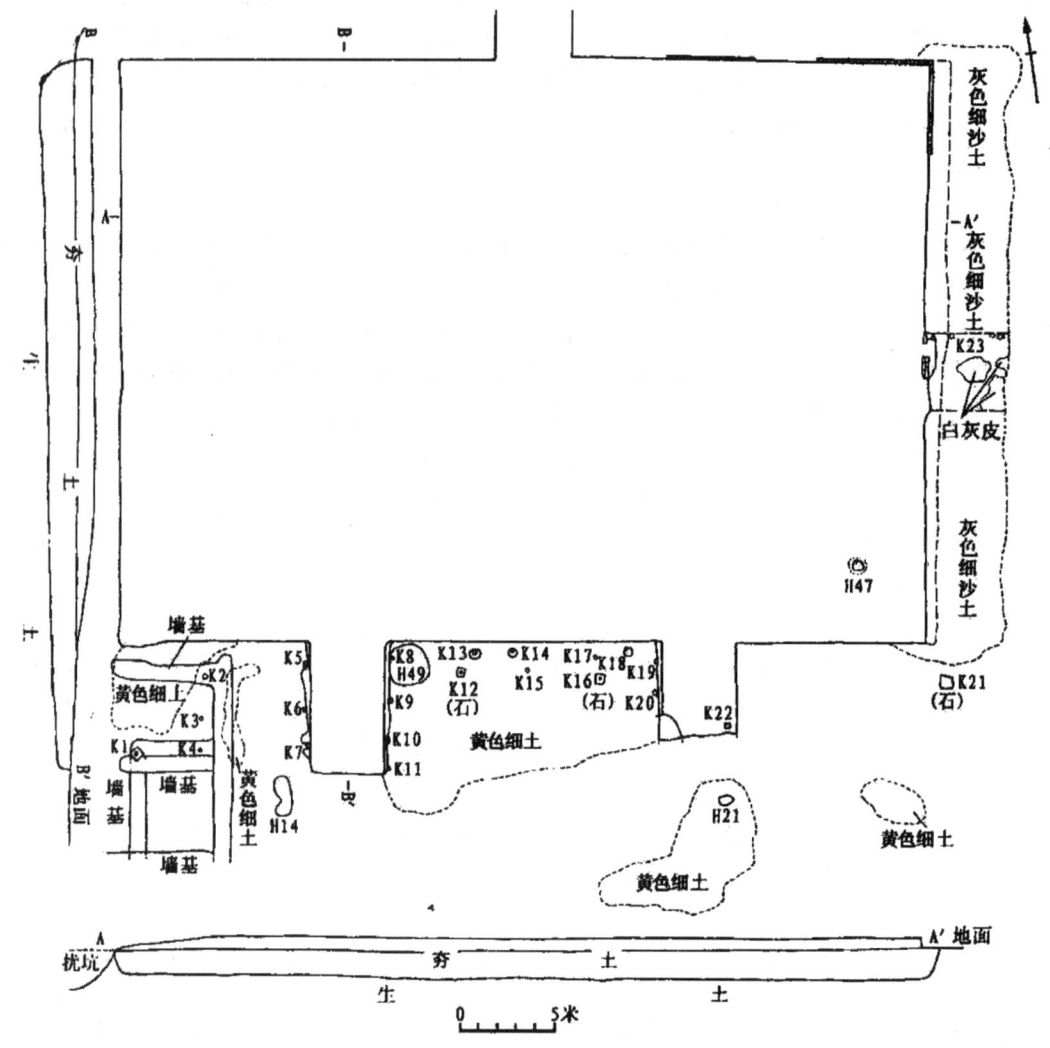

图 8-11 北魏平城一号建筑遗址平面图

遗址中还出土少量兽面纹瓦当、磨光黑色筒瓦、板瓦等,很多瓦上都有刻画或戳印的文字。这处明堂、辟雍建筑遗存的发现,对研究北魏和汉唐之际都城的"明堂"礼制建筑形式及其演变均有特别重要的价值。

四、六朝都城建业和建康

公元 211 年,孙权将其政治中心从京口(今镇江)迁秣陵,次年改秣陵为建业(今南京),并于石头山建石头城①。公元 221 年,丹阳郡治从宛陵(今宣城)移建业,公元 223 年,扬州州治也设于建业。公元 229 年四月,孙权在武昌(今鄂州)正式称帝,当年九月还都建业,并开始对建业都城开展大规模建设。史载其都城"周二十里一十九步"②。东吴宫城则以早期的"太初

---

① 《三国志》卷四十七《吴书·吴主传》。
② 《建康实录》卷七注引《舆地志》。

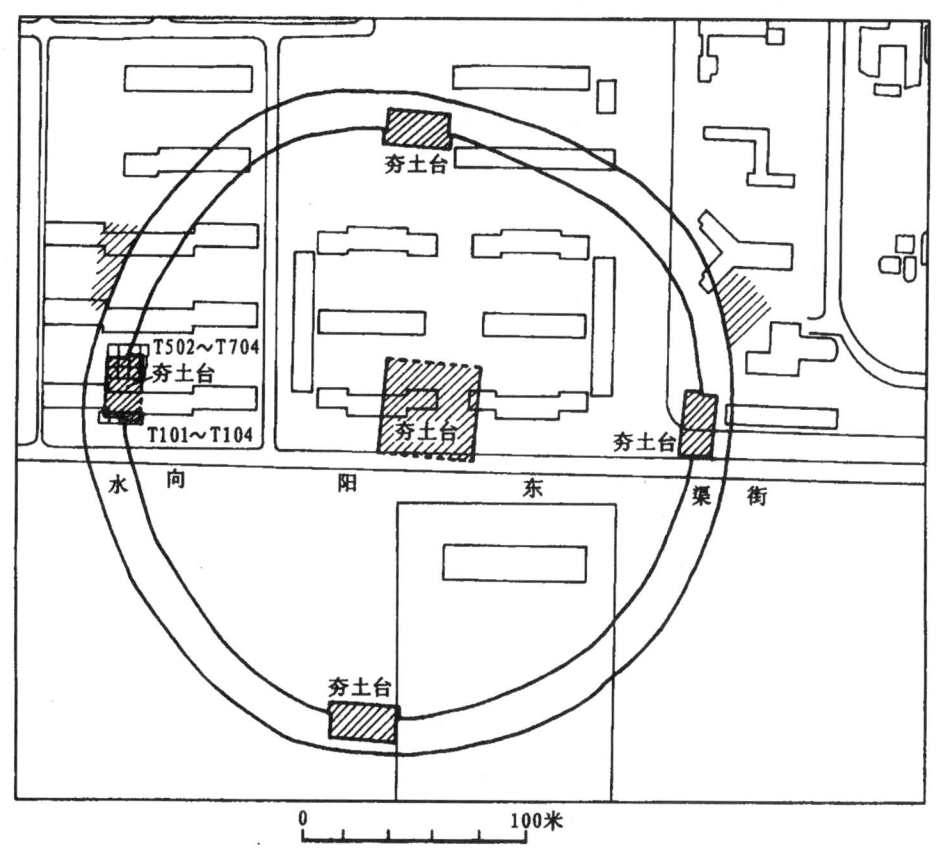

图 8-12 大同北魏平城明堂遗址平面位置图

宫"为主,后期又增建了"昭明宫"。另还有苑城以及沿御道两侧排列的中央官署等。西晋短暂统一后,到公元317年,司马睿在东吴旧都建立东晋政权,都城称建康。此后直到公元589年隋灭陈,建康一直作为东晋和此后南朝宋、齐、梁、陈四朝的都城所在。作为东吴至南朝陈代的"六朝都城"与今天的南京主城区处于同一空间范围内,隋唐以后,六朝都城遗址实际已经逐渐被埋入地下,所以其考古工作难度较大。早在20世纪30年代,朱偰先生已经对六朝都城遗迹进行考察和研究,并在其所著的《金陵古迹图考》中绘出近代意义上的六朝都城及宫城位置图①。他还将考察过的现南京玄武湖南岸的一段明城墙指认为六朝宫城"台城"的遗迹②,他的研究成果在此后几十年里一直影响到现代学者对六朝都城空间的认知。直至20世纪90年代,随着南京现代城市建设的大规模展开,深埋于地下数米的六朝都城遗存才逐渐暴露,并引起考古学界的注意,有关学者对石头城、南朝坛类建筑遗存、六朝瓦当出土地点与宫城、西州城、都城等建筑空间的关系以及都城制度进行了探讨。2001年以后,南京市博物馆考古部有计划地对六朝都城建筑遗存开展了勘探和发掘工作,先后发现了台城城墙、城壕以及

---

① 参见朱偰《金陵古迹图考》,商务印书馆1936年版。
② 参见朱偰《金陵古迹名胜影集》"台城柳"、"六朝故垒"等部分,商务印书馆1936年版。

道路、桥梁、水闸、房址、排水沟、水井等①。

1. 钟山南朝坛类建筑遗存

1999年发现，此后经过两年多的发掘，出土主要遗存包括一号坛、二号坛和三号建筑区。三座建筑呈南北一线排列，二号坛最北，一号坛居中，三号建筑区在最南面。一号坛为正南北方向，坛面近于方形，北面依钟山坡面而建，东、南、西三面分别从高到低建筑5道石墙，每面墙体长度不低于80米，各石墙之间填以细砂、小石片和纯净的黄土，构成错落有致的4个坛层。主坛体内下部填以石块和碎石片，上部填入较为纯净的细砂和黄土，整个坛体积超过4万立方米，建筑工程量浩大。在一号坛坛面上，用纯净的黄泥夹以砂土堆筑了4座边长10多米的小台，各台作方形覆斗状，其中较为高大的一个位于坛面南部正中，面对"南陛"，另三个布置在该土台的北面，呈东西一线排列，各个小台都取正南北方向，作中轴对称格局。坛体南面正中部顺山坡砌造一条方向为正南北方向的石阶道路，这是从南向正面登上一号坛的唯一通道，该石阶道路可能是"南陛"。（图8-13）

二号坛位于一号坛之北，位置比一号坛高出10余米。坛体亦作正南北方向，坐北朝南，东、西、南三面以石块垒砌5道墙体，墙内填以石片和黄土并构成4个坛层。它和一号坛的区别在于：其一，体积远小于一号坛，其坛面边长仅20多米；其二，它的南面结构较为复杂，左右两侧外凸，中间一段内凹，平面看似一个"凹"字；其三，坛顶上不仅没有高起的土台类建筑，反而是中部有一个大的圆坑，坑直径有11米多，深约3米。坛体南面中部也有一条沿山坡构筑的登坛道路。

三号建筑区在一号坛南面50多米处的山坡上，平面略作长方形，南北长100多米，东西宽40多米，四面用石块垒砌矮墙，形成一个相对封闭的空间，在围合的空间内纵向约可分成东、中、西三个建筑区，东区从上到下有6个人工构筑的平台；西区从上到下是4个人工构筑的平台，平台上各有一个平面略呈圆形的浅坑；中区为供人行走的台阶。

以上三处建筑遗迹呈南北一线排列，绵延近300米，坛体体量宏大，整个建筑区布局较为复杂，出土的瓦当、板瓦、砖、残瓷器等均为南朝早、中期，发掘者依据其结构、时代和相关文献，推测该遗存为南朝刘宋孝武帝时期建筑的都城"北郊坛"遗存②。

2. 六朝宫城城垣、城壕及道路等

考古学者在南京长江路南侧南京图书馆新馆工地各发现一段从东晋到南朝的东西向和南北向的城墙遗迹，墙体夯筑，外侧包砖，其中东西向一段城墙早期阶段的墙体基槽宽12.4

---

① 相关资料见于以下文献：王少华《石头城下孙吴太初宫》，载《吴越文化论》第335—342页，1995年江苏省新闻出版局编印；周道祥《罕见的人面瓦当与六朝皇宫遗址》，《扬子晚报》1997年4月7日；贺云翱《六朝瓦当初探》，载《六朝文化国际学术研讨会论文摘要》，《东南文化》杂志社编印，1998年；贺云翱《六朝"西州城"史迹考》，《南京史志》1999年第3期；贺云翱、邵磊《南京出土南朝椽头装饰瓦件》，《文物》2001年第8期；贺云翱《南京出土六朝瓦当初探》，《东南文化》2003年第1期；南京市文物研究所等《南京钟山南朝坛类建筑遗存一号坛发掘简报》，《文物》2003年第7期；贺云翱《六朝瓦当与六朝都城》中有关宫城、都城、石头城等有关章节，文物出版社2005年版；王志高《六朝建康城遗址考古发掘的主要收获》（未刊稿），见《古代东亚地区制瓦技术变迁与传播研究国际学术研讨会》论文汇编，中国社会科学院考古研究所、日本奈良文化财研究所，2008年，北京；王志高、马涛《论南京大行宫出土的孙吴云纹瓦当和人面纹瓦当》，《文物》2007年第1期。另参见：郭湖生《台城辨》，《文物》1999年第5期；卢海鸣《六朝都城》，南京出版社2002年版等。

② 南京市文物研究所等：《南京钟山南朝坛类建筑遗存一号坛发掘简报》，《文物》2003年第7期。贺云翱：《发现最早的地坛遗存——南京钟山六朝坛类建筑遗存》，载《中国年度十大考古新发现2000年卷》，三联书店2005年版。

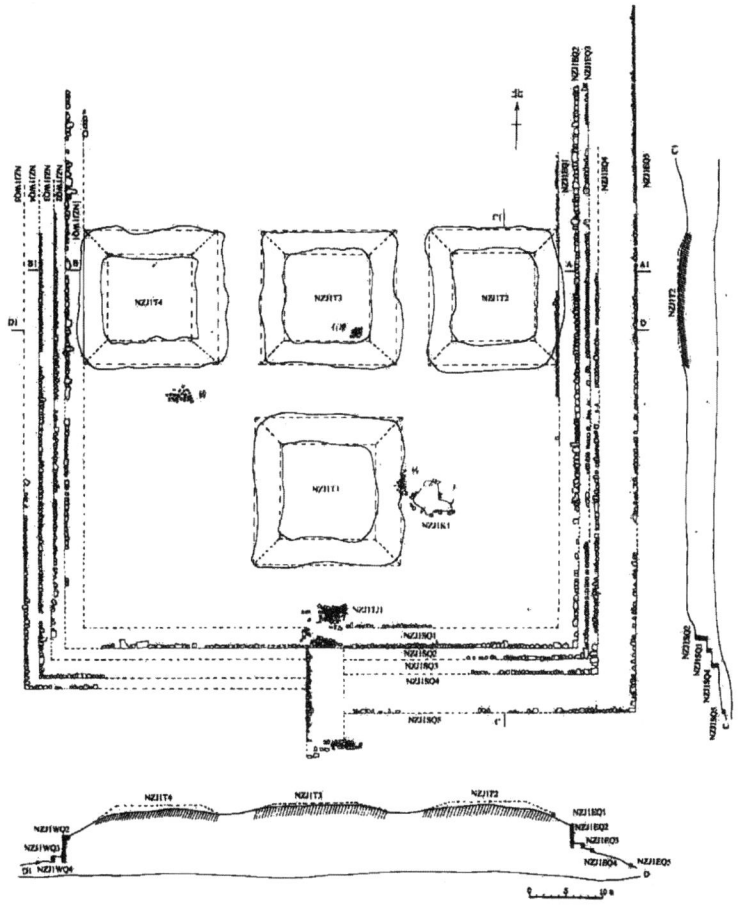

图 8-13 南京钟山南朝坛类建筑遗存一号坛平面图

米、深 1.4 米；南北向城墙晚期阶段的墙体宽 13.15 米。在东西向夯土城墙的外侧还发现有多个时期的壕沟，孙吴时期的壕沟宽 9.75 米、深约 2 米，南朝时期的壕沟宽 5.6 米、深 1.1 米。有学者认为这处遗迹可能是东晋、南朝宫城（台城）内第二重或第三重城垣的东南角折拐点。

另一处宫城城墙遗迹发现于南京中山东路以南利济巷西侧的长发公司工地东部，墙体呈南北走向，主体为夯筑，外侧包砖，时代可分孙吴至南朝 4 个阶段，最晚阶段的城墙宽达 24.5 米，各阶段城墙外侧均有城壕，其中早期壕宽 17.25 米、深 2.5 米。有关学者认为该遗迹应属宫城外重城垣东墙的一部分。

在南京长江路以南、邓府巷东侧工地，还发现了一段城壕和城壕东侧的城垣遗迹，城壕呈南北走向，可以分出孙吴至南朝不同时期，晚期城壕的宽度为 18.5 米。这一遗迹被推测为外重宫城西面的城壕和城墙。

值得注意的是，以上所有南北走向的城墙和城壕都作南偏西 25 度左右，这也应是六朝都城及宫城的南北中轴线走向。

在六朝宫城遗址范围内已发现 4 条南北向道路，1 条东西向道路。其中保存最好的一条南北向道路位于南京太平南路以东的新浦新世纪广场工地和南京图书馆新馆工地。该道路走向为南偏西约 25 度，从下到上叠压有孙吴至南朝的多个时期的路面，且路幅存在早晚东、西摆动的现象。早期路面宽15.4米,路两侧排水沟上口宽约5米、深2米多,路面中央又以两条浅水沟分成三部分,似为"一路三途"之制;南朝时期路幅宽23.3米,两侧砖砌路沟宽约2米、深约0.6米。在利济巷西侧长发大厦工地、洪武路东侧南京广播电视大学工地、中山东路北侧市体育局工地也各发现一条六朝南北向道路遗迹,道路两侧均有砖砌路沟。宫城范围内出土的一条东西向道路位于南京图书馆新馆工地北部,从下向上也叠压着孙吴到南朝多个时期的路面。考古人员还在中华路("南唐御道"一线)东侧的中华广场工地发现一条宽广的南北向道路遗存,时代从孙吴到唐代,王志高先生推测其为六朝都城宣阳门和朱雀门之间的御道①。其他重要的发现还包括水井、水闸、木桥、房址、夯土建筑基址以及"明堂"砖出土地点②等。总之,21世纪初以来考古学者在南京地区所获有关六朝宫城及都城考古的一系列新发现,彻底改变了过去研究六朝都城仅仅依靠文献作推测的局面,新的资料实际上已经完全修订了20世纪30年代以来诸多前贤对六朝都城空间布局所作研究的结论,为研究六朝都城的规划特点及建筑风格等提供了极有意义的材料。

五、其他城市的考古

1. 六朝京口城

东汉末年,京口(今镇江)是地处长江南岸的一座具有重要战略位置的城市,公元208年,孙权将政治中心迁徙于此,东晋时,京口为徐州及晋陵郡治所,南朝时则为南徐州和东海郡的治所。208年,孙权于北固山峰上修建了据高凭险的铁瓮城。南朝顾野王《舆地志》载:"(铁瓮城)吴大帝孙权所筑,周回六百三十步,开南、西二门,内外皆固以砖甓。"1991年以来,经考古勘探和局部发掘,已经大体探明了铁瓮城的遗存情况,城垣平面近椭圆形,南北长约480米、东西最宽处近300米,城垣系利用原有山体并加筑夯土而成,夯土外侧多见加砌砖包墙③。城内发现了六朝早期衙署建筑遗迹和晋代砖砌甬道④。2003年考古学者还发掘了铁瓮城南门遗址,发现保存较为完好的门道、门道两侧的包砖墩台以及与墩台相接的包砖城墙⑤。

除铁瓮城之外,京口城大城即晋陵罗城也已被发现,其范围包括铁瓮城南侧及现镇江市区花山湾一带(图8-14)。在京口城范围内,考古人员发现大量六朝时期的砖瓦、残瓷器、陶器等⑥,为研究六朝京口城的城市生活和城市布局等提供了重要资料。

2. 六朝武昌城

东吴早期政治中心武昌城是黄初二年(公元221年)由孙权主持建造的。公元229年4

---

① 六朝宫城及都城考古资料均引之王志高先生《六朝建康城遗址考古发掘的主要收获》一文(未刊稿),见《古代东亚地区制瓦技术变迁与传播研究国际学术研讨会》论文汇编,中国社会科学院考古研究所、日本奈良文化财研究所,2008年,北京。
② 贺云翱、路侃:《南京发现南朝"明堂"砖及其学术意义初探》,《东南文化》2006年第4期。
③ 镇江古城考古所:《铁瓮城考古发掘纪要》,《南方文物》1995年第4期。刘建国、王书敏、霍强:《名城地下的名城——镇江城市考古纪实》第10—18页,江苏人民出版社2006年版。
④ 镇江古城考古所:《镇江晋、唐军事甬道遗迹考古简报》,《南方文物》1995年第4期。
⑤ 刘建国、王书敏、霍强:《名城地下的名城——镇江城市考古纪实》第21—24页,江苏人民出版社2006年版。
⑥ 刘建国、王书敏、霍强:《名城地下的名城——镇江城市考古纪实》第32—34页,江苏人民出版社2006年版。另见镇江博物馆《镇江市东晋晋陵罗城的调查和试掘》、刘建国《晋陵罗城初探》,均载《考古》1986年第5期。

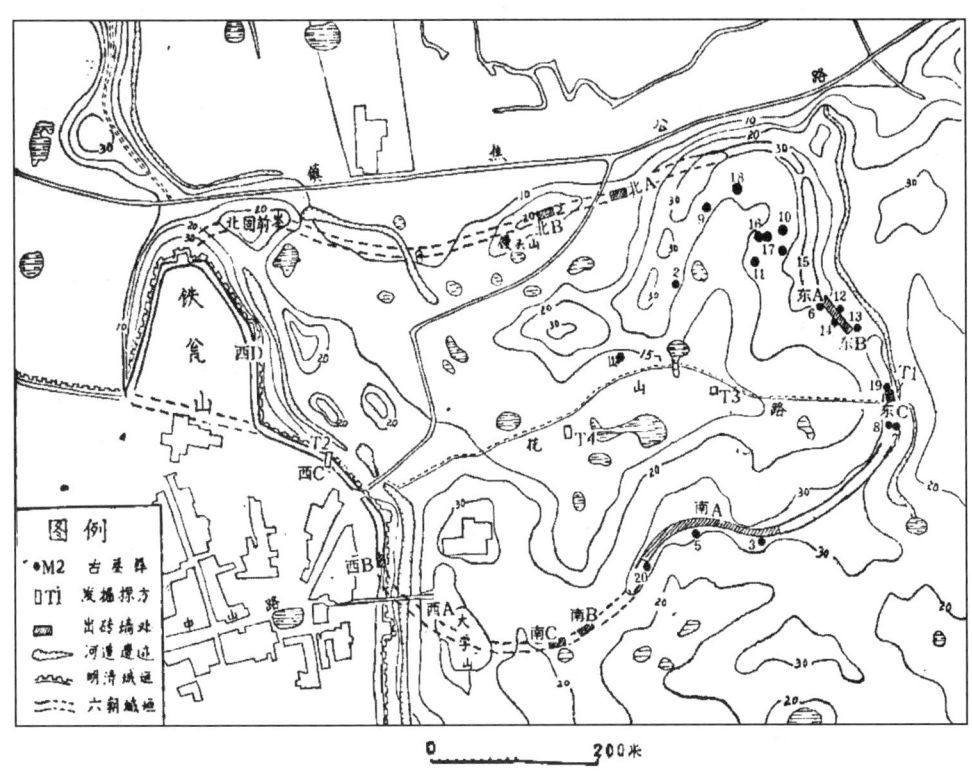

图 8-14 铁瓮城、京口城平面示意图

月,孙权于此登基称帝,不久迁都建业,但终孙吴之世,武昌都处于孙吴陪都或"西都"的地位①。经考古勘探和试掘,六朝武昌城位于今湖北鄂州市鄂城区,俗称"吴王城",城垣及部分城壕遗迹尚保留于地表,东西长度约 1100 米,南北长度约 500 米,周长约 3300 米(图 8-15)。西城垣位于居民密集区,勘探较难,而西城壕宽度约在 50—60 米;南城垣地表尚存三段,其中 A 段位于南垣中部偏西处,为夯土城垣,地面所见基部长 110 米、宽 18—28 米,最高处有 4.6 米,城垣内侧旁发现晋代水井一座;南垣 B 段夯土城垣在中部偏东处,地面所见基部长 120 米、宽 22—30 米,最高处约 6 米左右,在这段城垣外侧发现一处长 17 米、宽 7 米的突出于城垣的土台,夯土筑成,似为"马面"遗迹。另在 B 段城垣还发现一处疑为南城门门道遗迹,门道内尚保存有路土和石块。南垣 C 段夯土城垣位于南垣与东垣相交接的转角处,残长 90 米左右,残宽 15 米、残高 2 米左右。南城垣外侧城壕宽度约为 50—70 米,深 5 米以上。东垣在 20 世纪 50 年代时尚可见高达 5—7 米的墙体遗迹,后逐渐被夷平,其中段向内凹进,偏西处有一俗称"土门"的地点,考古学者推测这里是六朝武昌城东门所在。东垣外的护城壕保留有部分遗迹,宽度约为 50 米。北城垣原构筑于陡峭的江岸之上,因多年来江水侵蚀,城垣已不复见,

---

① 《三国志·吴书·吴主传》载,黄初"二年四月,刘备称帝于蜀,(孙)权自公安都鄂,改名武昌……八月,城武昌"。黄龙元年(229 年)四月"丙申,南郊即皇帝位……秋九月,(孙)权迁都建业,因故府不改馆,征上大将军陆逊辅太子(孙)登,掌武昌留事"。后,吴甘露元年(265 年),末帝孙皓复自建业徙都武昌一年有余,宝鼎元年还都建业。中华书局 1982 年版。另参见:蒋赞初、李晓晖、贺中香《六朝武昌城初探》,载《中国考古学会第五次年会论文集》,文物出版社 1988 年版;熊海堂《试论六朝武昌城的兴衰》,《东南文化》第 3 辑,江苏古籍出版社 1988 年版。

仅在被不断冲刷的江滩上遗留有大量的六朝砖瓦及陶瓷器碎片,另还发现9处排列有序的井窖底部遗迹①。

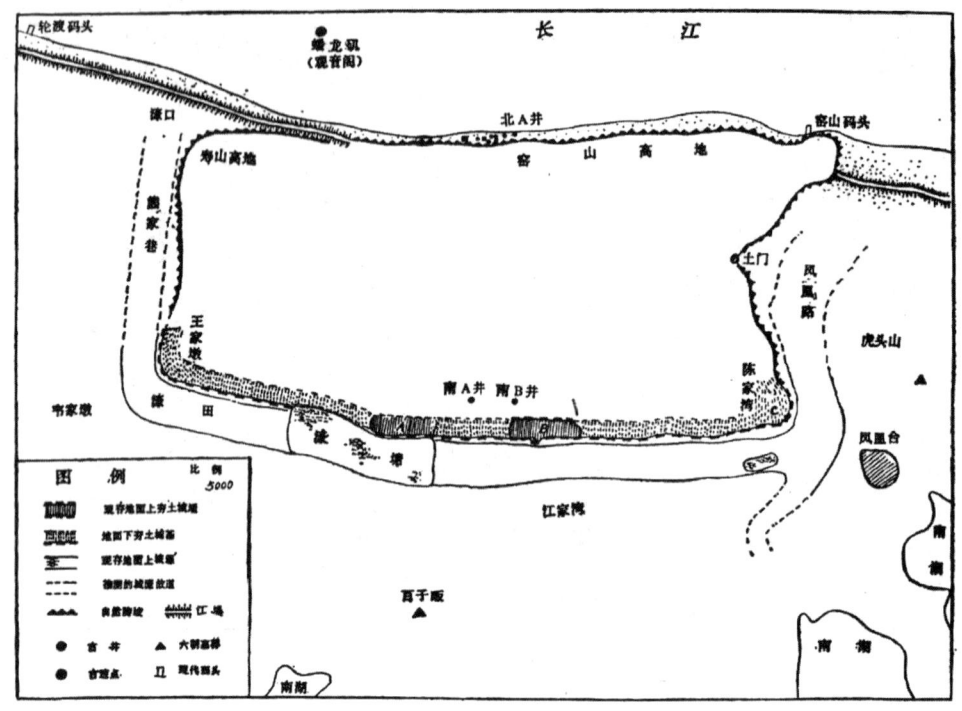

图8-15 六朝武昌城平面示意图

城内发现建筑基址三处:一处在城的东南角,夯土面积有数百平方米,地层断面上可见绳纹筒瓦、板瓦和长方形几何纹砖等;一处在城西北角的寿山高地,夯土面积也达数百平方米;另一处在西南角的王家墩,有较大面积的夯土遗存。

镇江的铁瓮城、南京的石头城、鄂州的武昌城,是东汉末至三国时期孙权先后修筑的城市遗址,它们在注重滨江高地的选址、建筑方法、建筑用材以及城市物质生活文化方面都有重要的关联性,全面揭露这三处城址的文化遗存内涵,对研究三国时期的东吴城市文化有着重要的意义。

3. 和林格尔县土城子

城址位于内蒙古呼和浩特市南40公里处。平面呈不规则长方形,东西1550米、南北2250米(图8-16)。城内约可分北、中、南三区:北区大多为北朝晚期和隋唐以后的文化堆积;中区有所谓"皇城"、"煤山"等较大型的建筑遗迹;南区为汉魏早期文化分布区,东西长约670米、南北约为655米。学者们认为该城址可能是北魏所建的"北都"盛乐城,汉代时为定襄郡治和成乐县所在,北齐于此置紫河镇,隋筑大利城,为突厥可汗沙钵略及启民可汗所居,唐更名单于都护府②。

---

① 蒋赞初、李晓晖、贺中香:《六朝武昌城初探》,载《中国考古学会第五次年会论文集》,文物出版社1988年版。熊海堂:《试论六朝武昌城的兴衰》,《东南文化》第3辑,江苏古籍出版社1988年版。
② 内蒙古自治区文物工作队:《和林格尔县土城子试掘纪要》,《文物》1961年第9期。

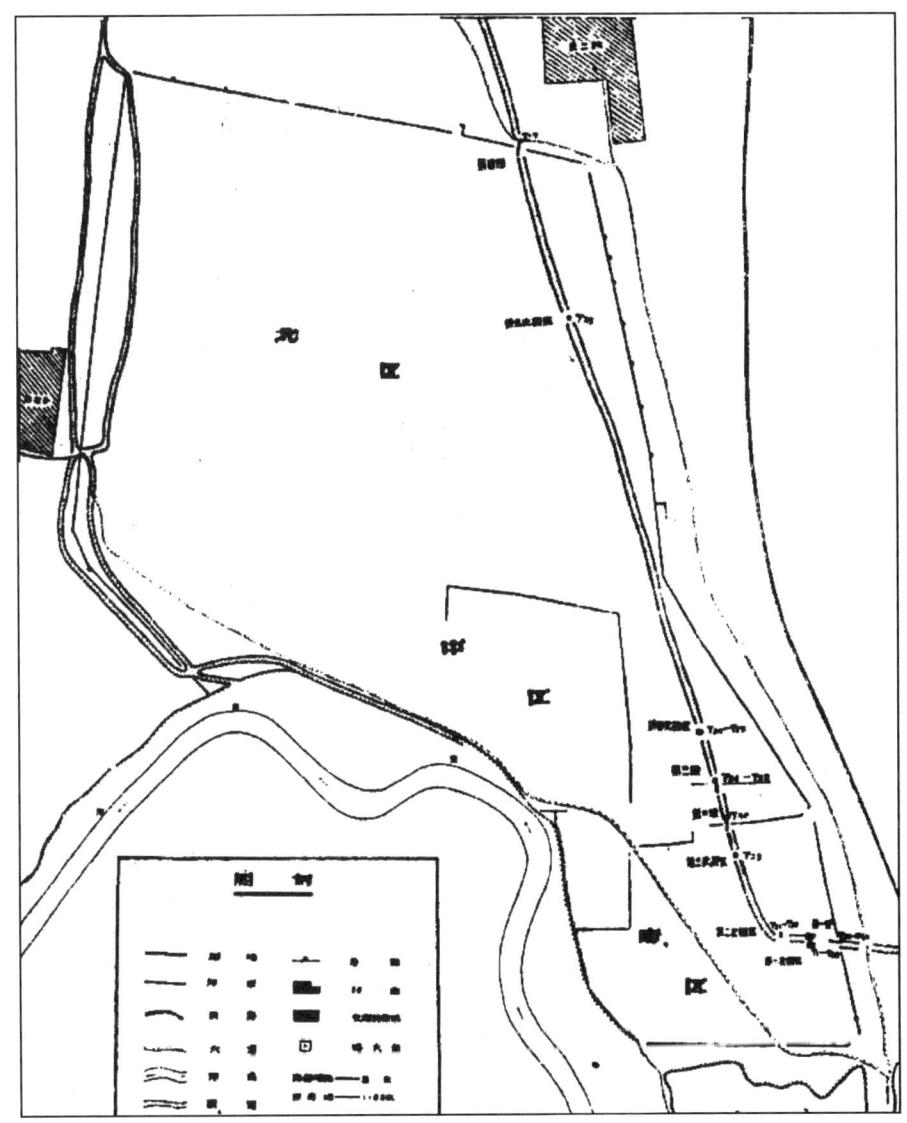

图 8-16　和林格尔土城子古城地形图

4. 白灵淖城圐圙北魏古城

位于内蒙古固阳县白灵淖乡西南约 15 公里处。城依丘陵而建,平面作不规则的五边形(图 8-17),东西约 1300 米、南北 1100 米,其中北墙长 1213 米,墙基一般宽 4—4.5 米,城门设于中间偏东处,城门两侧各设马面 4 个,马面凸出于墙面 5—6 米,宽约 5 米,马面之间距离远者 207 米、近者 80 米。东墙总长 920 米、地面墙体残长 80 米左右,城门设于中部偏南,东南角角楼基址保存较好,呈圆形土丘状,直径 20 余米、高约 5 米。西墙总长约 1000 余米,地表遗迹残长 560 米,并保存有 3 个马面遗迹。南墙全长 1360 米,墙基最宽处 9 米,一般宽 3.5—4 米,设有马面 9 个,间距 80—160 米。城墙为黄沙土夯筑而成。城内南、东、北三门址内都有街道遗迹,街宽约 15 米,南街与东街在城址中心呈"丁"字相交。古城西北隅有子城,平面呈长方形,南北 360 米、东西 220 多米,西墙与北墙依原来大城之旧,东墙和南墙则沿山坡圈筑,宽约 5 米,残高 1.5 米。城内出土大量砖瓦构件以及铁犁铧、铁车辖、石柱础、石磨、泥塑佛像等。根据出土遗物判断,城址的年代为北魏时期,研究者认为这座古城是北魏时期重要的北方重镇"怀朔镇"遗址①。

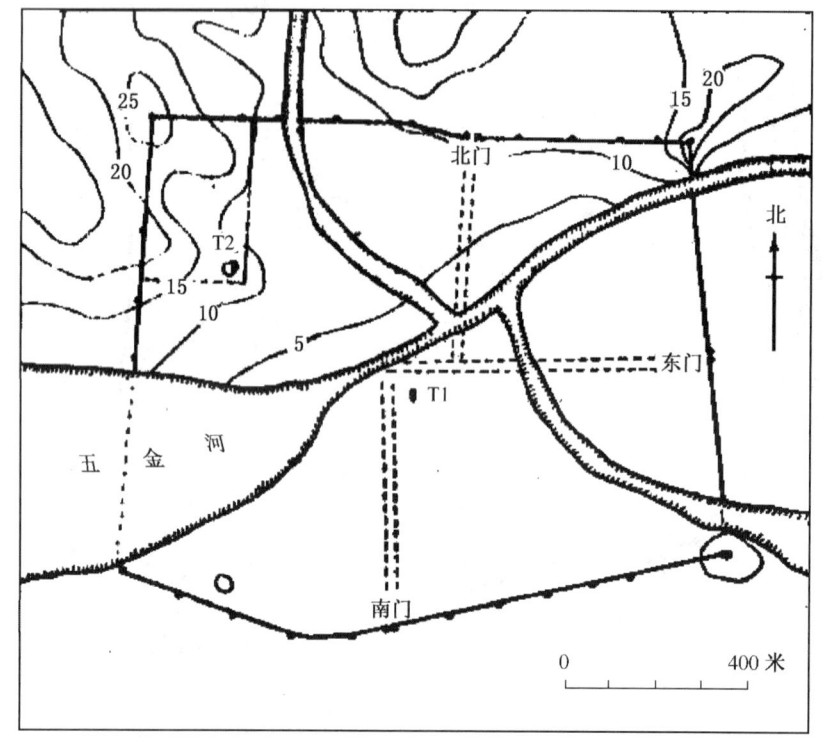

图 8-17　内蒙古白灵淖城圐圙北魏故城遗址平面图

5. 统万城

统万城是东晋时期"五胡十六国"之一的"夏"(407—431 年)国赫连勃勃建都之所,位于今陕西省靖边县红墩界乡白城子村无定河北岸原上②。城址分外郭城(东城)和内城(西城)两部分,中以一道墙垣相隔。两城平面略呈长方形(图 8-18),城垣高出地面 2—10 多米,东城周长 2566 米,其东垣长 737 米、西垣 774 米、南垣 551 米、北垣 504 米;西城周长 2470 米,其东垣长 692 米、西垣 721 米、南垣 500 米、北垣 557 米。西城垣基部宽约 16 米。城垣外加筑马面,西城北垣设马面 10 座,南垣 8 座,东城北垣 7 座。南城南垣马面体量较大,每座长 18.8 米、宽 16.4 米。在西城南垣紧邻角楼的一个马面中发现人工建造的竖坑式仓库遗存,马面中兼筑仓库,这是我国古代城市中罕见的事例。

城的四隅都有突出城外的平面呈长方形或方形的墩台,台高出于城垣,西南隅墩台遗迹高达 31.62 米,十分壮观。按文献记载,西城四面各有城门一道③,调查证实城门遗迹仍存,其中西门瓮城保存较好,门道宽 3 米。宫城在内城西半部。外郭城的东门、内城的东门和宫城

---

①　内蒙古文物工作队、包头市文物管理所:《内蒙古白灵淖城圐圙北魏古城遗址调查与试掘》,《考古》1984 年第 2 期。

②　陕北文物调查征集组:《统万城遗址调查》,《文物参考资料》1957 年第 10 期。陕西省文管会:《统万城城址勘测记》,《考古》1981 年第 3 期。

③　《晋书·赫连勃勃载记》曰:"名其南门曰朝宋门,东门曰招魏门,西门曰服凉门,北门曰平朔门。"

的东门都位于一条接近东西向的直线上,这应是统万城规划的轴线,宫殿、路寝、社稷等可能是沿这条轴线布置的。研究者认为,该城坐西向东的都城布局,与中原帝都坐北面南的传统不合,充分表现出北方游牧民族"尚东"的文化特点[①]。

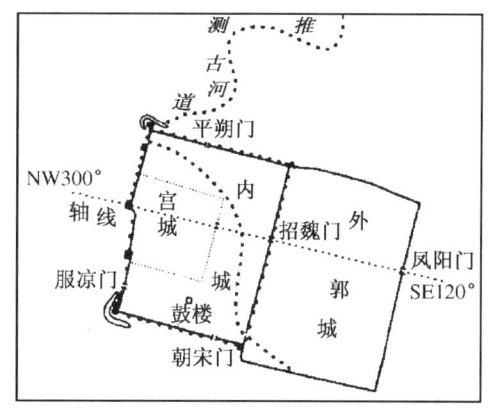

图8-18 统万城复原图

6.伏俟城

位于青海共和县黑马河乡向科先村东北1公里处(图8-19),分外郭和内城两部分。内城平面呈正方形,边长约200米,仅在东墙正中开门。城墙基宽6米、顶宽5米、残高5米。城内就西墙另筑有一小方城,边长70米,周长280米。城内有街道,走向与城墙方向一致,东西向与南北向正交呈方格状。外郭城在内城周边,平面为长方形,其南垣边长约1400米,郭城北部已被河水冲毁。研究者认为此城应为南北朝晚期吐谷浑王夸吕所建,其上限不超过公

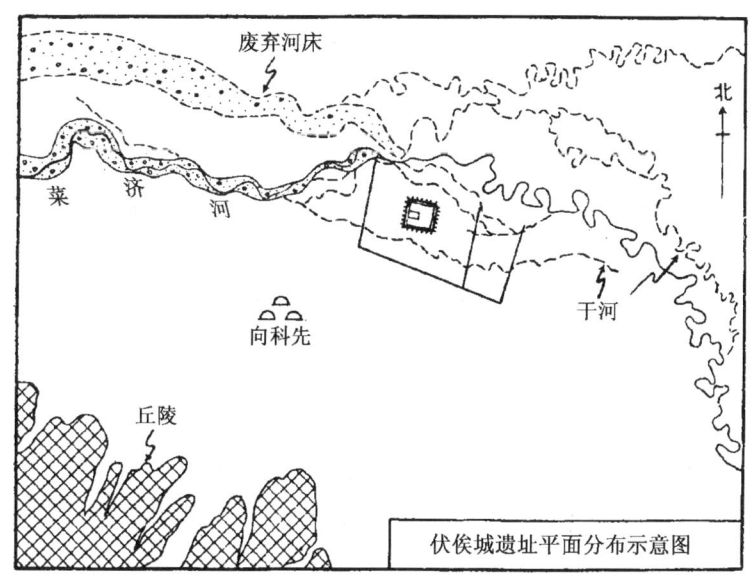

图8-19 吐谷浑故都伏俟城遗址平面分布图

---

① 邓辉、夏正楷、王琫瑜:《利用彩红外航空影像对统万城的再研究》,《考古》2003年第1期。

元540年。该城和内地交通联系路线主要有三条:一是南下出四川,为吐谷浑与南朝联系之道;二是东南出长安,此为吐谷浑与北朝联系之道;三是东北出凉州,为吐谷浑和北方诸部的联系之道①。

7. 集安高句丽国内城

在西汉末年至唐总章元年(公元前37年至公元668年),原在我国东北的貊族之一支"高句丽"人,在鸭绿江中下游和浑江流域一带建立了高句丽王国,该王国初都纥升骨城(今辽宁省桓仁县五女山城)②。汉平帝元始三年(公元3年)十月,高句丽第二代王孺留王迁都国内城(今吉林省集安市),直至公元427年移都平壤(今朝鲜民主主义人民共和国首都平壤市)前,国内城一直是高句丽王国的政治、经济、文化中心。

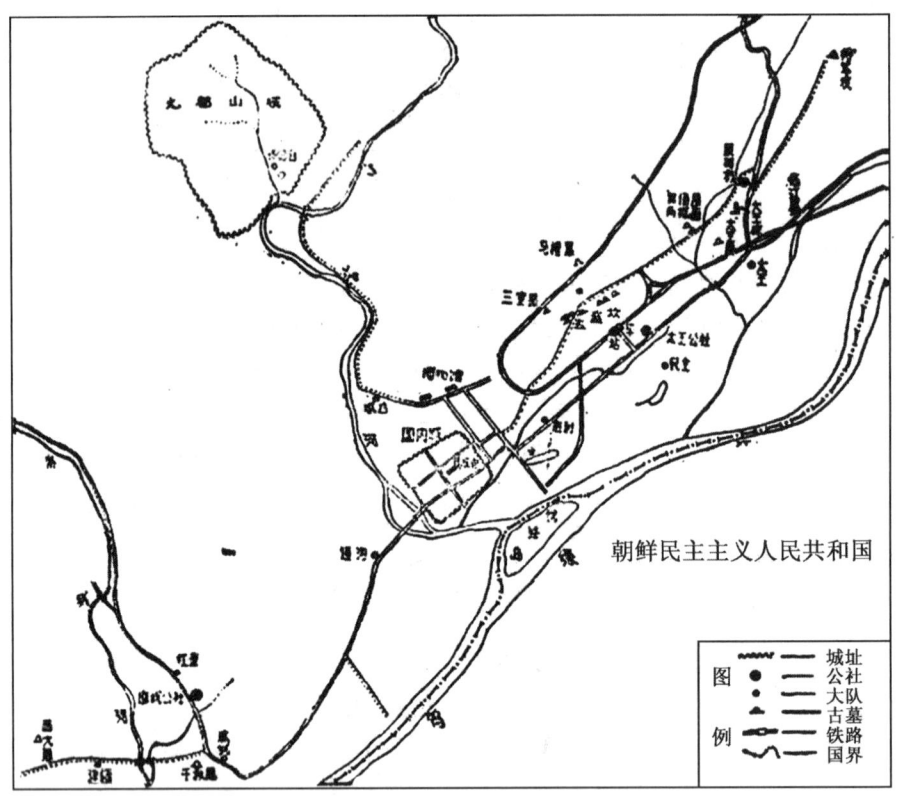

图8-20 集安高句丽国内城位置图

国内城遗址位于今吉林省集安市市区,地处鸭绿江中游右岸、通沟盆地西部(图8-20)。城平面略呈方形,方向155度,东墙长554.7米、西墙664.6米、南墙751.5米、北墙715.2米,城周长为2686米(图8-21)。保存较好的南城墙西段残高为3—4米,城垣内外壁皆以长方形或方形条石垒砌,基部宽度在9.2—11.8米。城墙从下往上砌筑时分层内收,一般每层石条内收10—15厘米,四面墙垣每间隔一定距离则修筑马面,从遗迹判断,北垣有8座马面,

---

① 黄盛璋、方永:《吐谷浑故都——伏俟城发现记》及该文附录青海省文管会《关于"铁卜卡古城"的来信》,《考古》1962年第8期。
② 参见辽宁省文物考古研究所《五女山城——1996—1999、2003年桓仁五女山城调查发掘报告》(李新全主编),文物出版社2004年版。

西、南、东垣各有2座马面,马面一般长8—10米、宽6—8米。城的西北、西南、东南三角略呈直角,拐角处都建有凸出墙面的方台,可能是角楼建筑遗迹。城东北角呈弧形,墙垣转折处的东、北城垣各建1座马面,其间相距40米,似有对该城角特意加强军事防御设施建设的用意。

城门原有6处,南北各1处,东西各2处,各门皆有瓮城。在城内中部,曾发现建筑遗址,其范围东西长约240米,考古者认为可能属于宫殿遗存。城内出土过瓦当、铁制箭头、铁锤、石制家具、陶器、柱础石等遗物①。

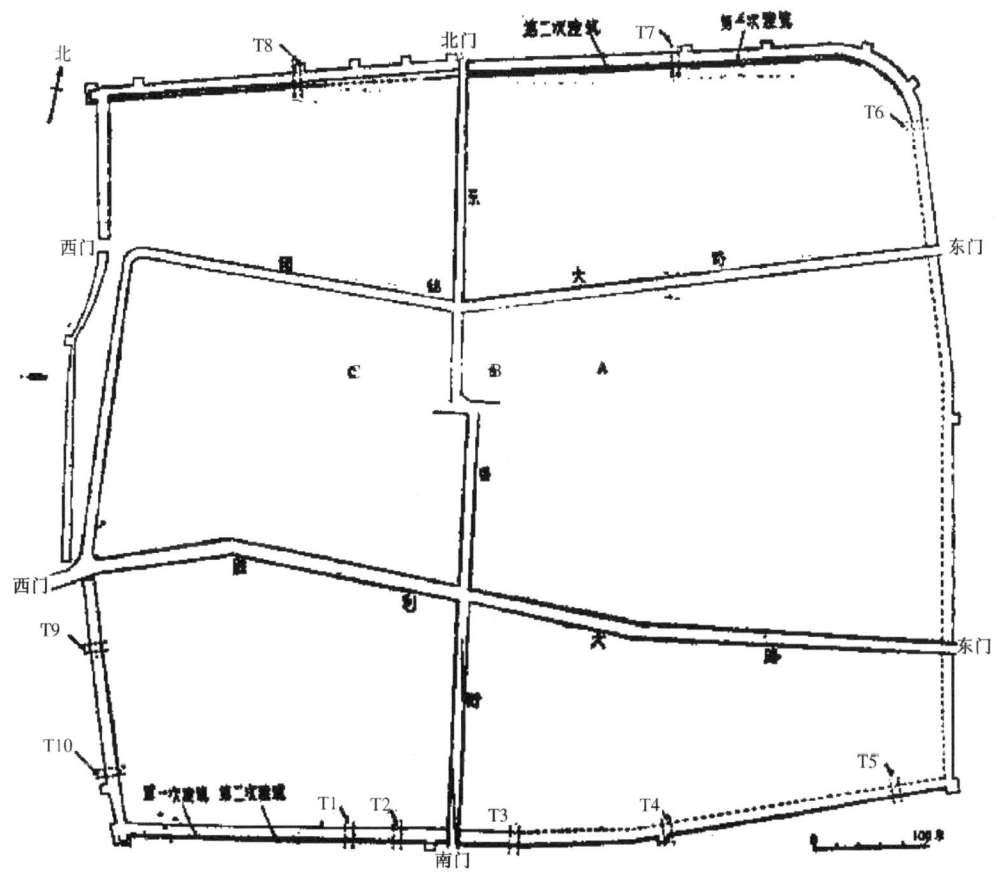

图8-21 集安高句丽国内城平面图

8. 集安高句丽丸都山城

高句丽丸都山城初筑于公元三年②,此后它和国内城同为高句丽王国的政治、经济和文化中心,公元200年山上王从国内城移都丸都城,公元246年东川王在位时,曹魏幽州刺史毋丘俭攻陷丸都城,东川王移都国内城,到故国原王时期,为防前燕政权鲜卑慕容氏的进攻,于东晋咸康八年(342年)复修丸都山城和国内城,同年,慕容皝攻陷丸都山城,该城遭毁灭性破坏。

丸都山城位于集安市北2.5公里的高山上,山城城墙依自然山势而筑,外临峡谷绝壁,内

---

① 集安县文物保管所:《集安高句丽国内城址的调查与试掘》,《文物》1984年第1期。
② 《三国史记·瑠(琉)璃明王本纪》载:"二十二年(按:即公元3年)冬十月迁都于国内(按:即国内城),筑尉那岩(按:即丸都山城)。"尉那岩城于建安三年(198年)始称丸都。

拥缓坡平川,东、西、北三面地势较高,南面较低,高差达到440米,整个山城形状如箕,门户向南敞开。城内南部一片比较平缓,遂成为文化遗存的主要分布区。考古人员将南片分为四区,其中Ⅰ、Ⅱ区主要为墓葬区,Ⅲ区为宫殿区所在,Ⅳ区可能是"戍卒居住址"。在南城之外与通沟河之间,还有大片的贵族墓地(图8-22)。

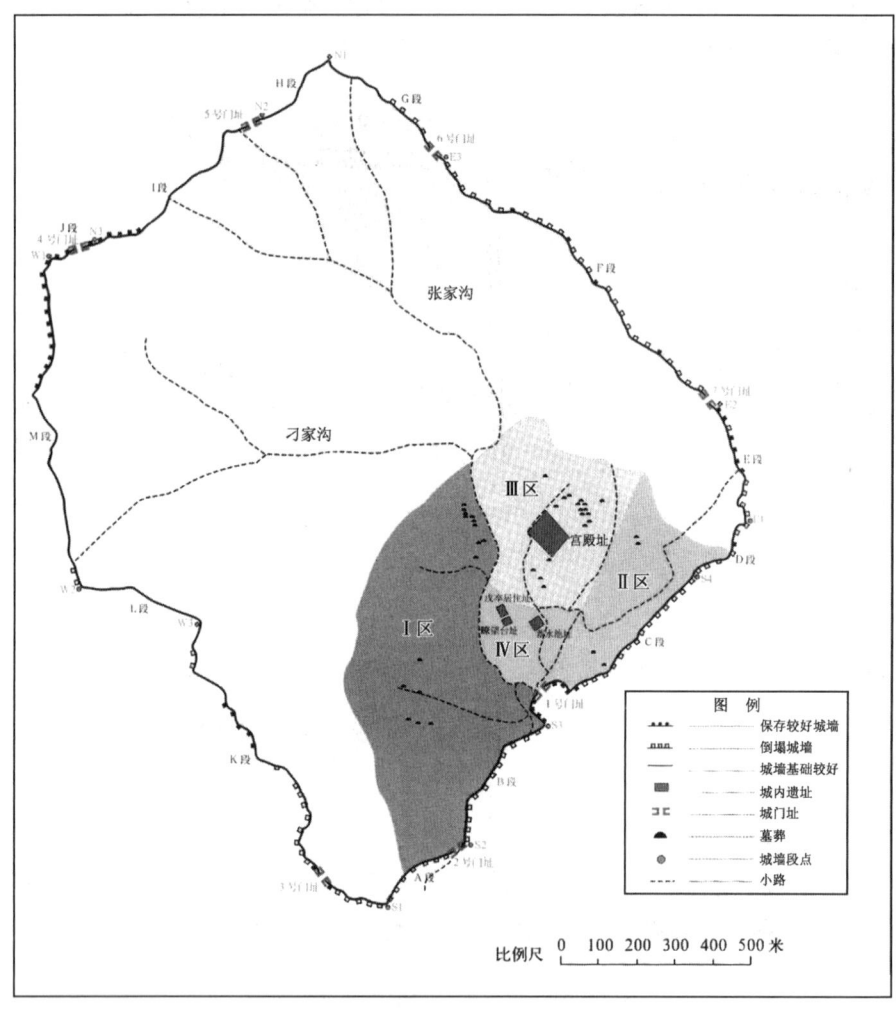

图8-22 吉林集安丸都山城遗存分布图

全城设门7座,东、北、南三墙各有门2座,西墙1座。全城以宫殿为核心,高大城垣和7座城门共同构成了丸都山城的主要军事防御体系。在7座城门中,位于南墙正中内凹处的1号门是通往丸都山城内最重要的通道之一,其瓮城规模也最大,门道较宽处10米,瓮城大致呈长方形,长115.1米,瓮城内最宽处56.5米。

山城内的建筑遗址包括宫殿址、瞭望台、蓄水池和"戍卒居住址"等。其中宫殿址位于山城南部的平缓台地上,沿小路可通往南城门,二者相距460米,瞭望台、蓄水池、"戍卒居住址"等也分布在宫殿址西南约300—320米的相邻地块内。经发掘发现,宫殿依山势而建,平面略作长方形,坐东向西,四周有宫墙围护,东墙长91米、西墙长96米、南墙长75米、北墙长70米,周长320米。宫殿区内由西向东依次分布四层人工修筑的长方形台基(编号为1—4号台基),在台基上都筑有不同规格的建筑,共有11座(组),1号台基和2号台基之间还有一长方形广场,广场北侧建造有进深和面阔皆为2间的建筑,类似的单体建筑在2、4号台基北部也有发现。宫殿址发现门道2处,都位于西宫墙处,其中正门(1号门址)位于宫墙中部,考古人员推测该门与各台基的踏步构成整座宫殿址的中轴线。宫殿区以西门为正门,构成了丸都山城的特征之一。山城内发现的其他建筑遗迹也是围绕宫殿并主要是为宫殿区服务的附属性建筑设施遗存。可以认为,丸都山城的主要功能是保卫王宫安全,其军事防御性十分突出。研究者认为,其宫殿应是作为夏宫使用的,具有王宫和衙署的双重功能。根据出土资料推测,城址格局的形成不早于公元3世纪中叶,被毁时间应为公元342年慕容皝攻陷丸都山城之时①。

第三节 墓 葬

一、帝王陵墓

(一) 三国帝王陵墓

1. 曹魏帝陵

根据《三国志·魏书》的记载,魏武帝曹操的高陵位于邺城的西岗上,文帝曹丕的首阳陵和明帝曹睿的高平陵分别位于洛阳故城东的首阳山和故城南的大石山。这几座帝陵都依山为陵,不封不树,不建寝殿,不设园邑,不通神道,地面上不留任何痕迹。这与曹氏父子主张薄葬有关,鉴于汉代诸陵无不被毁掘,故他们生前决定自己的陵墓"因山为体,无为封树,无立寝殿,造园邑,通神道","使易代之后不知其处"。这对秦汉以来的厚葬之风是一次很大的冲击。

2. 孙吴陵墓

吴大帝孙权于神凤元年(252年)葬钟山之阳蒋陵,皇后步氏、潘氏与之合葬。陪葬蒋陵的还有孙权长子宣明太子孙登。该陵的具体地点在文献记载中有不同说法:一说在南京东郊钟山南麓梅花山(古称"孙陵岗")中;一说在钟山西北的蒋干庙附近。

近年安徽省马鞍山市郊宋山发现一座孙吴大型砖室墓,全长17.68米,由甬道、双耳室、前后室等部分构成,墓内设有两道石门。发掘者认为该墓可能是吴景帝孙休墓②。

近年来,南京大学历史系在实施"江苏六朝帝王陵考古调查与研究"课题过程中,与中山陵园管理局文物处及江苏省地震工程研究院合作,在史籍记载的南京钟山南麓"孙陵岗"(今梅花山)西侧发现了一处大型地下构筑物有人工开挖的入口,入口呈喇叭形,内填纯净的黄土。考古人员怀疑这处地下构筑物可能与吴大帝孙权陵有关③。此外在湖北鄂州、武汉和南京均发现过孙吴家族墓,它们对认识孙吴政权的帝王墓型制有一定的参考作用。以湖北鄂州

---

① 李殿福:《高句丽丸都山城》,《文物》1982年第6期。吉林省文物考古研究所、集安市博物馆:《丸都山城——2001—2003年集安丸都山城调查试掘报告》中有关章节,文物出版社2004年版。
② 安徽省文物考古研究所、马鞍山市文物管理所:《安徽马鞍山宋山东吴墓发掘简报》,《江汉考古》2007年第4期。栗中斌:《马鞍山市宋山墓的年代和墓主身份考》,《东南文化》2007年第4期。
③ 南京大学历史系"江苏六朝帝王陵综合调查与研究"课题组(贺云翱执笔)提交江苏省文化厅调研报告《江苏六朝帝王陵综合调查报告》(未刊稿),2006年10月。

"孙将军墓"和鄂钢饮料厂一号墓①(图8-23)为典型。两墓位于鄂州西山南麓,相距仅约50米。孙将军墓砖室总长9.03米,由甬道、前室、后室等部分构成,前室两侧各有一耳室。墓内出土的一件瓷院落模型门楼内面刻有"孙将军门楼也"六字,墓主可能是孙吴宗室、武昌督、平荆州事孙述,时代在西晋初年(图8-24)。鄂钢饮料厂一号墓砖室全长达14.5米,由甬道、前室、后室等部分构成,前室南侧甬道两旁各有一耳室。墓内出土青瓷、陶、铜、铁、金银、玉石等质地遗物400余件以及铜钱7000多枚,青瓷器中亦见一件仓廪院落模型。其中一件错金铜弩机上刻有"将军孙邻弩一张"七字。一般认为墓主是孙吴都乡侯、沔中督、威远将军孙邻。孙邻是孙述之父,卒于赤乌十二年。

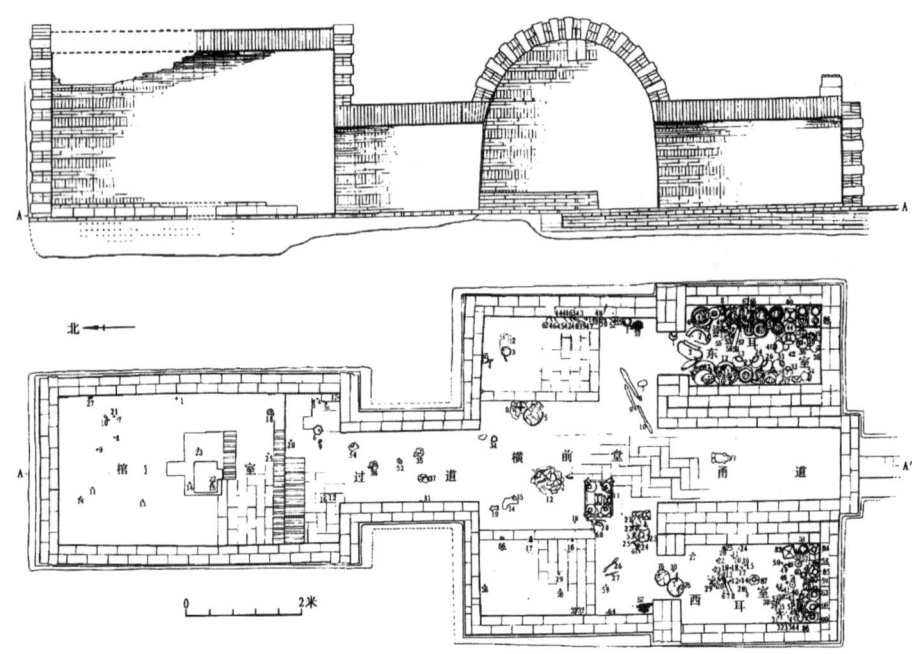

图8-23 湖北鄂州鄂钢饮料厂一号墓平、剖面图

另外,在武汉市黄陂滠口及江夏流芳镇也发现有大型孙吴宗室墓②,其结构与前述两墓相近,也出土了青瓷院落模型。

图8-24 鄂城东吴孙将军墓出土瓷院落模型

---

① 鄂城县博物馆:《鄂城东吴孙将军墓》,《考古》1978年第3期。鄂州市博物馆等:《湖北鄂州鄂钢饮料厂一号墓发掘报告》,《考古学报》1998年第1期。
② 武汉市博物馆:《武汉黄陂滠口古墓清理简报》,《文物》1991年第6期。武汉市博物馆:《江夏流芳东吴墓清理发掘报告》,《江汉考古》1998年第3期。

(二) 西晋帝王陵墓

西晋建都洛阳,经四帝(武帝、惠帝、怀帝、愍帝)52年,除怀帝、愍帝被刘聪杀死于平阳外,武帝、惠帝均死于帝位,加上追封的宣帝、景帝、文帝,合共五帝,其陵均应在洛阳。但《晋书》只载陵号,对于陵址所在多略而不详;而且西晋基本上沿袭曹魏的制度,筑陵"不坟不树"[①],也没有恢复陵寝制度和上陵的礼仪[②],这些都增加了后人寻找陵址的难度。

1917年和1930年,晋中书侍郎荀岳墓志、晋武帝贵人左芬墓志相继出土,蒋若是据此考证得出崇阳陵、峻阳陵"二者一在南蔡庄村,一在南蔡庄北地,相距不过五里"的推论[③]。但1982年10月至1983年1月,中国社科院考古所洛阳汉魏故城工作队对西晋帝陵进行实地勘察,查明了荀岳墓志的出土地,推翻了原先的推论,并推测铲探的峻阳陵墓地是为晋武帝之峻阳陵,枕头山墓地为文帝崇阳陵[④]。

1. 峻阳陵墓地

位于洛阳故城东南蔡庄村北2.5公里的山坡上,背靠海拔252.8米高的鏊子山,面对低平、开阔的伊洛平原;巍峨伏牛瞻于前,邙山主脉障其后。鏊子山由北、东、西三面环抱墓地。

墓地发现的23座西晋墓分布集中,自成一区,墓一律坐北朝南,墓道方向167—172度,形制统一,皆为长斜坡墓道的土洞墓。墓地内墓葬的布局主次分明,排列有序,透露出死者生前相互间的依存和尊卑关系。位于墓地最东部之M1,规模最大,墓道长36米、宽10.5米,墓室长5.5米、宽3米、高2米,墓主无疑是全墓地生前地位最高者,推测即为晋武帝司马炎(图8-25)。

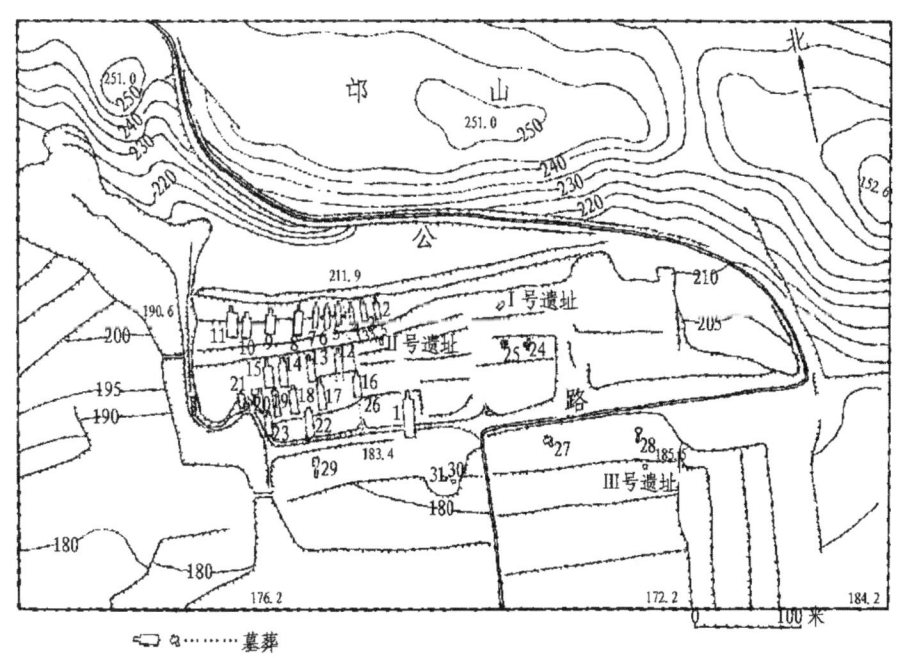

图8-25 西晋峻阳陵墓地地形图

---

① 《晋书·礼中》:"(晋)宣帝豫自于首阳山为土藏,不坟不树。作《顾命终制》,敛以时服,不设明器。文、景皆谨奉成命,无所加焉。景帝崩,丧事制度又依宣帝故事。"
② 杨宽:《中国古代陵寝制度史研究》,上海人民出版社2003年版,第45页。
③ 蒋若是:《从"荀岳""左棻"两墓志中得到的晋陵线索和其他》,《文物》1961年第10期。
④ 中国社会科学院考古研究所洛阳汉魏故城工作队:《西晋帝陵勘察记》,《考古》1984年第12期。

另外 22 座墓分布在墓地西部,分前后四排排列,越是后排各墓间隔越小。这些墓葬规模都小于 M1,墓道一般长 17—22 米、宽 6—8 米,墓室一般长 4.5—6 米、宽 2.5—3 米、高 1.5—2 米。墓主生前的地位似乎居前排者位高、居后排者稍次。由于左芬墓志出土于其中,故而推测这 22 座墓皆为晋武帝后宫女性墓,与文献中关于武帝多内宠的记载相吻合。

墓地未探出陵垣痕迹,可能当初即未筑陵垣,而以自然山峰、山梁为陵区范围。

2. 枕头山墓地

位于后杜楼村北 1.5 公里一座无名山丘的南坡,共探出墓葬 5 座,皆坐北面南。墓地内墓葬的形制、布局,都与峻阳陵墓地一致。发掘者推测此为晋文帝崇阳陵。

位于墓地东部的 M1,规模最大,规格最高,位置稍偏前,占据尊位,墓主应是全墓地地位最尊者,即晋文帝司马昭。其余 4 墓分布于墓地西部,分前后 2 排,每排各 2 墓,规模较小,属帝陵陪葬墓。墓地周围残存有陵垣及建筑遗迹。

经发掘,M4、M5 两座陪葬墓皆为具有长墓道的土洞墓,由墓道、甬道、墓室三部分构成。其中 M4 保存较好,其墓道上口呈长方形,每下深 1 米左右,即在两侧壁各留一个 40 厘米宽的生土台,墓道底总体呈斜坡状。甬道为一拱形顶土洞,底铺素面砖,发现猪骨、狗骨各一具及一条牛大腿骨,应与封墓前祭奠仪式有关。在甬道北端有石门。墓室系就原生土挖成的拱形顶土洞,周壁未作任何粉饰,地铺青砖。沿西壁放漆棺。两墓残存随葬品有涂朱陶盘、涂朱陶碗、灰陶碗、残灰陶罐、长方形石板、涂彩蚌片、铁钩形器、镀金铜铺首、铜搭扣、串珠、散珠、桃形金叶等。这两座墓虽然不是帝陵,但死者身份应属皇室成员,所以,其墓葬形制对了解西晋帝王陵葬制仍有一定的价值。

(三) 北朝帝王陵墓

1. 北魏时期的帝陵

北魏帝陵集中分布于两处,一处为盛乐平城时代的"金陵",一处为洛阳北邙陵区。

关于"金陵",现尚无实地资料可凭,有人认为其在内蒙古和林格尔一带,也有人认为现内蒙古呼和浩特市的"昭君墓"可能是北魏帝陵之一①。

洛阳北邙陵区是北魏自孝文帝从平城迁都洛阳以后所定之墓地。1966 年,有学者根据 1946 年出土的"文昭皇太后山陵志",认为孟津县官庄村东地的大冢即为孝文帝长陵②。

1976 年山西大同北魏文成帝拓跋濬之妻文明皇后冯氏之永固陵被发掘③。1990 年 6 月至 8 月,中国社会科学院考古研究所汉魏洛阳城队和洛阳古墓博物馆联合对北魏景陵进行了抢救性发掘④。

(1) 大同方山冯太后永固陵和孝文帝寿陵"万年堂"

两陵一南一北排列,都建造在今山西大同市方山南部山顶玄武岩层之上,有高大的封土堆,南部的永固陵比"万年堂"大⑤。永固陵封土现高 22.87 米,呈圆形,基底为方形,南北长

---

① 大同市博物馆、山西省文物工作委员会:《大同方山北魏永固陵》,《文物》1978 年第 7 期。
② 河南省文化局文物工作队:《洛阳北魏长陵遗址调查》,《考古》1966 年第 3 期。
③ 大同市博物馆等:《大同方山北魏永固陵》,《文物》1978 年第 7 期。
④ 中国社会科学院考古研究所洛阳汉魏城队、洛阳古墓博物馆:《北魏宣武帝景陵发掘报告》,《考古》1994 年第 9 期。
⑤ 《魏书·文成文明皇后冯氏传》:"初,高祖孝于太后,乃于永固陵东北里余,豫营寿宫,有终焉瞻望之志。及迁洛阳,乃自表瀍西以为山园之所,而方山虚宫至今犹存,号曰万年堂云。"

117米,东西宽124米,为砖砌多室墓,由墓道、前室、甬道、后室四部分组成。墓室南北总长17.60米。墓道南北长5.9米、东西宽5.1米,高5米。墓门高4.15米,宽3.95米,有砖砌封门墙。前室长4.2米,宽3.85米,高3.80米,平面呈梯形,券顶;甬道长6.98米、宽1.70米、高2.20米,平面呈长方形,也是券顶。甬道前后各有一道大型石券门;后室长6.40米、宽6.83米,高7.30米,平面近方形,四壁弧凸,顶为四角攒尖式。根据甬道壁上白灰痕迹推测,在两道石券门的里外及甬道中间共设置5堵封闭砖墙,以保护墓室,但发掘时仅存甬道南端石门外的1堵。整个墓室用砖约达20余万块,墓室底部原也皆铺砖,铺地大方砖砖坯极细,规格一致,背面有细绳纹,是为宫廷特制的优质砖(图8-26)。

"万年堂"结构与永固陵相同,只是规模稍小。封土堆高约13米,呈圆形,基底为方形,每边约60米。墓室由墓道、前室、甬道、后室组成,坐北向南。原建有三道门,用砖封闭。前室和甬道大部分被破坏,甬道仅残存约长10米、高2.51米、宽2.46米,券顶。甬道前后各有一道石券门,现残存2节石门框。后室为平面方形,南北长5.68米、东西宽5.69米、高6.97米,四壁弧凸,四角攒尖式顶。

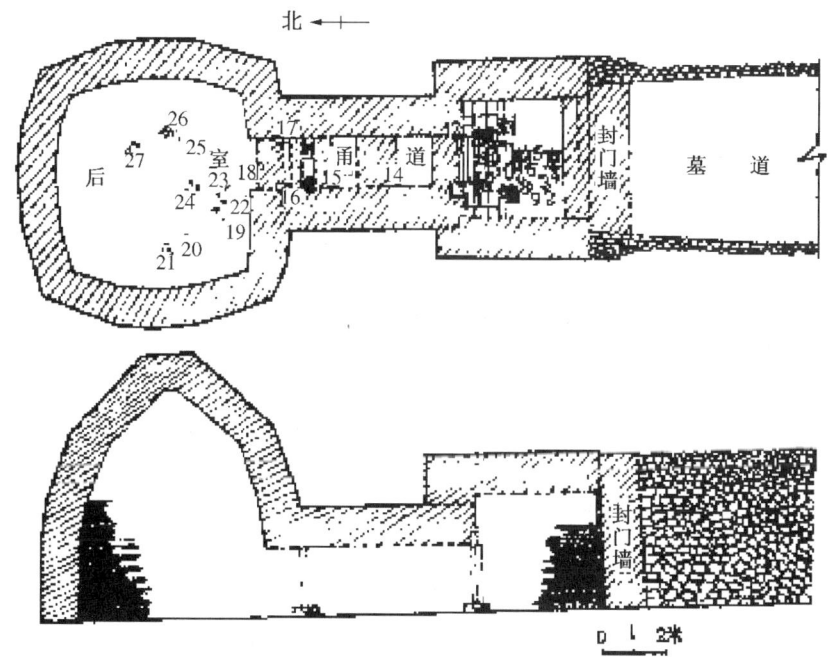

图8-26 大同方山北魏永固陵平、剖面图

(2) 孝文帝长陵

经考证确认,今河南孟津官庄村东"大小冢"之大冢为孝文帝之长陵,小冢即为北魏文昭皇太后之陵。2004年对北魏孝文帝长陵进行了调查和钻探,发现了长陵陵园遗址[1],主要遗迹包括陵园四面的夯筑垣墙、西垣和南垣门址,垣墙外的壕沟、陵园内人工排水沟、井、烧窑以及陵园建筑基槽等。调查证实,孝文帝陵冢平面为圆形,现存最大直径103米、高约21米,夯土筑成,在夯土外侧有一条环形夯土沟。墓道为长斜坡式,完全压在封土之下,方向179°。在

---

[1] 洛阳市第二文物工作队:《北魏孝文帝长陵的调查和钻探》,《文物》2005年第7期。

封土南侧有1座砖墩;在封土南21米处有2个对称的石墩,可能是石翁仲基座;再向南46米处还有2个对称的长条形竖穴方坑。在孝文帝陵冢西北约106米处为文昭皇后陵冢,平面呈圆形,现存直径42米、高约15米,夯土筑成,墓道亦为长斜坡式,方向180°。

经归纳,孝文帝长陵陵寝制度特点如下:长陵陵园平面近方形,东西长443米、南北宽390米。陵园四周构筑有夯土垣墙,墙外侧挖建壕沟;垣墙正中开设陵门,保存较好的南门为3道牌坊式。陵园内有2座陵冢,为帝、后异穴合葬。帝、后陵冢平面均为圆形,帝冢大于后冢,帝冢居于陵园南北中轴线偏北部,墓道向南,陵冢南面有神道,神道两侧立石翁仲。帝、后陵冢东南方约60—90米处有建筑基址,目前发现帝陵有一座建筑基址,后陵有2座建筑基址,建筑基址平面形状不规则,推测与陵园祭祀有关。长陵陵园具有明显的中原地区陵寝制度的特点,与洛阳邙山地区东汉帝陵有承继关系,但其陵园内的建筑在陵冢东南方位而不是东侧,则不同于过去。总之,孝文帝长陵奠定了迁洛时期帝陵制度的基础,代表了北魏帝陵体制的新发展。

(3)宣武帝景陵

位于河南洛阳邙山乡冢头村,坐落于邙山顶上,北距孝文帝长陵5公里;有高大夯筑封土堆,平面略成圆形,直径105—110米,现存高度24米,平顶;为凸字形单室砖室墓,全长54.8米,由墓道、前甬道、后甬道、墓室等四部分组成,方向约177度。

墓道南起墓冢南缘,北接前甬道,水平长度为40.6米,底部呈斜坡状。墓道北端是第一道封门墙。前甬道平面呈横长方形,东西3.38—3.40米、南北2.35—2.40米、高3.78米,券顶,底部铺满青石板。在前甬道之北是后甬道,平面呈纵长方形,长5.12米、宽1.94米、高2.64—2.80米,券顶。在后甬道南端有第二道砖筑封门墙隔开前后甬道。沿后甬道向北有一道石墓门。石门由门楣、门额、立颊、门槛、门扇等青石构件组成。墓室位于最北端,平面近方形,四壁略外弧,南北长6.73米、东西宽6.92米、高9.36米,四角攒尖式顶。墓室东半部摆放随葬品,西半部为石棺床占据。石棺床是用15块方形石块拼砌而成(图8-27)。

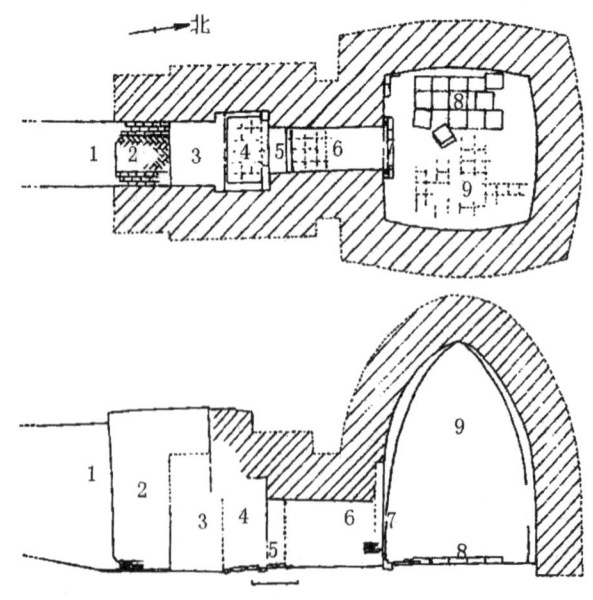

图8-27 洛阳北魏宣武帝景陵平、剖面图
1.土壁墓道 2.砖壁墓道 3.第一道封门砖墙 4.前甬道 5.第二道封门砖墙
6.后甬道 7.墓门 8.棺床 9.墓室

墓内随葬器物绝大部分已被盗走,可复原者45件,分属青瓷器、釉陶器、陶器、石器、铁器等,包括龙柄盘口壶、陶盏托、方形四足陶砚等。

综上所述,北魏帝陵的墓葬形制一般为前后双室,后室平面近方形,四壁略外弧凸,顶为四角攒尖式,墓内无壁画。北魏迁洛之前的"金陵",首先是聚族而葬,各代帝陵都在一处;再次历代帝陵的排葬方式是以父子(女)辈左右夹处、兄弟行并排成列为特点①。"金陵"制度自冯太后始有变化,北魏建造大规模的陵园始自冯太后,她也创立了一套将鲜卑文化和汉族文化相结合的陵寝制度,代表着一个重要的转折时期:一方面,她继承了鲜卑"凿石为祖宗之庙"的遗风,另一方面又采用自东汉以来在墓前建筑石殿、石阙的方式,再者结合佛教的信仰,使佛堂、斋堂和祠庙相结合,开后代在陵区建造佛教建筑之先河,并恢复陵寝制度和举行上陵的礼仪。北魏迁洛以后,陵墓制度再起变化,比如,墓冢由方形演变为圆形;由只在墓门雕刻武士像或在墓内随葬武士雕像演变为在墓冢前方树立大型武士雕像等;墓室改为单室制;地面陵园建筑也大体继承了中原地区汉晋时期的帝陵制度等。

2. 北朝后期帝王陵墓

北魏灭亡后,北方分裂成东魏和西魏两大势力,东魏被北齐代替,西魏被北周取代,这段时期(534—581年)可以称为北朝后期,它的帝王陵制上承北魏,下启隋唐,是一个非常重要的转折时期。

东魏孝静帝元善见于天平元年(534年)迁都于邺,并在邺西建造"西陵",此后该区域便成为东魏、北齐皇族的聚葬区。

(1) 东魏孝静帝元善见西陵

位于今河北磁县申庄乡前港村东南岗坡地,南面即为其父元义墓。封土高达30米,直径120余米。调查发现陵垣围墙残基,以河卵石加红土夯筑而成,垣宽3米多,个别地方残高0.8米。南北墙长1140米,东西宽1140余米,与文献所载"九里十三步"基本相符。根据采集到的莲花纹瓦当和筒瓦、板瓦等推测,南墙外神道两侧和封土边原应有地面建筑。

东魏仍沿用北魏族葬的习俗,皇陵和皇室陵墓兆域范围基本上包括邺西漳水之阳、武城之阴的北原,即西岗及其以南地域。其排葬方法是以孝静帝元善见的"西陵"及其父元义陵墓为基点,长辈在前(南)、晚辈在后(北),兄弟墓葬排列是"自左向右"并列,与洛阳北邙陵墓布列方式基本相同。

(2) 北齐帝王陵考古

北齐皇陵区域在西陵东北的高氏茔地。齐神武皇帝高欢义平陵"葬于邺西北、漳水之西","在县南三里",墓前原有天禄、石阙等石刻。② 义平陵之北偏西约200米处有一墓(编号M2),推测为齐文襄帝高澄峻成陵,1977年调查时其封土高度尚有22米。

齐文宣帝高洋武宁陵是唯一已经发掘的北齐时期的帝陵③。陵墓位于磁县县城西南2.5

---

① 宿白:《北魏洛阳城和北邙陵墓——鲜卑遗迹辑录之三》,《文物》1978年第7期。文中认为洛阳邙山墓地的特点是继承了"金陵",故而反推之。
② 《北齐书》卷三;《北史》卷六。
③ 1987年至1989年,由徐光冀先生主持发掘的磁县湾漳大墓(M106)被推测为帝王陵墓,具体而言其属北齐文宣帝高洋的武宁陵的可能性最大。参见:中国社会科学院考古研究所、河北省文物研究所邺城考古工作队《河北磁县湾漳北朝墓》,《考古》1990年第7期;马忠理《磁县北朝墓群——东魏北齐陵墓兆域考》,《文物》1994年第11期;徐光冀《河北磁县湾漳北朝大型壁画墓的发掘与研究》,《文物》1996年第9期等。

公里滏阳河南岸的湾漳村东部。地面原有高大封土,经探测占地 8000 余平方米。墓葬南面有一尊石刻人像。墓葬由墓道、甬道、墓室三部分组成,南北总长约 52 米,墓向 185 度。墓道全长 37 米,底呈斜坡状,坡度 14 度。墓道两壁系用土坯垒砌,土坯外抹草泥、白灰,再施壁画;墓道底经夯打,并施壁画(图 8-28)。

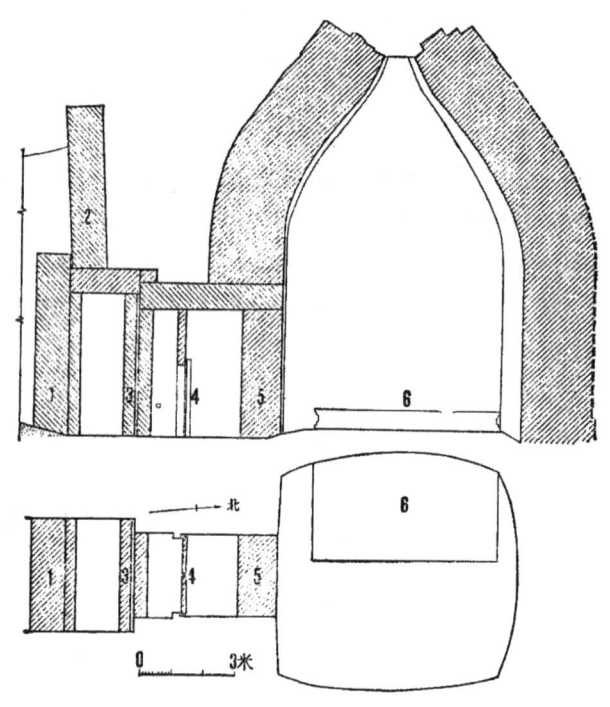

图 8-28　磁县湾漳北齐武宁陵平、剖面图
1. 南封墙　2. 门墙　3. 中封墙　4. 石门　5. 北封墙　6. 棺床

甬道为直壁券顶砖砌结构,地铺正方形青石,全长 6.7 米,甬道中有三重封墙。第二、三重封墙之间有一石门。

墓室平面为方形,四壁略弧,南北长 7.56 米、东西宽 7.4 米,现存高 11.8 米,复原高度 12.6 米,为四角攒尖顶。墓室地面铺正方形磨光青石。西侧有须弥座石质棺床。棺床用青石围边,内铺白色或灰白色石板,正中有朱红彩单线勾绘一八瓣仰莲。棺床须弥座立面,以白、红、绿色画出忍冬纹、连环纹等图案。棺床上置一棺一椁。

墓道壁画分布在两壁和路面。两壁画面的中心内容是各由 53 人组成的仪仗出行队列。东壁的仪仗队伍前绘朱雀、神兽、青龙等,西壁与青龙相对的位置绘白虎。仪仗队均手持戟盾、鼓乐、旄幡、伞盖等。北端队列身后画一面阔 5 间的建筑。仪仗队伍上方天空的位置,绘有各种神兽等 35 个,计 7 种形象,其间缀以流苏云、莲花等。路面图案分三纵列,中间绘八瓣仰莲,两侧饰以缠枝忍冬莲花的装饰纹样,三列图案以暗红色栏框相间,犹如一幅巨大的地毯。

甬道上的门墙正中绘一正视形象的大朱雀,高近 5 米。朱雀左右各绘一神兽、羽兔,朱雀四周饰以莲花、流云。在石门南两壁还残留有侍卫形象。甬道顶部有零星可辨的莲花、流云等图案。墓室顶部绘天象图。天象图下四壁各有一栏分九个方格,每格内画一动物形象。其下还有两栏壁画,上下栏以朱红色栏框相间。上栏有神兽、朱雀等形象;下栏以人物图像为主。

墓中出土随葬品共2000多件,除一对大陶俑出自石门外两侧,余皆出自墓室,以陶俑为主,其余为陶镇墓兽、陶牲畜、陶制模型、陶瓷器皿等,此外还有石灯、玉器、珍珠等。

(3) 东魏北齐王一级墓葬的主要发现

发掘和调查的部分北齐王一级的墓葬,主要有东魏茹茹公主墓、北齐文昭王高润墓、北齐东安王娄叡墓、库狄迴洛墓等[①]。

经分析我们可以发现,东魏、北齐的王墓存在这样一些共同点:

墓葬的平面结构都是长墓道砖砌单室墓,由墓道、甬道、墓室组成;墓室前方都设置石门;墓室内部有壁画,墓道、甬道以出行仪仗图为主,墓室以反映墓主人生前生活图为主;出土大量随葬品,以陶俑数量最多;并出土70厘米以上见方的大型墓志。

综合来看,东魏、北齐继承了前代的帝陵制度,如地面有圆形陵冢,陵冢四周有陵垣,单墓室制,长坡形墓道,砖砌墓室,青石铺地,有大量以陶俑为主的随葬品,并进一步地融合佛教艺术,流行散花、莲花等装饰图案。另在墓室结构方面也有所变化,首先是将以前的前、后甬道的差别缩小,形成南北两段而以石门隔之,其次是墓室开始满饰壁画。

(4) 西魏、北周帝王陵的发现

1993年8月,在陕西省咸阳市渭城区底张乡陈马村东南的农田里,发现北周武帝宇文邕与其皇后阿史那氏合葬的孝陵。1994年9月至1995年1月,进行了抢救性发掘[②]。

孝陵总体坐北向南,方向南偏东10度,全长68.4米,由斜坡墓道、5个天井、5个过洞、4个壁龛及甬道、土洞式单墓室组成(图8-29)。

墓道水平长度31.5米,底部坡度10度。5个过洞均为拱形土洞,5个天井均呈长方形直筒状。4个壁龛分别开设在第四、五天井的东西两壁,两两相对。龛门均以土坯封堵。其中第四天井西壁龛在封堵前并未完工,龛内空无一物;东壁龛东壁分两排放置14件陶罐,东北角有木箱,其他空间放陶明器、陶俑等。第五天井西壁龛出土铜带具、玉佩饰、铁饰件、玻璃珠等物;东壁龛东壁分两排放置14件陶罐,西北部出土兜鍪甲士俑1件,此外还有玉璧、铜镜、短剑、带具等。

甬道开口于第五天井北壁,甬道口外紧靠天井北壁砌一道土坯封门墙,甬道门内又有一道土坯封门。甬道南北全长3.9米,拱券顶,高度不低于2.1米。南距甬道口约2米处有木门。甬道底部全部铺砖。

墓室平面呈"凸"字形,土洞式,北壁有后龛,南北通长5.5米、宽3.8米,由于顶部已残,高度不详。地面条砖平铺。室内东西并排放置两具木棺椁。墓室内发现金套管、玉珠、金花瓣等。后龛位于墓室北壁中部偏东,平面呈梯形,前小后大,前口宽1.96米、后壁宽2.36米、残高1.3米。龛中部偏北发现有木箱朽痕,出土有龙首柄三足铜鐎斗1件、铜饰件等。

墓室因盗掘严重,出土以及缴回的共有孝陵志和武德皇后志各一盒、天元皇太后印一方、铜鐎斗1件及少量装饰品。壁龛中共清理、修复出陶器、玉器、铜器、金器、志石五类器物,其中以陶器为大宗,约150件,有具装甲士骑俑、鞍马仪卫骑俑、笼冠俑、镇墓兽、陶鸡、陶犬等

---

① 王克林:《北齐库狄迴洛墓》,《考古学报》1979年第3期。磁县文化局:《河北磁县北齐高润墓》,《考古》1979年第3期。汤池:《北齐高润墓壁画简介》,《考古》1979年第3期。磁县文化馆:《河北磁县东魏茹茹公主墓发掘简报》,《文物》1984年第4期。汤池:《东魏茹茹公主墓壁画试探》,《文物》1984年第4期。吴作人、宿白:《笔谈太原北齐娄叡墓》,《文物》1983年第10期。

② 陕西省考古研究所、咸阳市考古研究所:《北周武帝孝陵发掘简报》,《考古与文物》1997年第2期。

冥器。

在墓葬附近没有发现陵前石刻、陵冢封土、寝殿建筑等遗迹、遗物。

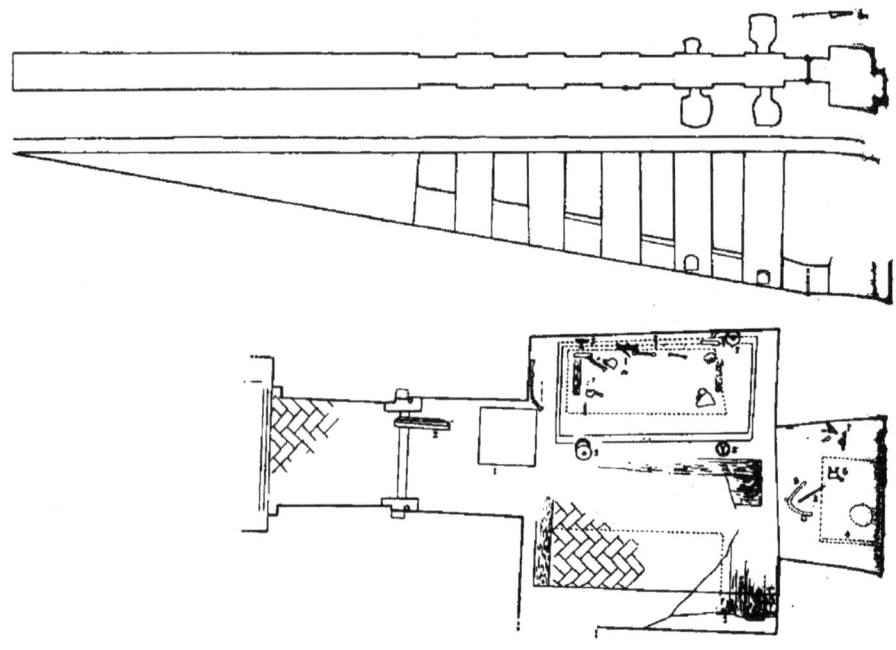

图8-29 咸阳北周武帝孝陵平、剖面及遗物分布图

结合已发掘的其他北周大中型墓,大体上可看出西魏、北周帝王陵的一些特点:① 均为长斜坡墓道、多天井、土洞墓室;② 多无封土;③ 墓室多有后室、后龛或侧室;④ 多无地面石刻;⑤ 随葬品中均有大量造型风格相同、大小相若的半模陶俑,陶俑的种类和组合也大体相同。

此外,与东魏、北齐的帝王陵相比,西魏、北周帝王陵有着不同的风格:① 与东魏、北齐墓室内满饰壁画不同,西魏、北周帝王陵内完全不见壁画,表现出较为俭朴的风格;② 西魏、北周帝王陵随葬品的数量远比不上东魏、北齐帝王陵的丰奢;③ 改石门为木门。

(四)东晋、南朝帝王陵墓

1. 东晋帝陵的考古发掘

东晋南朝定都在建康(今南京市)。东晋共有11帝,除晋废帝司马奕葬江苏吴县外,其余均葬于都城建康境内。依据考古及文献资料,东晋帝陵主要分为三个陵区:鸡笼山之阳陵区(葬元、明、成、哀四帝);钟山龙尾(今富贵山)之阳陵区(葬康、简文、孝武、安、恭五帝);幕府山之阳陵区(葬穆帝)。东晋帝陵经发掘的共有三座:一座是1964年10月—1965年1月由南京博物院发掘的富贵山大墓;第二座是1972年4月由南京大学历史系考古组发掘的南京大学北园东晋大墓;第三座是1981年南京市博物馆发掘的南京汽轮电机厂大墓。前者位于钟山之阳,中者位于鸡笼山之阳,末者位于幕府山之阳。

(1) 富贵山东晋大墓

富贵山位于南京市东北隅,东连钟山,大墓即位于山之南麓①(图8-30)。

---

① 南京博物院:《南京富贵山东晋墓发掘报告》,《考古》1966年第4期。

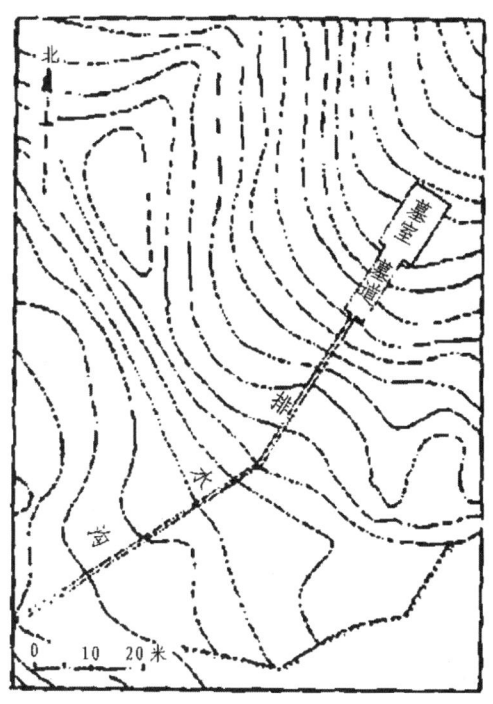

图 8-30　南京富贵山东晋帝陵墓葬附近地形及排水沟图

墓凿山筑成,由墓室、甬道、封门墙、墓道和排水沟五部分组成。墓室为长方形券顶,长 7.06 米、宽 5.18 米、残高 2.4 米,复原后高 5.15 米,方向 216 度。墓室东西两壁外有夯土墙,起加固与支撑墓壁的作用,这一做法在东晋、南朝的大墓中较为多见。夯土墙上还有半圆形的保护墓顶的砖砌外层。墓室中后部有棺木遗痕,为单人葬。

甬道平面为长方形,券顶,长 2.7 米、宽 1.68 米,复原后高 3.35 米。甬道内有安装木门的凹槽两道。封门墙又分封门墙、封门砖、挡土墙三部分。封门墙在甬道之前,底部宽,顶部窄,平面呈弧形,中部向外突出 0.85 米,分内外两层。封门砖在封门墙后,砌在甬道内口处,上部直封至甬道券顶,实际上就是第二道封门墙。在甬道外左右方、封门墙两翼后面有挡土墙。这种封门墙的砌法,在东晋、南朝大墓中几乎都使用。墓道在墓室前方,是在岩石上开凿的长方形露天坑道,四壁垂直,长 13.5 米(图 8-31)。

排水沟长达 87.5 米,在现存水沟南端不远处有一洼水塘,积水可能就排泄到这里,故原排水沟长度可能达 100 米左右。

墓葬埋葬后不起坟,故而填土使凹陷的墓坑与两旁山梁齐平。

该墓早年被盗,残存的随葬品大部分放置在墓室前部,经修复后共有 71 件,可分为五类:① 青瓷鸡首壶、水盂、钵、碗、果盒等陶瓷器,主要出土在墓室前部,当为日常生活所用器皿。② 执盾陶俑、陶箱、陶质龙、虎座等,主要出土在墓室前部和甬道后部,为专门制作随葬的明器。③ 金钉、铜帽钉、铜环等,散在各处,是其他器物上的镶嵌饰件或附件。④ 玉佩、玻璃珠、石珠、石刻小饰兽等,出土在墓室后部,当为墓主人身上所用的佩饰。⑤ 铜阴井盖、铜棺钉、铁棺钉等,是墓室结构与葬具的附件。

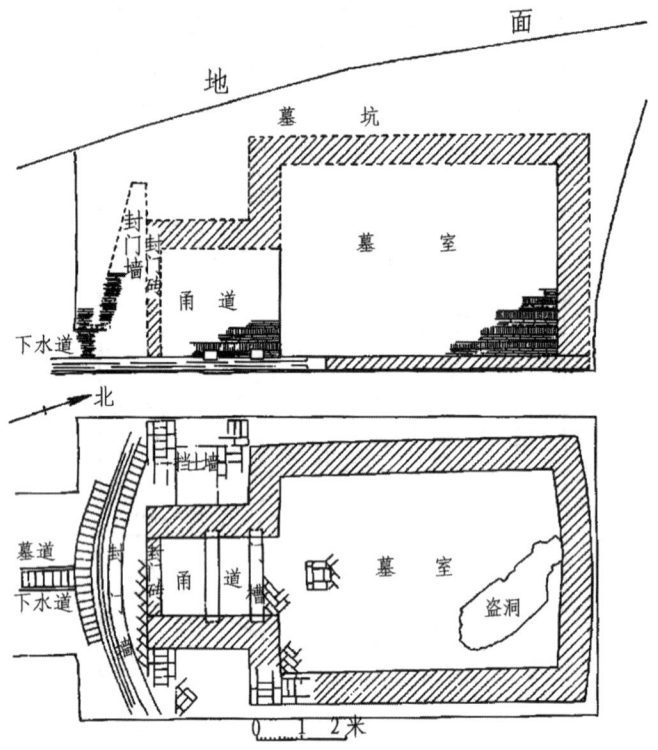

图 8-31 南京富贵山东晋帝陵墓室平、剖面图

1960年在富贵山东南麓距此墓约400米处发现晋恭帝玄宫石碣[1]，故而罗宗真认为此墓为恭帝冲平陵[2]，但蒋赞初主张这可能是晋安帝或晋孝武帝的陵墓[3]。

（2）南京大学北园东晋大墓

大墓位于南京大学北园东北部鼓楼岗的南坡上[4]，方向为南偏西9度，是一座双室砖墓。全墓南北总长8.04米、东西9.9米，由墓门、甬道、主室、侧室甬道、侧室等部分构成。甬道长3.04米、宽1.5米，券顶，有两道门槽。主室南北长4.4米、东西宽4米，穹隆顶，室内铺地砖，用长方形砖横列竖砌而成，无排水沟设施。主室葬男女两人，侧室所葬为一女性。

墓内甬道第一、第二道门槽之间的砖地上有一中型陶案，侧室甬道口也有一中型陶案，主室的西南角和东北角各有一个大型陶案，而在主室前半部发现了两件小型陶案。这些陶案是作"祭坛"之用的。随葬品主要分布在这些陶案之上及其周围，主要有卧龙座、卧虎座、卧羊座、俑等陶器，鸡首壶、双耳壶、钵、青瓷辟邪器等瓷器，金、银、铜、铁等饰片，青铜乌杖头、铁剑、铁刀等，以及玻璃杯、水晶珠、玛瑙珠、料器等其他器物。

谁是此墓墓主人有多种说法。该墓发掘主持人蒋赞初推测，它是东晋早期元、明、成三位

---

[1] 李蔚然：《南京富贵山发现晋恭帝玄宫石碣》，《考古》1961年第5期。
[2] 罗宗真：《六朝陵墓埋葬制度综述》，载《中国考古学会第一次年会论文集》，文物出版社1980年版。
[3] 蒋赞初：《南京东晋帝陵考》，《东南文化》1992年第3、4期。
[4] 南京大学历史系考古组：《南京大学北园东晋墓》，《文物》1973年第4期。

皇帝中的某一位①,李蔚然和罗宗真也认为可能是东晋元、明、成、哀四帝帝陵之一②。

(3) 南京汽轮电机厂大墓

该墓位于南京北郊北崮山南麓,为一平面呈"凸"字形的券顶砖室墓,总长9.05米、总宽8米,由甬道、墓室、封门墙、二道木门(已朽)等构成。墓室室内长4.98米、宽4.24米,复原高4.03米。该墓早年被盗,但仍出土了青瓷器、龙或虎首造型的陶步障座、陶俑及其他陶冥器、金银饰品、铁镜、玉器、浅黄和深蓝色玻璃器残件等。发掘者推定这座大墓为东晋晋穆帝司马聃的永平陵③。

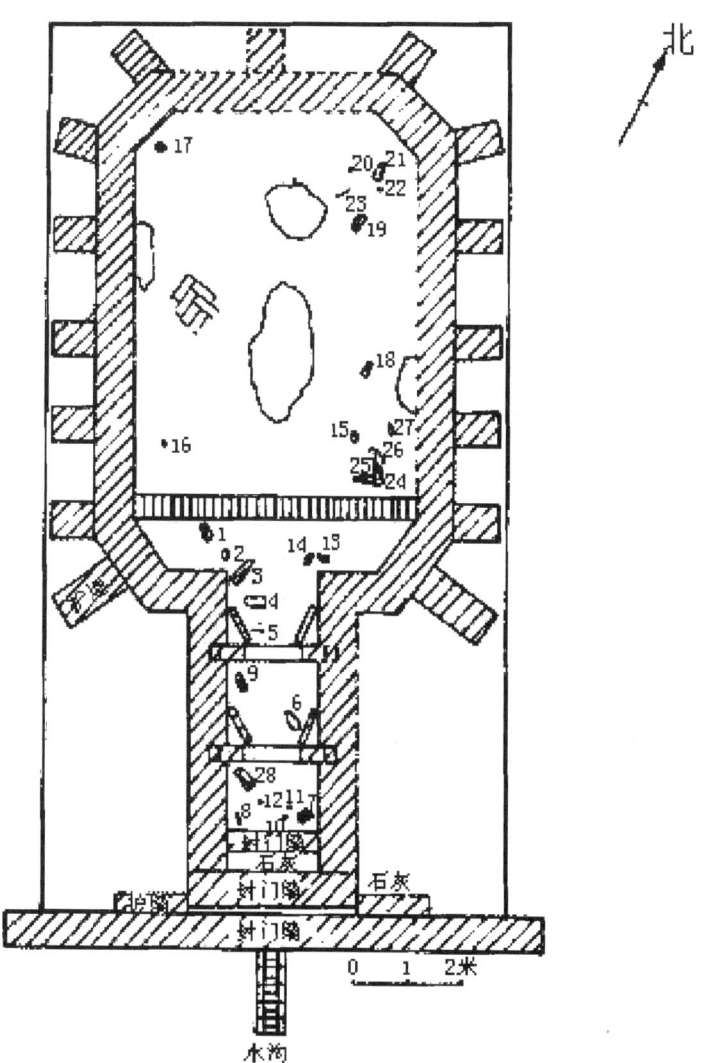

图 8-32 丹阳胡桥吴家村齐和帝萧宝融恭安陵墓室平面图

---

① 蒋赞初:《南京东晋帝陵考》,《东南文化》1992年第3、4期。
② 李蔚然:《论南京地区六朝墓的葬地选择和排葬规律》,《考古》1983年第4期。罗宗真:《六朝考古》,南京大学出版社1994年版,第69页。
③ 南京市博物馆:《南京北郊东晋墓发掘简报》,《考古》1983年第4期。

2. 南朝帝王陵

作为南朝都城的建康(今南京)和齐梁两代最高统治者发迹的地方——丹阳,是南朝陵墓最集中之处。

民国时期,朱希祖、朱偰调查六朝陵墓石刻,编纂完成《六朝陵墓调查报告》。1949年后,调查和发掘的南朝帝王陵主要有:1960年在南京西善桥宫山北麓发掘了一座南朝墓,论者以为是刘宋孝武帝刘骏的景宁陵①。1961—1962年发掘南京西善桥油坊村南朝大墓,发掘者推测为陈宣帝陈顼显宁陵②。1965年11月发掘丹阳胡桥齐景帝萧道生的陵墓③。1968年8月和10月在丹阳胡桥吴家村和建山金家村又发掘了和帝萧宝融恭安陵(图8-32)和废帝萧宝卷陵④。1979年在南京尧化门发掘了一座南朝梁代陵墓,应为梁南平王萧伟墓⑤。南京市栖霞山甘家巷附近是一处重要的六朝时期的墓葬集中地,在这里发掘了一批六朝墓葬,其中不乏高等级的墓葬,推测的王墓就有以下三座:1974年10月至1975年1月发掘一批六朝时期墓葬,其中有梁安成王萧秀墓⑥;1980年9月发掘梁桂阳王萧融与其妻王慕韶夫妇合葬墓⑦;1988年1月,清理了梁桂阳王萧象墓⑧。1994年7月发掘白龙山地区的梁临川王萧宏墓⑨。2000年发现并发掘了萧伟墓前的墓阙遗址,在研究六朝帝王陵寝地面建筑制度方面取得了突破⑩。

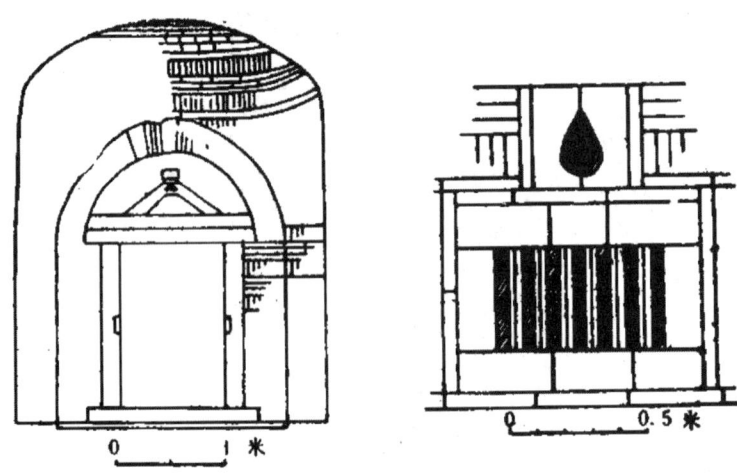

图 8-33　南京西善桥刘宋景宁陵石门线雕和窗棂、灯龛

南朝四代相继而立,后朝多沿用前代制度,在帝王陵墓的建制方面前后一脉相承。由以

---

① 南京博物院、南京市文物保管委员会:《南京西善桥南朝墓及其砖刻壁画》,《文物》1960年第8、9期合刊。
② 罗宗真:《南京西善桥油坊村南朝大墓的发掘》,《考古》1963年第6期。
③ 南京博物院:《江苏丹阳胡桥南朝大墓及砖刻壁画》,《文物》1974年第2期。
④ 南京博物院:《江苏丹阳县胡桥、建山两座南朝墓葬》,《文物》1980年第2期。
⑤ 南京博物院:《南京尧化门南朝梁墓发掘简报》,《文物》1981年第12期。
⑥ 南京博物院、南京市文物保管委员会:《南京栖霞山甘家巷六朝墓群》,《考古》1976年第5期。
⑦ 南京市博物馆、阮国林:《南京梁桂阳王萧融夫妇合葬墓》,《文物》1981年第12期。
⑧ 南京博物院:《梁朝桂阳王萧象墓》,《文物》1990年第8期。
⑨ 南京市博物馆、栖霞区文管会:《江苏南京市白龙山南朝墓》,《考古》1998年第8期。
⑩ 南京市文物研究所、南京栖霞区文化局:《南京梁南平王萧伟墓阙发掘简报》,《文物》2002年第7期。

上这些发掘资料可得出一些关于南朝帝王陵寝制度方面的共同特点①：

(1) 墓葬的地下部分(玄宫)平面呈凸字形，由排水沟、甬道、墓室等几大部分构成。

① 墓前有长长的排水沟。由于南方气候潮湿，地下水位高，为防止墓室积水，必须采取特殊的人工排水措施。排水沟一般都是一端起自墓室，经甬道下一直通向墓前水塘，长度均在百米以上。

② 甬道内设二进或一进石门，大抵是帝后一级设二进，王侯一级设一进。门额以浮雕各类人字形拱为最显著的时代特色(图8-33)。

③ 流行双人合葬，砖砌墓室规模宏大，最长将近7米，最高达6米余，均为大型单室券顶结构。

(2) 墓上建筑颇具时代特色，目前所见有墓前神道及神道石刻、墓阙，此外还有墓前水塘。

① 神道及神道石刻的现存状况见下表(表8-1)。一般而言，神道与陵墓位于同一条中轴线上，神道两侧排列石兽、华表和石碑。现存石刻以萧梁时期保存最多、品种最全。

表8-1 南朝陵墓现存石刻表

陵名	现存石刻	地址
宋武帝刘裕初宁陵	石麒麟二(右一角，左双角)	江宁麒麟门麒麟铺
宋文帝刘义隆长宁陵	石麒麟一(右一角，残)	南京甘家巷南狮子冲
齐宣帝萧承之永安陵	石麒麟二(右一角，左双角)	丹阳东北13里狮子湾
齐高帝萧道成泰安陵	石麒麟二(右一角，左双角，残毁)	丹阳东北13里赵家湾
齐武帝萧颐景安陵	石麒麟一(左双角)，石柱础一	丹阳城东32里戎家村北三姑庙
齐景帝萧道生修安陵	石麒麟二(右一角，左一角，较完好)	丹阳东北13里经山东南鹤仙坳
齐明帝萧鸾兴安陵	石麒麟一(右一角)	丹阳东24里萧得乡东城村
齐东昏侯萧宝卷墓	石麒麟二(右一角，左双角)	丹阳东北经山金家村
齐豫章文献王萧嶷墓	石辟邪二(一残)	江宁县江宁镇方旗庙
梁文帝萧顺之建陵	石麒麟二(右一角，左双角) 石柱二(题字"梁太祖文皇帝之神道") 石碑座二	丹阳东24里三城巷
梁武帝萧衍修陵	石麒麟一(左双角，完整)	丹阳东24里东城村(齐明帝兴安陵北)
梁简文帝萧纲庄陵	石麒麟一(右一角，残)	丹阳东24里东城村
梁临川靖惠王萧宏墓	石辟邪二(精美) 石柱二(石柱题字"梁故假黄钺侍中大将军扬州牧临川靖惠王之神道") 石碑一(左)	江宁麒麟门仙鹤门间张库村

---

① 参见：罗宗真《六朝陵墓埋葬制度综述》，《中国考古学会第一次年会论文集(1979)》，文物出版社1980年版；王志高《南朝帝王陵寝初探》，《南方文物》1999年第4期。

续 表

陵名	现存石刻	地址
梁安成康王萧秀墓	石辟邪二(完整) 石柱二(石柱题字"梁故散骑常侍司空安成康王之神道") 石碑二(其一字迹为彭城刘孝绰文) 石龟座二	南京尧化门甘家巷
梁鄱阳忠烈王萧恢墓	石辟邪二(均残)	南京尧化门甘家巷西南(梁始兴忠武王萧憺墓东)
梁始兴忠武王萧憺墓	石辟邪(损坏) 石碑一(碑额"梁故侍中司徒骠骑将军始兴忠武王之碑",碑文2800多字,大半残)	南京尧化门甘家巷西南(梁始兴忠武王萧憺墓东)
梁吴平忠侯萧景墓	石辟邪二(右碎,左裂为二) 石柱(石柱题字"梁故侍中中抚将军开府仪同三司吴平忠侯萧公之神道")	南京尧化门花林村西
梁南康简王萧绩墓	石辟邪二(完整) 石柱二(石柱题字"梁故侍中南康简王之神道")	句容新塘黄梅桥侯家边
梁建安敏侯萧正立墓	石辟邪二 石柱二(残缺,柱一有题字"梁故侍中左卫将军建安敏侯之神道")	江宁淳化西南刘家边
梁新渝宽侯萧暎墓	石柱一(柱额题字剥蚀)	南京尧化门甘家巷北董家边
丹阳齐梁陵墓入口处	石麒麟二(较其他者为大,右一角,左双角)	丹阳东陵口镇
陈武帝陈霸先万安陵	石麒麟二(右一角,左双角)	江宁上方镇石马冲黄麓山
陈文帝陈蒨永宁陵	石辟邪一	江宁麒麟门灵山
失名,待考(或是齐献武公萧颖胄墓)	石辟邪二(已残损,今在石油化工厂门口)	南京栖霞山张家库
失名,待考(或是梁永阳昭王萧敷墓)	石柱一(文字不清)	南京笆斗山徐家村
失名,待考	石辟邪二 石柱二	江宁上方镇侯村附近
失名,待考	石柱一(残)	江宁淳化镇宋墅村
失名,待考	石柱一(顶盖不存)	江宁官塘镇耿墓岗
失名,待考(或是齐废帝郁林王萧昭业墓)	石辟邪二	丹阳东北40里经山北麓
失名,待考(或是齐废帝海陵王萧昭文墓)	石辟邪二(残损)	丹阳东北40里经山北麓

② 六朝陵墓前的水塘也是区别于其他时代的一个重要特征,其作用主要是用于蓄积墓

内泄水,也有论者推测可能同时具有"堪舆术"中"风水塘"的作用①。

（3）墓葬装饰。帝陵墓壁多装饰拼镶砖画及壁画,其中最著名的当属竹林七贤与荣启期（图8-34）、羽人戏虎、羽人戏龙等大型砖画,而王侯一级墓葬多用各种类型的花纹砖装饰②。

图8-34　南京西善桥竹林七贤画像砖刻

二、中原地区墓葬

中原地区指南抵淮河,北迄燕山,以黄河中下游为中心的区域。这一时期的墓葬在今河南、陕西、山西、河北、北京、山东等省市都有发现,其中以河南洛阳地区发现的墓葬较为集中,也最具代表性。墓葬可分为曹魏、西晋（公元3—4世纪初）,十六国迄北魏迁洛以前（公元4—5世纪末）,北魏迁洛至北齐、北周（公元5世纪末—6世纪）三期（图8-35）。

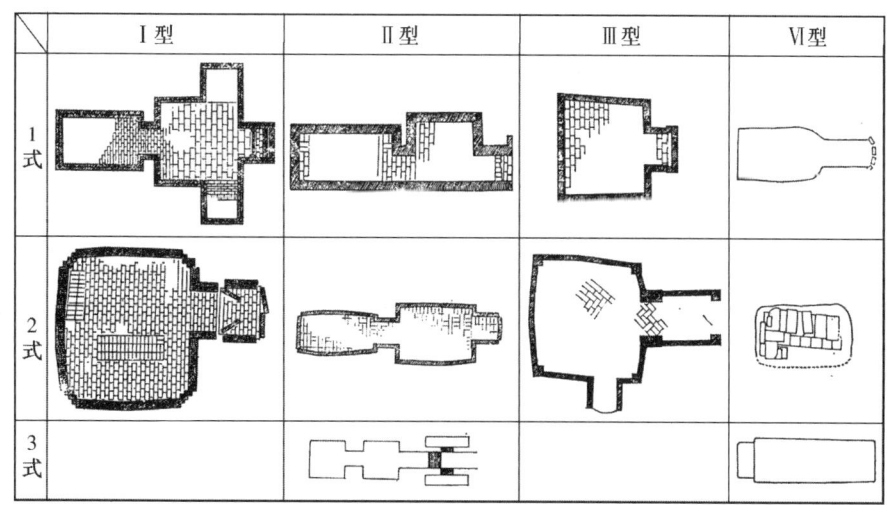

图8-35　中原地区墓葬类型图
Ⅰ型1式.洛阳16工区曹魏墓　Ⅰ型2式.洛阳元康九年徐美人墓　Ⅱ型1式.北京顺义大营村M2
Ⅱ型2式.郑州晋墓　Ⅱ型3式.西安草厂坡十六国墓　Ⅲ型1式.洛阳M52　Ⅲ型2式.洛阳13工区M2
Ⅳ型1式.洛阳烧沟初平元年墓　Ⅳ型2式.洛阳M15　Ⅳ型3式.安阳孝民屯M154

---

① 徐苹芳:《中国秦汉魏晋南北朝时代的陵园和茔域》,《考古》1981年第6期。
② 林树中:《江苏丹阳南齐陵墓砖印壁画探讨》,《文物》1977年第1期。陈直:《对南京西善桥南朝墓砖刻竹林七贤图的管见》,《文物》1961年第10期。南京博物院:《试谈"竹林七贤及荣启期"砖印壁画问题》,《文物》1980年第2期。

1. 曹魏、西晋时期

曹魏墓葬在形制结构方面,保持了东汉末期特点,多为有斜坡墓道、甬道、耳室和长方形前室、长方形后室的砖墓。这一时期的墓葬发现较少,在洛阳地区主要有偃师杏园M1606墓①和洛阳正始八年墓②两座,同属于形制较大的砖砌双室墓。以洛阳正始八年(公元247年)墓为例,该墓于1956年7月清理,位于洛阳涧河西岸。墓室深10.3米,方向南偏东80度,墓内分前室、后室、耳室、甬道四部分。前室近正方形,东西长3.38米,南北宽3.25米,大砖铺地,拱顶。后室内呈长方形,东西长3.2米,南北宽1.95米,用小砖铺地。前室的东壁向南向北各有耳室一个,用小砖砌成两层券拱。前甬道在前室与墓道之间,长1.62米,券顶,小砖铺地,正中装置石门。后甬道在前室和后室之间相连接,券法与耳室略同。墓道在墓门东侧,全长23.5米,呈斜坡状。前室后部中央原陈设有帷帐架1座,现仅存5件铁质帐构,其中1件上有"正始八年八月"纪年铭文。在帷帐附近置玉杯、博山炉、铜铜等数件,属日常生活器皿,前室进门处放铁灯一盏。后室西北角有陶灯、陶盘,应为棺室。北耳室出有陶罐、陶磨、水井、鸡、狗、灶、陶俑、灯等,当是模拟庖厨。南耳室出有7件带盖陶罐,似是模拟仓房。这时期的墓葬与东汉相比,不论是墓葬结构还是随葬器物,都有简化的趋向。

西晋墓葬以洛阳③为最多,另外在郑州④、南阳⑤、北京⑥、河北南部⑦和山东⑧等地也有发现,已从多室墓向单室墓过渡。这一时期具有前后室的双室墓减少,多为单室方形砖墓和长方形竖穴洞室墓。大型墓葬都有宽大的砖筑墓室和长墓道,一般在25米以上,最长的达37.36米。此类墓较典型的例子是元康九年(299年)葬的徐美人墓⑨,墓道斜长37.36米、宽5.1米,两侧壁自上而下递减形成五层台阶。甬道长2.37米、宽2米,内设双重石门。墓室平

---

① 考古所河南二队:《河南偃师杏园村的两座魏晋墓》,《考古》1985年第8期。
② 李宗道、赵国璧:《洛阳十六工区曹魏墓清理》,《考古通讯》1958年第7期。洛阳市文物工作队:《洛阳曹魏正始八年墓发掘报告》,《考古》1989年第4期。
③ 付永魁:《洛阳市西郊谷水工地发现晋墓一座》,《文物参考资料》1956年第1期。考古研究所洛阳发掘队:《洛阳西郊晋墓的发掘》,《考古》1959年第11期。310国道孟津考古队:《洛阳孟津三十里铺西晋墓发掘报告》,《华夏考古》1993年第1期。洛阳市第二文物工作队:《洛阳谷水晋墓》,《文物》1996年第8期。《洛阳谷水晋墓FM5发掘简报》,《文物》1997年第9期。《洛阳谷水晋墓FM6发掘简报》,《文物》1997年第9期。洛阳市第二文物工作队:《洛阳春都路西晋墓发掘简报》,《文物》2000年第10期。洛阳市文物工作队:《河南新安西晋墓发掘简报》,《文物》2004年第12期。洛阳市第二文物工作队:《洛阳衡山路西晋墓发掘简报》,《文物》2005年第7期。《洛阳华山路西晋墓发掘简报》,《文物》2006年第12期。《洛阳太原路西晋墓发掘简报》,《文物》2006年第12期。洛阳市文物工作队:《洛阳关林皂角树西晋墓》,《文物》2007年第9期。
④ 河南省文化局文物工作一队:《河南郑州晋墓发掘记》,《考古通讯》1957年第1期。郑州市文物考古研究所、巩义市文物保护管理所:《河南巩义站街晋墓》,《文物》2004年第11期。
⑤ 河南省文化局文物工作队等:《河南南阳东关晋墓》,《考古》1963年第1期。南阳文物考古研究所:《河南南阳市东关晋墓发掘简报》,《华夏考古》2006年第1期。
⑥ 北京市文物工作队:《北京西郊发现两座西晋墓》,《考古》1964年第4期。北京市文物工作队:《北京西郊西晋王浚妻华芳墓清理简报》,《文物》1965年第12期。北京市文物工作队:《北京市顺义大营村西晋墓葬发掘简报》,《文物》1983年第10期。
⑦ 李军、李恩玮:《河北邢台西晋墓发掘简报》,《文物》2006年第1期。王世杰:《河北沧州市郊刘胖庄西晋墓》,《文物春秋》1989年第3期。
⑧ 诸城县博物馆:《山东省诸城县西晋墓清理简报》,《考古》1985年第12期。
⑨ 河南省文化局文物工作二队:《洛阳晋墓的发掘》,《考古学报》1957年第1期。

面呈方形,长5.06米、宽5.5米,四角砌出内凸的曲折形角柱。墓顶已塌毁,据残余痕迹可知是四面结顶式。墓室早年被盗,但还残留有制工精致的金花以及铜铞、铁刀、陶罐、陶碗、石帐座等遗物。铜铞上有"咸宁元年十月二日右尚方造……"铭。墓门内侧立一方圭首石墓志,记载墓主人为西晋惠帝贾皇后的乳母徐义,封美人。这种碑式的石墓志是具有时代特征的遗物。在这一类型的墓里,还经常随葬有陶质的镇墓兽、牛车、鞍马、牵马俑、武士俑、仆从俑以及庖厨明器、家畜家禽模型等,出现了具有时代特征的方形多子槅、翻口罐等器物,陶俑中有深目高鼻的少数民族形象(图8-36)。

西晋中型墓一般长3—5米,甬道间设石门一重,墓道虽然延长,但不超过20米,墓室只长3米左右。墓室装饰出现了室外砌筑护顶拱券和仿木结构。随葬品主要是陶制明器和饮食用具,也有南方输入的青瓷器,并出现了形制较小的墓志。

西晋小型墓基本上是浅葬土坑竖穴,极为简陋,圹穴面积仅3平方米左右,少数有葬具,包括木棺、陶棺和用小砖砌成的狭窄棺室。随葬遗物很少,仅有几件陶器。

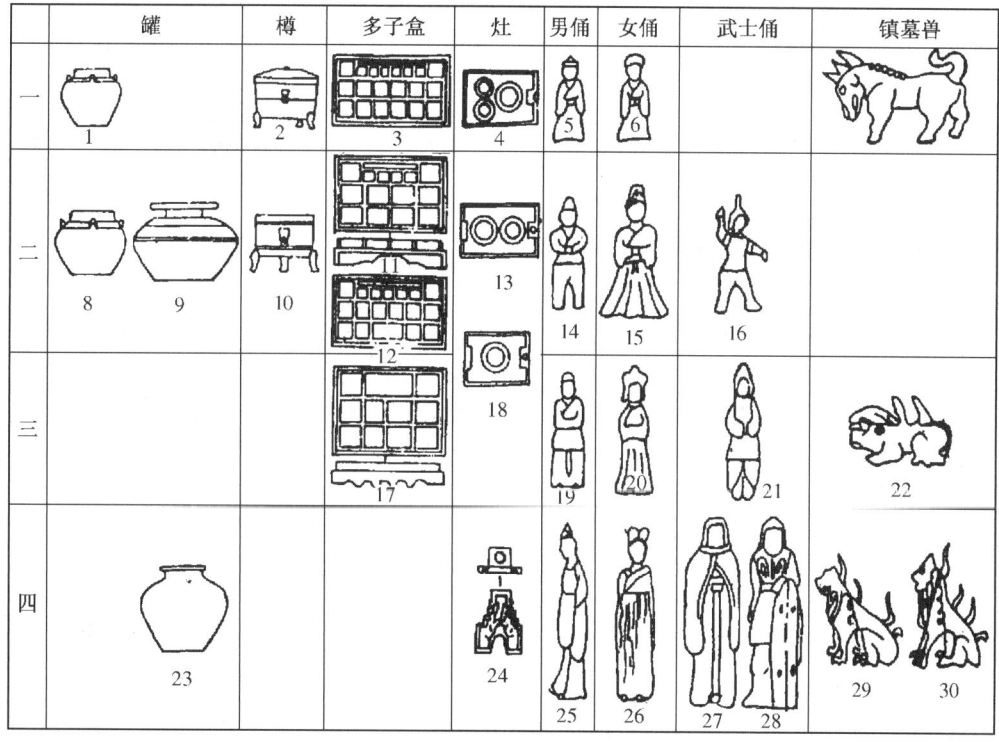

图8-36 中原墓葬分期标准器物

2. 十六国至北魏前期

这一时期战乱频繁,民族关系复杂,缺乏像西晋时期那种统一的墓葬形制,发现的墓葬也较少,主要集中在陕西关中地区和河南安阳。下面主要对这两地做一介绍。

十六国时期,陕西的关中地区先后被汉、前赵、后赵、前秦、后秦、夏统辖100多年,其中前赵、前秦和后秦先后在长安建都。由于政权的快速更迭、频繁严重的战乱以及激烈的民族冲突,这一时期保存至今的墓葬较为罕见。最早的发现是1953年在西安南郊草场坡清理的一座土洞墓①,该墓为南北向,由前后二室组成,平面皆为方形,出土具装俑、鼓吹俑、牛车和庖厨明器等器物171件,据研究者认为其年代当在十六国的前秦、后秦时期②。1986年,在陕西长安县韦曲镇北原上发掘了两座带有多级台阶墓道的双室土洞墓③,出土了牛车、武士俑、侍俑等各类器物77件(组),与西安草场坡墓大体属于同一时期。1995年—1999年,在陕西咸阳市北部的头道原的文林路一线发掘23座十六国墓,其中文林小区前秦朱氏家族墓地有9座④,均为南北向,排列整齐,值得注意的是出土的6块铭文砖,尤其是M49出土有前秦"建元十四年"(378年)纪年铭文砖,为断定时代提供了可靠依据。距此朱氏家族墓地不远的咸阳师专在兴建图书楼时又发现10座东晋十六国墓⑤。1996年在西安市北郊经济开发区顶益制面厂和西安三菱公司发掘5座十六国墓⑥。另外,在西安市雁塔区的长延堡瓦胡同村⑦、咸阳市渭城区的南贺村⑧也有零星的发现。

2001年5月,陕西咸阳市平陵附近的过双公路上清理了一座十六国墓⑨,出土鼓吹俑、铠马、牛车等器物60余件,其保存之良好、器物之精美、组合之完整在关中地区已发现的同时期墓葬中首屈一指,极大地丰富了人们对关中十六国墓的认识,具有很重要的意义。

通过对以上这批墓葬的发掘和研究,大体可概括出关中地区十六国墓的基本特征⑩:

(1) 均为带长斜坡墓道的土洞墓,墓道壁流行设置生土台阶,大型墓往往带一长方形天井。墓室以单主室和主室带侧室墓占主流,主室平面均呈四方形,攒尖顶或穹隆顶。后室、侧室平面多呈长方形或梯形,平顶或弧顶。封门分砖质和土坯两种。

(2) 流行多人合葬墓,尤以2—3人的夫妻合葬最为常见。

(3) 随葬器物流行以牛车、鞍马、侍俑为主的组合形式,其中的女侍俑(图8-37)、铠马(图8-38)和牛车极具时代特征。甲骑具装、武士俑等军事色彩较浓厚的器物比较常见。

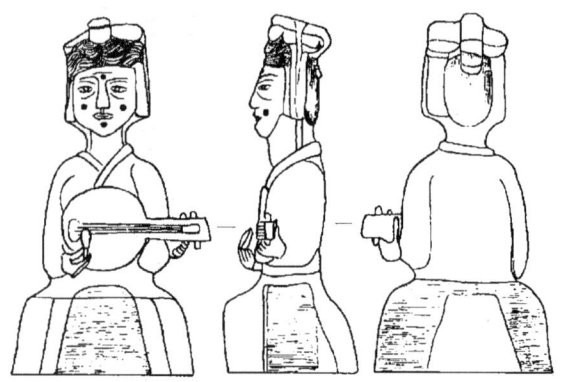

图8-37 咸阳十六国墓出土女侍俑

河南安阳所发现的十六国墓⑪,多为带头龛的长方形竖穴土圹墓,葬具使用木棺,一般在

---

① 陕西省文物管理委员会:《西安南郊草场坡北朝墓的发掘》,《考古》1959年第6期。
② 张小舟:《北方地区魏晋十六国墓葬的分区与分期》,《考古学报》1987年第1期。
③ 陕西省考古研究所:《长安县北朝墓葬清理简报》,《考古与文物》1990年第5期。
④ 咸阳市文物考古研究所:《陕西咸阳市文林小区前秦朱氏家族墓的发掘》,《考古》2005年第4期。
⑤ 咸阳市文物考古研究所:《咸阳师专西晋北朝墓清理简报》,《文博》1998年第6期。
⑥ 陕西省考古研究所:《西安北郊北朝墓清理简报》,《考古与文物》2005年第1期。
⑦ 西安市文物保护考古所:《西安财政干部培训中心汉、后赵墓发掘简报》,《文博》1997年第6期。
⑧ 李朝阳:《咸阳市郊清理一座北朝墓》,《考古与文物》1998年第1期。
⑨ 咸阳市文物考古研究所:《咸阳平陵十六国墓清理简报》,《文物》2004年第8期。
⑩ 岳起、刘卫鹏:《关中地区十六国墓的初步认定——兼谈咸阳平陵十六国墓出土的鼓吹俑》,《文物》2004年第8期。
⑪ 中国社会科学院考古研究所安阳工作队:《安阳孝民屯晋墓发掘报告》,《考古》1983年第6期。

头龛内置两件陶器和牛骨,个别墓中随葬整套的鎏金铜马具,与东北地区鲜卑慕容氏的墓葬非常接近。以安阳孝民屯 M154 为例,该墓为长方形墓圹,长 2.6 米、宽 0.9 米、深 3.4 米,在头端一侧的壁面挖小龛,龛宽 71 厘米、深 33 厘米、高 32 厘米。随葬器物有瓷罐、陶瓶以及由鞍具、辔具、前后鞧銮饰组成的鎏金铜马具一副。还发现犬、马的头骨和牛腿骨。安阳一带在十六国中晚期曾先后为前燕、后燕、南燕所占据,安阳孝民屯墓葬的年代应在 352 年至 399 年之间,即前、后、南燕据邺时期,其墓主人可能是这一时期入居黄河流域的鲜卑人。

图 8-38 咸阳十六国墓出土铠马

3. 北魏后期至北齐、北周时期

北魏迁洛以后的墓葬在洛阳发现得很多,东魏、北齐墓多在河北临漳、磁县一带,太原附近则多北齐墓,陕西汉中多西魏墓,华县、咸阳一带又多北周墓,河北、山西发现的多为东魏、北齐墓。

这一时期的墓葬一般都是由墓道、甬道、墓室等部分组成,墓顶基本上皆呈穹庐式或四角攒尖顶,可分砖室墓、石室墓和土圹墓三种形式①。

砖室墓是北魏及东魏北齐官僚地主习用形式。砖室墓不仅数量多,而且分布广,如河南偃师县北魏元睿墓、YDⅡ926 号 M②,偃师南蔡庄北魏墓③,安阳北齐和绍隆夫妇墓④,河北磁县北齐高润墓⑤,山西白圭北齐韩裔墓⑥,太原南郊北齐壁画墓⑦,北魏营州临泉戍主刘贤墓⑧,陕西华阴北魏杨舒墓⑨,河南孟县北魏司马悦墓⑩,汉中市崔家营西魏墓⑪,河北景县东魏高长命墓⑫等等。

石室墓一般由土圹斜坡墓道、规则条石或不规则石块砌成的墓室和甬道组成,未见有带天井、小龛者。比如有 1973 年清理的临淄崔鸿家族墓⑬,1983 年清理的临淄崔氏 5 号墓⑭,济

---

① 谢宝富:《北朝墓葬的地下形制研究》,《湖北大学学报》(哲学社会科学版)1997 年第 6 期。
② 中国社科院考古研究所:《河南偃师县杏园村的四座北魏墓》,《考古》1991 年第 9 期。
③ 偃师商城博物馆:《河南偃师南蔡庄北魏墓》,《考古》1991 年第 9 期。
④ 河南省文物研究所、安阳县文管会:《安阳北齐和绍隆夫妇合葬墓清理简报》,《中原文物》1987 年第 1 期。
⑤ 磁县文化馆:《河北磁县北齐高润墓》,《考古》1979 年第 3 期。
⑥ 陶正刚:《山西祁县白圭北齐韩裔墓》,《文物》1975 年第 4 期。
⑦ 山西省考古研究所、太原市文物管理委员会:《太原南郊北齐壁画墓》,《文物》1990 年第 12 期。
⑧ 曹汛:《北魏刘贤墓志》,《考古》1984 年第 7 期。
⑨ 崔汉林、夏振英:《陕西华阴北魏杨舒墓发掘简报》,《文博》1985 年第 2 期。
⑩ 孟县人民文化馆:《河南省孟县出土北魏司马悦墓志》,《考古》1983 年第 3 期。
⑪ 汉中市博物馆:《汉中市崔家营西魏墓清理记》,《考古与文物》1981 年第 2 期。
⑫ 河北省文管处:《河北景县北魏高氏墓发掘简报》,《文物》1979 年第 3 期。
⑬ 山东省文物考古研究所:《临淄北朝崔氏墓》,《考古学报》1984 年第 2 期。
⑭ 淄博市博物馆、临淄区文管所:《临淄北朝崔氏墓地第二次清理简报》,《考古》1985 年第 3 期。

南东八里洼北朝壁画墓[1]，山东益都县北齐石室墓[2]，山东临朐县海浮山北齐崔芬墓[3]，济南东郊东魏邓恭伯妻崔令姿墓[4]等等。石室墓发现地点集中于山东临淄、济南、益都等丘陵多石地区，应是一种区域性墓葬形式，可见在这一地区石室墓较为流行，而石室墓中又以圆形墓为其地所尚。

土圹墓一般由土圹斜坡墓道及墓室组成，不少墓葬的甬道及其周围带有1—3个不等的天井，并有过洞、小龛及屋宇模型等。此类墓有宁夏彭阳新集北魏1、2号墓[5]，河南偃师北魏染华墓[6]，宁夏固原北周李贤夫妇墓[7]，安阳北齐颜玉光墓[8]，安阳北齐范粹墓[9]等。

本期墓葬的造型有单室墓、双室墓、多室墓三种形式，墓室平面形状有弧方形、方形、长方形、圆形、半圆形、梯形、舟形等多种形式，其中弧方形、方形、长方形、圆形墓较为常见。

宁夏、陕西等地区的墓葬以长斜坡墓道、多带小龛和天井的土圹墓、砖室墓为主，其主要特征：一是墓道很长，如固原李贤墓墓道长就达42米；二是隧道多带天井、过洞，如李贤墓带有3个天井，新集1、2号墓带有2个天井（图8-39）。

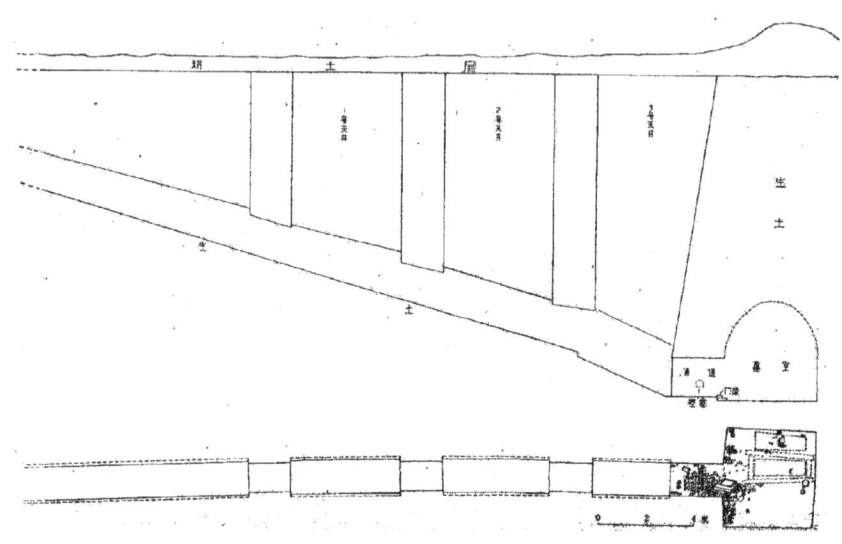

图8-39　宁夏固原北周李贤墓平、剖面图

北魏迁洛以后，大型的双室墓、多室墓很少发现，单室墓增多。东魏北齐时，砖质单室墓是中央地区（邺城及陪都晋阳）贵族官僚墓葬的流行形式。西魏北周时期流行带天井的土室墓。

墓内装饰方面的变化主要体现在壁画上。北魏平城时期和北魏居洛时期，墓内壁画较少

---

[1]　山东省文物考古研究所：《济南市东八里洼北朝壁画墓》，《文物》1989年第4期。
[2]　山东益都县博物馆　夏名采：《益都北齐石室墓线刻画像》，《文物》1985年第10期。
[3]　山东省文物考古研究所、临朐县博物馆：《山东临朐北齐崔芬壁画墓》，《文物》2002年第4期。
[4]　济南市博物馆：《济南市东郊发现东魏墓》，《文物》1966年第4期。
[5]　宁夏固原博物馆：《彭阳新集北魏墓》，《文物》1988年第9期。
[6]　偃师商城博物馆：《河南偃师两座北魏墓发掘简报》，《考古》1993年第5期。
[7]　宁夏回族自治区博物馆、宁夏固原博物馆：《宁夏固原北周李贤夫妇墓发掘简报》，《文物》1985年第11期。
[8]　安阳县文教局：《河南安阳县清理一座北齐墓》，《考古》1973年第2期。
[9]　河南省博物馆：《河南安阳北齐范粹墓发掘简报》，《文物》1972年第1期。

见。到东魏北齐时期墓内壁画较为盛行,不仅大型墓葬内有内容丰富的壁画,而且规模较小的墓也都绘有程度不同的壁画。西魏北周的墓葬也有壁画发现。东魏北齐墓内壁画的内容主要有三类:一是与阴阳五行、登仙成佛相关的天象图、青龙白虎图、莲花图、仙人图等;二是与驱邪镇墓相关的各类门兽门吏;三是与墓主生活相关的各类侍卫、侍女及车履华盖等。西魏北周的墓内壁画与东魏北齐大体相近,但未见有青龙白虎图、莲花图、仙人图,而多有彩绘的仿木构门楼。

在墓葬结合上,庭院屋宇化倾向得到发展。一是表现在北魏晚期以后,不少大、中型墓葬的门墙顶上出现了砖刻或木刻的屋宇结构。如葬于北魏熙平二年(517年)的陕西华阴杨舒墓,在洞室墓门之上建有一座用青砖雕刻成的仿木构门楼,该门楼由椽柱、椽枋、人字斗拱、柱头斗拱、三升斗拱等组成,并有兽形翘脊。二是表现在墓葬总体结构上有院落化倾向。墓葬的天井与过洞常与隧道周围的其他建筑一起,组成了象征死者生前居宇的庭院结构。如彭阳新集1号墓,其前边为土圹长斜坡墓道,后有一天井,再进为一过洞,过洞上部与地面平行处有一模拟门楼的房屋模型(图8-40),它与后面的房屋模型之间又有一天井,形成了一座完整的庭院结构。可以说,这一时期开创了隋唐墓葬多天井、多小龛、多屋舍模型葬制的先河。

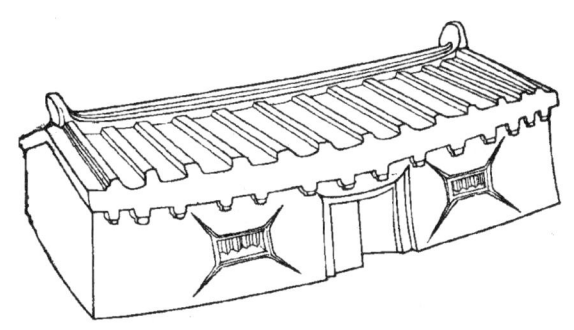

图8-40 宁夏彭阳新集北魏1号墓土圹后端的土筑房屋模型

这一时期的随葬品以陶俑为最多,包括武士、仪仗、男女侍从等三大类。其次是陶瓷器。瓷器和铅釉陶器日益增多,特别是青瓷,胎质为白色、土黄色和浅红色,其釉色除青、青黄、豆青色外,还出现了黄色、酱色和黑色釉,说明此时已能烧造其他釉色瓷器。高润墓出土护胎釉的青瓷器,反映出河南北部、河北南部是当时中国北方瓷器的制造中心。同时一种模仿西方金属器上锤镍花纹效果的堆塑贴花的装饰技法在陶瓷器上流行开来。这一时期的墓志已经变成方形,上下两块,上面作盝顶式的盖,志石在下,盖的中央刻字,从这时起墓志已经定型。另外,在少数墓中发现有罗马金币、金戒指、雕狮玛瑙带饰、胡俑、玻璃器皿等,说明当时中原地区与中亚、西亚有着频繁的往来。

三、北方地区墓葬

北方地区指嫩江、辽河以西,长城以北,西迄新疆以东的广大地区,主要是东部的慕容、拓跋鲜卑墓葬,其次是河西魏晋十六国墓葬。

1. 鲜卑墓葬

慕容鲜卑墓葬以辽宁北票最为集中,时代约相当于3至4世纪。如北票西南房身村的石板墓群①，这些墓葬都在深 1 米左右的土圹中，用大小石板、石块拼砌成长方形平顶墓室。墓室的大小和随葬品多少成正比。墓室大的还另备木棺，并填充木炭。随葬品中，不仅有鲜卑的步摇冠，也有汉族的轮制陶器、漆器、铜钱和匈奴的镶嵌饰物的指环等。

另外的发现还有辽宁北票北燕冯素弗夫妇墓②、辽宁朝阳四座北燕墓③和辽宁朝阳后燕崔遹墓④等，基本都是土圹石椁木棺墓。土坑平面呈长方形或长方梯形，石椁平面上大下小，剖面前高后低，是这一时期墓葬的一个显著特征。以冯素弗夫妇墓为例，处于北票西北将军山东麓的冯氏墓群中，该墓现地面上保存长 10 米、宽 6 米、高 2 米的封土，为同茔异穴葬。冯墓墓圹呈长方形，上大下小，圹口长 8.1 米、宽 4.46—5.2 米、底长 6.25 米、宽 3.4 米、深 3.8 米。椁室用白色砂岩砌筑，椁顶用 9 块长大厚重的条石横搭而成。椁室内遍施彩绘，椁顶绘天象、日、月、星座，四壁画墓主人家居、出行内容。有木棺，作前部高、宽，后部低、窄形状，棺外涂朱漆，前绘羽人，后绘云气，两侧绘墓主人生活图。出土遗物达 470 件，既有反映汉族习俗的印章、铜、漆食具和用具，又有北方游牧民族风格的提梁铜罐、壶、镘、马具等。冯妻之墓形制相同，只是尺寸略小。同坟异穴、圹内围叠石块、殉狗等是明显的鲜卑风俗，椁内壁画绘主人家居、星相，漆棺绘羽人、云气等，则是汉族上层墓葬习俗。

拓跋鲜卑是鲜卑诸部中居于最东北的一支，早期活动在大兴安岭北部，处于原始游牧经济阶段，后来逐渐向西南迁移，到达今天的辽宁巴林左旗南杨家营子一带，后又继续迁移至盛乐（今内蒙古和林格尔县北）一带。发现的有关墓葬主要有黑龙江呼伦贝尔盟陈巴尔虎旗完工墓群和新巴尔虎右旗札赉诺尔墓群，大约属于拓跋祖先推寅（宣帝）时期，完工墓群的时代应早于札赉诺尔墓群⑤。此外，还有辽宁巴林左旗南杨家营子⑥、内蒙古和林格尔盛乐故城周围一带⑦及呼和浩特西南美岱村附近的墓葬⑧。

完工墓群的墓葬都是土坑竖穴木椁墓，墓内丛葬多具尸骨，还有殉葬的牛、马和狗等动物。随葬品有陶、石、骨、蚌、金、银、铜、铁器以及珠饰、桦树皮器皿和残漆器等。陶器质粗量少，多是壶、罐之类器。各种骨制品和石制品出土较多，主要是武器和工具，也有一些装饰品。金银器极少。

札赉诺尔墓群和完工墓群相距约 60 公里，都是土坑竖穴墓，内置桦木棺，葬式都是仰身直肢，多数墓内只葬 1 人，个别的葬 2 人。墓内常殉有各种牲畜，有牛、羊和马等。出土陶器多为手制的夹砂粗褐陶，器形以罐、壶为主。骨器的数量很多，主要是箭镞和弓弭。金属制品中，铜器多为装饰品，也有炊器，出现了高圈足铜镘。铁器多为锻制的武器，有矛、镞和小刀。另外还有各种桦树皮制成的用具。

---

① 陈大为：《辽宁北票房身村晋墓发掘简报》，《考古》1960 年第 1 期。
② 黎瑶渤：《辽宁北票县西官营子北燕冯素弗墓》，《文物》1973 年第 3 期。
③ 朝阳地区博物馆、朝阳县文化馆：《辽宁朝阳发现北燕、北魏墓》，《考古》1985 年第 10 期。
④ 陈大为、李宇峰：《辽宁朝阳后燕崔遹墓的发现》，《考古》1982 年第 3 期。
⑤ 北京大学历史系考古教研室：《三国两晋南北朝考古》，北大历史系教材，1974 年。
⑥ 中国科学院考古研究所内蒙古工作队：《内蒙古巴林左旗南杨家营子的遗址和墓葬》，《考古》1964 年第 1 期。
⑦ 李兴盛：《内蒙古和林格尔西沟子村北魏墓》，《文物》1992 年第 8 期。内蒙古文物考古研究所：《和林格尔县土城子古城发掘主要收获》，《内蒙古文物考古》2006 年第 1 期。
⑧ 内蒙古文物工作队：《内蒙古呼和浩特美岱村北魏墓》，《考古》1962 年第 2 期。

通过对以上考古材料的考察,可以概括出拓跋鲜卑墓葬的特征①:(1)使用头宽脚窄的墓穴和棺椁下葬死者,一些墓穴的宽端顶部设有二层台或一侧设龛,台上和龛内陈放随葬的器物和殉葬家畜。(2)使用牛、马、羊和狗等家畜殉葬,往往是使用肢解的家畜头和蹄作象征性的殉葬。(3)随葬铜釜和铜戒指等具有草原色彩的器物。(4)随葬陶器的表面往往饰有暗纹。

公元398年,拓跋珪称帝,定都平城(今山西大同市)。在差不多整个5世纪,平城一直是拓跋的政治、经济、文化中心。北魏平城的文化特征已接近汉族地区。大同北魏墓发现得比较多,主要有石家寨司马金龙夫妇墓②、南郊北魏墓群③、城南金属镁厂北魏墓群④、智家堡石椁壁画墓⑤、宋绍祖墓⑥、沙岭北魏壁画墓⑦、七里村北魏墓群⑧、迎宾大道北魏墓群⑨等。大型墓一般为砖室,有前后二室和二重石门。如司马金龙夫妇墓,全墓长63米,具前、后、耳室,皆方形。后室、耳室壁向外砌出弧线。前后室为四角攒尖顶。出土遗物有碑形石墓表及陶俑和动物俑约400件,其中半数是披有铠甲的步、骑兵和战马,还有马身上附的马镫等物,显示出游牧民族的特色。后室的石棺床四周刻有承托力士和带忍冬图案的壸门及伎乐、龙虎、凤凰、金翅鸟等形象,雕刻精美。特别是一具彩绘列女等题材的漆屏风,是十分珍贵的实物资料。平城北魏中型墓多在大同西郊,如封和突墓⑩,该墓为弧方形单室,长甬道,棺前置陶瓷器,墓室角隅置石灯,出有圆首墓志,随葬品有银耳杯、高足杯、鎏金银盘各一件。银盘盘心锤鍱出执矛猎野猪的图像,是一件罕见的波斯文物。

2. 河西魏晋十六国墓

在甘肃西部酒泉⑪、嘉峪关⑫及敦煌⑬一带,发现很多魏晋十六国墓葬,多分布在戈壁滩上。墓冢由砾石堆成,大中型墓在洞室内砌砖室。酒泉和嘉峪关多大中型墓,敦煌则多中小型墓。

魏西晋墓,大型墓具前、中、后三室,中型墓具前后二室,墓门拱券之上砌有建筑雕饰和彩绘的高门楼。墓室内部壁面嵌砌画像砖或绘小幅壁画,内容有宴饮、厨事、庄园耕牧、采桑、打场等生活和生产场面以及坞壁形象等(图8-41)。

西晋末十六国墓,在酒泉发现有前后室的中型砖室墓,亦有门楼雕饰和墓壁彩绘,有的壁画中出现了西王母、东王公、羽人、神兽和各种云气纹样,墓主人持麈尾坐榻上,前置凭几,上

---

① 许文杰:《鲜卑遗存的考古学观察》,《北方文物》1993年第4期。
② 大同市博物馆、山西省文管会:《山西大同石家寨北魏司马金龙墓》,《文物》1972年第3期。
③ 山西省考古研究所、大同市博物馆:《大同南郊北魏墓群发掘简报》,《文物》1992年第8期。
④ 韩生臣、曹臣明、胡平:《大同城南金属镁厂北魏墓群》,《北朝研究》1996年第1期。
⑤ 王银田、刘俊喜:《大同智家堡北魏石椁壁画墓》,《文物》2001年第7期。
⑥ 大同市考古研究所、山西省考古研究所:《大同市北魏宋绍祖墓发掘简报》,《文物》2001年第7期。
⑦ 大同市考古研究所:《山西大同沙岭北魏壁画墓发掘简报》,《文物》2006年第10期。
⑧ 大同市考古研究所:《山西大同七里村北魏墓群发掘简报》,《文物》2006年第10期。
⑨ 大同市考古研究所:《山西大同迎宾大道北魏墓群》,《文物》2006年第10期。
⑩ 大同市博物馆马玉基:《大同市小站村花圪塔台北魏墓清理简报》,《文物》1983年第8期。
⑪ 甘肃省文物管理委员会:《酒泉下河清第1号墓和第18号墓发掘简报》,《文物》1959年第10期。甘肃省文物考古研究所:《甘肃酒泉孙家石滩魏晋墓发掘简报》,《考古与文物》2005年第5期。
⑫ 甘肃省博物馆:《酒泉、嘉峪关晋墓的发掘》,《文物》1979年第6期。
⑬ 敦煌文物研究所考古组:《敦煌晋墓》,《考古》1974年第3期。甘肃省敦煌县博物馆:《敦煌佛爷庙湾五凉时期墓葬发掘简报》,《文物》1983年第10期。

图 8-41 甘肃嘉峪关魏晋墓出土宴饮和牛耕图砖画

绘曲柄盖。敦煌多单室洞室墓,无壁画,较大的洞室墓随葬有陶器、蝉纹金饰、铜饰、铜钱、铁剪和云母片等。较小的洞室墓只有陶器、铁镜和少量铜钱。

四、东北地区墓葬

东北地区指辽河以东、鸭绿江以北的地区,这个区域内主要发现的是魏晋十六国墓葬和高句丽墓葬。

1. 魏晋十六国墓葬

东北地区魏晋十六国墓,以辽宁辽阳为中心,在北自沈阳、南迄旅大这一范围内均有发现。辽阳以北多砖室墓,辽阳附近多石板墓,旅大地区则多小石板墓。从整体来看,大都用石板、石块砌筑墓室,砖筑墓室少见。较大型墓多砌出前、中、后三室,中型墓砌出前后二室,小型墓只具棺室。大中型石室墓内常绘有彩色壁画,内容包括墓主人宴饮、舞乐、出行、住宅、庖厨、门卒、属吏、守门犬等。随葬器物多装饰品,有钗、环、镯和两端作叉形的铜饰件。陶器多粗厚的罐、钵,还有两端上翘的石灰枕。大中型墓有陶明器如井、灶、俎和圆案、耳杯、豆、长颈瓶等随葬。随葬品中腹部穿孔的陶瓶、把杯、炭炉、马具、金花冠和各种金饰都具有鲜明的地方特点。下面以具有代表性的辽阳地区来作一说明。

辽阳地区的墓葬结构多用石板支砌的平顶多室墓,室内有彩绘壁画,可分前后两期:

前期即曹魏至西晋,约公元 2 世纪初至 3 世纪初,分大小两型。大型墓是用石灰板岩支砌的多室墓，已看不到汉墓中的回廊结构，左右廊和棺室已结合为一体，由夫妇合葬变成家族多人合葬。如棒台子2号墓的椁室隔成4间，共葬尸骨6具①。棺室廊侧已无小室，墓室总平面日益接近中原，形成带左、右耳室的前室，后连长方形棺室，但棺室又常纵隔成小间，三道壕令支令墓是典型的例子②。墓内壁画以墓主人家居宴饮和车马出行为主，一般在前室的右耳室绘宴饮，左耳室绘庖厨，且左耳室常比右耳室小。出行图中出现了牛车。另外壁画题材还有日月、楼阁、门卒、武库等。在葬制方面，除使用漆木棺外，开始流行将尸体陈放在尸床上的无棺葬，头枕两端起翘的石灰枕。随葬器物以陶器为多，常见井、灶、俎、案、耳杯等明器，还有装饰品、铜镜及剪、尺、顶针等用品。

小型墓是用石板支砌的单室墓，长仅容棺，如三道壕7号墓③；有的仅用石板砌成的棺形而已，如三道壕8号墓④。

后期即东晋十六国时期，约公元3世纪初至4世纪初。墓室仍用石板支砌，结构与前期相同，唯墓顶改为前室从四壁上部用四层石板抹角叠砌，中间形成方形室顶，再以石板铺盖。壁画题材与前期同，但着重绘墓主人像，如上王家村晋墓⑤，墓主人像绘于前室右侧耳室壁上，墓主人端坐于上张朱色覆斗帐的方榻上，榻后列曲屏，帐顶饰仰莲，四角有龙衔流苏，榻右侧侍立捧笏面向主人的属吏，墨书题名为"书佐"。后期墓中的车骑出行壁画，已改为由骑吏前导的牛车，车旁有牵牛的御者。葬具用木棺。随葬器物仍以陶器为主，也有少量青瓷和钱币。青瓷系江浙地区烧造，反映出东晋时期辽东地区与江南的往来。抹角叠砌的墓顶结构及壁画的题材和构图，对高句丽壁画石墓的发展有很大影响。

2. 高句丽墓葬

主要分布在长白山脉南段以南，以桓仁为中心的浑江流域和以集安为中心的鸭绿江北岸。

高句丽很早就生活在东北浑江、鸭绿江一带，公元前37年始建政权，公元209年迁都丸都（在今集安县），公元427年迁都平壤，魏晋时期一直与中原地区保持密切关系。遗留在中国境内的高句丽墓葬以桓仁、集安最为集中，分石墓和土墓两类。

桓仁高句丽墓发现的有750座⑥，据说实际还要更多。桓仁高句丽墓群约属于汉魏时期，是研究高句丽早期历史的重要资料。位于浑河东岸的高力墓子村附近的墓群，是其中最重要的一处，长1000余米，多是在地面上用自然石块叠砌的积石墓，也有少数石室封土墓，可分为大、中、小三型。大型墓都是积石墓，共70座，筑有基坛、围墙和护墙，基坛以上铺砌出平面，尸体和随葬品即置于其上，然后上面用石块封盖。有的南北两墓相连，近似双室墓。出土遗物很少，有铁质兵器、马具，如刀、矛、镞、衔、带扣等，还有陶罐、陶壶及鎏金铜饰片、银镯、铜镯等。中型墓用石块和石板砌成平面长方形的墓室，顶上用石块封盖，然后积石为封，也有封土的，大多未发现随葬品，仅见少数锡指环。小型墓仅以石板和石块叠成长方形小室，上盖石板，状似石棺，顶部有的有封石，均无随葬品。这三种类型的墓葬大小不同，反映出墓主身份

---

① 王增新：《辽阳市棒台子二号壁画墓》，《考古》1960年第1期。
② 李文信：《辽阳发现的三座壁画古墓》，《文物参考资料》1955年第5期。
③ 王增新：《辽阳三道壕发现的晋代墓葬》，《文物参考资料》1955年第11期。
④ 王增新：《辽阳三道壕发现的晋代墓葬》，《文物参考资料》1955年第11期。
⑤ 李庆发：《辽阳上王家村晋代壁画墓清理简报》，《文物》1959年第7期。
⑥ 陈大为：《桓仁县考古调查发掘简报》，《考古》1960年第1期。

的不同。大型墓显然是统治者的家族墓地,并按氏族和行辈来排列。(图 8-42)

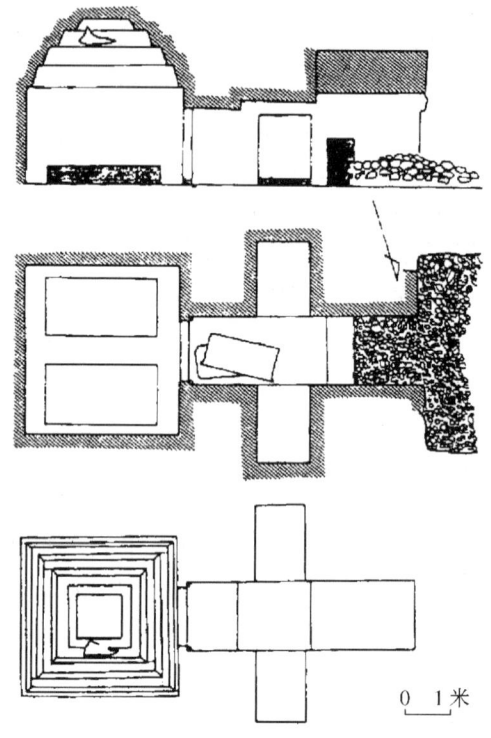

图 8-42 辽宁桓仁米仓沟"将军坟"平剖面及仰视图

集安高句丽墓葬数量远远超过桓仁墓群。据历年调查累计,集安共发现墓群 71 处,墓葬 12358 座,其中绝大多数是高句丽墓葬[①]。

集安高句丽墓群分为积石墓和壁画墓两大类。

积石墓包括王室、贵族、平民墓,时代从公元前 1 世纪开始,以公元 2 至 5 世纪最多,主要分布在吉林集安岭前、岭后,以通沟一带最为集中。按时代先后可分以下五种:(1) 方丘状积石墓,以碎石或砾石堆成墓基,上部造长方形椁室,再封以碎石或砾石,形如方丘。(2) 方坛积石墓,以经过修琢的巨形石块或长方形石条垒砌方坛,椁室居上,再用碎石和砾石为封。出土遗物有五铢、货泉铜钱、黄釉陶壶、鎏金铜质或铁质马具等。(3) 方坛阶梯积石墓,以巨石块或石条筑成二至五层方坛,逐层内收呈阶梯状。椁室居上,有单室、多室之分,积石为封。(4) 方坛阶梯石室墓,多为王陵,如千秋墓、太王陵和将军坟等。将军坟呈阶梯式金字塔形,每边长 31.58 米、高 12.4 米,用精琢的巨型花岗石条砌成,共七级,墓室位于第五级中部,长宽各 5 米、高 5.5 米。顶部以整块巨石覆盖,墓壁每面以三块巨石倚护,气势雄伟,筑造精致。(5) 封石洞室墓,墓室砌于地表,抹角垒砌,巨石盖顶,积石为封。有的墓室尚有方坛,出土有铁质、鎏金铜质的马具和黄釉陶壶等遗物。

壁画墓均为王室、贵族墓,时代从公元 4 世纪至 7 世纪初,分布于集安县集安镇岭前麻线沟迄长川一带。已发现的壁画墓约有 20 座,皆用石材砌筑,封以黄土或砾石,墓室有单室、多

---

① 吉林省考古研究室、集安县博物馆:《集安高句丽考古的收获》,《文物》1984 年第 1 期。

室之分。因早年被盗,遗物无存。墓内壁画反映了高句丽的贵族生活和社会风俗,有重要的历史和艺术价值。大体上可分为三期。

前期:壁画多绘于白垩壁面上,以描绘贵族生活的内容为主。如角抵墓四壁绘墓主人踞机上,妻妾侍宴,二壮士于大树下奋力角抵,一白发老翁拄杖观看,车马待驾。笔法朴拙奔放,单线平涂,设色简单。

中期:在描绘贵族生活的同时,出现四神图,另外还有宴饮、狩猎、攻城、出行等内容。如三室墓四壁绘力士、武士、飞禽、走兽,藻井有日月星辰、仙人奇兽等。长川 1 号墓[①]还出现佛和菩萨像。

晚期:壁画直接绘在平整的石面上,如五盔坟 5 号墓[②]四壁除绘四神外,还衬以莲花火焰网状图案,四隅有人身怪兽,藻井有伏羲、女娲、羽人、伎乐天等。画面点缀鎏金花饰,龙虎鸟兽眼珠均以绿松石镶嵌。设色浓重绚丽,线条遒劲而富有变化,装饰堂皇,布局严谨,代表了高句丽壁画艺术的水平,从中也可看到中原文化的影响。

总之,积石墓流行于公元 3 世纪至 5 世纪,以桓仁墓群时代为早,均为积石墓。集安墓群时代较晚,先为积石墓,后为封土墓。积石墓发展序列和形制为:积石墓→方坛积石墓→方坛阶梯积石墓→方坛阶梯石室墓→封石洞室墓。封土墓盛于公元 6 世纪,与积石墓并行交叉出现,其发展序列和形制为:有坛封土石室墓→阶梯封土石室墓→封土洞室墓→封土石室墓。

五、新疆地区墓葬

新疆地区的墓葬主要是吐鲁番的魏晋十六国墓葬、车师墓葬和麴氏高昌墓葬。吐鲁番是新疆通往内地的重要枢纽,哈拉和卓(高昌城)、雅尔湖(交河城)两处古城郊外保存了大批墓葬[③],属于唐设西州以前的可分两期:前期是魏晋十六国时期的墓葬和车师墓葬;后期是麴氏高昌墓葬,始于北魏景明元年(公元 500 年),终于唐贞观十四年(公元 640 年)。

1. 魏晋十六国墓葬

多分布在哈拉和卓、阿斯塔那两地,发现的最早纪年墓出有晋泰始九年(公元 273 年)买棺木券,最晚的出有柔然永康十七年(公元 480 年)残文书。可分大、小两型。

大型墓:前设斜坡墓道,墓道后凿土洞墓室,墓室有方形和前窄后宽的方梯形两种,都长 3 米左右。两种墓室的室顶多作盝顶。有木棺,也有用铺芦柴的梯架式的葬具,较晚的多无葬具,尸体横陈在后壁前。随葬品方面,较早的多木器,有盘、耳杯、碗、勺、灯座、衣架,有的还有彩绘木俑、木马、木牛车。较晚的多用陶器,有盘、碗、壶、罐、釜、甑、灯等,部分陶器外壁出现了彩绘的莲瓣纹饰。纺织品多麻、毛、棉织物和单色绢。另外还出有五铢钱。少数墓中有壁画,有的还随葬主人生活的纸本画稿,画稿中有牛车、厨事、侍从、舞女等形象(图 8-43)。此外还有纸质的衣物券保存下来。

小型墓:一般是竖穴土洞墓,个别用棺,有的仅用破毡、柴草裹捆入葬。一般没有随葬品,

[①] 吉林省文物工作队、集安县文物保管所:《集安长川一号壁画墓》,《东北考古与历史》第 1 辑,1982 年。

[②] 吉林省博物馆:《吉林辑安五盔坟四号和五号墓清理略记》,《考古》1964 年第 2 期。

[③] 主要发现可参见:新疆维吾尔自治区博物馆《新疆吐鲁番阿斯塔那北区墓葬发掘简报》,《文物》1960 年第 6 期;新疆维吾尔自治区博物馆《吐鲁番县阿斯塔那—哈拉和卓古墓群发掘(清理)简报》,《文物》1960 年第 6 期,1972 年第 1 期,1973 年第 10 期;新疆维吾尔自治区博物馆等《1973 年吐鲁番阿斯塔那古墓群发掘简报》,《文物》1975 年第 7 期;新疆博物馆考古队《吐鲁番哈喇和卓古墓群发掘简报》,《文物》1978 年第 6 期。

图 8-43 吐鲁番阿斯塔那十六国墓所出墓主人生活画稿

有的也不过是陶罐、碗、盘之类。

整个来看,墓葬类型、壁画内容与酒泉魏晋墓、武威东汉晚期墓有相似之处,反映出这个时期的前半期,高昌直接、间接为凉州所属的历史事实。

2. 车师墓葬

车师人墓葬分布在雅尔湖古城北,多为竖穴墓,无葬具,随葬品仅见陶把杯、浅陶钵或内置双杯的盘形钵,均系手制,器体厚重,陶质含砂,是实用器。这类墓的墓制和随葬品彼此差别不大,可见贫富分化不明显。据文献记载,这里是车师前王廷所在地,推测应属车师人墓葬。

3. 麹氏高昌墓葬

麹氏高昌时期的墓葬较多,遍布于哈拉和卓古城和雅尔湖古城的郊外。与魏晋十六国墓葬最大的不同是较普遍地出现了家族葬地,大都是两座以上到数十座排列有序的墓葬群,墓群周围都建有砾石围墙。这种家族墓地的出现,表明麹氏高昌也和内地一样,一些豪宗大姓世代相继控制这里的政权和经济权。

墓葬形制为方形,无耳室,室顶平圆。墓道后常有墓表,记录墓主人的姓名、官职、履历和入葬年月。据此可以了解麹氏高昌纪元的顺序、高昌官制、入葬规律等,为识别高昌墓葬等级差别提供了依据。

高昌二级官吏的墓室平面为方形,边长4米左右。自第三级以下官吏,则以长3米左右、前窄后宽的方梯形为多。葬仪和随葬品方面的差别不明显,但和前期相比,木棺稀见,墓室中出现了粉饰的土尸床,尸体下垫苇席。有的死者眼上置波斯银币,口中亦含币。墓室顶或尸体上钉悬或铺盖大幅绢地的伏羲女娲彩绘像,有的在墓壁还悬有绢制的壁衣。丝织品中较多地出现了6世纪中叶以后内地织造的锦、绮之类的高级织物。流行随葬小型非实用的绢质冥衣和卧具。陶器质量粗劣,形体较小,但种类和数量显著增多。有些墓中还出有不少完整或剪残的公私文书,是十分重要的文献资料。

六、南方地区墓葬

南方地区即指淮河以南的广大地区,包括长江流域、珠江流域及云贵川黔地区。因为地域辽阔,经济发展不平衡,文化传统差异大,所以地方特点比中原地区更为突出。据墓葬形制和随葬器物的不同,可分为长江下游、长江中游、闽广地区和西南地区四个区。其中长江中下游一直是南方地区的政治、经济、文化中心,墓葬资料丰富,系统清楚,具有一定的典型意义。

门阀士族制度是三国两晋南北朝时期最基本的特征之一,统治阶级标榜门第,生前聚族而居,死后归葬祖茔,出现了占地广阔、高冢累累的家族墓地。这种聚族而葬的葬俗是宗族观念的体现,比历史上其他任何时期表现得都要突出。出于考古发掘中世家大族墓的突出地位,故对之先作单独介绍。

(一)世家大族墓

重要的发现有安徽马鞍山东吴朱然家族墓地[①]、江苏宜兴周墓墩周处家族墓地[②]、吴县狮子山西晋傅氏家族墓地[③]、南京北郊象山王氏家族墓地[④]、南京北郊老虎山颜氏家族墓地[⑤]、南京谢氏家族墓地[⑥]、南京东郊仙鹤观高氏家族墓地[⑦]、南京吕家山李氏家族墓地[⑧]等等,现以宜兴周处家族墓和南京王氏家族墓为例来作说明。

周处家族墓地位于宜兴旧城东南一个名叫周墓墩的狭长土丘,整个墓地范围有6万平方米(图8-44)。1953年和1976年经过两次发掘,先后发现6座砖室墓,由北向南依次编号为M6、M5、M4、M1、M2、M3。墓葬结构分"凸"字形单室、"凸"字形双室和多室砖墓三种,M1和M4在封门墙和甬道内还设有一道石门。M1和M5全长均在12米以上,余亦在6米以上。M1见有"元康七年九月阳羡所作周前将军砖"等文字砖,考定墓主为平西将军周处。M2墓主可能是周处子周札。M3墓主可能是周处子周靖。M4有永宁二年年号和"关内侯"等字,

---

① 安徽省文物考古研究所:《安徽马鞍山东吴朱然墓发掘简报》,《文物》1986年第3期。马鞍山市文物管理所:《安徽省马鞍山市朱然家族墓发掘简报》,《东南文化》2007年第6期。
② 罗宗真:《江苏宜兴晋墓发掘简报》,《考古学报》1957年第4期。南京博物院:《江苏宜兴晋墓的第二次发掘》,《考古》1977年第2期。
③ 吴县文管会:《江苏吴县狮子山西晋墓清理简报》,《文物资料丛刊》第3辑。吴县文管会:《江苏吴县狮子山四号西晋墓》,《考古》1991年第3期。
④ 南京市文物保管委员会:《南京人台山东晋兴之夫妇墓发掘报告》,《文物》1965年第6期。南京市文物保管委员会:《南京象山东晋王丹虎墓和二、四号墓发掘简报》,《文物》1965年第10期。南京市博物馆:《南京象山5号、6号、7号墓清理简报》,《文物》1972年第11期。南京市博物馆:《南京象山8号、9号、10号墓发掘简报》,《文物》2000年第7期。南京市博物馆:《南京象山11号墓清理简报》,《文物》2002年第7期。
⑤ 南京市文物保管委员会:《南京老虎山晋墓》,《考古通讯》1957年第6期。
⑥ 南京市文物保管委员会:《南京戚家山东晋谢鲲墓发掘简报》,《文物》1965年第6期。南京市博物馆等:《南京南郊六朝谢琉墓》,《文物》1998年第5期。南京市博物馆等:《南京南郊六朝谢温墓》,《文物》1998年第5期。南京市博物馆等:《南京司家山东晋、南朝谢氏家族墓》,《文物》2000年第7期。
⑦ 南京市博物馆:《江苏南京仙鹤观东晋墓》,《文物》2001年第3期。
⑧ 南京市博物馆:《南京吕家山东晋李氏家族墓》,《文物》2000年第7期。

可能是周鲂墓。M5可能是周玘墓,前室两旁侧室所葬可能是玘子周勰、周彝,该墓最大,也是周氏家族中最为显要者。M6位置最靠北,可能是周宾墓。据史载,"江东之豪,莫强周沈",周氏家族自周鲂父周宾始著,到鲂子周处和周处子玘、札"四世显著"、"一门五侯",直到西晋末东晋初被王敦灭族乃衰。

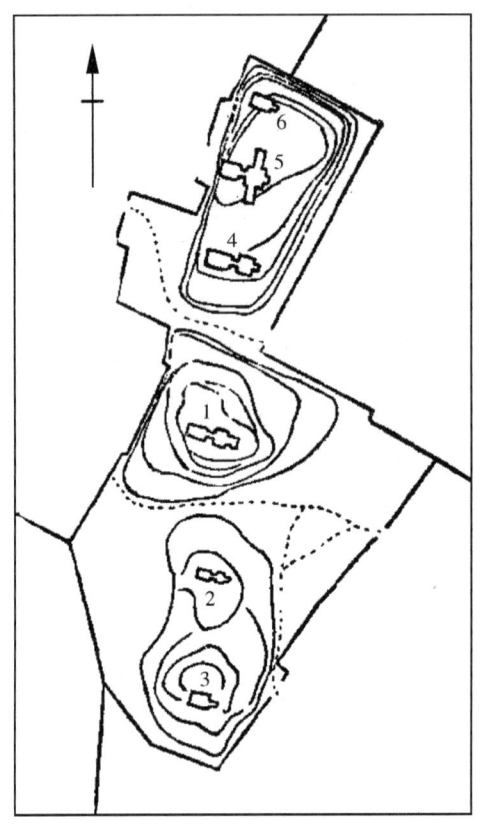

图8-44 宜兴周氏家族墓分布图

王氏家族墓地位于南京北郊象山,迄今已发掘的11座墓均为砖室结构,分长方形单室券顶、"凸"字形单室券顶和"凸"字形单室穹隆顶三种类型。对10号墓的发掘表明,墓前还有斜坡墓道,排水沟开挖于墓道底部中央。除2号墓时代稍晚外,其余都属东晋时期。出土的墓志表明,墓主有名可考者皆属东晋豪门琅琊王氏王彬一支,其中1号墓主为王彬子王兴之及其夫人宋和之,3号墓主为王彬长女王丹虎,5号墓主为王兴之长子王闽之,6号墓主为王彬继室夫人夏金虎,8号墓主为夏金虎子王仚之,9号墓主为王彬孙王彭之长子王建之及其夫人何氏,11号墓主为王康之及其夫人何氏。7号墓未出墓志,但此墓规模最大,甬道中还设有一道木门,据推测墓主是王彬之兄平南将军、荆州刺史、武陵侯王廙。这些墓葬依据长幼尊卑和时间先后有规律地分布在象山西麓、南麓西段、中段和东麓四个区域,范围约5万平方米,充分显示了家族墓地内以世系辈分和尊卑为原则的排葬规律。

据考古资料,世家大族墓的一些排葬规律是:(1)葬地选择十分讲究风水。多分布于土山丘陵的半山腰,前临敞豁平地,形势开阔。(2)士族门阀生前聚族而居,死后仍聚族而葬,拥有大片土地,他族不得侵占。(3)家族墓地内各墓的排列方式有三种:一是一行排列式,如宜兴周处家族墓地;二是前后排列式,如南京仙鹤观东晋高崧家族墓地;三是综合排列式,如南京象山王氏家族墓地,自西向东划为几个不同墓区,南麓西段和中段两个墓区发现的8座墓又可划分为前后几排。(4)家族墓地内各墓的排葬次序依照长幼尊卑的辈分,存在着长者尊者居右、居左、居前、居后等多种情况,以尊者居右为多见。

(二)一般墓葬

一般墓葬是指除帝王陵墓和世家大族墓地之外的其他墓葬。这一类墓葬的数量在已发现的六朝墓葬中占绝大多数。

1. 长江下游地区

包括以南京为中心的江苏以及相邻的安徽、浙江地区。江苏在六朝有作为京畿地区的特殊地位,故其墓葬类型复杂多样,形制演变规律清楚,最具代表意义。此处即以江苏地区为例。

江苏地区墓葬可分孙吴西晋时期、东晋时期和南朝时期三个阶段。

(1)孙吴西晋时期:孙吴西晋时期的砖室墓可分为多室墓、双室墓和单室墓三种类型。多室墓数量不多,但规模庞大。比如南京大山口孙吴墓,砖室平面呈"品"字形,由甬道、前室及并列后二室等部分构成,甬道为券顶,其余部分为穹隆顶。南京西岗西晋墓由甬道、前室、后室、东侧室、西侧一室、西侧二室六部分构成,前室为穹隆顶,其他各室为券顶[①];双室墓数量较多,最常见的是平面呈"吕"字形的前后室墓。前后室均为穹隆顶的有江宁黄家营5号墓[②]等,前室为穹隆顶、后室为券顶的有江宁新塘孙吴墓[③]等,前后室均为券顶的有江宁东善桥孙吴墓等[④];单室墓一般规模较小,分"凸"字形、刀形和长方形三类。"凸"字形单室墓墓室前部中央设短矮甬道,墓室多为券顶,如南京雨花村西晋墓[⑤]等。刀形单室墓甬道偏于墓室一侧,数量不多,如南京石闸湖5号墓等。长方形单室墓分券顶、单砖叠涩顶两种,前者如南京赵士岗赤乌十四年墓,后者如南京卡子门六朝早期墓[⑥]。孙吴、西晋砖室墓穹隆顶的砌法有两种,一种是墓室顶部由四角向上砌券,称为"四隅券进式"(图8-45),另一种是由墓室四壁向上砌

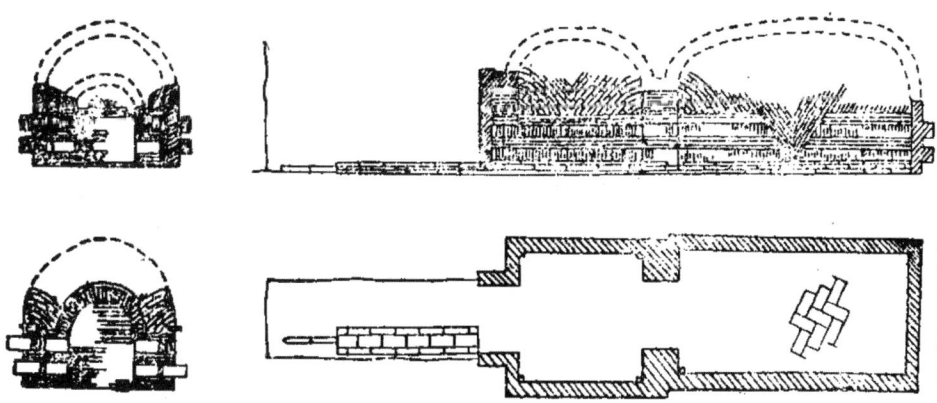

图8-45 "四隅券进式"穹隆顶墓例

---

① 南波:《南京西岗西晋墓》,《文物》1976年第3期。
② 江苏省文物管理委员会:《江宁县黄家营第五号六朝墓清理简报》,《文物参考资料》1956年第1期。
③ 南京市博物馆:《南京郊县四座吴墓发掘简报》,《文物资料丛刊》第8辑,1983年。
④ 南京市博物馆等:《南京市东善桥"凤凰三年"东吴墓》,《文物》1999年第4期。
⑤ 南京市博物馆:《南京雨花台区四座西晋墓》,《东南文化》1989年第2期。
⑥ 南京市博物馆:《江苏南京卡子门外六朝早期墓》,《考古》1990年第11期。

券,称为"四边券进式"。从建筑原理上看,都比券顶坚固,特别是"四隅券进式"顶,因为它将墓顶上的封土重量均匀地传向四壁,可以有效地提高抗压能力,不仅高度、跨度加大,而且更加牢固和美观。所以这种结构的墓顶自孙吴中期一经产生,便迅速流行,一直沿用到东晋。综合来看,这一时期砖室墓类型多样,大中型墓盛行多室墓和双室墓。墓室、甬道一侧或两侧常附耳室或侧室。砖砌祭台大多设于前室,墓室拐角处有羊角砖灯台,侧壁和后壁底部偶见方形龛,两晋之交才见直棂假窗和"凸"字形灯龛。砖室前多有砖砌或瓦管状排水沟,砖室底部一般前低后高,以利排水。

(2) 东晋时期:东晋时期墓葬类型趋于统一,鲜见此前的多室墓和双室墓,平面呈"凸"字形的单室墓成为主流。穹隆顶的"凸"字形单室墓仅见于东晋前期,如南京郭家山咸和三年墓①,墓壁常设有直棂假窗,窗上有"凸"字形灯龛。东晋中期,穹隆顶单室墓基本绝迹,普遍代之以券顶结构,墓壁上仅设凸字形或长方形小灯龛,不见直棂假窗和羊角砖灯台。砖砌棺床数量增多。东晋晚期凸字形单室墓仍仅见券顶结构,墓壁外弧较此前加剧,不仅设凸字形灯龛,龛下且砌有直棂假窗,砖砌棺床已十分普遍。此外,东晋时期还常见长方形单室券顶墓,一般规模不大,墓壁设凸字形灯龛。镇江地区又常见小型刀形单室券顶墓,如跑马山5号墓等②。东晋砖室墓甬道较孙吴西晋墓要长且高,穹隆顶皆为"四隅券进式",砖室前设排水沟更加普遍,砖室内有不少在甬道或墓室前部砌出方形阴井,井口置陶、铜制漏水板,墓内积水即通过漏水板泄出到墓外排水沟中。

(3) 南朝时期:南朝时期砖室墓主要是凸字形和长方形单室券顶结构。一些重要的异姓功臣贵族墓也设石门,如西善桥发现的陈义阳郡公黄法𣰽墓③。石门由门额、门柱、门槛、门栓等部分组成。有的门扇中部还装有铁门环,周围雕刻铺首。门额皆半圆形,正面多浮雕仿木结构的人字拱。墓室内绝大部分有砖砌棺床,大型墓葬棺床上还设置石棺座。许多大中型墓葬棺床前有近方形祭台。墓壁设直棂假窗已成为定制,其上灯龛有凸字形和桃形两种,凸字形灯龛从南朝早期一直沿用到晚期,而桃形灯龛则主要流行于南朝中晚期。大中型墓侧壁和后壁有时代愈晚愈向外弧凸严重的趋势。长方形单室墓规模极小,全长不足4米,随葬品也少见,可见墓主身份较低。

江苏地区六朝墓的随葬遗物,其分布也是有一定规律的。有祭台的墓葬,祭台上往往放一些生活用品。主要的随葬品,常放在墓室前部或前室,甬道内多放置墓志,铜、铁镜及其他一些小件金银玉饰等随墓主葬于棺内。个别墓在封门墙外斜坡墓道底部发现有青瓷盘口壶、唾壶等,可能是一种与墓祭有关的特殊葬俗。出土遗物主要是陶器和青瓷器。陶器分灰、红两种,实用器较少,明器中孙吴及西晋时代多灶、釜、甑、杵、臼、磨、箕、罩等,牛车、凭几、马等多属东晋以后。陶俑分半模制和模制两种,半模制的多为分档俑,如赶车、牵马、守门和持盾牌武士俑,为东晋早期的;模制俑底部作喇叭状,则多为南朝的。青瓷器釉色分茶绿和淡黄两种,西晋早期开始有褐斑,器形有碗、盘、灯、薰炉、鸡嘴壶、罐等。青瓷早期仅见碗、盘,三国以后大量生产,多为明器,东晋又多日用器。早期器形矮胖,后变瘦长,碗口比底大一倍,以后逐渐加大,器身变高。纹饰多为弦纹、方格纹、网纹、蕉叶纹、花蕊纹、铺首兽头足、堆贴人物、飞

---

① 南京市博物馆:《南京北郊郭家山东晋墓葬发掘简报》,《文物》1981年第12期。
② 镇江市博物馆:《镇江东晋墓》,《文物资料丛刊》第8辑,1983年。
③ 南京市博物馆:《南京西善桥南朝墓》,《文物》1993年第11期。

禽,或整个造型为一动物。总之,三国两晋时期青瓷短胖稳重,东晋时期器形变高,装饰少,南朝时器身变瘦变高,胎质薄,不脱釉,花纹繁多。(图8-46)另外,随葬品还有铜、铁、石、料器和铜钱等。铜器以洗、镜、镰斗居多;铁器以刀为主;石制器多为猪、人俑;料器多为簪;铜钱以五铢为主。

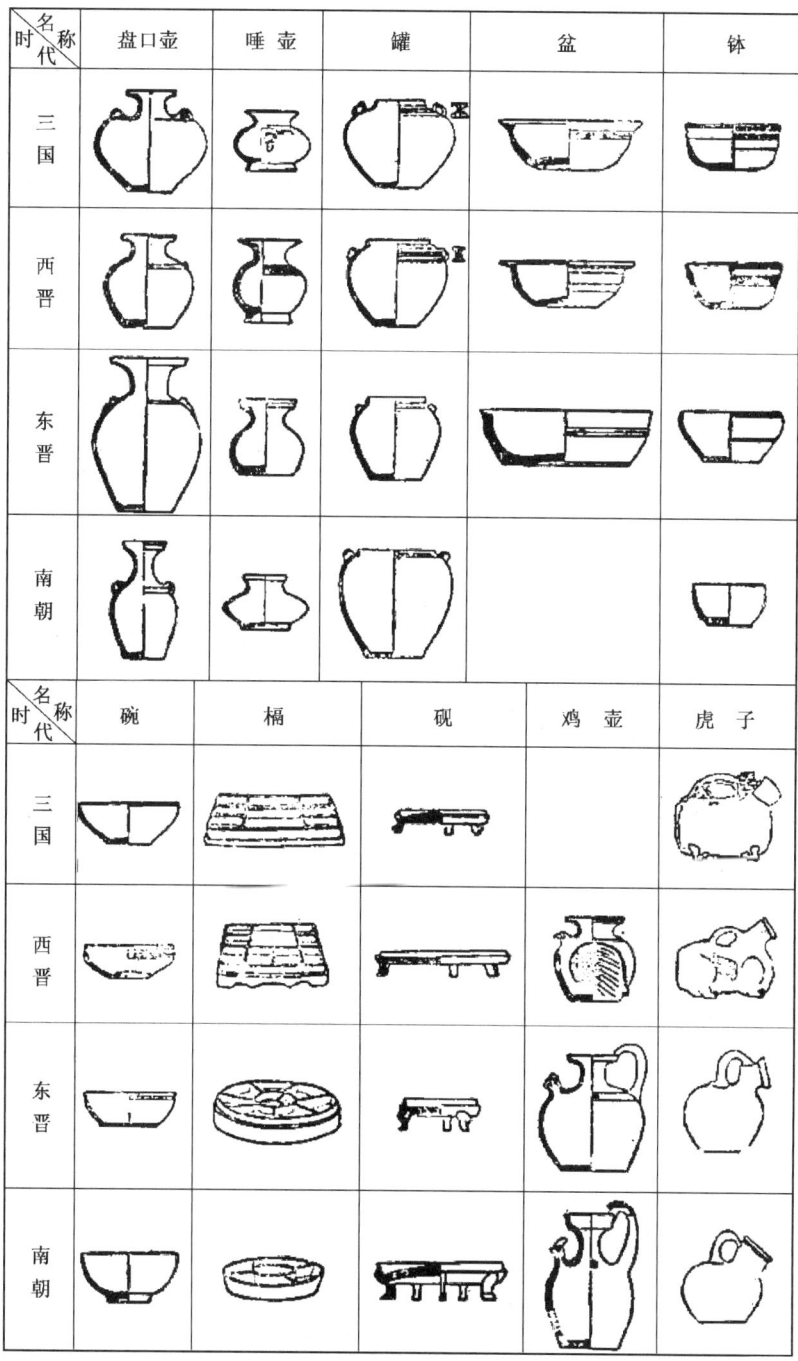

图8-46 六朝南方青瓷常见器物演变图

2. 长江中游地区

在六朝,长江中游是仅次于下游的重要地区。墓葬主要发现于这一地区的江西、湖北、湖南等地,其中江西的南昌,湖北的鄂州、武汉,湖南的长沙等地分布集中,具有代表性。

(1) 湖北、湖南地区

① 孙吴西晋时期:孙吴西晋时期大型墓葬以多室墓和双室墓常见。多室墓主要见于鄂州、武昌和长沙三地。比较而言,鄂州、武昌两地多室墓多为孙吴时期,而长沙多室墓多为西晋时期。双室墓数量多,常见"吕"字形双室墓。前后室之间有过道连接的,如鄂钢西山铁矿孙吴墓①;也有前后室之间不设过道的,如湖南益阳桃花仑西晋墓②;还有前室两侧附设耳室的双室墓,墓例有武昌任家湾黄武六年墓③等。

中小型墓主要有带短甬道的"凸"字形、刀形单室墓和长方形单室墓。鄂州地区主要流行前两种类型。本期晚期还见一种带甬道的近方形单室墓,如湖南安乡西晋刘弘墓④,这应是受中原西晋葬制影响而出现的。

另外,湖北西晋墓中还可零星见到墓室砌砖柱的现象。这种砖柱墓最早出现于江西地区,影响很大,不仅长江中游地区东晋、南朝盛行,而且波及闽广以及下游的建康等地,是六朝南方极具地域色彩的墓葬类型。

这一时期墓葬多为券顶,少数小型墓为叠涩顶,偶见穹隆顶。四隅券进式穹隆顶的出现较长江下游为早。大型墓还常见棺床和祭台,墓室侧壁、后壁及转角处常砌多个长方形、方形灯龛或平伸半砖作为灯台,上置灯盏。大中型墓室内外还设砖砌排水沟,除常见的方形排水孔外,还偶见排水沟孔呈三角形者。

② 东晋时期:东晋时期大量流行"凸"字形单室墓和长方形单室墓。凸字形单室墓的墓例有长沙新港东晋墓⑤。另有刀形墓,如湖北枝江姚家港3号墓⑥。两长方形单室墓并列的合葬墓也较常见。此前较为少见的砖柱墓在湖北东晋墓中较为普遍,湖南东晋墓砌砖柱的现象还不多。这一时期的墓葬均为券顶,砖砌棺床、祭台及排水沟比前期更为普遍。灯龛、灯台的设置与前期基本相同。

③ 南朝时期:南朝墓葬较东晋墓葬无多大变化,继续流行"凸"字形、长方形和刀形单室墓,亦见长方形单室并列的合葬墓。砖柱墓更加普遍,如湖南资兴梁普通元年墓⑦内砖柱就达14个,代表了南朝晚期砖柱数量增加的趋势。此期墓与东晋墓略有不同的是,一些砖室墓壁龛的数量较多,最多的有20几个,棺床多比墓室略小,与墓壁之间留有排水的沟渠。

(2) 江西地区

① 孙吴西晋时期:大型多室墓不多,中小型墓主要流行带短甬道的"凸"字形单室墓和长方形单室墓。以南昌为中心的江西地区从孙吴时期开始就流行砖柱墓,一种是在长方形墓室两壁中间、前后壁中央和拐角处砌砖柱,既起加固墓室作用,又可把墓室自然分隔成前后两部

---

① 鄂城县博物馆:《湖北鄂城四座吴墓发掘报告》,《考古》1982年第3期。
② 益阳地区文物工作队等:《湖南益阳县晋、南朝墓发掘简报》,《文物资料丛刊》第8辑,1983年。
③ 武汉市文物管理委员会:《武昌任家湾六朝初期墓葬清理简报》,《文物参考资料》1955年第12期。
④ 安乡县文管所:《湖南安乡西晋刘弘墓》,《文物》1993年第11期。
⑤ 长沙市文物考古研究所:《长沙市新港晋墓的清理》,《考古》2003年第5期。
⑥ 姚家港古墓清理小组:《湖北枝江姚家港晋墓》,《考古》1983年第6期。
⑦ 湖南省博物馆:《湖南资兴晋南朝墓》,《考古学报》1984年第3期。

分，如南昌市郊永安六年墓①、南昌徐家坊孙吴墓②等；另一种是在双室墓的后室侧壁和后壁砌砖柱，从而把墓室分隔成多室，如江西靖安虎山西晋墓③等。

② 东晋时期：用砖柱把墓室间隔成双室以至多室的情况仍很普遍。如南昌火车站4号墓由甬道、前室、后室三部分构成，甬道与前室交接处、前后室交接处以及后室的后壁都砌有多组砖柱，前室的两侧以及后室的后壁还设有3个小耳室，特殊的是，这座墓的耳室后壁还以砖砌隔上下二层砖台，同一墓地的5号墓所附耳室后壁则以砖砌隔上下四层砖台④。这应该是南昌地区一种很流行的耳室砌筑方法。

③ 南朝时期：南朝纪年墓发现增多。墓葬形制仍流行在"凸"字形和长方形单室墓内加砌砖柱，墓底各部分高低不同，形成多级阶梯状。如德安长垅村南朝墓⑤，砖室平面呈凸字形，长仅3.4米，但甬道和墓室侧壁及后壁砌柱就达14垛。

3. 闽广地区

闽广地区墓葬形制更多地接受了长江中游江西、湖南两地的影响，发掘数量仅次于长江中下游地区，有土坑墓、土坑砖室墓和砖室墓三种，受资料限制，只就砖室墓加以介绍。

（1）福建地区

福建主要有双室墓以及凸字形、刀形、长方形单室墓和砖柱墓五种类型，皆为券顶。

西晋墓发现不多，以刀形和凸字形单室墓为主，砖室底部不分高低台阶，墓壁有的设方形小龛，墓室前部不砌祭台。

东晋至南朝刘宋时期，墓葬增多，甬道完全偏向墓室一侧的刀形单室墓逐渐占主流，但也有不少长方形和凸字形单室墓。墓底仍未见分级，墓室前设砖砌祭台较为常见，后壁正中常设有小龛。从本期晚期开始，墓室后部出现砖砌棺床，后壁正中则以突出一两块平砖代替壁龛，其上多置瓷灯盏。

南朝中晚期墓葬数量最多，以刀形、凸字形单室墓居多，长方形单室墓少见。新出现一种沿墓壁和转角处砌筑砖柱再于其上起券的砖柱墓。砖柱墓主要分布在闽西北地区，沿海的泉州等地也有少量发现。砖柱墓一般规模较大，结构较为复杂。一般来讲，墓室前部多不设祭台，墓室底部大多分级，有的沿墓壁一侧砌沟槽用以排水，墓壁亦有伸出平砖置放灯盏的现象。特别是砌砖柱的双室墓从封门到后壁最多设三级台阶，转角柱以及拱券还是各室的券门，前后少则三门，多则五门，形成了多台阶、多砖柱、多券顶、多墓室的时代特点。墓例如福建政和834号墓和833号墓⑥等。

（2）两广地区

两广地区墓葬类型可分为多室墓、双室墓及凸字形、刀形、长方形单室墓和砖柱墓等。（图8-47）

这一地区能够确认为孙吴、西晋的墓葬不多，主要集中在西晋末永嘉年间，其形制与东晋墓几乎没有区别。

---

① 秦光杰：《江西南昌市郊永安六年墓》，《考古》1965年第5期。
② 江西省文管会：《江西南昌徐家坊六朝墓清理简报》，《考古》1965年第9期。
③ 江西省文物工作队：《江西靖安虎山西晋、南朝墓》，《考古》1987年第6期。
④ 江西省文物考古研究所、南昌市博物馆：《南昌火车站东晋墓群发掘简报》，《文物》2001年第2期。
⑤ 于少先：《江西德安南朝墓》，《南方文物》1993年第4期。
⑥ 福建省博物馆等：《福建政和松源、新口南朝墓》，《文物》1986年第5期。

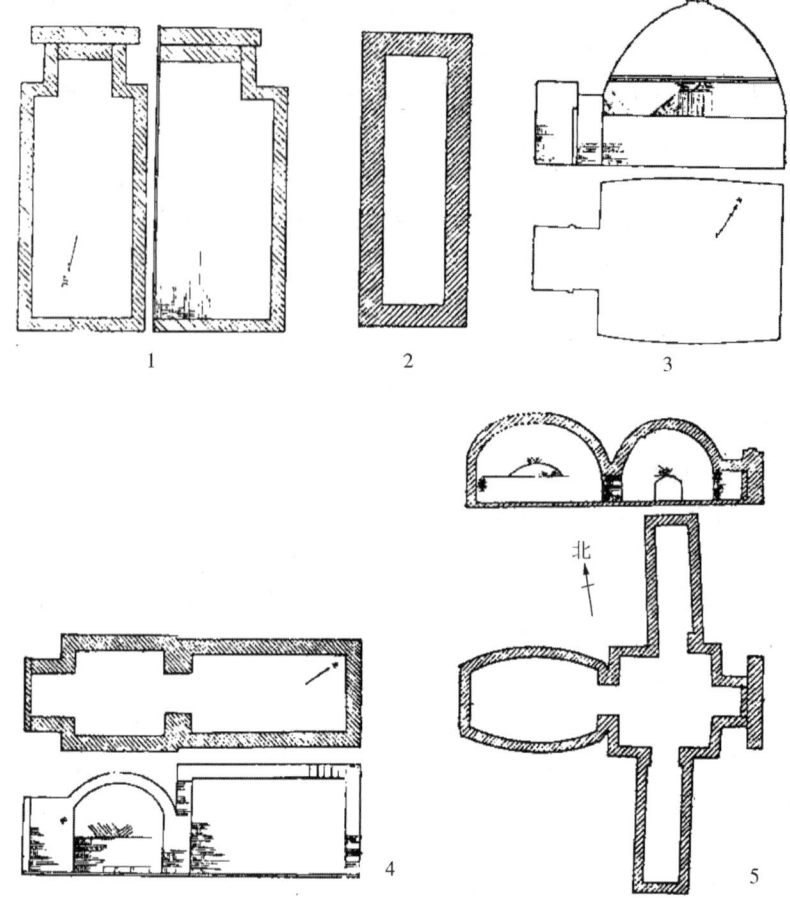

图 8-47 南方地区六朝墓葬结构示意图
1. 凸字形券顶墓　2. 长方形券顶墓　3. 单室穹隆顶墓　4. 前室穹隆顶后室券顶墓
5. 穹隆顶前后室附侧室墓

两晋时期大中型墓葬主要流行双室墓,类型较多。还屡见两双室墓并列中以通道相连的合葬墓,如广州沙河镇狮子岗建兴四年墓①等。中小型墓主要流行凸字形和长方形单室墓,前者如广州流花桥大兴二年墓②,后者如广东始兴县始赤电 M2、M4、M6、M9 等③。还有少量刀形单室墓,甬道完全偏向墓室一侧。另有个别异型墓,比如广东始兴始太 2 号墓是一座平面呈亚字形的单室墓④。

南朝时期,大中型墓有双室墓和多室墓,大多内砌砖柱。广东揭阳揭仙赤 3 号墓为三个并列的双室以通道相连的合葬墓,其内设壁龛、棺床、台阶、祭台、直棂假窗、渗水井等,规模大,结构复杂,代表了该地区六朝墓葬砌筑技术的最高水平⑤。中小型墓以凸字形、长方形单室墓较为多见。凸字形单室墓墓室后部多设砖砌棺床,如广西永福寿城南朝墓⑥。长方形单

---

① 广州市文管会:《广州沙河镇狮子岗晋墓》,《考古》1961 年第 5 期。
② 广州市文物管理处:《广州晋墓清理简报》,《文物资料丛刊》第 8 辑,1983 年。
③ 始兴县博物馆:《广东始兴县晋、南朝、唐墓清理简报》,《考古》1990 年第 2 期。
④ 始兴县博物馆:《广东始兴县清理两座晋墓》,《考古》1991 年第 11 期。
⑤ 广东省博物馆等:《广东揭阳东晋南朝唐墓发掘简报》,《考古》1984 年第 10 期。
⑥ 广西壮族自治区文物工作队:《广西永福县寿城南朝墓》,《考古》1988 年第 7 期。

室墓有深圳宝安 20 号墓等，墓室后部亦砌棺床，棺床前有多级台阶①。

砖柱墓在广东出现较早，西晋已见踪影，只是不典型，直到东晋时砖柱数量仍不很多，但时代愈晚砖柱数量有递增趋势。与广东相比广西砖柱墓出现得较晚，东晋以前几未发现，南朝墓内砖柱的数量也不及广东。

总之，两广地区除少数小型长方形单室墓和个别两晋墓葬的耳室为叠涩顶外，其余均为券顶。双室墓一般前室横券，后室纵券。墓壁常见凸字形、方形或长方形灯龛，也多见墓壁及转角处平伸半砖做灯台的情况。墓前排水沟比较普遍。东晋以后，墓室后部设棺床，棺床前砌祭台日益增多。东晋特别是南朝，墓底从前至后设多级台阶的做法很流行。广东地区南朝墓还盛行在墓室设直棂假窗，在甬道或前室砌方形、长方形出水井。

4. 西南地区

包括重庆、四川、贵州及云南等地。该地区墓葬可分为土坑墓、砖室墓、石室墓、砖石混筑墓和崖墓五类。

土坑墓主要有贵州平坝尹关和马场东晋、南朝墓②。一般为长方形墓穴，坑底后部有棺床，棺床与四壁之间有排水沟。

砖室墓分双室墓和单室墓两类。双室墓少见，如成都扬子山西晋墓③。单室墓有凸字形、长方形和刀形三类。凸字形单室券顶墓典型者有云南大理喜洲镇西晋太康六年墓④，长方形单室券顶墓有四川绵阳园艺乡南朝墓⑤。刀形单室券顶墓主要流行于重庆地区，如万州区庙湾 2 号墓⑥等。

石室墓在贵州平坝尹关、马场以及三峡库区重庆云阳、湖北秭归⑦等地都有发现。贵州石室墓多用不规则的石块砌筑，仅室内的一面经过加工，外壁则参差不齐，底无铺石。三峡库区石室墓多用规整条石砌筑，墓底也用石板或石条平铺。石室墓有长方形和凸字形单室券顶两种。

砖室混筑墓多数主体是用石材砌筑，只有墓底及局部墓壁、墓顶用砖铺筑，云南和三峡重庆、湖北库区等地都有发现。可分多室墓、双室墓和单室墓三类。典型墓例有云南大理荷花寺村西晋墓⑧、姚安阳派水库西晋墓⑨、昭通后海子东晋霍承嗣墓⑩等。

崖墓是指垂直于石崖壁面向内开凿墓室的一种特殊墓葬类型，在四川以及云南、贵州的部分地区，从西汉末至南朝前期曾经广泛流行。崖墓的衰亡始于蜀汉、西晋，大约到南朝后

---

① 深圳博物馆：《广东深圳宝安南朝墓发掘简报》，《文物》1990 年第 11 期。
② 贵州省博物馆：《贵州平坝县尹关六朝墓》，《考古》1959 年第 1 期。贵州省博物馆考古组：《贵州平坝马场东晋南朝墓发掘简报》，《考古》1973 年第 6 期。
③ 沈仲常：《成都扬子山的晋代砖墓》，《文物参考资料》1955 年第 7 期。
④ 大理州文管所等：《云南大理市喜洲镇发现两座西晋纪年墓》，《考古》1995 年第 3 期。
⑤ 绵阳博物馆：《四川绵阳市园艺乡发现南朝墓》，《考古》1996 年第 8 期。
⑥ 重庆市博物馆等：《万州庙湾墓地发掘报告》，《重庆库区考古报告集》(1997 卷)。
⑦ 贵州省博物馆：《贵州平坝县尹关六朝墓》，《考古》1959 年第 1 期。贵州省博物馆考古组：《贵州平坝马场东晋南朝墓发掘简报》，《考古》1973 年第 6 期。张伟等：《重庆云阳杨沙墓群发掘取得重大收获》，《中国文物报》2003 年 4 月 23 日。湖北省文物考古研究所《秭归何家坪遗址发掘简报》、广东省文物考古研究所等《秭归蟒蛇寨汉晋墓群发掘报告》，均见国务院三峡办等编著《湖北库区考古报告集》(第一卷)，科学出版社 2003 年版。
⑧ 大理市文管所：《大理市荷花寺村西晋墓清理简报》，《考古》1989 年第 8 期。
⑨ 孙太初：《云南姚安阳派水库晋墓清理简报》，《考古通讯》1956 年第 3 期。
⑩ 云南省文物工作队：《云南昭通后海子东晋壁画墓清理简报》，《文物》1963 年第 12 期。

期,四川的崖墓已经消失。主要的两晋、南朝崖墓有彰明常山村、佛儿崖晋代崖墓[1]、广元鞍子梁西晋崖墓[2]、绵阳西山东晋和南朝崖墓[3]、昭化宝轮院屋基坡南朝崖墓[4]等。这些崖墓规模都很小,如昭化宝轮镇23号的北阴平太守墓,其墓室长仅2.5米左右。六朝崖墓多由墓道、墓门、墓室等构成,墓门用砖或石块封堵,墓室分无甬道的单室和有甬道的单室两种,一般后高前低以利排水,不少墓前还凿有排水沟,上盖砖石。据形制变化规律可分前后两段:前段为两晋时期,多为长方形或前窄后宽梯形单室墓,墓顶为弧形;后段为南朝宋齐时期,墓室多略呈椭圆形,墓顶前低后高。一些并穴的合葬墓前共用一个墓道和排水沟,有的墓室内还发现砖砌棺台以及就岩石而凿的棺台、器物台和壁龛[5]。

第四节 遗 物

一、瓷 器

20世纪20年代以后,陈万里先生开始了以古窑址实地调查与墓葬出土瓷器相结合的研究,开启了中国现代瓷器考古工作的先河,他的最重要的学术领域之一就是三国两晋南北朝的瓷器研究[6]。

1948年,河北景县北魏、北齐封氏家族墓群中出土了多件青釉、黄釉、酱褐釉瓷器等,其中有4件体量庞大的北朝青釉仰覆莲花尊。这种类似的莲花尊后来在湖北武昌何家大湾萧齐时代刘凯墓、武昌钵盂山南朝墓(M392)、武昌关山南朝墓(M335)、南京宋家埂南朝墓、南京麒麟门外灵山梁代大墓、山西太原隋斛律彻墓、山东淄博和庄北朝晚期墓等南北朝墓葬中陆续有所发现。据刘毅先生调查,英国和美国的博物馆等和国内中国历史博物馆、河南鹤壁市博物馆也收藏类似瓷器。这类瓷器形体硕大、纹饰精美,研究者目前认为,青瓷莲花尊的造型应起源于南朝,后来影响到北方[7]。

三国两晋南北朝瓷器的大量出土是在1949年以后,因此,本期瓷器考古的科学体系也是在这一阶段逐渐形成的。它包括三方面的考古工作:① 墓葬。迄今在江苏、浙江、江西、湖北、湖南、安徽、福建、上海、广东、广西、四川、云南、山东、河南等省的三国两晋南北朝墓葬考古中,出土了数量庞大的六朝瓷器,其中以都城所在和浙江等地数量尤巨。墓葬出土瓷器对瓷器编年研究有特殊作用。② 聚落遗址。这一时期的聚落考古主要集中在都城和重要城市,如洛阳、邺城、南京(建业、建康)、鄂州(武昌)、镇江(京口、南徐州)等,以南京、镇江等城市出土瓷器最多。城市遗址出土瓷器为人们对墓葬随葬用瓷与日常生活用瓷的比较研究提供了条件。③ 窑址。窑址出土瓷器对阐明瓷器的产地、窑口或窑业类型、制作技术和工艺、瓷器贸

---

[1] 石光明等:《四川彰明县常山村崖墓清理简报》,《考古通讯》1955年第5期。石光明等:《四川彰明佛儿崖葬清理简报》,《考古通讯》1955年第6期。
[2] 广元市文物管理所:《四川广元鞍子梁西晋崖墓的清理》,《文物》1991年第8期。
[3] 绵阳博物馆:《四川绵阳西山六朝崖墓》,《考古》1990年第11期。
[4] 张彦煌等:《四川昭化宝轮院屋基坡崖墓清理记》,《考古通讯》1958年第7期。沈仲常:《四川昭化宝轮镇南北朝时期的崖墓》,《考古学报》1959年第2期。
[5] 罗二虎:《四川崖墓的初步研究》,《考古学报》1988年第2期。
[6] 参见《陈万里陶瓷考古文集》第40—42页"吴晋时代的浙江陶瓷",紫禁城出版社1997年版。
[7] 刘毅:《青瓷莲花尊研究》,载《中国古陶瓷研究》第4辑,紫禁城出版社1997年版。

易路线及市场辐射圈、瓷器品种、不同瓷器的兴衰过程及瓷器分期研究等有直接帮助。

迄今已经发现的重要窑址及窑口包括越窑(浙江上虞、宁波、绍兴等地)、瓯窑(浙江温州)、德清窑(浙江德清)、湘阴窑(湖南湘阴)、丰城窑(前洪州窑,江西丰城)、青羊宫窑(四川成都)、固驿窑(重庆邛崃)、宜兴窑(均山窑、南山窑,江苏宜兴)、寨里窑(山东淄博)、郝北窑(山东枣庄)等。近年来,有学者认为河北磁县、河南安阳、淮南寿州、河南巩县、河北内丘等地发现的窑址都可能早至北朝晚期。

三国两晋南北朝时期是我国瓷器发展的重要时期,也是奠定中国作为世界瓷器大国地位的关键时期,具体表现为以下几个方面。

1. 在人们的生活中,瓷器第一次全面地登上历史舞台,并逐渐代替了过去铜器、漆器在日常生活中的主流地位,刷新了人们的物质文化面貌;

2. 各具特色的瓷器窑口和窑系开始形成;

3. 在制作、装饰、烧成等窑业技术方面取得巨大进步;

4. 器种、器形达到了空前的水平,青瓷、黑瓷、白瓷、彩绘瓷尤其是釉下彩绘瓷均已出现;

5. 瓷器在文化塑造方面表现出非凡的能力,如在大型堆塑器、佛像雕塑、仿金属器造型等方面都有成功的作品;

6. 瓷器在文化传播、交流、贸易上的地位日益显著,在朝鲜、韩国、越国等国境内,都出土了这一时期来自中国的瓷器,中国瓷器的国际性影响已初步显现。

(一) 越窑

"越窑"一名起自唐代,目前所知,最早是陆羽在《茶经》中言及"越州瓷",此后陆龟蒙诗中直接称:"九秋风露越窑开,夺得千峰翠色来。"[①]唐代诗文中,不时出现"越窑"、"越碗"、"越瓯"、"越瓶"等,均指越窑器。清人蓝浦《景德镇陶录》卷二载:"越窑,越州所烧,始唐代,即今浙江绍兴府,在隋唐曰越州,瓷色青,著美一时";"唐越窑,实为钱氏秘色窑之所自始"。显然,在清代人的眼中,"越窑"是指以今绍兴为中心的唐宋越州一带的青瓷窑场及其产品。现代学术界所说的"越窑",其内涵要比清代人广阔得多,时间上已经追溯到东汉甚至商周"原始瓷"阶段(有学者称其为"先越窑"阶段[②])。20世纪80年代,考古学者在余姚发现南宋"低岭头类型"窑址遗存[③],为此现在已把越窑的结束时间定到南宋。也有学者称"低岭头类型"为具有传统越窑特色的"余姚窑"或称之为"后越窑"[④]。

1. 东吴瓷器

器类有盘口壶、双耳壶、鸡首壶、罐、堆塑罐、泡菜罐、虎子、碗、钵、盏、盆(洗)、三足洗、勺、灶、井、仓、鸡笼、猪圈、火盆镬斗、碟、熏炉、耳杯、托盘、唾盂、水盂、蛙形水盂、提梁炉、熊灯、槅、羊尊、三足奁、罂等30多种。这些器种中有的承袭自东汉时代,如盘口壶、双耳壶、罐、熏、灶、耳杯、井、堆塑罐(由五联罐发展而来),有的是这一时期新出现的器形(如熊形灯、蛙形水盂、三足砚、羊尊、鸟形杯等)。瓷器造型的来源除了青铜器和漆器外,已树立了自身的造型创造体系,反映了瓷器造型逐步脱离模仿阶段,进入自我"构造"体系的阶段(图8-48)。

在上虞曹娥江中游发现东吴时期的窑址30多处,其中鞍山龙窑全长13.32米,宽2.1—

---

① 《全唐诗》卷629,陆龟蒙《秘色越器》诗。
② 任世民:《论"越窑"和"越窑体系"》,《东南文化》1994年增刊。
③ 张翔:《南宋余姚窑址的发现——记低岭头类型古窑址调查》,中国古陶瓷研究会1986年西安年会论文。
④ 任世民:《论"越窑"和"越窑体系"》,《东南文化》1994年增刊。

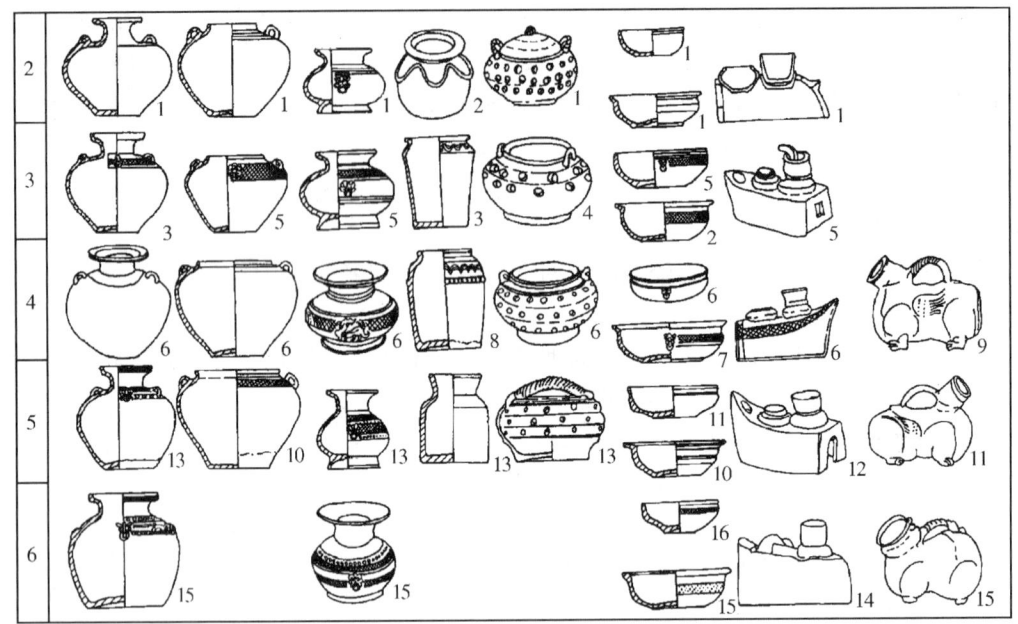

图 8-48 越窑青瓷器

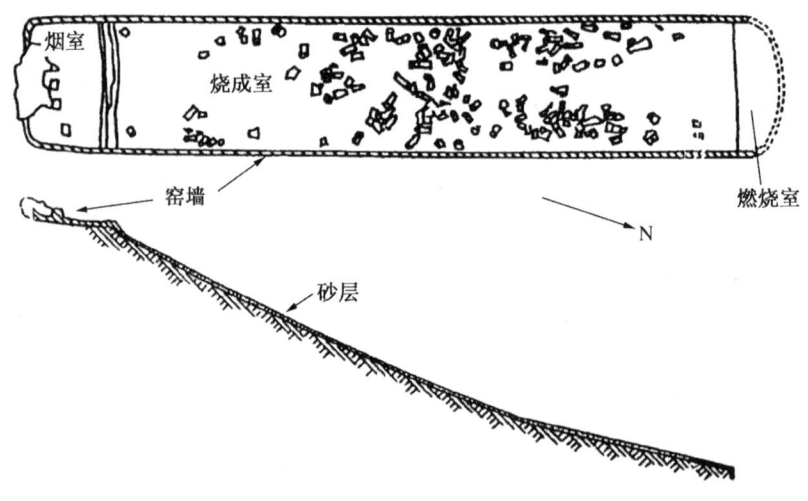

图 8-49 浙江省上虞县鞍山龙窑

2.4米,由火膛(一称窑头,燃烧室)、窑床(窑室,烧成室)和烟道(窑尾)三部分组成(图8-49)。窑顶呈半圆形拱顶,用粘土砖坯砌成。窑床底部铺沙二层,是为了固定和防止垫座类窑具移位。窑床和烟道之间有一道高10厘米的粘土矮墙,目的是减少窑内抽力,使火焰流速减缓,应为"挡火墙"。[1]

这一时期的窑具常见有三足或四足支钉、喇叭形或筒形垫具等。

东吴时期的"越窑"瓷业成就主要表现为以下几个方面。

(1) 器物种类不断增多,逐步形成瓷业自身的成型体系。

---

[1] 参见林士民《青瓷与越窑》第90—94页,上海古籍出版社1999年版。

(2) 器物造型不少取材于动物形象,生动传神,这是我国东南地区人民当时独特的瓷器造型工艺智慧的体现。

(3) 装饰纹样逐步走出东汉时比较传统的体系(如水波纹、弦纹等),出现菱形格网纹带、联珠纹、龙、虎、辟邪、凤鸟、胡人等瓷器纹样,形成了有时代和地域特色的装饰风格。

(4) 外来文化即佛教文化第一次出现于瓷器装饰上,佛陀、莲花、僧人、狮子的形象大量出现,这是中国造型艺术和装饰艺术中第一次出现集中外文化于一身的作品,具有重要的中外文化交流意义和学术研究价值。

(5) 在南京已多次发现东吴时期的釉下彩绘瓷(图 8-50)[①],这是我国瓷器工艺第一次出现釉下彩绘瓷装饰技艺,为后来釉下彩瓷的全面发展开了先河。褐彩装饰也逐渐流行。

(6) 瓷质的日常用品、瓷质明器广泛出现于人们的生活中,这种物质文化上的变革从东吴境内开始,经两晋南北朝,到隋代前后逐渐波及全国,极其深刻地影响了唐及唐以后中国物质文化面貌和瓷业的发展态势。

2. 西晋瓷器

西晋王朝(265—316)经历 51 年,但对"越窑"区来说,要除去西晋初年东吴的 16 年,西晋晚期琅琊王司马睿始移镇建邺(307 年)约 10 年,即西晋作为立都于黄河南岸洛阳的中央王朝,实际对"越窑"区的有效统治不过 20 多年,因此,在西晋时期,"越窑"瓷器未出现过明显的衰落迹象,反而在东吴的基础上,又有新的发展。甚至在西晋一代,作为统一王朝,也未出现"越窑"技术大规模北上的任何迹象。这说明尽管在原始瓷和早期瓷器阶段,北方地区一度有过瓷器的制作,但整个北方在两汉、三国、西晋、东晋十六国时期,缺少对瓷器技术和瓷器这种物质文化形态的兴趣。毫无疑问,在这漫长的历史时期内,就瓷业来说,"越

图 8-50 东吴釉下彩绘带盖双领罐

窑"虽不是独领风骚,却也是走在全国前列,它对推动和刺激中国早期瓷业的发展发挥过重要作用。

西晋瓷器的主要器类有盘口壶、鸡首壶、扁壶、罐、堆塑罐、泡菜罐、碗、盏、钵、碟、盘、三足盘、耳杯及托盘、盆、三足盆、洗、簋、水盂、蛙形水盂、唾盂、烛台、香熏、罂、虎子、砚、槅、火盆镌斗、狮形烛台、镇墓兽、灶、井、桶、房舍、猪圈、羊圈、鹅圈、鸡舍等等,达到 40 多种,包括日常生活用品、文房用品、明器等专门的丧葬用品几类。在装饰上有菱形格网纹、弦纹和联珠纹组成的花纹带以及龙、虎、凤纹、斜线篦点纹、忍冬纹、重线菱形纹、佛像、铺首衔环等装饰纹样。罐、壶的系面上多见蕉叶纹、杉叶纹、羽状纹等。镂孔由圆形发展成三角形、"凸"字形、树叶形等。褐彩装饰继续流行。

---

① 易家胜:《南京出土的六朝早期青瓷釉下彩盘口壶》,《文物》1988 年第 6 期。王志高、贾维勇:《南京发现的孙吴釉下彩绘瓷器及其相关问题》,《文物》2005 年第 5 期。

以动物作为器物造型或装饰的做法。在东吴的基础上继续发展，狮形烛台、羊形烛台、蛙盂、猪、人俑、鸡首、羊首、虎首、牛首、鹰首、龙首等装饰的器物流行。

浙江上虞帐子山清理过一座残西晋龙窑遗存，残剩窑床后段和窑尾出烟坑部分，残长3.27米，宽2.4米，后段窑床和窑尾后部残存大量烧成状况良好的遗物和窑具，窑具纵横成行，排列有序，疏密有致。朱伯谦先生认为，当时为了调节窑内火焰流向，已有意识地把垫座类窑具分段存放，此窑有可能比三国时窑炉更长或相仿(长13米以上)，而且，有可能采用"分段烧成"的技术，即在窑室上部两侧设"投柴孔"，除总的燃烧室加热外，一段一段也加柴助烧，使窑温升高，以免窑室后段出现生烧现象。① 如果属实，这是窑业技术上的一大进步。由此，窑身可以根据生产能力和需要给予延长，并提高瓷器的烧成质量。

3. 东晋南朝瓷器

东晋南朝270多年中，越窑瓷器并未呈现出进一步发展的态势，反而在器类、造型、釉色、装饰等各方面都出现守旧、停滞局面。

本期常见器形有盘口壶、鸡首壶、唾壶、钵、碗、碟、盘、罐、盆、耳杯、尊、洗、槅、虎子、香熏、灯、砚台、水盂等。前段器型与西晋晚期接近，后渐趋简化，有些器型逐渐退出了历史舞台，如狮形烛台、堆塑罐、瓷明器等；器物形体由矮变高；咸康朝(成帝时)以后纹饰简化，以弦纹为主，褐色点彩流行。有的器物仍在发展，如鸡首壶，把手变长，连接肩部与口沿，鸡首不断升高，到后期把手装饰龙头，造型优美。茶具盏托、笔筒等新器型出现。在烧造工艺上，有盂形、锯齿形、扁圆形等间隔窑具或垫托窑具(图8-51)。

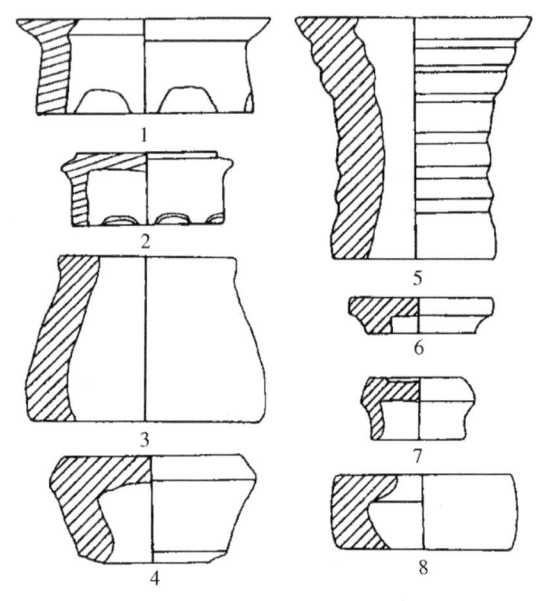

图8-51 浙东早期窑具
1、2. 东晋时期间隔窑具　3、5. 南朝时垫具
4、6—8. 南朝间隔窑具

(二) 丰城窑

在江西丰城市，唐代丰城属洪州，唐代时又称洪州窑，为唐代名窑之一。产品以青瓷为主，兼有黄褐釉、酱紫釉等。1992年秋冬至1995年初，江西省考古所、北京大学及丰城市博物馆等组成洪州窑考古队，对该区29处窑址进行普遍调查和重点发掘，出土遗物达7000多件，其中有瓷器和窑具标本等。这次考古工作证实洪州窑创烧年代始自东汉末至三国孙吴时期，下限到五代。制瓷时间约800多年。这一发现证明江西也是我国早期瓷器的重要生产地之一。②

三国两晋南北朝时期，丰城窑的许多器物在造型及造型演变方面与越窑有相似性，但作为一处重要窑口，它也有自己的一些特征，具体表现为以下几方面。

① 南朝时期已使用匣钵。匣钵是瓷器烧造过程中重要的窑具，是由明火直接烘烤转向匣钵隔火套烧的重大转变，是陶瓷烧造工艺上的"技术革命"，它使瓷器在窑室中受热均匀，避

---

① 朱伯谦：《试论我国古代的龙窑》，《文物》1984年第3期。
② 余家栋：《江西陶瓷史》，河南大学出版社1997年版，第111—149页。

免烟尘污染釉面,在充分利用窑室空间、相对扩大和升高窑室、提高产品产量和质量方面都有重大意义。发掘资料证实,丰城象山、乌龟山一带窑址至少从南朝开始就已采用匣钵装烧工艺,这证明丰城窑是我国最早使用这一先进工艺的窑口之一。

② 丰城窑是我国最早使用化妆土的窑口之一。在港塘窑址,发现了东汉晚期至东吴时期使用化妆土的瓷器标本,过去认为婺州窑是我国最早使用化妆土的窑口(西晋晚期)[①],现在因为"丰城窑"的发现,这一结论已被修改。

③ 南朝时期的丰城窑李子岗窑址发现了"芒口瓷",这将我国芒口瓷烧制的年代由过去所说的五代定窑始烧提早到了南朝时期。

④ 丰城窑在东晋时已使用莲瓣纹装饰,南朝时期,出现一批颇具特征性的瓷器,如盘托三足炉、长颈球腹瓶(天球瓶)、五盅盘、多蹄足砚、船形带人青瓷灶、高足杯、博山炉、印花盘形豆等,其模印莲花纹、忍冬纹图案也颇具个性(图8-52)。

(三) 湘阴窑

1949年以来,在湖南长沙、浏阳、湘阴等地出土了不少两晋、南朝时期的青瓷器,过去因受文献资料的局限,以为岳州窑始于唐代,加之湖南又未发现两晋南朝时期的窑址,人们自然认为这些出土瓷器为外地输入的产品,而且多认为是"越窑"瓷器。1973年,湖南湘阴县药材公司在修建仓库时偶然发现了一处窑址,即现在所说的"湘阴窑",也有人称之为"岳州窑"[②],在窑址中发现了两晋和南朝青瓷。1986年发现湘阴青竹寺窑、樟树镇窑,青竹寺窑址探方第三层出土了刻有"汉安二年"(东汉顺帝刘保的年号,即公元143年)铭的印方格纹瓷片。这说明"湘阴窑"的始烧年代不会晚于东汉中期,甚至可以早到东汉早期,证明湘阴窑也是我国早期瓷器的重要窑口之一。

东汉至东吴时期,湘阴窑瓷器胎质坚硬,釉色以青绿为主,光洁如玉,纹饰以水波纹为主,器物以大件的盆、缸、罐等为主。两晋南朝时期,以钵、洗、碟、盘、四系缸、砚、高足碗、豆、盘口带嘴壶等为主,莲花纹、忍冬纹印花、刻花装饰工艺也颇具特点。此外在马王堪窑址发现了东晋时期的匣钵遗存,证明湘阴窑至迟在东晋时期已使用匣钵装烧工艺。至少在西晋时代,湘阴窑已使用釉下酱色点彩工艺,使之成为"长沙窑"釉下彩绘的源头之一。更有意义的是在湘阴县城关镇(文星镇)窑址的南朝地层中出土了印有"太官"铭的瓷器,这是我国目前所知年代最早的烧造"宫廷用瓷"即具有"官窑"性质的瓷器窑场,对研究我国宫廷用瓷制度的起源和早期发展具有重要价值[③]。

(四) 德清窑

德清位于杭嘉湖平原西端,南邻余杭县,北接吴兴县,县域范围内发现多处三国两晋南北朝时的窑址。德清窑兼烧黑瓷和青瓷,但以黑瓷为主。黑瓷的胎多呈砖红、紫色或浅褐色,其瓷胎的化学成分与婺州窑东晋紫胎瓷片基本一致,可能采用了红色粘土做坯或在瓷土中加入了适量的紫金土。德清窑的青瓷多用化妆土,釉色较深,其中优质产品釉层较厚,釉面滋润,色黑如漆,釉中含Fe_2O_3达到8%左右。这种黑釉瓷器是德清窑的最大特色。

德清窑的一般器类和造型与越窑的差别不大,但其线条柔和,罐、壶腹部浑圆,不似越器

---

① 冯先铭等:《中国陶瓷史》,文物出版社1982年版,第150页。
② 周世荣、郭演仪、周晓赤:《汉唐湘阴窑青瓷》,载《中国古陶瓷研究》第九辑,紫禁城出版社2003年版。
③ 周世荣、郭演仪、周晓赤:《汉唐湘阴窑青瓷》,另见刘永池《浅谈湘阴窑》,载《中国古陶瓷研究》第九辑,紫禁城出版社2003年版。

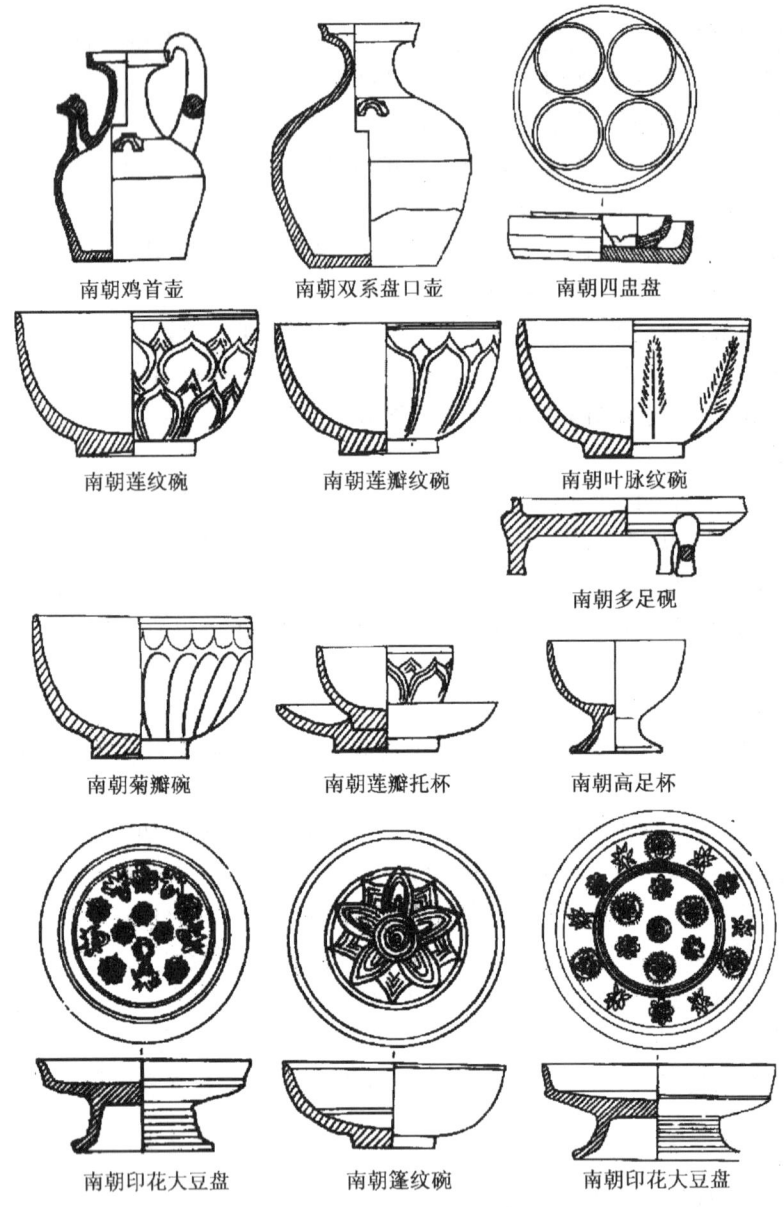

图 8-52 南朝丰城窑瓷器

那么挺拔。东晋时期出现的茶托盏、直筒形盖罐、扁圆形盖盒等器较有特点,表明今德清所在的湖州地区在东晋时期已有了专门的瓷质茶具的生产。另外,德清窑似乎在南朝初期即已结束了它的强盛期。

(五)北方瓷器

目前所知北方时代最早的青瓷是发现于大同市司马金龙墓中的一件唾壶[①],但该器应为南方产品,由司马金龙家族带到北方去的。北方成熟瓷器出现于北朝晚期,一般认为,其技术

---

① 山西大同博物馆等:《山西大同石家寨北魏司马金龙墓》,《文物》1972 年第 3 期。

来源可能与南朝有关。北朝晚期，北方地区瓷器在很短的时期内就达到了较高的水平，并呈现出自己的特色，如在瓷器品种方面，已有青瓷、黑瓷、白瓷以及彩绘瓷等几种瓷器的生产。北方这一时期的窑址考古工作还比较薄弱，目前，仅山东淄博寨里窑做过较大规模的发掘，其年代为北齐时代。其他疑为北朝晚期窑址的还有淮南寿州窑址、河北磁县窑址（北齐）、河南安阳相州窑址（东魏？）、河南巩县窑、河北内丘邢窑（白瓷）等。

北朝晚期的一些墓葬中不时出土一些瓷器，如洛阳北魏元邵墓中出土过青瓷壶、罐；1990年洛阳东郊邙山附近一座北魏墓中出土一件鸡首壶；山西太原附近北魏辛祥墓中和河北省河间县一北魏墓中也出土过鸡首壶；山东高塘东魏兴和三年房悦墓中出土过一件青瓷碗，河北河间县邢伟墓中出土过北魏时期的唾壶和碗。其他如吴桥、赞皇、磁县等地墓葬中也出土过青瓷碗；河南偃师杏元村北魏孝昌二年（526年）染（冉）华墓中出土过一件蟾蜍座五托烛台；淄博附近和庄北朝墓中出土一件莲花纹尊；河北景县封氏墓地中出土过4件青瓷莲花纹尊；河北磁县北齐高润墓中出土过鸡首壶；北齐天统元年（565年）崔昂墓中出土过青瓷四系罐；濮阳北齐武平七年（576年）李云墓中发现过青瓷划花六系罐。

河北平山县北齐崔昂墓中出土过一件黑釉四系罐，河北赞皇县东魏李希宗墓中发现过一块黑釉瓷片等[①]。

北方白瓷的出现在瓷器发展史上具有重要意义，它是后来各种彩绘瓷出现的基础。白瓷主要是因控制了胎釉中的含铁量即克服了铁的呈色干扰后所产生的一种瓷种，它与青瓷的区别仅在于原料中含铁量的不同，其他生产工序没有差异。南方早在东汉时期就生产过早期白瓷（湘阴窑），长沙东汉墓中出土过灰白釉高足碗，近年在湘阴窑址中也有发现，但南方白瓷在三国以后未得到进一步发展。

目前所知北方白瓷最早的一批实物出土于河南安阳北齐武平六年（575年）范粹墓[②]，有碗、杯、三系罐、四系罐、长颈瓶等，造型与北朝青瓷大致相同。另还有白釉绿彩四系罐和长颈瓶，为一种新出现的彩绘瓷。这些器物胎料较细白，未上化妆土，釉层薄而滋润，呈乳白色，但仍普遍泛青，积釉处青色明显，代表了白瓷早期阶段的特点。

北朝瓷器器类有碗、盘、杯、罐、壶、瓶、盒、尊等，多为日用品，少数为陈设品，部分瓷器的造型明显受南朝影响，如碗、盘口壶等。著名的莲化尊在造型上也应受到南朝影响，湖北武昌周家湾南齐永明三年（485年）墓中已出土六系莲花尊，此尊应为后来莲花尊系列的"祖型"，它比封氏墓器（封子绘墓）早了80年。

毫无疑问，北朝瓷器有着自己的独创风格，在瓷种上，白瓷的成功烧制为后来隋唐时期瓷器"南青北白"格局的出现打下了基础。其次，目前发现的莲瓣罐（三系、四系、六系、方系、圆系、条形系等，有盖或无盖）在造型和装饰上颇具特征，长颈瓶、玉壶春式瓶也有一定特色。不过，长颈瓶与南方洪州窑的"天球瓶"在造型上有近似之处。当然，从总体上考察，三国两晋南北朝时期，南方地区的东吴（含西晋）、东晋、南朝境内的瓷业成就是巨大的，北方瓷器在北魏中期以前几乎没有自己的产品，北朝中晚期出现的北朝瓷器与南朝瓷器的瓷业技术源流关系因受制于资料局限，目前还无法作更多的推论。

这一时期的中国瓷业还对周边国家产生了影响，在韩国百济国武宁王墓以及风纳古城、

[①] 参见蒋人和《北朝青瓷初探》及该文所引相关文献，载《中国古陶瓷研究》第五辑，紫禁城出版社1999年版。
[②] 河南省博物馆：《河南安阳北齐范粹墓发掘简报》，《文物》1972年第1期。

梦村古城等遗址以及越南一些遗址中都有这一时期青瓷或黑瓷器物的发现。①"外销瓷"在这一时期业已产生,中国的瓷业开始了对世界发生影响的历程。当然,这一时期中国的瓷业在造型和装饰上也开始接受国外文化尤其是佛教文化和中亚及西亚地区的文化影响。这些也是值得引起我们注意的问题。

二、墓志和地券

(一) 墓志

墓志一般出于帝王陵和世家豪族墓中,按质地可分为石制和砖制两种,其作用和墓碑一样,是把墓主人的生平、埋葬情况和后人对他的颂仰祝祷勒之于石,埋之于地,以期千秋万载,永世流传,铭志不忘。所不同的是,墓碑大多是树于地上的,而墓志则埋于地下。

墓志的出现晚于墓碑,它的起源应在西汉,到东汉即发展得较为成熟。赵万里在《汉魏南北朝墓志集释》中所收墓志最早的是东汉延平元年(公元106年)"贾武仲妻马姜墓志",此志长达190余字,已有死者生平和铭辞。东汉时期还存在简略的具有早期特征的墓志,如江苏邳县东汉元嘉元年(公元151年)缪宇墓,仅将简单的官职、姓名、经历和卒年、葬期及较短的铭文刻在墓门内前室东壁横梁上。② 而大量汉墓尚无墓志发现,发展很不平衡。可见,在汉代随葬墓志并未形成制度。

进入三国两晋南北朝,墓志渐趋增多,尤其是北朝墓志出土最多,东晋南朝墓中发现得较少。墓志形制发展日趋定型,在上层社会逐渐得到了普遍使用。

1. 北方地区

据统计,建国后在北方地区发现的西晋墓志约有10方左右,多出于洛阳。主要的有裴祇墓志、徐美人墓志(图8-53)、王浚妻华芳墓志、司马馗妻王氏墓志、刘宝墓志等。③ 这一时期的墓志,基本上是缩小的墓碑形状,下面有座,碑上端做成圆首或圭首,竖立植放在墓室中,其高度一般在1米左右。

据不完全统计,1949年以后,北朝时期(包括北魏、东魏北齐、西魏北周)发现的墓志约有180余方,其中北魏最多。重要的出土地点有河北南部的古邺城附近、山西大同市附近、太原附近以及河南、山东、陕西等地。

北魏时期,自孝文帝迁洛以后,中原地区使用的墓志已经基本定型,绝大多数已采用正方形或者接近正方形的石质材料制作。志石制作规整,开始时一般只有志身,不设志盖,这是沿袭砖志的特点;以后逐渐产生了覆斗形的志盖(一般也称作盝顶形志盖)与正方形的志身,形成一合。出土墓志的墓葬一般为中型以上的砖室墓,墓主身份大多为各级官员,墓志基本安放在墓室内的入口处或者甬道中,并且形成了一套对墓志外形尺寸以及雕饰的正式等级规定,有了等级比较明确的墓志使用制度。

北朝墓志出现装饰纹饰,虽不太多见,但有一些已经雕刻得十分精美,可反映出当时对于墓志的纹饰已经有了一定的装饰程式。志盖装饰可分为四种。一种是在磨光的素面上用楷

---

① 参见[韩]韩艺守《百济地域出土东晋时期瓷器的历史意义》,韩国中央大学史学科硕士学位论文,2002年。
② 南京博物院等:《东汉彭城相缪宇墓》,《文物》1984年第8期。
③ 荣丽华编集、王世民校订:《1949—1989四十年出土墓志目录》,中华书局1993年版。赵超:《古代墓志通论》,紫禁城出版社2003年版。

图 8-53　西晋徐美人墓志

书刻写墓志的名称，如北魏正光元年赵光墓志在盖上竖行刻写楷书"魏故元氏赵夫人墓志铭"[1]。这种形式的志盖在东魏、西魏时期就比较少见了。第二种是在磨光的素面上刻出方形的格子，在格子内镂刻出阳文的篆书志名，在志盖上还往往装有四个铁环（四角各一）或一个铁环（位于中央）。如北魏孝昌元年元朵墓志，北周建德四年叱罗协墓志[2]等。这种志盖庄重典雅，适合身份较高的人物，在北朝使用得比较广泛。第三种是在平面志盖上减地刻出一个长方形槽，类似碑额，在其中用篆书刻写阳文志名。第四种志盖具有线刻花纹，或采用减地凸刻结合线刻手法刻成的花纹来作为装饰。比如北魏正光三年冯邕妻元氏墓志，志盖中央刻有莲花，莲花周围缠绕蟠龙，衬以云气，四角刻 4 个神兽。志侧的纹饰大多是蔓草纹、缠枝忍冬纹、变形忍冬纹以及四象、奔兽等。

由此可见，北朝时期已开始有意识地用各种纹饰装饰墓志本身，纹饰既受中国传统宗教

---

[1] 赵力光：《鸳鸯七志斋藏石》，三秦出版社 1995 年版。
[2] 员安志：《中国北周珍贵文物——北周墓葬发掘报告》，陕西人民美术出版社 1992 年版。

思想的影响，如四象纹饰，又受佛教等外来文化的影响，如莲花、神兽、香炉等。墓志装饰尤其是加以花纹装饰的做法，仅限于高层人士之间，使用并不普遍，没有形成十分固定的格式，但已形成了表现宇宙宗教概念的设计思想，包含了主要的装饰方法，开创了隋唐墓志装饰的先河。

2. 南方地区

据统计，建国50年来先后发现各类墓志49方，其中绝大部分出土于都城建康所在的南京及其毗邻的镇江、马鞍山、吴县等地。[①]

迄今为止，南方孙吴、西晋墓尚未发现随葬墓志的例证。

东晋早期墓志还不多见，东晋中期以后墓志逐渐流行，多为砖质。砖质墓志可分为特制长方形大砖志和普通小型砖志两类。石质墓志有长条形和近方形两种。张镇墓志和温式之墓志皆包括志铭和底座两部分，志铭与底座之间以榫槽相连接，志铭圆首长方形，志额两面有穿，长方形底座。这种碑形墓志在东晋较罕见，但与洛阳出土的西晋徐美人墓志、裴祇墓志、郭槐柩铭、太康八年墓志等形制相近，应是模仿墓前神道碑的形式。这一时期墓志不仅取材大小很不规范，而且志文体例亦不统一，不见题额和铭辞。志文多简略，一般数十字，记有墓主姓名、籍里、历官、子嗣、卒葬年月及墓地等内容。

从刘宋开始，一些墓志志首有明确的"墓志"或"墓志铭"题额，如永初二年谢琰墓志有"宋故海陵太守散骑常侍谢府君之墓志"[②]，元徽二年明昙憘墓志有"宋故员外散骑侍郎明府君墓志铭"，明昙憘墓志还出现四字一句的铭辞[③]。这表明墓志已渐趋定型成熟。

齐、梁、陈三朝墓志现存虽仅13方，但实际数量要远远超过前期。此期墓志分两种类型：一类方形，有萧敷、萧象[④]、王慕韶[⑤]、刘岱[⑥]等墓志；一类碑形，上为圆首长方形志石，下为龟趺座，其数量不在少数。此类碑形墓志与同时期的地面神道碑相似，但规模要小得多，高仅约60厘米。此期墓志的内容远比此前丰富，如南京燕子矶辅国将军墓志[⑦]长达3705字，可谓墓主家世事迹的详实传记。墓志体例亦得到进一步规范，表现为志首有题额，志末有四言铭辞，铭辞与志文分开。一些墓志还列有撰制者姓名、官职以及书者，体例更加完善。

总的来看，东晋墓志仅列墓主姓名、历官、乡里、生死葬期、地点、祖孙亲属姓名官职，到南朝才开始有传略和铭辞一类的浮文。到了梁代，已发展到较为成熟的时期，如梁代萧融夫妇墓志[⑧]。这时的墓志和后来的唐代墓志已基本一致，有以下几个特点：(1) 基本成正方形，均为石志；(2) 均有墓志题额，并有撰文者姓名、官职；(3) 志文与铭辞分开，明确志文是序，而以铭为主；(4) 铭辞已成规范，均为四言韵文；(5) 墓主夫妇虽为合葬，但各立墓志；(6) 墓志出土地点均在甬道两侧；(7) 南朝时期书法演变成楷书，墓志也有用楷书写成，与唐代书法一致。可见，墓志到南朝时期的梁代已基本定型。

---

① 罗宗真、王志高著：《六朝文物》第217页，南京出版社2004年版。
② 南京市博物馆等：《南京南郊六朝谢琰墓》，《文物》1998年第5期。
③ 南京市文物管理委员会：《南京太平门外刘宋明昙憘墓》，《考古》1976年第1期。
④ 南京博物院：《梁朝桂阳王萧象墓》，《文物》1990年第8期。
⑤ 南京市博物馆阮国林：《南京梁桂阳王萧融夫妇合葬墓》，《文物》1981年第12期。
⑥ 镇江市博物馆：《刘岱墓志简述》，《文物》1977年第6期。
⑦ 南京市文物保管委员会：《南京郊区两座南朝墓清理简报》，《文物》1980年第2期。
⑧ 南京市博物馆阮国林：《南京梁桂阳王萧融夫妇合葬墓》，《文物》1981年第12期。

综上所述，三国两晋南北朝墓志处于我国古代墓志从发展到定型的关键阶段，不仅是墓葬断代、确定墓主身份的最可靠遗物，而且是研究当时士族联姻制度、郡县地理沿革、文字书法演变的珍贵实物资料。

（二）地券

地券实际上就是墓主人所执的"证券"，也可说是一种"所有权证明书"。已出土的地券，从内容上可分为实在使用的地券、迷信用物以及更为广泛使用的物券和奴婢券等三类。

六朝买地券见诸报道者至今已有35方，分布在江苏、浙江、安徽、湖北、湖南、广西、广东等省区，而以南京为中心的江苏发现得最多，有18方。

下面列举几方文字较为清晰、内容可考的地券：

（1）南京中央门外幕府山东吴五凤元年墓砖地券："五凤元年二月十八日，大男九江黄甫年八十，今于莫府山后辛边起冢宅，从天买地，从地买宅，雇钱三百，东至甲庚，西至乙辛，南至丙丁，北至壬癸，若有争地当诣天帝，若有争宅当诣土伯，如天帝律令。"

（2）南京甘家巷东吴墓（M29）建衡二年铅地券："建衡二年十二月十四日处士徐州广陵堂邑□□买丹杨江乘□□□地三顷，直钱三百万，伍知都监许祀他如律令。"

（3）南京光华门外西晋太康六年立节校尉曹翌墓铅地券，正面书："太康六年六月二十四日，吴故左郎中立节校尉丹杨江宁曹翌字永翔，年卅亡，买石子坑房牙之田地方十里，直钱百万以葬，不得有侵持之地，券书分明。"背面书："奴主、奴教、婢西，右三人是翌奴婢，故布襦一领，故练被一张。"

（4）南京板桥石闸湖西晋永宁二年汝阴太守墓铅地券，正面书："永宁二年二月辛亥朔廿日庚子，扬州庐江郡枞阳县大中夫汝阴□□□□□丹杨郡江宁县赖乡祭湖里地方员（圆）五顷八十亩，直钱二百万，即日交□□方庚辛，北方壬癸，中央戊巳，证知冢前如律令。若有问谁所书，是鱼，鱼所在，深水游，欲得者，河伯求。"

（5）镇江市句容行香中学西晋元康元年李达墓地券："元康元年十一月戊午朔廿七日乙酉，收鄱阳葛阳李达年六十七，今从天买地，从地买宅，东极甲乙，南极丙丁，西极庚辛，北极壬癸，中英（央）戊巳，买地买宅，雇钱三百，华巾三尺，任知者，东王公、西王母，若后志宅，当诣东王公、西王母是了，如律令。"

由上可见，六朝地券内容大多数是向冥界买地的钱地两清的券文，即一种实用的证券。除刻死者姓名外，主要刻死者拥有土地的数量和购买土地时所用的钱数。这类地券出土最多，其内容充分说明了当时土地私有制的发展，特别是大地主庄园经济的发展。曹翌墓铅地券明确记载了二男奴、一女婢的名字，这是当时官僚地主阶级私拥奴婢的确证。可以说，这些地券是一种具有法律意义的契约凭证，肯定了官僚地主阶级占有土地、私拥奴婢的合法性。

从墓主身份看，有太守、校尉，也有处士、白丁，故地券的持有者所包括的社会阶层面应比墓志的更广泛一些。另外，这些地券都反映了墓主人买地的所在位置，可以作为很好的地望确证。

具有迷信成分的地券可分为两种情形：一是在现实地契的形式基础上，增加浓厚的宗教迷信色彩，如黄武六年郑丑买地券[①]、永安二年陈重买地券[②]等。该类地券不仅孙吴、两晋普

[①] 武汉市文管会：《武昌任家湾六朝初期墓葬清理简报》，《文物》1955年第12期。
[②] 南京市博物馆：《江苏南京市北郊郭家山东吴纪年墓》，《考古》1998年第8期。

遍使用,广西地区晚至南朝齐梁时期仍很流行。其内容多荒诞不实,宅第来源是"从天买地,从地买宅"。买地的方位常用天干、地支表示,并祈求天地作证,甚至有"如律令"这样的词,这都是当时方士术家(阴阳生)所用的假托之词。第二种情形是买地券与现实地契无关,形式千篇一律,除姓名、年龄、职官、郡望、死葬日期外,毫无真实意义,是一种典型的役使鬼神的迷信用品。如元嘉十年徐副买地券[①]、普通元年何靖买地券[②]等。这类地券在券首以道教尊神太上老君名义开列一长串天神地祇名称的篆文,券尾常刻以星图为主、文字为辅的道符(图 8-54)。这种道教符篆起着役使鬼神、超度亡灵的作用。

图 8-54 湖南资兴 474 号墓出土买地券券尾的道符

还有一种地券,类似"护照"性质,例如 1978 年至 1982 年湖南资兴发现的宋元嘉七年(公元 430 年)、齐永明三年(公元 485 年)、梁普通元年(公元 520 年)三块陶券,没有买地内容和衣物清单,而是写上"令沿途勿得留难",要"五墓之神"给予照顾等文字[③]。

六朝地券中还有附物券内容的,如曹翌地券中列举"布裤一领,练被一张"的字句,又如湖南长沙出土的东晋升平五年(公元 361 年)"周芳命妻潘氏衣物券"[④],就是那种完全列举随葬衣物清单的"证券"。

最后要提及的是,这些地券都没有留下书写者的姓名,往往是用一种颇带滑稽口吻或带迷信色彩的字句来结束。比如永宁二年地券:"若有问谁所书,是鱼。鱼所在,深水游。欲得者,河伯求。"又如周芳命妻潘氏衣物券结尾云:"东海童子书,书迄还海去,如律令。"这与当时盛行道家、方士的思想有关。

从地券的质地来看,一般可分铅铸、砖刻和木制。南京所见六朝地券以铅铸者为多,砖刻者较少,未见木刻者。1986 年南京燕子矶出土的太康五年铅地券上写"铜券",可见还有铜地券。所谓铅铸者是先用铅铸成长条形,然后在上面刻字而成,但也有如曹翌地券者,则先刻成铅模(包括地券文字在内),再浇铸而成。此外,地券还有石质的,如浙江平阳出土的东晋咸康三年(公元 337 年)"朱曼妻买地券"即为石质的[⑤]。

三、铜 器

(一)概况

三国两晋南北朝时期的青铜铸造业,从总体上来看,比两汉时代衰退了。另外一个特点,就是南方铜铸业比北方兴盛。这一时期的青铜制品,从器物种类到风格特征,仍主要沿袭两汉以来的传统,但一般要比汉代铜器粗糙许多。同时由于各民族的融合,青铜铸造也表现出各民族相互学习和借鉴的特点。

---

① 长沙市文物工作队:《长沙出土南朝徐副买地券》,《湖南考古辑刊》第 1 辑。
② 湖南省博物馆:《湖南资兴晋南朝墓》,《考古学报》1984 年第 3 期。
③ 湖南省博物馆:《湖南资兴晋南朝墓》,《考古学报》1984 年第 3 期。
④ 史树青:《晋周芳命妻潘氏衣物券考释》,《考古通讯》1956 年第 2 期。李正光:《长沙北门桂花园发现晋墓》,《文物参考资料》1955 年第 11 期。
⑤ 方介堪:《晋朱曼妻薛买地宅券》,《文物》1965 年第 6 期。

1. 三国两晋时期：此期的铜器种类，仍以日常生活中使用的器皿为主，主要有釜、镬斗、勺、酒樽、耳杯、洗、博山炉、灯、炭炉、熨斗、唾壶、铜镜等。武器主要有弩机和刀，车马器主要有镳和辖。由于墓内随葬铜器很少，一般一墓仅一件，或三五件不等，所以很难找出随葬铜器的组合规律。

本期铜器的特征与东汉相似，但也有细微差异。如镬斗形体常较先前瘦高些，长柄柄端还常以龙首作装饰；铜釜作圆形、大腹、直口、半圆形肩，腹下收，平底，腹中心处有宽沿；酒樽做成长筒形，平底，下有三短足；铜洗基本沿袭汉代作风，圆唇、折沿、弧形壁，内底有的还饰有双鱼纹，双鱼间有"长宜子孙"铭；铜灯上常有纪年，雁足灯是主要类型；铜弩机相当发达，许多具铭文，有的还有纪年。

总之，这一期的青铜生活用具，已进一步被陶瓷器、铁器所代替。铜器以素面为主，外表较粗糙，仅少部分具有简单弦纹，但也有少数鎏金者。

2. 南北朝时期：这一时期的青铜冶铸业在很大程度上表现了民族文化交流的特点和某些民族的特色。

南朝时期，铜器的主要种类有镬斗、勺、熨斗、碗、杯、盘、唾壶、虎符等。此期镬斗造型多微侈口，盆形平底，直腹或斜腹，口上一侧常有一流，三高蹄形足，直柄或折柄。熨斗为直腹、平沿、直柄。铜碗，扁圆腹，矮圈足。唾壶，盘形口，扁圆或扁鼓腹，圈足。铜杯，圆深腹或长圆腹，圈足或喇叭形高足，有的附有盖。铜盘，深腹、侈口、平底。

北朝时期的铜器反映了民族文化融合的特点，同时又体现了北方游牧民族的风格。例如出土于内蒙古呼和浩特市美岱村北魏墓的镂孔高足直耳铜鍑（造型参见图8-55）、鸟兽纹的铜牌饰以及作占卜用的仿羊关节骨的铜制羊矩骨等，均具有北方游牧民族的特色。有的器物也带有典型的汉族文化特点。北朝时期铜铸业很不发达，铜器较少，质地差，器表一般无装饰。还有一点值得注意，随着佛教的发展，用大量的铜铸造佛像是这一时期青铜冶铸业一个极重要的内容。

（二）铜镜

以下主要说明三国两晋南北朝时期的铜镜。

这一时期的铜镜铸造处于中衰阶段。中国政治分裂，南北方经济发展不平衡，因此铜镜的形态、纹饰和铸造工艺，不仅随着时代的推移而变化，而且表现出明显的地区差异。这种地区差异可以说是此期铜镜的一个特点。

图8-55 大同南郊北魏墓出土铜鍑

据徐苹芳先生的研究，三国两晋南北朝时期的铜镜可分为三期：第一期是三国至西晋，大约相当于3世纪到4世纪初期；第二期是东晋、十六国至南北朝前期，大约相当于4世纪至5世纪后期；第三期是南北朝后期，大约相当于5世纪后期至6世纪后期。每一期的铜镜，从地区上又可划分为南方和北方两个不同的系统。

1. 第一期

（1）北方地区：因受战乱影响，北方铸镜业一蹶不振。所铸铜镜有方格规矩镜、内行花纹镜、兽首镜、夔凤镜、盘龙镜、鸟纹镜、双头龙凤纹镜等，都属东汉以来的旧式镜。此外，曹魏还新出现了一种所谓"位至三公镜",它是从东汉的双头龙凤纹镜演变而来的。这种镜到西晋时特别流行,如洛阳西晋墓中出土的许多铜镜中,"位至三公镜"(图8-56)约占总数的三分之一,居第一位。同时,由于铜料的缺乏,铁镜在魏和西晋时期的北方盛极一时。

(2)南方地区:这一区域由于在动乱中保持了相对的安定,孙吴的进一步开发和经营又使之经济发展较快,手工业也相当发达,再加之境内又有充足的铜矿资源,所以吴的铜镜铸造业在东汉以来的基础上得到了进一步的发展,达到了空前的兴盛。

吴的铜镜铸造业主要有两个中心:一是会稽郡的山阴(今浙江绍兴),另一个是江夏郡的武昌(今湖北鄂州)。

图8-56 洛阳谷水晋墓(FM5)出土"位至三公"镜

吴除铸造与北方相同的东汉旧式镜外,最流行的是神兽镜和画像镜,它们从东汉中后期出现以来,始终是南方的产品,为北方所不铸。吴和西晋时期的神兽镜可分五种类型:一是环状乳神兽镜;二是重列式神兽镜,为神兽镜中花纹最复杂的一种;三是同向式神兽镜;四是对置式神兽镜,此类镜在吴和西晋时最为流行;五是求心式神兽镜,仅限于吴时,数量不多。神兽镜的花纹以东王父、西王母等神像和龙、虎等兽形为主要题材,纹样都属浮雕式,很有立体感。画像镜的花纹题材更广泛,除神像和兽形以外,还有历史人物故事,如伍子胥、越王等人的画像,另外还有车骑、歌舞等内容。画像镜在雕刻技法上采用了斜雕式,使画面富于自然、优美感。神兽镜和画像镜铭还常留有匠师名字,如湖北宜昌出土的吴会稽著名工匠鲍氏所做镜,镜铭为:"鲍氏之作,子孙享迁。"

图8-57 鄂州出土的孙吴佛像夔凤纹铜镜

此外,还有一种在夔凤镜上用佛像作图纹的所谓"佛像夔凤镜"(图8-57),佛像配置在钮座的四叶形内,或作结跏趺坐,或作半跏思维像,并有胁侍,亦有飞天。铜镜上用佛像作图纹,是吴镜的重要特点之一,为北方魏镜所不见。

2. 第二期

(1)北方地区:先遭"八王之乱",后经"五胡十六国"的混乱,经济进一步受到破坏,手工业遭到严重打击。铜镜铸造似乎完全停止了,考古发掘中几乎无铜镜出土。铁镜成了铜镜的代用品。例如辽宁朝阳后燕崔遹墓[①]出土铁镜1枚,辽宁北票北燕冯素弗墓[②]出土铁镜两枚。

---

① 陈大为、李宇峰:《辽宁朝阳后燕崔遹墓的发现》,《考古》1982年第3期。
② 黎瑶渤:《辽宁北票县西官营子北燕冯素弗墓》,《文物》1973年第3期。

(2) 南方地区：东晋和南朝前期，南方继续保持较安定的局面，在人口大量南迁的社会背景下，北方流行的旧式铜镜和铁镜，也更多地被带到了南方。如内行花纹镜、方格规矩镜和盘龙镜等所占比例较前一期有所增加，以前在吴墓中没有发现的铁镜在东晋墓中却有较多出土。尽管如此，当时的南方主要还是流行各种神兽镜，但质量有所下降，纹样也变得简陋了。吴时盛极一时的重列式神兽镜到东晋时已消失，同向式神兽镜和求心式神兽镜的数量在减少，夔凤镜已较罕见，流行较多的是环状乳神兽镜和对置式神兽镜，而以对置式最常见。总之，此期南方铜镜在图纹上普遍出现简化趋向，工艺也较粗糙，形体逐渐变小、变薄，出现退化迹象。

3. 第三期

(1) 北方地区：虽然随着北魏的统一出现了较稳定的局面，但铜镜铸造业并未恢复。这一时期仍使用东汉、魏晋以来的旧式铜镜和铁镜，甚至西汉的旧铜镜也被使用。可见当时的北方已很少制作铜镜了。

(2) 南方地区：因为缺乏铜料，此期的南方铜镜铸造业也大为衰退了。过去流行的各种神兽镜和画像镜都很少发现，偶尔见到的方格规矩镜、夔凤镜和盘龙镜等都出现镜体小而薄、铸工低劣和花纹草率的现象，甚至出现了直径仅3厘米左右的小型铜镜[①]。可见此期南方铜镜铸造业处在全面退化中。

(三) **关于日本三角缘神兽镜**

最后再来简单说明一下有关日本古坟出土的"三角缘神兽镜"的问题。日本三角缘神兽镜包括"仿制镜"和"舶载镜"两类，前者是指仿制中国的铜镜，属于"倭镜"，没多大问题，而后者则争论较多。长期以来，学术界大多认为它们是在中国制作后输入到日本的魏镜，联系《三国志·魏志·倭人传》的记载，则更进一步认为它们是景初四年曹魏统治者赠送给倭女王卑弥呼的物品中的"铜镜百枚"。但是王仲殊先生研究后否认了这种观点，他主张三角缘神兽镜是吴镜，是东渡的吴的工匠在日本将画像镜和神兽镜结合起来铸造的一种新的铜镜形式。[②] 由此反映了当时中国对日本铜镜铸造所产生的重要影响，表明中国铜镜的传播已不仅仅限于实物的输出，也开始了铸造技术上的传递。

四、钱　币

1. 三国时期

兵祸连连，生产停滞，人口锐减，铜材奇缺，这些因素都直接影响了三国时代的货币，此时期货币经济的水平较两汉时为低。曹魏黄初二年（222年）三月，魏文帝下令复行五铢钱，只是恢复历史上遗留下来的两汉五铢钱，并没有新铸。但好景不长，同年十月，又"以谷贵罢五铢钱"，恢复"以谷帛为市"的旧局面。直到魏明帝太和元年（227年）才恢复钱法，更铸新五铢钱。"曹魏五铢"承袭汉制，仍以"五铢"为文，并作为基本单位。

吴蜀两国都铸行大钱，实行变相的通货膨胀政策。刘备初取巴蜀，因军费不足，遂于建安十九年（214年）广铸"直百"钱。蜀汉直百钱面文有"直百五铢"及"直百"两种。当时益州犍为郡也铸造了一种背有"为"字的直百五铢钱，"为"字表示犍为郡名，通称"犍为五铢"，是为圆钱

[①] 湖南省博物馆：《长沙两晋南朝隋墓发掘报告》，《考古学报》1959年第3期。
[②] 王仲殊：《关于日本三角缘神兽镜的问题》，《考古》1981年第4期。

背文纪地之始。此外,蜀汉还铸有许多形同五铢的杂钱,如铁"直百五金"、"直一"钱、小直百、"太平百钱"等等。

东吴的货币面额更大,吴大帝嘉禾五年(236年)铸造"大泉五百"铜钱(图8-58)。赤乌元年(238年)孙权又铸造"大泉当千",用以增加货币数量。1975年10月,江苏句容县葛村发现孙吴铸钱遗址,出土了一批铸废的大泉五百、大泉当千钱和泥制叠铸子范。这种范每层铜钱4枚,约有20余层,每铸一次,可铸钱百余枚。可见孙吴的铸钱水平已达到较高程度。孙吴铸币还见有"大泉二千"、"大泉五千",因折当过大,流量受阻,所以铸量甚少,据认为这两种钱也是赤乌年间铸造的。

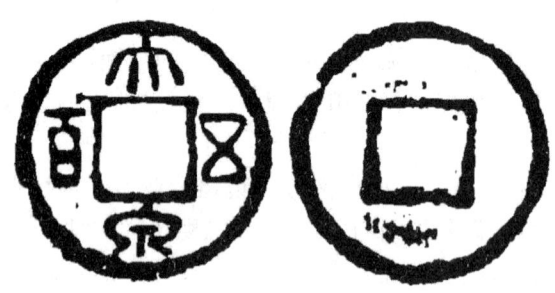

图8-58 大泉五百

2. 两晋十六国时期

两晋时期,经济生活及朝廷赏赐多使用谷物布帛等实物,钱币的使用处于次要地位。在两晋百余年里,未见有官方铸钱记载。西晋沿用曹魏五铢。东晋主要用孙吴及蜀汉旧钱,大的称"比轮",指的是"大泉五百"、"大泉当千"一类;中样的叫"四文",可能是指蜀汉的"直百五铢"和"太平百钱";小钱指的是"剪轮五铢"和"沈郎钱"。沈郎钱为吴兴沈充私人铸造,此钱既薄且小,面文"五朱",铜质很差,颜色青白,直径2厘米左右。

割据河西的张氏前凉政权在张轨当政时(312—316年)曾恢复五铢钱,铸造钱币。北凉沮渠蒙逊铸造过"凉造新泉"钱,是圆钱中最早的"国号钱"。东晋元帝大兴二年(319年)后赵石勒曾铸"丰货"钱。东晋成帝咸康四年至康帝建元元年(338—343年)成汉李寿铸"汉兴"钱,这是中国最早的年号钱。世传有"大夏真兴"钱,是匈奴族赫连勃勃夏真兴年间(419—425年)所铸。

3. 南北朝时期

(1) 南朝:宋、齐、梁、陈都曾铸造钱币。刘宋文帝元嘉七年(430年),立钱署,铸"四铢钱",形制同汉五铢,重如其文,较五铢钱减轻了五分之一。元嘉四铢的铸造正式结束了自西晋以来一个半世纪政府未尝铸钱的非常情形,标志着此时的货币经济较前有所发展。元嘉二十四年(447年),因通货量不足,四铢盗铸多,乃行大钱,即用古钱当四铢钱两枚,行不到一年即废止,改用五铢钱。孝武帝孝建元年(454年)铸"孝建四铢",废帝永光元年(465年)更铸"二铢钱",这些钱既薄且小,每况愈下。宋明帝意欲整顿钱币,泰始年间废钱署,停铸并禁止一切新币流通,专用古钱(五铢钱)。

萧齐一代仅铸过一次钱币,武帝永明八年(490年),益州发现铜矿,朝廷遣使入蜀铸钱,得钱一千多万,因成本过高乃止。

萧梁铸钱种类最多。梁武帝天监元年(502年)铸造"天监"五铢和"公式女钱"二品并行,前者有内外郭,面文"五铢",实重四铢,而后者无外郭,更轻小。但民间仍多沿用古钱,如"直百五铢"、"太平百钱"、"定平一百"、"五铢雉钱"、"对文五铢"等等,形制混杂,轻重不一。由于铜料缺乏,古钱被剪凿过甚,梁武帝普通四年(523年)又尽罢铜钱,大规模使用新铸铁五铢钱。因铁易得,铸钱利厚,一时私铸大起,币值惨跌。大同(535—545年)以后,铁钱堆积如山,流通极不方便。梁元帝时恢复铸造铜钱,一枚当铁钱十枚。梁敬帝时初令杂用古今钱,太平二年(557年)铸"四柱钱"和"二柱钱",即钱上有四个星点或两个星点的五铢钱,初起一当小钱二十枚,不久又改作当十。另据出土的萧梁钱范来看,当时还铸造过背出四文的"大吉五铢"、"大富五铢"和"大通五铢"等。

陈朝时期铁钱已退出流通领域,交易中流通的多是私铸鹅眼钱及前期"二柱"、"四柱"钱。陈文帝天嘉三年(562年)整顿币制,改铸"天嘉五铢",该钱制作精整、厚重,一枚当鹅眼钱十。宣帝太建十一年(579年),又铸"太货六铢"(图8-59),先是一枚当"陈五铢"十枚,后改为一枚当一。"太货六铢"文字、铜质、铸工都极精美,堪称南朝钱之冠。

(2)北朝:北魏孝文帝太和十九年(495年)开始铸造钱币,此时铸造的"太和五铢"轻重不等,文字及工艺均较粗糙。宣武帝永平三年(510年)铸"永平五铢",技术稍精,边缘较阔。永安二年(529年)改铸"永安五铢"。

东魏仍沿用永安五铢钱,但币制混乱,钱币名目繁多。北齐取代东魏后,于天保四年(553年)废永安五铢,铸"常平五铢"(图8-60),制作精巧,重如其文,币值较高,但后来民间私铸甚多。"常平五铢"是北朝钱中存世较多的一种,如1979年山东博兴县崇德就出土有"常平五铢"6.25公斤。

西魏钱制比东魏好一些,初期亦沿用永安五铢。西魏文帝大统六年(540年)改铸"大统五铢",形制和文字都由永安五铢钱脱胎而来,钱文去"永安",仅存"五铢"二字。1984年陕西咸阳西魏侯义墓中曾出土有此种钱。北周灭西魏,武帝宇文邕保定元年(561年)铸"布泉"(图8-61),一当西魏大统五铢五枚。"布泉"钱面文二字,玉箸篆,制作精整,篆法秀美,与"五行大布"、"永通万国"合称"北周三泉"。"五行大布"(图8-62)铸于北周武帝建德三年(574年),以一当布泉十,减重现象严重。北周静帝大象元年(579年)铸"永通万国"(图8-63),一当"五行大布"十枚,合五铢钱500枚,减重愈加厉害。"北周三泉"都制作精巧,艺术价值很高,尤以"永通万国"最为精美。

4. 龟兹五铢

西域古龟兹国所铸,钱体外圆内方形式,是受中国内地钱影响的产物,约铸于公元三四世纪至公元七世纪中叶。在新疆库车、轮台、巴楚等地均有出土,1984年6月仅库车发现的就多达一万余枚。龟兹圆钱又称"龟汉二体钱"、"龟汉二体五铢",用红铜浇铸,工艺不精。面文龟兹文,背文篆书五铢二字,或穿上下为龟兹文,穿右左为篆书五铢,背无文。

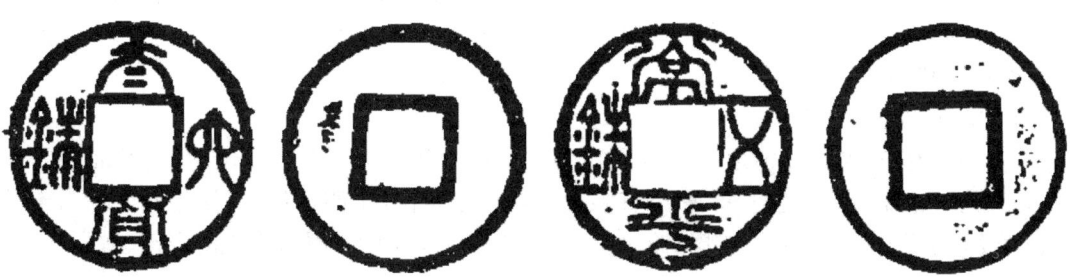

图8-59　太货六铢　　　　　　图8-60　常平五铢

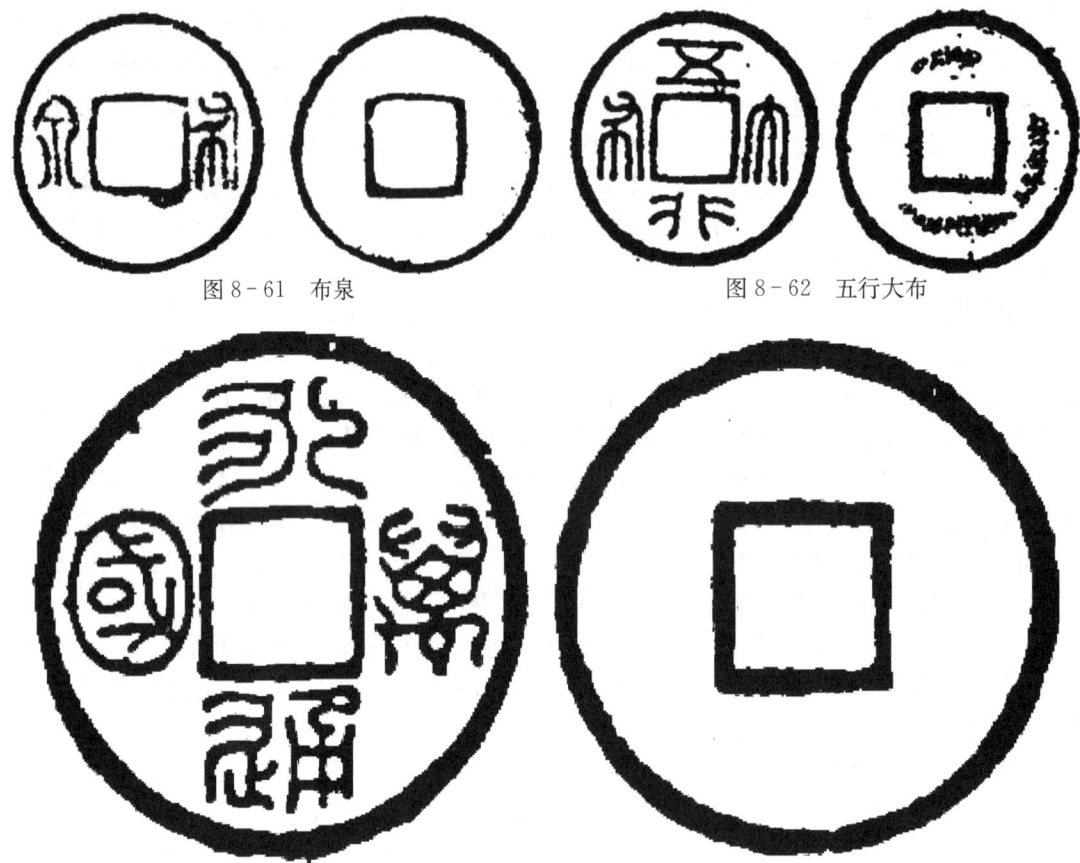

图 8-61 布泉　　　　　图 8-62 五行大布

图 8-63 永通万国

五、金 银 器

三国两晋南北朝时期的金银器制造有以下几个显著特点:一是金银矿兴废无常,黄金、白银数量锐减;二是经考古出土的金银器物的数量不多,而已知的器物种类与战国两汉相比亦未有重大变革;三是由于流民的迁徙以及各族人民的融合,金银器的社会功能得到进一步扩大,加工技艺也更成熟,出现更多的具有中原文化特色与北方鲜卑游牧民族特点的金银器;四是丝绸之路地位的突出,使得西方金银器得以大量涌入,对中国金银工艺如金银器的造型、装饰等产生了深刻的影响。

总之,三国两晋南北朝时期的金银器是在继承秦汉传统的基础上,兼收并蓄,汲取不同民族及西方国家金银工艺的优势发展起来的,作为承前启后的关键环节,为大唐盛世金银器的发展奠定了基础。

1. 概况

这一时期出自汉地匠师之手的金银容器在考古发掘中极少见。无论中原、华北还是南方,随葬的金银器大都是些小型器件,且多数是首饰或服饰,比如:河北定县北魏塔基出土的金银耳缀、银镯、戒指、钗、环、铊尾、铃、金片等[①];南京大学北园东晋墓出土的金珰、桃形金片、

---

① 河北省文化局文物工作队:《河北定县出土北魏石函》,《考古》1966 年第 5 期。

花瓣形金片、小金珠、银泡、银铜铋合金小钉、银铜铋合金铺首[①];长沙黄泥塘东晋墓出土的金对凤衔胜纹饰、金鱼形饰、金长方形饰、金梅花形饰、金垂露形珠、金小篮、金珠、金空心珠、金小环、金发钗、金扣、金多面镂空金珠[②]等。

这些金银饰品,据其功能可细分为头饰、手饰、佩饰等,而以头饰最引人注目。蝉形金珰、簪、钗、耳环、耳缀以及作桃形、圆形、花瓣形的各种金片均为头饰,其中,蝉形金珰为朝廷近臣、宫廷女官及僚佐妻眷头上所戴貂蝉冠上的主要饰物,堪称头饰中最为煊赫者。数量众多的桃形、圆形、花瓣形、柿蒂纹金片则为源起于西方的步摇冠上缀饰的花朵与摇叶的残件。头饰中的钗、簪亦颇具特色。钗有两类,一类为对折双股,顶呈菱形,较短,是魏晋时期较为流行的式样;一类以两端尖细的金丝对折,较长。簪亦分两种,簪首或作球状,或作斧钺形;另一种则作耳挖状,其一端弯作勺状,兼有簪和耳挖两种功能。

作动物形象的金饰如金狮、金羊、金辟邪、金鸟、金龟,以及金铃、银铃、金珠、金篮等,造型简练,且大都与琥珀、绿松石、玉器、料器等装饰品组合,置于女性墓主胸前。

除了金银饰件外,此期的墓葬中还出土了银泡、鎏金铜泡、银铜铋合金小钉,皆当为马具。

2. 金银币

早在孙吴时期,金银货币就出现了新的形式,此即铤的产生。但这种形制的银铤迄今尚未在考古发现中得到验证,倒是以金银刻、铸的五铢钱,在东吴、西晋时期的墓葬中不时有出土,如南京江宁区黄家营5号墓[③]的时代为孙吴早期,墓中随葬有银五铢钱2枚,皆系铸造成型,面文"五铢"二字为阴款反文,排布方式为"五"左"铢"右,从"五铢"二字的形体来看,是效仿西汉宣帝反文五铢钱的文字风格,又可称为传形五铢。

东晋南朝以降,贵金属货币的使用比孙吴有了更进一步的发展,其中一个重要的标志便是饼金的"复出"。例如南京东晋温峤墓[④]出土金器中就有一直径2.3、厚0.4厘米的实心金饼,制作不规整,较为厚重。除金饼外,东晋贵金属货币经考古发现的尚有镇江畜牧场东晋墓随葬的一枚金质五铢,规制略小于东吴墓出土的银五铢[⑤]。

北方周武帝时,河西地区间或使用金、银钱,但这种金银之钱,是指魏晋以来从丝绸之路流入的东罗马拜占庭金币及波斯萨珊银币,并非中国本土所有。而汉地伴随着货币经济的日渐恢复,金、银钱的使用也较前有显著的发展。在具体的货币形态上,除了金饼外,肇始于孙吴时期的银铤也依然得以保留。

总体来看,由于魏晋南北朝处于我国货币经济相对衰落的阶段,因而贵金属的货币地位几乎也一度趋于消失,但它所孕育出来的有关贵金属货币种种程度不同的变异形式,诸如金、银五铢的扬弃、金饼的改良以及银铤的创制等,都无一不昭示出这一历史时期在我国贵金属货币发展史上承前启后的特殊地位。

3. 金银印

以黄金或白银雕造而成的官印,也极富有时代特征。两汉时期,金印是文武百官印信中的极品,按制度规定,只有皇太子、诸侯王、大将军等皇亲勋贵才得以享用。但到了魏晋南北

---

① 南京大学历史系考古组:《南京大学北园东晋墓》,《文物》1973年第4期。
② 湖南省博物馆:《长沙南郊的两晋南朝隋代墓葬》,《考古》1965年第5期。
③ 倪振逵:《江宁县黄家营第5号六朝墓》,《文物参考资料》1956年第1期。
④ 南京市博物馆:《南京北郊东晋温峤墓》,《文物》2002年第7期。
⑤ 刘建国:《镇江东晋墓》,《文物资料丛刊》第8辑。

朝时期，由于王朝更迭频繁，政治动荡不安，官印需求量激增，原本明确而严格的等级制度亦渐趋涣解，以至于武职中的"征"、"镇"、"安"、"平"将军及其等而下之的杂号将军也都在佩享金印之列，这也就是魏晋南北朝所遗金印尚较国势强盛的两汉王朝为多的原因。

1949年以来新出土属于这一历史时期的金质官印，除北燕冯素弗墓出土的一枚金质龟纽"范阳公章"①及北周"天元皇太后玺"外，余多为西晋政权所颁赐，如《秦汉南北朝官印征存》中著录有7枚西晋政权授予鲜卑、乌丸、羌等少数民族首领的金质官印，新出土的也有不少，如内蒙古和甘肃等地出土的"晋乌丸归义侯"、"晋鲜卑归义侯"、"晋归义氐王"和"晋归义羌侯"等。1990年8月，湖南平江县梅仙镇钟家村挖出一枚金印，印文阴刻"蛮夷侯印"四字②。"蛮夷侯"当是西晋王朝赐封蛮族首领的爵号，此印也是仅见的一方蛮族金印。1991年4月，湖南安乡又发掘了西晋刘弘墓③，墓中出土印章共3枚，其中"镇南将军章"与"宣城公章"二印均为黄金铸就，印文内容印证了晋代"四镇"将军位从公爵，皆假金章的制度，具有较高的史料价值。这二枚金质官印，印钮的雕镂工艺尤令人称绝，与"蛮夷侯印"的粗犷简朴形成鲜明的反差。

4. 鲜卑金银器及其传播

相当于魏晋南北朝时期的中国北方地区，出土的鲜卑金银制品仍以人身装饰为主，器物种类与匈奴遗物大致相同，有异于中原文化系统。拓跋鲜卑的金银器，多为动物纹样的牌饰或首饰。动物纹样有龙、羊、马、牛、鹰和怪兽等，造型带有神异色彩。此外，鹿纹金牌饰在拓跋鲜卑遗物中发现得亦较多，其技法则多采用透雕镂空的形式。

慕容鲜卑金器中以步摇冠最具特色。步摇，起先只是妇女用的一种首饰而已，据《后汉书·舆服志》的记载，"步摇"以黄金为山题（博山形基座），其上有花鸟枝兽为装饰并缀以白珠，因行走时有摇颤而引人注目，故称之为"步摇"。慕容鲜卑贵族生前爱戴步摇，死后则多用以陪葬，如辽宁朝阳王子坟山相当于魏晋时期的慕容鲜卑墓葬即出土有金步摇饰④，朝阳田草沟2座相当于西晋时期的鲜卑墓出土有金步摇冠饰3件⑤，朝阳十二台乡砖厂和北票房身村前燕时期的墓葬分别出土1件和2件金步摇⑥，典型的要算北票北燕冯素弗墓出土的步摇冠。

以步摇为代表的鲜卑金银制品，突出反映了东西方文化及与中原文化融合的趋势。辽宁和内蒙古出土的鲜卑系统金步摇，样式和制作技法与顿河下游新切尔卡斯克公元前2世纪的萨尔马泰女王墓出土的金冠、阿富汗席巴尔甘公元1世纪前大月氏墓出土的金冠一脉相承，其渊源当来自西方⑦。这种系统的冠饰，对海东地区的古代文化有较深的影响，在中国南方也可以见到其踪影，如位于南京的东晋始兴郡公温峤墓以及其他世家大族墓⑧、位于镇江丹阳胡桥南的齐景帝萧道生陵⑨，都出土了大量金步摇残片。此外，南京栖霞区甘家巷南朝萧梁皇族墓葬也出土过不少金饰片，以形制看，也大都属于步摇附件，可证步摇装饰在萧梁的上流社会

---

① 黎瑶渤：《辽宁北票县西官营子北燕冯素弗墓》，《文物》1973年第3期。
② 孙慰祖：《有灵开天藏·天意得天章——新出汉晋金银印散记》，载《孙慰祖论印文稿》，上海书店1999年版。
③ 安乡县文物管理所：《湖南安乡西晋刘弘墓》，《文物》1993年第11期。
④ 辽宁省文物考古研究所：《朝阳王子坟山墓群1987、1990年度考古发掘的主要收获》，《文物》1997年第11期。
⑤ 辽宁省文物考古研究所等：《朝阳田草沟晋墓》，《文物》1997年第11期。
⑥ 辽宁省文物考古研究所等：《朝阳十二台乡砖厂M81发掘简报》，《文物》1997年第11期。陈大为《辽宁北票房身村晋墓发掘简报》，《考古》1960年第1期。
⑦ 孙机：《步摇·步摇冠·摇叶饰片》，《中国圣火》，辽宁教育出版社1996年版。
⑧ 南京市博物馆：《南京北郊东晋温峤墓》，《文物》2002年第7期。
⑨ 南京博物院：《江苏丹阳县胡桥、建山两座南朝墓葬》，《文物》1980年第2期。

中相当盛行。

5. 西方金银器的传入

三国两晋南北朝时期，随着对外交往的进一步扩大，西方金银器也源源不断地流入中国，这其中，尤以金银器皿的发现最为重要。中国境内出土的西方金银器皿以波斯萨珊朝的作品数量最为庞大。萨珊人以善铸金银器而闻名，与传统的中国金细工艺不同，萨珊匠师习惯采用锤𬭸法打出的浅平浮雕纹为主，再用繁复细腻的阴线刻画细部，纹样略显拘谨，多为联珠纹、带翼动物及麦穗纹圆框。

中国出土萨珊朝金银器以器类划分，有洗、高足杯、壶、碗、盘等，所见皆为银制品，偶有鎏金者；装饰纹样常见经锤𬭸而出的海兽纹、人物形象、水波纹、莲花纹。其中，工艺最复杂、艺术价值最高的当数山西大同北魏封和突墓①出土的萨珊朝鎏金银盘。该盘高 4.1 厘米、直径 18 厘米。中央为一狩猎图，系经锤𬭸压法使器物成多曲形，纹饰则以锤𬭸法制成凸面、再加刻划的萨珊朝金钿工艺的习惯手法制成。图中占据主体位置的是一典型伊朗脸型的中年男子，留着的络腮胡须，直垂而不卷曲，头戴半弧形冠，边饰联珠，冠后有萨珊式飘带两根，耳下及颈部悬挂缨珞，上身着紧身便服，腕套手镯，腰部革带上系箭筒，足蹬半长统靴。猎者面部沉着安详，双手横执一矛，矛尖已刺入近前一野猪右额，右脚抬起反踹由后方袭来的野猪，另一头野猪正

图 8-64　北魏封和突墓出土鎏金银盘拓片

从前方高高的芦苇丛中窜出，来势凶猛（图 8-64）。该盘上人物体势自然优美，充分展现了人体的结构和动感，由此可见它受到古希腊罗马古典艺术的影响，为一般的萨珊金银器上所稀见。据研究，封和突墓银盘上的狩猎者原型是萨珊第四代国王巴赫拉姆一世，其在位年代为公元 273—276 年。

宁夏固原北周李贤夫妇墓②出土的鎏金银壶，同样是萨珊流入我国的一件"重器"。该壶腹表面锤𬭸出三组人像图饰，被认为是表现希腊神话传说中"帕里斯审判"、"掠夺海伦"、"回归"的连续场面（图 8-65）。

这一时期在南方也有不少通过海上丝绸之路传入的外来金银器，如广东遂溪县南朝窖藏③出土的鎏金银杯、银盒、银碗，或口沿作十二瓣花形，或口沿外刻中古波斯文，或装饰人首鸟身、花草、波浪等富有异域情调的纹样，与之伴出的还有波斯银币 20 枚。

除了金银器皿外，这一时期流入中国的西方式样的金银器中，玲珑精巧的戒指和多面金珠等饰品亦甚丰富。

近几十年来，波斯萨珊朝银币及拜占庭金币在我国境内发现的数量之多，也殊为惊人。

---

① 大同市博物馆马玉基：《大同市小站村花圪塔台北魏墓清理简报》，《文物》1983 年第 8 期。
② 宁夏回族自治区博物馆等：《宁夏固原北周李贤夫妇合葬墓发掘简报》，《文物》1985 年第 11 期。
③ 遂溪县博物馆：《广东遂溪县发现南朝窖藏金银器》，《考古》1986 年第 3 期。

图 8-65　北周李贤墓出土鎏金银壶腹部图案展开图

以萨珊银币为例,据不完全统计,共出土 30 余起总数逾千枚,主要出土地点有新疆的乌恰、库车和吐鲁番,青海西宁,陕西的西安和耀县,河南陕县和洛阳,河北定县,广东英德、遂溪等。[①] 1998 年,六朝首都建康(今南京)梁公式钱铸坊遗址(今东八府塘)附近也出土了一枚萨珊银币,南京也因此成为萨珊银币在中国最东面的出土地点[②]。

需要说明的是,本来担负流通职能的萨珊银币,虽然在我国西北诸如高昌等地曾流通使用过,但在更多的时代,却是被凿出穿孔,用作衣、帽或佩带的装饰品。更有甚者,竟被放入死者口中,俨然具有了宗教意义。

六、玻 璃 器

在三国两晋南北朝墓葬中,玻璃器是比较珍贵的遗物,多发现于一些大中型的皇室陵墓和世家大族墓中。比较常见的是玻璃珠、环等小型装饰品,而日用器皿较少见。

河北定县北魏塔基除了出土玻璃珠、环之外,还出土玻璃钵、葫芦瓶。这些器皿有中国传统器形的特征,但采用了吹制成型法,玻璃含较多气泡,制作也较粗糙,很可能是中国吹制玻璃的早期产品。

南京象山东晋王氏家族 7 号墓、辽宁北票北燕冯素弗墓、河北景县封氏墓群[③]出土的器物,据研究,是输入中国的罗马玻璃器。南京象山 7 号墓出土的玻璃杯呈白色(略带黄绿色),较透明,其中有气泡,圆口圈底,口稍外侈,沿外下刻弦纹,上下均有对称的直瓣花纹。[④] 北燕冯素弗墓出土玻璃器 5 件,质薄透明,闪淡绿色或深绿色,器形有鸟形水注、侈口直筒形凹底杯、圈底小钵、残高足器等。[⑤]

湖北鄂城西晋墓出土的圆形磨饰玻璃碗、宁夏固原北周李贤墓出土的凸圆柱纹玻璃碗,是典型的萨珊玻璃。以湖北鄂城碗为例,这件由 11 块残片复原的玻璃碗,侈口,折沿,球形

---

①　参看《新中国的考古发现和研究》第 5 章第 5 节《与中外交通有关的遗物的发现和研究》,文物出版社 1984 年版。
②　邵磊:《南京出土萨珊卑路斯银币考略》,《中国钱币》2004 年第 1 期。
③　张季:《河北景县封氏墓群调查记》,《考古通讯》1957 年第 3 期。
④　南京市博物馆:《南京象山 5 号、6 号、7 号墓清理简报》,《文物》1972 年第 11 期。
⑤　黎瑶渤:《辽宁北票县西官营子北燕冯素弗墓》,《文物》1973 年第 3 期。

腹,圜底。色泽较淡,略泛黄绿色,透明度好,胎中有部分小气泡,唇部经过磨平。在腹部和圜底上均有圆形磨花装饰,自上而下共有四圈由圆形磨花组成的连珠纹,腹部的三圈磨花还由三组细凹弦纹相间隔。据研究,该碗为无模吹制成形,冷却后再用砂轮打磨出圆形花饰,属于伊朗萨珊王朝时代的钠钙玻璃。①

新疆楼兰、巴楚、和田等地也出土了这个时期的罗马玻璃和萨珊玻璃残片。

这些西方玻璃器应是通过陆上和海上丝绸之路输入中国的,反映了这一时期中外交通的兴盛。

第五节 佛教遗存

魏晋南北朝时期,佛教得到了极大发展,但南北佛教存在着一定的差异,表现为两点:一是南方孙吴、西晋时期与佛教艺术相关的遗物数量大,类型多,远远超过中原地区;二是东晋、南朝时期南方虽然佛寺林立,但开窟造像和单体石刻造像却远不及北方发达。

一、早期佛教遗物

1989 年,南京艺术学院阮荣春先生提出了"早期佛教造像南传系统"的学术命题,并对其作了较深入的研究。他发现,到 1988 年为止,中国南方长江流域存在数量较多的早期佛造像,仅三国、西晋的就达 60 例左右,但在同时期的北方,佛造像几乎是一片空白。为此,他认为在佛教东传过程中,存在着北方地区的"北传系统"和南方地区的"南传系统",而后者要早于前者。南传系统以秣菟罗风格为主,北传系统以犍陀罗风格为主。②

图 8-66 鄂州塘角头 4 号墓出土的孙吴陶佛像

---

① 蒋赞初主编:《鄂城六朝墓》,科学出版社 2007 年版,第 303—304 页。
② 阮荣春:《早期佛教造像的南传系统》,《东南文化》1990 年第 1、2、3 期。此后,阮先生对该课题又作了持续研究,参见阮荣春《佛教南传之路》,湖南美术出版社 2000 年版。

1990年夏天,由中日两国学者共同组成的课题组,在中国南方各省和日本境内开展了广泛的有关早期佛教遗存的调查,并陆续发表了相关成果①。早期佛教主要遗存可分为五类:(1) 佛像(雕刻、画像石、画像砖等)(图8-66);(2) 佛饰器物(摇钱树、柱础、铜制佛像);(3) 魂瓶(贴饰佛像、僧人像)(图8-67);(4) 陶瓷佛饰器物(熏炉、日用陶瓷器等);(5) 铜镜(佛兽镜、夔凤镜)等。② 韩国李正晓女士则将其分为石刻、壁画、画像砖、摇钱树、铜镜、其他金属制品、魂瓶、青瓷器等八

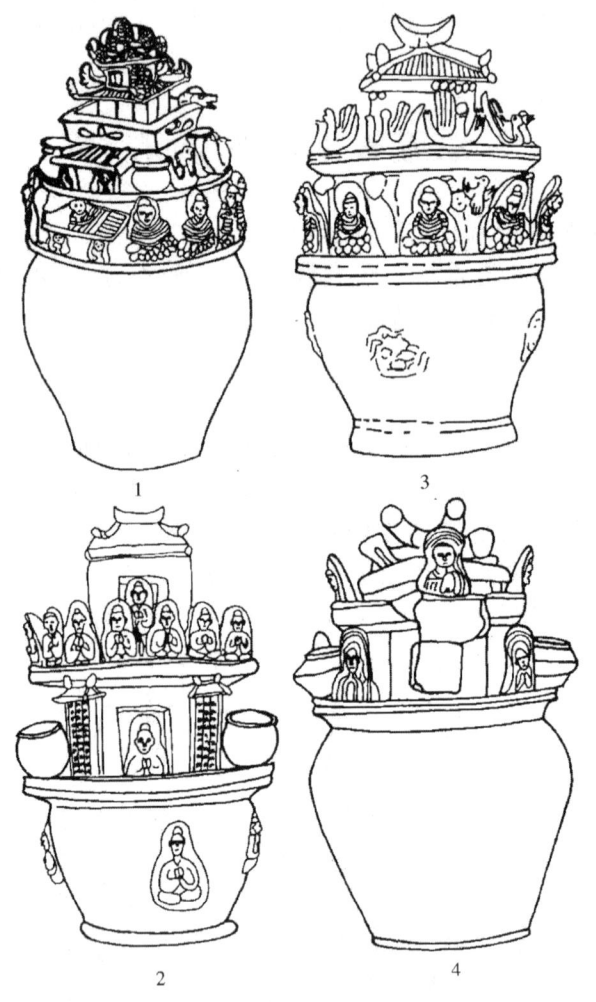

图8-67 西晋青瓷魂瓶
1. 狮子山1号墓 2. 南京甘家巷 3. 江宁殷巷 4. 南京郎家山

---

① [日]山田明尔、木田知生、入泽崇:《"早期佛教造像南传系统"考察概况及展望》。阮荣春:《"早期佛教造像南传系统"研究概说》。史占扬:《西南川滇缅印古道探论——兼述早期佛教之南传入蜀》。李刚:《汉晋胡俑发微》。以上文章均载于《东南文化》1991年第3、4期。阮荣春、木田知生:《"早期佛教造像南传系统"调查资料》。赵殿增、袁曙光:《四川忠县三国铜佛像及研究》。唐长寿:《四川早期佛教遗物辨识》。潘林荣:《湖州博物馆藏"魂瓶"及佛饰双耳罐》。以上文章均载于《东南文化》1991年第5期。贺云翱:《中国南方早期佛教艺术初探》。刘世旭:《四川凉山早期佛教遗迹考》。以上文章均载于《东南文化》1991年第6期。另参见贺云翱、阮荣春、刘俊文、[日]山田明尔、木田知生、入泽崇《佛教初传南方之路文物图录》,文物出版社1994年版等;《"佛教初传南方之路文物图录"编后记》,载贺云翱《历史与文化》,中国人事出版社1996年版等。

② 参见上注[日]山田明尔、木田知生、入泽崇一文。

类[①]。阮荣春先生认为,早在公元 3 世纪前后,佛教造像已在我国长江流域兴起,并形成了由中印度经中国长江流域直至日本的佛教文化传播系统。据最新资料可知,中国装饰佛像的"摇钱树"早在公元 125 年就已产生[②]。在江苏连云港还发现了东汉晚期的佛教摩崖造像[③]。到三国时期佛像装饰器或独立供奉的佛像已在长江流域大量出现,其中在长江上游地区主要流行摇钱树铜佛像,据何志国先生统计,迄今发现的东汉至三国时期的 21 株摇钱树上共有佛像 67 尊,大体可分为树干佛像和树叶佛像两类,造像内容有的为秣菟罗特点,有的为犍陀罗风格,当然还带有强烈的中国汉代艺术个性[④],表现出其造像风格要素来源的复杂性。在长江中下游地区主要流行佛饰陶瓷魂瓶和其他瓷器以及铜镜,尤其是东吴境内,已经出现了独立供奉的单尊青瓷佛像[⑤],这与东吴时期最高统治者孙权、孙亮等人对佛教徒的优待和在都城建业首造"建初寺"和"长干寺"的历史背景也较为吻合。

关于中国东汉时期到西晋时期的佛教造像考古是一个十分有意义的课题,多年来的发现和探讨,已经为阐明早期佛教艺术的传入路径、与中国本土宗教及本土艺术的结合、对中国产生的广泛的社会影响以及佛教艺术本身的时代特征等都提供了富有价值的成果。

二、石 窟 寺

所谓石窟寺,简单说就是开凿在河畔崖间的佛教寺院,是僧俗信徒礼拜、供养、起居和禅修的场所。石窟寺的开凿起源于古代印度,随着佛教的发展和东传,石窟寺及其建筑雕塑艺术通过闻名于世的丝绸之路,由西向东逐渐传播到中国内地。大约从公元 3 世纪开始,中国的佛教徒也开始开凿石窟寺了。公元 5 至 8 世纪是中国石窟发展的最盛期。

新疆地区就是古代的西域,在佛教东渐过程中起到了重要的桥梁作用。西域诸国大都信奉佛教,像于阗、龟兹等都是当时佛教盛行的国家。大约到公元三四世纪,龟兹已成为葱岭以东的一个佛教中心,僧人众多,塔寺林立。石窟寺的开凿就开始于这一时期。

到了两晋南北朝时期,约在 4 世纪至 5 世纪初,以凉州(今甘肃武威市)为中心的河西地区亦开始了石窟寺的开凿。比如前秦建元二年在敦煌莫高窟创凿洞窟的记载,现存十六国时期的北凉武威天梯山石窟,河西走廊以东开凿于西秦时期的永靖炳灵寺石窟等,共同构成了河西地区石窟寺的独特风貌,被称之为"凉州模式"[⑥]。

5 世纪前期,北魏灭北凉,统一了中原北方地区,凉州佛教随之输入魏都平城(今山西大同),使其成为中原地区政治、经济、文化和佛教的中心。在这种条件下,北魏文成帝时,在平城西武州山开凿了著名的云冈石窟。大型石窟的开凿一直持续到北魏迁都洛阳,在此期间,这里始终是中原北方地区石窟寺开凿的中心。云冈石窟的影响很大,在学术界被称之为"云

[①] 李正晓:《中国早期佛教造像研究》,文物出版社 2005 年版,第 83—86 页。
[②] 刘宏斌等:《陕西宝鸡考古队完成三峡文物发掘任务》,《中国文物报》2002 年 3 月 22 日第 2 版。何志国先生对该尊摇钱树铜佛像作了详尽深入的研究,参见何志国《汉魏摇钱树初步研究》第 173—255 页"宗教篇",科学出版社 2007 年版;《丰都纪年墓出土佛像的重要意义》,《中国文物报》2002 年 5 月 3 日第 7 版。
[③] 连云港市博物馆:《连云港市孔望山摩崖造像调查报告》,《文物》1981 年第 7 期;《孔望山造像研究》,海洋出版社 1990 年版。
[④] 何志国:《汉魏摇钱树初步研究》,科学出版社 2007 年版,192—218 页。
[⑤] 湖北省文物考古研究所等:《湖北鄂州市塘角头六朝墓》,《考古》1996 年第 11 期。
[⑥] 宿白:《凉州石窟遗迹与"凉州模式"》,《考古学报》1986 年第 4 期。

冈模式"①。

5世纪末,北魏孝文帝迁都洛阳,在洛阳城南伊阙开凿龙门石窟,随之形成了以洛阳为中心的石窟寺群。6世纪前期,东西两魏对峙,北朝的统治中心分别转移到了邺城和长安。在东部地区,从此形成了以邺城为中心的太行山东麓一线的石窟群和以陪都太原为中心的石窟群。而西部地区因为受政治动荡影响小,石窟寺的开凿主要是在原有地点继续进行,如天水麦积山、敦煌莫高窟等。在北朝的影响下,南朝齐梁时期也开凿了规模较小的石窟寺。

(一) 石窟寺的分类

石窟寺可以分为以下七种类型:(1) 洞窟内立一座中心塔柱的塔庙窟,是提供给僧侣们绕塔作礼拜用的;(2) 用于讲经说法的佛殿窟,无中心塔柱;(3) 供给僧人生活起居和坐禅修行用的僧房窟;(4) 在有的塔庙窟和佛殿窟中雕塑了大型佛像,就形成了大像窟;(5) 在佛殿窟内设立中心佛坛,形成摹仿地面寺院殿堂作法的佛坛窟;(6) 僧房窟中专门为坐禅修行而开凿的小型禅窟(罗汉窟);(7) 由小型禅窟组成的禅窟群。②

(二) 石窟寺的分区

这一时期的石窟寺按区域划分可分成新疆地区、中原北方地区和南方地区三个区。

1. 新疆地区:主要集中在三个区域:(1) 古龟兹地区。以新疆库车、拜城为中心,现存主要石窟地点有拜城克孜尔石窟、库车库木吐喇石窟、森木塞姆千佛洞和克孜尔嘎哈石窟等等。这是新疆地区石窟寺最为集中的一个区域。(2) 古焉耆地区。在新疆焉耆回族自治县七格星一带。(3) 吐鲁番地区。在新疆吐鲁番附近,主要石窟寺地点有吐峪沟和伯孜克里克石窟。

新疆地区最早的石窟大约开凿在公元3世纪,洞窟内采用泥塑像和绘制壁画相结合的方法制作,在焉耆和吐鲁番一带,还在有的洞窟前面用土坯砌成前堂,或者直接用土坯来砌建洞窟。洞窟形制多塔庙窟、大像窟、僧房窟、禅窟,以及以塔庙窟、大像窟为中心的不同形制洞窟组成的洞窟组合。塑画题材在6世纪以前主要流行小乘佛教的释迦、交脚弥勒和表现释迦的本生、佛传、因缘故事。绘画技法为西域流行的晕染法。6世纪以后,出现大乘佛教题材的千佛、阿弥陀佛等净土题材。绘画技法受到中原文化的影响。

2. 中原北方地区:是指新疆以东、包括黄河流域和长城内外的广大地区,数量最多,内容也最复杂,是石窟寺发展的主要地区。按照自然地理和风格特点,还可以再分为三个小区。

(1) 河西区。主要位于甘肃黄河以西河西走廊的敦煌、酒泉、张掖、武威附近。敦煌附近以莫高窟规模最大,延续时间最长。现存洞窟的开凿年代从5世纪一直延续到14世纪。莫高窟以东的重要石窟寺地点还有西千佛洞、安西榆林窟。酒泉附近主要有文殊山石窟、玉门昌马石窟。张掖附近主要有马蹄寺和金塔寺石窟寺。武威附近有天梯山石窟。这些石窟寺亦大多开凿于5至6世纪。河西地区的石窟寺一般以泥塑和壁画相结合的方法修造,有的洞窟也采用石胎泥塑的方法。洞窟形制主要流行中心柱窟和佛殿窟,塑画题材多释迦、交脚弥勒、倚坐佛、三佛、七佛、释迦多宝、千佛以及本生、因缘、佛传故事。

---

① 宿白:《平城实力的集聚和"云冈模式"的形成与发展》,《中国石窟·云冈石窟一》,文物出版社1991年版。
② 国家文物局教育处编:《佛教石窟考古概要》,文物出版社1993年版。

（2）甘宁黄河以东区。主要有甘肃永靖炳灵寺石窟、天水麦积山石窟、庆阳南北石窟寺、泾川王母宫石窟、宁夏固原须弥山石窟等。炳灵寺和麦积山石窟以泥塑或石胎泥塑与壁画相结合的方法为主，也有纯为石雕者，开凿年代约为5世纪初。其中炳灵寺石窟第169窟第6龛无量寿佛有公元420年题记，是中国现存最早有明确纪年的龛像。造像题材流行无量寿佛、维摩文殊、三佛、七佛和千佛等。

（3）晋豫及其以东区。包括山西、河南及其以东的广大地区，是中国石窟发展高峰期的中心区域，以皇家经营开凿的石窟寺为主流，主要采用石雕刻的手法制作。主要有5至6世纪开凿的大同云冈石窟、鹿野苑石窟、洛阳龙门石窟、巩县石窟寺，6至7世纪开凿的邺城响堂山石窟、太原天龙山石窟等。受主流石窟影响而开凿的有5至6世纪开凿的河北张家口下花园石窟，辽宁义县万佛堂石窟，安阳宝山石窟、小南海石窟，山东驼山石窟、云门石窟等。这一地区的石窟均以精美的石刻作品闻名于世。洞窟形制多大像窟、中心柱窟和佛殿窟以及成组的双窟。洞窟外观较多地模拟佛寺建筑，云冈、响堂山、天龙山都有仿木式窟檐建筑样式，响堂山石窟还在窟檐之上设置覆钵式顶，构成独特的塔形窟。山东地区多为摩崖龛像。5世纪至6世纪前期，造像题材主要流行释迦、释迦多宝、三世佛、七佛、交脚弥勒菩萨、交脚佛、维摩文殊以及连环画式的佛传、本生故事画。6世纪中期开始流行西方无量寿佛、西方净土变、倚坐弥勒佛、思维菩萨以及卢舍那、阿弥陀佛、弥勒佛或释迦、阿弥陀和弥勒佛组合的三佛题材。

3. 南方地区：这一区域的石窟寺主要是指5至6世纪开凿的南京栖霞山石窟和浙江新昌大佛，其数量和规模虽远比不上北方，但风格独异，仍具有极重要的历史和艺术价值。[①] 栖霞山石窟开凿于南齐永明二年，据南京市博物馆于1994年调查统计，现存大小石窟佛龛250个，造像520余尊。每龛造像多少不等，大小不一，大者高数丈，小者仅盈尺。主要流行无量寿佛、释迦多宝和三佛等题材。

三、寺院遗迹和单体佛教造像

1. 北方地区

（1）新疆地区：在库车皮朗古城东北13公里苏巴什村北的铜厂河两岸保留有著名的雀梨大寺遗址，该寺建于公元4世纪，东寺遗址主体建筑的东、南、北三面围墙保存完好，东墙尚有马面，围墙内有六组建筑，为佛塔、佛殿和僧房。西寺遗址没有围墙，南侧有墓地，北侧有僧房窟群，窟壁上有坐禅高僧的影像。这都是龟兹小乘佛教的特点。僧人墓地曾出土有舍利圆盒。

新疆西部的巴楚尚有脱库孜萨来依寺院遗址，其建于公元4世纪至5世纪，曾出土完整的塑像和壁画。

（2）中原地区：中原地区发现最早的佛教遗物，是十六国时期的鎏金铜像，具有浓郁的中亚风格，其中后赵建武四年铭的释迦坐像和陕西三原出土的菩萨立像最具代表性。北魏迁洛以后，又流行造像碑，分为扁体碑形造像碑和四面体柱状造像碑两类，以前一类最多。

北魏时期注重佛塔的寺院布局，如河北正定县发现的太和五年塔基石函，在函盖上就铭记有孝文帝"造此五级佛图……原（愿）国祚延长，永享无穷……"的字样，可见当时重视佛塔

---

① 宿白：《南朝龛像遗迹初探》，《考古学报》1989年第4期。

的情况。建于熙平元年(516年)的洛阳永宁寺,是现知南北朝时期唯一可大体复原的佛寺遗址。① 现存北魏时期登封嵩岳寺塔,原也是永宁寺的重要建筑,此塔建于正光四年(523年),十二边形,高39.5米,是我国现存最早的砖塔。

1996年10月,在山东青州龙兴寺遗址发现佛教造像,窖藏有400余尊,绝大多数属于北朝时期。② 石刻表面贴金绘彩,造型生动,色彩绚丽,突出地呈现了北朝佛教石刻的艺术特色和时代风貌。其中不少都标识纪年,为这一时期石雕艺术的断代提供了重要依据。该发现被评为"1996年全国十大考古新发现"、"中国20世纪100项考古大发现"。

2. 南方地区

江苏徐州云龙山兴化寺内石佛,为10.7米高的半身像,系北魏正平元年(即刘宋元嘉二十八年,公元451年)开凿,属北方造像系统,是南朝时期江苏境内唯一的北魏造像。

图8-68 成都商业街出土的南朝佛教石刻造像

南方单体佛教造像多集中出土于四川成都地区,重要的首推成都西门外万佛寺遗址,

---

① 中国社科院考古研究所洛阳工作队:《北魏永宁寺塔基发掘简报》,《考古》1981年第3期。杨鸿勋:《关于北魏洛阳永宁寺塔复原草图的说明》,《文物》1992年第9期。钟晓青:《北魏洛阳永宁寺塔复原探讨》,《文物》1998年第5期。

② 山东青州博物馆:《青州龙兴寺佛教造像窖藏清理简报》,《文物》1998年第2期。

该遗址发现的石造像现存总数有 200 余尊,时代包括南朝至唐,以南朝梁代造像最为丰富。① 1990 年和 1995 年分别在成都市商业街②(图 8-68)、成都市西安路③又发现两批重要的南朝佛教石造像。此外,在成都周边的茂汶县④、彭州市区北部⑤也发现这一时期的佛教造像。这批造像的组合较复杂,如一立佛、四弟子、四菩萨、二天王的形式,在中原地区较少见。造像面形方正,潇洒秀丽,装饰繁细,通肩衣多褶襞,无袒右肩衣,具有鲜明的时代和地域特征。刘宋造像较同时和稍后的中原北方造像更为清秀,到公元 5 世纪末始向庄重端雅发展。南朝佛像突出无量寿佛和弥勒佛,反映了当时人们对西方净土的祈求和对弥勒成佛后世间安宁的向往,这与当时北方重禅观从而流行释迦等形象的情形是不同的。

参 考 文 献

1. 荣丽华编集、王世民校订:《1949—1989 四十年出土墓志目录》,中华书局 1993 年版。
2. 赵超:《古代墓志通论》,紫禁城出版社 2003 年版。
3. 罗新、叶炜:《新出魏晋南北朝墓志疏证》,中华书局 2005 年版。
4. 罗宗真:《魏晋南北朝考古》,文物出版社 2001 年版。
5. 罗宗真、王志高著:《六朝文物》,南京出版社 2004 年版。
6. 徐苹芳:《三国两晋南北朝的铜镜》,《考古》1984 年第 6 期。
7. 孔祥星、刘一曼:《中国古代铜镜》,文物出版社 1984 年版。
8. 唐石父主编:《中国古钱币》,上海古籍出版社 2001 年版。
9. 千家驹、郭彦岗:《中国货币发展简史和表解》,人民出版社 1982 年版。
10. 《中国大百科全书·考古学》,中国大百科全书出版社 1986 年版。
11. 洛阳师范学院河洛文化国际研究中心:《洛阳考古集成·秦汉魏晋南北朝卷》,北京图书馆出版社 2007 年版。
12. 吉林省文物考古研究所、集安市博物馆:《丸都山城——2001—2003 年集安丸都山城调查试掘报告》,文物出版社 2004 年版。
13. 贺云翱:《六朝瓦当与六朝都城》,文物出版社 2005 年版。
14. 何志国:《汉魏摇钱树初步研究》,科学出版社 2007 年版。
15. 贺云翱、邵磊:《中国金银器鉴赏图典》,上海辞书出版社 2008 年版。
16. 林士民:《青瓷与越窑》,上海古籍出版社 1999 年版。
17. 冯先铭等:《中国陶瓷史》,文物出版社 1982 年版。
18. 《陈万里陶瓷考古文集》,紫禁城出版社 1997 年版。
19. 贺云翱、郭怡:《中国帝王陵考古》,文物出版社 2008 年版。
20. 北京大学历史系考古教研室:《三国两晋南北朝考古》,北大历史系教材,1974 年。
21. 贺云翱、阮荣春、刘俊文、[日]山田明尔、木田知生、入泽崇:《佛教初传南方之路文物图录》,文物出版社 1994 年版。

---

① 刘志远等编:《成都万佛寺石刻艺术》,中国古典艺术出版社 1958 年版。袁曙光:《四川省博物馆馆藏万佛寺石刻造像整理简报》,《文物》2001 年第 10 期。
② 张肖马等:《成都市商业街南朝石刻造像》,《文物》2001 年第 10 期。
③ 成都市文物考古工作队等:《成都市西安路南朝石刻造像清理简报》,《文物》1998 年第 11 期。
④ 袁曙光:《四川茂县南齐永明造像碑及有关问题》,《文物》1992 年第 2 期。
⑤ 彭州市博物馆等:《四川彭州龙兴寺出土石造像》,《文物》2003 年第 9 期。

22. 谢宝富:《北朝墓葬的地下形制研究》,《湖北大学学报》(哲学社会科学版)1997 年第 6 期。
23. 张小舟:《北方地区魏晋十六国墓葬的分区与分期》,《考古学报》1987 年第 1 期。
24. 刘彦军:《简论五胡十六国和北朝时期的北方墓葬》,《中原文物》1986 年第 3 期。
25. 魏存成:《高句丽遗迹》,文物出版社 2002 年版。
26. 李殿福:《集安高句丽墓研究》,《考古学报》1980 年第 2 期。
27. 李裕群著:《古代石窟》,文物出版社 2003 年版。
28. 国家文物局教育处编:《佛教石窟考古概要》,文物出版社 1993 年版。
29. 宿白:《中国石窟寺研究》,文物出版社 1996 年版。

第九章　隋唐五代考古

公元581年杨坚代周称帝,建立了继往开来的隋朝。隋朝结束了魏晋以来长达300多年的分裂割据状态。南北政治的统一,促进了南北经济的发展,文化的合流与融合,开创了大一统的新局面。隋代所创立的三省六部制度、科举制度为唐以后各代沿袭,对国家统一、社会经济文化的发展起到了积极的作用。隋文帝"薄赋敛、轻刑法,内修制度,外抚戎夷"[①],开皇年间,社会经济出现了繁荣景象。但炀帝即位以后,"外征四夷,内穷嗜欲"[②],引发了农民起义,至大业十四年(618年)炀帝被杀亡国,隋朝经2帝,历38年。

继隋而起的唐代,总结前代灭亡的教训,采取了一些有利于民生的政策,巩固了政权和国家的统一,建立起一个更加繁荣昌盛的大帝国。唐初,太宗雄才大略,励精图治,出现了"贞观之治"。随后高宗武则天时期,保持了统一和强盛。玄宗开元年间,国力强盛,经济繁荣,文化昌盛,社会安定,史称"开元盛世"。安史之乱是唐由盛转衰的转折点,此后唐朝一直为内乱外患所困。藩镇割据,宦官专权,朋党之争,外族入侵,最终唐王朝在黄巢大起义的冲击下崩溃了。

唐灭亡(907年)以后,到宋建国(960年),凡54年,其间在中国黄河流域相继出现了后梁、后唐、后晋、后汉、后周五个朝代,在长江流域及其以南地区,出现了十个政权,史称五代十国。五代十国时期是唐末藩镇割据的延续和扩大,黄河流域战火纷起,社会经济遭到较大的破坏。而此时的南方地区,社会相对安定,经济得到了进一步的发展,中国的经济重心进一步南移。

隋唐五代时期的考古工作开展较早,成果斐然,影响深远,不仅在中国考古学上占有重要地位,在世界文化史上也十分引人注目。这一时期,考古遗存数量众多,物质文化丰富多彩。建国以来勘查了包括两京在内的一大批隋唐城址,调查和发掘了南北各地的窑址,发掘了一些隋唐居住遗址和宗教遗址。对于现存于地上的隋唐遗迹、遗物,如石窟寺、碑刻、塔、栈道、铭刻、建筑等等进行了普查、清理和保护。与此同时,还调查了唐代帝陵、发掘了五代时期的数座帝陵以及数以千计的分布在全国各地的隋唐墓葬。从这些墓葬中出土了数以万计的文物,其中有各类陶瓷器皿、金银器皿、铜铁器,有各种俑类及模型器,还有各类文书、丝棉毛织物、绢画、壁画、墓志,以及不同质地的装饰品、工艺品和其他生活用品。通过上述调查、发掘,隋唐考古积累了一套比较完整的、系统的实物资料,为隋唐考古奠定了坚实的基础。这一阶段的考古研究工作也同样取得了丰硕的成果,对典型遗址、墓葬的探讨不断深入,对于典型器物的分期已经初步形成,关于隋唐城市、墓葬、遗物的综合研究和专题也已经逐步开展。

在学术研究中,一般将隋唐两代的考古学文化分为四个时期:隋朝为第一期,这一期的物质文化面貌还沿袭着不少北朝的风格。唐朝建立到唐高宗时为第二期,即初唐时期。这一

---

① 《隋书·高祖纪》。
② 《隋书·刑法志》。

期的文化面貌既沿袭了隋朝的风格,又有所创新,是唐朝初创阶段。武则天在位时期至唐玄宗开元、天宝时期为第三期,往往又称其为盛唐时期。大型墓葬、制作精美的器物多出现在这一期,各类文物都呈现出一派欣欣向荣的景象,反映出唐代经济繁荣、文化鼎盛的盛世气象。安史之乱后至唐朝灭亡为第四期,即晚唐时期,是唐朝由盛转衰直至灭亡的时期。这一期的墓葬规模、出土文物的数量和质量都大不如前,尤其是异域风格的器物大量减少,反映了唐王朝逐渐趋于保守、衰落的景象。

第一节 城 址

一、长安城

公元581年,隋灭北周,尽管南方的陈朝仍然存在,但是隋代的统治者已经开始酝酿创建都城。新的都城地点选在关中地区的龙首原(今陕西西安市区),经宇文恺规划设计,先后修筑宫城、皇城和外郭城。历经10个月,一座规模宏大的都城拔地而起,取名大兴城,取其永远兴隆昌盛之意[①]。唐代相沿,改称长安。又在北部兴建大明宫,在外郭城内营建兴庆宫。盛世之都,空前繁华。

中国历代王朝的崩溃总是伴随着城市的焚毁,规模宏大的长安城在唐末战乱中大部分毁于兵火。唐末天祐元年(公元906年)朱全忠迫昭宗迁都洛阳,并令拆长安宫室,屋木自渭水浮入黄河运往洛阳。隋大兴、唐长安作为国都320余年,至此全部废毁。

历代学者对长安城颇多关注,唐代韦述著《两京新记》,北宋宋敏求著《长安志》,吕大防作图刻石,至清徐松撰《唐两京城坊考》等等。20世纪初,日本学者足立喜六通过实地考察,写出了《长安史迹考》。中国科学院考古研究所从1957年组成西安唐城发掘队,由马得志等主持,对外郭城、皇城、宫城及大明宫等遗迹予以全面的探勘和重点发掘,取得了较大的进展。

长安城由外郭城、宫城、皇城和各坊、市等构成(图9-1)。外郭城又名罗城,平面呈长方形,面积84平方公里,周长36.7公里。东西宽9721米、南北长8651.7米,东、西、南三面各开三门,北面开四门。其中南面正门明德门为五门道,各宽5米,其余城门均为三门道。城内南北向街道11条,东西向街道14条,其中连接明德门和皇城正门朱雀门的大街宽150—155米,路面中央略高呈弧形,两侧有水沟,并植有槐树和榆树。街道相互交叉,将城区除宫城、皇城和东西二市之外的地方分为110坊。各坊四周夯筑高的坊墙,朱雀大街两侧的四列坊仅东西开二门,其余各坊东西南北各开一门。里坊内设置十字街道为主要街道。各坊除了民宅外,国子监、京兆府署、万年县署、长安县署等亦设置在坊内,此外因为佛教、道教盛行,一些寺庙、道观等建筑也设置在坊内,例如今存的大雁塔(在原晋昌坊)、小雁塔(在原安仁坊),经过发掘的新昌坊内的青龙寺、延康坊内的西明寺等等。里坊门早开晚闭,宵禁后禁止进入,以便控制与管理。

城内中部设东西二市,为商业区。东市南北长1000米、东西宽924米。西市南北长1031米、东西宽927米。二市均建夯土围墙,开八门,内有井字街道将市内划分为九区,每区之内

[①] 《太平御览》卷一五六引《西京记》,中华书局1960年版。

又有小巷互通。临街开店铺，主要有各种手工作坊、饮食店、珠宝店等等①。

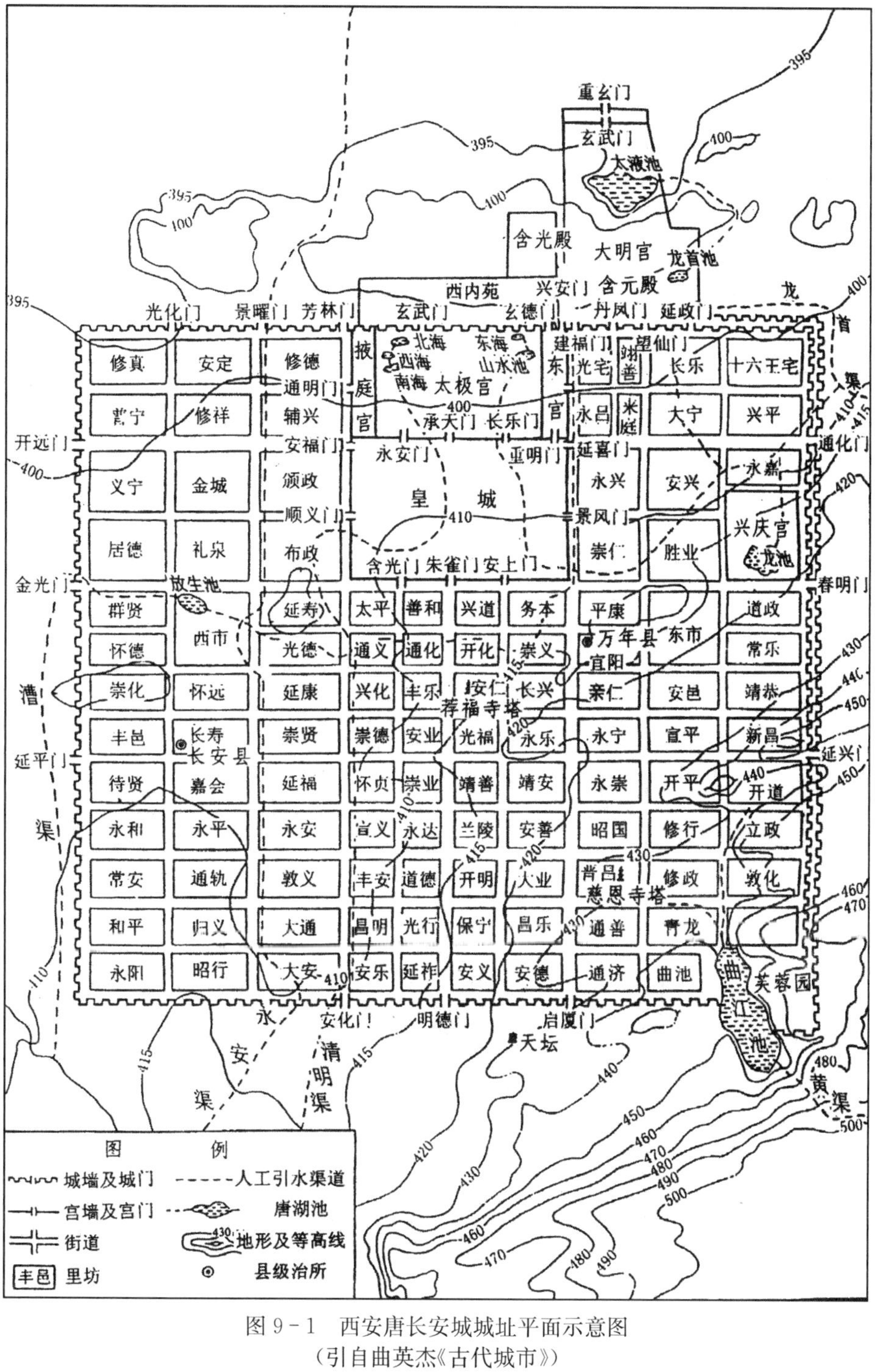

图 9-1　西安唐长安城城址平面示意图
（引自曲英杰《古代城市》）

皇城和宫城位于外郭城内北部中央，宫城居北，为全城的北部居中。整体为长方形，四周

---

① 曲英杰：《古代城市》，文物出版社 2003 年版，第 169 页。

围墙夯筑,南垣五门,正中为承天门,北垣三门,西门为玄武门。经发掘,承天门为三门道,路面铺石条和石板。宫城周长约8600米,面积约4.2平方公里,内部被隔墙分为三个部分,正中为太极宫,为皇帝正衙所在,东侧为太子居住的东宫,西侧为后宫人员居住的掖庭宫。宫城之北为西内苑。

皇城位于宫城之南,又名子城。其东西两垣与宫城东、西垣相接,南垣即明清西安城南垣。北面无墙垣,与宫城之间以"横街"隔之。皇城东西长2820.2米、南北长1843.6米,周长约9200米,面积约5.2平方公里。作为南垣正门的朱雀门,北与承天门相对,南与明德门相望。据记载,皇城内有东西向街道七条,南北向街道五条,其间分设中央衙署和太庙、社稷等。唐末,长安城毁,仅以皇城做新城,明初又以此为基础,向北、向东扩张而筑西安城。①

唐太宗时,于宫城东北禁苑的龙首原上建"夏宫",初名永安宫,次年改称为大明宫。至高宗时期,重修大明宫,武则天临政,把朝会之所由太极宫改为大明宫。大明宫平面略呈梯形,四面皆有门。南垣即外郭城的北垣,正南的丹凤门由东西墩台、5个门道、4道隔墙以及东西两侧的马道组成,其中5个门道的形制及大小相同,净宽皆为8.5米,南北进深33米。

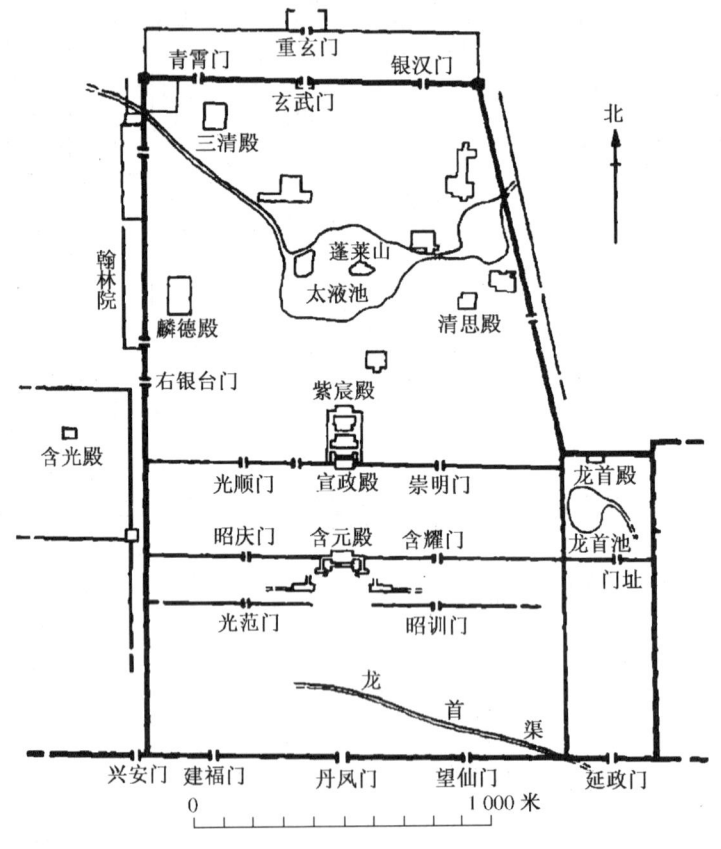

图9-2 唐长安城大明宫平面分布图
(引自《考古》2006年第7期)

---

① 中国科学院考古研究所西安唐城发掘队:《唐代长安城考古记略》,《考古》1963年第11期。中国社会科学院考古研究所西安唐城发掘队:《唐代长安皇城含光门遗址发掘简报》,《考古》1987年第5期。

丹凤门城墙东西两侧皆筑长条形马道,长 54 米、宽 3.5 米。丹凤门规模之大、门道之宽、马道之长,均为目前隋唐城门考古之最,充分体现出这座宫门的规格之高和宏大的皇家气派。①

大明宫的建筑布局以丹凤门、含元殿、宣政殿、紫宸殿和玄武门为南北轴线,官厅、别殿、亭阁与楼观等分布于东西两侧。大明宫的南半部为朝政建筑区,其中三大殿又构成前、中、后三个空间,前为"大朝",以高大雄伟的含元殿为主体,面朝宽阔的丹凤门广场,国家盛大的庆典多在此举行。中为"中朝",以宣政殿为主体,朝廷各重要机构如中书省、殿中内省、御史台、门下省、弘文馆、史馆等均设在其左右,为皇帝常朝和百官办事的行政中心。后为"内朝",以紫宸殿为主体,紫宸殿是紧连后宫的便殿。目前经过考古发掘,大明宫内发现宫殿遗址 30 余处,含元殿、麟德殿、清思殿、三清殿、朝堂、翰林院遗址都进行了发掘。②

含元殿为大明宫的正殿(图 9-3),即举行国家大典的地方,始建于龙朔二年(公元 662 年),南对丹凤门。其台基高出平地 15.6 米,殿面阔 11 间,进深 4 间,每间广 5 米,东、西、北三面为版筑夯墙,南面原未筑墙。宫殿向南有龙尾道,殿基左右两端各有一向外延伸并转而向南的廊道,衔接"翔鸾"、"栖凤"阁。含元殿北有宣政殿、紫宸殿,为常朝、内朝之所。其西北有麟德殿,其台基平面呈长方形,南北长 130 米,东西宽 77 米,上建前、中、后相毗连的三殿,规模宏伟,为宫内宴会、游戏之所。大明宫北部有太液池,经勘探可知,太液池分东西两部分,中间以渠道相连。西池东西长 500 米,南北宽 320 米,中有园林式岛屿蓬莱岛遗迹;东池南北长约 220 米,东西宽约 150 米,太液池周围有许多干栏式水榭和廊道,考古人员在太液池进行发掘时还发现了透雕龙纹石栏板和带莲花座的蹲狮的石望柱等最高等级的建筑构建,为唐代考古所首见。太液池池底淤泥中还发现了莲荷的遗迹,证实了唐诗"太液芙蓉未央柳"以及文献中对太液池莲荷美景的记载。③

开元年间,唐玄宗于外郭城东部兴庆坊营建兴庆宫。其原系唐玄宗为临淄王时期旧居,后玄宗即位,在此建离宫,置朝堂,把北面永嘉坊的一半扩入,以后移此听政,成为新的政治中心。经勘测,兴庆宫平面呈长方形,南北 1250 米,东西 1075 米,四面设门。宫内中部有一东西向隔墙将宫廷分成两区,北为宫殿区,南为园林区。西南隅有勤政务本楼等建筑。兴庆宫以园林区为主体,建筑平面多样化,豪华富丽程度远在大明宫之上。

唐代还修建了由兴庆宫到大明宫的夹城,使"人主往来两宫,人莫知之"。外郭城的东南隅城外有芙蓉园,曲江池在园西部。9 世纪中叶以后,不仅皇室在此新造楼亭,不少官衙也在曲江各置船舫,成了长安奢靡游逸之所。

长安城比较重要的建筑还有大雁塔和小雁塔。大雁塔亦名慈恩寺塔,位于晋昌坊内,为唐高宗永徽三年(公元 652 年)高僧玄奘创建,初为五层,武则天时重建,共十层。至今犹存的

---

① 中国社会科学院考古研究所西安唐城队:《西安市唐长安城大明宫丹凤门遗址的发掘》,《考古》2006 年第 7 期。

② 马得志:《唐长安城发掘新收获》,《考古》1987 年第 4 期。马得志:《1959—1960 年唐大明宫发掘简报》,《考古》1961 年第 7 期。中国社会科学院考古研究所西安唐城工作队:《唐大明宫含元殿遗址 1995—1996 年发掘报告》,《考古学报》1997 年第 3 期。中国社会科学院考古研究所等联合考古队:《唐长安城大明宫太液池遗址考古新收获》,《考古》2003 年第 11 期。中国社会科学院考古研究所等联合考古队:《西安唐长安城大明宫太液池遗址的新发现》,《考古》2005 年第 12 期。

③ 中国科学院考古所:《长安大明宫》,科学出版社 1959 年版。马得志:《1959—1960 年唐大明宫发掘简报》,《考古》1961 年第 7 期。中国社会科学院考古研究所西安唐城工作队:《唐大明宫含元殿遗址 1995—1996 年发掘报告》,《考古学报》1997 年第 3 期。

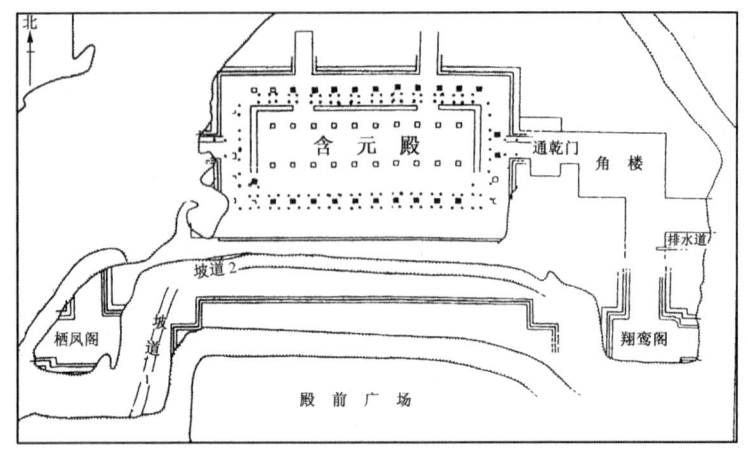

图 9-3　西安唐大明宫含元殿殿址平面示意图
（引自曲英杰《古代城市》）

是经过后代修葺的方形锥状七层塔，是中国楼阁式砖塔的优秀代表。小雁塔位于开化坊的荐福寺内，修建于唐中宗景龙年间（公元 707—709 年），至今犹存。小雁塔采用密檐式砖构建筑，初为 15 级，现余 13 级，正方形，底层边长约 11 米。

长安城以宫城、皇城、郭城的正南门构成南北中轴线，形成"畦田棋布，闾巷皆中绳墨"的景象，布局方正严谨，是曹魏邺城和北魏洛阳城布局的发展和完善。宫城置于中轴线北端沿袭了前代的传统，但是在宫城南面另筑皇城是从隋大兴城开始的。长安内居于北部正中的宫殿区、居于坡头高地的官衙府邸与一般居民区相互隔离，等级分明，突出了帝王之居"建中立极"的都城建设理想模式，形象地体现了皇权至上和中央集权思想。城内里坊采用封闭式格局，四周建高墙，实行严格的宵禁制度，具有浓厚的军管性质。

隋唐都城的布局对其他地区和国家的影响甚大。中国东北地区建立的渤海政权，其上京龙泉府城、中京显德城、东京龙原府城的设计大体模仿长安，宫城都在城北部正中，城内都有方整的里坊。日本在 7 世纪后半期到 8 世纪兴建的藤原、难波、平城京、长冈、平安京五座京城，也是效仿隋唐时期的长安城。尤其是平城京和平安京，它们不仅形制和布局模仿长安，就连宫殿、城门和街道的名称都沿袭长安城的。以长安为首的中国城市建制和布局还影响到了中亚地区，如中亚的托克马克西的阿克彼行古城、塔拉斯城等一些城市，采用的大体方形平面，"面三门"或"四面十二门"的做法，也渊源于隋唐。[①]

二、洛阳城

隋代继大兴城之后，又营建东都洛阳，亦由宇文恺规划设计。隋代洛阳城不因于汉魏洛阳城，而是西移到今天的洛阳市区。唐初曾经废除东都，至高宗时期复以洛阳为东都，武则天听政时期，常居洛阳。唐中宗、玄宗、哀宗都曾经长时间居住在洛阳，由是，洛阳成为唐代的另一个政治中心。宋代以此为西京。

洛阳城的考古勘查开始于 20 世纪 50 年代。1954 年阎文儒等对城址进行实地考察。自 1959 年起，中国科学院考古研究所组成洛阳工作队，对洛阳城的外郭城、宫城和皇城及上阳宫

---

① 齐东方：《隋唐考古》，文物出版社 2002 年版，第 33 页。

等遗址进行了全面的勘探和重点发掘。

洛阳城平面近方形,平面周长27.5公里,洛水横贯中部。郭城南、北、东三面共开8门。各门皆有3个门道。南面正门为定鼎门。城内洛河以南有南北向街12条,东西向街6条。洛河以北探出南北向街道4条,东西向街道3条。通城门的街道都比较宽,一般在41—59米。其中郭城通皇城正门的定鼎街宽达121米。郭城"南广北狭,凡一百三坊,三市居其中焉"[①]。里坊呈方形,布局整齐,边长一里,内有十字街道,周围筑坊墙。洛阳城内设三市,西市在西南隅,南市在东部洛水之南,北市在洛阳旧城东关外。洛阳城的设计比长安城更注重城市的商业功能。洛河可方便运输,故直接规划在城内,以发挥水系运输的作用。此外还开掘了沟渠。北市南沿洛河,北傍漕渠;东市通运渠;西市通通济、通津两渠。市场都是依可以行船的河渠而设,比长安城更为合理。

目前在外郭城东南部履道坊西北隅发现了白居易的故居[②],为一座带有前后庭院的两进式院落,出土了大量建筑构件和唐代瓷壶、碗、盘、杯、石砚、石经幢等文物,其中出土的一件六面体石经幢,上面刻230多个楷书汉字的陀罗尼经文,其中有"开国南白居易造此佛顶尊胜大悲"、"唐大和九年"的文字。

与大兴城在设计上不同的是,洛阳城的宫城、皇城位于全城的西北隅,占据高地,便于防御。宫城南面为皇城,北建重城,东隔东城,西面连苑,戒备坚固而紧密。

宫城平面近方形,东西长约1270米,南北长约1400米。城墙中为夯筑,内外包砖。宫城内主要宫殿区二号台基经过发掘后被确认为武则天时期的明堂遗址。明堂遗址为一座八角形的夯土台基,东西长85米,南北残长72米,台基中心有一个圆形大柱坑,坑口直径9.8米,坑底有四块大青石构成的巨型四柱础,中心有一方形柱槽。在明堂遗址西北部发现的几处台基可能分别是天堂(即佛光寺)、徽猷殿、流杯殿、弘徽殿以及宣政殿等所在。宫城的正南门也经过了考古发掘,发现该门址在盛唐时期进行了重修,早晚门址皆为3个门道,早期门址3个门道东西各宽5米,3个门道之间的隔墙东西各宽5米,晚期门址的3个门道破坏严重,但各个门道内地面皆铺石。[③]

皇城围绕宫城的东、西、南三面,内设五省、三台、五监、九寺、十二卫、十六府等官署,还有接待四方来宾的馆舍。宫城东北、西北两角各有一隔城,北面建曜仪、圆璧二城。曜仪城为狭长方形,圆璧城平面呈梯形。东城紧接皇城之东,东城之北为含嘉仓城。

唐高宗时期在东都苑东部修建了上阳宫,成为东都的主要宫殿,是高宗、武则天听政之所,发掘表明其傍皇城南墙而建。1989—1993年在这里发现了唐代皇家园林。[④] 内有东西长33米以上的水池,周围水榭廊房环绕,另外还发现了六处假山和两条五彩卵石铺成的石子路,出土了大量琉璃瓦以及许多从江南地区运来的太湖石。

在唐代,洛阳是漕运物资运往长安的中转站,故城内设有一些重要的粮仓。例如皇城右

---

① 《唐六典》,卷七。由于洛水水患和里坊改名,文献记载的数量、名称略有不同。
② 中国社会科学院考古研究所洛阳唐城工作队:《洛阳唐城东都履道坊白居易故居发掘简报》,《考古》1997年第12期。
③ 中国社会科学院考古研究所洛阳唐城工作队:《河南洛阳市隋唐东都应天门遗址2001—2002年发掘简报》,《考古》2007年第5期。
④ 中国社会科学院考古研究所洛阳唐城工作队:《唐洛阳东都上阳宫园林遗址发掘简报》,《考古》1998年第2期。

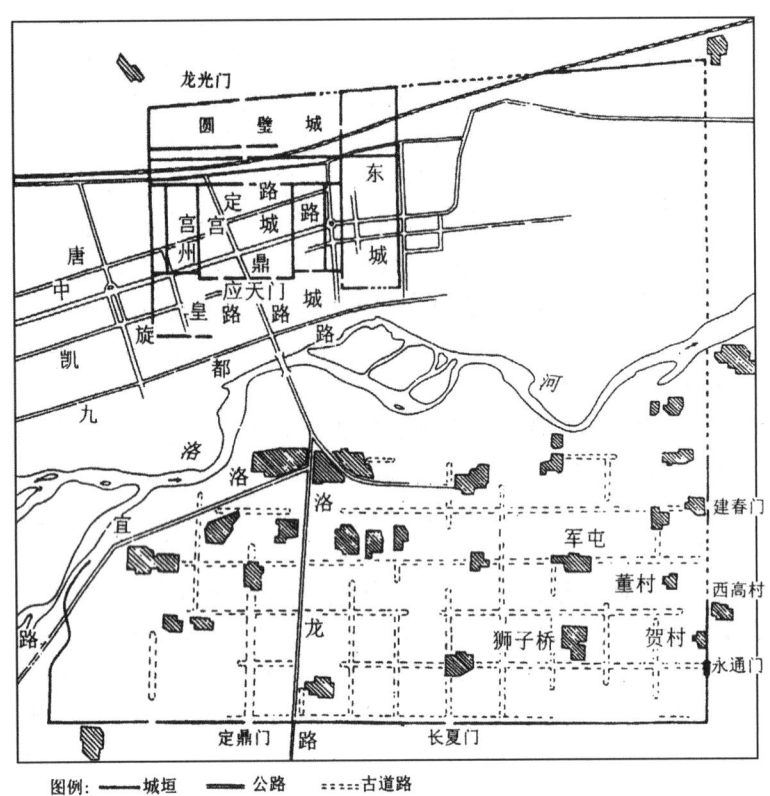

图 9-4 唐洛阳城城址平面示意图
(引自曲英杰《古代城市》)

掖门西内侧曾发现隋代用以储藏盐和粮食的子罗仓。① 位于圆璧城东门外的含嘉仓规模更大,文献记载洛阳"北即含嘉仓,仓有城,号含嘉城"②。从考古探勘来看,含嘉仓城东西长 615 米,西垣长 725 米,东垣长 765 米③,仓城有四门,北门已经过发掘,门址为单门洞土木结构,门洞内的柱础、门墩尚存。仓城南部河东北部已经探出排列整齐、东西成行的仓窖 287 座。各窖都是口大底小的圆罐形,口径最大的 18 米左右,深 12 米;最小的口径 8 米,深 6 米左右。已经发掘的粮窖的结构是:底部夯打、火烧,又铺烧土块、木炭和碎石子混合而成的防潮层,然后铺木板或者草,再铺谷糠和席。窖壁砌木板,窖顶是木架结构的草顶,上涂厚厚的混合泥。160 号窖还存有大半窖已经炭化的谷子,估计有 25 万公斤。含嘉仓的粮窖内还出土了不少方形铭文砖,文字记载了粮窖的位置,粮食的种类、来源、数量、入仓的时间,负责运输、入仓的职官的姓名。各时期仓砖铭文的格式和用语是此仓管理变化的真实记录,砖铭上所刻职官署名表明租粮入仓执行严格的收验和勘验制度。④ 可以说含嘉仓城的发掘,为研究隋唐时期大型官仓的仓储和管理制度,提供了重要的实物资料。

洛阳城内还发现发掘了多处砖瓦窑群,这几处砖瓦窑群是专为营建洛阳城之用的官办砖

---

① 洛阳博物馆:《洛阳隋唐东都皇城的仓窖遗址》,《考古》1981 年第 4 期。
② 《元河南志》卷三。
③ 河南省博物馆、洛阳博物馆:《洛阳隋唐含嘉仓的发掘》,《文物》1972 年第 3 期。
④ 段鹏琦:《隋唐洛阳含嘉仓出土铭文砖的考古学研究》,《考古》1997 年第 11 期。

瓦窑。例如洛阳东城中部发现一处唐砖瓦窑遗址，出土遗物有建筑构件、窑具和陶瓷器。建筑构件中的板瓦、筒瓦、花边瓦、莲花瓦当、兽面梯形砖、绳纹砖、莲花座等在隋唐洛阳城中屡见不鲜，显然是修建宫殿用的。[①] 另外考古人员在外郭城内北部里坊区履顺坊内发掘一处隋唐时期的砖瓦窑遗址，从出土遗物分析，它们是专为营建洛阳城及宫殿而特设的，当属官营作坊，其年代当在大业元年至开元十九年之间。[②] 从上述考古发现中，我们能初步推断，营建洛阳城的原料大体是就地取材。

三、扬州城

隋代地方行政机构最初为州、郡、县三级制，后来罢郡而为州、县两级，隋炀帝改州为郡。唐代恢复为州、县两级制，同时分天下为十道，唐玄宗以后逐渐变道为州之上的行政机构。州、县作为地方统治中心均建有城池，规模大小不等，不仅体现了等级制度，同时也遵循了当时城市规划的基本原则。[③]

隋唐时期的扬州城是继长安和洛阳之后，规模最大、最为重要的地方城市，也是隋唐时期中国对外交往的重要港埠，在中国城市发展史上具有重要的意义。扬州城位于今天江苏扬州市区及北郊一带。春秋末期，吴国始于北郊蜀岗兴筑邗城，汉代以后称广陵，隋唐以后置扬州。隋代开通的运河与长江交汇于此，交通的便利促使扬州城发展迅速，故隋唐时期的扬州城有"富庶甲天下，时人称扬一益二"[④]的声誉。

20世纪40年代，日本人安藤更生曾来此考察，写出了《唐宋时期扬州城研究》，并绘制了《扬州遗迹参考图》。[⑤] 50年代，南京博物院对扬州城进行了多次调查发掘。自1986年起，中国社会科学院考古研究所、南京博物院、扬州市文化局联合组成扬州城考古队，再次对扬州城进行了全面的勘查和发掘，使唐宋扬州城原貌得以完整揭示。

隋在汉代蜀岗上原广陵城旧址的基础上筑江都宫，唐代沿用宫城旧址为唐代府衙，因与蜀岗下所筑罗城相对而称"子城"。子城位于全城的西北角上，四面有城墙，北垣长2050米，东垣长1500米，南垣长1900米，西垣长1400米。至今除南面城墙之外，其余三面城墙仍残存于地面。城内有南北、东西道路，十字交叉。考古人员对西城墙和西北角进行了发掘，发现有汉、六朝、隋唐、五代、宋的地层，表明子城营建年代久远。

罗城为安置工商市场和百姓居民居住的里坊区，南北长4200米，东西长3120米，四面有城墙和7座门。城内有南北街道6条，东西街道14条，纵横交叉成60多个区域，每区东西长500米，南北长约300米。发掘表明，罗城墙基上面叠压着唐代早、中期文化层，因此罗城应该是在中唐或偏晚时期才开始修建的。唐代筑罗城时是以运河为中心围筑城墙，当时已经有了桥梁和商业，城内的桥位与街道布局密切相关，即城区开发在前，围城在后，这正是商业性城

---

① 中国社会科学院考古研究所洛阳唐城队：《隋唐洛阳城东城内唐代砖瓦窑址发掘简报》，《考古》1992年第12期。
② 中国社会科学院考古研究所洛阳唐城队：《隋唐东都洛阳城外郭城砖瓦窑址1992年清理简报》，《考古》1999年第3期。
③ 齐东方：《隋唐考古》，文物出版社2002年版，第41页。
④ 《资治通鉴》卷二五九，景福元年七月条云；《旧唐书·秦彦传》。
⑤ 安藤更生：《鉴真大和上传之研究》外篇《唐宋時代にナるけ扬州城の研究》，平凡社1960年。

市发展的模式。①

扬州城内有东西、南北走向的主要河流各两条,形成井字形水系。水系多故桥梁也多,唐代诗人杜牧曾有诗云:"二十四桥明月夜,玉人何处教吹箫。"宋代的沈括在其《梦溪笔谈·补笔谈》中对唐代扬州的二十四桥做了考证,是复原扬州城的重要参考文献。

1987年在扬州城内石塔寺、文昌阁一带发现了一座唐代的木桥遗迹,清理出了桥桩33根,排成6列,长34米以上,宽约7米,为一五孔桥梁,其中桥梁中孔跨度最大,长达8米。②

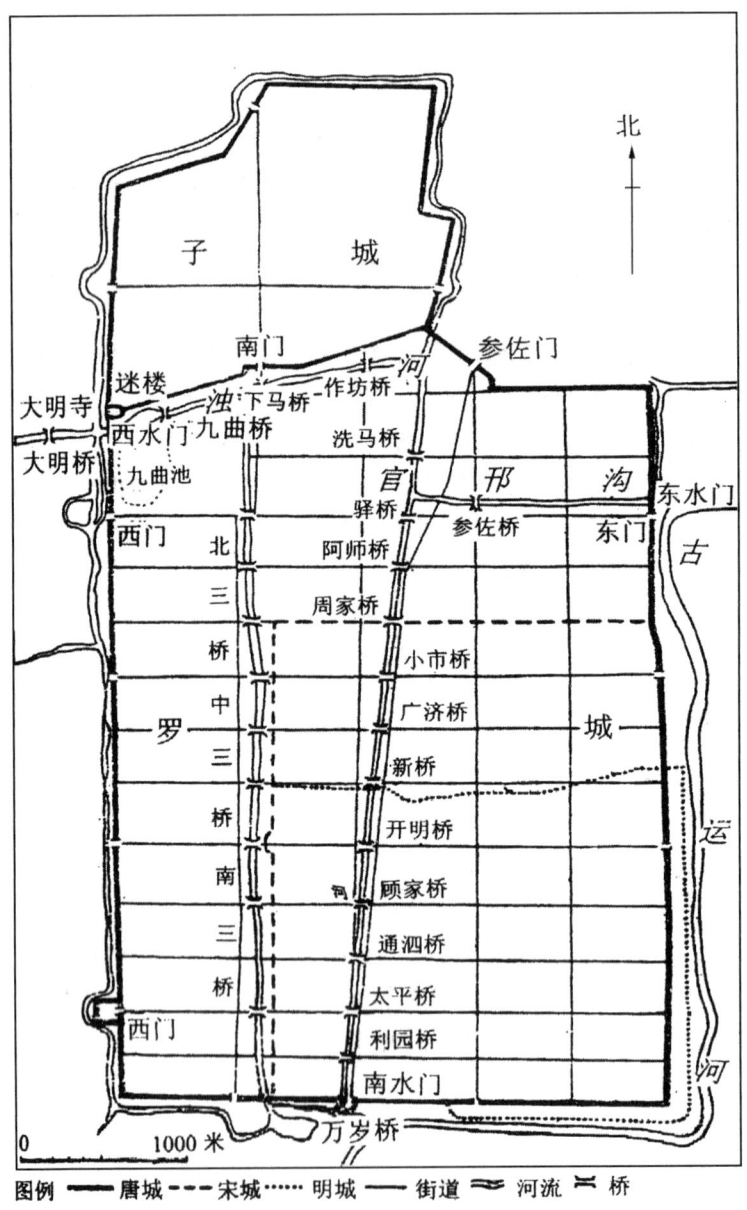

图9-5 江苏唐扬州城城址平面示意图
(引自曲英杰《古代城市》)

---

① 齐东方:《隋唐考古》,文物出版社2002版,第43页。
② 扬州博物馆:《扬州唐代木桥遗址清理简报》,《文物》1980年第3期。

城内还发现了一处唐代建筑基址[①],分为早中晚三期,均坐北朝南,面阔三间,进深两间,后期略有扩大。早期建筑不用台基,甚为简陋,并伴有加工的骨料、砺石等出土,可能为一普通民居兼手工作坊。中期向北扩建了台基,增建了后廊建筑,晚期又在中期的基础上重建,扩大台基,增建前廊,增辟西门。晚期重建的建筑遗址内还出土了波斯孔雀蓝釉陶器、玻璃器皿等碎片,很明显为外来物品。该建筑西面正是扬州最繁华的南北大街,因此晚期增辟的西门很可能暗示这座房屋当时已经成为商业用房。

位于长江、运河以及长江入海口的交叉点上的扬州,在唐代商业、海运都十分兴盛。考古发现的瓷器主要不是当地所产,多为越窑、长沙窑、巩县窑等产品,其中以湖南长沙窑青瓷为最多。长沙窑产品多为实用性器皿,如壶、碗之类,物美价廉,是外贸瓷器的大宗。扬州海运发达,造船业也随之兴盛,考古发现的沉船,有的长达 24 米,可以在沿海和长江中航行。[②] 城内古河道发现的两条唐代古船,一条残长 7.1 米,宽 0.64 米,一条残长 6.3 米,宽 0.7 米,它们中间有隔仓,船舱中发现漆器、瓷片,属于短途运输船。[③]

扬州城的发展是先有子城,后筑罗城的,而且相隔的时间很长。[④] 这种城市的发展模式与扬州商业经济的发展密切相关。自隋炀帝经营江都以来,扬州的政治、经济地位日渐突出,尤其是大运河开通以后,扬州是连接江南运河、长江入海口的重要枢纽,这对扬州经济的发展起到了至关重要的作用。隋朝时,扬州即有商业性街市,入唐以后,扬州成为中国东南地区商品集散地,各地的商品大都由水路经扬州转输两京地区,百姓经商风气兴盛。唐朝时期,国际经济文化交往日益频繁,泛海而来的日本、朝鲜、波斯、大食等国家使臣、商人、求法僧侣也都由扬州转赴两京,扬州逐渐成为当时对外贸易的重要港埠之一。据文献记载,当时侨居扬州从事经商活动的胡商数以千计,扬州更是有"富庶甲天下"之称。

隋唐扬州城在形制上受到了长安、洛阳等城市一定的影响,城内街道布局较为规整。城内水系发达,桥多船多,则是南方城市的特色。更为突出的是扬州城打破了长安、洛阳城封闭的里坊体系,临街沿河岸设店,集中贯穿城区,水陆交通相连。这种崭新的城市规划模式,改变了中国古代城市以政治军事职能为主,缺少商业性质的状况,直接、深远地影响了后来的城市发展。

唐末五代扬州城遭受战火洗劫而沦为废墟。唐以后的扬州府城是在唐罗城基础上修建的。五代后周在罗城东南隅筑城,称为周小城。北宋时期沿用周城为扬州府城,称为宋大城。南宋时期扬州成为与金和蒙元对抗的前线,军事战略地位十分重要。

第二节 隋 唐 陵 墓

迄至今日,已公布的隋唐墓葬多达数千座,出土的随葬品更是丰富多样,形成了隋唐墓葬特有的风采。隋唐时期的墓葬,按墓主人的身份地位,可以分为帝王陵寝、品官墓葬和平民墓葬等几类;按墓主人的族属,又可以分为汉人墓葬和其他族群人的墓葬;按墓葬的构筑方法,则可以分为砖室墓、土洞墓、土坑墓等。从地域上看,隋唐墓葬可以以秦岭、淮河为界,分为南方和北方两大区域,南北墓葬在文化面貌上略有差异。

---

① 王勤金:《江苏扬州市文化宫唐代建筑基址发掘简报》,《考古》1994 年第 5 期。
② 陆觉:《扬州施桥发现了唐代木船》,《南京博物院集刊》第 3 集,1981 年。
③ 罗宗真:《扬州唐代古河道等的发现和有关问题的探讨》,《文物》1980 年第 3 期。
④ 李裕群:《隋唐时代的扬州城》,《考古》2003 年第 3 期。

一、帝　　陵

（一）隋代帝陵

隋文帝泰陵位于今陕西省扶风县东南 45 里的三畤原上，隔渭水与终南山相望。泰陵继承了秦汉北朝"封土为陵"的制度，在平地上堆土夯筑覆斗形的封土，封土四周建有四方形陵墙。泰陵没有发掘，除陵冢封土外，其他地面建筑均已毁废。陵冢位于陵园中偏南之处，今实测陵高 27.4 米，冢顶平坦，略呈东西长南北窄的长方形。陵冢的底部和四周已多处被挖去，现残存东西长 166 米，南北宽 160 米。四周的陵墙已基本被破坏，唯北墙尚有部分残留，据残基测量，东西长 756 米，南北宽 652 米，总面积近 50 万平方米。[①]

隋炀帝于大业十四年（公元 618 年）在扬州为乱兵所弑，史载当时萧皇后和宫人将其葬在江都宫的流珠堂内。后唐高祖平定江南，以帝制将其葬于今扬州市北郊的雷塘北侧。因炀帝名声极坏，其陵墓年久荒芜，迄至清代，所剩仅存一抔土丘。清嘉庆十二年（1807 年），学者阮元发现并考证了炀帝陵的所在，于是重立"隋炀帝陵"墓碑。现存坟丘为馒头形，与隋唐帝陵的覆斗形封土大相径庭。

（二）唐代帝陵

唐朝 290 年，包括武则天在内共历 21 位皇帝。除最后的昭宗李晔葬在河南偃师，哀帝李柷葬在山东菏泽外，其余 19 位皇帝的 18 座陵墓（高宗李治和武则天合葬乾陵）都分布在今陕西省渭河以北的乾县、礼泉、泾阳、三原、富平和蒲城六县境内，东西延绵 150 公里，号称"关中唐十八陵"。十八陵以都城长安（今西安市）为中心，自西向东呈扇形展开，南隔关中平原与秦岭遥遥相对，蔚为壮观。

唐代帝陵的共同特征是坐北朝南，地势多为北高南低。可以分为两种类型：一是"封土为陵"，坟冢由人工堆筑，外形呈覆斗状。二是"依山为陵"，它利用自然山体，在山体的南侧开凿石洞为羡道（墓道），在山峰的底部修造地下玄宫（墓室）。前者有献陵、庄陵、端陵和靖陵，分布在北山山脉以南的渭北地区。后者有昭陵、乾陵、泰陵等 14 座，分布在北山山脉上。

唐代帝陵在陵冢的四周均建筑陵墙，与相应的建筑一起构成庞大的陵园。乾陵及以后的陵园平面布局均分三部分，自北向南由三对门阙加以区分。第一对门阙以北为陵冢和献殿（享殿），是陵园的主体建筑。第一对门阙至第二对门阙之间是陵墓的神道所在，神道两边排列着各种石柱、石碑和石人、石兽，象征帝王出巡时的仪仗队伍。第二对门阙和第三对门阙之间，分布着功臣密戚的陪葬墓。

根据文献记载，陵园内原有相当规模的建筑群，现在均已荡然无存，只能通过考古发掘来复原当时的情况。陵园内的主要建筑是献殿和寝宫。献殿位于内城南门内，正对陵冢，是举行祭祀活动和瞻仰先帝遗物的场所。昭陵因为九嵕山南侧为悬崖，故在陵北修筑了一座祭坛，作为举行大典的场合，这是其他各陵没有的。寝宫亦称陵下宫，位于各陵内城外的西南，是供守陵官员和日常侍奉人员居住的地方。这些建筑的存在已被考古调查和发现所证实。各陵的石像生都排列在陵南神道两侧，唯有昭陵石刻是位于北面。

唐太宗与长孙皇后合葬的昭陵位于今陕西省礼泉县九嵕山，是唐代第一座"依山为陵"的帝陵。其建筑形制，对此后的唐帝诸陵产生了深刻的影响。昭陵四周原有城垣环绕，四角建

[①] 罗西章：《隋文帝陵、祠勘查记》，《考古与文物》1985 年第 6 期。

表 9-1 唐关中十八陵（陪葬墓是实际调查所得数目）

序号	陵主人	陵名	下葬年	陪葬墓	地 点
1	高祖李渊	献陵	贞观九年(635)	67	三原县北20公里荆原唐朱村
2	太宗李世民	昭陵	贞观十年(636年)葬长孙皇后，贞观二十三年(649年)葬太宗。	167	礼泉县东北22.5公里九嵕山
3	高宗李治、武则天	乾陵	文明元年(684)葬高宗，神龙二年(706)葬武则天。	17	乾县北门外6公里梁山
4	中宗李显	定陵	景云元年(710)	15	富平县北10公里凤凰山
5	睿宗李旦	桥陵	开元四年(716)	8	蒲城县西北15公里丰山
6	玄宗李隆基	泰陵	广德元年(763)	1	蒲城县北17.5公里金粟山
7	肃宗李亨	建陵	广德元年(763)	6	礼泉县东北15公里武将山
8	代宗李豫	元陵	大历十四年(779)	无	富平县西北15公里檀山
9	德宗李适	崇陵	永贞元年(805)	43	泾阳县西北20公里嵯峨山
10	顺宗李诵	丰陵	元和元年(806)	1	富平县东北17.5公里金瓮山
11	宪宗李纯	景陵	元和十五年(820)	1	蒲城县东北15公里金炽山
12	穆宗李恒	光陵	长庆四年(824)	53	蒲城县北10公里尧山
13	敬宗李湛	庄陵	大和元年(827)	无	三原县东北15公里太平乡胡村
14	文宗李昂	章陵	开成五年(840)	无	富平县西北10公里天乳山
15	武宗李炎	端陵	会昌六年(846)	1	三原县东北15公里神泉乡滕张村
16	宣宗李忱	贞陵	咸通元年(860)	无	泾阳县西北30公里仲山
17	懿宗李漼	简陵	乾符元年(874)	无	富平县西北35公里紫金山
18	僖宗李儇	靖陵	文德元年(888)	无	乾县北7.5公里鸡子堆

有角楼，南北面各开一门，南为陵寝的正门朱雀门，北为司马门。陵园内主要有献殿、祭坛、陵下宫（寝宫）等主要建筑物。遗址中曾经出土了一件巨型的鸱尾，由此可以推想当年的献殿规模应该相当宏大。由于九嵕山南麓陡峭，昭陵的石刻集中布置于九嵕山北麓。在司马门外的北阙前原有石狮一对，东、西两庑廊内则陈列着著名的"昭陵六骏"[①]，司马门内陈列唐高宗永徽年间所刻的十四尊蕃君长石像。

唐高宗和武则天合葬的乾陵位于乾县北梁山山峰，陵园基本呈方形，四面各设一门，门外有石狮、双阙。四角有角阙。南神门北为长方形献殿，南神门外为神道，由南向北依次为石望柱、翼马、鸵鸟各一对，石马和牵马人各五对，石人十对，述圣记碑和无字碑各一，六十一蕃王宾客像（东29、西32）（图9-6）。再往南为阙台和乳台。1960年考古工作者曾经对乾陵玄宫隧道进行了发掘。发掘结果表明：隧道和玄宫门洞是在山体的岩石上开凿而成的。隧道全长63.1米，内填塞的是方形和长方形石条。上下石条之间用铁棍贯穿固定，石缝间则用铁锡溶液浇注，使石条浑然一体，异常坚固。

---

① 昭陵六骏是太宗生前南征北战、统一全国时所乘六匹战马的浮雕石像，雕刻在高1.71米、宽2.05米、厚0.3米的石屏上，以简练的手法展示了唐太宗一生争战中的六大战役。

(三) 唐陵陪葬墓

唐陵范围内还埋葬了大量功臣密戚的陪葬墓。贞观十一年（637年），唐太宗诏令功勋卓著和品德高尚的功臣密戚，去世后可以陪葬帝陵，赐给茔地和丧事用具。后来唐太宗又准许陪葬大臣的子孙死后从葬。从此陪葬、从葬制度固定下来，成为唐朝统治者对功臣密戚的特殊礼遇，也成为唐代山陵制度的重要组成部分。唐代的开国元勋，如李靖、程咬金、尉迟敬德等人大多得到了陪葬昭陵的殊荣。但是随着国力的逐渐衰微，安史之乱以后，陪葬制度也逐渐废弛。唐代中后期，各帝陵的陪葬墓数量锐减，且陪葬者也只限于宗室。至于陪葬墓的位置排列，《唐会要》中记载："以文武分为左右而列，坟高四丈以下，三丈以上。"但根据实地勘查结果，实际情况与文献记载不全符合。如昭陵已确定墓主的57座陪葬墓，其位置既不按照文武分列，也不论官职高低，基本上是按照埋葬时间的先后，由北向南排列。

在所有已经发掘的帝陵陪葬墓中，规模最大的当为乾陵陪葬墓中的章怀太子、懿德太子以及永泰公主的墓。三墓均为迁葬墓，墓主人原为武则天陷害而死，唐中宗复位后得以昭雪。三墓的规模超出了一般陪葬墓，成为盛唐贵族墓葬的代表。

懿德太子墓和永泰公主墓均"号墓为陵"，形制接近，规模仅次于帝陵。永泰公主墓园四周原有夯土垣墙，平面呈矩形，南北长363米，东西宽220米，今仅四隅角楼遗址尚存。封土呈覆斗形，底边长56米，高14米（图9-7）。封土南侧残存有双阙，神道两侧存有石狮1对，石人2对，石华表1对。二墓地下部分均为长斜坡墓道双室砖墓，全长达100米左右，由墓道、6个过洞、7个天井、8个壁龛、前后甬道和前后墓室组成。① 后室均有

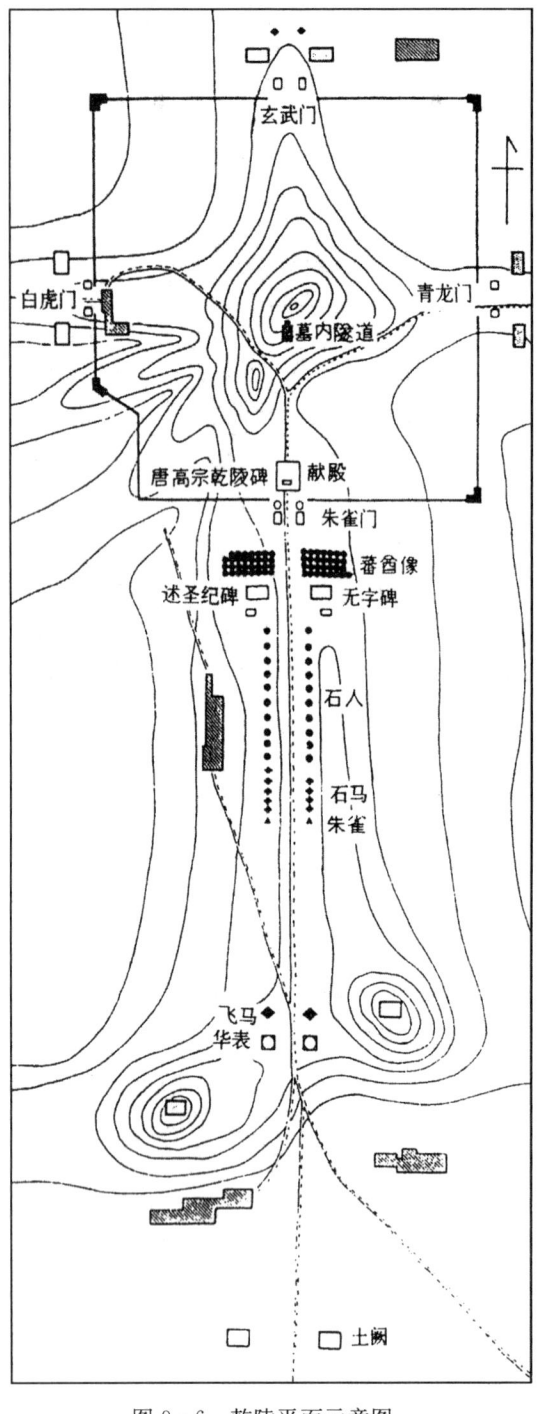

图9-6 乾陵平面示意图
（引自齐东方《隋唐考古》）

---

① 陕西省博物馆、乾县教育局唐墓发掘组：《唐懿德太子墓发掘简报》，《文物》1972年第7期。陕西文物管理委员会：《唐永泰公主发掘简报》，《文物》1964年第1期。

庑殿式石椁一座。

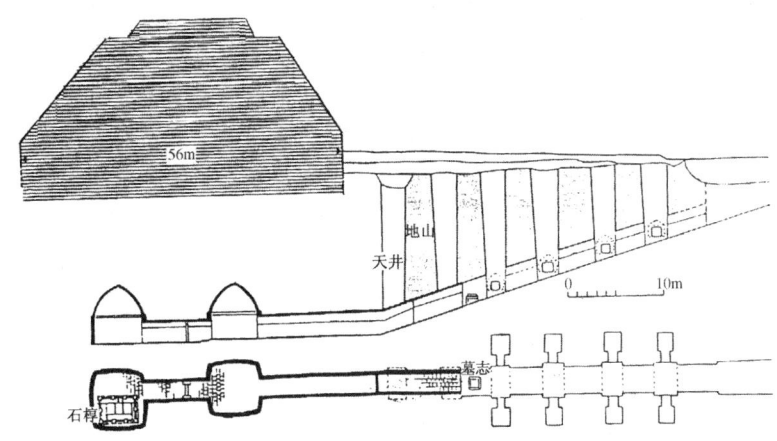

图 9-7　永泰公主墓平、剖面图
（引自齐东方《隋唐考古》）

两墓的墓道、天井、甬道、前后墓室及室顶均绘有大面积的壁画。墓门与后室石椁上也布满宫女、瑞兽等线刻画。两墓虽然均曾被盗，仍出土了大量随葬品。例如，懿德太子墓随葬品丰富，出土彩绘陶俑以及金、玉、铜、铁器等各类文物1900余件。懿德太子墓出土的11块大理石阴刻填金哀册残片，充分证明了其葬仪享用了帝王的等级制度。

章怀太子李贤墓为斜坡墓道双室砖墓，由墓道、过洞、天井、壁龛、前后甬道、前后墓室组成，全长71米，其中天井4个，过洞4个，墓道内有6个壁龛（图9-8）。① 墓道、甬道和前后室中绘满了彩色壁画，其中马球图、客使图、观鸟捕蝉图等内容广为所知。后室有庑殿式石椁一座。此墓虽然多次遭盗，但在甬道左右壁上的6个小龛中，依然发现了600余件陶俑及器物等随葬品。

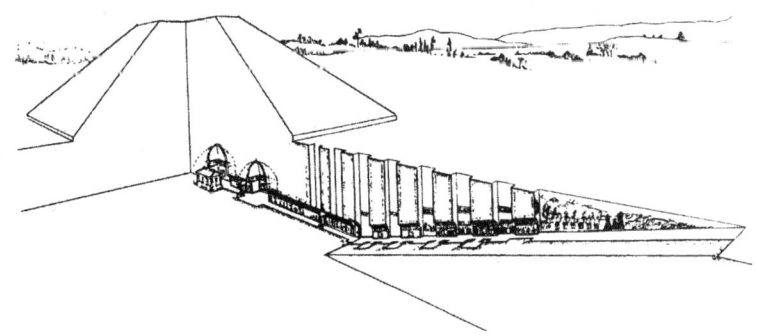

图 9-8　章怀太子李贤墓剖面图
（引自齐东方《隋唐考古》）

（四）五代十国帝陵

五代十国时期战争频繁，王朝国运短暂。从考古调查和发掘情况来看，各地割据的统治者陵墓沿用了唐陵的某些制度，同时又有地方特色，但是陵墓规模、气势则远不如唐陵那么雄

---

① 陕西省博物馆、乾县教育局唐墓发掘组：《唐章怀太子墓发掘简报》，《文物》1972年第7期。

伟壮观。

位于河南省新郑的后周恭帝柴宗训顺陵是五代帝陵中唯一进行过科学发掘的陵墓。该陵由竖穴墓道、砖砌甬道、墓室三部分组成。墓室平面呈圆形，直径6.2米，高约7米，穹隆顶，空间巨大。墓室周壁的中部墙体上砌有凸出的叠砌砖6处，似为灯台。甬道与墓壁上都涂有白灰，上绘仿木结构的部件和人物图像。壁画内容有文吏迎侍图、武吏端斧图等。[①]

四川成都前蜀王建永陵采用圆形封土，地宫在地面浅处修筑，覆于封土。地宫由14道石券构成，全长23.4米，分为前、中、后三室，三室之间皆以木门相隔。中室面积最大，中央偏北砌有石棺床，四周浮雕极为精美，棺床上放置棺椁。后室中置王建的坐像，这种在陵墓中放置墓主石雕像的做法十分罕见。[②] 王建陵墓曾经被盗，仍然出土了玉带、银盒、银钵、银猪、方形铜镜、水晶珠以及宝盏和册盒等随葬品。

四川成都后蜀孟知祥和陵是三个并列的穹隆顶圆形墓室，中间主室比较大，两侧室比较小，全部用青石垒砌，棺座上有精美的浮雕。由于早年被盗，和陵的随葬品所留甚少，惟有出土的孟知祥残玉册及福庆长公主墓志，证实了此墓确为孟知祥的和陵。

位于南京南郊的南唐李昪钦陵、李璟顺陵两座陵墓为建国后南方地区最早发掘的帝王陵寝。钦陵前室、中室用砖砌造，后室全用石块砌成。前室、中室的东西两侧都附有1个侧室，后室两侧各附有3个侧室，主墓室共3进13间，互有券门贯通。墓中的仿木建筑上绘有彩画，陵内还有精美的石刻浮雕。随葬品残存有各类陶俑、陶瓷器和哀册残片等。[③] 顺陵由前、中、后3个主墓室和两侧共计8个侧室组成，全部是砖结构。

广州近郊已经先后发掘了南汉政权的奠基者刘隐的德陵、南汉开国皇帝刘䶮的康陵和南汉三主刘晟的昭陵[④]，尤其是刘䶮康陵的发掘，对古代帝王陵寝的研究具有重要意义。康陵坐北朝南，由地宫及地面陵园建筑组成。陵园依山而建，南北长约160米，东西宽约80米。陵园四周筑有长方形的夯土陵垣，陵垣南墙正中设陵门，现残存门楼遗迹。陵垣四隅各设有一组方形子母角阙。在陵门南侧发现了廊式建筑遗迹，可能为陵前"献殿"。陵墓位于陵园的中部偏北，由地上的陵台和地宫两部分组成。陵台由建于墓室正上方的圆形封土、圆形包砖、方形基座、方形散水和南侧的台阶墓道组成。

康陵墓室为长方竖穴土圹砖室墓，由墓道、封门、甬道、前室、过道、中室、后室组成。墓室内长10.65米，宽3.16米，内顶高3.28米。前室近甬道处立一通哀册文碑，保存完好，册文楷书。中室和后室两壁分别设置14个尖顶壸门形壁龛，分上下两行，呈"品"字形分布。棺床位于后室中部。墓室多次被盗，残存器物主要出土于盗洞填土和中后室，以青瓷器、釉陶器、玻璃器残片为多。

除了上述陵墓外，浙江吴越国王及王室成员墓、闽国王陵及王室成员墓也是这一时期的重要发现，其中吴越王陵的星象图、秘色瓷是其一大特色。

---

① 李书楷：《五代周恭帝顺陵出土壁画》，《中国文物报》1992年4月5日。
② 冯汉骥：《前蜀王建墓发掘报告》，文物出版社1964年版。
③ 南京博物院：《南唐二陵发掘报告》，文物出版社1957年版。
④ 广州市文物考古研究所：《广州南汉德陵、康陵发掘简报》，《文物》2006年第7期。

二、隋唐墓葬

隋代由于立国时间较短,其墓葬并无明显的时代特征,有些和北朝晚期相仿,有些与唐代初年近似,具有过渡性特征。唐代的墓葬则具有较为明显的时代特征。迄至今日,已公布的隋唐墓葬多达数千座,以唐代为主。从地域上看,隋唐墓葬可以以秦岭、淮河为界,分为南方和北方两大区域,南北墓葬在文化面貌上略有差异。北方地区的西京长安和东都洛阳是隋唐两代全国政治、经济、文化的中心,这两个地区的墓葬数量庞大,所表现出来的文化面貌基本一致,代表了隋唐时期墓葬的主流。

(一)北方地区墓葬

北方两京地区典型的隋唐墓葬是带长斜坡墓道的土洞墓或砖室墓。由于墓道往往很长,为了方便挖土和回填,又在墓道上挖出通到地面的多个天井,天井之间的墓道称为过洞。墓葬的主体部分是墓室,墓室在构筑上有土洞和砖室的区别,室内放置棺椁和主要的随葬品。有的墓葬也在墓道和甬道中开出壁龛放置随葬品。

1. 墓葬形制

北方地区的唐代墓葬,按其规模大小及构筑形式,大致可以分为六种类型[①]:双室砖墓;巨型单室砖墓及双室土洞墓;大型单室砖墓和土洞墓;中型单室砖墓和土洞墓;小型单室砖墓和土洞墓;小型土坑墓。

第一型双室砖墓都有长斜坡墓道,4个以上的天井和小龛,全长在50米以上,有前后两个墓室,有石门、石棺或石椁等石葬具。随葬品极其丰富。地面上有高大的封土堆、石像生、石碑等设施。这一型墓葬的墓主人,官品通常均为正一品,极少数低于一品的也有特殊的原因。

第二型巨型单室砖墓和双室土洞墓,基本形制与双室砖墓相同,仅少一个前墓室。地面上原来都有封土堆、石刻等设施。墓葬全长大多在40米以上。随葬品丰富。使用石葬具是这一型墓区别于第三型墓的主要特征。墓主人的官品除极少数的例外,多数为一品。

第三型大型单室砖墓和土洞墓,基本形制和第二型相同,区别在于墓葬的长度不及第二型,在20米以下。有砖棺床,有的使用石门,但没有石棺椁。墓主人的品级大多在三品以上。

第四型中型单室砖墓及土洞墓,全长多在10米以上,斜坡或竖斜(竖井和斜坡结合)墓道。大多数唐代品官墓都集中在这一型。

第五型为全长在10米以下的小型单室土洞墓,这类墓葬发现得最多,因此从数量上来说是唐代墓葬的主要形式。有的有砖棺床,有的是土棺床或没有棺床,葬具为木棺,斜坡或竖斜墓道。随葬品较少,以日用陶瓷器为主。这一型墓的墓主人身份也比较复杂,官阶高低悬殊,从三品的高级官员到九品的低级官员,甚至平民都可采用。

第六型是竖穴土坑墓,一般距地表仅深一米左右,墓室平面呈长方形或梯形,全长通常在2—2.5米。有的有木棺痕迹,有的以数枚瓦片掩身或就地掩埋。随葬品仅有几件日用陶瓷器。极少留存有墓主姓名的纪年物。这类墓形在整个隋唐时代没有什么变化,属于一般平民的墓葬。

总体上看,第一型墓的墓主人主要是皇室成员或有特殊勋功的大臣;第二型墓的墓主人主要是一品官或皇亲国戚;第三型墓的墓主人主要是三品以上的官员;第四型墓的墓主人主

[①] 张学锋编著:《中国墓葬史》(隋唐墓葬卷),广陵书局2009年版。

要是五品以上的官员;第五型墓的墓主人主要是九品以上的官员和富裕的平民;第六型墓的墓主人则是普通的平民百姓。

唐代北方地区墓葬之间的差异缩小,两京地区的墓葬模式逐渐向周边地区扩散,其他地区稍有滞后现象并保留了当地的一些葬俗。辽宁朝阳地区发现的唐墓大都为圆形或半圆形,出土的陶俑则比较接近两京地区的唐墓。西北吐鲁番地区唐初的墓葬主要是土洞墓,长斜坡墓道,墓室上有圆顶、盝顶和平顶。尸体穿纸鞋、纸帽,陈放在生土台上。随葬品主要是黑釉陶器。唐武则天以后,西北地区的唐墓和两京地区趋向相似,随葬较多的陶俑,但地区特色仍有一定的保留。

2. 随葬品

两京地区的唐墓中,随葬品种类十分丰富,计有陶俑、陶器、釉陶、瓷器、三彩器、金银器、玉石器、铜器、铁器、漆器、玻璃器、钱币以及墓志等,这里面有专门用于随葬没有实用功能的明器,如陶俑、三彩器皿,也有墓主人生前的实用之物,死后被带入墓葬,如陶瓷器、铜器、金银器、玉器等。

所有随葬品中,唐代的陶俑种类多,造型更生动,制作更精美,具有鲜明的时代特征。陶俑的制作有模制和捏塑两种,以模制的最多,捏塑的较少,且主要存在于晚唐时期。陶质彩绘俑最为常见,盛唐时期,三彩陶俑也比较常见。

唐代的陶俑一般可以分为四类:镇墓类俑、出行仪仗类俑、家内侍役类俑和动物模型类俑。镇墓类俑包括人面和兽面镇墓兽、武士天王俑以及十二辰俑,此外,有些墓中出土的铁牛、铁猪、人首禽身俑、双首蛇身俑等也具有镇墓辟邪的作用。陶俑的随葬在种类、数量、尺寸等方面也有等级上的区别,在高等级的大型墓葬中,四类俑俱全,且数量众多;低级官僚或庶民的墓葬中,表示身份的出行仪仗类俑就明显减少甚至没有。另外,不同地域流行的陶俑组合或造型也有所不同。

进入唐朝以后,彩绘陶俑及其随后出现的三彩俑,体型高大,比例适中,造型多样,表情丰富,将古代的陶俑制作推向了高峰。安史之乱以后,与政治社会的重大变化同步,随葬陶俑的葬俗也日益式微,进入北宋以后,虽然部分墓葬仍有俑类出土,但随葬陶俑已不是葬俗的主流。

3. 墓葬壁画

隋唐贵族文化昌盛和厚葬之风盛行用壁画装饰墓室的传统也达到了前所未有的艺术高峰。隋代立国时间短,发现的壁画墓仅有陕西三原李和墓、宁夏固原史射勿墓和山东嘉祥徐敏行墓等少数几座。唐代较大的墓葬一般都绘有壁画,而都城长安周围的皇室贵族和三品以上的高官墓葬壁画,内容更为丰富,艺术水平更高,壁画内容表现了墓主人生前的地位、日常生活以及丰富多彩的社会历史场面。壁画布局、内容演变的早晚关系清楚,通过壁画反映出来的唐代文化面貌、等级制度以及器用、服饰、发式沿革、中外文化交流等问题已经受到关注。

唐代壁画通常分布在墓葬的墓道、天井、过洞、甬道以及墓室的壁面和墓顶上,其题材可以分为仪仗、宫廷生活、礼宾、狩猎、宗教、建筑、星象、四神等几类。绘制壁画的壁面要先经过处理。先在处理平整的土墙或砖墙上抹一层草拌泥,再在其上抹一层掺有麻类植物纤维的白灰泥,也有的直接在平整壁面上抹白灰泥,然后在白灰面上绘画。绘画方法是首先参考粉本或画样,在墙壁上起稿,用碳条等工具勾勒出画的轮廓,然后按照不同的内容使用不同的方法着色。绘画颜料大部分是矿物颜料,有红、土红、黄、石青、绿、石绿、蓝、黑、紫、灰等多种颜色。

唐墓壁画中,各种题材的壁画一般都有比较固定的位置:墓道中一般绘青龙、白虎、狩猎出行、骑马出行、仪仗侍卫等；过洞和天井中绘楼阁建筑、列戟、侍者等；甬道中通常绘侍者、文武吏等；墓室绘出梁柱斗拱、侍者、乐舞、四神、花鸟等，有的还有墓主人像；墓顶绘制星象图。其中皇室贵族墓葬中的出行图、打马球图、客使图、宫廷生活图等壁画最能代表唐代墓葬壁画的特色。

唐墓壁画主要集中在唐建国到玄宗开元、天宝时期这一百年间。高祖、太宗、高宗时期，壁画的内容和表现手法还多少保留着南北朝以来的传统，列戟图、步卫仪仗图等新题材与以墓主人为中心的狩猎、宴乐、信仰、农耕等传统题材并存，描写手法上也没有完全摆脱南北朝、隋代那种生硬的风格。武则天到中宗、睿宗时期是唐墓壁画的最盛期，陪葬乾陵的章怀太子墓、永泰公主墓、懿德太子墓壁画，以及新近发表的节愍太子墓壁画，无论是题材、内容还是在表现手法、艺术成就上均达到了顶峰。开元、天宝时期，墓葬壁画逐渐失去了原有气势恢宏的场面，虽然出现了一些新的题材，但内容较单调，布局局促，色彩趋淡，颜料种类减少，质量大不如前，保存状态也不够理想。中晚唐时期，建造壁画墓的主人身份进一步扩大，壁画的内容和质量也更加贫素。这一时期的壁画墓常常将墓室四壁布置得华丽多彩，烘托出热闹的氛围，出现了山水、花鸟、乐舞等观赏性很强的题材。这种变化与五代、辽、宋时期的壁画墓或砖雕壁画墓中的壁画题材直接联系在一起。①

（二）南方地区的唐墓

南方地区的唐代墓葬主要可以分为土坑墓和砖室墓两类，前者一般是就地挖成的竖穴土坑，后者为砖砌长方形单室或并列双室。土坑墓和砖室墓均无墓道。墓砖表面多模印几何纹、植物纹及文字。墓室内多有排水设施，墓壁普遍设置小龛。其随葬品，除沿江地区外很少见陶俑、木俑，出土墓志极少。陶瓷器是南方地区唐墓的主要随葬品，但各地所见器物面貌并不一致，带有鲜明的地方性。

南方地区唐墓根据各地墓葬形制和随葬品方面的差异，可以分为长江上游、长江中游、长江下游、赣江地区、福建、岭南等区域，每个区又有若干个不同的发展时期。其中长江中游地区与中原直接接壤，受中原文化影响较大，又以此为中心间接影响其他区域。②

长江中游地区发现的唐墓比较多，分为土坑墓和砖室墓两类。土坑墓多为长方形、梯形。砖室墓主要是"凸"字形和"中"字形。墓的左右后部都砌出小壁龛，龛内置十二生肖俑。墓室正中

图9-9 懿德太子墓墓道西壁仪仗出行
图摹本（局部）
（引自唐昌东《大唐壁画》）

有砖砌长方形棺床，棺床与墓壁之间设排水沟。随葬品以生活用品为主，最多的是陶瓷器，器形多为五联罐、圆形五足炉、较瘦高的盘口壶、四耳罐、深腹碗等等，部分墓葬出土陶俑。

---

① 张学锋编著：《中国墓葬史》（隋唐墓葬），广陵书局2009年版。
② 齐东方：《隋唐考古》，文物出版社2004年版，第98页。

南方地区也有少量壁画墓发现,但多因地下潮湿而剥落。墓主多为皇室成员或重臣,如著名宰相张九龄墓,吴越王钱镠的父母墓等等。壁画内容和北方唐墓壁画相似,只是所绘部位有所不同。[①]

第三节 隋唐五代陶瓷

隋唐时期是我国陶瓷发展史上的重要阶段,瓷器质量提高和全面普及,日常用品中很多材质的器物被瓷器所取代,给整个社会生活带来了根本性的变化。制瓷业也因此在隋唐时期形成了庞大的规模,发展迅速,传统的青瓷生产有了进一步的发展,白瓷生产更趋成熟。陶瓷考古发现的唐瓷窑数量极多,特别是北方瓷窑的增加超过了长江以南各地,为日后出现众多的北方名窑奠定了基础。

人们常用"南青北白"来概括唐代制瓷业的格局,邢窑的白瓷和越窑的青瓷分别代表了北方和南方瓷业的最高成就。除此之外,北方诸窑也兼烧青瓷、黄瓷、黑瓷、花瓷,也有专烧黑瓷和花瓷的瓷窑。各地方瓷窑兴起以后,产品之间相互竞争,逐渐形成了百花齐放的局面。

在陶瓷工艺上,唐人有不少贡献。除了烧制出高质量的白瓷和青瓷外,唐人在烧制各色釉下彩、花釉、绞胎、三彩釉陶上都取得了不小的成就,匣钵在烧造瓷器过程中的普遍使用大大提高了瓷器的质量。

最能反映盛唐气象的唐三彩则是唐代陶瓷的一朵奇葩。唐代的三彩陶器绚丽斑斓,富于浪漫色彩。釉色的富丽反映了唐人的生活情趣,一些带有异域文化特色的新型器物,则表现了唐人对异域文化广收博采的自信与气魄。

五代十国时期,中国重新陷入军镇割据的局面,但是在一些地方政权割据的地方,包括陶瓷业在内的手工业仍有所发展,如吴越的青瓷釉色柔和,雅致洁净,具有很高的制作水平。但是由于当时处于分裂形势,制瓷业的进步和发展是有限的。瓷业新的发展和繁荣还有待于北宋的统一。

一、隋代陶瓷

隋代虽然历时不长,但是考古学的发展却证明了中国瓷器制造业的许多成就都是隋代发其端倪。隋代以前,瓷业的发展、烧瓷的窑场主要在长江以南地区,入隋以后,逐渐形成了南北系统,无论是青瓷还是白瓷都得到了长足的发展,中国瓷器的烧造成熟和真正的普及也是从隋代开始的。

白瓷的成功烧造是隋瓷发展的重要标志。白瓷的出现晚于青瓷,是在青瓷烧制的基础上产生的,它们的生产工序并无太大的差异,区别在于白瓷胎釉原料中的含铁量较少。白瓷在北朝时期已露端倪,烧制成功则是在隋代。河南安阳发掘的隋开皇十五年(595年)的张盛墓出土了一批白瓷,胎釉中的含铁量较北朝时期减少,烧成温度有所提高,施釉技术也有改进,从而增加了器物的白度与坚硬度。西安郊区隋大业四年(608)的李静训墓中出土了17件瓷器,既有青瓷又有白瓷,它们的制作和造型都极为精致,其中的一件白瓷双螭鸡首壶和一件白瓷螭首双身壶尤其珍贵,瓷胎洁白,釉面光润,胎釉已经完全看不到白中闪黄或白中泛青的痕

---

① 权奎山:《试析南方发现的唐代壁画墓》,《南方文物》1992年第4期。

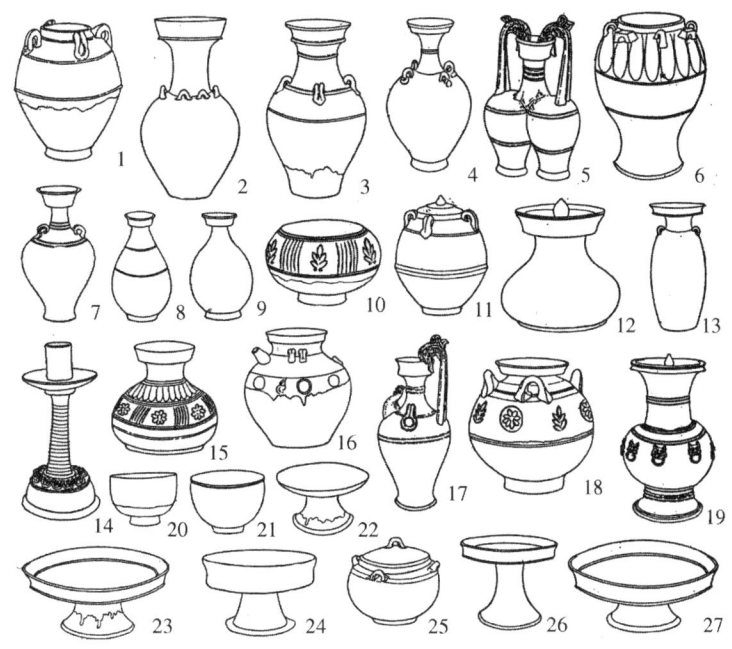

图 9-10 隋代典型器物造型示意图
（引自《中国陶瓷史》）

1. 青釉四系罐 2、3. 盘口壶 4. 白釉四系罐 5. 白釉龙耳双身瓶 6. 青釉连瓣纹八系罐 7. 盘口壶 8. 酱釉玉壶春瓶 9. 青釉瓶 10. 青釉印花钵 11. 青釉四系罐 12. 白釉唾壶 13. 青釉双系瓶 14. 白釉烛台 15. 青釉印花唾壶 16. 青釉印花四系壶 17. 白釉龙柄鸡头壶 18. 青釉印花四系罐 19. 白釉贴花带盖罐 20、21. 青釉杯 23、24、26、27. 青釉高足盘 25. 青釉四系盖罐

迹，达到了成熟白瓷的标准。考古发现证明，隋代的白瓷已经形成了系列，器类有俑、镇墓兽、高足杯、鸡首壶、罐、碗、四系罐、辟雍砚等。根据目前的考古发现，隋代白瓷的产地可能是河南安阳的安阳窑和河北临城的邢窑。其中邢窑是目前所见北方地区隋和唐前期烧造白瓷窑场的代表，也是目前发现的最早烧白瓷的窑址。不过，邢窑和安阳窑并不是专门的白瓷窑，它们同时也烧制青、黑釉瓷。

在隋代青瓷仍然是瓷器生产的主流，大部分窑场烧造的主要是青瓷。除了邢窑和安阳窑之外，当时比较重要的窑场还有河北磁县贾壁村窑、巩县窑，安徽寿州窑，湖南湘阴窑，四川邛崃窑，江西洪州窑等。这些窑址烧制青瓷钵、盆、四系罐、盏、鸡首壶、盘口壶、碗、盘、瓶、炉、砚等器皿，还有俑和各种动物。瓷器的装饰采用模印、贴花和绿褐等釉下彩绘，印纹减少，器物比较朴素。部分器物受到北朝晚期风格影响，贴花和高浮雕装饰比较常见，其中最多的是莲花，许多器物如瓷座、瓷兽、博山炉都有莲花底座。这些特点显然来自北朝传统和佛教艺术的影响。隋代开始使用匣钵，对提高瓷器的质量起到了重要的作用。

二、唐、五代陶瓷

唐代瓷器在隋代的基础上进一步发展，生产地区扩大，形成了著名的窑场窑系。陶瓷产品种类增加，工艺质量提高，成了比较普及的日用品。青釉、白釉、黄釉、黑釉、釉下彩以及绞胎瓷器和唐代三彩陶器，共同组成了唐代陶瓷业的繁荣景象。

（一）越窑

隋唐时期，青瓷在南北方各窑都是重要产品，而以今浙江的越窑最为著名。越窑创建于东汉,经过漫长岁月的发展,鼎盛于唐和五代,形成了庞大的越窑系,分布在浙江东北部的绍兴、上虞、余姚、慈溪、宁波、鄞县等地。越窑的中心在今慈溪上林湖地区。越窑瓷器胎质细腻,釉层均匀,浑厚滋润,如冰似玉,品种繁多,造型丰富,一些碗、盘等器物经常被做成瓜果和花朵形,轻巧美观,样式新颖。这些器物,一部分继承了前代的造型,而又有所变化,另有一部分器物明显地仿效当时的金银器皿。越窑瓷器以美丽的釉色著称,采用了划花、印花、刻花和镂雕等装饰技法,使传统的素面青瓷增添了许多新意。

文献中记载唐五代有一种被称为"秘色瓷"的高档青瓷,晚唐陆龟蒙的《秘色越器》诗句——"九秋风露越窑开,夺得千峰翠色来",最早描写了秘色越窑器的釉色。但因记载欠详,秘色瓷究竟是指哪一类青瓷,长期以来未有圆满的答案。1987年陕西省扶风县法门寺塔唐代地宫的发掘解决了这个问题。[①] 地宫的出土物中有未曾见过的越窑青瓷珍品,从同时出土的地宫宝物清单可以得知,这一批青瓷就是越窑产"秘色瓷",有力地证明了秘色瓷其实就是越窑青瓷中的精品。以这批秘色瓷为标准器,可以认为1956年西安郊区张叔遵墓(870年)出土的青瓷八棱长颈瓶,以及1980年浙江临安晚唐吴越王钱镠之母邱氏墓(901年)等一批晚唐墓葬中所出的越窑青瓷均为秘色瓷。

(二) 邢窑

唐代北方地区的很多瓷窑都开始烧制白瓷,如河北邢窑,河南定窑、巩县窑、鹤壁窑、密县窑、登封窑,陕西耀州窑,山西平定窑,安徽萧窑等等,其中邢窑烧制的白瓷仍占主要地位。陆羽《茶经》称赞"邢瓷类银",更有文献称:"内丘白瓷瓯,……天下无贵贱通用之。"由此可见邢窑瓷器生产规模之大,影响深远。

20世纪20年代,考古人员在河北临城和内丘交界处发现多处邢窑窑址。中唐是邢窑全盛阶段。从大量标本来看,邢窑已使用覆烧方法烧制碗、盘之类器物。晚唐的邢窑还采用了漏斗形匣钵,减小了器皿和匣钵间的距离,有利于窑室空间的利用。邢窑烧制的白瓷的原料主要为低铝高硅的高岭土和长石,分粗胎和细胎两种。白釉属于石灰釉,呈色稳定。邢窑白瓷烧成的温度一般在1300℃以上。器类丰富,有碗、盘、杯、钵、瓶、罐、壶、盏托、盒、枕、注、多足砚、炉及动物、骑马俑等。器物多为宽底足,即玉璧底器物,装饰主要为刻花和印花。邢窑的器物中发现了较多的字款和符号,不仅出现在一些瓷器上,还散见于一些窑具上。一种是刻在碗、罐类器物底部以窑主或定货人的姓氏为主的刻铭,一种是在窑具上随便刻划上的"丨"、"刂"、"十"、"卅"、"×"等符号。另外在内丘城关窑址上发现了一定量的"盈"字款器物残片,这些字款应该是窑工留下的印记。

除了邢窑,北方地区考古发现的较为重要的窑址还有黄堡窑。20世纪90年代黄堡窑发掘的面积已经超过1万平方米[②],发现了原料备制、成型、修坯、装饰、施釉、晾晒、装烧和成品等制瓷工序的全过程。黄堡窑产品以青瓷为主,也有白瓷、黑瓷,器物种类丰富。

晚唐以后,邢窑的一些烧造地点逐渐衰弱,但是邢窑的衰弱并不代表北方白瓷制造业的整体滑坡。相反继邢窑以后,定窑和巩县窑迅速兴起,而且很快在河南出现了烧造白瓷为主的窑群。

五代时期,白瓷生产仍以北方地区为主,唐代的窑址大都继续烧造,其中规模较大的有曲阳

---

① 陕西省法门寺考古队:《扶风法门寺塔地宫发掘简报》,《文物》1998年第10期。
② 陕西省考古研究所:《唐代黄堡窑址》,文物出版社1982年版。

定窑、鹤壁窑、耀州窑等。江西景德镇五代胜梅亭等窑是目前南方地区发现最早的白瓷窑址。

(三) 长沙窑

唐代瓷器虽然由白瓷和青瓷一统天下,但是彩绘瓷、花釉瓷和绞胎瓷也在逐步兴起。

唐代彩绘瓷首推长沙窑,长沙窑也是唐代生产外销瓷的重要窑场。窑址位于长沙市望城县铜官镇石渚湖一带,所以又称铜官窑。它是在岳州窑的基础上发展起来的,以烧制青釉为主,还有白釉、绿釉等等,其烧造年代可能在唐初,但是釉下彩瓷主要出现在盛唐以后。

长沙窑发掘出土的器物种类多达40几类,样式超过百种,有碗、盘、壶、洗、枕、盏、文房用具、玩具等,不仅供当地使用,在长江中下游和淮河流域也广泛出土。同时长沙窑的器物还远销海内外,日本、韩国以及中亚、西亚一些地区都曾发现过长沙窑的器物。[1]

长沙窑器物造型丰满端庄,线条柔和圆润。在装饰方面除用陶模压出的鱼、鸟、狮子、葡萄、花瓣和人物图案粘贴在器物表面外,还首创了釉下彩绘装饰。先是出现了釉下褐彩,然后又发展为褐绿两彩。釉下褐绿彩有两种,一种是在坯上用褐绿彩直接画纹饰;另一种是先在坯上刻出纹饰轮廓线,然后再在线里填绘褐绿彩,最后施釉。彩绘的内容主要有人物、动物、花草、云气山水和几何图案。不少器物还带着墨书题记,内容最多的是诗歌和谚语。长沙窑的釉下彩绘突破了青瓷的单色,各种釉下纹样大量出现,丰富了唐代瓷器的装饰艺术。

(四) 黄釉、黑釉、花釉瓷和绞胎瓷

北方一些瓷窑除了烧制白釉、青釉外,还兼烧一些黄釉、黑釉瓷器。安徽寿州窑烧制的瓷器就以黄釉为主,瓷器表面流行施用化妆土,釉面光润,开小片纹。釉色有蜡黄、鳝鱼黄、黄绿等。陕西铜川黄堡窑,河南巩县窑、鹤壁窑,山东淄博磁村窑等等,都烧制黑釉瓷器。

花釉是在黑釉、黄褐釉、天蓝釉或茶叶末釉上饰以天蓝或月白色斑点,斑点有的作有规则排列,有的任意加上几点,有的又像波浪。由于它们都装饰在深色釉上,衬托出浅色彩斑,显得格外醒目。花釉瓷器常见各种形式大小的罐、双系壶、花口或葫芦式瓶、三足盘、腰鼓,而以壶和罐为多。河南陕县黄道窑、鲁山窑、禹县小白峪窑都发现了不少花釉瓷片。

绞胎也是唐代瓷器的一个新工艺,所谓绞胎是用白褐两种色调的瓷土相间糅合在一起,然后拉坯成型,胎上即具有白褐相间的类似木纹的纹理。这种纹理变化多端,上釉后烧制即成绞胎瓷。陕西、河南等地的唐墓都出土过绞胎瓷器。

(五) 唐三彩和唐青花

唐三彩是一种盛行于唐代的低温铅釉陶器,主要以白色粘土为胎,以含有铜、铁、钴、锰等元素的矿物做釉料。助熔剂为炼铅熔渣和铅灰。色釉中加入不同的金属氧化物,经过焙烧,便形成浅黄、赭黄、浅绿、深绿、天蓝、褐红、茄紫等多种色彩,但多以黄、褐、绿三色为主,简称"唐三彩"。

唐三彩的烧制采用的是二次烧成法。首先将瓷胎在窑内经过1000℃—1100℃的素烧,将焙烧过的素胎经过冷却,再施以配制好的各种釉料入窑釉烧,将烧成温度为850℃—950℃的铅的氧化物作为熔剂,降低釉料的熔融温度,将窑炉内烧成的各种着色金属氧化物熔于铅釉中并向四方扩散和流动,各种颜色互相浸润,斑驳灿烂,色彩自然协调,花纹流畅。

唐三彩虽然色泽堂皇富丽,但因其胎质松脆,防水性差,实用性远不如青瓷和白瓷。而且由于含铅量比较高,有一定的毒性,也较少在日常生活中使用,而主要用作随葬的明器。西安

---

[1] 中国硅酸盐学会:《中国陶瓷史》,文物出版社1982年版,第224—225页。

和洛阳地区唐墓中出土最多,其他地区如扬州、山西、甘肃等地区也有出土。目前考古发现的烧造唐三彩的窑址有河南巩县黄冶窑,陕西铜川黄堡窑、西安市郊机场窑,河北内丘西关窑,其中黄冶窑,经调查发掘的窑址面积最大,出土的唐三彩器数量多且质量上乘。

唐三彩造型多样,一般可以分为人物、动物、生活用具、建筑等等。人物造型有妇女、文官、武将、胡俑、天王,根据人物的社会地位和等级,刻画出不同的性格和特征。三彩的动物形象,在唐三彩中最为常见,种类有马、骆驼、驴、猪、牛、羊、狗、鸡、鸭,其中马和骆驼的数量最多,艺术价值极高。日常生活用品有瓶、罐、钵、杯、盘、盂、烛台、枕等。建筑物有亭台楼阁,还有花园中堆砌的假山水榭。三彩器始于初唐后期,盛唐时期因为流行厚葬,唐三彩十分流行。安史之乱以后,国力衰弱,经济萧条,随葬物品大大减少,唐三彩逐渐衰弱。

唐三彩在陶瓷工艺上对后世作出了巨大贡献。宋代以后的各种低温色釉和釉上彩瓷,大部分是在唐三彩的工艺上发展起来的,其基本呈色剂和唐三彩一样仍然是铜、铁、钴、锰四种。唐三彩的蓝釉证明我国用钴作陶瓷呈色剂始于唐代。

青花是以氧化钴为呈色剂,在高温下一次烧成的釉下彩瓷,其真正兴盛是在元代以后。1975年扬州唐城遗址发现了一片青花瓷片,1983年又发现了一批。① 经过化验青花瓷胎与巩县窑白瓷胎化学成分接近,呈色剂为氧化钴,正是青花瓷的原料,是从唐三彩的钴料发展来的。2000年,洛阳东郊唐墓出土了一件完整的白釉蓝彩瓷盒。2002年河南巩县黄冶窑发掘过程中,在唐文化层发现了一部分胎质纯正、火候较高的白釉蓝彩瓷片,这些青花瓷片的出土为陶瓷界长久以来推断扬州等地出土的青花瓷为巩县窑的产品提供了确凿的证据。② 一些唐青花的传世品和采集品在国外也不断被发现,越来越多的发现说明,唐青花的造型、胎、釉、装饰纹样等与黄冶窑所产的同类器相同,说明均为黄冶窑的产品,也表明当时黄冶窑唐青花的生产已经具有一定的规模,烧造工艺和装饰工艺也具有较高的水平。

(六)唐五代陶瓷的造型和装饰

唐五代陶瓷的造型有以下一些特点:

第一,陶瓷制品使用的范围更为广泛,陶瓷器类增多。新的器物应时而兴。茶具、餐具、酒具、文具、玩具、乐器以及实用的瓶罐和各类陈设装饰器类,几乎无所不备。瓷制品形制多样,造型美观大方,制作质量远远超出前代。

第二,唐瓷造型特点是浑圆饱满,不论大件器物还是小件器皿都不例外,在质量上要求更高,小中见大,精巧而有气魄,单纯而有变化,表现了唐代的风格特色。

第三,因为其他工艺制品的影响、人们审美要求的提高以及外来文化的影响,陶瓷制品出现了许多过去没有见过的新式样。如形式奇特的跪人尊、河南新安县出土的三彩鸳鸯壶以及凤头壶、双龙柄壶、皮囊壶、花釉拍鼓、三彩塔形罐、带柄鸟形杯等等。社会风尚与习俗也对唐瓷的釉色和造型起到了相当大的作用。例如唐代盛行饮茶,士大夫、文人更是以饮茶为韵事,不仅讲究茶叶的色香味,而且对茶具也非常重视,因而促进了唐代茶具的发展和生产工艺的改进。唐代的茶碗器形较小,器身较浅,器壁成斜直形、敞口、玉璧形碗足,器身小而轻巧,适于饮茶,且制作精工,釉色莹润。饮酒在唐代也比较盛行,执壶就是常见的酒壶,当时的酒杯

---

① 扬州博物馆:《扬州三元路工地考古调查》,《文物》1985年第10期。顾风、徐良玉:《扬州新出土两件唐代青花瓷碗残片》,《文物》1985年第10期。

② 郭木森、郝红星、王振杰:《巩义黄冶窑发现唐代青花瓷产地 找到烧制唐三彩窑炉》,《中国文物报》2003年2月26日。

有高足杯、圈足杯、带柄小杯、曲腹圈足小杯等等。

唐代的新器型、新器类,除了反映那个时代的社会习尚和社会的审美观念,还提供了中外文化交流和外来文化影响的证据。例如三彩的凤头壶就是吸收了波斯萨珊朝金银器的造型,而又融合了中国本土的风格,用龙凤纹作为装饰。双龙耳瓶同样也是在鸡首壶的基础上吸收了外来的胡瓶的特点。排鼓原来是西域乐器,唐人不仅吸收入唐乐,而且用花瓷烧制鼓腔,这也是罕见的,使人想见唐人的气派和风格。

五代的陶瓷造型基本上沿袭晚唐风格,如瓜棱形的长嘴注子、花瓣形的茶盏、茶托以及盘碟之类多作五瓣或六瓣的形式。这一时期,吴越钱氏王朝的官窑,生产越器作为贡瓷,制作更为精巧,秘色青瓷代表了这一时期的工艺水平。五代的白瓷也相当进步。

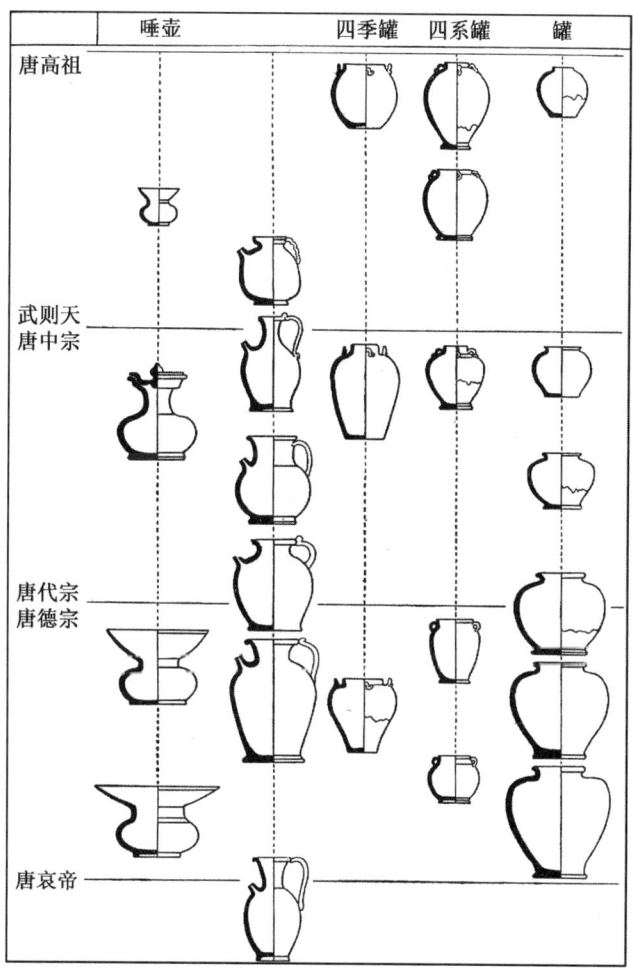

图 9-11 唐代典型器物示意图
(引自《中国陶瓷史》)

总的来讲,唐五代时期,笨拙粗重的陶瓷器物逐渐被淘汰,代之的是精巧优美的新型产品,丰富多样,风格鲜明,具有新的时代特征,在工艺方面也更为成熟。唐代的雍容浑厚,五代的优美秀致,各有特色。

在装饰工艺上,唐代的陶瓷器皿多采用几条垂直的划纹,使光素的器面产生节奏感,质朴大方,制作简便,适于大量生产。故南北各窑均喜采用,成为唐代普遍流行的装饰。其次是堆贴花工艺有了新的发展,主要堆贴花卉图案、人物和鸟兽。唐代的堆贴工艺形式优美,设计新颖,标志着唐代装饰艺术的进步。唐代陶瓷的装饰工艺还朝着多样化的途径发展。那些绚丽的唐三彩,挥洒淋漓的花釉、变化巧妙的绞胎,以及丰富多彩的釉下彩,都表现了唐人的创造性和革新的精神,为由单色釉到缤纷的彩瓷开了先河。

第四节 其他手工制品

唐代皇室和中央政府统属的手工业,集结了万人以上的庞大的艺匠群体。各地州府也设有官府作坊,至于民间作坊和个人手工业者也比前代有了长足的发展。中央和地方官府手工业主要有木工、金属工和织造等部门。官方技工在政府的支持下,往往不计成本,追求器物品质。而民间工匠们多投豪门富人所好,于是唐代的手工业在各个方面都有飞速的发展。

一、金银器

金银器是金银容器、金银饰件、金银铸币以及其他金银制作的器物的总称。我国的金银饰件在商代就已经出现,但是中国早期金银器与中亚、西亚以及欧洲的一些古代国家相比不算发达,直到隋唐时期才发生了根本性的变化。考古发现和收藏的隋唐金银器数量超过了以前各代的总和,金银独立制作器物成为主流,彻底摆脱了为其他器物作附属装饰的地位,金银器皿类的大型器物大量增加。

现存的隋唐金银器,除传世品外,大多发现于窖藏之中。如 1970 年西安南郊何家村发现的金银器窖藏,出土金银器 1000 余件,其中容器近 300 件。① 1982 年江苏丹徒丁卯桥又出土唐代窖藏金银器 956 件。② 20 世纪 80 年代西安扶风法门寺又发现了一大批金银器。③ 墓葬出土的金银器数量相对较少,且大型的金银器具不多,而是以杯、盘、勺、盒等小型器具及死者周身的饰件为主,也有专门用于敛尸的下颚托、覆面等器物。

唐代金银器造型精巧优美,装饰丰富多彩,制作工艺精湛,已经能熟练运用钣金、浇铸、焊接、切削、抛光、铆、镀、锤打、刻凿、镶嵌等技术。

隋唐金银器目前大致可以分为三期。第一期:8 世纪中叶以前,盘、盒类器物以圆形为主,也有一些菱花形,壶类多三足。还有中国传统器形少见的高足杯、带把杯、多曲长杯。纹样流行忍冬纹、缠枝纹、葡萄纹、联珠纹、宝相花、卷云纹、云曲纹等等。花纹纤细茂密,多用满地装饰的手法。第二期:8 世纪中叶至 8 世纪末,高足杯、带把杯及多曲长杯少见,新出现了各式壶,葵花形的盘、盒流行,各种器皿的平面多做成四五曲花形。宝相花纹仍可以见到,折枝纹、团花纹兴起,纹样更为写实,分单元布局,留出较多的空白,显得疏朗大方。第三期:9世纪,器物种类大增,茶具、香宝子、羹碗子、波罗子、蒲蓝、温器、筹筒、龟盒、支架等器类均属于这一时期的产品。碗、盒、盘的形制发生了很大的变化,流行花口浅腹斜壁碗、五曲花形带足的盒、葵花形盘等。折枝纹、团花纹继续流行,并更加丰富多彩,以阔叶大花为特点。鸳鸯、鹦鹉、鸿雁、双鱼等动物题材常见,出现了荷叶纹、绶带纹、叶瓣纹、小花纹、半花纹等为主要边

---

① 陕西省博物馆:《西安南郊何家村发现唐代窖藏文物》,《文物》1972 年第 1 期。
② 丹徒文教局、镇江博物馆:《江苏丹徒丁卯桥出土唐代银器窖藏》,《文物》1982 年第 11 期。
③ 陕西省法门寺考古队:《扶风法门寺唐代地宫发掘报告》,《文物》1988 年第 10 期。

饰的纹样。纹样风格自由随意,具有浓厚的生活气息。

金银器在隋和唐初受西方文化影响比较大,8世纪中叶基本完成中国化进程,开始独立发展。8世纪中叶以前主要由北方的中央官府和皇室的作坊生产,金银制品的统一性很强。8世纪中叶以后,地方官府和民间私营的作坊兴起,表现出不同的特色。[①]

二、铜　　镜

唐代由于政府的严加控制,铜器制造整体来讲并不发达,考古发现的铜器也不多。唯独铜镜例外。隋唐时代铜镜的制作达到了全盛,尤其是盛唐时期,更是繁花似锦,美不胜收。隋唐时期的铜镜不仅发达,而且其制作工艺也达到了新的高峰。

唐以前的铜镜,多为圆形,镜背的构图流行分区、规矩配置等手法,主题纹饰以灵异瑞兽为主,镜周铸有祈祷吉祥的铭文。唐代铜镜突破了圆形的传统,创造出了葵花、菱花、荷花、方形、亚字形等不同的形式,并出现了少数带柄铜镜。纹饰上,内容丰富多彩,珍禽瑞兽、奇花异草、神仙人物、山水风景等等,甚至狩猎、打马球的场面,都成为镜背纹饰的取材对象。镜背构图的布局上,不再限于内区、外区的分区布局,出现了跨区的整体性布局。铸造技术高超,可以完全控制青铜浇铸时极易出现的气泡,铸件的表面打磨得光滑细腻。在装饰手法上,采用高浮雕、镀金、贴银、金银平脱、螺钿和宝石镶嵌等工艺手段,使镜背的纹饰显得更加华丽活泼,呈现出盛唐特有的蓬勃向上的气象。唐代铜镜通常含锡较多,呈银白色,这也是和前代不同的地方。

隋唐铜镜种类繁多,主要流行的有:四神十二生肖镜、瑞兽镜、瑞兽葡萄镜、瑞兽鸾鸟镜、花鸟镜、团花镜、人物镜、盘龙镜、八卦镜、万字镜以及特种工艺镜。

四神十二生肖镜类可以分为四神镜、十二生肖镜和四神十二生肖镜三种。四神是青龙、白虎、朱雀、玄武四种神兽,表示东西南北四个方位。十二生肖即表示属相的十二种动物。这类铜镜比较传统,主要流行在隋和唐初,往往分内、外区。内区分为四格,布置四神;外区分十二格,布置十二生肖。瑞兽镜是唐代最常见的铜镜之一,多数为圆形,少数为方镜和菱花镜。镜背有的分区构图,也有的整体构图。通常中央为圆钮,绕钮排列四至八只兽,似在海水中翻滚,形态各异,一时难以确认是何种动物,故统称瑞兽。瑞兽之间往往填以缠枝葡萄纹、瑞鸟纹和忍冬纹。高浮雕的表现手法,使得这一类铜镜显得厚实而华丽。花鸟镜是唐人非常喜爱的镜类,它以禽鸟和花枝为主体,组成绚丽多姿的各种纹饰,最常见的是雀绕花枝镜和对鸟

图9-12　唐代金银平脱铜镜
（左:郑洵墓出。右:卢夫人墓出）

---

① 齐东方:《唐代金银器研究》,中国社会科学出版社1999年版,第168—177页。

镜。人物镜题材多样,有神话传说、历史故事及现实生活场面等等,根据题材命名,常见的有月宫镜、飞仙镜、"真子飞霜"镜、狩猎纹镜等等。

特种工艺装饰的铜镜中,代表性的是金银平脱镜和螺钿镜。所谓"金银平脱",是指把加工成极薄的金银饰片用生漆粘贴在镜背作纹饰的做法,空白处及贴金银处再髹漆数重,然后细加研磨,使花纹和漆面平齐。螺钿镜则在镜背用生漆粘贴加工成极薄的贝壳饰片构成纹饰的做法,其工艺与金银平脱相似。光亮的金银、贝壳和漆色,产生了强烈的对比,达到华美富丽的艺术效果。

据文献记载,唐代的铜器主要出自扬州、润州、宣州、桂州和代州等地。南京汤山镇东北的九华山发现了唐代的铜矿,已知有古坑道暴露段12处,古采场4个。① 安徽铜陵也有秦汉至宋代的采矿遗址9处,冶铜遗址20处。② 扬州在唐代是铜镜的重要制造地点,由官府作坊制造铜镜,并向皇室进献。

三、织　物

我国的丝织品技术出现甚早,新石器时代人们就已经掌握了多种纺织技术。直至汉代丝绸之路开通后,中国的丝绸已经闻名天下。唐代织物的色彩、纹样和织造技术进入了一个新的阶段,品种丰富的程度前所未有。尤以数量众多、制作复杂、绚丽多彩的锦最具代表性。

唐代纺织品出土得不多,主要发现于西北的新疆和甘肃等地区。新疆吐鲁番阿斯塔那和哈拉和卓墓群1959年发掘出土了一些隋唐时期的织物,此后历次发掘都有织物出土。③ 乌鲁木齐南郊唐代墓葬也曾发现唐代织物。④ 传世品则以日本正仓院所藏数量最丰富。

织物在隋唐时期总称帛或缯,材料质地有丝、麻、毛和棉,进一步分类还有布、绢、纱、绫、罗、锦、绮等。唐代最精美的织物出自首都长安,当时中央官署中专门设有织染署。庞大的生产组织和精细的生产环节分工,有利于产品质量的提高。除此之外,四川益州的蜀锦也十分出名,吴越地区的纺织业也十分兴盛。

唐代织物图案有以下几种形式⑤:(1)各种花卉连续排列,之间以卷叶衔接。(2)以菱形、龟背、棋局等几何形格子为基础,其间用散点组成花点。(3)联珠圈中间纳以祥鸟瑞兽或花卉图案。(4)纵隔彩色条纹相间排列。与前代织物上流行的云气、变形云龙纹相比,隋唐时期的织物纹样内容发生了较大变化,天王、狮子、凤鸟、象、牛和佛教艺术中的化生、莲花等图案增多。

织物上显现纹样的方法主要是绣、绘、织、印、染。这些技术早在汉代就已经出现了,隋唐时期这些织物不过使得这些传统的工艺更为复杂和进步,产品更加精美。在唐代丰富多彩的织物中,组织细密、设色精良的锦最为突出。锦的织造分为平纹组织、斜纹组织、经线显花和纬线显花,其中纬线显花可织出更为繁杂的色彩,斜纹组织更能显出质地和色泽,故在唐代更为常见。唐代的织物染色技术精湛,施染均匀,色泽艳丽,且至今色彩不褪。对吐鲁番出土的

---

① 南京市博物馆:《南京九华山古铜矿遗址调查报告》,《文物》1991年第5期。
② 安徽省文物考古研究所、铜陵市文物管理所:《安徽铜陵古代铜矿遗址调查》,《考古》1993年。
③ 新疆文物事业管理局、新疆文物考古研究所:《新疆维吾尔自治区文物考古五十年》,《新中国考古五十年》,文物出版社1999年版。
④ 夏鼐:《新疆新发现的古代丝织品——绮、锦和刺绣》,《考古学报》1963年第1期。
⑤ 齐东方:《隋唐考古》,文物出版社2002年版,第163页。

织物进行色谱分析,光是颜色就有20多种。富有特色的蜡缬、夹缬、绞缬的染色方法在唐代广泛使用。蜡缬是在设计好的纹样上施蜡后将织物浸入染料中,然后脱掉蜡显现出纹样。夹缬是用两块雕有相同花纹的木板将织物夹于其中进行染色,只有镂空处染上色彩。绞缬是在织物上按纹样设计加以针缝绑扎、打结等,染色时使局部得不到染色而形成纹样。织物所展现的实用功能和艺术效果还直接反映了当时的社会风尚和审美情趣。

由于唐代的赋税规定可缴纳一定数量的织物代替服丁役,故纺织手工业比较普遍,织物产量高得惊人,有"缯帛积如山,丝絮似云屯"之称,不仅用以满足本国的需要,还大量远销西方。织物通过出口到达海外,自然充当了传播文化的角色,同时获得丝绸也成为很多外国使者和商人远来中国的直接动力。

参 考 文 献

1. 文物出版社编:《新中国考古五十年》,文物出版社1999年版。
2. 齐东方:《隋唐考古》,文物出版社2002年版。
3. 曲英杰:《古代城市》,文物出版社2003年版。
4. 张学锋:《中国墓葬史》,广陵书局2009年版。
5. 中国科学院考古研究所西安唐城发掘队:《唐代长安城考古记略》,《考古》1963年第11期。
6. 中国社会科学院考古研究所西安唐城发掘队:《唐代长安皇城含光门遗址发掘简报》,《考古》1987年第5期。
7. 中国科学院考古研究所洛阳发掘队:《隋唐东都城址的勘查和发掘》,《考古》1961年第3期。
8. 中国社会科学院考古研究所洛阳工作队:《隋唐东都城址的勘查和发掘续记》,《考古》1978年第6期。
9. 河南省博物馆,洛阳博物馆:《洛阳隋唐含嘉仓的发掘》,《文物》1972年第3期。
10. 中国社会科学院考古研究所洛阳唐城队:《隋唐洛阳城东城内唐代砖瓦窑址发掘简报》,《考古》1992年第12期。
11. 中国社会科学院考古研究所洛阳唐城队:《隋唐东都洛阳城外廓城砖瓦窑址1992年清理简报》,《考古》1999年第3期。
12. 中国社会科学院考古研究所:《扬州城考古工作简报》,《考古》1990年第1期。
13. 蒋忠义:《隋唐宋明扬州城的复原与研究》,《中国考古学论丛——中国社会科学院考古研究所40年纪念》,科学出版社1993年版。
14. 蒋忠义:《唐代扬州河道与二十四桥考》,中国社会科学院考古研究所,《汉唐与边疆考古研究》第一辑,科学出版社1994年版。
15. 宿白:《西安地区唐墓壁画的布局和内容》,《考古学报》1982年第2期。
16. 中国硅酸盐学会编:《中国陶瓷史》,文物出版社1982年版。
17. 杨文山:《隋代邢窑遗址的发现和初步分析》,《文物》1984年第12期。
18. 长沙窑课题组:《长沙窑》,紫禁城出版社1996年版。
19. 郑州市文物考古研究所:《河南唐三彩与唐青花》,科学出版社2006年版。
20. 齐东方:《唐代金银器研究》,中国社会科学出版社1999年版。
21. 孔祥星、刘一曼:《中国古代铜镜》,文物出版社1984年版。
22. 孔祥星:《中国铜镜图典》,文物出版社1992年版。
23. 贾应逸:《新疆丝织技艺的起源及其特点》,《考古》1895年第2期。
24. 竺敏:《吐鲁番新发现的古代丝绸》,《文物》1972年第2期。
25. 韩昇:《正仓院》,上海人民出版社2007年版。

第十章 宋元明考古

公元960年,赵匡胤发动兵变,取代后周政权建立了北宋王朝,定都开封。此后北宋逐步消灭了南方的割据政权,重新统一了中国,自太祖赵匡胤建国,经历了9帝167年的统治。其间,北有强敌契丹人建立的辽国,西有党项人建立的西夏国,国家始终被笼罩在紧张的军事气氛之下。1127年,新兴的金朝女真人长驱直入,攻占了都城开封,北宋灭亡,秦岭淮河以北的国土落入金人手中。徽宗之子赵构在杭州建立偏安政权,史称"南宋"。南宋经历9帝153年,公元1279年亡于元朝。

经过唐末五代的混乱,进入宋代以后,魏晋隋唐的门阀贵族势力丧失殆尽,门第血统不再成为界定人们社会地位的标准;文人通过科举考试成为政治上的主角,强化了君主独裁政治;魏晋隋唐社会的身份制度基本消失,一般民众登上历史舞台,成为经济、文化的中坚力量,社会急剧平民化。以农业为首的各种产业和国内外贸易日趋发展,科学技术繁荣,文化面貌焕然一新,中国历史进入了一个崭新的发展时期。此时的城市规划、墓葬结构、手工业产品的装饰和风格、审美情趣等都与前代有所不同。

13世纪初崛起于北方草原地区的蒙古人建立了大蒙古国,1218年开始远征欧亚草原西部,1227年灭西夏,1234年灭金,建立起了横跨亚欧大陆的世界帝国。1271年,统治蒙古帝国东方领土的忽必烈改国号为元,1279年灭南宋,中国全土被纳入了元朝的统治之下。元朝和辽金一样,在吸收汉制建设本民族的政治、社会、经济制度的同时,对汉人地区则基本上遵循旧制进行管理,使得这一时期的社会出现了多重性格。但"国俗"和"汉制"两者之间又不是隔绝的,相互之间的交融现象明显,文化面貌丰富多彩。

1368年,在农民起义的打击下,元朝崩溃,蒙古贵族集团返回到了蒙古草原,朱元璋建立了明朝,基本确定了今天中国的版图。明朝的文化主要继承和发扬唐宋儒家传统,统一稳定的局面促进了经济的进一步发展。

宋元明时期的遗迹遗物具有保存数量较多、考古资料极其丰富的特点。目前较多城址和大量墓葬陆续被发现,由于年代较晚,一些古城保存程度较好,为人们了解当时的社会生活提供了有价值的资料。这一时期墓葬数量庞大,随葬品丰富多样。从考古发现来看,宋元明时期商品经济发达,城市布局由封闭式转为开放式,墓葬的地域性特点变得十分明显,人们的起居方式和生活习惯发生了变化,礼制变得模糊,世俗化倾向强烈。不过由于长期注重前段考古,考古界未能充分认识这一阶段考古研究的重要性,这种情况也造成了宋元明时期的考古发掘资料较多,但是整理研究者却相对较少的局面。这一局面的改变还有待于人们对宋元明考古的进一步重视。

第一节 城　　址

宋元时代都城最大的变化是一改隋唐时期都城规划封闭的里坊制度,以开放式街巷为其特点。据文献和考古发现,早在唐代后期,一些经济贸易发达的城市逐渐突破了原有的封闭的里坊制度,出现了夜市、自由市场等,说明传统的里坊制度已经不能适应日益发展的经济需求。到了北宋,首都东京在五代后周改建汴州为都城时就已经开始临街设店,宋代还取消了里坊和夜禁制度,形成了按行业成街的格局。一些店铺、酒楼和娱乐性的建筑也大量沿街兴建起来,城市的面貌、市民的生活都发生了较大的变化。

一、北宋东京城

北宋东京开封城位于今河南开封市,前身为唐代汴州城,五代后梁以此为都,升为开封府,改名东京。后晋、后汉、后周相继建都于此。后周时期新筑外城,北宋时期又加改筑和扩筑,明清时期内缩。因黄河泛滥,宋代遗迹绝大部分深埋于地下。20世纪80年代以后,随着东京城考古的逐步开展,基本上搞清了其外城、内城、宫城的基本格局。

东京开封城有三重城墙,与唐代宫城居正北中央不同的是,东京城内的宫城位居全城的中央,内城包围宫城,其外再设罗城,形成了以宫城为中心的重城式布局,成为唐代以后都城的典型代表。

宫城是一东西略短、南北稍长的长方形,四墙全长2521米左右。城墙宽8—12米。在今武朝门以北发现有凸字形土建筑台基。殿基东西宽约80米,南北最大进深60多米,台基残高6米左右,四壁均用青砖包砌。此基址应为一带月台的大型殿基,其四周还有宽约10米、长近千米的包砖夯土廊庑。此殿规模宏大,很可能是宫城内的主殿——大庆殿后的紫宸殿及后寝诸殿。[①] 皇城在宫城之北,与宫城共用北墙,东、西、南三面另筑。

内城又称旧城,即唐代汴州城。宋代曾对其进行多次修补和增筑,金宣宗迁都南京后,将内城向南、北略扩出,形成了明清开封城城墙的基础。经过考古勘探可知,宋代的内城平面略呈正方形,东西稍长,南北略短。其东、西城墙大都叠压于明清城墙之下,南面城墙位于今大南门300米处。内城有城门10座,南北各三,东西各二,另外还有两个角门。为了防御的需要,内城外设有城壕。

罗城又称外城,后周显德五年(958年)建成,为东西略短、南北稍长的平行四边形。全长29公里多,与文献记载相仿。外城有城门12座,南墙、西墙三门,东墙二门,北墙四门。外城周围挖有城壕,称护龙河。

开封的街道布局多为十字交叉,最主要的大街是中心御街,即从宫城的宣德门到外城的南薰门,《东京梦华录》载其"广二百步"。

东京开封城在中国古代城市发展史上占有重要的地位。开封位于交通要道,商业发达,漕运便利,但是对防御不利,过了黄河就是一马平川的平原,故开封城在营建上注重防御设施的修建。三重城墙都有环壕。据文献记载,宋神宗时期,外城上开始设敌楼;宋徽宗时期,所有城门都加筑瓮城。

据文献记载,最迟到北宋中期以后,开封城的里坊已经取消了封闭的围墙,出现了井字形街道甚至是斜街。手工业和商业繁荣,居者多在街道两旁开设店铺,方块的里坊制度变成了密集的街巷系统。北宋晚期的《清明上河图》为人们展现的正是这样一幅繁华的街市景象。自由临街的贸易形式导致开封城内出现多处贸易中心和多种形式的贸易方式,完全突破了隋

[①] 秦大树:《宋元明考古》,文物出版社2004年版,第23页。

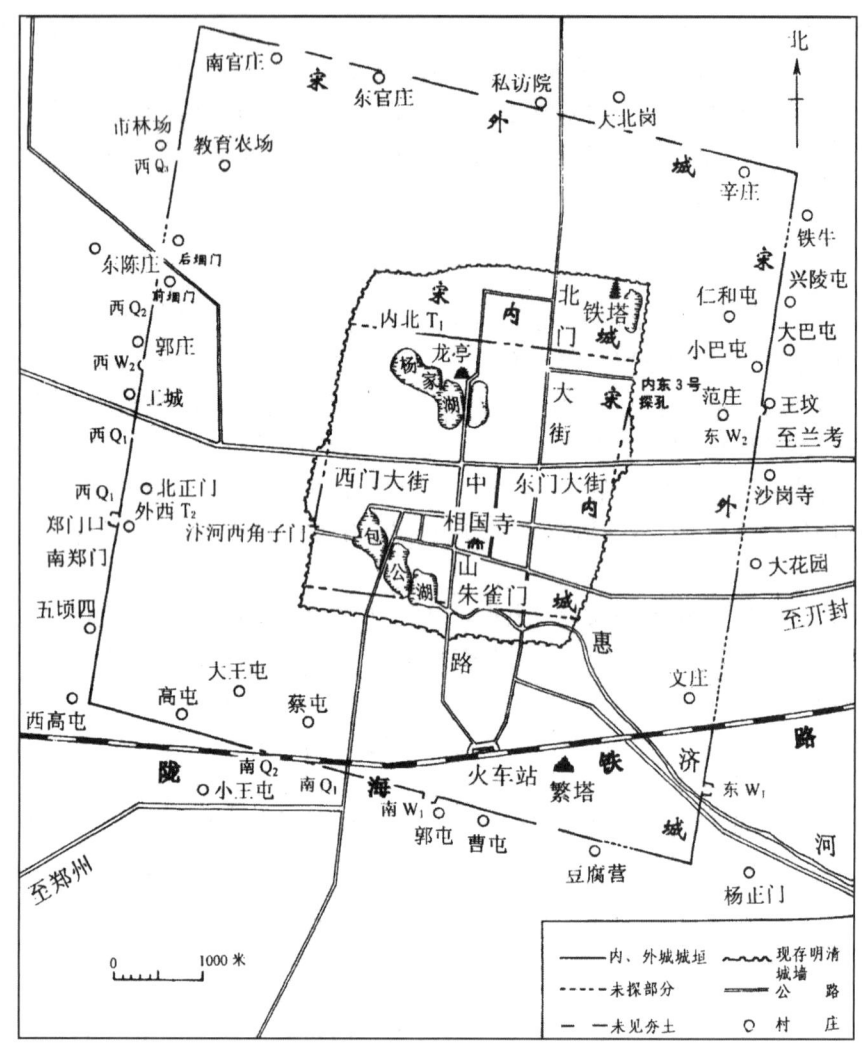

图 10-1 北宋东京城复原示意图
（引自秦大树《宋元明考古》）

唐时期"市"的禁锢。据《东京梦华录》记载，开封城有定期集市、季节性集市、行业性集市等，另外还出现了早市和夜市。

二、南宋临安城

临安城位于今浙江杭州，隋代时期开始设置，五代时期为吴越国都，南宋以临安为行在所，改称临安。由于该城一直被当成行在所，制度大体如州城。临安城的考古勘查工作开始于 20 世纪 80 年代中期，取得了一些重要成果。

临安的整个城垣呈腰鼓形，南部和西南部都是丘陵地带，北部和东南部是水网地带。皇城设于南部的丘陵地带，形成了居高临下的布局。南宋的皇城规模小于东京城的皇城，位于凤凰山东麓，围绕馒头山，利用自然地形布置宫殿、园林和亭阁。外朝的大庆殿和垂拱殿都位于南部。东北为东宫所在，次要的宫殿、寝殿、后宫以及园囿都在北部，基本符合前朝后寝的惯例。皇城的城墙均为夯土墙，其中已经探明的东城墙长 390 米，宽 10—11 米。南宋的主要衙署都在皇城北面御街两侧,官署与居民的坊巷间杂。一些礼仪性的建筑和官僚住宅主要分布在居住条件比较好的地段。

临安城的罗城平面近长方形,南北两面城墙较短,东西两面城墙长而鼓出曲折。建成以后的临安城南跨吴山,北到武林门,左靠钱江,右近西湖,共开旱城门13座、水门5座。所有城墙均高3丈余,厚丈余。城内主要街道为纵贯南北的中心御街,城内有4条大的横街,横街间是东西向小巷。主街东南有2条运河,城内河渠众多,水陆并行。

南宋的临安城地处东南经济发达地区,虽然兴建了皇城和各种官署,但是由于其名义上为南宋"行在所",因此城市的纵街横巷的基本格局没有本质的变化,而且由于地处南方,水系发达,主干大街多与人工开凿的运河并行,店铺前街后河,城内交通水陆并行,是典型的南方经济发达地区城市的代表。

三、辽上京城

辽王朝先后建有五京,即上京临潢府、中京大定府、南京析津府、西京大同府、东京辽阳府。其中上京为带有典型的契丹人统治的特点的都城,中京为辽中期仿中原城市营建的。南京、东京和西京都是原来的汉城,辽代王朝并未对其进行较大的改造。在五京中,通常认为上京、中京是契丹人活动的中心,南京负责对宋作战,西京负责对辽作战。在五京中,对上京、中京和南京开展过较为系统的考古工作。

辽上京城位于今天内蒙古自治区巴林左旗林东镇南,是辽代五京中营建最早,也是最重要的城市。上京城始建于天显元年(公元926年),会同元年(公元938年)基本建成。上京城建成以后,一直是辽代的政治、经济和文化中心。公元1121年,金人攻克上京城,上京由国都转变为羁押囚犯的城市。金中期以后,上京城逐渐沦为废墟。

20世纪初,一些外国学者对辽上京城进行了调查和勘测,确定了今天巴林左旗林东镇以南的波罗城就是辽上京古城,[1]同时还发现了一些与上京城有关的窑址。[2] 1962年,内蒙古文物工作队对上京皇城进行了重点勘探。此后,有关学者又进行了多次勘查。1997年中国历史博物馆等单位采用航空摄影的方法对上京城进行了全新的考察。[3] 2001年,中国社科院考古所和内蒙古文物考古研究所组成辽金考古队,对上京城再次进行了全面的勘测。[4]

辽上京城分为南北二城,北称皇城,南为汉城。皇城为契丹统治者居住的地方,分为外城和内城,外城城垣平面为不规则的六边形,周长6399米。城墙夯土版筑,高6—9米,基宽15米,城墙外侧筑有马面,转角设有角楼。今存东、西、北三面墙上的门址,均为一门道,宽5.5米,都有较为简单的圆形瓮城。在北墙外发现了护城壕的迹象。皇城内经过勘查发现了多条道路,三横五纵。

宫城位于皇城的中北部,也称为大内,地势较高,可俯瞰全城。大内中部有一条长280米的东西向隔墙,将大内分为南、北两个部分。大内中的主要宫殿建筑都分布在丘岗高地上,南院发现的两座东西向建筑可能为文献所记载的昭德、宣政二殿。北院发现的三组大型台基对

---

[1] 闵宣化著、冯承钧译:《东蒙古辽代旧城探考记》,《西域南海史地考证译丛》第三卷,商务印书馆1999年版。
[2] 李文信:《林东辽上京临潢府故城内瓷窑址》,《考古学报》1958年第2期。
[3] 中国历史博物馆遥感与航空摄影考古中心、内蒙古文物考古研究所:《内蒙古东南部航空摄影考古报告》,科学出版社2002年版。
[4] 董新林:《辽上京城址的发现和研究述论》,《北方文物》2006年第3期。

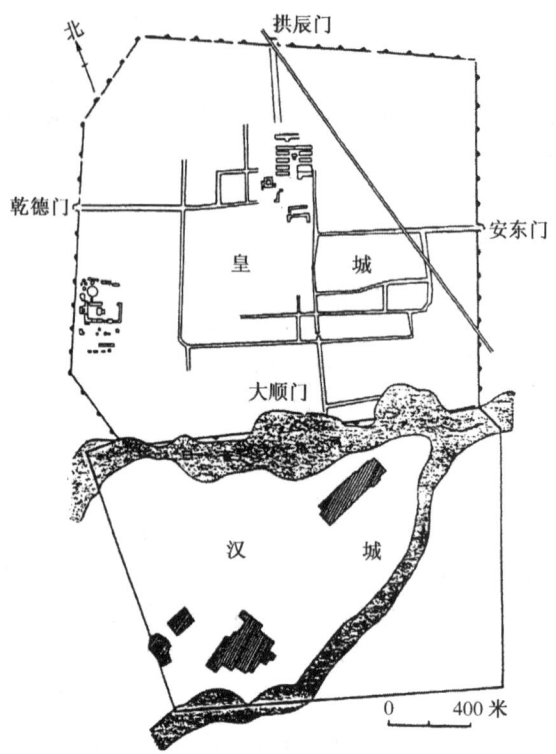

图 10-2　内蒙古巴林左旗辽上京城城址平面示意图
（引自曲英杰《古代城市》）

照文献应当分别为开皇殿、安德殿和五鸾殿，即辽史中所记载的三大殿。

汉城位于皇城的南面，平面略成方形，是汉、渤海等族人以及掠来的工匠居住的地方。根据勘测，汉城周长5800米，现存的城墙残高2—4米，夯土版筑，基宽12米，无马面和瓮城等设施，城内残见南北纵街和东南横街的痕迹。横街两端有突出地表的方形台基，为文献记载的监督防御市民的"看楼"。横街两侧有狭小的工匠居住址。

辽上京城是中国游牧民族在北方草原地区建立的第一座都城，尽管它是契丹人在汉人的影响和帮助下创建的，但在北方地区诸族中具有开创之功，对于后来的金、元、清等朝代都产生了深远的影响。和汉人的城池一样，辽上京城防御设施如马面、瓮城和城壕等一应俱全，同时宫城内的一些建筑仍然朝向东方，在大内之中还保留有大片平地作为帐幕区，说明辽代统治者在接受汉制的同时，仍然保留了部分契丹人的传统。

辽代中京位于内蒙古昭乌达盟宁城县大明城。从考古勘探来看，中京城有三道城墙，即外城、内城和宫城。外城平面呈长方形，东西长2400米，南北宽3500米。内城在外城中部偏北，呈长方形，东西长2000米，南北长1500米。宫城位于内城的中间北端，与内城共用北墙，正方形，边长1000米。可以看出，中京城采用重城式布局，住宅区和商业区相交错，这些都明显地体现了北宋城市制度对它的影响。

四、金代城址

金代先后建有三个都城，先是金太祖完颜阿骨打建上京会宁府，历四帝，凡38年。公元1153年，海陵王迁都燕京，定为中都。公元1214年金人为蒙古军队所迫，放弃了中都，迁往南京开封府。

（一）金上京城

金上京会宁府位于黑龙江省阿城县旧城南，由南北二城组成，从城市结构上看与辽上京城的布局和功能十分接近。上京城平面呈曲尺形。南城南北宽1528米，东西长2148米，北城长1828米，宽1553米。两城间筑隔墙，有门相通。两城周长不到22华里，略小于辽上京城。城墙夯土版筑，基宽7—10米，顶宽1—2米，残高3—5米。外城垣上现存马面89个，间距80—130米不等。全城共发现了9个城门，8个有瓮城。城周围有护城壕痕迹。

上京城仿辽上京，分为南北两城。南城由女真贵族居住，皇城位于南城西部偏北，南北长645米，东西宽500米，周长2290米，城垣遗址保存较差，现皇城南壁保存有午门遗址，午门前有阙，在午门后的中轴线上残存有五个台基，在后部形成两组殿基，由前后殿和中间的柱廊构成，平面呈"工"字形。南城的东部也有较多的宫殿遗迹，当为官邸及贵族所居。北城为工商业区和平民居住区，发现有冶铁、制车作坊和金银店铺等遗址。①

（二）金中都城

金中期以后定都燕京，即今明清北京城外的西南部，金海陵王在辽南京城的旧址上扩建，并迁都至此，改名为中都。

金中都外郭城略呈方形（图10-3），四边不等长，东、西、南、北各开3个城门，北垣开4个城门。宫城在全城中央偏西的位置，平面为长方形，皇城在宫城之南。宫城的应天门、皇城的

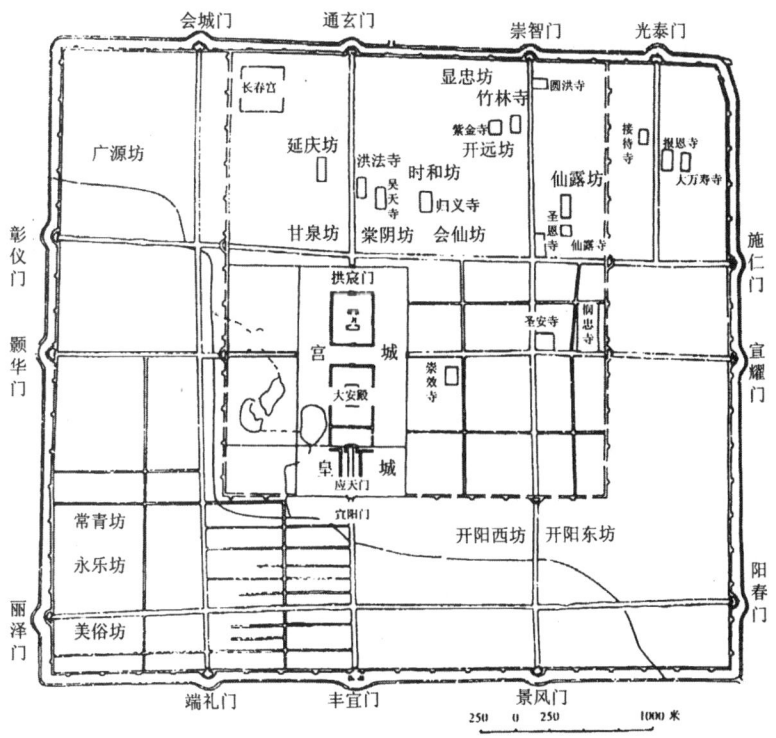

图10-3 北京金中都城址平面示意图
（引自曲英杰《古代城市》）

---

① 景爱：《金上京》，三联书店1991年版。

宣阳门和外郭城的正南门丰宜门同在一条中轴线上。宫殿的前朝是大安殿，面阔八间，基址内还保留房子柱础的磉墩。大安殿北有一条横街，将宫城分成了两个部分，北边为内朝，宫区地形整体较高。宫城的四边布置了苑林区，带有较强的园囿性。

金中都的街道系统有两套，据考古复原研究，金中都内原属于辽南京城范围内的街道，仍保留唐代封闭的里坊制度，而金代新扩展的城区部分的街道则采用了开放式的街巷，即沿街道平行排列街巷的形式。封闭式的里坊和开放式的街巷共存，是金中都设计的特点之一，也反映了我国的城市规划从隋唐时期封闭式的里坊制向宋以后开放式街巷制的转变。

五、元代城址

元代城址考古的重点是元大都和元上都的勘查和发掘，元大都的城市制度是对宋以来发生的城市变革的总结，在中国都城发展史上占有重要的地位。同时元代的陪都和离宫制度又很发达，多为清代所继承。

（一）元上都

元上都位于今内蒙古自治区锡林郭勒盟正蓝旗五一牧场范围内，滦河上游的北岸。公元1256年，忽必烈命汉族人刘秉忠建开平城，后为上都。上都城一度为元朝的首都，迁都元大都后，上都改为夏都，直至元亡。明代称其开平卫，后开平卫迁离，此城逐渐废弃。

元上都城由宫城、内城、外城和关厢等部分组成，外城城墙以夯土版筑，内城和宫城城墙还分别用砖、石包砌。宫城位于内城中部偏北，平面为长方形，长620米，宽570米，四角建角楼，墙高约5米，东、西、南三墙正中设城门，无北门。在宫城外24米处围有一圈石砌的附墙。附墙外有一圈街道，为士兵巡逻用的道路。宫城内的街道呈丁字形，分别通向三座大门，在南北大街的北端有一方形的殿基，推测为宫城中最重要的建筑大安阁。其他殿堂建筑多为随意布局，宫内还有较多的池沼。

内城位于外城的东南角，平面呈方形，边长1400米，南北各设1门，有方形瓮城。东西各2门，设置马蹄形瓮城。皇城内街道分布整齐，对称，多置官署建筑和寺庙。

外城在皇城西、北两面，正方形，边长2200米，城墙全部夯土版筑。南、西墙各开一门，西墙城门有马蹄形瓮城，北面开二门，南北城门设置方形瓮城。城内北部的土岗为帝王游乐的园囿区，西部为建筑布局整齐的官署和作坊。

外城的东、南、西三面有关厢，位于城门之外，面积都很大，分别延长约800米、600米和1000米。关厢中有密集的小型建筑基址，是庶民居住区和集市贸易区。在关厢之外分布着一些大的院落遗址，多为仓址、兵营和马厩等遗址。

总的来讲，元上都城内建筑布局自由，没有按照严格的中轴线对称分布，具有较强的离宫园囿色彩。居民区和商业区都分布在城外，附城、角楼、瓮城等防御设施齐备，又带有一些防御性堡垒的色彩。

（二）元大都

元大都位于明清北京旧城及其以北地区。始建于元世祖至元四年（1267年），至元二十四年（1287年）筑城工程大致完成。元大都规模庞大，气势恢弘，是唐长安城以后又一规划完整的都城，也是当时世界上著名的大都市。

元大都由外郭城、皇城、宫城三重结构组成，主要宫殿建于城市的中轴线上。外郭城的平面呈长方形，周长28600米，东西城墙略长。城墙全部用夯土建成，底宽24米，高12米，上宽

8米。城外有护城河。大都拥有11座城门,除北面仅设二门外,其余均开三门。外城四角还设有角楼。元大都城的中轴线起于外城的丽正门,贯穿皇城的灵星门、宫城的崇天门和厚载门,为明清时期北京城所继承。

皇城位于大都城中心偏西南,皇城的中部为连续的太液池,即今北海、中海,为御苑。太液池西南建有大量的宫殿建筑,北部是兴圣宫,南部是太子宫和隆福宫。

宫城在皇城的东部,宫城的东西墙和明清故宫的东西墙相同。元代宫城秉承金制,为前殿后阁的布局,前朝为大明殿,后寝为延春阁。大明殿的位置在今天故宫乾清殿等后三殿的位置。延春阁在今天景山的位置。

大都的居民区划分得十分整齐,基本建制也称坊。全城设50坊,每个坊内分10个左右间距相等的胡同,每个胡同又通向大街。大都的街道整齐划一,是我国后期城市的典型代表。城内由九条南北大街和九条东西大街组成,符合《周礼·考工记》中"国中九经九纬"的记载。两条南北大街之间平行等距离地排列着东西向的胡同,出入十分方便。街巷的宽度与文献记载的大街宽24步、小街宽12步、胡同宽6步基本相符。大都城内的各类坛庙、衙署等布置也都很讲究,太庙和社稷坛的安排符合《周礼·考工记》中"左祖右社"的规定。各类建筑占地等级分明,一般平民建筑占地不得突破胡同。

大都水系是由水利专家郭守敬规划的,其城内水系分为两个系统,一是漕运水系,由高梁河、海子(积水潭)、通惠河构成,进京物资可以通过通惠河直抵海子,解决了漕运问题。二是

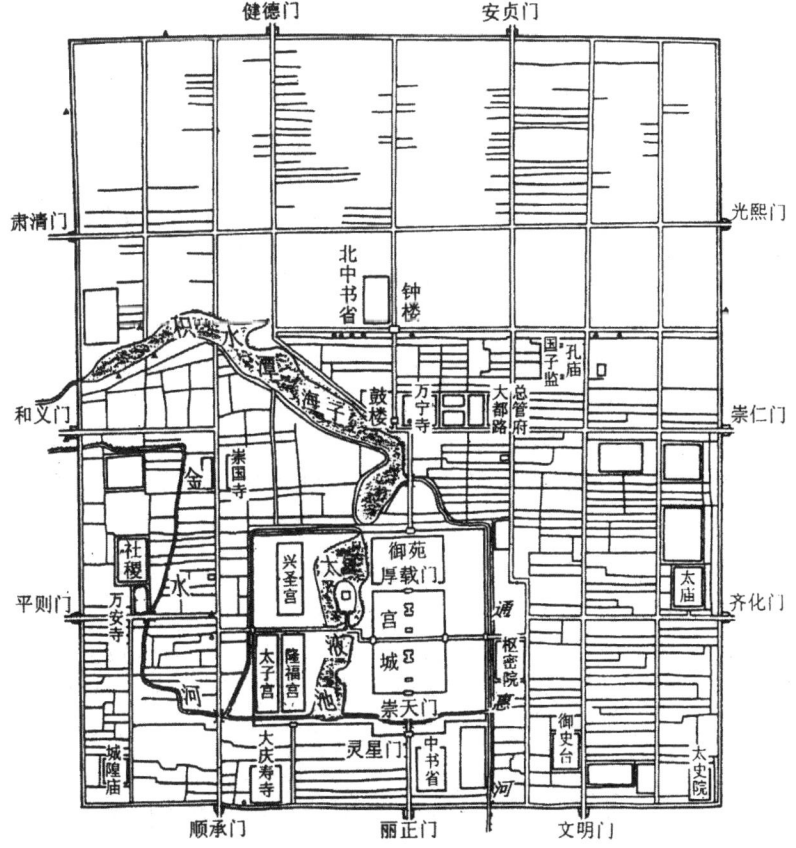

图 10-4 北京元大都城址平面示意图
(引自曲英杰《古代城市》)

宫苑用水系统,通过金水河将玉泉山水引入太液池,解决了宫苑用水问题。

另外,近年来考古学者还在元大都城内发现了和义门瓮城城门、水涵洞、下水道等遗迹,以及十余处建筑基址,包括大型住宅、三合院院落等等,为了解元代的建筑提供了有价值的资料。

总的来讲,元大都三重城墙的重城结构,继承了北宋东京汴梁的城市格局,同时在城市规划上参照《周礼·考工记》安排城内布局,街道系统采用开放式的纵街横巷,城内建筑严格遵照等级制度,布局严整,循礼有序,成了历史时期晚期都城规划的典范。

六、明代城址

(一)明南京城

明南京城是明代早期的都城,位于今天江苏省南京。明南京城的城墙和宫殿主要建造于元至正二十六年(1366年)到明洪武二年(1369年),洪武二年至十九年又进行了大规模的改造,洪武二十三年(1390年)又加筑外郭城。永乐十八年(1420年),都城迁往北京,南京成为陪都。

明南京城由外郭城、京城、皇城和宫城多重城墙构成。外郭城在应天府城的外围,其修建主要出于军事防御上的考虑。在扩大南京城防御纵深的同时,将京城外围一些重要的制高点囊括在外郭城内。外郭城利用天然的黄土丘建成,周长60公里,共有18座城门。如果连外郭城在内,明南京城堪称世界古代第一大城。

京城,即应天府城,周长33.7公里,呈不规则多边形状。有13座城门,均设有瓮城。其中以聚宝门、三山门和通济门最为坚固,有三重瓮城。南京的城墙高大坚固,屹立600多年不倒,可以说它是城市修筑史上一项十分伟大的工程。城墙均高12—21米,基宽14米,顶宽4—10米,以条石做基,内外壁包砌大块城砖,以石灰、糯米汁加桐油粘接,中间用砖石、黄土填充。所用城砖由长江沿江各省118个县烧造供给,砖上印有承制工匠、官员的姓名,质量很高。城墙上设有垛口13000个,城墙周边有宽阔的护城河,南京城的防御设施之坚固完备世上罕见。

旧城区的街道仍沿袭元集庆路城的街道,同样采取了开放式的街巷制度。城南属于繁华的商业区,街巷基本上经纬垂直。城北保留了大量的军垦农田,街巷数量不仅少于城南,而且由于受到城墙布局的影响,街道走向呈斜向。

南京城的皇城偏在整个城市的东南隅,为正方形。皇城的正南门为洪武门,位于京城正阳门内北面。皇城南面的御道街两旁是文武官署,一直延伸至洪武门。正阳门外还设有祭祀天地的大祀殿和山川坛、先农坛等礼制性建筑。宫城又称大内,位于钟山南麓,平面呈长方形,南北长2.5公里,东西宽2公里,居皇城之中,有城墙和御河环绕。宫城内由三大殿构成了前朝部分,后寝部分有乾清殿、坤宁宫等重要建筑。宫城正南门为午门,午门前的中轴线上有端门和承天门,旁列太庙和社稷坛。至今皇城和宫城仅有少部分城墙和城门保存完好,城内建筑均已毁于兵火。

明代南京城根据实际地理形势而建,形制特殊,尤其注重城市的防御功能。皇城和宫城布局则继承了前代传统,布局壮观、整齐,符合《周礼》的"三朝五门"、"左祖右社"等礼制要求。明南京城的修建拉开了明代全国性筑城高峰的序幕,尤其对明清北京城的修建产生了深远的影响。

(二)明北京城

明初元大都被明军占领后,宫城即被拆除,改大都为北平府。此后燕王朱棣就藩于此。靖难之后,改北平府为北京,永乐十五年营建新宫城。永乐十八年明成祖正式迁都北京。嘉靖三年增筑外城。入清以后,北京城的范围、宫城、街道均未变更。

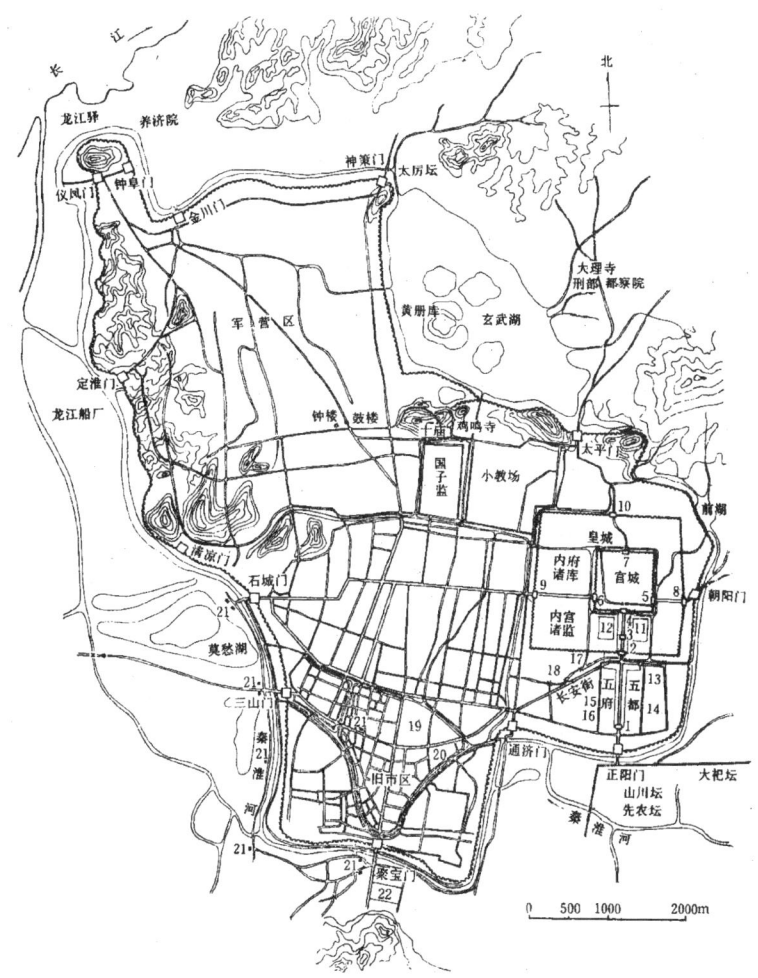

图 10-5 明代南京城平面示意图
(引自《中国建筑史》)

明北京城平面呈凸字形,面积约 25.4 平方公里,分为外城、内城、皇城和宫城几个部分。城墙包砖,共开九门,九门均有瓮城和城楼,城外围绕护城河。明嘉靖时期,加修外郭城,由于财力不足,仅将南面的天坛、山川坛和居民稠密的工商业区围筑为外城之内,外城东西宽 7950 米,南北长 3100 米。外城修好后,北京城成了"凸"字形。

皇城位于内城中部偏西南,在元大都皇城的基础上向东、南拓展而成。皇城东西宽 2500 米,南北长 2750 米,没有护城河。中央主要官署集中在皇城前方两侧,东部和北部主要是为皇家服务的内官衙署和作坊仓库等。

宫城又名紫禁城,位于内城中央,其东西墙与元大都宫城相同,南北各向南移了 400 米和 500 米,使得宫城在整个皇城中更加居中突出。宫城有四门,南面正门为午门。宫城东西长 760 米,南北长 960 米,较元宫略小,仅为唐代太极宫的六分之一强。前朝为皇极殿(清代称太和殿),后寝为乾清宫。宫城的前方左右分别为太庙和社稷坛。

明代北京城中轴线突出,皇宫、衙署和重要的礼仪性建筑均分布在整个城市的中轴线上,皇城和宫城成为整个城市的中心,更加体现了皇帝的至尊。街道系统、市场安排等大都继承了元大都的特点,几个大的商业中心大都承元大都之旧,外城围起的工商业区反映了当时北

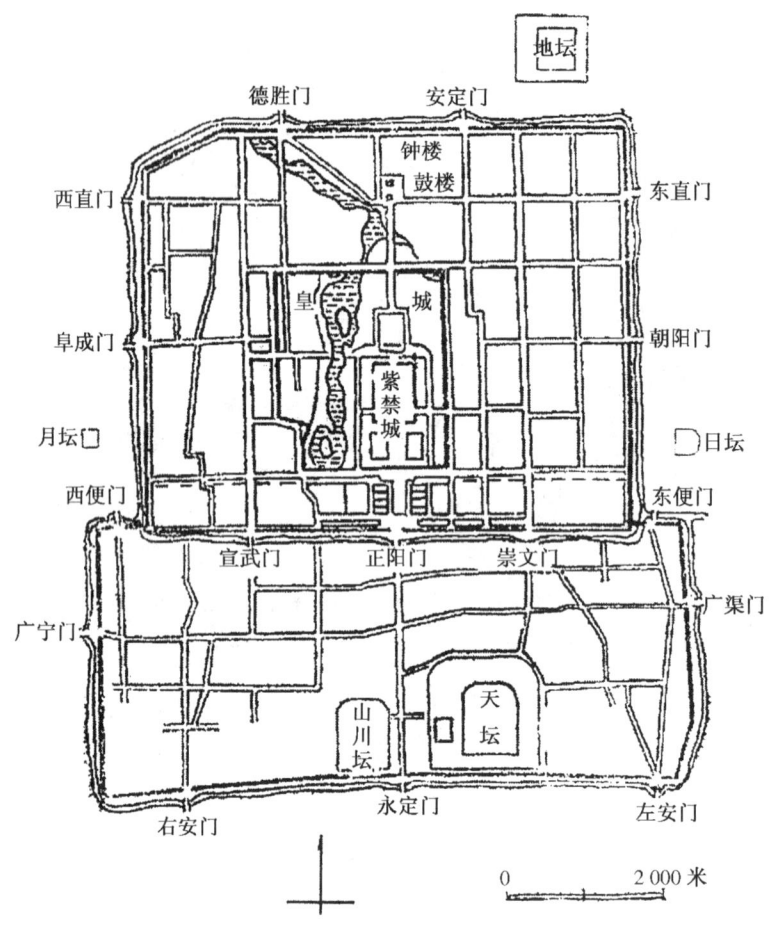

图 10-6　明代北京城城址平面图
（引自秦大树《宋元明考古》）

京工商业者和市民阶层的日益壮大。

总的来讲，明清时期北京城的建造继承了历代都城建设的经验。作为中国古代社会最后的都城，它规模宏大、雄伟，布局严谨、完备，体现了明清两代帝国大一统的气势，也是中国古代封建帝国都城的最后代表。

第二节　陵　墓

宋元明时期的陵墓调查和发掘是考古研究中比较重要的部分，尤其是建国以后，大量这一时期的墓葬被发现，出土了数量庞大的各种质地的随葬品，为人们了解这一时期的社会习俗和物质生活提供了丰富的资料。

一、帝　陵

（一）北宋帝陵

宋王朝国运多舛，自建国始即与辽、西夏对峙，后一旦亡于金，偏安江南，终灭于元。因此，随着朝廷的迁徙和国君的流寓，宋代帝陵也主要分布在南北两处：一处是位于今河南省巩义市境内的北宋皇陵，一处是位于今浙江省绍兴市的南宋皇陵。

北宋皇陵位于河南省巩义市的西南部，东西绵延约13公里，南北约12公里，总面积达156平方公里。陵区的营建始于太祖赵匡胤于乾德二年（964年）改葬其父赵弘殷，直至北宋灭亡，宋室经营皇陵达160年之久，计葬有北宋7位皇帝和赵匡胤之父赵弘殷，故有"七帝八陵"之说。作为亡国之君的徽宗、钦宗父子被女真人掳往金国，先后死于金朝五国城，后归葬于北宋皇陵区的范围内。北宋皇帝与皇后原则上同茔不同坟，即帝陵和后陵位于同一茔域之内，但都单独建陵，因此在帝陵外，巩义皇陵区内还袝葬有皇后陵22座，再加上上千座帝室成员及臣僚的陪葬墓，形成了一个规模极其庞大的墓葬群。

北宋皇陵的帝陵陵园建制高度统一，平面布局相同，皆坐北朝南，分别由上宫、下宫、皇后陵和陪葬墓组成。上宫是陵园的主体，是指从陵园最南端的鹊台开始，往北经乳台、神道、神墙，一直到陵台北侧神墙门的这一广大空间。鹊台两座，位于陵园的最南端，原状应为高大的方台并在上面建有雄伟的阙楼。乳台两座，位于鹊台之北，平面为长方形。据史书记载，乳台上原来都建有楼阁。乳台之北为神道，两侧列有石像。

表10-1 北宋皇陵一览表

序号	帝号名讳	在位时间	陵名	埋葬地点
1	宋宣祖赵弘殷	建国后追尊	永安陵	巩义市西村镇常封村西
2	宋太祖赵匡胤	960—976	永昌陵	巩义市西村镇常封村西永安陵西北
3	宋太宗赵光义	976—997	永熙陵	巩义市西村镇永昌陵西北
4	宋真宗赵恒	998—1022	永定陵	巩义市芝田镇蔡庄村北
5	宋仁宗赵祯	1023—1063	永昭陵	巩义市孝义镇南
6	宋英宗赵曙	1064—1067	永厚陵	巩义市孝义镇南永昭陵西北
7	宋神宗赵顼	1068—1085	永裕陵	巩义市芝田镇八陵村南
8	宋哲宗赵煦	1086—1100	永泰陵	巩义市芝田镇八陵村南永裕陵西北
9	宋徽宗赵佶	1101—1125	永佑陵（衣冠冢）	巩义市回郭镇清中、清西村一带
10	宋钦宗赵桓	1126—1127	永献陵	巩义市回郭镇清中、清西村一带

北宋帝陵神道石像均为60件，除神墙四门外的4对门狮外，两两相对列于神道两侧的石像共44件，从南向北依次为：望柱2、石象与驯象人各2、瑞兽石屏2、角端2、石马4、控马官8、石虎4、石羊4、客使6、武官4、文官4。此外，南神门狮与南神门之间还有武士像2件和上马石2件，神门内和陵台前各有宫人像2件。望柱、石马、控马官、文武官员等石像明显地继承了唐陵的传统。然而，宋陵石刻中也出现了一些新的题材。石象与驯象人的组合不见于前代，角端取代了唐陵前的翼马，帝陵神道设置石虎和石羊，身着异族服装手捧宝物进奉的客使像成为定制，文武官员像之外添设武士、宫人像，这些都是宋陵的独创。

神道之后为正方形的宫城，宫城四周的围墙称神墙，边长通常均在230米左右，系用黄土夯筑而成。神墙四面正中开有神门，对称工整，布局严谨。据文献记载，四座神门中的南神门又叫司马门，是帝陵的主门户，皇帝、大臣谒陵必经此门，谒陵祭坛或献殿也设在南神门内，因此地位最为重要，规模也最为宏伟。神墙的四隅建有角阙，上面原为土木结构建筑。

陵台是皇帝玄宫上的封土。据文献记载，北宋帝陵陵台分三层，整体上呈方形覆斗状，雄踞宫城正中,底边长约55米,高约16米。通过对宋真宗永定陵陵台的调查发掘,可知陵台顶部边长18—19米,底部边长52—53米,高15.3米,陵台整体呈三层台阶状,下部两层在夯土表面包砖,砖外粉饰红灰,顶部夯土呈覆斗状,直接在夯土表面粉饰红土。这些调查数据和构筑形式与文献记载内容基本一致。

陵台下部的墓室称玄宫或皇堂,《宋史·礼志》记载宋真宗永定陵"皇堂之制,深八十一尺,方百四十尺"。经调查钻探,永定陵的墓道在陵台南部中轴线上,北起陵台,向南一直伸到南神门外的神道上,南北长达180余米。墓道最南端宽6.1米,北端近陵台处宽27.5米,南窄北宽,两壁呈直线状。从墓道伸出南神门外这一现象可知,宋代帝陵中的南神墙、南神门及神道的一部分,都是应该在灵柩埋葬完毕后再砌筑的。

皇后陵和陪葬墓均位于帝陵上宫的西北方向。其中皇后陵的陵园布局与帝陵相同,只是规模相对缩小而已。石像也只有30件,是帝陵的一半,除四神门各2件门狮外,神道两侧自乳台往北分别是望柱2、马2、控马官4、虎4、羊4、武官2、文官2、宫人2。

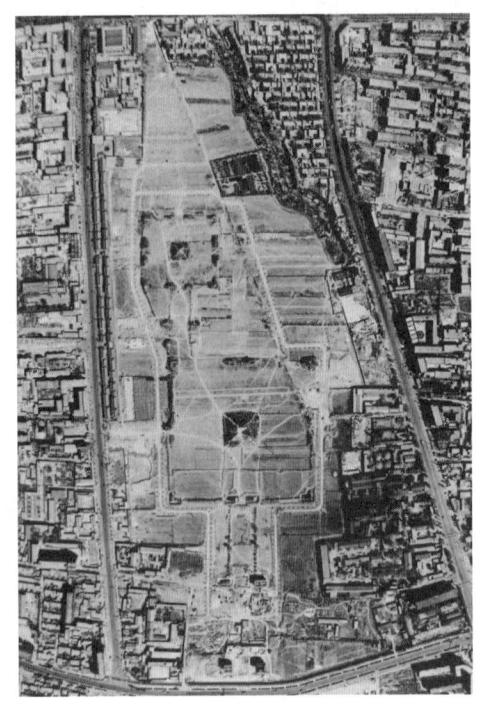

图10-7　宋仁宗永昭陵区全景
（引自《北宋皇陵》）

下宫是守墓宫人进行日常祭祀的场所,位于上宫的西北隅。由于下宫多为砖木结构建筑,易遭破坏,所以各陵区的下宫地面建筑均已荡然无存,有的只剩下门外石狮和下马石,部分陵区的地下尚保存着建筑基址。

此外,宋陵的特点之一,是在陵区设置奉陵邑,建立寺院。[①] 北宋皇陵由于相对集中,能确认的奉陵邑只有永安一县,从县名可以推断,作为奉陵邑的永安县是宋初营建永安陵时设置的。永安县在金朝改名芝田县,元朝废县为镇,并入巩县,即今巩义市芝田镇。另外,各陵区的西北均设有皇家禅院,计有永昌禅院、永定禅院、昭孝禅院和宁神禅院,用以召集僧尼为陵主诵经祈福。

北宋皇陵历史上遭受多次严重盗掘,明清时期虽曾加以部分修缮,但至今盗掘痕迹尚随处可见。由于帝陵玄室皇堂迄今尚未清理,其具体形制难以明了,惟一清理过的是元德李皇后陵地宫。[②]

元德李皇后为宋太宗的嫔妃,其子真宗即位后上尊号为元德皇太后,即史籍所载的元德李皇后,祔葬在永熙陵西北。其陵园最南端的鹊台直接与永熙陵下宫相连。陵园地势平整,地面建筑基址大部分尚存,尤其是30件石雕像完整无缺。1984年考古部门对元德李皇后陵进行了抢救性的发掘,并对地宫作了加固保护。

---

① 张学锋编著:《中国墓葬史》第八编"五代两宋墓葬",广陵书局2009年版。
② 河南省文物研究所:《宋太宗元德李后陵发掘报告》,《华夏考古》1988年第3期。

据调查发掘资料，元德李皇后陵为一座仿木结构单室砖墓，由墓道、甬道和墓室三部分组成。墓门位于甬道中部，石门，直额上的飞天和门扉的武士立像石刻画像保存得较好。墓室为砖砌单室，平面为近圆形的多边形，直径约7.95米。墓顶作穹隆顶，高达12米多。墓壁用平砖砌成，周壁砌抹角倚柱10根，柱间连以栏额，柱头置有仿木斗栱。斗栱以上用砖砌椽与望板两重，再上砌砖雕屋檐瓦当及重唇板瓦。屋檐以上逐步内收，一直到顶。墓底中北部为棺床，石条砌筑，南面作须弥座式，装饰有剔地和线刻花卉。环绕墓室内壁，被砖砌立柱所隔成的11个壁面上，原来均有砖雕壁画装饰，现存七个壁面尚能看出原貌。砖雕的内容基本上是砖砌的假门、假窗、桌、椅、灯檠、衣架、盆架、梳妆台等等。此外，仿木结构斗栱上也施以彩绘，墓室顶部则绘有楼阁图和星象图。李皇后陵地宫多次被盗，仅出土少量残碎随葬品，经修复后成形器物可分为玉、瓷、石、铜、铁和木器，计有181件，以玉质谥册和哀册、越窑秘色青瓷和定窑"官"字款白瓷最有价值。

另外，在宋陵区还发掘了魏王赵𫖯夫妇合葬墓[①]、燕王赵颢墓、兖王赵俊墓，他们均陪葬于永厚陵。尤其值得注意的是燕王墓为上下两层，上层砖砌圆形墓室，穹隆顶，直径8米，下层为方形石砌棺室。

（二）南宋帝陵

南宋王朝传9帝共152年，除最后三帝因国破家亡而流离失所外，前六位皇帝、皇后均采用"权攒"的形式，葬于今浙江省绍兴市东南的皋埠镇牌口村山下，六陵分别为高宗赵构永思陵、孝宗赵昚永阜陵、光宗赵惇永崇陵、宁宗赵扩永茂陵、理宗赵昀永穆陵和度宗赵禥永绍陵。称"权攒"意在待中原旧京恢复以后，再将棺椁取出，送往巩县祖陵正式埋葬，因此，南宋帝陵又称"攒宫"。

南宋攒宫位于今浙江省绍兴市东南18公里的攒宫山与青龙山之间的平地上，规模远不如北宋皇陵。各陵间距离最远的也只有一里，有的则近在咫尺。南宋六陵在形制上虽仍沿袭北宋旧制设有上宫、下宫和地宫，但均无皇陵应有的鹊台、乳台、神道石刻、神墙、高大的覆斗形封土堆。由于南宋攒宫在元朝已被破坏殆尽，加之风雨侵蚀，地貌改变，考古工作已难以开展，只能根据文献的记载大致勾勒出陵园及地宫的概貌。

高宗永思陵位于宋六陵的西南隅，是宋高宗赵构和吴皇后合葬的陵墓。关于永思陵的布局和构造，当时的修奉使司定割勘验文书《思陵录》记载得颇为详细。据《思陵录》的记录，永思陵可以分成上宫、皇堂石藏子和下宫三个部分。

上宫是攒宫的地面部分，由棂星门、殿门、献殿、龟头组成，周围以竹篱相环绕，竹篱周围开有东、南、西三门，外篱之内又有红灰墙一道，周长63丈5尺（约172米）。攒宫上不起陵台，只在其上建殿堂三间，称"龟头"，用以遮蔽皇堂。龟头之下即是皇堂（玄宫、墓室），梓宫即放置其中。皇堂又称"石藏子"，顾名思义，应是石结构的墓室。对其构造民国时期已有学者进行了初步探讨。据此可知，玄宫皇堂只为一长方形石室，不设墓道和墓门，石室中置棺，考虑到江浙一带地下潮湿，又在石室外加一重外壁，两石壁间以胶土填筑。考察了北宋中晚期和南宋初期江南地区砖室石顶墓和浇浆墓以后可以发现，攒宫石藏子其实受当时江南流行的大型墓葬的影响很大。下宫的外部也建有竹篱，故有篱寨之称。寨内建前、后殿及神厨、库室、换衣厅等，是日常祭祀和驻陵人员居住的场所。

[①] 周到：《宋魏王赵𫖯夫妇合葬墓》，《考古》1964年第7期。

由于"攒宫"属于临时埋葬性质,因此南宋帝陵从外观上看基本看不出陵的形制,然而石藏子和献殿对清明时期的陵墓产生了较大的影响。

(三)辽代帝陵

辽代传国 200 余年,历经 9 帝,加上辽世宗追尊其亡父为帝,因此共有帝陵 10 座。其陵墓相对集中在两个地区,一是今内蒙古巴林右旗,这里靠近西拉木伦河,属上京,是契丹皇帝耶律氏的发源地。另一处在老哈河流域,位于今辽宁西北的医巫闾山。

辽代帝陵均依山为陵,地处偏远。在陵园的布局上选择三面环山、一面开阔的箕形山谷,在谷口利用陡峭的自然崖壁加工成陵门,然后往里顺次安置碑石、石人、隔墙,在谷底靠近山体处建造祭祀的献殿,然后在山梁上开凿墓室。

目前 10 座帝陵中,多数帝陵因具体地点不明,调查工作目前还无法展开。仅有祖陵和庆陵的调查工作做得比较多一些。庆陵一般包括辽圣宗永庆陵、兴宗永兴陵和道宗永福陵三座帝陵,位于大兴安岭的余脉黑岭的东南麓庆云山。三陵自东往西顺次排列,因此又称东陵、中陵、西陵。

庆陵的三座陵墓都有陵门、享殿和神道,均为东南向,置奉陵邑和守陵户。三陵的墓室都有前、中、后三个墓室,在前、中室的两侧各有两个耳室,共计四个耳室,形成七室墓。永庆陵前室为方形,中室为圆角方形,后室及耳室均为圆形,与辽代中期墓葬的形制特征一致。永兴陵和永福陵,前室方形,中室、后室呈八角形,与辽代晚期墓葬的形制特征一致。辽代早期,也有个别特殊的高级贵族采用前、中、后三室的现象,如驸马赠卫国王墓,前室两侧还带两耳室,形成五室墓,等级仅次于皇陵。

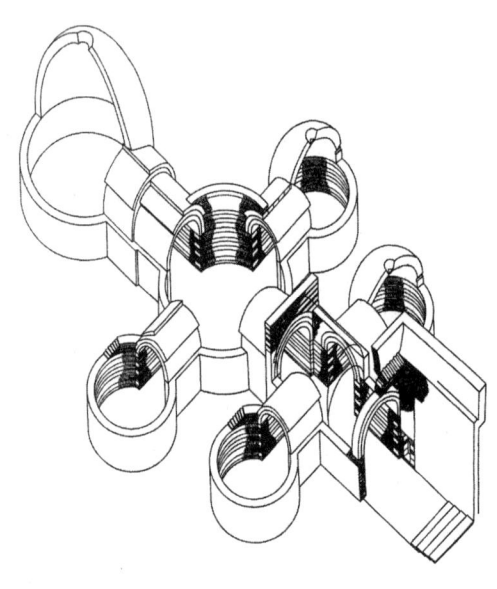

图 10-8 辽永庆陵透视图
(引自秦大树《宋元明考古》)

三座陵墓都有壁画,目前仅东陵保存了摹本和照片资料。内容有装饰图案、人物和山水等。墓门以及墓内砖砌仿木结构上饰红、绿彩。仿木结构细部和墓壁上方彩绘龙凤、花鸟、祥云、宝珠等图案。在墓道、前室以及东西侧室、中室和各甬道壁面上,彩绘与真人等高的人物 70 余个,最有特色的是中室四壁所绘的"四季山水图",采用了写实的笔法,描绘了北方草原独特的四季景色,展现了契丹民族所熟悉和喜爱的生息环境。鸟兽、山石、树木、花草,纤细不漏,形象逼真,成就了辽墓壁画的艺术高峰。三陵因受多次被盗扰,遗物仅存部分石刻哀册。

(四)西夏王陵

西夏是以党项族为主体在我国西北地区建立的国家。1038 年正式建立,国号大夏,先后和辽、北宋、金、南宋并立。共传 12 帝①,共 189 年。

---

① 《宋史·夏国传》记载了从第一代到第九代国王的陵名,分别为:太祖李继迁裕陵、太宗李德明嘉陵、景宗李元昊泰陵、毅宗李谅祚安陵、惠宗李秉常献陵、崇宗李乾顺显陵、仁宗李仁孝寿陵、桓宗李纯祐庄陵、襄宗李安全康陵,而最后三代神宗李尊顼、献宗李德旺和末帝李睍没有留下陵名。

西夏王陵集中分布在今宁夏回族自治区银川市西35公里的泉齐沟南,地处贺兰山中段东麓。陵区西凭高峻挺拔的贺兰山,东与都城兴庆府(今银川市)相依,居高临下,俯视银川平原,远眺黄河北流。整个西夏王陵区的总面积达50万平方公里。陵区内共有9座王陵,其中目前唯一可以确定的是仁宗的寿陵。另外陵区还有200多座陪葬墓。西夏末年,蒙古军队入侵时包括9座王陵在内的200多座墓遭到了彻底的毁坏。

通过考古调查和发掘,考古学者基本弄清了西夏王陵的布局。9座西夏王陵的平面布局基本相似,其共同点有:(1)每座陵墓都有面积在10万平方米左右的陵园,大部分有内外两重陵墙,将陵园分成外城和陵城(内城)。即使不筑外墙,也在相应的位置布置角台,以示陵园的范围。陵园基本上坐北朝南,呈南北略长、东西略短的长方形。(2)陵城四角建有角阙,东南西北四面墙的正中门阙。南门外紧邻陵城南墙建有东西长、南北窄的小城,称月城,与陵城构成"凸"字形。月城南边开一门阙,门阙外东西各有碑亭一座,碑亭正南再建东西鹊台。(3)表示陵墓所在地的陵台位于陵城西北部,夯筑成八棱锥形,在外观上形成了西夏王陵的最大特色。墓室和墓道不在陵台的正下方,而位于陵台南侧,地面上有拱起的封土,北部高而宽,南部低而窄,形似鱼脊,故称鱼脊梁。鱼脊梁前有献殿。陵台、鱼脊梁和献殿均位于陵园中轴线的西侧,而位于中轴线上的陵城中央夯筑中心台。

9座西夏王陵中,经正式发掘的只有6号陵。发掘工作从1972年一直持续到1975年,墓室早已被盗一空,出土文物极少,但发掘所获资料仍十分珍贵。

6号陵陵台为八面七级,陵台前18米处是一圆形盗洞,盗洞下即墓室。经清理得知,6号陵墓是一座三室土洞墓,由墓道、甬道、墓室、东侧室和西侧室组成。

墓道全长49米,南窄北宽,下窄上宽,最深处24.6米。从墓道入口处起至墓道最底部,东西两壁各有两排与墓道坡度平行的柱洞,可能是横梁的插孔。甬道大部分已被盗坑破坏,有封门石。甬道两壁前端的白灰壁上残留着部分彩绘武士像,原有的木门已经腐朽。

墓室由中室和东侧室、西侧室构成。中室地面铺砖,前端宽6.8米,后端宽7.8米,南北长5.6米,墓室略呈梯形。东西侧室与中室之间有短过道,长宽各1.8米。侧室形制相同,均为长3米、宽2米的长方形。东西侧室中均发现有竖立的转角木柱和护墙板朽木,说明原来东西侧室内用木材构建了四壁和顶部,推测中室也是同样的构造。三个墓室内均未发现葬具,淤土内散见人体肢骨和鸡、羊等动物骨骼。

除9座王陵外,200余座陪葬墓也大部分拥有墓园,或几座墓构成一个共同的墓园,通常由墓城、月城、碑亭、照壁、鱼脊梁、墓冢等构成,有的大型陪葬墓还有外城,可以说是陵园的缩影,具体而微。部分小型陪葬墓则只有一座夯筑的墓冢。陪葬墓中重点发掘的有177号陪葬墓和182号陪葬墓。这两座陪葬墓地面上都有碑亭、月城、门阙、照壁、墓城、鱼脊梁、圆锥形墓冢等建筑,证明它们属于高等级的陪葬墓,墓主身份应该是党项高级贵族,但两墓均是单室,显示了西夏王陵与贵族陪葬墓之间的等级差距。两墓都遭盗掘,随葬品遗存不多,但177号陪葬墓甬道中出土的鎏金铜牛和圆雕石马却是西夏国难得的艺术珍品。

(五)金代帝陵

金朝是女真贵族在我国北方地区建立的王朝,公元1115年建国,定都会宁府(今黑龙江阿城南白城子)。金朝占有淮河以北广阔领土,长期与南宋、西夏对峙,军事冲突频繁,和战时有变化。至1234年,蒙古和南宋联军灭金,共120年,传10帝。

金太祖完颜阿骨打死后最初葬在海古勒城西,号睿陵,在今黑龙江省阿城金上京会宁府遗址西侧约 300 米。后金朝第四任皇帝海陵王完颜亮即位后，迁都燕京（今北京），并择今北京市西南大房山麓为金朝皇帝陵园，将金太祖阿骨打、太宗吴乞买和完颜部十代酋长的陵墓全部迁到燕京大房山陵区，以后各帝后妃也都相继建陵于此，逐渐形成了一处规模宏大的皇家陵寝，面积约 60 平方公里。

金朝陵园在明朝末年时就遭到了毁灭性的破坏。如今，除清初重修的太祖睿陵和世宗兴陵尚有部分遗址可寻外，其余已一无所存。

九龙山是金陵的主陵区，是金代皇室陵寝的重要组成部分，位于北京市房山区周口店镇龙门口村北山前台地上，占地面积约 6.5 万平方米。2001 年至 2002 年，北京市文物研究所对金陵遗址进行了考古勘察和发掘。据报道，九龙山陵区平面布局采用了中国传统的陵墓建筑风格，以神道为中轴线，两侧对称布局，由石桥、神道、石踏道、台址（鹊台、乳台）、东西大殿、陵墙、陵寝等部分组成。

这次调查时，在九龙山主峰下发现了一处岩坑遗迹，东西长 13 米，南北宽 9 米，经抢救性发掘，发现坑内埋葬有棺椁，因此，确定是一处墓葬。由于坑内瘗葬汉白玉雕龙、雕凤的石椁，根据文献记载，确定这里应为太祖阿骨打睿陵的玄宫（M6）。

玄宫为石坑竖穴，平面呈长方形，口大底小，坑内安置了 4 具石椁。其中汉白玉雕龙、雕凤石椁为东西向，放置在玄宫正中偏北，另 2 具青石制素面石椁为南北向，放置在玄宫西侧。龙椁已经残毁。凤椁保存较好，长 2.48 米，宽 1.2 米，厚 0.46 米，为整块汉白玉雕琢而成。椁盖顶部及椁身雕刻双凤纹和卷云纹，并描金粉。椁身四周裹松香 10 厘米左右。凤椁内放置木棺一具，棺盖残落在棺内。木棺外壁髹红漆，四角及正中部位饰菱形鎏金银饰，上錾刻凤鸟纹。棺内残留有头骨及下肢骨，在头骨处发现 1 件金丝凤冠及 3 件雕凤鸟纹白玉饰件。

在太祖睿陵的西南还发现了 5 座陪葬墓。墓葬形制相同，均为长方形石圹竖穴墓。其中 M3、M4 保存较好，墓室四壁用长方形大石条垒砌，外壁涂抹白灰，室内底部放置凹形石棺床。木棺已朽，肢骨散乱。M4 出土铜把铁剑和石枕，M5 出土 1 件磁州窑龙凤罐和金"泰和"铜钱等遗物。

（六）元代帝陵

成吉思汗征服蒙古高原各部，于 1206 年建立了大蒙古国。1227 年灭西夏，1234 年灭金。世祖忽必烈于 1271 年建国号为大元，1276 年攻陷南宋都城杭州，1279 年消灭南宋残余势力，蒙元帝国成为横跨亚欧大陆的世界帝国。

与中国历代帝陵相比，蒙元皇帝的陵墓是极其特殊的，至今扑朔迷离，连陵墓的具体地点尚不明了，这主要是由于蒙元皇帝的奇特葬法造成的。

明代官修的《元史·祭祀志·国俗旧礼》中称："凡宫车晏驾，棺用香楠木，中分为二，刳肖人形，其广狭长短，仅足容身而已。殓用貂皮袄、皮帽，其靴袜、系腰、盒钵，俱用白粉皮为之。殉以金壶瓶二，盏一，碗碟匙筋各一。殓讫，用黄金为箍四条以束之。舆车用白毡青缘纳失失为帘，覆棺亦以纳失失为之。前行，用蒙古巫媪一人，衣新衣，骑马，牵马一匹，以黄金饰鞍辔，笼以纳失失，谓之金灵马。日三次，用羊奠祭。至所葬陵地，其开穴所起之土成块，依次排列之。棺既下，复依次掩覆之。其有剩土，则远置他所。送葬官三员，居五里外。日一次烧饭致祭，三年然后返。"除汉文文献外，来过蒙元的西方人对蒙古皇帝的这一奇特葬俗也多有记述。《马可·波罗游记》中说："一切鞑靼人（蒙古人）的大汗和成吉思汗——他们的第一个主人——死后,按例应该葬在一座名叫阿尔泰的山上,无论他们死在什么地方,甚至相距一百天的路程,也要把他的灵柩运送到阿尔泰去。这已经成为鞑靼皇族一种不可更易的传统风俗。还有另外一种风俗,在把君主的灵柩运往阿尔泰山的途中,护送的人要将沿途遇到的一切人作为殉葬者。……当蒙哥汗驾崩后的遗体运往阿尔泰山的途中,护送骑兵一路上把遇到的人,至少被杀了将近两千余人。"以上中外文献对蒙元皇帝及皇室贵族葬俗的记载基本上是相通的,从中可以看出蒙元皇帝葬俗中的几个特点:(1)深埋土葬;(2)不起坟冢;(3)集中一地;(4)葬地保密。

由于蒙元皇帝、贵族的特殊葬法,尤其是不起坟冢及葬地绝对保密的原因,蒙元时期的帝陵及贵族墓葬一直没有发现。《元史·太祖本纪》记成吉思汗于1227年农历七月"乙丑,崩于萨里川哈老徒之行宫,……寿六十六,葬起辇谷。"后来的太宗窝阔台、定宗贵由、宪宗蒙哥、世祖忽必烈、成宗铁穆耳、武宗海山、仁宗爱育黎拔力八达、英宗硕德八剌、泰定帝也孙铁木儿、文宗图帖睦尔、明宗和世瑓、宁宗懿璘质班,前后15位皇帝中有13位葬在起辇谷,传说连元朝的末代顺帝在退回蒙古草原死后也葬在起辇谷,可以说,起辇谷是蒙元皇帝的集中葬所。

然而,起辇谷在什么地方却无人知晓。有人按照"起辇"的汉字字义推测是成吉思汗兴起的地点,那么这就应该是成吉思汗出生、成长并统一蒙古各部的斡难河(今黑龙江上游鄂嫩河)流域。有人将"起辇谷"拟音为元代汉译中的"怯绿连河",那么就是今蒙古国境内的克鲁伦河。《蒙古黄金史纲》说成吉思汗葬在阿尔泰山之阴、肯特山之阳,《马可·波罗游记》说成吉思汗葬在阿尔泰,还有成吉思汗葬在六盘山、鄂尔多斯等各种说法,不一而足。蒙元皇帝葬地保密的葬俗,不仅给后人留下了无穷的遐想,而且还让今天的考古学家走向了艰难的探求之路。20世纪90年代开始,日本、美国的学者先后与蒙古国政府商议,希望在蒙古国内寻找蒙元帝王陵墓。协议达成后,两国学者分别利用卫星图像、航测、遥感、卫星定位系统等现代科技手段对和林草原和肯特山地区进行了拉网式勘察,但至今没有重大突破,蒙元皇帝陵墓仍然是个谜。

(七) 明代帝陵

1368年,朱元璋推翻元朝,建立了明朝,定都南京;1421年,成祖迁都北京。1644年,李自成攻破北京,崇祯自缢,明亡。历277年,共传16帝。16位皇帝中,太祖朱元璋孝陵在南京钟山南麓;太祖以后,除惠帝朱允炆因"靖难之役"下落不明,景帝朱祁钰葬在北京西郊金山外,其他13位皇帝均葬在北京昌平天寿山,统称十三陵。

明孝陵是我国现存建筑规模最大的古代帝王陵墓之一,自陵园的南端起点下马坊至玄宫所在的宝顶,纵深2600多米。据《江宁府志》记载,孝陵外郭城周长50里(现已不存),相当于南京城墙的三分之二。在这个广阔的陵区范围内,钟山南麓除孝陵外,孝陵的东边有太子朱标的东陵,西边有殉葬妃嫔的园寝。钟山北麓为孝陵的陪葬区,分布着徐达、常遇春、李文忠等开国功臣的墓葬。孝陵依山而建,坐北朝南,有三重城垣,主要包括下马坊、大金门、碑楼、神道石刻、棂星门、御桥、文武方门、享殿、方城明楼、宝顶等主要建筑。

明十三陵位于北京昌平天寿山南麓宽广的山谷中,这里沿山势环列着明代13位皇帝的陵墓,依次为长陵、献陵、景陵、裕陵、茂陵、泰陵、康陵、永陵、昭陵、定陵、庆陵、德陵、思陵,陵区面积达40平方公里,是我国古代帝陵中保存比较完整的一处。陵区北、西、东三面环山,水流交错,风景优美,各陵都建在山下,以永乐帝的长陵为中心向左右排列。陵区因山势筑有陵垣,总长达12公里。陵垣上还设有十口、城关、敌楼,有驻军守护。十三陵自永乐七年(1409)

开始营建,至崇祯十七年(1644)明朝灭亡,历200余年,营造工程从未间断。

明十三陵在形制上完全以明孝陵为本,只不过诸陵营建情况各不相同。凡是皇帝身前营建的,如永陵、定陵等,规模都非常大;死后营建的,如献陵、景陵、康陵等,规模相对较小。亡国之君崇祯帝则被草草葬于贵妃田氏的墓穴中,规模最小。而最初营建的长陵,规模最大。

从明代陵寝布局上来看,明代的陵寝制度较前代陵寝有了明显的改变,主要表现在以下几个方面:(1)坟丘由方形改为圆形,称为宝顶。(2)取消了寝宫(下宫)的建筑,扩大了献殿(即上宫)的建筑,在献殿的两边分建配殿。废止了下宫,废止了留宿宫人,也废止了模拟生前日常供奉的形式,只保留了五供台、神厨和神库等与祭祀活动相关的设施,从而突出了祭拜的过程和仪式的隆重。(3)陵园的平面及陵垣从方形改为长方形,分为三重城垣。(4)设方城明楼砌宝城。明楼是方形的城楼,中立墓碑。明楼之后是圆形大坟,称作宝顶,周围砌有砖壁,上砌女墙,称为宝城。(5)从明孝陵开始,对陵前神道石刻的组合作了调整,不再使用北宋帝陵石刻中常见的石羊、石虎以及碑形浮雕瑞禽等题材。明孝陵前的石兽,分为狮、獬豸、骆驼、象、麒麟、马6种,共12对,其中每种动物都是一对卧像,一对立像。石人分为文臣、武臣。其后的明十三陵和清东陵、西陵基本上均依明孝陵营建时的格局建成,变化不大。

明代的陵寝长期以来一直受到保护,除了一些地面建筑遭到破坏之外,诸陵地宫并未受到过盗扰。20世纪50年代正式发掘的万历皇帝的定陵地宫为我们研究明代帝陵玄宫制度提供了最丰富、最直接的材料。

定陵地宫位于宝城封土下正中偏后,朝向和陵宫朝向一致,坐西朝东。地宫前有砖砌隧道从宝城东南侧导入,与中轴线方向一致的是石隧道,隧道斜下延伸,尽头就是玄宫的封门墙即金刚墙。金刚墙内是玄宫的甬道,砖券,青石铺地,长宽均为7.9米,高7.3米,甬道西壁就是玄宫的石门。

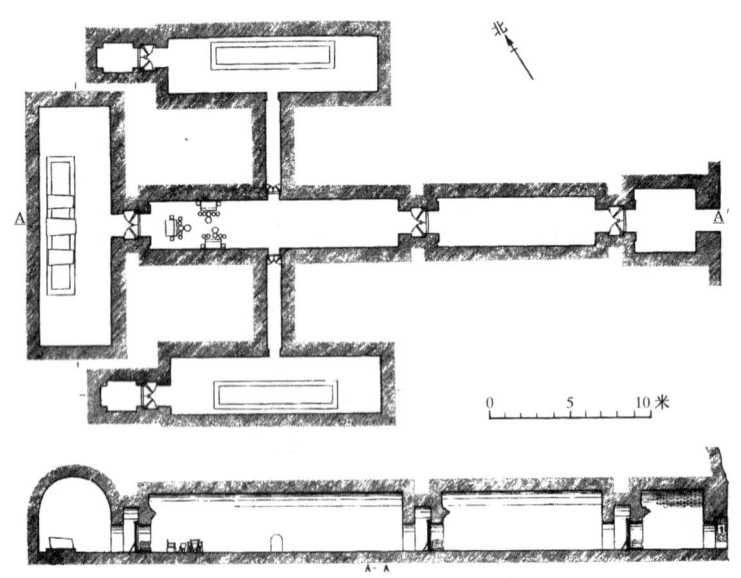

图 10-9　明定陵地宫平、剖面图
(引自《定陵》)

定陵地宫由前殿、中殿、后殿、左配殿、右配殿等五座殿堂组成,当是仿造皇帝生前居住的宫殿所建。除甬道和部分殿堂地面铺砖外,其余殿堂均为石砌的拱券结构。每殿各有石门,高3.3米。门上砌出门楼,包括檐、脊、吻兽、额坊等构件(图10-9)。

前殿长20米,宽6米,高7.2米。中殿长32米,高宽与前殿相同,中设雕琢精致的汉白玉神座三个。各神座前设有黄琉璃五供,计炉一、烛台和香瓶各二。五供前又设青花大龙缸,缸内贮油,称为长明灯。后殿为放置皇帝和皇后棺椁的地方,也是玄宫的主要部分,较之前殿和中殿更为高大宽敞,长30.1米,宽9.1米,高9.5米。地面铺花斑石。正中为汉白玉石砌成的宝床,须弥座式,长17.5米,宽3.7米,高0.4米。宝床中间为万历帝的棺椁,左为孝端后,右为孝靖后。三棺椁之间的空隙中放置了26只木箱,里面放满了各色随葬品。

中殿南北壁正中各有一券门,经甬道通向左右配殿。左配殿为纵券,与中殿平行,长26米,宽7.1米,高7.4米。殿中央靠后为汉白玉宝床。配殿的后壁有一券门,有石门,再后面为封闭的券顶砖室,外有封门墙,这里可能有另一条隧道通向玄宫之外。右配殿和左配殿形制对称,布局、尺寸与之相同。左右配殿内均无随葬器物。

万历帝和孝端、孝靖皇后均有朱漆木棺椁各一重。棺椁之上放有木制仪仗、铭旌等,周围散放玉料。随葬品多放置在三具棺内和宝床上的26只器物箱中。计有丝织匹料和服饰、金银器、玉器、瓷器、首饰、冠、带、佩饰、铜明器、锡明器、漆木器和木俑等2648件。另外,帝后棺椁周围还各放置青花梅瓶2件或4件,金银锭各一枚,后殿内和宝床上还有较多的木制家具明器。

万历皇帝棺内的随葬物品有十多层,丝织袍料和金器交互放置,锦被之下,自上而下第一至第四层,有袍料和匹料,西端主要放置金执壶、金爵、金酒注、金提梁罐、金盆、金碗、玉爵、玉盆、玉碗、首饰、梳妆用具、冕旒以及金银锭等;第五层为金翼善冠、乌纱翼善冠、冕冠及革带、玉器和金器等;第六至第十层主要为整卷的袍料和服饰;第十一层为尸体所着的冠带、袍服以及金带饰、带钩、镶宝金版、金锭、金器等。尸体之下还有九层,除铺垫褥、毡褥、被和金钱褥等物品外,其下各层多为整卷的袍料、匹料和衣服。东端有毡靴,最底层南北两侧各放置银锭20枚。帝王的奢侈可见一斑。

二、宋代墓葬的类型

宋代墓葬具有鲜明的地方特色,在形制、装饰和随葬品上都有较大的区别,大体可以分为南方和北方两大区域。

(一)北方地区墓葬

北方地区是指宋朝版图内长江流域以北的地区。其南界大体在淮河到汉中一线,北与辽朝为界,西与西夏为邻。在时间上大部分地区自北宋建立起就在宋王朝的统治之下,"靖康之难"后迅速沦为金朝统治区。北方地区宋墓的面貌整体上较为一致,尽管这一地区的宋墓继承了晚唐五代的墓葬风格,但在许多方面又有新的发展,尤其到北宋中晚期以后变化较大,使得唐、宋两朝的墓葬显示出了很大的差别。墓葬类型主要有石室墓、土洞墓、砖室墓、土坑墓等几种类型。

用石材构筑的墓室称之为石室墓。宋代官方明令禁止使用石室墓,《宋史·礼志》引《礼院例册》曰:"诸葬不得以石为棺椁及石室。其棺椁皆不得雕镂彩画,施方牖槛。棺内不得藏金宝珠玉。"北方地区因位于政治、文化的中心区域,墓葬的营建大体能遵朝廷规定的礼度,因此,北方地区迄今为止发现的北宋石室墓并不多。目前所知的石室墓有河南密县宣徽南院使冯京夫妇墓、河南方城尚书左丞范致虚家族墓、河南郏县承议郎苏适墓、河南洛阳户部尚王拱辰墓、山东嘉祥钓鱼山二号墓、山西左权赵武墓等。石室墓虽然不多,但均为高级品官墓葬。例如冯京墓位于河南省新密市五虎亭,是一座石砌多室夫妇合葬墓,葬于元祐九年(1094年)。该墓由墓道和墓室两部分构成,墓道探得长约 10 米。墓室为长方形并列 4 室石室墓,不设墓门,仅在各室隔墙中部下方留出一个小孔,将 4 个墓室贯通。4 个墓室中分别葬着冯京本人和三位夫人。该墓曾三次被盗,残留的随葬品有瓷器、陶器、铜钱和墓志等。

土洞墓和土坑墓在宋代北方地区比较常见。土洞墓是适合于黄土深厚地带的一种墓葬形制,自战国时期出现以后,一直是关中、中原地区常见的形式。土洞墓中最具特色的是一种靴形土洞墓,是唐代中晚期以来最流行的一种形式,即在竖穴墓道中向旁边掏挖墓室,它的剖面像一只靴子,故有此称。土洞墓的内部结构虽然在北宋一代基本上没有改变,但使用土洞墓的墓主人身份却发生了一个显著的变化。北宋早期使用土洞墓的墓主之中,与唐代中晚期一样,有低级品官、城镇富商、农村乡绅等,身份相对不低。而进入北宋中期以后,随着唐宋变革的社会转型逐渐完成,旧有的身份等级制度被摧毁,社会经济迅速走向繁荣,处于上升阶段的阶层不再满足于必须与其他平民同样使用土洞墓的限制,稍有一些身份和地位的人,死后不再使用土洞墓,转而营建砖室墓,并逐步发展到使用建筑和装饰都十分考究的仿木建筑砖雕壁画墓。

仿木建筑砖雕壁画墓是宋辽金时期北方地区最具特色的砖室墓,其最显著的特征是运用雕砖和壁画两种技法,在砖室墓内表现出仿木构的斗栱、倚柱、门窗、天花藻井等建筑构建,将墓室完全构筑成现实居室的形状,并在上述构建之间用雕砖和彩绘表现出人物、历史故事、花草、星象等各类题材。这类墓葬最初出现于唐末,北宋中期以后开始流行,金代达到鼎盛,元代开始趋于简化,进入明朝以后急剧减少直至消失。

北宋之前出现的仿木建筑砖雕壁画墓仿木斗栱都比较简单,墓室壁面上也没有出现雕砖砌成的壁画。北宋以后,仿木建筑的雕砖构建开始趋于复杂,墓室壁面上同时也装饰了桌椅、门窗、灯檠、衣架等题材的雕砖。约在北宋中期,仿木建筑砖雕壁画墓开始大量出现,同时,使用这类墓葬的墓主人的身份也发生了巨大的变化。一方面,大型的品官墓葬不再使用仿木建筑的装饰,反而逐渐趋于朴素,墓壁变得毫无装饰,另一方面,在新的社会体制下成长起来的富裕平民,开始大量使用仿木建筑砖雕壁画墓,表现人们的生活、文化、意识的内容十分丰富。河南禹县白沙宋墓在此类墓葬中最具代表性[①],其中白沙 1 号宋墓自墓门到后室北壁,均用雕砖装饰成木构建筑的形式,墓壁、墓顶、雕砖构件等所有的平面上施满彩绘。甬道东壁绘三人,西壁绘三人一马。前室南壁东、西两侧分别绘肩持钱贯的公物者和手持骨朵的侍者。东壁绘女乐 11 人,作演奏状。西壁正中绘男女对坐和桌椅等物的侧面。全墓壁画人物惟此男女二人砖砌浮出,颇为特殊,当为墓主人夫妇之像。夫妇像后各绘一屏风,屏风近侧画男女侍者。后室东南壁上绘帐幔,帐幔之下绘二男三女;与之相对的西南壁上的帐幔下绘五女,作侍候梳妆形象。东北壁和西北壁上绘假窗、灯檠、剪刀、熨斗、矮几、花瓶、狸猫等物。北壁上画帐幔,其下砖砌假门,假门外立一雕砖彩绘女子,双手作启门状。除以上主要壁画外,墓室内部的各处均被同心结线球、金银铤、箭筒、刀戟、流苏、帐幔等物件及各种建筑彩绘填满,几乎不露空壁。

土坑墓在各个时代都是大量使用的墓葬形式,北宋时期当然也不例外。历代的土坑墓报

---

① 宿白:《白沙宋墓》,文物出版社 2002 年版。

道的均不多，但宋代的"漏泽园"墓葬却非常引人注目。所谓"漏泽园"，是指由北宋政府官方出面集资埋葬客死他乡的贫民、士兵及无主骸骨的公共墓地。这些墓葬一般有火葬和土葬两种形式。火葬墓用陶瓷罐放置骨灰，挖小土坑埋葬；土葬墓则采用土坑墓穴，将死者置于大型陶瓮或用薄皮木棺埋葬。骨灰罐上或死者身上加盖青砖，砖上刻有编号、死者籍贯、身份、死因、收葬时间等等。考古发现的规模最大、具有代表意义的是三门峡漏泽园墓地。墓地总面积可达1.2万平方米以上，考古发掘3800平方米，清理墓葬849座。[①] 墓地中墓穴的排列十分整齐规范。849座墓葬均为竖穴土坑墓，南北方向，葬具十分简单，有的是单只陶缸，有的用两只陶缸套合，有的甚至没有发现葬具。近半数墓穴中随葬有青砖墓志，墓志上依次标明用干支或千字文表示的墓葬编号、死者姓名、年龄、籍贯、身份、死亡地点、埋葬时间、尸体从何处搬来等内容，字数在数十字。

（二）南方地区墓葬

南方地区是指长江流域的广大地区，这里的宋墓既有一定的共同特点，又有五代割据时期形成的地方文化特点，因此这一时期南方地区的墓葬也可以分为几个小区。

1. 长江下游地区

长江下游地区包括今江苏、安徽两省的淮河以南地区和浙江省、上海市，五代时属于南唐国和吴越国，两宋时期又是全国经济最为发达的地区。这一地区的宋墓材料十分丰富，主要可以分成以下几种形制：（1）长方形竖穴土坑墓。这种形制应该是最常见的，遍布全国，南方各地也不例外。（2）长方形砖室券顶墓。其中又可分为单室和并列双室两种。（3）砖框石盖顶墓（又可称砖室石顶墓）或砖石混筑墓。这是这一地区最为流行的墓葬形制，同样也可分为单室和并列双室甚至三室等多种类型。（4）石室墓。数量不是很多，多分布在山区。（5）三合土浇浆墓。这是这一地区宋代出现的新型墓葬，对明清墓葬产生了较大的影响。

根据墓葬形制、类型和随葬品的变化，长江下游地区宋墓的发展演变大致可以分成三个时期。第一期为北宋建国到真宗朝（960—1022年），属于南唐国和吴越国统治的末期和北宋统治的初期。这一时期的墓葬上承晚唐五代时期的特点，有竖穴土坑墓、砖室墓和砖石混筑墓三种。第二期为北宋中后期（1023—1127年）。北宋仁宗、英宗、神宗二朝，墓葬开始摆脱晚唐、五代的影响，形成宋墓的特点，原南唐和吴越地区的墓葬开始趋于一致。除竖穴土坑墓和少量的券顶砖室墓外，砖室石顶墓十分流行。哲宗朝以后，砖室石顶墓、砖室墓券顶增加，石室墓和浇浆墓开始出现。第三期为南宋时期。这是长江下游地区宋墓发展的鼎盛期。高宗朝到宁宗朝（1127—1208年），最主要的墓葬类型是砖室石顶墓，底部多铺砖或石，一般有壁龛，放置随葬品。随葬品中金银饰品、铜镜、文具等增加，并开始用铁器镇墓和使用铁买地券。理宗朝以后（1209—1278年），仍然以长方形双室砖墓为主，但石顶墓减少，券顶墓增加，墓底普遍铺砖。浇浆墓的数量有所增加。

宋代长江下游地区的墓葬非常注重密封防腐，棺内的随葬品因此也较好地得到了保护，一些极易腐烂的如丝织品、漆木器等也多有出土。这种特征在北宋始见的用石灰、细沙、黄土混合而成的灰浆浇筑的浇浆墓中表现得更加明显。例如江苏江阴夏港镇发现的宋仁宗至和二年（1055年）孙四娘子墓，是目前所知最早的浇浆墓例。该墓为木椁浇浆墓，木椁为楠木造，外用三合土浇筑密封，椁盖和浇浆体之间夹有一层白胶泥，整体坚硬如石。由于密封程度极

---

① 三门峡市文物工作队：《北宋陕州漏泽园》，文物出版社1999年版。

高,棺椁内保存了大量的纸质、木质随葬品。木椁内棺身之前左置靠椅,右置供桌,桌面上置果品。棺内尸体上放置了大量的佛教经卷,棺盖上散百枚铜钱。木椁内四角各置一釉陶四系罐,四壁中下层钉木俑,中层为十二生肖俑,下层为伺者俑。

考古发现的宋浇浆墓事例还不算多,但元明以后一方面由于浇浆墓在密封、防盗方面确有特殊功能,另一方面在朱熹等宋代学者的直接倡导下,浇浆墓的发展迅速,入元以后,浇浆墓渐多,江苏、浙江、安徽、湖南、山东、四川等地都有发现。

2. 长江中、上游地区

此区主要是指今江西省以上的湖北、湖南、重庆、四川以及贵州的部分地区,地域非常宽广。这一广大区域内发现的宋代墓葬数量非常多,各地墓葬的形制也很丰富,随葬品也各有特色。

鄂西北和鄂北地区靠近关中和中原,墓葬受北方地区的影响比较大,流行仿木建筑砖室墓。这一类墓的平面多为方形或长方形,少部分为多边形。此外还有少量的双室大墓。鄂东和鄂东南地区的风格与长江下游地区相近,多见砖室石顶墓,有单室和双室两种。长方形砖室墓的形制较长江下游更为复杂一些,一般为长方形券顶砖墓,但也受到北方的影响,在墓壁上做出门、窗一类的砖雕装饰。湖北省东部的孝感、武汉和黄冈地区还发现了石椁木棺墓,以条石砌出墓壁和墓顶,内置木棺,有些还在椁上做出仿木建筑的门窗、斗栱等。

江西省今浙赣线以北、鄱阳湖以东地区的两宋墓葬,其面貌与长江下游的江浙地区接近,有竖穴土坑墓、长方形券顶砖室墓和砖室石顶墓,还有一些石室墓。南部和西部地区以券顶砖室墓为多,同时还流行石椁墓。随葬品较有特色,以俑类的变化最为明显。北宋前期常随葬陶俑,北宋晚期到南宋中期流行随葬瓷俑。各式陶瓷俑中既有现实的人像俑,又有相当数量的神煞俑。南宋时期,随葬的陶瓷俑减少,而人物、动物、四神、十二生肖等内容则开始集中堆塑到罐的颈部,通常称其为"龙虎瓶"。这样的龙虎瓶,几乎每墓必出一对。俑类之外,北宋前期还常见陶罐、四系罐和多角罐,中期开始大量随葬青白瓷器,器类丰富,数量众多,质量上乘。南宋开始随葬一些黑釉罐、碗。湖南省发现的大型宋墓不多,以中小型墓葬为主。北宋时期以长条梯形带小龛的竖穴土坑墓为主,有少量石椁木棺墓。南宋时开始较多地出现长方形砖室墓和石椁木棺墓。随葬品以陶器为主,多角罐和堆塑坛是最具特色的器物,南宋时期几乎每墓必出。

长江上游的四川省、重庆市和贵州省的部分地区,发现的宋墓数量多达数千座。除一般平民的小型土坑墓外,大中型墓中长方形砖室墓和石室墓非常具有本地区的地方特点。

长方形砖室墓,集中发现在以成都为中心的平原中部地区,包括少量与长江中游地区相似的内壁无装饰的石椁墓,有的还带有简单的仿木建筑雕砖,墓顶可分为重券、单券和叠涩券三种。北宋时期多为单室墓,南宋则多为并列双室和三室墓。随葬品方面,随葬武士俑、男女侍俑、神煞俑是其特点。

石室墓葬是宋代流行于四川盆地及其周围丘陵地区的主要墓葬形式之一。北宋后期的墓例仅在个别地方有所发现,数量少,构筑简单,所用石材基本上是粗加工的素面,没有人物、神兽等浮雕,少数仅有简单的线刻花纹和简括的武士图像。进入南宋以后,一种带有精美石刻的仿木建筑石室墓大量流行,成为南宋时期四川盆地最具地方特色的墓葬形式。这种石室墓用石条筑成,常使用券顶、叠涩顶、盝顶、人字顶,有的形成藻井,多采用并列双室或前后两室。这些石室墓墓室内均有精美的浮雕石刻,内容有仿木建筑构件、武士、四神、飞天、墓主人像、桌椅屏风、男女侍者像、妇人启门图、孝行图、装饰图案及舞蹈、伎乐等等。

三、辽金墓葬的类型

迄今为止正式发表的辽代契丹人墓葬资料几乎都是贵族墓葬。由于入葬年代的早晚及贵族之间身份地位的差异，契丹贵族墓葬在形制和等级上有着明显的特征。通过对辽代考古材料的分析，大致上可以将辽代契丹贵族墓葬分成早、中、晚三个时期。

早期从契丹建国到辽景宗时期，即公元10世纪初到10世纪80年代。这一时期是辽朝大量吸收汉文化的时期，契丹贵族墓多模仿中原唐末五代以来的墓葬形制。长斜坡阶梯式墓道，仿木结构的砖墓门，用砖、石砌筑墓室，双室墓中前室平面呈长方形或正方形，后室（主墓室）平面及耳室多呈方形或近方形，显示了汉人居室的特征。主墓室中后部或用巨大花岗岩板组构成石室，俗称石房子。石房子内部砌筑尸床安放尸体，尸床上罩以仿汉式木构建筑的"小帐"，或直接砌筑尸床。墓室内部墙上或石房子内外、墓门等处绘有彩色壁画。这一时期的墓葬中也有部分圆形墓，但还没有中期那样普遍。典型墓例有内蒙古赤峰市阿鲁科尔沁旗东沙布热台宝山1号墓、阿鲁科尔沁旗罕苏木会同五年（942年）耶律羽之墓等等。

中期为辽圣宗、兴宗时期，即公元10世纪80年代到11世纪50年代。这一阶段是辽王朝政治、经济、文化、军事各领域的鼎盛时期。这一期的契丹贵族墓仍然流行长斜坡阶梯式墓道、庭院、仿木结构砖墓门。但从早期的较晚阶段开始，墓室的平面形制，尤其是安放棺木的主墓室发生了变化，从方形逐渐向圆形演变，形成了方形前室、方形或圆形耳室、圆形后室、穹隆顶上开启圆形或八角形孔洞的形式，成为辽代中期墓葬的主要形式。早期常见的石房子、"小帐"、石棺等笨重的葬具消失，尸体直接安放在尸床上，或砌棺床，上置木棺。壁画也从早期的墓室发展到了庭院和墓道，场面更加庞大。这一期典型的墓例有：辽宁朝阳西五家耶律延宁墓、内蒙古通辽市奈曼旗青龙山镇陈国公主与驸马萧绍矩墓等等。

晚期为辽道宗、天祚帝时期，即公元11世纪50年代到辽亡的1125年。这一时期契丹贵族墓的长斜坡阶梯式墓道、庭院、仿木结构砖墓门、前室方形、壁画布局等基本内容与中期相比虽然没有太大的变化，但墓室的平面形制，尤其是主墓室盛行八角形和六角形的新形制，其中又以八角形占绝对多数，部分墓葬前室两边的耳室甚至也都演变成了八角形。辽代晚期的契丹贵族墓发现较多，典型墓例有：辽宁阜新关山种畜场萧和夫妇墓、北镇县龙岗子村秦晋国妃墓等等。

火葬墓流行也是辽代墓葬的一个重要特征，并影响到后代的金元时期。辽代的火葬墓大致上可以从两个方面来认识：一是契丹人本身固有的火葬习俗，辽建国后，契丹人的中下层依然保留着本民族火化的传统，火化后的遗骨、骨灰纳入小石棺或陶瓷骨灰罐再行埋葬。一是受佛教传播的影响而流行起来的火葬，辽地的汉人往往因为信仰佛教而采取火葬的形式。辽代汉人火葬墓中，收纳骨灰的形式大致可以分成两种：一种是用小木棺、小石棺或陶瓷罐收集后建造墓室埋葬，或直接埋入土中。一般平民的火葬墓各地发现很多，有的地方骨灰罐成群，因无任何遗物，所以很少见于报道。另一种则是利用死者的"真容偶像"收纳骨灰的葬法。所谓真容偶像，是指用木材（通常是带有驱邪意义的柏木）或稻草仿照墓主人的遗容做成的偶像葬具。

金代辽故地和宋故地的墓葬主要有土坑墓、砖室墓和仿木建筑砖雕壁画墓等几种。土坑墓多属中下层平民墓，因此应该是最普遍的一种形式。砖室墓多见于长城内外的辽故地，部分墓门和墓室也采用仿木建筑形式,并绘有彩画,金朝的汉人官僚和契丹人后裔们常用这种形式,如河北新城时立爱墓、辽宁朝阳壁画墓等。而在宋故地的河北南部、山西中南部和河南等地区,最具特色的则是仿木建筑砖雕壁画墓。仿木建筑砖雕壁画墓,包括了这么一些因素:首先是砖室墓,为了仿照世间生活中的砖木房屋,就用青砖雕刻出梁柱、斗栱、窗棂、门扇、装饰等构件,然后在地下砌筑;砌筑好的墓室周壁涂上白灰,绘制与现世物质生活和精神生活有关的壁画。

四、元明墓葬

元代的民族成分较复杂,族群、人种之间的等级界限也较其他时代森严,但由于时代不算太长,加上蒙古贵族对宋、金、夏故地的丧葬习俗也没有什么法规上的改革或限制,因此,墓葬制度没有出现剧烈的变化。北方地区蒙古贵族保持了其固有的葬俗。汉人墓基本上承袭了宋、金时期的传统,发掘报道较多的依然是仿木建筑砖雕壁画墓。这类墓的分布地区与宋、金两代一样,主要集中在河北、山西、河南、山东、陕西地区。然而,与金代繁缛的砖雕装饰相比,进入元代以后,仿木建筑部分日趋简单,斗栱、灯檠、假门等主要部分构建依然用砖雕,其他如枋柱、屋檐、家具等大部分内容已经通过彩绘来表示,有些甚至仅具示意性而已。仿木建筑砖雕壁画墓自唐末五代出现以后经历了400余年的发展,到元代已接近尾声,明代以后则基本绝迹。晋中、冀中地区的仿木建筑墓已多演变为壁画墓。

南方地区地域辽阔,各地区之间在丧葬制度上各有特点,发现的元代墓葬则基本上继承了南宋的传统,除常见的竖穴土坑墓外,多为砖室券顶或砖室石板顶墓,夫妇合葬墓则以"同坟异穴葬"的双室并列墓为主,一些官员或富人常用金银器来随葬。其中最具特色的是江南一带的三合土浇浆墓。三合土一般是由石灰、细砂和黄泥用粘液(糯米汁或蓼叶、羊桃藤等植物熬成的汁水)调和而成的,人称灰浆。凝固后的灰浆其坚硬的程度不亚于今天的水泥混凝土,将之浇铸在墓坑或棺椁之间,密封性能极佳,能起到防腐和防盗的双重作用,因此也受到了朱熹等理学家的推崇。此类墓葬中以元末割据苏州称吴王的张士诚的父母墓规模最大,墓圹正方形,圹壁与墓室之间用三合土、石板、青砖护固五层,其埋葬方法与南宋诸陵的攒宫石藏子制度完全相同。当时张士诚自称吴王抗元,所以在营建父母墓时依宋陵制度。张士诚父母墓是迄今发现的唯一的石藏子实例,因此,此墓的发现也为南宋陵墓制度的研究提供了宝贵的材料。

明代藩王王公贵族墓和帝陵一样往往采用大型的券顶砖室墓。目前已经发掘的明代藩王墓有十余座,从考古发现来看,各地的藩王墓,依据与当朝皇帝的世系亲疏及其自身实力的强弱,在内容上有很大的差别。大的藩王墓一般有较大的陵园,并有享殿、陵台等墓上建筑,有些甚至仿造皇陵之制建明楼、宝城。墓室也大多为大型多室砖室墓或石室墓,而小一点的藩王墓则同各地的品官墓甚至富豪墓类似。稍有身份者或比较富裕者的墓葬,主要使用砖室墓和少量的石室墓,且很少有装饰,显得较朴素。但是,由于受到地方传统的影响,地区间的差异仍然存在,如明代中晚期南方地区流行三合土浇浆墓,四川地区流行石雕墓,河南地区则仍有少量的壁画墓存在。明代随葬品数量、种类千差万别,有仿实用器的明器、俑,也有大量的日用器皿乃至各种装饰品和个性化的物品,这些随葬品更多地反映了墓主人的富有程度、个人爱好和习俗,所体现的制度差别却不明显。

第三节 宋元明时期的陶瓷

宋代是我国瓷器空前发展的时期,出现了百花齐放、百花争艳的局面,瓷窑遍及南北各地,名窑迭出,品类繁多,除青、白两大瓷系外,黑釉、青白釉和彩绘瓷纷纷兴起。举世闻名的汝、官、哥、定、钧五大名窑的产品为世所珍。还有耀州窑、湖田窑、龙泉窑、建窑、吉州窑、磁州窑等产品也是风格独特,各领风骚,呈现出欣欣向荣的局面。元代以后,景德镇成了全国的瓷业中心,工艺技术的发展一枝独秀。元青花烧制成功,在中国陶瓷史上具有划时代的意义。明代从洪武三十五年(1402年)开始在景德镇设立"御窑厂",200多年来烧制出大量精美的瓷器,青花、白瓷、彩瓷、单色釉等品种,繁花似锦,五彩缤纷。近年来,考古人员对宋元明时期窑址开展的考古工作较为细致,研究也比较深入。

一、宋代陶瓷

宋代是我国陶瓷发展史上一个非常繁荣的时期。现时已发现的古代陶瓷遗址分布于全国170个县,其中有宋代窑址的就有130个县。宋代制瓷业发展的成就和特点可以用两点来概括:一点是定、汝、官、哥、钧五大名窑和名瓷的产生和发展;另一点是北方地区的定窑系、耀州窑系、钧窑系和磁州窑系,南方地区的龙泉青瓷系、景德镇的青白瓷系和建窑的黑釉等大瓷窑体系的形成和发展。

(一)宋代的五大名窑

1. 定窑

定窑系以河北省定州为中心,包括河北定窑、山西平定窑、介休、太原和辽朝的南部地区的窑场,以划、刻、印花的精细薄胎白瓷为典型代表。由于此区原料精良、工艺先进,自晚唐五代始产品一直有较高的质量,部分产品用于贡御,因而产生较大影响。

定窑是宋代北方重要的窑场,为宋代"五大名窑"之一,窑址位于今河北曲阳县涧磁村。始于唐后期的曲阳窑,盛于北宋,元代以后衰弱。定窑以白瓷闻名于世,其胎料加工较细,胎质坚硬致密、洁白细腻,釉色白中泛黄,显出象牙白的质感。器物表面饰有刻花、划花和印花三种。定窑刻花刚劲有力,以刻花卉为主,并有花果、莲鸭、云龙等纹饰。这些纹饰的轮廓线的一侧常划细线相衬,以增强其立体感。定窑印花装饰始于北宋中期,纹饰多在盘、碗的里面,层次分明,密而不乱。印花的装饰以各种题材花卉为主,动物、禽鸟、游鱼也有一定数量。定窑的印花反映了当时刻模和脱模的最高成就,在当时的印花白瓷中具有一定的代表性,对南北瓷窑都产生了一定的影响。

另外值得一提的是定窑为了适应大量生产的需要,始创了覆烧工艺。在此之前,大多数窑场使用匣钵装烧瓷器,以一件匣钵只能烧一件瓷器,改用覆烧工艺后,把盘碗等器皿反过来烧,用垫圈组合的匣钵取代普通匣钵,每一垫圈的高度只有普通匣钵的五分之一,因此用同样的窑路,耗同样的燃料,烧一次窑的产量能提高很多。这就是覆烧得以普及推广的原因。但是因为覆烧,器物的口沿不能上釉,而形成毛边或称"芒口"。因此往往镶以金、银、铜的边圈而形成一种特殊的风格。另外在定窑还发现过刻有"官"、"尚食局"、"五王府"等宋晚期的定窑白瓷片,这说明定窑有部分产品是为官府和宫廷烧造的。此类器物往往胎薄釉润,造型优美,是定窑的上乘之作。

定窑对当时各地的瓷窑都产生了较大的影响,有的模仿其器型,有的模仿纹饰,覆烧方法也传播到了各地,并形成了定窑为主的定窑系。不过由于长期以来定窑的装饰工艺始终没有太大的创新,保持了单色的传统,入元以后,彩绘瓷成为主流,定窑的传统就迅速衰亡了。

2. 汝窑

汝窑为五大名窑之一,其烧造时间不长,从宋哲宗到宋徽宗烧造了 20 年左右,因此汝窑也是宋代名窑中传世品最少的瓷窑,目前全世界也仅有 70 余件,主要收藏在台北、北京博物院以及上海博物馆等地。南宋人周辉在《清波杂志》中说:"汝窑宫中禁烧,内有玛瑙为釉,唯供御拣退,方许出卖,近尤难得。"①古董界更有"家有万贯,不如藏汝一件"之说,可见其珍稀程度。汝窑传世品的造型以盘、碟、洗、炉、尊等一类器皿较多,基本无大件。汝窑瓷胎多数像点燃过的香灰的颜色,透过釉层微微带些粉色。汝窑的瓷器以天青色为主,有如湖水反衬的蓝色天空,俗称鸭蛋青,蓝而不艳,灰而不暗,青而不翠,给人以玉石之感。在釉层中往往隐约可见一丝丝的浅褐色纹理,《格古要论》云:"汝窑器出汝州,宋时烧者淡青色,有蟹爪纹者真。"另外,汝窑瓷器均用支钉支烧,器底有小如芝麻的支钉痕,这些都是鉴定汝瓷的重要依据。

尽管汝窑长期以来备受人们的关注,但汝窑的发现颇费周折,前后经历半个世纪之久。1950 年陈万里先生考察汝窑,首先发现宝丰清凉寺瓷窑遗址②;1987 年河南省文物考古研究所第一次试掘,发现典型的御用汝瓷 10 余件,遂将宝丰清凉寺瓷窑址确定为汝官窑③;2000 年河南省文物考古研究所的第六次考古发掘,发现窑炉 15 座和作坊 2 处、过滤池、澄泥池各 1 处,排列有序的陶瓮、大口缸 20 余个,釉料坑 4 个,灰坑 22 个和水井 1 眼,并获得多组重要的地层叠压关系,出土一批形制比较完整且品种丰富的天青釉汝瓷和匣钵、垫饼、垫圈等窑具。④这次发现大大丰富了汝窑的品种,有助于揭示天青釉汝瓷的特征、性质以及烧造工艺等相关问题。

3. 官窑

官窑是我国古代由朝廷直接控制的官办瓷窑,专烧宫廷、官府用瓷。官窑始于宋代,有北宋官窑和南宋官窑之分。据宋人笔记记载,北宋大观、政和年间,官府在汴京附近设立窑场,专烧宫廷用瓷器。但由于宋汴京已经深埋在开封市地下 6 米,难以发掘,故北宋官窑遗址缺乏考古发掘资料和充足的文献资料的支撑,因此,时至今日,关于北宋官窑遗址在何处,仍有不同说法。⑤官窑传世品不多,但是有自身的特点。其器物有碗、瓶、洗等,采用支钉支烧,青釉,釉色较淡,器身开纵横交错的大冰裂纹。因以含铁量较多的瓷土制胎,故胎色紫黑,足部有的不上釉,铁骨外露。

南宋王朝迁都杭州后,在杭州附近设立了两个官窑:一是修内司官窑,一是郊坛下官窑。郊坛下窑址早在 1930 年在杭州乌龟山西麓被首次发现,1985—1986 年南宋临安城考古队对窑址进行了全面考古发掘,发掘出练泥池、素烧炉、成型工房、釉缸等作坊遗迹和一座龙窑,出

---

① (宋)周辉:《清波杂志》,《笔记小说大观》(二),江西广陵古迹刻印社,第 333 页。
② 陈万里:《汝窑的我见》,《文物参考资料》1951 年第 2 期。
③ 河南省文物研究所:《宝丰清凉寺汝窑址的调查与试掘》,《文物》1989 年第 11 期。
④ 河南省文物考古研究所:《宝丰清凉寺汝窑址 2000 年发掘简报》,《文物》2001 年第 11 期。
⑤ 2000 年河南省汝州发现张公巷窑址,出土了不少类似汝窑的青釉瓷器,有部分学者认为张公窑可能就是北宋官窑,参见郭木森《河南汝州张公巷窑址考古获重大发现》,《中国文物报》2004 年 5 月 26 日第 1 版。官窑专烧宫廷用瓷,产量少,传世品也较少,因而也有人否定官窑的存在。

土了大量瓷片、窑具等实物标本。郊坛下官窑烧造的青瓷胎薄,呈灰、褐、黑三色;施釉厚,以粉青色釉最佳,晶莹润泽,犹如美玉;釉面多有纹片;器口及底部露胎处,呈灰或铁色,造型优美,与传世品和文献记载相吻合。1996—2001年间,杭州市文物考古所对位于杭州九华山麓的老虎洞窑址进行了三次考古调查和发掘,全面揭露了遗址全貌,其中的南宋层作坊营建考究,出土大量精致的瓷片,胎釉特征以厚胎厚釉、厚胎薄釉为主,胎色有香灰色、深灰色和紫色、黑色等。① 由于老虎洞窑址出土的器物特征与传世官窑器相符,且在南宋修内司的范围之内,故多数陶瓷专家确认其为历史记载的"修内司窑址"。②

4. 哥窑

哥窑是宋代五大名窑之一,至今还有许多传世品为世所珍。《格古要论》对哥窑产品作了描述:"哥窑纹取冰裂、鳝血为上,梅花片墨纹次之。细碎纹,纹之下也。"从传世品中看哥窑之特征:哥窑器物胎色有浅灰、深灰、土黄、黑灰等,釉色有粉青、月白、米黄、油灰等色调;哥釉瓷的重要特征是釉面开片,这是发生在釉面上的一种自然开裂现象。开裂原本是瓷器烧制中的缺陷,后来人们掌握了开裂的规律,有意识地让它产生开片,从而产生了一种独特的美感。哥窑器釉层厚,釉面龟裂的网状开片,俗称"金丝铁线"。釉中有致密的气泡,好像"聚沫攒珠";哥窑器物口沿部分施釉较薄,显露出紫色的胎骨,腹部以下无釉,形成一种深灰色的底足,形成了"紫口铁足"的特征。另外哥窑釉属无光釉,釉面有一种含蓄的"酥光"。传世哥窑器物主要有碗、盘、洗、碟、瓶、炉、鼎等。

哥窑的窑址至今仍未发现,因此对于哥窑窑址地点现有各种观点:一是在杭州;二是在江西吉州;三是在浙江龙泉。对于哥窑瓷器烧造时间也有各种观点:一是南宋说;二是宋末元初说;三是元代说;四是南宋以后历朝仿官窑器说。

5. 钧窑

钧窑属于北方青瓷系统,但是由于钧窑器釉料中含有铜,釉色呈现天蓝、天青、月白等多种变化,还出现玫瑰紫、海棠红等不规则的彩色斑块,装饰在花瓣形的花盆、笔洗、香炉等器物上,别有一番自然天成的韵味。钧窑窑址位于今禹州市区北关的钧台与八卦洞附近,因靠近钧台而得名。禹州只是在金代大定二十四年(1184年)以后的一段时间内称为钧州,因此过去有学者认为钧窑始建于金代后期。1974年,河南省考古工作者对该窑址进行了大规模的发掘,清理出窑炉、作坊等制瓷遗迹,出土了上千件瓷器标本。发掘者从窑址中发现的1件用瓷泥制作的"宣和元宝"钱范推断,钧窑约始烧于北宋末年。③

2004年河南省文物考古研究所再次对禹州钧台窑址进行考古发掘,清理宋代窑炉4座。④ 出土瓷器种类繁多,其中钧釉瓷器包括各类花盆、盆托、出戟尊、鼓钉洗、炉、盘、钵、碗等,以陈设类器物为大宗。釉色主要有天蓝、月白、紫红、碧蓝诸色,器表釉面上常留有蚯蚓走泥纹或开片,在花盆类器物底部还刻有一个从一到十的数字。经过对比确知,这些数字是按照器物的大小顺序从一到十编排,数字越小,器物越大。2001年禹州市神垕镇的刘家门、河北地等窑址进行了发掘,清理出窑炉遗迹8座和石砌澄泥池3处,出土完整和可复原器物数千件,进一步确定了钧窑瓷器的烧制年代问题。

---

① 杜正贤、马东风:《杭州凤凰山老虎洞窑址考古取得重大成果》,《南方文物》2000年第4期。
② 秦大树:《杭州老虎洞窑址考古发现专家论证会纪要》,《文物》2001年第8期。
③ 赵青云:《河南禹县钧台窑址的发掘》,《文物》1975年第6期。
④ 郭培育等:《河南禹州钧台瓷窑遗址获重要发现》,《中国文物报》2005年1月14日第1版。

发掘证明,钧窑最迟始烧于北宋末年,其开创的用铜的氧化物作着色剂,在还原气氛下烧制成功铜红釉,为我国陶瓷工艺、陶瓷美学开辟了一个新的境界,对后来的陶瓷业有着深刻的影响。从金代后期开始,钧瓷生产开始走向粗糙,大多数器物不再施满釉,器壁变厚,器形开始趋大。器物表面开始施加红彩,但红彩变成小块而规整,应是在天青釉上特意加施的含铜彩料。到了元代,钧窑器物大而厚重,釉层开始变厚,釉的流动性较强,不再见施满釉的器物,带红斑器物进一步增多。此外,钧窑还生产青釉瓷器和白地黑花瓷器。

(二) 龙泉窑青瓷和景德镇青白瓷

1. 龙泉窑青瓷

龙泉窑是宋代新兴起的青瓷窑,位于今浙江龙泉县境内,故名。始烧于北宋前期,中期以后有发展,南宋是其极盛时期。北宋时期龙泉青瓷尚保留着仿越窑、瓯窑和婺州窑的遗风,釉呈浅青色,薄而光亮。南宋中期以后,瓷窑数量成倍增长,胎质洁白,质量显著提高,完全形成自身的特点,以粉青和梅子青釉著称于世,这两种釉是龙泉青瓷中最名贵的品种。从工艺学角度分析,粉青和梅子青釉是一种"石灰碱釉"。这种釉在高温中黏度较大,流动性较小,适宜挂厚釉。这种厚釉层中含有大量小气泡和未完全熔化的石英颗粒,当光线射入釉层时,釉面会使光线发生强烈散射,呈现出一种柔和淡雅如冰似玉的美感。其中尤其以多次上釉的莹润如玉的梅子青难度最大,成品率远低于粉青,故龙泉传世品多为粉青,梅子青为世所珍,是中国古代青瓷达到高峰的典型代表。

北宋龙泉窑器型有炉、瓶、盘、渣斗及塑像等,各类造型有多种样式。南宋时,龙泉青瓷造型更加丰富,除各类日用器皿外,文房用具中的水盂、水注、笔筒、笔架等亦常见,象棋子、鸟食罐也颇有特色。此外,仿古铜器及玉器的各式鬲、觚、觯、投壶及琮式瓶等,与北宋后期崇古之风相关。由于龙泉窑瓷器釉层深厚而不透明,北宋时期盛行的刻、划花装饰已无法适用,因此龙泉窑改用贴花、堆塑和浮雕装饰手法。龙泉窑在生产白胎青瓷的同时,还为南宋宫廷烧造仿官窑的黑胎器物,在金村、溪口等窑址都有这类仿官窑标本出土。

在宋代民窑诸窑系中,龙泉青瓷兴起最晚,但是由于有海外市场的支持,终于迅速发展成为一个窑场众多的庞大窑系。在南宋中晚期,龙泉青瓷极盛,除在龙泉县境内有众多窑场之外,邻近的庆元、遂昌、云和等县也有许多窑场,形成了一个新的青瓷窑系。目前龙泉窑系的窑址已经发现了上百处。

入元以后龙泉窑持续不衰,在烧造大件器物上取得较大成就。一些大件的器物,如大盘和大瓶,烧成后盘心平坦,瓶身不偏不倚,极其难得。龙泉窑的产品除供应全国各地外,还大量远销海外,在今日本、菲律宾、马来西亚、巴基斯坦、印度、埃及等国的古港口及遗址都有龙泉窑瓷器出土。明代前期产量仍很大,中期后渐衰。

2. 景德镇青白瓷

青白瓷是宋代以景德镇窑为代表烧制的一种具有独特风格的瓷器。因为其釉色介于青白二色之间,青中有白和白中显青,因此称为青白瓷,也叫"影青"、"隐青"、"映青"。江西景德镇是宋代重要的瓷窑之一,其烧造历史悠久。据元蒋祁《陶记略》记载,景德镇南朝时期已经有瓷业,唐代已烧白瓷,其时景德镇又名新平,又名昌南镇,北宋初年,向京师贡白瓷。宋真宗景德元年贡瓷获得赏识,改镇名为景德镇,并设置监镇,官监民烧,创烧青白瓷。

青白瓷的基本特征是胎质细密,呈白色,透光度极好;釉的透明度高,光泽性强,流动性较大,釉色青白,最好的呈色如天青稍淡,釉薄处泛白,积釉处则呈水绿色。器型多见盘、碗等日用器皿,还有瓶、壶、托、注壶、枕、油盒等。青白瓷的装饰方法主要是刻花和印花,多在碗、盘的内壁,刻花花纹吃刀深浅不同,施釉后,吃刀深处积釉成青绿色,浅处泛白,层次感很强。北宋时期刻印花图案内容主要是花卉,到了南宋题材更为丰富,除了各种花卉图案之外,还出现了婴戏图、水波游鱼和人物故事等题材。由于受到定窑覆烧的影响,还出现了芒口瓷器。

青白瓷是宋元时期景德镇窑及受其影响的窑场烧成的、具有独特风格和鲜明时代特征的新品种。由宋到元,青白瓷盛烧不衰。青白瓷系窑场多分布在南方几省,主要有江西浮梁景德镇窑、南丰白舍窑、吉安永和窑,广东潮安窑,福建德化窑、泉州碗窑乡窑、同安窑、南安窑等,其中景德镇是青白瓷的烧造中心。

(三)耀州窑系和磁州窑系

耀州窑是北方青瓷窑系的重要代表,以今陕西铜川市黄堡镇为中心。它以盛产独具风格与特色的刻花和印花青瓷,成为北方青瓷的代表,进而又成为耀州窑系的中心窑场和代表。

1. 耀州窑

耀州窑创烧于唐,兼烧青瓷、青釉和白瓷。五代受越窑影响,创烧刻花青瓷。宋代是该窑烧造青瓷的鼎盛期。宋代所烧的耀瓷,器物种类繁多,造型精巧秀美,瓷釉晶莹温润,刻花印花工艺独特,纹样图案丰富华丽,受到宫廷皇室和社会各阶层的欢迎喜爱。宋耀瓷的青釉,质地精细纯净,透明度适中,色调是一种稳定的橄榄青色,具有"其色温温"、"精比琢玉"的美感。这种橄榄青色,与唐五代"越州上"的越窑"秘色"很相似,因而在宋代曾有"秘色"之称。宋代大诗人陆游曾在《老学庵笔记》中明确指出:"耀州青瓷谓之越器,以其类余姚秘色也"。耀瓷的装饰手法有划花、剔花、刻花、印花、贴花、戳花、捏塑、镂空、绘画化妆土等多种。与同时代其他瓷窑相比,宋耀州窑的刻花和印花纹样最为丰富和多样化。耀瓷纹样图案题材非常丰富,包括植物类的花卉、草木、枝叶、瓜瓞果实,动物类的瑞兽、珍禽、昆虫、水族,人物类的婴戏、侍女、戏妆,佛教造像类的飞天、罗汉、力士、僧人、供养人、化生,道教造像类的鹤驭仙游,以及山石、流云、水波、几何纹样等等。耀州青瓷器物种类非常齐全,从其用途看可分为餐具类、茶具类、日用盛具类,照明具类、化妆具类、陈设具类、供器类、洁具和卫生具类等等。此外,还有卧贝枕,棋具围棋盒、围棋子、象棋子,乐具羯鼓、埙,鸟食贝小食罐、小水罐等。品种如此繁多,满足了人们社会生活的各个方面。

在耀州窑鼎盛发展的宋代,其精美的制瓷工艺和生动优美的装饰技巧,对陕、豫地区的旬邑窑、临汝窑、新安窑、宝丰窑、宜阳窑、内乡窑、禹县窑都曾有过很大的影响。进而又对远距该窑数千公里外的岭南地区之广州西村窑,及广西永福窑、容县窑等外销瓷窑也起过不同程度上的影响。形成了一个由西至东、由北到南众多窑场所组成的耀州窑体系。耀州窑系的产品除了在国内广大地区销售外,其产品还远销到世界各地。

2. 磁州窑

磁州窑是我国古代北方最大的一个民窑体系,也是著名的民间瓷窑,窑址在今河北邯郸磁县的观台镇与彭城镇一带,磁县宋代属磁州,故名。磁州窑始烧于宋代,经元代、南宋而终于明。磁州窑主要烧白瓷和黑瓷,以白地釉下黑花、白地釉下酱花瓷器为特色,其产品更具有浓厚的民间情趣,装饰形神兼备,别开生面,颇具北方特色。产品种类有瓶、壶、炉、枕、缸、瓮、钵、碗、盘、盆、盒等。磁州窑产品胎有两种:一是胎质坚细,呈灰白色;另一种是胎质粗松,呈红褐色。白釉普遍带奶白色,不太透明。均使用化妆土,器内一般多挂釉。碗、盘一类采用叠烧法,器内留有五个条形支烧痕。在装饰工艺上除黑、褐、绿彩绘外还有划花、剔花、珍珠地划花和填彩等等，图案则保留了不少民间喜闻乐见的纹饰，如龙、凤、鸟兽虫鱼、花卉水草、婴戏和民间故事等，呈现出栩栩如生的灵活姿态，深受北方地区人们的喜爱。同时还常见题写唐诗、宋词和民谚警句等，作为纹饰也颇具特色。尤其是磁州窑釉下彩绘装饰，突破了当时单色釉瓷器和素白瓷器的局限，向着多种题材和多种纹饰装饰方面发展，为青花瓷器的产生和发展奠定了基础。

磁州窑的器型和纹饰为民间所喜闻乐见，影响范围较广，发展迅速。北方各地纷纷仿制，中心窑场以邯郸市的观台镇为中心，形成了一个庞大的磁州窑体系，主要有河南鹤壁集窑、修武当阳峪窑、禹县的扒村窑、登封曲河窑，山西介休窑、霍县窑，山东淄博窑，江西吉安吉州窑，福建泉州窑，四川广元窑等，这些窑都大量烧造与磁州窑风格相近似的瓷器，但因各地的胎、釉、彩的原料不同又各具有自己的特点。

（四）别具一格的黑釉瓷器

我国黑釉瓷器的生产历史悠久，东汉时期已经出现了黑釉，东晋南朝时期的墓中多出土黑瓷，唐代北方诸窑也多兼烧黑瓷。入宋以后，黑釉瓷器更大量烧造。已经发现的宋瓷窑中有三分之一以上都烧制黑瓷，南北都有。由于当时的饮茶风尚，一种用于饮茶的黑釉瓷盏产量特别大，也有不少瓷窑专门烧造。

我国从西汉时期开始就已经出现了饮茶的习俗，但是直到唐代饮茶才成为社会习尚。入宋以后更盛行"斗茶"，使饮茶具备了一种超乎止渴作用的风雅价值。宋代饮用的是碾茶，即把一种加工成半发酵的膏饼茶碾成细末，先注汤调匀，然后用初沸水点注，茶汤表面泛起一层白色的泡沫。斗茶的方法是：先斗色，茶色贵白，以青白胜黄白；其次斗水痕，以茶汤先在茶盏周围沾染一圈水痕者为负，后者为胜。茶色既是白色，为了便于观茶色、验水痕，自然以黑色的茶盏最适宜，色调分明，便于品评。正因为这种特殊的需要，黑釉茶盏得到了极大的发展，由此也兴起了不少以烧制黑釉出名的瓷窑。其中以江西的吉州窑、福建的建窑为代表。

1. 吉州窑

吉州窑在今江西省吉安永和镇，吉安在唐宋时称吉州，故名吉州窑，也称永和窑。吉州窑创烧于唐，兴盛于宋，而终于元代。该窑的产品种类繁多，有黑釉瓷、白釉瓷、青白釉瓷，还有磁州窑的白地黑花釉瓷等，虽是五花八门，但各有特色。在这些产品中应以黑釉瓷独具风格，其中玳瑁斑、鹧鸪斑、剪纸贴花、木叶纹釉等享有盛名。

由于黑釉经过特殊加工后，釉面呈现出条纹或圆点等不同形式的结晶，有的釉面色泽变化万千。玳瑁纹是以黑、黄等色交织在一起，有如海龟的色调。这种花釉富有变化，色调协调滋润，是吉州窑的主要装饰品种之一。剪纸贴花是将当时民间的剪纸花样移植到黑釉茶盏上，丰富了瓷器装饰。木叶纹样装饰也是吉州窑的独创，它利用天然的树叶，浸水腐叶存脉络，贴在瓷胎上，施釉而成。制作时在瓷胎树叶纹样处涂黄色涂料，然后贴上树叶，其他部分涂黑釉，烧成后形成蛋黄色的木叶纹，与黑色的釉面相对照，显得格外明朗。

2. 建窑

建窑位于福建建阳县水吉镇，是宋代新兴的黑瓷窑之一，众多名窑中的一个。主要产品以盏、碗、盘、碟为主，兼烧盒、罐、壶、灯、炉、钵、梅瓶、冥器等。北宋后期由于建窑烧造的黑盏适于斗茶，因此一度为宫廷烧制供斗茶用的黑盏，底足刻"供御"、"进盏"等字样。黑釉盏的特征是：胎含铁量高，胎体厚重，呈黑灰色、紫黑色，胎质粗糙坚硬，露胎处色沉而无光。造型多样，有大小敛口、敞口等不同形式，圈足小而浅，釉质刚润，釉色乌黑，器物内外施釉，外釉近底足,足底无釉而露胎。釉面有明显的垂流和窑变现象,有"兔毫"、"油滴"和曜变等有名的品种。兔毫是指黑釉盏的釉面出现细长的银光色条状纹,细长的程度很像兔毛,因此叫做兔毫

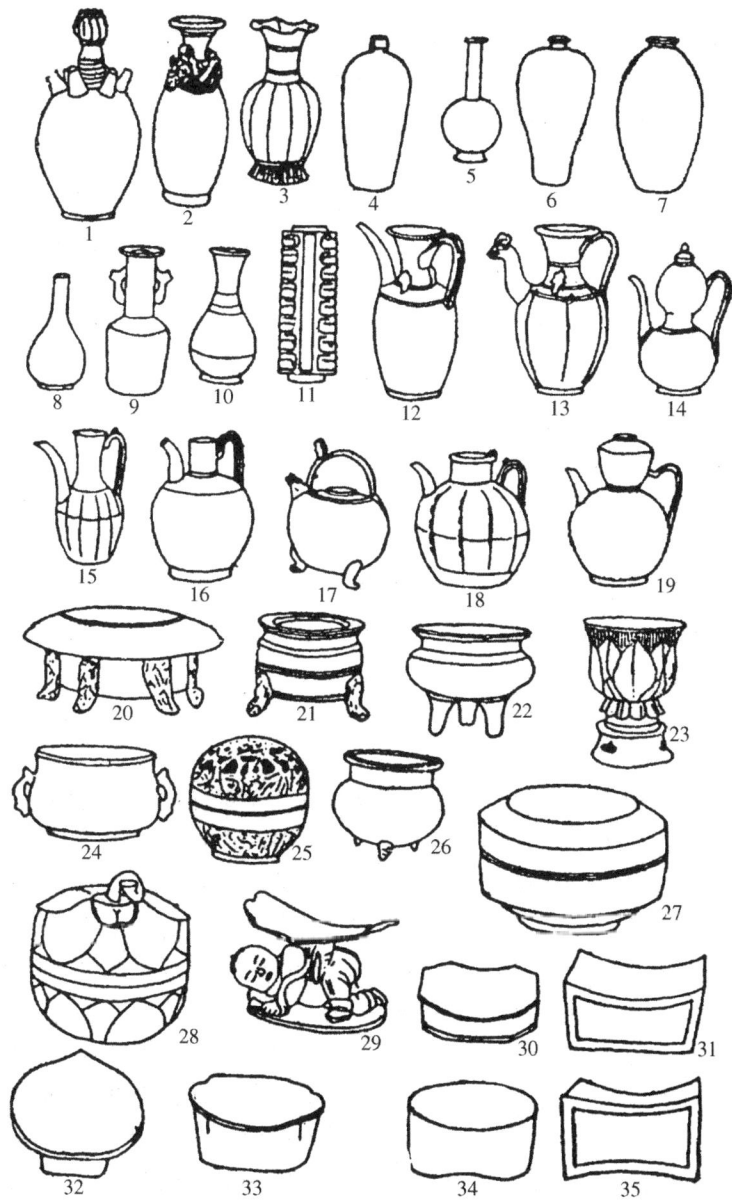

图 10-10 宋代瓷器造型示意图
1. 白釉莲花瓣口六管瓶 2. 凸雕龙纹瓶 3. 青白瓷瓜棱瓶 4. 白地黑花梅瓶 5. 刻花螭纹瓶 6. 刻花瓶 7. 珍珠地划花双虎纹橄榄瓶 8. 哥窑瓶 9. 双耳瓶 10. 青白瓷玉壶春瓶 11. 琮式瓶 12. 刻花双系瓶 13. 刻花双系凤头壶 14、19. 刻花葫芦式瓶 15、18. 青白瓷瓜棱壶 16. 刻花壶 17. 刻花凤纹提梁壶 20. 刻花五足炉 21. 印花三足炉 22. 鬲式炉 23. 青白瓷浮雕莲瓣炉 24. 鱼耳炉 25. 青白瓷镂空熏炉 26. 三足炉 27. 定窑盒 28. 仰覆莲花盒 29. 孩儿枕 30. 白地黑花枕 31. 白釉刻花枕 32. 白地黑花枕 33. 珍珠地刻花枕 34. 白釉剔花枕 35. 青白瓷枕
(其中景德镇 3、10、15、18、25、35;龙泉窑 9、11、22;哥窑 8、24;磁州窑 30、32;登封窑 7;定窑 5、6、19、27;耀州窑 2、12、13、14、17、20、21、29;建窑 23;钧窑 26;越窑 28)

盏。油滴结晶釉也是宋代黑瓷的一种装饰,在釉面上可以看到许多具有银灰色金属光泽的小圆点,形似油滴,大小不一。"曜变"指的是在黑釉盏里呈现出的不规则油斑周围变成蓝色,这种窑变极其少见,弥足珍贵。

在建窑黑釉盏盛名的影响下,各地的仿烧者甚多,除福建本省的几十处瓷窑,还有江西的吉州窑,四川、山西、陕西、河北、河南等地都有仿烧的,形成了以建窑为首的建窑系。

(五) 宋代瓷器的造型与纹饰

宋代制瓷业发达,丰富多彩的瓷器满足了人们社会生活各个方面的需求。从发掘和传世品来看,器形有碗、盘、碟、洗、砚滴、盏、托、瓶、壶、罐、钵、尊、盆、奁、唾壶、渣斗、炉、熏、枕、腰鼓、瓷塑等。民间用瓷大部分大方朴实、经济耐用;而宫廷用瓷则端庄典雅、雍容华贵。最能反映皇家气派的是哥、官、钧、汝与定窑烧制的贡瓷,最能体现百姓喜乐的是磁州、耀州窑烧制的民间瓷品。总的说来,宋瓷器物造型丰富,实用美观,不少器物具有明显的时代特征。

瓶,多数为生活用品,样式多,有玉壶春瓶、梅瓶、扁腹瓶、直颈瓶、瓜棱瓶、多管瓶、橄榄瓶等等。器型的变化主要表现在口、颈和腹部。大体可分为两类,一类瓶体修长秀美,一类瓶体短硕稳重,以修长者居多。

壶,为宋代生活用器中的酒具,宋壶的式样多种多样,主要有瓜棱壶、兽流壶、提梁壶、葫芦式壶等。

罐,宋瓷多见的生活用器之一,多广口,短颈,腹部丰满,整体圆润浑厚。景德镇窑瓜棱罐、钧窑鸡心罐、定窑直口罐、耀州窑盖罐、吉州窑奔鹿纹盖罐、磁州窑白瓷黑花双系罐等都具有各自不同的风格。

炉,南北瓷窑普遍烧制的焚香用具之一,有鬲式、鱼耳、鼓钉、莲瓣、三足、五足、弦纹炉、熏炉等等多种式样。

盒,生活日用品之一,用途很广。有盛装铜镜的镜盒,装药的药盒,盛装妇女化妆品用的油盒、粉盒、黛盒、朱盒,而瓷盒更为广泛的用途是盛装各种香料。

枕,大部分属于生活用具。瓷枕最早见于隋,唐以后大量生产,宋代以磁州窑制品最为丰富。有长方形、腰圆、云头、花瓣、鸡心、八方、椭圆、银锭等式样,也有塑成婴孩、虎形、龙形的。定窑的孩儿枕最为罕见。景德镇的青白瓷荷叶枕,设计巧妙,一童子侧卧于榻上,双手持一荷叶,荷叶边缘翻卷枕面,童子神态自然,惟妙惟肖。

从纹饰上讲,宋瓷的纹饰题材、表现手法都极为丰富独特。一般情况下,花卉是主要装饰内容之一,如牡丹、莲花、梅等,花卉纹和龙、凤、鹿、鹤、游鱼、花鸟、婴戏、山水景色等常作为主体纹饰而突现在各类器形的显著部位,而回纹、卷枝卷叶纹、云头纹、钱纹、莲瓣纹等多用作边饰间饰,用以辅助主题纹饰。工匠们用刻、划、剔、画和雕塑等不同技法,在器物上把纹样的神情意态与胎体的方圆长短巧妙结合起来,形成审美与实用的统一整体,令人爱不释手。如婴戏纹,或于碗心,或于瓶腹,将肌肤稚嫩、情态活泼的童子置于花丛之中,或一或二,或三五成群,攀树折花,追逐嬉戏,真切动人,生活气息甚为浓厚。

二、辽金瓷器

辽代是 10 世纪初我国契丹族在北方建立的地方政权。辽代制瓷业是辽代手工艺中的一个重要组成部分。辽代瓷器以富有游牧民族特色的皮囊壶和鸡腿壶而著称。除了某些器物造型奇特之外,瓷烧品系大体与华北白瓷系统诸民窑相同。金朝是我国女真族 12 世纪初在东北、华北地区建立的一个地方政权。金人灭辽侵宋,造成了北方瓷业的衰弱。入金以后,金人虽然继承了辽宋瓷业,但是并无出色创造,北方各大窑系所生产的瓷器也大不如前。同时因为战争和商路的断绝,市场大大缩小,瓷业失去了发展的势头。

(一)辽瓷的造型和装饰

辽代设窑烧造瓷器,大约始于辽太宗朝(公元927—947年),据史料分析其制瓷工匠应来源于辽军进入中原进行侵扰时从中原各窑口虏获的,并极有可能是来自中原的磁州窑和定州窑。辽代瓷窑集中在今内蒙古、辽宁、河北、山西的北部,主要有内蒙古林东上京窑、林东南山窑、林东白音哥勒窑、赤峰缸瓦窑、辽阳江官屯窑、北京西郊的龙泉务窑等,主要产品是白瓷、黑瓷和三彩陶器。

辽代陶瓷的造型可分为中原形式和契丹形式两大类。中原形式大都与同时代中原器形的样式一致;契丹形式的器形最典型的有鸡冠壶、鸡腿瓶、长颈瓶、凤首瓶、穿带壶、注壶及三角形碟、方碟等等。其中鸡冠壶是辽瓷中最有特色的造型,它的原型是契丹族游牧时用以盛水或奶的皮囊壶,最早的鸡冠壶完全模仿皮囊壶,皮革缝制的痕迹很逼真,甚至还堆出皮绳、皮扣;时代越晚,皮囊壶的特征就越少,有些仅成为装饰。精细瓷器胎白、坚致,釉润似玉,颜色白中闪黄,外壁多刻莲瓣纹。有的底足阴刻"官"或"新官"、"尚食局"等款。一般白瓷胎稍厚,釉胳粗,呈牙白色,多光素无纹。

辽代陶瓷的装饰也多受中原风格影响,同时也有属于契丹民族自己的独特风格,具体手法有胎上装饰和釉色装饰两种。胎上装饰有刻花、印花、贴花三种。一些装饰具有独特的民族风格,如刻划植物纹样以北方地区较多的牡丹和芍药为主,贴花装饰多以皮条、皮绳、皮雕花贴在各式皮囊壶或瓶腹上。釉色装饰有施多种色釉和用色釉描画二法。施多种色釉装饰的,有三彩器、两彩器或单色釉加彩等等;用色釉描画作装饰的,则有白釉黑花器,所画花纹简单,是辽代晚期才出现的一种装饰方法,此外还有在瓷器表面涂朱画彩和描金的,但不易保存,是一种特殊的装饰方法。

(二)金代的陶瓷

金代陶瓷的发展大致可以分为两个时期,即海陵王完颜亮迁都燕京以前为前期,迁都以后为后期。

金代迁都前在东北地区所生产的陶瓷水平较低,主要窑口有辽宁抚顺大官屯窑和辽阳江官屯窑,这两处窑口的金代瓷器制作无论从釉色还是从胎质来讲均较为粗糙,釉色釉面普遍混浊不纯,胎质粗厚且多杂质,烧结程度低,器物大都为日用粗瓷,如碗、盘、瓶、罐、枕等,瓶、罐一类器物往往附有双系、三系或四系,这是金代早期瓷器的特点之一。另外,器物多有变形,装饰纹样简单,仅见有白地绘黑花器物。

金代后期迁都燕京之后在关内生产的陶瓷则有了较大的发展,金统治下河北曲阳的定窑、磁县的观台窑、陕西铜川黄堡镇的耀州窑、山东淄博市的磁州窑等均有金代瓷器发现。这些窑口的瓷器造型多承袭宋式的日用器皿,有碗、盘、罐、瓶、壶、杯、洗、炉、盏、枕和玩具等,较典型的有双系、三系、四系瓶,系耳罐等。此外还有一些比较特殊的器型,如白釉黑花葫芦形瓶、黑釉桃形壶等,在历代陶瓷中比较罕见。

金代瓷器的装饰纹样总的趋势是日益简化,题材以各种折枝、缠枝、花卉为主,亦见人物、水波、鱼、鸭等。在工艺技法上,有刻花、划花、印花、剔花、笔绘、贴塑、加彩和绞釉等。其中金代定窑的刻花、划花最为突出;磁州窑的笔绘艺术最具特色,其笔画简练,线条明快,富有浓厚的生活气息。其中白釉黑花装饰创造性地将中国画技法以图案构图方式巧妙地绘在器物的显著部位,使其呈现白地黑花纹样,代表了金代磁州窑装饰艺术的高度成熟。

三、元代瓷器

元代陶瓷工艺在我国陶瓷史上占有极为重要的地位。元代的磁州窑、钧窑和龙泉窑等在前代的基础上继续生产传统的产品。而且因为外销瓷的增加,生产规模普遍扩大,大型器物增多,烧造技术也更加成熟。元代在景德镇设"浮梁瓷局"统理窑务,发明了瓷石加高岭土的二元配方,烧制出大型瓷器,元青花和釉里红及枢府瓷的烧成,使中国绘画技巧和制瓷工艺的结合更趋成熟,具有强烈的中国气派和风格的釉下彩瓷器发展到了一个新的阶段。高温卵白釉、红釉和蓝釉的烧成是熟练掌握各种呈色剂的标志。元代的景德镇所取得的成就,为明清时期该地制瓷工艺的发展奠定了基础,同时景德镇也因此成了全国的制瓷中心。

(一)元代景德镇制瓷业的新成就

元代景德镇的制瓷业极其兴盛,取得了许多新的成就,如青花瓷器、釉里红瓷器烧制成功,铜红釉和钴蓝釉的创烧等,对我国瓷业的发展作出了卓越的贡献。

1. 元青花

青花瓷是指应用钴料在瓷胎上绘画,然后施上透明釉在高温下一次烧成,呈现出蓝色花纹的釉下彩瓷器。元代景德镇14世纪前后青花瓷器的制作,达到了相当成熟的程度。它在中国制瓷史上占有重要的地位。

在装饰手法上,青花的出现,改变了中国制瓷长期以刻花、划花、印花为主的装饰模式,彩绘逐渐成为陶瓷装饰的主流。青花的烧制成功是中国制瓷史上的划时代的事件。青花瓷器的优点,一是青花的着色力强,发色鲜艳,窑内气氛对它影响较小,烧成范围较宽,呈色稳定。二是青花为釉下彩,纹饰永不褪脱。三是青花的原料是含钴的天然矿物,我国云南、浙江、江西都有出产,也可从国外进口,有充裕的原料使用。四是青花瓷器的白地蓝花,有明净素雅之感,具有中国传统水墨画的效果。元青花一经出现,便以旺盛的生命力而迅速发展起来,使景德镇迎来了空前的繁荣,并使青花瓷器生产成为主流。

元代青花瓷器具有一个显著的时代特征,就是形大、胎厚、体重。器型主要有罐、梅瓶、玉壶春瓶、执壶、高足杯、四系小口扁壶、菱口盘、碗等。装饰的特点是层次多,画面满,从器口到器足,满布各种花纹,但层次清楚,繁而不乱。纹饰种类繁多,有人物故事、松竹梅、龙凤、花鸟、水禽、瓜果、游鱼、海马、异兽、云肩、变形莲纹等,一般分主纹和辅纹二类,瓶、罐的腹部和盘心为主要纹饰,其他为辅助纹饰。

元青花使用的钴料有进口料和国产料两种,进口青花钴料含锰量极低,含铁量高,且含有砷,使用进口料绘画的青花色泽浓艳,釉面有黑色斑点。元代"至正"型大件青花,多采用进口青料。国产青花料含锰量高,含铁量低,与进口料相反,青花呈蓝中带灰,并且没有黑色斑点。国产青料多用于小件器物上。

青花的创烧年代最早始于唐代,但是真正发展则是在元代。目前我国发现的大批青花瓷出土于元代墓葬和窖藏,其中大部分胎釉、青花色泽都很精美,工艺烧制水平和绘画技法都有较高的造诣。目前景德镇的湖田窑发现有烧制风格相同的青花瓷器,元代的青花瓷器的大部分应该是在此窑烧造的。

2. 釉里红

釉里红是元代江西景德镇创烧的一个新品种。釉里红是指用铜红料在胎上绘画纹饰后，施以透明釉，在高温还原气氛中一次烧成，使釉下呈现红色花纹的瓷器。其制作工序和青花相同，但是釉里红的烧成难度比青花大得多。由于釉里红以铜红料为呈色剂，铜红釉在烧造技术上难度很大，正常显色不仅与彩料中的铜含量和基釉的成分有关，并且对烧造的气氛和窑温的要求都十分敏感，配方和烧成条件的任何细小变化都会导致色调不正，因此发色纯正的釉里红瓷在元代很少见，红色往往不够纯正，常见晕散、发灰或发黑。呈色鲜红的产品非常少，纹饰也简单，大都以浓笔涂抹。这一工艺一直要到明代才达到成熟阶段，清代以后，更有所发展。

3. 枢府卵白釉瓷

枢府瓷是元代官府机构在景德镇定烧的瓷器。胎体厚重，釉呈失透状，色白微青，恰似鹅蛋色泽，故称卵白。早期器物由于釉中含铁量稍高，色微闪青；晚期器物随着釉中含铁量的减少，色趋纯正。洁白润泽的枢府釉为永乐时期甜白釉的出现奠定了基础。枢府器以印花为主，盘、碗等圆器采用压模印花装饰。印花题材比较简单，常见一种龙纹，另一种常见的印花纹饰是缠枝花卉纹，在花卉中间往往印有"枢府"二字。枢府器由此得名。

一般来讲，印有"枢府"二字的器物，无论胎质、釉色、制作工艺都比较精湛，正如明代《新增格古要论》古饶器条记载："元朝烧小足印花者，内有枢府字者高。"枢府瓷常见的是盘、碗、高足碗等小件器皿。制作上的特征是圈足小，足壁厚，足内无釉。

（二）元代瓷器的造型与装饰

元代瓷器的造型十分丰富，常见的器形有罐、瓶、执壶、盘、碗、匜、高足杯、军持、花觚、盏托等等，不胜枚举。其造型和其他时代一样，既有继承也有创新。从元代梅瓶和玉壶春可以明显看出它们是继承了宋代的式样。罐、盘、碗与前代的形制相比有较大的变化。四系小口扁壶、高足杯、僧帽壶等是元代出现的新器形。形大、厚重是元代瓷器的特征。

元代瓷器的装饰方法有刻、划、印、贴、堆、镂、绘等多种。南北各地窑场都根据产品的胎、釉特性，采用了既美观又实用的装饰方法。

元代钧窑在北方地区形成了庞大的窑系。元代钧窑瓷器的装饰有两种方法，一是红斑装饰，即在器物上不规则地涂含铜釉药，经过高温还原后显现出红色，与蓝地相互衬托。二是堆贴花装饰，为元代钧窑所特有，在宋代钧窑器物中不见。由于钧瓷釉厚且失透，采用刻、划、印花等装饰手法，都不能达到预期的效果，因此除采用色釉、堆贴花外，很少运用其他装饰方法。

元代磁州窑器物装饰主要有两种方法：一种是白地黑花再加以棕色，或罩以孔雀绿釉，这类产品由于温度不高，釉面往往容易剥落；另一种是绘画厚，用锐器划出细部，称为白地绘划黑花，多在器腹部绘划云凤、云龙、云雁等图案。

元龙泉瓷器出现了褐斑点彩，并普遍饰有花纹。纹饰采用划、刻、印、贴、镂、堆等多种方法，其中印花、贴花和镂刻是这一时期新发展起来的。印花有阳纹、阴纹两种，特别是阴文印花是元代龙泉窑的主要装饰方法。贴花有满釉与露胎的区别，在元代龙泉窑大件器物上常见贴花纹饰。

元代景德镇的青白瓷大型器物上，划花的装饰方法已经不占主要地位，盛行的是印花装饰。印花除在枢府器和青白瓷器上大量采用外，红釉和蓝釉器物上也印花，富有立体感。雕花也是一种新的技法，但是还不太常见。青花和釉里红则是采用绘画工艺，即是以含钴、铜等物质作为着色剂,在胎上绘画纹饰,然后上釉烧成釉下彩绘装饰。

参 考 文 献

1. 秦大树:《宋元明考古》,文物出版社 2004 年版。
2. 曲英杰:《古代城市》图五三,文物出版社 2003 年版。
3. 内蒙古文物考古研究所:《辽上京城址勘查报告》,《内蒙古文物考古文集》第一辑,中国大百科全书出版社 1994 年版。
4. 李作智:《论辽上京城的形制》,《中国考古学会第五次年会论文集》(1985 年),文物出版社 1988 年版。
5. 张郁:《辽上京城址勘查琐议》,《内蒙古文物考古文集》第二辑,中国大百科全书出版社 1997 年版。
6. 董新林:《辽上京城址的发现和研究述论》,《北方文物》2006 年第 3 期。
7. 景爱:《金上京》,生活、读书、新知三联书店 1991 年版。
8. 许子荣:《金上京会宁府遗址》,《黑龙江文物丛刊》1982 年第 1 期。
9. 侯仁之:《试论元大都城的规划设计》,城市规划 1997 年第 3 期。
10. 《金中都宫殿遗址》,《中国考古学年鉴 1991 年》,文物出版社 1992 年版。
11. 齐心:《近年来金中都考古的重大发现》,《北京文物与考古》第 4 辑,1994 年版。
12. 贾洲杰:《元上都调查报告》,《文物》1977 年第 5 期。
13. 中国科学院考古研究所、北京市文物管理处元大都考古队:《元大都的勘查与发掘》,《考古》1972 年第 1 期。
14. 中国科学院考古研究所、北京市文物管理处元大都考古队:《北京后英房元代居住遗址》,《考古》1972 年第 6 期。
15. 北京文物研究所:《北京考古四十年》,北京燕山出版社 1990 年版。
16. 赵正之:《元大都平面规划复原研究》,载《科技史文集》第二辑,上海科学技术出版社 1979 年版。
17. 杨国庆:《明代南京城墙》,南京出版社 2002 年版。
18. 刘敦桢:《中国古代建筑史》,中国建筑工业出版社 1980 年版。
19. 许苹芳:《古代北京的城市规划》,《中国历史考古学论丛》,允晨文化 1995 年版。
20. 河南省文物研究所:《宋太宗元德李后陵发掘报告》,《华夏考古》1988 年第 3 期。
21. 张学锋编著:《中国墓葬史》,广陵书局 2009 年版。
22. 河南省文物考古研究所:《北宋皇陵》,中州古籍出版社 1997 年版。
23. 宁夏文物考古研究所《西夏陵》,东方出版社 1995 年版。
24. 阎崇东:《辽夏金元陵》,中国青年出版社 2004 年版。
26. 北京市文物研究所编:《北京金代皇陵》,文物出版社 2006 年版。
26. 中国社会科学院考古研究所:《定陵》,文物出版社 1990 年版。
27. 胡汉生:《明十三陵》,中国青年出版社 1998 年版。
28. 杨宽:《中国古代陵寝制度史研究》,上海人民出版社 2003 年版。
29. 刘毅:《明代帝王陵墓制度研究》,人民出版社 2006 年版。
30. 三门峡市文物工作队《北宋陕州漏泽园》,文物出版社 1999 年版。
31. 中国硅酸盐学会编:《中国陶瓷史》,文物出版社 1982 年版。